Kulturgeschichte

WILL UND ARIEL DURANT

KULTURGESCHICHTE DER MENSCHHEIT

BAND 6

ULLSTEIN

WILL DURANT

DAS FRÜHE MITTELALTER

ULLSTEIN

Kulturgeschichte
Ullstein Buch Nr. 36106
im Verlag Ullstein GmbH, Frankfurt/M – Berlin – Wien
Titel der amerikanischen Originalausgabe
»The Story of Civilization«
The Age of Faith III–V
Übersetzt von Dr. Ernst Schneider
Redaktion: Hans Dollinger

Ungekürzte Ausgabe

Umschlagentwurf: Hansbernd Lindemann
Umschlagfoto: »The Royal Gold Cup«
(British Museum, London)

ISBN 3 548 36106 4

Oktober 1981

CIP-Kurztitelaufnahme der Deutschen Bibliothek

Durant, Will:
Kulturgeschichte der Menschheit / Will u. Ariel Durant. –
Ungekürzte Ausg. – Frankfurt/M; Berlin; Wien: Ullstein
(Ullstein-Buch; ...)
Einheitssacht.: The story of civilization ⟨dt.⟩

NE: Durant, Ariel:

Bd. 6. Das frühe Mittelalter / Will Durant.
[Übers. von Ernst Schneider]. – 1981.
(Ullstein-Buch; Nr. 36106: Kulturgeschichte)
ISBN 3-548-36106-4

NE: GT

Vorwort

Das Zeitalter des Glaubens umspannt die ganze mittelalterliche Geschichte bis etwa zum Beginn des 14. Jahrhunderts, dem Übergang der Kulturhistorie in die Epoche der Renaissance. Auch durch die für uns heute so weit zurückliegende Ära der Anfänge unseres modernen Europa im «finsteren» Mittelalter setzt sich der im vorhergehenden Band vorgestellte politische, ökonomische und geistige Wettbewerb der drei Weltreiche des Glaubens, des Christentums, Islams und Judentums, manifestiert in den Schriften der Bibel, des Korans und Talmuds, fort. Die Auswirkungen und langfristigen Konsequenzen des Zusammenpralls der drei Glaubensbekenntnisse stehen im Mittelpunkt dieses Bandes, der die historische und zivilisatorische Entwicklung der Menschheit in der mittelalterlichen Welt und ihren verschiedenartigen Kulturkreisen einmalig klar und übersichtlich vor uns ausbreitet. Aber nicht nur der Zusammenprall, also die Konfrontation, sondern auch die vielseitigen Kanäle, in denen alle drei Weltreiche sich gegenseitig beeinflußten, macht Durant offenkundig: so etwa die Einflüsse über den Handel, aber auch in den blutigen Kreuzzügen; durch die unzähligen Übersetzungen der Schriften in andere Sprachen, durch die Begegnung und den Austausch von Gelehrten zwischen Ost und West, Süd und Nord; durch die Christianisierung des europäischen Nordens und Ostens, das Zusammenleben von Christen und Muselmanen in Vorderasien, im südlichen Italien und in Spanien sowie durch die Herausbildung der römisch-katholischen und griechischen christlichen Kirche.

In der die ganze mittelalterliche Geschichte anhaltenden Auseinandersetzung zwischen Christentum und Islam verlor der Westen zwar die Kreuzzüge, gewann aber letztlich den großen Religionskrieg jener Jahrhunderte: «Alle christlichen Krieger wurden aus dem Heiligen Lande des Judentums und Christentums vertrieben; aber der Islam, in seinem verspäteten Siege ausgeblutet und von den Mongolen ausgeplündert, verfiel in eine finstere Zeit der Kulturfeindlichkeit und Armut, während der geschlagene Westen an seinem Streben heranreifte, seine Niederlage vergaß, begierig von dem Feinde lernte, Kathedralen in den Himmel steigen ließ, sich in den weiten Ozean der Vernunft hinauswagte, seine rohen neuen Sprachen in die Sprachen eines Dante, Chaucer und Villon umwandelte und hochgemut in die Renaissance eintrat» (Durant).

Wir haben heute, nach weiteren tausend Jahren Fortschritt, keinen Grund, auf die Epoche des finsteren Mittelalters mit Überheblichkeit oder gar Verachtung zurückzuschauen. Es steht uns viel besser an, darüber zu staunen, wie sich das damals werdende Europa von den aufeinanderfolgenden Schlägen und Heimsuchungen durch

Goten, Hunnen, Wandalen, Muselmanen, Magyaren und Normannen wieder erholte und nebenbei noch so viel vom geistigen Erbe aus der Antike herüberzuretten vermochte. Bewunderung verdienen auch die Bemühungen einiger mittelalterlicher Fürsten, in Zeiten des absoluten Chaos immer wieder ihren Herrschaftsgebieten und den noch bürgerfeindlichen Menschen eine Ordnung aufzuzwingen, ohne die Unwissenheit, Aberglaube, politische Zerrissenheit, wirtschaftliche und kulturelle Armut nicht überwunden worden wären – wenngleich diese Ordnung gewaltsam errichtet wurde und alle später postulierten Menschenrechte noch mit Füßen trat. Verbrechen gegen die Menschenrechte geschehen aber auch noch heute, noch heute treten Diktatoren nach unten und unterjochen ihre Völker. Im Mittelalter aber haben zur gleichen Zeit, als sich Fürsten und Herren gegenseitig ständig bekriegten, die Bauern Europas einen, wie Will Durant mit Recht schreibt, «wenig besungenen Kampf» erfolgreich bestanden, «einen größeren und heldenhafteren, nämlich den des Menschen gegen die Natur». Gegen das Meer wurden Deiche und Dämme errichtet, Tausende von Morgen wurden der See abgerungen, riesige Waldgebiete gerodet und kultiviert, aus Urwäldern Ackerland und Siedlungen aufgebaut und so die Grundlagen für die spätere Geschichte Europas geschaffen. Und dies alles geschah – auch dies legt uns Durant überzeugend dar – vor dem Hintergrund eines «gottberauschten Zeitalters», in dem der Mensch sich in die Hand eines übermächtigen Gottes ergab und «bei aller Gemeinheit, Gewalttätigkeit und Ausschweifung doch Gott und die Seligkeit suchte», denn das Christentum hat seine Macht darauf begründet, dem mittelalterlichen Menschen in erster Linie den Glauben und nicht das Wissen zu vermitteln. Der mittelalterliche Mensch setzte deshalb sein Vertrauen auf Gott und die Kirche, so wie der Mensch unseres Jahrhunderts sein Vertrauen vorrangig auf die Wissenschaft und den Staat setzt.

München, im Winter 1977/1978 *Hans Dollinger*

Inhaltsverzeichnis

ERSTES BUCH
KULTUR UND ZIVILISATION DER JUDEN
[135–1300]

ZWEITES BUCH
DAS FINSTERE MITTELALTER
[566–1095]

DRITTES BUCH
DAS CHRISTENTUM AUF DEM HÖHEPUNKT
[1095–1300]

Erstes Buch

KULTUR UND ZIVILISATION DER JUDEN

[135—1300]

ZEITTAFEL ZUM ERSTEN BUCH

1–220: Die Tannaim
189: Die Mischna des Jehuda Hanasi
219: Die jüdische Akademie von Sura
220: Die jüdische Akademie von Pumphadita
220–500: Die Amoraim
280–500: Kompilation der Talmuds
359: Hillel II. setzt den jüdischen Kalender fest
500–650: Die Saboraim
658–1040: Das Gaonat in Babylonien
815: Tod des Astronomen Mschallah
855–955: Der Philosoph Isaak Israeli
892–942: Der Philosoph Saadia Gaon
915–70: Der Staatsmann Hasdai ibn Schaprut
1000: Monogamieedikt des Rabbi Gerschom
1021–70: Der Dichter und Philosoph Ibn Gabirol
1038–55: Der Wesir Samuel ibn Naghdela
1040–1105: Der Talmudkommentator Schelomoh ben Yitzhak (Raschi)
1055–66: Der Wesir Joseph ibn Naghdela
1065–1136: Der Mathematiker Abraham ben Hiyya
1070–1139: Der Dichter Moses ibn Ezra
1086–1147: Der Dichter Jehuda Halevi
1093–1168: Der Dichter Abraham ibn Ezra
1096: Judenverfolgungen des Ersten Kreuzzugs
1110–80: Der Philosoph Abraham ibn Daud
1135–1204: Maimonides
1147: Judenverfolgungen des Zweiten Kreuzzugs
1160: Der falsche Messias David Alrui
1160–73: Reisen des Benjamin von Tudela
1170: Die *Mischne Tora* des Maimonides
1181, 1254, 1306: Juden aus Frankreich vertrieben
1190: Der *Führer*
1190: Aufkommen der Kabbala
1190: Judenverfolgungen in England
1215: Viertes Laterankonzil befiehlt Kennzeichnung der Juden
1234: Maimonides' Bücher in Montpellier verbrannt
1242: Verbrennung des Talmud in Paris
1290: Juden aus England vertrieben
um 1295: Das *Sefer ha-Zohar* des Moses von León

ERSTES KAPITEL

Der Talmud

I. DIE VERBANNTEN: 135–565

Zwischen Mohammedanern und Christen bewahrte sich ein bemerkenswertes Volk seine eigene einzigartige Kultur gegen alle Unbilden und Tücken, zog Tröstung und Inspiration aus seiner eigenen Religion, lebte nach seinen eigenen Sitten- und Strafgesetzen, brachte seine eigenen Dichter, Wissenschafter, Gelehrten und Philosophen hervor und diente als lebendiger Übermittler fruchtbaren Saatgutes zwischen zwei sich befehdenden Welten.

Der Aufstand des Bar Kocheba (132–135) war nicht der letzte Versuch der Juden, ihrem Judäa die Freiheit wiederzugewinnen, die ihm von Pompeius und Titus genommen worden war. Unter Antoninus Pius (138–161) unternahmen sie, wiederum vergeblich, einen erneuten Versuch. Der Zutritt zu ihrer heiligen Stadt wurde ihnen versagt; nur an dem bitteren Jahrestage ihrer Vernichtung durften sie gegen eine Gebühr in die Stadt kommen und an den Mauern ihres zerstörten Tempels wehklagen. In Palästina, wo bei Bar Kochebas Aufstand 985 Städte und Flecken ausradiert und 580 000 Männer und Frauen niedergemetzelt worden waren, war die jüdische Bevölkerung auf die Hälfte ihres früheren Standes zusammengeschrumpft und so sehr verarmt, daß das kulturelle Leben fast völlig abstarb. Und doch wurde innerhalb eines Menschenalters nach Bar Kocheba in Tiberias der jüdische Nationalrat *Beth Din* – eine Körperschaft von 71 rabbinischen Gelehrten und Gesetzeskundigen – gegründet; Synagogen und Schulen wurden eröffnet, und neue Hoffnung senkte sich in die Herzen.

Der Siegeszug des Christentums brachte neue Schwierigkeiten. Vor seiner Bekehrung hatte Konstantin die Religion der Juden den Religionen seiner übrigen Untertanen gesetzlich gleichgestellt. Nach seiner Bekehrung wurden die Juden neuen Einschränkungen und drückenden Steuerlasten unterworfen und vom Verkehr mit Christen ausgeschlossen[1]. Konstantin verbannte die Rabbinen (337) und erklärte die Eheschließung zwischen einem Juden und einer Christin zum Kapitalverbrechen[2]. Julians Bruder Gallus erlegte den Juden so schwere Steuern auf, daß viele von ihnen ihre Kinder verkauften, um seinen Forderungen nachkommen zu können. Im Jahre 352 erhoben sie sich erneut und wurden wiederum unterdrückt; Sepphoris wurde dem Erdboden gleichgemacht, Tiberias und andere Städte teilweise zerstört, die Juden zu Tausenden niedergemacht oder in die Sklaverei verkauft. Die palästinischen Juden sanken in ihrer Stellung so tief (359) und stießen auf solche Schwierigkeiten im Verkehr mit anderen jüdischen Gemeinden, daß ihr Patriarch Hillel II. auf ihr Recht, die Daten der jüdischen Feiertage für die gesamte Judenschaft festzulegen, verzichtete und zur selbständigen Berechnung dieser Daten einen Kalender herausgab, der heute noch bei den Juden der ganzen Welt in Gebrauch steht.

Von diesen Bedrängnissen wurden die Juden auf einen Augenblick durch die Thronbesteigung Julians errettet. Er ermäßigte ihre Steuern, widerrief einseitig gegen sie gerichtete Gesetze, sprach sich lobend über die hebräische Nächstenliebe aus und anerkannte Jahve als «einen großen Gott». Er erkundigte sich bei jüdischen Führern, warum sie das Tieropfer aufgegeben hätten; als er die Antwort erhielt, dieses Opfer sei ihnen nach ihrem Gesetz nur im Tempel zu Jerusalem gestattet, befahl er, diesen mit staatlichen Mitteln wieder aufzubauen[3]. Jerusalem wurde den Juden wiederum freigegeben; sie strömten aus jedem Teil von Palästina, aus jeder Provinz des Reiches herbei; Männer, Frauen und Kinder widmeten ihre Arbeitskraft dem Wiederaufbau des neuen Tempels[4]; wir können uns vorstellen, wie glücklich dieses Volk gewesen sein muß, das drei Jahrhunderte lang um diesen Tag gebetet hatte (361). Als aber Erde für die Grundmauern ausgehoben wurde, schossen plötzlich Flammen aus dem Boden, so daß mehrere Arbeiter verbrannten[5]. Die Arbeit wurde wieder aufgenommen, aber ein zweites Auftreten dieser Erscheinung – die wahrscheinlich durch die Explosion von Erdgas entstand – unterbrach das Unternehmen und nahm ihm den Schwung. Die Christen jubelten über das Ereignis, das ihnen als göttliches Verbot erschien; die Juden staunten und klagten. Dann kam Julians plötzlicher Tod; die staatlichen Beihilfen wurden zurückgezogen; die alten einschränkenden Gesetze wurden in strengerer Fassung neu erlassen, und die Juden, wiederum aus Jerusalem ausgeschlossen, kehrten in ihre Dörfer, zu ihrer Armut und ihren Gebeten zurück. Bald danach berichtete Hieronymus, die jüdische Bevölkerung Palästinas mache nur noch «ein Zehntel ihrer vorherigen Volksmasse» aus[6]. Im Jahre 425 schaffte Theodosios II. das palästinische Patriarchat ab. Griechisch-christliche Kirchen ersetzten die Synagogen und Schulen, und nach einer kurzen Aufwallung im Jahre 614 gab Palästina seine Führerschaft im Judentum auf.

Man konnte es den Juden schwerlich verübeln, wenn sie in weniger christlichen Ländern weit besser zu fahren hofften. Einige zogen ostwärts nach Mesopotamien und Persien und brachten dem babylonischen Judentum, das sich seit der Gefangenschaft 597 v. Chr. erhalten hatte, neuen Zustrom. Auch in Persien waren Juden von den Staatsämtern ausgeschlossen, da aber mit Ausnahme des Adels alle Perser gleicherweise ausgeschlossen waren, wirkte diese Beeinträchtigung nicht so demütigend[7]. Und es gab mehrere Judenverfolgungen in Persien. Die Besteuerung war jedoch nicht so schwer, die Regierung war gewöhnlich zur Mitarbeit geneigt, und der Exilarch, das Haupt der jüdischen Gemeinde, wurde von den persischen Königen anerkannt und geehrt. Der Boden des Irak war zu dieser Zeit bewässert und fruchtbar; die Juden wurden dort nicht nur schlaue Händler, sondern auch reiche Bauern. Es gab Juden, darunter berühmte Gelehrte, die sich mit Bierbrauen ein Vermögen erwarben[8]. Die jüdische Gemeinde in Persien nahm rasch zu, das persische Recht gestattete die Vielweiberei, und die Juden nutzten diese Möglichkeit aus den gleichen Gründen, die wir beim mohammedanischen Recht gesehen haben. Die braven Rabbinen Rab und Nahman waren auf Reisen gewohnt, in jeder größeren Stadt Gattinnen auf Zeit suchen zu lassen, um der Jugend der Ortschaft ein Vorbild ehelichen Lebens – im Gegensatz zum zügellosen – zu geben[9]. In Nehardea, Sura und Pumphadita entstanden höhere Schulen, deren Gelehrsamkeit und rabbinische Entscheidungen in der ganzen Diaspora in hohem Ansehen standen.

Inzwischen hatte die Zerstreuung der Juden über alle Mittelmeerländer ihren Fortgang genommen. Einige schlossen sich den alten jüdischen Gemeinden in Syrien und Kleinasien an. Andere gingen trotz der feindseligen Einstellung der griechischen Kaiser und Patriarchen nach Konstantinopel. Andere wanderten von Palästina aus südwärts nach Arabien, wohnten in Frieden und religiöser Freiheit bei ihren arabischen Mitsemiten, nahmen ganze Bezirke wie Chaibar ein, waren in Yathrib (Medina) an Zahl den Arabern fast gleich, bekehrten zahlreiche Araber zu ihrer Religion und bereiteten den arabischen Geist auf den Judaismus des Korans vor. Andere überquerten das Rote Meer und ließen sich in Abessinien nieder, wo sie sich so rasch vermehrten, daß sie 315 auf die Hälfte der Bevölkerung geschätzt wurden[10]. Juden hatten den halben Schiffahrtsverkehr von Alexandrien in ihren Händen, und ihr wirtschaftliches Gedeihen fachte in dieser leicht erregbaren Stadt die Flammen des Religionshasses an.

Jüdische Gemeinden entwickelten sich in allen nordafrikanischen Städten und auf Sizilien und Sardinien. In Italien gab es ihrer viele, und wenn sie auch gelegentlich von der christlichen Bevölkerung gequält wurden, so standen sie doch größtenteils unter dem Schutz der heidnischen und christlichen Kaiser, Theoderichs und der Päpste. In Spanien hatte es bereits vor Caesar jüdische Niederlassungen gegeben; sie hatten sich dort unter dem heidnischen Kaiserreich unbelästigt entwickelt; sie gediehen unter den arianischen Westgoten, hatten aber niederschmetternde Verfolgungen zu erleiden, nachdem König Rekkared (586–601) zum Glaubensbekenntnis von Nikaia übergetreten war. In Gallien wird nichts von Judenverfolgungen vermeldet bis zu den harten Verordnungen des dritten und vierten Konzils von Orléans (538, 541), ein Menschenalter nach der Eroberung des arianisch-westgotischen Gallien durch den katholischen Chlodwig. Um 560 brannten die Christen von Orléans eine Synagoge nieder. Die Juden wandten sich an Guntram, den König der Franken, mit dem Gesuch, sie aus Staatsmitteln wieder aufbauen zu lassen, wie Theoderich in einem gleichen Falle getan hatte. Guntram schlug das Begehren ab. «O König, leuchtend in wunderbarer Weisheit!» rief der Bischof Gregor von Tours aus[11].

Von solchen Bedrängnissen erholten sich die Juden der Diaspora stets wieder. Geduldig bauten sie ihre Synagogen neu auf und richteten sich das Leben neu ein; sie arbeiteten, trieben Handel, verliehen Geld, beteten und hofften, nahmen zu und mehrten sich. Jede jüdische Niederlassung mußte auf Gemeindekosten mindestens eine Primar- und eine Sekundarschule unterhalten, beide gewöhnlich in der Synagoge. Gelehrten riet man, sich nicht in Städten aufzuhalten, die keine solche Schule besaßen. Die Sprache des Kultes und Unterrichts war das Hebräische; die tägliche Umgangssprache war das Aramäische im Osten, das Griechische in Ägypten und Osteuropa; in anderen Ländern nahmen die Juden die Sprache ihrer Umgebung an. Im Mittelpunkt des jüdischen Unterrichts stand die Religion; die weltliche Kultur blieb so gut wie unbeachtet. Die verstreute Judenschaft konnte sich leiblich und seelisch nur durch das Gesetz erhalten, und die Religion war das Studium und die Beachtung des Gesetzes. Der Glaube ihrer Väter wurde den Juden um so kostbarer, je heftiger sie angegriffen wurden, und Talmud und Synagoge waren als Kraftquell und Zufluchtsstätte unerläßlich für ein unterdrücktes und in die Irre getriebenes Volk, das sein Leben auf die Hoffnung und seine Hoffnung auf den Glauben an seinen Gott stützte.

II. DIE SCHÖPFER DES TALMUD

Im Tempel, in den Synagogen und Schulen Persiens und Babylons verfaßten die Schriftgelehrten und Rabbinen die gewaltigen Gesetzeswerke und Kommentare, die als Palästinischer und Babylonischer Talmud bekannt sind. Moses hatte nach ihrer Ansicht seinem Volke nicht nur ein im Pentateuch schriftlich niedergelegtes Gesetz hinterlassen, sondern auch ein mündliches Gesetz, das von Generation zu Generation, von Lehrer zu Schüler weitergegeben und erweitert worden war. Es war der Hauptstreitpunkt zwischen den Pharisäern und Sadduzäern Palästinas gewesen, ob dieses mündliche Gesetz ebenfalls göttlichen Ursprungs und damit bindend sei. Als die Sadduzäer nach der Verstreuung von 70 n. Chr. verschwanden und die Rabbinen die Überlieferung der Pharisäer weiterführten, wurde das mündliche Gesetz von allen strenggläubigen Juden als Gottesgebót anerkannt und dem Pentateuch beigefügt, um die Tora, das Gesetz, zu bilden, unter dem sie lebten und in dem sie, ganz wörtlich, ihr Sein hatten. Der tausend Jahre währende Vorgang des Aufbaus, der Formgebung und der Aufzeichnung dieses mündlichen Gesetzes als Mischna; die acht Jahrhunderte des Debattierens, Urteilens und Erläuterns, das die beiden Gemaras als Kommentare zur Mischna hervorgebracht hatten; die Zusammenstellung der Mischna mit der kürzeren der beiden Gemaras zur Bildung des palästinischen, und mit der längeren zur Bildung des babylonischen Talmuds – das ist eine der verwickeltsten und erstaunlichsten Vorgänge in der Geschichte des menschlichen Geistes. Die Bibel war die Literatur und Religion der Hebräer der Antike; die Tora war Leben und Blut der mittelalterlichen Juden.

Da das Gesetz des Pentateuch geschrieben war, konnte es nicht allen Notwendigkeiten und Umständen eines Jerusalem ohne Freiheit oder eines Judentums ohne Jerusalem oder einer Judenschaft ohne Palästina gerecht werden. Es war die Aufgabe der Sanhedrin-Lehrer vor der Zerstreuung und der Rabbinen nach ihr, die Gesetzgebung des Moses für den Gebrauch und die Führung einer neuen Zeit oder eines neuen Ortes auszulegen. Ihre Interpretationen und Diskussionen mitsamt den Ansichten von Mehrheiten und Minderheiten wurden von einer Lehrergeneration auf die andere übertragen. Vielleicht um diese mündliche Überlieferung schmiegsam zu erhalten, vielleicht um ein Auswendiglernen zu erzwingen, wurde sie nie schriftlich niedergelegt. Die Rabbinen, die das Gesetz darlegten, konnten bei Gelegenheit die Hilfe von Personen beiziehen, die es ganz ihrem Gedächtnis einverleibt hatten. In den ersten sechs Generationen nach Christus wurden die Rabbinen *tannaim* – «Lehrer des mündlichen Gesetzes» genannt. Als einzige Gesetzeskundige waren sie zugleich die Lehrer und Richter ihrer palästinischen Gemeinden nach der Zerstörung des Tempels.

Die Rabbinen von Palästina und der Diaspora bildeten die einzigartigste Aristokratie der Geschichte. Es war kein geschlossener oder erblicher Stand; viele Rabbinen waren aus größter Armut emporgestiegen; die meisten verdienten sich ihren Lebensunterhalt als Handwerker, auch wenn sie bereits Weltruf erlangt hatten, und bis fast an das Ende dieses Zeitraumes erhielten sie keine Bezahlung für ihre Arbeit als Lehrer und Richter. Vermögende Leute machten sie gelegentlich zu stillen Teilhabern ihrer Geschäftsunternehmungen oder nahmen sie bei sich zu Hause auf oder gaben ihnen ihre Töchter in die Ehe, um sie von der Tagesarbeit zu befreien. Einigen wenigen stieg die gehobene Stellung, die sie in ihren Gemeinden einnahmen, in den Kopf, andere waren über menschliche Untugenden wie Zorn, Eifersucht, Haß, ungebührliche Tadelsucht und Hochmut durchaus nicht erhaben; sie mußten sich des öfteren in Erinnerung zurückrufen, daß der wahre Gelehrte ein bescheidener und ehrfürchtiger Mann ist, und sei es auch nur, weil die Weisheit den Teil im Lichte des Ganzen sieht. Das Volk liebte sie um ihrer Tugenden und Fehler willen, bewunderte sie wegen ihrer Gelehrsamkeit und Frömmigkeit und erzählte sich unzählige Geschichten über ihre Urteile und Wundertaten. Bis auf den heutigen Tag gibt es kein Volk, das den Gelehrten und den Mann der Wissenschaft so ehrt wie das jüdische.

Mit der steigenden Zahl rabbinischer Entscheidungen wurde die Aufgabe des Auswendiglernens immer weniger zumutbar. Hillel, Akiba und Meir versuchten es mit verschiedenen Einteilungen und Gedächtnisstützen, aber sie vermochten sich alle nicht durchzusetzen. Unordnung in der Übermittlung des Gesetzes gehörte nun zur Tagesordnung; die Zahl der Menschen, die das gesamte mündliche Gesetz auswendig wußten, nahm beängstigend ab, und die Zerstreuung der Juden verteilte diese wenigen auf abgelegene Länder. Um das Jahr 189 übernahm in Sepphoris in Palästina Rabbi Jehuda Hanasi das Werk von Akiba und Meir, wandelte es um, brachte das gesamte mündliche Gesetz in eine neue Ordnung und schrieb es, mit einigen persönlichen Zusätzen als die «Mischna des Rabbi Jehuda» nieder*. Sie fand eine derartige Verbreitung, daß sie mit der Zeit *die* Mischna, die maßgebende Form des mündlich überlieferten Gesetzes der Juden, wurde.

In der vorliegenden Form ist die Mischna (das heißt mündliche Lehre) das Ergebnis vieler Ausgaben und Interpolationen seit Jehuda; auch so ist sie noch ein gedrängter Abriß, zum Auswendiglernen durch Wiederholung geschaffen und darum für jemanden, der von einem anderen Hintergrund als dem jüdischen Leben und der jüdischen Geschichte an sie herantritt, von einer quälenden Trockenheit und Dunkelheit. Nicht nur die palästinischen, sondern auch die babylonischen und europäischen Juden erkannten sie an, aber jede Schule lieferte zu ihren Grundsätzen individuelle Auslegungen. So wie sechs «Generationen» (10–220 n. Chr.) von rabbinischen *tannaim* an der Formulierung der Mischna beteiligt gewesen waren, so häuften nun sechs «Generationen» (220–500) von rabbinischen *amoraim* («Auslegern») die beiden Unmassen von Kommentaren, die Palästinische und die Babylonische Gemara, an. Die neuen Lehrer machten mit der Mischna des Jehuda, was die *tannaim* mit dem Alten Testament gemacht hatten: sie besprachen, zerlegten, erklärten, verbesserten und erläuterten den Text, um ihn für die neuen örtlichen und zeitlichen Pro-

* Eine Minderheit von Gelehrten vertritt die Ansicht, daß Jehuda seine Mischna nicht niederschrieb, sondern daß sie bis ins achte Jahrhundert mündlich überliefert wurde. Zur mehrheitlichen Ansicht vgl. G. F. Moore, *Judaism in the First Centuries of the Christian Era*, Cambridge, Mass., 1932, Bd. I, S. 151; und W. O. Oesterley und G. H. Box, *Short Survey of the Literature of Rabbinical and Medieval Judaism*, London, 1920, S. 83.

bleme verwenden zu können. Gegen Ende des vierten Jahrhunderts koordinierten die Schulen von Palästina ihre Kommentare und gaben ihnen die Gestalt der heutigen Palästinischen Gemara. Etwa zur gleichen Zeit (397) begann Rab (Rabbi) Aschi, Führer der Schule von Sura, die Babylonische Gemara zusammenzustellen, eine Arbeit, die ihn während eines Menschenalters beschäftigt hielt; hundert Jahre später (499) vollendete Rabina II. bar (Sohn des) Samuel, ebenfalls in Sura, das Werk. Wenn wir beachten, daß die Babylonische Gemara neunmal so lang ist wie die Mischna, dann leuchtet es uns ein, warum ihre Abfassung ein Jahrhundert brauchte. Während weiterer 150 Jahre revidierten rabbinische *saboraim* («Denker») diesen umfangreichen Kommentar und legten letzte Hand an den Babylonischen Talmud.

Das Wort *talmud* bedeutet «Lehre». Die *amoraim* gebrauchten es für die Mischna; im modernen Sprachgebrauch steht es sowohl für die Mischna als auch für die Gemara. Die Mischna ist im Palästinischen wie im Babylonischen Talmud die gleiche; die beiden unterscheiden sich nur in der Gemara, dem Kommentar, der in der babylonischen Gestalt viermal länger ist als in der palästinischen*. Die Sprache beider Gemarot ist das Aramäische, diejenige der Mischna das Neuhebräische, mit vielen Entlehnungen aus Nachbarsprachen. Die Mischna ist knapp und stellt ein Gesetz in wenigen Zeilen auf; die Gemaras sind absichtlich weitschweifig gehalten und geben die verschiedenen Ansichten der führenden Rabbinen zum Mischnatext, nennen die Umstände, die eine Abänderung des Gesetzes erfordern könnten, und fügen erläuterndes Material bei. Die Mischna ist größtenteils *halacha*, Gesetz; die Gemaras sind zum Teil *halacha* – indem sie ein Gesetz neu anführen oder besprechen –, zum Teil *haggada* («Erzählung»). Als *haggada* ist mit einer nachlässigen Definierung alles bezeichnet worden, was im Talmud nicht *halacha* ist. Zum größten Teil umfaßt die *haggada* erläuternde Anekdoten oder Beispiele, biographische, historische, medizinische, astronomische, astrologische, magische und theosophische Stückchen und Ermahnungen zur Tugendsamkeit und Gesetzestreue. Oft brachte eine *haggada* den Studenten nach einer verwickelten und ermüdenden Debatte eine erlösende Abwechslung. So lesen wir beispielsweise:

> R. Ami und R. Asi saßen vor R. Jichaq dem Schmied; einer bat ihn, Halakha vorzutragen, und einer bat ihn, Agada vorzutragen. Wollte er eine Agada beginnen, so ließ es der

---

* Der Babylonische Talmud umfaßt 2947 Folioblätter, also rund 6000 Seiten zu je 400 Worten. Die Mischna ist in sechs *sedarim* (Ordnungen) unterteilt, diese wiederum in zusammen 63 *masechoth* (Abhandlungen), welche wiederum aus *perakim* (Kapiteln) bestehen, die sich aus *mischnayoth* (Lehren) zusammensetzen. Moderne Talmudausgaben umfassen gewöhnlich: (1) den Kommentar des Raschi (1040–1105), der auf den Innenrändern des Textes untergebracht ist, und (2) die *tosaphoth* (Zusätze), Besprechungen des Talmud von französischen und deutschen Rabbis des zwölften und dreizehnten Jahrhunderts, die auf den äußeren Rändern des Textes stehen. Viele Ausgaben lassen noch die *Tosefta* (Ergänzung) dazutreten – Überreste des von Jehuda Hanasi nicht in die Mischna aufgenommenen mündlichen Gesetzes.

Dieses Kapitel zitiert außerdem aus dem *Midrasch* (Darlegung); dieser besteht aus angeblich von *tannaim* oder *amoraim* gehaltenen Vorträgen, welche aber zwischen dem vierten und dem zwölften Jahrhundert gesammelt und aufgeschrieben wurden und in volkstümlichem Stile verschiedene Bücher der hebräischen Heiligen Schrift auslegen. Einige der wichtigeren Midraschim: *Genesis Rabbah* über die Genesis; *Wayyikrah Rabbah* über den Leviticus; fünf *Megilloth* (Rollen) – zu Esther, dem Hohelied Ruth, den Klageliedern Jeremiae und dem Buche Jesus Sirach; die *Mechilta* zum Exodus; die *Sifra* zum Leviticus, die *Sifre* zu Numeri und Deuteronomium; die *Pesikta*, Homilien zu Bibelstellen [12].

eine nicht, wollte er eine Halakha beginnen, so ließ es der andere nicht. Da sprach er zu ihnen: Ich will euch ein Gleichnis sagen. Dies ist zu vergleichen mit einem Mann, der zwei Frauen hat, eine junge und eine alte; die junge rupft ihm die weißen Haare aus und die alte rupft ihm die schwarzen Haare aus, so daß er endlich kahl an der einen Seite und kahl an der andern Seite ist.[13]

III. DAS GESETZ

Wenn wir nun in beleidigender Kürze und mit ökumenischer Ignoranz den Versuch machen, einige Phasen dieses riesigen Talmud, der in jede Fuge des mittelalterlichen jüdischen Lebens eindrang, zu skizzieren, dann müssen wir zuvor gestehen, daß wir damit lediglich einen Berg anritzen, und daß unsere Annäherung von außen her uns dem Irrtum unterwirft.

1. DIE THEOLOGIE

Zuerst, so sagten die Rabbinen, müsse man das geschriebene und ungeschriebene Gesetz studieren: «Das Studium der Tora ist bedeutender als der Bau des Tempels[14].» «Jeden Tag, an dem ein Mann dem Studium des Gesetzes obliegt, sollte er zu sich selbst sagen: ,Es ist genau so, als ob ich es heute vom Sinai empfangen hätte[15].'» Sonst sei kein Studium notwendig; griechische Philosophie, weltliche Wissenschaften dürfen nur zu der «Stunde, die weder zum Tage noch zur Nacht gehört», studiert werden[16]. Jedes einzelne Wort der hebräischen Heiligen Schrift sei buchstäblich das Wort Gottes; selbst das Hohelied sei eine von Gott eingegebene Hymne – um die Verbindung Jahves mit Israel als seiner auserwählten Braut allegorisch darzustellen[17]*. Da ohne das Gesetz ein sittliches Durcheinander bestehen würde, müsse das Gesetz bereits vor der Erschaffung der Welt bestanden haben, «im Busen oder Geist Gottes»**; nur seine Mitteilung an Moses sei ein zeitliches Ereignis gewesen. Der Talmud sei, soweit er *halacha* sei, ebenfalls Gottes ewiges Wort; er stelle die Formulierung von Gesetzen dar, die Gott mündlich an Moses und Moses an seine Nachfolger übermittelt habe. Seine Verfügungen seien nicht minder verpflichtend als die gesamte Heilige Schrift***. Einige Rabbinen stellten die Mischna als spätere und revidierte Form des Gesetzes über die Heilige Schrift[18]. Gewisse rabbinische Erlasse umgingen offen Gesetze des Pentateuch oder legten sie in einer Weise aus, daß sie jede Wirksamkeit verloren[19]. Während des Mittelalters (476–1492) gaben sich die Juden von Deutschland und Frankreich weit mehr mit dem Talmud als mit der Heiligen Schrift ab.

Der Talmud nimmt wie die Bibel die Existenz eines allwissenden und allmächtigen Gottes für gegeben an. Gelegentlich trat bei den Juden einige Skepsis auf, wie bei dem gelehr-

---

* Katholische Theologen interpretieren es als symbolische Darstellung der Vereinigung Christi mit der Kirche als seiner auserwählten Braut.

** Vgl. den altchinesischen Glauben, daß Wirken und Bestand des Weltalls von dem Moralgesetz abhängen, Heraklits Vergleich der Planetenabweichungen mit Sünden und Platons göttliche archetypische «Ideen». Die Theorie geht auf Sprüche VIII. Buch, Vers 22 zurück. Jesus sprach sich für die Ewigkeit des Gesetzes aus (Lukas Kapitel XVII, Vers 7; Matth. Kapitel V, Vers 18). Die Muselmanen, die sich nicht überbieten lassen wollten, lehrten die Allewigkeit des Korans.

*** Kein offizielles jüdisches Konzil hat bisher diese talmudische Betrachtungsweise des Talmud anerkannt; der moderne reformierte Judaismus verwirft sie.

ten Elischa ben Abuyah, dem Freund des frommen Rabbi Meir; offenbar waren aber die Skeptiker durchaus in der Minderzahl und besaßen kaum Stimme. Der Gott des Talmud ist durchaus anthropomorph: er liebt und haßt, wird zornig[20], lacht[21], weint[22], fühlt Gewissensbisse[23], trägt Gebetriemen[24], sitzt, von einer dienenden Hierarchie von Cherubim und Seraphim umringt, auf einem Throne und studiert dreimal täglich die Tora[25]. Die Rabbinen erkannten diese menschlichen Attribute wohl als ein wenig hypothetisch an und erklärten, wir wendeten Eigenschaften seiner Geschöpfe auf ihn an, um ein besseres Verständnis zu ermöglichen[26]; es war nicht ihre Schuld, wenn die gemeinen Leute nur in Bildern zu denken vermochten. Sie stellten Gott auch als Seele des Weltalls dar, unsichtbar, alldurchdringend, lebenspendend, gleichzeitig transzendent und immanent, über der Welt stehend und doch in jedem Winkel und Bruchstück von ihr enthalten. Diese göttliche Allgegenwart, *Schechina* («Wohnen») sei besonders wirksam an heiligen Orten, in heiligen Personen, in heiligen Dingen und während des Studiums und des Gebetes. Dieser allgegenwärtige Gott sei aber doch eins. Am widerwärtigsten ist dem Juden die Vorstellung von einer Vielheit von Göttern. Die Einheit Gottes wird leidenschaftlich und stets wiederholt gegenüber dem Polytheismus der Heiden und dem anscheinenden Tritheismus der christlichen Dreieinigkeit; sie findet ihren Ausdruck in dem bekanntesten und verbreitetsten jüdischen Gebet, Schema Yisrael: «Höre, Israel, der Herr unser Gott ist ein einiger Gott» *(Schema Yisrael adonoi elohenu, adonoi echad)*[27]. Kein Messias, kein Prophet, kein Heiliger könne in seinem Tempel oder seinem Kult neben ihm Platz finden. Die Rabbinen gestatteten nur zu ganz seltenen Gelegenheiten, Jahves Namen auszusprechen, da sie damit Profanierung und Magie fernzuhalten hofften; um das heilige Tetragramm JHVH zu vermeiden, gebrauchten sie das Wort Adonai, Herr, und empfahlen sogar dafür noch die Umschreibung mit «der Heilige», «der Gnädige», «der Himmel» und «Unser Vater im Himmel». Gott vermöge Wunder zu bewirken, besonders in seinen großen Rabbinen; diese Wundertaten dürfe man sich aber nicht als Verstöße gegen die Naturgesetze vorstellen, denn es gebe kein Gesetz neben dem Willen Gottes.

Alles Erschaffene habe einen göttlichen und segenbringenden Zweck. Gott habe die Schnecke als Heilmittel gegen die Krätze erschaffen, die Fliege als Heilmittel gegen den Wespenstich, und die Mücke als Heilmittel gegen den Schlangenbiß, und die Schlange als Heilmittel gegen eine Wunde[28]. Zwischen Gott und Mensch bestehe eine ständige Beziehung; jede Tat, jeder Gedanke im Lebenstag eines Menschen ehre oder schände die göttliche Gegenwart. Alle Menschen werden von Adam abgeleitet; sie hätten jedoch «zunächst einen Schwanz wie die Tiere gehabt»[29]; und bis zur Generation des Enoch hätten die Gesichter der Menschen denjenigen der Affen geglichen[30]. Der Mensch bestehe aus Leib und Seele; seine Seele stamme von Gott, sein Leib sei irdisch. Die Seele treibe ihn zur Tugendsamkeit, der Leib zur Sünde. Vielleicht kämen die üblen Antriebe aber vom Satan und der Menge übler Geister, die überall lauerten[31]. Jedes Übel könne aber letzten Endes zu einem Guten ausschlagen; ohne irdische Begierden vermöchte der Mensch weder zu arbeiten noch sich fortzupflanzen. «Kommt», sagt eine hübsche Textstelle, «wir wollen unseren Vorfahren dankbar sein, denn hätten sie nicht gesündigt, so würden wir nicht auf die Welt gekommen sein[32].»

Die Sünde sei natürlich, die Schuld jedoch nicht ererbt. Die Rabbinen bekannten sich zu der Lehre vom Sündenfall des Menschen, nicht jedoch zur Erbsünde und zur göttlichen Sühne. Der Mensch habe nur für seine eigenen Sünden zu leiden. Leide er mehr auf Erden, als seine Sünden zu verlangen schienen, dann komme es vielleicht daher, daß wir das volle Ausmaß seiner Sünden nicht kennten; oder eine übermäßige Bestrafung könne sich als großer Segen erweisen, da sie dem Leidenden zu außergewöhnlichen Belohnungen im Himmel verhelfe; darum sollte nach Akiba der Mensch sich ob der Menge seiner Mißgeschicke freuen[33]. Was den Tod betreffe, so komme er durch die Sünde in die Welt; ein wirklich Sündloser wäre unsterblich[34]. Der Tod sei eine Schuld der sündigen Menschheit an den Schöpfer allen Lebens. Eine Midrasch berichtet uns eine rührende Geschichte von Rabbi Meir und dem Tod:

> Derweilen Rabbi Meir an einem Sabbatnachmittage seine wöchentliche Predigt hielt, starben daheim seine beiden geliebten Söhne. Die Mutter deckte sie mit einem Tuche zu und enthielt sich an dem geheiligten Tage der Klage. Als Rabbi Meir nach dem Abendgottesdienste heimkam, frug er nach seinen Söhnen, die er in der Synagoge nicht gesehen hatte. Sie aber bat ihn, die Habdala (eine Zeremonie zur Kennzeichnung des Sabbat-Endes) zu rezitieren, und setzte ihm die Abendmahlzeit vor. Darauf frug sie ihn: «Ich habe eine Frage an dich. Ein Freund gab mir einst Juwelen, daß ich sie für ihn aufbewahre; nun will er sie wieder haben; soll ich sie ihm wiedergeben?» «Ohne Zweifel mußt du das», sprach Rabbi Meir. Seine Gattin faßte ihn bei der Hand, führte ihn an das Lager und deckte die beiden Söhne auf. Rabbi Meir brach in heiße Tränen aus, und sein Weib sprach: «Sie wurden uns für eine Zeit anvertraut; nun hat ihr Herr sein Eigentum wiedergenommen.»[35]

Die hebräische Bibel hatte zu einer Unsterblichkeit der Belohnung und Bestrafung wenig ausgesagt; diese Vorstellung spielte nun in der rabbinischen Theologie eine bedeutende Rolle. Die Hölle dachte man sich in Ge Hinnom oder Scheol*, wie der Himmel in sieben Stockwerke (mit abgestuften Folterqualen) aufgeteilt. Von den Beschnittenen würden nur die Sündhaftesten in diese Hölle kommen[36], und selbst Stocksünder hätten keine ewigwährende Strafe zu erwarten. «Wer ins Fegefeuer kommt, wird wieder aus ihm aufsteigen, mit einziger Ausnahme der folgenden drei: dessen, der eine verheiratete Frau beschläft, dessen, der seinen Nächsten öffentlich beschämt, und dessen, der seinen Nächsten beim Spottnamen nennt[37].» Der Himmel wurde Gan Eden genannt und als Garten aller körperlichen und geistigen Freuden geschildert; der Wein würde noch aus der Ernte der sechs Schöpfungstage stammen, Wohlgerüche würden die Luft erfüllen, und Gott selbst würde mit den Erlösten an einem Festmahle teilnehmen, dessen höchster Genuß der Anblick seines Antlitzes sein würde. Einige Rabbinen bekannten indessen, daß niemand sagen könne, was uns nach dem Tode erwarte[38].

Die Juden hatten bei der Erlösungsvorstellung eher das Volksganze als Einzelpersonen im Auge. Mit offenbar sinnloser Grausamkeit durch die ganze Welt getrieben, schöpften sie Kraft aus dem Glauben, daß sie dennoch das auserwählte Volk Gottes seien. Er war ihr

* Das Tal von Hinnom war ein Abfallplatz außerhalb von Jerusalem, wo zur Sicherung gegen die Pest ständig Feuer brannten. Scheol stellte man sich als eine unterirdische Region der Finsternis vor, in die alle Toten eingingen.

Vater und ein gerechter Gott; es konnte nicht sein, daß er den Bund mit Israel brechen würde. Hatte er denn nicht ihnen die Heilige Schrift gegeben, die auch die Christen und Mohammedaner anerkannten und verehrten? In der tiefsten Tiefe ihrer Verzweiflung verstiegen sie sich zu einem derartigen kompensatorischen Hochmut, daß ihre Rabbinen, welche sie gepriesen hatten, sie nun mit Tadel wieder demütigen mußten. Damals wie heute sehnten sie sich nach dem Geburtslande ihres Volkes und idealisierten es in liebendem Gedenken. «Wer vier Ellen in Palästina schreitet, ist des ewigen Lebens gewiß», sagten sie; «wer im Israellande wohnt, weilt ohne Sünde»[39]; «schon das alltäglichste Gespräch derer, die in Palästina wohnen, ist Tora»[40]. Das tägliche Gebet enthielt in seinem wichtigsten Teile, der Schemoneh Esreh («Achtzehn Paragraphen») die Bitte, Davids Sohn, der königliche Messias, möge kommen und die Juden wieder zu einer geeinten und freien Nation machen, die Gott in ihrem eigenen Tempel mit den alten Zeremonien und Liedern verehren könnte.

2. DAS RITUAL

Was die Juden in diesem Zeitalter des Glaubens auszeichnete, was sie trotz ihrer Zerstreuung zusammenhielt, war nicht die Theologie, sondern das Ritual, nicht ein Glauben, den das Christentum lediglich fortgeführt hatte und der Islam im wesentlichen übernehmen sollte, sondern ein Gesetz mit Zeremonien von einer dermaßen lästigen Verwickeltheit, daß nur dieses stolze und hochgespannte Volk die Ehrfurcht und Geduld zu seiner Befolgung aufbrachte. Das Christentum suchte die Einheit durch den einheitlichen Glauben, das Judentum durch das einheitliche Ritual. Die Gesetze wurden nach Abba Areca «nur erlassen, um die Menschen durch ihre Befolgung zu bändigen und zu verfeinern»[41].

Das Ritual war vor allem ein Kultgesetz. Als die Synagoge an die Stelle des Tempels trat, wurde das Tieropfer durch Opfergaben und Gebete ersetzt. Aber in der Synagoge war es ebensowenig wie im Tempel gestattet, ein Bildnis von Gott oder Mensch aufzustellen. Jede Annäherung an den Götzendienst wurde streng gemieden, und die Instrumentalmusik, die im Tempel gestattet gewesen war, wurde in der Synagoge verboten. In diesem Punkte weicht das Christentum vom Judentum ab, während der Islam ihm folgt; die Semiten entwickelten eine düstere Frömmigkeit, die Christen eine düstere Kunst.

Das Gebet ließ für den strenggläubigen Juden jeden Tag, ja fast jede Stunde zu einem religiösen Erlebnis werden. Das Morgengebet mußte mit Gebetsriemen (kleinen Behältern mit Bibelzitaten) an Stirn und Armen gesprochen werden. Keine Mahlzeit durfte eingenommen werden, ohne daß zuvor ein kurzes Tischgebet und hernach ein längeres Dankgebet gesprochen wurde. Mit dem häuslichen Gebet war es aber noch nicht getan; die Menschen lassen sich nur zusammenhalten, wenn sie gemeinsam Dinge verrichten müssen, und die Rabbinen behaupteten mit orientalischer Übertreibung: «Das Gebet des Menschen wird nur dann von Gott erhört, wenn es in der Synagoge gesprochen wird[42].» Die öffentliche Liturgie bestand hauptsächlich aus der Schemoneh Esreh, dem Schema Yisrael, Vorlesungen aus dem Pentateuch, den Propheten und den Psalmen, einer Bibelauslegung, dem Kaddisch (Lob- und Segensgebeten für Lebende und Tote) und einem Schlußsegen. Sie hat sich als Synagogenritual bis heute im wesentlichen unverändert erhalten.

Viel detaillierter als diese Kultregeln waren die Vorschriften über die Sauberkeit und rituelle Reinigung. Die körperliche Gesundheitspflege galt als der geistigen Gesundheit zuträglich[43]. Die Rabbinen verboten es, sich in einer Stadt niederzulassen, die kein Badhaus besaß[44] und erließen beinahe medizinische Vorschriften für das Bad. «Badet einer in heißem Wasser und läßt nicht kaltes Wasser folgen, so ist es, wie wenn Eisen im Ofen geglüht wird, ohne nachher in kaltes Wasser getaucht zu werden[45]»; der Leib müsse wie das Eisen gehärtet und gestählt werden. Nach dem Bade solle man sich einsalben[46]. Die Hände mußten gleich nach dem Aufstehen, vor und nach jeder Mahlzeit und vor dem zeremoniellen Gebet und jeder anderen rituellen Tätigkeit gewaschen werden. Leichen, geschlechtliche Betätigung, Menstruation, Geburt, Würmer, Schweine und Aussatz (das heißt verschiedene Hautkrankheiten) waren rituell (das heißt nach dem religiösen Gesetz) unrein. Wer mit einem dieser Dinge zu tun hatte, mußte in der Synagoge eine Reinigungszeremonie durchmachen. Eine Frau galt als unrein (der geschlechtlichen Annäherung unzugänglich) während vierzig Tagen nach der Geburt eines Sohnes, achtzig Tagen nach der Geburt einer Tochter[47]. In Übereinstimmung mit dem biblischen Gebot (Gen. XVII, 9–14) mußten die Knaben am achten Tage beschnitten werden. Das galt als ein Opfer an Jahve, welches das Bündnis mit ihm bestätigt; das Vorkommen des Brauches bei Ägyptern, Äthiopiern, Phöniziern, Syrern und Arabern berechtigt jedoch zu der Annahme, daß es sich um eine hygienische Maßnahme handelte, die in einem Klima angebracht war, welches der geschlechtlichen Frühreife und Reizbarkeit förderlicher war als der Sauberkeit; dieser Schluß findet seine Bestärkung in dem rabbinischen Gebot, daß kein Jude einen unbeschnittenen Sklaven länger als zwölf Monate bei sich halten dürfe[48].

Der Talmud liest sich gelegentlich eher als ein Handbuch der Hausmedizin denn als ein religiöses Gesetzbuch; er mußte ja ein enzyklopädischer Ratgeber für sein Volk sein. Wie die meisten Mittelmeervölker verfielen auch die Juden des vierten und fünften Jahrhunderts wieder auf den medizinischen Aberglauben und die Notbehelfe der Einsamen und der Armen, und ein gut Teil dieser abergläubischen Volksmedizin drang in den Talmud ein. Wir finden in der Babylonischen Gemara aber doch ausgezeichnete Beschreibungen von Esophagus, Larynx, Trachaea, Lungen, Hirnhäuten und Genitalien; Lungentumore, die Lebercirrhose, die käsige Gewebeentartung und viele andere Krankheiten werden exakt beschrieben; die Rabbinen bemerken, daß Fliegen und Trinkgeräte Infektionen übertragen können[49], und die Bluterkrankheit wird als ein Erbleiden erkannt, das die Beschneidung der Nachkommen wenig ratsam sein lasse. Mit diesem Gedankengut vermischt finden sich magische Formeln zur Austreibung von Dämonen, die als Krankheitsursachen angesehen wurden.

Die Rabbinen waren – wie wir alle – Fachkenner in Diätfragen. Die Weisheit in Ernährungsfragen beginnt mit den Zähnen. Man solle sie nie ziehen lassen, so sehr sie auch schmerzten[50], denn «wenn einer mit den Zähnen gut kaut, werden seine Füße Kraft finden»[51]. Gemüse und Obst werden mit Ausnahme der Dattel sehr empfohlen. Fleisch sei ein Luxus, den sich nur die gut Gewaschenen leisten sollten[52]. Beim Schlachten des Tieres sei so vorzugehen, daß das Tier möglichst wenig Schmerz verspüre und dem Fleisch alles Blut entzogen werde; Fleisch mit Blut zu essen sei ein Greuel. Daher müsse das Schlachten von Tieren geübten Fachleuten überlassen werden, die auch die Eingeweide auf Krankheiten untersuchen könnten. Fleisch und Fleischspeisen dürften nicht bei der gleichen Mahlzeit mit Milch und Milchgerichten genossen werden, und Milch und Fleisch dürften in der Küche nie nebeneinander zu stehen kommen[53]. Schweinefleisch sei zu verabscheuen. Eier, Zwiebeln und Knoblauch, die ohne Schale oder Haut über Nacht gelegen hätten, dürften nicht mehr gegessen werden[54]. Man solle nur zu bestimmten Zeiten essen; «pickt nicht den ganzen Tag wie die Hühner![55]» «Es sterben mehr Menschen an zu vielem Essen als an Unterernährung[56].» «Bis vierzig ist Essen gut; nach vierzig ist Trinken gut[57].» Mäßigung im Trinken sei besser als völlige Enthaltsamkeit; der Wein sei oft eine gute Arznei[58], es gebe «keine Festfreude ohne Wein»[59]. Das Thema der Ernährung bis zum Ende verfolgend erklären die Rabbinen: «Wer seinen Aufenthalt in einem Abort ausdehnt, verlängert sein Leben» und empfehlen ein Dankgebet nach jeder erfolgreichen Betätigung an diesem Ort[60].

Von Askese wollten sie nichts wissen und empfahlen ihrem Volke, die guten Dinge des Lebens zu genießen, sofern sie damit keine Sünde begingen[61]. Das Fasten war zu bestimmten Zeiten und an einigen Feiertagen vorgeschrieben; vielleicht diente aber auch in diesem Falle die Religion als Helfer für die Volksgesundheit. Ihre Klugheit gebot den Juden, trotz den Obertönen der Sorge und des Heimwehs, die auch in ihren Freuden mitschwangen, dann und wann Feiern und Feste abzuhalten. «An einer Feier muß der Mann sein Weib und seinen Haushalt froh machen», wenn möglich, müsse er sie mit neuen Kleidern ausstatten[62]. Der Sabbat – die größte Erfindung der Juden – war in talmudischer Zeit offenbar eine lästige Angelegenheit; der fromme Jude mußte im Sprechen größte Zurückhaltung üben, durfte in seinem Hause kein Feuer entzünden und mußte stundenlang in der Synagoge beten. Ein langes Traktat behandelt mit kopfspalterischer Haarspalterei, was man eigentlich an einem Sabbat tun dürfe und was man nicht tun solle. Die Kasuistik der Rabbinen war aber eher auf eine Milderung als auf eine Verstärkung der Schrecken der Frömmigkeit gerichtet. Ihr Scharfsinn ersann überzeugende Gründe für die Dinge, die man am Ruhetage zu tun hatte. Überdies empfand der gute Jude ein heimliches Glücksgefühl in der Befolgung des altüberlieferten Sabbatrituals. Er begann mit einer kleinen «Heiligungszeremonie» *(kiddusch)*. Von seiner Familie und seinen Gästen umringt (denn es war ein günstiger Tag, um Gäste zu halten) nahm er einen Becher Wein, sprach einen Segen darüber, trank und reichte den Becher an Gäste und Frau und Kinder weiter. Dann nahm er Brot, brach und segnete es, dankte Gott, «der Brot aus der Erde zeugt», und gab an alle seine Tischgenossen ein Stück davon weiter. Am Sabbat war kein Fasten und kein Wehklagen gestattet.

Viele Feiertage schnitten in den Jahreslauf ein und gaben neue Gelegenheit zu ehrfürchtigem Gedenken oder dankbarer Ruhe. Pesach, das am vierzehnten Nisan (April) begann, wurde während acht Tagen zur Erinnerung an die Flucht der Juden aus Ägypten gefeiert. In biblischen Zeiten hieß es das Fest des ungesäuerten Brotes, da die Juden die Flucht angetreten hatten, als ihr Brotteig noch nicht gesäuert war; die talmudische Zeit nannte das Fest Pesach, Passah (Vorübergang), weil Jahve, als er die Erstgeborenen der Ägypter erschlug, an den Häusern, deren Türpfosten von den jüdischen Bewohnern mit Lammblut besprengt worden waren, «vorüberging»[63]. Am ersten Tage des Festes feierten die Juden das Passah-Mahl (Seder); jeder Vater amtete als Leiter des Gottesdienstes für seine versammelte Familie, machte mit ihr eine rituelle Zeremonie durch, die an jene bittere mosaische Zeit erinnerte, und gab mit Fragen und Antworten die ehrfürchtig behütete Geschichte dieser Tage an die Jugend weiter. Zu Pfingsten, sieben Wochen nach dem Passahfest, feierte man im Schawuot-Fest die Getreideernte und die Offenbarung auf dem Berge Sinai. Am ersten Tage des Tischri – dem siebenten Monat des kirchlichen, dem ersten des jüdischen Zivilmonates, ungefähr der Herbsttagundnachtgleiche entsprechend – feierten die Juden das Fest des Neuen Jahres und des Neumondes des Monats, Rosch-ha-Schana, und bliesen das Widderhorn *(schofar)* zur Erinnerung an die Offenbarung der Tora, um die Menschen zur Reue und Buße aufzurufen und auf den Tag hinzuweisen, an dem dereinst ein solcher Trompetenstoß die Juden der Welt zusammenrufen würde, ihren Gott in Jerusalem anzubeten. Die Tage vom Vorabend des Rosch-ha-Schana bis zum zehnten Tischri waren Bußtage; außer am neunten fasteten und beteten die Juden an allen diesen Tagen, und am zehnten, Yom-ha-Kippurim, dem Tage der Sühne, durften sie von Sonnenaufgang bis Sonnenuntergang weder essen noch trinken noch Schuhe tragen noch arbeiten oder baden oder der Liebe pflegen; den ganzen Tag lang nahmen sie an Gottesdiensten in der Synagoge teil, beichteten und beklagten ihre Sünden und die Sünden, die ihr Volk seit der Zeit des Goldenen Kalbes begangen hatte. Am fünfzehnten Tischri kam Sukkoth, das Laubhüttenfest; sieben Tage lang sollten nun die Juden in Hütten leben, zur Erinnerung an die Zelte, in denen nach der Überlieferung ihre Vorfahren während ihres vierzigtägigen Aufenthaltes in der Wüste geschlafen hatten. In der Diaspora bereitete eine getreuliche Erfüllung dieser alten Winzer- oder Erntefeier Schwierigkeiten, und die Rabbinen bekundeten ihren guten Willen, indem sie *sukka* neu definierten, bis es so ziemlich alles bedeutete, was eine Wohnstätte symbolisieren konnte. Am fünfundzwanzigsten Tage des neunten Monats, Kislew (Dezember), und sieben Tage danach, erinnerte das Fest Chanukka (Weihung) an die Läuterung des Tempels durch die Makkabäer (165 v. Chr.), nachdem Antiochos Epiphanes ihn entweiht hatte. Und am vierzehnten Adar (März) feierten die Juden Purim («Lose») zum Gedenken an die Befreiung ihres Volkes von den Ränken des persischen Ministers Haman durch Esther und Mordechai. Man tauschte Geschenke und Glückwünsche aus und feierte ein weinseliges Freudenfest; an diesem Tage sollte man, wie Rab Raba sagte, trinken, bis man nicht mehr zwischen «Verflucht sei Haman!» und «Verflucht sei Mordechai!» unterscheiden könne[64].

Wir dürfen uns diese talmudischen Juden nicht als saure Pessimisten vorstellen, die an den Qualen des verachteten Talentes gelitten und sich im Heimweh nach ihrem geraubten Vaterlande verloren hätten und steuerlos in den Stürmen der Glaubenslehren dahingetrieben wären. Trotz Verstreuung und Unterdrückung, Sühne und Armut hielten sie den Kopf hoch, fanden ihren Gefallen am Durcheinander und Streit des Alltagslebens, der kurzwährenden Schönheit ihrer arbeitsüberlasteten Frauen und dem ewigwährenden Glanz von Erde und Himmel. «Jeden Tag sollte man hundert Lobpreisungen aussprechen», sagt Rabbi Meir[65]. Und ein anderer Rabbiner sagt etwas, was für uns alle gilt: «Wenn man nur vier Ellen geht und beugt sein Haupt nicht, so beleidiget man den Himmel; denn steht es nicht geschrieben: ‚Die ganze Erde füllt seine Herrlichkeit'?[66]»

3. DIE TALMUDISCHE ETHIK

Der Talmud ist nicht nur eine Enzyklopädie der jüdischen Geschichte, Zeremonie, Kultordnung, Medizin und Volkskunde; er ist zugleich ein Werk über Acker- und Gartenbau, Handel und Gewerbe, die Berufe, Handel[67], Finanz- und Steuerwesen, Eigentumsrecht, Sklaverei, Erbrecht, Diebstahl, Prozeß- und Strafrecht. Um dem Buche gerecht zu werden, müßte man mit allumfassender Weisheit sein Urteil auf allen diesen Gebieten sprechen.

Vor allem ist der Talmud ein Sittenkodex, der sich so sehr von dem christlichen unterscheidet und dem muselmanischen so ähnlich ist, daß selbst eine oberflächliche Bekanntschaft mit ihm Zweifel gegen die Anschauung erweckt, das Mittelalter sei nichts als eine Geschichte des mittelalterlichen Christentums. Die drei Religionen stimmen insofern miteinander überein, als alle drei die Möglichkeit einer – nichtreligiösen – Naturethik bestreiten; die meisten Menschen seien nur durch die Gottesfurcht zu einem einigermaßen erträglichen Verhalten zu bewegen. Alle drei Religionen gründen ihr Sittengesetz auf gleiche Vorstellungen: die Vorstellung von dem allsichtigen Auge und der alles aufzeichnenden Hand Gottes, der göttlichen Herkunft des Sittengesetzes und der letztlichen Gleichsetzung von Tugend mit Glückseligkeit durch die Strafen und Belohnungen im Jenseits. In den beiden semitischen Kulturen waren sowohl das Recht wie auch die Ethik von der Religion nicht zu trennen; zwischen Verbrechen und Sünde, zivilem und kirchlichem Recht wurde keine Unterscheidung zugelassen; jede schimpfliche Tat sei ein Vergehen gegen Gott, eine Profanierung seiner Gegenwart und seines heiligen Namens.

Die drei Religionen stimmten ferner in gewissen sittlichen Grundsätzen miteinander überein: in der Heiligkeit der Familie und des Heimes, der den Eltern und Alten gebührenden Ehrfurcht, der liebenden Pflege der Kinder und der allgemeinen Hilfsbereitschaft. Kein Volk hat die Juden je in der Schönheit ihres Familienlebens übertroffen. Dem Juden galt wie dem Muselmanen die freiwillige Ehe- oder Kinderlosigkeit als große Sünde[68]; ein Heim und eine Familie zu bilden war ein religiöses Gebot, die erste der 613 Vorschriften des Gesetzes[69]; «ein Kinderloser gilt als tot», sagt ein Midrasch[70]. Jude, Christ und Muselmane waren sich darin einig, daß der Fortbestand des Volkes gefährdet sei, sobald das religiöse Gebot der Zeugung von Nachkommen seine Kraft verliere. Unter gewissen Umständen gestatteten jedoch auch die Rabbinen die Geburtenbeschränkung, vorzugsweise durch Empfängnisverhütung. «Drei Frauen dürfen den Beischlaf mit Watte vollziehen: die Minderjährige, die Schwangere und die Säugende. Die Minderjährige, weil sie schwanger werden und weil sie sterben könnte; die Schwangere, weil sie aus dem Fötus eine Mißgeburt machen könnte; die Säugende, weil sie ihr Kind (vorzeitig) entwöhnen und es sterben könnte[71].»

Gleich ihren Zeitgenossen waren die Juden über die Geburt von Töchtern wenig erbaut, freuten sich aber über die Geburt von Söhnen; der Sohn konnte Namen, Familie und Besitz des Vaters weiterführen und sein Grab pflegen, die Tochter nicht; sie heiratete in einen anderen, vielleicht weit abgelegenen Haushalt und war für die Eltern verloren, sobald ihre Erziehung abgeschlossen war. Sobald aber einmal Kinder da waren, wurden sie ohne Bevorzugungen und mit einer klugen Mischung von Zucht und Liebe gepflegt. «Wenn

Du ein Kind züchtigst, so züchtige es nur mit einem Schuhriemen», sagt ein Rabbiner[72]. «Wenn man sich scheut, ein Kind zu strafen», sagt ein anderer, «so wird es schließlich ganz verkommen[73].» Für die Erziehung des Kindes – das heißt für die Belehrung des Geistes und die Formung des Charakters durch die Kenntnis «des Gesetzes und der Propheten» mußte jedes Opfer gebracht werden. «Der Welt Erlösung kommt durch den Atem von Schulkindern», sagt ein hebräisches Sprichwort[74]; die Schechina, die göttliche Gegenwart, leuchtet ihnen aus dem Gesicht. Dem Kinde obliegt es dagegen, die Eltern unter allen Umständen, bis zum letzten, zu ehren und zu pflegen.

Die Wohltätigkeit war eine Verpflichtung, von der es kein Entrinnen gab. «Größer ist, wer Almosen gibt, als wer alle Opfer vollzieht[75].» Es gab knauserige Juden und es gab geizige Juden, aber im großen und ganzen hat kein Volk je so großzügig gespendet wie die Juden. Die Rabbinen mußten durch Verbote verhindern, daß gewisse Menschen mehr als ein Fünftel ihres Vermögens für wohltätige Zwecke verwendeten; und doch stellte es sich manchmal beim Tode einer Person heraus, daß sie die Hälfte ihres Vermögens weggegeben hatte[76]. Von dem Arzte Abba Umna wird berichtet, er habe keine Honorare verlangt: «Ferner hatte er eine verborgene Stelle, wo die Münzen hingelegt wurden, die er (als Belohnung) erhielt: wer hatte, legte hin, und wer nicht hatte, brauchte nicht beschämt zu werden[77].» Von Rab Huna heißt es: «Wenn er speiste, öffnete er die Tür und sprach: ‚wer dies wünscht, komme und speise mit' [78].» Chama ben Ilai gab allen Brot, die darum nachkamen, und hielt, wenn er sich im Freien aufhielt, die Hand stets in der Börse, so daß niemand mit seiner Bitte um ein Almosen zu zögern brauchte[79]. Der Talmud tadelte aber ein auffälliges Spenden und riet zu einer bescheidenen Heimlichkeit: «Wer heimlich Wohltätigkeit übt, ist größer als unser Meister Mose[80].»

Auf die Ehe verwandten die Rabbinen ihre ganze Gelehrsamkeit und Beredsamkeit; auf ihr und auf der Religion ruhte das ganze Gefüge der jüdischen Lebensart. Die Rabbinen verurteilten den Geschlechtstrieb nicht, fürchteten aber seine Gewaltsamkeit und mühten sich, ihn in Schranken zu halten. Einige empfahlen, man solle Salz mit Brot essen, um die Samenflüssigkeit zu vermindern[81]; andere fanden die einzige Abhilfe gegen die sexuelle Versuchung in schwerer Arbeit, verbunden mit dem Studium der Tora. Falls das keinen Erfolg zeitige, «so gehe er nach einem Orte, wo man ihn nicht kennt, kleide sich schwarz, umhülle sich schwarz und folge dem Triebe seines Herzens, nur entweihe er den göttlichen Namen nicht öffentlich»[82]. Jeder Situation, die die Leidenschaften aufstacheln könnte, müsse man ausweichen; man solle nicht zuviel mit Frauen sprechen; «man gehe auf dem Wege nicht hinter einer Frau, selbst wenn sie die eigene Ehefrau ist»[83]. Der köstliche Humor der Rabbinen zeigt sich wieder in der Geschichte vom Reb Kahan:

> Er verkaufte einstmals Körbe für Frauen, als ihn die Versuchung überkam. Er bat seinen Versucher, er möge ihn gehen lassen, und versprach ihm zurückzukehren. Statt aber zurückzukehren stieg er auf das Dach eines Hauses und stürzte sich hinab. Ehe er auf dem Boden aufprallte, kam Elias und fing ihn auf und tadelte ihn, weil er 400 Meilen weit habe kommen müssen, ihn vor der Selbstvernichtung zu bewahren. [84]

Die Rabbinen hatten offenbar den Eindruck, daß die Jungfräulichkeit dort, wo sie hingehört, ganz in Ordnung sei, daß aber eine immerwährende Jungfräulichkeit eine Entwicklungshemmung bedeute; nach ihrer Ansicht ist die höchste Vollendung der Frau in der vollkommenen Mutterschaft, wie diejenige des Mannes in der vollkommenen Vaterschaft zu sehen. Jeder Vater wurde gehalten, Ersparnisse zurückzulegen und jeder seiner Töchter eine Mitgift zu verschaffen und jedem Sohne zum Eheschluß zu verhelfen, damit die Heirat nicht ungebührlich hinausgezögert wurde. Die frühe Eheschließung wurde empfohlen – mit vierzehn Jahren bei dem Mädchen, mit achtzehn beim Mann. Nach dem Gesetz konnte ein Mädchen mit zwölfeinhalb, ein Jüngling mit dreizehn Jahren die Ehe eingehen. Ein Aufschub wurde Studenten gewährt, die mit dem Studium des Gesetzes beschäftigt waren. Einige Rabbinen vertraten die Ansicht, der Mann müsse erst eine feste wirtschaftliche Grundlage besitzen, bevor er heiraten dürfe – sie erteilten den Rat, «daß ein Mensch zuerst sein Haus baue, einen Weinberg pflanze und erst dann eine Frau nehme»[85] – diese Meinung blieb jedoch in der Minderheit und war wahrscheinlich gar nicht mit einem Widerspruch verbunden, falls die Eltern die erwartete finanzielle Hilfe leisteten. Den jungen Leuten wurde geraten, die Ehepartnerin nicht nach ihrer Schönheit, sondern nach den zu erwartenden mütterlichen Eigenschaften auszuwählen[86]. «Steige eine Stufe tiefer und nimm eine Frau; steige eine Stufe höher und wähle einen Freund[87].» Wer eine Frau über seinem Stande heirate, setze sich dem Hohn aus.

Der Talmud gestattete wie das Alte Testament und der Koran die Vielweiberei. «Ein Mann darf so viele Frauen heiraten, wie es ihm beliebt», sagt ein Rabbiner; eine andere Textstelle der gleichen Abhandlung beschränkt jedoch ihre Zahl auf vier, und eine dritte fordert vom Mann, der ein zweitesmal heiratet, die Scheidung von der ersten Frau, falls sie es verlangt[88]. Die Einrichtung des Levirates, die dem Juden vorschrieb, die Witwe eines verstorbenen Bruders zu heiraten, hatte die Vielweiberei zur Voraussetzung und verdankte ihre Entstehung wahrscheinlich nicht nur einer hilfsbereiten Gesinnung, sondern dem Wunsch nach einer hohen Geburtenzahl in einer Volksgemeinschaft, die wie alle Gesellschaften der Antike und des Mittelalters unter hoher Sterblichkeit zu leiden hatte. Als die Rabbinen dem Mann so viel Freiheit zum ehelichen Zusammenschluß geboten hatten, erklärten sie den Ehebruch zum Kapitalverbrechen. Einige teilten Jesu Meinung, man könne «Ehebruch mit den Augen begehen»[89], andere gingen noch weiter und sagten, «daß, wenn man auch nur den kleinen Finger eines Weibes betrachtet, dies ebenso sei, als hätte man die Scham betrachtet»[90]. Aber Rab Areca war menschlicher: «Jeder Mensch wird am Tage des Jüngsten Gerichtes einen Fehler vorgemerkt finden für alles, das er mit seinen Augen erblickt hat, und er genoß es nicht[91].»

Die Ehescheidung auf Grund gegenseitiger Einwilligung war gestattet. Die Frau konnte sich nur mit Einwilligung des Gatten scheiden lassen, der Mann brauchte die Zustimmung seiner Frau nicht. Von einem ehebrecherischen Weibe mußte man sich scheiden lassen, und die Scheidung galt als empfehlenswert, wenn die Frau zehn Jahre nach der Heirat noch keine Kinder hatte[92]. Die Schule des Schammai hatte dem Manne nur dann gestattet, seine Frau zu verstoßen, wenn sie einen Ehebruch begangen hatte; die Schule des Hillel gestattete es in jedem Falle, wenn der Mann «etwas Unpassendes» an der Frau entdeckte. Hillels Ansichten erhielten in der talmudischen Zeit den Vorrang, und Akiba ging so weit, daß er dem Ehemann gestattete «sich von seinem Weibe scheiden zu lassen, wenn er eine andere schöner als sie findet»[93]. Ein Mann könne sich von seiner Frau scheiden lassen, ohne den Vereinbarungen des Ehekontraktes nachkommen zu müssen, wenn sie das jüdische Gesetz breche, etwa sich öffentlich mit unbedecktem Haupte zeige, auf der Straße spinne oder sich mit Männern aller Art unterhalte ... oder eine «Schreierin» sei, die «über Angelegenheiten der Beiwohnung laut spricht»[94]. Wenn der Mann seine Frau verließ, so galt das noch nicht als Scheidungsgrund[95]. Einige Rabbinen gestatteten der Frau, vor Gericht die Scheidung von einem grausamen, impotenten oder übelwilligen Mann oder von einem Mann, der ihr nicht ein ordentliches Auskommen gab[96] oder verkrüppelt war oder stank[97], zu verlangen. Die Rabbinen taten einiges, um die Freude an der Scheidung zu dämpfen, indem sie komplizierte gesetzliche Formalitäten und fast in allen Fällen die Auslieferung sowohl der Mitgift wie der Morgengabe an die Frau verlangten. «Wenn jemand sich von seiner ersten Frau scheiden läßt, so vergießt sogar der Altar Tränen über ihm», erklärt Rabbi Eleazar[98].

Alles in allem war das talmudische Gesetz wie das mohammedanische ein von Männern geschaffenes Gesetz und begünstigte den Mann so ausgesprochen, daß man annehmen muß, die Rabbinen hätten in nackter Angst vor der Macht der Frau gelebt. Wie die christlichen Kirchenväter beschuldigten sie die Frau, sie habe durch Evas erkenntnisdurstige Neugier die «Seele der Welt» zum Erlöschen gebracht. Sie hielten die Frau für «leichtsinnig»[99] und erkannten doch an, daß sie eine instinktive Weisheit besitze, die dem Manne fehle[100]. Sie bedauerten ausgiebig die Schwatzhaftigkeit der Frau («Zehn Kab Geschwätzigkeit kamen in die Welt herab, neun erhielten die Frauen»[101]); sie verurteilten ihre Neigung für das Okkulte[102], für Rouge und Augenbrauenfarbe[103]. Sie billigten es, wenn der Mann freigebig für die Kleidung seiner Frau sorgte, gaben aber dem Wunsch Ausdruck, sie möge sich für ihren Gatten und nicht für andere Männer schön machen[104]. Nach einem Rabbiner galten vor Gesetz «hundert Frauen als *ein* Zeuge»[105]. Ihre Besitzrechte waren im Talmud ebenso begrenzt wie im England des achtzehnten Jahrhunderts; ihr Verdienst und jedes Einkommen aus ihrem Besitztum kamen dem Gatten zu[106]. Die Frau hatte ihren Platz im Haushalt. In der utopischen «Zeit des Messias» werde die Frau, wie ein Rabbiner voller Hoffnung schreibt, «alle Tage ein Kind gebären»[107]. Vor dem Fegefeuer sei geschützt, «wer ein böses Weib hat»[108]. Andererseits betont Akiba, kein Mann sei so reich wie derjenige, der eine um ihrer guten Taten willen berühmte Frau sein eigen nenne[109]. «Alles kommt von den Frauen» sagt ein Midrasch[110]. Hebräische Sprichwörter stellen fest: «Alle Segnungen des Hausstandes sind der Frau zu verdanken; darum soll der Gatte sie ehren ... Hüte sich ein jeder, eine Frau zum Weinen zu bringen; Gott zählt ihre Zähren[111].»

In dem köstlichsten Teile des Talmud, der kleinen Abhandlung Pirke Aboth, sammelt ein Unbekannter die Lehrsprüche der großen Rabbinen der beiden letzten vorchristlichen und des ersten nachchristlichen Jahrhunderts. Von diesen Wahrsprüchen enthalten viele ein Lob, manche eine Definition der Weisheit.

> Der Zoma sagte: Wer ist weise? Der von jedem Menschen lernt ... Wer ist ein Held? Der seinen Trieb überwindet ... wer sein Gemüt beherrscht, ist besser als ein Stadteroberer. Wer ist reich? Der mit seinem Teile zufrieden ist ... wenn du deiner Hände

Arbeit genießest, Heil dir, du hast es gut ... Wer ist geehrt? Der die Menschen ehrt[112] ... Verachte keinen Menschen und halte kein Ding für immer gleich; denn es gibt keinen Menschen, der nicht seine Stunde hätte, und es gibt kein Ding, das nicht hätte seinen Platz[113] ... Mein ganzes Leben verbrachte ich unter Weisen, und fand für den Körper nichts besseres als das Schweigen ...[114]

Er (Rabbi Eleazar) sagte ferner: Womit ist der zu vergleichen, dessen Weisheit bedeutender ist als seine Taten? Mit einem Baume, der viele Zweige und wenig Wurzeln hat; kommt ein Wind, so entwurzelt er ihn und schlägt ihn um (aufs Gesicht) ... Womit aber ist der zu vergleichen, dessen Taten bedeutender sind als seine Weisheit? Mit einem Baum, der wenig Zweige und viele Wurzeln hat; mögen auch die Winde der Welt kommen und ihn anwehen, so rühren sie ihn dennoch nicht von seiner Stelle.[115]

IV. DAS LEBEN UND DAS GESETZ

Der Talmud ist kein Kunstwerk. Die Aufgabe, das Denken eines Jahrtausends in ein zusammenhängendes System zu bringen, erwies sich selbst für hundert geduldige Rabbinen als zu schwer. Verschiedene Traktate sind offensichtlich im falschen *seder*, in falscher Ordnung; mehrere Kapitel stehen in der falschen Abhandlung; Themen werden aufgegriffen, fallengelassen und ohne Gesetzmäßigkeit wieder aufgegriffen. Der Talmud bringt nicht das Ergebnis von Beratungen, er bringt die Beratungen selbst; alle Standpunkte werden aufgezeichnet und Widersprüche bleiben oft ungelöst; es ist, wie wenn wir fünfzehn Jahrhunderte lang heimlich den intimsten Unterredungen der Schule lauschten und Akiba und Meir und Jehuda Hanasi und Rab in der Hitze der Debatte hörten. Wenn wir dessen eingedenk bleiben, daß wir Eindringlinge sind, daß man diesen und den anderen Männern das zufällig gesprochene Wort aus dem Munde genommen und in einen nicht vorberechneten Zusammenhang gesetzt und es dann durch die Zeiten geschleudert hat, dann können wir die Kasuistik, Sophistik, Legendenhaftigkeit, Astrologie, Dämonologie, den Aberglauben, die Magie, den Wunderglauben, die Zahlendeuteleien und die Offenbarungsträume, die unaufhörlichen Erörterungen, die Phantasiegespinste und die Eitelkeit, welche ewigheilend über getäuschte Hoffnungen hinwegtröstet, verzeihlich finden.

Wenn wir uns an der Enge dieser Gesetze, der sich in alles einmischenden Kleinlichkeit dieser Anordnungen, der orientalischen Strenge der Strafen für ihre Übertretung stoßen, so dürfen wir es uns doch nicht zu sehr zu Herzen gehen lassen; die Juden gaben sich nicht den Anschein, als ob sie alle Gebote hielten, und die Rabbinen bezeigen alle paar Seiten ihr Verständnis für die Kluft, die zwischen ihren Empfehlungen zur Vollkommenheit und den heimlichen Schwächen des Menschen gähnt. Ein vorsichtiger Rabbiner stellt fest: «Wenn Israel auch nur einen Sabbat richtig beachtete, der Sohn Davids würde augenblicklich kommen[116].» Der Talmud war nicht ein Gesetzeskörper, der unbedingten Gehorsam fordert; er war die Aufzeichnung der Ansichten der Rabbinen, zur Wegleitung einer gemächlichen Frömmigkeit zusammengestellt. Die ungebildeten Massen befolgten nur eine auserlesene Minderzahl der Gesetzesvorschriften.

Der Talmud legt einen starken Nachdruck auf das Ritual; das war jedoch zum Teil die Reaktion des Juden auf die Versuche der Kirche und des Staates, ihn von seinem Gesetze abzubringen; das Ritual war ein Kennzeichen der Zusammengehörigkeit, ein bindendes Element der Einheit und Beständigkeit, ein Mal des Trotzes gegenüber einer Welt, die nie vergeben wollte. In den zwanzig Bänden finden sich hie und da Worte des Hasses gegen das Christentum; sie galten jedoch einem Christentum, das die Sanftheit Christi vergessen hatte, das die Anhänger eines Gesetzes verfolgte, welches Christus seinen Anhängern zu befolgen geheißen hatte; eines Christentums, das nach Ansicht der Rabbinen den Monotheismus, das unverrückbare Kernstück des alten Glaubens, aufgegeben hatte. Zwischen diesen verwickelten zeremoniellen Vorschriften und Kontroversen finden sich zu Hunderten weise Ratschläge und psychologische Einsichten verstreut, und gelegentlich Stellen, die an die Erhabenheit des Alten Testamentes oder die mystische Zartheit des Neuen Testamentes erinnern. Der den Juden eigene wunderliche Humor nimmt der langen Lektion viel von der Schwere. Ein Rabbiner berichtet beispielsweise, Moses sei unerkannt in Akibas Klasse gekommen und habe in der letzten Bankreihe Platz genommen; er sei sehr erstaunt gewesen über die vielen Gesetze, die der große Lehrer vom mosaischen Gesetze ableitete und an die der Mann, der es einst niederschrieb, nicht einmal im Traume gedacht hatte[117].

1400 Jahre lang war der Talmud das Kernstück des jüdischen Unterrichts. Sieben Jahre lang brütete der hebräische Jüngling sieben Stunden im Tage über ihm, sagte ihn auf, versenkte ihn durch Hören und Sehen in sein Gedächtnis; und wie die in gleicher Weise auswendig gelernten konfuzianischen Lehrbücher formte er durch die Disziplin des Studiums und den Niederschlag seines Wissens Geist und Charakter. Gelehrt wurde nicht nur durch bloßes Aufsagen und Wiederholen, sondern auch durch Dispute zwischen Schüler und Lehrer, und zwischen Schüler und Schüler und durch die Anwendung alter Gesetze auf die Lebensumstände einer neuen Zeit. Das Ergebnis war eine Schärfung des Intellektes, eine Ausbildung des Gedächtnisses, die dem Juden auf vielen Gebieten, welche Klarheit, Konzentration, Beharrlichkeit und Genauigkeit erforderten, einen Vorteil verschafften, während zugleich die Weite und Freiheit des jüdischen Geistes eine Verengerung erfuhr. Der Talmud zähmte die leicht erregbare Wesensart des Juden; er hemmte seinen Individualismus und formte ihn zu Treue und Nüchternheit in Familie und Volksgemeinschaft. Überlegene Geister haben das «Joch des Gesetzes» als Hemmschuh empfunden, aber die Judenschaft als Ganzes verdankt ihm ihre Bewahrung.

Der Talmud erschließt sich dem Verständnis nur in einer geschichtlichen Sicht, als Organ des Fortbestandes eines vertriebenen, verarmten, unterdrückten Volkes, das in Gefahr stand, völlig zu zerfallen. Was die Propheten geleistet hatten, um während der Babylonischen Gefangenschaft den Geist der Juden hochzuhalten, das taten die Rabbinen in dieser größeren Verstreuung. Man mußte wieder zu Stolz kommen, eine neue Ordnung aufbauen, den Glauben und die Sitten erhalten, nach niederschmetternden Erlebnissen körperlich und geistig wieder gesund werden[118]. Durch diese heroische Disziplin, die Neuverwurzelung der entwurzelten Juden in ihrer Überlieferung, entstand eine neue Festigkeit und Einheit trotz aller Wanderungen über Kontinente und aller Kümmernisse während vieler Jahrhunderte. Der Talmud war, um Heines Wort zu gebrauchen, ein tragbares Vaterland; wo es Juden gab, und sei es in angsterfüllten Enklaven in fremden Landen, konnten sie sich wieder in ihre eigene Welt versetzen und bei ihren Propheten und Rabbinen leben, wenn sie Geist und Herz in dem Ozean des Gesetzes badeten. Es ist kein Wunder, daß sie dieses Buch liebten, das uns schillernder und mannigfaltiger als hundert Montaignes erscheinen will. Selbst Fragmente dieses Buches bewahrten sie mit einer wilden Zuneigung, sie lösten sich beim Vorlesen von Bruchstücken dieses gewaltigen Manuskriptes ab, gaben in späteren Jahrhunderten große Summen aus, um es in seinem vollen Umfange drucken zu lassen, weinten, wenn Könige und Päpste und Parlamente es beschlagnahmten oder verbrannten, jubelten, wenn ein Reuchlin und Erasmus es in Schutz nahmen, und halten es auch noch in unserer Zeit als den wertvollsten Besitz ihrer Kult- und Wohnstätten, als Zuflucht, Trost und Gefängnis der jüdischen Seele.

ZWEITES KAPITEL

Die Juden im Mittelalter

[565–1300]

I. DIE VORDERASIATISCHEN GEMEINDEN

ISRAEL hatte nun ein Gesetz, aber keinen Staat. Bis 614 war Jerusalem eine christliche Stadt; bis 629 persisch; bis 637 wiederum christlich; dann bis 1099 eine muselmanische Provinzhauptstadt. In diesem Jahre belagerten die Kreuzritter Jerusalem; die Juden verteidigten die Stadt gemeinsam mit den Mohammedanern; als sie fiel, wurden die Juden, die noch am Leben waren, in einer Synagoge zusammengetrieben und darin lebendigen Leibes verbrannt[1]. Nach der Wiedereinnahme der Stadt durch Saladin nahm die palästinische Judenschaft rasch wieder zu (1187), und Saladins Bruder, der Sultan al-Adil, nahm die 300 Rabbiner, die 1211 aus England und Frankreich geflohen waren, gut auf. 52 Jahre später fand Nachmanides in Palästina jedoch nur noch eine Handvoll Juden vor[2]; die Heilige Stadt war überwiegend mohammedanisch geworden.

Trotz allen Übertritten und gelegentlichen Verfolgungen blieben die Juden in dem muselmanischen Syrien, Babylonien (Irak) und Persien in großer Zahl vertreten und entwickelten dort ein reges Wirtschafts- und Kulturleben. In ihren inneren Angelegenheiten standen sie weiterhin wie unter den Sassanidenkönigen im Genuß der Selbstregierung unter ihrem Exilarchen und den Leitern der rabbinischen Akademien. Der Exilarch wurde von den Kalifen als Haupt aller Juden von Babylonien, Armenien, Turkestan, Persien und Yemen anerkannt; nach dem Zeugnis des Benjamin von Tudela mußten alle Untertanen des Kalifen «sich vor dem Fürsten der Gefangenschaft erheben und ihn achtungsvoll grüßen»[3]. Das Amt des Exilarchen war in einer Familie erblich, die ihren Stammbaum auf David zurückführte; es war eher eine politische als eine geistige Macht, und seine Bemühungen, das Rabbinat unter seine Kontrolle zu bekommen, führte zu seinem Niedergang und Sturz. Nach 762 wählten und beherrschten die Leiter der Akademien die Exilarchen.

Die rabbinischen Schulen von Sura und Pumphadita sorgten für die religiöse und intellektuelle Führerschaft der Juden des Islam und in geringerem Umfang auch der Juden des christlichen Gebietes. Im Jahre 658 entzog der Kalif Ali die Akademie der Rechtsprechung des Exilarchen; daraufhin nahm ihr Leiter, Mar-Isaak, den Titel eines Gaon (Exzellenz) an und begründete das Gaonat und damit das Zeitalter der Geonim in der babylonischen Religion und Geisteswelt[4]. Als die Schule von Pumphadita infolge der Nähe von Bagdad an Reichtum und Würde zunahm, legten sich auch ihre Leiter den Gaon-Titel zu. Vom siebenten bis zum elften Jahrhundert wurden Probleme des talmudischen Rechts aus der ganzen Judenschaft diesen Geonim vorgelegt, und ihre *responsa* schufen eine neue Gesetzesliteratur für die Judenschaft.

Das Aufkommen der Geonim fiel mit einer Häresie zusammen – und war in gewissem Umfange wohl auch durch sie notwendig geworden –, die nun die vorderasiatische Judenschaft erschütterte und aufspaltete. Als 762 der Exilarch Salomon starb, wäre die Nachfolgerschaft seinem Neffen Anan ben David zugefallen, aber die Leiter von Sura und Pumphadita umgingen den Grundsatz der Erbfolge und setzten Anans jüngeren Bruder Chananya als Exilarchen ein. Anan erhob Klage gegen die beiden Geonim, floh nach Palästina, gründete seine eigene Synagoge und rief die Juden in aller Welt auf, sich vom Talmud abzukehren und nur das Gesetz des Pentateuch anzuerkennen. Damit kehrte er zu der Stellungnahme der Sadduzäer zurück; der Vorgang entspricht der Verwerfung der «Überlieferungen» und der Koranbegeisterung der Schiiten im Islam und der protestantischen Preisgabe der katholischen Überlieferungen zugunsten einer Rückkehr zu den Evangelien. Anan ging noch weiter und unterwarf auch den Pentateuch einer Überprüfung in einem Kommentar, das einen kühnen Fortschritt im kritischen Studium des Bibeltextes bedeutete. Er widersetzte sich den Änderungen, welche die talmudischen Rabbinen am Mosaischen Gesetz vorgenommen hatten, als sie es durch ihre Auslegungen den neuen Verhältnissen anpaßten, und verlangte die unbedingte Befolgung der Gebote des Pentateuch; seine Anhänger erhielten daher den Namen «Qaraiten»* – «Textanhänger». Anan pries Jesus als einen heiligen Menschen, dessen Absicht gewesen sei, nicht das geschriebene Gesetz des Moses, sondern das ungeschriebene Gesetz der Schriftgelehrten und Pharisäer abzuschaffen; Jesus habe nicht eine neue Religion gründen, sondern die alte jüdische Religion läutern und kräftigen wollen[5]. Die Zahl der Qaraiten in Palästina, Ägypten und Spanien nahm schnell zu, indes im zwölften Jahrhundert wieder ab; heute ist nur noch ein verschwindender Rest in der Türkei, Südrußland und Arabien übrig. Qaraiten des neunten Jahrhunderts gaben, vermutlich durch die Mutaziliten des Islam beeinflußt, Anans Grundsatz der wörtlichen Auslegung auf und vertraten die Ansicht, die Wiederauferstehung des Fleisches und gewisse körperhafte Beschreibungen Gottes in der Bibel seien nur mit einem metaphorischen Körnchen Salz zu verstehen. Die strenggläubigen «rabbanitischen» Juden kehrten ihrerseits zu der wörtlichen Auslegung zurück und verlangten, wie die strenggläubigen Mohammedaner, daß Ausdrücke wie «Gottes Hand» oder «Gott setzte sich» ganz wörtlich zu nehmen seien; es gab Bibelerklärer, welche die genauen Maße von Gottes Leib, Gliedern und Bart berechneten[6]. Einige wenige jüdische Freidenker, wie Chivi al-Balchi, verwarfen selbst den Pentateuch als bindendes Gesetz[7]. Es war in dieser Umwelt des wirtschaftlichen Gedeihens, der religiösen Freiheit und der lebhaften Diskussion, daß das Judentum seinen ersten berühmten mittelalterlichen Philosophen hervorbrachte.

Saadia ben Joseph al-Fayyumi wurde 892 in Dilaz, einem Dorf des Faiyûm, geboren. Er wuchs in Ägypten auf und heiratete dort. Im Jahre 915 wanderte er erst nach Palästina, dann nach Babylonien aus. Er muß ein tüchtiger Student und vernünftiger Lehrer gewesen sein, denn im jugendlichen Alter von sechsunddreißig Jahren wurde er zum Gaon der Aka-

* Von *Qera*, dem aramäischen Wort für *Text*, von *qara*, «lesen»; vgl. *Quran*.

demie von Sura ernannt. In Anbetracht der Einbrüche von Qaraismus und Skeptizismus in das strenggläubige Judentum machte er sich an die Aufgabe, die sich die *mutakallimun* im Islam gestellt hatten – nämlich die vollständige Übereinstimmung des überlieferten Glaubens mit Vernunft und Geschichte darzulegen. In seinem kurzen Leben von fünfzig Jahren brachte Saadia, meist in arabischer Sprache, eine Menge von Schriften hervor, denen in der Geschichte des mittelalterlichen jüdischen Denkens nur Maimonides die Waage hält. Sein *Agron*, ein aramäisches Wörterbuch des Hebräischen, begründete die hebräische Philologie; sein *Kitab al-Lugah*, das *Buch der Sprache*, ist die älteste bekannte Grammatik der hebräischen Sprache; seine arabische Übersetzung des Alten Testamentes ist bis heute die von den Arabisch sprechenden Juden benutzte Übertragung; seine verschiedenen Kommentare zu Büchern der Bibel stufen ihn als «vielleicht den bedeutendsten Bibelkommentator aller Zeiten» ein[8]; sein *Kitab al-Amanat*, das *Buch der philosophischen Lehren und Meinungen* (933) ist die *Summa contra gentiles* der jüdischen Theologie.

Saadia bekennt sich sowohl zur Offenbarung als auch zur Überlieferung, zum geschriebenen wie zum ungeschriebenen Gesetz; er spricht sich aber auch zugunsten der Vernunft aus und will mittels der Vernunft die Wahrheit von Offenbarung und Überlieferung beweisen. Wo die Bibel in deutlichem Widerspruch zur Vernunft stehe, seien wir zu der Annahme berechtigt, die betreffende Textstelle solle von ausgereiften Menschen nicht wörtlich aufgefaßt werden. Anthropomorphische Schilderungen der Gottheit seien metaphorisch zu verstehen; Gott sei nicht menschengleich. Die Ordnung und Gesetzmäßigkeit der Welt ließen auf einen vernunfthaft handelnden Schöpfer schließen. Es sei widersinnig, anzunehmen, ein vernunftgemäß handelnder Gott werde die Tugend nicht belohnen, aber offensichtlich finde in diesem Leben die Tugend nicht immer ihren Lohn; infolgedessen müsse es ein jenseitiges Leben geben, das die augenscheinlichen Ungerechtigkeiten dieses Lebens wieder ausgleiche. Vielleicht seien die Leiden der Tugendsamen auf dieser Erde als Strafen für ihre gelegentlichen Sünden aufzufassen, so daß sie beim Tode unmittelbar ins Paradies eingehen könnten, und die irdischen Triumphe der Sündhaften seien Belohnungen für ihre gelegentlichen Tugenden, so daß ... Aber auch diejenigen, die auf Erden zu höchster Tugendsamkeit, zu Gedeihen und Glück kämen, fühlten im Herzen, daß es einen besseren Zustand gebe als den irdischen der unbegrenzten Möglichkeiten und begrenzten Erfüllungen; wie könne denn ein Gott, der hinreichend verstandesbegabt sei, um eine so wunderbare Welt zu erschaffen, zulassen, daß sich in der Seele solche Hoffnungen bildeten, wenn sie sich nie erfüllten?[9] Saadia übernahm ein wenig von den muselmanischen Theologen und folgte ihrer Darstellungsweise, dann und wann sogar Einzelheiten ihres Gedankenganges. Seinerseits durchdrang sein Werk das Judentum und beeinflußte Maimonides. «Wäre Saadia nicht gewesen», sagt ben Maimon, «so wäre die Tora fast ganz verschwunden[10].»

Man muß zugeben, daß Saadia einige Schärfe zeigte und sein Streit mit dem Exilarchen David ben Zakkai die babylonische Judenschaft verletzte. Im Jahre 930 exkommunizierte David den Saadia und Saadia den David. 940 starb David, und Saadia ernannte einen neuen Exilarchen; dieser wurde von den Muselmanen ermordet, da er sich geringschätzig über Mohammed geäußert habe. Saadia ernannte den Sohn des Ernannten zum Nachfolger, aber auch der Jüngling wurde ermordet. Die entmutigten Juden beschlossen, das Amt nicht mehr zu besetzen, und im Jahre 942 fand die siebenhundertjährige Wirksamkeit des babylonischen Exilarchates ihr Ende. Im gleichen Jahre starb Saadia. Die Aufsplitterung des bagdadischen Kalifates, die Gründung unabhängiger muselmanischer Staaten in Ägypten, Nordafrika und Spanien schwächten die Bande zwischen der asiatischen, afrikanischen und europäischen Judenschaft. Die babylonischen Juden wurden in den wirtschaftlichen Zerfall des östlichen Islam nach dem zehnten Jahrhundert mit einbezogen; die Akademie von Sura schloß 1034, diejenige von Pumphadita vier Jahre später ihre Tore, und im Jahre 1040 ging das Gaonat zu Ende. Die Kreuzzüge trennten die babylonischen von den ägyptischen und europäischen Juden, und nach der Plünderung von Bagdad durch die Mongolen (1258) verschwand die jüdische Gemeinde von Babylon fast völlig aus der Geschichte.

Schon lange vor diesen Katastrophen waren viele vorderasiatische Juden weiter nach Asien hinein und nach Arabien, Ägypten, Nordafrika und Europa ausgewandert. Im Jahre 1165 wies Ceylon 23 000 Juden auf[11]; mehrere jüdische Gemeinden in Arabien überstanden die Feindseligkeiten des Mohammed; als Amr 641 Ägypten eroberte, erwähnte er in seinem Bericht «40 000 tributpflichtige» (steuerzahlende) Juden in Alexandrien. In gleichem Maße, wie Kairo seine Vorstädte ausdehnte, nahm auch die strenggläubige wie qaraitische jüdische Bevölkerung zu. Die ägyptischen Juden genossen in inneren Angelegenheiten die Selbstverwaltung unter ihrem *nagid* («Fürst»); im Handel brachten sie es zu Reichtum und in der Verwaltung des muselmanischen Staates zu hohen Ämtern[12]. Nach einer Überlieferung sollen im Jahre 960 vier Rabbiner in Bari in See gegangen sein; ihr Schiff sei von spanischen Muselmanen gekapert, die Rabbiner seien als Sklaven verkauft worden: Rabbi Moses und sein Sohn Chanoch nach Córdoba, Rabbi Schemaria nach Alexandrien, Rabbi Huschiel nach Qairwan. Alle vier seien freigelassen worden und hätten in der Stadt, in der sie verkauft worden waren, eine Akademie gegründet. Man nimmt allgemein, wenn auch nicht mit Sicherheit, an, daß sie Gelehrte aus Sura waren; auf jeden Fall trugen sie die Gelehrsamkeit der östlichen Judenschaft nach dem Westen, und während das Judentum in Asien niederging, hub für das Judentum in Ägypten und Spanien eine Zeit des Friedens und der Ruhe an.

II. DIE EUROPÄISCHEN GEMEINDEN

Von Babylonien und Persien über die Transoxiana und den Kaukasus und von Kleinasien über Konstantinopel und die Schwarzmeerküste entlang gelangten Juden in das mittelalterliche Rußland. In Konstantinopel und im ganzen Byzantinischen Reich erfreuten sich die Juden vom achten bis zum zwölften Jahrhundert eines ständig bedrohten Wohlstandes. In Griechenland gab es mehrere große jüdische Gemeinden, insbesondere in Theben, deren Seidenfabriken in hohem Ruf standen. Über Thessalien, Thrakien und Makedonien wanderten die Juden die Balkanhalbinsel herauf und folgten der Donau nach Ungarn. Eine Handvoll jüdischer Händler kam im zehnten Jahrhundert von Deutschland nach Polen. In Deutschland hatte es seit vorchristlichen Zeiten Juden gegeben. Im neunten Jahrhundert gab es beträchtliche jüdische Niederlassungen in Metz, Speyer, Mainz, Worms, Straßburg, Frankfurt und Köln. Diese Gemeinden waren viel zu sehr mit Handel beschäftigt, als daß sie viel zur Kulturgeschichte hätten beitragen können; Gerschom ben Jehuda (960–1028) gründete aber doch eine rabbinische Akademie in Mainz, schrieb einen hebräischen Talmudkommentar und erwarb sich eine derartige Autorität, daß deutsche Juden sich in Fragen des talmudischen Gesetzes an ihn und nicht an die Geonim von Babylon wandten.

Im Jahre 691 sind Juden in England anzutreffen[13]. Mit Wilhelm dem Eroberer kamen viele weitere Juden nach England, wo sie als Kapitallieferanten und Steuereinnehmer anfangs den Schutz der Normannenkönige genossen. Ihre Gemeinden in London, Norwich, York und anderen englischen Städten waren der Rechtsprechung der Ortsbehörden entzogen und nur dem König unmittelbar untertan. Diese rechtliche Absonderung vertiefte die Kluft zwischen Christen und Juden und spielte bei den Judenverfolgungen des zwölften Jahrhunderts eine Rolle.

In Gallien gab es jüdische Kaufleute seit Caesars Zeit. Bis 600 entstanden in allen größeren Städten jüdische Kolonien. Die Merowingerkönige verfolgten sie mit frommer Grausamkeit; Chilperich befahl allen Juden, das Christentum anzunehmen, ansonsten ihnen die Augen ausgestochen würden (581)[14]. Karl der Große hielt zwar die unterschiedliche Gesetzgebung gegenüber den Juden aufrecht, schützte sie aber als nützliche und unternehmende Bauern und Handwerker, Kaufleute, Ärzte und Finanzmänner und hielt sich einen jüdischen Leibarzt. Nach einer umstrittenen Überlieferung soll er 787 die Kalonymos-Familie von Lucca nach Mainz geholt haben, um die jüdische Gelehrsamkeit im Fränkischen Reich zu fördern. 797 schickte er einen Juden als Dolmetscher und Reiseführer mit einer Gesandtschaft an Harun al-Raschid. Ludwig der Fromme begünstigte die Juden, da sie den Handelsverkehr anregten, und ernannte einen *magister Iudaeorum* als Hüter ihrer Rechte. Trotz feindseliger Legenden, rechtlicher Benachteiligungen und gelegentlicher kleinerer Verfolgungen erfreuten sich die Juden im Frankenreich des neunten und zehnten Jahrhunderts einer Wohlhabenheit und Ruhe, die ihnen in Europa vor der Französischen Revolution kaum je mehr zuteil wurde[15].

Über ganz Italien waren kleine jüdische Enklaven verstreut, von Trani bis Venedig und Mailand. Besonders zahlreich waren die Juden in Padua vertreten; möglicherweise haben sie das Anwachsen des Averroismus an der dortigen Universität beeinflußt. Salerno, die Stätte der ersten wissenschaftlichen Medizinschule im lateinischen Christentum, beherbergte 600 Juden[16], darunter mehrere berühmte Ärzte. Kaiser Friedrich II. hielt an seinem Hofe in Foggia Juden, und Papst Alexander III. (1159–1181) ließ an seinem Hofe mehrere Juden zu hohen Stellen aufsteigen[17]; Friedrich schloß sich aber dem Papste Gregor IX. in seinen Unterdrückungsmaßnahmen gegen die Juden Italiens an.

Die spanischen Juden nannten sich Sephardim und behaupteten, vom königlichen Stamme Juda abzustammen*. Nach dem Übertritt des Königs Rekkared (586–601) zum katholi-

---

* *Sepharad* wird im Buche Obadia (1, 20) als Name eines Gebietes, vermutlich Kleinasiens, verwandt, in das die Juden von Nebukadnezar deportiert wurden (597 v. Chr.); das Wort wurde später auf Spanien angewandt. Die Juden von Deutschland wurden auf Grund ihrer angeblichen Abstammung von Aschkenaz, dem Enkel des Japheth (Gen. x, 3) in lockerem Sprachgebrauch Aschkenazim genannt.

schen Christentum schloß sich die Westgotenregierung der mächtigen Hierarchie der spanischen Kirche im Bestreben an, den Juden das Leben weniger angenehm zu machen. Sie wurden von allen Staatsämtern ausgeschlossen, durften keine Christen heiraten und keine christlichen Sklaven besitzen. König Sisebut stellte alle Juden vor die Wahl, entweder Christen zu werden oder auszuwandern (613); sein Nachfolger widerrief das Dekret, das Konzil von Toledo ordnete jedoch 633 an, alle Juden, die sich hatten taufen lassen und dann wieder die jüdische Religion angenommen hatten, von ihren Familien loszureißen und als Sklaven zu verkaufen. König Chintila erneuerte Sisebuts Dekret (638), und König Egika untersagte den Juden den Grundbesitz und verbot jede Geschäftstätigkeit zwischen Christen und Juden (693). Als die Mauren und Araber in die Halbinsel einfielen (711), unterstützten die Juden sie nach Kräften.

Die Eroberer, die das Land wieder bevölkern wollten, riefen zur Einwanderung auf; 50 000 Juden kamen aus Asien und Afrika herbei[18]; einige Städte, wie zum Beispiel Lucena, waren fast ausschließlich von Juden bevölkert. Von allen wirtschaftlichen Einschränkungen befreit, breiteten sich die Juden des muselmanischen Spanien auf jedem Gebiete des Ackerbaues, des Gewerbes, des Geldwesens und der freien Berufe aus. Sie nahmen Kleidung, Sprache und Bräuche der Araber an, kleideten sich in Seidengewänder und trugen Turbane, fuhren in Kutschen und unterschieden sich kaum mehr von ihren semitischen Vettern. Mehrere Juden wurden Hofärzte, und einer wurde Ratgeber des größten Kalifen von Córdoba.

Hasdai ibn Schaprut (915–970) bedeutete für Abd-er-Rahman III., was Nizam al-Mulk im folgenden Jahrhundert für Malik Schah bedeuten sollte. Er war ein Sohn der reichen und kultivierten Ibn-Ezra-Familie; sein Vater unterrichtete ihn in Hebräisch, Arabisch und Latein; er studierte unter anderem Medizin in Córdoba, heilte den Kalifen von seinen Gebrechen und zeigte ein so umfassendes Wissen und gutes Urteil in der Politik, daß er dem Diplomatenstab zugeteilt wurde, anscheinend im Alter von 25 Jahren. Eine immer größere Verantwortlichkeit im Finanz- und Handelswesen des Staates wurde ihm übertragen. Er hatte keinen offiziellen Titel; der Kalif wollte keinen Haß erwecken, indem er ihn offiziell zum Wesir ernannte; Hasdai erfüllte aber seine vielen Aufgaben mit so viel Takt, daß er sich die Zuneigung von Arabern, Juden und Christen in gleicher Weise gewann. Er förderte Bildung und Literatur, versah Studenten mit Stipendien und Büchern und scharte um sich einen Salon von Dichtern, Gelehrten und Philosophen. Bei seinem Tode wetteiferten Muselmanen und Juden, sein Gedächtnis zu ehren.

Auch andernorts in Spanien gab es ähnliche, wenn auch weniger bedeutende Gestalten. In Sevilla lud al-Mutamid den Gelehrten und Astronomen Isaak ben Baruch an seinen Hof, verlieh ihm den Titel eines Fürsten und setzte ihn als Oberrabbiner aller dortigen jüdischen Gemeinden ein[19]. In Granada wetteiferte Samuel Halevi ibn Naghdela in Macht und Weisheit mit Hasdai ibn Schaprut und übertraf ihn gar noch an Gelehrsamkeit. In Granada geboren (993) und aufgewachsen, verband er das Studium des Talmud mit demjenigen der arabischen Literatur und beides mit dem Verkauf von Gewürzen. Als Granada den Berbern in die Hände fiel, zog er nach Málaga, wo er sein bescheidenes Einkommen damit verbesserte, daß er Bittstellern bei der Abfassung ihrer Gesuche an König Habbus von Granada half. Der Wesir des Königs, dem die Schönschrift und der Stil dieser Briefe auffielen, suchte Samuel auf, nahm ihn mit nach Granada und beschäftigte ihn in der Alhambra als seinen Sekretär. Bald war Samuel auch sein Ratgeber, und der Wesir behauptete: «Wenn Samuel einen Rat erteilte, so war die Stimme Gottes zu vernehmen.» Auf dem Totenbett empfahl der Wesir Samuel als seinen Nachfolger, und im Jahre 1027 wurde Samuel der einzige Jude, der offen Amt und Titel eines Wesirs in einem muselmanischen Staate innehatte; das war in Granada um so eher möglich, als im elften Jahrhundert die Bevölkerung dieser Stadt zur Hälfte jüdisch war[20]. Die Araber waren von der Wahl bald begeistert, denn unter Samuel erlebte der kleine Staat eine finanzielle, politische und kulturelle Blüte. Er war selbst Gelehrter, Dichter, Astronom, Mathematiker und Linguist und sprach sieben Sprachen; er schrieb (hauptsächlich auf Hebräisch) zwanzig grammatische Abhandlungen, verschiedene Gedichtbände und philosophische Abhandlungen, eine Einführung in den Talmud und eine Blütenlese der hebräischen Literatur. Sein Vermögen teilte er mit anderen Dichtern, kam dem Dichter und Philosophen Ibn Gabirol zu Hilfe, unterstützte junge Studenten und stiftete Geld für jüdische Gemeinden in den drei Kontinenten. Er war gleichzeitig Wesir des Königs und Rabbiner der Juden und hielt Vorlesungen über den Talmud. Sein dankbares Volk übertrug ihm den Titel eines Nagid – «Fürsten» (in Israel). Bei seinem Tode (1055) trat seine Nachfolgerschaft als Wesir und Nagid sein Sohn Joseph ibn Naghdela an.

Diese Jahrhunderte – das zehnte, elfte und zwölfte – waren das Goldene Zeitalter der spanischen Judenschaft, die glücklichste und fruchtbarste Zeit der mittelalterlichen hebräischen Geschichte. Als Moses ben Chanoch († 965), einer der Emigranten von Bari, in Córdoba losgekauft wurde, eröffnete er dort mit Hasdais Hilfe eine Akademie, die bald die geistige Führung im Judentum erhielt. Ähnliche Schulen entstanden in Lucena, Toledo, Barcelona, Granada …; und während die Schulen des östlichen Judentums sich fast ausschließlich mit religiösem Unterricht befaßten, unterrichteten diese Schulen auch in Literatur, Musik, Mathematik, Astronomie, Medizin und Philosophie[21]. Diese Bildung vermittelte der oberen Hälfte der jüdischen Bevölkerung in Spanien eine Weite und Tiefe der Kultur und Verfeinerung, der nur ihre muselmanischen, byzantinischen und chinesischen Zeitgenossen die Waage zu halten vermochten. Damals war es eine Schande für einen vermögenden oder politisch hochstehenden Mann, wenn er sich nicht in Geschichte, Naturwissenschaft, Philosophie und Dichtung auskannte[22]. Eine jüdische Aristokratie bildete sich heran, von schönen Frauen anmutig geziert; vielleicht war sie ihrer Überlegenheit allzusehr bewußt; ihr Sinn dafür, daß hohe Geburt und großes Vermögen zu Freigebigkeit und vorzüglichen Leistungen verpflichten, glich aber ihren Hochmut wieder etwas aus.

Der Niedergang der spanischen Judenschaft könnte mit dem Sturz des Joseph ibn Naghdela datiert werden. Er diente seinem König fast mit dem gleichen Geschick wie sein Vater, aber er besaß nicht die Bescheidenheit und das Taktgefühl, um eine halb maurische Bevölkerung mit dem Gedanken auszusöhnen, daß sie von einem Juden regiert wurde. Er brachte die gesamte Macht in seine Hand, kleidete sich in ebenso königliche Gewänder wie der König selbst und spottete über den Koran; der Klatsch nannte ihn einen Atheisten.

Im Jahre 1066 erhoben sich die Araber und Berber, kreuzigten Joseph, metzelten 4000 Juden in Granada nieder und plünderten sie aus. Die verbliebenen Juden wurden zum Verkauf ihres Grundbesitzes und zur Auswanderung gezwungen. Zwanzig Jahre darauf kamen die Almoraviden von Afrika herüber, glühend vor Strenggläubigkeit, und der lange Wonnemond der spanischen Muselmanen und Juden war zu Ende. Ein mohammedanischer Theologe verkündete, die Juden hätten Mohammed versprochen, sie würden spätestens in fünfhundert Jahren zum Islam übertreten, falls der erwartete Messias nicht kommen würde; die fünf Jahrhunderte waren nach muselmanischer Zeitrechnung im Jahre 1107 verflossen; der Emir Yusuf verlangte von allen Juden in Spanien die Bekehrung, entband sie aber von dieser Pflicht, falls sie ihm eine gewaltige Summe für seinen Staatsschatz entrichteten[23]. Als die Almohaden die Almoraviden als Herrscher von Marokko und dem muselmanischen Spanien verdrängten (1148), stellten sie die Juden und Christen vor die gleiche Wahl, die König Sisebut vor 535 Jahren den Juden zugestanden hatte – Apostasie oder Exil. Viele Juden täuschten den Übertritt zum Islam vor; viele schlossen sich den Christen auf ihrer Wanderung nach Nordspanien an.

Dort brachte ihnen der König anfangs die gleiche großherzige Duldsamkeit entgegen, die sie vier Jahrhunderte lang unter dem Islam genossen hatten. Alfons VI. und VII. von Kastilien behandelten die Juden gut, setzten Juden und Christen vor dem Gesetz gleich und unterdrückten einen aufflammenden Antisemitismus in Toledo, wo damals 72 000 Juden wohnten, mit aller Strenge (1107)[24]. Eine gleiche Entente zwischen Mutter- und Tochterreligion herrschte ein Jahrhundert lang in Aragón; König Jakob I. lud die Juden sogar ein, sich in Mallorca, Katalonien und Valencia niederzulassen, und gab in vielen Fällen jüdischen Siedlern kostenfrei Land und Unterkunft[25]. In Barcelona beherrschten sie im zwölften Jahrhundert den Handel und besaßen ein Drittel des Bodens[26]. Die Juden des christlichen Spaniens wurden schwer besteuert, gediehen aber und genossen eine Selbstverwaltung in inneren Angelegenheiten. Der Handel blühte zwischen Christen, Juden und Mauren; alle drei tauschten an Feiertagen Geschenke aus; hie und da stiftete ein König einen Beitrag für den Bau einer Synagoge[27]. Von 1085 sogar bis 1492 konnte man in hohen Regierungsämtern spanischer christlicher Staaten Juden, vorzugsweise als Steuerbeamte und Diplomaten, manchmal als Minister, finden[28]. Während des zwölften und dreizehnten Jahrhunderts beteiligte sich der christliche Klerus an dieser Freundschaftsbereitschaft der Christen[29].

Der erste Ausbruch der Intoleranz erfolgte bei den Juden selbst. 1149 richtete Jehuda ibn Ezra, der Haushofmeister von Alfons VII. von León und Kastilien, die Regierungsgewalt seines Herrn gegen die qaraitischen Juden von Toledo; nähere Einzelheiten sind nicht bekannt, aber von dieser Zeit an ist von den früher zahlreichen spanischen Qaraiten nichts mehr zu hören[30]. Im Jahre 1212 drangen christliche Kreuzritter in Spanien ein, um an seiner Befreiung von den Mauren teilzunehmen; sie behandelten die Juden größtenteils gut; eine Schar griff die Juden von Toledo an, wobei viele Juden ums Leben kamen; die Christen der Stadt erhoben sich aber zur Verteidigung ihrer Mitbürger und geboten der Verfolgung Einhalt[31]. Alfons X. von Kastilien nahm judenfeindliche Gesetze in sein Gesetzbuch von 1265 auf, es trat aber erst im Jahre 1348 in Kraft; Alfons hielt sich aber doch einen jüdischen Arzt und Schatzmeister, schenkte den Juden von Sevilla drei Moscheen zur Umwandlung in Synagogen[32] und sonnte sich in dem Glanze, den die jüdische und muselmanische Gelehrsamkeit seiner fördernden Regierung verlieh. 1276 machten die kriegerischen Unternehmungen von Peter III. von Aragón unerträgliche Steuern notwendig; sein Finanzminister und mehrere andere Staatsbeamte waren Juden; ein Aufstand von Adligen und Städten gegen die Monarchie zwang den König, seine jüdischen Helfer zu entlassen und einen Beschluß der Cortes (1283) zu bestätigen, der die weitere Beschäftigung von Juden im Staatsdienst verbot. Die Ära der Duldsamkeit hörte mit dem Kirchenkonzil von Zamora auf (1313), das die unterscheidende Kleidung der Juden und ihre Absonderung von der christlichen Bevölkerung vorschrieb, den Christen verbot, jüdische Ärzte aufzusuchen, und den Juden untersagte, christliche Dienstboten zu halten[33].

III. DAS LEBEN DER JUDEN BEI DEN CHRISTEN

I. DER STAAT

Wenn man von Palermo und wenigen Städten in Spanien absicht, gab es bei der mittelalterlichen Christenheit keine Städte, die eine Absonderung ihres jüdischen Bevölkerungsteiles verlangten. Gewöhnlich wohnten die Juden jedoch in freiwilliger Isolierung, um der sozialen Annehmlichkeit, körperlichen Sicherheit und religiösen Einheit willen. Die Synagoge war der räumliche, soziale und wirtschaftliche Mittelpunkt des Judenviertels und zog die meisten jüdischen Behausungen an sich. Infolgedessen wohnten, sehr zum Schaden der öffentlichen und privaten Gesundheitspflege, die Menschen dort viel zu dicht aufeinander. In Spanien waren in den jüdischen Stadtvierteln sowohl prächtige Wohnsitze als auch Hütten und Mietskasernen zu finden; im übrigen Europa waren die Judenquartiere nicht viel anderes als Elendsviertel[34].

Wenn man den ganz allgemein größeren Einfluß der Reichen bei Wahlen und Ernennungen mit in Betracht zieht, waren die jüdischen Gemeinwesen halbdemokratische Enklaven in einer monarchischen Welt. Die steuerzahlenden Mitglieder der Gemeinde wählten die Rabbinen und Synagogenbeamten. Eine kleine Gruppe auserwählter Ältermänner amtete als *Beth Din*, Gemeindegericht; dieser Behörde oblag die Erhebung von Steuern, die Festsetzung der Preise, die Rechtsprechung und der Erlaß von Vorschriften – die nicht immer befolgt wurden – über Kost, Tanz, Sitten und Kleidung der Juden. Sie war ermächtigt, Juden den Prozeß zu machen, die sich gegen das jüdische Gesetz vergangen hatten, und verfügte über ausführende Organe, um ihren Erlassen Nachachtung zu verschaffen. Die Strafen gingen von Bußen bis zur Exkommunikation oder Verbannung. Die Todesstrafe stand selten in der Macht oder im Brauch des *Beth Din*; statt dessen wandte der jüdische Gerichtshof die vollständige Exkommunikation *(cherem)* an – bei der in einer erhabenen und furchterregenden Zeremonie Anklagen und Verwünschungen vorgebracht und Kerzen, eine nach der anderen, ausgeblasen wurden, womit der geistige Tod des Schuldigen symbolisiert werden sollte. Die Juden wandten, wie auch die Christen, die Exkommunikation viel zu häufig an, so daß sie bei beiden Religionen ihre Schrecken und ihre Wirksamkeit einbüßte. Wie die Kirche verfolgten auch die Rabbinen die Häretiker, ächteten sie und verbrannten, wenn auch selten, ihre Bücher[35].

Gewöhnlich unterstand die Judengemeinde den Ortsbehörden nicht. Ihr einziger Herr war der König; ihm zahlte sie große Summen, um einen Freibrief zu erhalten, der ihre religiösen und wirtschaftlichen Rechte schützte; später zahlte sie den freien Gemeinden Gelder zur Bestätigung ihrer Autonomie. Die Juden waren jedoch dem Gesetz des Staates unterworfen und machten es sich zum Grundsatz, es zu befolgen; «das Staatsgesetz sei Gesetz», sagt der Talmud[36]. «Bete für das Wohlergehen der Regierung, denn wenn nicht die Furcht vor dieser, würde einer den anderen lebendig verschlingen[37].»

Der Staat belegte die Juden mit einer Kopfsteuer, Besitzsteuern in Höhe von bis zu 33% und Steuern auf Fleisch, Wein, Schmuck, Importen und Exporten; dazu verlangte er «freiwillige» Beiträge an die Finanzierung eines Krieges, einer Krönung oder einer Rundreise des Königs. Die englischen Juden, die im zwölften Jahrhundert nur ein Viertelprozent der Gesamtbevölkerung ausmachten, zahlten acht vom Hundert der Staatssteuern. Sie brachten ein Viertel der Sondersteuer für den Kreuzzug Richards I. auf und stifteten 5000 Mark an das Lösegeld, das ihn aus deutscher Gefangenschaft befreite – das Dreifache des Betrages, den die Stadt London gestiftet hatte[38]. Auch an seine eigene Gemeinde mußte der Jude Steuern abführen; dazu wurde er ständig um Gaben für wohltätige und Bildungszwecke und für die Unterstützung der bedrängten Juden Palästinas angegangen. In jedem Augenblick konnte der König mit und ohne Angabe eines Grundes das Vermögen «seiner Juden» ganz oder teilweise beschlagnahmen, denn nach dem Feudalrecht waren sie seine «Leute». Beim Tode eines Königs verfiel seine Einwilligung in den Schutz der Juden; sein Nachfolger konnte sich zu einer Erneuerung bewegen lassen, wenn er eine reiche Gabe erhielt; manchmal war das ein Drittel des gesamten jüdischen Besitzes im Staate[39]. Im Jahre 1463 erklärte Albrecht III., der Markgraf von Brandenburg, es stehe jedem neuen deutschen König zu, «*dem Brauche gemäß* entweder alle Juden zu verbrennen oder ihnen seine Gnade zu bezeigen und, um ihr Leben zu retten, den dritten Pfennig (das heißt ein Drittel) ihres Besitzes zu heischen»[40]. Bracton, der führende englische Jurist des dreizehnten Jahrhunderts, faßte die Angelegenheit kurz zusammen: «Ein Jude kann nichts als sein eigen besitzen, denn was auch immer er erwirbt, erwirbt er nicht für sich selbst, sondern für den König[41].»

2. DIE WIRTSCHAFT

Zu diesen politischen Unannehmlichkeiten traten wirtschaftliche Hemmungen. Weder von Gesetzes wegen noch sonst waren die Juden am Grundbesitz verhindert; zu der einen oder anderen Zeit des Mittelalters besaßen sie erhebliche Landstücke im muselmanischen oder christlichen Spanien, in Sizilien, Schlesien, Polen, England und Frankreich[42]. Die Begleitumstände ließen jedoch den Landbesitz in zunehmendem Maße untunlich erscheinen. Da sie nach dem christlichen Recht keine Christen als Sklaven halten durften und das jüdische Gesetz ihnen die Haltung von jüdischen Sklaven verbot, waren die Juden auf freie Arbeitskräfte angewiesen, die schwer zu finden und im Unterhalt teuer waren. Das jüdische Gesetz verbot die Arbeit am Samstag, das christliche Gesetz verbot gewöhnlich die Arbeit am Sonntag; diese Muße war eine Unbequemlichkeit. Lehnsbrauch oder -gesetz verunmöglichten es einem Juden, im Feudalsystem einen Platz zu finden; die Belehnung forderte einen christlichen Treueid und den Kriegsdienst, aber in fast allen christlichen Staaten war den Juden das Waffentragen gesetzlich verboten[43]. Im westgotischen Spanien widerrief König Sisebut alle Belehnungen, die seine Vorgänger an Juden vergeben hatten; König Egika «verstaatlichte» alle jüdischen Güter, die zu irgendeiner Zeit Christen gehört hatten, und 1293 verboten die Cortes von Valladolid den Landverkauf an Juden. Die stets gegenwärtige Möglichkeit der Vertreibung oder eines Angriffs bewog die Juden nach dem neunten Jahrhundert, den Landbesitz und die ländliche Einsamkeit zu meiden. Alle diese Umstände hielten die Juden vom Ackerbau ab und machten sie zum Stadtleben, zu Gewerbe, Handel und Geldgeschäften geneigt.

Im Vorderen Orient und in Südeuropa waren die Juden rege im Gewerbe tätig; in mehreren Fällen waren sie es, die fortschrittliche handwerkliche Arbeitsverfahren vom Islam nach Byzanz oder in westliche Länder trugen. Benjamin von Tudela fand Hunderte von jüdischen Glasbläsern in Antiochien und Tyrus vor; Juden in Ägypten und Griechenland waren wegen ihrer vorzüglichen gefärbten und bestickten Stoffe berühmt, und sogar noch im dreizehnten Jahrhundert berief Friedrich II. jüdische Handwerker zum Betrieb seiner staatlichen Seidenindustrie auf Sizilien. Dort und anderswo waren Juden in der Metallverarbeitung, besonders im Goldschmiede- und Schmuckgewerbe, tätig; sie betrieben die Zinnbergwerke von Cornwall bis 1290[44]. Hebräische Handwerker in Südeuropa waren in machtvollen Zünften zusammengeschlossen und standen erfolgreich in Wettbewerb mit ihren christlichen Konkurrenten. In Nordeuropa errangen jedoch die christlichen Zünfte in vielen Gewerben eine Monopolstellung. Ein Staat nach dem anderen untersagte es den Juden, den Christen als Schmiede, Zimmerleute, Schneider, Schuhmacher, Müller, Bäkker oder Ärzte zu dienen, auf dem Markte Wein, Mehl, Butter oder Öl zu verkaufen[45] oder außerhalb des Judenviertels ein Haus zu erwerben.

Solchermaßen eingeengt, wandten sich die Juden dem Handel zu. Rab, der babylonische Talmudist, hatte seinem Volke einen gewiegten Lehrspruch gegeben: «Handle mit hundert Gulden, und du kannst dir Fleisch und Wein leisten; lege die gleiche Summe im Akkerbau an, und du hast bestenfalls Brot und Salz[46].» Der jüdische Höker war in allen Städten und Flecken wohlbekannt, der jüdische Kaufmann auf jedem Markte, an jeder Messe. Der internationale Handel war ihre Spezialität, beinahe ihr Monopol, bis zum elften Jahrhundert; ihre Ballen überquerten die Berge, ihre Karawanen zogen durch die Wüsten, ihre Schiffe durchfurchten die Meere; meistens begleiteten sie ihre Waren selbst. Sie dienten als wirtschaftliches Bindeglied zwischen Christenheit und Islam, zwischen Europa und Asien, zwischen den slawischen und den westlichen Staaten. Der Sklavenhandel lag größtenteils in ihren Händen[47]. Zugute kam ihnen das Talent und die Geduld, mit der sie fremde Sprachen lernten, ihre Kenntnis des Hebräischen, die Gleichheit von Gesetzen und Bräuchen bei weit auseinanderliegenden jüdischen Gemeinden und die Gastfreundschaft, die jedem fremden Juden in den Judenvierteln aller Städte entgegengebracht wurde; Benjamin von Tudela reiste beispielsweise durch die halbe Welt und konnte sich überall zu

Hause fühlen. Ibn Chordadbeh, der Postdirektor des Kalifates von Bagdad im Jahre 870, berichtet in seinem *Wegebuch* von jüdischen Kaufleuten, die Persisch, Griechisch, Arabisch, Fränkisch, Spanisch und Slawisch sprachen, und beschreibt die Land- und Seerouten, über die sie von Spanien und Italien nach Ägypten, Indien und China reisten[48]. Diese Kaufleute brachten Eunuchen, Sklaven, Brokate, Pelze und Schwerter in den Fernen Osten und kamen von dort mit Moschus, Aloe, Kampher, Gewürzen und Seiden wieder heim[49]. Die Einnahme Jerusalems in den Kreuzzügen und die Eroberung des Mittelmeeres durch die Flotten von Venedig und Genua verschafften den italienischen Kaufleuten die Vorhand vor den Juden, und deren wirtschaftliche Führerstellung nahm mit dem elften Jahrhundert ein Ende. Schon vor den Kreuzzügen hatte Venedig den Transport jüdischer Kaufleute auf venezianischen Schiffen untersagt, und bald darnach verschloß die Hanse ihre Nord- und Ostseehäfen dem jüdischen Handel[50]. Im zwölften Jahrhundert trieben die Juden zur Hauptsache nur noch Binnenhandel, und selbst in diesem eingeengten Bereich war der Verkauf verschiedener Waren durch Juden dem Verbot unterworfen[51].

Sie wandten sich dem Geldwesen zu. In einer feindseligen Umgebung, in der ihre unbeweglichen Güter der Gewalttätigkeit des Volkes oder der Habgier der Könige zum Opfer fallen konnten, drängte sich den Juden der Schluß auf, daß ihre Ersparnisse in flüssiger und beweglicher Gestalt angelegt werden müßten. Sie machten sich zunächst an das einfache Geschäft des Geldwechsels, dann nahmen sie Geld für geschäftliche Investierungen auf, dann gaben sie Darlehen gegen Zins. Der Pentateuch[52] und der Talmud[53] hatten das Zinsnehmen unter Juden verboten, nicht aber zwischen Juden und Nichtjuden. Mit zunehmender Kompliziertheit des Wirtschaftslebens und wachsendem Geldbedarf durch die Entwicklung von Handel und Gewerbe gingen die Juden dazu über, sich gegenseitig durch Vermittlung eines christlichen Mittelmannes[54] oder über eine stille Teilhaberschaft an Unternehmen und Gewinn Geld zu leihen – ein Schlich, den die Rabbiner und verschiedene christliche Theologen guthießen[55]. Da sowohl der Koran als auch die Kirche das Zinsnehmen verboten und christliche Geldverleiher infolgedessen vor dem dreizehnten Jahrhundert selten waren, wandten sich muselmanische und christliche Geldbedürftige – darunter auch Geistliche, Kirchen und Klöster[56] – um Darlehen an Juden; Aaron von Lincoln zum Beispiel lieferte das Geld zum Bau von neun Zisterzienserklöstern und der großen Abtei von St. Albans[57]. Im dreizehnten Jahrhundert machten sich christliche Bankiers auf diesem Gebiet breit, übernahmen die von Juden entwickelten Verfahren und übertrafen ihre jüdischen Konkurrenten bald an Reichtum und an der Größe ihrer Unternehmungen. Der christliche Wucherer stellte keine geringeren Forderungen als der Jude, obwohl er sich nicht entfernt im gleichen Umfange gegen die Möglichkeiten von Mord und Plünderung zu schützen hatte[58]. Beide erpreßten den Schuldner gleichermaßen mit römischer Unerbittlichkeit, und der König beutete sie alle miteinander aus.

Alle Geldverleiher waren einer hohen Besteuerung unterworfen, die Juden außerdem noch gelegentlich der völligen Beschlagnahme. Die Könige machten es sich zum Grundsatz, hohe Zinssätze zuzulassen und von Zeit zu Zeit den Geldgebern die Gewinne abzuknöpfen. Die Kosten des Geldeintreibens waren hoch, und oft mußte der Gläubiger Beamte bestechen, damit er die Erlaubnis erhielt, die geschuldete Summe einzuziehen[59]. Im

Jahre 1198 befahl Innozenz III., der den Vierten Kreuzzug vorbereitete, allen christlichen Fürsten, den vollständigen Nachlaß der von Christen an Juden geschuldeten Zinsen zu erzwingen[60]. Ludwig IX., der heilige König von Frankreich, gewährte «zu seiner eigenen und seiner Ahnen Seelenrettung» allen seinen Untertanen einen Nachlaß von einem Drittel aller ihrer Schulden an Juden[61]. Englische Könige überließen bei Gelegenheit an Untertanen, die Juden Geld schuldeten, eine Verzichtsurkunde, durch die den Schuldnern die Zahlung des Zinses oder des Kapitals oder beides erlassen wurde; nicht selten verkauften die Könige solche Urkunden und zeichneten in ihren Registern die Summen auf, die sie für ihre Menschenfreundlichkeit auf Kosten anderer erhalten hatten[62]. Die englische Regierung forderte bei jedem Darlehensgeschäft eine Abschrift des Vertrages; es wurde ein Finanzamt für Juden gebildet, das diese Verträge registrieren und überwachen mußte und gegen sie angestrengte Prozesse zu behandeln hatte; konnte ein jüdischer Bankier die ihm auferlegten Steuern und Abgaben nicht entrichten, so sah die Regierung das Register seiner Darlehen durch und beschlagnahmte sie ganz oder teilweise und benachrichtigte die Schuldner, daß sie das Geld nicht dem Gläubiger, sondern dem Staat zurückzuzahlen hätten[63]. Als 1187 Heinrich II. in England eine Sondersteuer erhob, wurden die Juden gezwungen, ein Viertel ihres Besitzes abzugeben, während die Christen nur ein Zehntel zu entrichten hatten; fast die Hälfte der gesamten Steuer wurde von den Juden aufgebracht[64]. Zeitweise «finanzierten die Juden das Königreich»[65]. Im Jahre 1210 befahl König Johann, alle Juden Englands – Männer, Frauen und Kinder – ins Gefängnis zu werfen; sie mußten eine Abgabe von 66 000 Mark leisten[66]*; wer im Verdacht stand, nicht den vollen Betrag seiner gehorteten Schätze angegeben zu haben, wurde gefoltert, indem man ihm jeden Tag einen Zahn ausriß, bis er gestand[67]. 1230 beschuldigte Heinrich III. die Juden, die Münzen des Königreiches verkleinert zu haben (offenbar hatten einige das tatsächlich getan), und zog ein Drittel des gesamten beweglichen Besitzes der englischen Juden ein. Da diese Maßnahme sich als einträglich erwies, wurde sie im Jahre 1239 wiederholt; zwei Jahre darauf wurden den Juden 20 000 Silbermark abgenommen; 60 000 Mark, eine Summe, die den Jahreseinkünften der Krone gleichkam, hatten sie im Jahre 1244 zu entrichten. Als Heinrich III. vom Earl of Cornwall 5000 Mark lieh, überantwortete er ihm alle Juden Englands als Sicherheit[68]. Eine Reihe von Abgaben trieb die Juden zwischen 1252 und 1255 dermaßen in Verzweiflung, daß sie um die Erlaubnis nachsuchten, England *en masse* verlassen zu dürfen; die Erlaubnis wurde ihnen verweigert[69]. 1275 untersagte Edward I. strengstens jedes Geldverleihen gegen Zins. Es gab deswegen doch immer noch Darlehen, und da das Risiko größer war, stiegen auch die Zinssätze. Edward befahl, alle Juden Englands zu verhaften und ihren Besitz einzuziehen. Viele christliche Geldgeber wurden ebenfalls verhaftet, drei von ihnen endeten am Galgen. 280 Juden wurden in London gehängt, zerrissen oder gevierteilt; dazu kamen noch Hinrichtungen in den Grafschaften, und das Eigentum von Hunderten von Juden wurde zugunsten des Staates beschlagnahmt[70].

In den von Bangen erfüllten Pausen zwischen den Beschlagnahmungen gediehen die jüdischen Bankiere, und einige wurden allzu offensichtlich reich. Sie streckten nicht nur

---

* Eine Mark war ein halbes Pfund Silber und besaß eine Kaufkraft, die den heutigen Wert des gleichen Betrages um etwa das Hundertfache übersteigen dürfte.

Geld zum Bau von Schlössern, Kathedralen und Klöstern vor, sondern bauten auch selbst mächtige Häuser; sie waren die ersten, die in England ihre Häuser aus Stein erbauten. Trotz Rabbi Eleazars Ausspruch, daß «alle Menschen vor Gott gleich» seien, «Frauen und Sklaven, Reiche und Arme»[71], gab es arme und reiche Juden. Die Rabbiner suchten durch eine Reihe von wirtschaftlichen Verordnungen die Armut zu mildern und der Ausbeutung durch die Reichen Einhalt zu gebieten. Sie betonten nachdrücklich, daß die Allgemeinheit für das Wohlergehen aller verantwortlich sei, und milderten den Zusammenprall der Gegensätze durch organisierte Wohltätigkeit. Sie verurteilten den Reichtum nicht, es gelang ihnen aber, der Gelehrsamkeit das gleiche Ansehen zu geben wie dem Wohlstand. Sie brandmarkten Monopole und Kornergeschäfte als sündhaft[72], verboten dem Detaillisten, mehr als ein Sechstel des Großhandelspreises als Gewinn zu nehmen[73], überwachten Maße und Gewichte und setzten Höchstpreise und Mindestlöhne fest[74]. Von diesen Verordnungen blieben viele erfolglos; die Rabbiner konnten das Wirtschaftsleben der Juden nicht von demjenigen der christlichen oder muselmanischen Nachbarn loslösen, und das Gesetz von Angebot und Nachfrage setzte sich trotz aller Gesetzgebung durch.

3. GESITTUNG

Die Reichen suchten durch ausgiebige Wohltätigkeit für ihren angesammelten Wohlstand zu sühnen. Sie anerkannten die sozialen Verpflichtungen des Reichtums und fürchteten sich wohl auch vor dem Fluche oder der Wut der Armen. Von keinem einzigen Juden hört man, daß er in einer jüdischen Gemeinde Hungers gestorben wäre[75]. Bereits im zweiten nachchristlichen Jahrhundert wurde jedes Gemeindemitglied, so arm es auch war, von Zeit zu Zeit von Gemeindeaufsehern bestürmt, seinen Beitrag an die «Gemeindekasse» *(kupah)* zu leisten, der die Fürsorge für die Alten, Armen und Kranken und die Ausbildung und Ausstattung der Waisen oblag[76]. Gastfreundschaft wurde in reichem Maße gewährt, besonders an wandernde Scholaren; in manchen Gemeinden wurden ankommende Reisende von Gemeindebeamten in Privathäusern einquartiert. Jüdische philanthropische Gesellschaften entstanden gegen Ausgang des Mittelalters in großer Zahl; es gab nicht nur viele Spitäler, Waisen- und Armenhäuser und Altersheime, sondern auch Organisationen, die für den Loskauf von Gefangenen sorgten, Bräuten eine Mitgift verschafften, Krankenbesuche veranstalteten, in Not geratenen Witwen halfen und die Bestattungskosten von Toten übernahmen[77]. Christen beklagten sich über die Habgier der Juden und versuchten ihre Mitchristen zu größerer Wohltätigkeit zu bewegen, indem sie ihnen die beispielhafte Freigebigkeit der Juden vor Augen hielten[78].

Klassenunterschiede zeigten sich in Kleidung, Ernährung, Sprache und auf hunderterlei andere Arten. Der gewöhnliche Jude trug ein langärmeliges Gewand mit Gürtel, einen Kaftan, meistens von schwarzer Farbe, als ob er um seinen zerstörten Tempel und sein verwüstetes Heimatland in Trauer wäre; in Spanien stellten die vermögenden Juden ihren Reichtum aber mit Seidengewändern und Pelzwerk zur Schau, und die Rabbiner klagten vergeblich über die Handhabe, die sie durch solche Schaustellungen der Feindseligkeit und Unzufriedenheit boten. Als der König von Kastilien allen Putz und Staat in der Kleidung verbot, kamen die männlichen Juden dem Verbote nach, ihre Frauen kleideten sie aber weiterhin in glanzvolle Gewänder; als der König eine Erklärung verlangte, versicherten sie ihm, die Galanterie des Königs hätte doch unmöglich solche Einschränkungen auch für Frauen im Auge haben können[79], und die Juden fuhren während des ganzen Mittelalters fort, ihre Frauen gut zu kleiden. Sie verboten ihnen aber, sich mit unbedecktem Haar in der Öffentlichkeit zu zeigen; ein derartiges Vergehen war ein Scheidungsgrund; und dem Juden wurde bedeutet, niemals in der Gegenwart einer Frau zu beten, deren Haar sichtbar war[80].

Die hygienischen Vorschriften des Gesetzes wirkten den Folgen der Übervölkerung der Judenviertel entgegen. Die Beschneidung, das wöchentliche Bad, das Verbot des Genusses von Wein und verdorbenem Fleisch verschafften den Juden einen besseren Schutz gegen Krankheiten, die in ihrer christlichen Nachbarschaft wüteten[81]. Hautkrankheiten waren bei den christlichen Armen, die Pökelfleisch und Salzfische aßen, weit verbreitet, aber selten bei den Juden. Wohl aus den gleichen Gründen hatten die Juden weniger unter Cholera und ähnlichen Krankheiten zu leiden als die Christen[82]. Dagegen schüttelte das Malariafieber in den Elendsvierteln Roms, die von den Moskitos der Campagna-Sümpfe verseucht waren, Juden und Christen gleicherweise.

Das sittliche Verhalten der Juden spiegelte ihre orientalische Erbschaft und ihre europäischen Rechtlosigkeiten wider. An allen Ecken und Enden entrechtet, ausgeplündert und niedergemetzelt, gedemütigt und wegen Verbrechen verurteilt, die sie nicht begangen hatten, nahmen die Juden, wie die körperlich Schwachen es überall tun, in Selbstverteidigung ihre Zuflucht zur List. Die Rabbiner betonten immer wieder: «Die Beraubung eines Nichtjuden ist verboten»[83], aber einige Juden versuchten sich doch daran[84]; die Christen waren wohl im Handel auch so gerissen, als es ihnen gegeben war. Einige Bankleute, Juden und Christen, waren in ihrem Entschluß, sich die Zahlung zu erzwingen, unbarmherzig, wenn es auch im Mittelalter wie im achtzehnten Jahrhundert sicher Geldverleiher gegeben hat, die so ehrlich und zuverlässig waren wie Meyer Anselm vom Roten Schild. Gewisse Juden und Christen schnitten Metall von den Münzen ab und nahmen gestohlenes Gut an[85]. Die häufige Verwendung von Juden in hohen Stellungen im Finanzwesen läßt vermuten, daß ihre christlichen Arbeitgeber auf ihre Rechtschaffenheit vertrauten. Gewaltverbrechen – Mord, Raub, Entführung – kamen bei den Juden selten vor. In christlichen Ländern war die Trunksucht bei Juden seltener anzutreffen als in islamischen Ländern.

Trotz eines polygamen Hintergrundes war ihr Geschlechtsleben bemerkenswert gesund. Die Päderastie kam bei ihnen seltener vor als bei anderen Völkern östlicher Herkunft. Ihre Frauen waren keusche Jungfrauen, fleißige Gattinnen und fruchtbare und gewissenhafte Mütter; der Brauch der frühen Heirat schränkte die Prostitution auf ein Minimum ein[86]. Junggesellen waren eine Seltenheit. Rabbi Ascher ben Yehiel ordnete an, daß ein Junggeselle von zwanzig Jahren, falls er nicht in das Gesetzesstudium vertieft sei, von Gerichts wegen zur Heirat gezwungen werden könne[87]. Die Ehen wurden von den Eltern vermittelt; nur wenige Mädchen waren nach dem Zeugnis eines Dokumentes aus dem elften Jahrhundert «so unanständig oder unverschämt, eigene Wünsche oder Bevorzugungen anzumelden»[88]; keine Ehe war aber vollgültig, wenn nicht beide Teile ihre Zustimmung gegeben hatten[89]. Es stand dem Vater frei, seine Tochter als Kind, bereits mit sechs Jahren, in die Ehe zu geben; diese Kinderehen führten aber erst nach Eintritt der Reife zu einem tatsächlichen Eheleben, und die Tochter konnte sie für ungültig erklären, sobald sie volljährig wurde[90]. Die Vermählung war eine zeremonielle Handlung, die die Frau gesetzlich zur Gattin des Mannes machte; von da an konnten sie sich nur noch auf Grund eines Scheidungsbriefes trennen. Bei der Vermählung wurde ein Kontrakt *(ketuba)* unterzeichnet, der die Mitgift und die Morgengabe festlegte. Die letztere war eine Geldsumme, die vom Vermögen des Ehegatten ausgeschieden und der Frau ausbezahlt wurde, falls der Gatte sich scheiden ließ oder starb. Ohne eine Morgengabe von mindestens 200 Zuzas (mit denen man ein Einfamilienhaus kaufen konnte) war keine Eheschließung mit einer jungfräulichen Braut rechtsgültig.

Die Vielweiberei wurde von reichen Juden in islamischen Ländern gepflegt, selten bei Juden im christlichen Bereich[91]. In der nachtalmudischen rabbinischen Literatur ist unzählige Male von der «Gattin» des Mannes, nie von den «Gattinnen» die Rede. Um das Jahr 1000 dekretierte der Rabbi Gerschom ben Jehuda von Mainz die Exkommunikation jedes polygamen Juden, und es dauerte nicht lange, bis mit Ausnahme von Spanien in ganz Europa Polygamie und Konkubinat bei den Juden so gut wie völlig verschwanden. Es gab aber weiterhin Fälle, da eine Frau nach zehnjähriger Kinderlosigkeit dem Gatten gestattete, eine zweite Frau oder eine Konkubine zu nehmen[92]; die Zeugung von Kindern war lebenswichtig. Das gleiche Dekret des Gerschom schaffte das alte Recht des Gatten ab, sich ohne Einwilligung oder Verschulden der Frau von ihr scheiden zu lassen. Ehescheidungen waren wahrscheinlich unter den Juden des Mittelalters seltener als im heutigen Amerika.

Trotz der verhältnismäßigen Lockerheit der Ehebande vor dem Gesetz war die Familie der erhaltende Mittelpunkt des jüdischen Lebens. Äußere Gefahren brachten innere Einigkeit, und selbst feindselig eingestellte Zeugen bekunden die «Wärme und Würde ... Besorgtheit, Achtsamkeit, Eltern- und Bruderliebe», die die jüdische Familie auszeichneten und heute noch auszeichnen[93]. Der junge Ehegatte, mit seinem Weibe in Arbeit, Freude und Leid vereint, entwickelte eine innige Liebe zu ihr als einem Teil seines weiteren Selbstes; er wurde Vater, und die um ihn aufwachsenden Kinder stachelten seine verborgenen Kräfte an und weckten seine ausgeprägt tiefe Gesinnung der Treue. Wahrscheinlich hatte er vor der Ehe mit keiner Frau Verkehr gehabt, und in einer so kleinen und eng beieinanderwohnenden Gemeinde bot sich ihm wenig Gelegenheit zur Untreue nach der Eheschließung. Beinahe von Geburt an sparte er Geld, um seinen Töchtern eine Mitgift und den Söhnen eine Morgengabe mitgeben zu können; es war ihm selbstverständlich, daß er sie in der ersten Zeit ihrer Ehe unterstützte; das schien klüger zu sein, als die Jugend in einem Jahrzehnt geschlechtlicher Zügellosigkeit auf die Einschränkungen des ehelichen Lebens vorzubereiten. In vielen Fällen zog der Bräutigam nach der Hochzeit in das Haus seines Schwiegervaters – selten zur Mehrung des Glückes. Die Befehlsgewalt des ältesten Vaters im Haushalt war fast so absolut wie im Rom der Republik. Er durfte seine Kinder exkommunizieren und seine Frau innerhalb der Grenzen des Vernünftigen schlagen; wenn er sie jedoch ernstlich verletzte, erlegte die Gemeinde ihm eine Buße auf, die sein Vermögen an den Rand des Nichts brachte. Gewöhnlich übte er seine Autorität mit einer Strenge aus, welche eine leidenschaftliche Liebe nie ganz zu überdecken vermochte.

Die Stellung der Frau war niedrig nach dem Gesetz, hoch nach der Sitte. Wie Platon dankte der Jude seinem Gott, daß er nicht als Frau geboren war, und die Frauen erwiderten demütig: «Ich danke Gott, daß ich seinem Willen gemäß erschaffen bin[94].» In der Synagoge nahmen die Frauen einen getrennten Ort auf der Galerie oder hinter den Männern ein – ein ungewandtes Kompliment für ihre ablenkenden Reize, und wenn es um die Beschlußfähigkeit einer Versammlung ging, zählten sie nicht mit. Preislieder auf die Schönheit der Frau galten für ungeziemend, wenn der Talmud sie auch gestattete[95]. Das Flirten fand, wenn überhaupt, auf schriftlichem Wege statt; eine öffentliche Unterhaltung zwischen den beiden Geschlechtern – sogar zwischen Mann und Weib – wurde von den Rabbinern verboten[96]. Tanzen war gestattet, aber nur der Tanz von Frauen mit Frauen, von Männern mit Männern[97]. Während der Mann nach dem Gesetz der einzige Erbe seiner Gattin war, beerbte die Witwe ihren verstorbenen Gatten nicht; bei seinem Tode erhielt sie den Gegenwert ihrer Mitgift und der Morgengabe; im übrigen verließ man sich darauf, daß ihre Söhne, die natürlichen Erben, anständig für ihren Unterhalt sorgten. Töchter erbten nur, wenn keine Söhne da waren; sonst hingen sie ganz von der Bruderliebe ab, die selten versagte[98]. Mädchen wurden nicht in die Schule geschickt; ein wenig Wissen galt bei ihnen als besonders gefährlich. Sie durften jedoch private Studien treiben; wir hören von mehreren Frauen, die öffentliche Vorlesungen über das Gesetz abhielten – wenn die Vortragende sich auch manchmal durch eine Trennwand von der Zuhörerschaft verbarg[99]. Trotz jeder physischen und gesetzlichen Benachteiligung erhielt die jüdische Frau, die es verdiente, nach der Eheschließung alle Ehren und die vollständige Zuneigung. Judah ben Moses ibn Tibbon (1170) zitiert zustimmend einen muselmanischen Weisen: «Nur die Ehrenhaften ehren die Frauen, nur die Verächtlichen verachten sie[100].»

Die Beziehungen zwischen Eltern und Kindern kamen der Vollkommenheit näher als die ehelichen Beziehungen. Der Jude war mit der ganzen Eitelkeit der Selbstverständlichkeit auf seine Zeugungsfähigkeit und seine Kinder stolz; seinen feierlichsten Eid leistete er, indem er die Hand auf die Hoden *(testes)* des Mannes legte, dem er schwor; daher das Wort *testieren*, *testimonial*. Jeder Mann mußte zumindest zwei Kinder haben; gewöhnlich hatte er mehr. Das Kind wurde als ein Geschenk des Himmels, als ein wahrhaftiger fleischgewordener Engel verehrt. Der Vater wurde beinahe als Stellvertreter Gottes verehrt; der Sohn blieb in Gegenwart seines Vaters stehen, sofern er nicht aufgefordert wurde, Platz zu nehmen, und leistete ihm einen besorgten Gehorsam, der sich mit dem Stolz der Jugend durchaus vereinbaren ließ. Bei der Beschneidungszeremonie wurde der Sohn gemäß Abrahams Vereinbarung Jahve geweiht, und jede Familie fühlte sich verpflichtet, einen Sohn zum Rabbiner auszubilden. Sobald der Jüngling sein dreizehntes Lebensjahr vollendet hatte, wurde seine Mannhaftigkeit anerkannt, und in einer feierlichen Bestätigungszeremonie wurde er allen Verpflichtungen des Gesetzes unterworfen*. Die Religion war

* Diese Zeremonie der *bar mizvah* («Sohn der Pflicht», das heißt Erbe der Verantwortlichkeit) läßt sich nicht über das vierzehnte Jahrhundert hinaus zurückverfolgen[101], ist aber wahrscheinlich älter.

auf jeder Stufe seiner Entwicklung mit ihrer ehrfurchtsgebietenden Heiligkeit gegenwärtig und erleichterte die Aufgabe der Elternschaft.

4. DIE RELIGION

In gleicher Weise stand die Religion als geistige Polizei über jeder Stufe des Sittengesetzes. Zweifellos fanden sich Maschen in dem Netz des Gesetzes, und es wurden auch Gesetze erdichtet, um einem unternehmungslustigen Volke die unerläßliche Anpassungsfreiheit wiederzugeben. Im großen und ganzen scheint sich jedoch der mittelalterliche Jude an das Gesetz gehalten zu haben, da es für ihn ein Bollwerk war, das ihn nicht nur vor ewiger Verdammnis schützte, sondern in besser sichtbarer Weise auch vor der völkischen Zersplitterung. Es erwies sich immer wieder als lästig, aber er ehrte es als die eigentliche Heimstätte und Schule seines Wachstums, als sein Lebenselement.

Bei den Juden war jedes Haus eine Kirche, jede Schule ein Tempel, jeder Vater ein Priester. Die Gebete und das Ritual der Kirche hatten ihr kürzeres Gegenstück in den häuslichen religiösen Bräuchen. Die Fasten und Feiern des Glaubens wurden mit erbaulichen Zeremonien gefeiert, die die Gegenwart mit der Vergangenheit, die Lebenden mit den Toten und den noch Ungeborenen verbanden. Jeden Freitagabend, am Vorabend des Sabbat, berief der Vater Frau und Kinder und die Dienstboten um sich, segnete jeden einzeln und stand ihnen in Gebet, religiösen Lesungen und frommen Gesängen vor. Am Türpfosten jedes größeren Zimmers wurde ein Röhrchen *(mesusah)* mit einer Pergamentrolle befestigt, auf der zwei Textstellen aus dem fünften Buch Mosis (VI, 4–9; XI, 13–21) standen, welche die Juden daran erinnerten, daß «der Herr, unser Gott, ein einiger Herr» sei und «von ganzem Herzen, von ganzer Seele, nach ganzem Vermögen» liebgehabt werden müsse. Vom vierten Lebensjahr an wurde das Kind in die Synagoge mitgenommen, und dort wurde ihm die Religion in seinem bildungsfähigsten Alter eingeprägt.

Die Synagoge war nicht nur ein Tempel, sie war auch der gesellschaftliche Mittelpunkt der jüdischen Gemeinschaft; *synagoge* bedeutet wie auch *ekklesia*, *synode* und *collegium* «Versammlung», «Gemeinde». In vorchristlicher Zeit war sie im wesentlichen eine Schule; die Aschkenazim nennen sie heute noch *Schule*. In der Diaspora hatte sie eine seltsame Vielfalt von Funktionen zu übernehmen. In einigen Synagogen war es Brauch, am Sabbat die vom *Beth Din* im Laufe der Woche gefaßten Beschlüsse bekanntzugeben, Steuern einzuziehen, verlorene Gegenstände auszurufen, Klagen von Gemeindemitgliedern gegeneinander entgegenzunehmen und bevorstehende Verkäufe von Hab und Gut zu verkünden, so daß jedermann, der einen Anspruch darauf erhob, Protest einlegen konnte. Die Synagoge befaßte sich mit der Gemeindewohlfahrt und gewährte in Vorderasien Reisenden Unterkunft. Das Gebäude selbst war stets das schönste im Judenviertel; manchmal, besonders in Spanien und Italien, war es ein architektonisches Meisterwerk mit teurer und liebevoll angebrachter Ausschmückung. Christliche Behörden verboten wiederholt den Bau von Synagogen, die der höchsten Kirche der Stadt an Höhe gleichkamen; im Jahre 1221 ließ Papst Honorius III. in Bourges eine solche Synagoge niederreißen[102]. Sevilla hatte im vierzehnten Jahrhundert 23 Synagogen aufzuweisen, Toledo und Córdoba nicht viel weniger; eine

1315 in Córdoba errichtete Synagoge wird heute von der spanischen Regierung als Nationaldenkmal geschützt.

Jede Synagoge besaß eine Schule (*Beth ha-midrasch* – Studienhaus – die arabische *madrasa*); dazu gab es noch Privatschulen und Hauslehrer; wahrscheinlich konnten im Mittelalter verhältnismäßig mehr Juden als Christen lesen und schreiben[103], wenn sie auch von den Muselmanen darin noch überboten wurden. Die Lehrer wurden von der Gemeinde oder den Eltern besoldet, unterstanden aber alle der Aufsicht der Gemeinde. Die Knaben wurden früh am Morgen in die Schule geschickt – im Winter vor Sonnenaufgang; nach einigen Stunden kehrten sie zum Frühstück heim; dann ging es wieder zurück in die Schule bis elf Uhr, heim zum Mittagessen, zurück in die Schule um zwölf Uhr, eine Ruhepause zwischen zwei und drei, dann wieder Schule bis zum Abend; dann erst wurden sie endlich heimgeschickt, um zu Abend zu essen, zu beten und ins Bett zu gehen. Das Leben war für einen jüdischen Knaben also eine sehr ernsthafte Angelegenheit[104].

Das Hebräische und der Pentateuch waren die ersten Lehrfächer. Im Alter von zehn Jahren ging der Schüler an die Mischna, mit dreizehn an die wichtigeren Abhandlungen des Talmud; wer sich zum Gelehrten ausbilden wollte, setzte das Studium von Mischna und Gemara bis zum zwanzigsten Jahre und noch länger fort. Dadurch, daß der Talmud so verschiedenartige Gegenstände behandelt, erhielt der Schüler einen Begriff von einem Dutzend Wissenschaften, erfuhr aber fast nichts von der nichtjüdischen Geschichte[105]. Es wurde viel durch Wiederholung gelernt; der Chor der Rezitierenden tönte so gewaltig, daß manche Ortschaften Schulen ausschlossen[106]. Die höhere Bildung wurde in der Yeschibah, der Akademie, vermittelt. Wer eine solche Akademie absolviert hatte, wurde *talmid chacham* – Gesetzesgelehrter – genannt; er war gewöhnlich von den Gemeindesteuern befreit, und wenn er auch nicht notwendigerweise ein Rabbiner war, so mußten sich doch alle Nichtgelehrten bei seinem Kommen und Gehen erheben[107].

Der Rabbiner war Lehrer, Jurist und Priester. Er war gehalten, sich zu verehelichen. Für seine religiösen Funktionen erhielt er einen geringen oder gar keinen Sold; gewöhnlich verdiente er sich den Lebensunterhalt mit weltlichen Dingen. Selten predigte er; das Predigen wurde Wanderpredigern *(maggidim)* überlassen, die in einer volltönenden und angsterweckenden Beredsamkeit ausgebildet waren. Jedes Gemeindemitglied konnte als Vorbeter, Vorleser oder Prediger wirken; gewöhnlich wurde diese Ehre jedoch einem besonders prominenten oder philanthropischen Juden zuteil. Das Gebet war für den Strenggläubigen eine verwickelte Zeremonie. Damit er es ganz richtig ausführte, mußte er sich zum Zeichen der Ehrfurcht den Kopf bedecken, an Armen und Stirn kleine Etuis mit Zitaten aus dem Exodus (XIII, 1–16) und dem Deuteronomium (VI, 4–9; XI, 13–21) befestigen und am Saum seines Gewandes Fransen tragen, die mit den Grundgeboten des Herrn beschrieben waren. Die Rabbiner erklärten diese Formalitäten als notwendig, um die Erinnerung an die Einheit und Allgegenwart und die Gesetze Gottes wachzuhalten; einfache Juden sahen in ihnen schließlich magische Amulette, denen Wunderkräfte innewohnten. Der Höhepunkt des Gottesdienstes war die Vorlesung aus der Gesetzesrolle, die in einer kleinen Arche über dem Altar aufbewahrt wurde.

Die Juden der Diaspora wollten zuerst nichts von Musik bei der Religionsausübung wissen, da sie kaum zu der Trauerstimmung um ihr verlorenes Heimatland passen wollte. Musik und Religion gehören aber so eng zusammen wie Dichtung und Liebe; die tiefsten Gefühlsempfindungen bedürfen zu ihrem zivilisierten Ausdruck der empfindungsreichsten aller Künste. Die Musik kehrte auf dem Umweg über die Dichtung wieder in die Synagoge zurück. Im sechsten Jahrhundert begannen die *paitanim*, «neuhebräische» Dichter, religiöse Dichtwerke zu verfassen, die zwar wegen ihrer vielen Akrostichen und alliterierenden Künsteleien verworren waren, aber durch die volltönende Pracht des Hebräischen erhebend und mit der religiösen Inbrunst erfüllt waren, die dem Juden nun zu Patriotismus und Frömmigkeit zugleich diente. Die unbeholfenen, aber kraftvollen Hymnen des Eleazar ben Kalir (achtes Jahrhundert) haben immer noch in dem einen oder anderen Synagogenritual ihren Platz. Die gleiche Dichtung kam nun bei den Juden Spaniens, Italiens, Frankreichs und Deutschlands auf. Als diese Sakralgedichte *(piutim)* im Gottesdienst der Synagoge aufkamen, wurden sie von einem Vorsänger gesungen, und die Musik nahm wieder ihren Einzug in das Ritual. Außerdem wurden die Bibellesungen und Gebete in vielen Synagogen von einem Kantor oder der Gemeinde in einem Singsang rezitiert, dessen musikalische Tonfolgen weitgehend improvisiert waren, gelegentlich aber dem Vorbilde des einstimmigen Chorals des gregorianischen Kirchengesangs folgten[108]. Einige Zeit vor dem elften Jahrhundert kam aus der Singschule des Klosters von St. Gallen die komplizierte Weise des berühmten hebräischen Liedes *Kol Nidre* («Alle Gelübde»)[109].

Die Synagoge vermochte den Tempel im Herzen des Juden nie ganz zu ersetzen. Die Hoffnung, daß es ihm eines Tages vergönnt sein würde, Jahve vor dem Allerheiligsten auf dem Berge Zion zu opfern, entflammte seine Einbildungskraft und setzte ihn wiederholten Täuschungen durch einen falschen Messias aus. Um 720 behauptete der Syrer Serene, er sei der erwartete Erlöser, und organisierte einen Feldzug, um Palästina von den Muselmanen zurückzuerobern. Juden aus Babylonien und Spanien schlossen sich dem Abenteurer an. Er wurde gefangengenommen, von dem Kalifen Yezid II. als Betrüger entlarvt und hingerichtet. Etwa dreißig Jahre später führte Obadiah Abu Isa ben Ischaq von Isfahan eine ähnliche Revolte an; 10 000 Juden ergriffen das Schwert und fochten tapfer unter seiner Führung; sie wurden geschlagen, Isa fiel im Kampf und die Juden von Isfahan erfuhren eine ununterschiedliche Bestrafung. Als der Erste Kreuzzug Europa in Spannung hielt, träumten jüdische Gemeinden davon, daß die Christen im Falle des Sieges Palästina an die Juden zurückerstatten würden[110]; eine Reihe von Judenverfolgungen riß sie aus diesen Phantasien heraus. 1160 rüttelte David Alrui die Juden Mesopotamiens mit der Verkündigung auf, er sei der Messias und werde ihnen Jerusalem und die Freiheit zurückgewinnen; sein Schwiegervater, der befürchtete, die Unbotmäßigkeit könnte für die Juden verhängnisvoll werden, ermordete ihn im Schlaf. Um 1225 zeigte sich ein neuer Messias in Südarabien, wo er die Juden zur Massenhysterie aufstachelte; Maimonides entlarvte in einem berühmten «Brief an den Süden» die Behauptungen des Mannes als betrügerisch und erinnerte die arabischen Juden daran, daß solchen unbesonnenen Aufstandsversuchen in der Vergangenheit Tod und Verderben gefolgt waren[111]. Er ließ aber doch die Messiashoffnung als unerläßliche Stütze des jüdischen Geistes in der Zerstreuung gelten und machte sie zu einem der dreizehn Hauptpunkte des jüdischen Glaubens[112].

IV. ANTISEMITISMUS 500–1306

Worin sind die Ursachen der Feindschaft zwischen Nichtjuden und Juden zu suchen?

Die Hauptursachen waren eh und je wirtschaftlicher Art, aber religiöse Streitpunkte haben wirtschaftlichen Rivalitäten Schärfe und Deckung verliehen. Die Muselmanen, denen Mohammed ein und alles war, verübelten den Juden, daß sie den Propheten nicht anerkannten: die Christen, die die Göttlichkeit Christi anerkannten, waren entsetzt, daß sein eigenes Volk die Anerkennung seiner Göttlichkeit verweigerte. Gute Christen sahen nichts Unchristliches oder Unmenschliches darin, ein ganzes Volk während vieler Jahrhunderte für die Taten einer winzigen Minderheit jerusalemitischer Juden in den letzten Tagen Christi verantwortlich zu machen. Das Lukasevangelium berichtet, daß ein «Haufe» von Juden Christus in Jerusalem bewillkommnet habe (XIX, 37); beim Gang nach Golgatha «folgte ihm aber nach ein großer Haufe Volks und Weiber, die beklagten und beweinten ihn» (XXIII, 27), und «alles Volk, das dabei war und zusah ... schlugen sich nach der Kreuzigung an die Brust» (XXIII, 48). Dieser Beweise des jüdischen Mitgefühls für Jesus erinnerte man sich aber nicht, wenn in der Karwoche die bittere Leidensgeschichte Christi von tausend Kanzeln vorgetragen wurde; der Haß flammte in Christenherzen auf, und an diesen Tagen schlossen sich die Juden in ihren Vierteln und in ihren Wohnungen ein, da sie befürchten mußten, daß die Leidenschaft einfältige Seelen zu einem Pogrom hinriß[113].

Rings um dieses zentrale Mißverständnis entstanden unzählige Verdächtigungen und Gehässigkeiten. Jüdische Finanzleute trugen die Hauptlast der Feindseligkeit, die durch hohe Zinssätze verursacht war, welche doch nur die Unsicherheit der Darlehen widerspiegelten. Als das Wirtschaftsleben sich in christlichen Ländern entwickelte und christliche Kaufleute und Geldgeber in Gebiete eindrangen, die einst von den Juden beherrscht worden waren, schürte der wirtschaftliche Wettbewerb den Haß, und einige christliche Geldverleiher beteiligten sich aktiv an der Aufwiegelung zum Antisemitismus[114]. Juden in Staatsämtern, besonders in den Finanzabteilungen, waren eine natürliche Zielscheibe für diejenigen, welche gleicherweise gegen Steuern und Juden eingestellt waren. Auf Grund dieser wirtschaftlichen und religiösen Feindschaft fanden manche Christen alles Jüdische und manche Juden alles Christliche abscheulich. Die Christen warfen den Juden ihren Stammesgeist und ihre Absonderung vor und erkannten nicht, daß darin nur eine Reaktion gegen die benachteiligende Behandlung und die immer wieder vorkommenden physischen Angriffe zum Ausdruck kam. Dem christlichen Auge erschienen Charakterzüge, Sprache, Sitten, Nahrungsweise und Ritual der Juden beleidigend grotesk. Die Juden aßen, wenn die Christen fasteten, und fasteten, wenn die Christen aßen; ihr Sabbat der Ruhe und des Gebetes war wie in alten Zeiten der Samstag geblieben, während der Ruhetag der Christen auf den Sonntag verlegt worden war; die Juden feierten die glückliche Befreiung von ägyptischer Knechtschaft in einem Passahfest, das zu nahe an einem Freitag lag, an welchem die Christen den Tod Christi beklagten. Ihr Gesetz verbot den Juden den Genuß von Nahrungsmitteln und Wein, die von Christen zubereitet beziehungsweise gekeltert worden waren, und gestattete ihnen nicht, Geschirr oder Werkzeuge zu benutzen, die von Nichtjuden berührt worden waren[115], oder Nichtjuden zu heiraten[116]; die Christen legten diese altüberlieferten Gesetze – die lange vor dem Entstehen des Christentums aufgestellt worden waren – so aus, als ob den Juden alles Christliche unrein wäre, und zahlten ihnen mit der Behauptung heim, die Israeliten selbst zeichneten sich gewöhnlich nicht gerade durch persönliche Sauberkeit oder übermäßig gepflegte Kleidung aus. Die gegenseitige Absonderung führte auf beiden Seiten zum Entstehen von absurden und tragischen Schauermärchen. Die Römer hatten die Christen beschuldigt, sie ermordeten Heidenkinder, um in einem Geheimopfer ihr Blut dem Christengott darzubringen; Christen des zwölften Jahrhunderts beschuldigten Juden, Christenkinder entführt zu haben, um sie Jahve zu opfern oder ihr Blut als Medizin oder zur Herstellung von ungesäuertem Brot für das Passahfest zu benützen. Den Juden wurde vorgeworfen, sie vergifteten Brunnen, aus denen Christen tranken, und raubten geweihte Oblaten, um sie zu durchbohren und ihnen das Blut Christi zu entziehen[117]. Wenn ein paar jüdische Kaufleute ihren Reichtum in kostbaren Gewändern prahlerisch zur Schau stellten, wurden die Juden als ganzes Volk beschuldigt, den Reichtum der Christen in jüdische Hände fließen zu lassen. Jüdinnen wurden als Hexen verdächtigt; man glaubte von vielen Juden, sie stünden im Bunde mit dem Teufel[118]. Die Juden zahlten mit gleichen Schauermärchen über Christen und beleidigenden Geschichten über die Geburt und Jugendzeit Christi heim. Der Talmud empfahl die Ausweitung der jüdischen Wohltätigkeit auch auf Nichtjuden[119]; Bahya lobte das christliche Mönchtum; Maimonides schrieb, Christi und Mohammeds Lehren seien geeignet, der Menschheit auf dem Wege zur Vollkommenheit vorwärtszuhelfen[120]; der Durchschnittsjude hatte aber kein Verständnis für diese Höflichkeiten der Philosophie und erwiderte den ganzen Haß, der ihm entgegengebracht wurde.

In diesem Wahnsinn zeigten sich einige Augenblicke der Vernunft. Christen und Juden setzten sich oft über staatliche und kirchliche Verbotsgesetze hinweg und verbanden sich in Freundschaft, manchmal in der Ehe, vor allem in Spanien und Südfrankreich. Christliche und jüdische Gelehrte arbeiteten zusammen – Michael Scot mit Anatoli, Dante mit Immanuel[121]. Christen ließen Synagogen Geschenke zukommen, und in Worms wurde ein jüdischer Park durch das Vermächtnis einer Christin instand gehalten[122]. In Lyon wurde der Markttag vom Samstag auf den Sonntag verlegt, um den Juden einen Gefallen zu erweisen. Weltliche Regierungen, die in den Juden einen Gewinn für Handel und Finanz sahen, gewährten ihnen einen unbeständigen Schutz, und in mehreren Fällen schränkte der Staat die Bewegungsfreiheit der Juden ein oder vertrieb die Juden aus dem Staatsgebiet nur, weil er sie nicht mehr gegen Intoleranz und Gewalttätigkeit zu schützen vermochte[123].

Die Haltung der Kirche in diesen Dingen war je nach Ort und Zeit unterschiedlich. In Italien nahm sie die Juden als «Hüter des Gesetzes» des Alten Testamentes und als lebende Zeugen der Geschichtlichkeit der Bibel und des «Zornes Gottes» in Schutz. Von Zeit zu Zeit trugen jedoch Kirchenkonzile, oft in ausgezeichneter Absicht, selten mit allgemeingültiger Machtbefugnis, zu der Bedrängnis des jüdischen Lebens bei. Das Gesetzbuch des Theodosios (439), das Konzil von Clermont (535) und das Konzil von Toledo (589) verboten es, an Juden Ämter zu übertragen, die ihnen das Recht gaben, Christen mit Strafen zu belegen. Das Konzil von Orléans (538) befahl den Juden, während der Karwoche in ihren Wohnungen zu verbleiben, wahrscheinlich zu ihrem eigenen Schutz, und untersagte ihre Verwendung in irgendeinem Staatsdienst. Das Dritte Laterankonzil (1197) verbot christlichen Hebammen und Ammen den Dienst bei Juden, und das Konzil von Béziers (1246) verurteilte es, wenn Christen zu jüdischen Ärzten gingen. Das Konzil von Avignon (1209) brachte in Erwiderung der jüdischen Reinheitsgesetze «Juden und Huren» unter einen Hut, indem es beiden das Betasten von zum Verkauf ausgebotenem Brot oder Obst untersagte; das gleiche Konzil erneuerte die kirchlichen Gesetzesverfügungen gegen die Anstellung christlicher Dienstboten durch Juden, warnte die Gläubigen davor, Dienstleistungen mit Juden auszutauschen, und gebot ihnen, sie als etwas Befleckendes zu meiden[124]. Mehrere Konzile erklärten die Ehen zwischen Christen und Juden für null und nichtig. Im Jahre 1222 wurde ein Dekan am Pfahle verbrannt, weil er zum Judentum übergetreten war und eine Jüdin geheiratet hatte[125]. 1234 wurde einer jüdischen Witwe die Mitgift verweigert, weil ihr Gatte zum Christentum übergetreten sei und damit die Ehe ungültig gemacht habe[126]. Das Vierte Laterankonzil (1215) stellte fest: «Manchmal haben Christen in Verblendung Beziehungen mit den Frauen von Juden oder Sarazenen, und Juden oder Sarazenen mit christlichen Frauen» und verfügte: «Juden und Sarazenen beiderlei Geschlechtes sollen für alle Zeiten und in allen christlichen Gebieten in ihrer Kleidung vor den Augen der Öffentlichkeit ein unterschiedliches Merkmal tragen»; nach dem zwölften Lebensjahre mußten sie eine unterscheidende Farbe tragen – die Männer an den Hüten oder Mänteln, die Frauen auf den Schleiern. Das war zum Teil eine Vergeltungsmaßnahme gegen ältere gleiche Verfügungen von Muselmanen gegen Christen und Juden. Die Art der Kennzeichnung wurde von der Regierung der Einzelstaaten oder durch Provinzialkonzile örtlich festgelegt; gewöhnlich bestand sie in einem Rad oder Kreis aus gelbem Tuch von rund drei Zoll Durchmesser und mußte augenfällig an verschiedenen Stellen der Kleidung angebracht werden. Das Dekret wurde in England im Jahre 1218, in Frankreich 1219, in Ungarn 1279 mit Gesetzeskraft erlassen; in Spanien, Italien und England hatte es nur sporadisch Geltung, bis im fünfzehnten Jahrhundert Nikolaus von Cues und San Giovanni da Capistrano einen Feldzug einleiteten mit dem Ziele, die Kennzeichnung der Juden allgemein einzuführen. 1219 drohten die Juden Kastiliens mit Massenauswanderung, falls die Verordnung durchgeführt würde, und die Kirchenbehörden willigten in den Widerruf ein. Jüdische Ärzte, Gelehrte, Finanzleute und Reisende wurden oft von der Verordnung ausgenommen. Nach dem sechzehnten Jahrhundert wurde ihr immer weniger nachgelebt, und mit der Französischen Revolution kam sie ganz außer Kraft.

Im großen und ganzen waren die Päpste die tolerantesten geistlichen Herren des Christentums. Gregor I., der doch so eifrig um die Ausbreitung des Glaubens kämpfte, untersagte die Zwangsbekehrung der Juden und bewahrte ihnen in den Ländern seines Herrschaftsbereiches ihre römischen Bürgerrechte[127]. Als in Terracina und Palermo Bischöfe Synagogen enteigneten, um sie als Kirchen in Gebrauch zu nehmen, zwang sie Gregor, die Gebäude vollständig zurückzuerstatten[128]. Dem Bischof von Neapel schrieb er: «Lasse nicht zu, daß die Juden in der Ausübung ihres Gottesdienstes belästiget werden. Sie sollen vollständig frei ihre Feste und Feiern beobachten und abhalten dürfen, wie sie und ihre Väter schon seit langem tun[129].» Gregor VII. hielt christliche Herrscher an, die Anordnungen der Konzile gegen die Anstellung von Juden zu beachten. Als Eugen III. 1145 nach Paris kam und sich in vollem Ornat in die Kathedrale begab, die damals im Judenviertel lag, sandten die Juden eine Abordnung an ihn, die ihm die Tora überreichte; er segnete sie, sie kehrten glückstrahlend heim, und der Papst verzehrte ein Passahlamm mit dem König[130]. Alexander III. war den Juden freundlich gesinnt und beschäftigte einen Juden als Verwalter seiner Finanzen[131]. Innozenz III. führte das Vierte Laterankonzil in der Forderung nach Kennzeichnung der Juden an und stellte den Grundsatz auf, daß alle Juden zu ewiger Knechtschaft verurteilt seien, weil sie Jesus gekreuzigt hätten[132]. In einer sanfteren Stimmung erneuerte er päpstliche Gebote gegen zwangsweise Bekehrungen und fügte bei: «Kein Christ soll den Juden ein persönliches Leid zufügen ... oder sie ihres Besitzes berauben ... oder sie bei ihren Feiern stören ... oder mit der Drohung, ihre Toten wieder auszugraben, Geld von ihnen erpressen[133].» Gregor IX., der Begründer der Inquisition, nahm die Juden von deren Tätigkeit und Rechtsprechung aus, sofern sie nicht Christen zum Judentum zu bekehren versuchten oder das Christentum angriffen oder nach dem Übertritt zum Christentum zur jüdischen Religion zurückkehrten[134]; im Jahre 1235 erließ er eine Bulle, in der er gewaltsame Ausschreitungen der Masse gegen Juden verurteilte[135]. Innozenz IV. (1247) wies das Greuelmärchen vom Ritualmord christlicher Kinder durch Juden zurück:

> Einige Geistliche und Fürsten, Edle und Mächtige ... erdenken, um das Vermögen der Juden ungerechterweise an sich zu reißen und sich anzueignen, gegen sie gottlose Ratschläge. Sie dichten ihnen fälschlich an, als wenn sie zur Passahzeit das Herz eines ermordeten Knaben untereinander teilten ... Ja sie werfen den Juden boshafterweise einen irgendwo gefundenen Leichnam zu. Und auf Grund solcher und anderer Erdichtungen wüten sie gegen dieselben, berauben sie ihrer Güter ... bedrücken sie durch Nahrungsentziehung, Kerkerhaft, andere Quälereien und Drangsale, legen ihnen allerhand Strafen auf und verdammen sie zuweilen sogar zum Tode, so daß die Juden, obgleich unter christlichen Fürsten lebend, doch schlimmer daran sind als ihre Vorfahren in Ägypten unter den Pharaonen. Sie werden gezwungen, das Land im Elend zu verlassen, in welchem ihre Vorfahren seit Menschengedenken wohnten. Da wir sie nicht gequält wissen wollen, so befehlen wir, daß ihr euch ihnen freundlich und günstig zeiget. Wo ihr ungerechte Angriffe gegen sie wahrnehmet, so stellet sie ab und gebt nicht zu, daß sie in Zukunft durch solche und ähnliche Bedrückungen heimgesucht werden.[136]

Dieser großmütige Aufruf blieb allgemein ohne Beachtung. Im Jahre 1272 mußte Gregor X. das Schauermärchen von den Ritualmorden erneut bloßstellen, und um seinen Worten mehr Stoßkraft zu geben, verfügte er, daß künftighin die Zeugenaussage eines Christen gegen einen Juden nur dann Gültigkeit haben solle, wenn sie von einem Juden bestätigt würde[137]. Ähnliche Bullen späterer Päpste bis 1763 legen Zeugnis ab von der Menschlichkeit der Päpste und dem Fortbestehen des Übels. Daß es die Päpste aufrichtig meinten, zeigt sich darin, daß die Juden in den päpstlichen Staaten in verhältnismäßiger Sicherheit lebten und von Verfolgungen verschont blieben. Aus vielen Ländern wurden sie zu der einen oder anderen Zeit vertrieben, niemals jedoch aus Rom oder aus dem päpstlichen Avignon. «Wäre die katholische Kirche nicht gewesen», schreibt ein erfahrener jüdischer Historiker, «so hätten die Juden das Mittelalter im christlichen Europa nicht überstanden[138].»

Vor den Kreuzzügen kam es im mittelalterlichen Europa nur vereinzelt zu tätlichen Verfolgungen von Juden. Die byzantinischen Kaiser verfolgten während zweier Jahrhunderte die Unterdrückungspolitik, die Justinian gegenüber den Juden begonnen hatte. Herakleios verbannte sie (628), in Vergeltung ihrer Hilfeleistung an Persien, aus Jerusalem und tat alles, was in seiner Macht stand, um sie auszurotten. Leon der Isaurier suchte das Gerücht, er sei jüdischer Abstammung, durch ein Dekret zu entkräften (723), das die byzantinischen Juden zur Annahme des Christentums oder zur Auswanderung zwang. Einige Juden unterwarfen sich; andere zogen es vor, in ihren Synagogen den Tod in den Flammen zu suchen[139]. Basileios I. (867–886) nahm die Kampagne für die Zwangsbekehrung der Juden wieder auf, und Konstantin VII. (912–959) verlangte von den Juden vor christlichen Gerichtshöfen eine demütigende Eidesformel – *more Iudaico* –, die in Europa bis ins neunzehnte Jahrhundert in Gebrauch stand[140].

Als 1095 Papst Urban II. zum Ersten Kreuzzug aufrief, schien es einigen Christen angebracht, zuerst die Juden Europas umzubringen, bevor man weiterzog, um gegen die Türken in Jerusalem zu kämpfen. Gottfried von Bouillon gab, als er die Führung des Kreuzzuges übernommen hatte, bekannt, er werde das Blut Christi an den Juden rächen und nicht einen am Leben lassen, und seine Genossen verhehlten ihre Absicht nicht, alle Juden umzubringen, die nicht das Christentum annehmen wollten. Ein Mönch brachte die Christen noch mehr in Harnisch, indem er behauptete, am Heiligen Grabe in Jerusalem sei eine Inschrift gefunden worden, welche den Christen die Bekehrung aller Juden als sittliche Verpflichtung auferlegte[141]. Die Kreuzfahrer hatten im Sinne, dem Rhein entlang nach Süden zu ziehen, durch das Gebiet, in welchem die reichsten Siedlungsgebiete Nordeuropas lagen. Die deutschen Juden hatten bei der Entwicklung des rheinischen Handels eine führende Rolle gespielt und in ihrem Verhalten eine Zurückhaltung und Frömmigkeit gezeigt, die ihnen die Achtung aller Christen, der Laien und Geistlichen gleicherweise, eingetragen hatte. Bischof Rüdiger von Speyer stand mit den Juden seiner Diözese sehr gut; er stellte ihnen eine Urkunde aus, die ihnen ihre Autonomie und Sicherheit garantierte. Im Jahre 1095 erließ Heinrich IV. einen ähnlichen Freibrief für alle Juden seines Reiches[142]. Auf diese friedlichen jüdischen Gemeinden brach die Nachricht von dem Kreuzzug, von dem geplanten Marschweg und von den Drohungen seiner Führer als eine lähmende Schreckensbotschaft herein. Die Rabbiner verfügten mehrere Tage des Fastens und Betens.

In Speyer schleppten die Kreuzfahrer elf Juden in eine Kirche und befahlen ihnen, die Taufe anzunehmen; die elf weigerten sich und wurden erschlagen (3. Mai 1096). Andere Juden der Stadt suchten Zuflucht bei dem Bischof Johannsen, der sie nicht nur schützte, sondern die Hinrichtung gewisser Kreuzfahrer veranlaßte, die an den Morden in der Kirche beteiligt gewesen waren. Bei der Annäherung von einigen Kreuzfahrern an Trier wandten sich die Juden der Stadt an Bischof Egilbert; er bot ihnen seinen Schutz, falls sie sich taufen ließen. Die meisten Juden willigten ein; mehrere Frauen töteten aber ihre Kinder und stürzten sich in die Mosel (1. Juni 1096). In Mainz versteckte Erzbischof Ruthard 1300 Juden in seinen Kellergewölben; Kreuzfahrer drangen gewaltsam ein und ermordeten 1014; der Bischof konnte einige wenige retten, indem er sie in der Kathedrale verbarg

(27. Mai 1096). Vier Mainzer Juden ließen sich taufen, begingen aber kurz darauf Selbstmord. Als die Kreuzfahrer sich der Stadt Köln näherten, versteckten die Christen die Juden bei sich; die Menge brannte das Judenviertel nieder und ermordete die wenigen Juden, die ihr in die Hände fielen. Bischof Hermann brachte unter großer Gefahr für sich selbst die Juden heimlich von ihren Verstecken bei Christen aufs Land hinaus; die Pilger bemerkten es, machten in den Dörfern Jagd auf ihre Beute und erschlugen jeden Juden, den sie fanden (Juni 1096). Allein in zwei Dörfern kamen 200 Juden ums Leben; in vier anderen brachten sich die von der Menge umzingelten Juden gegenseitig um, damit sie sich nicht taufen lassen müßten. Mütter, die während dieser Angriffe niederkamen, töteten ihre Kinder bei der Geburt. In Worms nahm Bischof Allebranches alle Juden in seinem Palast auf, deren er habhaft werden konnte, und rettete sie so vor dem Tode; über die anderen fielen die Kreuzfahrer mit der Wildheit der namenlosen Meute her, erschlugen viele und plünderten und verbrannten dann die Häuser der Juden; hier begingen viele Juden Selbstmord, um nicht ihren Glauben widerrufen zu müssen. Sieben Tage später belagerte eine Volksmasse die bischöfliche Residenz; der Bischof erklärte den Juden, er könne die Meute nicht mehr zurückhalten, und riet ihnen zur Taufe. Die Juden baten, eine Weile allein gelassen zu werden; als der Bischof zurückkehrte, hatten sich fast alle gegenseitig umgebracht. Die Belagerer brachen in den Palast ein und ermordeten die übrigen; im ganzen mußten in diesem Pogrom in Worms 800 Juden ihr Leben lassen (20. August 1096). Ähnliches ereignete sich in Metz, Regensburg und Prag[143].

Der Zweite Kreuzzug (1147) drohte das Vorbild des Ersten noch zu übertreffen. Peter der Ehrwürdige, der fromme Abt von Cluny, riet Ludwig VII. von Frankreich, mit einem Überfall auf die Juden Frankreichs den Anfang zu machen. «Ich verlange nicht, daß Ihr diese fluchwürdigen Wesen dem Tode überantwortet ... Gott wünscht sie nicht zu vernichten; sie müssen aber gleich dem Brudermörder Kain schreckliche Qualen erleiden und für eine größere Schmach bewahrt bleiben, für ein Leben, das schlimmer ist denn der Tod[144].» Abt Suger von St-Denis protestierte gegen diese Auffassung von Christentum, und Ludwig VII. begnügte sich mit Vermögensabgaben, die er von reichen Juden einzog. Die deutschen Juden kamen jedoch nicht mit einer bloßen Vermögenseinziehung davon. Ein französischer Mönch, Rodolphe, verließ ohne Genehmigung sein Kloster und hetzte in Deutschland zu einem Pogrom auf. In Köln wurde Simon «der Fromme» ermordet und verstümmelt; in Speyer wurde eine Frau auf die Folterbank gespannt, um sie zur Bekehrung zum Christentum zu bewegen. Wiederum unternahmen die Weltgeistlichen alles, was in ihrer Macht stand, um die Juden zu beschützen. Bischof Arnold von Köln gab ihnen eine Burg als Zufluchtsort und gestattete ihnen, Waffen zu tragen; die Kreuzfahrer griffen zwar die Burg nicht an, ermordeten aber jeden nichtgetauften Juden, der ihnen in die Klauen fiel. Erzbischof Heinrich von Mainz nahm einige vom Mob verfolgte Juden bei sich auf; die Menge stürmte das Haus und ermordete sie vor seinen Augen. Der Erzbischof rief den heiligen Bernhard an, den einflußreichsten Christen seiner Zeit; Bernhard erwiderte ihm mit einer heftigen Anklagerede gegen Rodolphe und forderte die sofortige Einstellung der Gewalttätigkeiten gegen die Juden. Als Rodolphe seinen Hetzfeldzug fortsetzte, kam Bernhard selbst nach Deutschland und zwang den Mönch zur Rückkehr in sein Kloster.

Kurz darauf wurde in Würzburg der verstümmelte Leichnam eines Christen aufgefunden; Christen beschuldigten Juden des Verbrechens, warfen sich trotz der Einwände des Bischofs Embicho auf sie und ermordeten ihrer zwanzig; viele andere, die Verletzungen erlitten, wurden von Christen in Pflege genommen (1147); der Bischof ließ die Toten in seinem Garten bestatten[145]. Von Deutschland aus kehrte der Gedanke, man sollte den Kreuzzug bei sich daheim beginnen, nach Frankreich zurück, und Juden wurden in Carentan, Rameru und Sully massakriert. In Böhmen wurden 150 Juden von Kreuzfahrern ermordet. Als die Schreckenszeit abgeflaut war, unternahm der örtliche christliche Klerus alles, um den überlebenden Juden Hilfe zu leisten, und diejenigen, die sich im Augenblick der Not hatten taufen lassen, durften zu ihrem Glauben zurückkehren, ohne sich den harten Strafen, die auf Apostasie standen, auszusetzen[146].

Diese Judenverfolgungen leiteten eine lange Reihe von Gewaltsamkeiten ein, die bis in unsere eigene Zeit andauert. 1235 wurde ein unaufgeklärter Mord in Baden den Juden unterschoben, worauf ein Massaker einsetzte. 1243 wurde die ganze Judenschaft von Belitz bei Berlin auf Grund einer Beschuldigung, einige von ihnen hätten eine geweihte Hostie geschändet, lebendigen Leibes verbrannt[147]. 1283 wurde in Mainz die Beschuldigung des Ritualmordes erhoben, und trotz aller Bemühungen des Erzbischofs Werner verloren zehn Juden das Leben und wurden jüdische Häuser ausgeplündert. 1285 breitete sich ein gleiches Gerücht in München aus; 180 Juden suchten in der Synagoge Zuflucht; die Menge setzte sie in Brand, und alle 180 kamen in den Flammen um. Im darauffolgenden Jahr wurden in Oberwesel vierzig Juden getötet, weil sie einem Christen das Blut abgezapft haben sollten. 1298 wurde in Röttingen jeder Jude verbrannt, den man beschuldigte, eine Abendmahlsoblate entweiht zu haben. Rindfleisch, ein frommer Baron, stellte eine bewaffnete Christenschar auf, die sich verschwor, alle Juden umzubringen; sie rotteten die jüdische Gemeinde von Würzburg vollständig aus und erschlugen in Nürnberg 698 Juden. Die Verfolgung breitete sich aus, und im Laufe eines halben Jahres wurden 140 jüdische Gemeinden völlig ausgerottet[148]. Die Juden Deutschlands, die wiederholt nach solchen Überfällen ihre Heimstätten wieder aufgebaut hatten, ließen den Mut sinken, und im Jahre 1286 zogen viele jüdische Familien aus Mainz, Worms, Speyer und anderen deutschen Städten nach Palästina, um unter dem Islam zu leben. Da Polen und Litauen zur Einwanderung aufforderten und bislang noch keine Pogrome erlebt hatten, setzte eine langsame Auswanderung rheinländischer Juden nach dem slawischen Osten ein.

Die Juden Englands, die vom Grundbesitz und von den Zünften ausgeschlossen waren, wurden Händler und Finanzleute. Einige brachten es durch Wucher zu Reichtum, und alle wurden darob gehaßt. Hohe Herren versahen sich für die Kreuzzüge mit Geld, das sie von Juden liehen; dafür verpfändeten sie die Einkünfte aus ihren Ländereien, und der christliche Bauer schäumte vor Wut bei dem Gedanken, daß Geldverleiher sich von seiner Hände Arbeit mästeten. 1144 fand man den jungen Wilhelm von Norwich tot auf; die Juden wurden beschuldigt, ihn um seines Blutes willen ermordet zu haben, und das Judenviertel der Stadt wurde ausgeplündert und niedergebrannt[149]. König Heinrich II. schützte die Juden, desgleichen Heinrich III.; er trieb aber doch an Steuern und Abgaben im Laufe von sieben Jahren 422 000 Pfund von ihnen ein. Bei den Krönungsfeierlichkeiten für Richard I. in London (1190) entwickelte sich ein kleiner Streit, der von Adligen, die sich ihrer Schulden an die Juden entledigen wollten[150], angefacht wurde, zu einem Pogrom, der auch auf Lincoln, Stamford und Linn übergriff. In York ermordete im gleichen Jahre eine Volksmeute unter Führung von Richard de Malabestia, der «tief an die Juden verschuldet war»[151], 350 Juden; außerdem folgten 150 Yorker Juden dem Beispiel ihres Rabbiners Yom Tob und begingen Selbstmord[152]. 1211 wanderten 300 Rabbiner aus England und Frankreich aus, um in Palästina ein neues Leben zu beginnen; sieben Jahre später emigrierten viele Juden, als Heinrich III. die Kennzeichnung der Juden befahl. 1255 verbreitete sich in Lincoln das Gerücht, ein Knabe namens Hugh sei ins Judenviertel gelockt und dort im Beisein einer jubelnden Judenschar ausgepeitscht, gekreuzigt und mit einer Lanze durchbohrt worden. Bewaffnete Banden drangen in das Viertel ein, ergriffen den Rabbiner, der angeblich der Zeremonie vorgestanden hatte, banden ihn an den Schwanz eines Pferdes, schleiften ihn durch die Straßen und erhängten ihn. 91 Juden wurden verhaftet, 18 gehängt; viele Gefangene verdankten ihre Rettung dem Einschreiten beherzter Dominikanermönche*[153].

Während des Bürgerkrieges, der England zwischen 1257 und 1267 aufwühlte, wurde der Pöbel völlig zügellos, und Pogrome vernichteten die jüdischen Gemeinden von London, Canterbury, Northampton, Winchester, Worcester, Lincoln und Cambridge fast völlig. Häuser wurden ausgeplündert und zerstört, Urkunden und Schuldscheine verbrannt, so daß die Juden, die mit dem Leben davonkamen, fast jede Habe verloren[154]. Die englischen Könige nahmen ihr Geld nun bei den christlichen Bankiers von Florenz oder Cahors auf; sie brauchten die Juden nicht mehr und fanden es lästig, sie zu beschützen. 1290 befahl Eduard I. allen noch verbliebenen Juden Englands, das Land bis zum 1. November zu verlassen, wobei sie allen unbeweglichen Besitz und alle eintreibbaren Darlehen zurücklassen mußten. Viele ertranken bei der Überfahrt über den Kanal in kleinen Booten; einige wurden von den Schiffsmannschaften ausgeraubt; diejenigen, die Frankreich erreichten, erhielten von der französischen Regierung den Befehl, das Land bis spätestens zur Fastenzeit 1291 wieder zu verlassen[155].

Auch in Frankreich änderte sich das geistige Klima für die Juden mit den Kreuzzügen gegen die Türken in Vorderasien und die Albigenser in der Languedoc. Bischöfe hielten judenfeindliche Predigten, die das Volk aufhetzten; in Béziers gehörte ein Überfall auf das Judenviertel zu den regulären Riten der Karwoche; schließlich (1160) untersagte ein christlicher Prälat diese Predigten, verlangte aber von der jüdischen Gemeinde die Entrichtung einer Sondersteuer am Palmsonntag[156]. In Toulouse wurden die Juden gezwungen, jeden Karfreitag einen Vertreter in die Kathedrale zu entsenden, der dort eine Ohrfeige als sanfte Erinnerung an eine ewigwährende Schuld empfing[157]. Im Jahre 1171 wur-

* In der Kathedrale von Lincoln sind noch die Überreste eines Schreines zu sehen, der einst dem «Kleinen Hugh» errichtet worden war; an der Stelle ist folgende Bemerkung angebracht: «Viele Begebenheiten der Geschichte lassen Zweifel an ihr aufkommen, und das Vorhandensein ähnlicher Geschichten in England und anderen Ländern deutet auf ihre Herkunft aus dem fanatischen Judenhaß des Mittelalters und den heute völlig in Verruf geratenen Aberglauben hin, daß der Ritualmord ein Element der jüdischen Osterriten sei. Bereits im dreizehnten Jahrhundert unternahm die Kirche Versuche, die Juden gegen den Haß des Pöbels und gegen diese besonderen Beschuldigungen zu schützen.»

den mehrere Juden in Blois beschuldigt, Christenblut bei den Passahriten verwandt zu haben, und verbrannt[158]. König Philipp August, der eine Gelegenheit sah, auf fromme Weise zu Geld zu kommen, ließ alle Juden seines Reiches als Brunnenvergifter einkerkern[159] und gab sie dann gegen schweres Lösegeld wieder frei (1180). Im folgenden Jahre verbannte er sie, zog ihren gesamten Besitz ein und übergab ihre Synagogen der Kirche. 1190 ließ er in Orange achtzig Juden hängen, weil einer seiner Agenten von den Stadtbehörden wegen Mordes an einem Juden gehängt worden war[160]. 1198 rief er die Juden nach Frankreich zurück und regelte ihr Bankwesen in einer Weise, daß für ihn selbst dabei große Gewinne heraussprangen[161]. 1236 drangen christliche Kreuzfahrer in die Judensiedlungen von Anjou und Poitou ein – besonders in die Judenviertel von Bordeaux und Angoulême – und verlangten von allen Juden die Taufe; als die Juden sich weigerten, trampelten die Kreuzfahrer sie mit ihren Pferden nieder, bis 3000 Juden tot liegenblieben[162]. Papst Gregor IX. verurteilte das Gemetzel, vermochte aber den Toten das Leben nicht mehr wiederzugeben. Ludwig der Heilige empfahl seinem Volke, sich nicht in religiöse Gespräche mit Juden einzulassen; zu Joinville sagte er: «Wenn der Laie etwas Übles über den christlichen Glauben hört, so soll er ihn nicht mit Worten, sondern mit dem Schwerte verteidigen, er soll es dem anderen in den Wanst stoßen, so tief es nur geht[163].» 1254 verbannte er die Juden aus Frankreich und beschlagnahmte ihren Besitz und ihre Synagogen; nach wenigen Jahren ließ er sie wieder nach Frankreich hinein und gab ihnen die Synagogen zurück. Sie waren am Wiederaufbau ihrer Gemeinden begriffen, als Philipp der Schöne (1306) sie alle ins Gefängnis werfen ließ, ihnen bis auf die Kleider, die sie auf dem Leibe trugen, alles abnahm und sie, 100 000 an der Zahl, aus Frankreich auswies; er gestattete ihnen lediglich, für einen Tag Proviant mitzunehmen. Der König zog aus diesem Unternehmen einen derartigen Gewinn, daß er seinen Kutscher mit einer Synagoge beschenkte[164].

Eine so gedrängte Anhäufung von Berichten über blutige Ereignisse, die sich über zwei Jahrhunderte erstreckten, geben ein einseitiges Bild. In der Provence, in Italien, auf Sizilien und im Byzantinischen Reich fanden nach dem neunten Jahrhundert nur noch kleinere Judenverfolgungen statt, und im christlichen Spanien hatten die Juden die Möglichkeit, sich zu schützen. Selbst in Deutschland, England und Frankreich gab es lange Zeiträume des Friedens, und jeweils ein Menschenalter nach den tragischen Ereignissen waren die Juden wieder in großer Zahl vertreten, einige von ihnen vermögend. Ihre Überlieferungen bewahren aber doch die bittere Erinnerung an diese tragischen Zwischenspiele. Die Friedenszeiten waren wegen der ständigen Gefahr neuer Pogrome doch stets von Angst erfüllt, und jeder Jude mußte das Gebet auswendig lernen, das er im Augenblicke des Märtyrertums aufzusagen hatte[165]. Das Streben nach Reichtum gewann durch die mühselige Unsicherheit seines Gewinnes etwas Fieberhaftes; der Spott der Gassenjungen war jedem Träger des gelben Judenzeichens gewiß; die Schande, eine hilflose und abgesonderte Minderheit zu sein, brannte ihnen in der Seele, zerstörte den Stolz des Einzelnen und die Gefühle der Freundschaft zu anderen Rassen und hinterließ in den Augen des nördlichen Juden den düsteren «Judenschmerz», der unzählige Beleidigungen und Verletzungen ins Gedächtnis zurückruft.

Für den einen Tod am Kreuze so viele Kreuzigungen!

DRITTES KAPITEL

Geist und Herz des Juden

[500–1300]

I. DIE LITERATUR

In jedem Zeitalter war die Seele des Juden hin und hergerissen zwischen dem Entschluß, sich in einer feindseligen Welt durchzusetzen, und dem Hunger nach den Gütern des Geistes. Ein jüdischer Kaufmann ist ein verlorengegangener Gelehrter; er beneidet und verehrt den Mann, welcher der Fieberhaftigkeit des Strebens nach Reichtum entrinnt und in Frieden der Liebe zur Gelehrsamkeit folgt und der Fata Morgana der Weisheit nachstrebt. Die jüdischen Händler und Bankleute, welche auf die Messe von Troyes zogen, hielten unterwegs an, um dem großen Raschi bei seiner Talmuderklärung zu lauschen[1]. Auf diese Weise brachten die Juden des Mittelalters trotz geschäftlicher Sorgen oder demütigender Armut oder todbringender Verachtetheit weiterhin Grammatiker, Theologen, Mystiker, Dichter, Wissenschafter und Philosophen hervor, und eine Zeitlang (1150–1200) taten es ihnen nur die Muselmanen an weiter Verbreitung der Bildung und geistigem Reichtum gleich[2]. Auf ihrer Seite lag der Vorteil, daß sie in Berührung oder im Verkehr mit dem Islam standen; viele Juden konnten das Arabische lesen; die ganze reiche Welt der mittelalterlichen muselmanischen Kultur stand ihnen offen; sie nahmen von der islamischen Wissenschaft, Medizin und Philosophie, was sie in der Religion an Mohammed und den Koran gegeben hatten, und durch ihre Vermittlung belebten sie die Geistestätigkeit des christlichen Westens durch den Antrieb des sarazenischen Denkens.

Im islamischen Bereich brauchten die Juden das Arabische für die Umgangssprache und die geschriebene Prosa; ihre Dichter behielten das Hebräische bei, übernahmen jedoch arabische Versmaße und Dichtformen. Im christlichen Bereich sprachen die Juden die Sprache des Volkes, bei dem sie lebten, behielten aber in der Literatur und im Kult die alte Sprache bei. Nach Maimonides gaben die spanischen Juden, die vor der Verfolgung der Almohaden fliehen mußten, das Arabische zugunsten des Hebräischen als Schriftsprache auf. Die Wiedergeburt des Hebräischen wurde durch die emsige Arbeit jüdischer Philologen ermöglicht. Der Text des Alten Testamentes war schwerverständlich geworden, da er keine Vokale und keine Interpunktionszeichen hatte; drei Jahrhunderte gelehrsamen Schaffens – vom siebenten bis zum zehnten – brachten den «Masoretischen» (von der Überlieferung geheiligten) Text mit Vokalzeichen, Akzenten, Interpunktionszeichen, Verstrennungen und Randnotizen hervor. Von da an vermochte jeder gebildete Jude die Heilige Schrift seines Volkes zu lesen.

Diese Studien trieben die Entwicklung der hebräischen Grammatik und Lexikographie voran. Die Dichtkunst und Gelehrsamkeit des Menachem ben Saruk (910–970) erweckte die Aufmerksamkeit des Hasdai ben Schaprut; der große Minister berief ihn nach Córdoba und förderte ihn bei der Aufgabe, ein Wörterbuch des biblischen Hebräischen zu verfassen. Menachems Schüler Jehuda ibn Daud Chayudsch (um 1000) schuf der hebräischen Grammatik eine wissenschaftliche Grundlage mit drei arabischen Werken über die Sprache der Bibel; Chayudschs Schüler Jonah ibn Janaeh (995–1050) von Zaragoza übertraf ihn noch mit einem arabischen *Buch der Kritik*, das die hebräische Syntax und Lexikographie vorwärtsbrachte; Judah ibn Quraisch von Marokko (Blütezeit 900) begründete die vergleichende semitische Sprachwissenschaft mit seinen Studien des Hebräischen, Aramäischen und Arabischen; der Qarait Abraham al-Fasi (das heißt aus Fez, um 980) trug zum Fortschritt der Wissenschaft mit einem Wörterbuch bei, in dem alle Worte des Alten Testamentes auf ihre Wurzeln zurückgeführt und alphabetisch angeordnet wurden. Nathan ben Yechiel aus Rom († 1106) übertraf alle anderen jüdischen Lexikographen mit seinem Talmudlexikon. In Narbonne arbeiteten Joseph Kimchi und seine Söhne Moses und David (1160–1235) ganze Menschenalter lang auf diesen Gebieten; Davids *Michlol (Kompendium)* wurde auf Jahrhunderte die maßgebende Grammatik des Hebräischen und war den Bibelübersetzern des Königs Jakob eine ständige Hilfe[3]. Diese Namen sind aus unzähligen anderen ausgesucht.

Die hebräische Poesie zog aus dieser weitverbreiteten Gelehrsamkeit Nutzen und befreite sich von arabischen Vorbildern, bildete eigene Formen und Themen aus und brachte allein in Spanien drei Männer hervor, die es mit jeder Dreiergruppe der zeitgenössischen muselmanischen oder christlichen Literatur aufnehmen konnten. Salomon ibn Gabirol, im christlichen Bereich als der Philosoph Avicebron bekannt, wurde durch die persönliche Tragik seines Lebens darauf vorbereitet, den Gefühlen Israels Ausdruck zu geben. Dieser «Dichter unter den Philosophen und Philosoph unter den Dichtern», wie Heine von ihm sagt[4], wurde um 1021 in Málaga geboren. Er verlor früh beide Eltern und wuchs in einer Armut auf, die ihn zu trübseligen Betrachtungen geneigt machte. Seine Verse erweckten den Gefallen des Yekutiel ibn Hassan, eines hohen Beamten in dem muselmanischen Stadtstaat von Zaragoza. Eine Zeitlang fand Gabirol dort Schutz und Glück, so daß er die Lebensfreude besang. Yekutiel wurde aber von Feinden des Emirs ermordet, und Gabirol mußte fliehen. Jahrelang durchwanderte er das muselmanische Spanien, arm und krank und mager:

> Scheltet mich nicht ob meiner reichen Tränen,
> ohne sie wär' mein Herz verkohlt.
> Meine Wanderungen haben die Kraft mir gelähmt,
> eine Fliege könnte mich mit einem Arme tragen.[5]

Ismail ibn Naghdela, selbst Dichter, gewährte ihm Unterkunft in Granada. Dort schrieb Salomon seine philosophischen Werke und verpflichtete seine Dichtkunst der Weisheit:

> Wie sollt' die Weisheit ich verlassen,
> hab' ich doch einen Bund mit ihr geschlossen!
> Sie ist meine Mutter, ich ihr Lieblingskind,
> sie ist meine Zier, mein Halsgeschmeid,
> sollt' meinen Schmuck ich ablegen?
> Solang ich leb', wird sich mein Geist
> zu ihrer Himmelshöhe schwingen,
> ich ruhe nicht, bis ich den Urquell aufgefunden.[6]

Vermutlich war sein heftiger Stolz der Grund seines Streites mit Ismail. Noch ein Jüngling Ende der zwanziger Jahre, nahm er seine Wanderjahre der Armut wieder auf; das

Unglück brachte seinen Geist zur Demut, und er ging von der Philosophie zur Religion über. Manchmal schwang sich seine Dichtung zu der düsteren Größe der Psalmen auf. Sein Meisterwerk, *Kether Malchuth (Königskrone)*, feiert die Größe seines Gottes, wie seine frühen Gedichte die eigene Größe gefeiert hatten.

Reichtum und Mannigfaltigkeit der jüdischen Kultur im muselmanischen Spanien zeigt sich zusammengefaßt in der Familie Ibn Ezra in Granada. Jakob ibn Ezra füllte einen wichtigen Posten in der Regierung des Königs Habbus unter Ismail ibn Naghdela aus. Sein Haus war ein literarisch-philosophischer Salon. Von seinen vier Söhnen, die in dieser Atmosphäre der Gelehrsamkeit aufgewachsen waren, brachten drei es zu hohem Ansehen: Joseph stieg zu einem hohen Staatsamt und zur Führung der jüdischen Gemeinde auf; Isaak war Dichter, Wissenschafter und Talmudist; Moses ibn Ezra (1070–1139) war Gelehrter und Philosoph und der größte jüdische Dichter der Generation vor Halevi. Seine glückliche Jugendzeit fand ein Ende, als er sich in eine Nichte von großer Schönheit verliebte, deren Vater (sein älterer Bruder Isaak) sie an seinen jüngeren Bruder Abraham verheiratete. Moses kehrte Granada den Rücken, durchwanderte fremde Länder und nährte seine hoffnungslose Liebe mit seiner Dichtung: «Wenn auch von deinen Lippen Honig träufelt, den andere schlürfen, lebe weiter, verbreite Myrrhendüfte, die andere einatmen. Wenn du mir auch untreu bist, so will ich dir treu sein, bis die kalte Erde mich deckt. Mein Herz erlabt sich am Liede der Nachtigall, wenn auch der Sänger unerreichbar hoch über mir schwebt[7].» Am Schluß stimmte er wie Gabirol seine Harfe auf Frömmigkeit um und sang Psalmen einer mystischen Hingabe.

Abraham ben Meir ibn Ezra – den Browning als Sprachrohr der viktorianischen Philosophie benützte – war ein entfernter Verwandter, aber naher Freund von Moses ibn Ezra. Er wurde 1093 in Toledo geboren; seiner Jugendzeit blieb der Hunger nicht fremd, und er dürstete nach Wissen auf allen Gebieten. Auch er wanderte von Stadt zu Stadt, von Beruf zu Beruf, in allen vom Unglück verfolgt; «wären Kerzen meine Handelsware», stellte er mit dem grimmigen Humor des Juden fest, «so würde die Sonne niemals untergehen; verkaufte ich Leichentücher, so würden die Menschen ewig leben». Er zog durch Ägypten und den Irak nach Iran, vielleicht bis nach Indien, und von dort zurück nach Italien, Frankreich und England; mit fünfundsiebzig Jahren starb er auf der Rückkehr nach Spanien, immer noch arm, aber bei der ganzen Judenheit gleicherweise wegen seiner Poesie wie wegen seiner Prosa berühmt. Seine Werke waren so mannigfaltig wie seine Wohnplätze – er schrieb über Mathematik, Astronomie, Philosophie, Religion; seine Gedichte behandelten Liebe und Freundschaft, Gott und die Natur, Anatomie und Jahreszeiten, Schach und Sterne. Er gab Vorstellungen, die im Zeitalter des Glaubens allgegenwärtig waren, poetische Gestalt und schlug in einer hebräischen Melodie eine Newmansche Tonart an:

> Er ist des Lebens Quell und Fund,
> und der Weisheit Sitz und Grund;
> der Verborgenes wie Offenkundiges findet,
> das Verhüllte wie Sichtbares kündet,
> die Herzen prüft und die Nieren ergründet.

Recht und Gerechtigkeit sind seine Gesetze,
Milde und Wahrheit seines Waltens Grundsätze.
Die Billigkeit bezeichnet seine Pfade,
und alles Seiende sind Geschöpfe seiner Gnade.
Seiner Vollkommenheit gleicht keine hienieden;
eine Hoheit wie die seine ist keinem beschieden;
keinen Frieden gibt es außer seinem Frieden. [8]

Seine Zeitgenossen schätzten ihn hauptsächlich wegen seiner Bibelkommentare zu allen Büchern des Alten Testamentes. Er verteidigte die Echtheit und göttliche Eingebung der hebräischen Heiligen Schrift, legte aber die auf die Gottheit angewandten anthropomorphischen Ausdrücke metaphorisch aus. Er war der erste, der den Gedanken vertrat, das Buch Jesajas sei das Werk zweier Propheten, nicht eines einzigen. Spinoza sah in ihm den Begründer der vernunftgemäßen Bibelkritik[9].

Der größte europäische Dichter seiner Zeit war Jehuda Halevi (1086–1147?). Ein Jahr nach der Einnahme der Stadt durch Alfons VI. von Kastilien in Toledo geboren, wuchs er in Sicherheit unter dem aufgeklärtesten und freisinnigsten christlichen Monarchen der Zeit auf. Eines seiner frühen Gedichte gefiel dem Moses ibn Ezra; der alte Dichter lud Jehuda zu sich nach Granada; dort hielten ihn Moses und Isaak ibn Ezra monatelang bei sich. In jeder jüdischen Gemeinde Spaniens wurden seine Verse gelesen, seine Epigramme hergesagt. Seine Dichtung war ein Spiegelbild seines liebenswürdigen Charakters und seiner glücklichen Jugend; er sang von Liebe mit dem ganzen Geschick und der Künstlichkeit eines muselmanischen oder provenzalischen Troubadours und mit der sinnlichen Innigkeit des Hoheliedes.

Ibn Ezras liebenswürdige Gastfreundschaft verließ er, um nach Lucena zu gehen, wo er mehrere Jahre an der dortigen jüdischen Akademie studierte; er widmete sich der Medizin und wurde ein mittelmäßiger Arzt. In Toledo gründete er ein hebräisches Institut, an dem er Vorlesungen über die Bibel hielt. Er heiratete und hatte vier Kinder. Mit zunehmendem Alter trat ihm Israels Unglück deutlicher vor Augen als das eigene Glück; er begann von seinem Volke zu singen, von dessen Sorgen und Glauben. Wie so viele Juden sehnte auch er sich danach, sein Leben in Palästina zu beschließen.

O Stadt der Welt, du schön in holdem Prangen,
aus fernem Westen sieh mich nach dir bangen,
o hätte ich Adlers Flug, zu dir entflöge ich,
bis deinen Staub ich netzt' mit feuchten Wangen. [10]

Behagliche spanische Juden nahmen solche Verse als dichterische Pose hin, aber Halevi meinte es ernst. 1141 übergab er seine Familie in gute Hände und begann eine gewagte Pilgerfahrt nach Jerusalem. Ungünstige Winde trieben sein Schiff vom Kurse ab nach Alexandrien. Die dortige jüdische Gemeinde feierte ihn und bat ihn, sich nicht nach Jerusalem zu wagen, das damals in den Händen der Kreuzritter war. Nach einem kurzen Aufenthalt zog er nach Damiette und Tyrus weiter und von dort aus irgendeinem uns nicht bekannten Grunde nach Damaskus. Dort entschwindet er aus der Geschichte. Die Sage will wissen, daß er sich nach Jerusalem durchgeschlagen habe, beim ersten Anblick der

Stadt niedergekniet sei, um die Erde zu küssen, und dabei von einem arabischen Reiter niedergeritten worden sei[11]. Wir wissen nicht, ob er je in die Stadt seiner Träume gelangte. Wir wissen nur, daß er in Damaskus, vielleicht in seinem letzten Lebensjahr, eine «Ode an Zion» verfaßte, die Goethe zu den größten Gedichten der Weltliteratur zählt[12].

Zion! nicht fragst Du den Deinen nach, die Joch tragen,
Rest Deiner Herden, die doch nach Dir allein fragen? ...
Wein' ich Dein Leid, Schakal werd' ich; träum' ich Dich fronbefreit,
Bin ich die Harfe, zu Deinen Liedern zu schlagen ...
Wie könnt' die Seel' ich da auszugießen, wo Gottes Geist
Auf Deine Großen sich goß – wie könnt' ich wohl zagen.
Königspalast Du, Du Gottesthron, wie dürfen des Knechts
Enkel zu sitzen auf Deiner Herren Thron wagen.
O trüge dort mich der Fuß, wo Deinen Sendboten Gott,
Deinen Propheten er Antwort gab auf ihr Fragen.
O hätt' ich Flügel, wie wollt' ich, mein zerrissenes Herz
In Deinen Rissen zu bergen, hin zu Dir jagen.
Aufs Antlitz sänk' ich, auf Deinen Boden, und Dein Gestein
Herzt' ich, und liebkoste Deinen Staub mit Wehklagen ...
Leben der Seele o Deine Luft! Gewürzduft vor Myrrh'n
Duftet Dein Staub, Honig träuft der Welle Anschlagen.
Barfuß und bloß durch die Trümmerwüsten wandern, die einst
Dein Tempel waren – wo gäb's gleich köstlich Behagen.
Dort, wo gewohnt Deine Cherubim im innersten Raum,
Dort, wo geruht, der entschwand, des Heiligtums Schragen ...
Zion, Du Prachtreif, von Huld und Liebe seit je umkragt,
Sieh Deine Treuen mit Dir wie Wall sich umkragen.
Die hell mitjubeln Dein Wohlergehn, und tragen den Gram
Deiner Verwüstung, und weinen Deines Ends Plagen;
Hinfall'n sie, wo's sei, dorthin gewandt, wo Dein Tor sich hob,
Und fliehn aus Kerkern zu Dir auf Sehnsuchttraums Wagen ...
Dich gehrt zur Wohnstatt er selbst, Dein Gott – und selig der Mensch,
Der nah ihm ruhn darf auf Deiner Höfe Steinlagen.
Selig, wer harrt, und erlebt's, und schaut, wie aufgeht Dein Licht,
Des Strahlgeschosse die nächt'gen Schatten durchschlagen,
Deine Erwählten zu schaun im Glück, zu jubeln mit Dir,
Die neu Du jugendlich prangst wie einst in Urtagen.[13]

II. DIE ABENTEUER DES TALMUD

Die Juden des Goldenen Zeitalters in Spanien waren zu sehr mit weltlichen Glücksgütern gesegnet, um die tiefe Religiosität zu zeigen, die ihre Dichter in den Jahren des Niederganges besaßen; sie machten Verse voller Fröhlichkeit und Sinnlichkeit und Anmut und gaben einer Weltanschauung Ausdruck, die zuversichtlich die Heilige Schrift mit griechischem Denken verband. Selbst als der Fanatismus der Almohaden die Juden aus dem muselmanischen nach dem christlichen Spanien vertrieb, tat das ihrem Gedeihen keinen Abbruch; jüdische Akademien blühten unter christlicher Toleranz im dreizehnten Jahrhundert in Toledo, Gerona und Barcelona. In Frankreich und Deutschland waren die Juden aber nicht so vom Glück begünstigt. Sie drängten sich furchtsam in ihren übervölkerten Vierteln zusammen und weihten ihre besten Geister dem Studium des Talmuds. Sie gaben sich nicht die Mühe, ihren Glauben vor der Weltlichkeit zu rechtfertigen; sie stellten seine Prämissen nie in Frage; sie gingen ganz im Gesetze auf.

Die von Rabbi Gerschom in Mainz gegründete Akademie wurde eine der einflußreichsten Schulen ihrer Zeit; Hunderte von Studenten kamen dort zusammen und nahmen in zwei Menschenalter währender Arbeit mit Gerschom an der Ausgabe und Klärung des Talmudtextes teil. Eine ähnliche Rolle spielte in Frankreich Rabbi Schelomoh ben Yitzhak (1040–1105), den seine Freunde nach den Anfangsbuchstaben seines Titels und Namens Raschi nannten. In Troyes in der Champagne geboren, studierte er an den jüdischen Akademien von Worms, Mainz und Speyer; nach seiner Rückkehr sorgte er mit einem Weinhandel für das Auskommen seiner Familie und verwandte im übrigen jede Mußezeit auf die Bibel und den Talmud. Wenn er auch nicht offiziell Rabbiner war, so gründete er doch eine Akademie in Troyes, lehrte an ihr während vierzig Jahren und verfaßte nach und nach seine Kommentare zum Alten Testament, der Mischna und der Gemara. Er versuchte nicht wie die spanischen Gelehrten philosophische Gedanken in die religiösen Texte hineinzulesen; er erläuterte sie lediglich mit einer so glänzenden und gemeinverständlichen Gelehrsamkeit, daß seine Talmudkommentare heute in den Talmud eingedruckt werden. Wegen der bescheidenen Lauterkeit seines Charakters und Lebens verehrte ihn das Volk wie einen Heiligen. Jüdische Gemeinden in ganz Europa wandten sich in theologischen und juristischen Fragen an ihn und gaben seinen Antworten Gesetzeskraft. Sein Alter war von den Judenverfolgungen des Ersten Kreuzzuges überschattet. Nach seinem Tode setzten seine Enkel Samuel, Jakob und Isaak ben Meir sein Werk fort. Jakob war der erste «Tosaphist»: während fünf Menschenaltern nach Raschi revidierten und verbesserten die französischen und deutschen Talmudisten seine Kommentare mit *tosafoth*, «Ergänzungen».

Der Talmud war kaum fertiggestellt, als Justinian ihn als «ein Gespinst von Albernheiten, Fabeln, Ungerechtigkeiten, Schmähungen, Verwünschungen, Ketzereien und Gotteslästerungen» ächtete (553)[14]. In der Folge scheint die Kirche das Bestehen des Talmud vergessen zu haben; wenige Theologen der Lateinischen Kirche konnten das Hebräisch oder Aramäisch lesen, in dem der Talmud abgefaßt war, und 700 Jahre lang konnten die Juden ungehindert ihre hochgeschätzten Bücher studieren – mit solcher Emsigkeit, daß sie ihrerseits fast die Bibel vergessen zu haben scheinen. Aber im Jahre 1239 legte Nikolaus Donin, ein zum Christentum übergetretener französischer Jude, dem Papst Gregor IX. eine Anklageschrift vor, in welcher er den Talmud bezichtigte, er enthalte schmähliche Angriffe auf Jesus und die Jungfrau und Aufforderungen zur Unehrlichkeit im Verkehr mit Christen. Zum Teil waren die Klagen berechtigt, denn die fleißigen Kompilatoren hatten die *tannaim* und *amoraim* so sehr verehrt, daß sie in den haggadischen, volkstümlichen Teil des Talmud gelegentliche Bemerkungen aufgenommen hatten, welche zornentbrannte Rabbinen in Erwiderung christlicher Kritiken am Judentum gemacht hatten[15]. Donin, der nunmehr päpstlicher als der Papst war, ließ mehrere Anklagen dazutreten, die sich nicht halten ließen: der Talmud betrachte den Betrug gegenüber einem Christen als erlaubt und den Mord an einem Christen gar als verdienstlich, und möge es sich auch um einen guten Menschen handeln; den Juden würde von ihren Rabbinern gestattet, mit einem Eid bekräftigte Versprechen zu brechen; und jeder Christ, der das jüdische Gesetz studiere, sei dem Tode zu überantworten. Gregor befahl alle in Frankreich, England und Spanien auffindbaren Exemplare des Talmud einzubringen und sie den Dominikanern oder Franziskanern auszuhändigen; den Mönchen befahl er, die Bücher sorgsam zu überprüfen und sie zu verbrennen, falls die Beschuldigungen sich als richtig herausstellten. Von den Auswirkungen dieses Befehls ist nichts aufgezeichnet. In Frankreich wies Ludwig IX. alle Juden unter Androhung der Todesstrafe an, alle ihre Exemplare des Talmud auszuliefern, und berief vier Rabbiner nach Paris, um das Buch in öffentlicher Debatte vor dem König, der Königin Blanche, Donin und zwei führenden scholastischen Philosophen – Guillaume d'Auvergne und Albertus Magnus – zu verteidigen[16]. Nach dreitägiger Untersuchung befahl der König, sämtliche Exemplare des Talmud zu verbrennen (1240). Walter Cornutus, der Erzbischof von Sens, setzte sich für die Juden ein, und der König gestattete die Rückgabe vieler Exemplare an ihre Eigentümer. Der Erzbischof starb aber bald darauf, und einige Mönche waren der Ansicht, dieser Tod sei das Urteil Gottes auf diese königliche Nachsicht. Ludwig ließ sich von ihnen überzeugen und befahl, alle Exemplare des Talmud zu beschlagnahmen; 24 Wagenladungen wurden nach Paris verbracht und den Flammen übergeben (1242). Der Besitz des Talmud wurde 1248 in Frankreich durch einen päpstlichen Gesandten verboten; von da an gingen außer in der Provence in ganz Frankreich die rabbinischen Studien und die hebräische Literatur zurück.

Eine ähnliche Diskussion fand 1263 in Barcelona statt. Raimund von Peñafort, ein mit der Inquisition in Aragón und Kastilien beauftragter Mönch, unternahm es, die Juden dieser Staaten zum Christentum zu bekehren. Um seinen Predigern das rechte Rüstzeug mitzugeben, führte er das Hebräische als Lehrfach in den Seminarien des christlichen Spaniens ein. Ein zum Christentum übergetretener Jude, Paulus Christianus, stand ihm bei und machte mit seiner Kenntnis sowohl der christlichen wie der jüdischen Theologie einen so großen Eindruck auf Raimund, daß dieser eine Disputation zwischen Paulus und Rabbi Moses ben Nachman von Gerona vor König Jakob I. von Aragón veranstaltete. Nachmanides kam nur ungern, da er sich vor dem Siege ebenso fürchtete wie vor der Niederlage. Die Debatte erstreckte sich zum Entzücken des Königs über vier Tage; die Vorzüge fanden offenbar vernünftige Beachtung. 1264 ließ eine Kirchenkommission alle Talmud-Exemplare Aragoniens bringen, merzte alle christenfeindlichen Stellen aus und gab die Bücher ihren Eigentümern zurück[17]. In einem Bericht, den Nachmanides über seine Disputation für die jüdischen Synagogen in Aragonien verfaßte, gebraucht er Ausdrücke, die dem Raimund rundweg gotteslästerlich erschienen[18]. Der Mönch erhob bei dem König Einspruch, aber erst 1266 verbannte Jakob auf besonderen Wunsch des Papstes den Nachmanides aus Spanien. Im folgenden Jahre starb der Rabbiner in Palästina.

III. DIE JÜDISCHE WISSENSCHAFT

Die jüdische Naturwissenschaft und Philosophie des Mittelalters war fast ausschließlich im islamischen Bereich beheimatet. Isoliert und verachtet und doch von ihren Nachbarn beeinflußt, nahmen die Juden des christlichen Bereiches im Mittelalter ihre Zuflucht zu Mystizismus, Aberglauben und Messiasträumen; nichts hätte der Wissenschaft weniger förderlich sein können. Die Religion kam indessen dem Studium der Astronomie zugute, da sie bei der richtigen Bestimmung der Feiertage von ihr abhängig war. Im sechsten Jahrhundert ließen die jüdischen Astronomen von Babylonien die unmittelbare Himmelsbeobachtung an die Stelle der astronomischen Berechnung treten; sie gründeten das Jahr auf den anscheinenden Sonnenlauf und die Monate auf die Mondphasen, machten einige Monate «vollständig» mit dreißig Tagen und andere «unvollständig» mit neunundzwanzig und brachten dann den Mond- mit dem Sonnenkalender in Übereinstimmung, indem sie in einem neunzehnjährigen Zyklus in jedes dritte, sechste, achte, elfte, vierzehnte, siebzehnte und neunzehnte Jahr einen dreizehnten Monat einschalteten. Im Osten datierten die Juden die Ereignisse nach dem seleukidischen Kalender, der mit dem Jahre 312 v. Chr. begann; in Europa bürgerte sich bei ihnen im neunten Jahrhundert die gegenwärtige jüdische Zeitrechnung – *anno mundi*, «im Jahre nach der Erschaffung der Welt» – ein, die mit der im Jahre 3761 v. Chr. angenommenen Weltschöpfung beginnt. Der jüdische Kalender ist gerade so schwerfällig und sakral wie unser eigener.

Einer der ersten Astronomen des Islam war der jüdische Gelehrte Maschallah († um 815). Sein *De scientia motus orbis* wurde von Gerhard von Cremona aus dem Arabischen ins Lateinische übersetzt und fand im christlichen Bereich weithin Berühmtheit. Seine Abhandlung *De mercibus (Über Preise)* ist das älteste erhaltene wissenschaftliche Werk in arabischer Sprache. Das bedeutendste mathematische Werk des Zeitalters[19] ist das *Hibbur ha-meschihah* – über Algebra, Geometrie und Trigonometrie – des Abraham ben Hiyya von Barcelona (1065–1136), der auch eine verlorengegangene Enzyklopädie der Mathematik, Astronomie, Optik und Musik und die älteste hebräische Abhandlung über den Kalender verfaßte. Abraham ibn Ezra brachte es in der nächsten Generation fertig, gleichzeitig Gedichte zu schreiben und in der Kombinationsanalysis Fortschritte zu erzielen. Diese beiden Abrahame waren die ersten Juden, welche wissenschaftliche Werke in hebräischer und nicht in arabischer Sprache abfaßten. Über Bücher dieser Art und eine wahre Flut von Übersetzungen aus dem Arabischen ins Hebräische drang die muselmanische Philosophie und Naturwissenschaft in die jüdischen Gemeinden Europas ein und gab ihrem Geistesleben über die rein rabbinische Forschung hinaus einen Auftrieb.

Die Juden dieses Zeitraumes, die in gewissem Umfang aus der islamischen Wissenschaft Nutzen zogen, aber auch eigene Überlieferungen aus der Heilkunst wieder aufnahmen, schrieben ausgezeichnete medizinische Abhandlungen und wurden die geschätztesten Ärzte des christlichen Europa. Isaak Israeli (um 855 bis um 955) erwarb sich als Ophthalmologe solche Berühmtheit in Ägypten, daß er zum Hofarzt der Aghlabiden in Qairwan ernannt wurde. Seine medizinischen Schriften, aus dem Hebräischen ins Arabische und Lateinische übersetzt, wurden in ganz Europa als erstrangig bewertet; sie wurden in Salerno und Paris als Lehrbücher verwendet und noch nach siebenhundertjährigem Leben von Burton in seiner *Anatomy of Melancholy* (1621) zitiert. Nach der Überlieferung machte sich Isaak nichts aus Reichtum, war ein hartnäckiger Junggeselle und brachte es auf hundert Jahre. Wahrscheinlich ein Zeitgenosse von ihm war Asaf ha-Jehudi, der unbekannte Verfasser einer vor kurzem entdeckten Handschrift, die als das älteste erhaltene medizinische Werk in hebräischer Sprache gilt und durch seine Lehre beachtenswert ist, daß das Blut durch die Arterien und Venen zirkuliere; hätte er auch noch die Funktion des Herzens vermutet, so wäre er Harvey in allem zuvorgekommen[20].

In Ägypten wurde nach der Ankunft von Maimonides (1165) die ärztliche Kunst ganz von jüdischen Ärzten und Lehrbüchern beherrscht. Abu al-Fada von Kairo schrieb die wichtigste ophthalmologische Abhandlung des zwölften Jahrhunderts, und al-Kuhin al-Attar verfaßte (um 1275) ein

Arzneibuch, das bei den Mohammedanern heute noch verwendet wird. Die jüdischen Ärzte Süditaliens und Siziliens sind eines der Bindeglieder, durch welche die arabische Medizin nach Salerno kam. Schabbathai ben Abraham (913–970), genannt Donnolo, bei Otranto geboren, wurde von den Sarazenen gefangen, studierte in Palermo arabische Medizin und kehrte dann nach Italien zurück, wo er eine Praxis aufnahm. Benvenutus Grassus, ein Jude aus Jerusalem, studierte in Salerno, hatte dort und in Montpellier einen Lehrstuhl inne und schrieb eine *Practica oculorum* (um 1250), die im Islam und im Christentum gleicherweise als die endgültige Schrift über Augenkrankheiten galt; 244 Jahre nach ihrer Veröffentlichung wurde sie noch als das erste Buch dieses Stoffgebietes gewählt, das gedruckt wurde.

Rabbinerschulen besonders in Südfrankreich hielten medizinische Lehrgänge ab, zum Teil, um den Rabbinern zu einem weltlichen Einkommen zu verhelfen. Jüdische Ärzte, die in der berühmten hebräischen Akademie von Montpellier ausgebildet worden waren, trugen zu der Entwicklung der bekannten Ecole de Médecine von Montpellier bei. Die Ernennung eines Juden zum Regenten der Fakultät zog im Jahre 1300 den Haß der medizinischen Autoritäten der Universität Paris auf sein Volk; die Ecole de Médecine wurde gezwungen, den Juden ihre Tore zu verschließen (1301), und die hebräischen Ärzte der Stadt mußten mit ihren Glaubensgenossen 1306 Frankreich verlassen. Um diese Zeit war jedoch die christliche Wissenschaft durch Beispiel und Einfluß der Juden und Muselmanen schon völlig umgestaltet. Die semitischen Ärzte hatten schon längst die Auffassung der Krankheit als einer Dämonenbesessenheit aufgegeben, und der Erfolg ihrer rationalistischen Diagnose und Therapie hatte den Glauben des Volkes an die Wirksamkeit von Reliquien und anderen übernatürlichen Heilkräften geschwächt.

Die Mönche und die Weltgeistlichkeit, deren Abteien und Kirchen solche Reliquien beherbergten und Pilger anzogen, konnten sich mit dieser Umwälzung nur schlecht abfinden. Die Kirche verurteilte es, wenn jüdische Ärzte allzu intim Zutritt zu christlichen Häusern fanden; sie hatte den Verdacht, daß diese Menschen mehr ärztliches Können als Glauben besaßen, und befürchtete ihren Einfluß auf kranke Geister. 1246 verbot das Konzil von Béziers den Christen, zu jüdischen Ärzten zu gehen; 1267 verbot das Konzil von Wien jüdischen Ärzten, Christen zu behandeln. Solche Verbote hinderten gewisse prominente Christen nicht daran, sich der jüdischen Heilkunst zu bedienen; Papst Bonifaz VIII., der an einem Augenleiden litt, rief Isaak ben Mordecai zu sich[21]; Raimundus Lullus klagte, jedes Kloster habe seinen jüdischen Arzt; ein päpstlicher Legat war entsetzt, als er feststellen mußte, daß auch die Nonnenklöster dieses Schicksal teilten, und christliche Könige Spaniens erfreuten sich bis Ferdinand und Isabella der ärztlichen Pflege durch Juden. Scheschet Benveniste von Barcelona, Leibarzt König Jakobs I. von Aragón (1213–1276), schrieb die bedeutendste gynäkologische Abhandlung seiner Zeit. Die Juden mußten ihre Vorrangstellung in der ärztlichen Praxis im christlichen Bereich erst abtreten, als die christlichen Universitäten im dreizehnten Jahrhundert die rationelle Medizin einführten.

Dafür, daß sie ein so bewegliches und weithin verstreutes Volk sind, haben die Juden wenig zur Wissenschaft der Geographie beigetragen. Die hervorragendsten Reisenden des zwölften Jahrhunderts waren aber doch zwei Juden – Petachya von Regensburg und Benjamin von Tudela –, die wertvolle hebräische Berichte über ihre Reisen durch Europa und den Nahen Orient schrieben. Benjamin zog 1160 aus Zaragoza aus, besuchte in aller Muße Barcelona, Marseille, Genua, Pisa, Rom, Salerno, Brindisi, Otranto, Korfu, Konstantinopel, die Ägäischen Inseln, Antiochien, jede bedeutendere Stadt Palästinas, Baalbek, Damaskus, Bagdad und Persien. Er kehrte auf dem Seewege durch den Indischen Ozean und das Rote Meer nach Ägypten, Sizilien und Italien zurück und von dort auf dem Landwege nach Spanien; er kam 1173 zu Hause an und verschied kurz darauf. Sein Hauptinteresse galt den jüdischen Gemeinden; er beschreibt aber auch mit einer schönen Genauigkeit und Objektivität die geographischen und ethnischen Charakteristiken aller Länder seines Reiseweges. Sein Bericht ist nicht so spannend, wahrscheinlich aber verläßlicher als die Reiseberichte des Marco Polo im folgenden Jahrhundert. Er wurde in fast alle europäischen Sprachen übertragen und hat bis heute seine Beliebtheit bei den Juden nicht verloren[22].

IV. DER AUFSTIEG DER JÜDISCHEN PHILOSOPHIE

Das Geistesleben ist eine Verbindung zweier Kräfte: der Notwendigkeit des Glaubens, um überhaupt leben zu können, und der Notwendigkeit des vernunftmäßigen Denkens, um Fortschritte machen zu können. In Zeiten der Armut und des Durcheinanders hat der Wille zu glauben die größte Durchschlagskraft, denn der Mut ist die größte Lebensnotwendigkeit; in Zeiten des Reichtums gewinnen die verstandesmäßigen Kräfte die Oberhand, da sie Aufstieg und Fortschritt bieten; infolgedessen entsteht in einer Zivilisation, die von Armut zum Wohlstand übergeht, gerne ein Kampf zwischen Vernunft und Glaube, ein «Krieg der Wissenschaft mit der Theologie». In diesem Kampf sucht die Philosophie, die das Leben als Ganzes zu sehen strebt, gewöhnlich zu einer Versöhnung der Gegensätze zu kommen, zu einem vermittelnden Frieden, mit dem Ergebnis, daß sie von der Wissenschaft verachtet und von der Theologie beargwöhnt wird. In einem Zeitalter des Glaubens, in dem die Mühe und Plage ein Leben ohne Hoffnung unerträglich machen würde, neigt die Philosophie zur Religion, benutzt die Vernunft, um den Glauben zu verteidigen, und wird zu einer verkleideten Theologie. Bei den drei Religionen, welche die Zivilisation der Weißen im Mittelalter aufspalteten, traf das am wenigsten auf den Islam zu, der den größten, schon mehr auf das Christentum, das einen geringeren, am meisten auf das Judentum, das den geringsten Wohlstand besaß. Und die jüdische Philosophie wagte es hauptsächlich bei der reichen Judenschaft des muselmanischen Spaniens, sich vom Glauben zu entfernen.

Die mittelalterliche jüdische Philosophie schöpfte aus zwei Quellen: der hebräischen Religion und dem muselmanischen Denken. Die meisten jüdischen Denker sahen Religion und Philosophie als nach Inhalt und Wirkung identisch und nur in Methode und Form unterschiedlich an: was die Religion als göttlich offenbartes Dogma lehrte, das lehrte die Philosophie als vernunftgemäß bewiesene Wahrheit. Und die meisten jüdischen Denker von Saadia bis Maimonides unternahmen diesen Versuch in einer muselmanischen Umwelt, holten sich ihre Kenntnis der griechischen Philosophie aus arabischen Übersetzungen und muselmanischen Kommentaren und verfaßten ihre Werke auf Arabisch zum Gebrauch der Muselmanen wie der Juden. Gerade so, wie Aschari die Waffen der Vernunft gegen die Mutaziliten einsetzte und die mohammedanische Strenggläubigkeit rettete, so rettete Saadia, der gerade im Jahre der Bekehrung des Aschari vom Skeptizismus zur Strenggläubigkeit (915) aus Ägypten nach Babylonien zog, mit seinem polemischen Fleiß und Geschick die hebräische Theologie; und Saadia folgte nicht nur in seinen Methoden den muselmanischen *mutakallimun*, sondern auch in den Einzelheiten ihrer Argumentation[23].

Saadias Sieg hatte auf das Judentum im Osten die gleiche Wirkung wie al-Ghazzalis Sieg auf den östlichen Islam: im Zusammenwirken mit den politischen Unruhen und dem wirtschaftlichen Niedergang erstickte er die hebräische Philosophie im Orient. Die weitere Geschichte spielt sich in Afrika und Spanien ab. In Qairwan fand Isaak Israeli trotz seiner praktischen und schriftstellerischen Betätigung auf ärztlichem Gebiet die Zeit, einige einflußreiche philosophische Werke zu verfassen. Sein *Versuch über Definitionen* lieferte der scholastischen Logik mehrere Ausdrücke; seine Abhandlung *Über die Elemente* führte die aristotelische *Physik* in das hebräische Denken ein; sein *Buch der Seele und des Geistes* ersetzte die Schöpfungsgeschichte der Genesis durch ein neoplatonisches Gefüge fortschreitender Emanationen («Herrlichkeiten») aus Gott an die materielle Welt; hier ist eine der Wurzeln der Kabbala zu suchen.

Ibn Gabirol übte als Philosoph einen größeren Einfluß aus denn als Dichter. Es ist ein Witz der Geschichte, daß die Scholastiker ihn achtungsvoll als Avicebron zitierten und für einen Muselmanen oder Christen hielten; erst 1846 entdeckte Salomon Munk, daß Ibn Gabirol und Avicebron ein und derselbe sind[24]. Dem Mißverständnis war dadurch Vorschub geleistet worden, daß Gabirol versucht hatte, Philosophie ganz unabhängig von der jüdischen Denkweise zu schreiben. Seine Sprichwortsammlung – *Ausgewählte Perlen* – nahm ihren Stoff fast ausschließlich aus nichtjüdischen Quellen, obgleich die jüdische Folklore besonders reich an zugespitzten und geschliffenen Sprüchen ist. Eine «Perle» ist ganz konfuzianisch: «Wie soll man sich an einem Feinde rächen? Indem man seine eigenen guten Eigenschaften steigert[25].» Dieser Spruch ist praktisch eine Zusammenfassung der Abhandlung *Über die Verbesserung der moralischen Eigenschaften*, die Gabirol mit vierundzwanzig Jahren verfaßt zu haben scheint, in einem Alter, dem die Philosophie nicht recht ansteht. Durch ein künstliches Schematisieren leitete der junge Dichter alle Tugenden und Laster von den fünf Sinnen ab – mit nichtssagenden Ergebnissen; das Buch zeichnet sich aber dadurch aus, daß es im Zeitalter des Glaubens ein vom religiösen Glauben unabhängiges Sittengesetz sucht[26].

Mit dem gleichen Wagemut brachte es Gabirols Hauptwerk – *Mekor Hayim* – zuwege, weder die Bibel noch den Talmud noch den Koran zu zitieren. Es war dieser ungewohnte übernationale Geist, der das Buch für die Rabbinen so anstößig und in lateinischer Übersetzung als *Fons vitae (Lebensquell)* für die Christen so einflußreich machte. Gabirol vertrat den Neoplatonismus, der die ganze arabische Philosophie durchdrang, pfropfte ihm aber einen Voluntarismus auf, der besonderen Nachdruck auf die Willensbetätigung bei Gott und Mensch legt. Wir müssen nach Gabirol die Existenz Gottes als einer Ursubstanz, einer Urwesenheit oder eines Urwillens annehmen, um überhaupt das Vorhandensein oder die Bewegung der Dinge verstehen zu können; die Attribute Gottes seien unserer Kenntnis jedoch nicht zugänglich. Das Weltall sei nicht in der Zeit erschaffen worden, sondern in beständigen und abgestuften Emanationen aus Gott entstanden. Mit Ausnahme Gottes bestehe alles in der Welt aus Stoff und Form, welche stets gemeinsam in Erscheinung träten und nur im Denken auseinanderzuhalten seien[27]. Die Rabbinen lehnten diese avicennische Kosmologie als verhüllten Materialismus ab; aber Alexander von Hales, der hl. Bonaventura und Duns Scotus teilten diese Ansicht von der Universalität der Materie unter Gott und vom Willensprimat. Guillaume d'Auvergne bezeichnete Gabirol als den «edelsten aller Philosophen» und hielt ihn für einen guten Christen.

Jehuda Halevi verwarf jede Spekulation als eitlen Intellektualismus; wie al-Ghazzali befürchtete er, die Philosophie könnte die Religion unterhöhlen – nicht nur dadurch, daß sie das Dogma in Frage setzte oder leugnete oder die Bibel metaphorisch auslegte, sondern in noch größerem Umfange dadurch, daß sie die Frömmigkeit durch die Erörterung verdrängte. Gegen das Eindringen von Platon und Aristoteles in die jüdische Geisteswelt und gegen die Verlockungen der islamischen Religion auf die Juden und die ständigen Angriffe der Qaraiten auf den Talmud schrieb der Dichter eines der interessantesten Bücher der mittelalterlichen Philosophie – das *Al-Chazari* (um 1140). Er bot seine Gedanken in einer dramatischen Aufmachung dar – als Bekehrung des Chasarenkönigs zum jüdischen Glauben. Zum Glück für Halevi war das Buch zwar in arabischer Sprache, aber im hebräischen Alphabet geschrieben, so daß es nur gebildeten Juden zugänglich war. Denn die Handlung, die einen Bischof, einen Mullah und einen Rabbiner vor den wissensdurstigen König bringt, macht mit Islam und Christentum kurzen Prozeß. Sobald der Christ und der Muselmane die hebräische Bibel als Wort Gottes anführen, entläßt sie der König, so daß nur der Rabbiner bei ihm bleibt; und der größte Teil des Buches besteht in dem Gespräch des Rabbiners, der einen gelehrigen und beschnittenen König in jüdischer Theologie und im jüdischen Ritual unterweist. Der königliche Schüler sagt zu seinem Lehrmeister: «Nichts Neues hat es mehr gegeben, seit euere Religion verkündet wurde, es sei denn gewisse Einzelheiten über das Paradies und die Hölle[28].» Dadurch ermutigt, erklärt der Rabbiner, das Hebräische sei die Sprache Gottes und Gott habe nur zu den Juden unmittelbar gesprochen und nur die jüdischen Propheten seien göttlich inspiriert. Halevi hat nur ein Lächeln übrig für Philosophen, welche der Vernunft den Vorrang geben und Gott und Himmel ihren Syllogismen und Kategorien unterwerfen, während der menschliche Geist in Wirklichkeit doch nur ein gebrechlicher und verschwindend kleiner Bruchteil der weiten und allumfassenden Schöpfung sei. Der Weise (der nicht notwendigerweise ein gelehrter Mann sein müsse) werde die geringe Stichhaltigkeit der Vernunft in überirdischen Dingen erkennen; er werde sich an den Glauben halten, den ihm die Heilige Schrift darbietet, und er werde beten und glauben wie ein unschuldiges Kind[29].

Trotz Halevi behielt die Vernunft ihre Anziehungskraft bei und nahm auch die aristotelische Invasion ihren Fortgang. Abraham ibn Daud (1110–1180) war so tief jüdisch wie Halevi; er verteidigte den Talmud gegen die Qaraiten und erzählte voller Stolz die *Geschichte der jüdischen Herrscher während des zweiten Tempels*. Gleich unzähligen Christen, Muselmanen und Juden des zwölften und dreizehnten Jahrhunderts strebte er aber danach, seinen Glauben mit Hilfe der Philosophie zu beweisen. Er war wie Halevi aus Toledo gebürtig und Arzt. Sein arabisches *Kitab al-aqidah al-rafiah (Buch des erhabenen Glaubens)* erteilte die gleiche Antwort an Halevi, die später Thomas von Aquin den christlichen Gegnern der Philosophie gab, nämlich daß die friedliche Verteidigung einer Religion gegen Ungläubige der Vernunft bedürfe und nicht einfach auf dem Glauben beruhen könne. Wenige Jahre vor Averroes (1126–1198), ein Menschenalter vor Maimonides (1135–1204), ein Jahrhundert vor Thomas von Aquin, mühte sich Ibn Daud, den Glauben seiner Väter mit der Philosophie des Aristoteles in Übereinstimmung zu bringen. Der Grieche wäre sicherlich über das dreifache Kompliment, das ihm zuteil wurde, belustigt gewesen, wie auch über die Tatsache, daß die jüdischen Philosophen ihn nur durch die Abrisse von al-Farabi und Avicenna kannten, denen er wiederum nur durch unvollkommene Übersetzungen einer neoplatonischen Fälschung zugänglich war. Der gemeinsamen aristotelischen Quelle treuer als Thomas, forderte Ibn Daud wie Averroes die Unsterblichkeit nur für die Allseele, nicht für die Einzelseele[30]; in diesem Punkte triumphierte, wie Halevi zu seinem

Leidwesen hätte feststellen können, Aristoteles über den Talmud wie über den Koran. Die jüdische Philosophie hatte wie die mittelalterliche Philosophie überhaupt mit Neoplatonismus und Frömmigkeit begonnen und in Aristoteles und dem Zweifel ihren Gipfelpunkt gefunden. Maimonides ging nun vom aristotelischen Standpunkt des Ibn Daud aus und stellte sich mutig und geschickt allen Problemen des Konfliktes zwischen Vernunft und Glauben.

V. MAIMONIDES: 1135–1204

Der größte mittelalterliche Jude wurde in Córdoba als Sohn des ausgezeichneten Gelehrten, Arztes und Richters Maimon ben Joseph geboren. Der Knabe erhielt den Namen Moses, und es wurde bei den Juden sprichwörtlich: «Von Moses bis Moses gab es niemanden wie Moses.» Sein Volk nannte ihn Moses ben Maimon oder kürzer Maimuni; als er ein berühmter Rabbiner wurde, verband man die Anfangsbuchstaben seines Titels und Namens zu dem Spitznamen Rambam; die Christen drückten seine Herkunft durch den Abkunftsnamen Maimonides aus. Nach einer möglicherweise legendären Geschichte soll er als Knabe eine Abneigung gegen das Lernen bezeigt haben; der enttäuschte Vater soll ihn «Metzgerbub» gescholten und seinem ehemaligen Lehrer Rabbi Joseph ibn Migas in Pension gegeben haben[31]. Nach diesem armseligen Start wurde der zweite Moses ein Kenner der biblischen und rabbinischen Literatur, ein Fachmann in Medizin, Mathematik, Astronomie und Philosophie; er war der eine der beiden gelehrtesten Männer seiner Zeit. Sein einziger Rivale war Averroes. Seltsamerweise scheinen diese zwei außerordentlichen Denker, die doch nur neun Jahre auseinander in der gleichen Stadt geboren wurden, sich nie begegnet zu sein, und Maimonides las Averroes offenbar erst als alter Mann, als er seine eigenen Bücher bereits geschrieben hatte[32].

1148 setzten sich berberische Glaubensfanatiker in den Besitz von Córdoba, zerstörten Kirchen und Synagogen und stellten Christen und Juden vor die Wahl zwischen Islam und Verbannung. 1159 zog Maimonides mit Weib und Kindern aus Spanien fort; neun Jahre lang lebte die Familie in Fez, wo sie den mohammedanischen Glauben vortäuschte[33]; denn auch dort durften sich keine Christen oder Juden niederlassen. Maimonides rechtfertigte die rein äußerliche Zugehörigkeit zum Islam bei gefährdeten Juden in Marokko mit dem Argument: «Man verlangt von uns nicht, daß wir dem Heidentum Ehrerbietung bezeigen, wir brauchen nur einige leere Formeln herzusagen; die Muselmanen selbst wissen genau, daß wir nicht aufrichtig sind, wenn wir sie hersagen, um Glaubenseiferern zu entgehen[34].» Der Oberrabbiner von Fez teilte seine Meinung nicht und erlitt 1165 das Märtyrertum. Maimonides, der das gleiche Schicksal befürchtete, zog nach Palästina und von dort nach Alexandrien (1165) und nach dem alten Kairo, wo er bis zu seinem Tode verblieb. Man erkannte in ihm bald einen der fähigsten Ärzte seiner Zeit, und er wurde Leibarzt von Saladins ältestem Sohn Nur-ud-Din Ali und von Saladins Wesir al-Qadi al-Fadil al-Baisani. Er benutzte seine Beliebtheit bei Hofe, um den Juden Ägyptens Schutz zu sichern, und als Saladin Palästina eroberte, bewog ihn Maimonides, den Juden wieder die Ansiedelung in diesem Lande zu gestatten[35]. 1177 wurde Maimonides *Nagid*, also Oberhaupt der jüdischen

Gemeinde von Kairo. Ein muselmanischer Jurist bezichtigte ihn der Apostasie vom Islam und verlangte die übliche Todesstrafe; Maimonides wurde vom Wesir gerettet, der verfügte, daß eine Person, die zur Annahme des Mohammedanertums gezwungen worden war, nicht als Muselmane zu betrachten sei[36].

Während dieser arbeitsreichen Zeit verfaßte er den größten Teil seiner Bücher. Zehn medizinische Werke in arabischer Sprache vermittelten das Gedankengut von Hippokrates, Galenos, Dioskorides und Avicenna. Seine *Medizinischen Aphorismen* fassen den gesamten Galenos in 1500 kurzen Feststellungen zu jedem Zweig der Medizin zusammen; sie wurden ins Hebräische und Lateinische übersetzt und in Europa mit dem Vermerk *Dixit Rabbi Moyses* häufig zitiert. Für Saladins Sohn verfaßte er eine Abhandlung über die Ernährungsweise und für Saladins Neffen al-Muzaffar I., den Sultan von Hamah, einen *Essay über den Geschlechtsverkehr (Maqala fi-l-dschima)*, über Sexualhygiene, Impotenz, Priapismus, Aphrodisiaka ... Die Einleitung zu diesem Werkchen schlägt eine ungewohnte Note an:

> Unser Herr, Seine Majestät al-Muzaffar – möge Gott ihm langwährende Macht schenken! – hat mir befohlen, eine Abhandlung zu verfassen, die ihm behilflich sein könnte, seine Geschlechtskräfte zu mehren, da er ... in dieser Hinsicht einige Schwierigkeiten hatte ... Er will im Geschlechtsverkehr nicht von seinen Bräuchen abweichen, ist über die Schwäche seines Fleisches bestürzt und wünscht seine Manneskraft zu mehren, da die Zahl seiner Sklavinnen zunimmt. 37

Zu diesen Schriften ließ Maimonides mehrere Monographien – über Gifte, Asthma, Hämorrhoiden und Hypochondrie – und ein gelehrtes *Drogenglossar* treten. Wie alle Bücher enthalten auch diese medizinischen Werke verschiedene Feststellungen, die mit den vorübergehenden Unfehlbarkeiten unserer eigenen Zeit nicht ganz übereinstimmen – zum Beispiel die Behauptung, das erste Kind eines Mannes, dessen rechte Hode größer als die linke ist, würde ein Knabe sein[38]; sie zeichnen sich aber durch das ernste Streben aus, den Kranken zu helfen, indem sie auch die gegensätzlichen Ansichten einer höflichen Betrachtung unterziehen und sich in Rezepten und Ratschlägen einer weisen Mäßigung befleißigen. Maimonides verschrieb niemals Arzneien, falls eine Diät zum Erfolg führen konnte[39]. Er warnte vor übermäßiger Nahrungsaufnahme: «Man darf den Magen nicht wie ein Geschwür anschwellen lassen[40].» Den Wein hielt er, wenn mäßig genossen, für gesundheitsfördernd[41]. Er empfahl die Philosophie als Erziehungsmittel zum geistigen und moralischen Gleichgewicht, welches zu Gesundheit und Langlebigkeit verhelfe[42].

Mit dreiundzwanzig Jahren begann Maimonides einen Mischnakommentar, an dem er trotz allen Handelsgeschäften, medizinischen Beschäftigungen und gefährlichen Reisen zu Lande und zu Wasser zehn Jahre lang arbeitete. Er wurde (1158) unter dem Titel *Kitab alsiradsch (Buch der Lampe)* in Kairo veröffentlicht und räumte dem erst dreiunddreißigjährigen Maimonides wegen seiner Klarheit und Gelehrsamkeit und seinem gesunden Urteil mit einem Schlage einen Platz als Talmudkommentator neben Raschi ein. Zwölf Jahre später veröffentlichte er sein größtes Werk in neuhebräischer Sprache; er gab ihm den herausfordernden Titel *Mischne Tora*. Darin ordnete er in logischer Reihenfolge und leichtverständlicher Kürze alle Gesetze des Pentateuch und fast alle Gesetze der Mischna und der Gemaras an. In der Einführung stellt er fest: «Ich habe dieses Werk *Mischne Tora*

(Gesetzeswiederholung) genannt, weil ein jeder, der zuerst das geschriebene Gesetz (den Pentateuch) und dann diese Kompilation liest, das gesamte mündlich überlieferte Gesetz kennen wird und kein anderes Buch mehr zu Rate ziehen muß[43].» Einige Vorschriften des Talmuds über Omen, Amulette und Astrologie ließ er aus; er war einer der wenigen mittelalterlichen Denker, welche von Astrologie nichts wissen wollten[44]. Die 613 gesetzlichen Vorschriften ordnete er in 14 Abschnitten an, widmete jedem Abschnitt ein «Buch» und unternahm es nicht nur, jedes einzelne Gesetz zu erläutern, sondern auch seine logische oder historische Notwendigkeit nachzuweisen. Von den 14 Büchern ist nur eines ins Englische übersetzt; es füllt einen ansehnlichen Band, so daß man auf den gewaltigen Umfang des Gesamtwerkes schließen kann.

Aus diesem Werk wird, wie aus dem später verfaßten *Führer der Unschlüssigen*, offenbar, daß Maimonides nicht offen ein Freidenker war. Er bemühte sich so weitgehend wie möglich, die Wunder der Bibel auf natürliche Ursachen zurückzuführen, aber er vertrat den Standpunkt, daß jedes Wort des Pentateuch von Gott eingegeben sei, und die Lehre der strenggläubigen Rabbiner, daß das ganze ungeschriebene Gesetz von Moses an die Älteren Israels übermittelt worden sei[45]. Er hatte wohl den Eindruck, daß die Juden von ihrer Heiligen Schrift nicht weniger fordern durften als die Christen und Mohammedaner von der ihrigen; vielleicht hielt auch er eine Gesellschaftsordnung ohne den Glauben an die göttliche Herkunft des Sittengesetzes für unmöglich. Er war ein strenger und diktatorischer Patriot: «Alle Israeliten sind verpflichtet, alles und jedes am Babylonischen Talmud zu befolgen, und wir sollten die Juden aller Länder zwingen, den von den talmudischen Weisen eingeführten Bräuchen anzuhängen[46].» Ein wenig freisinniger als die meisten Christen und Mohammedaner des Zeitalters, vertrat er die Ansicht, daß ein tugendhafter und monotheistischer Nichtjude in den Himmel kommen könne, aber gegenüber den Häretikern unter der Hebräerschaft war er nicht minder unerbittlich als das Deuteronomium oder Torquemada; jeder Jude, der das jüdische Gesetz ablehnte, müsse zum Tode verurteilt werden. «Und ebenso sage ich, daß alle Angehörigen einer Gemeinde in Israel, die wissentlich was immer für ein Gebot übertritt und dies in böswilliger Weise tut, getötet werden müssen[47].» Wie später Thomas von Aquin verteidigte er die Todesstrafe gegen Ketzer mit der Begründung: «Grausamkeit gegen solche, die das Volk zum eitlen Wahn verführen wollen, ist in Wirklichkeit Mildtätigkeit gegenüber der Welt[48]», und er bekannte sich ohne weiteres zu der Forderung der Schrift nach der Todesstrafe für Zauberei, Mord, Inzest, Götzendienst, Raub, Kindesentführung, Ungehorsam gegenüber den Eltern und Entheiligung des Sabbats[49]. Die Lage der Juden, die aus dem antiken Ägypten auswanderten und versuchten, aus einer mittel- und heimatlosen Menschenmasse einen Staat aufzubauen, dürfte diese Gesetze gerechtfertigt haben; die gefährdete Lage der Juden im christlichen Europa und im muselmanischen Afrika, wo sie ständig Überfällen und Bekehrungen und der Sittenverderbnis ausgesetzt waren, erforderte einen strengen Gesetzeskörper, damit Ordnung und Einheit aufrechterhalten werden konnten; in diesen Dingen (und vor der Inquisition) war die Theorie der Christen und wahrscheinlich auch die Praxis der Juden menschlicher als das jüdische Gesetz. Eine bessere Seite dieses strengen Geistes zeigt sich im Ratschlag, den Maimonides den Juden seiner Zeit erteilte: «Sollten Heiden von Israeliten verlangen: ‚Liefert uns einen der euren aus, daß wir ihn dem Tode übergeben', dann wäre es besser, sie alle erlitten den Tod, als daß sie einen einzigen Israeliten überantworteten[50].»

Erfreulicher ist das Bild, das er in seiner allmählichen Entwicklung vom Gelehrten zum Weisen bietet. Er billigt die Redensart der Rabbinen: «Ein Bastard, der das Gesetz studiert, hat den Vorrang vor einem unwissenden Hohepriester[51].» Er rät dem Gelehrten, drei Stunden im Tage der Arbeit für den Lebensunterhalt und neun Stunden dem Studium der Tora zu widmen. Im Glauben, daß die Umwelt entscheidender sei als die Vererbung, rät er dem Wissensdurstigen, die Gesellschaft guter und weiser Menschen aufzusuchen. Der Gelehrte solle nicht heiraten, bevor er ein reifes Wissen erlangt, einen Beruf erlernt und einen Hausstand erworben habe[52]. Es stehe ihm frei, vier Frauen zu ehelichen, aber er solle jeder Gattin nur einmal im Monat beiwohnen.

> Wenn auch der Geschlechtsverkehr mit der Gattin jederzeit gestattet ist, so sollte der Gelehrte diese Beziehung doch mit Heiligkeit umhegen. Er soll nicht gleich einem Hahne stets bei seiner Gattin sein, sondern seine ehelichen Verpflichtungen in der Freitagnacht erfüllen ... Beim Beischlafe dürfen sich weder der Gatte noch sein Weib im Zustande der Trunkenheit, Lethargie oder Melancholie befinden. Das Weib darf zu dieser Zeit nicht im Schlafe liegen. [53]

Und so kommt es schließlich zur Zeugung des Weisen. Er

> befleißigt sich der äußersten Züchtigkeit. Er wird weder sein Haupt noch seinen Leib entblößen ... Beim Sprechen wird er die Stimme nicht ungebührlich erheben. Seine Rede wird gegenüber allen Menschen sanftmütig sein ... Er wird jede Übertreibung oder affektierte Redeweise meiden. Er wird einen jeden günstig beurteilen; er wird bei den Vorzügen der anderen verweilen und über niemanden geringschätzig sprechen. [54]

Außer im äußersten Notfall werde er sich von Gaststätten fernhalten. «Der Weise wird nirgends essen als daheim am eigenen Tische[55].» Er werde bis zu seinem Ableben jeden Tag die Tora studieren. Er werde sich vor falschen Propheten hüten, aber nie den Glauben verlieren, daß eines Tages der echte Messias kommen und Israel zum Berge Zion zurückführen und der ganzen Welt den wahren Glauben und Wohlstand, Brüderlichkeit und Frieden bringen werde. «Die anderen Völker vergehen, die Juden dauern ewiglich[56].»

Die *Mischne Tora* versetzte die Rabbinen in Zorn; wenige konnten die Anmaßung vergeben, daß sie den Talmud ersetzen wollte, und viele Juden waren entsetzt über die dem Maimonides zugeschriebene Behauptung[57], der Mann, welcher das Gesetz studiere, sei höher zu stellen als derjenige, welcher es befolge. Das Buch machte aber doch seinen Verfasser zum führenden Juden der Zeit. Das ganze östliche Israel erkannte ihn als seinen Ratgeber an und legte ihm Fragen und Probleme vor; ein Menschenalter lang sah es so aus, als ob das Gaonat wiederauferstanden sei. Maimonides ruhte aber nicht auf den Früchten seines Ruhmes aus, sondern begann sofort mit der Arbeit an seinem nächsten Werk. Nachdem er das Gesetz für strenggläubige Juden kodifiziert und erläutert hatte, wandte er sich der Aufgabe zu, die Menschen, die der Verführung der Philosophie erlegen oder zum Beitritt in die Qaraitengemeinden ketzerischer Juden in Ägypten, Palästina oder Nordafrika verlockt worden waren, in den Schoß der orthodoxen Judenschaft zurückzubringen. Nach einem zweiten Jahrzehnt emsiger Arbeit gab er dem Judentum sein berühmtestes Werk, den *Führer der Unschlüssigen* (1190). Es war in hebräischer Schrift auf arabisch abgefaßt und wurde bald unter dem Titel *Moreh Nebuchim* ins Hebräische und dann ins Lateinische übersetzt und löste einen der heftigsten geistigen Stürme des dreizehnten Jahrhunderts aus.

«Es ist vor allem mein Ziel», heißt es in der Einleitung, «gewisse Worte, die in den Prophetischen Büchern (dem Alten Testament) vorkommen, zu erklären.» Viele Ausdrücke und Textstellen der Bibel hätten verschiedene Bedeutungen, eine wörtliche, eine bildliche und eine symbolische. Wörtlich genommen, seien einige dieser Ausdrücke ein Stein des Anstoßes für Menschen, die aufrichtig religiös seien, aber auch die Vernunft als die höchste geistige Gabe des Menschen achteten. Man dürfe diese Menschen nicht zwingen, zwischen einer Religion ohne Vernunft oder einer Vernunft ohne Religion zu wählen. Da Gott dem Menschen die Vernunft eingepflanzt habe, könne sie mit Gottes Offenbarung nicht in Widerspruch stehen. Wo solche Widersprüchlichkeiten sich zeigten, entstünden sie nur, weil wir Ausdrücke wörtlich nähmen, die lediglich der phantasiereichen, bildhaften Geistesart einfacher, ungebildeter Menschen, an die sich die Bibel wende, angepaßt seien.

> Da es unmöglich ist, die Größe des Schöpfungswerkes einem Sterblichen zu verkünden, hat die Heilige Schrift uns mit dunkeln Worten angedeutet ... Man bediente sich also, indem man von diesen Dingen sprach, der doppelsinnigen Wörter, damit die große Menge, dem Maße ihrer Einsicht und der Schwäche ihres Vorstellungsvermögens entsprechend, sie in dem einen, der Vollkommene und Tüchtige hingegen in einem andern Sinne auffasse.[58]

Von diesem Sprungbrett aus macht sich Maimonides an die Erörterung des göttlichen Wesens. Daß irgendeine höchste Verstandeskraft das Weltall regelt, schließt er aus den Anzeichen der Planung und Absicht in der Natur; er zieht aber die Auffassung, alles sei um des Menschen willen gemacht, ins Lächerliche[59]. Die Dinge existierten nur, weil Gott, ihr Ursprung und Leben, existiere; «könnte man annehmen, daß er nicht existiert, so würde daraus folgen, daß nichts existieren könnte». Da es aus diesem Grunde wesenhaft notwendig sei, daß Gott existiert, sei seine Existenz mit seiner Wesenhaftigkeit identisch. «Was in Hinsicht auf seine Wesenhaftigkeit notwendig vorhanden ist, hat schlechterdings in keiner Hinsicht für sein Dasein eine Ursache*[60].» Da Gott ein Vernunftwesen sei, müsse er unkörperlich sein; deshalb müßten alle Bibelstellen, die von Körperorganen oder körperlichen Attributen Gottes handelten, bildlich aufgefaßt werden. In Wirklichkeit könnten wir (und darin folgt Maimonides wahrscheinlich den Mutaziliten) von Gott weiter nichts wissen, als daß er existiere. Selbst die nichtkörperlichen Ausdrücke, die wir auf ihn anwendeten – Verstandeskraft, Allmacht, Gnade, Liebe, Einheit, Wille – seien lediglich Homonyme, das heißt sie hätten in ihrer Anwendung auf Gott eine andere Bedeutung als in der Anwendung auf den Menschen; wir könnten darum keine Definition seiner Wesenheit geben, wir dürften ihm keinerlei positive Attribute, Qualitäten oder Prädikate zuschreiben. Wenn die Bibel sage, Gott oder ein Engel habe zu den Propheten «gesprochen», so dürften wir uns nicht eine Stimme oder einen Ton vorstellen. «Das Wesen der

---

* Diese Sätze wurden in der Formulierung von Avicenna von Thomas von Aquin aufgenommen und von Spinoza zu dem Gedanken der aus sich selbst existierenden Substanz verarbeitet.

Prophetie und ihr wahrer Begriff ist die Emanation, welche von Gott durch die Vermittlung der aktiven Vernunft sich zuerst auf das Denkvermögen und dann auf die Einbildungskraft ergießt ... und dieser Zustand ist die äußerste Vollkommenheit der Einbildungskraft»; was die Propheten berichten, habe nicht wirklich stattgefunden, sondern in einer solchen Vision oder einem Traum, und müsse oft allegorisch ausgelegt werden[61]. «Einer unserer Lehrer hat den Ausspruch getan, Ijob habe nie gelebt und nie existiert, vielmehr sei das Buch eine lehrhafte Dichtung[62].» Jedermann, der seine Fähigkeiten voll entwickle, sei solcher prophetischer Offenbarungen fähig, denn die menschliche Vernunft sei eine ständige Offenbarung, die sich nicht wesenhaft von der lebhaften Innensicht der Propheten unterscheide.

Hat Gott die Welt in der Zeit erschaffen, oder ist das Weltall von Stoff und Bewegung ewig, wie Aristoteles annahm? Hier tappe die Vernunft im Ungewissen, meint Maimonides; wir könnten weder die Ewigkeit noch die Erschaffung der Welt beweisen; wir sollten uns darum an den Schöpfungsglauben unserer Väter halten[63]. Daran anschließend legt Maimonides die Schöpfungsgeschichte allegorisch aus: Adam sei die aktive Form, der Geist, Eva die passive Materie, die die Wurzel alles Bösen sei; die Schlange sei die Einbildungskraft[64]. Das Böse sei aber nicht eigentlich eine Wesenheit; es sei lediglich die Verneinung des Guten. An unserem Unglück seien wir größtenteils selbst schuld; andere Übel seien böse nur vom begrenzten menschlichen Standpunkt aus; aus einer kosmischen Sicht ließe sich in jedem Bösen das Gute oder die Notwendigkeit des Ganzen entdecken[65]. Gott gestehe dem Menschen den freien Willen zu, der ihn zum Menschen mache; der Mensch wähle manchmal das Übel; Gott habe die Wahl vorausgesehen, bestimme sie aber nicht.

Ob der Mensch unsterblich sei? Hier nutzt Maimonides seine Fähigkeit, die Leser im dunkeln tappen zu lassen, voll aus. In dem *Führer* weicht er der Frage aus, er sagt nur: «Die Seelen, die nach dem Tode fortbestehen, sind nicht die Seele, die im Menschen zugleich mit seinem Werden entsteht[66]»; diese Seele sei nur «ein Vermögen, eine bloße Anlage», sie sei eine Leibesfunktion und sterbe mit dem Körper; was bleibe, sei «das zur Wirklichkeit gewordene Ding», das vor dem Körper bestanden habe und niemals eine Leibesfunktion sei[67]. Diese aristotelisch-averroistische Anschauung leugnet anscheinend die individuelle Unsterblichkeit. In der *Mischne Tora* spricht sich Maimonides gegen die Wiederauferstehung des Leibes aus, macht die muselmanische Vorstellung eines körperhaft epikureischen Paradieses lächerlich und stellt sie, im Islam wie im Judentum, als eine Konzession an die Einbildungskraft und die sittlichen Bedürfnisse des gewöhnlichen Volkes dar[68]. Im *Führer* erklärt er: «Das Unkörperliche ist, außer als Kraft in einem Körper, mit einer Zahl nicht denkbar*[69].» Damit ist offenbar gesagt, daß der unkörperliche Geist, der den Leib überlebt, kein individuelles Bewußtsein habe. Da die leibliche Wiederauferstehung im Mittelpunkt der jüdischen wie der mohammedanischen Lehre steht, lösten diese skeptischen Gedanken viele Proteste aus. In arabischer Übertragung verursachte der *Führer* viel Aufregung im Islam; ein mohammedanischer Gelehrter, Abd al-Latif, ließ sich gegen ihn aus, denn er untergrabe «die Grundsätze aller Religionen gerade mit den Mitteln, mit

---

* Eine Quelle der Lehre des Thomas von Aquin von der Materie als «Individuationsprinzip»?

denen er sie zu stützen scheint[70].» Saladin war um diese Zeit in einen Kampf auf Leben und Tod mit den Kreuzrittern verwickelt; den schon immer Strenggläubigen empörte jede Häresie jetzt mehr denn je, da sie den Kampfgeist der Muselmanen mitten in einem Heiligen Kriege untergrub; im Jahre 1191 ließ er Surawardi, einen mystischen Ketzer, hinrichten. Im gleichen Monate gab Maimonides eine Abhandlung «Über die Wiederauferstehung der Toten» heraus; wiederum gab er seinen Zweifeln über die körperliche Unsterblichkeit Ausdruck, verkündete aber, er erkenne sie als Glaubensartikel an.

Der Sturm flaute auf eine Weile ab, und er ging ganz in seiner Arbeit als Arzt und als Verfasser von *responsa* zu Fragen der Doktrin und Ethik aus der ganzen jüdischen Welt auf. Als (1199) Samuel ben Judah ibn Tibbon, der den *Führer* ins Hebräische übersetzte, ihn besuchen wollte, erhielt er von Maimonides den Bescheid:

> Du darfst nicht erwarten, auch nur eine Stunde lang mit mir über einen wissenschaftlichen Gegenstand sprechen zu können, sei es bei Tag oder bei Nacht; denn so sieht mein Tageslauf aus: Ich wohne in Fustat, und der Sultan residiert in Kairo, zwei Sabbatstagereisen [anderthalb Meilen] weit weg. Meine Pflichten gegenüber dem Residenten [Saladins Sohn] sind sehr schwer. Ich muß ihn jeden Tag frühmorgens aufsuchen, und wenn er oder eines seiner Kinder oder eine Angehörige seines Harems unpäßlich ist, so wage ich es nicht, Kairo zu verlassen, ich muß vielmehr den größeren Teil des Tages im Palaste zubringen ... Vor dem Nachmittag komme ich nicht nach Fustat zurück ... Dann bin ich dem Verhungern nahe. Ich finde das Vorzimmer voller Menschen, Theologen, Gutsverwalter, Freunde und Gegner ... Ich steige von meinem Tiere ab, wasche mir die Hände und bitte meine Patienten, eine Weile Geduld zu haben, damit ich einige Erfrischungen zu mir nehmen kann – die einzige Mahlzeit während 24 Stunden. Dann widme ich mich meinen Patienten ... bis zur Abenddämmerung, manchmal auch zwei Stunden in die Nacht hinein oder noch länger. Ich stelle Rezepte aus, derweil ich vor Müdigkeit ausgestreckt liege, und wenn die Nacht einbricht, bin ich so erschöpft, daß ich kaum mehr sprechen kann. Deswegen kann kein Israelit mit mir ein privates Gespräch führen, es sei denn am Sabbat. An diesem Tage kommt die ganze oder doch wenigstens der größte Teil der Gemeinde nach dem Morgengottesdienst zu mir, und ich unterweise sie ... Wir studieren zusammen bis zum Nachmittag, und dann scheiden sie von mir.[71]

Er war frühzeitig erschöpft. Richard I. von England wollte ihn als Leibarzt haben, aber Maimonides konnte der Einladung nicht folgen. Saladins Wesir bemerkte seine Erschöpfung und pensionierte ihn. Er starb 1204 im Alter von neunundsechzig Jahren. Seine Überreste wurden nach Palästina verbracht, wo sein Grab noch heute in Tiberias zu sehen ist.

VI. DER MAIMONIDEISCHE KRIEG

Der Einfluß des Maimonides machte sich nicht nur im Judentum, sondern auch im Islam und Christentum bemerkbar. Mohammedanische Professoren studierten den *Führer* unter der Anleitung jüdischer Lehrer; lateinische Übersetzungen des Werkes wurden an den Universitäten von Montpellier und Padua benutzt; in Paris wurde es von Alexander von Hales und Guillaume d'Auvergne häufig zitiert. Albertus Magnus folgte in vielen Punkten der Führung des Maimonides, und Thomas von Aquin zog die Ansichten des Rabbi Moyses oft in Erwägung, wenn auch nur, um sie zu verwerfen. Spinoza, dem darin wohl einiges historisches Verständnis abging, kritisierte Maimonides' allegorische Auslegungen der Heiligen Schrift als einen unaufrichtigen Versuch, die Autorität der Bibel zu erhalten; er begrüßte aber den großen Rabbiner als «den ersten, der offen erklärte, man müsse die Bibel der Vernunft anpassen[72]»; und er übernahm von Maimonides einige Gedanken über Prophetie, Wundertaten und Gottesattribute[73].

Im Judentum selbst war der Einfluß des Maimonides revolutionär. Seine eigenen Nachkommen führten sein Werk als Gelehrte und Juden fort; sein Sohn Abraham ben Moses folgte ihm als *Nagid* und Hofarzt im Jahre 1205; sein Enkel David ben Abraham und sein Urenkel Salomon ben Abraham folgten ihm ebenfalls in der Führung der ägyptischen Juden, und alle drei setzten die maimonideische Überlieferung in der Philosophie fort. Eine Zeitlang wurde es Mode, die Bibel durch allegorische Taschenspielerkünste zu aristotelisieren und die geschichtliche Richtigkeit ihrer Berichte zu bestreiten; Abraham und Sarah wurden beispielsweise als legendäre Vertreter von Materie und Form dargestellt, und jüdischen Ritualgesetzen wurde ein lediglich symbolischer Zweck und Wahrheitsgehalt zuerkannt[74]. Das gesamte Gefüge der jüdischen Theologie schien über den Häuptern der Rabbinen zusammenzustürzen. Einige Rabbinen schlugen kräftig zurück: Samuel ben Ali von Palästina, Abraham ben David von Posquières, Meir ben Todros Halevi Abulafia von Toledo, Don Astruc von Lunel, Salomon ben Abraham von Montpellier, Jonah ben Abraham Gerundi von Spanien und viele andere mehr erhoben Einspruch gegen den «Verkauf der Bibel an die Griechen», wetterten gegen den Versuch, den Talmud durch Philosophie zu ersetzen, beklagten die Zweifel des Maimonides an der Unsterblichkeit und wollten nichts wissen von seinem unerkennbaren Gott als einer metaphorischen Abstraktion, die keine einzige Seele zu Frömmigkeit und Gebet bewegen könne. Die Anhänger der mystischen Kabbala beteiligten sich an dem Angriff und entweihten Maimonides' Grab[75].

Der maimonideische Krieg spaltete die jüdischen Gemeinden Südfrankreichs gerade in dem Augenblicke auf, als die katholischen Christen einen Vernichtungskrieg gegen die albigensische Häresie führten. Und wie die christliche Strenggläubigkeit sich gegen den Rationalismus mit der Verbannung der Werke des Aristoteles und des Averroes von den Universitäten wehrte, so unternahm auch Rabbi Salomon ben Abraham von Montpellier – vielleicht um christlichen Angriffen auf jüdische Gemeinden vorzubeugen, die unter dem Vorwande, diese beherbergten Rationalisten, hätten erfolgen können – den ungewöhnlichen Schritt, die philosophischen Werke des Maimonides mit dem Bann zu belegen und alle Juden mit der Exkommunikation zu bedrohen, die es sich einfallen ließen, profane Wissenschaften oder Literatur zu studieren oder die Bibel allegorisch auszulegen. Die Anhänger des Maimonides, unter der Führung von David Kimchi und Jakob ben Machir Tibbon, taten ihren Gegenhieb damit, daß sie die Gemeinden von Lunel, Béziers und Narbonne in der Provence und von Zaragoza und Lérida in Spanien bewogen, Salomon und dessen Anhänger in Acht und Bann zu tun. Nun ergriff Salomon eine noch aufsehenerregendere Maßnahme: er denunzierte die Bücher des Maimonides bei der Dominikanerinquisition in Montpellier, da sie Ketzereien enthielten, die dem Christentum ebenso gefährlich werden könnten wie dem Judentum. Die Mönche willfuhren seinem Anliegen, und alle Veröffentlichungen des Philosophen, deren man habhaft werden konnte, wurden in einer öffentlichen Feier 1234 in Montpellier und 1242 in Paris verbrannt. Vierzig Tage später brannte der Talmud selbst in Paris auf dem Scheiterhaufen.

Diese Ereignisse brachten die Anhänger des Maimonides in heftige Wut. Sie nahmen die führenden Gefolgsmänner des Salomon in Montpellier fest, erklärten sie des Verrates an Mitjuden schuldig und sprachen ihnen das Urteil: die Zungen sollten ihnen herausgeschnitten werden; Salomon selbst wurde offenbar hingerichtet[76]. Rabbi Jonah, der die Teilnahme an der Verbrennung der Bücher des Maimonides bereute, kam nach Montpellier, tat öffentlich Buße in der Synagoge und unternahm eine Bußpilgerfahrt an das Grab des Moses ben Maimon. Don Astruc nahm aber die Fehde wieder auf, indem er von den Rabbinen verlangte, daß sie alle Studien in profanen Wissenschaften mit dem Bann belegten. Nachmanides und Ascher ben Yehiel unterstützten ihn in dieser Forderung, und 1305 erließ Salomon ben Abraham ben Adret, der verehrte und mächtige Führer der Gemeinden von Barcelona, einen Bannfluch gegen jeden Juden, der vor dem fünfundzwanzigsten Lebensjahre irgendeine weltliche Wissenschaft (mit Ausnahme der Medizin) oder eine nichtjüdische Philosophie lehrte oder zu studieren wagte. Die Liberalen von Montpellier erwiderten mit der Exkommunikation jedes Juden, der seinen Sohn am wissenschaftlichen Studium hinderte[77]. Keiner der beiden Bannflüche hatte eine große Wirkung; jüdische Jünglinge setzten in beiden Lagern das Studium der Philosophie fort. Aber der große Einfluß von Adret und Ascher in Spanien und die Zunahme von Verfolgung und Furcht im ganzen Europa, das nun der Inquisition unterworfen war, trieb die Juden in eine geistige wie völkische Absonderung zurück. Das Studium der Wissenschaften wurde immer weniger betrieben; rein rabbinische Studien waren an den hebräischen Schulen die Regel. Nach ihrem Seitensprung mit der Vernunft vergrub sich die jüdische Seele, von theologischen Schreckensdrohungen und einer allgegenwärtigen Feindschaft gehetzt, ganz in Mystizismus und Frömmigkeit.

VII. DIE KABBALA

Die Inseln der Wissenschaft und Philosophie sind allenthalben von Ozeanen der Mystik umspült. Der Verstand engt die Hoffnung ein, und nur die vom Glück Begünstigten können seiner froh werden. Die mittelalterlichen Juden deckten, nicht anders als die Muselmanen und Christen, die Wirklichkeit mit tausendfachem Aberglauben zu, dramatisierten die Geschichte mit Wundern und Vorzeichen, erfüllten die Luft mit Engeln und Dämonen, versuchten sich an magischen Beschwörungen und Zaubereien, flößten ihren Kindern und sich selbst mit Hexen- und Gespenstergeschichten Angst und Schrecken ein, erhellten das Mysterium des Schlafes mit Traumdeutungen und lasen esoterische Geheimnisse in alte Bücher hinein.

Der Mystizismus der Juden ist so alt wie die Juden selbst. Er ließ sich beeinflussen durch den zarathustrischen Dualismus von Licht und Finsternis, durch den Neoplatonismus, der die Schöpfung durch Emanationen ersetzte, durch die neopythagoräische Zahlenmystik, durch gnostische Theosophien aus Syrien und Ägypten, durch die Apokryphen des Frühchristentums, durch die Dichter und Mystiker Indiens, des Islams und der mittelalterlichen Kirche. Die eigentlichen Ursprünge lagen aber in der jüdischen Geistesart und Überlieferung selbst beschlossen. Bereits in vorchristlicher Zeit waren bei den Juden Geheimauslegungen der Schöpfungsgeschichte der Genesis und der Kapitel I und X des Hesekiel in Umlauf gewesen; die Mischna verbot die Darlegung dieser Mysterien, es sei denn an einen einzelnen vertrauenswürdigen Schüler der Gelehrsamkeit. Es stand der Einbildungskraft frei, sich vorzustellen, was sich vor der Schöpfung und vor Adam ereignet hatte oder was dem Weltuntergang folgen würde. Philons Theorie des Logos, der göttlichen Weisheit, als der schöpferischen Wirkkraft Gottes ist ein hochstehendes Beispiel solcher Spekulationen. Die Essener besaßen Geheimschriften, die eifersüchtig vor der Entdeckung behütet wurden, und hebräische Apokryphen wie das «Buch der Jubiläen» legten eine mystische Kosmogonie dar. Ein Mysterium wurde aus dem unauslöschlichen Namen Jahve gemacht: von seinen vier Buchstaben, dem «Tetragrammaton», sagte man sich im Flüstertone, sie hätten eine verborgene Bedeutung und wundertätige Wirkung, die nur reifen und verschwiegenen Personen mitgeteilt werden dürfe. Akiba war der Ansicht, daß Gottes Werkzeug bei der Weltschöpfung die Tora oder der Pentateuch gewesen sei und jedes Wort dieser heiligen Bücher eine verborgene Bedeutung und Kraft besitze. Einige babylonische Geonim schrieben solche verborgene Kräfte den Buchstaben des hebräischen Alphabetes und den Namen der Engel zu; wer diese Namen kannte, vermochte alle Naturkräfte in seine Gewalt zu bringen. Gelehrte Männer spielten mit Weißer oder Schwarzer Magie – Wunderkräften, die man durch ein Bündnis der Seele mit Engeln oder Dämonen erlangen konnte. Nekromantie, Bibliomantik, Exorzismus, Amulette, Beschwörungen, Wahrsagerei und Loswerfen hatten ihren Anteil am jüdischen wie am christlichen Leben. Alle Wunder der Astrologie gehörten auch dazu; die Sterne waren Buchstaben, eine geheimnisvolle Himmelsschrift, die nur dem Eingeweihten lesbar war[78].

Irgendwann im ersten nachchristlichen Jahrhundert erschien in Babylon ein esoterisches Buch mit dem Titel *Sefer Yezira – Buch der Schöpfung*. Fromme Mystiker, darunter auch Jehuda Halevi, behaupteten, es sei von Abraham oder Gott selbst verfaßt. Nach der Lehre dieses Buches erfolgte die Schöpfung durch Vermittlung von zehn *sefiroth* – Zahlen oder Prinzipien: das waren der Geist Gottes, drei Emanationen daraus – Luft, Wasser und Feuer –, drei räumliche Dimensionen zur Linken, drei Dimensionen zur Rechten. Diese Prinzipien bestimmten den Inhalt, während die zweiundzwanzig Buchstaben des hebräischen Alphabetes die Form bestimmten, durch die die Schöpfung dem menschlichen Geiste verstehbar wurde. Das Buch forderte von Saadia an bis ins neunzehnte Jahrhundert zu gelehrten Kommentaren heraus.

Um 840 brachte ein babylonischer Rabbiner diese mystischen Lehren zu den Juden Italiens, die sie nach Deutschland, der Provence und Spanien weitertrugen. Ibn Gabirol ließ sich wahrscheinlich durch sie zu seiner Theorie der zwischen Gott und der Welt vermittelnden Wesen beeinflussen. Abraham ben David von Posquières benutzte die «Geheimüberlieferung» dazu, Juden von dem Rationalismus des Maimonides abzubringen. Sein Sohn Isaak der Blinde und sein Schüler Azriel sind die mutmaßlichen Verfasser (um 1190) des *Sefer-ha-Bachir*, *Buches des Lichts*, eines mystischen Kommentars zu den ersten Kapiteln der Genesis; in dieser Schrift wurden die demiurgischen Emanationen des *Sefer Yezira* als Licht, Weisheit und Vernunft dargestellt, und diese Verdreifachung des Logos wurde als eine jüdische Dreieinigkeit dargeboten[79]. Eleazar von Worms (1176–1238) und Abraham ben Samuel Abulafia (1240–1291) hielten das Studium der Geheimlehre für tiefer und nutzbringender als das Talmudstudium. Wie islamische und deutsche Mystiker benutzten sie die sinnliche Sprache der Liebe und Ehe, um der Beziehung zwischen der Seele und Gott Ausdruck zu geben.

Bis zum dreizehnten Jahrhundert hatte sich das Wort *qabala*, «Überlieferung», zur Bezeichnung der Geheimlehre in allen ihren Stufen und Erzeugnissen allgemein durchgesetzt. Um 1295 veröffentlichte Moses ben Schem Tob von León das dritte kabbalistische Standardwerk, das *Sefer ha-Zohar, Buch des Glanzes*. Als Verfasser des Buches gab er Simon ben Yohai an, einen *tanna* des zweiten Jahrhunderts; Simon sei von den Engeln und den zehn *sefiroth* dazu inspiriert worden, seinen esoterischen Lesern Geheimnisse zu offenbaren, die zuvor der Zeit des künftigen Messias vorbehalten gewesen seien. In dem *Zohar* kamen alle Elemente der Kabbala zusammen: das alles einschließende Wesen eines Gottes, der nur durch Liebe erkennbar ist, das Tetragrammaton, die schöpferischen Demiurgen und Emanationen, die platonische Analogie von Makrokosmos und Mikrokosmos, Datum und Art des Kommens des Messias, die Präexistenz und Wanderung der Seele, die mystische Bedeutung von Ritualhandlungen und rituellen Zahlen, Buchstaben, Punkten und Strichen, die Verwendung von Ziffern und Akrostichen, das Rückwärtslesen von Worten, die symbolische Auslegung von Bibeltexten und die Auffassung von der Frau als der Sünde und zugleich der Verkörperung des Mysteriums der Schöpfung. Moses von León beeinträchtigte seine Leistung dadurch, daß er Simon ben Yohai eine Sonnenfinsternis erwähnen ließ, die 1264 in Rom sichtbar war, und daß er mehrere Gedankengänge verfolgt, die vor dem dreizehnten Jahrhundert offensichtlich noch unbekannt waren. Er vermochte viele Menschen zu täuschen, nicht aber seine Frau; sie gestand, ihr Moses habe in der Verwendung des Namens Simon einen ausgezeichneten und einträglichen Trick gesehen[80]. Der Erfolg des Buches rief ähnliche Fälschungen auf den Plan, und spätere Kabbalisten zahlten Moses in seiner eigenen falschen Münze heim, indem sie ihre Spekulationen unter seinem Namen veröffentlichten.

Der Einfluß der Kabbala war weittragend. Eine Zeitlang stand der *Zohar* mit dem Talmud als Lieblingsstudienobjekt der Juden im Wettbewerb; einige Kabbalisten griffen den Talmud an, da er eine veraltete buchstabengläubige Haarspalterei bedeute, und gewisse Talmudisten, darunter auch der gelehrte Nachmanides, ließen sich durch die kabbalistische Richtung stark beeinflussen. Der Glaube an die Echtheit und göttliche Inspiration der Kabbala war unter den europäischen Juden weitverbreitet[81]. Dementsprechend hatte ihre wissenschaftliche und philosophische Arbeit zu leiden, und das Goldene Zeitalter des Maimonides mündete in den blendenden Unsinn des *Zohar* aus. Selbst auf christliche Denker übte die Kabbala eine gewisse Anziehungskraft aus. Raimundus Lullus (1235?–1315) entnahm ihr die Zahlen- und Buchstabenmystik seiner *Ars magna*; Pico della Mirandola (1463 bis 1494) meinte in der Kabbala endgültige Beweise für die Göttlichkeit Christi gefunden zu haben[82]. Paracelsus, Cornelius Agrippa, Robert Fludd, Henry More und andere christliche

Mystiker zehrten an ihren Spekulationen; Johannes Reuchlin (1455–1522) gestand, in seiner Theologie von der Kabbala plagiiert zu haben, und möglicherweise ließ sich Jakob Böhme (1575–1624) durch kabbalistische Gedankengänge anstecken. Falls mehr Juden als Muselmanen und Christen in mystischen Offenbarungen Trost suchten, so deshalb, weil die Welt ihnen die schlimmste Seite zukehrte und sie um des nackten Lebens willen zwang, die Wirklichkeit mit einem Gewebe der Einbildung und des Wunsches zu umkleiden. Es sind die vom Glücke Benachteiligten, die glauben müssen, daß sie Gottes Auserwählte seien.

VIII. ENTSPANNUNG

Von der mystischen Überspanntheit, der messianischen Enttäuschung, der wiederholten Verfolgung und dem aufreibenden Ablauf des Wirtschaftslebens fand der mittelalterliche Jude seine Zuflucht in der Absonderung seiner Gemeinde und den Tröstungen seines Rituals und Glaubens. Die Juden feierten fromm die Feste, welche an ihre Geschichte, ihre Bedrängnisse und ihre ruhmreichen Zeiten erinnerten, und paßten geduldig die Zeremonien, die einst das bäuerliche Jahr aufgeteilt hatten, an ihr Stadtleben an. Die im Verschwinden begriffenen Qaraiten verbrachten den Sabbat in Dunkelheit und Kälte, damit sie das Gesetz nicht überträten, wenn sie Feuer anfachten oder Lampen anzündeten; die meisten Juden riefen christliche Freunde oder Diener, die ihnen das Feuer und die Lampen unterhalten mußten, und die Rabbiner drückten die Augen zu. Jede Gelegenheit, ein Festmahl zu veranstalten, wurde ergriffen und großzügig und pomphaft ausgenutzt: die Familie gab ein Fest anläßlich der Beschneidung oder Konfirmation eines Sohnes, des Verlöbnisses oder der Heirat eines Sohnes oder einer Tochter, des Besuches eines berühmten Gelehrten oder Verwandten oder anläßlich eines religiösen Festtages. In Verordnungen gegen übertriebenen Aufwand verboten die Rabbiner den Veranstaltern solcher Festmähler, mehr als zwanzig Männer, zehn Frauen, fünf Knaben und alle Verwandten bis zur dritten Generation einzuladen. Ein Hochzeitsfest währte manchmal eine Woche lang, und nicht einmal der Sabbat ließ eine Unterbrechung zu. Das Brautpaar wurde mit Rosen, Myrten und Olivenzweigen bekränzt; auf ihren Weg streute man Nüsse und Weizenkörner; man überschüttete sie mit Gerstenkörnern, um die Fruchtbarkeit anzuregen; jeder Schritt des Ereignisses wurde mit Liedern und witzigen Sticheleien begleitet, und im Spätmittelalter wurde ein Spaßmacher angestellt, damit die Fröhlichkeit vollständig sei. Manchmal enthüllten seine Späße die unbarmherzige Wahrheit; immer aber hielt er sich an Hillels freundliches Dekret: «Jede Braut ist schön[83].»

Auf diese Weise feierte die abdankende Generation diejenigen, die sie ersetzen sollten, freuten sich an den Kindeskindern und glitten in ein mühsalbeladenes, aber freundliches Alter. Gesichter solcher alter Juden zeigen sich in Rembrandts Bildnissen: Gesichtszüge, die die Geschichte des Volkes und des Einzelwesens in sich tragen, Bärte, die Weisheit atmen, Augen, die von traurigen Erinnerungen heimgesucht, aber von nachsichtiger Liebe weich gemacht sind. Im muselmanischen oder christlichen Brauchtum gab es nichts, das die gegenseitige Zuneigung von jung und Alt im Judentum, die Liebe, die über alle Fehler hinwegsieht, die ruhevolle Führung der Unreifen durch die Erfahrenen, und die Würde, mit der ein voll gelebtes Leben das Naturereignis des Todes hinnimmt, je übertroffen hätte.

Wenn der Jude seinen letzten Willen verfügte, so hinterließ er seinen Nachkommen nicht nur weltliche Güter, sondern auch geistige Ratschläge. «Sei einer der ersten in der Synagoge», lautet das Testament des Eleazar von Mainz (um 1337); «sprich nicht während des Gebetes; wiederhole die Responsien; und nach dem Gottesdienst befleißige dich guter Taten.» Und als letzte Unterweisung:

> Waschet mich, kämmet mein Haar, schneidet mir die Nägel, wie ihr es zu meinen Lebzeiten zu tun gewohnt wart, so daß ich sauber zur ewigen Ruhe eingehen kann, gerade so, wie ich an jedem Sabbat zur Synagoge zu gehen pflegte. Leget mich zur rechten Hand meines Vaters in die Erde; ist es ein wenig eng, so liebt er mich sicherlich so sehr, daß er mir an seiner Seite Platz machen wird. [84]

War der letzte Atemzug getan, so schloß der älteste oder der würdigste Sohn oder Verwandte Augen und Mund des Toten; der Leichnam wurde gebadet und mit aromatischen Salben eingerieben und in ein fleckenloses Leintuch gehüllt. Fast jeder gehörte einer Begräbnisgesellschaft an, die nun den Leichnam übernahm, die Totenwache hielt, die letzten religiösen Riten vollzog und für die Grablegung sorgte. Im Leichenzug gingen die Bahrtuchhalter barfuß; die Frauen schritten vor der Bahre, sangen Klagelieder und schlugen eine Trommel. Jeder Fremde, der dem Leichenbegängnis begegnete, mußte sich der Sitte gemäß anschließen und bis zum Grabe mitgehen. Gewöhnlich wurde der Sarg nahe an den Särgen verstorbener Verwandter des Toten beigesetzt; beerdigt zu werden bedeutete «bei den Vätern liegen», «zu seinem Volke versammelt werden». Die Leidtragenden verzweifelten nicht. Sie wußten, daß zwar das Einzelwesen sterben mag, Israel aber seinen Fortbestand hat.

Zweites Buch

DAS FINSTERE MITTELALTER

[566—1095]

ZEITTAFEL ZUM ZWEITEN BUCH

486–751: Merowingerdynastie in Gallien
490–543: Der hl. Benedikt
520–560: Entstehung irischer Akademien
521–598: Der hl. Columba
543–615: Der hl. Columban
568–774: Langobardenkönigreich in Italien
568f.: Gründung von Venedig
582–602: Maurikios oströmischer Kaiser
590–604: Papst Gregor I. der Große
590–616: Ethelbert König von Kent
597: Augustin bekehrt England
600–1100: Blütezeit des gregorianischen Kirchengesanges
602–610: Thronraub des Phokas
610–641: Herakleios oströmischer Kaiser
625–690: Der Arzt Paulus von Aigina
629–638: Dagobert König der Franken
640: Slawen dringen in den Balkan ein
um 650: *Beowulf;* der Dichter Caedmon
651: Gründung des Hôtel-Dieu in Paris
673–735: Der Geschichtsschreiber Beda Venerabilis
680–754: Bonifatius, Apostel der Deutschen
687–714: Pippin der J. Herrscher der Franken
697: Der erste Doge von Venedig
713–716: Anastasios II. oströmischer Kaiser
717–741: Leon III. der Isaurier oströmischer Kaiser
726f.: Bilderstürmer in Byzanz
735: Die Schule von York
735–804: Der Erzieher Alkuin
751–768: Pippin der Kleine Herrscher der Franken
751–987: Die Karolinger Könige der Franken
756: Die Pippinische Schenkung begründet weltliche Macht der Päpste
768–814: Karl der Große König der Franken
772–804: Karl führt Krieg gegen die Sachsen
774: Karl der Große annektiert die Langobardenkrone
774–1200: Romanische Architektur
776–856: Der Erzieher Hrabanus Maurus
778: Karl der Große in Spanien; Roland in Roncesvalles
780–790: Irene Regentin in Konstantinopel
787: Beginn der Dänenüberfälle auf England
795: Beginn der Dänenüberfälle auf Irland
797–802: Irene oströmische Kaiserin
800: Papst Leo III. krönt Karl den Großen zum Kaiser des Römischen Reiches
802: Blütezeit von Bulgarien unter Chan Krum
813–820: Leon V. der Armenier oströmischer Kaiser
814–840: Ludwig I. der Fromme König der Franken
815–877: Der Philosoph Johannes Scotus Erigena
um 820: Die Waräger dringen in Rußland ein
829: Egbert gründet die angelsächsische Heptarchie und wird erster König von England

829–842: Theophilos I. oströmischer Kaiser
841–924: Normanneneinfälle in Frankreich
843: Teilung von Verdun; Ludwig wird erster König von Deutschland
845–882: Bischof Hinkmar von Reims
848 f.: Ärzteschulen von Salerno
um 850: Das *Book of Kells*; der Mathematiker Leon von Saloniki
852–888: Boris, bulgarischer Chan und Heiliger
857–891: Patriarch Photios von Konstantinopel
858–867: Papst Nikolaus I.
859: Rjurik Großfürst von Rußland
860–933: Harald Schönhaar erster König von Norwegen
um 860: Die Waräger in Nowgorod
863: Die Missionare Kyrillos und Methodios bei den Mähren
867–886: Basileios I. gründet die Makedonische Dynastie
871–901: Albert der Große
872: Norweger kolonisieren Island
875–877: Karl der Kahle weströmischer Kaiser
886: Normannen belagern Paris
886–912: Leon VI. der Weise oströmischer Kaiser
887 f.: Angelsachsenchronik
888: Odo König von Frankreich
893–927: Simeon Kaiser von Bulgarien
899–943: Die Magyaren verwüsten Europa
905: Sancho I. gründet das Königreich Navarra
910: Gründung der Abtei Cluny
911: Konrad I. König von Deutschland; Rollo Herzog der Normandie
912–950: Konstantinos VII. Porphyrogennetos
um 917: Die Griechische (Palatinische) Anthologie
916–936: Heinrich I. der Vogler König von Deutschland
925–988: Der hl. Dunstan
928–935: Wenzel I. König von Böhmen
930: Gründung des isländischen Allthing
934–960: Haakon der Gute König von Norwegen
936–973: Otto I. König von Deutschland
950: Blütezeit der mittelalterlichen irischen Literatur
955: Otto schlägt die Magyaren auf dem Lechfeld
961: St. Lawra-Kloster auf dem Athos
962: Otto I. weströmischer Kaiser
963: Otto setzt Papst Johannes XII. ab
963–969: Nikephoros Phokas oströmischer Kaiser
965–995: Haakon Jarl König von Norwegen
968: Die Schauspieldichterin Hroswitha von Gandersheim
973–983: Otto II. von Deutschland
975–1035: Sancho der Große König von Navarra
976: Das *Lexikon* des Suidas
976–1014: Brian Borumha von Munster
976–1026: Basileios II. oströmischer Kaiser
976–1071: Markuskirche in Venedig
980–1015: Wladimir I. Fürst von Kiew
983–1002: Otto III. von Deutschland
987–996: Hugo Capet gründet die Capetingerdynastie französischer Könige
988: Rußland zum Christentum bekehrt
992–1025: Boleslaw I. erster König von Polen
994 f.: Cluniazensische Klosterreform
997–1038: Stephan der Heilige König von Ungarn
999–1003: Papst Silvester II. (Gerbert)
1000: Leif Eriksson in «Vinland»
1002–1024: Heinrich II. von Deutschland
1007–1028: Bischof Fulbert von Chartres
1009–1200: Romanischer Baustil in Deutschland
1013: Sven von Dänemark erobert England
1014: Brian Borumha schlägt die Norweger bei Clontarf
1015–1030: Olaf der Heilige König von Norwegen
1016–1035: Knut König von England
1018–1080: Der Geschichtsschreiber Michael Psellos
1022–1087: Der Übersetzer Constantinus Africanus
1024–1039: Konrad II. von Deutschland
1028–1050: Zoe und Theodora herrschen über das Ostreich
1033–1109: Der hl. Anselm
1034–1040: Duncan I. König von Schottland
1035–1047: Magnus der Gute König von Norwegen

1039–1056: Heinrich III. von Deutschland
1040–1052: Macbeth Usurpator des schottischen Königsthrons
1040–1099: Rodrigo Díaz el Cid
1043–1066: Eduard der Bekenner König von England
1046–1071: Der hl. Ambrosius in Mailand
1048 f.: Abtei von Jumièges
1049–1054: Papst Leo IX.
1052: Tod des Staatsmannes Earl Godwin
1054: Loslösung der griechischen von der römischen Kirche
1055–1056: Theodora oströmische Kaiserin
1056–1106: Heinrich IV. von Deutschland
1057–1059: Isaak Komnenos oströmischer Kaiser
1057–1072: Petrus Damiani Bischof von Ostia
1058: Malcolm III. stürzt Macbeth
1059–1061: Papst Nikolaus II.; Gründung des Kardinalskollegiums
1060: Robert Guiscard Herzog von Apulien
1061–1091: Die Normannen erobern Sizilien
1063: Harold erobert Wales
1063 f.: Die Kathedrale von Pisa
1066: Harold König von England; Schlacht von Hastings; die Normannen erobern England
1073–1085: Papst Gregor VII. Hildebrand
1075: Erlaß gegen die Laieninvestitur; Bann gegen Heinrich IV.
1077: Heinrich in Canossa
1081–1118: Alexios I. oströmischer Kaiser
1085: Plünderung Roms durch Robert Guiscard

ERSTES KAPITEL

Byzanz

[565–1095]

I. HERAKLEIOS

WENN wir uns nun von der orientalischen Seite des endlosen Zweikampfes zwischen Ost und West wieder abwenden, wird unser Mitgefühl bald von einem großen Reiche geweckt, welches im Inneren keine Einigkeit aufbrachte, obwohl es auf allen Seiten Angriffen von außen ausgesetzt war. Awaren und Slawen setzten über die Donau und nahmen Städte und Ländereien auf byzantinischem Gebiet in Besitz; die Perser schickten sich an, Westasien zu überrennen; Spanien war an die Westgoten verlorengegangen, und die Langobarden eroberten drei Jahre nach Justinians Tod halb Italien (568). Die Pest wütete im Jahre 542 und wiederum im Jahre 566, eine Hungersnot im Jahre 569; Armut, Barbarei und Krieg zerstörten die Verkehrsverbindungen, dämmten den Handel ein, lähmten Literatur und Kunst.

Justinians Nachfolger waren tüchtige Kaiser, aber nur ein Jahrhundert von Napoleons hätte mit den Aufgaben, die ihnen gestellt waren, fertigwerden können. Iustinos II. (565–578) bekämpfte die persische Expansion heftig. Tiberios II. (578–582), von den Göttern mit nahezu jeder Tugend begabt, wurde von ihnen nach einer kurzen und gerechten Regierung wieder heimgeholt. Maurikios (582–602) griff die einbrechenden Awaren mit viel Mut und Geschick an, erhielt aber von der Nation nur wenig Unterstützung; die Männer gingen zu Tausenden in Klöster, um nicht Kriegsdienst leisten zu müssen, und als Maurikios den Klöstern die Aufnahme neuer Mönche verbot, bis die Gefahr abgewendet sei, riefen die Mönche zu seinem Sturze auf[1]. Der Centurio Phokas stellte sich an die Spitze einer Revolution des Heeres und des Pöbels gegen den Adel und die Regierung (602); die fünf Söhne des Maurikios wurden vor seinen Augen niedergemetzelt; der alte Kaiser gestattete der Amme seines jüngsten Sohnes nicht, diesen gegen ihren eigenen Sohn zu vertauschen, um ihn zu retten; er selbst wurde enthauptet; die sechs Häupter wurden als ein Schaustück für den Pöbel aufgehängt, die Leiber ins Meer geworfen. Die Kaiserin Konstantina, ihre drei Töchter und viele Adlige wurden erschlagen, gewöhnlich nach schweren Folterungen, mit oder ohne Prozeß; Augen wurden ausgestochen, Zungen ausgerissen, Glieder abgehackt[2]; es war wieder einmal eine Generalprobe für die Französische Revolution.

Chosru II. nutzte die Unruhen aus, um den alten Krieg Persiens gegen Griechenland wieder aufzunehmen. Phokas schloß mit den Arabern Frieden und brachte die gesamte byzantinische Streitmacht nach Asien; er wurde allerorts von den Persern geschlagen, während die Awaren, ohne auf Widerstand zu stoßen, fast das gesamte agrarische Hinterland von Konstantinopel in ihren Besitz brachten. Der Adel der Hauptstadt wandte sich an Herakleios, den griechischen Statthalter in Nordafrika, um das Reich und seinen Besitz zu retten. Er erklärte, er sei bereits zu alt dazu, sandte aber seinen Sohn. Der jüngere Herakleios rüstete eine Flotte aus, fuhr in den Bosporus ein, stürzte Phokas, stellte den verstümmelten Leib des Usurpators für den Pöbel aus und wurde als Kaiser begrüßt (610).

Herakleios verdiente seinen Titel und seinen Namen wohl. Beinahe mit der Kraft eines Herakles machte er sich an die Aufgabe, den Staat wieder aus den Trümmern zusammenzufügen. Zehn Jahre verbrachte er damit, dem Volke neuen Lebensmut zu geben, das Heer schlagkräftiger zu machen und die Staatseinnahmen zu heben. Er gab Land an Bauern unter der Bedingung, daß der älteste Sohn jeder Familie Kriegsdienst leiste. Inzwischen nahmen die Perser Jerusalem (614) und drangen bis Chalkedon vor (615); nur die byzantinische Flotte, die immer noch die Wasser beherrschte, rettete Konstantinopel und Europa. Bald darauf stießen die Awarenhorden bis zum Goldenen Horn vor, überfielen die Vorstädte und führten Tausende von Griechen in Sklaverei ab. Der Verlust des Hinterlandes und Ägyptens beraubte die Stadt ihrer Kornversorgung und zwang zur Abschaffung der Kornspende (618). Herakleios wollte in seiner Verzweiflung das Heer nach Karthago verschiffen und Ägypten von dort aus zurückerobern; Volk und Klerus stemmten sich dagegen, und der Patriarch Sergios ließ sich herbei, ihm den Reichtum der griechischen Kirche gegen Zins zu leihen, damit er einen Heiligen Krieg zur Wiedereroberung Jerusalems führen konnte[3]. Herakleios schloß mit den Awaren Frieden und brach schließlich (622) zum Feldzug gegen die Perser auf.

Dieser Feldzug war in Planung und Ausführung ein Meisterstück. Sechs Jahre lang überzog Herakleios den Feind mit Krieg und schlug Chosru zu wiederholten Malen. Während seiner Abwesenheit ging ein persisches Heer, von einer Schar von Awaren, Bulgaren und Slawen unterstützt, an die Belagerung Konstantinopels (626); eine von Herakleios gesandte Armee schlug die Perser bei Chalkedon; die Besatzung und die Bevölkerung der Stadt, vom Patriarchen angefeuert, zerstreute die Barbarenhorde. Herakleios kam bis an die Pforten von Ktesiphon; Chosru II. fiel; Persien ersuchte um Frieden und lieferte alle Gebiete wieder aus, die Chosru dem Griechischen Reiche entrissen hatte. Nach siebenjähriger Abwesenheit kehrte Herakleios im Triumph nach Konstantinopel zurück.

Schwerlich verdiente er das Schicksal, das ihm in seinem Alter schmachvoll zuteil wurde. Von Krankheit geschwächt, widmete er seine letzten Kräfte dem Ausbau der Staatsverwaltung, als plötzlich wilde arabische Horden in Syrien eindrangen (634), ein erschöpftes griechisches Heer schlugen und Jerusalem einnahmen (641). Persien und Byzanz hatten sich mit ihren Kriegen gegenseitig den Untergang gebracht. Unter Konstans II. (642–668) setzten die Araber ihre Siege fort; Konstans, der das Reich für unrettbar verloren hielt, verbrachte seine letzten Lebensjahre im Westen und wurde in Syrakus ermordet. Sein Sohn Konstantin IV. Pogonatos war geschickter oder glücklicher. Als die Muselmanen während fünf entscheidender Jahre erneut den Versuch machten, Jerusalem zu erobern (673–678), rettete das «griechische Feuer», das nun zum erstenmal erwähnt wird, Europa. Die neue Waffe, angeblich von dem Syrer Kallinikos erfunden, war unseren Flammenwerfern ähnlich, eine Brandmischung aus Naphtha, ungelöschtem Kalk, Schwefel und Pech; es wurde gegen feindliche Schiffe oder Truppen mit Brandpfeilen geschossen oder mit Rohren auf sie verblasen oder auf eisernen Kugeln geschleudert, die mit ölgetränktem Flachs oder Tauen umwunden waren, oder es wurde auf kleine Boote verladen, die dann angezündet und gegen den Feind getrieben wurden. Die Zusammensetzung der Mischung war ein Geheimnis, das von der byzantinischen Regierung zweihundert Jahre lang erfolgreich gewahrt wurde; es war Hochverrat und Sakrileg, Kenntnisse über diese Waffe preiszugeben. Die Sarazenen kamen schließlich doch auf die Formel und wandten das «sarazenische Feuer» gegen die Kreuzfahrer an. Bis zur Erfindung des Schießpulvers gab es keine Waffe, von der im Mittelalter so viel gesprochen wurde.

Die Muselmanen unternahmen 717 einen neuen Angriff auf die griechische Hauptstadt. Ein Heer von achtzigtausend Arabern und Persern unter Moslema setzte bei Abydos über den Hellespont und belagerte Konstantinopel vom Rücken her. Gleichzeitig rüsteten die Araber eine Flotte von 1800 vermutlich kleinen Schiffen aus; diese Armada fuhr in den Bosporus ein und überschattete die Meerenge, wie ein Chronist sich ausdrückt, gleich einem fahrenden Wald. Zum Glück für die Griechen kam in dieser Krisenzeit ein fähiger Feldherr, Leon der «Isaurier», an Stelle des unfähigen Theodosios III. auf den Thron. Er organisierte sogleich die Verteidigung, stellte eine kleine byzantinische Flotte mit taktischem Geschick auf und sorgte dafür, daß jedes Schiff mit griechischem Feuer wohl ausgerüstet war. Bald standen die arabischen Kriegsschiffe in Flammen; fast jedes Schiff der großen Flotte fiel der Zerstörung anheim. Das griechische Heer machte einen Ausfall gegen die Belagerer und errang einen so entscheidenden Sieg, daß Moslema sich nach Syrien zurückzog.

II. DIE BILDERSTÜRMER

Leon III. erhielt seinen Beinamen von dem Distrikt Isaurien in Kilikien; nach Theophanes war er dort als Sohn einer armenischen Familie geboren. Sein Vater zog nach Thrakien, züchtete Schafe und schickte fünfhundert Tiere und obendrein seinen Sohn Leon als Geschenk an den Kaiser Justinian II. Leon wurde Palastwächter, dann Befehlshaber der anatolischen Legionen, schließlich auf Grund der überzeugenden Wahl des Heeres Kaiser. Er war ein ehrgeiziger, willensstarker und ausdauernder Mann, ein Feldherr, der wiederholt weit überlegene muselmanische Streitkräfte schlug; ein Staatsmann, der dem Reiche die Stabilität gerechter und streng befolgter Gesetze schenkte, das Steuerwesen reformierte, die Leibeigenschaft verminderte, das bäuerliche Grundbesitzertum erweiterte, Land verteilte, verwüstete Gebiete wiederbesiedelte und das Recht in konstruktivem Sinne revidierte. Sein einziger Fehler war die Autokratie.

Vielleicht hatte er in seiner Jugendzeit in Kleinasien von Muselmanen, Juden, Manichäern, Monophysiten und Paulicianern eine stoisch-puritanische Auffassung von der Religion in sich aufgenommen, welche die Neigung des volkstümlichen Christentums zu Bilderverehrung, Zeremoniell und Aberglauben verurteilte. Das Alte Testament (5. Moses IV, 16) hatte ausdrücklich untersagt, «irgendein Bild, das gleich sei einem Mann oder Weib oder Vieh auf Erden ...», zu machen. Die Kirche hatte in der Frühzeit Heiligenbilder als Überreste des Heidentums nur ungern gesehen und die heidnischen Skulpturen, welche Götter darstellen sollten, mit Entsetzen und Abscheu betrachtet. Aber der Triumph des Christentums unter Konstantin und der Einfluß der griechischen Umwelt, Überlieferung und Plastik in Konstantinopel und im hellenistischen Osten hatten diese Gegnerschaft gemildert. Als die Zahl der Heiligen, die ihren Kult erhielten, zunahm, entstand das Bedürfnis, sie kenntlich zu machen und ihrer zu gedenken; Bilder von den Heiligen und von Maria entstanden in großer Zahl, und im Falle Christi wurden nicht nur seine bildhafte Gestalt, sondern auch das Kreuz Gegenstand der Verehrung – für einfache Geister sogar magische Talismane. Ein natürlicher Freiheitsdrang der volkstümlichen Phantasie ließ die heiligen Reliquien, Bilder und Statuen zu Anbetungsobjekten werden; man warf sich vor ihnen nieder, küßte sie, brannte Kerzen und Weihrauch vor ihnen, bekränzte sie mit Blumen und erwartete Wundertaten von ihren okkulten Kräften. Besonders im griechischen Christentum waren Heiligenbilder überall anzutreffen – in Kirchen, Klöstern, Häusern und Läden, selbst auf Möbelstücken, Schmucksachen und Kleidern. Von Epidemien, Hungersnot oder Krieg bedrohte Städte verließen sich lieber auf die Wunderkraft ihrer Reliquien oder auf ihren Schutzheiligen als auf den menschlichen Unternehmungsgeist. Kirchenväter und Konzile erklärten wiederholt, daß die Heiligenbilder keine Gottheiten, sondern nur Erinnerungsstücke an sie seien[4]; das Volk sah über solche Unterschiede hinweg.

Leon III. war über diese Auswüchse des Volksglaubens entsetzt; es wollte ihm scheinen, daß das Heidentum auf diese Weise das Christentum wieder überwuchere, und er empfand die satirischen Bemerkungen, die von Muselmanen, Juden und christlichen Sekten gegen den Aberglauben der orthodoxen Volksmassen gerichtet wurden, sehr heftig. Um die Macht der Mönche über das Volk und die Regierung zu schwächen und um die Unterstützung der Nestorianer und Monophysiten zu gewinnen, ließ er ein großes Konzil von Bischöfen und Senatoren zusammentreten und erließ mit deren Einwilligung 726 ein Edikt, das die vollständige Entfernung aller Heiligenbilder aus den Kirchen forderte; bildliche Darstellungen von Jesus und Maria wurden verboten und Wandbilder in Kirchen mußten übertüncht werden. Der höhere Klerus unterstützte das Edikt teilweise; der niedere Klerus und die Mönche erhoben Einspruch, das Volk revoltierte. Soldaten, die dem Edikt Geltung verschaffen wollten, wurden von Kirchengängern angegriffen, die über diese Entweihung der teuersten Symbole ihres Glaubens entsetzt und erzürnt waren. In Griechenland und auf den Kykladen stellten aufständische Streitkräfte einen Gegenkaiser auf und sandten eine Flotte aus, um die Hauptstadt in ihre Gewalt zu bringen. Leon vernichtete die Flotte und warf die Führer der Opposition ins Gefängnis. In Italien, wo die heidnischen Kultformen nie ganz ausgestorben waren, stand das Volk nahezu einmütig gegen das Edikt; Venedig, Ravenna und Rom vertrieben die kaiserlichen Beamten, und ein Konzil von westlichen Bischöfen, das von Papst Gregor II. einberufen worden war, richtete den Bannfluch gegen alle Ikonoklasten – Bilderstürmer –, ohne den Kaiser zu nennen. Der Patriarch von Konstantinopel schloß sich den Aufständischen an und suchte dadurch die Unabhängigkeit der Ostkirche vom Staat wiederherzustellen. Leon setzte ihn ab (730), tat ihm aber keine Gewalt an, und das Edikt wurde so milde gehandhabt, daß bei Leons Tod (741) die meisten Kirchen ihre Fresken und Mosaike unbeschädigt hatten erhalten können.

Sein Sohn Konstantin V. (741–775) setzte seine Politik fort und erhielt von feindseligen Chronisten den liebenswürdigen Beinamen Kopronymos – «Nach Kot benannt». Ein Konzil östlicher Bischöfe, von Konstantin nach Konstantinopel einberufen (754), verdammte den Bilderkult als «abscheulich», urteilte, daß durch einen derartigen Kult «Satanas den Götzendienst wieder eingeführt» habe, richtete heftige Angriffe gegen «den unwissenden Künstler, der mit seinen unreinen Händen demjenigen Gestalt gibt, was nur mit dem Herzen geglaubt werden soll»[5], und verfügte, daß alle Heiligenbilder in den Kirchen zu entfernen oder zu zerstören seien. Konstantin machte sich ohne Mäßigung oder Takt an die Ausführung des Dekretes; er setzte widerstrebende Mönche gefangen und folterte sie; wieder wurden Augen ausgestochen, Zungen ausgerissen, Nasen abgeschnitten; der Patriarch wurde gefoltert und enthauptet (767). Wie Heinrich VIII. schloß Konstantin Klöster, zog deren Besitz ein, übergab ihre Bauten weltlichen Zwecken und vermachte klösterlichen Grundbesitz an seine Günstlinge. In Ephesos ließ der kaiserliche Statthalter mit Billigung des Kaisers alle Mönche und Nonnen der Provinz zusammenkommen und zwang sie, einander zu heiraten, falls sie nicht hingerichtet werden wollten[6]. Die Verfolgung dauerte fünf Jahre an (765–771).

Konstantin nahm seinem Sohne Leon IV. (775–780) den Eid ab, daß er die bilderstürmerische Politik fortsetzen werde; Leon tat trotz seiner schwächlichen Konstitution, was er konnte. Auf dem Totenbett ernannte er seinen zehnjährigen Sohn Konstantin VI. zum Kaiser (780–797) und seine Witwe, die Kaiserin Irene, zur Regentin für die Dauer seiner Minderjährigkeit. Sie führte das Szepter mit Geschick und ohne alle Skrupeln. Da sie mit den religiösen Gefühlen des Volkes und ihres Geschlechtes sympathisierte, stellte sie in aller Stille die Durchführung der bilderstürmerischen Edikte ein, gestattete den Mönchen, in ihre Klöster und zu ihren Kanzeln zurückzukehren, und berief die Geistlichen des Christentums zum Zweiten Konzil von Nikaia ein (787), wo 350 Bischöfe unter der Führung päpstlicher Legaten die Verehrung – nicht den Kult – von Heiligenbildern als berechtigtes Ausdrucksmittel christlicher Frömmigkeit und Gläubigkeit wieder zuließen.

Im Jahre 790 wurde Konstantin VI. volljährig. Da seine Mutter ihm die Macht nicht abtreten wollte, setzte er sie ab und schickte sie in die Verbannung. Schon bald ließ sich der gutherzige Jüngling erweichen, holte sie an den Hof zurück und teilte sich mit ihr in die Kaisermacht (792). 797 ließ sie ihn einkerkern und blenden und regierte von da an unter dem Titel «Kaiser» – *basileus*, nicht *basilissa*. Fünf Jahre lang stand sie dem Reich in Weisheit und mit Feingefühl vor: sie setzte die Steuern herab, erwies sich freigebig gegen die Armen, gründete wohltätige Anstalten und verschönte die Hauptstadt. Das Volk bejubelte und liebte sie, aber dem Heer wollte es nicht passen, daß es dem Befehl einer Frau unterstand, die gescheiter war als die meisten Männer. Im Jahre 802 revoltierten die Ikonoklasten, setzten sie ab und riefen ihren Schatzkanzler Nikephoros zum Kaiser aus. Sie fügte sich ohne Aufhebens und verlangte von ihm nur einen anständigen und sicheren Zufluchtsort; er sicherte ihn ihr zu, verbannte sie aber nach Lesbos und ließ sie als Schneiderin einen kärglichen Lebensunterhalt finden. Neun Monate darauf starb sie, mittellos und einsam. Die Theologen verziehen ihr ihre Verbrechen um ihrer Frömmigkeit willen, und die Kirche kanonisierte sie als Heilige.

III. KAISERLICHES KALEIDOSKOP: 802–1057

Eine vollständige Übersicht über die byzantinische Zivilisation würde hier die Aufzählung vieler Kaiser und einiger Kaiserinnen erfordern, die Aufzeichnung nicht ihrer Intrigen, Palastrevolutionen und Morde, sondern ihrer Politik und Gesetzgebung und ihrer langwährenden Bemühungen, das schrumpfende Reich gegen Muselmanen im Süden und Slawen und Bulgaren im Norden zu verteidigen. In gewisser Hinsicht ist es ein heroisches Bild: Während dem dauernden Wechsel kommender und gehender Gestalten wurde das griechische Vermächtnis in weitem Umfange bewahrt; in der Wirtschaft wurden Ordnung und Beständigkeit aufrechterhalten; die Zivilisation nahm ihren Fortgang, als ob sie einen ständigen Antrieb von den dereinstigen Anstrengungen eines Perikles und Augustus, Diokletian und Konstantin erhielte. In anderer Hinsicht ist es ein betrübliches Schauspiel: Feldherren, die über die Leichen ermordeter Rivalen zur Kaisermacht aufsteigen, um ihrerseits ermordet zu werden; Pomp und Luxusleben, Augenausstechen und Nasenabschneiden, Weihrauch, Frömmigkeit und Verrat; Kaiser und Patriarch im erbarmungslosen Kampf um die Entscheidung, wer das Reich regieren solle, die Macht oder der Mythos, das Schwert oder das Wort. Wir übergehen darum Nikephoros (802–811) und seine Kriege mit Harun al-Raschid; Michael I. (811–813), entthront und mit einer Tonsur ins Kloster geschickt, weil er von den Bulgaren geschlagen worden war; Leon V. den Armenier (813–820), der erneut den Bilderkult untersagte und ermordet wurde, während er in der Kirche eine Hymne sang; Michael II. (820–829), den ungebildeten «Stammler», der sich in eine Nonne verliebte und den Senat bewog, ihn zu beschwören, er möge sie doch heimführen[7]; Theophilos (829–842), einen Gesetzesreformer, großzügigen Bauherrn und gewissenhaften Verwaltungsmann, der die Bilderstürmerei wieder aufnahm und an der Ruhr starb; seine Witwe Theodora, die eine tüchtige Regentin war (842–856) und die Verfolgungen wieder einstellte; Michael III. «den Trunkenbold» (842–867), der in seiner liebenswürdigen Unfähigkeit die Regierung zuerst seiner Mutter und nach deren Tode seinem kultivierten und geschickten Onkel Caesar Bardas überließ. Da erscheint plötzlich und unerwartet eine einzigartige Gestalt auf der Bühne, stürzt mit Ausnahme der Gewalttätigkeit alles Bisherige um und gründet die mächtige Makedonendynastie.

Basileios der Makedonier wurde (812?) bei Hadrianopel als Sohn einer armenischen Bauernfamilie geboren. Als Kind geriet er den Bulgaren in die Hände und verbrachte seine Jugendzeit bei ihnen jenseits der Donau in dem damals Makedonien genannten Gebiet. Mit fünfundzwanzig Jahren entkam er der Gefangenschaft, schlug sich nach Konstantinopel durch und wurde Stallknecht bei einem Diplomaten, der seine Körperkraft und seinen massigen Schädel bewunderte. Er begleitete seinen Herrn auf einer Mission nach Griechenland und zog dort die Aufmerksamkeit der Witwe Danielis auf sich und einiges von ihrem Vermögen an sich. Nach der Rückkehr in die Hauptstadt zähmte er ein feuriges Pferd für Michael III., wurde in den Dienst des Kaisers aufgenommen und stieg, obgleich völlig ungebildet, zum Dienst eines kaiserlichen Kammerherrn auf. Basileios war immer gefällig und zu allem zu gebrauchen; als Michael einen Gatten für seine Mätresse suchte, trennte sich Basileios von seiner bäuerischen Frau, schickte sie mit einer tröstlichen Mitgift nach Thrakien und ehelichte Eudokia, die weiterhin ihre Dienste dem Kaiser leistete[8]. Michael suchte eine Mätresse für Basileios, aber der Makedone meinte, er habe einen Thron als Belohnung verdient. Er überzeugte Michael von der Absicht des Bardas, ihn zu entthronen, und brachte dann Bardas mit seinen eigenen gewaltigen Händen um (866). Michael, der längst daran gewohnt war, zu regieren ohne zu herrschen, machte Basileios zum Mitkaiser und überließ ihm alle Regierungsaufgaben. Als Michael einmal mit Entlassung drohte, arrangierte und überwachte Basileios seine Ermordung und wurde Alleinkaiser (867): auf diese Weise schuf sich auch in der erblichen Monarchie das Talent freie Bahn. Mit solchem Diensteifer und Verbrechertum gründete der schreibunkundige Sohn eines Bauern die am längsten dauernde aller byzantinischen Dynastien und begann eine neunzehn Jahre dauernde Regierungszeit, in der er sich durch eine geschickte Staatsführung und weise Gesetzgebung, durch gerechte Richtsprüche, eine erfolgreiche Finanzpolitik und einen eifrigen Kirchen- und Palastbau in der Stadt, die er erobert hatte, auszeichnete. Niemand wagte sich ihm zu widersetzen, und als er bei einem Jagdunfall sein Leben ließ, ging der Thron mit ungewohnter Friedlichkeit an seinen Sohn über.

Leon VI. (886–912) war das Gegenteil seines Vaters: bildungsbeflissen, ein Bücherwurm, seßhaft und mild; der Klatsch zog daraus den Schluß, daß er nicht Basileios', sondern Michaels Sohn sei, und vielleicht wußte Eudokia selber es nicht so genau. Er erwarb sich den Beinamen «der Weise» nicht mit seinen Dichtungen, auch nicht mit seinen Büchern über Theologie, Staatsführung und Krieg, sondern durch die Reorganisation der Provinz- und Kirchenregierung, durch die Neufassung des byzantinischen Rechtes und durch die eingehende Regelung des Gewerbes. Obgleich er ein Schüler des gelehrten Patriarchen Photios und ein frommer Mann war, tat er etwas, das den Klerus entsetzte und das Volk belustigte: er heiratete viermal. Seine ersten beiden Frauen starben, ohne ihm einen Sohn zu hinterlassen; Leon wollte unbedingt einen Sohn haben, da sonst unweigerlich ein Erbfolgekrieg zu befürchten war; die Moraltheologie der Kirche untersagte eine dritte Ehe; Leon beharrte auf seinem Wunsche, und seine vierte Gemahlin, Zoe, krönte seine Entschlußkraft mit einem Knaben.

Konstantin VII. (912–958) wurde Porphyrogennetos – «Purpurgeborener» – genannt, weil er in dem mit Purpur ausgeschlagenen Raume, in dem die Kaiserinnen der Geburt entgegenzusehen pflegten, auf die Welt kam. Er erbte die literarischen Neigungen seines Vaters, nicht aber die Eignung zur Führung des Staatswesens. Für seinen Sohn verfaßte er zwei Bücher über die Regierungskunst, eines über die «Themen», die Provinzen des Reiches, und ein *Zeremonienbuch* über das Ritual und die Etikette, die von einem Kaiser gefordert wurden. Er überwachte die Abfassung von Werken über Ackerbau, Medizin, Tierheilkunde und Zoologie und stellte eine «Weltgeschichte der Geschichtsschreiber» mit Auszügen aus Werken von Geschichtsschreibern und Chronisten zusammen. Unter seiner Förderung erlebte die byzantinische Literatur in ihrer feingeschliffenen und blutarmen Art eine Blütezeit.

Vielleicht machte es Romanos II. (958–963) wie andere Kinder und nahm sich nicht die Mühe, die Bücher seines Vaters zu lesen. Er heiratete eine Griechin, Theophano; man hielt sie im Verdacht, ihren Schwiegervater vergiftet und den Tod des Romanos beschleunigt zu haben; noch ehe ihr Gatte mit vierundzwanzig Jahren die Augen schloß, brachte sie mit ihren Verführungskünsten den asketischen Feldherrn Nikephoros II. Phokas in ihre Arme, der sich mit ihrer Unterstützung des Thrones bemächtigte. Nikephoros hatte die Muselmanen bereits aus Aleppo und Kreta vertrieben (961); im Jahre 965 vertrieb er sie aus Cypern, 968 aus Antiochien; diese Siege waren es, die das Abbasidenkalifat erschütterten. Nikephoros ersuchte den Patriarchen, den Soldaten, die im Kampf gegen die Muselmanen fallen würden, alle Belohnungen und Ehrungen des Märtyrertums zu verheißen; der Patriarch kam dem Wunsch nicht nach, da alle Soldaten durch das Blutvergießen eine Zeitlang befleckt seien; hätte er seine Zustimmung erteilt, so hätten die Kreuzzüge vielleicht ein Jahrhundert früher ihren Anfang genommen. Nikephoros verlor den Ehrgeiz und zog sich in den Palast zurück, um ein Einsiedlerdasein zu führen. Theophano fand dieses Klosterleben langweilig und wurde die Mätresse des Feldherrn Johannes Tzimiskes. Dieser ermordete mit ihrem Wissen den Nikephoros (969) und bestieg den Thron; er bekam es mit der Reue zu tun, verstieß und verbannte Theophano und zog fort, durch kurzwährende Siege gegen die Muselmanen und Slawen für seine Verbrechen zu sühnen.

Sein Nachfolger war eine der machtvollsten Gestalten der byzantinischen Geschichte. Basileios II., Sohn des Romanos und der Theophano (geboren 958), hatte als Mitkaiser neben Nikephoros Phokas und Tzimiskes gewirkt; jetzt (976) begann er mit achtzehn Jahren eine ungeteilte Herrschaft, die ein halbes Jahrhundert dauerte. Ungemach bedrängte ihn von allen Seiten: sein oberster Minister zettelte eine Verschwörung gegen ihn an; die Feudalherren, denen er eine Steuer auferlegen wollte, finanzierten Aufstände gegen ihn; Bardas Skleros, Heerführer der Ostarmee, rebellierte und wurde von Bardas Phokas niedergemacht, der sich dann seinerseits von den Truppen zum Kaiser ausrufen ließ; die Muselmanen eroberten fast alle Gebiete wieder zurück, die Tzimiskes ihnen in Syrien abgenommen hatte; die Bulgaren standen auf dem Höhepunkt ihrer Macht und bedrängten das Reich von Ost und West. Basileios unterdrückte den Aufstand, eroberte Armenien von den Sarazenen zurück und vernichtete in unbarmherzigem dreißigjährigem Ringen die Macht der Bulgaren. Nach seinem Siege im Jahre 1014 ließ er 15000 Gefangene blenden; jeder Hundertste durfte ein Auge behalten, damit er die tragische Schar zu Samuel, dem Bulgarenzar, zurückführen konnte; wahrscheinlich eher mit Entsetzen als mit Bewunderung gaben ihm die Griechen den Beinamen Bulgaroktonos, «Bulgarentöter». Trotz dieser Feldzüge fand er die Zeit, gegen diejenigen Krieg zu führen, «die sich auf Kosten der Armen bereichern». Mit seinen Gesetzen des Jahres 996 versuchte er, einige der großen Güter aufzuteilen und die Ausbreitung eines freien Bauerntums zu fördern. Er wollte gerade an der Spitze einer Armada gegen die Sarazenen in Sizilien ziehen, als der Tod ihn in seinem achtundsechzigsten Lebensjahr überraschte. Seit Herakleios war das Reich nie mehr so groß, seit Justinian nie mehr so stark gewesen.

Unter seinem ältlichen Bruder Konstantin VIII. (1025–1028) nahm der Verfall von Byzanz seinen Fortgang. Da er nur drei Töchter als Nachkommen hatte, überredete Konstantin den Romanos Argyros, die älteste, Zoe, die sich den Fünfzigern näherte, zu ehelichen. Als Regentin und mit Hilfe ihrer Schwester Theodora führte Zoe die Zügel im Staate während der Regierungszeit von Romanos III. (1028–1034), Michael IV. (1034–1042), Michael V. (1042) und Konstantin IX. (1042–1055), und selten war das Reich besser regiert. Die kaiserlichen Schwestern gingen der Korruption in Staat und Kirche zu Leibe und zwangen Beamte, ihre durch Unterschlagung eingeheimsten Schätze wieder auszuliefern; einer, der oberster Minister gewesen war, mußte 5300 Pfund Gold hergeben, die er in einer Zisterne verborgen gehalten hatte, und als der Patriarch Alexis starb, fand man 100 000 Pfund Silber in seinen Gemächern[9].

Eine kurze Zeit lang hörte der Verkauf von Ämtern auf. Zoe und Theodora saßen im Obersten Gerichtshof zu Gericht und zeigten sich von einer strengen Gerechtigkeit. Zoes Unparteilichkeit war unübertrefflich. Da sie bereits zweiundsechzig Jahre alt war, als sie Konstantin IX. heiratete, und es ihr bewußt war, daß das Geschick der Kosmetiker ihre Reize selbst an der Oberfläche kaum mehr zu bewahren vermochte, gestattete sie ihrem neuen Gatten, seine Mätresse Sklerena zu sich in den Kaiserpalast zu nehmen; er richtete sich seine Räume zwischen den Gemächern der beiden Frauen ein, und Zoe suchte ihn nie auf, ohne sich zuvor vergewissert zu haben, daß er frei war[10]. Nach dem Tode der Zoe (1050) zog sich Theodora in ein Kloster zurück, und Konstantin IX. führte fünf Jahre lang klug und mit Geschick das Szepter; als Berater suchte er sich bewährte und kultivierte Männer aus; er sorgte für die Wiederverschönerung der Hagia Sophia, baute Krankenhäuser und Asyle für die Armen und förderte Literatur und Kunst. Nach seinem Tode (1055) stellten sich die Anhänger der makedonischen Dynastie an die Spitze eines Volksaufstandes, der die Jungfrau Theodora aus ihrer klösterlichen Zurückgezogenheit hervorholte und sie, sehr gegen ihren Willen, zur Kaiserin krönte. Trotz ihrer vierundsiebzig Jahre vermochte sie mit ihren Ministern den Staat zu regieren; 1056 starb sie aber so unerwartet, daß chaotische Zustände eintraten. Der Palastadel ernannte Michael VI. zum Kaiser; das Heer gab dem Feldherrn Isaak Komnenos den Vorzug. Eine einzige Schlacht entschied den Zwist: Michael wurde Mönch, und Komnenos zog 1057 als Kaiser in Konstantinopel ein. Die Makedonendynastie hatte nach 190 Jahren der Gewalttätigkeit, des Krieges, des Ehebruchs, der Frömmigkeit und der ausgezeichneten Staatsführung ihr Ende gefunden.

Isaak Komnenos dankte nach zwei Jahren ab, ernannte Konstantinos Dukas, den Senatspräsidenten, zum Nachfolger und ging in ein Kloster. Nach dem Tode des Konstantin (1067) wirkte seine Gattin Eudokia vier Jahre lang als Regentin; die Erfordernisse des Krieges riefen aber nach einer strengeren Führung, und sie ehelichte und krönte Romanos IV. Bei Manzikert wurde Romanos von den Türken geschlagen (1071) und kehrte in Schmach nach Konstantinopel zurück, wurde abgesetzt, eingekerkert und geblendet und so schlecht gepflegt, daß er an seinen Wunden starb. Als Alexios Komnenos I., Neffe des Isaak Komnenos, auf den Thron kam (1081), schien das Byzantinische Reich dem Zusammenbruch nahe zu sein. Die Türken hatten Jerusalem erobert (1076) und drangen durch Kleinasien vor; die Patzinaken und Kumanen näherten sich Konstantinopel von Norden her; die Normannen griffen die byzantinischen Außenposten im adriatischen Bereich an; Staatsführung und Heer lagen wegen Verrat, Unfähigkeit, Korruption und Feigheit im argen. Alexios begegnete dieser Lage mit Scharfsinn und Mut. Er schickte Agenten aus, die im normannischen Italien einen Aufstand anstiften mußten, gewährte Venedig wirtschaftliche Vorrechte und erhielt dafür die Unterstützung von Venedigs Flotte im Kampf gegen die Normannen, beschlagnahmte Kirchenschätze, um das Heer zu erneuern, zog selbst in die Schlacht und gewann Kriege eher mit überragender Strategie als mit Blut. Trotz aller dieser Sorgen um die auswärtige Politik fand er die Zeit, die Staatsführung und die Verteidigungsanlagen zu reorganisieren und das Leben des wankenden Reiches um ein weiteres Jahrhundert zu verlängern. Im Jahre 1095 unternahm er einen diplomatischen Schritt, der weite Folgen hatte: er richtete einen Ruf an den Westen, dem christlichen Osten zu Hilfe zu kommen; im Konzil von Piacenza bot er die Wiedervereinigung der griechischen mit der lateinischen Kirche an, falls sich dafür Europa gegen den Islam einige. Sein Appell trug gemeinsam mit anderen Triebkräften dazu bei, den ersten jener dramatischen Kreuzzüge zu entfesseln, die Byzanz zunächst retteten, ihm aber dann den Untergang brachten.

IV. BYZANTINISCHES ALLTAGSLEBEN: 566–1095

Zu Beginn des elften Jahrhunderts hatte das Griechische Reich durch die Waffen und die Staatsmannskunst der Isaurischen und Makedonischen Dynastie wiederum Macht, Reichtum und Kultur der Glanzzeit unter Justinian erreicht. Kleinasien, Nordsyrien, Cypern, Rhodos, die Kykladen und Kreta waren den Muselmanen wieder entrungen worden; Süditalien war wiederum die Magna Graecia, von Konstantinopel aus regiert; der Balkan war den Bulgaren und Slawen wieder abgenommen worden; Handel und Gewerbe von Byzanz beherrschten wiederum den Mittelmeerbereich; das griechische Christentum hatte auf dem Balkan und in Rußland triumphiert, und die griechische Kunst und Literatur erlebten eine makedonische Wiedergeburt. Die Staatseinkünfte erreichten im elften Jahrhundert eine Höhe, die nach heutigem Wert rund 5 Milliarden Dollar ausmachen würde[11].

Konstantinopel war nun auf der Höhe seiner Kurve und übertraf das antike Rom und Alexandrien und das zeitgenössische Bagdad und Córdoba am Umfang seines Handels und Gewerbes, an Reichtum, Luxus, Schönheit, Verfeinerung und Kunstschaffen. Seine Bevölkerung von beinahe einer Million Menschen[12] bestand nun vorwiegend aus Vorderasiaten und Slawen – Armeniern, Kappadokiern, Syrern, Juden, Bulgaren und halb slawischen Griechen, wozu noch ein buntes Gemengsel von Kaufleuten und Soldaten aus Skandinavien, Rußland, Italien und islamischen Ländern kam; obenauf eine immer dünner werdende Schicht von griechischen Adligen. Häuser in tausend Abarten – mit Satteldach, Flachdach oder Kuppel gedeckt –, mit Balkonen, Loggias, Gärten oder Pergolas; Märkte, auf denen die Erzeugnisse der ganzen Welt zum Verkauf standen; unzählige enge und kotige Straßen mit Mietskasernen und Läden und Werkstätten; Prachtsstraßen mit prunkvollen Herrenhäusern und schattenspendenden Säulengängen, mit Skulpturen bevölkert, von Triumphbögen überspannt, die durch bewachte Tore in Festungsmauern auf das Land hinausführten; Kaiserpaläste – der Trikonchos des Theophilos, der Neue Palast Basileios' I., das Bukoleon des Nikephoros Phokas, von dem aus eine Marmortreppe zu einem mit Skulpturen und Kolonnaden geschmückten Landungsplatz am Marmarameer hinabführte;

Kirchen, «so viele wie das Jahr Tage hat» (wie ein Reisender sich ausdrückte), darunter mehrere, die wahre architektonische Schmuckstücke waren; Altäre, die die höchstverehrten und wertvollsten Reliquien der Christenheit enthielten; Klöster, die nach außen eine schamlose Pracht zeigten und innen von einer unruhigen Schar hochmütiger Heiliger bevölkert waren; eine Hagia Sophia, die immer wieder von neuem ausgeschmückt wurde und im Lichte von Kerzen und Lampen erstrahlte, von schwerem Weihrauchsduft erfüllt war, feierlich in ihrem Aufwand, tönend von überzeugend eindrucksvollen Kirchengesängen: das war das Rahmenwerk, halb aus Gold und halb aus Schmutz, in dem sich das sprudelnde Leben der byzantinischen Hauptstadt bewegte.

In den Stadtpalästen des Adels und der Großkaufleute und in den Villen an der Küste und auf den Landsitzen konnte man jeden Luxus finden, den diese Zeit hervorbrachte, und einen Zierat, dem keine semitischen Tabus Hindernisse auferlegten: Marmor in jeder Körnung und Färbung, Wandmalereien und Mosaike, Skulpturen und feine Töpferwaren, Vorhänge, die auf silbernen Stangen glitten, Wandbehänge, Teppiche und Seidenstoffe, mit Silber oder Elfenbein ausgelegte Türen, wunderbar geschnitzte oder behauene Möbelstücke, Tafelservices aus Silber oder Gold. In diesem Bereich spielte sich das Leben der byzantinischen vornehmen Gesellschaft ab: Männer und Frauen mit feinen Gesichtszügen und schöner Gestalt, in buntfarbige Seidengewänder mit Spitzen und Pelzwerk gekleidet, eine Gesellschaft, die es an Anmut, Liebelei und Ränkespiel dem Paris und Versailles der Bourbonen gleichtat. Niemals waren Damen besser gepudert und parfümiert, reicher mit Schmuck und prächtigem Haarputz ausgestattet; in den Kaiserpalästen brannten jahrein, jahraus Feuer, auf denen die Duftstoffe gebraut wurden, welche die Eigengerüche von Kaiserinnen und Prinzessinnen überdecken mußten[13]. Nie zuvor war das Leben so reich an Zierat und Zeremoniell gewesen, so bunt in seinen Prozessionen, Empfängen, Schaustellungen und Spielen, so sehr bis ins einzelne durch Protokoll und Etikette geregelt. Auf der Rennbahn zeigte der eingesessene Adel wie bei Hofe seine schönsten Gewänder und Schmuckstücke; auf den Landstraßen glitten prächtige Equipagen vorbei, so unbekümmert, daß sie sich den Haß der Armen, die zu Fuß laufen mußten, verdienten, und so reich, daß sie sich die Verwünschungen von Prälaten, welche Gott mit Gefäßen und auf Altären aus Marmor, Alabaster, Silber und Gold dienten, zuzogen. Konstantinopel besaß nach dem Ausspruch von Robert von Clari[14] «zwei Drittel des Reichtums der Welt»; selbst die gewöhnlichen «griechischen Einwohner» schienen nach dem Reisebericht des Benjamin von Tudela «allesamt Königskinder» zu sein[15].

Ein anderer Schriftsteller des zwölften Jahrhunderts stellt fest: «Wenn Konstantinopel alle anderen Städte an Wohlstand übertrifft, dann übertrifft es sie auch an Lasterhaftigkeit[16].» Alle Sünden einer Großstadt fanden hier Platz, gleicherweise bei Reichen wie bei Armen. Grausamkeit und Frömmigkeit lösten sich in der gleichen kaiserlichen Seele ab, und beim Volke ließ sich die Stärke des religiösen Bedürfnisses an Korruption oder Gewaltsamkeit in Politik und Krieg anpassen. Die Kastration von Kindern, die zur Dienstleistung als Eunuchen in Harems oder Regierungsämtern vorgesehen waren, die Ermordung oder Blendung tatsächlicher oder möglicher Rivalen um den Kaiserthron hielten sich während verschiedener Herrscherfolgen in dem eintönigen Kaleidoskop des unveränderlich wechselvollen Ablaufs. Das gemeine Volk, durch Rassen-, Standes- und Glaubensverschiedenheiten aufgespalten und der Beinflussung zugänglich gemacht, war wankelmütig, blutdürstig, von Zeit zu Zeit aufrührerisch; es ließ sich vom Staat durch die Korn-, Öl- und Weinspende bestechen; Unterhaltung fand es bei Pferderennen, Tierhetzen, Seiltänzereien, unanständigen Pantomimen im Theater und bei kaiserlichen oder kirchlichen Prunkzügen in den Straßen. Spielhäuser und Spelunken waren überall zu finden; Freudenhäuser gab es beinahe in jeder Straße, manchmal «unmittelbar neben der Kirchentür»[17]. Die Frauen von Byzanz waren wegen ihrer Ausschweifungen und ihrer Frömmigkeit berühmt, die Männer wegen ihrer schnellen Auffassungsgabe und ihrem skrupellosen Ehrgeiz. Menschen aller Stände glaubten an Magie, Astrologie, Wahrsagerei, Zauberei, Hexerei und an die Wunderkraft von Amuletten. Die römischen Tugenden waren noch vor dem Verschwinden der römischen Sprache dahingegangen; römische und griechische Charaktereigenschaften waren in einer Flut entwurzelter Orientalen untergegangen, die ihre eigene Moralgesinnung verloren und außer in Worten keine neue angenommen hatten. Und doch waren auch in dieser hochgradig theologischen und sinnenfreudigen Gesellschaft die Männer und Frauen in ihrer großen Mehrheit anständige Bürger und Eltern, die sich nach der Ausgelassenheit der Jugendzeit zu den Freuden und Leiden des Familienlebens bequemten und, wenn auch ungern, die Arbeit dieser Welt verrichteten. Die gleichen Kaiser, die ihre Nebenbuhler blendeten, überschütteten Krankenhäuser, Waisenhäuser, Altersheime und Herbergen mit Gaben[18]. Und bei dem Adel, bei dem Luxus und Muße zur Tagesordnung zu gehören schien, gab es Hunderte von Männern, die sich mit einem Eifer, der nur durch die Bestechlichkeit beeinträchtigt wurde, den Aufgaben der Staatsführung widmeten und es trotz aller Umstürze und Intrigen irgendwie fertigbrachten, das Reich vor jeder Katastrophe zu bewahren und das Wirtschaftsleben auf der höchsten Blüte zu erhalten, die es im mittelalterlichen Christentum je besaß.

Der Beamtenapparat, den Diokletian und Konstantin aufgebaut hatten, war im Laufe von sieben Jahrhunderten zu einer gut funktionierenden Verwaltungsmaschinerie geworden, deren Wirkungsbereich sich über das gesamte Reichsgebiet erstreckte. Herakleios hatte die alte Reichseinteilung in Provinzen durch eine neue Einteilung in Themen, Truppenbezirke, die von einem *strategos*, einem Militärgouverneur, regiert wurden, durchgeführt; es war eine der vielen Arten, in denen die Bedrohung durch den Islam eine Änderung byzantinischer Staatseinrichtungen herbeiführte. Die Themen erhielten eine ausgedehnte Selbstverwaltung und gediehen unter dieser zentralisierten Herrschaft; sie hielten ein beständiges Maß an Ordnung aufrecht, ohne daß sie indessen die unmittelbare Gewalt der Kämpfe und Gewalttätigkeiten, die das Gleichgewicht der Hauptstadt störten, zu spüren bekamen. In Konstantinopel herrschten der Kaiser, der Patriarch und der Pöbel; in den Themen herrschte das byzantinische Recht. Während der Islam Recht und Theologie in einen Topf warf und Westeuropa durch ein Chaos von einem Dutzend barbarischer Rechtssysteme tappte, pflegte und erweiterte das Byzantinische Reich das Vermächtnis des Justinian. Die «Novellen» (neuen Gesetze) von Iustinos II. und Herakleios, die *Ekloga* (ausgewählten Gesetze) von Leon III., die *Basilika* (königlichen Erlasse) von Leon VI. und die «Novellen» des gleichen Leon paßten die Pandekten des Justinian den wandelbaren Bedürfnissen von fünf Jahrhunderten an; militärische, kirchliche, maritime und kommerzielle Gesetzessammlungen sorgten bei Heer und Geistlichkeit, auf Märkten und in Häfen, auf dem Bauerngut und zur See für Ordnung und Verläßlichkeit in der Rechtsprechung; im elften Jahrhundert war die Rechtsschule von Konstantinopel der geistige Mittelpunkt des weltlichen Christentums. Auf diese Weise bewahrten die Byzantiner die größte Gabe Roms – das römische Recht – während eines Jahrtausends der Gefahren und Veränderungen, bis seine Wiedergeburt im Bologna des zwölften Jahrhunderts das Zivilrecht des lateinischen Europa und das kanonische Recht der römisch-katholischen Kirche revolutionär umgestaltete. Das byzantinische Seerecht Leons III., das aus den Schiffahrtsbestimmungen des antiken Rhodos hervorgegangen war, gab der mittelalterlichen Christenheit das erste Handelsrecht; im elften Jahrhundert bildete es die Grundlage zu ähnlichen Gesetzeskörpern der italienischen Republiken Trani und Amalfi, und über diesen Stammbaum ging es in das Rechtserbe der heutigen Welt ein.

Das Gesetzbuch für die Landwirtschaft war ein löblicher Versuch, dem Feudalwesen Einhalt zu gebieten und ein freies Bauerntum hochzuziehen. An ausgediente Soldaten wurden kleine Güter abgegeben; größere Grundstücke in Staatsbesitz wurden von Soldaten bestellt, die damit eine Art Militärdienst leisteten, und große Gebiete wurden von häretischen Sekten kolonisiert, die von Vorderasien nach Thrakien und Griechenland verbracht wurden. Noch größere Gebiete wurden unter dem Zwang oder dem Schutz der Regierung mit Barbarengruppen besiedelt, von denen man annahm, daß sie im Inneren des Reichsgebietes unschädlicher sein würden als außerhalb; auf diese Weise fanden Goten Aufnahme in Thrakien und Illyrien, Langobarden in Pannonien, Slawen in Thrakien, Makedonien und Griechenland; um das zehnte Jahrhundert war der Peloponnes vorwiegend von Slawen bevölkert, und auch in Attika und Thessalien gab es viele Slawen. Staat und Kirche arbeiteten gemeinsam an der Verminderung der Sklaverei; die kaiserliche Gesetzgebung untersagte den Verkauf von Sklaven oder die Versklavung eines Freien und setzte automatisch jeden Sklaven frei, der in den Heeres- oder Kirchendienst trat oder eine freie Person heiratete. In Konstantinopel war die Sklaverei so gut wie ganz auf den Hausdienst beschränkt, aber auf diesem Gebiet blühte sie.

Es ist aber doch beinahe ein Newtonsches Gravitationsgesetz, daß große Güter im Verhältnis zu ihrer Masse und Entfernung kleinere Güter anziehen und das Land von Zeit zu Zeit durch Kauf oder sonstwie zu Großgrundbesitz zusammenfassen; mit der Zeit erhält die Zusammenballung Explosivkraft, der Grund wird durch Besteuerung oder Revolution wieder aufgeteilt, und der Vorgang der Zusammenballung beginnt von neuem. Im zehnten Jahrhundert lag der größte Teil des Grundbesitzes im byzantinischen Osten in den Händen von extensiv wirtschaftenden Großgrundbesitzern (*dynatoi* – «Mächtigen») oder stand im Besitz von Kirchen, Klöstern oder Krankenhäusern, die Pfründen als frommes Vermächtnis erhalten hatten. Solche Grundstücke wurden von Leibeigenen bearbeitet oder aber von *coloni*, die nach dem Gesetz frei, wirtschaftlich jedoch an den Boden gekettet waren. Die Eigentümer, mit einem Gefolge von Klienten, Wächtern und Haussklaven ausgestattet, führten ein Luxusleben der Verfeinerung auf ihren Landsitzen oder in den Stadtpalästen. Die gute und die schlechte Seite dieser großen Herren zeigt sich in der Geschichte von

Basileios' I. Wohltäterin, der Dame Danielis. Als sie ihn in Konstantinopel besuchte, lösten sich dreihundert Sklaven im Tragen der Sänfte, eines abgedeckten Ruhebettes, ab, in welcher sie die Strecke von Patras nach Konstantinopel zurücklegte. Sie brachte ihrem kaiserlichen Schützling reichere Geschenke mit, als je ein Herrscher einem byzantinischen Kaiser gesandt hatte; 400 Jünglinge, 100 Eunuchen und 100 Jungfrauen waren nur ein Teil ihrer Gabe; dazu kamen noch 400 kunstvoll gewobene Stoffe, 100 Batisttücher (alle so fein, daß man sie im Knoten eines Rohrhalmes unterbringen konnte) und ein Tafelservice aus Silber und Gold. Zu Lebzeiten gab sie einen guten Teil ihres Vermögens aus; sterbend vermachte sie den Rest an den Sohn des Basileios. Leon VI. sah sich plötzlich Erbe von achtzig Landsitzen und Bauernhöfen, Unmengen von Münzen und Schmuckstücken und Geschirr, kostbaren Möbeln, prächtigen Gerätschaften, unzähligem Vieh, Tausenden von Sklaven[19].

Solche griechische Geschenke waren für die Kaiser durchaus keine ungetrübte Freude. Der Reichtum, den die Plackerei und der Schweiß von Millionen Menschen zusammengebracht hatte, konnte in seiner Gesamtheit jedem Herrscher gefährlich werden. Nicht nur aus menschlichen Gründen, sondern auch in ihrem eigenen Interesse versuchten die Kaiser, diesem Konzentrationsvorgang Einhalt zu gebieten. Der strenge Winter 927–928 endete mit Hunger und Epidemien; hungernde Bauern verkauften ihre Höfe an Großgrundbesitzer zu Schleuderpreisen oder überhaupt nur im Austausch gegen den bloßen Lebensunterhalt. 934 erließ der Regent Romanos eine «Novelle», in welcher die Grundbesitzer beschuldigt wurden, sie hätten sich «unbarmherziger als Hunger und Pest» gezeigt; das Gesetz forderte die Rückgabe aller Besitztümer, die um weniger als die Hälfte des «anständigen Preises» erworben worden waren, und gestattete jedem Bauern, der sein Land verkauft hatte, den Rückkauf des Bodens zum gleichen Preis innerhalb dreier Jahre. Der Erlaß fand kaum Beachtung; die Zusammenballung des Grundbesitzes nahm ihren Fortgang; zudem verkauften viele freie Bauern wegen der hohen Steuern ihre Höfe und zogen in die Stadt – wenn irgend möglich nach Konstantinopel, das seine Getreidespende hatte. Basileios II. nahm den Kampf der Kaiser gegen den Adel wieder auf. Sein Dekret des Jahres 996 gestattete dem Verkäufer, sein Land jederzeit zu seinem Verkaufspreis wieder zurückzukaufen, erklärte jeden Bodenerwerb für ungültig, der unter Umgehung des Gesetzes von 934 getätigt worden war, und verlangte die sofortige und kostenfreie Rückgabe solcher Ländereien an ihre vorherigen Besitzer. Diese Gesetze wurden weitgehend umgangen, und ein gemäßigtes Feudalwesen entstand im elften Jahrhundert sporadisch im byzantinischen Osten. Die Bemühungen der Kaiser waren jedoch nicht ganz vergeblich; das Freibauerntum, das dadurch erhalten blieb, bedeckte das Land mit Bauernhöfen, Obst- und Weingärten, Bienenstöcken und Zuchtviehanstalten; die Großgrundbesitzer brachten den Ackerbau auf wissenschaftlicher Grundlage zu seiner mittelalterlichen Höchstentwicklung, und vom achten bis ins elfte Jahrhundert hielt der byzantinische Akkerbau Schritt mit der gedeihlichen Entwicklung des byzantinischen Gewerbes.

Das Ostreich nahm in dieser Zeit einen städtischen und halbindustriellen Charakter an, der sich vom ländlichen Charakter des lateinischen Europa nördlich der Alpen recht erheblich unterschied. Bergleute und Metallurgen erforschten und verarbeiteten das

Blei, Eisen, Kupfer und Gold des Bodens in tätigem Wirken. Nicht nur Konstantinopel, sondern auch unzählige andere byzantinische Städte – Smyrna, Tarsos, Ephesos, Durazzo, Ragusa, Patras, Korinth, Theben, Saloniki, Hadrianopel, Herakleia, Selymbria – waren erfüllt von der Tätigkeit und dem Lärm der Gerber, Schuster, Sattler, Waffenschmiede, Goldschmiede, Juweliere, Metallwerker, Tischler, Holzschnitzer, Radmacher, Bäcker, Färber, Weber, Töpfer, Mosaiksetzer, Maler ... Als Kessel und Keller von Handel und Gewerbe nahmen es Konstantinopel, Bagdad und Córdoba im neunten Jahrhundert beinahe mit dem Betrieb und Gelärm einer heutigen Großstadt auf. Trotz persischer Konkurrenz war die griechische Hauptstadt in der weißen Welt immer noch führend in der Erzeugung feiner Gewebe und Seiden; an zweiter Stelle kamen gleich Argos, Korinth und Theben. Die Textilindustrie war hochgradig durchorganisiert und verwendete viele Sklaven als Arbeitskräfte; die meisten anderen Arbeiter waren freie Handwerker. Die Proletarierbevölkerung von Konstantinopel und Saloniki war klassenbewußt und erhob sich oft in erfolglosen Aufständen. Ihre Arbeitgeber bildeten einen umfangreichen Mittelstand erwerbssüchtiger, wohltätiger, fleißiger, intelligenter und streng konservativer Bürger. Die wichtigeren Gewerbe waren samt ihren Arbeitern, Künstlern, Betriebsleitern, Kaufleuten, Rechtsanwälten und Geldgebern in *systemata* zusammengefaßt, Gewerkschaften, die direkt von den antiken *collegia* und *artes* abstammten und den großen Wirtschaftseinheiten des modernen «korporativen» Staates verwandt sind. Jede Gewerkschaft besaß auf ihrem Gebiet das Monopol, war aber strengen Bestimmungen hinsichtlich ihrer Käufe, Preise, Arbeitsverfahren und Verkaufsbedingungen unterworfen; staatliche Prüfer überwachten Arbeiten und Rechnungsführung, und manchmal wurden Höchstlöhne gesetzlich festgelegt. Kleinere Gewerbezweige waren jedoch freien Arbeitern und dem Unternehmertum des Einzelnen überlassen. Diese Einrichtung vermittelte dem byzantinischen Gewerbe Ordnung, Wohlstand und Beständigkeit, sie war aber dem Unternehmungs- und Erfindergeist hinderlich und dazu angetan, der sozialen Stellung und dem Leben eine orientalische Starrheit zu geben[20].

Der Handel erfuhr eine Förderung durch die staatliche Pflege und Überwachung von Docks und Häfen, durch staatlich geregelte Bodmereiversicherungen und -darlehen, durch einen energischen Kampf gegen die Seeräuberei und durch die stabilste Währung Europas. Der gesamte Handelsverkehr war einer durchdringenden Kontrolle der byzantinischen Regierung unterworfen, die gewisse Exporte verbot, den Getreide- und Seidenhandel monopolisierte, Abgaben auf Aus- und Einfuhren und eine Verkaufssteuer erhob[21]. Sie forderte beinahe zur baldigen Absetzung als Beherrscherin des Schwarzen und Ägäischen Meeres heraus, indem sie landesfremden Kaufleuten – Armeniern, Syrern, Ägyptern, Amalfiern, Pisanern, Venezianern, Genuesen, Juden, Russen und Katalanen – gestattete, den größten Teil des Handelsverkehrs zu übernehmen und in oder nahe bei der Hauptstadt fast unabhängige «Faktoreien», Handelsniederlassungen, einzurichten. Die Zinsnahme war gestattet, aber gesetzlich auf zwölf, zehn, acht und noch weniger Prozent begrenzt. Es gab viele Banken, und vielleicht waren es die Geldverleiher von Konstantinopel und nicht die italienischen, die den Wechselverkehr ausbauten[22] und vor dem dreizehnten Jahrhundert das ausgedehnteste Kreditsystem des christlichen Bereiches entwickelten.

V. DIE BYZANTINISCHE RENAISSANCE

Die Arbeitskraft und das Geschick des Volkes und die Überflüsse der Reichen führten im neunten und zehnten Jahrhundert zu einem bemerkenswerten Wiederaufleben von Literatur und Kunst. Obgleich das Reich sich bis zu seinem Todestage römisch nannte, waren mit Ausnahme des römischen Rechtes fast alle lateinischen Elemente aus ihm verschwunden. Seit Herakleios war das Griechische im byzantinischen Osten Sprache von Regierung, Literatur und Liturgie und auch die Alltagssprache. Das Bildungswesen war jetzt völlig griechisch. Fast jeder männliche Freie, viele Frauen und sogar viele Sklaven erhielten nun eine gewisse Bildung. Die Universität von Konstantinopel, die wie die Gelehrsamkeit überhaupt während den Krisenzeiten der herakleischen Periode dem Niedergang überlassen worden war, wurde von Caesar Bardas (863) neu eingerichtet und stand mit ihren Kursen in Philologie, Theologie, Astronomie, Mathematik, Biologie, Musik und Literatur in gutem Ruf. Sogar der heidnische Libanios und der gottlose Lukian wurden gelesen. Der Unterricht war für begabte Studenten großenteils frei, und die Lehrer erhielten Staatsbesoldungen. Es gab viele private und öffentliche Bibliotheken; in ihnen wurden die klassischen Meisterwerke, die im ungeordneten Westen in Vergessenheit geraten waren, immer noch bewahrt.

Diese umfassende Übermittlung des griechischen Erbgutes war anregend und beengend zugleich. Es schärfte und erweiterte das Denken und brachte es von seinem früheren Kreislauf homiletischer Beredsamkeit und theologischer Diskussion ab. Gerade durch seinen Reichtum wirkte es jedoch dem selbständigen Denken entgegen; dem Unwissenden fällt es leichter, originell zu sein, als dem Gebildeten. Die byzantinische Literatur war hauptsächlich für kultivierte und müßige Damen und Herren bestimmt; höfisch und höflich, künstlerisch und künstlich, hellenistisch, aber nicht hellenisch, bewegte sie sich auf der Oberfläche des menschlichen Lebens, ohne die Tiefen zu berühren. Obgleich die Kleriker dieser Zeit bemerkenswert tolerant waren, blieb das Denken infolge der Gewohnheiten, die es in der Frühzeit angenommen hatte, aus eigenen Stücken in dem Kreis der Strenggläubigkeit befangen, und die Ikonoklasten waren frömmere Leute als die Priester.

Es war ein neues alexandrinisches Zeitalter der Gelehrsamkeit. Gelehrte Professoren untersuchten Sprache und Silbenmessung, schrieben «Abrisse» und Weltgeschichten, verfaßten Wörterbücher, Lexika, Anthologien. Nun (917) sammelte Konstantinos Kephalas die *Griechische Anthologie*; nun (976) trug Suidas sein enzyklopädisches Lexikon zusammen. Theophanes (um 814) und der Dekan Leon (geboren 950) schrieben brauchbare Geschichten ihrer eigenen und der kurz zurückliegenden Zeit. Paulus von Aigina (615–690) stellte eine Enzyklopädie der Medizin zusammen, welche die muselmanische Theorie und Praxis mit dem Vermächtnis von Galenos und Oreibasios vereint; in ihm werden in schier unaufhörlichen Aufsätzen Brustkrebs- und Hämorrhoidenoperationen, Blasenkatheterisierungen, Steinschnitte, Kastrationen besprochen; Eunuchen wurden nach Paulus dadurch fabriziert, daß man dem Kinde in einem heißen Bad die Hoden zerquetschte[23].

Der hervorragendste byzantinische Wissenschafter dieser Jahrhunderte war ein unbekannter und verarmter Lehrer, Leon von Saloniki (um 850), von dessen Existenz Konstantinopel keine Notiz nahm, bis ein Kalif ihn zu sich nach Bagdad lud. Einer seiner Schüler, der in Kriegsgefangenschaft geraten war, wurde Sklave eines muselmanischen Würdenträgers, der bald die geometrischen Kenntnisse des Jünglings bewunderte. Al-Mamun vernahm davon und lud ihn ein, an einer geometrischen Diskussion am Kalifenhof teilzunehmen; auch er war von seinen Leistungen tief beeindruckt, lauschte mit reger Aufmerksamkeit den Berichten, die er von seinem Lehrer gab, und schickte augenblicks eine Einladung an Leon, nach Bagdad zu kommen und ein reicher Mann zu werden. Leon fragte einen byzantinischen Beamten um Rat, der seinerseits den Kaiser Theophilos um Rat anging, welcher sich beeilte, Leon mit einer staatlichen Professur auszustatten. Leon war ein vielseitiger Gelehrter, der über Mathematik, Astrologie, Astronomie, Medizin und Philosophie Vorlesungen hielt und Bücher schrieb. Al-Mamun legte ihm mehrere geometrische und astronomische Probleme vor und war über die Antworten so entzückt, daß er dem Kaiser Theophilos ewigen Frieden und 2000 Pfund Gold anbot, falls er ihm Leon eine Zeitlang ausleihen wollte. Theophilos schlug das Angebot aus und machte Leon zum Erzbischof von Saloniki, um ihn al-Mamuns Zugriff zu entziehen[27].

Leon, Photios und Psellos waren die ganz großen Leuchten dieser Epoche. Photios (820?–891), der gelehrteste Mann seiner Zeit, stieg als Laie in sechs Tagen zum Patriarchenrang auf und gehört der Kirchengeschichte an. Michael Psellos (1018?–1080) war ein Welt- und Hofmann, ein Ratgeber von Kaisern und Kaiserinnen, ein liebenswürdiger und strenggläubiger Voltaire, der auf jedem Gebiete zu glänzen vermochte, aber nach jedem theologischen Streitgespräch und jeder Palastrevolution wieder auf festem Grund landete. Er ließ sich seine Lebensliebe nicht durch seine Liebe zu Büchern trüben. Er lehrte Philosophie an der Universität Konstantinopel und erhielt den Titel eines Fürsten der Philosophie. Er trat einem Kloster bei, fand die Klosterlaufbahn zu friedlich, kehrte ins weltliche Leben zurück, diente von 1071–1078 als Ministerpräsident und fand die Zeit, über politische, wissenschaftliche, medizinische, grammatische, theologische, juristische, musikalische und geschichtliche Dinge zu schreiben. Seine *Chronographia* zeichnet die Intrigen und Skandale eines Jahrhunderts (976–1078) voller Freimut, Schwung und Eitelkeit auf (von Konstantin IX. sagt er, er habe «an des Psellos Zunge gehangen»[25]). Als Muster diene ein Absatz seiner Beschreibung des Aufstandes, der 1055 Theodora auf den Thron zurückbrachte:

> Jeder [Soldat in der Volksmenge] war bewaffnet: der eine ergriff eine Streitaxt, ein anderer eine Hacke, ein dritter einen Bogen oder eine Lanze; manche hatten schwere Steine bei sich, und alle stürzten in großer Unordnung ... zu den Gemächern der Theodora ... Sie aber entfloh in eine Kapelle und zeigte sich ihren Rufen taub. Da ging die Menge zur Gewalt über; einige stürzten sich mit gezücktem Dolch auf Theodora, als ob sie sie ermorden wollten. Kühn holten sie sie aus ihrem Zufluchtsort heraus, legten ihr die Staatsgewänder an, hoben sie auf ein Pferd und führten sie zur Hagia Sophia. Das ganze Volk, gleich welchen Standes, huldigte ihr dort, und alle begrüßten sie als Kaiserin.[26]

Die persönlichen Briefe des Psellos sind fast so reizvoll und aufschlußreich wie diejenigen des Cicero; seine Reden, Verse und Pamphlete bildeten das Tagesgespräch; sein maliziöser

Humor und todbringender Witz wirkten auf die schwerfällige Gelehrsamkeit seiner Zeitgenossen anregend und aufstachelnd. Im Vergleich zu ihm und zu Photios und Theophanes sind die Alkuins, Hrabani und Gerberts des zeitgenössischen Westens weiter nichts als schüchterne Wanderer vom Lande der Barbarei in das Land des Geistes.

Die augenfälligste Seite dieser byzantinischen Renaissance ist ihre Kunst. Von 726 bis 842 untersagte die bilderfeindliche Bewegung die figürliche und (mit weniger Strenge) die bildliche Darstellung von heiligen Wesen; zum Ausgleich dafür befreite sie den Künstler von einer eintönigen Beschränkung auf kirchliche Themen und veranlaßte ihn, sich der Beobachtung, Abbildung und Ausschmückung des weltlichen Lebens zuzuwenden. Gegenstand der Kunst waren nun nicht mehr die Götter, sondern die kaiserliche Familie, adlige Gönner, historische Ereignisse, die Tiere des Waldes, die Pflanzen und Früchte des Feldes, die mannigfaltigen *trivia* des häuslichen Lebens. Basileios I. errichtete in seinem Palast die Nea, die Neue Kirche, und schmückte sie, wie ein Zeitgenosse berichtet, «überall mit schönen Perlen, Gold, schimmerndem Silber, Mosaiken, Seidenstoffen und Marmor in tausend Abarten aus»[27]. Ein guter Teil der neuerdings in der Hagia Sophia aufgefundenen Ausschmückung ist das Werk des neunten Jahrhunderts. Die mittlere Kuppel wurde 975 nach einem Erdbeben neu gebaut und erhielt daraufhin das große Mosaik des auf dem Regenbogen sitzenden Christus; zusätzliche Mosaike wurden 1028 gelegt; die massige Kathedrale erhielt wie ein lebendiger Organismus ein fortdauerndes Leben durch den Tod und Ersatz ihrer Teile. Die 838 angebrachten Bronzetore waren ihrer Schönheit wegen dermaßen berühmt, daß Bestellungen auf gleiche Tore von dem Kloster von Monte Cassino, der Kathedrale von Amalfi und der Basilika San Paolo fuori le mura in Rom eingingen; die letzteren beiden, 1070 in Konstantinopel hergestellt, sind als Zeugnis der byzantinischen Kunst erhalten.

Der «Heilige Palast» des Kaisers, dessen Kapelle die Nea war, stellte sich als ein ständig anschwellendes Sammelsurium von Kammern, Empfangssälen, Kirchen, Thermen, Pavillons, Gärten, Säulengängen und Höfen dar; fast jeder Kaiser fügte etwas bei. Theophilos gab der Gruppe einen neuen orientalischen Anstrich mit einem Thronraum, der nach den muschelförmigen Apsiden auf drei Seiten Trikonchos genannt wurde und nach einem aus Syrien eingeführten Grundriß erbaut war. Nördlich davon errichtete er den Perlensaal, südlich davon mehrere *heliaka*, Sonnenräume, und die Kamilas, ein Appartement mit goldenem Dach, grünen Marmorsäulen und einem besonders fein gearbeiteten Mosaik, das auf Goldgrund Männer und Frauen bei der Obstlese darstellt. Selbst dieses schöne Mosaik wurde in einem anschließend gebauten Bauwerk noch übertroffen, auf dessen Wänden sich grüne Mosaikbäume gegen einen goldenen Mosaikhimmel abhoben, und vom Boden des Zeremoniensaales, dessen Marmorwürfelchen den Eindruck einer blühenden Wiese erweckten. Theophilos trieb seinen Geschmack für einen bizarren Prunk im Magnaurapalast auf die Spitze: in dessen Audienzsaal überdachte eine goldene Platane den Thron; auf deren Zweigen und auf dem Thron saßen goldene Vögel; zu beiden Seiten des Thronsitzes lagen goldene Greife und zu seinen Füßen goldene Löwen; wenn ein fremder Gesandter vorgestellt wurde, erhoben sich die mechanischen Greife, die Löwen standen auf, wedelten mit dem Schwanz und fingen an zu brüllen, die Vögel stimmten ein mechanisches Lied an[28]. All das war eine reine Nachahmung ähnlicher Torheiten im Palast des Harun al-Raschid in Bagdad.

Konstantinopel wurde mit den Steuergeldern aus dem Handel und den Themen verschönt, aber es blieb immer noch genug übrig, um den Provinzhauptstädten einen wenn auch bescheideneren Glanz zu verleihen. Die Klöster, wieder reich geworden, erhoben sich in massiger Pracht: im zehnten Jahrhundert die Athosklöster Lawra und Iwiron; im elften das Lukaskloster in Phokis, die Nea Moni auf Chios, das Kloster von Daphni bei Eleusis – dessen beinahe klassische Mosaike die schönsten Beispiele des mittelbyzantinischen Stiles sind. Georgien, Armenien und Kleinasien nahmen an der Bewegung teil und wurden Außenposten der byzantinischen Kunst. Die öffentlichen Bauten von Antiochien zogen sich das Lob der Muselmanen zu. In Jerusalem wurde die Kirche des Heiligen Grabes bald nach den Siegen des Herakleios wiederaufgebaut. In Ägypten errichteten die koptischen Christen vor und nach der Eroberung durch die Araber Kuppelkirchen, die zwar klein, aber so kunstvoll mit Metallen, Elfenbein, Holz und Stoffen ausgeschmückt waren, daß die gesamten Fertigkeiten des pharaonischen, ptolemäischen, römischen, byzantinischen und mohammedanischen Ägypten sich in ihnen zu einem unübertrefflichen Vermächtnis vereint zu haben schienen. Die Verfolgungen der Ikonoklasten vertrieben Tausende von Mönchen aus Syrien, Kleinasien und Konstantinopel nach Süditalien, wo der Papst sie unter seinen Schutz nahm; über diese Flüchtlinge und über orientalische Kaufleute kamen byzantinische Stilarten in Architektur und Dekoration zu einer Blüte in Bari, Otranto, Benevento, Neapel und selbst Rom. Ravenna blieb in seiner Kunst griechisch und brachte im siebenten Jahrhundert die wundervollen Mosaike von St. Apollinaris in Classe hervor. Saloniki blieb byzantinisch und verzierte seine Hagia Sophia mit düsteren Mosaikaposteln, die so hager sind wie El Grecos Heilige.

In allen diesen Ländern und Städten erzeugte die byzantinische Renaissance wie in Konstantinopel eine reiche Folge von Meisterwerken, Mosaike, Miniaturen, Töpferwaren, Email- und Glaswaren, Holz- und Elfenbeinschnitzereien, Bronze- und Eisenschmiedearbeiten, Gemmen und Stoffe, die mit einer Fertigkeit gewoben, gefärbt und verziert waren, welche die Bewunderung der ganzen Welt fanden. Byzantinische Künstler verfertigten Kelche aus blauem Glas, die unter der Oberfläche ein goldenes Blätterwerk oder Vögel oder menschliche Gestalten aus Gold zeigten; Glasgefäße, an deren Hälsen glasierte Arabesken und Blumen zu sehen waren, und andere Ausgestaltungen von Glas, die so ausgezeichnet hergestellt waren, daß die byzantinischen Kaiser sie als Geschenke an auswärtige Potentaten bevorzugten. Noch begehrter als Geschenkobjekte waren die kostbaren Roben, Schale, Chorröcke und Dalmatiken der byzantinischen Webkunst; dazu gehören «Karls des Großen Mantel» in der Kathedrale von Metz und die zarten Seidenstoffe, die in Aachen im Grabe dieses Königs gefunden wurden. Die Hälfte der Majestät, die den griechischen Kaiser umgab, ein Großteil der Ehrfurcht, die den Patriarchen erhob, ein gut Teil des Glanzes, der den Erlöser, die Jungfrau und die Märtyrer im Kirchenritual umhüllte, stammte von den Prachtsgewändern, in denen das Leben von einem Dutzend Handwerker, die Technik eines Jahrhunderts und die reichsten Farbstoffe von Land und Meer steckten. Die byzantinischen Goldschmiede und Gemmenschneider waren bis zum dreizehnten Jahrhundert führend auf ihrem Gebiet; der Schatz der Markuskirche in Venedig enthält eine reiche Beute aus ihrem Gewerbe. In diese Zeit gehören die erstaunlich realistischen Mosaike der Lukaskirche, die jetzt im Collège des Hautes Etudes in Paris untergebracht sind; das strahlende Haupt Christi in dem «Deesis»-Mosaik in der Hagia Sophia und das gewaltige, fast 35 Quadratmeter bedeckende Mosaik, das 1935 in Istanbul in den Ruinen des Palastes der makedonischen Kaiser ausgegraben wurde[29]. Wo die Bilderstürmerei bald erlosch oder wo sie gar nicht hinkam, nährten die Kirchen die Frömmigkeit mit in Tempera auf Holz gemalten Ikonen, die manchmal in emaillierte oder mit Juwelen geschmückte Rahmen gefaßt wurden. Keine Miniaturen der gesamten Geschichte der Illuminationskunst kommen der «Vision des Hesekiel» in der Predigtsammlung des Gregor von Nazianz aus dem neunten Jahrhundert, die jetzt in der Bibliothèque Nationale in Paris steht, gleich[30]; unübertrefflich sind auch die 400 Illustrationen des «Menologos»-Manuskriptes im Vatikan (um 1000) und die Daviddarstellungen im Pariser Psalter (um 900). In dieser Buchmalerei finden wir keine Perspektive, kein Modellieren der Gestalten mit Licht und Schatten, dafür aber, als reichen Ersatz, eine prächtige und sinnenfreudige Farbengebung, ein lebhaftes Phantasiespiel, eine neue Kenntnis des menschlichen und tierischen Körperbaus, einen fröhlichen Tumult von Tieren und Vögeln, von Pflanzen und Blumen um Heilige und Gottheiten, Brunnen, Arkaden und Säulengänge, Vögel, die an Früchten picken, tanzende Bären, Stiere und Hirsche, die sich mit ihren Hörnern im Kampf verfangen haben, und einen Leoparden, der ein gottloses Bein hebt, um einen flüssigen Anfangsbuchstaben für einen gottesfürchtigen Spruch hervorzubringen[31].

Den byzantinischen Keramikern war die Kunst des Schmelzgusses schon lange bekannt gewesen; sie legten einer Ton- oder Metallgrundlage ein Metalloxyd auf, das sich beim Brennen mit der Grundlage verband und ihr Schutz und Glanz verlieh. Die Kunst war aus dem Osten in das antike Griechenland gelangt, im dritten vorchristlichen Jahrhundert in Vergessenheit geraten und im dritten nachchristlichen Jahrhundert wieder in Gebrauch gekommen. Diese mittelbyzantinische Periode zeigt einen großen Reichtum an Schmelzgußerzeugnissen – Porträtmedaillons, Ikonen, Kreuze, Reliquienkästen, Schalen, Kelche, Buchdeckel und Ornamente für Harnische und anderes Rüstzeug. Bereits im sechsten Jahrhundert übernahm Byzantion von dem sassanidischen Persien die Kunst des Zellenschmelzes: der Farbstoff wurde auf die durch dünne Drähte oder Metallstreifen in Zellen unterteilte Oberfläche aufgelegt; diese Trennungsstreifen, die *cloisons*, verschweißten sich mit der metallenen Grundlage und bildeten ein dekoratives Muster. Ein berühmtes Beispiel des byzantinischen Zellenschmelzes ist ein Reliquiar, das (um 948) für Konstantinos Porphyrogennetos verfertigt wurde und sich jetzt in Limburg befindet; in seiner gewissenhaft ausgeführten Machart und mit seinem üppigen, figurenreichen Zierat ist es typisch byzantinisch.

Keine andere Kunst ist so überwältigend religiös wie die byzantinische. Ein Kirchenkonzil des Jahres 787 stellte das Gesetz auf: «Den Malern obliegt es, auszuführen; der Geistlichkeit obliegt es, die Themen vorzuschreiben und das Verfahren zu leiten[32].» Daher der düstere Ernst dieser Kunst, die Enge in der Themenwahl, die Eintönigkeit von Machart und Stil, die Seltenheit eines Vorstoßes zu Realismus und Humor oder in das Alltagsleben; unübertrefflich dekorativ und leuchtkräftig, brachte sie es doch nie zu der fröhlichen Vielfalt und der skandalösen Weltlichkeit der reifen gotischen Kunst. Um so erstaunlicher sind die Siege und der gewaltige Einfluß dieser Kunst. Die gesamte Christenheit von Kiew bis Cádiz anerkannte ihre Führerschaft und schmeichelte ihr durch Nachahmung; selbst China machte dann und wann eine Verbeugung vor ihr. In ihren syrischen Stilarten trug sie zusammen mit der persischen Kunst zur Ausbildung der islamischen Bau- und Mosaikkunst und islamischer Ziermuster bei. Venedig gestaltete sich nach dem Vorbild von Konstantinopel, die Markuskirche nach dem Vorbild der dortigen Apostelkirche; byzantinische Architektur tauchte in Frankreich auf und ging im Norden bis nach Aachen hinauf. Illuminierte Handschriften im ganzen Westen zeigen deutlich den byzantinischen Einfluß. Die Bulgaren übernahmen den Glauben und die Zierkunst von Byzanz, und die Bekehrung von Wladimir zum griechisch-orthodoxen Christentum öffnete tausend Schleusen, durch welche die byzantinische Kunst zu den Russen vordringen konnte.

Vom fünften bis zum zwölften Jahrhundert hatte die byzantinische Zivilisation in Europa die Führerstellung in Verwaltung, Diplomatie, Steuerwesen, Sitten, Kultur und Kunst inne. Wahrscheinlich hatte es zuvor noch nie eine Gesellschaft, die sich so prächtig schmückte, oder eine Religion von so sinnenhafter Farbigkeit gegeben. Wie jede andere Zivilisation baute sich auch diese auf dem Rücken von Leibeigenen oder Sklaven auf, und das Gold und der Marmor ihrer Kultstätten und Paläste waren der umgewandelte Schweiß von Arbeitern, die sich auf und unter der Erde abplagten. Wie jede andere Kultur ihrer Zeit war auch diese Kultur grausam; der gleiche Mann, der vor dem Bilde der Jungfrau kniete, konnte die Kinder eines Maurikios vor den Augen ihres Vaters niedermachen. Es war etwas Hohles an ihr, ein Firnis aristokratischer Verfeinerung über dem groben Aberglauben und Fanatismus und der gelehrten Unwissenheit des Volkes*; die kulturelle Tätigkeit war zur Hälfte auf die Verewigung dieser Unwissenheit gerichtet. Es durfte sich keine Wissenschaft, keine Philosophie entwickeln, die mit dieser Unwissenheit in Konflikt geraten wäre, und tausend Jahre lang trug keine griechische Zivilisation mehr etwas zur Welterkenntnis der Menschheit bei. Kein einziges Werk der byzantinischen Literatur hat die Einbildungskraft der Menschheit angesprochen oder die allgemeine Zustimmung der Zeit gefunden. Belastet von dem gewaltigen Reichtum seines Erbes, gefangen in den theologischen Labyrinthen, in denen das sterbende Griechenland das Christentum Christi zum Verschwinden gebracht hatte, vermochte der Geist des mittelalterlichen Griechentums sich nicht zu einer reifen und wirklichkeitsnahen Weltanschauung aufzuschwingen; er ließ das Christentum wegen eines Buchstabens und abermals wegen eines Wortes in zwei Hälften zerfallen und zerschmetterte das Oströmische Reich, weil er in jeder ketzerischen Ansicht einen Hochverrat sah.

Das Wunder bleibt deswegen doch bestehen, daß diese Zivilisation eine so lange Lebensdauer hatte. Welche verborgenen Kräfte, welcher innere Lebensschwung machte es ihr möglich, die Siege Persiens in Syrien, den Verlust von Syrien, Ägypten, Sizilien und Spanien an die Muselmanen zu überdauern? Es war wohl so, daß der gleiche religiöse

---

* Im Jahre 669 forderte das Heer der Ost-Theme, das Reich solle der Dreieinigkeit entsprechend gleichzeitig von drei Kaisern regiert werden [33].

Glaube, der die Verteidigungskraft schwächte, weil er sich auf Reliquien und Wunder verließ, einem Volke, das stets geduldig, wenn auch gelegentlich aufrührerisch war, zu Ordnung und Disziplin verhalf und Kaiser und Staat mit einem Nimbus der Heiligkeit umgab, welcher von allen Veränderungen abschreckte. Der Beamtenapparat, in seiner Gesamtheit unsterblich, erhielt durch alle Kriege und Revolution hindurch die Beständigkeit und Stabilität aufrecht, sorgte für den Frieden im Inneren, lenkte die Wirtschaft und zog die Steuern ein, die dem Reiche gestatteten, sich beinahe zu seiner justinianischen Größe auszudehnen. Obgleich die Besitztümer der Kalifen ausgedehnter waren als die byzantinischen, waren ihre Einkünfte wahrscheinlich doch geringer, und die Lockerheit der muselmanischen Staatsführung, die schlechten Verbindungswege und die unzulängliche Verwaltungsmaschinerie sorgten dafür, daß die Abbasidenherrschaft in drei Jahrhunderten zerbröckelte, während das Byzantinische Reich ein Jahrtausend überdauerte.

Die byzantinische Zivilisation übte drei wesentliche Funktionen aus. Eintausend Jahre lang wirkte sie als Bollwerk Europas gegen Persien und den östlichen Islam. Sie pflegte getreulich die Kopien der Texte, in denen die Literatur, Naturwissenschaft und Philosophie des antiken Griechenlands weiterlebten, und überlieferte sie weiter, bis sie 1204 von den Kreuzfahrern geplündert wurden. Mönche, die vor der Ikonoklastenverfolgung fliehen mußten, brachten griechische Handschriften nach Süditalien und gaben dort der Kenntnis des griechischen Schrifttums neuen Auftrieb; griechische Professoren, die den Muselmanen und den Kreuzfahrern gleicherweise ausweichen wollten, zogen aus Konstantinopel fort, ließen sich manchmal in Italien nieder und dienten so als Träger des klassischen Samens; auf diese Weise entdeckte Italien Jahr um Jahr Griechenland aufs neue, bis es sich an der Quelle der geistigen Freiheit berauschte. Und schließlich war es Byzanz, welches die Bulgaren und Slawen vom Barbarentum zum Christentum hinüberzog und die unermeßliche Kraft von Leib und Seele des Slawentums in das Leben und Schicksal Europas einfügte.

VI. DER BALKAN: 558–1057

Denn nur wenige hundert Meilen nördlich Konstantinopels standen wogende Massen von Menschen, die von Bildung nichts wissen wollten und dem Kriege sehr zugetan waren. Kaum war die Flutwelle der Hunnen zum Abebben gekommen, als auch schon ein neues Volk verwandten Blutes, die Awaren, von Turkestan aus durch Südrußland zog (568), die Slawen massenweise als Sklaven mitführte, Deutschland bis zur Elbe heimsuchte (562), die Langobarden nach Italien trieb (568) und den Balkan dermaßen verwüstete, daß die dortige Latein sprechende Bevölkerung fast völlig ausgerottet wurde. Eine Zeitlang reichte die Macht der Awaren von der Ostsee bis zum Schwarzen Meer. 626 belagerten sie Konstantinopel und hätten es beinahe eingenommen; mit dem Fehlschlag der Belagerung begann ihr Niedergang; 805 wurden sie von Karl dem Großen unterworfen, und nach und nach gingen sie in den Bulgaren und Slawen auf.

Die Bulgaren, ursprünglich eine Mischung hunnischen, ugrischen und türkischen Blutes, hatten dem Hunnenreich in Rußland angehört. Nach Attilas Tod gründete ein Volksteil ein eigenes Reich, «Altbulgarien», entlang der Wolga um das heutige Kasan herum; ihre Hauptstadt Bolgar wurde reich an dem Handelsverkehr auf dem Fluß und gedieh, bis sie im dreizehnten Jahrhundert von den Tataren zerstört wurde. Im fünften Jahrhundert wanderte ein anderer Volkszweig nach Südwesten zum Donbecken; ein Stamm dieses Zweiges, die Uiguren, überschritt die Donau (679), gründete im antiken Mösien ein zweites bulgarisches Königreich, versklavte die dortigen Slawen, nahm ihre Sprache und Gebräuche an und ging schließlich ganz im slawischen Volkstum auf. Der neue Staat erlebte seine Blütezeit unter dem Chagan oder Chan (Führer) Krum (802), einem Mann von barbarischem Mut und zivilisierter Schlauheit. Er drang in Makedonien – einer Provinz des Ostreiches – ein, erbeutete 1100 Pfund Gold und brannte die Stadt Sardica nieder, die heute unter dem Namen Sofia Bulgariens Hauptstadt ist.

Der Kaiser Nikephoros zeigte sich als gelehriger Schüler und brannte Pliska, Krums Hauptstadt, nieder (811), aber Krum lockte das griechische Heer an einem Bergpaß in eine Falle, vernichtete es, erschlug Nikephoros und ließ sich aus dem kaiserlichen Schädel eine Trinkschale bereiten. 813 belagerte er Konstantinopel, steckte dessen Vorstädte in Brand und verwüstete, als Vorprobe zu den Ereignissen von 1913, Thrakien. Er bereitete sich auf einen neuen Angriff vor, als ein platzendes Blutgefäß ihm den Tod brachte. Sein Sohn Omortag schloß Frieden mit den Griechen, die ihm halb Thrakien überließen. Unter Chan Boris (852–888) trat Bulgarien zum Christentum über. Boris selbst ging nach einer langen Regierungszeit in ein Kloster, aus dem er später wieder auftauchte, um seinen älteren Sohn Wladimir abzusetzen und seinen jüngeren Sohn Simeon auf den Thron zu bringen; er lebte bis 907 und wurde als der erste von Bulgariens Nationalheiligen kanonisiert. Simeon (893–927) wurde einer der großen Könige seiner Zeit; er dehnte seine Herrschaft auf Serbien und bis an das Adriatische Meer aus, nannte sich «Kaiser und Selbstherrscher aller Bulgaren und Griechen» und überzog Byzanz wiederholt mit Krieg; er unternahm es aber auch, sein Volk mit Übersetzungen griechischer Literatur zu zivilisieren und seine Donauhauptstadt mit griechischer Kunst zu verschönern. Nach der Schilderung eines Zeitgenossen war Preslaw «ein Wunder anzuschauen», voller «hoher Paläste und Kirchen» mit reichem Zierat; im dreizehnten Jahrhundert war Preslaw die größte Stadt der Balkanhalbinsel; heute sind nur einige unbedeutende Ruinen übrig. Nach Simeons Tod schwächte sich Bulgarien in Bürgerkriegen. Bogomilensektierer bekehrten die halbe Bauernschaft zu Pazifismus und Kommunismus; Serbien errang 931 seine Selbständigkeit wieder; der Kaiser Johannes Tzimiskes eroberte Ostbulgarien dem griechischen Reiche zurück (927); Basileios II. eroberte 1014 Westbulgarien, und Bulgarien wurde wiederum (1018–1186) eine byzantinische Provinz.

Inzwischen war dieses schwergeprüfte Reich von einer neuen Barbarenhorde heimgesucht worden (934–942). Die Magyaren stammten wie die Bulgaren wahrscheinlich von den Stämmen ab, die an der Westgrenze Chinas in Wanderung begriffen waren und den allgemeinen Namen Ugrier oder Igurer hatten; auch sie hatten infolge des langen Beisammenseins starke hunnische und türkische Blutbeimischungen aufzuweisen; ihre Sprache war dem Finnischen und Samojedischen nahe verwandt. Im neunten Jahrhundert wanderten sie von den Ural-Kaspischen Steppen in das Gebiet an Don, Dnjepr und Schwarzem Meer. Dort bestellten sie im Sommer den Boden, fischten im Winter und fingen zu allen Jahreszeiten Slawen, um sie als Sklaven an die Griechen zu verkaufen. Nach etwa sechzigjährigem Aufenthalt in der Ukraine zogen sie wieder weiter nach Westen. Europa hatte damals seinen Tiefpunkt erreicht; westlich Konstantinopel gab es keinen starken Staat; kein einheitliches Heer stand im Wege. 889 überrannten die Magyaren Bessarabien und die Moldauländer; 895 begannen sie unter ihrem Häuptling Arpad die Dauereroberung Ungarns; 889 ergossen sie sich über die Alpen nach Italien, legten Pavia mitsamt seinen dreiundvierzig Kirchen in Schutt und Asche, metzelten die Einwohnerschaft nieder und zogen ein ganzes Jahr lang mordend und plündernd durch die Halbinsel. Sie eroberten Pannonien, fielen wiederholt in Bayern ein (900–907), verwüsteten Kärnten (901), nahmen Mähren (906), plünderten in Sachsen, Thüringen und Schwaben (913), in Süddeutschland und im Elsaß (917) und schlugen die Deutschen vernichtend am Lech (924). Ganz Europa zitterte und betete, denn diese Eindringlinge waren noch Heiden, und das ganze Christentum schien dem Untergang geweiht. Aber im Jahre 933 wurden die Magyaren bei Gotha geschlagen, und ihr Vordringen kam zum Stehen. 943 drangen sie wiederum in Italien ein; 955 plünderten sie in Burgund. Endlich gelang den vereinten deutschen Heeren unter Otto I. ein entscheidender Sieg auf dem Lechfeld in der Nähe von Augsburg, und Europa, das in einem einzigen schrecklichen Jahrhundert (841–955) gegen die Normannen im Norden, die Muselmanen im Süden und die Magyaren im Osten zu kämpfen gehabt hatte, durfte endlich auf seinen Ruinen wieder aufatmen.

Die Magyaren gaben nach ihrer Unterwerfung Europa größere Sicherheit, indem sie das Christentum annahmen (975). Fürst Geisa befürchtete, Ungarn würde von dem sich ausdehnenden Byzantinischen Reiche verschluckt werden; er wählte das lateinisch-katholische Christentum, um Frieden mit dem Westen zu haben, und verheiratete seinen Sohn Stephan an Gisela, die Tochter des Bayernherzogs Heinrich II. Stephan I. (997–1038) wurde Ungarns Schutzheiliger und größter König; er gestaltete den ungarischen Staat nach Art des deutschen Feudalismus und betonte die religiöse Grundlage der neuen Gesellschaftsordnung, indem er Königtum und Krone von Ungarn aus der Hand Papst Silvesters II. empfing (1000). Benediktinermönche strömten ins Land, gründeten Klöster und Dörfer und brachten westliche Ackerbaumethoden und Handwerkskünste mit. Auf diese Weise ging Ungarn nach hundertjähriger Kriegführung von der Barbarei zur Zivilisation über, und als Königin Gisela einer Freundin ein Kreuz als Geschenk überreichte, war es bereits ein Meisterwerk der Goldschmiedekunst.

Die früheste bekannte Heimat der Slawen war eine Sumpfregion in Rußland, begrenzt von Kiew, Mohilew und Brest-Litowsk. Die Slawen waren indoeuropäischer Herkunft und sprachen eine dem Germanischen und Persischen verwandte Sprache. Dann und wann von Nomadenhorden überrannt, oft versklavt, immer unterdrückt und arm, wurden sie in endloser Mühsal geduldig und stark; und die Fruchtbarkeit ihrer Frauen überwand die hohe Sterblichkeit, welche durch Hunger, Krankheit und chronischen Krieg verursacht war. Sie wohnten in Höhlen oder Lehmhütten, jagten, züchteten Vieh, fischten und trieben Bienenzucht; verkauften Honig, Wachs und Felle und ergaben sich mit der Zeit in den seßhaften Ackerbau. Selbst in schwer zugängliche Sümpfe und Wälder verdrängt, ohne jedes Mitgefühl eingefangen und in die Sklaverei verkauft, nahmen sie die Sitten ihrer Zeit an und tauschten Menschen gegen Waren ein. Als Bewohner eines kalten und feuchten Landes wärmten sie sich mit starken Getränken; das Christentum schien ihnen sympathischer als der Islam, der alkoholische Getränke verbot[34]. Trunksucht, Unsauberkeit, Grausamkeit und eine leidenschaftliche Vorliebe für das Plündern waren ihre hervorstechendsten Mängel; Sparsamkeit, Vorsicht und Phantasie schwankten bei ihnen zwischen Tugend- und Lasterhaftigkeit; sie waren aber auch gutmütig, gastfreundlich, gesellig und liebten Spiel, Tanz, Musik und Gesang. Die Häuptlinge waren polygam, die Armen monogam, die Frauen – durch Kauf oder Raub in die Ehe geholt – ungewöhnlich treu und gehorsam[35]. Die patriarchalischen Familien waren locker in Sippschaften zusammengefaßt, diese in Stämmen. Die Sippen hatten vielleicht auf der Frühstufe der Hirtenkultur Gemeinschaftsbesitz[36]; das Hochkommen des Ackerbaus, bei dem verschiedene Kraft und Fähigkeit auf verschiedenen Böden verschiedene Ergebnisse zeitigte, führte aber zum Entstehen des Privat- oder Familienbesitzes. Oft durch Wanderungen oder Bruderkriege aufgespalten, entwickelten die Slawen eine Vielfalt von slawischen Sprachen: das Polnische, Wendische, Tschechische und Slowakische im Westen; das

Slowenische, Serbokroatische und Bulgarische im Süden; das Großrussische, Weißrussische und Kleinrussische (Ruthenische und Ukrainische) im Osten; fast alle diese Sprachen blieben aber gegenseitig verstehbar. Der Panslawismus der Sprache und der Sitten und Gebräuche im Verein mit der Weiträumigkeit, den Bodenschätzen und einer aus harten Lebensbedingungen, einer strengen Zuchtwahl und einer einfachen Ernährungsweise geborenen Lebenskraft sorgten für die Ausdehnungskraft der Slawen.

Als die germanischen Stämme auf ihren Wanderungen nach Italien und Gallien nach Süden und Westen vordrangen, entstand in Nord- und Mitteldeutschland ein Gebiet niedrigen Bevölkerungsdruckes; in dieses Vakuum eingesogen und von den vordringenden Hunnen angetrieben, breiteten sich die Slawen nach Westen über die Weichsel und sogar bis an die Elbe aus; in diesen Gebieten wurden sie die Wenden, Polen, Tschechen, Walachen und Slowaken der späteren Geschichte. Gegen Ende des sechsten Jahrhunderts ergoß sich ein Strom slawischer Einwanderer über das ländliche Griechenland. Die Städte verschlossen ihm ihre Tore, aber ein starker slawischer Zuschuß kam doch in das hellenische Blut. Um 640 bevölkerten zwei verwandte slawische Stämme, die Srbi und die Chrobati, erneut Pannonien und Illyricum. Die Serben nahmen das griechisch-orthodoxe, die Kroaten das römisch-katholische Christentum an; diese religiöse Spaltung, die durch eine völkische und sprachliche Einheit hindurchgeht, schwächte die Nation gegenüber ihren Nachbarn, und Serbien schwankte zwischen der Selbständigkeit und der Unterwerfung unter die byzantinische oder bulgarische Herrschaft hin und her. 989 schlug der bulgarische Zar Samuel das serbische Heer und nahm den Serben Iwan Wladimir gefangen; er gab ihm seine Tochter Kossara zur Frau und gestattete ihm die Rückkehr in seine Hauptstadt Zita als Vasallenfürst; dieses Ereignis bildet das Thema des ältesten serbischen Romanes, *Wladimir und Kossara*, der im dreizehnten Jahrhundert verfaßt wurde. Die Küstenstädte des antiken Dalmatiens – Zara, Spalato, Ragusa – blieben lateinisch in Sprache und Kultur; das übrige Serbien wurde slawisch. Fürst Woislaw gab Serbien 1042 die Freiheit; im zwölften Jahrhundert erkannte es aber wiederum die Lehnshoheit von Byzanz an.

Als am Ende des achten Jahrhunderts diese erstaunliche Wanderung der Slawen abgeschlossen war, bildeten ganz Mitteleuropa, der Balkan und Rußland ein slawisches Meer, dessen Wogen bis an die Grenzen von Konstantinopel, Griechenland und Deutschland rollten.

VII. RUSSLANDS GEBURT: 509–1054

Die Slawen waren lediglich das letzte von vielen Völkern, die sich des reichen Bodens, der geräumigen Steppen und der vielen schiffbaren Flüsse Rußlands erfreuten und über die Fiebersümpfe und die unzugänglichen Wälder und über das Fehlen jeder natürlichen Schranke gegen feindliche Invasionen und gegen die Hitze des Sommers und die Kälte des Winters zu klagen hatten. An seinen am wenigsten unwirtlichen Küsten – dem West- und Nordrand des Schwarzen Meeres – hatten die Griechen bereits im siebenten vorchristlichen Jahrhundert eine Reihe von Städten gegründet – Olbia, Tanais, Theodosia, Pantikapaion (Kertsch) ... und hatten mit den Skythen des Hinterlandes Handel getrieben und Kriege geführt. Diese einheimische Bevölkerung, wahrscheinlich iranischen Ursprungs, übernahm von den Persern und Griechen einige Zivilisation und brachte sogar einen Philosophen hervor – Anacharsis (600 v. Chr.) –, der nach Athen kam und mit Solon debattierte.

Während des zweiten vorchristlichen Jahrhunderts unterwarf und verdrängte ein den Skythen verwandter Stamm, derjenige der Sarmaten, die Skythen; und in diesem ganzen

Aufruhr verfielen die griechischen Kolonien. Im zweiten nachchristlichen Jahrhundert kamen die Goten von Westen her und gründeten das ostgotische Königreich; um 375 wurde es von den Hunnen gestürzt; von da an erlebten die südlichen Ebenen Rußlands jahrhundertelang kaum mehr eine Zivilisation, sondern eine Reihe nomadisierender Horden – Bulgaren, Awaren, Slawen, Chasaren, Magyaren, Patzinaken, Kumanen und Mongolen. Die Chasaren waren türkischer Herkunft; im siebenten Jahrhundert breiteten sie sich über den Kaukasus nach Südrußland aus, schufen ein geordnetes Reich vom Dnjepr bis ans Kaspische Meer und errichteten an der Wolgamündung nahe bei dem heutigen Astrachan eine Hauptstadt, Itil. Ihre Könige und die Oberschicht nahmen die jüdische Religion an; zwischen einem muselmanischen und einem christlichen Reiche eingeklemmt, wollten sie wahrscheinlich lieber allen beiden mißfallen, als einem auf gefährliche Weise zu nahe treten; dabei gewährten sie den verschiedenen Religionsbekenntnissen des Volkes volle Freiheit. Sieben Gerichte sprachen Recht – zwei für die Muselmanen, zwei für die Christen, zwei für die Juden, eines für die Heiden; gegen die Urteile der letzteren fünf Gerichte stand die Berufung an die muselmanischen Gerichte offen, deren Rechtsprechung zu dieser Zeit als die beste galt[37]. Durch diese aufgeklärte Politik ermutigt, kamen Kaufleute verschiedener Religionen in den Chasarenstädten zusammen; es entwickelte sich ein lebhafter Handelsverkehr zwischen Ostsee und Kaspischem Meer, und Itil war im achten Jahrhundert eine der bedeutenden Handelsstädte der Welt. Im neunten Jahrhundert wurde Chasaria von türkischen Nomaden überrannt; die Regierung vermochte ihre Handelswege nicht mehr vor Räuberei und Piratentum zu schützen, und im zehnten Jahrhundert zerbröckelte das Chasarenreich wieder zu dem völkischen Chaos, aus dem es entstanden war.

In dieses buntgewürfelte Völkergemisch in Süd- und Mittelrußland stießen im sechsten Jahrhundert wandernde slawische Stämme von den Karpathen herab. Sie besiedelten das Dnjepr- und Dontal und kamen, wenn auch dünner gesät, bis an den Ilmensee im Norden. Jahrhundertelang vermehrten sie sich, rodeten Jahr um Jahr Wälder, legten Sümpfe trokken, rotteten wilde Tiere aus, schufen die Ukraine. Sie breiteten sich in einem Überschwang menschlicher Fruchtbarkeit, in der es nur die Hindus und die Chinesen mit ihnen aufnehmen konnten, über die Ebenen aus. Während der gesamten geschichtlichen Zeit sind sie unterwegs – in den Kaukasus und nach Turkestan, in den Ural und nach Sibirien; dieser Kolonisierungsvorgang hält noch heute an, und der slawische Ozean strömt jedes Jahr in neue völkische Buchten ein.

Im frühen neunten Jahrhundert richtete sich ein anscheinend geringfügiger Angriff vom Nordwesten aus gegen das Slawentum. Den skandinavischen Wikingern beließen ihre Überfälle auf Schottland, Island, Irland, England, Deutschland, Frankreich und Spanien noch genügend Menschen und Kräfte, um Scharen von ein- oder zweihundert Männern nach Nordrußland auszusenden, wo sie bei den Gemeinden der Balten, Finnen und Slawen Raubzüge unternahmen und mit der Beute wieder heimkehrten. Um ihre Räubereien mit Gesetz und Ordnung zu umhegen, legten diese Vaeringjar, Waräger («Gefolgsleute» eines Häuptlings), auf ihrem Marschweg befestigte Wachtposten an, und nach und nach ließen sie sich als eine herrschende Minderheit bewaffneter Kaufleute zwischen einer unterworfenen bäuerlichen Bevölkerung nieder. Einige Städte stellten sie als Wächter der Gesellschaftsordnung und Sicherheit an; offenbar wandelten diese Wächter ihren Sold in einen Tribut um und wurden die Herren ihrer Brotgeber[38]. Bis zur Mitte des neunten Jahrhunderts hatten sie sich zu Herrschern von Nowgorod («die neue Festung») gemacht und ihre Herrschaft im Süden bis nach Kiew ausgedehnt. Die Straßen und Niederlassungen, die ihrer Kontrolle unterstanden, waren zu einem lockeren wirtschaftlichen und politischen Staatsgefüge zusammengefaßt, das Ros oder Rus hieß, ein Ausdruck stark umstrittener Herkunft. Die großen Flüsse, die das Land durchzogen und – über Kanäle und kurze Überlandstrecken – die Ostsee mit dem Schwarzen Meer verbanden, forderten die Waräger geradezu heraus, ihren Handel und ihre Macht weiter nach Süden auszudehnen; bald boten diese furchtlosen Krieger-Kaufleute ihre Waren oder ihre Dienste sogar in Konstantinopel an. Andererseits kamen muselmanische Kaufleute den Dnjepr, den Wolchow und die Düna herauf, als der Handelsverkehr sich auf diesen Flüssen stabilisierte, und handelten Gewürze, Weine, Seiden und Gemmen gegen Pelze, Bernstein, Honig, Wachs und Sklaven ein; das ist der Grund dafür, daß man diesen Flüssen entlang und selbst in Skandinavien so viele islamische Münzen gefunden hat. Sobald die Muselmanenherrschaft über das östliche Mittelmeer den Zustrom europäischer Erzeugnisse über französische und italienische Häfen zu den levantinischen Hafenorten blockierte, ging es mit Marseille, Genua und Pisa im neunten und zehnten Jahrhundert abwärts, während in Rußland Städte wie Nowgorod, Smolensk, Tschernigow, Kiew und Rostow durch den skandinavischen, slawischen, muselmanischen und byzantinischen Handel blühten.

Die russische *Nestorchronik* (elftes Jahrhundert) gab dieser skandinavischen Infiltration mit ihrer Sage von den «drei Fürsten» personenhafte Gestalt: die finnische und slawische Bevölkerung von Nowgorod und Umgebung, die ihre warägischen Herren vertrieben hatten, gerieten so sehr untereinander in Streit, daß sie die Waräger aufforderten, ihnen einen Herrscher oder Feldherrn zu schicken (862). Drei Brüder kamen, wie die Chronik berichtet – Rurik, Sineus und Truwor –, und gründeten den russischen Staat. Die Geschichte kann wahr sein, trotz aller Skepsis späterer Zeiten; sie ist aber vielleicht nur eine patriotische Erklärung für die Unterwerfung Nowgorods durch die Skandinavier. Die *Chronik* berichtet weiter, daß Rurik zwei seiner Männer, Askold und Dir, aussandte, Konstantinopel zu erobern; diese Wikinger hätten unterwegs haltgemacht, um Kiew einzunehmen, und hätten sich dann sowohl von den Chasaren als auch von Rurik unabhängig gemacht. 860 war Kiew stark genug, um eine Flotte von 200 Kriegsschiffen zum Angriff gegen Konstantinopel auszusenden; das Unternehmen mißlang, aber Kiew blieb der wirtschaftliche und politische Brennpunkt von Rußland. Die Stadt brachte ein weites Hinterland unter ihre Gewalt, und ihre ersten Herrscher – Askold, Oleg und Igor –, und nicht Rurik in Nowgorod, könnten zu Recht als die Gründer des Russischen Reiches bezeichnet werden. Oleg, Igor und die gewandte Fürstin Olga (Igors Witwe) und ihr kriegerischer Sohn Swjatoslaw (964–972) dehnten den Machtbereich von Kiew aus, bis er beinahe alle ostslawischen Stämme und die Städte Polozk, Smolensk, Tschernigow und Rostow umfaßte. Zwischen 860 und 1043 unternahm das junge Fürstentum sechs Versuche zur Einnahme Konstantinopels; so alt ist der russische Drang zum Bosporus, der russische Hunger nach einem sicheren Zugang zum Mittelmeer.

Mit Wladimir (973–1015), dem fünften «Großherzog von Kiew», trat Rus, wie sich das neue Fürstentum nannte, zum Christentum über (988). Wladimir ehelichte die Schwester des Kaisers Basileios II., und von da an war Rußland bis 1917 in Religion, Alphabet, Münzwesen und Kunst eine Tochter von Byzanz. Griechische Priester überzeugten Wladimir von der göttlichen Herkunft und den göttlichen Rechten der Könige und von der Nützlichkeit dieser Lehre zur Förderung der Gesellschaftsordnung und der Stabilität der Monarchie[39]. Unter Wladimirs Sohn Jaroslaw (1019–1054) erreichte der Staat von Kiew seine Glanzzeit. Seine Herrschaftsgewalt wurde auch ohne eine feste staatliche Organisation anerkannt, und Steuern flossen ihm zu vom Ladogasee und der Ostsee bis zum Kaspischen Meer, dem Kaukasus und dem Schwarzen Meer. Die skandinavischen Eroberer gingen im fremden Volkstum auf, und das slawische Blut und die slawische Sprache trugen den Sieg davon. Die Gesellschaftsordnung war rein aristokratisch; der Fürst übertrug die Aufgaben der Verwaltung und Verteidigung einem höheren Bojarenadel und einem niederen Adel der *dietski* oder *otroki* – Pagen oder Pächter; nach diesen kamen die Schichten der Kaufleute, der Städter, der halb leibeigenen Bauern und der Sklaven. Ein Gesetzbuch – *Russkaja Prawda* – «Russisches Recht» – sanktionierte die Privatrache, den gerichtlichen Zweikampf und den Läuterungseid, verfügte aber auch die Führung eines Prozesses vor einem Geschworenengericht von zwölf Bürgern[40]. Wladimir gründete eine Knabenschule in Kiew, Jaroslaw eine weitere in Nowgorod. Kiew, der Treffpunkt der Schiffe vom Wolchow, der Düna und dem unteren Dnjepr, erhob einen Zoll von den durchgehenden Waren. Bald war es so reich, daß es 400 Kirchen und die Sophienkathedrale – eine zweite Hagia Sophia – in byzantinischem Stile bauen konnte. Griechische Künstler wurden zugezogen, um diese Bauwerke mit Mosaiken, Fresken und anderen byzantinischen Zierkünsten zu verschönen, und die griechische Musik wurde übernommen und bereitete sich auf die Triumphe des russischen Chorgesanges vor. Langsam erhob sich Rußland aus seinem Schmutz und Staub, baute seinen Fürsten Paläste, errichtete Kuppeln über Lehmhütten und ließ aus der geduldigen Kraft seines Volkes heraus kleine Inseln der Zivilisation in einem immer noch barbarischen Meere entstehen.

ZWEITES KAPITEL

Der Niedergang des Westens

[566–1066]

WÄHREND der Islam auf dem Vormarsch begriffen war und Byzanz sich von scheinbar tödlichen Schlägen wieder erholte, kämpfte Europa sich durch das «finstere Mittelalter» hindurch. Dieser Ausdruck ist sehr unbestimmt, jedermann kann ihn je nach seinem eigenen Vorurteil auslegen; wir werden ihn in ganz willkürlicher Weise auf das nichtbyzantinische Europa der Zeit zwischen dem Tode des Boethius (524) und Abälards Geburt (1079) anwenden. Die byzantinische Zivilisation blühte während dieser ganzen Zeit, trotz großen Gebiets- und Prestigeverlusten. Europa aber zeigte im sechsten Jahrhundert ein chaotisches Durcheinander der Eroberung und Aufspaltung und des Rückfalls in die Barbarei. Von der klassischen Kultur blieb vieles erhalten, meistens aber stumm und verborgen in wenigen Klöstern und Familien. Die physischen und psychologischen Grundlagen der Gesellschaftsordnung waren aber dermaßen erschüttert, daß Jahrhunderte nötig waren, um sie wiederherzustellen. Der Bildungsdrang, die Kunstpflege, die Einheit und Folgerichtigkeit der Kultur, die gegenseitige Befruchtung miteinander in Verbindung stehender Geister, all das ging unter in den Wirren und Zuckungen der Kriege, den Unsicherheiten des Verkehrs, den Sparsamkeitsrücksichten der Armut, der Ausbildung der Volkssprachen, dem Verschwinden des Lateinischen aus dem Osten und des Griechischen aus dem Westen. Im neunten und zehnten Jahrhundert wurde dieser Borniertheit in Leben und Verteidigung, diesem Primitivismus im Denken und Sprechen noch Vorschub geleistet durch die Muselmanenherrschaft im Mittelmeer und die Überfälle der Normannen, Magyaren und Sarazenen auf europäische Küsten und Städte. Deutschland und Osteuropa waren ein Strudel wandernder Völker, Skandinavien war ein Piratennest, Britannien wurde von Angeln, Sachsen, Jüten und Dänen überrannt, Gallien von Franken, Normannen, Burgundern und Goten; Spanien war zwischen Goten und Mauren aufgeteilt; Italien war durch den langen Krieg zwischen den Goten und Byzanz zu Boden geworfen, und das Land, das der halben Welt Ordnung gebracht hatte, litt fünf Jahrhunderte lang unter einem moralischen, wirtschaftlichen und politischen Zerfall.

Und doch sorgten während dieser langwährenden Finsternis Karl der Große, Alfred und Otto I. für Zwischenzeiten der Ordnung und des Auftriebs in Frankreich, England und Deutschland; Erigena ließ die Philosophie wiederauferstehen, Alkuin und andere erneuerten das Bildungswesen, Gerbert führte die islamische Naturwissenschaft in das Christentum ein, Leo IX. und Gregor VII. reformierten und kräftigten die Kirche, die Architektur entwickelte den romanischen Stil, und Europa begann im elften Jahrhundert seinen langsamen Aufstieg zum zwölften und dreizehnten, den größten Jahrhunderten des Mittelalters.

I. ITALIEN: 566–1095

1. DIE LANGOBARDEN: 568–774

Drei Jahre nach Justinians Tod kam die byzantinische Herrschaft in Norditalien durch den Langobardeneinfall zum Erlöschen.

Paulus Diaconus, einer der ihren, war der Meinung, daß die *Longobardi* ihren Namen den langen Bärten zu verdanken hätten[1]. Sie selbst glaubten, ihre Urheimat sei Skandinavien gewesen[2], und in diesem Sinne spricht Dante, ein Nachfahre von ihnen[3], sie an[4]. Im ersten Jahrhundert finden wir sie an der Unterelbe, im sechsten an der Donau; Narses setzte sie 552 in seinem italienischen Feldzug ein und schickte sie nach seinem Siege nach Pannonien zurück; sie vergaßen aber nie die Fruchtbarkeit und Schönheit Norditaliens. Im Jahre 568 gaben 130 000 Langobarden, Männer, Frauen, Kinder und Troß – dem Druck der Awaren nach und wanderten mühsam durch die Alpen in die «Lombardei», die üppigen Ebenen des Po. Narses, der ihnen hätte Einhalt gebieten können, war ein Jahr zuvor in Ungnade gefallen und abgesetzt worden; Byzanz war mit den Awaren und Persern beschäftigt; Italien selbst, vom Krieg gegen die Goten erschöpft, hatte weder Lust zum Kämpfen noch Geld zum Bezahlen eines stellvertretenden Heldentums. 573 waren die Langobarden bereits im Besitz von Verona, Mailand, Florenz und Pavia – das sie zu ihrer Hauptstadt erwählten; 601 eroberten sie Padua, 603 Cremona und Mantua, 640 Genua. Ihr mächtigster König, Liutprand (712–744), eroberte Ravenna in Ost-, Spoleto in Mittel- und Benevent in Süditalien und strebte danach, ganz Italien unter seiner Herrschaft zu vereinen. Papst Gregor III. konnte es nicht zulassen, daß das Papsttum zu einem langobardischen Bischofstum entwürdigt wurde; er wandte sich an die noch nicht unterworfenen Venezianer um Hilfe, und diese eroberten Ravenna für Byzanz zurück. Liutprand mußte sich damit begnügen, Nord- und Mittelitalien die beste Regierung zu geben, die sie seit dem Goten Theoderich gehabt hatten. Wie Theoderich konnte er nicht lesen[5].

Die Langobarden entfalteten eine fortschreitende Zivilisation. Der König wurde von einem Rat der Edlen gewählt und beraten und unterwarf seine Gesetzgebung gewöhnlich der Zustimmung einer Volksversammlung der freien wehrtüchtigen Männer. König Rothari (643) schuf ein zugleich rückständiges und fortschrittliches Gesetzbuch: es gestattete die Entrichtung eines Wergeldes für einen Mord, unternahm es, die Armen gegen die Reichen zu schützen, belächelte den Glauben an Hexerei und gewährte den Katholiken, Arianern und Heiden die gleiche Religionsfreiheit[6]. Durch Heiraten mit der einheimischen Bevölkerung gingen die germanischen Eindringlinge im italienischen Blut auf und nahmen die lateinische Sprache an; die Langobarden hinterließen ihren Stempel hier und dort in blauen Augen und blondem Haar und einigen germanischen Worten in der italienischen Sprache. Sobald die Eroberung in die Gesetzmäßigkeit überging, lebte der Handel, welcher der Poebene natürlich ist, wieder auf; gegen das Ende der Langobardenzeit waren die Städte Norditaliens reich und stark, bereit für die Künste und Kriege ihrer mittelalterlichen Blütezeit. Das literarische Leben stockte; aus dieser Zeit und diesem Bereich hat die Zeit uns ein einziges Buch von Bedeutung erhalten – die *Geschichte der Langobarden* des

Paulus Diaconus (um 748); es ist ein langweiliges, schlecht angelegtes Buch ohne jeden philosophischen Funken. Die Lombardei hat aber ihren Namen in der Architektur und im Finanzwesen hinterlassen. Das Baugewerbe hatte ein wenig von ihrer altrömischen Organisation und Fertigkeit bewahrt; eine bestimmte Gruppe, diejenige der *magistri Comacini*, der Meister von Como, war in der Ausbildung des «lombardischen» Baustiles, der später zur romanischen Architektur ausreifte, führend.

Noch kein Menschenalter nach Liutprand zerschellte das Langobardenreich an dem Felsen des Papsttums. König Aistulf bemächtigte sich 751 der Stadt Ravenna und machte dem byzantinischen Exarchat ein Ende. Da der *ducatus Romanus*, das römische Herzogtum, rechtlich dem Exarchen unterstanden hatte, erhob Aistulf Ansprüche auf Rom als Teil seines erweiterten Reiches. Papst Stephan II. rief Konstantinos Kopronymos um Hilfe an; der Griechenkaiser richtete an Aistulf eine harmlose Note; Stephan wandte sich, mit einem unendlich folgenschweren Schritt, an den Frankenkönig Pippin den Kleinen. Pippin, welcher Möglichkeiten der Reichsbildung witterte, überquerte die Alpen, schlug Aistulf, machte die Lombardei zu einem fränkischen Lehen und übergab ganz Mittelitalien dem Papsttum. Die Päpste erkannten weiterhin die formelle Oberherrschaft der byzantinischen Kaiser an, aber in Norditalien hatte die byzantinische Herrschaftsgewalt ihr Ende gefunden. Der langobardische Vasallenkönig Desiderius versuchte, Unabhängigkeit und Eroberungen des Langobardenreiches wiederherzustellen; Papst Hadrian I. rief einen neuen Franken herbei; Karl der Große stieß auf Pavia herab, steckte Desiderius in ein Kloster, hob das Langobardenkönigreich auf und machte die Lombardei zu einer fränkischen Provinz (774).

2. DIE NORMANNEN IN ITALIEN: 1036–1085

Italien war nun auf tausend Jahre aufgespalten und der Fremdherrschaft unterworfen; wir werden uns mit den Einzelheiten nicht befassen. 1036 begannen die Normannen, Süditalien der byzantinischen Herrschaft zu entreißen. Die Herren der Normandie waren gewohnt, ihr Land gleichmäßig unter ihre Söhne aufzuteilen, wie es im heutigen Frankreich der Brauch ist; während im modernen Frankreich dieses Erbrecht zu kleinen Familien führte, hatte es in der mittelalterlichen Normandie kleine Güter zur Folge. Einige unternehmungslustige Normannen, die an einer friedvollen Armut keinen Geschmack fanden und in ihrem Wikingerblut die Abenteuer- und Raublust noch heiß empfanden, gingen in die Dienste der sich bekämpfenden Herzöge Süditaliens, fochten tapfer für und gegen Benevent, Salerno, Neapel und Capua und erhielten zur Belohnung die Stadt Aversa. Andere normannische Draufgänger, denen zu Ohren gekommen war, daß man für ein paar Schwertstreiche zu Land kommen konnte, brachen nach Italien auf. Bald waren so viele Normannen dort, daß sie auf eigene Rechnung kämpfen konnten, und 1053 war es dem Kühnsten von ihnen, Robert Guiscard (der Weise oder Listige) gelungen, sich aus Süditalien ein normannisches Königreich herauszuschneiden. Er war einer von den Menschen, um die sich leicht Mythen ranken: höher gewachsen als alle seine Soldaten, stark an Leibes- und Willenskraft, von schönen Gesichtszügen, blond an Haar und Bart, prächtig gekleidet, goldgierig und freigebig, gelegentlich grausam, immer tapfer.

Für Robert gab es kein anderes Gesetz als das der Gewalt und Arglist; er überrannte Kalabrien, eroberte Benevent gleichsam über den Leichnam des Papstes Leo IX. hinweg (1054), verbündete sich mit Nikolaus II., verpflichtete sich zu Tributzahlung und Lehnstreue und erhielt von ihm Kalabrien, Apulien und Sizilien zu Lehen (1059). Seinem jüngeren Bruder Roger erteilte er den Auftrag, Sizilien zu erobern, selbst nahm er Bari ein (1071) und vertrieb die Byzantiner aus Apulien. Verärgert über die Schranke, die ihm das Adriatische Meer setzte, träumte er davon, es zu überqueren, Konstantinopel zu erobern und sich zum mächtigsten Monarchen Europas zu machen. Er stellte in aller Eile eine Flotte zusammen und schlug die byzantinische Kriegsflotte bei Durazzo (1081). Byzanz richtete einen Hilferuf an Venedig; Venedig ging darauf ein, denn es konnte sich mit einer geringeren Rolle als der einer Königin des Adriatischen Meeres nicht begnügen, und 1082 vernichteten die gewandten venezianischen Galeeren Guiscards Schiffe unweit der Stelle seines vorherigen Sieges. Im folgenden Jahre setzte aber Guiscard mit cäsarischer Tatkraft sein Heer nach Durazzo über, schlug die Streitkräfte des griechischen Kaisers Alexios' I. und marschierte durch den Epeiros und Thessalien nach Saloniki. Da erreichte ihn, der nahe an der Erfüllung seines Traumes stand, ein verzweifelter Ruf des Papstes Gregor VII. um Hilfe gegen Kaiser Heinrich IV. Er ließ sein Heer in Thessalien zurück, stellte eine neue Streitmacht aus Normannen, Italienern und Sarazenen zusammen, rettete den Papst, entriß Rom den Deutschen, unterdrückte einen Aufstand des Volkes gegen sein Heer und gestattete seinen erzürnten Kriegern, die Stadt so gründlich zu plündern und zu brandschatzen, daß nicht einmal die Wandalen 451 es an Zerstörungswut mit ihm hätten aufnehmen können (1084). Da kehrte sein Sohn Bohemund aus Thessalien mit dem Geständnis zurück, daß Alexios sein Heer in Griechenland vernichtet hätte. Der alte Freibeuter baute eine dritte Flotte, schlug die Venezianer bei Korfu (1084), eroberte die ionische Insel Kephalonia und verschied dort, an einer Infektion oder durch Gift, im Alter von siebzig Jahren (1085). Er war der erste und größte *Condottiere*.

3. VENEDIG: 451–1095

Inzwischen war in der Nordostecke der Halbinsel ein neuer Staat entstanden, dessen Bestimmung es war, an Macht und Glanz zu wachsen, indes das übrige Italien in anarchischen Verhältnissen dahinsiechte. Während der Barbareneinbrüche des fünften und sechsten Jahrhunderts – vor allem während der Langobardeninvasion des Jahres 568 – hatte die Bevölkerung von Aquileia, Padua, Belluno, Feltre und anderen Städten bei den Fischerleuten Rettung gesucht, die auf den kleinen Inseln hausten, welche die Piave und die Etsch am Oberende des Adriatischen Meeres gebildet hatten. Als die Sturmzeiten vorbei waren, blieben einige Flüchtlinge dort und gründeten die Gemeinden Heraclea, Melamocco, Grado, Lido ... und Rivo Alto (Tiefer Bach) – das als Rialto zum Sitz der gemeinsamen Regierung wurde (811). Lange vor Caesar hatte ein Stamm von Venetiern Nordostitalien besetzt; im dreizehnten Jahrhundert wurde der Name Venezia auf die einzigartige Stadt übertragen, die sich aus den Flüchtlingssiedelungen entwickelt hatte.

Das Leben war dort anfangs sehr schwer. Trinkwasser war schwer erhältlich und wurde so hoch wie Wein bewertet. Da sie gezwungen waren, die Fische und das Salz, die sie dem Meer entzogen, auf dem Festland gegen Weizen und andere lebensnotwendige Dinge einzuhandeln, wurden die Venezianer ein Volk der Schiffahrt und des Handels. Allmählich kam es so weit, daß der Handel von Nord- und Mitteleuropa mit dem Vorderen Orient über venezianische Häfen ging. Die neue Konföderation, die sich gegen Deutsche und Langobarden zu schützen hatte, erkannte die Oberherrschaft von Byzanz an; die Unzugänglichkeit der Inseln in dem seichten Wasser, die dadurch bedingte Sicherheit gegen Angriffe zu Lande und zur See, der Gewerbefleiß und die Seelenstärke seiner Bürger, der wachsende Reichtum seines um sich greifenden Handels gewährten dem kleinen Staate während tausend Jahren eine ungebrochene Selbständigkeit.

Zwölf Tribune – offenbar je einer für die zwölf Hauptinseln – führten die Regierungsgeschäfte bis 697; in diesem Jahre wählten die Bürger, der Notwendigkeit einer gemeinschaftlichen Autorität bewußt, den ersten *dux*, venezianisch *doge* – Anführer, Herzog –, dessen Amtszeit so lange währen sollte, bis ihn der Tod oder eine Revolution stürzte. Der Doge Agnello Badoer (909–927) verteidigte die Stadt so geschickt gegen die Franken, daß die Dogen bis 942 stets aus Männern seiner Nachkommenschaft gewählt wurden. Unter Orseolo II. (991–1008) nahm Venedig seine Rache an den dalmatinischen Seeräubern wegen ihrer Überfälle, indem es ihre Schlupfwinkel ausbrannte, sich Dalmatien einverleibte und die Herrschaft über das Adriatische Meer an sich riß. 998 nahmen die Venezianer den Brauch auf, an jedem Himmelfahrtstage diesen Seesieg und die Seeherrschaft in der symbolischen Zeremonie der *sposalizia* zu feiern: der Doge schleuderte aus einer fröhlich aufgeputzten Galeere einen geweihten Ring ins Meer und rief dazu in lateinischer Sprache aus: «Wir heiraten Dich, o Meer, zum Zeichen unserer wahrhaftigen und ewigwährenden Herrschaft[7].» Byzanz nahm Venedig gerne als selbständigen Verbündeten auf und belohnte seine nutzbringende Freundschaft mit so großen wirtschaftlichen Vorrechten in Konstantinopel und andernorts, daß der venezianische Handel sich bis an das Schwarze Meer und gar bis an die Häfen des Islams erstreckte.

1033 machte eine Handelsaristokratie der erblichen Übertragbarkeit der Dogengewalt ein Ende, kehrte zum Grundsatz der Wahl durch eine Versammlung der Bürger zurück und zwang den Dogen, von da an im Zusammenwirken mit dem Senat zu regieren. Zu dieser Zeit hatte Venedig bereits den Namen das «Goldene» (*Venetia aurea*), und die Bevölkerung der Stadt war berühmt wegen ihrer luxuriösen Kleidung, ihrer verbreiteten Bildung und ihrer stolzen Hingabe an das Gemeinwesen. Es war ein unermüdlich erwerbstüchtiges Völklein, klug und gewandt, mutig und streitsüchtig, fromm und skrupellos; die Venezianer verkauften Christen als Sklaven an die Sarazenen[8] und bauten mit einem Teil des Erlöses die Kirchen für ihre Heiligen. Die Werkstätten von Rialto waren von geschickten Handwerkern geleitet, welche die gewerblichen Fertigkeiten vom römischen Italien mitgebracht hatten; auf den Kanälen zeigte sich ein reger Handelsverkehr, bis auf die munteren Rufe der Gondolieri geräuschlos; die Kais waren belebt von abenteuerlichen Galeeren, welche die Erzeugnisse Europas und des Ostens trugen. Handelsreisen wurden von Kapitalisten durch Darlehen finanziert, die normalerweise zwanzig Prozent eintrugen[9]. Die Kluft zwischen den Reichen (*maggiori*) und den Armen (*minori*) vertiefte sich, als die

Reichen bedeutend reicher und die Armen nur um ein geringes weniger arm wurden. Gegen Einfalt und Arglosigkeit gab es keine Gnade. Das Rennen wurde vom Schnellen gemacht, die Schlacht vom Starken gewonnen. Die *minori* gingen auf dem bloßen Boden, und der Kehricht ihrer Häuser lief den Straßen entlang in die Kanäle; die *maggiori* bauten sich prächtige Paläste und suchten Gott und das Volk mit der reichstverzierten Kathedrale der lateinischen Welt zu besänftigen. Der Dogenpalast, erstmals 814 errichtet, brannte 976 ab und hatte mancherlei Veränderungen in Fassade und Form zu erdulden, bis er seine anmutige Mischung aus maurischer Ornamentik und Renaissance-Formgebung fand.

828 stahlen sich einige venezianische Kaufleute aus einer alexandrinischen Kirche die Gebeine, die als Reliquien des Evangelisten Markus galten. Venedig wählte sich den Apostel zum Schutzheiligen und verwüstete die halbe Welt, um seinen Gebeinen einen Aufbewahrungsort zu beschaffen. Die erste Markuskirche wurde 830 in Angriff genommen und erlitt 976 bei einer Feuersbrunst so starke Beschädigungen, daß Pietro Orseolo II. mit dem Bau eines neuen größeren Gebäudes begann. Byzantinische Bauleute wurden berufen, die die Kirche nach dem Muster der Apostelkirche von Konstantinopel erbauten – fünf Kuppeln über einem kreuzförmigen Grundriß. Fast ein Jahrhundert lang wurde an dem Bau gearbeitet; der Hauptteil war 1071 im wesentlichen in der heutigen Form fertiggestellt und wurde 1095 geweiht. Da die Reliquien von St. Markus in der Feuersbrunst von 976 verschwunden waren und ihr Fehlen der Heiligkeit der Kirche Abbruch zu tun drohte, kam man überein, daß am Tage der Weihung die Gläubigen sich zum Gebet in der Kirche versammeln sollten, damit die Reliquien wiedergefunden würden. Nach einer Überlieferung, die den guten Venezianern teuer ist, erhörte ein Pfeiler ihre heißen Gebete und stürzte um, wobei die Gebeine des Evangelisten zum Vorschein kamen[10]. Das Gebäude wurde wiederholt beschädigt und wieder repariert; kaum ein Jahrzehnt verging, ohne daß irgendeine Veränderung oder Verschönerung vorgenommen wurde; die Markuskirche in der heutigen Gestalt stammt nicht aus einer bestimmten Zeit oder von einem bestimmten Datum, sondern ist eine tausendjährige Urkunde in Stein und Juwelen. Die Ziegelwände wurden im zwölften Jahrhundert mit Marmor verschalt; Säulen jeder Machart wurden aus einem Dutzend Städten eingeführt; in Venedig ansässige byzantinische Künstler führten im zwölften und dreizehnten Jahrhundert Mosaike für die Kathedrale aus; vier Bronzepferde wurden 1204 aus dem unterworfenen Konstantinopel eingebracht und über dem Hauptportal aufgestellt; gotische Künstler ließen im vierzehnten Jahrhundert Zinnen, Maßwerk an den Fenstern und ein Hochaltargitter dazukommen; und im siebzehnten Jahrhundert bedeckten Renaissancemaler die Hälfte der Mosaike mit ziemlich schlechten Wandmalereien. Trotz allen diesen Veränderungen und durch alle Jahrhunderte hindurch behielt das seltsame Gebäude seinen Charakter und seine Einheitlichkeit bei – immer byzantinisch und arabisch, mit Zierat beladen und bizarr: das Äußere von einer überwältigenden Pracht mit seinen Bögen, Strebepfeilern, Turmspitzen, Pfeilern, Portalen, Zinnen, mit seinem vielfarbigen Marmor, seinen gemeißelten Nischen und stattlichen Zwiebelkuppeln; das Innere mit seiner dunklen Wildnis von farbigen Säulen, gemeißelten oder bemalten Spandrillen, seinen düsteren Fresken, seinen viertausend Quadratmetern Mosaik, seinem mit Jaspis, Porphyr, Achat und anderen Edelsteinen ausgelegten Boden, und der

Pala d'oro, der goldenen Rückwand des Hochaltars, die 976 aus kostbaren Metallen und Schmelzguß in Konstantinopel verfertigt und mit 2400 Edelsteinen überladen und im Jahre 1105 hinter dem Hauptaltar aufgestellt worden war. In der Markuskirche wie in der Hagia Sophia übertrifft die byzantinische leidenschaftliche Vorliebe für Zierat sich selbst. Gott mußte mit Marmor und Juwelen geehrt werden; der Mensch mußte mit unzähligen Szenen aus dem christlichen Epos, von der Erschaffung der Welt bis zu ihrem Untergang, in Schrecken gehalten, gezügelt, ermutigt und erbaut werden. Die Markuskirche ist die höchste und charakteristischste Äußerung eines lateinischen Volkes, das sich im Überschwang einer orientalischen Kunst verschrieb.

4. DIE ITALIENISCHE ZIVILISATION: 566–1095

Während Ost- und Süditalien in ihrer Kultur byzantinisch blieben, bildete sich im restlichen Teil der Halbinsel eine neue Zivilisation aus – eine neue Sprache, Religion und Kunst –, die in dem römischen Erbe wurzelte. Denn auch in allen Wirren von Invasion, Chaos und Armut war dieses Erbe nie ganz geschwunden. Die italienische Sprache war das rauhe Volkslatein der Antike, das sich langsam zu der melodiösesten aller Sprachen umwandelte. Das italienische Christentum war ein romantisches und buntes Heidentum, ein herzlicher Polytheismus von Ortsheiligen und Schutzpatronen, ein freimütiger Mythos von Legenden und Wundern. Die italienische Kunst, der das Gotische barbarisch vorkam, hielt sich an den Basilikenstil und kehrte schließlich in der Renaissance zu augusteischen Stilformen zurück. Das Feudalwesen kam in Italien nie recht hoch; die Städte verloren nie ihr Übergewicht über das Land; Handel und Gewerbe, nicht der Ackerbau ebneten dem Wohlstand den Weg.

Rom, das nie eine Handelsstadt gewesen war, befand sich weiterhin auf der absteigenden Linie. Der Senat war im Gotenkrieg untergegangen; die alten Einrichtungen der Stadtverwaltung waren nach 700 weiter nichts als bedeutungslose Werkzeuge und Aufrührerträume. Der buntgewürfelte Pöbel vegetierte in einem Elend, das nur durch die geschlechtliche Zügellosigkeit und päpstliche Almosen gemildert wurde; er konnte seinen politischen Empfindungen nur durch häufige Aufstände gegen fremde Herren und mißliebige Päpste Ausdruck geben. Die alten Adelsfamilien verbrachten ihre Zeit damit, sich gegenseitig den Rang um die Vorherrschaft über die Päpste oder mit den Päpsten über Rom abzulaufen. Wo einst Konsuln, Tribune und Senatoren mit Liktorenbündeln Gesetze erschaffen hatten, da wurde nun die Gesellschaftsordnung mit knapper Not durch die Verfügungen von Kirchenkonzilien, durch die Predigten und Agenten des Bischofs und durch das zweifelhafte Vorbild von Tausenden von Mönchen jeder Nationalität, die nicht selten müssig und nicht immer keusch waren, aufrechterhalten. Die Kirche hatte gegen die geschlechtliche Unmoral der öffentlichen Thermen gewettert; die großen Hallen und Wasserbecken der Bäder waren entvölkert und die heidnische Kunst der Reinlichkeit lag im Sterben. Die Aquädukte der Kaiserzeit waren durch Vernachlässigung oder Krieg in Verfall geraten, und die Römer tranken Tiberwasser[11]. Der Circus Maximus und das Colosseum, zwei Stätten blutigen Gedenkens, standen nicht mehr in Gebrauch; das Forum wurde im siebenten Jahrhundert allmählich wieder die Kuhweide, aus der es dereinst entstanden war; das Capitol war von Schmutz überzogen; alte Tempel und öffentliche Gebäude wurden niedergerissen, um als Baumaterial für christliche Kirchen und Paläste zu dienen. Rom litt unter den Römern mehr als unter den Wandalen und Goten[12]. Das Rom Caesars war tot und das Rom Leos X. mußte erst noch geboren werden.

Die alten Büchersammlungen waren in alle Winde verstreut oder zerstört, und das geistige Leben beschränkte sich fast völlig auf die Kirche. Die Wissenschaft erlag dem Aberglauben, der die Armut romantisch verklärt. Nur die Medizin vermochte sich zu behaupten, indem sie sich mit Mönchshänden an das galenische Vermächtnis klammerte. Wohl aus einem Benediktinerkloster entstand im neunten Jahrhundert in Salerno eine Laienmedizinerschule, welche die Kluft zwischen der antiken und der mittelalterlichen Medizin überbrückte, so wie das hellenisierte Süditalien die Kluft zwischen der griechischen und der mittelalterlichen Kultur überbrückte. Salerno war bereits seit tausend Jahren ein Kurort. Die örtliche Überlieferung sprach von einem *collegium Hippocraticum*, das sich aus zehn ärztlichen Lehrmeistern zusammensetzte, darunter einem Griechen, einem Sarazenen und einem Juden[13]. Um das Jahr 1060 brachte Constantinus «Africanus», ein römischer Bürger, der an den muselmanischen Schulen von Nordafrika und Bagdad Medizin studiert hatte, nach Monte Cassino (wo er sich als Mönch niederließ) und nach dem nahe gelegenen Salerno eine aufregende Fracht islamischen medizinischen Wissens. Seine Übersetzungen griechischer und arabischer Werke auf medizinischem und anderem Gebiete hatten teil an der Wiederauferstehung der Wissenschaft in Italien. Bei seinem Tode (um 1087) stand die Schule von Salerno an der Spitze des medizinischen Wissens im christlichen Westen.

Die kennzeichnende Kunstleistung dieser Epoche ist die Ausbildung des romanischen Baustiles (774–1200). Die italienischen Baumeister, welche die römische Überlieferung der Festigkeit und Dauerhaftigkeit bewahrten, verbreiterten die Mauern der Basilika, kreuzten das Längsschiff mit einem Querschiff, setzten Türme dazu oder fügten Pfeiler als Stützwerk bei und stützten die Bögen, welche das Dach trugen, mit einfachen oder gebündelten Säulen. Der charakteristisch romanische Bogen war ein einfacher Halbkreis, eine Form von edler Würde, eher geeignet, einen Raum zu überspannen, als ein Gewicht zu tragen. In der Frühromanik wurden die Seitenschiffe – im spätromanischen Stil Längs- und Seitenschiffe – überwölbt, das heißt mit bogenförmigem Mauerwerk abgedeckt. Das Äußere war gewöhnlich einfach und schmucklos gehalten und bestand aus ungetünchten Ziegeln. Das Innere war zwar in mäßigem Umfange mit Fresken, Mosaiken und Schnitzereien ausgeschmückt, scheute sich jedoch vor der überschwenglichen Dekoration des byzantinischen Stiles. Das Romanische war römisch; es suchte Festigkeit und Kraft und nicht die Anmut und das Höhestreben der Gotik; es suchte die Seele einer beruhigenden Demut zu unterwerfen und nicht in einer himmelstürmerischen Ekstase zu erheben.

In dieser Periode brachte Italien zwei Meisterwerke des romanischen Stiles hervor: die anspruchslose Sant'Ambrogio in Mailand und den gewaltigen *duomo* von Pisa. Das Bauwerk, vor dessen Portal Ambrosius einen Kaiser zurückgewiesen hatte, wurde von den Benediktinern 789 renoviert und geriet dann wieder in Verfall. Von 1046 bis 1071 ließ Erzbischof Guido es vollständig umbauen: aus einer Basilika mit Säulenreihen wurde eine Kirche mit

Gewölben. Mittel- und Nebenschiffe, die vorher eine Holzdecke getragen hatten, wurden durch ein Gewölbe aus Ziegeln und Naturstein abgedeckt, welches von Rundbögen, die auf zusammengesetzten Pfeilern auflagen, getragen wurde. Die Grate, die im Gewölbe von den sich schneidenden Mauerbögen gebildet wurden, wurden durch «Rippen» aus Ziegeln verstärkt; damit war das älteste «Rippengewölbe» von Europa geschaffen.

Zwischen der einfachen Vorderseite von Sant'Ambrogio und der komplizierten Fassade des Domes von Pisa scheint eine Welt zu liegen, die Stilelemente sind aber die gleichen. Nach dem entscheidenden Siege der pisanischen über die sarazenische Flotte bei Palermo (1063) beauftragte die Stadt die Baumeister Buschetto (einen Griechen?) und Rinaldo, zur Erinnerung an die Schlacht und als Opfer eines Teiles der Beute eine Kirche zu erbauen, die ganz Italiens Neid erregen sollte. Fast das ganze massige Bauwerk wurde aus Marmor erbaut. Über den Westportalen – die später (1606) mit großartigen Bronzetüren ausgestattet wurden – überzogen vier Reihen offener Arkaden die Fassade in unmäßiger Wiederholung. Im Inneren teilen unzählige Säulen – Beutegut verschiedener Herkunft – die Kirche in Mittelschiff und doppelte Seitenschiffe, und über der Vierung von Querschiff und Mittelschiff erhebt sich eine unangenehm elliptische Kuppel. Diese Kirche ist die erste der großen Dome Italiens, und sie ist immer noch eines der eindrucksvollsten Werke des mittelalterlichen Menschen.

II. DAS CHRISTLICHE SPANIEN: 711–1095

Die Geschichte des christlichen Spaniens in diesem Zeitabschnitt ist diejenige eines langen Kreuzzuges – der wachsenden Entschlossenheit, die Mauren zu vertreiben. Diese waren reich und stark; sie besaßen den fruchtbarsten Boden und die beste Regierung; die Christen waren arm und schwach, ihr Boden war karg, die Gebirgsschranke sperrte sie vom übrigen Europa ab, spaltete sie in winzige Königreiche auf und leistete dem Lokalpatriotismus und dem Bruderzwist Vorschub. Auf dieser leidenschaftsdurchwühlten Halbinsel wurde mehr christliches Blut von Christen als von Mauren vergossen.

Der Muselmaneneinbruch von 711 vertrieb die besiegten Goten, Sueben, christlichen Berber und iberischen Kelten in das Kantabrische Gebirge Nordwestspaniens. Die Mauren verfolgten sie, wurden aber bei Covadonga (718) von einer kleinen Streitmacht unter dem Goten Pelayo geschlagen, der sich hierauf zum König von Asturien machte und so die spanische Monarchie begründete. Der Rückschlag, den die Mauren bei Tours erlitten, gestattete Alfons I. (739–757), die asturischen Grenzen nach Galicien, Lusitanien und der Biskaya vorzutreiben. Sein Enkel Alfons II. (791–842) annektierte die Provinz León und wählte sich Oviedo zur Hauptstadt.

Während dessen Regierungszeit ereignete sich eines der entscheidenden Ereignisse der spanischen Geschichte. Ein Hirt, angeblich von einem Stern geführt, stieß in den Bergen auf einen Marmorsarg, in dessen Inhalt man die Gebeine des Apostels Jakob, des «Bruders des Herrn», gefunden zu haben glaubte. Am Fundort wurde eine Kapelle erbaut, später eine prächtige Kathedrale; Santiago de Compostela – «St. Jakob vom Sternenfeld» – wurde ein christlicher Wallfahrtsort, den nur noch Jerusalem und Rom als Ziel von Pilgern übertrafen, und die heiligen Gebeine erwiesen sich von unschätzbarem Wert, als es galt, für die Kriege gegen die Mauren Begeisterung zu erwecken und Geldmittel aufzubringen. Der heilige Jakob wurde der Nationalheilige Spaniens, und der Name Santiago verbreitete sich über drei Weltteile. Der Glaube ist eine treibende Kraft in der Geschichte, besonders wenn er falsch ist; gerade für Irrtümer sind Menschen mit dem größten Edelmut in den Tod gegangen.

Östlich von Asturien, genau südlich der Pyrenäen, lag Navarra. Dessen Bevölkerung setzte sich größtenteils aus Basken zusammen – wahrscheinlich aus einer Mischung von keltisch-spanischem und afrikanisch-berberischem Blut. Mit Hilfe ihrer Berge vermochten sie ihre Unabhängigkeit gegen Muselmanen, Franken und Spanier zu verteidigen, und 905 gründete Sancho I. García das Königreich Navarra mit der Hauptstadt Pamplona. Sancho «der Große» (994–1035) errang sich seinen Beinamen mit der Eroberung von León, Kastilien und Aragón; eine Zeitlang sah es so aus, als ob das christliche Spanien zur Einheit finden würde; aber bei seinem Tode machte Sancho das Werk seines Lebens wieder zunichte, indem er sein Reich unter seine vier Söhne aufteilte. Das Königreich Aragón datiert von dieser Teilung an. Es drängte die Muselmanen im Süden zurück und verleibte sich auf friedlichem Wege Navarra im Norden ein (1076) und umschloß damit gegen 1095 einen großen Teil des Nordens von Mittelspanien. Katalonien – Nordostspanien um Barcelona – wurde 788 von Karl dem Großen erobert und von fränkischen Grafen regiert, die aus dem Bezirk eine halb selbständige «Spanische Mark» machten; seine Sprache, das Katalanische, ist ein interessantes Mittelding zwischen dem Provenzalischen und dem Kastilischen. León im Nordwesten trat mit Sancho dem Dicken, der so dick war, daß er nur auf einen Diener gestützt zu gehen vermochte, in die Geschichte ein. Von seinem Adel abgesetzt, ging er nach Córdoba, wo der berühmte jüdische Arzt Hasdai ben Schaprut ihn von seiner Fettleibigkeit heilte. Nun so hager wie Don Quijote, kehrte er nach León zurück und bemächtigte sich wieder des Thrones (959)[14]. Kastilien in Mittelspanien hatte seinen Namen von den zahlreichen Burgen *(castillo)*; es grenzte an das muselmanische Spanien und stand in fortwährender Kriegsbereitschaft. Im Jahre 930 verweigerten die kastilischen Ritter den Königen von Asturien oder León den Gehorsam und gründeten einen unabhängigen Staat mit der Hauptstadt Burgos. Ferdinand I. (1035–1065) vereinigte León und Galicien mit Kastilien, zwang die Emire von Toledo und Sevilla zu einer jährlichen Tributzahlung und machte wie Sancho der Große sein Lebenswerk beim Tode wieder zunichte, indem er sein Reich unter seine drei Söhne aufteilte, welche die Politik des brudermörderischen Krieges unter den christlich-spanischen Königen eifrig fortsetzten.

Die Kargheit des Ackerbodens und die politische Uneinigkeit ließen das christliche Spanien in den Annehmlichkeiten der Zivilisation weit hinter dem muselmanischen Nebenbuhler im Süden und dem fränkischen Nebenbuhler im Norden zurückstehen. Sogar im Inneren der kleinen Königreiche war die Einheit jeweils nur von kurzer Dauer; außer im Kriege kümmerten sich die Adligen sehr wenig um den König und herrschten in lehnsherrlicher Souveränität über ihre Leibeigenen und Sklaven. Die geistliche Hierarchie bildete einen zweiten Adel; auch die Bischöfe waren Grundbesitzer, besaßen Leibeigene und Sklaven, führten ihre eigenen Truppen in den Krieg, kümmerten sich gewöhnlich kaum um die Päpste und beherrschten die spanische Christenheit in einer so gut wie unabhängigen Kirche. Im Jahre 1020 traten in León Adlige und Bischöfe zu nationalen Konzilien zusammen und wirkten als gesetzgebendes Parlament für das Königreich León. Das Konzil von León gewährte dieser Stadt die Selbstverwaltung und machte sie damit zu der ersten autonomen

Gemeinde des mittelalterlichen Europas; gleiche Freibriefe wurden an andere spanische Städte vergeben, wahrscheinlich, um ihren Eifer und ihre Zahlungsbereitschaft im Kriege gegen die Mauren anzustacheln; auf diese Weise entstand im Feudalismus und bei den Monarchien Spaniens eine begrenzte städtische Demokratie.

Der Lebenslauf des Rodrigo (Ruy) Díaz kennzeichnet den Wagemut, die Ritterlichkeit und das Durcheinander des christlichen Spaniens im elften Jahrhundert. Uns ist er unter dem Namen, den ihm die Mauren gaben – El Cid (arabisch *sayid*), «Edler, Herr» –, besser bekannt als unter dem christlichen Beinamen El Campeador, «der Kämpe». Um 1040 in Vivar bei Burgos geboren, wuchs er als *caballero*, kriegerischer Abenteurer, auf, ging überall in Kriegsdienst, wo für ihn etwas dabei heraussprang; er war noch nicht dreißig, als er schon in ganz Kastilien wegen seines tollkühnen Mutes im Kampfe bewundert wurde und überall Argwohn erregte, weil er anscheinend mit gleicher Bereitwilligkeit mit den Mauren gegen die Christen wie mit den Christen gegen die Mauren kämpfte. Er wurde von Alfons VI. von Kastilien nach Sevilla geschickt, um von al-Mutamid, dem dortigen Dichter und Emir, Tribut einzuholen, und bei der Rückkehr beschuldigt, einen Teil des Geldes für sich selbst behalten zu haben; er wurde aus Kastilien verbannt (1081). Er wurde ein Freibeuter, stellte eine kleine Truppe von Glücksrittern auf und bot seine Dienste gegen Entgelt unterschiedslos Mauren und Christen an. Acht Jahre lang diente er dem Emir von Zaragoza und erweiterte den maurischen Herrschaftsbereich auf Kosten von Aragón. Im Jahre 1089 nahm er an der Spitze von 7000 Mann, meistens Muselmanen, Valencia ein und zwang es zu einer monatlichen Tributzahlung von 10 000 Golddinar. 1090 nahm er den Grafen von Barcelona gefangen und ließ ihn erst gegen ein Lösegeld von 80 000 Dinar wieder frei. Als er von dieser Expedition zurückkehrte, verschloß ihm Valencia seine Tore; er belagerte die Stadt ein Jahr lang; als sie sich ergab (1094), verletzte er alle Bedingungen, unter denen sie die Waffen niedergelegt hatte, ließ den Oberrichter der Stadt auf dem Scheiterhaufen verbrennen, teilte das Besitztum der Bürger unter seinen Gefolgsleuten auf und würde auch noch Weib und Töchter des Oberrichters auf den Scheiterhaufen gestellt haben, wenn sich nicht die Stadt und seine eigenen Krieger in einem einmütigen Protestschrei erhoben hätten[15]. Auf diese und andere Weise befolgte der Cid die Sitten seiner Zeit. Seine Übeltaten machte er wieder gut, indem er der Stadt Valencia ein guter und gerechter Herrscher war und aus ihr ein rettendes Bollwerk gegen die Almoraviden machte. Nach seinem Tode (1099) hielt seine Gattin Jimena die Stadt noch drei Jahre lang. Die Bewunderung der Nachwelt wandelte ihn in einen Ritter um, der nur von dem heiligen Eifer besessen war, Spanien an Christus wiederzugeben, und seine Gebeine in Burgos genießen dieselbe Verehrung wie die Reliquien eines Heiligen[16].

Dem Spanien, das dermaßen in sich aufgesplittert war, gelang die allmähliche Reconquista nur, weil das muselmanische Spanien schließlich noch zersplitterter und anarchischer war. Der Fall des Kalifates von Córdoba im Jahre 1036 bot eine günstige Gelegenheit, und Alfons VI. von Kastilien ergriff sie mit viel Geschick. Mit Hilfe von al-Mutamid von Sevilla eroberte er Toledo (1085) und machte es zu seiner Hauptstadt. Die unterworfenen Muselmanen behandelte er mit muselmanischer Anständigkeit, und er förderte das Aufgehen der maurischen Kultur im christlichen Spanien.

III. FRANKREICH: 614–1060

1. DER WERDEGANG DER KAROLINGER: 614–768

Als Chlotachar II. König der Franken wurde, schien die Merowingerdynastie fest im Sattel zu sein; nie zuvor hatte ein Monarch dieser Familie ein so großes und geeintes Reich regiert. Aber Chlotachar war den Adligen von Austrasien und Burgund für sein Hochkommen zu Dank verpflichtet; er lohnte es ihm mit der Gewährung größerer Unabhängigkeit und der Erweiterung ihrer Güter und wählte einen von ihnen, Pippin I. den Älteren, zum Majordomus. Der *maior domus* – «Haupt der Hofhaltung» – war ursprünglich der Oberaufseher der königlichen Hofhaltung und der königlichen Güter gewesen; sein Verwaltungsbereich vergrößerte sich rasch, als die Merowingerkönige ihr Hauptaugenmerk auf Ausschweifungen und Ränkespiel legten; Schritt um Schritt riß er die Herrschaft über die Gerichte, das Heer, die Finanzen an sich. Chlotachars Sohn König Dagobert (628 bis 639) schränkte eine Zeitlang die Macht des Majordomus und der Großen ein. Der Chronist Fredegar berichtet: «Er ließ arm und reich gleichermaßen Recht widerfahren; er schlief wenig und aß wenig und bemühte sich, stets so zu handeln, daß niemand von ihm ging, der nicht von Freude und Bewunderung erfüllt gewesen wäre[17].» Fredegar setzt jedoch hinzu: «Er hatte drei Königinnen und ein Heer von Konkubinen» und war «ein Sklave der Unenthaltsamkeit»[18]. Unter seinen untüchtigen Nachfolgern – den *rois fainéants*, den nichtstuerischen Königen – ging die Macht wieder ganz auf den Majordomus über. Pippin II. der Jüngere schlug seine Nebenbuhler in der Schlacht von Testry (687), erweiterte seinen Titel eines *maior domus* um die Titel *dux et princeps Francorum* und herrschte über ganz Gallien mit Ausnahme von Aquitanien. Sein illegitimer Sohn Karl Martell (der Hammer), dem Namen nach Haushofmeister des Palastes und Herzog von Austrasien, regierte ganz Gallien unter Chlotachar IV. (717–719). Er wies in Gallien eindringende Friesen und Sachsen entschieden zurück und rettete Europa dem Christentum durch seinen Sieg bei Tours über die Muselmanen. Er unterstützte Bonifatius und andere Missionare bei ihrem Bekehrungswerk in Deutschland; sobald er aber in dringende Finanzbedürfnisse geriet, stand er nicht an, Kirchengüter zu beschlagnahmen, Bistümer an Generäle zu verkaufen, seine Truppen in Klöstern einzuquartieren, einen protestierenden Mönch zu enthaupten[19]; in hundert Predigten und Traktaten wurde er zu Höllenqualen verurteilt.

Im Jahre 751 schickte sein Sohn Pippin III. als Majordomus von Childerich III. Gesandte zu Papst Zacharias mit der Frage, ob es sündhaft sei, die merowingische Puppe zu entthronen und sich selbst nicht nur *de facto*, sondern auch dem Namen nach zum König zu machen. Zacharias, der die Unterstützung der Franken gegen die ehrgeizigen Langobarden benötigte, antwortete mit einem beruhigenden Nein. Pippin berief eine Versammlung von Adligen und Geistlichen nach Soissons; sie wählte ihn einstimmig zum König der Franken (751), und der letzte der Nichtstuerkönige wurde mit einer Tonsur versehen und ins Kloster gesteckt. 754 kam Papst Stephan II. in die Abtei St-Denis bei Paris und salbte Pippin zum *rex dei gratia* – «König von Gottes Gnaden». So endete die Merowingerdynastie, so nahm die karolingische ihren Anfang (751–987).

Pippin III. «der Kurze» war ein geduldiger und weitblickender Herrscher, fromm und praktisch, friedliebend und unbesieglich im Kriege, von einer Gesittung, die den Königen in Gallien in diesen Jahrhunderten bisher fremd gewesen war. Alle Errungenschaften Karls des Großen wurden von Pippin vorbereitet; während ihrer zusammengefaßten Regierungszeit von dreiundsechzig Jahren (751 bis 814) wurde Gallien schließlich zu Frankreich umgeformt. Pippin war sich der Schwierigkeit bewußt, der eine Regierung ohne Hilfe der Religion begegnen mußte; er stellte die Kirche wieder in ihrem Besitz, ihren Privilegien und Immunitäten her, brachte heilige Reliquien nach Frankreich und trug sie in eindrucksvollem Gepränge auf den eigenen Schultern; er errettete das Papsttum vor den Langobardenkönigen und gab ihm eine ausgedehnte weltliche Macht in der «Pippinischen Schenkung» (756). Er begnügte sich damit, als Gegengabe den Titel eines *patricius Romanus* und eine päpstliche Beschwörung an die Franken zu erhalten, Könige nur aus seiner Nachkommenschaft zu wählen. Er starb in der Fülle seiner Macht im Jahre 768, nachdem er das Reich der Franken gemeinsam seinen Söhnen Karlmann II. und Karl, der später der Große heißen sollte, vermacht hatte.

2. KARL DER GROSSE: 768–814

Der bedeutendste mittelalterliche König wurde 742 an einem uns nicht bekannten Orte geboren. Er war Deutscher nach Blut und Sprache und zeigte auch einige Kennzeichen seines Volkes – Körperkraft, Mut, Stolz auf das Volkstum und eine rauhe Einfachheit, die von dem weltmännischen Schliff der modernen Franzosen um viele Jahrhunderte zurückliegt. Er besaß wenig Bücherwissen, las nur wenige Bücher – aber gute; unternahm es als alter Mann, das Schreiben zu erlernen, aber nie mit vollem Erfolg; er konnte aber doch Fränkisch, Romanisch und Lateinisch sprechen und verstand das Griechische[20].

Im Jahre 771 starb Karlmann II., und Karl wurde mit neunundzwanzig Jahren Alleinkönig. Zwei Jahre darauf ersuchte Papst Hadrian II. ihn um Hilfe gegen den Langobardenkönig Desiderius, der in das päpstliche Staatsgebiet eingefallen war. Karl belagerte und nahm Pavia, eignete sich die Krone des Langobardenreiches an, bestätigte die Pippinische Schenkung und übernahm die Rolle eines Schützers der Kirche in ihrer ganzen weltlichen Macht. Nach der Rückkehr in seine Hauptstadt Aachen begann er mit einer Reihe von dreiundfünfzig Feldzügen – die er zumeist in eigener Person führte –, welche bestimmt waren, sein Reich durch die Unterwerfung und Taufe der Bayern und Sachsen abzurunden, die lästigen Awaren zu vernichten, die räuberischen Sarazenen von Italien abzuwehren und die Verteidigung der *Francia* gegen die vordringenden Mauren Spaniens zu verstärken. Die Sachsen an seiner Ostgrenze waren Heiden; sie hatten eine christliche Kirche niedergebrannt und waren von Zeit zu Zeit in Gallien eingefallen; diese Gründe genügten Karl, um achtzehn Feldzüge zu unternehmen (772–804), die auf beiden Seiten mit unerbittlicher Heftigkeit geführt wurden. Karl stellte die besiegten Sachsen vor die Wahl zwischen Taufe und Tod und ließ an einem einzigen Tage 4500 aufrührerische Sachsen enthaupten[21]; worauf er sich nach Thionville begab, um die Geburt Christi zu feiern.

In Paderborn war 777 Ibn al-Arabi, der muselmanische Statthalter von Barcelona, um die Hilfe des christlichen Königs gegen den Kalifen von Córdoba nachgekommen. Karl führte ein Heer über die Pyrenäen, belagerte und nahm die christliche Stadt Pamplona, behandelte die christlichen, aber unberechenbaren Basken Nordspaniens als Feinde und drang bis nach Zaragoza vor. Die Muselmanenaufstände, welche Karl als Teil der strategischen Planung gegen den Kalifen zugesichert worden waren, blieben aber aus; Karl erkannte, daß seine Streitmacht ohne weiteren Beistand nicht gegen Córdoba vorgehen konnte; außerdem erreichte ihn die Nachricht, daß die unterworfenen Sachsen sich in wildem Aufruhr erhoben hätten und in blinder Wut auf Köln marschierten; Karl wählte den vernünftigeren Teil des Mutes und kehrte mit seinem Heer zurück, wobei er in einer langgestreckten schmalen Kolonne die Pyrenäenpässe überqueren mußte. An einem solchen Paß, Roncesvalles in Navarra, stürzte sich eine baskische Schar auf die Nachhut der Franken und vernichtete sie fast bis auf den letzten Mann (778); dabei fand der edle Hruotland den Tod, der Held des berühmtesten französischen Nationalepos, der drei Jahrhunderte später entstandenen *Chanson de Roland.* 795 sandte Karl ein neues Heer über die Pyrenäen; die Spanische Mark – ein Streifen Nordostspaniens – wurde der Francia einverleibt, Barcelona kapitulierte und Navarra und Asturien erkannten die fränkische Oberherrschaft an (806). Inzwischen hatte Karl die Sachsen unterworfen (785), die vordringenden Slawen zurückgetrieben (789), die Awaren besiegt und zerstreut (790-805) und sich im vierunddreißigsten Jahre seiner Regierung und im dreiundsechzigsten Jahre seines Lebens zum Frieden bequemt.

In Wahrheit war ihm die friedliche Regierungstätigkeit stets lieber gewesen als die Kriegführung, und er war ins Feld gezogen, um Westeuropa eine gewisse Einheitlichkeit der Regierung und des Glaubens aufzuzwingen, dem Westeuropa, das seit Jahrhunderten von Stammeskämpfen und Religionsgegensätzen zerrissen worden war. Es war ihm nun gelungen, alle Völker zwischen Weichsel und Atlantischem Ozean und zwischen Ostsee und Pyrenäen, und fast ganz Italien und einen guten Teil der Balkanhalbinsel unter seine Herrschaft zu bringen. Wie war es einem einzigen Mann möglich, ein so ausgedehntes und mannigfaltiges Reich zu regieren? Er war körperlich und nervlich stark genug, um unzählige Verantwortlichkeiten, Gefahren und Krisen auf sich zu nehmen, sogar eine Verschwörung seines Sohnes zu überstehen. Er hatte in sich das Blut oder die Lehre des weisen und vorsichtigen Pippin III. und des unbarmherzigen Karl Martell; er war selbst so etwas wie ein Hammer. Er erweiterte ihre Macht, untermauerte sie mit einer festen militärischen Organisation und stattete sie mit der Heiligkeit und dem Ritual der Religion aus. Er vermochte weite Ziele abzustecken und brachte auch den Willen zur Ausführung des Gewünschten auf. Er vermochte ein Heer zu führen, eine Volksversammlung für sich zu gewinnen, dem Adel zu willfahren, die Geistlichkeit zu beherrschen und einen Harem zu regieren.

Aus dem Kriegsdienst machte er mehr eine Vorbedingung des Besitztums als einen Hungerlohn, den die Besitzenden zahlten; dadurch gründete er den Kampfgeist auf die Verteidigung und Erweiterung des eigenen Grundbesitzes. Jeder Freie mußte bei dem Ruf zu den Waffen in voller Ausrüstung bei dem Grafen seines Wohnsitzes antreten, und jeder Adlige war für die Kriegstauglichkeit seiner Gefolgsmannen verantwortlich. Das Staatsgefüge ruhte auf dieser organisierten Streitmacht und erfreute sich der Unterstützung aller verfügbaren psychologischen Faktoren, wie der Heiligkeit der gesalbten Majestät, dem zeremoniellen Gepränge der kaiserlichen Erscheinung und der Tradition des Gehorsams gegenüber der festgegründeten Herrschaft. Um den König versammelte sich ein Hof von Adligen und Geistlichen, welche administrative Dienste leisteten – der Seneschall als Vorsteher der Hofhaltung, der *comes palatinus* als oberster Richter, die Pfalzgrafen als Hofrichter, und zahlreiche Gelehrte, Diener und Schreiber. Den Sinn der Allgemeinheit für die Beteiligung an den Staatsgeschäften weckte er durch halbjährlich abgehaltene Volksversammlungen der Besitzenden, die je nach den kriegerischen oder sonstigen Erfordernissen in Worms, Valenciennes, Aachen, Genua, Paderborn ... zusammentraten, gewöhnlich im Freien. Bei solchen Versammlungen unterbreitete der König seine Gesetzesvorschläge kleineren Gruppen von Adligen oder Bischöfen; sie hielten Beratungen ab und leiteten die

Gesetzesentwürfe mit ihren Vorschlägen an den König zurück; er gab die *capitula* aus, die Gesetzeskapitel, und legte sie der Gesamtversammlung zur Annahme durch Zuruf vor; nur selten kam es zur Ablehnung durch das gemeinsame Murren oder Stöhnen der Versammlung. Hinkmar, der Erzbischof von Reims, zeigt uns Karl in einem lebensnahen Bild bei einer derartigen Versammlung: «Er grüßte die Angesehensten, unterhielt sich mit den Männern, die er selten zu sehen bekam, bezeigte den Älteren ein gütiges Interesse und scherzte mit den Jungen.» Bei diesen Versammlungen mußte jeder Provinzbischof und -verwalter dem König jedes bedeutungsvolle Ereignis melden, das sich seit der letzten Einberufung zugetragen hatte. «Der König wollte wissen», berichtet Hinkmar, «ob in einem Teile oder Winkel seines Reiches das Volk unstet war, und warum[22].» Manchmal pflegten die Statthalter des Königs (in Fortsetzung der altrömischen Einrichtung der *inquisitio*) führende Bürger zu sich zu zitieren und ihnen den Auftrag zu erteilen, Untersuchungen über das steuerbare Vermögen, die Ruhe und Ordnung im Staate, das Vorhandensein von Verbrechen oder Verbrechern in dem betreffenden Bezirk anzustellen und unter Eid eine «wahrheitsgemäße Aussage» *(veredictum)* darüber zu machen. Im neunten Jahrhundert wurde in fränkischen Landen dieses Verdikt der *iurata*, der Geschworenengruppe von Untersuchungsbeamten, zur Entscheidung vieler örtlicher Streitfälle über Grundbesitz und Schuldfragen eingesetzt. Aus den *iurata* entstand über normannische und englische Weiterentwicklungen das Geschworenensystem der heutigen Zeit[23].

Das Reich war in Grafschaften aufgeteilt, denen in geistlichen Dingen jeweils ein Bischof oder Erzbischof, in weltlichen Angelegenheiten ein *comes* («Genosse» – des Königs), also ein Graf, vorstand. Zwei- bis dreimal jährlich trat in jeder Provinzhauptstadt eine örtliche Versammlung der Grundbesitzer zusammen, um die Gesetze der Provinzialregierung anzunehmen und als Appellationsgericht der Provinz zu wirken. Die gefährdeten Grenzmarken wurden von besonderen Statthaltern regiert, den Grafen, Markgrafen oder Markherzögen; Roland von Roncesvalles war zum Beispiel Statthalter der Bretonischen Mark. Die gesamte Amtsführung in den Verwaltungsbezirken wurde von Königsboten *(missi dominici)* beaufsichtigt, die von Karl ausgeschickt wurden, seine Wünsche den Verwaltungsbeamten der Bezirke zu überbringen, ihre Handlungen, Urteile und Rechnungsführung zu überwachen, Bestechung, Erpressung, Vetternwirtschaft und Ausbeutung auszumerzen, Klagen entgegenzunehmen und Übelstände abzustellen, «die Kirche, die Armen, die Mündel und die Witwen und das ganze Volk» vor Übeltaten oder Tyrannei zu schützen und dem König über die Zustände im Reich zu berichten; das *Capitulare missorum*, das dieses Amt der Sendboten des Königs einführt, war eine Magna Charta für das Volk, vier Jahrhunderte ehe Englands Magna Charta für den Adel zustande kam. Daß dieses Kapitulare auch wirklich hielt, was es versprach, geht aus dem Fall des Herzogs von Istrien hervor, der von den *missi* verschiedener Ungerechtigkeiten und Erpressungen bezichtigt und vom König gezwungen wurde, das erpreßte Gut wieder zurückzuerstatten, jedem ungerecht Behandelten Schadenersatz zu leisten, seine Untaten öffentlich zu bekennen und Sicherheiten gegen deren Wiederholung zu bieten. Wenn man von seinen Kriegen absieht, war die Regierung Karls des Großen die gerechteste und aufgeklärteste, die Europa seit dem Goten Theoderich erlebt hatte.

Die fünfundsechzig Kapitularien, die von Karls Gesetzgebung erhalten sind, gehören zu den interessantesten Gesetzeswerken des mittelalterlichen Rechtes. Sie bilden nicht ein planmäßiges System, sondern sind eher als Erweiterungen und Anwendungen früherer «barbarischer» Gesetzeskörper auf neue Zustände oder Bedürfnisse aufzufassen. In gewissen Einzelheiten sind sie weniger aufgeklärt als die Gesetze des Langobardenkönigs Liutprand: sie behalten das Wergeld, das Gottesurteil, den gerichtlichen Zweikampf, die Verstümmelung als Strafe bei[24] und sehen für den Rückfall in das Heidentum oder für den Genuß von Fleisch während der Fastenzeit die Todesstrafe vor – wenn es in diesem Falle dem Priester auch freistand, das Strafmaß zu mildern[25]. Auch waren nicht alle Kapitularien Gesetze; einige waren Entgegnungen auf Anfragen, andere waren Fragen, die Karl an seine Beamten richtete, andere moralische Ratschläge. Ein Artikel besagt zum Beispiel: «Jedermann muß nach besten Kräften Gott dienen und nach seinen Geboten wandeln, denn der Herr Kaiser kann nicht über jeden Menschen persönliche Aufsicht üben[26].» Mehrere Artikel bemühten sich, mehr Ordnung in die geschlechtlichen und ehelichen Beziehungen des Volkes zu bringen. Nicht alle diese Ratschläge fanden Gehör; durch die Kapitularien zieht sich aber ein gewissenhaftes Bemühen, das Barbarentum in Zivilisation umzuwandeln.

Karl der Große erließ Gesetze auf dem Gebiete des Ackerbaus, des Gewerbes, des Geldwesens und der Religion wie der Staatsführung und Moral. Seine Regierungszeit fällt in eine Epoche, in der das Wirtschaftsleben Frankreichs und Italiens wegen der Seeherrschaft der Sarazenen im Mittelmeer auf einem Tiefpunkt stand. Ibn Chaldun bemerkt: «Die Christen könnten sich nicht einmal mit einem Brett auf das offene Meer hinauswagen[27].» Das ganze Gefüge der Wirtschaftsbeziehungen zwischen Westeuropa und Afrika und der Levante war in Unordnung geraten; nur die Juden – denen Karl aus diesem Grunde beharrlich seinen Schutz angedeihen ließ – stellten eine Verbindung zwischen den nunmehr feindseligen Hälften des in römischer Zeit einheitlichen Wirtschaftsgebietes her. Der Handel hielt sich im slawischen und byzantinischen Europa und im germanischen Norden. Auf dem englischen Kanal und der Nordsee fand ein lebhafter Handelsverkehr statt; aber auch dieser geriet noch vor Karls Tode wegen der Seeräubereien und Überfälle der Norweger in Unordnung. Die Wikinger im Norden und die Muselmanen im Süden riegelten die Häfen Frankreichs fast vollständig ab und ließen das Land zu einem binnenländischen Agrarstaat werden. Der Mittelstand des Handels geriet in Verfall, so daß keine Gruppe übrigblieb, die mit dem Landadel im Wettbewerb gestanden hätte; das französische Lehnswesen wurde durch Karls Landzuweisungen und durch die Triumphe des Islams gefördert.

Karl der Große war sehr bemüht, die freie Bauernschaft gegen die sich ausbreitende Leibeigenschaft zu schützen, aber die Macht des Adels und die Ungunst der Zeitumstände versagten ihm den Erfolg. Selbst die Sklaverei nahm eine Zeitlang zu, ein Ergebnis der Kriege der Karolinger gegen heidnische Stämme. Die königseigenen Güter, deren Zahl durch Beschlagnahmungen, Geschenke, den Rückfall nicht testamentarisch vermachten Besitzes und durch Rodungen ständig zunahm, waren die wichtigste Einnahmequelle des Königs. Zur Pflege dieser Ländereien erließ er ein *Capitulare de villis*, das erstaunlich eingehend gehalten ist und zeigt, mit welcher Sorgfalt Karl alle Staatseinnahmen und -ausgaben überwachte. Wälder, Einöden, Straßen, Häfen und alle Bodenschätze galten als Staatseigentum[28]. Der Handel, soweit er überhaupt noch bestand, wurde mit allen Mitteln gefördert; die Messen erhielten staatlichen Schutz, Maße, Gewichte und Preise wurden staatlich geregelt, die Zollsätze waren mäßig, Spekulationen auf die Zukunft wurden verhindert, Straßen und Brücken wurden neu gebaut oder instand gehalten, eine große Brücke wurde bei Mainz über den Rhein geschlagen, die Wasserwege wurden befahrbar gehalten und ein Kanal geplant, der die Donau und damit das Schwarze Meer mit dem Rhein verbinden sollte. Eine stabile Währung wurde aufrechterhalten; aber die Goldknappheit in Frankreich und der Rückgang des Handelsverkehrs führten zum Ersatz des konstantinischen Goldsolidus durch das Silberpfund.

Die Tatkraft und Besorgtheit des Königs reichte in alle Lebenskreise hinein. Er gab den vier Winden die Namen, die sie heute tragen. Er gründete eine Organisation zur Unterstützung der Armen und besteuerte Adel und Geistlichkeit, um die Kosten zu bestreiten, und stempelte dann die Bettelei zum Verbrechen[29]. Über die Unbildung seiner Zeit entsetzt – außer den Klerikern konnte niemand lesen, und die niedere Geistlichkeit zeigte einen sehr geringen Bildungsgrad –, berief er fremde Gelehrte, die das Schulwesen Frankreichs wieder auf die Füße stellen sollten. Paulus Diaconus wurde aus Monte Cassino hergelockt, Alkuin aus York (782), um an der Schule zu unterrichten, die Karl in der Kaiserpfalz zu Aachen einrichete. Alkuin (735–804) war Sachse, bei York geboren und in der von Bischof Egbert gegründeten Schule der dortigen Kathedrale ausgebildet worden; im achten Jahrhundert waren Britannien und Irland in kultureller Hinsicht Frankreich überlegen. Als König Offa von Mercia den Alkuin mit einer Mission zu Karl schickte, bat dieser den Gelehrten, bei ihm zu bleiben; Alkuin, der froh war, aus dem England heraus zu sein, welches von den Dänen «verwüstet und durch die Ehebrecherei in den Klöstern entehrt»[30] wurde, willigte ein. Er ließ aus England und anderen Ländern Bücher und Lehrer kommen, und bald war die Palastschule rege mit Studien, mit der Durchsicht und Abschrift von Handschriften und mit einer Reform des Bildungswesens beschäftigt, die sich über das ganze Reichsgebiet ausdehnte. Zu den Schülern gehörten auch Karl der Große, seine Gattin Liutgard, seine Söhne, seine Tochter Gisela, sein Sekretär Einhard, eine Nonne und viele andere. Karl war der eifrigste Schüler von allen; er packte das Lernen in der gleichen Weise an, wie er Staaten erobert hatte; er studierte Rhetorik, Dialektik, Astronomie; er unternahm heldenmütige Anstrengungen, das Schreiben zu erlernen, und «zu diesem Zwecke hatte er stets Schreibtäfelchen und Büchlein unter dem Kopfpolster seines Bettes, damit er in schlaflosen Stunden seine Hand an das Formen von Buchstaben gewöhne; doch machte er dabei nur geringe Fortschritte, er war eben spät, zu spät an diese Arbeit gegangen», wie Einhard berichtet[31]. Er machte sich mit gewaltigem Eifer an das Studium des Lateinischen, brauchte aber am Hofe weiterhin das Deutsche; er verfaßte eine deutsche Grammatik und sammelte frühdeutsche Dichtungen.

Als Alkuin nach achtjährigem Unterrichten an der Palastschule um Versetzung in eine weniger aufreibende Umgebung bat, ernannte Karl ihn widerstrebend zum Abt von Tours (796). Dort spornte Alkuin die Mönche an, schönere und genauere Abschriften der Vulgata des Hieronymus, der lateinischen Kirchenväter und der lateinischen Klassiker anzufertigen, und andere Klöster folgten seinem Beispiel. Manche unserer besten klassischen

Texte sind uns durch die Vermittlung dieser klösterlichen *scriptoria* des neunten Jahrhunderts erhalten geblieben; so gut wie alle erhaltenen lateinischen Dichtwerke mit Ausnahme derjenigen von Catullus, Tibullus und Propertius und beinahe alle lateinischen Prosawerke mit Ausnahme derjenigen von Varro, Tacitus und Apuleius sind durch die Mönche der Karolingerzeit auf uns gekommen[32]. Viele karolingische Handschriften waren durch die geduldige Kunst der Mönche prächtig illuminiert; zu dieser «Palastschule» der Buchillustration gehören die «Wiener» Evangelien, auf die die späteren deutschen Kaiser ihren Krönungseid ablegten.

Im Jahre 787 erließ Karl an alle Bischöfe und Äbte Frankreichs ein historisches *Capitulare de litteris colendis*, eine Anleitung zum Studium der Geisteswissenschaften. Er warf den Geistlichen die «ungehobelte Sprache» und die «ungebildete Redeweise» vor und forderte jede Kathedrale und jedes Kloster auf, Schulen zu gründen, in denen Geistliche und Laien gleichermaßen das Lesen und Schreiben erlernen könnten. Ein weiteres Kapitulare des Jahres 789 wies die Leiter dieser Schulen an, «dafür zu sorgen, daß kein Unterschied zwischen Knechten und Freien gemacht werde, so daß alle kommen und auf der gleichen Bank Grammatik, Musik und Arithmetik betreiben können». Ein Kapitulare von 805 sorgte für die musikalische Ausbildung, und ein anderes wandte sich gegen den medizinischen Aberglauben. Daß diese Aufrufe nicht fruchtlos waren, erhellt aus den vielen Kathedralen- und Klosterschulen, die nun in Frankreich und Westdeutschland entstanden. Theodulf, der Bischof von Orléans, richtete in allen Gemeinden seiner Diözese Schulen ein, nahm alle Kinder in ihnen auf und untersagte den Priestern, Gebühren zu erheben[33]; es ist das erste geschichtliche Beispiel eines freien und allgemeinen Unterrichts. Bedeutende Schulen, fast alle an Klöster angeschlossen, entstanden im neunten Jahrhundert in Tours, Auxerre, Pavia, St. Gallen, Fulda, Gent und andernorts. Um dem Bedarf an Lehrern gerecht zu werden, ließ Karl der Große Gelehrte aus Irland, Britannien und Italien kommen. Aus diesen Schulen entwickelten sich später die Universitäten Europas.

Wir dürfen die intellektuelle Werthöhe dieser Zeit nicht überschätzen; diese Wiederauferstehung des Schulwesens war ein Erwachen von Kindern und noch nicht die Reife von Kulturen, wie sie in Konstantinopel, Bagdad und Córdoba bestanden. Sie brachte keine großen Schriftsteller hervor. Die formellen Abhandlungen des Alkuin sind von einer erstickenden Langeweile; nur seine Briefe und Gelegenheitsgedichte zeigen, daß er nicht ein aufgeblasener Pedant war, sondern eine gütige Seele, die Glücklichsein und Frömmigkeit zu vereinbaren wußte. In dieser kurzlebigen Renaissance gab es viele Männer, die Gedichte machten, und die Dichtwerke des Theodulf sind in ihrer anspruchslosen Art ganz nett. Das einzig bestandhafte Schriftwerk dieser gallischen Zeit ist aber die kurze und schlichte Lebensbeschreibung Karls des Großen von Einhard. Sie folgt in ihrem Aufbau den *Caesarenleben* des Sueton und holt sich sogar hie und da aus diesem Werke Textstellen, um sie auf Karl anzuwenden; alles ist verzeihlich bei einem Schriftsteller, der von sich selbst sagt, er sei «ein Barbar, der nur wenig Übung in der lateinischen Sprache hat»[34]. Er muß aber doch seine Talente gehabt haben, denn Karl machte ihn zum Haushofmeister und Schatzkanzler und Busenfreund und übertrug ihm die Aufgabe, einen guten Teil des Bauwesens dieser schöpferischen Regierungszeit zu überwachen, vielleicht gar zu planen.

Paläste wurden für den Kaiser in Ingelheim und Nimwegen erbaut; in Aachen, seinem Lieblingssitz, errichtete er die berühmte Pfalz mit der Kapelle, die der Kern des späteren Aachener Münsters wurde, das in verschiedenen Epochen ausgebaut wurde. Die unbekannten Baumeister nahmen sich den Grundriß von San Vitale in Ravenna zum Vorbild, einer Kirche, die ihrerseits auf byzantinische und syrische Vorbilder zurückgeht; das Ergebnis war eine im Westen gestrandete orientalische Kathedrale. Auf dem achteckigen Grundbau lag eine Rundkuppel auf; das Innere war durch eine kreisförmige Säulenreihe in zwei Stockwerke aufgeteilt und «mit Gold, Silber, Leuchtern, Gittern und Türen aus gediegenem Erze verziert. Er ließ für sie Säulen und Marmor aus Rom und Ravenna kommen»[35]. Ein berühmtes Mosaik zierte die Kuppel.

Karl erwies sich gegenüber der Kirche von einer großen Freigebigkeit; gleichzeitig machte er sich zu ihrem Herrn und nutzte ihre Lehren und Menschen als Werkzeuge in Bildungswesen und Staatsführung. Ein großer Teil seines Briefwechsels behandelt religiöse Fragen; er schleuderte Bibelsprüche gegen korrupte Beamte oder allzu weltliche Geistliche, und die Äußerungen sind so kraftvoll, daß man ihn kaum verdächtigen kann, seine Frömmigkeit sei politische Pose gewesen. Er unterstützte in Not geratene christliche Gemeinden in fremden Ländern mit Geldspenden und legte bei seinen Verhandlungen mit muselmanischen Herrschern großen Nachdruck auf die gute Behandlung des christlichen Volksteiles in ihren Staaten[36]. In seinen Konzilien und Volksversammlungen und im Staatsdienst spielten die Bischöfe eine hervorragende Rolle; er behandelte sie zwar ehrerbietig, sah sie aber als seine Werkzeuge unter Gott an, und er zögerte nicht, ihnen auch in Dingen der Lehre und der Moral Anweisungen zu erteilen. Er verwarf die Bilderverehrung, während die Päpste sie guthießen, verlangte von jedem Priester eine schriftliche Darlegung, wie er in seiner Gemeinde die Taufe vollziehe, richtete ebenso viele Anweisungen wie Geschenke an die Päpste, ging gegen Insubordination in Klöstern vor und ordnete die strenge Überwachung der Nonnenklöster an, damit bei den Nonnen «keine Hurerei, Trunkenheit oder Habgier» aufkomme[37]. In einem Kapitulare des Jahres 811 fragte er bei der Geistlichkeit an, wie sie dazu komme, von Weltverzicht zu reden, wenn «wir doch sehen müssen, wie manche Geistliche Tag um Tag mit allen Mitteln bestrebt sind, ihr Besitztum zu vergrößern, und zu diesem Zwecke bald Drohungen des ewigen Feuers, bald Verheißungen der ewigen Seligkeit vorkehren, einfache Geister im Namen Gottes oder eines Heiligen ihrer Habe berauben und damit deren Nachkommen schweren Schaden zufügen». Er gestand den Klerikern aber doch ihre eigene Gerichtsbarkeit zu, forderte die Abgabe eines Zehnten von allen Bodenerzeugnissen an die Kirche, überließ der Geistlichkeit die Kontrolle der Ehen und Testamente und vermachte selbst zwei Drittel seiner Güter an die Bistümer seines Reiches[38]. Er verlangte aber von den Bischöfen, daß sie von Zeit zu Zeit mit gewichtigen «Geschenken» halfen, die Staatsausgaben zu bestreiten.

Aus dieser engen Zusammenarbeit von Kirche und Staat ergab sich eine der glänzendsten Ideen der Geschichte der Staatsmannskunst: die Umwandlung von Karls Königreich in das Heilige Römische Reich, hinter dem die ganze Ehrwürdigkeit, Heiligkeit und Festigkeit sowohl des kaiserlichen wie des päpstlichen Roms standen. Die Päpste waren längst ihrer territorialen Abhängigkeit von Byzanz überdrüssig, das ihnen weder Schutz noch Sicherheit gewährte; sie erkannten, daß der Patriarch immer mehr in Abhängigkeit von dem Kaiser von Konstantinopel geriet, und mußten um die eigene Freiheit fürchten. Wir wissen nicht, wer den Plan, Karl vom Papst zum römischen Kaiser krönen zu lassen, ersann oder in die Wege leitete; Alkuin, Theodulf und andere ihm nahestehende Persönlichkeiten hatten von der Möglichkeit gesprochen; vielleicht lag die Initiative bei ihnen, vielleicht bei den Ratgebern der Päpste. Es galt, große Schwierigkeiten zu überwinden: der griechische Monarch trug bereits den Titel eines römischen Kaisers und besaß ein historisch vollbegründetes Anrecht darauf; die Kirche war nicht ermächtigt, den Titel zu verleihen oder auf andere zu übertragen; es konnte zu einem fürchterlichen Krieg des christlichen Ostens gegen den christlichen Westen kommen, wenn man den Titel an einen Nebenbuhler von Byzanz verlieh, so daß ein verwüstetes Europa der Eroberung durch den Islam preisgegeben worden wäre. Günstig war, daß Irene sich des griechischen Thrones bemächtigte (797); es hieß nun, es gebe keinen griechischen Kaiser, so daß der Weg für einen Bewerber offenstand. Falls der kühne Plan sich verwirklichen ließe, würde es wiederum einen römischen Kaiser im Westen geben, das lateinische Christentum würde stark und geeint dem abtrünnigen Byzanz und dem drohenden Islam gegenüberstehen, und das ins Barbarentum verfallene Europa würde mit Hilfe des ehrfurchtgebietenden, zauberhaften Klanges des kaiserlichen Namens durch Jahrhunderte der Finsternis auf die Zivilisation und Kultur der Antike zurückgreifen und sie verchristlichen können.

Am 26. Dezember 795 wurde Leo III. zum Papst gewählt. Die Römer liebten ihn nicht; er wurde verschiedener Übeltaten bezichtigt, und am 25. April 799 griff der römische Pöbel ihn an, mißhandelte ihn und setzte ihn in einem Kloster gefangen. Er entkam und floh nach Paderborn, wo er Karl um Beistand ersuchte. Der König nahm ihn freundlich auf und sandte ihn mit einem bewaffneten Geleit nach Rom zurück und befahl, daß der Papst und seine Ankläger im folgenden Jahre vor ihm erscheinen sollten. Am 24. November 800 hielt Karl in der antiken Hauptstadt prächtigen Einzug; am 1. Dezember kam eine Versammlung von Römern und Franken überein, die Anklage gegen Leo fallenzulassen, falls er sie mit einem feierlichen Eid entkräften würde; Leo leistete den Eid, und der Weg zu einer großartigen Kaiserkrönung am Weihnachtstage stand offen. Als Karl an diesem Tage, im Überwurf und den Sandalen des *patricius Romanus* vor dem Altar der Peterskirche im Gebet kniete, holte Leo plötzlich eine edelsteingeschmückte Krone hervor und setzte sie dem König aufs Haupt. Die Gemeinde, die vielleicht schon zuvor instruiert worden war, nach dem antiken Ritus als ein *senatus populusque Romanus*, der eine Krönung bestätigt, zu handeln, rief dreimal: «Karl, dem Augustus, dem von Gott gekrönten, großen und friedebringenden Kaiser der Römer, Heil und Sieg!» Das kaiserliche Haupt wurde mit heiligem Öl gesalbt, der Papst grüßte Karl als Kaiser und Augustus und brachte ihm die Huldigung dar, die seit 476 dem oströmischen Kaiser vorbehalten gewesen war.

Einhard berichtet, Karl habe ihm gesagt, er hätte die Kirche nicht betreten, falls er von Leos Absicht, ihn zu krönen, gewußt hätte. Möglicherweise wußte er von dem Plan, war aber mit der Eile und den näheren Umständen seiner Ausführung nicht einverstanden; es war ihm wohl nicht angenehm, die Krone von einem Papst zu empfangen, womit einem jahrhundertelangen Streit um Würde und Macht zwischen Geber und Empfänger alle

Schranken geöffnet waren, und es ist anzunehmen, daß er Schwierigkeiten mit Byzanz voraussah. Er sandte nun häufig Botschaften und Briefe nach Konstantinopel, um den Riß zu heilen, und eine Zeitlang machte er noch keinen Gebrauch von seinem neuen Titel. Im Jahre 802 bot er Irene seine Hand, damit sie gegenseitig ihre zweifelhaften Titel legalisieren könnten[39]; Irenes Fall machte aber diesen eleganten Plan zunichte. Um jedem kriegerischen Angriff von seiten des Byzantinischen Reiches zuvorzukommen, schloß er mit Harun al-Raschid ein Bündnis ab; zur Besiegelung ihres Einvernehmens sandte Harun an Karl einige Elephanten und die Schlüssel zu den Heiligen Stätten der Christen in Jerusalem. Der Kaiser des Ostreiches erwiderte damit, daß er den Emir von Córdoba zum Abfall von Bagdad bewog. 812 erkannte der griechische *basileus* schließlich Karl als Mitkaiser an, wogegen Karl die Zugehörigkeit von Venedig und Süditalien zu Byzanz bestätigte.

Die Krönung wirkte sich in ihren Folgen über ein ganzes Jahrtausend aus. Sie stärkte die Macht der Päpste und Bischöfe, da sie die Autorität des Staates von deren Übertragung durch die Kirche abhängig machte; Gregor VII. und Innozenz III.schufen eine mächtigere Kirche auf Grund der Ereignisse des Jahres 800 in Rom. Karls Machtstellung gegenüber unzufriedenen Adligen und anderen Gewalten festigte sich, da er durch die Krönung ein Stellvertreter Gottes wurde; die Theorie des göttlichen Rechtes der Könige erhielt dadurch Vorschub. Weiter trug die Krönung erheblich zur Abspaltung der griechisch-orthodoxen von der römisch-katholischen Kirche bei; die griechische Kirche fand keinen Gefallen an der Unterordnung unter eine römische Kirche, die mit einem mit Byzanz rivalisierenden Reich verbündet war. Die Tatsache, daß Karl (dem Wunsche des Papstes gemäß) seinen Regierungssitz in Aachen beibehielt und nicht nach Rom zog, unterstreicht den Übergang der politischen Macht vom Mittelmeergebiet auf Nordeuropa, von den lateinischen Völkern an die Germanen. Vor allem ließ die Krönung das Heilige Römische Reich *de facto*, wenn auch nicht in der Theorie, entstehen. Karl und seine Ratgeber faßten die neuübertragene Herrschaftsgewalt als Erneuerung der alten Reichsmacht auf; erst mit Otto I. erkannte man den deutlich andersartigen Charakter des Staatswesens; und «heilig» wurde es erst, als Friedrich Barbarossa 1155 das Wort *sacrum* in seinen Titel aufnahm. Im großen und ganzen stellte das Heilige Römische Reich trotz der Bedrohung der geistigen und bürgerlichen Freiheit, die es mit sich brachte, einen edlen Gedanken dar, einen Traum von Sicherheit und Frieden, von Ordnung und Zivilisation, einer heldenmütig der Barbarei, Gewalttätigkeit und Unwissenheit entrungenen Welt zurückzugeben.

Als Kaiser mußte Karl nun bei Staatshandlungen beengende Förmlichkeiten beachten, bestickte Gewänder, eine goldene Spange, edelsteinbesetzte Schuhe und eine Krone aus Gold und Edelsteinen tragen, und die Besucher warfen sich vor ihm nieder, um ihm das Knie oder den Fuß zu küssen; so viel hatte Karl von Byzanz und Byzanz von Ktesiphon gelernt. An den anderen Tagen aber unterschied er sich, wie Einhard berichtet, in der Kleidung nur wenig von den übrigen Franken, trug ein Leinenhemd und enganliegende Kniehosen, darüber einen wollenen, vielleicht mit Seide gesäumten Überwurf; mit Bändern umwundene Strümpfe bedeckten die Beine, Lederschuhe die Füße; im Winter trug er dazu einen enganliegenden Mantel aus Otter- oder Marderfell; stets hing ein Schwert an seiner Seite. Er war ein Meter neunzig groß und von ebenmäßigem Körperbau[40], hatte blondes Haar, lebhafte Augen, eine kraftvolle Nase und trug einen Schnurrbart, aber keinen Bart. Im Essen und Trinken war er mäßig; Trunkenheit war ihm ein Greuel; obgleich er sich jeder Unbill und Mühsal aussetzte, war er stets guter Gesundheit. Er ging oft auf die Jagd oder unternahm ausgedehnte Ritte. Er war ein guter Schwimmer und badete gerne in den heißen Quellen von Aachen. Selten sah er Gäste bei sich, da er beim Essen lieber Musik hörte oder ein Buch las. Wie jeder große Mensch schätzte er die Zeit hoch ein; er gewährte Audienzen und befaßte sich mit Gerichtssachen, während er sich morgens anzog und die Schuhe anlegte.

Hinter seiner Würde und Majestät lagen Leidenschaftlichkeit und Tatkraft verborgen; mit seiner klarblickenden Urteilskraft vermochte er sie aber seinen Zielen dienstbar zu machen. Ein halbes Hundert Feldzüge taten seiner Lebenskraft keinen Abbruch; er widmete sich zudem mit unermüdlicher Begeisterung dem Studium von Wissenschaft, Recht, Literatur und Theologie, und jedes Stück Erde und jedes Wissensgebiet, das unbeherrscht und unerforscht blieb, schmerzte ihn. In manchen Dingen zeigte er eine geistige Naivität; er verachtete den Aberglauben und ächtete die Wahrsager und Zukunftspropheten, nahm aber viele mythische Wunder gläubig hin und überschätzte die Fähigkeit der Gesetzgebung, den Menschen zu Güte und Verständnis zu veranlassen. An dieser Einfachheit der Seele ist etwas Schönes: in seinem Denken und Sprechen war eine Ursprünglichkeit und Aufrichtigkeit zu spüren, die einem Staatsmann selten gegeben sind.

Wenn die Politik es erforderte, konnte er auch unbarmherzig sein, und besonders in seinem Bestreben, das Christentum auszubreiten, erwies er sich als sehr grausam. Und doch war er ein gütiger Mensch, der viel Nächstenliebe zeigte, inniger Freundschaften und einer mannigfachen Liebe fähig war. Er weinte beim Tode seiner Söhne, seiner Tochter und des Papstes Hadrian. In einem Gedichte *Ad Carolum regem* zeichnet Theodulf ein freundliches Bild von dem Kaiser im Kreise seiner Familie. Wenn er von den Regierungsgeschäften heimkehrt, umringen ihn seine Kinder; Sohn Karl nimmt ihm den Mantel ab, Sohn Ludwig das Schwert; seine sechs Töchter umarmen ihn, bringen ihm Brot, Wein, Äpfel, Blumen; der Bischof kommt herein, das Essen des Königs zu segnen; Alkuin hält sich bereit, literarische Fragen mit ihm zu besprechen; der winzige Einhard läuft emsig wie eine Ameise herum und schleppt riesige Bücher herbei[41]. Karl liebte seine Töchter so sehr, daß er erklärte, er könne ohne sie nicht leben, und sie von der Ehe abhielt. Sie trösteten sich mit unerlaubten Liebesbeziehungen und schenkten mehreren illegitimen Kindern das Leben[42]. Karl machte gute Miene dazu, da er selbst, dem Brauch seiner Vorgänger folgend, nacheinander vier Frauen und dazu noch fünf Mätressen oder Konkubinen hatte. In seiner überschäumenden Lebenskraft war er den weiblichen Reizen sehr zugänglich, und seine Frauen schätzten einen Anteil an ihm höher ein als das Monopol über irgendeinen anderen Mann. Seinem Harem entsprossen etwa achtzehn Kinder, darunter acht legitime[43]. Die Hofgeistlichen und Rom verhielten sich gegenüber der muselmanischen Moral eines so christlichen Königs nachsichtig.

Er war nun das Haupt eines Reiches, das erheblich größer war als das Byzantinische und in der Welt des weißen Mannes nur vom Abbasidenkalifat an Ausdehnung übertroffen wurde. Aber jede vorgetriebene Grenze eines Reiches oder einer Wissenschaft wirft neue

Probleme auf. Westeuropa hatte versucht, sich der Germanen zu erwehren, indem es sie in seine Zivilisation aufnahm; nun aber mußte Deutschland sich der Normannen und Slawen erwehren. Die Wikinger hatten vor 800 ein Königreich in Jütland gegründet und überfielen von dort aus die friesische Küste. Karl eilte von Rom nach Norden, baute Meeres- und Flußflotten, errichtete Festungen an Küsten und Flußufern und richtete an besonders gefährdeten Punkten Garnisonen ein. 810 drang der König von Jütland in Friesland ein und wurde wieder vertrieben; kurze Zeit hernach mußte, wie der Mönch von St. Gallen in seiner Chronik berichtet, Karl, der in seinem Palast zu Narbonne weilte, zu seinem Entsetzen dänische Piratenschiffe im Golf von Lyon feststellen.

Wohl weil er (wie seinerzeit Diokletian) voraussah, daß sein allzu ausgedehntes Reich eine schnelle Verteidigungsbereitschaft an vielen Stellen zugleich erforderte, teilte er es 806 unter seine drei Söhne Pippin, Ludwig und Karl auf. Pippin starb jedoch im Jahre 810, Karl 811; nur Ludwig verblieb, so sehr in seiner Frömmigkeit befangen, daß er wenig geeignet schien, eine rohe und verräterische Welt zu regieren. 813 wurde Ludwig aber doch vom Range eines Königs in einer feierlichen Zeremonie in den Kaiserrang erhoben, und der alte Monarch sprach sein *nunc dimittis* aus: «Gebenedeiet seist du, Herr, der du mir die Gnade gewährtest, mit eigenen Augen den Sohn auf meinem Throne zu sehen![44]» Vier Monate darauf wurde er im Winterquartier zu Aachen von einem hohen Fieber befallen; eine Lungenentzündung bildete sich aus. Karl versuchte sie dadurch zu heilen, daß er nur Flüssigkeiten zu sich nahm; nach siebentägiger Krankheit starb er jedoch im siebenundvierzigsten Jahre seiner Regierung und im zweiundsiebzigsten seines Lebens (814). Er wurde unter der Kuppel des Münsters zu Aachen beigesetzt, in seine kaiserlichen Gewänder gekleidet. Bald wurde er von der ganzen Welt Carolus Magnus, Karl der Große, Charlemagne genannt, und im Jahre 1165, als die Zeit alle Erinnerung an seine Mätressen hinweggespült hatte, nahm ihn die Kirche, der er so gut gedient hatte, in die Schar der Seligen auf.

3. DER NIEDERGANG DER KAROLINGER

Die karolingische Renaissance war eines von mehreren heroischen Zwischenspielen des finsteren Mittelalters. Sie hätte der Finsternis drei Jahrhunderte vor Abälard ein Ende setzen können, wenn nicht die Streitigkeiten der unfähigen Nachfolger Karls, die Feudalanarchie der Barone, der mörderische Kampf zwischen Kirche und Staat und die durch diese Unzulänglichkeiten heraufbeschworenen Normannen-, Magyaren und Sarazeneninvasionen dazwischengekommen wären. Ein einzelner Mann, ein einziges Leben, hatten nicht genügt, um eine neue Zivilisation zu begründen. Die kurzlebige Wiedergeburt war zu sehr auf die Geistlichkeit beschränkt; der gewöhnliche Bürger hatte an ihr nicht teil; vom Adel hatten wenige auch nur einen Deut für sie übrig, nur wenige nahmen sich auch nur die Mühe, das Lesen zu erlernen. Auf Karl selbst fällt einige Schuld für den Zusammenbruch seines Reiches. Er hatte der Geistlichkeit solche Reichtümer zukommen lassen, daß die Macht der Bischöfe nun, da seine starke Hand fehlte, die Macht des Kaisers übertraf; und er hatte sich aus militärischen und verwaltungstechnischen Gründen gezwungen gesehen, den Provinzhöfen und den Lehnsherren einen gefährlichen Grad an Selbständigkeit zu gewähren. Er hatte die Finanzen einer mit der Reichspolitik belasteten Staatsführung in Abhängigkeit von der Ergebenheit und Anständigkeit dieser rauhen Adligen und von den bescheidenen Einnahmen aus den Ländereien und Bergwerken seines Eigenbesitzes gebracht. Es war ihm nicht gelungen, nach Art der byzantinischen Kaiser einen staatlichen Beamtenapparat aufzuziehen, der nur der Zentralgewalt verantwortlich gewesen wäre oder der Staatsführung trotz allem Wechsel auf dem Kaiserthrone Beständigkeit hätte geben können. Noch kein Menschenalter nach Karls Tode fanden die *missi dominici*, die seine Befehle in die Grafschaften hinausgetragen hatten, keine Beachtung mehr, soweit sie überhaupt noch in Funktion waren. Karls des Großen Regierung war eine geniale Tat; sie stellt einen politischen Fortschritt in einer Zeit und einem Gebiet des wirtschaftlichen Niedergangs dar.

Die Beinamen, welche seine Nachfolger von ihren Zeitgenossen erhielten, sprechen eine deutliche Sprache: Ludwig der Fromme, Karl der Kahle, Ludwig der Stammler, Karl der Dicke, Karl der Einfältige. Ludwig «der Fromme»* (814–840) war so groß und wohlgestalt wie sein Vater, bescheiden, freundlich und gütig und gerade so unverbesserlich nachsichtig wie Caesar. Von Priestern erzogen, nahm er sich die Moralvorschriften, die Karl mit so viel Mäßigung befolgt hatte, zu Herzen. Er hatte nur eine Frau und keine Konkubinen, er vertrieb die Mätressen seines Vaters und die Liebhaber seiner Schwestern vom Hofe und steckte die Schwestern in ein Kloster, als sie Einwände erhoben. Er nahm die Priester beim Wort und befahl den Mönchen, sich streng an ihre benediktinische Ordensregel zu halten. Wo er auf Ungerechtigkeit oder Ausbeutung stieß, versuchte er Einhalt zu gebieten und geschehenes Unrecht wiedergutzumachen. Das Volk war erstaunt, ihn immer auf der Seite der Schwachen und Armen zu finden.

Dem fränkischen Brauche folgend, teilte er sein Reich in Königreiche auf, an deren Spitze er seine Söhne stellte – Pippin, Lothar und Ludwig «den Deutschen». Aus der Ehe mit seiner zweiten Frau, Judith, wurde Ludwig dem Frommen ein vierter Sohn geboren, der als Karl der Kahle in die Geschichte einging; Ludwig liebte ihn beinahe mit der Vernarrtheit eines Großvaters und wollte ihn an dem Reiche teilhaben lassen und zu diesem Zwecke die Teilung von 817 aufheben; die drei älteren Söhne wehrten sich dagegen und begannen einen acht Jahre währenden Bürgerkrieg gegen ihren Vater. Die meisten Adligen und Geistlichen stellten sich auf die Seite der Aufständischen; die wenigen, die Ludwig die Treue zu halten schienen, ließen ihn in einem kritischen Zeitpunkt auf dem Rothfeld (bei Colmar), das von da an Lügenfeld hieß, im Stich. Ludwig befahl den verbliebenen Anhängern, ihn zu ihrer eigenen Rettung zu verlassen, und ergab sich seinen Söhnen (833). Sie setzten Judith gefangen und tonsurierten sie, steckten den jungen Karl in ein Kloster und befahlen ihrem Vater, abzudanken und Buße zu tun. In einer Kirche in Soissons wurde Ludwig gezwungen, von dreißig Bischöfen umringt und in Gegenwart seines Sohnes und Nachfolgers Lothar, sich bis an die Hüfte zu entblößen und auf einer härenen Decke hingestreckt ein Schuldbekenntnis abzulegen. Er kleidete sich in das Gewand eines Büßers und wurde ein Jahr lang in einem Kloster gefangengehalten. Von diesem Augenblicke an wurde Frankreich, dessen karolingisches Herrscherhaus zerfiel, von einem geeinten Episkopat regiert.

* Eine in der Zeit verwurzelte falsche Übersetzung des Wortes *pius*, welches «ehrfürchtig, getreu, freundlich, gütig» und vieles andere bedeutet.

Das Volksempfinden lehnte sich gegen die Art auf, wie Lothar seinen Vater Ludwig behandelt hatte. Viele Adlige und einige Geistliche gingen auf Judiths Forderung ein und verlangten den Widerruf der Absetzung; daraus entstanden Streitigkeiten unter den Söhnen; Pippin und Ludwig ließen ihren Vater frei, setzten ihn wieder auf den Thron und ließen Judith und Karl in seine Arme zurückkehren (834). Ludwig verzichtete auf jede Rache, verzieh vielmehr allen. Als Pippin starb (838), wurde eine neue Teilung vorgenommen. Ludwig der Deutsche war mit ihr nicht einverstanden und drang in Sachsen ein. Der alte Kaiser zog zu Feld und schlug die Invasion zurück; auf dem Rückweg erkrankte er infolge der Mühsale und starb bei Ingelheim (840). Zu seinen letzten Worten gehörte auch eine Botschaft der Vergebung an seinen Sohn Ludwig und die Aufforderung an Lothar, der jetzt Kaiser wurde, Judith und Karl in seinen Schutz zu nehmen.

Lothar versuchte Karl und Ludwig auf die Stufe von Vasallen zu stellen; sie schlugen ihn bei Fontenoy (841) und leisteten zu Straßburg einen Eid der gegenseitigen Treue, der als das älteste Schriftstück in französischer Sprache Berühmtheit erlangt hat. Im Jahre 843 unterzeichneten sie jedoch mit Lothar den Vertrag von Verdun, in welchem sie das Reich Karls des Großen in drei Reiche aufteilten, welche ungefähr den heutigen Staaten Italien, Frankreich und Deutschland entsprachen. Ludwig erhielt die Lande zwischen Rhein und Elbe, Karl den größten Teil Frankreichs und die Spanische Mark, Lothar Italien und die Gebiete zwischen dem Rhein im Osten und Schelde, Saône und Rhône im Westen; dieses heterogene Land, das sich von Holland bis in die Provence erstreckte, erhielt nach ihm den Namen *Lothari regnum*, Lotharingia, Lothringen, Lorraine. Es besaß keine völkische oder sprachliche Einheit und mußte zum Kampffeld zwischen Deutschland und Frankreich werden und im blutigen Wechsel von Sieg und Niederlage wiederholt den Herrn wechseln.

Während dieser kostspieligen Bürgerkriege, welche die Staatsgewalt, die Menschenkraft, den Wohlstand und die Moral von Westeuropa schwächten, drangen die sich ausbreitenden Stämme Skandinaviens in einer Barbarenflut in Frankreich ein, welche die Schrecken und Wirren der Germanenwanderungen vor vier Jahrhunderten wieder aufleben ließen. Während die Schweden in Rußland einsickerten und die Norweger in Irland Fuß faßten und die Dänen England eroberten, fielen Banden von Skandinaviern, die wir Norweger oder Normannen nennen können, über die Städte an den Küsten und Flüssen Frankreichs her. Nach dem Tode Ludwigs des Frommen weiteten sich diese Überfälle zu richtigen großen Feldzügen aus, an denen Flotten von über hundert Schiffen teilnahmen, die mit Kriegern, die zugleich als Ruderer dienten, reich besetzt waren. Im neunten und zehnten Jahrhundert hatte Frankreich siebenundvierzig Normannenüberfälle zu erdulden. 840 plünderten die Seeräuber Rouen und leiteten damit ein Jahrhundert der Überfälle auf die Normandie ein; 843 drangen sie in Nantes ein und erschlugen den Bischof an seinem Altar; 844 fuhren sie garonneaufwärts bis Toulouse; 845 drangen sie die Seine hinauf bis Paris vor, verschonten aber die Stadt, als sie eine Tributzahlung von 7000 Pfund Silber erhielten. 846, als die Sarazenen Rom angriffen, eroberten die Normannen Friesland; im gleichen Jahre brannten sie Dordrecht nieder und plünderten Limoges. 847 belagerten sie Bordeaux, wurden jedoch abgewiesen; 848 erneuerten sie den Versuch, nahmen die Stadt ein, plünderten sie vollständig aus, brannten sie nieder und massakrierten ihre Einwohnerschaft. Im folgenden Jahre widerfuhr Beauvais, Bayeux, St-Lô, Meaux, Evreux, Tours das gleiche Los; einen kleinen Begriff von dieser Schreckenszeit erhalten wir, wenn wir uns vergegenwärtigen, daß allein Tours in den Jahren 853, 856, 862, 886, 903 und 919 völlig ausgeplündert wurde[45]. Paris wurde 856 geplündert, desgleichen 861, und 865 niedergebrannt. In Orléans und Chartres stellten die Bischöfe ein Heer auf und schlugen die Eindringlinge zurück (855), aber im Jahre 856 drangen dänische Plünderer in Orléans ein. 859 fuhr eine Norwegerflotte durch die Meerenge von Gibraltar in das Mittelmeer ein, überfiel Städte an der Rhône bis nach Valence hinauf, setzte über den Golf von Genua und plünderte Pisa und andere italienische Städte. Hie und da rannten sie sich an den befestigten Burgen der Adligen die Stirne ein und hielten sich dafür plündernd oder zerstörend an den Schätzen ungeschützter Klöster oder Kirchen schadlos; oft gingen dabei die Klöster mitsamt den Bibliotheken in Flammen auf, und öfters fanden dabei Mönche und Priester den Tod. In den Litaneien dieser finsteren Zeiten beteten die Menschen: *Libera nos a furore Normanorum* – «Befreie uns von der Wut der Normannen!»[46]. Als ob sie sich mit den Normannen verschworen hätten, eroberten die Sarazenen im Jahre 810 Corsica und Sardinien; 820 verwüsteten sie die Französische Riviera, 842 plünderten sie Arles, und 972 hatten sie sich in den Besitz des größten Teils der französischen Mittelmeerküste gesetzt.

Was taten Könige und Lehnsherren während dieses Halbjahrhunderts der Zerstörung? Die Lehnsherren, selbst bedrängt, waren keineswegs geneigt, anderen Gebieten Hilfe zukommen zu lassen, und schenkten den Aufrufen zu gemeinsamem Handeln kaum Gehör. Die Könige waren mit ihren Kriegen um territorialen Besitz oder um den Kaiserthron beschäftigt und ermunterten manchmal die Normannen, die Küsten eines Rivalen heimzusuchen. 859 beschuldigte Erzbischof Hinkmar von Reims Karl den Kahlen ohne Umschweife, er habe die Verteidigung Frankreichs vernachlässigt. Auf Karl folgten (877–888) noch schlimmere Schwächlinge – Ludwig II. der Stammler, Ludwig III., Karlmann und Karl der Dicke. Zeitumstände und Todesfälle brachten es zuwege, daß das Reich Karls des Großen unter Karl dem Kahlen wieder in der ganzen Ausdehnung vereint war, und dem sterbenden Reich stand wieder die Möglichkeit offen, um seine Erhaltung zu kämpfen. Aber 880 nahmen und brandschatzten die Normannen Nimwegen und verwandelten Courtrai und Gent in Normannenfestungen; 881 brandschatzten sie Lüttich, Köln, Bonn, Prüm und Aachen; 882 eroberten sie Trier, dessen Erzbischof als Leiter der Verteidigung im Kampfe fiel; im gleichen Jahre nahmen sie Reims, wobei Hinkmar zur Flucht gezwungen wurde und den Tod fand. 883 eroberten sie Amiens, zogen sich aber wieder zurück, als sie von König Karlmann 12 000 Pfund Silber erhielten. 885 nahmen sie Rouen und fuhren, dreißigtausend Mann stark, mit 700 Schiffen die Seine hinauf nach Paris. Der Statthalter der Stadt, Graf Odo (Eudes), und ihr Bischof Gozlin stellten sich an die Spitze einer mutigen Verteidigerschar; dreizehn Monate lang widerstand Paris der Belagerung und machte dreizehn Ausfälle; schließlich zahlte Karl der Dicke, statt zu Hilfe zu kommen, den Normannen 700 Pfund Silber und gestattete ihnen, seineaufwärts zu ziehen und in Burgund zu überwintern, wo sie nach Herzenslust plünderten. Karl wurde abgesetzt und starb 888. Odo wurde zum König von Frankreich gewählt, und Paris, dessen strategischer Wert nun erwiesen war, wurde Regierungssitz.

Odos Nachfolger, Karl der Einfältige (898–923), schützte das Gebiet um Seine und Saône, rührte aber keine Hand zur Abwehr der Normannenplage im restlichen Frankreich. Im Jahre 911 überließ er dem normannischen Stammesführer Rolf oder Rollo die Gebiete von Rouen, Lisieux und Evreux, die bereits in Händen der Normannen waren; sie willigten ein, dem König den Lehnseid zu leisten, machten sich aber über ihn lustig, als sie die Zeremonie vollzogen. Rollo nahm das Christentum an; sein Volk ließ sich mit ihm taufen und bequemte sich allmählich zu Ackerbau und Zivilisation. Solcherart begann die Normandie als norwegische Eroberung in Frankreich.

Der einfältige König hatte für Paris schließlich eine Lösung gefunden; nun hielten die Normannen selbst alle Eindringlinge davon ab, die Seine hinaufzufahren. Andernorts nahmen die Normannenüberfälle jedoch ihren Fortgang. Chartres fiel 911 der Plünderung anheim, Angers 919; die Aquitaine und die Auvergne wurden 923 ausgeplündert, das Artois und das Gebiet um Beauvais 924. Fast zur gleichen Zeit drangen die Magyaren, die Süddeutschland verwüstet hatten, in Burgund ein (917), überschritten wiederholt ungehindert die französische Grenze, beraubten und brandschatzten die Klöster um Reims und Sens (937), zogen wie ein alles verzehrender Wirbelwind durch die Aquitaine (951), steckten die Vorstädte von Cambrai, Laon und Reims in Brand (954) und ergossen sich über Burgund, das sie in aller Ruhe ausraubten. Unter den wiederholten Schlägen der Normannen und Hunnen war das Gewebe der Gesellschaftsordnung in Frankreich dem völligen Zerreißen nahe. Eine Kirchensynode in Trosle rief 909 aus:

> Die Städte sind entvölkert, die Klöster zerstört und ausgebrannt, das Land verödet ... Wie die ersten Menschen ohne Gesetz lebten, so verachtet nun ein jeder das Gottes- oder Menschenrecht und tut, was ihm beliebt ... Die Starken unterdrücken die Schwachen; die Welt ist erfüllt von Gewaltsamkeit gegen die Armen und vom Raub an Kirchengütern. ... Die Menschen verschlingen einander wie die Fische im Meer.[47]

Die letzten Karolingerkönige – Ludwig IV., Lothar IV., Ludwig V. – waren Männer guten Willens, ihrem Blute fehlte aber das Eisen, das notwendig ist, um aus der allgemeinen Verzweiflung eine neue Lebensordnung zu schmieden. Als Ludwig V. (987) ohne Nachkommenschaft starb, suchten Adel und Geistlichkeit Frankreichs ihr Oberhaupt bei einer anderen Linie als der karolingischen. Sie fanden es in dem Nachkommen eines Markgrafen von Neustrien, der bezeichnenderweise den Namen Robert der Tapfere führte († 866). Der Odo, welcher Paris rettete, war sein Sohn; ein Enkel, Hugo der Große († 956), hatte durch Kauf oder Krieg fast das gesamte Gebiet zwischen der Normandie, der Seine und der Loire unter seine Lehnshoheit gebracht und mehr Reichtum und Macht angehäuft, als die Könige besaßen. Nun war Hugo Capet, Hugos Sohn, durch Erbschaft in Besitz seines Reichtums und seiner Macht und offenbar auch der Fähigkeiten, die ihm Reichtum und Macht eingetragen hatten, gekommen. Erzbischof Adalbero, von dem klugen Gerbert, einem Gelehrten, geleitet, schlug die Wahl Hugo Capets zum König von Frankreich vor. Die Wahl erfolgte einstimmig (987), und die Capetingerdynastie, die in der direkten und in Seitenlinien bis zur Französischen Revolution die Könige von Frankreich stellen sollte, nahm ihren Anfang.

4. LITERATUR UND KÜNSTE: 814–1066

Vielleicht stellen wir den Schaden, welcher durch die Überfälle der Normannen und Magyaren verursacht wurde, übertrieben groß dar; wenn man sie um der Kürze willen auf dem Raum einer einzigen Seite zusammendrängt, entsteht ein ungebührlich düsteres Bild von einem Leben, das zweifellos auch seine Zwischenzeiten der Sicherheit und des Friedens hatte. Während dieses ganzen schrecklichen neunten Jahrhunderts entstanden neue Klöster, die sich oft zu Mittelpunkten eines lebhaften Gewerbes entwickelten. Rouen wurde trotz den Überfällen und Feuersbrünsten durch den Handel mit Britannien kräftiger; Köln und Mainz beherrschten den Rheinhandel, und in Flandern entstanden blühende Handels- und Gewerbezentren in Gent, Ypern, Lille, Douai, Arras, Tournai, Dinant, Cambrai, Lüttich und Valenciennes.

Die Klosterbibliotheken erlitten tragische Verluste durch die Überfälle, und zweifellos wurden damals viele Kirchen zerstört, die auf Verfügung Karls des Großen Schulen eröffnet hatten. Bibliotheken blieben erhalten in den Klöstern und Kirchen von Fulda, Lorsch, der Reichenau, Mainz, Trier, Köln, Lüttich, Laon, Reims, Corbie, Fleury, St-Denis, Tours, Bobbio, Monte Cassino, St. Gallen ... Das Benediktinerkloster von St. Gallen war sowohl wegen seiner Schriftsteller als auch wegen seiner Schule und seiner Bücher berühmt. Notker Balbulus – der Stammler – (840–912) schrieb in diesem Kloster ausgezeichnete Sequenzen und die *Chronik des Mönches von St. Gallen (Gesta Caroli Magni)*; im gleichen Kloster übersetzte Notker Labeo – der Dicklippige – (950–1022) Boethius, Aristoteles und andere Klassiker ins Deutsche; diese Übersetzungen gehören zu den ersten deutschen Proseschriften und trugen dazu bei, der neuen Sprache feste Formen und eine Syntax zu geben.

Selbst in dem hartbedrängten Frankreich erhellten Klosterschulen diese finstere Zeit des Mittelalters. Remy von Auxerre eröffnete im Jahre 900 eine öffentliche Schule in Paris, und im zehnten Jahrhundert entstanden Schulen in Auxerre, Corbie, Reims und Lüttich. In Chartres gründete Bischof Fulbert (960–1028) um 1006 eine Schule, die in Frankreich vor Abälard die größte Berühmtheit erlangte; der *venerabilis Socrates*, wie ihn seine Schüler nannten, organisierte darin den Unterricht in Naturwissenschaft, Medizin und klassischer Literatur neben der Ausbildung in Theologie, Bibelkunde und Liturgie. Fulbert war ein Mann von edler Hingabe, heiligenhafter Geduld und unerschöpflicher Nächstenliebe. Seine Schule besuchten bis Ende des elften Jahrhunderts Gelehrte wie Johann von Salisbury, Wilhelm von Conches, Berengar von Tours und Gilbert de la Porrée. In dieser Zeit erreichte die von Karl dem Großen eingerichtete Hofschule bald in Compiègne, bald in Laon den Höhepunkt ihres Ruhmes unter der Förderung und dem Schutz von Karl dem Kahlen.

Im Jahre 845 lud Karl verschiedene irische und englische Gelehrte an diese Hofschule ein. Zu ihnen gehörte einer der originellsten und kühnsten Geister des Mittelalters, ein Mann, dessen Existenz Zweifel hochkommen läßt, ob man den Ausdruck «finsteres Mittelalter» auch auf das neunte Jahrhundert anwenden darf. Sein Name zeigt seine Herkunft auf doppelte Weise an: Johannes Scotus Eri(u)gena – «Johann der Ire, in Erin geboren»; wir wer den ihn einfach Erigena nennen. Obgleich er offenbar nicht dem geistlichen Stande angehörte, war er ein hochgebildeter Mann, ein Meister des Griechischen, ein Bewunderer von Platon und den Klassikern und obendrein ein witziger Kopf. Nach einer Geschichte, die alle Zeichen der literarischen Erfindung besitzt, soll er einmal Karl dem Kahlen, mit dem er zu Tische saß, auf dessen Frage *Quid distat inter sottum et Scotum?* – «Was steht (= ist der Unterschied) zwischen einem Narren und einem Iren?» – die Antwort gegeben haben: «Der Tisch[48].» Karl schätzte ihn trotzdem hoch und freute sich wahrscheinlich über seine Ketzereien. Johannes legt in seinem Buch über das Abendmahl das Sakrament symbolisch aus und stellt, ohne es ausdrücklich zu sagen, die leibliche Gegenwart Christi im geweihten Brot oder Wein in Zweifel. Als Gottschalk, ein deutscher Mönch, die unbedingte Prädestination predigte und aus diesem Grunde die Willensfreiheit des Menschen bestritt, forderte Erzbischof Hinkmar den Erigena auf, eine Erwiderung darauf zu verfassen. Das Ergebnis ist die Abhandlung *De divina praedestinatione* (um 851), die mit einer erstaunlichen Lobpreisung der Philosophie beginnt: «Der Weg zu einer wahrhaften und vollkommenen Erkenntnis, auf dem der letzte Grund aller Dinge sowohl am eifrigsten gesucht als auch am sichersten gefunden wird, liegt in jener Wissenschaft, die von den Griechen Philosophie genannt wird[49].» Im wesentlichen spricht sich das Buch gegen die Prädestination aus; der freie Wille liege bei Gott und den Menschen; Gott kenne das Böse nicht, denn wenn er es kennte, wäre er dessen Urheber. Diese Erwiderung ist noch ketzerischer als Gottschalks Lehre und wurde von zwei Kirchenkonzilen 855 und 859 verurteilt. Gottschalk wurde bis zu seinem Tode in einem Kloster festgehalten, aber Erigena genoß den Schutz des Königs.

Im Jahre 824 hatte der byzantinische Kaiser Michael der Stammler Ludwig dem Frommen das griechische Manuskript des Buches *Die Himmlische Hierarchie* zukommen lassen, das nach dem Glauben der orthodoxen Christen von Dionysios Areopagites verfaßt worden war. Ludwig übergab das Manuskript dem Kloster von St-Denis, aber niemand vermochte dort die Übersetzung aus dem Griechischen vorzunehmen. Auf die Bitte des Königs unternahm Erigena die Aufgabe. Die Übersetzung übte einen starken Einfluß auf Erigena aus und führte dazu, daß in der nichtoffiziellen christlichen Theologie das neoplatonische Bild von dem Weltall, das über verschiedene Stufen oder Grade abnehmender Vollkommenheit von Gott ausströmt oder ausstrahlt und über verschiedene Stufen langsam wieder in die Gottheit zurückkehrt, wieder auflebte.

Dieses Bild lieferte den Grundgedanken zu Johannes' eigenem Meisterwerk, *De divisione naturae (Über die Einteilung der Natur*, 867*)*. In diesem Werk findet sich neben vielem Unsinn der kühne Versuch, Theologie und Offenbarung der Vernunft zu unterwerfen und das Christentum mit der griechischen Philosophie in Einklang zu bringen – zwei Jahrhunderte vor Abälard. Die Autorität der Bibel läßt Johannes unangetastet; da ihr Sinn aber oft dunkel sei, müsse sie der Auslegung durch die Vernunft – gewöhnlich im symbolischen oder allegorischen Sinne – unterworfen werden. Erigena meint dazu: «Wenn schon Autorität aus wahrer Vernunft hervorgehen mag, so kann doch umgekehrt wahre Vernunft nie aus Autorität entstehen. Daher scheint denn auch alle Autorität, soweit sie von der wahren Vernunft nicht anerkannt ist, recht schwach zu sein. Die wahre Vernunft indessen braucht kraft ihrer inneren Stärke keinerlei Unterstützung irgendwelcher Autorität[50].» Hier verspüren wir die Bewegungen des Zeitalters der Vernunft im Schoße des Zeitalters des Glaubens.

Nach der Definition des Johannes ist Natur die allgemeine Bezeichnung für alle Dinge, die sind und die nicht sind – das heißt aller Gegenstände, Vorgänge, Grundstoffe, Ursachen und Gedanken. Er teilt die Natur in vier Wesensarten ein: (1) das schöpferische Unerschaffene – also Gott; (2) das erschaffene Schöpferische – also die Ur-Sachen, Prinzipien, Prototypen, platonischen Ideen, der Logos, durch deren Wirken die Welt der Einzeldinge entsteht; (3) das nichtschöpferische Erschaffene – also die obgenannte Welt der Einzeldinge; und (4) das nichtschöpferische Nichterschaffene – das ist Gott als Endziel, in das alle Dinge eingehen. Es habe keine Schöpfung im Zeitlichen gegeben, denn dann müßte Gott einen Wandel durchgemacht haben. «Wenn wir also hören, daß Gott alle Dinge erschafft, so sollen wir nichts anderes darunter verstehen, als daß Gott in allen Dingen vorhanden ist, das heißt daß er das Wesen alles Seienden darstellt[51].» «Wenn nun Gott an sich von keinem Verstand erfaßt werden kann, so bleibt er selbst im Innersten der von ihm erschaffenen und nur in ihm lebenden Kreatur unerfaßbar im Hinblick auf sein wahres Wesen. Wir begreifen nur das Zufällige, nicht das Wesentliche[52]» – *phainomena*, nicht *noumena*, um Kants Ausdrucksweise zu gebrauchen. Die wahrnehmbaren Eigenschaften der Dinge lägen nicht in den Dingen selber, sondern würden von der Art und Weise unserer Wahrnehmung hervorgerufen. «Wenn wir hören, daß Gott will, liebt, oder erwählt, sieht, hört ... so sollen wir nichts anderes denken, als daß sein unaussprechliches Wesen und seine Kraft für uns in natürlichen Erscheinungen zutage treten, damit nicht alles in unserer wahren und frommen christlichen Lehre über den Schöpfer stumm bleibe, wie wenn sie es nicht wagte, etwas über ihn zur Aufklärung der einfältigen Seelen auszusagen[53].» Nur zu diesem Zwecke dürfen wir von Gott sagen, er sei männlich oder weiblich; «er» sei in Wirklichkeit keines von beidem[54]. Wenn wir unter «Vater» die schöpferische Substanz, die Wesenheit aller Dinge verstünden, unter «Sohn» die göttliche Weisheit, nach der alle Dinge erschaffen oder geleitet würden, und unter «Geist» das Leben oder die Lebenskraft der Schöpfung, dann könnten wir uns Gott als Dreieinigkeit vorstellen. Himmel und Hölle seien nicht Orte, sondern Seelenzustände; die Hölle sei das Elend der Sündhaftigkeit, der Himmel die Glückseligkeit der Tugend und die Verzückung der Schau Gottes, der sich der reinen Seele in allen Dingen offenbare[55]. Der Garten Eden sei ein solcher Seelenzustand, nicht ein Ort auf Erden[56]. Alle Dinge seien unsterblich: auch die Tiere hätten wie die Menschen eine Seele, die nach dem Tode zu Gott, dem Schöpfergeist, von dem sie ausging, zurückkehre[57]. Der ganze Ablauf der Geschichte sei ein mächtiger, durch Emanation bewirkter äußerlicher Schöpfungsstrom und eine unwiderstehliche innerliche Strömung, die letzten Endes alle Dinge in Gott zurückziehen werde.

Es hat schon schlimmere Philosophien gegeben, auch in Zeiten größerer Erleuchtung. Die Kirche verdächtigte sie aber mit vollem Recht einer Fülle von Ketzereien. 865 forderte Papst Nikolaus I. Karl den Kahlen auf, entweder Johannes nach Rom zu schicken, damit er sich zum Prozesse stelle, oder ihn aus der Hofschule zu entlassen, «damit er nicht länger die nach Brot Hungernden mit Gift speise»[58]. Es ist uns nicht überliefert, welche Entscheidung Karl fällte. Wilhelm von Malmesbury[59] berichtet: «Johannes Scotus kam nach England, in unser Kloster, wie berichtet wird; er wurde von den Knaben, die er unterrichtete, mit eisernen Federn gestochen» und starb an den Folgen; wahrscheinlich ist diese Darstellung der Wunschtraum eines Schülers. Philosophen wie Gerbert, Abälard und Gilbert de la Porrée waren von Erigena heimlich beeinflußt, er geriet aber in den Wirren dieser finsteren Zeit großenteils in Vergessenheit. Als im dreizehnten Jahrhundert sein Buch der Vergessenheit entrissen wurde, verfiel es der Verdammnis des Konziles von Sens (1225), und Papst Honorius III. befahl, alle Exemplare nach Rom zu senden, damit sie dort verbrannt würden.

In diesen wirren Jahrhunderten kam die französische Kunst nicht vorwärts. Trotz Karls des Großen Vorbild errichteten die Franzosen ihre Kirchen weiterhin nach dem Grundriß der Basilika. Um 996 wurde Wilhelm von Volpiano, ein italienischer Mönch und Baumeister, Oberhaupt der normannischen Abtei von Fécamp. Er brachte viele Stilelemente des lombardischen und romanischen Stiles mit, und es waren offenbar seine Schüler, die die große romanische Abteikirche von Jumièges erbauten (1045–1067). Im Jahre 1042 trat ein anderer Italiener, Lanfranc, in das normannische Kloster Bec ein und ließ es bald zu einem Zentrum regen Geisteslebens werden. Studenten strömten in solchen Mengen herbei, daß bald neue Gebäude erstellt werden mußten; Lanfranc entwarf die Pläne, möglicherweise mit Hilfe eines weiteren Fachmannes. Von den Baulichkeiten steht nicht ein einziger Stein mehr; aber die Abbaye aux Hommes in Caen (1077–1081) steht noch als Zeuge des kraftvollen romanischen Stiles, den Lanfranc und seine Nachfolger in der Normandie entwickelten.

Im elften Jahrhundert entstanden in ganz Frankreich neue Kirchen, und Künstler schmückten sie mit Wandbildern, Mosaiken und Skulpturen. Karl der Große hatte angeordnet, daß das Innere der Kirchen zur Unterweisung der Gläubigen ausgemalt werden sollte; die Paläste von Aachen und Ingelheim waren mit Fresken ausgeschmückt, und zweifellos folgten viele Kirchen diesen Vorbildern. Die letzten Fragmente der Fresken von Aachen fielen 1944 der Zerstörung anheim; aber gleichartige Wandbilder sind in Auxerre (St-Germain) erhalten. Sie unterscheiden sich in Stil und Figurierung nur nach der Größenordnung von den Buchillustrationen der gleichen Zeit. In Tours wurde während der Regierungszeit von Karl dem Kahlen eine große Bibel geschrieben und illustriert und dem König dargebracht; sie trägt heute die Nummer 1 der lateinischen Manuskripte der Bibliothèque Nationale von Paris. Noch schöner ist das Lothar-Evangeliar, das ebenfalls von den Mönchen von Tours verfertigt wurde. Die Mönche von Reims stellten im gleichen neunten Jahrhundert den berühmten «Utrechter» Psalter her – 108 Pergamentblätter mit den Psalmen und dem Apostolischen Glaubensbekenntnis, überreich verziert mit einer richtigen Menagerie von Tieren und einem Museum von Gerätschaften und Beschäftigungen. In diesen lebendigen Bildern wandelt ein blutvoller Realismus die früher steifen und konventionellen Gestalten der Miniaturkunst um.

5. DER AUFSTIEG DER HERZÖGE: 987–1066

Das Frankreich, das von Hugo Capet (987–996) regiert wurde, stellte nun eine eigene Nation dar, welche die Oberhoheit des Heiligen Römischen Reiches nicht mehr anerkannte; die Einigung des kontinentaleuropäischen Westens, die Karl der Große zuwege gebracht hatte, wurde nie mehr erreicht, es sei denn für ganz kurze Zeit von Napoleon und Hitler. Hugos Frankreich war aber nicht unser Frankreich; Aquitanien und Burgund waren praktisch unabhängige Herzogtümer, und Lothringen sollte sich für sieben Jahrhunderte an Deutschland anschließen. Es war ein völkisch und sprachlich uneinheitliches Frankreich: der Nordosten war mehr flämisch als französisch und blutmäßig stark germanisch; die Normandie war normannisch; die Bretagne war keltisch und hielt sich abseits, ganz von Flüchtlingen aus Britannien beherrscht; die Provence war in Volkstum und Sprache noch eine römisch-gallische «Provinz»; das Frankreich der Pyrenäengegend war gotisch; Katalonien, das der französischen Monarchie unterstand, war Got-alonien. Die Loire teilte Frankreich in zwei Regionen verschiedener Kultur und Sprache auf. Es war die Aufgabe der französischen Monarchie, aus dieser Mannigfaltigkeit eine Einheit zu machen, aus einem Dutzend Völkerschaften eine Nation zu schmieden. Die Lösung dieser Aufgabe benötigte achthundert Jahre.

Um die Aussichten auf eine geregelte Nachfolge zu verbessern, ließ Hugo im ersten Jahre seiner Regierung seinen Sohn Robert zum Mitkönig krönen. Robert der Fromme (996–1031) gilt als «mittelmäßiger König»[60], wohl weil er den Kriegsruhm mied. Als er mit Kaiser Heinrich II. von Deutschland wegen Grenzfragen in Streit geriet, verabredete er eine Zusammenkunft mit ihm, tauschte Geschenke aus und gelangte zu einer friedlichen Übereinkunft. Wie Ludwig IX., Heinrich IV., und Ludwig XVI. brachte Robert für die Armen und Schwachen viel Güte auf und suchte sie nach Kräften gegen die Rücksichtslosigkeit der Starken zu schützen. Er erzürnte die Kirche durch seine Heirat mit Berta, seiner Base (998), ertrug geduldig die Exkommunikation der Kirche und die Sticheleien der Menschen, die sie für eine Hexe hielten; schließlich trennte er sich von ihr und fühlte sich von da an nie mehr glücklich. Bei seinem Tode soll «großer Jammer und untragbares Leid» geherrscht haben[61]. Zwischen seinen Söhnen brach ein Nachfolgekrieg aus; der ältere, Heinrich I. (1031–1060) trug den Sieg davon, aber nur mit Hilfe Roberts, des Herzogs der Normandie. Am Ende dieses langen Streites (1031–1039) war die Monarchie an Geld und Menschen so arm geworden, daß sie die mächtigen und unabhängigen Herren nicht mehr daran hindern konnte, Frankreich zu zerstückeln.

Um das Jahr 1000 hatten sich in Frankreich dadurch, daß Großgrundbesitzer sich allmählich in den Besitz umliegender Ländereien setzten, im wesentlichen sieben Fürstentümer herangebildet, die von Grafen oder Herzögen regiert wurden: Aquitanien, Toulouse, Burgund, Anjou, die Champagne, Flandern und die Normandie. Diese Herzöge und Grafen waren fast ausnahmslos die Nachfahren von Stammesführern oder Feldherren, denen Merowinger- oder Karolingerkönige als Belohnung für Kriegs- oder Staatsdienste Ländereien zu Lehen gegeben hatten. Der König war im Truppenaufgebot und im Grenzschutz von diesen Magnaten abhängig geworden; nach 888 erstreckte sich seine Rechtsprechung und sein Steuereinzug nicht mehr über das ganze Reich; die Herzöge und Grafen erließen Gesetze, erhoben Steuern, führten Krieg, hielten als praktisch unumschränkte Gewalten in ihren Ländern Strafgericht und leisteten dem König nur formell die Huldigung und einen begrenzten Kriegsdienst. Die Autorität des Königs in Rechtswesen, Gerichtsbarkeit und Finanzwesen war auf seine eigene königliche Domäne begrenzt, auf die spätere Ile de

France, das Gebiet der Saône und der mittleren Seine von Orléans bis Beauvais und von Chartres bis Reims.

Von all den verhältnismäßig unabhängigen Herzogtümern nahm die Normandie am raschesten an Autorität und Macht zu. Innerhalb eines Jahrhunderts nach der Abtretung an die Normannen war sie – möglicherweise wegen der Meeresnähe und ihrer Mittelstellung zwischen England und Paris – zur unternehmungs- und abenteuerlustigsten Provinz Frankreichs geworden. Die Normannen waren nun begeisterte Christen, besaßen große Klöster und Abteischulen und vermehrten sich mit einem Eifer, der die normannische Jugend bald dazu treiben sollte, sich aus alten Staaten neue Fürstentümer herauszuhauen. Die Abstammung von den Wikingern sorgte dafür, daß aus ihnen starke Staatsführer wurden, die es mit der Moral nicht zu genau nahmen und sich von Skrupeln nicht zu sehr bedrücken ließen, die aber mit fester Hand über eine unruhige Bevölkerung von Galliern, Franken und Normannen zu regieren vermochten. Robert I. (1028–1035) war noch nicht Herzog der Normandie, als sein Auge 1026 auf Harlette, die Tochter eines Gerbers in Falaise, fiel. Nach altdänischem Brauch wurde sie seine vielgeliebte Mätresse, und bald bescherte sie ihm einen Sohn, den seine Zeitgenossen Wilhelm den Bastard nannten und der für uns Wilhelm der Eroberer ist. Von seinen Sünden niedergedrückt, ging Robert 1035 auf eine Bußerfahrt nach Jerusalem. Vor der Abreise berief er seine führenden Lehnsherren und Geistlichen zu sich und sagte ihnen:

> Bei meinem Glauben, ich will euch nicht ohne einen Herrn zurücklassen. Ich habe einen jungen Bastard, der heranwachsen wird, so es Gott gefällt, und in dessen Eigenschaften ich große Hoffnung setze. Nehmet ihn, ich bitte euch, als euren Herrn. Daß er nicht gültiger Ehe entsprossen, macht euch wenig aus; er wird in der Schlacht deswegen nicht minder tüchtig sein ... und nicht weniger Gerechtigkeit zeigen. Ich mache ihn zu meinem Erben und setze ihn von nun an in den Besitz des gesamten Herzogtums der Normandie.[62]

Robert verschied unterwegs; eine Zeitlang regierten Adlige für seinen Sohn; bald aber erteilte Wilhelm in eigener Person Befehle. Ein Aufstand suchte ihn zu stürzen, er unterdrückte ihn aber mit würdevoller Grausamkeit. Er war ein Mann der List und des Mutes, voll weitreichender Pläne, ein Gott für seine Freunde, ein Teufel für seine Feinde. Er machte gute Miene zu vielen Anspielungen wegen seiner illegitimen Geburt und unterzeichnete selbst dann und wann mit *Gulielmus Nothus* – Wilhelm der Bastard; als er aber Alençon belagerte und die Belagerten in Anspielung auf das Gewerbe seines Großvaters Tierhäute an den Mauern aufhängten, da ließ er seinen Gefangenen die Hände und Füße abhauen und die Augen ausstechen und diese Glieder mit seinen Katapulten in die Stadt hinüberschießen. Die Normandie bewunderte seine Brutalität und seine eiserne Herrschaft und fuhr gut dabei. Wilhelm milderte die Ausbeutung der Bauernschaft durch die Adligen und besänftigte diese mit Lehen; er erteilte der Geistlichkeit seine Befehle und besänftigte sie mit Geschenken. Er ging ergeben seinen religiösen Pflichten nach und beschämte seinen Vater durch seine eheliche Treue. Er verliebte sich in die schöne Mathilde, die Tochter des Grafen Balduin von Flandern; es störte ihn nicht, daß sie bereits zwei Kinder und einen Ehemann hatte, von dem sie getrennt lebte; sie wies Wilhelm mit beleidigenden

Ausdrücken ab, erklärte, sie wolle «lieber den Nonnenschleier nehmen als einen Bastard heiraten»[63]; er ließ sich nicht abschütteln, gewann sie für sich und ehelichte sie trotz der Einwendungen der Geistlichkeit. Er setzte Bischof Malger und den Abt Lanfranc ab, weil sie die Ehe verurteilten, und brannte in seiner Wut einen Teil der Abtei von Bec nieder. Lanfranc bewog Papst Nikolaus II., der Verbindung die Rechtsgültigkeit zu geben, und Wilhelm errichtete zur Sühne die berühmte normannische Abbaye aux Hommes in Caen. Durch diese Ehe verband sich Wilhelm mit dem Grafen von Flandern; 1048 hatte er bereits ein Bündnis mit dem König von Frankreich geschlossen. Als er solcherart für den Schutz seiner Flanken gesorgt hatte, brach er in seinem neununddreißigsten Lebensjahre auf, England zu erobern.

DRITTES KAPITEL

Der Aufstieg des Nordens

[566–1066]

I. ENGLAND: 577–1066

I. ALFRED UND DIE DÄNEN: 577–1016

NACH der Schlacht von Deorham (577) stießen die Angeln, Sachsen und Jüten bei der Eroberung Englands nur noch vereinzelt auf Widerstand, und bald teilten die Invasoren das Land auf. Die Jüten schufen sich ein Königreich Kent; die Angeln gründeten drei Königreiche – Mercia, Northumberland und East Anglia; die Sachsen ebenfalls drei – Wessex, Essex und Sussex, das heißt West-, Ost- und Südsachsen. Diese sieben kleinen Königreiche, und andere noch kleinere dazu, stellen die «Geschichte Englands» dar, bis König Egbert von Wessex durch Waffengewalt oder List die meisten unter seiner Herrschaft vereinigte (829).

Aber noch ehe dieses neue Angeln-Land von dem Sachsenkönig geschaffen wurde, hatten die Däneneinfälle begonnen, die bald darauf die Insel von Meer zu Meer erschütterten und ihr neuentstandenes Christentum mit einem wilden und bildungslosen Heidentum bedrohten. «Im Jahre 787», berichtet die Angelsächsische Chronik, «kamen drei Schiffe an die sächsische Küste ... und sie erschlugen viel Volks. Das waren die ersten Schiffe mit Dänen, die von Angeln Land haben wollten.» 793 suchte eine neue Dänenschar Northumberland heim, plünderte das berühmte Kloster von Lindisfarne aus und ermordete die Mönche. 794 fuhren die Dänen in den Wear ein und plünderten Wearmouth und Jarrow, wo der gelehrte Beda ein halbes Jahrhundert zuvor gewirkt hatte. 838 richteten sich die Überfälle gegen East Anglia und Kent; 839 ankerte eine Piratenflotte von 350 Schiffen in der Themse, derweil ihre Mannschaften Canterbury und London ausraubten. 867 wurde Northumberland von einer dänisch-schwedischen Streitmacht erobert; Tausende von «Engländern» wurden erschlagen, Klöster ausgeplündert, Büchereien auseinandergerissen oder zerstört. York, dessen Schule einen Alkuin an Karl den Großen abgetreten hatte, verfiel mitsamt seiner Umgebung in Elend und Unbildung. 871 lag ganz England nördlich der Themse den Eindringlingen zu Füßen. In diesem Jahre wandte sich ein dänisches Heer unter Guthrum nach Süden, um Reading, die Hauptstadt von Wessex, anzugreifen; König Ethelred und dessen jüngerer Bruder Alfred stellten sich den Dänen bei Ashdown und trugen einen Sieg davon; in einem zweiten Treffen bei Merton wurde Ethelred jedoch tödlich verwundet, und die Engländer mußten fliehen.

Alfred bestieg als Zweiundzwanzigjähriger den Thron von Westsachsen (871). Nach der Beschreibung des Asser war er *illiteratus*, was besagen will, daß er entweder nicht lesen und schreiben, oder kein Latein konnte[1]. Offenbar war er epileptisch und erlitt an seinem Hochzeitstage einen Anfall; er wird aber als kräftiger Jäger, hübscher und eleganter Mann dargestellt, der seine Brüder an Klugheit und kriegerischer Gewandtheit weit übertraf. Einen Monat nach seiner Thronbesteigung führte er sein kleines Heer gegen die Dänen und erlitt bei Wilton eine so schwere Niederlage, daß er sich zur Rettung seines Thrones den Frieden vom Gegner erkaufen mußte; 878 trug er aber einen entscheidenden Sieg bei Ethandun (Edington) davon. Das halbe dänische Heer setzte über den Kanal, um in das geschwächte Frankreich einzufallen, die übrigen Dänen zogen sich auf Grund des Friedens von Wedmore nach Nordostengland zurück, in das Gebiet, das später Danelaw genannt wurde.

Nach der Aussage des nicht ganz verläßlichen Asser soll Alfred sein Heer «um des Plünderns willen» nach East Anglia geführt haben; er eroberte das Land und machte sich – vielleicht, um England zu einigen – zum König sowohl von East Anglia und Mercia als auch von Wessex. Dann ging er – ein kleinerer Karl der Große – an die Aufgaben des Wiederaufbaus und der Staatsführung. Er ordnete das Heerwesen neu, baute eine neue Flotte, schuf ein einheitliches Gesetzwerk für seine drei Königreiche, reformierte das Rechtswesen, sorgte für den gesetzlichen Schutz der Armen, baute Städte und Ortschaften wieder auf und gründete neue und erstellte seinem ständig zunehmenden Regierungspersonal «Säle und Kammern in Stein und Holz»[2]. Ein Achtel seiner Einkünfte wurde für die Armenfürsorge verwendet, ein weiteres Achtel für das Bildungswesen. In seiner Hauptstadt Reading gründete er eine Hofschule; den Kirchen und Klöstern ließ er für ihr erzieherisches und religiöses Wirken reichliche Hilfsmittel zukommen. Betrübt erinnerte er sich der Jugendzeit, da «die Kirchen mit Schätzen und Büchern angefüllt waren ... ehe sie alle ausgeplündert und niedergebrannt wurden» – von den Dänen; nun «war die Gelehrsamkeit bei den Engländern so sehr in Verfall gekommen, daß nur noch sehr wenige da waren, welche ... ihr Ritual auf Englisch verstehen oder etwas aus dem Lateinischen übersetzen konnten»[3]. Er ließ Gelehrte aus dem Auslande kommen – Bischof Asser aus Wales, Erigena aus Frankreich und viele andere – um sein Volk und sich selbst unterrichten zu lassen. Er bedauerte, daß ihm nur so wenig Zeit für die Lektüre verblieben war, und machte sich nun mit dem Eifer eines Mönches an fromme und gelehrte Studien. Das Lesen machte ihm immer noch Mühe; aber «Nacht und Tag ließ er sich vorlesen». Er erkannte als einer der ersten Europäer die zunehmende Bedeutung der Volkssprachen und ließ gewisse grundlegende Bücher ins Englische übertragen; er selbst übersetzte fleißig Boethius' *Tröstung der Philosophie*, Gregors *Regula pastoralis*, Orosius' *Weltgeschichte* und Bedas *Kirchengeschichte Englands*. Er war auch darin Karl dem Großen ähnlich, daß er die Lieder seines Volkes sammelte, sie seinen Kindern lehrte und gemeinsam mit den Spielleuten seines Hofes sang.

Im Jahre 894 drangen die Dänen in einem neuen Überfall bis Kent vor; die Dänen des Danelaw ließen ihnen Verstärkungen zukommen, und die Waliser – keltische Patrioten, die von den Angelsachsen noch nicht unterworfen waren – schlossen mit den Dänen ein Bündnis ab. Alfreds Sohn Eduard fiel über das Lager der Piraten her und zerstörte es, und Alfreds neue Flotte verstreute die dänischen Schiffe (899). Zwei Jahre darauf starb der König nach einem Leben von nur zweiundfünfzig und einer Regierung von achtundzwanzig Jahren. Er läßt sich mit einem Riesen wie Karl dem Großen nicht vergleichen, denn seine Unternehmungen erstreckten sich nur auf ein kleines Gebiet; aber in seinen sittlichen Eigenschaften – seiner Frömmigkeit, seiner bescheidenen Redlichkeit, Mäßigkeit, Geduld und Höflichkeit, seiner Hingabe an das Volkswohl und seinem Bestreben, die Bildung zu fördern – gab er seinem englischen Volke Vorbild und Antrieb, die mit Dank aufgenommen und bald wieder vergessen wurden. Voltaire geht in seiner Bewunderung wohl zu weit, wenn er meint, kein Mann sei der Ehrerbietung der Nachwelt würdiger als Alfred der Große[4].

Gegen Ende des zehnten Jahrhunderts nahmen die Skandinavier ihre Angriffe auf England wieder auf. 991 fiel eine Schar norwegischer Wikinger unter Olaf Trygvesson über die englische Küste her, plünderte Ipswich aus und schlug die Engländer bei Maldon. Unfähig zu weiterem Widerstand, erkauften sich die Engländer unter König Ethelred (978 bis 1013, genannt Redeless – der Ratlose –, weil er nicht auf den Rat der Adligen gehört hatte) den Frieden mit mehreren Zahlungen von 10 000, 16 000, 24 000, 36 000 und 48 000 Pfund Silber, die durch die erste allgemeine Steuer in England, dem schmachvollen und verderblichen Danegeld, aufgebracht wurden. Ethelred ging auf der Suche nach fremder Hilfe ein Bündnis mit der Normandie ein und ehelichte Emma, die Tochter des Normannenherzogs Richard I.; aus dieser Verbindung sollte sich noch viel Geschichte ergeben. Im Glauben oder unter dem Vorwand, daß die Dänen gegen ihn selbst und das Parlament (Witenagemot) der Nation eine Verschwörung im Sinne hätten, ordnete Ethelred insgeheim die Ermordung aller Dänen auf der Insel an (1002). Es ist uns nicht überliefert, wie gründlich dem Befehl Folge geleistet wurde; wahrscheinlich wurden alle männlichen Dänen im waffenfähigen Alter und etliche Frauen niedergemacht; zu den ermordeten Frauen gehörte auch die Schwester des Königs Sven von Dänemark; Sven schwor Rache und fiel in England ein, erstmals 1003 und nochmals 1013, diesmal mit seiner gesamten Streitmacht. Ethelred wurde von seinem Adel im Stich gelassen und floh in die Normandie, und Sven war Herr und König von England. Bei Svens Tode (1014) nahm Ethelred den Kampf wieder auf; die Adligen ließen ihn wiederum im Stich und schlossen mit Svens Sohn Knut Frieden (1015). Ethelred starb im belagerten London; sein Sohn Edmund «Ironside» kämpfte tapfer, wurde aber von Knut bei Assandun überwältigt (1016). Knut wurde nun in ganz England als König anerkannt, und die Eroberung durch die Dänen war damit vollständig.

2. DIE ANGELSÄCHSISCHE ZIVILISATION: 577–1066

Die Eroberung war nur politischer Art; Brauchtum, Sprache und Lebensart der Angelsachsen hatten im Laufe von sechs Jahrhunderten so tief Wurzel gefaßt, daß bis auf den heutigen Tag weder die Regierungsform noch die Wesensart noch die Sprache der Engländer ohne sie verständlich wären. In den Pausen (von denen die Chroniken wenig berichten) zwischen Krieg und Krieg und zwischen Verbrechen und Verbrechen waren Ackerbau und Handel und Gewerbe wieder aufgelebt, war die Literatur neu erstanden, hatten sich langsam Recht und Ordnung herangebildet.

Die Geschichte entbehrt der Grundlage für die irrige Annahme, daß das angelsächsische England ein Paradies von Freibauern gewesen sei, welche in demokratischen Dorfgemeinschaften gelebt hätten. Die Führer der angelsächsischen Heere eigneten sich den Grund und Boden an; bis zum siebenten Jahrhundert waren zwei Drittel des Bodens von England in den Besitz einiger weniger Familien gekommen[5]; im elften Jahrhundert waren auch die meisten Städte Besitz eines *thane* (Adligen) oder Bischofs oder des Königs. Während der Däneninvasionen handelten viele Bauern ihre Besitzrechte gegen Schutz ein; gegen das Jahr 1000 hatten die meisten von ihnen einem Herrn Zins in Form von Naturalien oder Arbeitsleistungen zu entrichten[6]. Es gab *tun-moots* – Stadtversammlungen – und *folk-moots* oder *hundred-moots*, die als Parlamente oder Gerichte für die Grafschaften wirkten; da aber nur Grundbesitzer an den Versammlungen teilnehmen durften und die Sitzungen dieser Körperschaften nach dem achten Jahrhundert an Häufigkeit und Durchschlagskraft verloren, wurden sie weitgehend durch die Herrenhöfe der Großgrundbesitzer verdrängt. Die Regierung Englands lag im wesentlichen dem nationalen Witenagemot («Versammlung der Weisen») ob – einer verhältnismäßig kleinen Zusammenkunft der *thanes* und Bischöfe und der führenden Minister der Krone. Ohne die Einwilligung dieses Anfangsparlamentes konnte kein englischer König gewählt oder bestätigt werden oder auch nur eine Rute Landes an seine persönlichen Güter, von denen er seine regelmäßigen Einkünfte bezog, angliedern; ohne sie konnte er weder Gesetze erlassen noch Steuern erheben, noch Gericht führen, noch Kriege erklären, noch Frieden schließen[7]. Das einzige Hilfsmittel des Königtums gegen diese Aristokratie lag in dem stillschweigenden Bündnis zwischen Thron und Kirche. Vor und nach der Eroberung durch die Normannen hing der englische Staat in Volksbildung, Gesellschaftsordnung, nationaler Einheit, selbst politischer Verwaltung von der Geistlichkeit ab. Der hl. Dunstan, der Abt von Glastonbury, war der oberste Ratgeber der Könige Edmund (940–946) und Edred (946–955). Er verteidigte den Mittelstand und die unteren Volksschichten gegen den Adel, übte kühn Kritik an Monarchen und Prinzen, wurde von König Edwig (955–959) verbannt, von Edgar (959–975) wieder zurückgerufen und verschaffte Eduard dem Märtyrer (975–978) die Krone. Er baute die Peterskirche in Glastonbury, förderte Bildung und Kunst, starb (988) als Erzbischof von Canterbury und wurde als Englands größter Heiliger vor Thomas Becket verehrt.

In diesem mittelpunktflüchtigen Staatswesen entwickelte sich das nationale Recht nur langsam, und das altgermanische Recht erwies sich nach einigen Abänderungen im Wortlaut und in der Anwendung als ausreichend. Reinigung durch Eideshilfe, Wergeld und Gottesgericht blieben erhalten, der Zweikampf als Rechtsentscheid war jedoch unbekannt. Das Wergeld machte im anglischen Recht bezeichnende Unterschiede: die Buße oder Abfindungssumme betrug beim Mord an einem König 30 000 Thrimsas (13 000 Dollar), an einem Bischof 15 000, an einem *thane* oder Priester 2000, an einem *ceorl* oder Freibauern 266. Nach dem sächsischen Recht waren ein oder zwei Schilling zu zahlen, wenn man jemandem eine Wunde von einem Zoll Länge beibrachte, dreißig Schilling, wenn man jemandem ein Ohr abhieb; es sei aber doch gesagt, daß man für einen Schilling ein ganzes Schaf kaufen konnte. Nach Ethelberts Gesetzen mußte ein Ehebrecher dem betrogenen Gatten ein Buße zahlen und eine neue Frau kaufen[8]. Wer sich einem Gerichtsbefehle widersetzte, wurde in Acht getan; seine Besitztümer verfielen an den König, und jedermann durfte ihn ungestraft töten. In gewissen Fällen war die Zahlung eines Wergeldes unzulässig, und an seine Stelle traten strenge Strafen: der Fehlbare wurde in Sklaverei gegeben, ausgepeitscht, entmannt, verstümmelt – man hieb ihm die Hände oder die Füße oder schnitt ihm die Oberlippe, die Nase oder die Ohren ab – oder er wurde erhängt, enthauptet, verbrannt, gesteinigt, ertränkt oder einen Steilhang hinabgestoßen[9].

Das Wirtschaftsleben war so primitiv wie das Recht, weit unentwickelter, als es im römischen Britannien gewesen war. Viel Land war durch Trockenlegen und Roden urbar gemacht, aber im neunten Jahrhundert war England immer noch zur Hälfte Urwald, Heide oder Sumpf, und wilde Tiere – Bären, Eber, Wölfe – lauerten noch in den Wäldern. Die Äcker wurden zumeist von Leibeigenen oder Sklaven bestellt. Man konnte durch Verschuldung oder Verbrechen in Sklaverei geraten; Ehegatten und Väter, die sich in einer Notlage befanden, konnten Frau und Kinder verkaufen; und alle Sklavenkinder waren Sklaven, auch wenn ein Elternteil die Freiheit besaß. Der Besitzer durfte einen Sklaven nach freiem Belieben töten. Er durfte eine Sklavin schwängern und sie dann verkaufen. Der Sklave durfte nicht vor Gericht gehen. Falls ein Fremder ihn umbrachte, ging das bescheidene Wergeld an seinen Herrn. Falls er floh und wieder eingefangen wurde, durfte man ihn zu Tode peitschen[10]. Die Haupthandelsware von Bristol waren Sklaven. Fast die gesamte Bevölkerung lebte auf dem Lande; Städte waren Dörfer, Dörfer Einöden*. London, Exeter, York, Chester, Bristol, Gloucester, Oxford, Norwich, Worcester, Winchester waren kleine Nester, wuchsen aber nach der Zeit Alfreds des Großen rasch an. Als Bischof Mellitus 601 nach London kam, um dort zu predigen, fand er nur «eine spärliche und heidnische Bevölkerung»[11] vor, wo doch in der Römerzeit die Hauptstadt gestanden hatte. Im achten Jahrhundert nahm die Stadt auf Grund ihrer beherrschenden Lage an der Themse wieder zu; unter Knut wurde sie die Hauptstadt des Gesamtstaates.

Die gewerbliche Erzeugung erfolgte gewöhnlich nur für den örtlichen Bedarf; Stickerei und Weberei waren jedoch fortgeschrittener und führten ihre Produkte auf den Kontinent aus. Der Verkehr war schwierig und gefährlich; der Außenhandel war unbedeutend. Die Verwendung von Vieh als Tauschmittel erhielt sich bis ins achte Jahrhundert, in welchem mehrere Könige Silbermünzen (Schillinge und Pfunde) schlugen. Im England des zehnten Jahrhunderts konnte man für vier Schilling eine Kuh erstehen, für sechs einen Ochsen[12]. Die Löhne waren entsprechend niedrig. Die Armen wohnten in strohgedeckten Holzhütten und lebten von pflanzlicher Nahrung; Weizenbrot und Fleisch gab es nur für die Reichen oder als Sonntagsmahl. Die Reichen besaßen als Schmuck ihrer primitiven Schlösser figurenreiche Wandgehänge, wärmten sich mit Pelzen und zierten ihre Gewänder mit Stickereien und sich selbst mit Edelsteinen.

Die Sitten und Gebräuche waren noch nicht so geziert oder verfeinert wie in einigen späteren Zeiten der englischen Geschichte. Es wird uns viel Kunde von Rauheit, Roheit, Grausamkeit, Lügnerei, Verrat, Diebstahl und anderem unausrottbarem Gewächs; die Normannenfreibeuter des Jahres 1066, samt den Bastarden, die zu ihnen zählten, waren erstaunt, auf welch niedriger sittlicher und kultureller Stufe sich ihre Opfer befanden. Das feuchte Klima bewog die Angelsachsen zu schwerem Essen und Trinken, und das «Bierfest» war ihr Begriff von einer Zusammenkunft oder einem Feiertag – wie auch der unsrige. Bonifatius berichtet mit pittoresker Übertreibung von den Engländern des achten Jahrhunderts: «Sowohl Christen als auch Heiden verschmähten es, legitime Ehefrauen zu halten, sie fuhren vielmehr fort, nach Art der wiehernden Rosse und Esel in Unzucht und Ehebruch zu leben[13]»; und im Jahre 756 schrieb er an König Ethelbald:

> Die Verachtung, die Du der rechtmäßigen Ehe bezeigest, wäre lobenswert, wenn sie um der Keuschheit willen bezeiget würde; da Du aber ein Leben der Wollust führest und selbst mit Nonnen Ehebruch treibest, ist sie schandbar und verwerflich ... Es ist uns zu Ohren gekommen, daß fast der gesamte Adel von Mercia Deinem Beispiel folget, ihre rechtmäßigen Gattinnen im Stiche läßt und ein lasterhaftes Leben mit Ehebrecherinnen und Nonnen führt ... Beachte das wohl: wenn das Volk der Angeln ... die rechtmäßige Ehe mißachtet und sich hemmungslos dem Ehebruche hingibt, so wird mit zwingender Notwendigkeit ein unedles und gottloses Volk aus solchen Verbindungen hervorgehen, ein Volk, das mit seiner Lasterhaftigkeit unser Land ins Verderben stürzen wird.[14]

In den ersten Jahrhunderten der Angelsachsenherrschaft konnte der Ehemann sich nach seinem Belieben von seiner Frau trennen und eine neue Ehe eingehen. Die Synode von Herford (673) richtete sich gegen diesen Brauch, und allmählich führte der Einfluß der Kirche zu einer größeren Stabilität der ehelichen Verbindungen. Die Frauen wurden hoch in Ehren gehalten, was jedoch nicht ausschloß, daß sie hin und wieder als Sklavinnen verkauft wurden. Sie erhielten nur wenig Buchbildung; das hinderte sie aber nicht, eine große Anziehungskraft und einen starken Einfluß auf die Männer auszuüben. Könige machten geduldig hochmütigen Frauen den Hof und gingen ihre Gattinnen in staatspolitischen Dingen um Rat an[15]. Alfreds Tochter Ethelfled gab als Regentin und Königin dem Staate Mercia ein Menschenalter lang eine leistungsfähige und gewissenhafte Regierung. Sie gründete Städte, entwarf Pläne zu militärischen Feldzügen und eroberte Derby, Leicester und York von den Dänen. «Wegen der Mühen, die ihr die erste Geburt verursachte», berichtet Wilhelm von

---

* Viele englische Städte haben ihre angelsächsischen Suffixe beibehalten – *tun* (*town*, Stadt), *ham* (Heim), *wick* (Haus oder Flüßchen), *thorp* (Dorf), *burh* (Burg).

Malmesbury, «entzog sie sich hinfort den Umarmungen ihres Gatten und erklärte, es stehe der Tochter eines Königs nicht an, sich einem Vergnügen hinzugeben, das nach einer gewissen Zeit so unerfreuliche Folgen nach sich ziehe[16].» In dieser Zeit war es (um 1040), daß in Mercia die Lady Godgifa als Gattin des regierenden Earl Leofric lebte und als die Godiva der sagenhaften Überlieferung eine hübsche Rolle spielte, mit der sie sich eine Statue in Coventry verdiente*.

Wie alles andere hatte auch das Bildungswesen unter der angelsächsischen Eroberung zu leiden; nach dem Übertritt der Eroberer zum Christentum erholte es sich langsam wieder. Benedikt Biscop gründete um 660 eine Klosterschule in Wearmouth; Beda war einer seiner Schüler. Erzbischof Egbert gründete in York (735) eine der Kathedrale angegliederte Schule und Bibliothek, welche zum Hauptsitz der höheren Bildung in England wurden. Diese und andere Schulen trugen England in der zweiten Hälfte des achten Jahrhunderts in der europäischen Gelehrsamkeit nördlich der Alpen die Führung ein.

Der prächtige Eifer der klösterlichen Erzieher zeigt sich besonders schön in dem bedeutendsten Gelehrten dieser Zeit, in Beda Venerabilis (673–735). Er stellt seinen Lebenslauf in demütiger Kürze dar:

> Beda, der Diener Christi, ein Priester des Klosters der seligen Apostel Petrus und Paulus, das da ist in Wearmouth und Jarrow. Auf dem Gebiete des Klosters geboren, wurde ich als Siebenjähriger von meinen Verwandten dem Kloster übergeben, auf daß ich von dem höchst verehrungswürdigen Abte Benedikt [Biscop] aufgezogen werde; und von diesem Tage an habe ich alle Zeit meines Lebens in dem Kloster verbracht und mein ganzes Trachten auf das Studium der Heiligen Schrift gerichtet, und ich habe die Klosterregeln befolgt und alle Tage in der Kirche gesungen, und immer habe ich mein Vergnügen daran gefunden, entweder zu lernen oder zu lehren oder zu schreiben ... Im neunzehnten Lebensjahre wurde ich Diakon, im dreißigsten Priester ... und von da an bis zu meinem neunundfünfzigsten Lebensjahre habe ich mich ganz der Heiligen Schrift und der Abfassung der folgenden Werke gewidmet ... [17]

– die alle in lateinischer Sprache geschrieben sind. Sie umfaßten Bibelkommentare, Homilien, eine weltgeschichtliche Zeittafel, Abhandlungen über grammatische, naturwissenschaftliche und theologische Fragen und vor allem die *Historia ecclesiastica gentis Anglorum*, die *Kirchengeschichte des englischen Volkes* (731). Im Gegensatz zu den meisten von Mönchen verfaßten Geschichtswerken ist sie keine trockene Chronik. Sie ist gegen das Ende zu mit Wundertaten ein wenig überladen und zeigt immer eine arglose Leichtgläubigkeit, die ja einem Geiste, der von seinem siebenten Lebensjahre an hinter Klostermauern gesteckt hat, wohl ansteht; der Bericht ist aber doch klar und fesselnd und erhebt sich dann und wann zu einer einfachen Beredsamkeit, wie beispielsweise in der Darstellung der angelsächsischen Eroberung Englands[18]. Beda besaß ein geisteswissenschaftliches Gewissen; er gab sich große Mühe um die Chronologie, die er im allgemeinen zutreffend darstellt; er führt seine Quellen im einzelnen an, sucht das Material aus erster Hand zu erlangen und zitiert einschlägige und zugängliche Dokumente. «Ich möchte nicht, daß meine Kinder eine Lüge lesen[19]», sagt er, und meint damit hoffentlich die sechshundert Schüler, die er unterrichtete. Er starb vier Jahre nach der Niederschrift der oben zitierten Autobiographie, in deren Schlußzeilen die ganze Besorgtheit und Gläubigkeit der mittelalterlichen Frömmigkeit zum Ausdruck kommt:

> Und ich flehe dich an, o gnadenvoller Jesus, daß du dem Manne, dem du in deiner Güte den süßen Trunk an den Worten des Wissens um dich gewähret hast, aus der Fülle deiner Liebe heraus auch das gewähren mögest, daß er eines Tages zu dir, der Quelle aller Weisheit, komme und auf immer und ewig vor deinem Antlitze stehe.

Beda bemerkt, daß in England fünf Sprachen gesprochen wurden: Anglisch, Britisch (Keltisch), Irisch, Piktisch (Schottisch) und Lateinisch. Das «Anglische» war die Sprache der Angeln, unterschied sich jedoch nur wenig vom Sächsischen und wurde auch von den Franken, Norwegern und

* Nach der Sage soll Leofric versprochen haben, die Stadt von einer lästigen Steuer zu befreien, falls sie nackt durch die Straßen ritte. Jedermann weiß, wie die Geschichte weitergeht.

Dänen verstanden; diese fünf Völker sprachen Abarten des Deutschen, und das Englische erwuchs aus dem Deutschen. Bereits im siebenten Jahrhundert gab es eine beträchtliche angelsächsische Literatur. Wir müssen sie weitgehend nach Fragmenten beurteilen, denn der größte Teil ging verloren, als das Christentum die lateinische Schrift einführte und die Runenzeichen der angelsächsischen Schrift verdrängte, als die Däneneroberung so viele Bibliotheken zerstörte und als die Normanneneroberung die anglische Sprache mit französischen Worten überschwemmte. Außerdem waren viele dieser angelsächsischen Dichtwerke heidnisch und wurden seit Generationen mündlich von Barden, Spielleuten, überliefert, die in Leben und Sprache ein wenig locker waren, so daß die Mönche und Priester ihnen nicht lauschen durften. Es war indessen ein Mönch des achten Jahrhunderts, welcher eines der ältesten erhaltenen angelsächsischen Fragmente verfaßte – eine Paraphrase der Genesis in Versen, die nicht ganz die Erleuchtung des Originales zeigt. In das Gedicht interpoliert findet sich die Übersetzung einer deutschen Darstellung des Sündenfalles; in diesem Stück werden die Verse lebendig, hauptsächlich weil der Satan als kecker und leidenschaftlicher Aufrührer dargestellt wird; vielleicht entnahm Milton dieser Darstellung einen Fingerzeig für seinen Luzifer. Einige angelsächsische Dichtwerke sind Elegien; «Der Wanderer» erzählt von den vergangenen glückhaften Tagen im Herrenhaus; nun liegt der Herr tot, und «dies ganze festgefügte Erdenrund wird leer und öd»[20]. Gewöhnlich singen diese alten Dichtwerke munter und vergnügt vom Krieg; das «Lied von der Schlacht von Maldon» (um 1000) sieht in der Niederlage der Angeln nur das Heldentum, und der alte Kämpe Byrhtwold lehrt an der Bahre seines erschlagenen Herrn den überwundenen Sachsen Mut in Worten, die bereits an Malory denken lassen:

> Um so härter soll das Denken sein, um so fester das Herz, um so flammender der Zorn, je mehr unsere Macht schwindet. Hier liegt unser Fürst, erschlagen, niedergestreckt! Ewiges Leid und immerwährende Sorge dem Mann, der diese Walstatt verläßt! Betagt bin ich, aber ich werde nicht wanken noch weichen; an der Seite meines Herrn will auch ich niedersinken, an der Seite des Mannes, dem meine Liebe galt.[21]

Das längste und edelste angelsächsische Dichtwerk, der *Beowulf*, wurde im siebenten oder achten Jahrhundert vermutlich in England verfaßt und ist in einem jetzt im British Museum untergebrachten Manuskript, das um 1000 datiert wird, erhalten. Seine 3183 Verszeilen bilden offenbar das vollständige Werk. Es ist in einem reimlosen, aber alliterierenden strophenlosen Rhythmus in einem uns heute unverständlichen westsächsischen Dialekt verfaßt. Der Inhalt kommt uns kindisch vor: Beowulf, der Fürst der Geaten (Goten?) in Südschweden, setzt über das Meer, um den Dänenkönig Hrothgar von dem Drachen Grendel zu befreien; er überwältigt Grendel und dazu noch Grendels Mutter, kehrt nach Geatland zurück und führt eine fünfzigjährige Regierung der Gerechtigkeit. Ein drittes Ungeheuer, ein Feuerdrache, taucht nun auf und verheert das Land der Geaten; Beowulf nimmt den Kampf gegen den Drachen auf und wird schwer verwundet; sein Genosse Wiglaf eilt ihm zu Hilfe, und gemeinsam überwinden sie das Ungeheuer. Beowulf stirbt an seinen Wunden und wird auf einem Scheiterhaufen verbrannt. Die Erzählung ist nicht so einfältig, wie sie klingt; die Drachen der mittelalterlichen Literatur stellen die wilden Tiere dar, die um die Städte Europas in den Wäldern lauerten; es ist verzeihlich, wenn die verängstigte Einbildungskraft des Volkes eine phantastische Vorstellung von ihnen hegte und in Dankbarkeit Sagen um die Männer spann, die solche Tiere überwältigten und den Weilern und Dörfern Sicherheit gaben.

Gewisse Stellen des Epos fallen in ihrer christlichen Art aus dem Rahmen; es ist, als ob irgendein wohlgesinnter Mönch ein heidnisches Meisterwerk zu erhalten getrachtet hätte, indem er hie und da eine christliche Verszeile einschaltete. Tonart und Begebnisse sind aber rein heidnisch. Dem Leben und der Liebe und dem Kampf auf Erden galt das Interesse dieser «schönen Frauen und tapferen Mannen», nicht einem friedvollen Paradies jenseits des Grabes. Zu Beginn, da der Dänenkönig Scyld nach Wikingerart in einem Schiff beigesetzt wird, das ohne Bemannung in die See hinaustreibt, bemerkt der Verfasser:

> Zu sagen vermag
> der Helden keiner, der Hallenbewohner
> unterm leuchtenden Himmel, wo die Landung stattfand.[22]

Es war aber nicht ein fröhliches Heidentum. Eine düstere Tonart durchdringt das Epos und macht sich selbst in dem Festgelage bei Hrothgar bemerkbar. Durch das Trällern und Seufzen der fließenden Verse klingt die klagende Harfe des Spielmanns:

Zur Steinwand schritt
der besonnene Greis und setzte sich nieder ...
Der Todeswunde trotzend, ergriff
das Wort der Held – wohl wußt' er genau,
daß er ausgekostet die Erdenwonne,
des Lebens Tage vollendet habe ...
Dann umritten den Hügel die rüstigen Helden,
der Edlinge zwölf, die nach altem Brauch
in Liedern sangen die Leichenklage
und den König priesen. Die kühnen Taten
rühmten sie laut und sein ritterlich Wesen.
In Wort und Spruch sein Wirken ehrend
in geziemender Weise. Das ziert den Mann,
den geliebten Herrn durch Lob zu erhöhn
in treuem Sinn, wenn des Todes Hand
aus des Leibes Hülle erlöst die Seele. –
So klagten jammernd die Krieger der Jüten
um des Brotherrn Heimgang, die Bankgenossen,
der am höchsten stand von den Herrschern der Erde
als gütigster Geber, als gnädigster Fürst,
der rastlos bestrebt war, den Ruhm zu mehren.[23]

Der *Beowulf* dürfte das älteste erhaltene Dichtwerk der Literatur Britanniens sein; der älteste Name ist jedoch Caedmon († 680). Wir haben Kenntnis von ihm nur durch eine hübsche Textstelle bei Beda. Im Kloster von Whitby lebte, wie die *Kirchengeschichte* berichtet[24], ein einfacher Bruder, dem das Singen so schwer fiel, daß er sich jedesmal irgendwo versteckte, wenn die Reihe an ihn kam, den Cantus anzustimmen. Als er eines Nachts in seinem Schlupfwinkel im Stalle schlief, da war es ihm, als ob ein Engel erschiene und ihm sagte: «Caedmon, singe etwas!» Der Mönch entgegnete, er könne doch gar nicht singen; der Engel befahl es ihm; Caedmon versuchte es und war erstaunt, wie gut es ihm gelang. Am Morgen erinnerte er sich des Liedes und sang es wieder; von da an lispelte er in Rhythmen und goß die Genesis, den Exodus und die Evangelien, wie Beda sich ausdrückt, mit großer Lieblichkeit und herzergreifender Kunst in Verse um. Außer einigen von Beda ins Lateinische übertragenen Versen ist nichts erhalten. Im folgenden Jahre versuchte Cynewulf (um 750 geboren), ein Spielmann an einem northumbrischen Hofe, die Legende wahr zu machen, indem er verschiedene biblische Erzählungen in Verse brachte – «Christus», «Andreas», «Juliana»; diese Werke, Zeitgenossen des *Beowulf*, sind in ihrer Rhetorik und Künstlichkeit im Vergleich zu diesem unlebendig.

In allen Literaturen ist die literarische Prosa jünger als die Poesie, da ja der Verstand erst heranreift, wenn die Phantasie schon lange in Blüte gestanden hat; Jahrhunderte sprechen die Menschen Prosa, «ohne es zu wissen», bis sie die Muße oder Eitelkeit haben, sie zu einer Kunstform umzugestalten. Alfred ist die erste deutliche Gestalt der Prosaliteratur Englands; seine Übersetzungen und Einleitungen sind in ihrer aufrichtigen Einfachheit beredsam; er war es, der die «Bischofsrolle», die von den Klerikern der Kathedrale von Winchester aufbewahrt wurde, herausgab und mit seinen Zusätzen in eine der kraftvollsten und lebendigsten Bestandteile der *Angelsächsischen Chronik* – des ersten größeren englischen Prosawerkes – umwandelte. Sein Lehrer Asser ist wohl der Verfasser der *Lebensbeschreibung des Alfred*; vielleicht ist sie eine spätere Kompilation (um 974)[25]; auf jeden Fall ist sie ein frühes Beispiel für die Bereitschaft der Engländer, sich bei der Abfassung geschichtlicher oder theologischer Werke des Englischen an Stelle des Lateinischen zu bedienen, während das Festland sich noch nicht unterfing, solche würdevollen Dinge in der «Vulgär»sprache zu schreiben.

Auch bei aller poetischen und kriegerischen Tätigkeit fanden Männer und Frauen noch die Zeit und den Schwung, Bedeutsamem Gestalt und Nützlichem Schönheit zu geben. Alfred gründete in Athelney eine Kunstakademie, berief in den Künsten und Handwerken erfahrene Mönche aus aller Welt dorthin und «fuhr fort», wie Asser berichtet, «während seiner vielen Kriege seinen Goldschmieden und Kunsthandwerkern jeder Art Unterricht zu erteilen»[26]. Dunstan, dem es nicht genügte, nur Staatsmann und Heiliger zu sein, stellte mit viel Geschick Metall- und Goldschmiedearbeiten her, war ein guter Musiker und baute für seine Kathedrale in Glastonbury eine Pfeifenorgel. Das Kunsthandwerk nahm mit Holz-, Metall- und Zellgußarbeiten seinen Fortgang; Edelsteinschneider verfertigten gemeinsam mit Bildhauern die edelsteinbesetzten gemeißelten Kreuze von Ruthwell und Bewcastle (um 700); eine berühmte Reiterstatue des Königs Cadwallo († 677) wurde bei Ludgate in Messing gegossen; Frauen verfertigten Decken und Wandteppiche und Stickereien «zartesten Fadens»[27]; die Mönche von Winchester illuminierten im zehnten Jahrhundert ein Benediktienbuch in leuchtenden Farben. Winchester selbst und York bauten bereits 635 Kathedralen in Stein; Benedikt Biscop führte mit der Kirche, die er 674 in Wearmouth baute, den lombardischen Stil in England ein, und Canterbury baute 950 die Kathedrale um, die noch aus der Römerzeit stand. Von Beda wissen wir, daß Benedikt Biscops Kirche mit in Italien verfertigten Gemälden verziert war, «so daß alle Eintretenden, auch die, so da nicht lesen konnten, wohin sie auch blicken mochten, entweder den vielgeliebten Anblick Christi und seiner Heiligen genießen konnten ... oder das Letzte Gericht vor Augen hatten und bewogen wurden, sich selber besser zu überprüfen»[28]. Das siebente Jahrhundert erlebte in Britannien ganz allgemein eine überaus rege Bautätigkeit; die angelsächsische Eroberung war vollzogen, die dänische hatte noch nicht eingesetzt, und Baumeister, die bislang in Holz gebaut hatten, fanden nun die Hilfsmittel und den Schwung, um große Kultstätten in Stein zu errichten. Es sei aber doch zugegeben, daß Benedikt seine Architekten, Glasmacher und Goldschmiede aus Gallien kommen ließ; Bischof Wilfrith holte Bildhauer und Maler aus Italien, damit sie ihm seine Kirche aus dem siebenten Jahrhundert in Hexham ausschmückten, und das prachtvoll illuminierte Evangelienbuch von Lindisfarne (um 730) war das Werk irischer Mönche, die als Eremiten oder Missionare auf diese unwirtliche Insel an der Küste von Northumberland gekommen waren. Der Däneneinbruch machte dieser kurzen Renaissance ein Ende, und erst als Knut fest an der Macht war, setzte in der englischen Baukunst der Aufstieg zur Größe wieder ein.

3. ZWISCHEN ZWEI EROBERUNGEN: 1016–1066

Knut war mehr als nur ein Eroberer; er war ein Staatsmann. Die Frühzeit seiner Regierung ist mit Grausamkeit besudelt: er verbannte die Kinder des Edmund Ironside und ließ Edmunds Bruder ermorden, um einer Wiederkehr der Angelsachsen auf den Thron vorzubeugen. Dann aber, als er vernahm, daß König Ethelreds Witwe und Söhne in Rouen noch am Leben waren, löste er viele Knoten, indem er Emma seine Hand bot (1017). Sie war dreiunddreißig, er dreiundzwanzig Jahre alt. Sie willigte ein, und auf einen einzigen Schlag kam er zu einer Gattin, einem Bündnis mit Emmas Bruder, dem Herzog der Normandie und einem gesicherten Thron. Von diesem Augenblick an wurde seine Regierung für England ein Segen. Er zwang die unbotmäßigen Adligen, die England um die Einheit und den Kampfgeist gebracht hatten, zur Disziplin. Er bewahrte die Insel vor weiteren Invasionen und gab ihr zwölf Jahre des Friedens. Er trat zum Christentum über, baute viele Kirchen, errichtete eine Weihestätte in Assandun zum Gedenken an die Angelsachsen und die Dänen, die dort gekämpft hatten, und unternahm selbst eine Pilgerfahrt an Edmunds Grab. Er versprach, die bestehenden Gesetze und Gebräuche Englands zu achten, und hielt sein Wort mit zwei Ausnahmen: er setzte es durch, daß die Regierungsgewalt in Grafschaften, in denen autokratische Adlige die Funktionen der Staatsmacht eingeschränkt hatten, von seinen eigenen Vertretern übernommen wurde, und ersetzte den Erzbischof als Hauptratgeber der Krone durch einen weltlichen Minister. Er baute einen Verwaltungsapparat auf, welcher der Regierung eine bisher ungekannte Dauerhaftigkeit gab. Sobald die Unsicherheit der ersten Jahre seiner Regierung vorüber war, suchte er sich fast ausschließlich Engländer als Regierungsvertreter aus. Beständig widmete er sich den Aufgaben der Staatsführung, und wiederholt suchte er alle Teile seines Reiches auf, um die Rechtsprechung und die Beachtung der Gesetze selbst zu überwachen. Er war als Däne gekommen und starb als Engländer. Er war nicht nur König von England, sondern auch König von Dänemark, und 1028 wurde er auch noch König von Norwegen; die Regierung seines dreifachen Reiches führte er aber von Winchester aus.

Die dänische Eroberung setzte den langwährenden Vorgang der Invasionen und der Rassenmischung fort, welcher in der normannischen Eroberung gipfelte und schließlich zur Bildung des englischen Volkes führte. Kelten und Gallier, Angeln und Sachsen und Jüten, Dänen und Normannen vermischten durch Heirat und auf andere Weise ihr Blut, um aus dem unbedeutenden und schwunglosen Briten der Römerzeit den lauten Freibeuter der Zeit Elisabeths und den schweigsamen Welteroberer späterer Jahrhunderte zu machen. Die Dänen brachten wie auch die Deutschen und Norweger eine beinahe mystische Liebe zur See nach England, eine Bereitschaft, der verräterischen Aufforderung der Meere zu abenteuerlichen Unternehmungen und zum Handel mit fernen Ländern nachzukommen. In kultureller Hinsicht richtete die Däneninvasion großen Schaden an. Die Architektur kam nicht vorwärts; die Kunst der Illumination erlebte von 750 bis 950 einen Niedergang; und der von Alfred eingeleitete geistige Fortschritt kam zum Stillstand, gerade so, wie die Normanneneinfälle in Gallien die Mühen Karls des Großen wieder zunichte machten.

Knut hätte wohl den von seinem Volke angerichteten Schaden in größerem Umfange wiedergutmachen können, wäre ihm ein längeres Leben beschieden gewesen. Aber Krieg und Regierungssorgen verbrauchen den Menschen schnell. Knut starb 1035, nur vierzig Jahre alt. Norwegen schüttelte das Dänenjoch augenblicks ab; Harthaknut, Knuts Sohn und ernannter Nachfolger, mußte seine ganzen Kräfte aufbieten, um Dänemark gegen eine Norwegerinvasion zu schützen; ein anderer Sohn, Harald Hasenfuß, regierte England fünf Jahre lang und starb dann; Harthaknut regierte es zwei Jahre lang und verschied (1042). Vor seinem Tode ließ er den noch lebenden Sohn von Ethelred und Emma aus der Normandie kommen und erkannte diesen angelsächsischen Stiefbruder als englischen Thronerben an.

Eduard der Bekenner (1042–1066) war aber nicht minder ein Fremder als die Dänen. Er war als zehnjähriger Knabe von seinem Vater nach der Normandie verbracht worden und hatte dreißig Jahre am normannischen Hofe gelebt, von normannischen Edlen und Priestern zu einer arglosen Frömmigkeit erzogen. Er brachte seine französische Sprache und Lebensart und seine französischen Freunde nach England mit. Diese Freunde wurden hohe Beamte und Geistliche des Staates, erhielten königliche Lehen, bauten normannische Schlösser in England, bezeugten der englischen Sprache und Lebensart ihre Verachtung und leiteten ein Menschenalter vor dem Eroberer die normannische Eroberung ein.

Ein einziger Engländer vermochte mit diesen Normannen um den Einfluß auf den weichen und gefügigen König in Wettstreit zu treten. Earl Godwin, der Statthalter von Essex und erste Ratgeber des Reiches unter Knut, Harald und Harthaknut, verfügte über Klugheit und Reichtum zugleich; er war ein Meister der geduldigen Diplomatie, ein überzeugender Redner und geschickter Regierungsmann, der erste bedeutende weltliche Staatsmann der englischen Geschichte. Seine Erfahrung in Regierungsangelegenheiten verschaffte ihm eine gewisse Überlegenheit über den König. Seine Tochter Edith wurde Eduards Gattin; durch sie hätte Godwin Großvater eines Königs werden können; aber Eduard bekam keine Kinder. Als Godwins Sohn Tostig Judith, die Tochter des Grafen von Flandern, ehelichte und Godwins Neffe Sven Herrscher über Dänemark wurde, hatte der Earl durch Heiraten eine dreifache Allianz geschmiedet, die ihn zum stärksten Manne Nordeuropas machte und ihm eine Macht in die Hand legte, welche diejenige des Königs weit übertraf. Eduards normannische Freunde lagen dem König in den Ohren, bis er eifersüchtig wurde; er setzte Godwin ab; der Earl floh nach Flandern, derweil sein Sohn Harold nach Irland ging und ein Heer gegen den Bekenner aufstellte (1051). Die englischen Adligen, denen das Emporkommen der Normannen ein Dorn im Auge war, forderten Godwin zur Rückkehr auf und sicherten ihm ihre Waffenunterstützung zu. Harold fiel in England ein, schlug die Truppen des Königs, zog sengend und plündernd der Südwestküste entlang und vereinte sich mit seinem Vater im Vormarsch an der Themse. Das Volk von London erhob sich, ihn stürmisch zu begrüßen; die normannischen Beamten und Prälaten flohen; ein Witenagemot anglischer Adliger und Bischöfe bereitete Godwin einen triumphalen Empfang, und Godwin kam wieder in Besitz seines beschlagnahmten Vermögens und seiner politischen Macht (1052). Im folgenden Jahre starb er, von Leid und Sieg erschöpft.

Harold wurde Earl von Wessex und übernahm in gewissem Umfang die Machtstellung seines Vaters. Er war nun einunddreißig, hochgewachsen, hübsch, kräftig, ritterlich, unbekümmert, unbarmherzig im Krieg, großzügig im Frieden. In einem Wirbel kühner Feldzüge eroberte er Wales für England und legte das Haupt des walisischen Führers Gruffydd dem erfreuten und entsetzten König zu Füßen (1063). Auf einer milderen Entwicklungsstufe seiner stürmischen Laufbahn schüttete er beträchtliche Summen für den Bau der Abteikirche von Waltham (1060) und zur Erhaltung der Akademie, die sich aus der Kirchenschule entwickelte, aus. Ganz England freute sich über den romantischen Jüngling.

Das große Ereignis in der Baugeschichte von Eduards Regierungszeit war der Baubeginn der Westminster Abbey (1055). In Rouen hatte Eduard sich mit dem normannischen Stil vertraut gemacht; als er jetzt den Auftrag zum Bau der Abtei erteilte, der zur Weihe- und Grabstätte genialer Engländer werden sollte, da befahl er oder ließ er zu, daß sie im normannisch-romanischen Stile entworfen wurde, in der Stilart der Abteikirche von Jumièges, die nur fünf Jahre zuvor begonnen worden war; wiederum eine normannische Eroberung vor Wilhelm. Die Westminster Abbey stellt den Beginn einer baulichen Blütezeit dar, die England die schönsten romanischen Bauwerke Europas bescheren sollte.

In dieser Abtei wurde Eduard zu Beginn des verhängnisvollen Jahres 1066 zur ewigen Ruhe beigesetzt. Am 6. Januar wählte der versammelte Witenagemot Harold zum König.

Ganz kurz nach seiner Krönung erreichte ihn die Nachricht, daß Wilhelm, der Herzog der Normandie, Ansprüche auf den Thron stellte und sich zum Kriege rüstete. Wilhelm erklärte, Eduard habe im Jahre 1051 versprochen, ihm zum Dank für den dreißigjährigen Schutz, den er in der Normandie erhalten hatte, die Krone zu vermachen. Offenbar war dieses Versprechen tatsächlich abgegeben worden[29], aber Eduard hatte es entweder vergessen oder bereut und hatte kurz vor dem Tode Harold als Nachfolger empfohlen; auf alle Fälle hatte ein derartiges Versprechen erst Gültigkeit, wenn es von den Witan bestätigt worden war. Nun erklärte aber Wilhelm, Harold sei bei einem Besuche in Rouen (unbekannten Datums) von ihm zum Ritter geschlagen worden; damit sei er Wilhelms «Mann» geworden, der ihm nach dem Lehnsrecht die Untertanentreue schuldig sei, und er habe ihm versprochen, ihn als Thronerben Eduards anzuerkennen und zu unterstützen. Harold gab diese Verpflichtung zu[30]. Wiederum konnte ein Eid, den Harold geleistet hatte, für England nicht verpflichtend sein; die Vertreter dieses Volkes hatten ihn in freier Wahl zum König erkoren, und Harold entschloß sich nun, diese Wahl zu verteidigen. Wilhelm wandte sich an den Papst; Alexander II., von Hildebrand beraten, verurteilte Harold als Usurpator und erklärte, der allein rechtmäßige Anspruch auf den englischen Thron stehe Wilhelm zu; er erteilte Wilhelm für die beabsichtigte Invasion Englands seinen Segen und sandte ihm ein geweihtes Banner und einen Ring, der in einem Diamanten ein Haar von Petrus' Haupt enthielt[31]. Hildebrand war erfreut, daß er einen Präzedenzfall für das Recht der Päpste, über Throne zu verfügen und Könige abzusetzen, schaffen konnte; zehn Jahre später wandte er die Präzedenz auf Heinrich IV. von Deutschland an, und 1213 sollte sie im Falle König Johanns sehr zustatten kommen. Lanfranc, der Abt von Bec, schloß sich Wilhelm in einem Aufruf an das Volk der Normandie – ja an alle Völker – zu einem heiligen Krieg gegen den exkommunizierten König an.

Die Sünden von Harolds wilder Jugend rächten sich nun in der Zeit, da er ein reifer, gütiger Mann geworden war. Sein Bruder Tostig, der schon längst von den Witan verbannt worden und von dem an die Macht gekommenen Harold nicht mehr zurückgerufen worden war, schloß sich nun Wilhelm an, hob im Norden ein Heer aus und versprach König Harald Hardrada von Norwegen den Königsthron von England, falls er sich dem Bündnis anschließe. Im September 1066, als Wilhelm in der Normandie mit einer Armada von 1400 Schiffen aufbrach, drangen Tostig und Hardrada in Northumberland ein. York ergab sich ihnen, und Hardrada wurde zum König von England gekrönt. Harold eilte mit allen verfügbaren Truppen den nordischen Invasoren entgegen und schlug sie bei Stamford Bridge (25. September); Tostig und Hardrada fielen in dieser Schlacht. Harold zog mit seiner geschwächten Streitmacht nach Süden; das Heer war viel zu klein, um etwas gegen Wilhelms Streitkräfte ausrichten zu können, und jeder Ratgeber drang in ihn, er solle zuwarten. Aber Wilhelm zog sengend und plündernd durch Südengland, und Harold fühlte sich verpflichtet, den Boden zu verteidigen, den er selbst einmal verwüstet hatte, der ihm jetzt aber ans Herz gewachsen war. In Senlac bei Hastings stießen die beiden Heere aufeinander (14. Oktober). Die Schlacht währte neun Stunden. Harold wurde von einem Pfeil ins Auge getroffen und stürzte, vom Blut geblendet, zu Boden; normannische Ritter zerstückelten ihn: einer hieb ihm den Kopf ab, ein zweiter ein Bein, ein dritter verstreute Harolds Eingeweide über das Feld. Als die Engländer ihren Anführer fallen sahen, wandten sie sich zur Flucht. Das Gemetzel und das Durcheinander waren so groß, daß die Mönche, welche hernach Harolds Leichnam suchen sollten, ihn erst auffanden, als sie Harolds Geliebte Edith Schwanenhals auf die Walstatt führten. Sie erkannte den verstümmelten Leib ihres Geliebten, und Harold wurde in der Kirche zu Waltham beigesetzt, die er erbaut hatte. Am Weihnachtstage des Jahres 1066 wurde Wilhelm I. zum König von England gekrönt.

II. WALES: 325–1066

Wales war 78 n. Chr. von Frontinus und Agricola in das Römische Reich eingegliedert worden. Als die Römer sich aus Britannien zurückzogen, erlangte Wales seine Freiheit wieder und mußte seine eigenen Könige erdulden. Im fünften Jahrhundert wurde Westwales von irischen Siedlern besetzt; später nahm Wales Tausende von Briten auf, die vor den angelsächsischen Eroberern ihrer Insel flohen. Die Angelsachsen machten vor der walisischen Schranke halt und nannten das nicht unterworfene Volk Wealhas – «Fremde». Die Iren und Briten fanden in Wales einen verwandten keltischen Volksstamm vor, und bald waren die drei Volksgruppen als Cymri – «Landsleute» – zu einem Volke zusammengeschlossen; Cymri wurde zum Namen des Volkes, Cymru zum Namen des Landes. Wie die meisten keltischen Völker – die Bretonen, Kornen und Iren sowie die Gälen Nordschottlands – gründeten sie ihre Gesellschaftsordnung fast ausschließlich auf die Familie und die Sippe, und zwar so eifrig, daß sie nichts vom Staatswesen wissen wollten und jede fremdblütige Person oder Völkerschaft mit unbezwinglichem Mißtrauen betrachteten. Ausgewogen wurde ihre sippschaftliche Engstirnigkeit durch die grenzenlose Gastfreundschaft, ihre Disziplinlosigkeit durch die Tapferkeit, die Härte ihres Lebens und des Klimas durch Musik und Gesang und Freundestreue, ihre Armut durch eine Phantasiekraft, die aus jedem Mädchen eine Prinzessin und aus jedem zweiten Manne einen König machte.

Gleich nach den Königen kamen die Barden. Sie waren nicht nur die Dichter, sondern auch die Propheten, Geschichtsschreiber und königlichen Ratgeber ihres Volkes. Zwei Barden haben ihrem Namen Beständigkeit gegeben – Taliesin und Aneurin, beide Männer des sechsten Jahrhunderts; es gab unzählige weitere; und die Sagen, die sie spannen, gelangten über den Kanal in die Bretagne, um in Frankreich eine geschliffene Form zu erhalten. Die Barden bildeten einen Dichter- und Geistlichenstand; keiner wurde zugelassen, der sich nicht einer gründlichen Ausbildung in der völkischen Überlieferung unterworfen hatte. Der Bewerber um die Zulassung zu dem Stande hieß *mabinog*; der Stoff, mit dem er sich befaßte, wurde *mabinogi* genannt; daher der Name *Mabinogion* für die Sagen, die auf uns gekommen sind[32]. In ihrer vorliegenden Gestalt gehen sie nicht über das vierzehnte Jahrhundert zurück, sie dürften aber in der Zeit entstanden sein, da Wales noch nicht christlich war. Sie sind von einer primitiven Einfachheit und einem heidnischen Animismus; seltsam erfüllt von merkwürdigen Fabeltieren und wunderbaren Ereignissen, von einer düsteren Gewißheit der Verbannung, der Niederlage und des Todes überschattet, und doch von einer sanften Stimmung erfüllt, die von der Sinnenfreudigkeit und Gewalttätigkeit der isländischen *Eddas*, der nordischen Sagas und des *Nibelungenliedes* himmelweit entfernt ist. In der Einsamkeit der walisischen Berge wuchs eine romantische Literatur der Hingabe an das Volk, die Frau und, in späterer Zeit, an Maria und Jesus heran, die Anteil hat an der Entstehung des Ritterwesens und der wundersamen Erzählungen von Arthur und seinen kriegerisch-galanten Rittern, die sich verschworen, «die Heiden niederzuzwingen und Christus hochzuhalten».

Das Christentum kam im sechsten Jahrhundert nach Wales und sorgte schon nach kurzer Zeit dafür, daß Kloster- und Kathedralschulen entstanden. Der gelehrte Bischof Asser, welcher dem König Alfred als Sekretär und Biograph diente, kam vom Davidsdom in Pembrokeshire. Diese christlichen Kultstätten und Ansiedlungen hatten die Hauptwucht der Piratenangriffe aus der Normandie zu ertragen, bis König Rhodri der Große (844–878) sie vertrieb und der Insel ein starkes Herrscherhaus gab. König Hywel der Gute (910–950) vereinigte ganz Wales unter seinem Szepter und versah es mit einem einheitlichen Gesetzeswerk. Gruffydd ap Llywelyn (1039–1063) war allzu erfolgreich; als er Mercia, das nächstgelegene englische Land, unterwarf, erklärte Harold, der künftige König von England, einen vorbeugenden Verteidigungskrieg und eroberte Wales für England (1063).

III. DIE IRISCHE ZIVILISATION: 461–1066

Beim Tode des heiligen Patrick und bis zum elften Jahrhundert war Irland in sieben Königreiche aufgeteilt: drei in Ulster, die anderen Connaught, Leinster, Munster, Meath. Normalerweise bekämpften sich diese Königreiche gegenseitig, denn das Fehlen von Transportmöglichkeiten verhinderte eine Ausweitung der Streitlust auf weiter entfernte Gebiete; vom dritten Jahrhundert an vernehmen wir jedoch von irischen Überfällen und Siedlungen in westbritischen Küstengebieten. Die Chronisten nennen diese Eindringlinge *Scotti* – offenbar ein keltisches Wort für «Wanderer». Während dieser ganzen Periode sind unter Skoten Iren zu verstehen. Der Krieg wurde zum Alltag: bis 590 mußten die Frauen, bis 804 die Mönche und Priester mit den gewöhnlicheren Kriegern zusammen in den Kampf ziehen[33]. Ein in den wesentlichen Punkten den «barbarischen» Gesetzbüchern des Festlandes gleichartiges Gesetzeswerk wurde von den *brehons* verwaltet, gründlich ausgebildeten Rechtsgelehrten und Richtern, die bereits im vierten Jahrhundert an Rechtsschulen lehrten und in gälischer Sprache Abhandlungen zu Rechtsfragen schrieben[34]. Irland war wie Schottland von Rom nicht erobert worden und darum nicht in den Genuß des Römischen Rechtes und einer geordneten Staatsführung gekommen; im Rechtswesen vermochte es die Rache nie ganz durch das Urteil und die Leidenschaftlichkeit kaum durch die Zucht zu ersetzen. Die Staatsführung verblieb im wesentlichen stammschaftlich und vermochte sich nur augenblicksweise zu einer nationalen Einheit und Zielsetzung durchzuringen.

Die gesellschaftliche und wirtschaftliche Grundzelle war die Familie. Mehrere Familien bildeten eine Sippschaft, mehrere Sippen einen Stamm. Alle Mitglieder eines Stammes führten sich auf einen gemeinsamen Ahnen zurück. Im zehnten Jahrhundert setzten viele Familien ein *Ui* oder *O'* (Enkel) vor den Stammesnamen, um ihrer Abkunft Ausdruck zu geben; so leiten die O'Neills sich von Niall Glundubh ab, der 916 König von Irland war. Viele andere setzten ein *Mac* (Sohn) vor den Vaternamen, um die Abkunft zu bezeichnen. Im siebenten Jahrhundert stand der größte Teil des Bodens in gemeinschaftlichem Sippenbesitz[35]; das Privateigentum war auf die Dinge des Haushalts beschränkt[36]; bis zum zehnten Jahrhundert breitete sich aber der Privatbesitz ständig aus. Bald bildete sich eine kleine Aristokratie heran, die große Güter besaß; daneben gab es zahlreiche freie Bauern, eine kleine Zahl von Pächtern und eine noch kleinere von Sklaven[37]. Materiell und politisch waren die Iren in den drei Jahrhunderten nach dem Aufkommen des Christentums (461 bis 750) rückständiger als die Engländer; in kultureller Hinsicht waren sie wahrscheinlich das fortschrittlichste Volk nördlich der Pyrenäen und der Alpen.

Diese seltsame Verschiebung hatte vielerlei Ursachen: den Zustrom gallischer und britischer Gelehrter, die im fünften Jahrhundert vor den Germaneneinbrüchen flohen, die Zunahme der Handelsbeziehungen mit Britannien und Gallien und den Umstand, daß Irland bis zum neunten Jahrhundert von Angriffen von außen verschont blieb. Mönche, Priester und Nonnen eröffneten Schulen verschiedener Zielsetzungen und Stufen; eine solche Schule in Clonard, die 520 gegründet wurde, soll (wenn wir patriotischen Geschichtsschreibern glauben dürfen) 3000 Schüler gehabt haben[38]; weitere Schulen bestanden in Clonmacnois (544), Clonfert (550) und Bangor (560). Mehrere Schulen erteilten zwölf Jahre dauernde Kurse, die zum Erwerb des Titels eines *doctor philosophiae* führten und biblische Studien, Theologie, die lateinischen und griechischen Klassiker, gälische Grammatik und Literatur, Mathematik und Astronomie, Geschichte und Musik, Medizin und Recht umfaßten[39]. Mittellose Studenten, denen die Eltern den Lebensunterhalt nicht zu zahlen vermochten, wurden auf Staatskosten unterhalten, denn die meisten Studenten bereiteten sich auf das Priesteramt vor, und die Iren brachten jedes Opfer, um diese Berufswahl zu unterstützen. An diesen Schulen wurde das Studium des Griechischen noch fortgesetzt, als die Pflege dieser Sprache aus anderen westeuropäischen Ländern schon längst verschwunden war. Alkuin studierte in Clonmacnois, und Johannes Scotus Erigena hatte das Griechisch, das ihm die Bewunderung des Hofes von Karl dem Kahlen in Frankreich eintrug, in Irland gelernt.

Geisteshaltung und Literatur der Zeit bevorzugten das Sagenhafte und Romantische. Hier und dort wandten sich einige Geister der Naturwissenschaft zu, wie der Astronom Dungal oder der Geometer Fergil, welche die Kugelgestalt der Erde lehrten. Um 825 berichtet der Geograph Dicuil von der Entdeckung Islands durch irische Mönche im Jahre 795 und bemerkt bei der Schilderung der Mitternachtssonne des irischen Sommers, daß man zu dieser Zeit noch genügend Licht vorfinde, um die Flöhe aus dem Hemde lesen zu können[40]. Grammatiker gab es viele, und sei es auch nur, weil die irische Prosodie die komplizierteste ihrer Zeit war. Auch Dichter gab es unzählige; sie standen in der Gesellschaft hoch im Rang; gewöhnlich waren sie zugleich Lehrer, Rechtsanwälte, Dichter und Historiker. In einer Bardenschule um einen führenden Dichter geschart, erbten sie manches von der Macht und den Vorrechten der Druidenpriester. Solche Bardenschulen blühten ohne Unterbrechung vom sechsten bis zum siebzehnten Jahrhundert; ihren Unterhalt bestritten sie gewöhnlich aus Lehen, die ihnen die Kirche oder der Staat gaben[41]. Im zehnten

Jahrhundert waren vier Dichter im ganzen Volke bekannt: Flann MacLonain, Kenneth O'Hartigan, Eochaid O'Flainn und der MacLiag, den König Brian Boru zum *archollamh*, zum Hofdichter, erhob.

In dieser Zeit nahmen die Sagas von Irland literarische Form an. Ein großer Teil ihres Stoffes stammt aus der Zeit vor Patrick, war aber mündlich überliefert worden; nun wurden sie in ein leichtfüßiges Gemisch rhythmischer Prosa und balladenartiger Poesie umgestaltet, und obgleich sie uns nur in Handschriften erhalten sind, die nach dem elften Jahrhundert verfertigt wurden, so sind es doch die Dichter dieser Zeit, die die Sagas zu Literatur werden ließen. Ein Sagenzyklus dient dem Gedächtnis der mythischen Ahnen des irischen Volkes. Ein «Fenischer» oder «Ossianischer» Zyklus berichtet in aufregenden Versen von den Abenteuern des sagenhaften Helden Finn MacCumhail und seiner Nachkommen, der Fianna oder Fenier. Die Überlieferung schreibt die meisten dieser Dichtungen Finns Sohn Ossian zu, der, wie es heißt, dreihundert Jahre lebte und in Patricks Zeit starb, nachdem er dem Heiligen gründlich seine heidnische Meinung kundgetan hatte. Ein «Heldenzyklus» dreht sich um den altirischen König Cuchulain, der sich in hundert munteren Szenen in Krieg und Liebe mißt. Die schönste Sage dieses Kreises erzählt die Geschichte der Deirdre, der Tochter des führenden Barden des Königs Conor. Bei ihrer Geburt prophezeit ein Druide, sie werde ihrem Lande Ulster viel Kummer bereiten; das Volk ruft: «Erschlaget sie!» Aber König Conor nimmt sich ihrer an, zieht sie auf und will sie ehelichen. Mit jedem Tag wird sie schöner. Eines Morgens sieht sie den hübschen Naoise mit anderen Jünglingen Ball spielen; sie findet einen fehlgeworfenen Ball und gibt ihn an Naoise zurück; er drückt ihr «freudevoll die Hand». Der Vorfall bringt ihre ausgereiften Empfindungen zum Schwingen, und sie bittet ihre Magd: «Liebes Mädchen, wenn du willst, daß ich weiterlebe, so bring ihm eine Botschaft und sage ihm, er solle heute heimlich zu mir kommen und mit mir sprechen.» Naoise leistet der Einladung Folge und berauscht sich an ihrer Schönheit. In der folgenden Nacht kommt er mit seinen zwei Brüdern, Ainnle und Ardan, wieder, und gemeinsam entführen sie die willige Deirdre und bringen sie über das Meer nach Schottland. Ein schottischer König verliebt sich in sie, und die Brüder verbergen sie im Hochland. Nach einiger Zeit schickt König Conor eine Botschaft: er wolle ihnen verzeihen, falls sie nach Erin zurückkehrten. Naoise willigt in seiner Sehnsucht nach dem Heimatland und den Stätten seiner Jugend ein, obgleich Deirdre ihn warnt und Verrat voraussagt. Bei der Ankunft in Irland werden sie von Soldaten des Königs überfallen. Die Brüder kämpfen tapfer, finden aber den Tod; Deirdre, wahnsinnig vor Schmerz, wirft sich nieder, trinkt das Blut des toten Geliebten und singt ein seltsames Klagelied. Die älteste Fassung der «Deirdre» schließt mit kraftvoller Einfachheit: «In der Nähe war ein großer Fels. Sie schmetterte ihr Haupt gegen den Stein, daß ihr Schädel zerbrach, und war tot[42].»

Dichtung und Musik lagen in Irland, wie auch sonst im mittelalterlichen Leben, eng nebeneinander. Die Mädchen sangen beim Spinnen und Melken, die Männer sangen, wenn sie auf dem Felde pflügten oder zu Kriege zogen; Missionare zupften die Harfe, um eine Zuhörerschaft anzulocken. Die bevorzugtesten Instrumente waren die Harfe, gewöhnlich mit dreißig Saiten, welche mit den Fingerspitzen gezupft wurden, ferner das *timpan*, eine achtsaitige Geige, die mit Schlagstäbchen oder Bogen gespielt wurde, und der Dudelsack, der über die Schulter gehängt und mit dem Mund aufgeblasen wurde. Giraldus Cambrensis (1185) hielt die irischen Harfenspieler für die besten der Welt – ein hohes Lob von einem musikliebenden Waliser.

Das schönste irische Kunstwerk dieser Zeit ist nicht der berühmte Kelch von Ardagh (um 1000) – eine erstaunliche Zusammenstellung von 354 Einzelstücken aus Bronze, Silber, Gold, Bernstein, Kristall, Zellguß und Glas; das schönste Kunstwerk ist das *Book of Kells (Evangeliorum quattuor Codex Cenannensis)* – die vier Evangelien auf Velin, von irischen Mönchen in Kells im Königreich Meath oder auf der Insel Iona im neunten Jahrhundert verfertigt, heute der wertvollste Besitz des Trinity College in Dublin. Durch die anhaltende Verbindung von Mönchen über die Grenzen hinweg drangen byzantinische und islamische Illuminationsstile in Irland ein und erlangten dort auf einen Augenblick die Vollkommenheit. Wie in den muselmanischen Miniaturen spielten auch hier Menschen- und Tiergestalten nur eine geringe Rolle; keiner war auch nur ein halbes Initial wert. Das Charakteristische dieser Kunst ist die Hervorhebung eines Buchstabens oder eines einzelnen Ziermotives auf einem blauen oder goldenen Hintergrunde, wobei es mit humorvoller Phantasie und offenkundigem Entzücken ausgesponnen wird, bis es als labyrinthisches Netzwerk fast die ganze Seite bedeckt. In christlichen illuminierten Handschriften ist nichts zu finden, was das *Book of Kells* überträfe. Gerald von Wales, der doch stets so eifersüchtig auf Irland war, nennt es das Werk von Engeln, die sich als Menschen ausgegeben hätten[43].

Gerade so wie Irland ein Goldenes Zeitalter erleben durfte, weil die Germaneninvasionen, die das übrige lateinische Europa um Jahrhunderte zurückwarfen, es nicht berührt hatten, so fand diese Glanzzeit nun ihr Ende bei den gleichen Normannenüberfällen, die im neunten und zehnten Jahrhundert in Frankreich und England die Fortschritte, die mit so viel Mühe von Karl dem Großen und Alfred errungen worden waren, zunichte gemacht hatten. Vielleicht war die Kunde nach den noch heidnischen Ländern Dänemark und Norwegen gelangt, daß die irischen Klöster reiche Gold-, Silber- und Edelsteinschätze bargen und die politische Zerrissenheit Irlands jeden vereinten Widerstand verhinderte. Ein versuchsweiser Überfall kam im Jahre 795; er richtete wenig Schaden an, bestätigte aber die Richtigkeit des Gerüchtes von diesem unbewachten Beutegut. Im Jahre 823 wurden in größeren Überfällen die Städte Cork und Cloyne ausgeplündert und die Klöster von Bangor und Moville zerstört, wobei die Geistlichen den Tod fanden. Von da an brachte fast jedes Jahr neue Überfälle. Manchmal wurden die Invasoren von tapferen kleinen Heeren zurückgeschlagen, sie kehrten aber stets zurück und fielen allerorts über Klöster her. Scharen normannischer Siedler ließen sich in Küstennähe nieder, gründeten Dublin, Limerick und Waterford und erhoben von der nördlichen Hälfte der Insel Tribut. Der Normannenkönig Thorgest machte St. Patricks Armagh zu seiner heidnischen Hauptstadt und gab seiner heidnischen Gattin den Altar von St. Kierans Kirche in Clonmacnois als Thron[44]. Die irischen Könige gingen getrennt gegen die Eindringlinge vor und bekämpften sich derweil immer noch gegenseitig. Malachi, König von Meath, nahm Thorgest gefangen und ertränkte ihn (845); 851 gründete jedoch Olaf der Weiße, ein norwegischer Fürst, das Königreich von Dublin, das bis ins zwölfte Jahrhundert normannisch blieb. Ein Zeitalter der Gelehrsamkeit und der Dichtkunst wich einer Periode des unbarmherzigen Krieges, in welchem sowohl christliche als auch heidnische Soldaten Klöster ausplünderten und niederbrannten, alte Handschriften vernichteten und die Kunst von Jahrhunderten zerstörten. «Weder der Barde noch der Philosoph noch der Musikant ging seiner gewohnten Tätigkeit im Lande nach», berichtet ein altirischer Chronist[45].

Endlich tauchte ein Mann auf, der stark genug war, die Königreiche zu einer irischen Nation zusammenzufassen. Brian Borumha oder Boru (941–1014) war ein Bruder des Königs Mahon von Munster und Haupt der Sippschaft der Dalgas. Die Brüder kämpften (968) bei Tipperary gegen ein dänisches Heer und vernichteten es erbarmungslos; dann nahmen sie Limerick und erledigten jeden Normannen, der ihnen in die Hände fiel. Aber zwei Könige von Zwergreichen, Molloy von Desmond und Donovan von Hy Carbery, die befürchteten, daß die vordringenden Brüder ihre Reichlein aufschlucken würden, verbündeten sich mit den eingewanderten Dänen, entführten Mahon und ermordeten ihn (976). Brian, der nun König war, schlug die Dänen erneut und gab Molloy den Tod. Entschlossen, ganz Irland mit allen Mitteln zu einigen, verbündete sich Brian mit den Dänen von Dublin, stürzte mit deren Hilfe den König von Meath und wurde als König von ganz Irland anerkannt (1013). Nach vierzig Jahren des Krieges konnte er sich nun des Friedens erfreuen; er baute Kirchen und Klöster wieder auf, setzte Brücken und Straßen instand, gründete Schulen und Akademien, brachte Ordnung ins Land und unterdrückte das Verbrechertum; eine einbildungsreiche Nachwelt illustrierte die Sicherheit dieses «Königsfriedens», indem sie die – auch andernorts häufig erzählte – Geschichte von der lieblichen Jungfrau berichtet, die allein und ungestört mit ihrem reichen Schmuck durch das Land reist. Inzwischen stellten die Normannen in Irland ein neues Heer auf und gingen gegen den alternden König vor. Er stellte sich ihnen bei Clontarf in der Nähe von Dublin und schlug sie am Karfreitag, dem 23. April 1014; aber sein Sohn Murrogh fiel in der Schlacht, und Brian selbst wurde in seinem Zelte niedergemacht.

Eine Zeitlang fand das Land wieder zu den Genüssen des Friedens zurück. Im elften Jahrhundert lebten Kunst und Literatur wieder auf; das Buch von Leinster und das Hymnenbuch kommen in der Pracht der Illumination dem Buch von Kells fast gleich; Chronisten und Gelehrte gediehen in den Klosterschulen. Aber der Geist der Iren war noch ungezähmt. Das Land zerfiel erneut in sich befehdende Königreiche und vertat seine Kraft in Bürgerkriegen. 1172 fand eine Handvoll Abenteurer aus Wales und England es eine Kleinigkeit, die «Insel der Doktoren und Heiligen» zu erobern – sie zu regieren war allerdings eine andere Angelegenheit.

IV. SCHOTTLAND: 325–1066

Gegen Ende des fünften Jahrhunderts wanderte ein Stamm gälischer *Scotti* aus Nordirland nach Südwestschottland aus und gab seinen Namen zunächst einem Teil, dann der ganzen malerischen Halbinsel nördlich des Tweed. Drei andere Völker machten ihm den Besitz dieses antiken «Caledonia» streitig: die Pikten, ein keltischer Volksstamm, die nördlich des Firth of Forth ihre Sitze hatten; die Briten, Flüchtlinge vor der Angelsachseninvasion in Britannien, die sich zwischen dem Derwent und dem Firth of Clyde niedergelassen hatten, und die Angeln oder Engländer zwischen dem Tyne und dem Firth of Forth. Sie alle zusammen bildeten schließlich die schottische Nation: englisch in der Sprache, christlich in der Religion, so feurig wie die Iren, so praktisch wie die Engländer, so schlau und einbildungsreich wie alle Kelten.

Wie die Iren wollten auch die Schotten ihre sippschaftliche Organisation nicht preisgegeben, den Clan nicht gegen den Staat eintauschen. Der Heftigkeit ihrer sozialen Kämpfe kam nur noch ihre stolze Treue zur Sippe und ihr hartnäckiger Widerstand gegen fremde Widersacher gleich. Rom vermochte sie nicht zu unterwerfen; im Gegenteil, weder der Hadrianswall zwischen Solway und Tyne (120 n. Chr.) noch der Wall des Antoninus Pius, hundert Kilometer weiter nördlich zwischen Firth of Clyde und Firth of Forth (140), noch die Feldzüge des Septimius Severus (208) oder des Theodosius (368) konnten den immer wieder einbrechenden hungrigen Pikten endgültig Halt gebieten. Im Jahre 617 eroberten die Sachsen unter Edwin, dem König von Northumbria, die Bergfeste der Pikten und nannten sie Ed(w)inburgh. 844 vereinigte Kenneth MacAlpin die Pikten und Skoten unter seiner Krone; 954 setzten sich die Stämme wieder in den Besitz von Edinburgh und machten es zu ihrer Hauptstadt; 1018 eroberte Malcolm II. Lothian (das Gebiet nördlich des Tweed) und gliederte es dem Reich der Pikten und Skoten an. Die keltische Vormachtstellung schien gesichert, aber die Däneninvasion in England trieb Tausende von «Engländern» nach Südschottland, so daß ein starkes angelsächsisches Element in das schottische Blut gelangte.

Duncan I. (1034–1040) vereinte alle vier Völker – Pikten, Skoten, keltische Briten und Angelsachsen – in dem vereinten Königreich Schottland. Die Niederlage, die Duncan bei Durham durch die Engländer erlitt, ebnete seinem Feldherrn Macbeth, der Ansprüche auf den Thron erhob, weil seine Gattin Gruoch Enkelin Kenneths III. war, den Weg. Macbeth ermordete Duncan (1040), regierte siebzehn Jahre und wurde seinerseits von Duncans Sohn Malcolm III. ermordet. Von siebzehn Königen, die von 844 bis 1057 in Schottland regierten, starben vierzehn von Mörderhand. Es war eine gewalterfüllte Zeit des erbitterten Kampfes um Nahrung und Wasser, Freiheit und Macht. In diesen schweren Jahren fand Schottland wenig Zeit für den Tand und die Anmut der Zivilisation; drei Jahrhunderte sollten noch vergehen, ehe eine schottische Literatur ihren Anfang nahm. Normannen eroberten die Orkney-Inseln, die Färöer, die Shetland-Inseln und die Hebriden, und Schottland lebte unter der ständigen Gefahr, von diesen furchtlosen Wikingern erobert zu werden, die ihre Macht und ihren Samen über den Westen verbreiteten.

V. DIE NORMANNEN: 800–1066

I. DIE KÖNIGSSAGA

Die Normannen waren offenbar Germanen, deren Vorfahren über Dänemark und Skagerrak und Kattegat nach Schweden und Norwegen vorgedrungen waren und eine keltische Bevölkerung verdrängt hatten, die ihrerseits ein den Lappen und Eskimos verwandtes Volk verdrängt hatte[46]. Ein Häuptling der Frühzeit, Dan Mikillati, gab Dänemark – Dans Mark – seinen Namen; der antike Volksstamm der Suiones, die nach der Beschreibung des Tacitus die große Halbinsel beherrschten, hinterließ seinen Namen in der Bezeichnung Schwedens (Sverige) und im Namen vieler Könige (Sven); Norwegen (Norge) ist ganz einfach der Nordweg. *Skane*, der Name, den der ältere Plinius Schweden gab, wurde lateinisch zu *Scandia*, das zu der Bezeichnung *Skandinavien* für die Heimat dreier bluts- und sprachverwandter Völker wurde. In allen drei Ländern war die Fruchtbarkeit der Frauen oder die Einbildungskraft der Männer größer als die Fruchtbarkeit des Bodens; die Jungen und Unzufriedenen setzten sich in ihre Boote und suchten die Küstengebiete nach Nahrung, Sklaven, Frauen oder Gold ab, und ihr Hunger kannte kein Gesetz und keine Grenzen. Die Norweger strömten nach Schottland, Irland, Island und Grönland hinein, die Schweden nach Rußland, die Dänen nach England und Frankreich.

Die Kürze des Lebens gestattet nicht, Götter und Könige aufzuzählen. Gorm (860–935) gab Dänemark die Einheit; sein Sohn Harald Blauzahn (945–985) brachte ihm das Christentum; Sven Gabelbart (985–1014) eroberte England und machte Dänemark für ein Menschenalter zu einer der größten Mächte Europas. König Olaf Skottkonung (994–1022) ließ Schweden christlich werden und wählte sich Uppsala zur Hauptstadt. Im Jahre 800 war Norwegen ein Knäuel von einunddreißig Fürstentümern, deren jedes von einem kriegerischen Häuptling geführt wurde und von den anderen durch Berge, Flüsse oder Fjorde getrennt war. Um 850 unterwarf einer dieser Führer, Halfdan der Schwarze, von seiner Hauptstadt Trondheim aus den größten Teil der anderen Fürstentümer und wurde Norwegens erster König. Sein Sohn Harald Haarfager (Schönhaar, 860–933) sah sich aufrührerischen Häuptlingen gegenüber; die Gyda, welche er verehrte, wollte ihn nicht zum Manne nehmen, ehe er nicht ganz Norwegen in seine Gewalt gebracht habe; er gelobte, sich sein Haar erst wieder zu kämmen und zu scheren, wenn er dieses vollbracht habe; es gelang ihm in zehn Jahren, worauf er Gyda und zehn andere Frauen ehelichte, sein Haar abschnitt und seinen Beinamen Schönhaar erhielt[47]. Einer seiner vielen Söhne, Haakon der Gute (935–961), gab Norwegen während siebenundzwanzig Jahren eine gute Regierung; «eine Weile hatte ich Sorge, daß ich bei dieser langen Friedenszeit in meinem Hause auf der Bankstreu einen alterssiechen Tod sterben würde», beklagte sich ein Wikingerkrieger[48] Ein zweiter Haakon – der «Große Jarl» – war Norwegen dreißig Jahre lang ein guter Herrscher (965–995); als alter Mann kränkte er jedoch die «bonders», die Freibauern, indem er sich ihre Töchter als Konkubinen holte und sie nach einigen Wochen wieder heimschickte. Die Freibauern holten Olaf Trygvesson und wählten ihn zum König.

Olaf, der Sohn des Trygve, war ein Urenkel Harald Schönhaars. Er war, wie Snorri von Island bemerkte, «einer der schönsten Männer, sehr stark und kräftig und in Fertigkeit allen Männern über, von denen in Norwegen berichtet wird»[49]. Er konnte außerbord über die Ruder seines Schiffes gehen, derweil die Männer ruderten; er konnte mit drei spitzen Dolchen jonglieren, zwei Speere auf einmal werfen und «mit beiden Händen gleich gut fechten»[50]. Gar manchen Strauß und manches Abenteuer hatte er zu bestehen. Bei seinem Aufenhalt auf den Britischen Inseln ließ er sich zum Christentum bekehren und wurde ein erbarmungsloser Verfechter seiner neuen Religion. Als er König von Norwegen wurde (995), zerstörte er heidnische Tempel und baute christliche Kirchen und fuhr dabei fort, in Vielweiberei zu leben. Die Freibauern widersetzten sich der neuen Religion heftig und verlangten von Olaf, er solle nach altem Ritual dem Thor Opfer darbringen; er willigte ein, schlug aber vor, das dem Thor genehmste Opfer zu bringen – nämlich die führenden Freibauern selbst, worauf sie Christen wurden. Als einer von ihnen, Rand, bei seinem Heidentum beharrte, ließ Olaf ihn fesseln und zwang eine Schlange, seinen Schlund hinabzukriechen, indem er sie am Schwanz brannte; die Viper nahm ihren Weg durch Magen und Bauch ins Freie, und Rand fand den Tod[51]. Olaf trug Sigrid, der Königin von Schweden, die Ehe an, und sie willigte ein, wollte aber ihren heidnischen Glauben nicht aufgeben; Olaf schlug sie mit dem Handschuh ins Gesicht und sagte: «Was hätte ich schon an dir, einer alten, verblühten Frau, einem heidnischen Weibsbild?» «Das kann eines Tages dein Tod sein», sagte Sigrid. Zwei Jahre darauf zogen die Könige von Schweden und Dänemark und Jarl Erik von Norwegen gegen Olaf zu Feld; er wurde in einem großen Seegefecht bei Rügen geschlagen, sprang in voller Rüstung ins Meer und ward nie mehr gesehen (1000). Norwegen wurde unter die Sieger aufgeteilt.

Ein zweiter Olaf, der «Heilige» genannt, einte Norwegen erneut (1016), stellte die Ordnung wieder her, war ein gerechter Richter und vollendete die Bekehrung des Landes zum Christentum. Snorri berichtet von ihm: «Er war ein guter und sehr sanfter Mann, schweigsam und freigebig, aber geldgierig» und ein wenig den Konkubinen ergeben[52]. Einem Freibauern, der Heide bleiben wollte, wurde die Zunge ausgerissen, einem anderen stach man die Augen aus[53]. Die Freibauern gingen mit König Knut von Dänemark und England eine Verschwörung ein; Knut kam mit fünfzig Schiffen und vertrieb Olaf aus Norwegen (1028); Olaf kehrte mit einem Heer zurück und kämpfte bei Stiklestad um seinen Thron; er wurde geschlagen und starb an seinen Wunden (1030); auf der Walstatt weihte die Nachwelt ihm als dem Nationalheiligen von Norwegen eine Kathedrale. Sein Sohn Magnus der Gute (1035–1047) eroberte das Königreich wieder und gab ihm gute Gesetze und eine gute Regierung; sein Enkel Harald Hardrade («der Strenge», 1047–1066) regierte Norwegen mit gnadenloser Gerechtigkeit bis zu dem Jahre, da der Normannenherzog Wilhelm England eroberte.

Um 860 entdeckte eine Schar von Normannen aus Norwegen oder Dänemark von neuem Island und war nicht ungehalten, die Insel ihrem eigenen Land mit seinen Nebeln und Fjorden so ähnlich zu finden. Norweger, die sich über den neuen Absolutismus des Harald Haarfager ärgerten, wanderten 874 nach Island aus, und um 934 war es gerade so dicht besiedelt wie zu jeder anderen Zeit vor dem Zweiten Weltkrieg. Jede der vier Provinzen hatte ihren Thing, die Volksversammlung; im Jahre 930 wurde ein Allthing, ein gemeinsames Parlament, gegründet – eine der ersten Einrichtungen einer Volksvertretung bei der Staatsführung, welche die Geschichte kennt und welche Island zu der damals einzigen vollständig freien Republik der Welt machte. Aber dieselbe geistige Kraft und Unabhängigkeit, die den Antrieb zu den Wanderungen gab und zur Schaffung dieses Parlamentes führte, begrenzte auch die Wirksamkeit der Gemeinschaftsregierung und der einheitlichen Gesetze; mächtige Einzelpersonen, die auf ihren großen Gütern fest eingesessen waren, wurden zur gesetzgebenden Gewalt ihrer Ländereien, und bald lebten in Island die Fehden wieder auf, die den Königen von Norwegen die Regierung so sehr erschwert hatten. Im Jahre 1000 nahm der Allthing in aller Förmlichkeit das Christentum an; aber König Olaf der Heilige war entsetzt, als er vernahm, daß die Isländer weiterhin Pferdefleisch aßen und die Kindstötung übten. Wohl weil die Winternächte lang und kalt waren, entstand eine Literatur der Mythen und Sagen, die an Quantität und Qualität die gleichen Sagen, welche in der Heimat der Nordmänner erzählt wurden, offenbar übertrafen.

Sechzehn Jahre nach der Wiederentdeckung Islands sichtete ein norwegischer Schiffahrer, Gunnbjörn Ulfsson, Grönland. Um 985 gründeten Thorwald und sein Sohn Erik der Rote dort eine norwegische Kolonie. 986 entdeckte Bjerne Herjulfsson Labrador, und im Jahre 1000 landete Leif, Sohn Eriks des Roten, auf dem amerikanischen Festland; es ist uns nicht bekannt, ob das auf Labrador oder Neufundland oder Cape Cod geschah. Leif Eriksson verbrachte den Winter in «Vinland» (Weinland) und kehrte dann nach Grönland zurück. 1002 verbrachte sein Bruder Thorwald mit dreißig Mann ein Jahr in Vinland. Eine Interpolation aus der Zeit vor 1395 in der «Saga von Olaf Trygvesson» von Snorri Sturluson (1179–1241) berichtet von fünf verschiedenen Expeditionen, welche die Nordmänner in der Zeit zwischen 985 und 1011 nach dem amerikanischen Festland unternommen hätten. 1477 fuhr Christoph Kolumbus nach seiner eigenen Darstellung nach Island, um dort dessen Überlieferungen von der Neuen Welt zu studieren[54].

2. DIE KULTUR DER WIKINGER*

Die Gesellschaftsordnung gründete sich bei den Normannen wie auch anderswo auf die Familienordnung, die wirtschaftliche Zusammenarbeit und den religiösen Glauben. «Der Sippschaft Pflichten sind eingedenk immer die Edelgesinnten», heißt es in einer Stelle des *Beowulf*[55]. Unerwünschte Kinder wurden ausgesetzt; wurde ein Kind dagegen angenommen, so wurde ihm eine vernünftige Mischung von Zucht und Liebe zuteil. Es gab keine Familiennamen; jeder Sohn fügte lediglich den Namen des Vaters zu seinem eigenen: Olaf Haraldsson, Magnus Olafsson, Haakon Magnusson. Schon lange vor dem Übertritt zum Christentum gossen die Skandinavier bei der Namengebung Wasser über das Kind, ein Symbol der Aufnahme in die Familie.

Der Unterricht erfolgte durch die Praxis: die Mädchen erlernten die Künste des Haushalts, zu denen auch das Bierbrauen zählte; die Knaben lernten schwimmen, skilaufen, Holz und Metalle bearbeiten, ringen, schlittschuhlaufen, Hockey (vom dänischen *hoek*, Haken) spielen, jagen und mit Bogen und Pfeil, Schwert und Speer kämpfen. Besonders beliebt waren Springübungen. Es gab Norweger, die in voller Rüstung und Bewaffnung über Hindernisse, die so hoch waren wie sie selber, springen und meilenweit schwimmen konnten; andere überholten im Lauf die schnellsten Pferde[56]. Viele Kinder erlernten das Lesen und Schreiben, einige erhielten eine Ausbildung in Heil- und Rechts-

* Das Wort *Wikinger* kommt vom altnordischen *vik*, «Fjord»; in diesem Sinne lebt das Wort noch in Namen wie Narvik, Schleswig, Reykjavik, Berwick, Wicklow usw. fort. *Vikingr* war ein Mann, der die Gebiete rings um die Fjorde unsicher machte. Unter «Kultur der Wikinger» verstehen wir hier die Kultur der skandinavischen Völker in der «Wikingerzeit» – 700–1100 n. Chr.

kunde. Beide Geschlechter waren sangesfreudig; Angehörige beider Geschlechter spielten Musikinstrumente, gewöhnlich die Harfe; in der *Älteren Edda* steht zu lesen, daß König Gunnar die Harfe mit den Zehen spielen und mit seinem Harfenspiel Schlangen bannen konnte.

Die Vielweiberei war bei den Reichen bis ins dreizehnte Jahrhundert üblich. Die Ehen wurden von den Eltern vereinbart, oft durch Kauf; die freie Frau konnte gegen eine derartige Vereinbarung Einsprache erheben[57], falls sie jedoch gegen den Willen ihrer Eltern heiratete, wurde der Ehemann in die Acht getan und durfte von ihren Verwandten straflos getötet werden. Dem Mann stand die Scheidung nach Belieben frei; vermochte er aber keine guten Scheidungsgründe anzuführen, so war er wiederum der Rache der Verwandten seiner Frau ausgesetzt. Beiden Gatten stand die Scheidung frei, falls der Ehepartner sich nach Art des anderen Geschlechtes kleidete, die Frau Kniehosen anlegte oder der Mann ein Hemd trug, das an der Brust offen war. Der Gatte durfte ungestraft – das heißt ohne eine Blutrache heraufzubeschwören – jeden Mann töten, den er in unerlaubten Beziehungen mit seiner Gattin antraf[58]. Die Frauen mußten schwer arbeiten, behielten aber doch hinreichende Reize, um die Männer zu bewegen, sich um ihretwillen gegenseitig umzubringen, und im öffentlichen Leben dominante Männer waren, wie das so zu sein pflegt, zu Hause rezessiv. Im allgemeinen war die Stellung der Frau im heidnischen höher als im späteren christlichen Skandinavien[59]; sie war die Mutter nicht der Sünde, sondern kräftiger, tapferer Männer; sie hatte zu einem Drittel – nach zwanzigjähriger Ehe zur Hälfte – teil an dem Vermögen ihres Mannes; er beriet sich mit ihr in seinen Geschäften und ließ ihr in ihrem Hausstand Freiheit im Umgang mit Männern.

Die Arbeit wurde in Ehren gehalten, und alle Stände nahmen an ihr teil. Der Fischfang war ein Haupterwerbszweig, und die Jagd war eher eine Notwendigkeit denn ein Sport. Man stelle sich einmal die Willenskraft und die Mühsal vor, die notwendig waren, um die Urwälder Schwedens zu roden und die gefrorenen Hänge der norwegischen Berge dem Ackerbau zugänglich zu machen; die Weizenfelder von Minnesota sind Abkömmlinge einer Kreuzung von amerikanischem Boden mit norwegischem Charakter. Großgrundbesitz gab es nur wenig; Skandinavien zeichnet sich durch die weitgehende Aufteilung des Landes unter einer freien Bauernschaft aus. Eine ungeschriebene Versicherung milderte Unglücksfälle: brannte einem Bauern der Hof nieder, so nahmen seine Nachbarn am Wiederaufbau teil; kam sein Vieh durch Krankheit oder «höhere Gewalt» um, so gaben sie ihm von ihrem Vieh, bis die Hälfte seines Verlustes gedeckt war. Fast jeder Nordmann war ein Handwerker und besonders in Holzarbeiten geschickt. In der Verwendung von Eisen waren die nordischen Völker rückständig; die Eisenverarbeitung kam erst im achten Jahrhundert auf; dann aber stellten sie eine Vielfalt fester und schöner Werkzeuge, Waffen und Schmuckstücke aus Bronze, Silber und Gold her[60]; Schilde, damaszierte Klingen, Ringe, Nadeln, Harnische waren oft Gegenstände der Schönheit und des Stolzes. Nordische Schiffbauer legten Boote und Kriegsschiffe auf Kiel, die zwar nicht größer, offenbar aber stärker waren als diejenigen der Antike; mit flachem Boden zum ruhigen Lauf, aber am Bug scharf zulaufend, um feindliche Schiffe rammen zu können; 1,20 bis 1,80 Meter tief, achtzehn bis fünfzig Meter lang; zum Teil durch ein Segel, größtenteils durch Ruder angetrieben, deren es zu beiden Seiten zehn, sechzehn oder sechzig gab; diese einfachen Fahrzeuge trugen nordische Forschungsreisende, Kaufleute, Seeräuber und Krieger die Flüsse Rußlands hinab bis in das Kaspische und das Schwarze Meer und über den Atlantik bis Island und Labrador.

Die Wikinger teilten sich in die Stände der Jarls (königliche Statthalter), Bonden (bäuerliche Grundbesitzer) und Leibeigenen ein; sie lehrten ihren Kindern (wie die Aufseher in Platons *Republik*) eindringlich, daß jedem Menschen sein Stand von den Göttern gegeben sei, so daß nur die Ungläubigen eine Änderung herbeizuführen wagten[61]. Zu Königen wurden Männer königlicher Abstammung gewählt, zu Provinzstatthaltern Männer aus dem Stande der Jarls. Neben dieser freimütigen Anerkennung des monarchischen und aristokratischen Prinzipes als natürlicher Begleitumstände von Krieg und Ackerbau bestand eine bemerkenswerte Demokratie, mittels derer die Grundbesitzer als Gesetzgeber und Richter im örtlichen Husthing, der Versammlung der Haushaltsvorstände, im Mot des Dorfes, Thing des Bezirkes oder Allthing des ganzen Volkes wirkten. Die Staatsführung stützte sich auf Gesetze und nicht nur auf Menschen; Gewalttätigkeit war die Ausnahme, Urteil die Regel. Die Blutrache zieht sich blutrot durch die Sagas, aber selbst in dieser Wikingerzeit von Blut und Eisen setzte sich das Wergeld gegenüber der Rache des Einzelnen durch, und nur die Seeräuber waren Männer, die kein anderes Gesetz als Sieg oder Niederlage kannten. Harte Strafen wurden eingesetzt, um Männer, welche vom Kampf mit der Natur hart geworden waren, an Ordnung und Frieden zu gewöhnen; Ehebrecher wurden gehängt oder von Pferdehufen zu Tode getrampelt; Brandstifter endeten auf dem Scheiterhaufen; Vatermörder wurden an den Füßen neben einem gleicherweise mit dem Kopf nach unten aufgehängten Wolf gehenkt; wer sich gegen die Regierung auflehnte, wurde zwischen Pferden zerrissen oder von wilden Stieren geschleift[62]; in diesen barbarischen Strafen hatte das Gesetz die Rache wohl noch nicht ersetzt, sondern nur vergesellschaftlicht. Selbst das Piratentum wich schließlich dem Gesetz; Kaufleute ersetzten die Räuber und Schlauheit die Gewalt. Das Seerecht Europas ist in seiner Herkunft großenteils nordisch, von dem Bund der Hanse vermittelt[63]. Unter Magnus dem Guten (1035–1047) wurden die Gesetze Norwegens auf einem Pergament aufgezeichnet, das nach seiner Farbe «Graugans» benannt wurde; es ist noch erhalten und zeigt vernünftige Erlasse zur Kontrolle von Maßen und Gewichten, zur staatlichen Aufsicht über Märkte und Häfen und zur staatlichen Unterstützung der Kranken und Armen[64].

Die Religion unterstützte das Recht und die Familie im Kampf um die Umwandlung des Tieres in einen Bürger. Die Götter des germanischen Pantheons waren dem Nordmann nicht bloß mythologische Gestalten, sondern lebendige Gottheiten, die man fürchtete oder liebte und mit der Menschheit durch tausend Wundertaten und Liebschaften verknüpfte. Staunen und Schrecken bewogen die primitiven Seelen, alle bedeutenderen Naturkräfte und -erscheinungen in Gottheiten zu personifizieren; und die mächtigeren Gottheiten wollten ständig besänftigt sein und machten in ihren Forderungen auch vor dem Menschenopfer nicht halt. Es war eine volkreiche Walhalla: zwölf Götter und zwölf Göttinnen; verschiedene Riesen (Jötunn), Schicksalsgottheiten (Nornen) und Walküren – Botinnen und Bierträgerinnen der Götter – und ein paar Hexen, Trolle und Elfen. Die

Götter waren Sterbliche in vergrößerter Sicht; sie wurden geboren und wurden wie die Menschen von Hunger, Schlaf, Krankheit, Leidenschaften, Kummer und Tod heimgesucht; den Menschen waren sie nur an Größe, Langlebigkeit und Macht überlegen. Odin (deutsch Wotan), der Vater aller Götter, hatte zu Caesars Zeit in der Nähe des Asowschen Meeres gelebt; dort hatte er für seine Familie und seine Ratgeber Asgard, das Götterheim, erbaut. Da es ihn nach Land hungerte, eroberte er Nordeuropa. Er war weder unangefochten noch allmächtig; Loki schalt ihn wie ein Fischweib[65], und Thor beachtete ihn überhaupt nicht. Er wanderte auf der Suche nach Weisheit über die Erde und tauschte ein Auge gegen einen Trunk an der Quelle der Weisheit ein; sodann erfand er die Buchstaben, lehrte sein Volk das Schreiben, die Dichtkunst und die anderen Künste und gab ihm Gesetze. Dem Ende seines Erdenwallens kam er zuvor: er berief eine Versammlung von Schweden und Goten ein, brachte sich an neun Stellen Wunden bei, starb und kehrte nach Asgard zurück, um als Gott weiterzuleben.

In Island war Thor größer als Odin. Er war der Gott des Donners, des Krieges, der Arbeit und des Gesetzes; die schwarzen Wolken waren seine dräuend hochgezogenen Augenbrauen, der Donner seine Stimme, der Blitz sein Hammer, den er im Himmel schleuderte. Die nordischen Dichter, die vielleicht bereits so skeptisch waren wie Homer, machten sich viel Spaß mit ihm, so wie die Griechen mit Hephaistos oder Herakles; sie ließen ihn viele schwere Taten vollbringen und stellten ihn in mancher mißlichen Lage dar; er war aber doch so beliebt, daß fast jeder fünfte Isländer sich seinen Namen zulegte: Thorolf, Thorwald, Thorstein ...

Bedeutend in der Sage, weniger bedeutend im Kult war Odins Sohn Baldr oder – neuisländisch – Baldur: «Er ist so schön von Antlitz und so glänzend ... Er ist der weiseste, beredteste und mildeste von allen Asen[66].» Die frühen Missionare sahen sich versucht, ihn mit Christus zu identifizieren. In einem schrecklichen Traume sah er seinen Tod nahe voraus; er berichtete den Göttern von dem Traume, und die Göttin Frigg nahm allen Steinen, Tieren und Pflanzen den Eid ab, daß keines von ihnen ihm ein Leid antun werde; von da an wies sein strahlender Leib alle verletzenden Gegenstände ab, so daß die Götter zu ihrem Vergnügen Steine und Speere, Äxte und Schwerter gegen ihn schleuderten; die Geschosse wichen von ihrem Lauf ab und ließen Baldur unverletzt. Frigg hatte es jedoch unterlassen, «einem kleinen Strauch namens Mistel» den Eid der Harmlosigkeit abzunehmen, da er ja doch zu schwach war, um einem Menschen zu schaden; Loki, der respektlose Übeltäter unter den Göttern, schnitt einen Mistelzweig ab und bewog eine blinde Gottheit, ihn als Pfeil gegen Baldur zu schießen; Baldur starb, von dem Geschosse durchbohrt. Sein Weib, Neps Tochter Nanna, starb am Herzeleid und wurde mit Baldur und dessen prächtig geschmücktem Pferd zusammen auf dem gleichen Scheiterhaufen den Flammen übergeben[67].

Die Walküren – «die die Gefallenen auswählen» – hatten Gewalt über das Leben jeder einzelnen Seele. Wer einen gemeinen Tod starb, wurde in das Reich der Hel, der Totengöttin, hinabgestoßen; wer aber im Kampfe fiel, wurde von den Walküren nach Walhalla, der «Stätte der Auserwählten», geleitet; dort erstanden sie als Lieblingssöhne des Odin in neuer Kraft und Schönheit, um ihre Tage in manchem Kampfe, ihre Nächte mit Gelagen zu verbringen. Es kommt aber (wie die spätnordische Mythologie berichtet) die Zeit, da die Jötunn – dämonische Riesenwesen der Unordnung und Zerstörung – den Göttern den Krieg erklären und den Kampf bis zur gegenseitigen Ausrottung führen. In dieser Götterdämmerung geht das ganze Weltall in Trümmer, nicht nur die Sonne und die Planeten und die Sterne, sondern schließlich auch Walhalla selbst mit allen Kriegern und Gottheiten; nur die Hoffnung bleibt bestehen – die Hoffnung, daß in der mählichen Fortbewegung der Zeit sich eine neue Welt bildet, ein neuer Himmel, eine bessere Gerechtigkeit und ein höherer Gott als Odin oder Thor. Vielleicht symbolisierte diese gewaltige Fabel den Sieg des Christentums und die harten Schläge, die Olaf für Christus schlug. Oder waren die Wikingerdichter so weit gekommen, daß sie ihre Götter anzweifelten – und begruben?

Es ist eine großartige Mythologie, die nur der griechischen an Eindruckskraft nachsteht. Die älteste Form, in der sie auf uns gekommen ist, ist die seltsame Sammlung von Dichtwerken, die fälschlicherweise den Namen *Edda* trägt*. 1643 entdeckte ein Bischof in der Königlichen Bibliothek von Kopenhagen eine Handschrift mit einigen altisländischen Dichtungen; in einem doppelten Irrtum befangen, nannte er das Dichtwerk die *Edda* Saemunds des Weisen (um 1056–1133), eines isländischen Priesters und Gelehrten. Heute ist man allgemein der Ansicht, daß die Dichtungen in Norwegen, Island und Grönland zu unbekannten Zeiten zwischen dem achten und zwölften Jahrhundert von unbekannten Dichtern verfaßt wurden, daß Saemund sie wohl gesammelt haben kann, aber sicher nicht selbst geschrieben hat, und daß ihr Name nicht *Edda* lautete. Die Zeit heiligt aber den Irrtum gerade so gut wie den Diebstahl, und in einem Kompromiß kam der Name *Poetische* oder *Ältere Edda* auf. Die meisten Dichtungen dieser *Älteren Edda* sind erzählende Balladen über die altnordischen oder germanischen Helden und Götter. In ihnen begegnen wir erstmals Sigurd dem Völsungen und anderen Helden, Heldinnen und Bösewichtern, die dann in der *Völsungasaga* und im *Nibelungenlied* bestimmtere Gestalt erhielten. Das großartigste Dichtwerk der *Edda* ist die *Völuspa*, in welcher die Prophetin Völva in einer düsteren und erhabenen Bildersprache die Entstehung der Welt, ihren künftigen Untergang und ihre schließliche Wiedergeburt schildert. In ganz anderem Stile ist der «Sang des Hohen» gehalten, in welchem Odin, nachdem er alle möglichen Lebensumstände und Menschen kennengelernt hat, seinen Weisheitslehren Ausdruck gibt – nicht immer in der Art eines Gottes:

> An manchen Ort kam ich allzufrüh, allzuspät an andern. Bald war getrunken das Bier, bald zu frisch.[68] ... Trunk mag taugen, wenn man ungetrübt sich den Sinn bewahrt.[69] ... Mädchenreden vertraue kein Mann noch der Weiber Worten. Auf geschwungner Scheibe geschaffen ward ihr Herz, Trug in der Brust verborgen.[70] ... Das erkannt' ich klar, als ich das kluge Weib verlocken wollte zur Lust. Und wenig ward mir des Weibes.[71] ... Den Tag lob abends, die Frau, wenn sie tot ist, das Schwert, wenn's bewährt ist.[72] ... Worte, die andern anvertraut wurden, büßt man oft bitter.[73] ... die Zunge schlägt das Haupt.[74] ...

* Das Wort kommt erstmals in einem Fragment des zehnten Jahrhunderts vor, in dem es «Urgroßmutter» bedeutet; eine Laune der Zeit wollte es, daß es schließlich die technischen Gesetze der norwegischen Prosodie bezeichnete, und in dieser Bedeutung wurde es auch von Snorri Sturluson verwandt, als er (1222) unter diesem Titel ein Lehrbuch der nordischen Mythologie und der Dichtkunst schrieb; dieses Werk trägt den Namen *Prosaedda* oder *Jüngere Edda*.

Drei Worte nicht sollst du mit dem Schlechtern wechseln: Oft unterliegt der Bessere, wenn der Schlechtere schlägt. [75] ... Früh aufstehen soll, wer den andern sinnt um Haupt und Habe zu bringen. [76] ... Der Mann muß mäßig weise sein, aber nicht allzuweise. Des Weisen Herz erheitert sich selten, wenn er zu weise wird. Sein Schicksal kenne keiner voraus, so bleibt der Sinn ihm sorgenfrei. [77] ... Eigen Haus, ob eng, geht vor, daheim bist du Herr. [78] ... Feuer ist das Beste den Erdgebornen, und der Sonne Schein. [79]

Wahrscheinlich wurden die Dichtungen der *Älteren Edda* bis ins zwölfte Jahrhundert mündlich überliefert und erst dann niedergeschrieben. In der Wikingerzeit waren die Buchstaben Runen wie in Norddeutschland und im angelsächsischen England; diese 24 Schriftzeichen (wörtlich «Geheimnisse») bildeten ein Alphabet, das im wesentlichen der griechischen und lateinischen Kursivschrift nachgeformt war. Die Literatur konnte indessen in dieser Zeit ohne Buchstaben auskommen; die Sänge von den germanischen Göttern und von dem «Heldenzeitalter» (vom vierten bis zum sechsten Jahrhundert), in welchem die germanischen Völker ihre Macht über Europa ausdehnten, wurden von Spielleuten verfaßt, auswendig gelernt und in mündlicher Form überliefert. Sturluson und andere haben einige Bruchstücke der Epen und die Namen vieler Skalden der Nachwelt überliefert. Der berühmteste Spielmann war Sigvat Thordarsson, der dem heiligen Olaf als Hofdichter und freimütiger Ratgeber diente. Ebenfalls berühmt war Egil Skallagrimsson (900–983), die führende Gestalt seiner Zeit in Island – ein mächtiger Krieger, ein eigenwilliger Lehnsherr, ein leidenschaftlicher Poet. Als er ein alter Mann war, ertrank sein jüngster Sohn; in seinem Schmerz wollte er Hand an sich legen, als ihn seine Tochter bewog, statt dessen ein Gedicht zu verfassen. Sein *Sonartorrek* («Sohnesverlust») ist eine verachtungsvolle Schmähschrift gegen den Gott, dem Egil alle Schuld gibt; er bedauert, daß er Odin nirgends zu finden vermag, um mit ihm zu kämpfen, wie er mit anderen Feinden gekämpft hat. Da überkommt ihn eine sanftere Stimmung, und er überlegt, daß die Götter ihm nicht nur Leid, sondern auch die Gabe der Dichtung verliehen haben; wieder versöhnt, beschließt er, am Leben zu bleiben, und nimmt seine hohe Stellung in den Räten seines Landes wieder ein[80].

Die skandinavische Literatur dieser Zeit gibt zweifellos ein übertriebenes Bild von der Gewalttätigkeit der Wikingergesellschaft, so wie der Journalismus und die Geschichtsschreibung den Leser mit dem Außergewöhnlichen anlocken und über den normalen Lauf des menschlichen Lebens hinwegsehen. Die harten Zeitumstände im jungen Skandinavien zwangen aber doch zu einem Daseinskampf, den nur Menschen von härtestem Schrot und Korn überstehen konnten, und die alten Bräuche der Fehde und der Rache und das gesetzlose Piratentum auf herrenlosen Meeren führten zu einer Moral des skrupellosen Mutes, die einem Nietzsche Ehre gemacht hätte. «Sag mir, wes Glaubens du bist», fragt ein Wikinger einen Genossen. «Ich glaube an meine eigene Kraft», war die Antwort[81]. Harald der Goldene wollte sich in den Besitz des norwegischen Thrones setzen und dazu Gewalt anwenden. Sein Freund Haakon gab ihm den Rat: «Es gilt dein Leben, überlege selbst, was du dir als Mann zutrauen kannst. So hochfliegende Pläne auszuführen, dazu ist ein Mann nötig voll Tatkraft und unerschütterlichen Sinnes. Man darf dabei weder im Guten noch im Bösen sich zurückhalten, wenn alles so glücken soll, wie man es begann[82].» Von diesen Männern fanden manche eine derartige Freude am Kampf, daß sie ihre Wunden kaum mehr spürten; einige gerieten in eine Kampfwut, die den Namen *berserksgangr* erhielt; die Berserker – «Bärenhemdler» – waren Kämpen, die sich ohne Panzerhemden ins Kampfgewühl stürzten, wie Tiere stritten und heulten, in ihrer Wut in den Schild bissen und dann nach der Schlacht völlig erschöpft niedersanken[83]. Nur den Tapferen stand Walhalla offen, und alle Sünden waren dem vergeben, der im Kampfe für die Seinen fiel.

Durch Mühsal und Entbehrungen und wilde Kampfspiele ertüchtigt, ruderten die «Männer der Fjorde» in die Weite und eroberten sich Herrschaftsgebiete in Rußland, Pommern, Friesland, in der Normandie, in England, Irland, Island, Grönland, Italien und auf Sizilien. Diese Bravourstücke waren keine Invasionen mit einem Massenaufgebot an Kriegern wie die muselmanische *hidschad* oder die magyarische Sturmflut; es waren die unermüdlichen Ausbrüche einer bloßen Handvoll Menschen, denen jede Schwäche als verbrecherisch und jede Krafttat als gut vorkam, die nach Land, Frauen, Reichtümern und Macht hungerten und die Teilnahme an den Gütern dieser Erde für ihr göttliches Recht hielten. Sie begannen als Seeräuber und endeten als Staatsmänner; Rollo gab der Normandie, Wilhelm der Eroberer England, Roger II. Sizilien eine schöpferische Ordnung; sie vermischten ihr frisches nordisches Blut wie ein kraftspendendes Hormon mit dem Blute von Völkern, die im Alltagsbetrieb des Landlebens erstarrt waren. Selten zerstört die Geschichte etwas, was nicht zu sterben verdient, und das Verbrennen der Wicken schafft einen reicheren Boden für die nächste Saat.

VI. DEUTSCHLAND: 566–1066

I. DIE ORGANISATION DER MACHT

Die Normanneneinfälle stellten die Endphase der Barbareninvasionen dar, die fünf Jahrhunderte zuvor in Germanien ihren Ausgang genommen und das Römische Reich in die Nationen Westeuropas zerschlagen hatten. Was war aus den Germanen geworden, die in Germanien verblieben waren?

Die Auswanderung der großen Stämme – der Goten, Wandalen, Burgunder, Franken, Langobarden – schuf in Germanien eine Zeitlang ein Bevölkerungsvakuum; die slawischen Wenden zogen aus dem Baltikum nach Westen, um den leeren Raum aufzufüllen, und im sechsten Jahrhundert war die Elbe die völkische Grenze zwischen dem slawischen Osten und dem Westen geworden, so wie sie heute die politische Grenze ist. Westlich der Elbe und der Saale saßen die noch bestehenden germanischen Stämme: Sachsen in Nordmitteldeutschland, Ostfranken entlang dem Unterrhein, Thüringer zwischen den beiden Stämmen, Bayern (damals Markomannen) entlang der mittleren Donau und Schwaben (damals Sueben) zwischen und an Oberdonau und Oberrhein und entlang dem östlichen Jura und den nördlichen Alpen. Karl der Große gab ihnen auf eine Zeit die Einheit der Unterwerfung und die Grundzüge einer Gemeinschaftsordnung; aber der Zusammenbruch des Karolingerreiches lockerte diese Bande, und bis Bismarck kämpften Stammesbewußtsein und

Partikularismus gegen jeden zentralisierenden Einfluß an und schwächten ein Volk, das auf unbehagliche Weise von Feinden, den Alpen und dem Meer eingeschlossen war.

Der Vertrag von Verdun (843) hatte Ludwig den Deutschen, den Enkel Karls des Großen, zum ersten König von Deutschland werden lassen. Der Vertrag von Mersen (870) führte ihm zusätzliche Gebiete zu und definierte Deutschland als das Land zwischen Rhein und Elbe, wozu noch ein Teil von Lothringen und die Bistümer Mainz, Worms und Trier kamen. Ludwig war ein erstrangiger Staatsmann, aber er hatte drei Söhne, und bei seinem Tode (876) wurde das Reich unter ihnen aufgeteilt. Nach einem Jahrzehnt der Wirren, während dessen die Normannen die rheinischen Städte heimsuchten, wurde Arnulf, ein illegitimer Nachkomme von Ludwigs Sohn Karlmann, zum König von «Ostfranken» gewählt (887); es gelang ihm, die Normannen wieder zu vertreiben. Aber sein Nachfolger, Ludwig das Kind (899–911), war zu jung und zu schwach, um die Magyaren, welche Bayern (900), Kärnten (901), Sachsen (906), Thüringen (908) und das alemannische Gebiet (908) verheerten, abzuwehren. Die Zentralregierung vermochte diese Provinzen nicht zu schützen, jede mußte für die eigene Verteidigung sorgen; die Stammesherzöge stellten Heere auf, indem sie Land an Pächter zu Lehen gaben, die dafür mit Kriegsdienst zahlten. Die solcherart entstandenen Heere verschafften den Herzögen praktisch die Unabhängigkeit von der Krone und führten zur Bildung des lehnsherrlichen Deutschlands. Beim Tode Ludwigs traten Adel und Geistlichkeit, die mit Erfolg das Recht der Königswahl für sich beanspruchten, zusammen und übertrugen den Thron an Konrad I., den Herzog von Franken (911–918). Konrad verausgabte sich ganz im Streit mit dem Sachsenherzog Heinrich, war aber so verständig, Heinrich als seinen Nachfolger zu empfehlen. Heinrich I., wegen seiner Vorliebe für die Jagd «der Vogler» genannt, trieb die slawischen Wenden an die Oder zurück, befestigte Deutschland gegen die Magyaren, schlug sie im Jahre 933 und bereitete mit seinen von viel Geduld getragenen Bemühungen die Erfolge seines Sohnes vor.

Otto I. der Große (936–973) war für Deutschland, was Karl der Große dem Karolingerreich gewesen war. Bei der Thronbesteigung war er erst vierundzwanzig, aber in Haltung und Fähigkeit bereits ein König. Da er den Nutzen von Zeremoniell und Symbolik erkannte, veranlaßte er die Herzöge von Lothringen, Franken, Schwaben und Bayern, ihm bei seiner feierlichen Krönung durch Erzbischof Hildebert in Aachen Gefolgschaft zu leisten. Später lehnten sich die Herzöge gegen seine wachsende Macht auf und verleiteten seinen jüngeren Bruder Heinrich zu einer Verschwörung gegen ihn; Otto deckte die Verschwörung auf und unterdrückte sie und verzieh Heinrich, der sich wiederum verschwor und abermals Vergebung erhielt. Der kluge König gab seinen Freunden und Verwandten neue Herzogtümer und brachte die Herzöge nach und nach zur Botmäßigkeit; spätere Herrscher erbten jedoch seine Entschlossenheit und sein Geschick nicht, und ein gut Teil der mittelalterlichen deutschen Geschichte besteht im Kampf zwischen Lehnsherren und König. In diesem Kampf stand die deutsche Geistlichkeit auf seiten des Königs und stellte ihm Verwaltungsbeamte und Ratgeber und manchmal auch Feldherren. Der König ernannte Bischöfe und Erzbischöfe gerade so, wie er Regierungsbeamte einsetzte, und die deutsche Kirche wurde eine nationale Institution, die mit dem Papsttum nur in lockerer

Beziehung stand. Otto benutzte das Christentum als einigende Gewalt, um die deutschen Stämme zu einem machtvollen Staate zusammenzuschließen.

Auf Drängen seiner Bischöfe wandte sich Otto gegen die Wenden und suchte sie mit dem Schwert zum Christentum zu bekehren. Er zwang den König von Dänemark und die Herzöge von Polen und Böhmen, ihn als ihren obersten Lehnsherrn anzuerkennen. Im Bestreben, den Thron des Heiligen Römischen Reiches zu erlangen, folgte er der Aufforderung der schönen Witwe des Königs Lothar von Italien, Adelheid, sie von der schmachvollen Behandlung, die ihr durch den neuen König Berengar II. zuteil geworden war, zu erretten. Otto verband gewandt Politik mit Liebe; er drang in Italien ein, ehelichte Adelheid und beließ Berengar das Königreich nur als Lehen der deutschen Krone (951). Der römische Adel wollte keinen Deutschen als Kaiser und damit als Herrn über Italien anerkennen; damit begann ein Kampf, der drei Jahrhunderte währen sollte. Der Aufstand seines Sohnes Liudolf und seines Schwiegersohnes Konrad rief Otto nach Deutschland zurück, damit er im Streben um das Kaisertum nicht das Königtum verliere. Als die Magyaren wiederum in Deutschland einfielen (954), hießen Liudolf und Konrad sie willkommen und rüsteten sie mit Führern aus. Otto schlug ihren Aufstand nieder, stellte das Heer neu auf und trug auf dem Lechfeld bei Augsburg einen so entscheidenden Sieg über die Magyaren davon (955), daß Deutschland sich einer langen Zeit des Friedens und der Sicherheit erfreuen konnte. Otto widmete sich nun seinem Staatswesen – stellte die Ordnung wieder her, bekämpfte das Verbrechertum und schuf für eine Zeit ein geeintes Deutschland, den blühendsten Staat seiner Zeit.

Die Gelegenheit, nach dem Kaiserthron zu streben, bot sich erneut, als Papst Johannes XII. ihn um Hilfe gegen Berengar ersuchte (959). Otto drang mit einer starken Streitmacht in Italien ein, hielt friedlichen Einzug in Rom und wurde 962 von Johannes XII. zum Kaiser des Westreiches gekrönt. Der Papst, der diese Tat später wieder bereute, beschwerte sich, Otto habe sein Versprechen, das ravennatische Exarchat an das Papsttum zurückzuerstatten, nicht gehalten. Otto wagte nun den äußersten Schritt – er marschierte in Rom ein, berief eine Synode italienischer Bischöfe dahin, erwirkte von ihr die Absetzung des Papstes und setzte einen Laien als Leo VIII. auf den päpstlichen Thron (963). Der Kirchenstaat wurde nun auf das Herzogtum Rom und die sabinischen Gebiete beschränkt; das restliche Mittel- und Norditalien wurde einem Heiligen Römischen Reich einverleibt, das eine Apanage der deutschen Krone wurde. Aus diesen Ereignissen zogen spätere deutsche Könige den Schluß, daß Italien ein Teil ihres Erbes sei, während die späteren Päpste aus ihnen die Folgerung zogen, daß niemand ohne Krönung durch den Papst Kaiser von Westrom werden könne.

Otto, der den Tod nahen fühlte, kam den Thronwirren zuvor, indem er seinen Sohn Otto II. von Papst Johannes XIII. zum Mitkaiser krönen ließ (967); und er sorgte dafür, daß sein Sohn die Tochter des byzantinischen Kaisers Romanos II., Theophano, zur Gattin erhielt (972); Karls des Großen Traum von der ehelichen Verbindung der beiden Reiche fand vorübergehend seine Erfüllung. Nun verschied Otto, alt an Taten, wenn er auch erst sechzig Jahre zählte, und ganz Deutschland betrauerte ihn als seinen größten König. Otto II. (973–983) verwandte seine ganze Kraft darauf, Süditalien dem Reiche einzuverleiben, und fand bei dem Unternehmen den frühen Tod. Otto III. (983–1002) war erst dreijährig; seine Mutter Theophano und seine Großmutter Adelheid wirkten acht Jahre lang als Regentinnen für ihn. Theophano brachte in den achtzehn Jahren ihres Einflusses etwas von der byzantinischen Verfeinerung an den deutschen Hof und förderte die ottonische Renaissance in Literatur und Kunst.

Mit sechzehn Jahren begann Otto in seinem eigenen Namen zu regieren (996). Unter dem Einfluß von Gerbert und anderen Geistlichen wollte er Rom zu seiner Hauptstadt machen und die gesamte Christenheit in einem neubegründeten Römischen Reiche, das von Kaiser und Papst gemeinsam regiert werden sollte, zusammenfassen. Der Adel und das Volk von Rom und der Lombardei sahen in dem Plan eine Verschwörung, welche eine deutsch-byzantinische Herrschaft über Italien herbeiführen wollte; sie leisteten Otto Widerstand und gründeten eine «Römische Republik»; Otto schlug sie nieder und ließ ihren Führer Crescentius hinrichten. Im Jahre 999 machte er Gerbert zum Papst; aber die zweiundzwanzig Jahre, die Otto zu leben beschieden waren, und die vier Jahre, die Gerbert Papst war, genügten nicht, um Ottos Politik die Durchschlagskraft zu verleihen. Ein halber Heiliger, aber in gewisser Hinsicht doch Mensch, verliebte sich Otto in Stephania, die Witwe des Crescentius. Sie willigte ein, seine Mätresse und seine Mörderin zu werden; der junge König, der das tödliche Gift in den Adern spürte, wurde ein weinender Büßer und verschied in Viterbo im Alter von zweiundzwanzig Jahren[84].

Heinrich II. (1002–1024), der letzte deutsche König des Sächsischen Herrscherhauses, bemühte sich, die Macht des Königtums in Italien und Deutschland, wo die Regierung zweier Knaben die Herzöge gestärkt und die Nachbarstaaten kühn gemacht hatte, zu festigen. Konrad II. (1024–1039), mit dem das Fränkische oder Salische Herrscherhaus seinen Anfang nahm, befriedete Italien und führte Deutschland das Königreich Burgund oder Arelat zu. Um seinen Geldbedarf zu decken, verkaufte er Bistümer zu so hohen Summen, daß er doch Gewissensbisse verspürte; er schwor, nie mehr Geld für eine kirchliche Ernennung zu nehmen, und «es gelang ihm beinahe, den Eid zu halten»[85]. Sein Sohn Heinrich III. (1039–1056) brachte das neue Reich auf seinen Höhepunkt. Am «Ablaßtag» in Konstanz (1043) gewährte er allen, die ihm etwas angetan hatten, Vergebung und rief seine Untertanen auf, alle Rachegefühle und jeden Haß zu begraben. Ein Jahrzehnt lang verminderten seine Aufrufe und sein Beispiel – und vielleicht auch seine Macht – die Fehden der Herzöge und ließen im Zusammenwirken mit dem zeitgenössischen «Gottesfrieden» ein kurzes Goldenes Zeitalter für Mitteleuropa entstehen. Heinrich förderte das Bildungswesen, gründete Schulen und vollendete die Dome von Speyer, Mainz und Worms. Er war aber kein Heiliger, der sich einem ewigen Frieden verpflichtet hätte. Er überzog die Ungarn mit Krieg, bis sie ihn als ihren Lehnsoberherrn anerkannten. Er setzte drei rivalisierende Bewerber um das Papsttum ab und ernannte nacheinander zwei Päpste. In ganz Europa kam ihm niemand an Macht gleich. Schließlich trieb er seine Machtpolitik so weit, daß sowohl unter der Geistlichkeit als auch unter den Herzögen der Widerstand auflebte; er starb aber noch ehe der Sturm losbrach und hinterließ Heinrich IV. ein feindseliges Papsttum und ein Reich in Wirren.

Heinrich war vierjährig, als er in Aachen gekrönt wurde, sechsjährig bei seines Vaters

Tode. Seine Mutter und zwei Erzbischöfe wirkten bis 1065 als Regenten, dann wurde der Fünfzehnjährige für mündig erklärt und sah sich mit einer Kaisermacht umkleidet, die jedem jungen Menschen den Kopf verdrehen mußte. Es ist ganz natürlich, daß er an die absolute Monarchie zu glauben begann und entsprechend zu herrschen trachtete; es dauerte nicht lange, bis er mit dem einen oder anderen der großen Adligen, die ihm während der Zeit seiner Hilflosigkeit beinahe das Reich in Stücke gerissen hätten, einen Strauß hatte oder gar Krieg führte. Die Sachsen lehnten sich gegen die Steuern auf, die er von ihnen erhob, und weigerten sich, ihm die Kronländer, die er beanspruchte, zurückzugeben; fünfzehn Jahre lang (1072–1088) zog er immer wieder gegen sie zu Feld; als er sie 1075 schlug, zwang er ihre gesamte Streitmacht mitsamt den stolzesten Edelleuten und den kriegerischen Bischöfen, ohne Waffen und barfuß zwischen den Angehörigen seines Heeres Spießruten zu laufen und ihm ihre Unterwerfung darzubringen. Im gleichen Jahre erließ Papst Gregor VII. ein Dekret gegen die Laieninvestitur, das allen Laien untersagte, Bischöfe oder Äbte einzusetzen. Heinrich, der von der Verfahrensweise eines ganzen Jahrhunderts ausging, zweifelte keinen Augenblick an seinem Recht, solche Ernennungen vorzunehmen; zehn Jahre lang bekämpfte er Gregor mit kriegerischen und diplomatischen Mitteln in einem der erbittertsten Kämpfe der mittelalterlichen Geschichte, in dem es buchstäblich um Leben und Tod ging. Die aufrührerischen Adligen Deutschlands nutzten die Gelegenheit, um ihre Lehnsherrschaft zu kräftigen, und die gedemütigten Sachsen erhoben sich wieder. Heinrichs Söhne schlossen sich der Verschwörung an, und 1098 erklärte der Reichstag zu Mainz Heinrich V. zum König. Der Sohn nahm den Vater gefangen und zwang ihn zur Abdankung (1105); der Vater entkam und war gerade dabei, ein neues Heer aufzustellen, als ihn in Lüttich der Tod in seinem siebenundfünfzigsten Lebensjahr ereilte (1106). Papst Paschalis II. konnte einem Manne, über dem der Kirchenbann lag und der keine Reue gezeigt hatte, kein christliches Begräbnis bewilligen; aber das Volk von Lüttich scherte sich wenig um Papst und König und gab Heinrich IV. ein königliches Leichengepränge und setzte ihn in seiner Kathedrale bei.

2. DIE DEUTSCHE KULTUR: 566–1106

Während dieser fünf Jahrhunderte eroberte die Arbeitskraft von Männern und Frauen, welche den Boden bebauten und Kinder hochzogen, Deutschland für die Zivilisation. Die Wälder dehnten sich riesenhaft aus und waren voller Schrecken, beherbergten wilde Tiere und behinderten den Verkehr und die Einheit; namenlose Helden des Waldes fällten die Bäume – vielleicht in übergroßem Eifer. In Sachsen zog sich der Kampf gegen den stets wieder vordringenden Urwald und die fieberdünstigen Sümpfe über tausend Jahre hin, und erst das dreizehnte Jahrhundert trug dem Menschen den Endsieg ein. Generation um Generation setzten die Bauern hart und beherzt den Raubtieren und der Wildnis immer mehr zu, bezwangen den Boden mit Haue und Pflug, pflanzten Obstbäume, zogen Viehherden auf, legten Weinberge an und trösteten sich mit Liebe und Gebet, mit Blumen und Musik und Met über ihre Einsamkeit hinweg. Bergleute schürften Salz, Eisen, Kupfer, Blei und Silber; auf Herrensitzen, in Klöstern und Heimstätten vereinte das Handwerk römische und germanische Fertigkeiten; der Handelsverkehr vollzog sich immer lebhafter auf den Flüssen und über die Nord- und Ostsee. Schließlich wurde der große Feldzug gewonnen; das Barbarentum lauerte immer noch im Rechtswesen und im Blute, aber die Kluft zwischen dem Stammesdurcheinander des fünften und der ottonischen Renaissance des zehnten Jahrhunderts wurde überbrückt. Von 955 bis 1075 war Deutschland das blühendste Land Europas; ebenbürtig war ihm nur Norditalien, welches von Germanenkönigen Ordnung und Gesetz erhalten hatte. Alte römische Städte wie Trier, Mainz und Köln lebten weiter; neue Städte entstanden rings um die Bischofssitze von Speyer, Magdeburg und Worms. Um das Jahr 1050 taucht erstmals der Name Nürnberg auf.

In dieser Periode war die Kirche sowohl im Erziehungswesen als auch in der politischen Verwaltung Deutschlands maßgebend tätig. Klosterschulen entstanden in Fulda, Tegernsee, Reichenau, Gandersheim, Hildesheim und Lorsch. Hrabanus Maurus (776?–856), der unter Alkuin in Tours studiert hatte, wurde Abt des großen Klosters Fulda und trug seiner Schule als Formstätte von Gelehrten und Mutterhaus von zweiundzwanzig Tochterschulen in ganz Europa Berühmtheit ein. Er erweiterte den Lehrplan, indem er viele Wissenschaften neu aufnahm, und kämpfte gegen den Aberglauben, welcher Naturereignisse okkulten Mächten zuschreiben wollte[86]. Die Fuldaer Bibliothek wurde eine der größten Europas; ihr haben wir Sueton, Tacitus und Ammian zu verdanken. Nach einer unsicheren Überlieferung ist Hrabanus der Verfasser der prachtvollen Hymne *Veni Creator Spiritus*, die bei der Weihe von Päpsten, Bischöfen oder Königen gesungen wird[87]. Der hl. Bruno, der zugleich Herzog von Lothringen und Erzbischof von Köln war und unter Otto dem Großen Reichskanzler wurde, eröffnete eine Schule im Königspalast, um einen Beamtenstand für das Reich heranzubilden; er ließ Gelehrte und Bücher aus Byzanz und Italien kommen und unterrichtete selbst Griechisch und Philosophie.

Die deutsche Sprache besaß noch keine Literatur; fast alles Geschriebene stammte von Klerikern und war lateinisch abgefaßt. Der größte deutsche Dichter der Zeit war Walahfrid Strabo (809–849), ein schwäbischer Mönch des Klosters Reichenau. Eine Zeitlang wirkte er als Erzieher Karls des Kahlen am Hofe Ludwigs des Frommen in Aachen; er fand eine aufgeklärte Gönnerin in Ludwigs Gattin, der schönen und ehrgeizigen Judith. Er kehrte als Abt in das Kloster Reichenau zurück und widmete sich der Religion, der Dichtkunst und dem Gartenbau, und in einem köstlichen Gedicht *De cultura hortorum – Über die Gartenpflege* – beschreibt er der Reihe nach alle die Kräuter und Blumen, die er mit so viel Liebe pflegte.

Sein größter Nebenbuhler in der Literatur Deutschlands dieser Jahrhunderte war eine Nonne. Hroswitha war nur eine von vielen deutschen Frauen, die sich in dieser Zeit durch ihre Kultur und Verfeinerung auszeichneten. Um 935 geboren, trat sie in das Benediktinerkloster von Gandersheim ein. Der Bildungsstand muß höher gewesen sein, als man erwartet hätte, denn Hroswitha wurde mit den Dichtern des heidnischen Rom vertraut und lernte ein fließendes Latein schreiben. Sie verfaßte einige Heiligenleben in lateinischen Hexametern und ein kleineres Epos über Otto den Großen. Besonders denkwürdig wurde sie jedoch durch ihre sechs lateinischen Prosadramen in der Art des Terenz. Ihre Absicht war dabei, wie sie sagt, daß «das geringe Talent, welches ihr von Gott verliehen, unter dem Hammerschlag der hingebenden Frömmigkeit einen schwachen Ton zum Preise Gottes hervorbringe»[88]. Sie beklagt die heidnische Schamlosigkeit der lateinischen Komödie und will christlichen Ersatz bieten; aber auch ihre Theaterstücke drehen sich um eine profane Liebe, die einen warmen Unterton der körperlichen Begierde nur schwer unterdrückt. In dem besten ihrer Kurzdramen, dem *Abraham*, verläßt ein Einsiedler seine Klause, um sich einer verwaisten Nichte anzunehmen. Sie entläuft ihm mit einem Verführer, der sie bald im Stich läßt, und wird Prostituierte. Abraham spürt sie auf, verkleidet sich und betritt ihre Kammer. Wie sie ihn küßt, erkennt sie ihn und weicht voller Scham zurück. In einem weichherzigen und poetischen Gespräch vermag er sie von ihrem Sündenleben abzubringen und zur Heimkehr zu bewegen. Wir wissen nicht, ob diese Kurzdramen je aufgeführt worden sind. Das moderne Drama entwickelte sich nicht aus solchen Nachklängen zu Terenz, sondern aus den Zeremonien und «Mysterien» der Kirche, die sich mit den Farcen fahrender Mimen kreuzten.

Ebenso wie sie der Dichtkunst, dem Schauspiel und der Geschichtsschreibung eine Heimstätte bot, versah die Kirche auch die Kunst mit Stoff und Geld. Deutsche Mönche ließen sich von byzantinischen und karolingischen Vorbildern anregen und brachten in dieser Zeit unter der Förderung deutscher Prinzessinnen zahllose illuminierte Handschriften von hoher Qualität hervor. Bernward, 993–1022 Bischof von Hildesheim, vereinigte nahezu alle Künste seiner Zeit in seiner Person: er war Maler, Kalligraph, Goldschmied, Mosaiker, Staatsmann und Heiliger. Seine Stadt machte er zu einem Kunstzentrum; mit Hilfe von Künstlern verschiedener Herkunft und Fertigkeit, die er zu sich berief, verfertigte er edelsteinbesetzte Kreuze, goldene und silberne Kerzenleuchter mit tierischen und pflanzlichen Ornamenten und einen Kelch mit antiken Gemmen, deren eine die drei Grazien in ihrer gewohnten Nacktheit zeigt[89]. Die berühmten Bronzetüren, die seine Künstler für seinen Dom verfertigten, waren die ersten Metalltore der mittelalterlichen Geschichte, welche massiv gegossen waren und nicht nur auf Holz aufgelegte flache Metallbesätze aufwiesen. Der Hausbau zeigte noch nicht die schönen Formen, die später die deutschen Städte der Renaissance zierten, aber die Architektur ging in dieser Zeit vom Holzbau zum Steinbau über und holte sich aus der Lombardei romanisches Gedankengut von Querschiff, Chor, Apsis und Türmen und begann mit dem Bau der Dome von Hildesheim, Lorsch, Worms, Mainz, Trier, Speyer und Köln. Landesfremde Kritiker beklagten sich über die flachen Holzdecken und den unmäßigen Zierat dieser «rheinischen Romanik»; aber diese Kirchen gaben der Festigkeit und Stärke des deutschen Charakters und dem Geiste einer Zeit, die sich mühsam zur Zivilisation emporkämpfte, angemessenen Ausdruck.

VIERTES KAPITEL

Das Christentum im Kampf

[529–1085]

I. DER HEILIGE BENEDIKT: UM 480–543

Das gleiche Jahr 529, in dem die athenischen Philosophieschulen geschlossen wurden, brachte die Gründung von Monte Cassino, dem berühmtesten Kloster des lateinischen Christentums. Sein Gründer, Benedikt von Nursia, offenbar ein Sproß des untergehenden römischen Adels, war in Spoleto geboren worden. In Rom, wo er ein Jahr den Studien oblag, war er entsetzt über die sexuelle Zügellosigkeit, die dort herrschte; es wird auch behauptet, er habe geliebt und verloren[1]. Als Fünfzehnjähriger entfloh er in die Sabinerberge, an einen fernen Ort, fünf Meilen von Subiaco; dort richtete er sich am Fuße eines Abhanges in einer Höhle eine Zelle ein und verbrachte darin einige Jahre als Einsiedler. In seinen *Dialogen* berichtet Papst Gregor I., wie Benedikt sich tapfer mühte, die Frauen zu vergessen:

> Er hatte nämlich einmal eine Frauensperson gesehen; diese führte der böse Feind vor die Augen seiner Seele und entfachte in dem Herzen des Dieners Gottes durch ihre Schönheit ein solches Feuer ... daß er beinahe schon daran dachte, der Sinnlichkeit nachzugeben und die Einsamkeit zu verlassen. Da traf ihn plötzlich ein Blick der göttlichen Gnade, und er kam wieder zu sich; und als er in der Nähe ein dichtes Nessel- und Dornengestrüpp erblickte, zog er sein Gewand aus und warf sich nackt in die spitzigen Dornen und in die brennenden Nesseln. Lange wälzte er sich darin und war, als er herausging, am ganzen Körper verwundet. So entfernte er durch die Wunden der Haut die Wunden der Seele aus seinem Körper.[2]

Nach einigen Jahren dieses einsamen Lebens trug ihm seine Standhaftigkeit großen Ruhm ein, und die Mönche eines nahe gelegenen Klosters drangen in ihn, er möge ihr Abt werden. Er sagte ihnen voraus, daß sein Regiment ein strenges sein würde; sie beharrten auf ihrer Bitte, und er ging zu ihnen; nach wenigen Monaten seiner gestrengen Herrschaft taten ihm die Mönche Gift in den Wein. Er nahm sein einsames Leben wieder auf; aber junge Anhänger siedelten sich in seiner Nähe an und baten ihn um seine Führung; Väter brachten ihm ihre Söhne, sogar aus Rom, damit er sie unterrichte; um 520 waren zwölf kleine Klöster mit je zwölf Mönchen rings um seine Höhle entstanden. Als selbst für viele dieser Mönche sein Regiment zu streng war, zog er mit seinen eifrigsten Anhängern nach Monte Cassino, einem 519 Meter hohen Hügel über der antiken Stadt Casinum, 65 Kilometer nordwestlich von Capua. Dort zerstörte er einen heidnischen Tempel, gründete (um 529) ein Kloster und stellte die Klosterregel der Benediktiner auf, die für die meisten Klöster des Westens richtungweisend wurde.

Die Mönche Italiens und Frankreichs waren im Irrtum befangen, als sie die einsiedlerische Askese des Ostens nachzuahmen trachteten; sowohl die klimatischen Verhältnisse wie auch der tätige Geist Westeuropas machten ein solches Unterfangen besonders schwierig und führten zu vielen Rückfällen. Benedikt übte am Einsiedlertum keine Kritik und sprach sich auch nicht gegen die Askese aus, aber er hielt es für klüger, die Askese zu einem Gemeinschaftswerk zu machen, bei dem es kein Zurschaustellen und kein Rivalentum geben sollte; jede Maßnahme sollte der Kontrolle eines Abtes unterstehen und so beschaffen sein, daß es zu keiner körperlichen oder geistigen Schädigung kommen konnte.

Bislang war im Westen von den neu ins Kloster Eintretenden kein Gelübde verlangt worden. Benedikt hielt es für tunlich, daß der Bewerber ein Noviziat durchmache und die Entbehrungen, die seiner harrten, selbst erlebe; erst nach dieser Probezeit sollte er das Gelübde ablegen. Falls er dann bei seinem Vorsatz beharrte, mußte er sich schriftlich verpflichten, für immer zu bleiben, seine Lebensweise umzugestalten und Gehorsam zu leisten; dieses Gelübde mußte der Novize unterzeichnen und von Zeugen bestätigen lassen und in feierlicher Zeremonie auf den Altar legen. Von da an durfte der Mönch das Kloster ohne Einwilligung des Abtes nicht mehr verlassen. Der Abt wurde von den Mönchen gewählt und mußte in allen wichtigen Angelegenheiten ihren Rat einholen; die Entscheidung lag aber bei ihm, und die Mönche mußten ihm schweigend und demütig gehorchen. Sie durften nur sprechen, wenn es unbedingt notwendig war, sie durften nicht scherzen oder laut lachen; sie mußten mit niedergeschlagenen Augen einhergehen. Kein Eigentum war ihnen gestattet, «weder Buch noch Tafel, noch Griffel, nein, gar nichts ... Allen sei alles gemeinsam»[3]. Der frühere Stand des Mönches – ob er vermögend oder ein Sklave gewesen war – durfte nicht beachtet werden. Der Abt «mache im Kloster keinen Unterschied der Person ... Wer frei geboren ist, darf nicht höher gestellt werden, als wer aus dem Sklavenstand ins Kloster tritt, wenn dafür nicht ein anderer, vernünftiger Grund besteht ... denn ob Sklave oder Freier, in Christus sind wir alle eins ... Bei Gott gibt es ja kein Ansehen der Person»[4]. Almosen und Gastfreundschaft waren, soweit es in den Kräften des Klosters stand, allen zu gewähren, die darum nachsuchten. «Alle Gäste sollen bei ihrer Ankunft wie Christus empfangen werden.[5]»

Jeder Mönch mußte arbeiten – auf den Feldern und in den Werkstätten des Klosters, in der Küche, im Haushalt, bei der Vervielfältigung von Handschriften ... Bis Mittag, während der Fastenzeit bis zum Sonnenuntergang, durfte nichts gegessen werden. Von Mitte September bis Ostern durfte es nur eine Mahlzeit am Tag geben, in den Sommermonaten zwei, der längeren Tage wegen. Wein war gestattet, jedoch nicht das Fleisch von vierfüßigen Tieren. Arbeit und Schlaf mußten häufig durch gemeinsame Gebete unterbrochen werden. Unter dem Einfluß östlicher Vorbilder teilte Benedikt den Tag in «kanonische Stunden» ein – Gebetsstunden, die durch den Kanon, die Regel, bestimmt wurden. Die Mönche mußten sich um zwei Uhr morgens erheben, in die Kapelle gehen und dort die Nokturn – Bibelstellen, Gebete und Psalme – aufsagen oder singen; bei der Morgendämmerung kamen sie zu der «Mette» oder den «Laudes» zusammen, um sechs Uhr zu der «Prim» – der ersten Stunde, um neun zu der «Terz» – der dritten, um zwölf zu der «Non» – der neunten, bei Sonnenuntergang zu der «Vesper» – der Abendstunde und vor dem Schlafengehen zu dem «Completorium» – dem Abschluß. Zeit zum Schlafen gehen war der Einbruch der Nacht; die Mönche verzichteten fast völlig auf künstliches Licht. Sie schliefen in den Kleidern und nahmen nur selten ein Bad[6].

In einer Zeit der Kriege und Wirren, des Zweifels und der Unstetigkeit war das Benediktinerkloster ein heilsamer Zufluchtsort. Es nahm vielerlei Menschen auf, Bauern, die ihr Hab und Gut verloren hatten, Scholaren, die sich nach einem stillen Ort der Zurückgezogenheit sehnten, Männer, die des Kampfes und Lärmes der Welt müde waren, und bedeutete ihnen: «Gebet euren Stolz und eure Freiheit auf, und ihr werdet hier Sicherheit und Frieden finden.» Kein Wunder, daß in ganz Europa zahllose gleichartige Benediktinerklöster entstanden, die alle voneinander unabhängig, alle nur dem Papst untertan waren und kommunistische Inseln in einem gischtenden Ozean des Individualismus darstellten. Die benediktinische Klosterregel erwies sich als eine der dauerhaftesten Schöpfungen des mittelalterlichen Menschen. Monte Cassino ist an sich schon ein Symbol dieser Bestandhaftigkeit. Langobardische Barbaren plünderten es im Jahre 589; die Langobarden wichen zurück, die Mönche zogen wieder in ihr Kloster ein. Die Sarazenen zerstörten es im Jahre 884; die Mönche bauten es wieder auf; ein Erdbeben legte es 1349 in Trümmer; die Mönche errichteten ein neues; die französische Soldateska plünderte es 1799 aus; die Bomben und Granaten des Zweiten Weltkrieges machten es 1944 dem Erdboden gleich. 1948 waren die Mönche wieder dabei, es mit eigenen Händen aufzubauen. *Succisa virescit:* niedergehauen blüht es erneut.

II. GREGOR DER GROSSE: 540?–604

Während Benedikt und seine Mönche in Monte Cassino friedlich ihrer Arbeit nachgingen und ihre Gebete verrichteten, fegte der Gotenkrieg (536–553) wie eine sengende Flamme durch Italien hinab und wieder hinauf und hinterließ Unordnung und Armut. Die Stadtwirtschaft lag darnieder. Politische Einrichtungen waren nur noch in Trümmern vorhanden; in Rom gab es keine weltliche Autorität mehr, nur noch kaiserliche Legaten, die von unbesoldeten und ortsfernen Truppen eine schwache Unterstützung erhielten. In diesem Zusammenbruch der weltlichen Gewalten schien selbst den Kaisern die Rettung des Staatswesens im Fortbestand der kirchlichen Organisation zu liegen. Im Jahre 554 erließ Justinian eine Verfügung, der zufolge «geeignete und rechtschaffene Personen, welche die örtliche Regierung in ihre Hände zu nehmen vermögen, *von den Bischöfen und Hauptpersonen* jeder Provinz als Provinzstatthalter gewählt werden» sollten[7]. Aber Justinians Leichnam war noch nicht erkaltet, als der Langobardeneinbruch (568) Norditalien wiederum der Barbarei und dem Arianismus unterwarf und das ganze Gefüge und die Führung der Kirche in Italien bedrohte. Die Krise rief jedoch einen großen Mann auf den Plan, und die Geschichte bezeugt abermals den Einfluß des Genies.

Gregor wurde drei Jahre vor Benedikts Tod zu Rom geboren. Er entstammte einer alten Senatorenfamilie und verbrachte seine Jugendzeit in einem prächtigen Palast auf dem Mons Caelius. Beim Tode seines Vaters fiel ihm ein großes Erbe zu. Auf der Sprossenleiter der *ordo honorum*, der Rangfolge politischer Ämter, stieg er rasch empor; mit dreiunddreißig Jahren war er Präfekt, Stadtoberhaupt von Rom. Er fand jedoch an der Politik keinen Geschmack. Nach Ablauf seines Amtsjahres und offenbar wegen der Zustände in Italien überzeugt, daß das stets vorausgesagte Ende der Welt nahe bevorstand[8], verwandte er den größten Teil seines Vermögens auf die Gründung von sieben Klöstern, verteilte den Rest als Almosen unter die Armen, legte alle Kennzeichen seines Ranges ab, verwandelte seinen Palast in das Andreaskloster und wurde dessen erster Mönch. Er unterwarf sich der strengsten Askese, lebte zumeist von rohen Gemüsen und Früchten und fastete so häufig, daß er am Karsamstag, an dem das Fasten ganz besonders streng einzuhalten war, so aussah, als ob ein weiterer Fasttag sein Ende bedeuten würde. Und doch hatte er die drei Jahre, die er in dem Kloster verbrachte, stets als die glücklichsten seines Lebens in Erinnerung.

Diesem Frieden wurde er von Papst Benedikt I. als «siebenter Diakon» entrissen, und Papst Pelagius II. schickte ihn 579 als Gesandten an den Kaiserhof in Konstantinopel. In all dem Ränkespiel der Diplomatie und im Prunk der Paläste setzte er in Kleidung, Nahrung und Gebet das Leben eines Mönches fort[9]; dabei erlangte er doch nützliche Kenntnisse des Weltlebens und seiner Kniffe. Im Jahre 586 wurde er nach Rom zurückberufen und wurde Abt des Andreasklosters. 590 raffte eine schreckliche Pestepidemie einen Großteil der Bevölkerung Roms dahin; auch Pelagius zählte zu den Opfern; und unverzüglich wählten Geistlichkeit und Volk der Stadt Rom Gregor zum Nachfolger. Gregor wollte sein Kloster nicht verlassen und wandte sich an den griechischen Kaiser mit der Bitte, er möge der Wahl die Bestätigung versagen; der Stadtpräfekt fing den Brief ab, und als Gregor sich zur Flucht anschickte, wurde er gewaltsam in die Peterskirche verbracht und dort zum Papst geweiht; das war zumindest nach der Darstellung eines anderen Gregor der Ablauf der Ereignisse[10].

Er war nun fünfzig Jahre alt, bereits kahlköpfig, hatte einen ausladenden Kopf, eine dunkle Hautfarbe, eine Adlernase, einen spärlichen gelbbraunen Bart; er war ein Mann von großer Gefühlsstärke, sanft in seiner Sprechweise, gewaltig in seinen Zielen, einfach in seiner Haltung. Entbehrungen und Verantwortung hatten seine Gesundheit unterhöhlt; er litt an Verdauungsschwäche, schleichendem Fieber und Gicht. Im päpstlichen Palast lebte er nicht anders als im Kloster – trug das rauhe Gewand des Mönches, aß die billigste Kost, teilte das Leben der Mönche und Priester seiner Gefolgschaft[11]. Gewöhnlich war er in die Aufgaben und Probleme vertieft, die ihm Religion und Staat auferlegten, er konnte aber auch zu Worten und Taten einer väterlichen Zuneigung auftauen. Ein wandernder Spielmann zeigte sich mit Orgel und Affe am Palasttor; Gregor hieß den Mann eintreten und ließ ihm zu essen und zu trinken geben[12]. Die Einkünfte der Kirche verwandte er nicht für neue Bauten, sondern für charitative Zwecke, für Gaben an religiöse Einrichtungen im ganzen christlichen Bereich und für den Loskauf von Kriegsgefangenen. An jede arme Familie Roms ließ er allmonatlich eine bestimmte Menge Getreide, Wein, Käse, Gemüse, Öl, Fisch, Fleisch, Kleider und Geld austeilen; seine Leute brachten täglich den Kranken und Gebrechlichen gekochte Speisen. Seine Briefe zeigen sich gegenüber fahrlässigen Geistlichen und politischen Potentaten streng, sind aber wahre Perlen des Mitgefühls, wenn sie an notleidende Menschen gerichtet sind, etwa an einen Bauern, der auf kirchlichem Grundbesitz ausgebeutet wurde, an eine Sklavin, die den Schleier zu nehmen wünschte, an eine Edeldame, die von der Last ihrer Sünden bedrückt wurde. Nach seiner Auffassung war der Priester im buchstäblichen Sinne ein Pastor, ein Hirte, der seine Herde pflegte, und er war durchaus berechtigt, sein *Liber pastoralis curae* (590) zu verfassen, einen Ratgeber für Bischöfe, der zum klassischen christlichen Lehrbuch wurde. Obgleich stets kränklich und frühzeitig gealtert, verausgabte er sich völlig in kirchlichen Verwaltungsangelegenheiten, päpstlicher Politik, landwirtschaftlicher Gutsführung, militärischer Strategie, theologischen Abhandlungen, mystischen Ekstasen und in der eingehenden Beschäftigung mit tausend Einzelheiten des menschlichen Lebens. Den Glanz seines Amtes dämpfte er mit der Demut seines Glaubens; er nannte sich im ersten seiner erhaltenen Briefe *servus servorum Dei*, «Diener der Diener Gottes»; die größten Päpste haben sich dieses Ausdruckes bedient.

In der Kirchenführung zeichnete er sich durch eine kluge Wirtschaftspolitik und strenge Reformen aus. Er war eifrig bestrebt, die Simonie und das Konkubinat im geistlichen Stande auszurotten. In den römisch-katholischen Klöstern stellte er die Zucht wieder her, wobei er auch die Beziehungen zwischen Kloster, Weltgeistlichkeit und Papsttum regelte. Am Messekanon nahm er Verbesserungen vor, und an der Entwicklung des «gregorianischen» Kirchengesanges war er wohl auch beteiligt. Der Ausbeutung auf den päpstlichen Gütern gebot er Einhalt, an Pächter lieh er Geld, ohne Zinsen zu verlangen. Er sorgte aber für prompte Eintreibung der Steuern, gewährte bekehrten Juden listig eine Zinsermäßigung und empfing für die Kirche Landvermächtnisse von Feudalherren, denen seine Predigten vom kommenden Ende der Welt einen Schrecken eingejagt hatten[13].

Zur gleichen Zeit stellte er sich den fähigsten Herrschern seiner Zeit zu politischen Zweikämpfen, gewann öfters, verlor manchmal, hinterließ aber letzten Endes eine gewaltig gestiegene Macht des Papsttums und ein stark erweitertes «Patrimonium Petri» (wie der Kirchenstaat in Mittelitalien genannt wurde). Die Oberherrschaft des oströmischen Kaisers erkannte er formell an, kümmerte sich jedoch in der Praxis wenig darum. Als der Herzog von Spoleto, der mit dem kaiserlichen Exarchen von Ravenna im Kriege lag, Rom bedrohte, schloß Gregor Frieden mit dem Herzog, ohne den Exarchen oder den Kaiser vorher zu befragen. Als die Langobarden Rom belagerten, beteiligte sich Gregor an den Verteidigungsmaßnahmen.

Er bedauerte jede Minute, die wegen irdischer Belange verlorenging, und entschuldigte sich bei seiner Gemeinde, weil er wegen der weltlichen Sorgen, die seinen Geist belasteten, keine erbaulichen und tröstlichen Predigten halten könne. In den wenigen Friedensjahren, die ihm gestattet waren, wandte er sich glückerfüllt der Aufgabe zu, das Evangelium über Europa auszubreiten. Die aufständischen Bischöfe des Langobardenreiches brachte er zur Botmäßigkeit, in Nordafrika verschaffte er dem römisch-katholischen Christentum wieder Geltung, das arianische Spanien bekehrte er zum Katholizismus, und mit vierzig Mönchen gewann er England für seine Kirche. Als Abt des Andreasklosters hatte er einige englische Gefangene zu Gesicht bekommen, die auf dem römischen Sklavenmarkt zum Verkauf ausgeboten worden waren; nach dem Bericht des vaterländisch gesinnten Beda war er sehr beeindruckt von ihrer weißen Haut, ihrer würdevollen Haltung und ihrem prachtvollen Haar. Und als er sie eine Weile betrachtet hatte, soll er gefragt haben, aus welcher Gegend oder welchem Lande sie kämen. Und er erhielt zur Antwort, sie kämen aus Britannien, allwo das Volk dieses Aussehen habe. Und er frug, ob die Bewohner dieser Insel Christen seien, und es ward ihm die Antwort, sie seien Heiden ... «Weh», sprach er hierauf, «es ist ein Jammer, daß der Urheber der Finsternis ein so strahlend schönes Volk besitze, und daß Menschen, so anmutig und prächtig anzusehen, innerlich jeder Gnade und Anmut bar sein sollen.» Wiederum frug er darob, wes Namens dieses Volk sei, und er erhielt die Antwort, es seien Angeln. Worauf er sprach: «Zu Recht heißen sie so, denn engelgleich ist ihr Antlitz, und billig wäre es, daß solche Menschen bei den Engeln im Himmel wären.»[14]

Die Geschichte – zu hübsch, um glaubwürdig zu sein – berichtet weiter, Gregor habe von Papst Pelagius die Erlaubnis verlangt und erhalten, mit einigen Missionaren nach England zu gehen; Gregor sei aufgebrochen, jedoch durch eine Heuschrecke *(locusta)* zum Stehen gebracht worden, die auf die Bibel sprang, in der er gerade las; «*locusta!*» habe er ausgerufen, «das bedeutet *loco sta*» – «bleib an deinem Platz»[15]. Als er bald darauf zur Annahme des Papsttums gezwungen wurde, vergaß er England nicht. Im Jahre 596 schickte er eine Mission unter Augustin, dem Prior des Andreasklosters, hin. In Gallien ließen sich die Mönche durch fränkische Erzählungen von der Wildheit der Sachsen zur Umkehr veranlassen; diese «Engel» seien in Wirklichkeit «wilde Tiere, die lieber töten als essen, nach Menschenblut dürsten und dem Christenblut den Vorzug vor allem anderen geben». Augustin kehrte mit diesen Berichten nach Rom zurück, aber Gregor tadelte ihn und ermunterte ihn, wieder auszuziehen und auf friedliche Weise in zwei Jahren zu erreichen, was Rom in neunzig Jahren des Krieges nur vorübergehend zu erreichen vermocht hatte.

Gregor war kein Philosoph und Theologe wie der große Augustin und auch kein Meister des Stils wie der gewandte Hieronymus; seine Schriften beeinflußten jedoch den mittelalterlichen Geist so tief und gaben ihm so angemessenen Ausdruck, daß Augustin und Hieronymus neben ihm klassisch wirken. Er hinterließ populär-theologische Werke, die so viel Unsinn enthalten, daß man sich fragt, ob der große Kirchenführer wirklich glaubte, was er schrieb, oder ob er nur schrieb, was er für gut hielt, daß einfache und sündige Seelen glaubten. Am gefälligsten ist seine Lebensbeschreibung des hl. Benedikt – ein entzückendes Idyll der Verehrung, welches nirgends den Anspruch erhebt, daß es Legende und Tatsache kritisch auseinanderhalte. Sein bestes literarisches Vermächtnis sind seine 800 Briefe; in ihnen zeigt sich ein vielseitiger Mensch auf vielen Entwicklungsstufen in einem unbewußt gezeichneten tiefinneren Bild seines Geistes und seiner Zeit. Seine *Dialoge* erfreuten sich der größten Beliebtheit beim Volke, da sie die erstaunlichsten Legenden voller Visionen, Prophezeiungen und Wundertaten von Italiens Heiligen als geschichtliche Wahrheit darstellen. Aus diesem Werk erfuhr der Leser von mächtigen Felsblöcken, die durch Gebete fortbewegt wurden, von einem Heiligen, der sich unsichtbar machen konnte, von Giften, die durch das Kreuzeszeichen ihre Wirksamkeit verloren, von auf wunderbare Weise beschafften und vermehrten Nahrungsmitteln, von Kranken, die der Gesundheit, und Toten, die dem Leben wiedergegeben wurden. Wie ein roter Faden zieht sich die Wunderkraft der Reliquien durch diese Dialoge; keine Reliquie galt jedoch als so wundertätig wie die Kette, mit der, wie man glaubte, Petrus und Paulus gefesselt worden waren;

er sandte kleine Stücke dieser Kette als Geschenk an seine Freunde; einem am Augenlicht erkrankten Freunde schrieb er zu einer solchen Sendung: «Lege sie ständig deinen Augen auf, denn die gleiche Gabe hat schon viele Wundertaten bewirkt[16].» Der christliche Glaube der Massen hatte den Geist oder die Feder selbst des großen Papstes ergriffen.

In größere theologische Tiefen wagt er sich mit den *Magna moralia*, einem sechsbändigen Kommentar zu dem Buche Hiob. Er nimmt die ganze Darstellung Wort für Wort als geschichtliche Wahrheit, sucht aber in jeder Zeile eine allegorische oder symbolische Bedeutung und findet schließlich an Hiob die vollständige augustinische Theologie. Die Bibel sei in jeder Hinsicht das Wort Gottes; sie sei ein vollständiges Gefüge der Weisheit und Schönheit an sich, und niemand sollte mit der Lektüre der heidnischen Klassiker seine Zeit verschwenden und seine Moralgesinnung erniedrigen. Die Bibel sei jedoch gelegentlich dunkel und oft in einer volkstümlichen oder bildhaften Sprache abgefaßt; sie erfordere eine sorgfältige Auslegung durch geübte Verstandeskräfte, und die Kirche sei als die Hüterin der geheiligten Überlieferung die einzige zur Interpretation wirklich befähigte Instanz. Die individuelle Vernunft sei ein schwaches und aufspalterisches Instrument, nicht geeignet, sich mit übersinnlichen Wirklichkeiten zu befassen; «wenn der Verstand Dinge zu begreifen sucht, die jenseits seiner Kräfte liegen, dann verliert er auch das Begriffene»[17]. Gott stehe außerhalb des Verstehbaren; wir könnten nur sagen, was er nicht ist, nicht aber, was er ist; «fast alles über Gott Gesagte ist wertlos, ganz einfach deswegen, weil man es hat sagen können»[18]. Daher unternimmt Gregor auch keinen förmlichen Versuch eines Gottesbeweises. Er meint jedoch, man könne eine schattenhafte Andeutung Gottes gewinnen, wenn man die menschliche Seele betrachte: sei sie nicht lebendige Kraft und Führung des Leibes? «In unserer Zeit hat gar mancher die Seele vom Körper scheiden sehen[19].» Es sei die Tragik des Menschen, daß er durch den Sündenfall in seinem Wesen verderbt sei und deswegen zur Verworfenheit neige; diese grundlegende sittliche Verkrüppelung werde durch die geschlechtliche Zeugung von den Eltern auf die Kinder übertragen. Auf sich allein gestellt, würde der Mensch Sünde über Sünde anhäufen und die ewige Verdammnis reichlich verdienen. Die Hölle sei nicht eine leere Phrase, sondern ein finsterer, grundloser unterirdischer Abgrund, der seit der Erschaffung der Welt bestehe; sie sei ein unauslöschlicher Feuersbrand, körperhaft und doch fähig, die Seele wie den Leib zu versengen; sie sei ewigwährend, und doch führe sie nie zur Vernichtung des Verdammten, noch stumpfe dessen Schmerzempfindlichkeit je ab. Und zum Schmerze trete in jedem Augenblick noch die Schreckensangst der erwarteten Pein und das Entsetzen über die Qualen der geliebten Personen, die ebenfalls verdammt sind, die Hoffnungslosigkeit, je erlöst zu werden oder des Segens der gänzlichen Auslöschung teilhaftig zu werden[20]. In milderer Stimmung baute Gregor Augustins Lehre eines Fegefeuers, in welchem die Toten die Sühne für vergebene Sünden ableisten, weiter aus. Und wie Augustin weiß auch Gregor Trost für die Menschen, die er in Schrecken und Beklemmung versetzt hat, indem er auf das Geschenk der göttlichen Gnade, die Vermittlung der Heiligen, die Früchte von Christi Opfertod, die geheimnisvoll erlösenden Wirkungen der Sakramente, die allen christlichen Büßern zugänglich sind, hinweist.

Vielleicht spiegelte Gregors Theologie ebensosehr seinen Gesundheitszustand wie das erschreckende Durcheinander seiner Zeit wider. «In elf Monaten habe ich kaum je das Bett verlassen können», schrieb er 599, «ich bin von der Gicht und schmerzhaften Beklemmungen so geplagt, daß ... ich mich jeden Tag nach dem erlösenden Tode sehne.» Und im Jahre 600: «Fast zwei Jahre bin ich nun an das Lager gefesselt und so sehr von Schmerzen heimgesucht, daß ich mich selbst an Feiertagen kaum für drei Stunden erheben kann, um die Messe zu zelebrieren. Jeden Tag bin ich nahe am Tod, und jeden Tag flieht er mich wieder.» Und 601: «Schon lange habe ich mein Lager nicht mehr verlassen können. Ich warte sehnsüchtig auf den Tod[21].» Er kam im Jahre 604.

Gregor war die beherrschende Gestalt am Ende des sechsten Jahrhunderts, wie Justinian die beherrschende Gestalt an dessen Anfang gewesen war; nur ein Mensch wirkte in dieser Epoche noch stärker auf die Religion ein, nämlich Mohammed. Gregor war weder ein besonders gebildeter Mensch noch ein tiefer Theologe; gerade wegen seiner Einfachheit beeinflußte er das Volk tiefer als Augustin, dessen Führung er doch mit gewinnender Demut folgte. Im Geistigen war er der erste durch und durch mittelalterliche Mensch[22]. Derweil seine Hand ein zerborstenes Reich leitete, befaßte sich sein Denken mit der Verderbtheit der menschlichen Natur, den Versuchungen allgegenwärtiger Teufel und dem nahenden Ende der Welt. Er predigte mit Macht die Religion des Schreckens, die auf Jahrhunderte hinaus die Seele des Menschen verdüstern sollte; er teilte den ganzen Wunderglauben der Volkssage, glaubte an die magische Wirksamkeit der Reliquien, Heiligenbilder und Sprüche; er lebte in einer Welt, die mit Engeln, Dämonen, Hexen, Zauberern und Geistern angefüllt war. Jedes Gefühl für eine vernunftgemäße Ordnung im Weltall ging ihm ab; in seiner Welt war Wissenschaft nicht möglich, und es verblieb ein angsterfüllter Glaube. Die folgenden sieben Jahrhunderte leisteten dieser Theologie Gefolgschaft; die großen Scholastiker mühten sich, ihr die Gestalt der Vernunft zu geben; sie sollte in späterer Zeit den tragischen Hintergrund zur *Göttlichen Komödie* bilden.

So abergläubisch und leichtgläubig dieser Mann aber war, so sehr auch körperlich in einer schreckensvollen Frömmigkeit befangen, so war er in Wille und Tat doch ein Römer alten Schrot und Korns, hartnäckig in der Verfolgung seiner Ziele, streng im Urteil, weise wägend und praktisch, ein großer Verehrer von Zucht und Gesetzlichkeit. Er gab dem Klosterwesen ein Recht, wie Benedikt ihm eine Regel gegeben hatte; er baute die weltliche Macht des Papsttums auf, befreite sie von der kaiserlichen Oberhoheit und zeigte in der Verwaltung dieser Macht so viel Klugheit und Rechtschaffenheit, daß die Menschen in sturmdurchtosten Jahrhunderten im Papsttum einen schutzgewährenden Felsen erblickten. Seine dankbaren Nachfolger kanonisierten ihn, und eine bewundernde Nachwelt nannte ihn Gregor den Großen.

III. PÄPSTLICHE POLITIK: 604–867

Seinen ersten Nachfolgern fiel es schwer, ihm an Tugendsamkeit und Macht gleichzukommen. Sie beugten sich größtenteils dem Exarchen oder dem Kaiser und erlitten bei ihren Widerstandsversuchen mehrfach schwere Demütigungen. Kaiser Herakleios, der sein gerettetes Reich einigen wollte, suchte den monophysitischen Osten – der in Christus nur eine Natur erblicken wollte – mit dem katholischen Westen, der zwei Naturen unterschied, in Übereinstimmung zu bringen; in seiner Streitschrift, *Ekthesis* (638), wollte er diese Übereinstimmung durch die Lehre des Monothelismus, derzufolge es in Christus nur einen Willen gegeben habe, erreichen. Papst Honorius I. pflichtete ihm bei und erklärte dazu, die Frage, ob Christus einen oder zwei Willen besessen habe, sei «eine Angelegenheit, die ich als wenig bedeutsam den Grammatikern überlasse»[23]; die Theologen des Westens wollten aber von diesem Einlenken nichts wissen. Als Kaiser Konstans II. eine Proklamation erließ (648), in der er sich zugunsten des Monothelismus aussprach, wurde er von Papst Martin I. zurechtgewiesen. Konstans befahl dem Exarchen von Ravenna, den Papst gefangenzusetzen und nach Konstantinopel zu bringen; der Papst gab nicht nach und wurde auf die Krim verbannt, wo er starb (655). Das sechste Ökumenische Konzil, das 680 in Konstantinopel zusammentrat, verwarf den Monothelismus und verurteilte Papst Honorius *post mortem* als «Förderer der Ketzerei»[24]. Die Ostkirche, die durch den Verlust des monophysitischen Syrien und Ägypten an die Muselmanen geschwächt war, pflichtete diesem Entscheid bei, und auf kurze Zeit lag über Ost und West ein theologischer Frieden.

Aber die wiederholten Demütigungen, die das Papsttum von den Kaisern des Ostreiches erlitt, die Schwächung von Byzanz durch das muselmanische Vordringen in Asien, Nordafrika und Spanien, durch die Seeherrschaft der Muselmanen im Mittelmeer und durch Konstantinopels und Ravennas Unfähigkeit, die päpstlichen Ländereien in Italien vor den Angriffen der Langobarden zu schützen, all das trieb die Päpste dazu, sich von dem niedergehenden Reiche abzuwenden und den Beistand bei den aufstrebenden Franken zu suchen. Papst Stephan II. (725–727), der befürchtete, die Einnahme Roms durch die Langobarden könnte zu einer Degradierung des Papsttums zu einem örtlichen, von Langobardenkönigen beherrschten Bistum führen, bat Kaiser Konstantin V. um Beistand; von dieser Seite wurde ihm keine Hilfe zuteil, und der Papst wandte sich in einem politisch folgenschweren Schritt an die Franken. Pippin der Kurze kam, unterwarf die Langobarden und bereicherte das Papsttum um die «Pippinische Schenkung», durch die es ganz Mittelitalien erhielt (756); auf diese Weise entstand die weltliche Macht der Päpste. Diese glänzende päpstliche Diplomatie gipfelte in der Krönung Karls des Großen durch Leo III. (800); von da an konnte kein Mann mehr vollgültiger Kaiser des Westens werden, der nicht vom Papste gesalbt worden war. Das bedrängte Bistum Gregors I. war zu einer der größten Mächte Europas geworden. Als Karl starb (814), kehrte sich die Beherrschung der Kirche durch den fränkischen Staat ins Gegenteil um; die Geistlichkeit des Frankenreiches unterwarf sich den König Schritt um Schritt, und während das Reich Karls des Großen zerfiel, nahm die Kirche an Macht und Einfluß immer mehr zu.

Zunächst war es der Episkopat, welcher aus der Schwäche und den Streitigkeiten französischer und deutscher Könige den größten Nutzen zog. In Deutschland standen die Erzbischöfe, die sich mit den Königen verbündeten, im Besitz einer Feudalmacht über Besitztümer, Bischöfe und Priester, die den Päpsten nur Lippendienste erwies. Offenbar war es der Widerstand der deutschen Bischöfe, die sich gegen diese Selbstherrlichkeit der Erzbischöfe auflehnten, welche zu der Entstehung der «Pseudodekretalien» führte; diese Sammlung, die später zum Erstarken des Papsttums beitrug, hatte in erster Linie das Ziel, den Bischöfen das Recht zu erwirken, gegen ihre Metropoliten an die Päpste zu appellieren. Entstehungszeit und Herkunft dieser Dekretalien sind unbekannt. Wahrscheinlich wurden sie um 842 in Metz zusammengestellt. Der Verfasser war ein fränkischer Kleriker, der sich Isidorus Mercator nannte. Es ist eine geschickte Kompilation. Neben einer Unzahl echter konziliarischer oder päpstlicher Dekrete enthält sie Dekrete und Briefe, die sie Päpsten von Clemens I. (91–100) bis Melchiades (311–314) zuschreibt. Diese frühen Dokumente sollten den Beweis erbringen, daß nach den ältesten Überlieferungen und Praktiken der Kirche kein Bischof abgesetzt, kein Kirchenkonzil einberufen, kein entscheidender Beschluß gefaßt werden durfte, ohne daß der Papst seine Zustimmung erteilte. Nach diesem Beweismaterial hätten schon die ersten Päpste eine absolute und universale Autorität als Stellvertreter Christi auf Erden für sich beansprucht. Papst Silvester I. (314–335) hätte nach dieser Darstellung in der «Konstantinischen Schenkung» die vollständige religiöse und weltliche Herrschaftsgewalt über ganz Westeuropa erhalten; demnach wäre die «Pippinische Schenkung» weiter nichts als die zögernde Rückgabe gestohlenen

Besitzes gewesen, und die Mißachtung der byzantinischen Oberhoheit, die der Papst zeigte, als er Karl den Großen zum Kaiser krönte, erschien lediglich als ein lange Zeit nicht beanspruchtes Recht, das von niemand anderem als dem Gründer des Oströmischen Reiches selbst gewährt worden wäre. Unglücklicherweise zitieren viele der unechten Dokumente die Bibel in der Übersetzung des heiligen Hieronymus, welcher sechsundzwanzig Jahre nach dem Tode des Melchiades geboren worden war. Die Fälschung wäre jedem guten Gelehrten klar in die Augen gestochen, aber die Gelehrsamkeit stand im neunten und zehnten Jahrhundert auf dem Tiefpunkt. Der Umstand, daß die meisten Ansprüche, die von den Dekretalien den ersten Bischöfen von Rom zugeschrieben wurden, von dem einen oder anderen späteren Pontifex erhoben worden waren, entwaffnete die Kritik, und acht Jahrhunderte lang glaubten die Päpste an die Echtheit der Dokumente und benutzten sie zur Förderung ihrer Politik*.

Ein glücklicher Zufall wollte es, daß die «Pseudodekretalien» kurz vor der Wahl einer der hervorragendsten Gestalten der Geschichte des Papsttums an die Öffentlichkeit kamen. Nikolaus I. (858–867) hatte eine besonders gute juristische und überlieferungsgeschichtliche Bildung erhalten und als rechte Hand mehrerer Päpste die Lehre zu seinem hohen Amte absolviert. Er besaß die gleiche Willenskraft wie die beiden großen Gregors (I. und VII.) und übertraf sie noch im Umfang seiner Ansprüche und in der Größe seines Erfolges. Er ging von den Voraussetzungen aus, die damals von allen Christen anerkannt wurden, daß nämlich der Sohn Gottes die Kirche gegründet habe, indem er Petrus als ihr erstes Haupt einsetzte, und daß die Bischöfe von Rom ihre Macht in direkter Linie von ihm erbten; daraus schloß nun Nikolaus vernünftigerweise, daß dem Papst, dem Stellvertreter Gottes auf Erden, die Oberherrschaft über sämtliche Christen zufalle – über Herrscher so gut wie über Untertanen – zum mindesten in Angelegenheiten des Glaubens und der Moral. Nikolaus trug diese einfache Argumentation mit großer Beredsamkeit vor, und niemand in der lateinischen Christenheit wagte ihm zu widersprechen. Könige und Erzbischöfe konnten nur die Hoffnung hegen, daß er es nicht zu ernst nehmen würde.

Sie wurden enttäuscht. Als Lothar II., der König von Lothringen, sich von Königin Theutberga scheiden lassen wollte, um seine Geliebte Waldrada zu heiraten, willfahrten die obersten Geistlichen seines Reiches seinem Wunsche (862). Theutberga appellierte an Nikolaus, welcher Legaten nach Metz schickte, um die Angelegenheit zu untersuchen; Lothar bestach diese Legaten, so daß sie die Scheidung bestätigten; die Erzbischöfe von Trier und Köln überbrachten dieses Urteil dem Papst; Nikolaus deckte den Betrug auf, exkommunizierte die Erzbischöfe und befahl Lothar, die Geliebte von sich zu weisen und seine Gattin wieder aufzunehmen. Lothar weigerte sich und zog mit einem Heer gegen Rom. Nikolaus verblieb 48 Stunden lang in Fasten und Gebet in der Peterskirche; Lothar verlor den Mut und unterwarf sich den Befehlen des Papstes.

Hinkmar, der Erzbischof von Reims und der größte geistliche Würdenträger im lateinischen Europa nach dem Papst, entließ einen Bischof, Ratherad; dieser appellierte an Nikolaus (863). Nikolaus untersuchte den Fall und ordnete die Wiedereinsetzung des Ratherad an; als Hinkmar zögerte, drohte der Papst, er werde über seine Provinz das Interdikt verhängen – das Verbot, Gottesdienste abzuhalten und Sakramente zu spenden; Hinkmar schäumte und gab nach. Gegenüber Königen verhielt sich Nikolaus in seinen Schreiben nicht anders als gegenüber Geistlichen, nämlich als einer, dem die Oberherrschaft zusteht, und nur Photios von Konstantinopel wagte ihm zu widersprechen. Fast in allen Fällen zeigten die späteren Entwicklungen, daß der Papst sich auf der Seite der Gerechtigkeit befunden hatte, und die Strenge, mit der er die Moral verfocht, war wie eine leuchtende Fackel in einer Zeit des Verfalls. Bei seinem Tode erstreckte sich die Macht des Papsttums über weitere Gebiete als je zuvor.

* Lorenzo Valla stellte die Fälschungen der «Pseudodekretalien» im Jahre 1440 so nachhaltig bloß, daß heute die umstrittenen Dokumente allgemein als Fälschungen gelten[25].

IV. DIE GRIECHISCHE KIRCHE: 566–898

Die Patriarchen der Ostkirche konnten sich der unterdrückenden Rechtsprechung des Bischofs von Rom aus einem ganz einfachen Grunde nicht beugen: sie waren schon längst den griechischen Kaisern untertan, und diese gaben ihren Anspruch auf die Obergewalt über Rom und die Päpste erst im Jahre 871 auf. Die Patriarchen kritisierten die Kaiser manchmal, versagten ihnen wohl auch den Gehorsam oder schmähten sie gar; aber sie wurden von den Kaisern ein- und abgesetzt, und die Kaiser beriefen die Konzile ein, regelten die kirchlichen Angelegenheiten nach den staatlichen Gesetzen und taten der Kirche ihre theologischen Meinungen und Anweisungen kund. Die einzigen Hindernisse für eine vollständige religiöse Autokratie der Kaiser in der Ostkirche waren die Macht der Mönche, die Zunge des Patriarchen und das Gelübde des Kaisers bei seiner Krönung durch den Patriarchen, daß er keine kirchlichen Neuerungen einführen werde.

Konstantinopel, ja der ganze griechische Osten war nun in weit stärkerem Umfang als der Westen mit Mönchs- und Nonnenklöstern übersät. Der Drang ins Kloster packte auch einige byzantinische Kaiser: sie führten inmitten des höfischen Prunkes ein asketisches Leben, hörten täglich die Messe, waren im Essen und Trinken enthaltsam und beklagten ihre Sünden mit dem gleichen Eifer, mit dem sie sie begingen. Die Frömmigkeit von Kaisern und sterbenden Reichen vergrößerte und vermehrte die Klöster mit Geschenken und Vermächtnissen; hochgestellte Männer und Frauen, denen Anzeichen des nahenden Todes Angst und Schrecken einjagten, suchten Einlaß in Klöster und brachten einen wohltuenden Reichtum mit, der nun nicht mehr der Besteuerung unterlag; andere vermachten einen Teil ihres Vermögens einem Kloster, das ihnen dafür eine Lebensrente aussetzte. Viele Klöster behaupteten im Besitze von Reliquien verehrter Heiliger zu sein; das Volk erkannte den Mönchen die Kontrolle der wunderwirkenden Kräfte dieser Reliquien zu und brachte seine Münzen in der Hoffnung, einen übermäßigen Gewinn aus dieser Geldanlage ziehen zu können. Eine Minderzahl der Mönche machte ihrer Religion mit Faulheit, geschlechtlichen Ausschweifungen, Parteihader und Habgier Schande; die Mehrzahl fand sich mit Tugendhaftigkeit und Friedfertigkeit ab; alles in allem genossen die Mönche eine allgemeine Verehrung, einen materiellen Wohlstand und sogar einen politischen Einfluß, über den sich kein Kaiser hinwegsetzen konnte. Theodor (759–826), der Abt des Studionklosters in Konstantinopel, war ein Muster mönchischer Frömmigkeit und Macht. Er war von seiner Mutter als Kind der Kirche geweiht worden und hatte die christliche Denkart so gründlich angenommen, daß er seine Mutter auf dem Totenbett beglückwünschte, weil ihr nun Tod und himmlischer Ruhm bevorstehe. Für seine Mönche stellte er eine Klosterregel der Arbeit, des Gebetes, der Keuschheit und der geistigen Entfaltung auf, eine Regel, die sich mit der benediktinischen Regel des Westens wohl messen konnte. Er setzte sich für die Verwendung von Heiligenbildern ein und bestritt vor Kaiser Leon V. kühn die Zuständigkeit der weltlichen Gewalt in der kirchlichen Rechtsprechung. Viermal wurde er wegen dieser Unnachgiebigkeit verbannt; aber noch aus der Verbannung leistete er bis zu seinem Tode den Ikonoklasten Widerstand.

Unterschiede in Sprache, Liturgie und Lehre trieben während dieser Jahrhunderte das lateinische und griechische Christentum immer weiter auseinander, so wie eine biologische Gattung sich in örtlicher Aufspaltung mit der Zeit auseinanderentwickelt. Die Liturgie, die kirchlichen Gewänder, Gefäße und Ornamente der Griechen waren komplizierter, üppiger und kunstvoller als diejenigen des Westens; das griechische Kreuz war gleichschenklig; die Griechen beteten stehend, die Römer kniend; die Griechen tauchten den Täufling im Wasser unter, die Römer besprengten ihn nur mit Wasser; die Ehe war den römischen Priestern verboten, den griechischen gestattet; die römischen Priester rasierten sich, die griechischen trugen kontemplative Bärte. Die römische Geistlichkeit spezialisierte sich auf die Politik, die griechische auf die Theologie; Ketzereien nahmen ihren Anfang fast immer in einem Osten, der von den Griechen die Vorliebe, das Unendliche zu umgrenzen, geerbt hatte. Aus den alten gnostischen Häresien des Bardesanes in Syrien und vielleicht auch aus einem Vordringen manichäischen Gedankengutes nach Westen entstand um 660 eine Sekte der Paulicianer, die sich nach Paulus benannte und das Alte Testament, die Sakramente, die den Heiligenbildern dargebrachte Verehrung und das Kreuzessymbol verwarf. Wie durch fortschreitende Knospung verbreiteten sich diese Theorien über den Nahen Orient bis auf den Balkan und nach Italien und Frankreich. Die Anhänger der Sekte ertrugen geduldig die unbarmherzigsten Verfolgungen und haben sich bei den Molokanen, Chlysten und Duchoborzen bis auf den heutigen Tag in Überbleibseln erhalten.

Die monotheletische Kontroverse wurde mehr von den Kaisern als vom Volke geführt. Und zweifellos trug nicht das Volk die Verantwortung für das *filioque*, das den Bruch zwischen griechischem und lateinischem Christentum so tragisch verschärfte. Das Bekenntnis von Nikaia hatte von dem Heiligen Geist gesprochen, «der vom Vater ausgeht» – *ex patre procedit;* 250 Jahre lang genügte das, aber im Jahre 589 setzte ein Kirchenkonzil in Toledo den Wortlaut fest: *ex patre filioque procedit* – «geht vom Vater und vom Sohne aus»; diese Beifügung fand Zustimmung in Gallien und einen eifrigen Verfechter in Karl dem Großen. Die griechischen Theologen wandten ein, der Heilige Geist gehe nicht vom Sohne aus, sondern werde durch den Sohn. Die Päpste bewahrten eine Zeitlang den Gleichmut, und erst im elften Jahrhundert wurde das *filioque* offiziell in das römisch-katholische Glaubensbekenntnis aufgenommen.

Unterdessen trat zu dem Ideenstreit noch ein Willenskampf. Zu den Mönchen, die vor der Unterdrückung durch die Ikonoklasten geflohen waren, gehörte auch Ignatius, ein Sohn des Kaisers Michael I. Im Jahre 840 rief die Kaiserin Theodora den Mönch zurück und machte ihn zum Patriarchen. Er war ein frommer und mutiger Mann; er klagte Caesar Bardas an, weil er sich von seiner Gattin getrennt hatte und mit der Witwe seines Sohnes zusammenlebte, und als Bardas im Inzest verharrte, schloß ihn Ignatius aus der Kirche aus. Bardas verbannte Ignatius und übertrug das Patriarchenamt dem bedeutendsten Gelehrten dieser Zeit (858). Photios (830?–891) war ein Meister in Philologie, Rhetorik, Naturwissenschaft und Philosophie; seine Vorlesungen an der Universität Konstantinopel hatte eine Schar begeisterter Studenten angelockt, denen er seine Bücherei und sein Haus öffnete. Kurz vor seinem Aufstieg zum Patriarchenamt hatte er ein enzyklopädisches *Myriobiblion* verfaßt, das in 280 Kapiteln je ein bedeutendes Buch besprach und seine Feststellungen mit Auszügen belegte; durch diese umfangreiche Kompilation sind uns viele Textstellen aus der klassischen Literatur erhalten. In seiner großen Kultiviertheit stand Photios hoch über dem Fanatismus des Pöbels, der nicht verstehen konnte, warum er mit dem Emir von Kreta so gute Beziehungen unterhielt. Sein plötzlicher Aufstieg vom Laientum zum Patriarchat kränkte die Geistlichkeit von Konstantinopel; Ignatius weigerte sich, vom Patriarchat zurückzutreten, und appellierte an den Bischof von Rom. Nikolaus I. sandte seine Legaten nach Konstantinopel, um den Fall abzuklären, und in Briefen an Michael III. und Photios stellte er den Grundsatz auf, daß nirgendwo im Christentum eine kirchliche Angelegenheit von größerer Bedeutung ohne Zustimmung des Papstes entschieden werden dürfe. Der Kaiser berief ein Konzil ein, das die Ernennung des Photios guthieß, und die Legaten des Papstes erteilten ihre Zustimmung. Bei der Rückkehr wurden sie vom Papst zurechtgewiesen, weil sie ihre Befugnisse überschritten hätten; Nikolaus befahl dem Kaiser, Ignatius wieder einzusetzen, und als dem Befehl keine Folge geleistet wurde, exkommunizierte er Photios (863). Bardas drohte, er werde ein Heer entsenden, um Nikolaus abzusetzen; der Papst wies in einer schwungvollen Entgegnung voller Zorn darauf hin, daß der Kaiser sich den marodierenden Slawen und Sarazenen unterworfen habe.

> Nicht *wir* haben Kreta besetzt; nicht *wir* haben Sizilien entvölkert; nicht *wir* haben Griechenland unterworfen; nicht *wir* haben die Kirchen sogar in den Vorstädten Konstantinopels niedergebrannt; während aber diese Heiden ungestraft erobern, brandschatzen und verwüsten, werden wir, die katholischen Christen, mit dem eitlen Schrecken deiner Waffen bedroht. Du lässest Barabbas frei und tötest Christum.[26]

Photios und der Kaiser beriefen ein zweites Kirchenkonzil ein, das den Papst exkommunizierte (867) und die «Häresien» der römischen Kirche verdammte – darunter die Lehre von der Herkunft des Heiligen Geistes von Vater *und* Sohn, die Rasur priesterlicher Bärte und die erzwungene Ehelosigkeit der Geistlichen; «diesem Brauch ist es zuzuschreiben», erklärte Photios, «daß im Westen so viele Kinder zu finden sind, die ihren Vater nicht kennen».

Derweil griechische Boten diese Freundlichkeiten nach Rom brachten, erfuhr die Lage eine plötzliche Änderung (867): Basileios I., der Caesar Bardas ermordet und den Mord an Michael III. geleitet hatte, bestieg den Thron. Photios klagte den neuen Kaiser des Mordes an und verweigerte ihm die Sakramente. Basileios berief ein Konzil ein, das folgsam den Photios absetzte, schmähte und verbannte und den Ignatius wieder einsetzte. Als Ignatius jedoch bald darauf verschied, berief Basileios den Photios zurück; ein Konzil bestätigte ihn erneut als Patriarchen, und Papst Johannes VIII. (Nikolaus I. war gestorben) erteilte seine Zustimmung. Der Bruch zwischen Ost und West war wegen des Todes der Hauptdarsteller für eine Weile aufgeschoben.

V. DAS CHRISTENTUM EROBERT EUROPA: 529–1054

Das bedeutsamste Ereignis der Religionsgeschichte dieser Jahrhunderte war nicht der Streit der griechischen mit der römischen Kirche, sondern der Aufstieg des Islams als einer Macht, die das Ost- und Westchristentum gleicherweise bedrohte. Die Religion

Christi hatte ihren Siegen über das heidnische Reich und die Ketzereien kaum Festigkeit verliehen, als ihr auch schon die eifrigsten Provinzen mit einer beängstigenden Leichtigkeit an einen Glauben verlorengingen, der die Theologie und Ethik des Christentums verachtete. Infolge der muselmanischen Toleranz saßen immer noch Patriarchen auf den Bischofssitzen von Antiochien, Jerusalem und Alexandrien, aber das Christentum hatte in diesen Gebieten seinen Glanz verloren und war in den verbliebenen Resten zudem häretisch und nationalistisch. Armenien, Syrien und Ägypten hatten Kirchen mit Hierarchien, die von Konstantinopel und Rom durchaus unabhängig waren. Griechenland war dem Christentum erhalten geblieben; dort triumphierten die Mönche über die Philosophen, und das große Kloster der hl. Lawra, das 961 auf dem Berge Athos gegründet wurde, nahm es an Majestät mit dem Parthenon auf, der in eine christliche Kirche umgewandelt worden war. In Afrika gab es im neunten Jahrhundert immer noch viele Christen, ihre Zahl nahm aber unter der Behinderung durch die Muselmanenherrschaft rasch ab. 711 ging Spanien an den Islam verloren. In Asien und Afrika geschlagen, wandte sich das Christentum dem Norden zu und nahm die Eroberung Europas wieder auf.

Italien, das in tapferem Kampf, aber mit knapper Not den Sarazenen entronnen war, sah sich zwischen die griechische und die römische Abart des Christentums aufgeteilt. Fast auf der Grenzlinie lag Monte Cassino. Unter der langen Herrschaft (1058–1087) des Abtes Desiderius erklomm das Kloster den Höhepunkt seines Ruhmes. Von Konstantinopel ließ er zwei prächtige Bronzetore kommen und dazu noch Handwerker, die das Klosterinnere mit Mosaiken, Schmelzgußwerken und Metall-, Elfenbein- und Holzarbeiten ausschmückten. Das Kloster wurde mit seinen Kursen in Grammatik, klassischer und christlicher Literatur, Theologie, Medizin und Rechtskunde beinahe zu einer Universität. Nach byzantinischen Vorbildern verfertigten die Mönche besonders schöne Buchillustrationen und kopierten in wunderschöner Buchschrift die Klassiker des heidnischen Rom; einige Klassiker sind uns nur auf diese Weise erhalten geblieben. In Rom ließ die Kirche unter Papst Bonifaz IV. und seinen Nachfolgern die weitere Zerstörung heidnischer Tempel nicht mehr zu, sondern weihte diese Bauwerke zu christlicher Verwendung und Pflege um: das Pantheon wurde der Jungfrau Maria und allen Märtyrern geweiht (609), der Janustempel wurde zur Kirche des heiligen Dionysios, der Saturntempel zur Erlöserkirche. Leo IV. (847–855) restaurierte und verschönerte die Peterskirche, und durch das Anwachsen des Papsttums und die Besuche der Pilger entstand eine vielsprachige Vorstadt um die Gruppe kirchlicher Bauten, die nach dem antiken Vaticanus benannt wurde.

Frankreich war nun der reichste Besitz der römischen Kirche. Die Merowingerkönige, die sich nach Polygamie und Mord den Himmel erkaufen wollten, überschütteten die Bistümer mit Ländereien und Einnahmequellen. Hier wie anderswo erhielt die Kirche Vermächtnisse von reumütigen Magnaten und frommen Erbinnen; Chilperichs Verbot solcher Vermächtnisse wurde bald von Guntram wieder aufgehoben. Es ist einer der vielen Scherze der Geschichte, daß sich die Geistlichkeit fast ausschließlich aus der gallorömischen Bevölkerungsschicht rekrutierte; die bekehrten Franken knieten zu Füßen derer, die sie unterworfen hatten, und gaben ihnen in frommen Schenkungen zurück, was sie im Kriege gestohlen hatten[27]. Die Geistlichen waren das tüchtigste, gebildetste und am wenigsten unmoralische Element Galliens; Lesen und Schreiben war beinahe ihr Monopol, und wenn auch einige wenige ein anstoßerregendes Leben führten, so waren die meisten doch bestrebt, einer Bevölkerung Bildung und Moral zu bringen, welche unter der Habgier und den Kriegen ihrer Herren und Könige zu leiden hatte. Die Bischöfe waren nicht nur in geistlicher, sondern auch in weltlicher Hinsicht die führenden Köpfe ihrer Diözesen, und streitende Parteien suchten auch in nichtkirchlichen Angelegenheiten mit Vorliebe ihren Richtspruch. Überall nahmen sie die Witwen und Waisen, die Armen und die Sklaven in ihren Schutz. In vielen Diözesen sorgte die Kirche für den Bau von Krankenhäusern; ein solches *Hôtel-Dieu* – eine «Herberge Gottes» – wurde in Paris im Jahre 651 eröffnet. St. Germain, in der zweiten Hälfte des sechsten Jahrhunderts Bischof von Paris, war in ganz Europa bekannt um seiner Bemühungen willen, Gelder aufzutreiben und sein eigenes Vermögen auszugeben, um Sklaven freizukaufen. Bischof Sidonius von Mainz dämmte den Rhein; Bischof Felix von Nantes regulierte den Lauf der Loire; Bischof Didier von Cahors legte Wasserleitungen an. Der hl. Agobard (779–840), Erzbischof von Lyon, war ein Musterbild der Religiosität und ein heftiger Gegner des Aberglaubens; er verurteilte die Rechtsprechung mittels Zweikampfes oder Gottesurteils, verwarf den Bilderkult und die magische Ausdeutung von Gewittern und verwies auf die Täuschungen, die sich bei den Hexenverfolgungen ergaben; er war «der klarste Kopf seiner Zeit»[28]. Hinkmar, der aristokratische Primas von Reims (845–882), saß einer Reihe von Konzilen vor, verfaßte sechsundsechzig Bücher, diente Karl dem Kahlen als Ministerpräsident und war nahe daran, in Frankreich eine Theokratie zu errichten.

In jedem Lande nahm das Christentum etwas vom Nationalcharakter an. In Irland wurde es mystisch, gefühlsinnig, individualistisch, leidenschaftlich; es nahm die Märchenwelt, die Dichtung, die wilde und zarte Einbildungskraft der Kelten in sich auf; die Priester erbten die magischen Kräfte der Druiden und die Mythen der Barden, und die sippschaftliche Organisation des Staatswesens förderte eine mittelpunktsflüchtige Lockerheit im Gefüge der Kirche – fast jede Ortschaft hatte ihren unabhängigen «Bischof». Zahl- und einflußreicher als die Bischöfe und Priester waren die Mönche, die in selten mehr als zwölf Personen umfassenden Gruppen halb isolierte und meistens autonome Klöster bildeten, die über die ganze Insel verstreut lagen, den Papst als Haupt der Kirche anerkannten, sich aber keiner äußeren Herrschaft unterwarfen. In der Frühzeit hausten die Mönche in Einzelzellen, praktizierten eine düstere Askese und kamen nur zum Gebet zusammen; eine spätere Generation – der «Zweite Orden irischer Heiliger» – wich von dieser ägyptischen Tradition ab, trieb gemeinsame Studien, lernte Griechisch, schrieb Handschriften ab und gründete Schulen für Geistliche und Laien. Von den irischen Schulen des sechsten und siebenten Jahrhunderts kam eine ganze Folge von berühmten und gefürchteten Heiligen nach Schottland, England, Gallien, Germanien und Italien, um einem in Finsternis verfallenen Christentum neue Lebenskraft und Bildung zu bringen. «Fast ganz Irland zieht in Philosophenscharen an unsere Küsten», schreibt ein Franke um das Jahr 850[29]. Die Germaneninvasionen hatten gelehrte Geister aus Gallien und Britannien nach Irland vertrieben; nun wendete sich die Woge, die Schuld war beglichen; irische Missionare stürzten sich auf die siegreichen heidnischen Angeln, Sachsen, Norweger und Dänen in England und auf die bildungslosen und halb barbarischen Christen Galliens und Deutschlands, in der einen Hand die Bibel, in der anderen klassische Handschriften; eine Zeitlang sah es so aus, als ob die Kelten durch das Christentum den Boden zurückgewinnen würden, den sie der Gewalt hatten abtreten müssen. In der finsteren Zeit des Mittelalters war es, daß der irische Geist am hellsten leuchtete.

Der bedeutendste dieser Missionare war der hl. Columba. Er ist uns durch die Biographie gut bekannt, die Adamnan, einer seiner Nachfolger in Iona, über ihn schrieb (um 679). Columba wurde 521 in Donegal geboren und war königlichen Geblütes; wie Buddha war er ein Heiliger, der ein König hätte sein können. In der Schule in Moville zeigte er einen solchen Glaubenseifer, daß sein Lehrer ihn Columbkille – Säule der Kirche – nannte. Von seinem fünfundzwanzigsten Lebensjahre an gründete er eine Anzahl von Kirchen und Klöstern, deren berühmteste in Derry, Durrow und Kells lagen. Er war aber nicht nur ein Heiliger, sondern auch ein Kämpfer, ein Mann «von kräftigem Körperbau und mächtiger Stimme»[30]; sein feuriges Temperament trug ihm viel Streit und schließlich sogar einen Krieg mit König Diarmuid ein; es kam zu einer Schlacht, bei der fünftausend Mann gefallen sein sollen; Columba, obzwar siegreich, floh doch aus Irland (653), entschlossen, so viele Männer zu bekehren, wie in der Schlacht von Cooldrevna ihr Leben hatten lassen müssen. Er gründete nun auf der Insel Iona an der Westküste von Schottland eines der berühmtesten mittelalterlichen Klöster. Von dort aus trugen er und seine Jünger das Evangelium nach den Hebriden, Schottland und Nordengland. Und dort verschied er in seinem achtundsiebzigsten Lebensjahr, im Gebet am Altar, nachdem er die Heiden zu Tausenden bekehrt und 300 «edle Bücher» illuminiert hatte.

In Geist und Namen mit ihm verwandt ist der hl. Columban. Um 543 in Leinster geboren, ist er der Geschichte unbekannt, bis er als Zweiunddreißigjähriger in den unwirtlichen Vogesen Klöster gründet. In Luxeuil unterwies er seine Novizen:

> Ihr müßt alle Tage fasten, alle Tage beten, alle Tage arbeiten, alle Tage lesen. Ein Mönch muß unter der Aufsicht eines einzigen Vaters, aber in Gemeinschaft mit vielen Brüdern leben, damit er von dem einen Demut, von einem anderen Geduld, einem dritten Schweigsamkeit, einem vierten Freundlichkeit erlerne ... Er muß beim Zubettegehen so müde sein, daß er schon auf dem Wege zum Lager einschläft.[31]

Die Strafen waren hart und bestanden gewöhnlich aus Peitschenhieben: sechs Hiebe für den, der beim Beginne eines Psalmes hustete oder es unterließ, vor der Messe seine Fingernägel zu pflegen, oder während des Gottesdienstes lächelte oder bei der Kommunion mit den Zähnen den Kelch berührte; zwölf Hiebe erhielt derjenige, welcher beim Essen das Dankgebet vergaß; fünfzig derjenige, welcher zu spät zum Gebet erschien; hundert Hiebe erhielt der Mönch, der einen Streit entfachte, zweihundert derjenige, der vertraulich mit einer Frau sprach[32]. Trotz dieser Schreckensherrschaft fehlte es nicht an Novizen; Luxeuil hatte sechzig Mönche, viele darunter aus reicher Familie. Sie lebten von Brot, Gemüsen und Wasser, rodeten Wälder, pflügten Äcker, pflanzten und ernteten, fasteten und beteten. In diesem Kloster begründete Columban die *laus perennis*, das fortwährende Lob: Tag und Nacht sollten Mönche sich in Litaneien an Jesus, Maria und die Heiligen ablösen[33]. Unzählige Klöster in der Art von Luxeuil sind ein alldurchdringendes Element auf dem Schauplatz des Mittelalters.

Die strenge Gesinnung, die diese Regel schuf, duldete keinen Kompromiß mit anderen Ansichten, und Columban, der den Zwist mit Strafe belegte, sah sich wiederholt mit den Bischöfen – deren Befehlsgewalt er unbeachtet ließ – und mit den Beamten des Staates – deren Einmischung er zurückwies –, ja selbst mit den Päpsten im Streit. Denn die Iren feierten Ostern nach der Zeitrechnung der frühchristlichen Kirche, die diese bereits im Jahre 343 aufgegeben hatte. In einem Konflikt, der daraus entstand, wandte sich die gallische Geistlichkeit an Gregor den Großen; Columban verwarf die Anweisungen des Papstes und erklärte: «Wir Iren sind bessere Astronomen als ihr Römer»; Gregor solle entweder die irische Art der Zeitberechnung annehmen oder «bei den Kirchen des Westens als Ketzer gelten und ihre Verachtung auf sich nehmen»[34]. Der rebellische Ire wurde aus Gallien ausgewiesen (609), weil er die Königin Brunhilde der Verderbtheit bezichtigte; er wurde gewaltsam auf ein Schiff verbracht, das nach Irland in See stechen sollte; das Schiff wurde an die französische Küste zurückgetrieben; Columban durchquerte das verbotene Land und predigte den Heiden Bayerns. Er dürfte schwerlich so ein schrecklicher Mann gewesen sein, wie seine Klosterregel und sein Lebenslauf annehmen ließen, denn Eichhörnchen sollen sich zutraulich auf seiner Schulter niedergelassen und seine Kapuze als Tummelplatz benützt haben[35]. Er überließ es einem irischen Landsmann, das Kloster von St. Gallen zu gründen (613), überquerte mühselig den Gotthard und gründete das Kloster Bobbio in der Lombardei (613). Dort verschied er nach zwei Jahren in der Dürftigkeit seiner Einzelzelle.

Tertullian spricht im Jahre 208 von Christen in Britannien; Beda berichtet, der hl. Alban sei bei der diokletianischen Christenverfolgung umgekommen; britische Bischöfe nahmen am Konzil von Sardica teil (347). Germanus, der Bischof von Auxerre, ging 429 nach Britannien, um die Ketzerei der Pelagianer zu unterdrücken[36]. Wilhelm von Malmesbury behauptet, der Bischof habe, vermutlich bei einem späteren Besuche, den Zusammenbruch eines Sachsenheeres veranlaßt, indem er seine britischen Neubekehrten «Halleluja» rufen ließ[37]. Diese Kraftfülle des britischen Christentums hatte aber nicht Bestand, es siechte dahin und ging in den Wirren der angelsächsischen Invasion fast ganz unter; erst am Ende des sechsten Jahrhunderts vernehmen wir wieder von ihm; in dieser Zeit kamen die Jünger des Columba nach Northumberland und wurde Augustin mit sieben anderen Mönchen von Rom nach England geschickt. Papst Gregor hatte zweifellos erfahren, daß Ethelbert, der heidnische König von Kent, die christliche Merowingerprinzessin Bertha geehelicht hatte. Ethelbert schenkte Augustin freundliches Gehör, ließ sich nicht überzeugen, gewährte ihm aber die Freiheit zu predigen und sorgte für seine und seiner Mitmönche Unterkunft und Verpflegung in Canterbury. Schließlich (599) vermochte die Königin den König zur Annahme des Christentums zu bewegen, und viele Untertanen folgten seinem Beispiel. 601 sandte Gregor dem Augustin das Pallium, und Augustin wurde der erste vieler ausgezeichneter Erzbischöfe von Canterbury. Gregor verhielt sich gegenüber dem in England weiterschwelenden Heidentum nachsichtig; er gestattete die Weihe der alten Tempel zu Kirchen und ließ es zu, daß der alte Brauch des Ochsenopfers unmerklich in ein «Schlachten der Tiere, um sich zum Preise Gottes zu erfrischen», umgewandelt wurde[38];

auf diese Weise machten die Engländer einen Wandel durch: sie aßen nun nicht mehr Rindfleisch, wenn sie Gott priesen, sondern priesen Gott, wenn sie Rindfleisch aßen.

Ein anderer italienischer Missionar, Paulin, brachte das Christentum nach Northumberland (627). Oswald, der König von Northumberland, lud die Mönche von Iona ein, seinem Volke zu predigen, und um ihnen die Arbeit zu erleichtern, überließ er ihnen die Insel Lindisfarne an der Ostküste. Dort gründete der hl. Aidan (634) das Kloster, das sich durch seinen Missionseifer und die Pracht seiner illuminierten Handschriften Ruhm eintrug. In diesem Kloster und in der Melrose Abbey blieb der hl. Cuthbert (635?–687) wegen seiner Geduld, Frömmigkeit, Wohlgelauntheit und Vernunft in gutem Gedenken. Das Vorbild solcher Männer und wohl auch der Frieden und die Sicherheit, die sie während der ständigen Kriege genossen, gewannen den Mönchs- und Nonnenklöstern, die nun in England entstanden, viele Neophyten. Trotz gelegentlicher Rückfälle in die Lebensart gewöhnlicher Menschen verhalfen diese Mönche mit ihrem Schaffen in Wald und Feld der Arbeit zu Würde; auch hier, wie in Frankreich und Deutschland, standen sie an der Spitze des Vormarsches der Zivilisation gegen Sumpf und Urwald und gegen Unbildung, Gewaltsamkeit, Ausschweifung, Trunksucht und Habgier. Beda war der Ansicht, die Zahl der Engländer, die ins Kloster gingen, sei zu groß, zu viele Adlige gründeten Klöster, um ihr Vermögen der Besteuerung zu entziehen, und die steuerfreien Ländereien der Kirche hätten einen zu großen Anteil an Englands Boden; zu wenig Krieger seien verblieben, um England vor der Invasion zu schützen[39]. Bald darauf sollten die Dänen und dann die Normannen die weltliche Klugheit des Mönches beweisen.

Der Zwist fand auch in den klösterlichen Frieden seinen Weg, als die Benediktiner Südenglands, die dem römischen Ritual und Kalender folgten, mit den irischen Mönchen und deren Kalender und Liturgie im Norden in Berührung und Konflikt kamen. Auf der Synode von Whitby (664) entschied des hl. Wilfrith Beredsamkeit die Streitfrage – sachlich gesehen, den richtigen Zeitpunkt zur Osterfeier – zugunsten von Rom. Die irischen Missionare beugten sich widerstrebend dem Entscheid. Die britische Kirche, geeint und mit Mitteln versehen, wurde ein wirtschaftlicher und politischer Machtfaktor und übernahm bei der Zivilisierung des Volkes und der Staatsregierung eine führende Rolle.

Nach Deutschland kam das Christentum als Gabe irischer und englischer Mönche. 690 überquerte der northumbrische Mönch Willibrord, der in Irland ausgebildet worden war, mit zwölf abenteuerfreudigen Genossen die Nordsee, gründete sich einen Bischofssitz in Utrecht und mühte sich vierzig Jahre lang, die Friesen zu bekehren. Aber diese realistischen Niederländer sahen in Willibrord die Hand seines Schützers, Pippins des Jüngeren, und befürchteten, ihre Bekehrung könne sie den Franken unterwerfen; außerdem paßte es ihnen durchaus nicht, zu vernehmen, daß ihre ungetauften Vorfahren in der Hölle schmachteten. Ein friesischer König, der davon erfuhr, als er sich gerade taufen lassen wollte, kehrte den Missionaren den Rücken und erklärte, er wolle die Ewigkeit lieber mit seinen Ahnen zusammen verbringen[40].

Ein Stärkerer als Willibrord nahm den Feldzug im Jahre 716 wieder auf. Wynfrith (680?–754), ein englischer Adliger und Benediktiner, erhielt von Papst Gregor II. den

Namen Bonifatius und von einer frommen Nachwelt den Titel eines «Apostels der Deutschen». Bei Fritzlar in Hessen fällte er eine vom Volk als göttlich verehrte Eiche, und die Leute kamen in Scharen zur Taufe, erstaunt, daß er am Leben geblieben war. Große Klöster entstanden auf der Reichenau (724), in Fulda (744) und Lorsch (763). Im Jahre 748 wurde Bonifatius Erzbischof von Mainz; er ernannte Bischöfe und machte aus der deutschen Kirche ein machtvolles Instrument der sittlichen, wirtschaftlichen und politischen Ordnung. Nachdem er seine Mission in Hessen und Thüringen vollendet hatte und im Wunsche, sein Leben mit dem Märtyrertode zu beschließen, verließ Bonifatius sein stolzes Erzbistum und ging nach Friesland, um das Werk des Willibrord zu vollenden. Nach einjährigem Wirken wurde er von den Heiden überfallen und niedergemacht. Ein Menschenalter später brachte Karl der Große den Sachsen das Christentum mit Feuer und Schwert; die widersetzlichen Friesen fanden es an der Zeit, nachzugeben, und die Eroberung von Roms Eroberern durch das römische Christentum war vollständig.

Den Endsieg des Glaubens in Europa brachte die Bekehrung der Slawen. Im Jahre 861 wandte sich Fürst Rostislaw von Mähren, der Kunde erhielt, daß ein lateinisches Christentum, das in seiner Liturgie die Volkssprache verschmähte, in sein Fürstentum eindrang, an Byzanz, damit man ihm Missionare sende, die in der Mundart des Volkes predigten und beteten. Der Kaiser sandte ihm zwei Brüder, Methodios und Kyrillos, die geläufig Slawisch sprachen, da sie in Saloniki aufgewachsen waren. Sie wurden gut aufgenommen und stellten fest, daß die Slawen noch kein Alphabet besaßen, um ihrer Sprache in der Schrift vollständigen Ausdruck zu geben; die wenigen Slawen, die des Schreibens kundig waren, verwandten griechische und lateinische Buchstaben zur Wiedergabe des Gesprochenen. Kyrillos erfand daraufhin die slawische Schrift mit dem slawischen Alphabet, indem er das griechische Alphabet mit den Werten übernahm, die die Buchstaben im neunten Jahrhundert besaßen – B als V, H als I, X als CH; für slawische Laute, die durch griechische Buchstaben nicht auszudrücken waren, erfand er eigene Schriftzeichen. Mit diesem Alphabet übersetzte Kyrillos die griechische Septuagintaversion des Alten Testamentes und die griechischen liturgischen Texte ins Slawische und begründete damit eine neue Schriftsprache und eine neue Literatur.

Zwischen dem griechischen und dem römischen Christentum entbrannte nun ein Kampf um die Slawen. Papst Nikolaus I. lud Kyrillos und Methodios zu sich nach Rom, wo Kyrillos das Mönchsgelübde ablegte, erkrankte und starb (869); Methodios kehrte als vom Papst geweihter Erzbischof nach Mähren zurück. Papst Johannes VIII. gestattete die Verwendung der slawischen Liturgie, Stephan V. untersagte sie. Böhmen, Mähren und die Slowakei (die heutige Tschechoslowakei) und später Ungarn und Polen wurden für die römische Kirche mit deren Ritual gewonnen, während Bulgarien, Serbien und Rußland die slawische Liturgie und das slawische Alphabet annahmen, der griechischen Kirche anhingen und ihre Kultur von Byzanz bezogen.

Politische Berechnungen beeinflußten diese religiösen Umwandlungen. Mit der Bekehrung der Germanen wurde deren feste Eingliederung in das Frankenreich angestrebt. König Harald Blauzahn zwang Dänemark das Christentum auf (974), weil Kaiser Otto II. dies als eine der Bedingungen zum Friedensschluß gefordert hatte; Boris von Bulgarien, der zuerst mit dem Papsttum geliebäugelt hatte, ging zur griechischen Kirche über (864), um Schutz und Beistand gegen die sich ausbreitenden Germanen zu erhalten, und Wladimir I. von Rußland ließ Rußland christlich werden (988), um die Hand von Anna, der Schwester des griechischen Kaisers Basileios II., zu gewinnen und die Krim als Teil ihrer Mitgift einzuheimsen[41]. Zwei Jahrhunderte lang erkannte die russische Kirche den Patriarchen von Konstantinopel an; im dreizehnten Jahrhundert erklärte sie sich unabhängig, und nach dem Zusammenbruch des Ostreiches (1453) wurde die russische Kirche der beherrschende Faktor des griechisch-orthodoxen Bereiches.

Die siegreichen Kämpfer der Eroberung Europas für das Christentum waren die Mönche, die Krankenschwestern in diesem Kriege die Nonnen. Die Mönche halfen den Pionieren des Bauerntums Ödland kultivieren, Wälder roden, Sümpfe trockenlegen, Flüsse überbrücken und Wege anlegen; sie schufen Gewerbezentren, Schulen, wohltätige Einrichtungen, schrieben Manuskripte ab und stellten bescheidene Bibliotheken zusammen; sie verhalfen entwurzelten Menschen, die ihre altüberlieferten Bräuche, Kulte oder Heimstätten verloren hatten, zu einer sittlichen Ordnung, zu Mut und Trost. Benedikt von Aniane werkte, grub und erntete inmitten seiner Mönche, und der Mönch Theodulf führte den Pflug bei Reims während zweiundzwanzig Jahren so getreulich, daß das Gerät nach seinem Tode als Gegenstand der Verehrung aufbewahrt wurde.

Immer wieder kam es vor, daß nach übermenschlichen Bemühungen um Tugendsamkeit, Frömmigkeit und Kraft Mönche und Nonnen in die Wesensart des gewöhnlichen Menschen zurückfielen, und fast in jedem Jahrhundert erwies sich ein Reformfeldzug als notwendig, um die Mönche erneut auf die widernatürliche Höhe ihrer Klosterregel zu erheben. Es gab Mönche, die sich in einer vorübergehenden Stimmung der Frömmigkeit und Selbstaufgabe in ein Kloster aufnehmen ließen und der strengen Disziplin nicht mehr gewachsen waren, sobald ihre Begeisterung abflaute. Da waren ferner die Klosterkinder, die von ihren Eltern im Alter von sieben und mehr Jahren, manchmal schon als Wiegenkinder, dem Klosterleben geweiht worden waren; diese für andere abgelegten Gelübde galten als unwiderruflich, bis 1179 päpstliche Erlasse einen Widerruf zuließen, sobald die Kinder vierzehn Jahre alt geworden waren[42]. Im Jahre 817 berief Ludwig der Fromme, den die lasche Disziplin der französischen Klöster entsetzte, eine nationale Versammlung von Äbten und Mönchen nach Aachen ein und beauftragte Benedikt von Aniane, die Klosterregel des Benedikt von Nursia in allen Klöstern des Reiches wieder durchzusetzen. Der neue Benedikt mühte sich eifrig, den Auftrag zu erfüllen; aber er starb 821, die Kriege der Könige brachten das Frankenreich bald aus den Fugen, und in den Überfällen der Normannen, Magyaren und Sarazenen verfielen Hunderte von Klöstern der Plünderung. Mönche wanderten heimatlos durch die säkulare Welt, und diejenigen, welche wieder in die Klöster zurückkehrten, sobald die Flut der Verwüstung abgeebbt war, brachten eine weltliche Lebensart mit. Feudalherren bemächtigten sich mancher Klöster, ernannten Äbte, eigneten sich die Einkünfte an. Um 900 hatten die Klöster des Westens, nicht anders als fast jede Einrichtung des lateinischen Europa, den Tiefpunkt in der mittelalterlichen Geschichte erreicht. Nach Abt Odo von Cluny († 942) kam es vor, daß reguläre und Weltgeistliche «der Jungfrau Sohn so gering achten, daß sie Unzucht begehen an der Stätte, die von der Frömmigkeit der Gläubigen erbauet worden ist, damit die Keuschheit in dem umhegten Orte rein bewahret bleibe; so arg ist ihre Wollust, daß Maria keinen Platz findet, das Jesuskind zu betten»[43]. Von Cluny nahm dann auch die große Klosterreform ihren Ausgang.

Um 910 hatten zwölf Mönche in den burgundischen Bergen in nächster Nähe der deutsch-französischen Grenze ein Kloster gegründet. Im Jahre 927 änderte Abt Odo die Klosterregel in dem Sinne ab, daß bei physischer Nachgiebigkeit eine größere sittliche Strenge gefordert wurde: die Askese wurde verworfen, Bäder empfohlen, die Nahrung war reichlich, Wein gestattet; aber die altüberkommenen Gelübde der Armut, des Gehorsams und der Keuschheit mußten unerbittlich eingehalten werden. Klöster gleicher Regel entstanden an anderen Orten Frankreichs; während aber bislang jedes Kloster eine gesetzlose Eigengesetzlichkeit besessen hatte oder in einer lockeren Beziehung dem örtlichen Bischof oder Lehnsherrn unterstanden war, so führten nun in den mit Cluny verbundenen Klöstern Priore die Herrschaft, die sowohl den Äbten von Cluny als auch den Päpsten unterstanden. Unter den Äbten Mayeul (954–994), Odilo (994–1049) und Hugo (1049–1109) von Cluny breitete sich die Bewegung des klösterlichen Anschlusses von Frankreich nach England, Deutschland, Polen, Ungarn, Italien und Spanien aus; viele alte Klöster traten der «Cluniazensischen Kongregation» bei; um 1100 erkannten an die 2000 «Prioreien» Cluny als Mutterhaus und Gebieterin an. Die solcherart organisierte Macht, die von staatlicher Einmischung und erzbischöflicher Beaufsichtigung frei war, gab dem Papsttum eine neue Waffe in die Hand, mit der es die säkulare Hierarchie der Kirche beherrschen konnte. Gleichzeitig ermöglichte sie eine mutige Reform des Klosterwesens durch die Mönche selbst. Unordnung, Müßiggang, Luxusleben, Unmoral, Simonie wurden einer strengen Ordensregel unterworfen, und Italien erlebte die seltsame Erscheinung, daß ein französischer Mönch, Odo, nach Italien geladen wurde, um in Monte Cassino selbst die Klosterreform durchzusetzen[44].

VI. DAS PAPSTTUM AUF DEM TIEFSTAND: 867–1049

Nach Rom gelangte die Reform zuletzt. Die Volksmassen der Stadt hatten sich schon immer als unlenkbar erwiesen, selbst als der kaiserliche Adler noch Legionen in seinen Klauen gehalten hatte; nun sahen sich die Pontifices, die als einzige Waffen eine schwache Miliz, die Würde ihres Amtes und die Schrecken ihres Glaubensbekenntnisses besaßen, als Gefangene eines eifersüchtigen Adels und einer Bürgerschaft, deren Frömmigkeit unter der Nähe des Petersthrones litt. Die Römer waren zu stolz, um sich von Königen beeindrucken zu lassen, und zu vertraut mit dem Papsttum, um Ehrfurcht vor den Päpsten zu haben; sie sahen in den Stellvertretern Christi Menschen, die wie sie selbst der Krankheit, der Sündhaftigkeit, dem Irrtum und der Niederlage unterworfen waren, und in ihren Augen war das Papsttum nicht eine Feste der Ordnung und eine rettende Burg, sondern eine

Sammelagentur, vermittels derer die Pfennige Europas den Römern ein arbeitsloses Einkommen gewähren konnten. Nach kirchlicher Überlieferung konnte kein Papst ohne Zustimmung der Geistlichkeit, des Adels und der Volksmassen Roms gewählt werden. Die Herrscher von Spoleto, Benevento, Neapel und der Toscana und der Adel von Rom waren wie eh und je in Parteien aufgespalten, und diejenige Partei, die in der Stadt gerade die Vormacht hatte, betrieb ihr Ränkespiel, um den Papst wählen zu lassen und in ihrer Hand zu haben. Miteinander zerrten sie im zehnten Jahrhundert das Papsttum auf den niedrigsten Stand, den es in seiner Geschichte je einnahm.

Im Jahre 878 drang Herzog Lambert von Spoleto mit seinem Heer in Rom ein, setzte Papst Johannes VIII. gefangen und wollte ihn durch Hunger dazu zwingen, Karlmann als Bewerber auf den Kaiserthron zu unterstützen. 897 ließ Stephan VI. den Leichnam des Papstes Formosus exhumieren, in Purpurgewänder kleiden und vor ein Konzil bringen, wo er der Verletzung gewisser Kirchengesetze angeklagt wurde; der Leichnam wurde verurteilt, entkleidet, verstümmelt und in den Tiber geworfen[45]. Im gleichen Jahre brachte eine politische Revolution Stephan zu Fall, und er endete durch Erwürgen im Gefängnis[46]. Darnach wurde der Papstsitz mehrere Jahre lang durch Bestechung, Mord oder die Gunst von Frauen von hoher Stellung und geringer Moral besetzt. Ein halbes Jahrhundert lang setzte die Familie des Theophylactus, eines hohen päpstlichen Beamten, die Päpste nach ihrem Belieben ein und ab. Seine Tochter Marozia sorgte dafür, daß ihr Liebhaber als Sergius III. zum Papst gewählt wurde (904–911)[47]; seine Gattin Theodora verschaffte Papst Johannes X. (914–928) die Wahl. Johannes wird nachgesagt, er sei ein Liebhaber der Theodora gewesen, jedoch ist das Beweismaterial unzulänglich[48]; er war auf jeden Fall ein ausgezeichneter weltlicher Führer, denn er war es, der die Koalition zustande brachte, welche 916 die Sarazenen von Rom abwies. Marozia ehelichte, nachdem sie sich einer ganzen Reihe von Liebhabern erfreut hatte, Guido, den Herzog von Tuszien; sie zogen gemeinsam eine Verschwörung gegen Johannes auf, ließen seinen Bruder Peter vor seinen Augen ermorden und den Papst selbst ins Gefängnis werfen, wo er nach wenigen Wochen aus uns unbekannten Ursachen starb. 931 machte Marozia Johannes XI. (931–935) zum Papst; Johannes galt allgemein als ihr Sohn von Sergius III.[49]. Im Jahre 932 setzte ihr Sohn Alberich Johannes in der Engelsburg gefangen, gestattete ihm aber, vom Kerker aus die geistigen Funktionen des Papsttums weiter auszuüben. Zweiundzwanzig Jahre lang herrschte Alberich über Rom als der Anführer einer «Römischen Republik». Bei seinem Tode vermachte er seine Herrschergewalt seinem Sohne Oktavian und nahm der Geistlichkeit das Versprechen ab, Oktavian zum Papst zu machen, sobald Agapetus II. sterben sollte. Es geschah, wie er befohlen hatte; 955 wurde Marozias Enkel Papst Johannes XII. und zeichnete sein Pontifikat durch ausschweifende Orgien im Lateranpalast aus[50].

Otto I. von Deutschland, von Johannes XII. im Jahre 962 zum Kaiser gekrönt, erlebte die Entartung des Papsttums unmittelbar. 963 kehrte er mit Unterstützung der transalpinen Geistlichkeit nach Rom zurück und zitierte Johannes vor ein Konzil. Kardinäle brachten die Anklage vor, daß Johannes für die Bischofsweihe Bestechungsgelder angenommen, einen zehnjährigen Knaben zum Bischof gemacht, ein ehebrecherisches Verhältnis mit der Konkubine seines Vaters und ein inzestuöses Verhältnis mit der Witwe seines Vaters und deren Nichte gehabt und den päpstlichen Palast zum Bordell gemacht habe. Johannes weigerte sich, vor das Konzil zu treten oder sich gegen die Klagen zu verteidigen; statt dessen ging er auf die Jagd. Das Konzil setzte ihn ab und wählte einmütig Ottos Kandidaten, einen Laien, als Papst Leo VIII. (963–965). Kaum war Otto nach Deutschland zurückgekehrt, als Johannes die Führer der Kaiserpartei in Rom ergreifen und verstümmeln und sich von einem willfährigen Konzil wieder auf den Papststuhl erheben ließ (964)[51]. Nach dem Tode des Johannes (964) wählten die Römer Benedikt V., ohne Leo zu beachten. Otto kam von Deutschland herab, setzte Benedikt ab und Leo wieder ein, worauf dieser offiziell das Recht Ottos und seiner Nachfolger auf dem Kaiserthrone anerkannte, jeder Wahl eines künftigen Papstes ein Veto entgegenzusetzen*. Nach Leos Tode sorgte Otto für die Wahl Johannes' XIII. (965–972). Benedikt VI. (973–974) wurde von einem römischen Adligen, Bonifazio Francone, gefangengesetzt und erwürgt, worauf Bonifazio selbst einen Monat lang als Papst amtete und dann mit so viel vom päpstlichen Vermögen, als er mitzunehmen vermochte, nach Konstantinopel floh. Nach neun Jahren kehrte er zurück, ermordete Papst Johannes XIV. (983–984), eignete sich wiederum das päpstliche Amt an und starb friedlich im Bett (985). Die Römische Republik erhob abermals ihr Haupt, maßte sich Befehlsgewalt an und wählte Crescentius als Konsul. Otto III. kam mit einem unwiderstehlichen Heer nach Rom herab und nahm eine Kommission deutscher Geistlicher mit, um dem Durcheinander dadurch ein Ende zu setzen, daß er seinen Kaplan als Papst Gregor V. einsetzte (996–999). Der junge Kaiser schlug die Römische Republik nieder, begnadigte Crescentius und kehrte nach Deutschland zurück. Crescentius führte augenblicks die Republik wieder ein und setzte Gregor ab (997). Gregor exkommunizierte ihn, aber Crescentius lachte nur und ließ Johannes XVI. zum Papst wählen. Otto kehrte zurück, setzte Johannes ab, ließ ihm die Augen ausstechen und Zunge und Nase abschneiden und veranlaßte dann, daß er mit dem Gesicht nach hinten auf einem Esel durch die Straßen Roms geführt wurde. Crescentius und die zwölf Führer der Römischen Republik wurden enthauptet und ihre Leichname an den Zinnen der Engelsburg aufgehängt (998)[52]. Gregor wurde wieder Papst und starb im Jahre 999, wahrscheinlich an Gift. Otto ersetzte ihn durch einen der hervorragendsten aller Päpste.

Gerbert entstammte einer einfachen Familie aus der Nähe von Aurillac in der Auvergne (um 940) und trat in jugendlichem Alter dem dortigen Kloster bei. Auf Anraten des Abtes ging er zum Studium der Mathematik nach Spanien, und 970 nahm ihn Graf Borel von Barcelona nach Rom mit. Die Gelehrsamkeit des Mönches machte großen Eindruck auf Papst Johannes XII., der ihn Otto I. empfahl. Ein Jahr lang lehrte Gerbert in Italien und zählte zu dieser Zeit oder später Otto II. zu seinen Schülern. Dann ging er nach Reims, um an der dortigen Kathedralschule Logik zu studieren; nach kurzer Zeit finden wir ihn an der Spitze der Schule (972–982). Er unterrichtete in einer ungewöhnlichen Vielfalt von Fächern, zu denen auch das Studium der klassischen Dichter gehörte; er schrieb ein ausgezeichnetes Latein und verfaßte Briefe, die manchmal denen des Sidonius an die Seite zu stellen sind. Wo er auch hinkam, sammelte er Bücher und gab unermüdlich sein Geld aus,

* Die römisch-katholische Kirche sieht Leo VIII. als Gegenpapst an und spricht seinen Handlungen und Erlassen jede Gültigkeit ab.

um in anderen Bibliotheken Abschriften von Manuskripten anfertigen zu lassen; es kann sein, daß wir ihm die Erhaltung von Ciceros Reden zu verdanken haben[53]. Er war der führende christliche Kopf auf dem mathematischen Gebiet, führte eine Frühform der «arabischen» Zahlzeichen ein, schrieb über das Rechenbrett und den Winkelmesser, verfaßte eine geometrische Abhandlung und erfand eine mechanische Uhr und eine Dampforgel[54]. Seine wissenschaftlichen Leistungen sind so zahlreich, daß es nach seinem Tode hieß, er habe magische Kräfte besessen[55].

Beim Tode des Adalbero (988) suchte Gerbert das Erzbistum von Reims zu erhalten, aber Hugo Capet ernannte statt seiner den Arnulf, einen unehelichen Abkömmling des sterbenden Karolingerhauses. Arnulf verschwor sich gegen Hugo, ein Konzil setzte ihn trotz päpstlicher Proteste ab und wählte Gerbert als Erzbischof (991). Vier Jahre darauf bewog ein päpstlicher Legat eine Synode in Moisson, Gerbert des Amtes zu entsetzen. Der gedemütigte Gelehrte ging an den Hof Ottos III. nach Deutschland, wo ihm jede Ehre erwiesen wurde; dort flößte er dem jungen König den Gedanken ein, ein Römisches Reich mit der Hauptstadt Rom wiederherzustellen. Otto ernannte ihn zum Erzbischof von Ravenna und machte ihn 999 zum Papst. Gerbert nahm den Namen Silvester II. an, als ob er damit sagen wollte, er werde einem zweiten die Welt vereinigenden Konstantin ein zweiter Silvester sein. Wäre ihm und Otto ein weiteres Jahrzehnt beschieden gewesen, so hätten sie ihren Traum wohl verwirklicht, denn Otto war der Sohn einer byzantinischen Prinzessin, und Gerbert hätte ein Philosoph-König werden können. Aber im vierten Jahre seines Papsttums starb Gerbert, wie der römische Klatsch berichtet am Gift der gleichen Stephania, die auch Otto vergiftete.

Ihre hochgehenden Pläne und die lebhafte politische Bewegung in der Welt um sie herum zeigen, wie wenige Christen die Prophezeiung des Weltunterganges im Jahre 1000 ernst nahmen. Zu Beginn des zehnten Jahrhunderts hatte ein Kirchenkonzil verkündet, daß das letzte Jahrhundert der Geschichte seinen Anfang genommen habe[56]; an seinem Ende teilte eine kleine Minderheit von Christen diesen Glauben und bereitete sich auf das Jüngste Gericht vor. Die große Mehrheit fuhr in ihrer gewöhnlichen Lebenshaltung fort, arbeitete, spielte, sündigte, betete und bemühte sich, über das Greisentum hinauszuleben. Keine Anzeichen deuten auf eine panische Angst oder auf eine größere Zahl von Geschenken an die Kirche im Jahre 1000 hin[57].

Nach Gerberts Tode nahm der Verfall des Papsttums wieder seinen Fortgang. Die Grafen von Tusculum, die mit den deutschen Kaisern im Bündnis standen, kauften Bischöfe und verkauften die Papstwürde und trachteten nicht einmal besonders danach, diesen Handel zu verdecken. Der Mann, den sie ernannten, Benedikt VIII. (1012–1024), war energisch und klug, aber Benedikt IX. (1032–1045), der mit zwölf Jahren zum Papst gemacht worden war, führte ein so schandbares Schwelgerleben[58], daß das Volk sich erhob und ihn aus Rom vertrieb. Mit Hilfe der Tusculaner kam er wieder auf den Papststuhl; aber des Papsttums müde, verkaufte er seine Würde an Gregor VI. (1045–1046) um eintausend (oder zweitausend) Pfund Gold[59]. Gregor versetzte Rom in Erstaunen: er war ein beinahe vorbildlicher Papst; offenbar hatte er die Papstwürde gekauft, um das Papsttum zu reformieren und von seinen Oberherren zu befreien. Die Tusculaner konnten eine solche Reform nicht billigen; sie machten Benedikt IX. wiederum zum Papst, derweil eine dritte Partei Silvester III. einsetzte. Die italienische Geistlichkeit wandte sich an den Kaiser Heinrich III., er solle dieser Schmach ein Ende setzen; er kam nach Sutri in der Nähe von Rom und berief ein Konzil ein; dieses ließ Silvester gefangensetzen, nahm Benedikts Abdankung entgegen und setzte Gregor ab, weil er zugestandenermaßen das Amt gekauft hatte. Heinrich brachte das Konzil zu der Überzeugung, daß nur ein fremder Papst, der unter dem Schutze des Kaisers stand, der Erniedrigung der Kirche ein Ende setzen könne. Der Bischof von Bamberg wurde als Clemens II. (1046–1047) gewählt, verstarb jedoch schon nach einem Jahr; auch Damasus II. (1047–1048) erlag der Malaria, die nun regelmäßig aus den nicht entwässerten Sümpfen der Campagna kam. Schließlich fand das Papsttum in Leo IX. (1049–1054) einen Mann, der seine Probleme tapfer, weise, rechtschaffen und mit einer in Rom schon längst selten gewordenen Frömmigkeit anpacken konnte.

VII. DIE KIRCHENREFORM: 1049–1054

Drei innere Probleme bewegten in dieser Zeit die Kirche: die Simonie des Papstamtes und der Bischofsämter, die Ehe oder das Konkubinat bei der Weltgeistlichkeit und die sporadische Unenthaltsamkeit bei den Mönchen.

Die Simonie – der Verkauf von Kirchenämtern oder -diensten – war das kirchliche Gegenstück zu der zeitgenössischen politischen Korruption. Fromme Leute waren eine Quelle der Simonie: die Mutter des Guibert von Nogent beispielsweise, die ihren Sprößling unbedingt der Kirche weihen wollte, zahlte den Kirchenbehörden eine Summe, damit sie den Elfjährigen zum Kanonikus an der Kathedrale machten; ein Konzil beklagte 1099 in Rom die Häufigkeit solcher Fälle. Da Bischöfe in Deutschland, England, Frankreich und Italien nicht nur geistliche, sondern auch weltliche Obliegenheiten hatten und Ländereien oder Dörfer oder gar Städte zu Lehen erhielten, um die notwendigen Einkünfte zu haben, zahlten Ehrgeizlinge an weltliche Mächte große Summen, um solche Posten zu erhalten, und habgierige Potentaten setzten sich über alle Schranken des Anstandes hinweg, um solche Bestechungsgelder zu verdienen. In Narbonne wurde ein zehnjähriger Knabe für hunderttausend Solidi zum Erzbischof gemacht (1016)[60]. Philipp I. von Frankreich tröstete einen durchgefallenen Bewerber um einen Bischofssitz mit dem munteren Rat: «Laß mich aus deinem Nebenbuhler Gewinn ziehen; dann kannst du versuchen, ob du ihn nicht wegen Simonie degradieren lassen kannst, und dann wollen wir sehen, ob wir dich nicht zufriedenstellen können[61].» Die französischen Könige, die darin einer von Karl dem Großen begründeten Tradition folgten, ernannten regelmäßig die Bischöfe von Sens, Reims, Lyon, Tours und Bourges; andere Bischofssitze in Frankreich wurden von Herzögen oder Grafen besetzt[62]. Viele Bistümer wurden im elften Jahrhundert erblicher Besitz adliger Familien, die sie dazu benutzten, um jüngeren Söhnen oder unehelichen Kindern ein Auskommen zu verschaffen; in Deutschland besaß und vergab ein einziger Feudalherr nicht weniger als acht Bischofssitze[63]. Ein deutscher Kardinal behauptet (um 1048), diese Leute, die durch Simonie in den Besitz von Ämtern und Benefizen kämen, hätten die Marmorfassaden, ja sogar die Dachziegel von Kirchen verkauft, um sich für die Kosten des Ämterkaufes schadlos zu halten[64]. Die solcherart Ernannten waren weltlich gesinnte Männer; viele führten ein Luxusleben, nahmen an Kriegen teil, ließen an bischöflichen Gerichten die Bestechlichkeit zu[65], verschafften ihren Verwandten kirchliche Posten und dienten dem Mammon in unverbrüchlicher Treue; Papst Innozenz III. pflegte von einem Erzbischof von Narbonne zu sagen, er habe da einen Geldbeutel, wo das Herz sein sollte[66]. Der Kauf von Bischofsämtern kam so sehr in Gebrauch, daß praktisch gesinnte Männer ihn als normal hinnahmen; Reformer erklärten jedoch, Simon Magus habe sich der Kirche bemächtigt[67].

Bei der Geistlichkeit im allgemeinen drehte sich das Problem um Ehe oder Konkubinat. Im neunten und zehnten Jahrhundert war die Priesterehe in England, Gallien und Norditalien allgemein in Gebrauch. Papst Hadrian II. (867–872) war selbst verheiratet gewesen[68]; Bischof Rather von Verona (zehntes Jahrhundert) berichtet, in seiner Diözese seien so gut wie alle Priester verheiratet. Zu Beginn des elften Jahrhunderts war das Zölibat bei der Weltgeistlichkeit die Ausnahme[69]. Es wäre ein Fehler, die Ehe der Geistlichen als unmoralisch anzusehen; wenn sie auch oft dem Kanon und den Idealen der Kirche widersprach, so stand sie doch in Übereinstimmung mit der öffentlichen Meinung und den sittlichen Urteilen der Zeit. In Mailand stand ein verheirateter Priester in der öffentlichen Meinung höher als ein unverheirateter[70]; den letzteren verdächtigte man des Konkubinates. Selbst das Konkubinat – das ständige Zusammenleben eines unverheirateten Mannes mit einer unverheirateten Frau – wurde von der öffentlichen Meinung geduldet. Der europäische Klerus führte in seiner großen Mehrheit offenbar ein sittlich anständiges Leben, und während des gesamten Mittelalters vernehmen wir von Priestern und Bischöfen, die sich ihrer Herde mit großer Hingabe widmeten. Hier und da gab es indessen skandalöse Ausnahmen. Im Jahre 742 beschwerte sich Bischof Bonifatius bei Papst Zacharius, daß die Bistümer an «habgierige Laien und ehebrecherische Kleriker» vergeben würden[71] und daß es Diakone gebe, die sich vier oder fünf Beischläferinnen hielten[72]; im gleichen Jahrhundert verurteilte Beda Venerabilis «einige Bischöfe» in England, weil sie «lachten, scherzten, Geschichten erzählten, schwelgten und tränken und ... ein ausschweifendes Leben führten»[73]. Gegen Ende des ersten Jahrtausends nahmen diese Klagen zu. Ralph Glaber berichtet, daß die Geistlichkeit dieser Zeit an der allgemeinen Unmoral teilhabe. Ein italienischer Mönch, Petrus Damiani (1007–1072), präsentierte dem Papst ein Buch mit dem ominösen Titel *Liber Gomorrhianus*, in welchem er mit Übertreibungen, die man von seiner Heiligkeit wohl erwarten durfte, die Lasterhaftigkeit des Klerus beschreibt; ein Kapitel galt der «Mannigfaltigkeit der Sünden wider die Natur». Damiani trat eifrig für das Verbot der Priesterehe ein.

Die Kirche hatte sich schon längst gegen die Priesterehe ausgesprochen, da ein verheirateter Priester bewußt oder unbewußt die Treue zu Weib und Kind über die Hingabe an die Sache der Kirche setze, da er um ihretwillen versucht sei, Geld oder Besitz anzuhäufen, da er versuchen würde, sein Amt oder seine Pfründe an seine Nachkommen zu übertragen; da sich in Europa eine erbliche Priesterkaste wie in Indien herausbilden könnte; und da die wirtschaftliche Macht einer solchen besitzenden Priesterschaft in ihrer Gesamtheit zu groß würde, um noch der Kontrolle durch den Papst zu unterstehen. Der Priester solle sich ganz und gar Gott, der Kirche und seinen Mitmenschen widmen; er müsse in sittlicher Hinsicht über dem Volke stehen, da er nur dann den Ruf erringen könne, der ihm das Vertrauen und die Ehrerbietung des Volkes eintragen würde. Mehrere Konzile hatten das Zölibat der Priester gefordert; eines – das zu Pavia 1018 – hatte verfügt, daß alle Kinder von Priestern der ewigen Sklaverei verfallen und vom Erbrecht ausgeschlossen sein sollten[74]. Die Priesterehe blieb jedoch bestehen.

Leo IX. mußte feststellen, daß der Stuhl Petri verarmt war, weil Kirchengüter von Geistlichen an ihre Nachkommen verschleudert worden waren, weil Lehnsherren Kirchengüter an sich gebracht hatten und weil Pilger, die Gebete, Gesuche und Gaben nach Rom brachten, unterwegs von Räubern ausgeplündert wurden. Er sorgte für den Schutz der Pilger, trieb entfremdeten Kirchenbesitz wieder ein und machte sich an die schwere Aufgabe, der Simonie und der Priesterehe Herr zu werden. Er übertrug die inneren und verwaltungstechnischen Aufgaben des Papsttums dem klugen Mönch, der später Gregor VII. werden sollte, und begab sich 1049 auf eine Rundreise in die hauptsächlichsten Städte Europas, um die Moral der Geistlichkeit und das Wirken der Kirche an Ort und Stelle zu untersuchen. Die Würde seines Auftretens, die unaufdringliche Einfachheit seiner Lebenshaltung trugen ihm sofort die Hochachtung ein, die man vor dem höchsten Kirchenamt gehabt hatte; das Laster verbarg sich bei seinem Kommen, und Gottfried von Lothringen, der Kirchen ausgeplündert und Königen gespottet hatte, zitterte unter der päpstlichen Exkommunikation, ließ sich öffentlich vor dem Altar der Kirche, die er in Verdun in Trümmer gelegt hatte, auspeitschen, machte sich an den Wiederaufbau der Kirche und beteiligte sich eigenhändig an der Arbeit. In Köln hielt Leo päpstliches Gericht und erhielt alle Ehren von einer deutschen Geistlichkeit, die stolz war, einen deutschen Papst zu haben. In Frankreich stand er einem Gerichtshof in Reims vor und leitete eine Untersuchung über die Sittlichkeit von Laien und Geistlichen, über den Verkauf von kirchlichen Ämtern, die Verschleuderung von Kirchenbesitz, die Vernachlässigung der Klosterregeln und das Aufkommen der Ketzerei ein. Jeder anwesende Bischof mußte seine Sünden bekennen. Einer nach dem anderen trug seine Selbstanklagen vor, auch Erzbischöfe. Leo tadelte sie streng, setzte einige ab, verzieh anderen, exkommunizierte vier, zitierte andere nach Rom oder erlegte ihnen eine öffentliche Bußehandlung auf. Er befahl den Geistlichen, Weib und Konkubinen von sich zu stoßen und alle Waffen abzulegen. Das Konzil von Reims dekretierte weiter, daß Bischöfe und Äbte von der Geistlichkeit und dem Volke gewählt werden müßten, verbot den Verkauf kirchlicher Ämter und untersagte es den Priestern, für die Darbringung des Abendmahls, die Pflege der Kranken oder das Begräbnis der Toten Geld zu nehmen. Ein Konzil ordnete 1049 auf Betreiben Leos gleiche Reformen für Deutschland an. 1050 kehrte er nach Italien zurück, leitete das Konzil von Vercelli und verurteilte die Häresie des Berengar von Tours.

Mit seinem langen und tatenreichen Besuch im Norden hatte Leo den Ruf des Papsttums wiederhergestellt, den deutschen Kaiser als Haupt der deutschen Kirche verdrängt, die spanischen und französischen Episkopate dazu gebracht, die Autorität des Papstes anzuerkennen, und im Kampf gegen die Käuflichkeit und Ausschweifung der Geistlichkeit einige Fortschritte erzielt. 1051 und 1052 zog er nochmals nach Deutschland und Frankreich, leitete eine große Kirchenversammlung in Worms und eine weitere in Mantua. Nach Rom zurückgekehrt, machte er sich an eine Aufgabe, die ihm gar nicht lag, nämlich die Verteidigung des Kirchenstaates mit Waffengewalt. Kaiser Heinrich III. hatte ihm das Herzogtum Benevent übertragen; Herzog Pandulf von Capua wollte die Belehnung nicht anerkennen und hatte mit Hilfe von Robert Guiscards Normannen das Herzogtum in seinen Besitz gebracht. Leo ersuchte um ein deutsches Heer, damit er Pandulf vertreiben könne; er erhielt nur 700 Mann zugeteilt; er stellte noch einige unausgebildete Italiener ein und marschierte an der Spitze dieser Truppe gegen die Normannen, deren Reiterei allein 3000 kriegsgewandte Freibeuter zählte. Die Normannen überwältigten Leos Streitkräfte, setzten ihn selbst gefangen und knieten dann nieder, ihn um Vergebung zu bitten, weil sie fünfhundert seiner Krieger erschlagen hatten. Sie verbrachten ihn nach Benevent und hielten ihn dort in aller Ehrerbietung neun Monate lang gefangen. Mit gebrochenem Herzen und reumütig, weil er zum Schwert gegriffen hatte, trug Leo lediglich ein Büßergewand, schlief auf einem Teppich auf dem Steinboden und verbrachte fast den ganzen Tag im Gebet. Die Normannen erkannten, daß er dem Tode nahe war, und setzten ihn frei. Er kehrte unter dem Jubel des Volkes nach Rom zurück, erteilte allen, die er exkommuniziert hatte, die Absolution, ließ in die Peterskirche einen Sarg stellen, verbrachte einen Tag neben ihm sitzend und starb am Altar. Die Lahmen, Tauben und Aussätzigen kamen aus allen Teilen Italiens, seinen Leichnam zu berühren.

VIII. DAS GROSSE SCHISMA DES OSTENS: 1054

Es geschah während Leos Pontifikat, daß das griechische sich endgültig vom lateinischen Christentum trennte. Während Westeuropa im neunten und zehnten Jahrhundert in Finsternis, Elend und Unwissenheit darniederlag, gelang es dem Ostreich unter den Makedonenkaisern (867–1057), einen Teil des an die Araber verlorenen Gebietes wiederzugewinnen, seine führende Stellung in Süditalien zu festigen und eine neue Blüte von Literatur und Kunst herbeizuführen. Die griechische Kirche schöpfte Kraft und Stolz aus dem wiedererstandenen Reichtum und der Macht des byzantinischen Staates, gewann Rußland, Bulgarien und Serbien der östlichen Observanz und entrüstete sich heftiger denn je über die Ansprüche eines erniedrigten und verarmten Papsttums auf die kirchliche Alleinherrschaft über die Christenheit. Den Griechen dieser Zeit erschienen die Deutschen, Franken und Angelsachsen des zeitgenössischen Westens als rohe Barbaren, als eine ungebildete und gewalttätige Laienschaft, die von einem weltlichen und korrupten Episkopat geleitet wurde. Die Zurücksetzung des byzantinischen Kaisers zugunsten des fränkischen Königs, die Aneignung des ravennatischen Exarchates, die Krönung eines rivalisierenden römischen Kaisers, das Vordringen im griechischen Italien – diese kränkenden und aufreizenden Taten der Päpste trennten das Christentum in Ost und West, nicht die unbedeutenden Verschiedenheiten des Glaubensbekenntnisses.

Im Jahre 1043 wurde Michael Kerullarios Patriarch von Konstantinopel. Er war ein

Mann von edler Abstammung, großer Kultiviertheit, scharfem Verstand und entschiedener Willenskraft. Obgleich ein Mönch, verdankte er seinen Aufstieg einer politischen und nicht einer kirchlichen Laufbahn; er hatte einen hohen Ministerposten des Reiches bekleidet und hätte das Patriarchat schwerlich übernommen, wenn es mit einer Unterwerfung unter Rom verbunden gewesen wäre. Im Jahre 1053 ließ er ein von einem griechischen Mönch verfaßtes lateinisches Traktat zirkulieren, in welchem die römische Kirche einer heftigen Kritik unterzogen wurde, weil sie entgegen dem Vorbild der Apostel und der kirchlichen Überlieferung das Zölibat der Priester durchsetzte, weil sie beim Abendmahl ungesäuertes Brot verwandte und weil sie dem Glaubensbekenntnis von Nikaia das *filioque* beigefügt hatte. Im gleichen Jahre ließ Kerullarios alle Kirchen in Konstantinopel schließen, die den Gottesdienst nach dem lateinischen Ritual abhielten, und exkommunizierte alle Geistlichen, die bei diesem Ritual blieben. Leo, der damals auf der Höhe seines Pontifikates stand, sandte an Kerullarios einen Brief, in welchem er von dem Patriarchen forderte, daß er die Obergewalt der Päpste anerkenne, und jede Kirche, die diese Anerkennung versagte, als «eine Versammlung von Häretikern, ein Konventikel von Schismatikern, eine Synagoge des Satans» brandmarkte[75]. In sanfterer Stimmung schickte Leo Legaten nach Konstantinopel, die mit dem Kaiser und dem Patriarchen die Differenzen besprechen sollten, welche die beiden Zweige des Christentums voneinander trennten. Der Kaiser bereitete den Legaten einen herzlichen Empfang, aber Kerullarios bestritt ihre Kompetenz, sich mit diesen Problemen zu befassen. Leo starb im April 1054, und der päpstliche Stuhl blieb ein Jahr lang unbesetzt. Im Juli nahmen die Legaten die Angelegenheit in ihre eigenen Hände und legten auf dem Altar der Hagia Sophia eine Bulle nieder, welche die Exkommunizierung des Kerullarios aussprach. Michael berief ein Konzil ein, das die gesamte östliche Christenheit vertrat; es sprach erneut die Beschwerden der griechischen gegen die römische Kirche aus, darunter auch diejenige gegen die Rasur des Bartes; es verurteilte in aller Form die Bulle der Legaten und «alle, die ihren Beistand zur Abfassung gegeben hatten, sei es durch ihren Ratschlag, sei es gar durch ihre Gebete»[76]. Der Bruch war damit vollständig.

IX. GREGOR VII. HILDEBRAND: 1073–1085

Es war ein großes Unglück für das Christentum, daß eine Zwischenzeit des Durcheinanders und der Schwäche das Pontifikat Leos IX. von demjenigen eines der gewaltigsten Päpste der Kirchengeschichte trennte.

Hildebrand ist ein deutscher Name und läßt auf deutsche Abstammung schließen; Gregors Zeitgenossen deuteten den Namen als *Hellbrand*, reine Flamme. Er wurde als Sohn einfacher Eltern in dem Weiler Sovano in den toskanischen Sümpfen geboren (1023?). Er erhielt seine Bildung in dem Kloster Sta. Maria auf dem Aventin in Rom und trat dem Benediktinerorden bei. Als Papst Gregor VI. abgesetzt und nach Deutschland verbannt wurde, begleitete ihn Hildebrand als Kaplan; während dieses Jahres lernte er in Köln viel von Deutschland kennen, was ihm später in seinem Kampf mit Heinrich IV. zustatten kam.

Bald nach seiner Rückkehr nach Rom ernannte ihn Leo IX. zum Kardinal-Subdiakonus, übertrug ihm die Verwaltung des Kirchenstaates und gleichzeitig das Amt eines Legaten in Frankreich; wir können aus der Tatsache, daß ein Jüngling von fünfundzwanzig Jahren einen so bemerkenswerten Aufstieg in höchste Ämter machte, auf den Ruf der politischen und diplomatischen Geschicklichkeit schließen, den er bald erworben hatte. Die Päpste Viktor II. (1055–1057) und Stephan IX. (1057–1058) behielten ihn in hohen Ämtern bei. Im Jahre 1059 wurde Nikolaus II. weitgehend durch Hildebrands Einfluß Papst, und der unentbehrliche junge Mann, der noch nicht einmal Priester war, wurde päpstlicher Kanzler.

Es war auf sein Drängen, daß Nikolaus und das Laterankonzil des Jahres 1057 ein Edikt erließen, welches die Papstwahl einem Kardinalskollegium übertrug; auf einen Schlag wollte Hildebrand damit das Papsttum von dem römischen Adel und den deutschen Kaisern befreien. Der junge Staatsmann der Kirche hatte bereits weitreichende politische Pläne gefaßt. Um das Papsttum gegen eine deutsche Beherrschung zu schützen, drückte er gegenüber den säbelraßlerischen Überfällen der Normannen in Süditalien ein Auge zu und unterstützte ihre Pläne als Gegenleistung für ihre Verpflichtung, ihm militärischen Schutz angedeihen zu lassen. 1073 wurde Hildebrand selbst Papst, nachdem er während fünfundzwanzig Jahren acht Päpsten gedient hatte. Er widersetzte sich der Wahl, da er lieber hinter dem Throne herrschen wollte; aber Kardinäle, Geistlichkeit und Volk riefen: «St. Peter will Hildebrand als Papst!» Er wurde zum Priester ordiniert, als Papst geweiht und nahm den hochgeehrten Namen Gregor an.

Er war klein von Wuchs, häßlich von Gesicht, sein Blick war durchdringend, sein Geist hochgemut, seine Willenskraft groß, seine Wahrheitsliebe grenzenlos, seine Siegesgewißheit unerschütterlich. Vier Ziele schwebten ihm vor: Leos Reform der Moral der Geistlichkeit zum Abschluß zu bringen, der Laieninvestitur ein Ende zu bereiten, ganz Europa in einer Kirche und einem Staatswesen unter Führung des Papstes zu einen und ein christliches Heer gen Osten zu führen, um den Türken das Heilige Land wieder abzuringen. Zu Beginn des Jahres 1074 schrieb er an die Grafen von Burgund und Savoyen und an Kaiser Heinrich IV. und bat sie, ihm Kapital und Truppen für einen Kreuzzug, den er selbst anführen wollte, zur Verfügung zu stellen. Die Grafen ließen sich nicht bewegen, und Heinrich war seines Thrones nicht sicher genug, um an Kreuzzüge zu denken.

Das Laterankonzil von 1059 unter Nikolaus II. und Hildebrand hatte jeden Priester exkommuniziert, der mit einer Frau oder Konkubine zusammenlebte, und hatte es den Christen verboten, an einer Messe teilzunehmen, die ein Priester las, welcher eine Frau im Hause hielt. Viele Bischöfe der Lombardei, die die Familien ihrer Priester nicht auseinandertreiben wollten, weigerten sich, diese Erlasse auszuführen, und hochstehende Geistliche der Toscana traten für die Priesterehe ein, da sie sowohl moralisch wie auch kanonisch sei. Die Gesetzgebung ließ sich nicht durchführen, und der Gedanke, daß Geistliche, die in «Sünde» lebten, die Sakramente nicht gültig verabreichen konnten, wurde von Ketzerpredigern mit solcher Begeisterung aufgenommen, daß der päpstliche Aufruf an die Gemeinden zurückgezogen wurde[77]. Als Hildebrand Papst Gregor VII. wurde (1073), packte er das Problem mit unerschütterlicher Entschlossenheit an. Eine Synode des Jahres 1074 erneuerte die Erlasse des Jahres 1059; Gregor ließ sie allen Bischöfen Europas mit dem strengen Befehl zustellen, sie zu veröffentlichen und ihnen Nachachtung zu verschaffen, und er entband alle Laien der Gehorsamspflicht gegenüber Priestern, die sie nicht befolgten. Die Reaktion war wiederum heftig. Viele Priester erklärten, sie würden eher ihren Beruf aufgeben denn ihre Frau; andere schmähten die Erlasse, da sie an die menschliche Natur unvernünftige Forderungen stellten, und sagten voraus, daß man nur die geschlechtliche Zügellosigkeit fördern würde, wenn man sie durchsetzte. Bischof Otto von Konstanz begünstigte und förderte seine verheirateten Priester ganz offenkundig. Gregor exkommunizierte ihn und entband seine Herde von der Gehorsamspflicht. 1075 ging Gregor einen Schritt weiter und befahl den Herzögen von Schwaben und Kärnten und anderen Fürsten, nötigenfalls unter Gewaltanwendung, alle Priester, die den Erlassen nicht nachgekommen waren, von der Ausübung ihrer priesterlichen Funktionen abzuhalten. Mehrere deutsche Fürsten kamen dem Befehle nach, und viele Priester, die ihre Frau nicht von sich stoßen wollten, wurden ihrer Gemeinde beraubt[78]. Gregor sollte den Sieg nicht mehr erleben; aber Urban II., Paschalis II. und Calixtus II. bestätigten seine Erlasse und sorgten für ihre Durchführung. Das Laterankonzil des Jahres 1215 unter Innozenz III. erließ eine endgültige Verurteilung, und die Priesterehe verschwand nach und nach.

Das Problem der Investitur schien einfacher zu sein als das der Priesterehe. Wenn man annahm, und darin waren Könige und Päpste sich einig, daß Christus die Kirche eingesetzt hatte, dann schien es auf der Hand zu liegen, daß ihre Bischöfe und Äbte von Männern der Kirche und nicht von Laien gewählt werden müßten, und ganz sicher war es etwas Anstößiges, wenn ein König die Bischöfe nicht nur ernannte, sondern sie (wie in Deutschland) mit dem Bischofsstab und -ring investierte – den heiligen Symbolen der geistlichen Gewalt. Den Königen war aber eine entgegengesetzte Schlußfolgerung nicht minder offenkundig gegeben. Wenn man zugab, wie die meisten deutschen Bischöfe und Äbte getan hätten, daß sie von den Königen mit Ländereien, Einnahmequellen und weltlichen Verantwortlichkeiten ausgestattet worden waren, dann schien es nur recht und billig, wenn diese Prälaten – zumindest die Bischöfe – nach dem Feudalrecht ihre Ernennung und weltliche Lehnstreue dem König schuldeten, was sie unter Konstantin und Karl dem Großen auch ohne jede Widerrede getan hatten. Falls sie aus dieser Unterordnung und Treupflicht entlassen wurden, dann wäre der halbe Grundbesitz Deutschlands – der inzwischen an Bistümer und Klöster zu Lehen gegeben worden war[79] – der staatlichen Kontrolle entzogen, womit auch ihre geschuldeten und gewohnten Dienstleistungen hinfällig geworden wären. Die deutschen und viele lombardische Bischöfe deutscher Abstammung und Ernennung hatten den Verdacht, daß Gregor ihrer verhältnismäßigen kirchlichen Autonomie ein Ende zu bereiten und sie völlig dem päpstlichen Stuhle in Rom zu unterwerfen suchte. Es lag in Gregors Willen, daß die Bischöfe ihre lehnsrechtlichen Verpflichtungen dem Könige gegenüber beibehielten[80], aber es lag nicht in seinem Willen, daß sie die Ländereien, die sie vom König zu Lehen erhalten hatten, zurückerstatteten[81]; nach kirchlichem Recht war Kirchenbesitz nicht übertragbar. Gregors Klage war, daß die Ernennung geistlicher Würdenträger durch Laien die größte Schuld an der Simonie, Weltlichkeit und Unmoral, die im deutschen und französischen Episkopat hochgekommen waren, trage. Er gewann den Eindruck, daß die Bischöfe unter die päpstliche Autorität gestellt werden müßten, da sonst die Westkirche ein ebenso willfähriges Anhängsel des Staates werden würde wie die Ostkirche.

Hinter diesem historischen Konflikt lag das große Problem des Gegensatzes von Papsttum und Reich: wer sollte Europa einigen und regieren? Die deutschen Kaiser behaupteten, auch ihre Macht sei göttlich, da sie für die Gesellschaftsordnung notwendig sei; hatte nicht Paulus die Gottgewolltheit der weltlichen Macht unterstrichen? Waren die Kaiser denn nicht, wie die Päpste selbst erklärt hatten, die Erben des Römischen Reiches? Sie vertraten die Freiheit des Teiles, wie Gregor die Einheit und Ordnung des Ganzen vertrat. Insgeheim empörten sie sich – schon so lange vor der Reformation – darüber, daß viel Gold in Form von Gebühren und Peterspfennigen von Deutschland nach Italien floß[82]; und sie sahen in der päpstlichen Politik das Streben des lateinischen Rom, wie in antiker Zeit den barbarischen teutonischen Norden, wie die Italiener sich verächtlich ausdrückten, unter seine Gewalt zu bekommen. Sie gaben ohne weiteres die Vorherrschaft der Kirche in geistlichen Dingen zu, beanspruchten aber die gleiche Vorherrschaft des Staates in zeitlichen oder irdischen Angelegenheiten. Gregor sah darin einen ungeordneten Dualismus; geistige Erwägungen mußten nach seiner Ansicht über materiellen Belangen stehen, so wie die Sonne über dem Mond steht[83]; der Staat sollte der Kirche untergeordnet sein – der Menschenstaat dem Gottesstaat – in allen Dingen, die mit der Lehre, mit Erziehung, Moral, Gerechtigkeit oder mit der kirchlichen Organisation zu tun hatten. Hatten nicht die Könige des Frankenreiches und die Kaiser des Heiligen Römischen Reiches dadurch, daß sie sich vom Erzbischof oder Papst salben oder weihen ließen, anerkannt, daß die geistige Macht die Quelle und Beherrscherin der weltlichen Macht ist? Der Kirche als göttlicher Einrichtung komme die universelle Befehlsgewalt zu; der Papst habe als Stellvertreter Gottes das Recht und die Pflicht, schlechte Könige abzusetzen und die Wahl von Herrschern, sei sie durch Menschen oder durch die Umstände erfolgt, zu bestätigen oder zu verwerfen[84]. «Wer weiß denn nicht», fragt Gregor in einem leidenschaftlichen Sendschreiben an Bischof Hermann von Metz, «daß Könige und Fürsten ihren Ausgang nahmen von Männern, die sich gottlos mit Hochmut, Gewalttätigkeit und Verräterei, ja mit fast jedem Verbrechen bedeckten ... und sich anmaßten über ihresgleichen – also Menschen – in blindem Streben und unerträglicher Anmaßung zu herrschen?[85]» Wenn er sich die politische Zerrissenheit, das Chaos und die Kriege Europas vor Augen hielt, dann schien es Gregor, die einzige Rettung aus diesem uralten Elend sei eine Weltordnung, bei der diese Staaten ein wenig von ihrer eifersüchtig gehüteten Souveränität abgeben und den Papst als ihren Lehnsobersten, das erhabene Haupt einer universellen oder doch zumindest europäischen christlichen Republik anerkennen würden.

Der erste Schritt auf dieses Ziel zu war die Befreiung des Papsttums von der deutschen Vorherrschaft. Der zweite Schritt bestand darin, alle Bischöfe unter die Botmäßigkeit des päpstlichen Stuhles zu bringen, wenigstens insoweit, als die Bischöfe von Geistlichkeit und Volk der Diözese und unter Aufsicht eines vom Papste oder Metropoliten bestimmten Bischofs gewählt werden sollten und die Wahl erst durch die Bestätigung durch den Papst oder den Erzbischof Gültigkeit erhielt[86]. Gregor begann mit einem Brief an den Bischof von Châlons (1073), in welchem er drohte, er werde König Philipp August von Frankreich wegen des Verkaufs von Bistümern exkommunizieren. 1074 sandte er ein allgemeines Rundschreiben an die französischen Bischöfe und rief sie auf, dem König seine Verbrechen vorzuhalten und jede religiöse Betätigung einzustellen, falls der König sich nicht bessern wolle[87]. Die Laieninvestitur nahm in Frankreich trotzdem ihren Fortgang, aber die französischen Bischöfe gingen mit Vorsicht zu Werk und überließen es den Deutschen, den Kampf auszutragen.

Im Februar 1075 verkündete eine Synode italienischer Bischöfe, die in Rom unter dem Vorsitz Gregors tagte, Erlasse gegen die Simonie, die Priesterehe und die Laieninvestitur. Mit seltsamer Überstürzung exkommunizierte Gregor augenblicklich fünf Bischöfe, die Ratgeber Heinrichs IV. waren, wegen Simonie, stellte die Bischöfe von Pavia und Turin im Amte ein, setzte den Bischof von Piacenza ab und befahl dem Bischof Hermann von Bamberg, nach Rom zu kommen und sich gegen die Anschuldigung der Simonie zu verteidigen. Als Hermann das päpstliche Tribunal zu bestechen versuchte, verfügte Gregor ohne weiteres seine Absetzung. Hierauf bat er Heinrich höflich, ihm einen geeigneten Nachfolger für den Bamberger Bischofsstuhl zu nennen; Heinrich nannte nicht nur einen Günstling des Hofes, sondern investierte ihn mit Ring und Stab, ohne die Zustimmung des Papstes abzuwarten – ein Vorgehen, das mit dem bislang geübten Brauch in Einklang stand, aber sich ganz offen gegen den Erlaß der römischen Synode richtete. Wie um noch deutlicher werden zu lassen, daß er Gregors Forderungen zurückweise, ernannte Heinrich Bischöfe in Mailand, Fermo und Spoleto – fast unter der Nase des Papstes – und bewahrte den exkommunizierten Ratgebern seine Gunst.

Im Dezember 1075 sandte Gregor einen tadelnden Brief an Heinrich und trug den Boten auf, mündlich eine Erklärung abzugeben, die den König mit dem Kirchenbann bedrohte, falls er fortfahre, die Erlasse der römischen Synode zu mißachten. Heinrich berief ein Konzil deutscher Bischöfe nach Worms (24. Januar 1076); vierundzwanzig Bischöfe nahmen teil, andere hielten sich fern. Vor dieser Versammlung klagte Hugo, ein römischer Kardinal, Gregor der Ausschweifung, Grausamkeit und Hexerei an und behauptete, er sei durch Bestechung und Gewalttätigkeit Papst geworden; er erinnerte die Bischöfe daran, daß der jahrhundertealte Brauch bei der Papstwahl die Zustimmung des deutschen Kaisers erfordere – und Gregor habe sie nicht eingeholt. Der Kaiser, durch die kurz zuvor erfolgte Niederwerfung eines sächsischen Aufstandes kühn gemacht, schlug die Absetzung des Papstes vor; alle anwesenden Bischöfe unterzeichneten den Erlaß; ein Konzil lombardischer Bischöfe in Piacenza billigte ihn, und Heinrich sandte ihn mit einer auserlesenen Überschrift an Gregor: «Heinrich, König nicht durch Usurpation, sondern auf Gottes Anweisung, an Hildebrand, nicht Papst, sondern falscher Mönch[88].» Die Botschaft wurde Gregor auf einer Synode in Rom überreicht (21. Februar 1076); die dort anwesenden 110 Bischöfe, die alle aus Italien und Gallien gekommen waren, wollten den Boten erschlagen, aber Gregor nahm ihn in seinen Schutz. Die Synode exkommunizierte die Bischöfe, die das Wormser Dekret unterzeichnet hatten, und der Papst sprach gegen den Kaiser einen dreifachen Richtspruch der Acht, des Bannes und der Absetzung aus und entband Heinrichs Untertanen vom Treueid (22. Februar 1076). Heinrich ließ daraufhin den Bischof von Utrecht von der Kanzel der Kathedrale aus den Bann gegen Gregor – «den verfluchten

Mönch» aussprechen. Ganz Europa war entsetzt, daß der Papst einen Kaiser absetzte, und noch mehr, daß ein Kaiser einen Papst absetzte und ein Bischof den Papst verfluchte. Das religiöse Gefühl erwies sich als stärker denn das nationale, und das Volk wandte sich rasch vom Kaiser ab; Sachsen erhob sich erneut, und als Heinrich die Bischöfe und Adligen seines Reiches zu Konzilen nach Worms und Mainz berief, da blieb sein Ruf fast allgemein unbeachtet. Der deutsche Adel sah vielmehr die Gelegenheit gekommen, seine Lehnsmacht gegenüber dem König zu stärken, trat in Trebur zusammen (16. Oktober 1076), stimmte dem Bannfluch gegen den Kaiser zu und erklärte, falls der Kaiser nicht bis zum 1. Februar 1077 vom Papst die Absolution erhalten habe, werde ein Nachfolger gewählt werden. Zwischen den Adligen und den päpstlichen Legaten wurde in Trebur vereinbart, daß am 2. Februar 1077 in Augsburg ein Reichstag unter dem Vorsitz des Papstes stattfinden solle, der die Angelegenheiten von Kirche und Staat zu regeln hätte.

Heinrich zog sich nach Speyer zurück, geschlagen und fast von allen im Stich gelassen. Da er glaubte, daß der beabsichtigte Reichstag seine Entlassung bestätigen würde, sandte er eine Botschaft an den Papst, daß er nach Rom kommen und um die Absolution bitten werde. Gregor entgegnete, er werde in Bälde nach Augsburg aufbrechen und könne daher Heinrich nicht in Rom empfangen. Auf der Reise nach Norden wurde der Papst in Mantua von seiner Freundin und Anhängerin Mathilde, der Gräfin von Tuszien, zu Gast geladen. Dort erfuhr er, daß Heinrich italienischen Boden betreten habe. Da er befürchtete, der König werde mit Hilfe der papstfeindlichen Bevölkerung der Lombardei ein Heer aufstellen, flüchtete er in Mathildes Burg Canossa, hoch in den Apenninen bei Reggio Emilia. Dorthin kam Heinrich, wie Gregors Bericht an die deutschen Fürsten besagt, am 25. Januar, auf der Höhe eines der strengsten Winter, deren sich Italien entsinnen konnte,

> endlich aus eigenem Antrieb ... mit wenigen Begleitern ... Dort harrte er drei Tage lang vor dem Tore der Burg, alles königlichen Schmuckes entledigt, in kläglichem Aufzuge, nämlich unbeschuht und in wollenem Gewande, aus. Er ließ nicht eher ab, unter vielen Tränen der apostolischen Erbarmung Hilfe und Trost anzuflehen, bis er alle, die dort anwesend waren ... zu solcher Milde und mitleidsvoller Erbarmung bewog, daß sie für ihn mit vielen Bitten und Tränen eintraten ... Und endlich lösten wir ihn von der Fessel des Bannes und nahmen ihn wieder auf in die Gnade der Gemeinschaft und den Schoß der heiligen Mutter Kirche.[89]

Daß Gregor so lange zögerte, war nicht Verhärtung. Er hatte die Vereinbarung getroffen, daß er keinen Frieden mit Heinrich schließen werde, ohne zuvor die deutschen Fürsten zu konsultieren, und es war ihm klar, daß ein zweiter Bannfluch gegen Heinrich, wenn dieser Vergebung erhalten und sich wieder auflehnen würde, an Wirksamkeit einbüßen und weniger Unterstützung von seiten des Adels finden würde; andererseits hätte die Christenheit es schwerlich verstanden, wenn der Stellvertreter Christi einem so demütigen Büßer die Vergebung versagt hätte. Das Ereignis war ein geistiger Triumph für Gregor, aber ein feiner diplomatischer Sieg für Heinrich, der nun ohne weiteres wieder in den Besitz seines Thrones kam. Gregor kehrte nach Rom zurück und widmete sich in den folgenden zwei Jahren der kirchlichen Gesetzgebung, die hauptsächlich darauf abzielte, die priesterliche Ehelosigkeit durchzusetzen. Die deutschen Fürsten riefen jedoch Rudolf von Schwaben zum König von Deutschland aus (1077), und Heinrichs Strategie schien Schiffbruch erlitten zu haben. Aber nun, da er sich vom päpstlichen Bannfluch befreit hatte, fand er neue Sympathie bei einem Volke, das den Adel nicht allzu innig liebte; ein neues Heer wurde zu seiner Verteidigung aufgestellt, und zwei Jahre lang verwüsteten die rivalisierenden Könige Deutschland im Bürgerkrieg. Gregor gewährte nach langem Schwanken Rudolf seine Unterstützung und bot allen, die sich unter Rudolfs Fahne sammeln würden, den Erlaß ihrer Sünden (März 1080)[90].

Heinrich handelte genau so wie das erstemal. Er berief ein Konzil ihm günstig gesinnter Adliger und Bischöfe nach Mainz; das Konzil verfügte die Absetzung Gregors; ein Konzil von Bischöfen aus Deutschland und Norditalien bestätigte in Brixen die Verfügung, rief Erzbischof Guibert von Ravenna zum Papst aus und beauftragte Heinrich mit der Durchführung dieser Erlasse. Die feindlichen Heere stießen an den Ufern der Saale in Sachsen zusammen (15. Oktober 1080); Heinrich wurde geschlagen, aber Rudolf fiel in der Schlacht. Während die aufständischen Adligen sich über die Nachfolgerschaft Rudolfs stritten, drang Heinrich in Italien ein, zog, ohne Widerstand zu finden, durch die Lombardei, stellte unterwegs ein zweites Heer auf und ging an die Belagerung Roms. Gregor rief Robert Guiscard zu Hilfe, aber Robert war weit weg. Der Papst appellierte an Wilhelm I., dessen Eroberung Englands er sanktioniert und unterstützt hatte, aber Wilhelm war sich nicht gewiß, ob es wirklich so wünschenswert sei, daß Heinrich in dieser königlichen Streitfrage der Verlierer werde. Das Volk von Rom verteidigte den Pontifex tapfer, aber Heinrich nahm einen Großteil der Stadt ein, darunter auch die Peterskirche, und Gregor floh in die Engelsburg. Eine Synode im Lateranpalast setzte auf Heinrichs Befehl den Papst ab und exkommunizierte ihn und weihte Guibert als Papst Clemens III. (24. März 1084); in der folgenden Woche krönte Clemens Heinrich zum Kaiser. Ein Jahr lang war Heinrich Herr von Rom.

Aber im Jahre 1085 marschierte Robert Guiscard, der einen Feldzug gegen Byzanz aufgab, an der Spitze von 36 000 Mann gegen Rom. Heinrich besaß kein Heer, das dieser Streitmacht hätte widerstehen können; er floh nach Deutschland, Robert drang in die Hauptstadt ein, setzte Gregor frei, plünderte die Stadt, legte sie halb in Trümmer und nahm Gregor mit nach Monte Cassino; die Römer waren so wütend auf die Normannen, daß der Papst, ihr Verbündeter, in der Stadt nicht mehr in Sicherheit war. Clemens kehrte als anscheinender Papst nach Rom zurück. Gregor ging nach Salerno, hielt eine neue Synode ab, richtete erneut den Bann gegen Heinrich und brach dann an Körper und Geist zusammen. «Ich habe die Rechtlichkeit geliebt und die Ungerechtigkeit gehaßt. Darum sterbe ich im Exil», erklärte er. Er war erst zweiundsechzig Jahre alt, aber die nervliche Belastung dieser erbitterten Kontroversen hatte ihn erschöpft, und die Niederlage, die ihm anscheinend durch den Mann beigefügt wurde, dem er in Canossa vergeben hatte, nahm ihm den Lebenswillen. In Salerno gab er am 25. Mai 1085 seinen Geist auf.

Vielleicht hatte er die Rechtlichkeit allzu gebieterisch geliebt und die Ungerechtigkeit zu leidenschaftlich gehaßt; es bleibt dem Philosophen vorbehalten, ist aber dem Mann der Tat nicht gestattet, in der Lage des Gegners Elemente der Rechtmäßigkeit zu sehen. Innozenz III. war es vorbehalten, ein Jahrhundert später einen großen Teil von Gregors Traum einer unter dem Stellvertreter Christi geeinten Welt in die Wirklichkeit umzusetzen; er trug seinen Sieg aber in gemäßigterem Geist und mit geschickterer Diplomatie davon. Und doch war der Sieg des Innozenz erst möglich durch Gregors Niederlage. Hildebrand hatte höher hinausgewollt, als es ihm beschieden gewesen war, aber er hatte ein Jahrzehnt lang dem Papsttum eine Höhe und Macht gegeben, die es noch nie gekannt hatte. Sein kompromißloser Kampf gegen die Priesterehe hatte Erfolg und führte dazu, daß seine Nachfolger eine Geistlichkeit erhielten, deren unverbrüchliche Treue der Kirche einen unermeßlichen Kraftzuwachs brachte. Sein Feldzug gegen die Simonie und die Laieninvestitur sollte erst spät vom Sieg gekrönt werden, aber letzten Endes setzte sich doch sein Standpunkt durch, und die Bischöfe der Kirche sollten die willigen Diener des Papsttums werden. Durch den Einsatz päpstlicher Legaten wurde die Macht des Papstes bis in jede Gemeinde des Christentums getragen. Durch seine Initiative war die Papstwahl nun von jeder königlichen Bevormundung frei. Bald sollte sie der Kirche zu einer erstaunlichen Reihe starker Männer verhelfen, und zehn Jahre nach Gregors Tod sollten die Könige und Adligen der Welt Urban II. als das Haupt Europas anerkennen in jener Synthese von Christentum, Lehnswesen, Ritterwesen und Imperialismus, die wir mit dem Namen Kreuzzug bezeichnen.

FÜNFTES KAPITEL

Lehnswesen und Rittertum

[600–1200]

I. DIE ANFÄNGE DES LEHNSWESENS

In den sechs Jahrhunderten nach Justinians Tod führte ein bemerkenswertes Zusammenwirken verschiedener Umstände im europäischen Westen allmählich zu einer grundlegenden Umgestaltung des Wirtschaftslebens.

Gewisse bereits genannte Vorbedingungen trafen zusammen und führten zum Lehnswesen. Als die italienischen und gallischen Städte während der Germaneneinbrüche keine Sicherheit mehr boten, zogen Adlige auf ihre Landsitze und umgaben sich mit von ihnen abhängigen Bauern, sogenannten Klientenfamilien, und militärischem Hilfspersonal. Klöster, deren Mönche den Boden bebauten und Handwerke betrieben, beschleunigten die zentrifugale Bewegung in der Richtung auf halbisolierte ländliche Wirtschaftseinheiten. Die von Kriegen beschädigten, infolge der Armut vernachlässigten und von Räubern gefährdeten Straßen vermochten nicht mehr einem angemessenen Handelsverkehr zu dienen. Die Staatseinkünfte wurden immer schmäler, da der Handel schrumpfte und das Gewerbe zerfiel; verarmte Staatsregierungen vermochten Leben, Besitz und Handel nicht mehr gehörig zu schützen. Die Behinderung des Verkehrs zwang die Landgüter zur wirtschaftlichen Selbstgenügsamkeit; viele früher in den Städten hergestellte Waren wurden vom dritten Jahrhundert an auf den großen Gütern erzeugt. Im fünften Jahrhundert zeigen uns die Briefe des Sidonius Apollinaris Grundbesitzer auf geräumigen Gutshöfen, die von einer halb leibeigenen Pächterschaft bewirtschaftet wurden; sie bilden bereits einen Lehnsadel mit eigener Gerichtsbarkeit[1] und eigenen Soldaten[2]; der Unterschied gegenüber den späteren Lehnsherren besteht in der Hauptsache darin, daß dieser frühe Lehnsadel noch zu lesen versteht.

Die gleichen Wirkkräfte, die zwischen dem dritten und sechsten Jahrhundert den Weg zum Lehnswesen ebneten, führten zwischen dem sechsten und dem neunten Jahrhundert zu dessen Ausbildung. Merowinger- und Karolingerkönige bezahlten ihre Feldherren und Staatsleute mit Belehnungen; im neunten Jahrhundert wurden diese Lehen infolge der Schwäche der Karolingerkönige zum erblichen und mehr oder weniger unabhängigen Besitz. Die Sarazenen-, Normannen- und Magyareneinfälle im achten, neunten und zehnten Jahrhundert erneuerten und festigten die Auswirkungen der Germaneninvasionen früherer Jahrhunderte: der Staat vermochte keinen Schutz mehr zu gewähren, der örtliche Grundherr oder Bischof sorgte für eine örtlich begrenzte Ordnung und Verteidigung und stand schließlich im Besitz einer eigenen Streitmacht und Gerichtsbarkeit. Da die Eindringlinge oft beritten waren, entstand eine große Nachfrage nach Verteidigern, die sich ein Pferd leisten konnten; die Reiterei wurde wichtiger als das Fußvolk, und gerade so, wie im antiken Rom ein Stand der *equites* – Ritter – zwischen den Patriziern und der Plebs hochgekommen war, so wuchs in Frankreich, im normannischen England und im christlichen Spanien zwischen dem Herzog oder dem Baron und der Bauernschaft ein Stand von Berittenen heran. Das Volk hatte gegen diese Entwicklungen nichts einzuwenden; in einer Atmosphäre der Angst und des Schreckens, da jederzeit ein Überfall erfolgen konnte, verlangte es eine militärische Organisation; man baute die Häuser so nahe wie möglich an die Burg des Lehnsherrn oder an das befestigte Kloster und leistete dem Lehnsherrn bereitwillig Treueid und Lehnsdienste; wir müssen uns die Schrecken der Zeit vor Augen halten, um die Unterwerfung zu verstehen. Freie, die sich nicht mehr selbst zu verteidigen vermochten, boten einem Starken ihr Land oder ihre Arbeitskraft im Austausch gegen Schutz und Lebensunterhalt an; in solchen Fällen von *commendatio* wies der Lehnsherr «seinem Mann» gewöhnlich ein Grundstück als *precarium* an, in einer Pacht, die der Geber jederzeit widerrufen konnte; diese lockere Belehnung wurde zur allgemeinen Art des Landbesitzes von Leibeigenen. Das Lehnswesen bedeutete die wirtschaftliche Unterwerfung und militärische Untertanenpflicht gegenüber einem Überlegenen im Austausch gegen wirtschaftliche Organisierung und militärischen Schutz.

Es gibt keine genaue Definition des Lehnswesens, da es je nach Ort und Zeit unzählige Abarten gibt. Seine Anfänge nahm es in Italien und Deutschland, seine kennzeichnendste Ausbildung erfuhr es aber in Frankreich. In Britannien hat es vielleicht mit der Versklavung der Briten durch die erobernden Angelsachsen angefangen[3], größtenteils war es dort aber ein aus der Normandie importiertes gallisches Erzeugnis. Es kam niemals zur vollen Ausgestaltung in Norditalien und im christlichen Spanien, und im Oströmischen Reiche erlangten die Großgrundbesitzer nie eine militärische oder richterliche Unabhängigkeit, und es bildete sich dort auch nie die lehnsherrliche Stufenfolge aus, die für das Lehnswesen des Westens wesentlich zu sein scheint. In weiten Gebieten Europas blieb die Bauernschaft vom Lehnswesen unberührt: die Hirten und Bauern des Balkans, Ostitaliens, Spaniens; die Weinbauern Westdeutschlands und Südfrankreichs; die zähen Bauern Schwedens und Norwegens; die germanischen Siedlerpioniere östlich der Elbe; die Bergvölker der Karpathen, der Alpen, der Apenninen und der Pyrenäen. Es war kaum zu erwarten, daß ein in Bodengestalt und Klima so verschiedenartiger Erdteil eine einheitliche Wirtschaftsform entwickeln würde. Selbst innerhalb des Lehnswesens zeigen sich von Volk zu Volk, von Gut zu Gut, von Zeit zu Zeit unterschiedliche vertragliche und soziale Verhältnisse. Unsere Darstellung wird sich hauptsächlich auf das Frankreich und England des elften und zwölften Jahrhunderts erstrecken.

II. DER AUFBAU DES LEHNSWESENS

1. DER SKLAVE

In diesen Ländern und zu dieser Zeit bestand die Gesellschaft aus Freien, Leibeigenen und Sklaven. Zu den Freien zählten die Adligen, die Geistlichen, die Berufssoldaten, die Angehörigen der freien Berufe, die meisten Kaufleute und Handwerker und Bauern, denen ihr Grundstück gehörte, ohne daß sie eine größere oder überhaupt eine Verpflichtung gegenüber einem Lehnsherrn gehabt hätten, oder die den Boden gegen Barzins von dem Herrn gepachtet hatten. Diese Freibauern machten im elften Jahrhundert etwa vier vom Hundert der ländlichen Gesamtbevölkerung Englands aus; in Westdeutschland, Norditalien und Südfrankreich waren sie zahlreicher vertreten; in Westeuropa bildeten sie wahrscheinlich ein Viertel der bäuerlichen Gesamtbevölkerung[4].

Die Sklaverei nahm im gleichen Umfang ab, wie die Leibeigenschaft zunahm. Im England des zwölften Jahrhunderts fanden sich Sklaven hauptsächlich im Hausdienst; in Frankreich nördlich der Loire war die Sklaverei kaum vorhanden; in Deutschland nahm sie im zehnten Jahrhundert zu, als man keine Bedenken hatte, heidnische Slawen gefangenzunehmen, um sie zu Handarbeiten auf deutschen Gütern zu verwenden oder in muselmanische oder byzantinische Länder zu verkaufen. Umgekehrt waren slawische Sklavenhändler an den Küsten des Schwarzen Meeres, Westasiens oder Nordafrikas unterwegs, um Muselmanen und Griechen einzufangen, die sie dann als Knechte, Hausbedienstete, Eunuchen, Konkubinen oder Prostituierte an Muselmanen oder Christen verkauften[5]. Besonders in Italien blühte der Sklavenhandel, wahrscheinlich wegen der Nähe muselmanischer Länder, die man mit gutem Gewissen heimsuchen konnte; das schien weiter nichts als eine gerechte Rache für die Sarazenenüberfälle.

Eine Einrichtung, die während der gesamten bekannten geschichtlichen Zeit bestanden hatte, schien selbst aufrichtigen Moralisten unvermeidlich und ewig zu sein. Papst Gregor I. setzte zwar zwei Sklaven frei und sprach dazu bewundernswerte Worte über die natürliche Freiheit aller Menschen[6]; er setzte aber weiterhin Hunderte von Sklaven auf den päpstlichen Gütern ein[7] und stimmte Gesetzen zu, die den Sklaven verboten, Geistliche zu werden oder freie Christen zu heiraten[8]. Die Kirche wandte sich gegen den Verkauf christlicher Kriegsgefangener an Muselmanen, gestattete aber die Versklavung von Muselmanen oder von Europäern, die noch nicht zum christlichen Glauben übergetreten waren. Tausende von gefangenen Slawen und Sarazenen wurden als Sklaven an Klöster verteilt, und die Sklaverei dauerte auf Kirchenländereien und päpstlichen Gütern bis ins elfte Jahrhundert an[9]. Das kanonische Recht schätzte den Wert von Kirchengütern manchmal nach Sklaven und nicht in Geldeswert ein; wie das weltliche Recht betrachtete es den Sklaven als ein Stück Vieh; es verbot den Sklaven in Kirchenbesitz, Testamente zu machen, und ordnete an, daß jedes *peculium*, das heißt alle Ersparnisse, die bei ihrem Tode in ihrem Besitz befunden wurden, der Kirche zufielen[10]. Der Erzbischof von Narbonne vermachte 1149 in seinem Testament seine Sarazenensklaven dem Bischof von Béziers[11]. Der hl. Thomas von Aquin deutete die Sklaverei als Folge des Sündenfalls; nach seiner Ansicht war sie in einer Welt zweckdienlich, in der die einen schaffen müssen, damit die anderen zu ihrer Verteidigung frei sein können[12]. Solche Ansichten lagen in der aristotelischen Tradition und standen im Einklang mit dem Zeitgeist. Die Bestimmung der Kirche, daß Kirchenbesitz nur zu seinem vollen Marktwert veräußert werden durfte[13], gereichte den Sklaven und Leibeigenen zum Unglück; die Freilassung bereitete auf Kirchengütern manchmal größere Schwierigkeiten als auf weltlichen Besitztümern[14]. Trotzdem schränkte die Kirche den Sklavenhandel nach und nach ein, da sie die Versklavung von Christen zu einer Zeit verbot, da das Christentum sich rasch ausbreitete.

Der Rückgang der Sklaverei war nicht einem sittlichen Fortschritt, sondern wirtschaftlichen Veränderungen zu verdanken. Die Produktion unter direktem physischem Zwang zeigte sich weniger einträglich und bequem als die Produktion unter dem Wirken des Erwerbstriebes. Die Leibeigenschaft dauerte an, und das Wort *servus* wurde unterschiedslos auf Leibeigene und Sklaven angewandt; mit der Zeit wurde es jedoch zum Worte *serf* (Leibeigener), wie *villein* zu *villain* wurde, und das Wort *Slave* wurde zum Wort *Sklave*. Es war der Leibeigene und nicht der Sklave, welcher der mittelalterlichen Welt das tägliche Brot verschaffte.

2. DER LEIBEIGENE

Im typischen Falle bebaute der Leibeigene ein Landstück, das dem Lehnsherrn gehörte, welcher ihm eine lebenslängliche Pacht und militärischen Schutz gewährte, solange er von dem Leibeigenen einen jährlichen Zins in Produkten, Arbeitskraft oder Geld erhielt. Der Herr konnte ihn nach Belieben aus der Pacht entlassen[15]; bei seinem Tode ging das Land nur dann an seine Kinder über, wenn der Gutsherr einwilligte und damit zufrieden war. In Frankreich konnte der Leibeigene unabhängig von seiner Scholle um etwa vierzig Schilling (400 Dollar?) verkauft werden; manchmal wurde er (d. h. seine Arbeitskraft) von seinem Besitzer zwei verschiedenen Personen zugleich käuflich überlassen. In Frankreich konnte der Leibeigene den Pachtvertrag aufkünden, indem er dem Seigneur das Land und seine ganze Habe auslieferte. In England war er an die Scholle gebunden, und flüchtige mittelalterliche Leibeigene wurden nicht minder eifrig wieder eingefangen wie flüchtige moderne Sklaven.

Die Abgaben, die der Leibeigene dem Gutsbesitzer zu entrichten hatte, waren groß an Zahl und mannigfaltig; es gehörte schon einige Intelligenz dazu, nur um sie im Kopf zu behalten. 1. Er zahlte jährlich drei Abgaben in Bargeld: a) eine kleine Kopfsteuer, die durch Vermittlung des Gutsherrn an den Staat ging; b) einen kleinen Zins *(cens)*; c) eine willkürlich festgelegte Abgabe *(taille)*, die von dem Herrn einmal im Jahr oder öfter erhoben wurde. 2. Jedes Jahr lieferte er dem Herrn einen Anteil – gewöhnlich ein *dîme*, einen Zehnten – seiner Ernte und seines lebenden Inventars ab. 3. Er schuldete seinem Herrn viele Tage unbezahlten Frondienstes *(corvée)*; das war ein Erbstück aus älteren Wirtschaftsformen, bei denen Arbeiten wie das Roden von Wäldern, das Trockenlegen von Sümpfen, das Graben von Kanälen, das Aufwerfen von Deichen von den Bauern gemeinsam als eine Verpflichtung gegenüber der Gemeinde oder dem König ausgeführt wurden. Es gab Herren, die während des größeren Teiles des Jahres jede Woche drei Tage, während der Pflüge- und Erntezeit vier oder fünf Tage für sich beanspruchten; in Notfällen konnte er zusätzliche Arbeitstage, die nur mit Mahlzeiten bezahlt wurden, fordern. Diese Verpflichtung zur Fronarbeit bestand in jedem Haushalt nur für eine männliche Person. 4. Wenn der Leibeigene Mehl mahlte, Brot buk, Bier braute oder Trauben kelterte, so war er verpflichtet, die Mühle, den Backofen, die Kufe und die Presse seines Herrn zu verwenden und jedesmal eine kleine Gebühr dafür zu entrichten. 5. Er zahlte eine Abgabe für das Recht, auf dem Gutsbezirk des Herrn zu fischen, zu jagen oder sein Vieh zu weiden. 6. Seine Prozesse führte er vor dem Gericht seines Herrn, wofür er je nach der

Schwere des Falles eine größere oder kleinere Gebühr zu bezahlen hatte. 7. Er konnte jederzeit zum Kriegsdienst im Regiment seines Herrn aufgeboten werden. 8. Fiel der Herr in Gefangenschaft, so mußte der Leibeigene sein Scherflein an das Lösegeld beitragen. 9. Er war auch gehalten, ein wertvolles Geschenk darzubringen, wenn der Sohn des Herrn zum Ritter geschlagen wurde. 10. Er führte an den Herrn eine Steuer ab für alle Erzeugnisse, die er zum Verkauf auf den Markt oder die Messe brachte. 11. Seinen Wein oder sein Bier durfte er erst verkaufen, wenn eine Vorverkaufsfrist von zwei Wochen für die Erzeugnisse des Herrn verstrichen war. 12. In vielen Fällen war der Leibeigene verpflichtet, seinem Herrn jedes Jahr ein vorgeschriebenes Quantum Wein abzukaufen; erfolgte der Kauf nicht zeitig genug, dann sah das Gewohnheitsrecht eines Rittergutes folgende Maßnahme vor: «Der Herr soll ein Maß von vier Gallonen über dem Dach des Mannes ausgießen; rinnt der Wein herab, so muß der Pächter ihn bezahlen; rinnt er herauf, dann braucht er nichts zu zahlen[16].» 13. Er zahlte eine Buße, wenn er seinem Sohn eine höhere Bildung angedeihen ließ oder wenn er ihn der Kirche übergab, denn dadurch ging dem Rittergut eine Arbeitskraft verloren. 14. Er zahlte eine Steuer und mußte die Zustimmung des Herrn einholen, wenn seine Kinder jemanden heirateten, der nicht dem Gut angehörte, denn dann gingen dem Herrn Nachkommen verloren; auf vielen Gutshöfen wurde überhaupt für jede Eheschließung die Einwilligung und eine Gebühr gefordert. 15. In vereinzelten Fällen[17] hören wir von einem *ius primae noctis* oder einem *droit du seigneur*, demzufolge dem Herrn das «Recht der ersten Nacht» mit der Braut zustand; fast stets war es dem Leibeigenen jedoch gestattet, seine junge Frau «loszukaufen», indem er an den Herrn eine Zahlung leistete[18]; in dieser Form erhielt sich das *ius primae noctis* in Bayern bis ins achtzehnte Jahrhundert[19]. Auf einigen englischen Rittergütern erhob der Gutsherr eine Buße von dem Bauern, dessen Tochter gesündigt hatte; auf einigen spanischen Gütern verwirkte eine Bauersfrau, die des Ehebruchs überführt wurde, ihr gesamtes Besitztum an den Gutsherrn[20]. 16. Starb der Bauer, ohne auf seinem Hofe lebende Nachkommen zu hinterlassen, so fielen Haus und Land als Heimfallsgut an den Lehnsherrn zurück. War sein Erbe eine unverheiratete Tochter, so konnte sie sich den Besitz erhalten, indem sie einen Mann des gleichen Gutes ehelichte. Auf jeden Fall stand dem Gutsherrn beim Tode eines Leibeigenen als eine Art Erbschaftssteuer der Einzug eines Tieres, eines Möbel- oder Kleidungsstückes aus dem Pachtbesitz zu; in einigen Fällen nahm sich auch der Gemeindepfarrer ein derartiges *mortuarium*[21]; in Frankreich wurden diese Abgaben bei Todesfall nur erhoben, wenn der Leibeigene ohne auf dem gleichen Gute wohnhafte Erben gestorben war. 17. Auf manchen – insbesondere kirchlichen – Gütern führte er an den Vogt, der für den militärischen Schutz des Gutes zu sorgen hatte, eine Jahres- und eine Erbschaftssteuer ab. An die Kirche zahlte der Bauer jährlich einen Zehnten von seinen Erträgnissen.

Es ist unmöglich, auf Grund der vielen verschiedenen Abgaben, die zudem nie alle zugleich von einer Familie erhoben wurden, die Gesamtverpflichtung eines Leibeigenen zu errechnen. Für das spätmittelalterliche Deutschland hat man sie auf zwei Drittel seiner Erzeugnisse errechnet[21a]. Die Macht der Gewohnheit – die ja in Agrarwirtschaften vorherrschend ist, wirkte sich zugunsten des Leibeigenen aus: gewöhnlich blieben seine

Geld- und Naturalabgaben trotz allen Produktionssteigerungen und Münzentwertungen während Jahrhunderten die gleichen[22]. Viele Rechtlosigkeiten und Verpflichtungen, die dem Leibeigenen in der Theorie oder von Gesetzes wegen oblagen, wurden durch die Milde des Gutsherrn, durch erfolgreichen Widerstand oder durch die zeitliche Abnützung gemildert oder ganz aufgehoben[23]. Vielleicht ist das Elend des mittelalterlichen Leibeigenen überhaupt übertrieben worden; die Abgaben, die er zu leisten hatte, vertraten weitgehend die Barzinszahlung an den Grundbesitzer und die Steuern an die Gemeinde zur Erhaltung der öffentlichen Dienste und Arbeiten; wahrscheinlich machten sie einen geringeren Bestandteil seines Einkommens aus als die Bundes-, Staats-, Grafschafts- und Schulsteuern im Verhältnis zum Einkommen eines heutigen Amerikaners[24]. Dem Durchschnittsbauern ging es im zwölften Jahrhundert mindestens so gut wie einigen Kleinpächtern in modernen Staaten oder wie einem römischen Proletarier zur Zeit des Augustus[25]. Der Gutsherr betrachtete sich nicht als Ausbeuter; er führte ein tätiges Leben auf seinem Gutshofe und stand selten im Besitze eines großen Vermögens. Die Bauern sahen bis zum dreizehnten Jahrhundert mit Verehrung zu ihm auf, oft voller Anhänglichkeit; wurde der Herr kinderloser Witwer, so schickten sie Abordnungen zu ihm, um in ihn zu dringen, er solle sich doch wieder verehelichen, damit das Gut nicht ohne einen gesetzmäßigen Erben bleibe und in Erbzwistigkeiten verwüstet werde[26]. Wie die meisten wirtschaftlichen und politischen Systeme der Geschichte, so war auch das Lehnswesen das, was es sein mußte, um den Notwendigkeiten von Ort und Zeit und der Wesensart des Menschen gerecht zu werden.

Der Bauernhof war ein gebrechlicher Holzbau, gewöhnlich mit Stroh oder Rasen, gelegentlich mit Schindeln gedeckt. Vor 1250 ist von einer Feuerwehr nichts zu hören; fing ein solcher Hof Feuer, so bedeutete das gewöhnlich den Totalverlust. Des öfteren bestand das Haus aus einem einzigen Raum, höchstens aus zwei; ausgestattet war es mit einer Herdstelle, auf der Holz gebrannt wurde, einem Backofen, einem Backtrog, Tisch und Bänken, einem Geschirrschrank, Werkzeugen und Feuerböcken, Kessel und Kesselhaken, und, in Ofennähe auf dem Boden, einer mächtigen Matratze aus Federn oder Stroh, auf der der Bauer, sein Weib und seine Kinder mitsamt dem Schlafgast in seliger Eintracht als gegenseitige Wärmespender schliefen. Schweine und Geflügel liefen frei im Haus herum. Die Frauen hielten die Stube so sauber, als die Verhältnisse es gestatteten, den betriebsamen Bauern war die Sauberkeit aber doch lästig, und es gibt Geschichten vom Satan, der die Leibeigenen nicht in die Hölle lassen wollte, weil er ihren Geruch nicht vertragen konnte[27]. Nahe bei der Hütte stand ein Stall mit Pferd und Kühen, wohl auch ein Bienenstock und ein Hühnerstall. Neben dem Stall lag ein Misthaufen, an den alle tierischen und menschlichen Mitglieder des Hausstandes ihren Beitrag leisteten. Ringsum waren die Gerätschaften für den Ackerbau und das häusliche Gewerbe untergebracht. Eine Katze befaßte sich mit den Mäusen, und ein Hund wachte über alles.

Mit einer Bluse aus Tuch oder Fell, einer ledernen oder wollenen Jacke, Gürtel und Hosen, hohen Schuhen oder Stiefeln bekleidet, muß der Bauer ein derbkräftiges Bild geboten haben, nicht viel anders als der französische Bauer heute; wir dürfen ihn uns nicht als einen niedergedrückten und geschlagenen Mann vorstellen, sondern müssen in ihm einen geduldigen Helden des Pfluges sehen, der sich wie jeder Mann an irgendeinem geheimen, wenn auch unvernünftigen Stolz aufrechterhielt. Seine Frau arbeitete so hart wie er selbst, vom Morgengrauen bis zur Abenddämmerung. Zudem versah sie ihn noch mit Kindern. Und da Kinder auf einem Bauernhof von Vorteil waren, gebar sie sie ihm in großer Zahl; wir lesen aber doch bei dem Franziskaner Pelagius (um 1330), daß einige Bauern sich oft «ihrer Frauen enthalten, damit keine Kinder geboren würden, da sie fürchten, unter dem Vorwand der Armut, daß sie nicht so viele aufziehen könnten»[28].

Die Kost des Bauern war reichlich und gesund – Milcherzeugnisse, Eier, Gemüse und Fleisch; vornehm tuende Geschichtsschreiber bedauern den Bauern aber, weil er schwarzes – das heißt Vollkornbrot – essen mußte[29]. Er nahm am gesellschaftlichen Leben des Dorfes teil, besaß aber keine kulturellen Interessen. Er konnte nicht lesen; ein des Lesens kundiger Leibeigener wäre eine Kränkung für einen Lehnsherrn gewesen, der selbst nicht lesen konnte. Er kannte sich nur im Bauernbetrieb aus – und auch darin nicht mit allzuviel Geschick. Seine Manieren waren rauh und herzlich, vielleicht grob; in diesem Hexenkessel der europäischen Geschichte mußte er sich dadurch am Leben erhalten, daß er sich wie ein braves Tier benahm, und das gelang ihm auch. Er war habgierig, weil arm, grausam, weil furchtsam, gewalttätig, weil unterdrückt, flegelhaft, weil als Flegel behandelt. Er bildete die Hauptstütze der Kirche, besaß aber mehr Aberglauben als Religion. Pelagius klagt ihn an, er betrüge die Kirche um ihren Zehnten und kümmere sich nicht gehörig um die Feiertage und Fasten; Gautier de Coincy (dreizehntes Jahrhundert) beklagt sich, ein Leibeigener habe «nicht mehr Gottesfurcht als ein Schaf» und gebe «nicht einen Knopf um die Gesetze der heiligen Kirche»[30]. Er hatte seine Augenblicke eines schwerfälligen erdhaften Humors, aber auf dem Feld und zu Hause war er ein wortkarger Mann mit geringem Wortschatz und ernster Stimmung, zu sehr in den Mühen und Lasten des Tageswerks befangen, um noch Kraft auf Worte und Träume verschwenden zu können. Trotz seines Aberglaubens war er ein Realist; er kannte die unbarmherzigen Launen des Himmels und wußte um die Gewißheit des Todes; eine einzige Dürrezeit konnte ihm und den Seinen den Hungertod bringen. Sechzigmal mähte die Hungersnot zwischen 970 und 1100 in Frankreich viele Menschen nieder; kein englischer Bauer konnte die großen Hungersnöte von 1086 und 1125 im Merrie England vergessen, und der Bischof von Trier war im zwölften Jahrhundert entsetzt, weil hungernde Bauern sein Pferd schlachteten und aufaßen[31]. Hochwasser und Pest und Erdbeben kamen noch hinzu und ließen letzten Endes jede Komödie zu einer Tragödie werden.

3. DIE DORFGEMEINSCHAFT

Rings um den Herrensitz bauten sich fünfzig bis fünfhundert Bauern – Leibeigene, Halbfreie und Freie – ihr Dorf; sie lebten um der Sicherheit willen nicht in Einzelhöfen, sondern eng beieinander innerhalb der Mauern der Niederlassung. Gewöhnlich war das Dorf Teil eines oder mehrerer Rittergüter; die meisten Gemeindeämter wurden vom Gutsherrn besetzt, die Beamten waren nur ihm verantwortlich; die Bauern wählten aber einen Amtmann oder Ortsvorstand, der zwischen ihnen und dem Lehnsherrn zu vermitteln und die ackerbauliche Tätigkeit zu koordinieren hatte. Von Zeit zu Zeit kamen sie auf dem Marktplatz zusammen, um in den Überbleibseln eines Handelsverkehrs, die die wirtschaftliche Selbstgenügsamkeit des Gutshofes überstanden hatten, Güter auszutauschen. Der dörfliche Haushalt versorgte sich selbst mit Gemüse und teilweise auch mit Fleisch, spann seine eigene Wolle oder sein Leinen, stellte die meisten Kleidungsstücke selbst her. Der Dorfschmied hämmerte eiserne Werkzeuge, der Gerber verfertigte Lederwaren, der Schreiner schuf Hütten und Möbel, der Stellmacher baute Wägen; Walker, Färber, Sattler, Schuster, Seifensieder ... hatten ihren Wohnsitz im Dorfe oder kamen von Zeit zu Zeit, um auf Bestellung ihr Gewerbe zu entfalten; und ein Dorfmetzger oder -bäcker bereitete Fleisch und Brot um die Wette mit dem Bauern und der Hausfrau.

Die Lehnswirtschaft war zu neun Zehnteln agrarisch. In Frankreich und England wurde im elften Jahrhundert das bebaute Land des Gutes gewöhnlich in drei Felder aufgeteilt; eines wurde mit Weizen oder Roggen bestellt, das andere mit Hafer oder Gerste, das dritte blieb brach. Jedes Feld wurde in Streifen von einem oder einem halben Morgen Größe unterteilt, die von Rainen ungepflügten Graslandes getrennt waren. Die Dorfbeamten wiesen den einzelnen Bauern in jedem Falle eine verschiedene Anzahl solcher Streifen zu und verpflichteten sie, den Fruchtwechsel in Übereinstimmung mit dem von der Gemeinde festgelegten Plan vorzunehmen. Das gesamte Ackerland wurde von allen gemeinsam gepflügt, geeggt, bepflanzt, gepflegt und abgeerntet. Die Streifen der einzelnen Bauern wurden wohl deswegen auf drei oder mehr Felder verteilt, damit die Anteile an Böden ungleicher Fruchtbarkeit möglichst gerecht an die einzelnen übertragen wurden; die gemeinsame Feldbestellung mag ein Überbleibsel eines primitiven Kommunismus gewesen sein, von dem kärgliche Spuren erhalten sind. Neben diesen Streifen hatte jeder Bauer, der seinen Lehnspflichten nachkam, das Recht, im Gutswald Holz zu schlagen, auf dem Gemeindeland sein Vieh zu weiden und auf dem Gemeindeanger zu heuen. Und gewöhnlich besaß er um seine Hütte noch genügend Boden für einen Gemüse- und Blumengarten.

Die Landwirtschaft konnte sich als Wissenschaft im lehnsherrlichen Christentum mit der Landbaukunst der Römer zu Columellas Zeit odes des muselmanischen Mesopotamien oder Spanien kaum messen. Stoppeln und andere Rückstände wurden auf dem Felde verbrannt, um den Boden zu düngen und ihn von Insekten und Unkraut zu befreien; Mergel und andere kalkige Erden lieferten einen groben Dünger; Kunstdünger gab es nicht, und die Transportkosten schränkten die Verwendung von Tiermist ein; der Erzbischof von Rouen ließ den Mist seiner Ställe in die Seine werfen, statt sie auf seine Felder im nahe gelegenen Deville fahren zu lassen. Die Bauern legten ihre Pfennige zusammen, um einen Pflug oder eine Egge zum gemeinschaftlichen Gebrauch zu kaufen. Bis zum elften Jahrhundert war der Ochs das Zugtier; er kam im Fressen weniger teuer zu stehen und ließ sich gewinnbringender essen als das Pferd. Um das Jahr 1000 erfanden die Wagner das Kummet, mit dessen Hilfe ein Pferd eine Last ziehen konnte, ohne zu ersticken; so ausgestattet, vermochte das Pferd drei bis- viermal mehr im Tag zu pflügen als ein Ochs; in einem feuchten, gemäßigten Klima kam es auf ein schnelles Pflügen an; daher verdrängte im Laufe des elften Jahrhunderts das Pferd den Ochsen immer mehr und verlor damit den

Ruf, es sei nur für Reise, Jagd oder Krieg zu verwenden[32]. Wassermühlen, die dem muselmanischen Osten schon lange bekannt waren, kamen in Westeuropa gegen Ende des zwölften Jahrhunderts auf[33].

Die Kirche erleichterte den mühseligen Arbeitsablauf der Bauern mit Sonn- und Feiertagen, an denen es Sünde war, «knechtische Arbeit» zu verrichten. «Unsere Ochsen wissen, wann der Sonntag kommt, und wollen an dem Tag nicht mehr arbeiten[34].» An diesen Tagen sangen und tanzten die Bauern nach der Messe und vergaßen in herzhaftem ländlichrauhem Gelächter die schwere Mühsal der Predigt und des Gutsbetriebes. Bier war billig, die Rede frei und lästerlich, und lockere Erzählungen von Weibsbildern wechselten mit ehrfürchtig vorgetragenen Heiligenlegenden. In rauhen Spielen – Fußball, Hockey, Ringen und Gewichtwerfen – stand Mann gegen Mann, Dorf gegen Dorf. Hahnenkämpfe und Stierhetzen waren sehr beliebt, und die Heiterkeit erreichte ihren Höhepunkt, wenn zwei Männer in einem geschlossenen Kreis mit verbundenen Augen eine Gans oder ein Schwein mit Knütteln zu töten versuchten. Des Abends besuchten die Bauern einander manchmal, spielten miteinander und tranken; gewöhnlich blieben sie aber zu Hause, denn es gab keine Straßenbeleuchtung; und zu Hause gingen sie bald nach dem Einbruch der Nacht schlafen, denn die Kerzen waren teuer. In den langen Winternächten ließ die Familie das Vieh gern in die Hütte ein und war ihm für seine Wärme dankbar.

Auf diese Weise, in harter Arbeit und mit verbissenem Mut, und nicht mit der Schwungkraft und der Geschicklichkeit, die der eigene Antrieb mit sich bringt, ernährten die Bauern Europas sich selbst und ihre Herren, ihre Soldaten, Geistlichen und Könige. Sie legten Sümpfe trocken, schütteten Dämme auf, rodeten Wälder, gruben Kanäle, bauten Häuser, trieben die Grenzen der Zivilisation vor und gingen siegreich aus dem Kampf zwischen Urwald und Mensch hervor. Das heutige Europa ist ihre Schöpfung. Wenn wir heute auf die gepflegten Hecken, die geordneten Felder sehen, dann vermögen wir die Jahrhunderte der Plackerei und Not, der gebrochenen Herzen und gekrümmten Rücken nicht mehr zu erkennen, welche die Rohstoffe der widerstrebend fruchttragenden Natur zu den wirtschaftlichen Grundlagen unseres Lebens umgestalteten. Auch die Frauen waren Soldaten dieses Krieges; ihre geduldige Fruchtbarkeit war es, welche die Erde eroberte. Mönche kämpften eine Zeitlang so tapfer wie die anderen, setzten ihre Klöster als Außenposten in die Wildnis, schmiedeten aus dem Chaos eine Volkswirtschaft und stampften Dörfer aus den Einöden. Zu Beginn des Mittelalters war der größte Teil Europas noch unbebautes Ödland und unbewohnter Urwald; am Ende des Mittelalters war der Erdteil der Zivilisation erschlossen. Richtig betrachtet, war dies wohl der größte Feldzug, der edelste Sieg, die wichtigste Leistung des Zeitalters des Glaubens.

4. DER LEHNSHERR

In jedem Wirtschaftssystem werden Menschen, die Menschen führen können, zu Führern über Menschen, die nur Dinge handhaben können. Im lehnsherrschaftlichen Europa war der Menschenführer der Lehnsherr – lateinisch der *dominus*, französisch der *seigneur* (vom lateinischen *senior*), deutsch der *Herr*, englisch der *lord* (*law-ward* – «Gesetzeshüter»).

Seine Funktion war dreifacher Art: er gab seinen Ländereien und deren Einwohnern militärischen Schutz; er sorgte für das Fortkommen von Ackerbau, Gewerbe und Handel auf diesen Ländereien; und er diente seinem Lehnsherrn oder König im Kriege. In einer Volkswirtschaft, die in Jahrhunderten der Wanderungen, Invasionen, Raubüberfälle und Kriege bis in die Grundfesten erschüttert war, vermochte sich die Gesellschaft nur durch die örtliche Unabhängigkeit und Selbstgenügsamkeit in der Ernährung und in militärischen Dingen zu erhalten. Wer die Verteidigung und den Ackerbau zu leiten vermochte, wurde zum natürlichen Herrn des Landes. Besitz und Bewirtschaftung des Landes wurde die Quelle von Reichtum und Macht, und ein Zeitalter des grundbesitzenden Adels hub an, das bis zur industriellen Revolution andauerte.

Der Grundsatz des Lehnswesens war die gegenseitige Lehnstreue: die wirtschaftliche und militärische Verpflichtung des Leibeigenen oder Vasallen gegenüber dem Lehnsherrn, des Lehnsherrn gegenüber dem Oberlehnsherrn, des Oberlehnsherrn gegenüber dem König, des Königs gegenüber dem Oberlehnsherrn, des Oberlehnsherrn gegenüber dem Lehnsherrn, des Lehnsherrn gegenüber dem Leibeigenen oder Vasallen. Als Gegenleistung für die Dienste seiner Leibeigenen gab der Lehnsherr diesen eine lebenslängliche Pacht, die beinahe einem Besitz gleichkam; er gestattete ihnen gegen eine kleine Gebühr, seine Backöfen, Mühlen, Gewässer, Wälder und Felder zu benutzen; er wandelte manche Frondienste in mäßige Geldzahlungen um und ließ zu, daß sie alle in die Versenkung der Vergessenheit gerieten. Wurde der Leibeigene alt oder krank, dann enteignete der Lehnsherr ihn nicht, sondern übernahm gewöhnlich noch seine Pflege[35]. An Festtagen öffnete er wohl auch seine Tore den Armen und lud alle zum Essen, die kamen. Er sorgte für den Unterhalt der Brücken, Straßen und Kanäle und kümmerte sich um den Handelsverkehr; er fand Märkte für die Überschüsse des Gutes, Hilfskräfte für dessen Bewirtschaftung, Geld für dessen Käufe. Er schaffte Zuchtvieh an und erlaubte seinen Leibeigenen, ihr Vieh zu seinem Zuchtstier zu führen. Es war ihm gestattet, ungestraft einen Leibeigenen zu schlagen – in manchen Gegenden und unter gewissen Umständen sogar zu töten; sein Sinn für das Wirtschaftliche hielt aber seine Brutalität im Zaum. Er übte in seiner Domäne nicht nur die militärische, sondern auch die richterliche Gewalt aus und zog ungebührlichen Gewinn aus den Bußen, die vom Gericht des Rittergutes erhoben wurden; dieser Gerichtshof aber, wenngleich manchmal durch den Amtsmann eingeschüchtert, setzte sich doch größtenteils aus den Leibeigenen selber zusammen; und daß die ungeschliffene Rechtsprechung an diesen Gerichtsversammlungen nicht allzu drückend war, geht aus der Bereitwilligkeit hervor, mit der Leibeigene sich vom Dienst in diesen Gerichtsversammlungen loskauften. Jedem Leibeigenen, der es wollte und wagte, stand es frei, vor dem lehnsherrlichen Gericht offen seine Meinung zu sagen; es gab solche, die es wagten, und in ihrer stückhaften und unbeabsichtigten Art trugen diese Gerichte dazu bei, die Freiheiten zu schmieden, welche der Leibeigenschaft ein Ende bereiteten.

Ein Lehnsherr konnte mehr als nur ein Rittergut besitzen. In diesem Falle ernannte er einen «Seneschall», der seiner «Domäne» – das heißt allen seinen Gütern – vorstand, und für jedes einzelne einen Verwalter; und er pflegte mit seinem Hausstand von Gut zu Gut zu ziehen und deren Erzeugnisse an Ort und Stelle zu verbrauchen. Er konnte auf jedem

Gut ein Schloß besitzen. Das lehnsherrliche Schloß, das seine Ursprünge in dem umwallten Feldlager *(castrum, castellum)* der römischen Legionen, der befestigten *villa* des römischen Adligen oder der Festung oder Burg des germanischen Häuptlings hatte, war weniger zur Bequemlichkeit als zur Sicherheit erbaut. Der äußerste Verteidigungsring bestand aus einem tiefen Graben; die vom Graben aufgeworfene Erde bildete einen Wall, in welchen zusammengebundene viereckige Pfosten eingelassen waren, um eine zusammenhängende Palisade zu bilden. Quer über den Graben war eine verstärkte Ziehbrücke gelegt, welche zu einem eisernen Tor oder Fallgatter führte, das ein massives Tor in der Burgmauer schützte. Innerhalb der Mauern waren Ställe, die Küche, Vorratskammern, Schuppen, die Bäckerei, die Wäscherei, die Kapelle und die Unterkünfte der Dienerschaft untergebracht, gewöhnlich alle aus Holz gebaut. Im Krieg drängten sich die Pächter mit ihrem Vieh und ihrer beweglichen Habe innerhalb dieser Einfriedung zusammen. In der Mitte erhob sich der Bergfried, die Behausung des Herrn; es handelte sich meistens um einen großen viereckigen Turm, der ebenfalls aus Holz errichtet war; mit dem zwölften Jahrhundert wurde er aus Stein erbaut und nahm dann gewöhnlich die Rundform an, da diese für die Verteidigung günstiger war. Das unterste Stockwerk des Bergfriedes war Vorratskammer und Kerker; darüber hauste der Herr mit seiner Familie. Aus diesen Bergfrieden entwickelten sich im elften und zwölften Jahrhundert die Burgen und Schlösser Englands, Deutschlands und Frankreichs, deren unverwüstliche Steinmauern die militärische Grundlage der Macht des Herrn gegenüber seinen Pächtern und dem König abgaben.

Das Innere des Burgturmes war finster und eng. Es gab nur wenige und kleine Fenster, die selten verglast waren; gewöhnlich hielten Leintücher, Ölpapiere, Fensterläden oder Gitter ein wenig Regen und viel Licht fern; künstliches Licht wurde von Kerzen und Fakkeln geliefert. Meistens war in jedem der drei Stockwerke nur ein einziger Raum untergebracht. Leitern und Falltüren oder Wendeltreppen verbanden die Stockwerke. Im zweiten Stock befand sich der Rittersaal, der dem Lehnsherrn als Gerichtssaal, den meisten Angehörigen seines Hausstandes als Speisesaal, Wohnraum und Schlafkammer diente. Am einen Ende konnte ein erhöhter Boden stehen, auf welchem der Herr, seine Familie und seine Gäste die Mahlzeiten einnahmen; andere aßen an Klapptischen, die vor Bänken an den Seiten aufgestellt wurden. Wenn es Zeit zum Schlafengehen wurde, legte man Matratzen auf den Boden oder auf niedrige hölzerne Bettstellen an den Seiten; der gesamte Haushalt schlief in dem gleichen Raum, wobei Zwischenwände für Abgeschiedenheit sorgten. Die Wände waren getüncht oder bemalt; sie wurden mit Bannern, Wappen und Waffen geschmückt, und der Saal war wohl auch durch Wandbehänge oder Tapeten vor Zugluft geschützt. Der Ziegel- oder Steinboden war mit Binsen oder Zweigen belegt. In der Mitte des Raumes war eine Art Zentralheizung in Gestalt eines Holzfeuers in einem Herde untergebracht. Bis ins spätere Mittelalter gab es keinen Kamin; der Rauch entwich durch ein Türmchen, eine «Laterne», im Dach. Vom Podium aus führte eine Tür auf den Söller, wo der Herr, seine Familie und seine Gäste es sich in der Sonne bequem machen konnten; die Ausstattung war dort auf größere Bequemlichkeit zugeschnitten, es gab einen Teppich, einen Feuerplatz und ein luxuriöses Lager.

Der Gutsbesitzer kleidete sich in eine Tunika, die gewöhnlich aus bunter Seide mit geometrischen oder pflanzlichen Mustern bestand, einen Überwurf, der die Schultern bedeckte und weit genug war, um über den Kopf hochgezogen zu werden, kurze Unterhosen und Kniehose, Strümpfe, die bis an die Waden reichten, und lange Schuhe, die an den Spitzen wie Schiffsbüge aufgebogen waren. Am Gürtel hing ihm ein Schwert in der Scheide; am Hals trug er gewöhnlich ein Gehänge, etwa ein Kreuz. Um im Ersten Kreuzzug[36] einen gewappneten Ritter vom anderen unterscheiden zu können, übernahmen europäische Adlige den islamischen Brauch[37], ihre Kleidungsstücke, Livreen, Standarten, Rüstungen und Begleitpersonen mit heraldischen Mustern oder Wappen zu kennzeichnen; von da an entwickelte die Heraldik eine esoterische Fachsprache, die nur Herolden und Rittern verständlich war*. Trotz allem Zierat war der Lehnsherr aber kein schmarotzender Müßiggänger. Er stand im Morgengrauen auf, stieg auf seinen Turm, um nach herannahenden Gefahren Ausschau zu halten, nahm eilig ein Frühstück zu sich, hörte sich vielleicht eine Messe an, aß um 9 Uhr zu Mittag, machte die Runde in dem weitschichtigen Betrieb des Gutes, nahm selbst an manchen Arbeiten teil, erteilte dem Verwalter, dem Hausmeister, dem Stallknecht und anderen Bediensteten die Befehle, nahm mit ihnen und seiner Familie um fünf Uhr das Abendessen ein und legte sich gewöhnlich um neun Uhr nieder. An einigen Tagen wurde der gewöhnliche Tageslauf durch die Jagd, seltener durch Turniere, hin und wieder durch einen Krieg unterbrochen. Er sah oft Gäste bei sich und tauschte mit ihnen freigebig Geschenke aus.

Seine Gattin war kaum minder tätig als er selbst. Sie gab den vielen Dienstboten Anweisungen (gelegentlich mit einer Ohrfeige), richtete ihr Augenmerk auf das Backen, Kochen und Waschen, überwachte die Butter- und Käsebereitung, das Bierbrauen, das Einpökeln von Fleisch für den Winter und jenes bedeutende häusliche Gewerbe des Strikkens, Nähens, Spinnens, Webens und Stickens, das die meisten Bekleidungsgegenstände der Familie schuf. War der Gatte im Krieg, so übernahm sie die militärische und wirtschaftliche Leitung des Gutsbetriebes und mußte für seine finanziellen Bedürfnisse während des Feldzuges aufkommen; wurde er gefangengenommen, so mußte sie aus der Plackerei seiner Leibeigenen oder aus dem Verkauf ihres Putzes oder Schmuckes ein Lösegeld herausquetschen. Starb der Gatte ohne männlichen Nachkommen, so konnte die Befehlsgewalt ihr zufallen, und sie wurde die Herrin, die *domina*, *dame*; man erwartete aber von ihr, daß sie sich bald wieder verehelichte, um das Gut und ihren Lehnsherrn mit militärischem Schutz oder Dienst zu versehen; der Lehnsherr ließ nur solche Männer als Heiratskandidaten zu, die diesen Verpflichtungen zu entsprechen vermochten. In der Heimlichkeit des Schlosses konnte sie eine Amazone oder ein Drachen sein und ihrem Gatten Schlag um Schlag heimzahlen. In ihren Mußestunden kleidete sie ihren kräftigen Leib in fließende

* Gelb, Weiß, Blau, Rot, Grün, Schwarz und Violett erhielten die Bezeichnung *or*, *argent*, *azure*, *gules*, *vert*, *sable* und *purpure*. Azurblau war eine vom Osten übernommene Farbe, daher ihre andere Bezeichnung «Ultramarin»; *gules* waren die gewöhnlich rotgefärbten Pelzverbrämungen, die die Kreuzritter um die Handgelenke und am Hals (lateinisch *gula*, Schlund) trugen. Im dreizehnten Jahrhundert standen diese heraldischen Embleme, die *blazons* (Schilder), bei Abteien, Städten und Nationen gerade so gut wie bei Geschlechtern im Gebrauch. Über ihre heraldischen Embleme oder Banner setzten alte Familien gewöhnlich einen kurzen Wahlspruch, etwa *En bonne foi*, *Ni plus ni moins* usw.[38].

pelzverbrämte Seidengewänder, einen zierlichen Kopfputz und elegantes Schuhwerk und legte funkelnden Schmuck an – ein Gesamteindruck, der durchaus geeignet war, einen Troubadour in eine verliebte oder poetische Verzückung zu versetzen.

Ihre Kinder erhielten einen Unterricht, der mit Universitätsbildung wenig gemein hatte. Die Söhne des Adels nahmen selten an einem öffentlichen Unterricht teil; sehr oft nahm man sich nicht die Mühe, ihnen das Lesen und Schreiben beizubringen. Das Schreiben wurde den Schreibern überlassen, die man um einen Hungerlohn anstellen konnte. Geistiges Wissen stand bei den meisten Lehnsrittern nicht hoch im Kurs; du Guesclin, eine der meistgeehrten Gestalten des Rittertums, bildete sich in allen Kriegskünsten aus und lernte allen Wetterunbilden trotzen, bemühte sich aber nie, das Lesen zu erlernen; nur in Italien und Byzanz setzten die Adligen eine literarische Tradition fort. Statt in die Schule zu gehen, trat der adlige Knabe mit sieben Jahren in einer anderen adligen Familie den Dienst als Page an. Dort wurden ihm Gehorsam, Disziplin, feines Benehmen, Geschmack in der Kleidung, der ritterliche Ehrenkodex und die Fertigkeiten des Turnieres und des Krieges beigebracht; der Priester des Ortes vermittelte ihm wohl auch ein wenig literarische Bildung und Rechnen. Die Mädchen erlernten durch bloße Nachahmung hundert nützliche oder hübsche Künste. Sie kümmerten sich um das Wohl der Gäste und um die Pflege des Ritters, der von der Schlacht oder vom Turnier zurückkehrte; sie nahmen ihm die Rüstung ab, richteten ihm das Bad, legten saubere Leintücher und Gewänder und Parfüme für ihn aus und warteten ihm mit züchtiger Artigkeit und erlernter Anmut bei Tische auf. Sie, und nicht die Knaben, lernten das Lesen und Schreiben; sie waren es, die den größten Teil des Publikums für Troubadours und Spielleute und Jongleure und für die Liebesprosa und -dichtung der Zeit bildeten.

Zum Hausstand des Lehnsherrn gehörten oft einige Vasallen oder Pächter. Ein Vasall war ein Mann, der seinem Lehnsherrn militärische und persönliche Dienste leistete oder politische Unterstützung gewährte und dafür von diesem irgendeine bedeutendere Vergünstigung oder ein Privileg erhielt – gewöhnlich ein Grundstück mitsamt den Leibeigenen; in solchen Fällen stand die Nutznießung dem Vasallen zu, der Boden blieb jedoch Eigentum des Lehnsherrn. Wenn ein Mann zu stolz oder zu stark war, um als Leibeigener sein Leben zu fristen, die Mittel jedoch nicht zum eigenen militärischen Schutz ausreichten, so leistete er dem Lehnsherrn die «Treuhuldigung»: er kniete barhäuptig und waffenlos vor ihm nieder, legte seine Hände in die Hände des Herrn, erklärte sich zum *homme*, zum Lehnsmann (wobei er seine Rechte als Freier beibehielt), und verpflichtete sich mit einem Eide auf die Bibel oder heilige Reliquien zu ewiger Lehnstreue. Der Lehnsherr hieß ihn aufstehen, küßte ihn, übergab ihm ein Lehen* und überreichte ihm als Symbol der Belehnung einen Strohhalm, einen Stock, eine Lanze oder einen Handschuh. Von da an schuldete der Lehnsherr seinem Lehnsmann Schutz, Freundschaft, Treue und wirtschaftliche und juristische Hilfe; wie ein mittelalterlicher Rechtsgelehrter erklärt, durfte er seinen Vasallen nicht beleidigen und dessen Frau oder Tochter nicht verführen[39]; tat er es

---

* *Lehen* bedeutet das «Geliehene»; altfranzösisch *fief*, lateinisch *feudum* (von dem *feudal* abgeleitet ist), stammt vom Althochdeutschen oder Gotischen *faihu*, «Vieh»; es ist mit lateinisch *pecus* verwandt und hat wie dieses die sekundäre Bedeutung von «Besitz, Geld» erlangt.

doch, so durfte der Lehnsmann «den Handschuh hinwerfen» – zum Zeichen der Befreiung vom Treueid – und doch sein Lehen behalten.

Der Lehnsmann konnte einen Teil seines Landes einem «Afterlehnsmann» zu Lehen geben, der dann ihm gegenüber im gleichen Verhältnis stand wie er selbst gegenüber dem Lehnsherrn und auch die gleiche Verantwortung trug. Man konnte auch Lehen mehrerer Lehnsherren halten und diesen dann die «einfache Huldigung» darbringen und begrenzte Dienste leisten; einem bestimmten Lehnsherrn verpflichtete er sich aber zur vollen Treue und Dienstleistung in Krieg und Frieden. Der Lehnsherr selbst konnte, so groß er auch war, Lehnsmann eines anderen Herrn sein, wenn er Grund oder Rechte von ihm zu Lehen hatte; er konnte sogar Lehnsmann des Lehnsmannes eines weiteren Herrn sein. Alle Lehnsherren waren Vasallen des Königs. Bei diesen verwickelten Beziehungsverhältnissen war das wichtigste Band nicht wirtschaftlicher, sondern militärischer Art; der eine Mann schuldete dem anderen militärische Dienstleistungen und persönliche Treue; der Grundbesitz war lediglich sein Lohn dafür. In der Theorie war das Lehnswesen ein großartiges System moralischer Gegenseitigkeit, das die Menschen einer gefährdeten Gesellschaft in einem komplizierten Gewebe gegenseitiger Verpflichtung, Schutzgewährung und Treue aneinander band.

5. DIE KIRCHE ALS LEHNSTRÄGERIN

Nicht selten war der Herr eines Rittergutes ein Bischof oder Abt. Wenn auch viele Mönche körperliche Arbeit leisteten und viele Klöster und Kirchen an den Zehnten der Gemeinden teilhatten, so war doch für große kirchliche Unternehmungen zusätzliche Hilfe notwendig, und diese erfolgte meistens in Landschenkungen von Königen oder Adligen oder in Anteilen an lehnsherrlichen Einkünften. Da diese Landschenkungen sehr häufig erfolgten, wurde die Kirche die größte Grundbesitzerin Europas, der bedeutendste Lehnsherr. Das Kloster Fulda besaß 15 000 kleine Landsitze, das Kloster St. Gallen verfügte über 2000 Leibeigene[40]; Alkuin von Tours war Herr über 20 000 Leibeigene[41]. Erzbischöfe, Bischöfe und Äbte erhielten das Lehen vom König, schworen ihm den Lehnseid wie die anderen Lehnspflichtigen, trugen Titel wie Herzog und Graf, prägten Münzen, saßen bischöflichen oder äbtlichen Gerichtshöfen vor und nahmen die Verpflichtungen zu militärischem Dienste und landwirtschaftlicher Gutsleitung auf sich. Mit Panzer und Lanze ausgerüstete Bischöfe und Äbte waren in Deutschland und Frankreich ein häufiger Anblick. Richard von Cornwall sprach 1257 sein Bedauern aus, daß England nicht solche «kriegerische und tapfere Bischöfe» besitze[42]. Die Kirche, die solcherart in das Gewebe des Lehnswesens einbezogen war, erwies sich damit nicht nur als religiöse, sondern auch als politische, wirtschaftliche und militärische Institution; ihre «weltlichen Güter», ihre «Lehnbarkeit», das heißt ihre lehnsherrlichen Rechte und Pflichten, waren das Entsetzen strenger Christen, der Angriffspunkt für Häretiker, eine Quelle verheerenden Streites zwischen Kaisern und Päpsten. Das Lehnswesen machte die Kirche lehnbar.

6. DER KÖNIG

Gerade so wie die Kirche im zwölften Jahrhundert ein lehnsherrliches und hierarchisches Gefüge gegenseitiger Schutzgewährung, Dienstleistung und Lehnstreue darstellte, das durch Benefizien sanktioniert war und von einem Papste als Oberherrn geleitet wurde, so bedurfte auch das weltliche Lehnssystem zu seiner Vollendung eines Herrn über alle Vasallen, eines Lehnsherrn aller weltlichen Lehnsherrn, eines Königs. Theoretisch war der König der Lehnsmann Gottes und herrschte durch göttliches Recht in dem Sinne, daß Gott seine Herrschaft gestattete und dadurch ermächtigte. In der Praxis dagegen war der König durch Wahl, Erbe oder Krieg zu seiner Stellung gekommen. Männer wie Karl der Große, Otto I., Wilhelm der Eroberer, Philipp August, Ludwig IX., Friedrich II. und Philipp der Schöne erweiterten ihren ererbten Machtbereich mit Hilfe von Charakterstärke oder Waffengewalt; gewöhnlich waren Europas Könige zur Zeit des Feudalismus jedoch weniger die Herrscher ihrer Völker als die Bevollmächtigten ihrer Vasallen. Sie wurden von den großen Lehnsherren und Geistlichen gewählt oder bestätigt; ihre unmittelbare Gewalt beschränkte sich auf ihren eigenen Lehnsbesitz, die königliche Domäne; in den anderen Gebieten ihres Reiches leisteten Leibeigene und Lehnsmänner den Treueid den Lehnsherrn, die sie schützten, selten dem König, dessen kleine und weit entfernte Streitmacht nicht ausreichen konnte, um die verstreuten Außenposten des Reiches unter ihren Schutz zu nehmen. Der Staat war im Lehnswesen weiter nichts als der Landbesitz des Königs.

In Gallien ging diese Aufsplitterung der Staatsgewalt am weitesten, weil die Karolinger sich durch die Aufteilung des Reiches selbst schwächten, weil die Bischöfe sie der Botmäßigkeit der Kirche unterwarfen und weil die Normanneneinfälle in Frankreich am heftigsten waren. In diesem vervollkommneten Feudalismus war der König *primus inter pares;* er stand um einige Zoll höher als die Fürsten, Herzöge, Marquise und Grafen; in Wirklichkeit war er aber, nicht anders als die «Pairs des Reiches», ein Lehnsherr, der in seinen Einkünften auf seine eigenen Ländereien angewiesen war, von einem königlichen Gut zum anderen ziehen mußte, um den Lebensunterhalt zu bestreiten, und in Krieg und Frieden von der militärischen oder diplomatischen Hilfeleistung reicher Vasallen abhing, die ihm selten mehr als vierzig Tage bewaffneter Dienste im Jahr gewährten und im übrigen die halbe Zeit mit Verschwörungen gegen ihn verbrachten. Um Unterstützung zu erhalten oder zu belohnen, hatte die Krone eine Besitzung um die andere an mächtige Männer abgegeben; im zehnten und elften Jahrhundert verblieb dem französischen König zu wenig Grundbesitz, als daß er noch die Vormacht vor seinen großen Vasallen hätte wahren können. Als sie ihren Besitz erblich machten, eigene Polizeitruppen aufstellten und eigene Gerichtshöfe gründeten, ihre eigenen Münzen prägten, da fehlte ihm die Macht, sie daran zu hindern. Er konnte in die Rechtsprechung dieser Vasallen in Dingen ihrer eigenen Ländereien nur in Fällen um Leben und Tod, in denen an ihn appelliert wurde, eingreifen; er konnte seine Beamten und Steuereinzieher nicht auf ihre Besitztümer schicken; er konnte die Vasallen nicht davon abhalten, selbständig Verträge abzuschließen oder Kriege zu führen. Nach der Theorie des Lehnssystems war der französische König Eigentümer aller

Ländereien der Lehnsherrn, die ihn als ihren Souverän anerkannten; in Wirklichkeit war er lediglich ein Großgrundbesitzer, noch nicht einmal notwendigerweise der größte; niemals kamen seine Besitzungen denjenigen der Kirche gleich.

Wie aber die Unfähigkeit der Könige, ihrem Reiche Schutz zu bieten, den Feudalismus hervorgebracht hatte, so führte die Unfähigkeit der Lehnsherren, unter sich Ordnung zu halten oder einer sich ausweitenden Handelswirtschaft eine einheitliche Regierung zu geben, zu einer Schwächung der Feudalherren und zur Stärkung des Königtums. Das eifrige Streben nach kriegerischen Unternehmungen stürzte den Adel des lehnsherrlichen Europa in private und öffentliche Kriege; sein Blut versickerte in den Kreuzzügen, dem Hundertjährigen Kriege, dem Rosenkrieg und schließlich in den Religionskriegen. Manche verarmte Adlige, die kein Recht anerkannten, wurden Raubritter, die nach Belieben plünderten und mordeten, und die Auswüchse der Freiheit riefen nach einer einheitlichen Gewalt, welche im ganzen Reichsgebiet die Ordnung aufrechterhalten konnte. Handel und Gewerbe schufen einen wachsenden und vermögenden Stand außerhalb des Lehnssystems; Kaufleute ärgerten sich über die Zölle der Lehnsherrn und die Unsicherheit der Transporte durch die Lehnsgebiete und stellten die Forderung auf, daß die Eigengesetzlichkeit der Lehnsherren durch eine zentrale Regierungsgewalt ersetzt werden solle. Der König verbündete sich mit diesem neuen Stand und den aufsteigenden Städten; sie lieferten die Geldmittel, mit denen er seine Regierungsgewalt behaupten und erweitern konnte; und alle, die sich von den Lehnsherren unterdrückt und benachteiligt glaubten, erwarteten vom König Rettung und Abhilfe. Die kirchlichen Feudalherren waren gewöhnlich dem König lehnbar und hielten ihm die Treue; die Päpste, die zwar oft mit dem Königtum im Streit lagen, fanden es doch leichter, mit einem einzigen Monarchen als mit einem verstreuten und halbwegs gesetzlosen Adel zu verhandeln. Auf diese verschiedenartigen Kräfte gestützt, sorgten die französischen und englischen Könige dafür, daß aus ihrem Wahlkönigtum ein Erbkönigtum wurde, indem sie noch vor ihrem Ableben einen Sohn oder Bruder krönten, und man nahm die Erbmonarchie als Alternative gegenüber der Feudalanarchie hin. Die Verbesserung der Verkehrsmöglichkeiten und der steigende Geldumlauf ermöglichten eine regelmäßige Besteuerung; die steigenden Einkünfte des Königs gestatteten eine Vergrößerung der königlichen Heere; der aufsteigende Juristenstand schloß sich dem Thron an und festigte ihn durch den zentralisierenden Einfluß des römischen Rechtes. Um 1250 war es so weit, daß die Juristen darauf bestanden, daß die königliche Rechtsprechung auf alle Personen des Reiches ausgedehnt werde, und um die gleiche Zeit wurde der Lehnseid von allen Franzosen nicht mehr ihrem Lehnsherrn, sondern dem König geleistet. Gegen Ende des dreizehnten Jahrhunderts war Philipp der Schöne so stark, daß er nicht nur seine Feudalherren, sondern das Papsttum selbst unterwerfen konnte.

Die französischen Könige milderten dem Adel den Übergang, indem sie die privaten Münz-, Gerichts- und Kriegsrechte durch Titel und Privilegien am Königshofe ersetzten. Die größeren Vasallen bildeten die *curia regis*, den Königshof; aus Potentaten wurden Höflinge; und das Zeremoniell der lehnsherrlichen Burg ging allmählich in eine zeremonielle Aufwartung bei den Audienzen, am Tische und in der Schlafkammer des Königs über. Die

Söhne und Töchter des Adels wurden an den Königshof geschickt, um dem König und der Königin als Pagen oder Ehrendamen zu dienen, und erlernten dort die höfischen Umgangsformen; die königliche Hofhaltung wurde zur Schule des französischen Adels. Die höchste Zeremonie war die Krönung des französischen Königs in Reims, des deutschen Kaisers in Aachen oder Frankfurt; dann versammelte sich die Elite des Landes in großem Staat zu einem ehrfurchtgebietenden Gefolge; die Kirche wandte die ganze geheimnisvolle Majestät ihrer Riten auf, um die Thronbesteigung des neuen Herrschers feierlich zu gestalten; seine Macht erhielt damit eine göttliche Autorität, die kein Mensch ohne freche Gotteslästerung leugnen konnte. Die Feudalherren drängten sich an den Hof der Monarchie, die sie unterworfen hatte, und die Kirche übertrug ein göttliches Recht auf die Könige, die der kirchlichen Führerschaft und Macht in Europa ein Ende bereiten sollten.

III. DAS LEHNSRECHT

Im Lehnswesen, bei dem die Richter und Vollstrecker gewöhnlich des Lesens und Schreibens unkundig waren, fielen Recht und Brauch weitgehend zusammen. Wenn hinsichtlich des Gesetzes und Strafmaßes Fragen auftauchten, wurden die ältesten Gemeindemitglieder befragt, was in ihrer Jugend der Brauch gewesen sei. Damit war die Gemeinde selbst die hauptsächlichste Rechtsquelle. Der Lehnsherr oder König konnte Befehle erteilen, diese waren aber nicht Gesetz; und wenn er mehr forderte, als ihm nach dem Brauch zustand, dann stieß er auf einen ausgesprochenen oder unausgesprochenen allgemeinen Widerstand[43]. Südfrankreich besaß als Vermächtnis Roms ein geschriebenes Recht; Nordfrankreich, in dem das Lehnswesen stärker durchgebildet war, bewahrte größtenteils die Gesetze der Franken, und als im dreizehnten Jahrhundert auch diese schriftlich niedergelegt wurden, war es noch schwieriger, sie abzuändern, als zuvor, und es entstanden unzählige gesetzliche Fiktionen, um sie mit der Wirklichkeit in Übereinstimmung zu bringen.

Das Eigentumsrecht des Feudalsystems war verwickelt und einzigartig. Es unterschied drei Arten des Landbesitzes: 1. das Allod, den bedingungslosen Besitz eines Freigutes; 2. das Lehen – eine Besitzung, deren Nutznießung, nicht aber deren Eigentumsrecht, einem Lehnsmann unter der Bedingung des Dienstes für einen Adligen überlassen wurde, und 3. die Pacht – bei der die Nutznießung einem Leibeigenen oder Pächter gegen die lehnsrechtlichen Abgaben überlassen wurde. Nach der lehnsrechtlichen Theorie stand nur der König im Genusse des absoluten Eigentumsrechtes; selbst der höchste Adlige war Pächter, dessen Besitztum an die Dienstleistung gebunden war. Auch war das Besitztum des Lehnsherrn nicht völlig individuell; jeder Sohn hatte ein Geburtsrecht an den Ländereien der Vorfahren und konnte sich ihrem Verkauf widersetzen[44]. Gewöhnlich wurde das gesamte Besitztum dem ältesten Sohne vermacht. Dieser Brauch des Erstgeburtsrechtes, der dem römischen und barbarischen Recht fremd war[45], erwies sich in den Verhältnissen der Lehnswirtschaft als ratsam, denn sie legte den militärischen Schutz und die wirtschaftliche Leitung des Besitztums in eine einzige Hand, von der man annehmen konnte, daß sie die reifste sei. Jüngeren Söhnen wurde angeraten, ins Weite zu ziehen und sich in fremden Ländern neue Besitztümer zu schaffen. Trotz seiner Eigentumsbeschränkungen kommt kein anderes Recht dem Lehnsrecht in der Achtung vor dem Eigentum und in der Strenge der Strafen für Eigentumsverletzungen gleich. Nach einem deutschen Gesetzbuch war für einen Mann, der von einer zur Stützung eines Deiches eingesetzten Weide die Rinde entfernte, folgende Strafen vorgesehen: «Der Bauch soll ihm aufgeschlitzt werden, und seine Eingeweide sollen herausgerissen und um die Schadenstelle gewickelt werden»; und noch 1454 bestimmte eine westfälische Verordnung, daß ein Mann, der in verbrecherischer Absicht den Grenzstein seines Nachbarn versetzt hatte, bis zum Kopf eingegraben und der Boden von Ochsen und

Menschen aufgepflügt werden solle, die noch nie gepflügt hätten; «und der eingegrabene Mann soll sich selbst helfen, so gut er kann»[46].

Das Gerichtsverfahren folgte im Lehnsrecht weitgehend den barbarischen Gesetzbüchern und ging in den Bemühungen, die Privatrache durch öffentliche Strafen zu ersetzen, noch weiter. Kirchen, Marktplätze und «Asylstädte» erhielten das Recht, Zuflucht zu gewähren; durch solche Einschränkungen konnte es gelingen, der Privatrache Einhalt zu gebieten, bis sich die Rechtsprechung einschalten konnte. Gerichte auf den Herrensitzen behandelten Prozesse zwischen Pächter und Pächter oder zwischen dem Pächter und dem Herrn; Streitfälle zwischen dem Lehnsherrn und einem Lehnsmann oder zwischen zwei Lehnsherrn wurden vor ein Gericht aus «Pairs des Herrschaftsgebietes» gebracht, also vor Männer, die mindestens im gleichen Rang standen wie der Kläger und dem gleichen Lehen angehörten[47] und die Gerichtssitzungen auf irgendeinem Herrenhof abhielten; bischöfliche und äbtliche Gerichte behandelten Fälle, an denen Personen aus dem geistlichen Stande beteiligt waren; höchstinstanzliche Appelle wurden vor einem königlichen Gerichtshof behandelt, der sich aus Pairs des Reiches zusammensetzte und manchmal vom König selbst geleitet wurde. Bei den Herrschaftsgerichten wurden sowohl der Kläger als auch der Angeklagte gefangengehalten, bis der Richtspruch gefällt wurde. Vor allen Gerichten war der Kläger, der den Prozeß verlor, den gleichen Strafen unterworfen, die den Beklagten betroffen hätten, falls er für schuldig befunden worden wäre. Bestechungen waren bei allen Gerichten beliebt[48].

Der Gerichtsentscheid durch Gottesgericht erhielt sich während der ganzen Lehnszeit. Um das Jahr 1215 wurden in Cambrai einige Ketzer der Probe mit dem glühenden Eisen unterworfen; da sie Brandwunden erlitten, wurden sie auf den Scheiterhaufen geführt; einer soll aber mit dem Leben davongekommen sein, da seine Wunden augenblicklich heilten, als er seine Irrtümer einsah und bekannte, so daß von der Verbrennung keine Spur mehr zu sehen war. Die Ausbreitung des philosophischen Denkens während des zwölften Jahrhunderts und die erneute Beschäftigung mit dem römischen Recht erzeugten eine Abneigung gegen diese «Gottesurteile». Papst Innozenz III. ließ sie im Vierten Laterankonzil 1216 vollständig untersagen; Heinrich III. nahm dieses Verbot in das englische (1219), Friedrich II. in das neapolitanische Recht (1231) auf. In Deutschland hielten sich die alten Proben bis ins vierzehnte Jahrhundert; Savonarola wurde 1498 in Florenz der Feuerprobe unterworfen; in den Hexenprozessen des sechzehnten Jahrhunderts lebte sie wieder auf[49].

Das Lehnswesen förderte den altgermanischen Brauch des Gerichtsentscheides durch Zweikampf, teils als Beweisverfahren, teils als Ersatz für Privatrache. Die Normannen führten ihn in Britannien, wo er bei den Angelsachsen außer Gebrauch gekommen war, wieder ein, und er hielt sich dort im englischen Gesetzesrecht bis ins neunzehnte Jahrhundert[50]. 1127 wurde ein Ritter namens Guy von einem anderen Ritter namens Hermann angeklagt, er habe sich am Mord an Karl dem Guten von Flandern beteiligt; Guy leugnete, Hermann forderte ihn zum richterlichen Zweikampf heraus; sie kämpften stundenlang, bis beide keine Pferde und Waffen mehr hatten; vom Fechten gingen sie aufs Ringen über, und Hermann bewies die Richtigkeit seiner Anklage, indem er Guy die Hoden ausriß, worauf Guy das Zeitliche segnete[51]. Möglicherweise aus Scham vor solchen barbarischen Handlungen setzte der Feudalbrauch dem Recht der Herausforderung immer stärkere Schranken. Der Ankläger mußte die Wahrscheinlichkeit des Rechtsfalles nachweisen, wenn er dieses Recht erhalten wollte; der Beklagte durfte den Kampf ablehnen, falls er ein Alibi beibringen konnte; ein Leibeigener durfte einen Freien nicht herausfordern, ebensowenig ein Aussätziger einen Gesunden oder ein Bastard einen legitim Geborenen; im allgemeinen war es nur gestattet, Personen gleichen Ranges herauszufordern. Die Gesetze verschiedener Gemeinwesen gaben den Gerichten das Recht, nach Belieben jeden gerichtlichen Zweikampf zu untersagen. Frauen, Geistliche und Personen, die von einem körperlichen Leiden befallen waren, waren vom Zweikampf ausgeschlossen, durften sich aber von *champions* – berufsmäßig geschulten Kämpen – vertreten lassen. Bereits im zehnten Jahrhundert finden wir solche Kämpen als Vertreter selbst kampftüchtiger Männer beim Zweikampf; da ja Gott den Ausgang des Kampfes je nach der Berechtigung der Anklage entschied, schien die Persönlichkeit der Kämpfenden nicht von Bedeutung. Otto I. unterwarf das Problem der Keuschheit seiner Tochter dem Entscheid durch Zweikampf zweier Champions, desgleichen die umstrittene Erbfolge gewisser Besitztümer[52]; im dreizehnten Jahrhundert nahm Alfons X. von Kastilien seine Zuflucht zu einem solchen Zweikampf, um zu entscheiden, ob er das römische Recht in seinem Reiche einführen solle oder nicht[53]. Gesandtschaften wurden manchmal solche Champions mitgegeben für den Fall, daß diplomatische Zwistigkeiten sich durch Zweikämpfe lösen ließen. Bis 1821 nahm ein solcher Champion an den Zeremonien bei der Krönung des englischen Königs teil; zu diesem Zeitpunkt war er nur noch ein pittoreskes Überbleibsel aus früherer Zeit; aber im Mittelalter mußte er den Fehdehandschuh hinwerfen und laut seine Bereitschaft verkünden, das göttliche Anrecht des neuen Herrschers auf die Krone gegen jedermann zu verteidigen[54].

Der Einsatz der Champions brachte den Gerichtsentscheid durch Zweikampf in Verruf; das aufsteigende Bürgertum strich ihn aus der Gemeindegesetzgebung; in Südeuropa trat im dreizehnten Jahrhundert das römische Recht an seine Stelle. Die Kirche wandte sich wiederholt gegen den Einsatz von Champions, und Innozenz III. erließ ein uneingeschränktes Verbot (1215). Friedrich II. schloß ihn aus seinen neapolitanischen Besitztümern aus; Ludwig IX. schaffte ihn in den Gebieten ab, die unmittelbar seiner Herrschaft unterstanden (1260), und Philipp der Schöne (1303) verbot ihn in ganz Frankreich. Das Duell stammt nicht so sehr vom gerichtlichen Zweikampf als von dem alten Recht der Privatrache ab.

Die Strafen der Lehnszeit waren von barbarischer Härte. Es gab unzählige Bußen. Die Gefangensetzung wurde weniger als Strafe denn als Untersuchungshaft vor dem Prozeß verwandt; sie konnte aber an und für sich schon eine Folter sein, wenn die Zelle von Ungeziefern, Ratten oder Schlangen verpestet war[55]. Angehörige beider Geschlechter konnten an den Pranger gestellt werden, wo sie dem Spott und Hohn der Öffentlichkeit und Würfen mit Steinen und faulen Dingen ausgesetzt waren. Der Tauchschemel wurde bei kleineren Vergehen und als Abschreckmittel für Klatschweiber und böse Weiber gebraucht; die verurteilte Person wurde auf einen Stuhl gebunden, welcher am Ende eines langen Hebels in einen Fluß oder Teich eingetaucht wurde. Schwerverbrecher konnten zum Galeerendienst verurteilt werden: halbnackt und bei kärglicher Nahrung wurden sie an die Ruderbänke gekettet und mußten bis zur völligen Erschöpfung rudern, wenn sie sich nicht schweren Peitschenhieben aussetzen wollten. Ruten- und Peitschenhiebe waren eine allgemein übliche Strafe. Manchmal wurde ein Buchstabe, der das begangene Verbrechen symbolisierte, ins Fleisch eingebrannt, manchmal ins Gesicht; bei Eidbruch und Gotteslästerung wurde die Zunge mit einem glühenden Eisen durchbohrt. Verstümmelungen wurden allgemein angewandt; Hände und Füße, die Ohren oder die Nase wurden abgeschnitten, Augen ausgestochen; Wilhelm der Eroberer ordnete als Abschreckungsmittel gegen Verbrechen an: «Niemand soll wegen seiner Missetaten erschlagen oder erhängt werden; man soll ihm vielmehr seine Augen ausstechen und seine Hände, Füße und Hoden abhauen, so daß der verbleibende Teil seines Leibes ein lebendes Zeugnis seines Verbrechens und seiner Schändlichkeit sei[56].» Die Folter wurde zur Lehnszeit wenig gebraucht; das römische und das kirchliche Recht ließen sie im dreizehnten Jahrhundert wieder aufleben. Diebstahl und Mord wurden manchmal mit Verbannung bestraft, häufiger mit Enthaupten oder Erhängen; Mörderinnen wurden lebendig begraben[57]. Ein Tier, das den Tod eines Menschen herbeigeführt hatte, wurde ebenfalls erhängt oder lebendig begraben. Das Christentum predigte Barmherzigkeit, aber kirchliche Gerichte verhängten die gleichen Strafen wie die Laiengerichtshöfe. Das Abteigericht von Ste-Geneviève ließ sieben Frauen wegen Diebstahls lebendig begraben[58]. Vielleicht waren in einem rauhen Zeitalter barbarische Strafen notwendig, um Menschen, die keine Gesetze kannten, vom Verbrechen abzuhalten. Aber diese Roheiten hielten sich bis zum achtzehnten Jahrhundert, und den schlimmsten Folterungen waren nicht Mörder durch Lehnsherrn unterworfen, sondern fromme Ketzer durch christliche Mönche.

IV. DER FEUDALKRIEG

Das Lehnswesen entstand als militärische Organisierung einer vielgeplagten agrarischen Gesellschaft; seine Tugenden waren eher kriegerischer als wirtschaftlicher Art; die Lehnsmänner und -herren mußten sich für den Krieg ausbilden und jederzeit bereit sein, die Pflugschar mit dem Schwert zu vertauschen.

Das Feudalheer entsprach der Feudalhierarchie, war durch die Bande der Lehnspflicht geordnet und je nach dem Adelsrang streng in Schichten unterteilt. Fürsten, Herzöge, Marquise, Grafen und Erzbischöfe waren Generäle; Barone, Seigneurs und Bischöfe waren Hauptleute; Ritter, Chevaliers, waren Kavalleristen; Junker waren die Dienstleute der Barone und Ritter; die Bewaffneten, welche eine Gemeinde- oder Dorfmiliz bildeten, kämpften als Fußvolk. Hinter dem Lehnsheer kam, wie wir in den Kreuzzügen sehen, der Haufe der unberittenen «Knappen», ohne Anführer und ohne Disziplin; sie nahmen an der Ausplünderung der Besiegten teil und milderten die Leiden der gestürzten oder verwundeten Feinde, indem sie ihnen mit Kriegsäxten oder Knüppeln den Garaus machten[59]. Wesentlich für das Lehnsheer war jedoch die Schar der Berittenen. Das Fußvolk, das nicht mehr beweglich genug war, hatte seit Hadrianopel (378) seine bevorzugte Stellung verloren und sollte sie erst im vierzehnten Jahrhundert wiedergewinnen. Die Kavallerie war der Kriegsarm des Rittertums; Kavallerie, Kavalier, *chevalier* und *caballero* haben ihren Namen alle vom Pferd.

Der Lehnskrieger bediente sich der Lanze und des Schwertes oder des Bogens und des Pfeiles. Der Ritter schloß sein Schwert in sein Ich ein und gab ihm Kosenamen; ohne Zweifel waren allerdings die Namen der Schwerter von Karl dem Großen *(Joyeuse)*, Roland *(Durandel)* und Arthur *(Excalibur)* Erfindung der Spielleute. Bogen gab es in mancherlei Gestalt: einfache Kurzbogen, die an der Brust gespannt wurden; Langbogen, bei denen von Auge und Ohr aus gezielt wurde; Armbrüste, bei denen eine Sehne in der Auskehlung eines Schaftes straff gespannt und, manchmal mit Hilfe eines Drückers oder Stechers, plötzlich losgelassen wurde und einen Pfeil oder einen eisernen oder steinernen Bolzen schleuderte. Die Armbrust war bereits altüberkommen; der Langbogen kam erstmals in den Kriegen Eduards I. gegen die Waliser (1272–1307) durchschlagend in Gebrauch. In England bildete das Bogenschießen den Hauptgegenstand der militärischen Ausbildung und war auch als Sportart führend. Die Entwicklung des Bogens leitete den militärischen Zusammenbruch des Lehnswesens ein; der Ritter verachtete es, zu Fuß zu kämpfen, aber die Bogenschützen schossen ihm das Pferd weg und zwangen ihn zum Kampf auf ihm nicht zusagendem Grunde. Der endgültige Schlag gegen die feudale Militärmacht kam dann im vierzehnten Jahrhundert vom Schießpulver und der Kanone, die aus sicherer Entfernung den gepanzerten Ritter töteten und seine Burg in Trümmer legten.

Da er sich von einem Pferd tragen ließ, konnte sich der Lehnskrieger eine schwere Rüstung leisten. Im zwölften Jahrhundert kleidete sich der voll gerüstete Ritter vom Hals bis zu den Knien in einen Harnisch – ein Panzerhemd aus Kettengeflecht mit Ärmeln; dazu trug er eine eiserne Haube, die den ganzen Kopf mit Ausnahme von Augen, Nase und

Mund bedeckte; Beine und Füße staken in Eisenschienen. Im Kampfe trug er außerdem einen stählernen Helm mit Nasenschutz. Der Helm mit Visier und die Rüstung aus Eisenplatten kamen im vierzehnten Jahrhundert zum Schutz gegen Langbogen- und Armbrustgeschosse auf und blieben bis ins siebzehnte Jahrhundert in Gebrauch; dann gab man die Panzerung fast vollständig auf, um erhöhte Beweglichkeit zu gewinnen. Zur Wehr trug der Ritter einen Schild aus Holz, Leder und Eisenbändern, der in der Mitte mit einem Buckel aus vergoldetem Eisen verziert war und an Riemen am linken Arm getragen und am Hals aufgehängt wurde. Der mittelalterliche Ritter war eine wandelnde Festung.

Die Befestigung war die wichtigste und gewöhnlich hinreichende Verteidigungsmaßnahme im Kriege der Lehnszeit. Eine im Felde geschlagene Armee konnte innerhalb der Mauern des Herrschaftssitzes Zuflucht finden, und der Burgturm gewährte einen letzten Schutz. Die Belagerungskunst erlebte im Mittelalter einen Niedergang; Ausrüstung und Aufbau der Einrichtungen, mit denen man in die feindlichen Mauern Breschen schlagen konnte, erwiesen sich als zu kompliziert und kostspielig oder als zu mühselig für würdevolle Ritter; die Kunst des Sappeurs behauptete sich jedoch. Auch die Flotten gingen in einer Welt zurück, in welcher der Wille zum Krieg größer war als die Mittel dazu. Die Kriegsgaleeren blieben die gleichen wie in der Antike; sie trugen auf Deck Kampftürme und wurden von Freien oder Galeerensklaven fortbewegt. Was an Kraft fehlte, wurde durch Zierde ersetzt, am Schiff wie am Mann. Über einer Pechschicht, die das Holz des Schiffes gegen die Einwirkung von Luft und Wasser schützte, trugen mittelalterliche Schiffbauer und Künstler leuchtende mit Wachs vermischte Farben auf – weiß, zinnoberrot, ultramarinblau; sie vergoldeten Bug und Reling und brachten an Bug und Heck Menschen-, Tier- und Götterfiguren an. Die Segel trugen fröhliche Farben, manche waren purpurn, andere golden; und das Schiff eines Großen war mit dessen Wappen geschmückt.

Der Krieg der Lehnszeit unterschied sich vom antiken und modernen Krieg durch seine größere Häufigkeit und geringere Sterblichkeit und Kostspieligkeit. Jeder Lehnsherr beanspruchte für sich das Recht, einen privaten Krieg gegen jedermann zu führen, der nicht durch Lehnsbande an ihn gebunden war, und jedem König stand es frei, jederzeit einen ehrenwerten Raubzug gegen die Ländereien eines anderen Herrschers zu unternehmen. Wenn ein König oder Lehnsherr zu Felde zog, so waren alle seine Vasallen und alle Verwandten bis zum siebenten Grad verpflichtet, vierzig Tage lang mit ihm zu ziehen und zu kämpfen. Im zwölften Jahrhundert verging kaum ein Tag, ohne daß in irgendeinem Teil des Landes, das heute Frankreich ist, ein Krieg im Gange war. Ein guter Krieger zu sein war für einen Ritter das Höchste; er mußte voller Kraft und Freude harte Schläge austeilen und einstecken; sein letzter Ehrgeiz war der Tod des Kriegers auf dem «Felde der Ehre», nicht ein «Kuhtod» im Bett[60]. Berthold von Regensburg bedauerte, daß «so wenige große Herren ihr volles Alter erreichen oder eines rechten Todes sterben»[61]; Berthold war aber ein Mönch.

Das Spiel war nicht allzu gefährlich. Ordericus Vitalis berichtet in seiner Schilderung der Schlacht von Brémule (1119), daß «von den 900 Rittern, die am Kampfe teilnahmen, nur drei fielen»[62]. In der Schlacht von Tinchebrai (1106), in welcher Heinrich I. von England die ganze Normandie für sich gewann, wurden 400 Ritter gefangengenommen, aber nicht einer von Heinrichs Rittern fiel. In Bouvines (1214), einer der blutigsten und entscheidendsten Schlachten des Mittelalters, verloren 170 von den beteiligten 1500 Rittern das Leben[63]. Panzerung und Festung kamen der Verteidigung zugute; ein Ritter in voller Rüstung war kaum umzubringen, es sei denn, daß man ihm die Kehle durchschnitt, wenn er zu Boden gestürzt war, und das ging gegen die Gesetze der Ritterlichkeit. Außerdem war es klüger, einen Mann gefangenzunehmen und Lösegeld zu verlangen, als ihn zu töten und damit eine Fehderache auszulösen. Froissart jammert darüber, daß in einer bestimmten Schlacht «so viele gute Gefangene» niedergemacht wurden, «daß sie leicht 400 000 Franken eingebracht hätten»[64]. Die Gesetze der Ritterlichkeit und die gegenseitige Vorsicht machten eine gute Behandlung der Gefangenen und Mäßigung in den Lösegeldern ratsam. Gewöhnlich wurde der Gefangene auf sein Ehrenwort, daß er zu einem bestimmten Zeitpunkt mit dem Lösegeld wiederkommen werde, freigelassen, und selten kam es vor, daß ein Ritter sein Wort brach[65]. Es waren die Bauern, die am meisten unter den Lehnskriegen zu leiden hatte. In Frankreich, Deutschland und Italien überfiel jedes Heer das Land des Feindes, plünderte die Wohnstätten der Vasallen und Leibeigenen aus und beschlagnahmte oder tötete alles Vieh, das nicht in schützende Mauern verbracht worden war. Nach einem solchen Kriege zogen viele Bauern ihren Pflug selbst, und viele verhungerten, weil es ihnen am Saatgut fehlte.

Könige und Fürsten waren bestrebt, hin und wieder Zeiten des inneren Friedens einzuschalten. Den Normannenherzögen gelang es in der Normandie, in England und auf Sizilien; dem Grafen von Flandern in seinem Bereiche, dem Grafen von Barcelona in Katalonien, Heinrich III. ein Menschenalter lang in Deutschland. Im übrigen war die Kirche in der Begrenzung des Krieges führend. Von 989 bis 1050 dekretierten verschiedene Konzile in Frankreich eine *Pax Dei*, einen Gottesfrieden, und verhießen einem jeden die Exkommunizierung, der im Kriege Gewalt gegen Nichtkriegführende anwenden sollte. Die französische Kirche organisierte an verschiedenen Punkten eine Friedensbewegung und brachte viele Adlige dazu, daß sie sich nicht nur der privaten Kriegführung enthielten, sondern auch an deren Ächtung beteiligten. Bischof Fulbert von Chartres (960?–1028) dankte Gott in einer berühmten Hymne für den ungewohnten Frieden. Die Bewegung wurde von dem gewöhnlichen Volke mit Begeisterung aufgenommen, und brave Seelen prophezeiten bereits, daß innerhalb von fünf Jahren das Friedensprogramm von der ganzen Christenheit angenommen sein würde[66]. Französische Konzile proklamierten von 1027 an die *Treuga Dei*, den Gottesfrieden, wohl in Anlehnung an das muselmanische Verbot der Kriegführung während der Pilgerzeit; jede Fehdehandlung war verboten während der Fastenzeit, während der Erntezeit (15. August bis 11. November), an bestimmten Feiertagen und während eines Teiles der Woche – gewöhnlich von Mittwoch abend bis Montag morgen; in seiner endgültigen Gestalt gestattete der Gottesfriede nur noch an achtzig Tagen des Jahres den privaten Krieg, die Fehde. Diese Aufrufe und Beschwörungen waren von Erfolg begleitet; die privaten Fehden nahmen durch die Mitwirkung der Kirche, der wachsenden Stärke der Monarchien, das Hochkommen der Städte und des Bürgertums und durch den Einsatz der kriegerischen Kräfte in den Kreuzzügen allmählich ein Ende. Im zwölften Jahrhundert wurde der Gottesfriede in Westeuropa nicht nur Bestandteil des kanonischen, sondern auch des zivilen Rechtes. Das Zweite Laterankonzil (1139) verbot den Einsatz von Kriegsmaschinen gegen Menschen[67]. Im Jahre 1190 schlug Gerhoh von Reichersburg vor, der Papst solle jeden Krieg zwischen Christen verbieten, und alle Streitfälle zwischen christlichen Herrschern sollten dem päpstlichen Schiedsgericht unterstellt werden[68]. Den Königen kam das ein wenig allzu fortschrittlich vor; sie führten um so mehr Kriege nach außen, je stärker die Privatfehden im Innern zurückgingen, und im dreizehnten Jahrhundert spielten die Päpste das königliche Spiel um die Macht mit menschlichen Figuren selbst und bedienten sich des Krieges als Werkzeug ihrer Politik.

V. DAS RITTERWESEN

Aus altgermanischen kriegerischen Initiationsbräuchen, zu denen sich sarazenische Einflüsse aus Persien, Syrien und Spanien und christliche Vorstellungen der Hingabe und des Sakramentes gesellten, blühte eine unvollkommene, aber großherzige Wirklichkeit des Ritterwesens auf.

Ritter war eine Person adliger Abstammung – also aus adliger Grundbesitzerfamilie –, welche formell in den Ritterstand aufgenommen worden war. Nicht jeder Edle konnte Ritter werden oder einen Adelstitel erwerben; die jüngeren Söhne, sofern sie nicht königlichen Blutes waren, hatten gewöhnlich nur bescheidene Besitztümer zu eigen, die den kostspieligen Aufwand der Ritterschaft ausschlossen; sie blieben Junker, sofern sie sich nicht selbst neuen Grundbesitz und neue Titel eroberten.

Der Jüngling, den es gelüstete, Ritter zu werden, mußte eine lange und schwere Schulung durchmachen. Mit sieben oder acht Jahren trat er als Page, mit zwölf oder vierzehn als Knappe in den Dienst eines Herrn; bediente ihn bei Tisch, in der Schlafkammer, auf dem Gutshof, beim Turnier oder in der Schlacht; kräftigte sich Fleisch und Geist in gefährlichen Übungen und Vergnügungen; erlernte durch Nachahmung oder Versuch den Gebrauch der Waffen des lehnsherrlichen Krieges. Sobald seine Lehrlingszeit abgeschlossen war, wurde er in einem Zeremoniell von sakramentaler Feierlichkeit in den Ritterstand aufgenommen. Der Bewerber begann mit einem Bad, einem Symbol der geistigen und vielleicht auch einer Garantie der körperlichen Reinigung; daher konnte er «Ritter des Bades» genannt werden, zum Unterschied von den «Rittern des Schwertes», die ihren Ritterschlag auf einem Schlachtfelde als unmittelbare Belohnung für Tapferkeit erhalten hatten. Er kleidete sich in ein weißes Hemd, ein rotes Gewand und einen schwarzen Mantel, womit er die erhoffte Reinheit seiner Gesittung, das Blut, das er zur Ehre Gottes vergießen sollte, und den Tod, dem er unerschütterlich ins Antlitz sehen mußte, darstellte. Einen Tag lang fastete er; er verbrachte eine Nacht im Gebet in der Kirche, beichtete einem Priester seine Sünden, nahm an der Messe teil, erhielt die Kommunion, hörte sich eine Predigt über die sittlichen, religiösen, sozialen und militärischen Pflichten des Ritters an und gelobte feierlich, sie zu erfüllen. Hierauf ging er, ein Schwert um den Hals gehängt, zum Altar vor; der Priester nahm das Schwert ab, segnete es und hing es ihm wieder um den Hals. Daraufhin wandte sich der Jüngling dem Herrn zu, von dem er den Ritterschlag erhalten sollte, und wurde mit einer strengen Frage empfangen: «Zu welchem Zwecke willst du in den Ritterstand eintreten? Ist es, um reich zu werden, um ein müßiges Leben zu führen, um Ehren zu empfangen, ohne selbst dem Rittertum Ehre zu machen, dann bist du unwürdig, dann wärest du für den Ritterstand, was der simonistische Kleriker für die Geistlichkeit bedeutet.» Der Kandidat war vorbereitet, eine beruhigende Antwort zu erteilen. Ritter oder Edeldamen legten ihm nun die Ritterrüstung an: Panzerhemd, Panzer oder Brustharnisch, Armbinden, Panzerhandschuhe, Schwert und Sporen*. Der Herr, der bis dahin gesessen hatte, erhob sich nun und erteilte ihm den Ritterschlag – drei Schläge mit dem flachen Schwert auf den Hals oder die Schulter, dazu manchmal einen Backenstreich, als Symbol der letzten Beleidigung, die er hinnehmen durfte, ohne den Beleidiger zu züchtigen; dazu sprach er die Worte: «Im Namen Gottes, des heiligen Michael und des heiligen Georg mache ich dich zum Ritter.» Der neue Ritter erhielt eine Lanze, einen Helm und ein Pferd; er setzte sich den Helm auf, sprang auf das Pferd, schwang seine Lanze und sein Schwert, ritt aus der Kirche heraus, verteilte Geschenke unter seine Gefolgschaft und veranstaltete ein Fest für seine Freunde.

Er hatte nun das Vorrecht, sein Leben in Turnieren aufs Spiel zu setzen, in denen er sich zu noch größerer Geschicklichkeit, Ausdauer und Tapferkeit üben konnte. Erstmals im zehnten Jahrhundert aufgekommen, blühte das Turnier vor allem in Frankreich und lenkte einen Teil der Leidenschaften und Kräfte, die dem Feudalleben ein so ungeordnetes Gepräge gaben, in geordnetere Bahnen. Es konnte von einem König oder großen Herrn durch einen Herold verkündet werden, um einen Ritterschlag, den Besuch eines hohen Herrn oder eine Hochzeit in der Königsfamilie zu feiern. Die Ritter, die teilzunehmen wünschten, eilten in die vorgesehene Stadt, hängten ihr Wappenbild aus den Fenstern ihrer Zimmer und schlugen ihr Wappen an Schlössern, Burgen, Klöstern und an anderen öffentlichen Stellen an. Zuschauer betrachteten sie und durften Klage gegen jeden einlegen, der an dem Turnier teilnehmen wollte und ihm ein Unrecht zugefügt hatte; Turnierbeamte untersuchten den Fall und schlossen Schuldige vom Turnier aus; es war dann ein «Flecken auf ihrem Schild». Zu dem aufregenden Ereignis eilten Pferdehändler herbei, um den Ritter auszustatten, Tuchhändler, um ihn und seine Pferde in die geziemende Gewandung zu kleiden, Geldverleiher, um das Lösegeld für den gestürzten Ritter zu zahlen, Wahrsager, Akrobaten, Mimen, Spielleute und Minnesänger, wandernde Scholaren, Frauen mit lockerer Moral und Damen von hohem Stand und Rang. Der ganze Anlaß war ein buntes Fest mit Gesang und Tanz, Stelldicheins und Zank, und mit hohen Wetten auf den Ausgang der Kämpfe.

Ein Turnier konnte fast eine Woche oder auch nur einen Tag dauern. Bei einem im Jahre 1285 abgehaltenen Turnier war der Sonntag der Tag für Empfänge und Festlichkeiten; am Montag und Dienstag wurde turniert; der Mittwoch war Ruhetag; am Donnerstag fand das Hauptturnier statt. Die Schranken, der Kampfplatz, waren auf einem Stadtplatz oder auf offenem Feld aufgestellt und teilweise von Tribünen und Galerien für die reicheren Edelleute umgeben, welche in der ganzen Pracht der mittelalterlichen Kostüme

* Goldene Sporen waren das Zeichen des Ritters, silberne des Knappen; «sich die Sporen verdienen» bedeutete die Ritterschaft erlangen.

dem Kampf zusahen; das gewöhnliche Volk hatte rings um das Feld Stehplätze. Die Tribünen waren mit Teppichen, Tüchern, Wimpeln und Wappen geschmückt. Musikanten leiteten das Treffen mit Musik ein und brachten bei den besten Schlägen des Kampfspiels einen Tusch dar. Zwischen den Kämpfen streuten edle Herren und Damen Münzen unter die Menge aus, welche sie mit den Rufen «*Largesse!*» und «*Noël!*» empfingen.

Vor dem ersten Kampf zogen die Ritter in feierlichem Gepränge und mit zierlichen Schritten in die Schranken; von den berittenen Knappen gefolgt und manchmal von den Damen, zu deren Ehren sie kämpfen wollten, an goldenen oder silbernen Ketten geführt. Gewöhnlich trug jeder Ritter an Schild, Helm oder Lanze eine Schärpe, einen Schleier, einen Überwurf, einen Armring oder ein Band, das seine Auserwählte ihrer Kleidung entnommen hatte.

Das Lanzenstechen war ein Zweikampf zweier Rivalen, die in vollem Galopp mit angelegter Stahllanze aufeinander zustürmten. Falls einer der beiden Kämpfer vom Pferde stürzte, mußte auch der andere absteigen, und der Kampf wurde zu Fuß fortgesetzt, bis einer von ihnen aufgab oder infolge Übermüdung, Verwundung oder Tod außer Gefecht gesetzt war oder die Schiedsrichter oder der König Einhalt geboten. Der Sieger trat sodann vor die Schiedsrichter und nahm feierlich den Kampfpreis von ihnen oder von einer vornehmen Dame in Empfang. Mehrere solche Lanzenstechen konnten einen Tag füllen. Der Höhepunkt des Festes kam mit dem eigentlichen Turnier; die teilnehmenden Ritter stellten sich in zwei Gruppen gegeneinander auf und kämpften eine richtige Schlacht aus, wenn auch gewöhnlich mit stumpfen Waffen; bei dem Turnier in Neuß (1240) kamen etwa sechzig Ritter ums Leben. Bei solchen Turnieren wurden wie im Kriege Gefangene gemacht und Lösegelder erhoben; Pferde und Rüstung des Unterlegenen gehörten dem Sieger; die Ritter hatten das Geld noch lieber als den Kampf. In den *fabliaux* ist von einem Ritter die Rede, der gegen die Verurteilung der Turniere durch die Kirche protestiert, da damit seine einzige Einnahmequelle verlorengehe[69]. Wenn alle diese Kämpfe vorbei waren, dann feierten die Überlebenden und die vornehmen Zuschauer den Tag gemeinsam mit Schmausen, Gesang und Tanz. Die siegreichen Ritter hatten das Vorrecht, die hübschesten Damen zu küssen, und lauschten Gedichten und Liedern, die zu Ehren ihrer Siege gedichtet und komponiert worden waren.

Nach der Theorie mußte der Ritter Held, Edelmann und Heiliger in einem sein. Die Kirche war eifrig bestrebt, das rauhe Herz zu veredeln, und umkleidete das Rittertum mit religiösen Zeremonien und Gelübden. Der Ritter verpflichtete sich, stets die Wahrheit zu sagen, die Kirche zu verteidigen, die Armen zu schützen, in seiner Provinz für Frieden zu sorgen und die Ungläubigen zu verfolgen. Seinem Lehnsherrn schuldete er eine Treue, die ihn stärker verpflichtete als die Sohnesliebe; allen Frauen mußte er Schützer und Behüter ihrer Keuschheit sein; allen Rittern sollte er zu gegenseitiger Gefälligkeit und Hilfe brüderlich verbunden sein. Im Kriege durfte er gegen andere Ritter kämpfen; wenn er aber einen von ihnen gefangennahm, mußte er ihn wie seinen Gast behandeln; solcherart lebten die französischen Ritter, die bei Crécy und Poitiers gefangengenommen worden waren, in Freiheit und aller Bequemlichkeit auf den Gütern ihrer englischen Unterwerfer, bis das Lösegeld für sie eintraf, und nahmen an den Festen und Vergnügungen ihrer Gastgeber teil[70].

Über das Gewissen der Gemeinen hinaus pries der Feudalismus den aristokratischen Ehrbegriff und das *noblesse oblige* des Ritters – eine Verpflichtung zu Tapferkeit und Treue, zu unermüdlichem Dienste an allen Rittern, allen Frauen, allen Schwachen oder Armen. Damit erhielt die *virtus* ihren altrömischen Sinn der Mannhaftigkeit wieder, nachdem das Christentum tausend Jahre lang den Nachdruck auf die weiblichen Tugenden gelegt hatte. Das Rittertum bedeutete trotz seiner religiösen Aura einen Sieg der germanischen, heidnischen und arabischen Begriffswelt über die christliche; ein von allen Seiten angegriffenes Europa bedurfte wiederum der kriegerischen Tugenden.

All das war indessen theoretisches Rittertum. Einige wenige Ritter befolgten die Ideale auch in der Praxis, so wie einige wenige Christen sich zu den schwindelnden Höhen christlicher Selbstlosigkeit aufschwangen. Aber die menschliche Wesensart, aus Urwald und Tierhaftigkeit entwachsen, zog das eine wie das andere Ideal in den Schmutz. Der gleiche Recke, der an einem Tage im Turnier oder in der Schlacht tapfer focht, konnte sich am nächsten Tage als treuloser Mörder erweisen; er trug seine Ehre so stolz wie seinen Federbusch zur Schau und brachte es doch fertig, wie Lancelot, Tristram und andere realere Ritter, mit Ehebruch das Glück edler Familien zu zerstören. Er konnte mit der Unterstützung prahlen, die er den Schwachen angedeihen ließ, und einen unbewaffneten Bauern mit seinem Schwerte niederhauen; er behandelte den Mann mit Verachtung, der den Rittern mit seiner Hände Arbeit die Grundlage zu ihrer Burgfeste der Galanterie schuf, und verhielt sich oft roh und gelegentlich gar brutal gegenüber der Gattin, die zu pflegen und zu schützen er geschworen hatte[71]. Er konnte am Morgen der Messe beiwohnen, am Nachmittag eine Kirche ausrauben und sich am Abend sinnlos betrinken; das ist das Bild, das Gildas, der unter ihnen lebte, von den britischen Rittern des sechsten Jahrhunderts entwirft, in das einige Dichter Arthur und dessen Tafelrunde verlegten[72]. Er redete von Treue und Gerechtigkeit und gab Froissart Gelegenheit, seine Chronik mit Berichten von Verrat und Gewalttätigkeit zu füllen. Derweil deutsche Dichter von Ritterlichkeit sangen, beschäftigten sich deutsche Ritter mit Faustkämpfen, Brandstiftungen und Raubüberfällen auf unschuldige Reisende[73]. Die Sarazenen waren über die Roheit und Grausamkeit der Kreuzfahrer erstaunt; selbst der große Bohemund bezeigte dem griechischen Kaiser seine Verachtung damit, daß er ihm eine Sendung abgeschnittener Nasen und Daumen zukommen ließ[74]. Leute dieser Art bildeten die Ausnahme, aber es gab ihrer viele. Es wäre natürlich widersinnig, von Soldaten zu erwarten, daß sie Heilige seien; das gute Töten erfordert seine eigenen besonderen Tugenden. Diese rauhen Ritter trieben die Mauren auf Granada zurück, verjagten die Slawen von der Oder, die Magyaren aus Italien und Deutschland; sie machten aus wilden Nordmannen Normannen und brachten auf der Spitze ihrer Schwerter die französische Zivilisation nach England. Sie waren, was sie sein mußten.

Zwei Einflüsse milderten die Unkultur des Rittertums: die Frau und das Christentum. Der Kirche gelang es teilweise, den Kampfesgeist der Lehnszeit in die Kreuzzüge abzulenken. Vielleicht kam ihr dabei der zunehmende Kult der jungfräulichen Mutter Maria zugute; abermals wurden weibliche Tugenden hochgehalten, um den blutrünstigen Eifer überkräftiger Männer im Zaum zu halten. Es kann aber durchaus sein, daß lebende Frauen, die nicht nur die Seele, sondern auch die Sinne ansprachen, noch mehr Einfluß auf die Umwandlung des Kriegers in einen Edelmann hatten. Die Kirche verbot die Turniere zu wiederholten Malen, aber das Verbot wurde von den Rittern frischfröhlich mißachtet; die Damen nahmen an den Turnieren teil und wurden nicht mißachtet. Die Kirche entsetzte sich über die Rolle, welche die Frau bei den Turnieren und in der Dichtung spielte; es entstand ein Konflikt zwischen der Moral edler Damen und der Ethik der Kirche, und im Feudalismus trugen die Damen und die Dichter den Sieg davon.

Die romantische Liebe – die Liebe, die ihr Objekt idealisiert – kommt wahrscheinlich zu allen Zeiten vor und entspricht in Grad und Ausmaß ungefähr den Hindernissen, die zwischen der Sehnsucht und ihrer Erfüllung liegen. Bis zu unserer eigenen Zeit war die romantische Liebe selten Anlaß zum Eheschluß; wenn sie zur Blütezeit des Rittertums völlig abseits der Ehe steht, so müssen wir diese Verhältnisse als normaler denn unsere eigenen gelten lassen. Zu den meisten Zeiten und ganz besonders zur Lehnszeit ehelichten die Frauen die Männer wegen ihres Besitzes und bewunderten andere Männer wegen ihrer Reize. Dichter, die keinen Besitz ihr eigen nannten, mußten eine Ehe niederen Standes eingehen oder von ferne lieben, und so richteten sie ihre schönsten Lieder an unnahbare Damen. Die Kluft zwischen dem Liebhaber und seiner Angebeteten war gewöhnlich so tief, daß auch die leidenschaftlichsten Liebesgedichte nur als hübsche Komplimente aufgefaßt wurden, und ein wohlgesitteter Herr belohnte die Dichter für die verliebten Verse, die sie an seine Gattin richteten. Der Vicomte von Vaux zum Beispiel bewahrte dem Troubadour Peire Vidal Gunst und Gastfreundschaft auch dann noch, als Peire an die Vicomtesse Liebesgedichte richtete – selbst dann noch, als er sie zu verführen suchte[75], was aber ein Grad der Liebenswürdigkeit war, mit dem gewöhnlich nicht zu rechnen war. Der Troubadour vertrat die Meinung, daß die Ehe, die ein Maximum von Möglichkeiten mit einem Minimum von Versuchung verbinde, schwerlich eine romantische Liebe entfachen oder erhalten könne; selbst der pflichtgetreue Dante scheint nie daran gedacht zu haben, seiner Gattin ein Liebesgedicht zu widmen, und er scheint es auch nie unschicklich gefunden zu haben, ein solches an eine andere Frau zu richten, sei sie nun ledig oder verheiratet gewesen. Der Ritter teilte die Ansicht des Dichters, daß die ritterliche Liebe sich auf eine andere Frau als die eigene richten müsse, gewöhnlich auf die Gattin eines anderen Ritters[76]. Obgleich wir sie nicht gerade oft der ehelichen Treue verdächtigen müssen, so lachten doch die meisten Ritter über die «höfische Liebe», gaben sich mit der Zeit mit der eigenen Lebensgefährtin zufrieden und trösteten sich mit Krieg und Fehde. Wir vernehmen von Rittern, die sich gegenüber dem heißen Liebeswerben von Damen als taub erwiesen[77]. Roland hat in der *Chanson* bei seinem Tode kaum einen Gedanken für die ihm anverlobte Aude übrig, die doch bei der Nachricht von seinem Hinschied vor Herzeleid stirbt. Auch die Frauen waren nicht alle romantisch veranlagt; vom zwölften Jahrhundert an wurde es aber vielfach feste Regel, daß eine Dame außer dem Gatten einen Liebhaber haben müsse, sei er nun platonisch oder byronisch. Wenn wir den mittelalterlichen Romanzen glauben dürfen, so war der Ritter dem *devoir*, dem Dienst an der Dame, deren Farben er tragen durfte, verpflichtet; sie konnte ihm gefährliche Abenteuer auferlegen, um ihn auf die Probe zu stellen oder fernzuhalten, und wenn er ihr gut diente, so war sein Lohn eine Umarmung oder noch mehr; das war der *guerdon*, auf den er Anspruch erhob. Für sie vollbrachte er seine Waffentaten, ihren Namen rief er aus, wenn der Kampf am heißesten tobte oder wenn der Augenblick des Todes gekommen war. Auch darin war das Lehnswesen nicht ein Bestandteil des Christentums, sondern dessen Widersacher und Nebenbuhler. Die Frauen, die in der Theologie mit Liebe knapp gehalten wurden, behaupteten ihre Freiheit und schufen sich ihr eigenes Sittengesetz; der Kult der leiblichen Frau trat in Wettbewerb mit dem Madonnenkult. Die Liebe setzte sich als unabhängiger Wertgrundsatz durch und bot Ideale des Dienstes und Verhaltensregeln und setzte sich anstandslos über die Religion hinweg, auch wenn sie sich ihre Ausdrucksweise und Prägeformen zu eigen machte[78].

Eine so komplizierte Trennung von Liebe und Ehe brachte viele Probleme der Moral und der Etikette mit sich, und wie zu Ovids Zeit behandelten Schriftsteller diese Fragen mit der ganzen Spitzfindigkeit von Kasuisten. Irgendwann zwischen 1174 und 1182 verfaßte ein gewisser Andreas Capellanus einen *Tractatus de amore et de amoris remedio (Abhandlung über die Liebe und ihre Heilung)*, in welchem er unter anderem die Gesetze und Grundsätze der «höfischen Liebe» niederlegte. Andreas beschränkt diese Liebe auf den Adel; ohne Erröten nimmt er an, daß es sich dabei um die unerlaubte leidenschaftliche Liebe eines Ritters zu der Gattin eines anderen Ritters handle, sieht aber ihr auszeichnendes Merkmal in der Huldigung, Unterwerfung und Dienstwilligkeit des Mannes gegenüber der Frau. Das Buch ist unser wichtigstes Zeugnis für das Bestehen mittelalterlicher «Minnehöfe», bei denen adlige Damen Fragen des *amour courtois* behandelten und Beschlüsse faßten. Zur Zeit des Andreas war, wenn wir seinem Bericht folgen dürfen, die führende Dame in diesen Verhandlungen die Gräfin Marie de Champagne; eine Generation zuvor war es ihre Mutter gewesen, Eleonore, Herzogin von Aquitanien, ehemals Königin von Frankreich und später von England, die faszinierendste Frau der lehnsherrlichen Gesellschaft. Nach dem *Tractatus* standen Mutter und Tochter manchmal gemeinsam als Richterinnen dem Minnehof von Poitiers vor[79]. Andreas kannte Marie gut, diente als ihr Kaplan und schrieb sein Buch offenbar, um ihre Theorien und Urteile über die Liebe an die Öffentlichkeit zu bringen. «Die Liebe lehrt jedermann, in gutem Benehmen zu schwelgen», sagt er; unter Maries Leitung sei der rohe Adel von Poitiers zu einer Gesellschaft edelmütiger Damen und galanter Herren geworden.

Die Dichtungen der Troubadours enthalten mehrere Anspielungen auf solche Minnehöfe, die von hohen Damen – der Vicomtesse von Narbonne, der Gräfin von Flandern und anderen – in Pierrefeu, Avignon und an anderen Orten Frankreichs abgehalten wurden[80]; zehn, vierzehn, sechzig Frauen sollen in Fällen zu Gericht gesessen sein, die ihnen meistens von Frauen, manchmal von Männern unterbreitet wurden; Streitigkeiten wurden beigelegt, Zwiste von Liebenden geschlichtet, Strafen gegen Verletzer des Minnegesetzes ausgesprochen. Auf diese Weise soll (nach Andreas) Marie de Champagne am 27. April 1174 ein *responsum* zur Frage «Kann es unter Verheirateten wirkliche Liebe geben?» ausgesprochen haben. Sie verneinte die Frage und begründete dies folgendermaßen: «Liebende gewähren alles willig, ohne durch irgendeine Notwendigkeit gezwungen zu sein; Verheiratete dagegen sind verpflichtet, sich den Wünschen des anderen zu unterwerfen[81].» Alle Minnehöfe seien sich, wie unser fröhlicher Andreas berichtet, über einunddreißig «Liebesgesetze» einig gewesen: (1) Die Ehe kann nicht als Entschuldigung für eine Liebesverweigerung gelten ... (3) Niemand kann zwei Personen gleichzeitig wirklich lieben. (4) Die Liebe steht nie still; stets nimmt sie zu oder ab. (5) Ungern gewährte Gunstbezeigungen sind geschmacklos ... (11) Es schickt sich nicht, Damen zu lieben, die nur im Hinblick auf die Ehe lieben ... (14) Ein zu leichter Besitz macht die Liebe verächtlich; ein Besitz, der nur mit großer Mühe erlangt wird, macht die Liebe ... sehr wertvoll ... (19) Wenn die Liebe einmal abzunehmen beginnt, dann schwindet sie rasch dahin und lebt selten wieder auf ... (21) Die Liebe wächst und gedeiht unter dem Einfluß der Eifersucht ... (23) Wer der Liebe zum Raub gefallen ist, schläft und ißt wenig ... (26) Liebe kann der Liebe nichts versagen[82].

Diese Minnehöfe waren, falls sie überhaupt je bestanden haben, jedenfalls eine Art von Gesellschaftsspiel, das von den adligen Damen gespielt wurde; vielbeschäftigte Barone nahmen wenig Notiz von ihnen, und verliebte Ritter machten sich ihre eigenen Gesetze. Es kann aber wenig Zweifel geben, daß der zunehmende Reichtum und Müßiggang eine Liebesromantik und -etikette hervorrief, welche die Dichtung der Troubadours und der Frührenaissance erfüllte. Der Florentiner Chronist Villani (1280?–1348) schreibt:

> Und im Juni des Jahres 1283, auf das Fest von Sankt Johann, da die Stadt Florenz in glücklichem, friedlichem und ruhigem Zustand lebte, und es für Kaufleute und Handwerker und insbesondere für die welfische Oberherrschaft eine günstige Zeit war, gründete man im Quartier Santa Felicità Oltrarno ... eine gesellschaftliche Vereinigung von tausend und mehr Menschen, die, alle in Weiß gekleidet, sich die Diener Amors nannten. Diese veranstalteten immerzu Spiele, Lustbarkeiten, Tanzereien mit Frauen, Edelleuten und Bürgern, zogen mit Trompetenschall und Musik in ausgelassener Freude umher und hielten festliche Gelage zu Mittag und zu Abend. Dieser «Minnehof» dauerte gegen zwei Monate, und es war der feinste und berühmteste, den es je in Florenz oder in Toscana gegeben hat.[83]

Das Rittertum nahm seinen Anfang im zehnten Jahrhundert, erreichte seine Blütezeit im dreizehnten, litt unter den Grausamkeiten des Hundertjährigen Krieges, schrumpfte unter dem gnadenlosen Haß, der den englischen Adel im Rosenkrieg aufspaltete, und ging im theologischen Wüten der Religionskriege des sechzehnten Jahrhunderts unter. Es drückte aber seinen Stempel entscheidend der Gesellschaftsform, Bildung, Gesittung, Literatur und Kunst und dem Wortschatz des mittelalterlichen und modernen Europa auf. Die Ritterorden – der Hosenbandorden, der Bath-Orden, der Orden vom Goldenen Vlies – wuchsen in England, Frankreich, Deutschland, Italien und Spanien bis auf die Zahl von 234 an, und Schulen wie diejenigen von Eton, Harrow und Winchester vereinten das Ritterideal mit der «liberalen» Bildung zu der wirkungsvollsten Geistes-, Willens- und Charakterbildung der Geschichte des Erziehungswesens. Wie der Ritter feines Benehmen und Galanterie am Hofe eines Großen oder Königs erlernte, so gab er etwas von seiner *courtoisie* an diejenigen weiter, die auf der sozialen Stufenleiter unter ihm standen; die heutige *Höflichkeit* ist eine Verwässerung der mittelalterlichen Ritterlichkeit. Die europäische Literatur blühte von der *Chanson de Roland* bis zum *Don Quijote* mit ritterlichen Charakteren und Themen, und die Wiederentdeckung des Ritterwesens war eines der treibenden Elemente in der romantischen Literaturbewegung des achtzehnten und neunzehnten Jahrhunderts. Trotz allen Auswüchsen und Absonderlichkeiten in seiner Literatur, trotz dem Abstand, der es noch von seinen Idealen trennte, bleibt das Rittertum doch eine der bedeutendsten Leistungen des menschlichen Geistes, eine Lebenskunst, glänzender als jede eigentliche Kunst.

So gesehen zeigt das Bild des Lehnswesens nicht nur Leibeigenschaft, Unbildung, Ausbeutung und Gewalttätigkeit, sondern mit nicht minder Berechtigung lebensfreudige Bauern, welche die Wildnis urbar machen, Menschen voller Farbe und Kraft in Sprache, Liebe und Krieg; Ritter, die sich der Ehre und dem Dienst verschrieben haben, Abenteuer und Ruhm suchen, und nicht Bequemlichkeit und Sicherheit, und sich aus Gefahren, Tod und Hölle nichts machen; Frauen, die in Bauernhöfen geduldig werken und gebären, adlige Damen, welche die innigsten Gebete an die Jungfrau mit der kühnen Freimütigkeit einer sinnlichen Dichtung und höfischen Liebe zu verbinden wissen – vielleicht leistete der Feudalismus mehr als das Christentum, um die Stellung der Frau zu heben. Die große Aufgabe des Feudalismus bestand darin, Europa in einem Jahrhundert vernichtender Invasionen und Notfälle die politische und wirtschaftliche Ordnung wiederzugeben. Es gelang ihm auch; und als er zerfiel, wuchs aus seinen Trümmern und seinem Vermächtnis die moderne Zivilisation empor.

Das finstere Mittelalter ist keine Epoche, auf die der Wahrheitsstrebende mit überlegener Verachtung herabblicken kann. Die Zeit ist vorbei, da er die Unwissenheit, den Aberglauben, die politische Zerrissenheit, die wirtschaftliche und kulturelle Armut dieser Periode brandmarkt; er blickt vielmehr mit Staunen auf das Europa, das sich von den vielen aufeinanderfolgenden Schlägen der Goten, Hunnen, Wandalen, Muselmanen, Magyaren und Normannen wieder zu erholen vermochte und durch die ganze Wirrsal und das tragische Geschehen hindurch so viele geistige Erzeugnisse und Handfertigkeiten der Antike herüberzuretten vermochte. Er kann nur Bewunderung empfinden angesichts eines Karl des Großen, eines Olaf und eines Otto, die dem Chaos eine Ordnung aufzwangen; angesichts eines Benedikt, Gregor, Bonifatius, Columba, Alkuin, Bruno, welche mit so viel Geduld die Gesittung und Geistestätigkeit über die Verwilderung ihrer Zeit hinaushoben; angesichts der Geistlichen und Handwerker, welche Kathedralen errichten konnten, angesichts der namenlosen Dichter, welche inmitten der Kriegsnot und der Schrecken ihr Lied anstimmen konnten. Staat und Kirche mußten ganz von Grund auf neu beginnen, so wie Romulus und Numa ein Jahrtausend zuvor neu begonnen hatten; und der Mut, der vonnöten war, um Städte aus dem Urwald zu bauen und Bürger aus Wilden zu machen, war noch größer als der Mut, der Chartres, Amiens und Reims erstehen oder Dantes glühende Rachsucht in gemessene Verse erstarren ließ.

Drittes Buch

DAS CHRISTENTUM AUF DEM HÖHEPUNKT

[1095—1300]

ZEITTAFEL ZUM DRITTEN BUCH

750–1100: Die Ältere Edda
842: Straßburger Eide in den Volkssprachen
um 1000: Entstehung der polyphonen Musik
1020: Erster Gemeindebrief (für León)
1040: Guido von Arezzos Notenlinien
1050–1122: Der Philosoph Roscelin
1056–1114: Nestor und die Russische Chronik
1056–1133: Der Dichter Hildebert von Tours
1066–1087: König Wilhelm I. von England
1066–1200: Normannische Architektur in England
1076–1185: Der Philosoph Gilbert de la Porrée
1079–1142: Der Philosoph Abälard
1080: Konsuln in Lucca; Entstehen von autonomen Stadtgemeinden in Italien
1080–1154: Der Philosoph Wilhelm von Conches
1081–1151: Abt Suger von St-Denis
1083–1148: Die Geschichtsschreiberin Anna Komnena
1085: Das englische Domesday Book
1086–1127: Wilhelm X., Herzog von Aquitanien, der erste bekannte Troubadour
1088f.: Irnerius und das römische Recht in Bologna
1088–1099: Papst Urban II.
1089–1131: Die Abtei von Cluny
1090–1153: Der hl. Bernhard
1093–1109: Anselm Erzbischof von Canterbury
1093–1175: Die Kathedrale von Durham
um 1095: *Chanson de Roland*
1095: Ausrufung des Ersten Kreuzzuges
1095–1164: Roger I. von Sizilien
1098: Gründung des Zisterzienserordens
1098–1125: Heinrich V. König von Deutschland
1099: Die Kreuzritter erobern Jerusalem
1099–1118: Papst Paschalis II.
1099–1143: Lateinisches Königreich Jerusalem
1099–1179: Die hl. Hildegarde
um 1100: Arabische Zahlzeichen in Europa; Papierfabrikation in Konstantinopel
1100–1135: Heinrich I. König von England
1100–1155: Der Reformator Arnold von Brescia
1104–1194: Übergangsstil in der Architektur
1105: Adelards *Quaestiones naturales*
1110: Die Universität von Paris nimmt Gestalt an
1113: Wladimir II. Monomach schlägt Revolution in Kiew nieder
1114–1158: Der Geschichtsschreiber Otto von Freising
1114–1187: Der Übersetzer Gerhard von Cremona

1117: Abälard unterrichtet Heloise
1117–1180: Der Philosoph Johann von Salisbury
um 1120: Gründung des Malteserordens
1121: Abälard in Soissons verurteilt
1122: Wormser Konkordat
1122–1204: Eleonore von Aquitanien
1123: Erstes Laterankonzil
1124–1153: David I. König von Schottland
1127: Gründung des Templerordens
1133f.: Abtei von St-Denis in gotischem Stile renoviert
1135–1154: Stephan König von England
1137: Die ersten Cortes; Geoffrey von Monmouths *Historia Britonum*
1137–1196: Der Satiriker Walter Map(es)
1138: Konrad III. leitet die Hohenstaufendynastie ein
1139–1185: Affonso I. Henriques, erster König von Portugal
1140: Abälard in Sens verurteilt
1140–1191: Chrétien de Troyes
1140–1227: Die Goliarden
1142: Emporkommen der Parteien der Welfen und Waiblingen
1142: *Decretum* des Gratian
1145–1202: Joachim von Fiore
1146–1147: Aufstand des Arnold von Brescia
1146–1220: Der Geograph Giraldus Cambrensis
1147: Erste Erwähnung von Moskau
1150: Die *Sententiae* des Petrus Lombardus; Skulpturen von Moissac; Strebepfeiler in Noyon verwendet
1150–1250: Glanzzeit der französischen Troubadours
1152–1190: Friedrich I. Barbarossa Kaiser des Heiligen Römischen Reiches
1154–1159: Papst Hadrian IV.
1154–1189: Heinrich I. leitet die Dynastie der Plantagenet ein
1154–1256: Das Münster von York
1157: Die Bank von Venedig gibt Staatsobligationen aus
1157–1182: Waldemar I. König von Dänemark
1157–1217: Der Naturwissenschafter Alexander Neckham
1159–1181: Papst Alexander III.
um 1160: Der *Cid*
1160–1213: Der Chronist Gottfried von Villehardouin
1163–1235: Notre-Dame von Paris
1165–1220: Wolfram von Eschenbach
um 1165 bis 1228: Walther von der Vogelweide
1167: Gründung des Lombardischen Städtebundes; Anfänge der Universität Oxford
1167–1215: Der Troubadour Peire Vidal
1170: Ermordung des Thomas Becket: «Strongbow» beginnt die Eroberung von Irland; Petrus Valdes in Lyon
1170–1221: Der hl. Dominikus
1170–1245: Der Philosoph Alexander von Hales
1172f.: Der Dogenpalast
1174–1242: Die Kathedrale von Wells
1175–1234: Michael Scot
1175–1280: Englische Frühgotik
1175f.: Die Kathedrale von Canterbury
1176: Gründung des Kartäuserordens; Friedrich Barbarossas Niederlage bei Legnano
1178f.: Albigenserketzerei; die Kathedrale von Peterborough
1178–1241: Der Historiker Snorri Sturluson
1179: Das Dritte Laterankonzil
um 1180: Gründung der Universität Montpellier; die Dichterin Marie de France
1180–1225: Philipp II. August von Frankreich
1180–1250: Der Mathematiker Leonardo Fibonacci
um 1180 bis 1253: Der Naturwissenschafter Robert Grosseteste
1182–1216: Der hl. Franziskus von Assisi
1185–1219: Kleinarmeniens Blütezeit unter Leo
1185–1237: Der Bamberger Dom
1189–1192: Der Dritte Kreuzzug
1189–1199: Richard I. Löwenherz
1190: Gründung des Deutschritterordens
1190–1197: Heinrich IV. von Deutschland
1192–1205: Enrico Dandolo Doge von Venedig
1193–1280: Albertus Magnus
1194–1240: Llywelyn der Große von Wales

1194–1250: Friedrich II. von Sizilien
1195–1231: Der hl. Antonius von Padua
1195–1390: Die Kathedrale von Bourges
1198–1216: Papst Innozenz III.
1199–1216: König Johann von England
um 1200: Der Philosoph David von Dinant
um 1200: Das *Nibelungenlied*
1200–1304: Die Tuchhalle von Ypern
1200–1259: Der Chronist Matthäus Paris
1200–1264: Der Enzyklopädist Vinzenz von Beauvais
1201: Die Deutschen erobern Livland
1201–1500: Die Kathedrale von Rouen
1202–1204: Der Vierte Kreuzzug
1202–1205: Philipp II. von Frankreich erobert die Normandie, Anjou, Maine und die Bretagne von England zurück
1202–1241: Waldemar II. König von Dänemark
1204–1229: Albigenserkreuzzüge
1204–1250: La Merveille de Mont St-Michel
1204–1261: Lateinisches Kaisertum von Konstantinopel
1205: Älteste Erwähnung des magnetischen Kompasses bei Christen; Hartmann von Aues *Armer Heinrich*
1205–1303: Die Kathedrale von León
1206–1222: Theodoros Laskaris Ostkaiser
1207–1228: Stephan Langton Erzbischof von Canterbury
1208: Der hl. Franziskus gründet den Franziskanerorden; Innozenz III. belegt England mit dem Interdikt
1209: Gründung der Universität Cambridge
1210: Aristoteles in Paris verboten; Gottfried von Straßburgs *Tristan*
1211–1427: Die Kathedrale von Reims
1212: Kinderkreuzzug; die hl. Klara stiftet den Klarissenorden
1213–1276: Jakob I. König von Aragón
1214: Philipp II. siegt bei Bouvines
1214–1292: Roger Bacon
1215: Die Magna Carta; das Vierte Laterankonzil; Stiftung des Dominikanerordens
1216–1227: Papst Honorius III.
1216–1272: Heinrich III. König von England
1217: Fünfter Kreuzzug
1217–1252: Ferdinand III. von Kastilien
1217–1262: Haakon IV. von Norwegen
1220–1245: Die Kathedrale von Salisbury
1220–1288: Die Kathedrale von Amiens
1221–1274: Der hl. Bonaventura
1221–1567: Die Kathedrale von Burgos
1224: Gründung der Universität von Neapel
1223: Mongoleneinbruch in Rußland;
1224–1317: Der Chronist Jean de Joinville
1225: Der *Sachsenspiegel*
1225–1274: Der Philosoph Thomas von Aquin
1225–1278: Der Bildhauer Niccolò Pisano
1226–1235: Regentschaft der Blanche von Kastilien
1226–1270: Ludwig IX. von Frankreich
1227: Gründung der Universität Salamanca; Beginn der päpstlichen Inquisition
1227–1241: Papst Gregor IX.
1227–1493: Die Kathedrale von Toledo
1227–1552: Die Kathedrale von Amiens
1228f.: Kirche San Francesco in Assisi
1228: Sechster Kreuzzug; Friedrich II. erobert Jerusalem zurück
1229–1348: Der Dom von Siena
1230f.: Das Straßburger Münster
1230–1275: Guido Guinizelli
1232–1300: Der Künstler Arnolfo di Cambio
1235–1315: Der Philosoph Raimundus Lullus
1235–1281: Der Philosoph Siger von Brabant
1235–1311: Der Arzt Arnold von Villanova
1237: Guillaume de Lorris' *Rosenroman*
1240: Alexander Newskij siegt an der Newa über die Schweden
um 1240: *Aucassin et Nicolette*
1240–1302: Cimabue
1240–1320: Giovanni Pisano
1241: Mongolen siegen über die Deutschen bei Liegnitz, erobern Krakau und verheeren Ungarn
1243–1254: Papst Innozenz IV.
1244: Die Muselmanen erobern Jerusalem
1245: Erstes Konzil von Lyon setzt Friedrich II. ab
1245: Giovanni de Piano Carpini in der Mongolei
1245–1248: Die Sainte-Chapelle
1245–1272: Die Westminster Abbey
1248: Ludwig der Heilige führt den Siebenten Kreuzzug an

1248–1354: Die Alhambra
1248–1880: Der Kölner Dom
1250: Ludwig der Heilige gefangen; Tod Friedrichs II.; Bractons *De legibus et consuetudinibus Angliae*
1252–1262: Bildung der Hanse
1252–1282: Alfons X. der Weise von Kastilien
1253–1278: Ottokar II. von Böhmen
1245–1261: Papst Alexander IV.
1255–1319: Der Maler Duccio von Siena
1258: Haakon IV. von Norwegen erobert Island
1258–1266: Manfred König von Sizilien
1258–1300: Guido Cavalcanti
um 1260: Die Flagellanten
1260–1320: Der Chirurg Henri de Mondeville
1261: Michael VIII. Palaiologos stellt das Oströmische Reich in Konstantinopel wieder her
1265: Simon von Montforts Parlament
1265–1308: Der Philosoph Duns Scotus
1265–1321: Dante
1266: *Opus maius* von Roger Bacon
1266–1285: Karl von Anjou König von Sizilien
1266–1337: Giotto
1268: Niederlage des Konradin; Ende der Hohenstaufendynastie
1269: Baibars nimmt Jaffa und Antiochien
1270: Ludwig IX. führt den Achten Kreuzzug an
1271–1295: Marco Polo in Asien
1272–1307: Eduard I. König von England
1273–1291: Rudolf von Habsburg Kaiser des Heiligen Römischen Reiches
1274: Zweites Konzil von Lyon
1279–1325: Diniz König von Portugal
1280–1380: Englische Hochgotik
1282: Sizilianische Vesper; Peter III. von Aragón erobert Sizilien
1283: Eduard I. erobert Wales zurück
1284: Der Belfried von Brügge
1285–1314: Philipp IV. der Schöne von Frankreich
um 1290: Die *Legenda aurea* des Jacobus de Voragine; Jean de Meungs *Rosenroman*
1290–1330: Die Kathedrale von Orvieto
1291: Die Mameluken erobern Akkon; Ende der Kreuzzüge; Bund der schweizerischen Urkantone
1292–1315: John Balliol König von Schottland
1294: Lanfranchi begründet die französische Chirurgie
1294: Santa Croce in Florenz
1294–1303: Papst Bonifaz VIII.
1294–1436: Der Dom Santa Maria de' Fiori in Florenz
1295: Eduards I. «Modellparlament»
1296: Die Bulle *Clericis laicos* des Bonifaz
1298: Wallace bei Falkirk geschlagen; Palazzo Vecchio und Baptisterium in Florenz
1298f.: Die Kathedrale von Barcelona
1302: Die Flamen schlagen die Franzosen bei Courtrai; Bulle *Unam sanctam* des Bonifaz; Philipp IV. beruft die Generalstände ein
1305–1316: Papst Clemens V.
1308–1313: Heinrich VII. Kaiser des Westreiches
1309: Clemens verlegt den Papstsitz nach Avignon
1310–1312: Vernichtung des Templerordens in Frankreich
1314: Schottland erringt bei Bannockborn die Unabhängigkeit
1315: Die Schweizer schlagen ein Habsburgerheer am Morgarten

ERSTES KAPITEL

Die Kreuzzüge

[1095–1291]

I. DIE URSACHEN

Die Kreuzzüge bilden im dramatischen Geschehensablauf des Mittelalters den Höhepunkt, wohl auch das seltsamste Ereignis der europäischen und nahöstlichen Geschichte. Nach zweihundertjährigem Disputieren nahmen die beiden großen Religionen, die christliche und die mohammedanische, schließlich ihre Zuflucht zu der letzten Entscheidung, die dem Menschen gegeben ist, zu dem höchsten Gericht des Krieges. Die gesamte mittelalterliche Entwicklung, die ganze Expansion von Handelsverkehr und Christentum, die ganze Glut des religiösen Glaubens, die ganze Kraft des Lehnswesens und die ganze Pracht des Rittertums gipfelten in einem Zweihundertjährigen Krieg um die Seele des Menschen und die Profite des Handels.

Der erste unmittelbare Grund für die Kreuzzüge war das Vordringen der Seldschukentürken. Die Welt hatte sich an die Herrschaft der Muselmanen im Vorderen Orient gewöhnt; die Fatimiden Ägyptens hatten in Palästina eine milde Herrschaft geübt, und mit wenigen Ausnahmen hatten die dortigen christlichen Sekten eine große Freiheit in der Ausübung ihrer Religion genossen. Al-Hakim, der wahnsinnige Kalif von Kairo, hatte die Kirche des Heiligen Grabes zerstören lassen (1010), aber die Mohammedaner hatten selbst Erhebliches zum Neuaufbau beigetragen[1]. Im Jahre 1047 gab der muselmanische Reisende Nasir-i-Chosru folgende Schilderung des Bauwerkes: «Es ist ein sehr geräumiger Bau, der 8000 Menschen fassen kann und mit größtem Geschick errichtet worden ist. Im Inneren ist die Kirche überall mit golddurchwirktem byzantinischem Brokat ausgeschmückt. ... Und sie haben Jesus – Friede sei mit ihm! – auf einem Esel reitend dargestellt[2].» Das war nur eine von vielen Kirchen in Jerusalem. Christliche Pilger hatten freien Zutritt zu den heiligen Stätten; eine Pilgerfahrt nach Palästina war schon lange eine Tat der Frömmigkeit oder Buße gewesen; in ganz Europa stieß man auf die Wallfahrer, die als Zeichen der vollbrachten Pilgerfahrt gekreuzte Palmblätter aus Palästina trugen; nach Piers Plowman hatten solche Männer «darnach das ganze Leben lang das Recht zu lügen»[3]. Aber 1070 eroberten die Türken Jerusalem von den Fatimiden, und Wallfahrer brachten Erzählungen von Unterdrückung und Entweihung heim. Eine alte Geschichte, die sich nicht bestätigen läßt, weiß zu berichten, einer der Wallfahrer, Peter der Eremit, habe Papst Urban II. einen Brief von Simeon, dem Patriarchen von Jerusalem, überbracht, in welchem dieser eingehend die Verfolgung der dortigen Christen geschildert und den Papst um Hilfe ersucht habe (1088).

Der zweite unmittelbare Grund für die Kreuzzüge war die gefährliche Schwächung des Byzantinischen Reiches. Sieben Jahrhunderte lang hatte es am Kreuzweg zwischen Europa und Asien ausgeharrt, die Heere Asiens und die Horden der Steppen abgehalten. Nun war es wegen der inneren Zwistigkeiten, der veruneinigenden Häresien, der Abspaltung vom Westen durch das Schisma von 1054 zu schwach geworden, um seiner historischen Aufgabe noch gerecht werden zu können. Während die Bulgaren, Patzinaken, Kumanen und Russen seine europäischen Tore erstürmten, entrissen ihm die Türken seine asiatischen Provinzen. 1071 wurde das byzantinische Heer bei Manzikert fast völlig vernichtet; die Seldschuken eroberten Edessa, Antiochien (1085), Tarsos, sogar Nikaia, und blickten über den Bosporus auf Konstantinopel hinüber. Kaiser Alexios I. (1081–1118) rettete einen Teil Kleinasiens durch einen demütigenden Friedensschluß, besaß aber keine militärischen Mittel mehr, um weiteren Angriffen standzuhalten. Wenn Konstantinopel fiel, dann lag ganz Osteuropa für die Türken offen, und der Sieg von Tours (732) wäre vergeblich gewesen. Alexios ließ seinen theologischen Stolz fahren und schickte seine Gesandten an Urban II. und das Konzil von Piacenza mit dem dringenden Ersuchen an das lateinische Europa, ihm bei der Vertreibung der Türken Beistand zu leisten; es sei klüger, meinte er, die Ungläubigen auf asiatischem Boden zu bekämpfen, als sie durch den Balkan in den Westen strömen zu lassen.

Der dritte unmittelbare Grund für die Kreuzzüge war das Streben der italienischen Städte – Pisa, Genua, Venedig, Amalfi –, ihre wachsende Handelsmacht auszuweiten. Als die Normannen Sizilien den Muselmanen wieder abnahmen (1060–1091) und christliche Waffen die Muselmanenherrschaft in Spanien einengten (1085 f.), wurde das westliche Mittelmeer für den Handel wieder frei; die italienischen Städte wurden als Ausgangshäfen für heimische und transalpine Güter reich und stark und hatten im Sinne, den Muselmanen die Vorherrschaft über das östliche Mittelmeer zu nehmen und die Märkte des Vorderen Orients den europäischen Waren zu öffnen. Wir wissen nicht, wie nahe diese italienischen Kaufleute dem Ohre des Papstes standen.

Der endgültige Entschluß kam von Urban selbst. Schon frühere Päpste hatten den Gedanken eines Kreuzzuges gehegt. Gerbert hatte als Silvester II. bereits die Christenheit aufgerufen, Jerusalem zu erretten, und eine Expedition war in Syrien erfolglos an Land gegangen (um 1001). Gregor VII. hatte trotz seines aufreibenden Zwistes mit Heinrich IV. ausgerufen: «Ich möchte lieber mein Leben an die Befreiung der heiligen Stätten setzen, als die Welt regieren![4]» Der Streit war noch frisch, als Urban dem Konzil von Piacenza vorsaß (März 1095). Er sicherte dem Ersuchen von Alexios' Gesandten seine Unterstützung zu, riet aber, noch zuzuwarten, bis eine repräsentativere Versammlung einen Krieg gegen den Islam ins Auge fassen könne. Er war zu gut unterrichtet, um sich den Sieg in einem so fernen Unternehmen als gesichert vorzustellen; zweifellos sah er voraus, daß ein Mißerfolg dem Rufe des Christentums und der Kirche sehr abträglich werden konnte. Wahrscheinlich trachtete er danach, den richtungslosen Kampfgeist der Lehnsherren und der normannischen Freibeuter in einem heiligen Krieg zu binden, der Europa und Byzanz vor dem Islam erretten würde; er träumte davon, die Ostkirche wieder unter päpstliche Botmäßigkeit zu bringen, und hatte die Vision eines mächtigen und unter der Theokratie der Päpste geeinten Christentums, an dessen Spitze wiederum Rom als Hauptstadt der Welt stehen sollte.

Von März bis Oktober 1095 zog er durch Norditalien und Südfrankreich, um nach geeigneten Führern Ausschau zu halten und Unterstützung zu gewinnen. In Clermont in der Auvergne trat das historische Konzil zusammen; obgleich es November und empfindlich kalt war, strömten Tausende von Menschen aus unzähligen Gemeinden herbei, schlugen ihre Zelte auf offenem Feld auf, bildeten eine Versammlung, die in keinem Saal hätte Platz finden können, und zitterten vor Erregung, als ihr französischer Landsmann Urban in ihrer Mitte von einer Tribüne aus in französischer Sprache die folgenschwerste Rede der mittelalterlichen Geschichte an sie richtete.

> Die Wiege unseres Heils nun, das Vaterland des Herrn, das Mutterland der Religion, hat ein gottloses Volk in seiner Gewalt. Das gottlose Volk der Sarazenen drückt die heiligen Orte, die von den Füßen des Herrn betreten worden sind, schon seit langer Zeit mit seiner Tyrannei und hält die Gläubigen in Knechtschaft und Unterwerfung. Die Hunde sind ins Heiligtum gekommen, und das Allerheiligste ist entweiht. Das Volk, das den wahren Gott verehrt, ist erniedrigt; das auserwählte Volk muß unwürdige Bedrückung leiden ... Dem preiswürdigen Volke werden die Söhne entrissen und gezwungen, heidnischer Unreinheit dienstbar zu werden und den Namen des lebendigen Gottes zu verleugnen oder mit lasterhaftem Munde zu schmähen, und wenn sie sich den gottlosen Befehlen widersetzen, so werden sie wie das Vieh hingeschlachtet ... Bewaffnet euch mit dem Eifer Gottes, liebe Brüder, gürtet eure Schwerter an eure Seiten, rüstet euch und seid Söhne des Gewaltigen! Besser ist es, im Kampfe zu sterben, als unser Volk und die Heiligen leiden zu sehen. Wer einen Eifer hat für das Gesetz Gottes, der schließe sich uns an. Wir wollen unsern Brüdern helfen. Ziehet aus, und der Herr wird mit euch sein. Wendet die Waffen, mit denen ihr in sträflicher Weise Bruderblut vergießt, gegen die Feinde des christlichen Namens und Glaubens. Die Diebe, Räuber, Brandstifter und Mörder werden das Reich Gottes nicht besitzen; erkauft euch mit wohlgefälligem Gehorsam die Gnade Gottes, daß er euch eure Sünden, mit denen ihr seinen Zorn erweckt habt, um solch frommer Werke und der vereinigten Fürbitten der Heiligen willen schnell vergebe. Wir aber erlassen durch die Barmherzigkeit Gottes und gestützt auf die heiligen Apostel Petrus und Paulus allen gläubigen Christen, die gegen die Heiden die Waffen nehmen und sich der Last dieses Pilgerzuges unterziehen, alle die Strafen, welche die Kirche für ihre Sünden über sie verhängt hat. Und wenn einer dort in wahrer Buße fällt, so darf er fest glauben, daß ihm Vergebung seiner Sünden und die Frucht ewigen Lebens zuteil werden wird.[5]

Durch die Menge ging ein erregter Ausruf: *Dieu li volt* – «Gott will es!». Urban griff ihn auf und hieß das Volk, ihn zum Kampfruf zu nehmen. Er befahl allen, die am Kreuzzug teilnehmen wollten, auf der Stirn oder der Brust ein Kreuz zu tragen. «Augenblicks fielen einige Adlige vor dem Papst auf die Knie», berichtet Wilhelm von Malmesbury, «und weihten sich und ihre Habe dem Dienste Gottes[6].» Von den Gemeinden nahmen Tausende die gleiche Verpflichtung auf sich; Mönche und Klausner verließen ihre Klöster und Einsiedeleien, um keineswegs nur im metaphysischen Sinne Soldaten Christi zu werden. Der tatkräftige Papst zog in andere Städte – Tours, Bordeaux, Toulouse, Montpellier, Nîmes ... und predigte neun Monate lang den Kreuzzug. Als er nach zweijähriger Abwesenheit wieder nach Rom zurückkehrte, bereitete ihm die am wenigsten fromme Stadt der Christenheit einen begeisterten Empfang. Ohne auf ernstlichen Widerstand zu stoßen, nahm er sich das Recht, Kreuzfahrer von Verpflichtungen zu entbinden, die dem Kreuzzug hinderlich gewesen wären; er entband Leibeigene und Lehnsmannen für die Dauer des

Krieges von der Treupflicht gegenüber ihrem Herrn; er gewährte allen Kreuzfahrern das Privileg, der kirchlichen und nicht der gutsherrlichen Rechtsprechung zu unterstehen, und sicherte ihnen den bischöflichen Schutz ihres Eigentums während ihrer Abwesenheit zu; er befahl – wenn er ihn auch nicht vollständig durchsetzen konnte – einen Gottesfrieden für alle Fehden von Christen gegen Christen; er stellte einen neuen Grundsatz des Gehorsams auf, der über die Vorschrift der Lehnstreue hinausging. Nun war Europa geeinter denn je. Urban war der anerkannte Herr über Europas Könige, wenigstens in der Theorie. Das ganze Christentum war bewegt wie nie zuvor, als es sich fieberhaft auf den Heiligen Krieg vorbereitete.

II. DER ERSTE KREUZZUG: 1095–1099

Außergewöhnliche Beweggründe brachten ganze Scharen unter die Fahne. Ein vollständiger Ablaß von allen Strafen für begangene Sünde wurde jedermann verheißen, der im Kriege fallen würde. Leibeigene durften die Scholle verlassen, an die sie sonst gebunden waren; Bürger wurden von Steuern befreit; Schuldner erfreuten sich eines Zinsmoratoriums; Gefangene wurden freigelassen und Todesurteile in kühner Erweiterung der päpstlichen Vollmachten in lebenslänglichen Dienst in Palästina umgewandelt. Tausende von Landstreichern schlossen sich der langen Wanderung an. Menschen, die ihrer aussichtslosen Armut überdrüssig waren, tatenhungrige Abenteurer, jüngere Söhne, die sich im Osten eigene Lehen zu erringen hofften, Kaufleute, die neue Märkte für ihre Waren suchten, Ritter, die über keine Hilfskräfte mehr verfügten, weil ihre Leibeigenen zu den Kreuzfahrern gestoßen waren, ängstliche Geister, die Sticheleien wegen ihrer Feigheit befürchteten, sie alle zogen in Gemeinschaft mit wahrhaft religiösen Seelen aus, um das Land von Christi Geburt und Tod wiederzugewinnen. Propaganda der Art, wie sie im Kriege üblich ist, betonte die Entrechtung der Christen in Palästina, die Greuel der Muselmanen, die Gotteslästerlichkeit des mohammedanischen Glaubens; von den Muselmanen hieß es, sie verehrten die Statue Mohammeds[7], und frommer Klatsch wollte wissen, daß der Prophet in einem epileptischen Anfall zu Boden gefallen und von Schweinen lebendigen Leibes aufgefressen worden sei[8]. Man erzählte sich märchenhafte Geschichten vom orientalischen Reichtum und von dunklen Schönheiten, die nur darauf warteten, von tapferen Männern genommen zu werden[9].

Eine solche Vielfalt von Motiven konnte schwerlich eine einheitliche, militärisch organisierbare Volksmenge zusammenbringen. Frauen und Kinder beharrten vielfach darauf, von ihren Gatten oder Eltern mitgenommen zu werden, vielleicht mit gutem Grund, denn es dauerte nicht lange, bis sich Dirnen für den Dienst an den Kriegern zugesellten. Urban hatte den August 1096 als Aufbruchzeit festgesetzt, aber die ungeduldigen Bauern, die sich als erste gemeldet hatten, konnten nicht warten. Ein solcher Heerhaufe von zwölftausend Leuten (worunter nur acht Ritter) brach im März unter der Leitung von Pierre l'Ermite und Gautier Sans Avoir in Frankreich auf; ein zweiter in Stärke von etwa fünftausend Mann machte sich unter dem Priester Gottschalk in Deutschland auf den Weg; ein dritter zog unter Graf Emico von Leiningen aus dem Rheinland fort. Es waren hauptsächlich diese ungeordneten Haufen, welche die Juden in Deutschland und Böhmen überfielen, die Aufrufe der örtlichen Geistlichkeit und Bürgerschaft unbeachtet ließen und auf eine Zeit zu Ungeheuern entarteten, welche ihren Blutdurst mit frommen Worten beschönigten. Die neugeworbenen Krieger hatten wenig Geld und Nahrung bei sich, und ihre unerfahrenen Anführer hatten wenig Vorkehrungen zu ihrer Ernährung getroffen. Von den Marschierern hatten viele die Entfernung unterschätzt; und wie sie den Rhein und die Donau entlangzogen, fragten die Kinder bei jeder Wegbiegung ungeduldig, ob das jetzt Jerusalem sei[10]. Als ihre Vorräte zur Neige gingen und sich der Hunger einstellte, waren sie gezwungen, unterwegs plündernd über Felder und Häuser herzufallen; und bald gesellte sich die Schändung zur Schädigung[11]. Die Bevölkerung leistete heftigen Widerstand; einige Städte verschlossen den Kreuzfahrern ihre Tore und hießen sie unverzüglich ihrer Wege zu gehen. Schließlich kamen sie vor Konstantinopel an, arm wie die Kirchenmäuse und von Hunger, Pest, Krankheit und Kämpfen, die sie unterwegs hatten durchstehen müssen, stark dezimiert; Alexios hieß sie willkommen, sorgte aber nicht genügend für ihre Ernährung, worauf sie über die Vorstädte herfielen und Kirchen, Häuser und Paläste ausplünderten. Um seine Stadt von dieser frommen Heuschreckenplage zu befreien, versah Alexios sie mit Schiffen, um über den Bosporus überzusetzen, schickte ihnen Vorräte und riet ihnen zu warten, bis besser bewaffnete Heeresabteilungen eintreffen würden. Ob infolge ihres Hungers oder ihres Tatendranges steht dahin, jedenfalls setzten sich die Kreuzfahrer über diese Weisungen hinweg und drangen auf Nikaia vor. Ein gut ausgebildetes Türkenheer, das aus lauter geschickten Bogenschützen bestand, fiel aus der Stadt aus und vernichtete diese erste Streitmacht des Ersten Kreuzzuges fast vollständig. Gautier Sans Avoir gehörte zu den Gefallenen; Pierre l'Ermite, der von diesem unbeherrschbaren Heerhaufen angewidert war, hatte sich noch vor der Schlacht nach Konstantinopel zurückgezogen und lebte dort bis 1115 ein geruhsames Leben.

Inzwischen hatten die Lehnsherren, welche das Kreuz genommen hatten, jeder für sich eine Streitmacht aufgestellt. Könige waren keine dabei; Philipp I. von Frankreich, Wilhelm II. von England und Heinrich IV. von Deutschland standen ja alle unter dem Bann, als Urban seinen Kreuzzug predigte. Aber viele Grafen und Herzöge nahmen teil, fast ausnahmslos Franzosen oder Franken; der Erste Kreuzzug war weitgehend eine französische Angelegenheit, und bis in unser Jahrhundert hießen die Westeuropäer im Vorderen Orient Franken. Herzog Gottfried, der Herr von Bouillon, einem kleinen Besitztum in Belgien, vereinte die guten Eigenschaften des Soldaten und des Mönches in sich – er war tapfer und tüchtig in Krieg und Regierung und fromm bis zum Fanatismus. Graf Bohemund von Tarent war Robert Guiscards Sohn; er besaß den Mut und die Gewandtheit seines Vaters in vollem Umfange und träumte davon, sich im Vorderen Orient ein eigenes Reich zu erringen. Mit ihm zog sein Neffe Tankred von Hauteville, der Held von Tassos *Befreitem Jerusalem:* ein hübscher, furchtloser, tapferer, großmütiger Jüngling, den es nach Ruhm und Reichtum dürstete und der allgemein als das Ideal eines christlichen Ritters bewundert wurde. Raimund, der Graf von Toulouse, hatte bereits in Spanien gegen den Islam gekämpft; als Greis weihte er nun sich selbst und sein großes Vermögen einem größeren Kampfe; aber Hochmut verdarb seinen Adel, und Geiz seine Frömmigkeit.

Auf verschiedenen Wegen zogen diese Heerscharen nach Konstantinopel. Bohemund schlug Gottfried vor, sich der Stadt zu bemächtigen; Gottfried lehnte den Vorschlag ab, da er nur gekommen sei, gegen Ungläubige zu kämpfen[12], aber der Gedanke an ein solches Unternehmen erlosch nie ganz. Die mannhaften, halbbarbarischen Ritter des Westens verachteten die gewandten und geschliffenen Edelleute des Ostens als Häretiker, die ganz in weibischem Luxus verfangen seien; mit Erstaunen und Neid sahen sie die Reichtümer, die in Kirchen und Palästen und auf den Märkten der byzantinischen Hauptstadt zur Schau standen, und meinten, Glück und Reichtum müßten doch den Tapferen zukommen. Alexios mag von diesen Vorstellungen bei seinen Rettern Wind bekommen haben, und seine Erfahrungen mit der Bauernhorde (deren Niederlage der Westen ihm in die Schuhe geschoben hatte) mahnten ihn zur Vorsicht, vielleicht gar zum Doppelspiel. Er hatte um Beistand gegen die Türken ersucht, aber nicht mit der vereinten Macht Europas vor seinen Toren gerechnet; er konnte nie ganz gewiß sein, ob diesen Kriegern Konstantinopel nicht ebenso begehrenswert erschien wie Jerusalem und ob sie die ehemals byzantinischen Gebiete, welche sie den Türken abnehmen wollten, wirklich an sein Reich zurückerstatten würden. Er ließ den Kreuzfahrern Nachschub, Unterstützung, Transportmittel und militärische Hilfe und ihren Führern schöne Bestechungsgelder zukommen[13]; als Gegenleistung verlangte er von den Adligen, ihm als ihrem obersten Lehnsherrn den Treueid zu schwören; alle Gebiete, die sie eroberten, sollten als seine Lehen gelten; die Adligen, mit Silber besänftigt, leisteten den Eid.

Zu Beginn des Jahres 1097 setzten die verschiedenen Heere, in einer Gesamtzahl von 30 000 Mann, aber immer noch unter getrennter Führung, über die Meerenge über. Glücklicherweise waren die Muselmanen noch stärker aufgespalten als die Christen. Nicht nur war die Muselmanenmacht in Spanien gebrochen und in Nordafrika durch religiösen Parteihader zerrissen, auch im Osten standen sich die Fatimidenkalifen von Ägypten, die Südsyrien hielten, und die Seldschuken, welche Nordsyrien und fast ganz Kleinasien besaßen, feindselig gegenüber. Armenien rebellierte gegen die Seldschuken, welche es unterworfen hatten, und verbündete sich mit den «Franken». Solcherart begünstigt, machten sich die europäischen Waffenträger an die Belagerung von Nikaia. Die türkische Garnison der Stadt ergab sich, als Alexios ihr den freien Abzug zusicherte (19. Juni 1097). Der griechische Kaiser pflanzte die kaiserliche Standarte auf der Zitadelle auf, bewahrte die Stadt vor der planlosen Plünderung und besänftigte die Führer der Lehnsheere mit beträchtlichen Schenkungen; aber die christliche Soldateska murrte, Alexios stehe im Bündnis mit den Türken. Nach einer einwöchigen Ruhepause brachen die Kreuzfahrer nach Antiochien auf. Bei Dorylaion stießen sie auf ein türkisches Heer unter Qilidsch Arslan, trugen einen blutigen Sieg davon (1. Juli 1097) und zogen durch Kleinasien, ohne auf einen anderen Feind als den Mangel an Essen und Trinken und eine Hitze zu stoßen, auf die das westliche Blut nicht gefaßt war. Männer, Frauen, Pferde und Hunde verdursteten auf diesem entsetzlichen Marsch über 800 Kilometer. Einige Adelsführer überschritten den Taurus und trennten ihre Streitkräfte von dem Hauptheer ab, um private Eroberungen vorzunehmen – Raimund, Bohemund und Gottfried in Armenien, Tankred und Balduin (Gottfrieds Bruder) in Edessa; dort gründete Balduin mit Hilfe von Strategie und Verrat[14] das erste lateinische Fürstentum im Osten (1098). Die Masse der Kreuzfahrer beschwerte sich drohend über diese Verzögerungen; die Adelsführer kehrten zurück, und der Vormarsch auf Antiochien ging weiter.

Diese Stadt, die nach der Schilderung der *Gesta Francorum* «außergewöhnlich schön, vornehm und erlabend»[15] war, widerstand acht Monate lang der Belagerung. Viele Kreuzfahrer trugen infolge der kalten Winterregen oder des Hungers den Tod davon; manche fanden ein neuartiges Nahrungsmittel – sie kauten «die süßen Rohre, die man *zucra* nennt» (arabisch *sukkar*); die «Franken» kamen dabei zum erstenmal mit dem Zucker in Berührung und lernten, ihn aus den angebauten Zuckerpflanzen zu bereiten[16]. Die Prostituierten sorgten für gefährlichere Süßigkeiten; ein liebenswürdiger Erzdiakon wurde von den Türken ermordet, als er mit seiner syrischen Konkubine in einem Obstgarten ruhte[17]. Im Mai 1098 traf die Nachricht ein, eine große Muselmanenarmee sei unter Führung von Karbogha, dem Fürsten von Mosul, auf dem Anmarsch; Antiochien fiel (3. Juni 1098) wenige Tage vor dem Eintreffen dieses Heeres; viele Kreuzfahrer, die fürchteten, Karbogha sei unüberwindlich, flohen auf Schiffen den Orontes herab. Alexios, der mit einem griechischen Heer auf dem Anmarsch war, wurde von Deserteuren zur Überzeugung gebracht, die Christen seien bereits geschlagen; er kehrte zum Schutz Kleinasiens um, eine Tat, die ihm nie verziehen wurde. Um den Kreuzfahrern wieder Mut zu geben, behauptete ein Priester aus Marseille, Bartholomäus, er habe den Speer gefunden, mit dem Christus verletzt worden war; als die Christen zur Schlacht ausrückten, wurde die Lanze als heiliges Kampfzeichen vorausgetragen, und drei weißgewandete Ritter kamen auf den Ruf des päpstlichen Legaten Adhemar von den Bergen herab und wurden von Adhemar als die heiligen Märtyrer Mauritius, Theodor und Georg ausgegeben. Dadurch angefeuert und unter dem Alleinbefehl des Bohemund errangen die Kreuzfahrer einen entscheidenden Sieg. Bartholomäus, der des frommen Betruges angeklagt wurde, machte sich erbötig, die Feuerprobe zum Beweis seiner Wahrhaftigkeit zu bestehen. Er lief zwischen brennenden Reisigbündeln hindurch und kam anscheinend heil aus dem Feuer heraus; am folgenden Tage starb er jedoch an Brandwunden und einem überanstrengten Herzen, und die heilige Lanze wurde von den Feldzeichen des Heeres ausgeschlossen[18].

Bohemund wurde mit dankbarer Zustimmung aller Beteiligten Fürst von Antiochien. Formell hatte er das Land als Lehen von Alexios inne; in Wirklichkeit regierte er als unabhängiger Herrscher; die Führer behaupteten, der Umstand, daß Alexios ihnen nicht zu Hilfe gekommen sei, entbinde sie von ihrem Treueid. Nachdem sie ihren geschwächten Streitkräften sechs Monate Zeit zur Erholung und Neuaufstellung gegeben hatten, führten sie die Heere gegen Jerusalem. Endlich standen die Kreuzfahrer nach dreijährigem Feldzug, nur noch 12 000 Mann stark, am 7. Juni 1099 erschüttert und übermüdet vor den Mauern von Jerusalem. Die Laune der Geschichte wollte es, daß die Türken, die zu bekämpfen sie gekommen waren, das Jahr zuvor von den Fatimiden vertrieben worden waren. Der Kalif bot den Frieden an und garantierte die Sicherheit der christlichen Pilger und Religionsangehörigen in Jerusalem, aber Bohemund und Gottfried verlangten die bedingungslose Kapitulation. Die tausendköpfige Besatzung der Fatimiden leistete vierzig Tage lang Widerstand. Am 15. Juli erstürmten Tankred und Gottfried an der Spitze ihrer

Truppen die Mauern, und die Kreuzfahrer erlebten die Verzückung des Augenblicks, da nach heldenhaftem Leiden ein hohes Ziel erreicht war. Dann aber, so berichtet der priesterliche Augenzeuge Raimund von Agiles,

> gab es wundersame Dinge zu sehen. Zahllose Sarazenen wurden enthauptet ... andere mit Pfeilen erschossen oder über die Zinnen der Türme in die Tiefe gestürzt; wieder andere wurden tagelang gefoltert und dann den Flammen überantwortet. Auf den Straßen konnte man haufenweise abgehauene Köpfe, Hände und Füße sehen. Überall mußte man sich seinen Weg durch Pferde- und Menschenleiber bahnen.[19]

Andere Zeitgenossen steuern Einzelheiten bei: Frauen wurden erdolcht, Säuglinge von der Mutterbrust gerissen und über die Stadtmauern geschleudert oder an Pfählen zerschmettert[20], und 70 000 Muselmanen, die in der Stadt verblieben, wurden niedergemetzelt. Die überlebenden Juden wurden in einer Synagoge zusammengetrieben und darin lebendigen Leibes verbrannt. Die Sieger eilten zur Grabeskirche, in deren Grabkammer dereinst, wie sie glaubten, der gekreuzigte Christus gelegen hatte. Dort umarmten sie sich und weinten Tränen der Freude und Erleichterung und dankten dem Gott der Barmherzigkeit für ihren Sieg.

III. DAS LATEINISCHE KÖNIGREICH JERUSALEM: 1099–1143

Gottfried von Bouillon, dessen Rechtschaffenheit endlich Anerkennung fand, wurde ausersehen, Jerusalem und dessen Umgebung unter dem bescheidenen Titel eines Verteidigers des Heiligen Grabes zu regieren. In Jerusalem, wo Byzanz bereits vor 465 Jahren seine Herrschaftsgewalt verloren hatte, gab man sich nicht einmal den Anschein einer Unterwerfung unter Alexios; das lateinische Königreich Jerusalem wurde ohne weiteres ein selbständiger Staat. Die griechische Kirche wurde aufgehoben, ihr Patriarch floh nach Cypern, und die Gemeinden des neuen Königreiches übernahmen die lateinische Liturgie und beugten sich einem italienischen Primas und der päpstlichen Herrschaft.

Der Preis für die Selbständigkeit besteht in der Fähigkeit zur Selbstverteidigung. Zwei Wochen nach der großen Befreiung marschierte ein ägyptisches Heer von Askalon herauf, um eine Stadt, die allzu vielen Religionen heilig war, wieder zu befreien. Gottfried verteidigte sie, starb aber im Jahre darauf (1100). Sein weniger befähigter Bruder, Balduin I. (1100–1118), nahm den erhabeneren Titel eines Königs an. Unter König Fulko, dem Grafen von Anjou (1131–1143), umfaßte der neue Staat den größten Teil von Palästina und Syrien; aber die Muselmanen standen immer noch im Besitz von Aleppo, Damaskus und Emesa. Das Königreich wurde in vier Lehnsfürstentümer mit den Hauptsitzen Jerusalem, Antiochien, Edessa und Tripolis aufgeteilt. Alle vier waren wieder in praktisch unabhängige Lehen unterteilt, deren Herren aufeinander eifersüchtig waren, Fehden führten, eigene Münzen schlugen und sich auch sonst als souveräne Herren aufspielten. Der König wurde von den Feudalherren gewählt und unterstand der Gewalt einer kirchlichen Hierarchie, die nur dem Papst unmittelbar untertan war. Es bedeutete eine weitere Schwächung seiner Gewalt, daß er die Herrschaft über mehrere Häfen – Jaffa, Tyrus, Akkon,

Beirut, Askalon – als Preis für Flottenhilfe und Nachschub zur See an Venedig, Pisa oder Genua abtrat. Aufbau und Recht des Königreichs wurden in den Assisen von Jerusalem – einer der folgerichtigsten und unbarmherzigsten Kodifizierungen der lehnsherrlichen Regierungsform – festgelegt. Die Lehnsherren erhielten den gesamten Grundbesitz zu eigen und erniedrigten die vorherigen Besitzer – christliche wie muselmanische – zum Stande von Leibeigenen und erlegten ihnen strengere Lehnsverpflichtungen auf, als im zeitgenössischen Europa üblich waren. Die einheimischen Christen sahen auf die Muselmanenherrschaft als auf ein Goldenes Zeitalter zurück[21].

Das junge Königreich wies viele schwache Seiten auf, aber es verfügte über eine einzigartige Stütze in den neuen mönchischen Ritterorden. Bereits 1048 hatten die Kaufleute von Amalfi von den Muselmanen die Bewilligung erhalten, in Jerusalem ein Krankenhaus für arme und kranke Pilger zu bauen. Um 1120 gestaltete Raymond du Puy dieses Werk in einen religiösen Orden um, dessen Angehörige das Gelübde der Keuschheit, der Armut, des Gehorsams und des militärischen Schutzes von Palästina ablegten; und diese Barmherzigen Brüder, die Johanniterritter, bildeten eine der edelsten barmherzigen Körperschaften der Christenschaft. Etwa um die gleiche Zeit (1119) weihten sich Hugo von Payens und acht andere Kreuzritter feierlich der mönchischen Disziplin und dem Kriegsdienst für die Christenheit. Sie erhielten von Balduin II. eine Unterkunft in der Nähe des Salomonstempels zugewiesen und wurden darum schon bald Tempelritter genannt. Der hl. Bernhard entwarf ihnen eine strenge Ordensregel, die aber nicht lange befolgt wurde; er lobte sie, da sie «der Kriegskunst höchst kundig» seien, und befahl ihnen, «sich selten zu waschen» und das Haar kurzgeschnitten zu tragen[22]. «Der Christ, der den Ungläubigen im Heiligen Krieg tötet», schrieb Bernhard in einem Satz, der Mohammeds würdig gewesen wäre, «ist seines Lohnes sicher; noch sicherer, wenn er selbst den Tod findet. Der Christ frohlockt über den Tod des Heiden, denn er gereicht Christus selbst zum Ruhme[23]»; man muß lernen, andere Menschen mit gutem Gewissen umzubringen, wenn man mit Erfolg Kriege führen will. Der Johanniter trug ein schwarzes Gewand mit einem weißen Kreuz auf dem linken Ärmel; der Templer ein weißes Gewand mit einem roten Kreuz auf dem Mantel. Jeder haßte den anderen mit religiöser Inbrunst. Von Schutz und Pflege der Pilger gingen die Johanniter und Templer zu aktiven Angriffen auf Sarazenenfestungen über; obgleich die Zahl der Johanniter im Jahre 1180 nur 300, die der Templer nur etwa 600 betrug[24], spielten sie in den Schlachten der Kreuzzüge doch eine hervorragende Rolle und erwarben sich als Krieger einen ausgezeichneten Ruf. Beide Orden waren um finanzielle Unterstützungen bemüht und erhielten sie von Kirche und Staat, von reich und arm; im dreizehnten Jahrhundert verfügten beide über große Besitztümer in Europa, darunter Abteien, Dörfer und Städte. Beide überraschten Christen und Sarazenen gleicherweise durch den Bau mächtiger Burgen in Syrien, wo sie, als Einzelwesen der Armut verschrieben, kollektiv trotz allen Kriegswirren ein Luxusleben führten[25]. Im Jahre 1190 gründeten die Deutschen in Palästina, mit Unterstützung einiger Deutscher in der Heimat, den Deutschritterorden und richteten in der Nähe von Akkon ein Hospital ein.

Nach der Befreiung Jerusalems kehrten die meisten Kreuzfahrer nach Europa zurück, so daß die geplagte Regierung nur noch einen gefährlich geringen Rückhalt an Menschenkräften hatte. Viele Pilger kamen, aber wenige blieben zum Kämpfen. Im Norden warteten die Griechen auf eine Gelegenheit, um Antiochien, Edessa und andere ehemals byzantinische Städte zurückzugewinnen; im Osten wurden die Sarazenen durch muselmanische Hilferufe und christliche Überfälle aufgerüttelt und geeint. Mohammedanische Flüchtlinge aus Jerusalem berichteten in schaurigen Einzelheiten vom Fall der Stadt; sie erstürmten die Große Moschee von Bagdad und forderten, eine Muselmanenarmee solle Jerusalem und den geheiligten Felsendom aus den Händen der Ungläubigen befreien[26]. Der Kalif hatte nicht die Macht, um ihren Forderungen zu entsprechen, aber Zangi, der junge Fürst von Mosul, kam dem Rufe nach. Im Jahre 1144 entriß sein kleines, aber gut geführtes Heer den Christen den Außenposten al-Ruah, und nach wenigen Monaten brachte er Edessa wieder in den Besitz des Islams. Zangi wurde ermordet, sein Nachfolger Nur-ud-din besaß aber ebensoviel Mut und noch mehr Klugheit als er. Die Nachricht von diesen Ereignissen war es, die Europa zum Zweiten Kreuzzug anstachelte.

IV. DER ZWEITE KREUZZUG: 1146–1148

Der heilige Bernhard ersuchte Papst Eugen III., abermals einen Ruf zu den Waffen zu erlassen. Eugen, der gerade einen Konflikt mit den Ungläubigen von Rom auszukämpfen hatte, bat Bernhard, die Aufgabe selbst zu übernehmen. Es war ein kluger Vorschlag, denn der Heilige war ein bedeutenderer Mensch als der Mann, den er zum Papst gemacht hatte. Als er von seiner Zelle in Clermont auszog, den Franzosen den Kreuzzug zu predigen, kam die Skepsis, die im Herzen der Gläubigen schlummerte, ganz zum Schweigen, und die Befürchtungen, die durch die Erzählungen vom Ersten Kreuzzug aufgekommen waren, wurden beschwichtigt. Bernhard ging sofort zu König Ludwig VII. und bewog ihn, das Kreuz zu nehmen. Den König an der Seite, wandte er sich in Vézelay an eine Volksmenge (1146); als er seine Rede beendet hatte, meldeten sich die Menschen massenweise als Kreuzfahrer; die vorbereiteten Kreuze reichten nicht aus, und Bernhard zerriß sein Gewand, um weitere Kreuzeszeichen zur Verfügung zu haben. «Städte und Burgen sind leer», schrieb er an den Papst; «auf sieben Frauen fällt nicht einmal ein Mann, und überall gibt es Witwen noch lebender Männer.» Sobald Frankreich gewonnen war, zog er nach Deutschland, wo seine feurige Beredsamkeit Kaiser Konrad III. bewog, sich zum Kreuzzug zu bekennen, als dem einzigen Mittel, die Parteien der Welfen und der Hohenstaufen, deren Hader das Reich zerriß, zur Einigkeit zu bringen. Viele Edle folgten Konrads Führung, darunter der junge Friedrich von Schwaben, der später Barbarossa werden und im Dritten Kreuzzug sein Leben lassen sollte.

Ostern 1147 brachen Konrad und die Deutschen auf; zu Pfingsten folgten Ludwig und die Franzosen in vorsichtigem Abstand, da es ihnen nicht ganz klar war, ob die Deutschen oder die Türken ihre hassenswertesten Gegner waren. Den Deutschen ging es ähnlich in bezug auf die Türken und Griechen, und so viele byzantinische Städte wurden unterwegs ausgeplündert, daß manche ihre Tore verschlossen und eine spärliche Verpflegung in Körben die Mauern hinabließen. Manuel Komnenos, der nun oströmischer Kaiser war, machte bescheidentlich den Vorschlag, die hochedlen Heere sollten bei Sestos den Hellespont überqueren und nicht über Konstantinopel ziehen, aber Konrad und Ludwig waren dagegen. Eine Partei des Kronrates schlug Ludwig vor, er solle Konstantinopel gewaltsam für Frankreich erobern; er weigerte sich, aber wiederum mögen die Griechen von seiner Versuchung erfahren haben. Sie erschraken ob dem Wuchs und der Rüstung der westlichen Ritter und waren ob ihrem weiblichen Gefolge belustigt. Ludwig war von seiner beschwerlichen Eleonore begleitet, und Eleonore von Minnesängern; die Grafen von Flandern und Toulouse waren in Begleitung ihrer Gräfinnen gekommen, und der Troß der Franzosen war schwer mit Koffern und Kisten beladen, in denen die Damen ihren Tand und ihre Kosmetika mitführten, um ihre Schönheit in all den Wechselfällen des Klimas, des Krieges und der Zeit bewahren zu können. Manuel beeilte sich, die beiden Heere über den Bosporus überzusetzen, und versah die Griechen mit entwerteter Münze für den Verkehr mit den Kreuzfahrern. In Kleinasien führten der Lebensmittelmangel und die hohen Preise zu vielen Streitigkeiten zwischen Rettern und Geretteten, und Friedrich Rotbart bedauerte, daß sein Schwert Christenblut vergießen mußte, um endlich das Vorrecht zu haben, auf Ungläubige zu stoßen.

Entgegen Manuels Ratschlag beharrte Konrad auf der gleichen Route, die schon der Erste Kreuzzug eingeschlagen hatte. Trotz oder wegen der griechischen Führer mußten die Deutschen immer wieder karge Wüsten und muselmanische Hinterhalte überwinden und hatten schwere Verluste an Menschenleben zu beklagen. Bei Dorylaion, wo im Ersten Kreuzzug Qilidsch Arslan eine Niederlage erlitten hatte, stieß Konrads Heer auf die Hauptstreitmacht der Muselmanen und wurde so jämmerlich geschlagen, daß von zehn Christen kaum einer mit dem Leben davonkam. Das französische Heer, das in weitem Abstand folgte, ließ sich durch falsche Nachrichten von einem deutschen Sieg täuschen; es rückte unbekümmert vor und erlitt durch Hunger und Muselmanenüberfälle ständig Verluste. Bei der Ankunft in Attalia verhandelte Ludwig mit griechischen Schiffahrern, um sich auf dem Seeweg zum christlichen Tarsos oder Antiochien bringen zu lassen; die Kapitäne verlangten für jeden Passagier einen unbezahlbaren Fahrpreis; Ludwig und mehrere Adlige, Eleonore und mehrere Damen schifften sich nach Antiochien ein und ließen das französische Heer in Attalia zurück. Mohammedanische Streitkräfte fielen über die Stadt her und brachten fast jeden Franzosen um, der sich in ihr aufhielt (1148).

Ludwig kam mit seinen Damen, aber ohne Heer nach Jerusalem, Konrad besaß nur noch einen jämmerlichen Rest des Heeres, mit dem er von Regensburg ausgezogen war. Mit diesen Überlebenden und Kriegern, die bereits in Jerusalem waren, wurde ein neues Heer improvisiert, das unter dem geteilten Befehl von Konrad, Ludwig und Balduin III. (1143 bis 1162) gegen Damaskus zog. Während der Belagerung entstanden Streitigkeiten unter den Adligen, wem die Herrschaft über Damaskus nach dessen Fall zukommen solle. Muselmanische Agenten drangen bis in das christliche Heer vor und bestachen gewisse Heerführer, eine Politik der Tatenlosigkeit oder des Rückzuges einzuhalten[27]. Als die Nachricht eintraf, daß die Emire von Aleppo und Mosul mit einem großen Heer zum Entsatz von Damaskus vorrückten, gewannen die Befürworter des Rückzuges die Oberhand; die christliche Armee löste sich auf und floh nach Antiochien, Akkon oder Jerusalem. Konrad kehrte als geschlagener und kranker Mann in Schmach und Schande nach Deutschland zurück. Eleonore und die meisten französischen Ritter zogen wieder nach Frankreich. Ludwig verblieb noch ein Jahr lang in Palästina und machte Pilgerfahrten an die heiligen Stätten.

Europa war verblüfft über den Zusammenbruch des Zweiten Kreuzzuges. Man begann sich zu fragen, wieso der Allmächtige es zuließ, daß seine Verfechter so sehr gedemütigt wurden; Kritiker bestürmten den heiligen Bernhard, er sei ein unbesonnener Visionär, der Menschen in den Tod geschickt habe, und da und dort zogen kühn gewordene Skeptiker die wichtigsten Glaubenssätze der christlichen Religion in Frage. Bernhard entgegnete, des Allmächtigen Wege entzögen sich menschlichem Verständnis, und die Katastrophe müsse eine Strafe für christliche Sündhaftigkeit gewesen sein. Von da an fanden aber die Zweifel, die Abälard (†1142) ausgestreut hatte, auch unter dem Volk Verbreitung. Die Begeisterung für die Kreuzzüge verebbte schnell, und das Zeitalter des Glaubens hub an, sich mit Feuer und Schwert gegen den Einbruch fremder Religionen oder des Unglaubens überhaupt zu verteidigen.

V. SALADIN

Inzwischen hatte sich im christlichen Syrien und Palästina eine seltsame neue Zivilisation herangebildet. Die Europäer, die sich dort seit 1099 angesiedelt hatten, nahmen nach und nach die nahöstliche Kleidung – die gewundene Kopfbedeckung und das lockere Gewand – an, da es für ein Sonnen- und Sandklima geeigneter war. Sowie sie mit den Muselmanen, die in dem Königreich ihren Wohnsitz hatten, in nähere Berührung kamen, nahm auch die gegenseitige Feindseligkeit und mangelnde Vertrautheit ab. Muselmanische Kaufleute verkauften ihre Waren ungehindert in den christlichen Siedelungen; muselmanische und jüdische Ärzte erhielten bei christlichen Patienten den Vorzug[28]; die Muselmanen durften in den Moscheen mit Erlaubnis der christlichen Geistlichkeit ihrem Kult nachgehen; und in muselmanischen Schulen im christlichen Antiochien und Tripolis wurde Unterricht im Koran erteilt. Christliche und muselmanische Staaten sorgten gegenseitig für das sichere Geleit von Reisenden und Kaufleuten. Da mit den Kreuzfahrern nur wenige Frauen mitgekommen waren, heirateten viele christliche Siedler syrische Frauen; bald machte ihre Nachkommenschaft einen großen Bestandteil der Bevölkerung aus. Das Arabische wurde die Umgangssprache aller einfachen Leute. Christliche Fürsten gingen Bündnisse mit muselmanischen Emiren gegen christliche Rivalen ein, und muselmanische Emire baten manchmal die «Polytheisten» um diplomatischen oder kriegerischen Beistand. Persönliche Freundschaften entstanden zwischen Christen und Mohammedanern. Ibn Dschubair, der 1183 eine Rundreise durch das christliche Syrien machte, berichtet, seine muselmanischen Glaubensbrüder hätten dort ein gedeihliches Leben gehabt und seien von den «Franken» gut behandelt worden. Er beklagt es, daß Akkon voller «Schweine und Kreuze» sei und einen üblen europäischen Geruch habe, gibt aber seiner Hoffnung Ausdruck, daß die Ungläubigen allmählich von der höheren Zivilisation, zu der sie gekommen seien, zivilisiert würden[29].

In den vierzig Jahren des Friedens, die dem Zweiten Kreuzzug folgten, verharrte das Lateinische Königreich Jerusalem in seiner inneren Zerrissenheit, derweil seine muselmanischen Feinde der Einigung entgegengingen. Nur-ud-din dehnte seine Macht von Aleppo bis Damaskus aus (1164); nach seinem Tode vereinte Saladin Ägypten und das muselmanische Syrien unter einer gemeinsamen Herrschaft (1175). Die Kaufleute von Genua, Pisa und Venedig brachten mit ihrer tödlichen Rivalität die östlichen Häfen in Verwirrung. Ritter stritten sich um die Königsgewalt in Jerusalem, und als Guy de Lusignan es durchsetzte, daß er auf den Königsthron kam (1186), breitete sich im Adel große Unzufriedenheit aus; «wenn dieser Guy König ist», erklärte sein Bruder Godefroi, «dann bin ich wert, ein Gott zu sein». Reginald de Châtillon machte sich zum selbständigen Herrn der großen Burg Karak jenseits des Jordans, nahe der arabischen Grenze, und verletzte wiederholt den Waffenstillstand, der zwischen dem lateinischen König und Saladin vereinbart worden war. Er verkündete seine Absicht, in Arabien einzudringen, das Grab des «verfluchten Kameltreibers» in Medina zu zerstören und die Kaaba in Mekka zu zertrümmern[30]. Seine kleine Truppe abenteuerlustiger Ritter segelte das Rote Meer hinab, ging bei el-Haura an Land und marschierte auf Medina; sie wurden von einer ägyptischen Heeresabteilung überrascht und bis auf wenige, die mit Reginald entkamen, und einige Gefangene, die nach Mekka verbracht und dort am Jahrespilgeropfer an Stelle der Ziegen geschlachtet wurden, niedergemacht (1183).

Saladin hatte sich bisher mit kleineren Raubzügen gegen Palästina begnügt; nun, da er bis in die tiefsten Tiefen seiner Frömmigkeit getroffen war, stellte er das Heer, das ihm Damaskus eingebracht hatte, neu auf und lieferte den Streitkräften des Lateinischen Königreiches eine neue unentschiedene Schlacht auf der historischen Ebene von Esdrelon (1183). Einige Monate später griff er Reginald in Karak an, vermochte sich aber der Burgfeste nicht zu bemächtigen. 1185 schloß er einen vierjährigen Waffenstillstand mit dem Lateinischen Königreich. Aber 1186 hatte Reginald genug vom Frieden, überfiel eine reiche muselmanische Karawane und brachte reiche Beute und mehrere Gefangene, darunter Saladins Schwester, ein. «Da sie sich auf Mohammed verließen, so soll Mohammed kommen und sie retten», sagte Reginald. Mohammed kam nicht, aber Saladin rief in seinem Zorn zum heiligen Krieg gegen die Christen auf und schwor, Reginald mit eigenen Händen umzubringen.

Das entscheidende Treffen der Kreuzzüge fand am 4. Juli 1187 bei Hittin in der Nähe von Tiberias statt. Saladin, der das Terrain gut kannte, stellte sich so auf, daß er alle Brunnen in seiner Gewalt hatte; die schwer gepanzerten Christen, die in der hochsommerlichen Hitze die Ebene durchquert hatten, gingen vor Durst ausgedörrt in den Kampf. Die Sarazenen nutzten den Wind aus und zündeten ein Buschfeuer an, dessen Rauch den Christen noch mehr zusetzte. Bei dem wirren Durcheinander wurde das Fußvolk der «Franken» von der Reiterei getrennt und niedergemacht; die Ritter, die voller Verzweiflung gegen Waffen, Rauch und Durst anzukämpfen hatten, fielen schließlich erschöpft nieder und wurden gefangengesetzt oder erschlagen. Offenbar auf Saladins Befehl wurde den Templern und Johannitern keine Gnade gewährt. Er gab Anweisung, König Guy und Reginald vor ihn zu bringen; dem König gewährte er als Zeichen der Vergebung einen Trunk; Reginald stellte er vor die Wahl, entweder Mohammed als Propheten Gottes anzuerkennen oder den Tod entgegenzunehmen; als Reginald sich weigerte, gab Saladin ihm den

Todesstreich. Zu der Beute der Sieger gehörte das Wahre Kreuz Christi, das von einem Priester als Feldzeichen getragen worden war; Saladin sandte es dem Kalifen nach Bagdad. Da kein Heer mehr da war, das ihm hätte Widerstand leisten können, drang er nach Akkon vor, wo er 4000 muselmanische Gefangene befreite und seine Truppen mit dem Reichtum des regen Hafens auszahlte. Für einige Monate war fast ganz Palästina in seinen Händen.

Als er sich Jerusalem näherte, kamen die führenden Bürger heraus, ihn um Frieden zu bitten. Er erklärte ihnen: «Ich glaube, daß Jerusalem das Heim Gottes ist, wie ihr auch glaubet; und ich will es nicht belagern oder im Sturme nehmen.» Er gewährte der Stadt die Freiheit, sich zu befestigen und im Umkreis von zwanzig Kilometern das Land ungehindert zu bebauen, und versprach, jedem Geld- und Nahrungsmangel bis Pfingsten abzuhelfen; falls zu diesem Zeitpunkt Hoffnung auf Entsatz bestehe, dürfe die Stadt ihm ehrenhaft Widerstand leisten; falls aber keine solche Aussicht bestehe, müsse sich ihm die Stadt widerstandslos ergeben, und er würde Leben und Eigentum der christlichen Bewohner schonen. Die Abgesandten schlugen das Angebot aus, da sie niemals die Stadt ausliefern würden, in welcher der Erlöser für die Menschheit gestorben sei[31]. Die Belagerung dauerte nur zwölf Tage. Als die Stadt kapitulierte, verlangte Saladin ein Lösegeld von zehn Goldstücken für jeden Mann, fünf für jede Frau, eines für jedes Kind; die 7000 Ärmsten sollten gegen Auslieferung der 30 000 Goldbesante, welche Heinrich II. von England den Tempelrittern gesandt hatte, freigelassen werden.

Diese Bedingungen wurden, wie ein christlicher Chronist berichtet, «mit Dankbarkeit und Jammer» angenommen; möglicherweise verglichen einige erfahrene Christen diese Ereignisse mit denjenigen des Jahres 1099. Saladins Bruder al-Adil erbat sich tausend Sklaven aus der Zahl der noch nicht freigekauften Armen; sie wurden ihm gewährt, und er ließ sie frei. Balian, der Führer des christlichen Widerstandes, bat um die gleiche Vergünstigung, erhielt sie und setzte ein zweites Tausend frei; der christliche Primat erbat sich und erhielt das gleiche und handelte wie die anderen. Hierauf sagte Saladin: «Mein Bruder hat seine Almosen gegeben, und der Patriarch und Balian desgleichen; nun will ich die meinen geben», und er setzte alle alten Leute, die nichts bezahlen konnten, frei. Anscheinend vermochten 15 000 der 60 000 gefangenen Christen kein Lösegeld beizubringen und wurden als Sklaven verkauft. Zu den Freigekauften gehörten die Frauen und Töchter der Adligen, welche bei Hittin niedergemacht oder gefangen worden waren. Saladin ließ sich durch ihre Tränen erweichen und gab allen Gatten und Vätern (einschließlich Guys), die in muselmanische Gefangenschaft geraten waren, die Freiheit; wie Ernoul, Balians Knappe, berichtet, ließ er «den Damen und Fräulein, deren Herr gefallen war, aus seinem eigenen Schatze so viel zukommen, daß sie Gott priesen und die Freundlichkeit und Ehre, die Saladin ihnen hatte widerfahren lassen, überallhin verkündeten»[32].

Der freigesetzte König und die Adligen leisteten einen Eid, daß sie nie mehr die Waffen gegen ihn erheben würden. Sobald sie im christlichen Tripolis und Antiochien in Sicherheit waren, wurden sie «durch Spruch der Geistlichkeit von der Ungeheuerlichkeit ihres Versprechens entbunden» und schmiedeten Rachepläne gegen Saladin[33]. Der Sultan gestattete den Juden wieder, in Jerusalem Wohnsitz zu nehmen, und gab Christen das Recht, in die Stadt zu kommen, sie durften jedoch keine Waffen tragen; er unterstützte sie bei ihren Pilgerfahrten und sorgte für ihre Sicherheit[34]. Der Felsendom, der in eine Kirche umgewandelt worden war, wurde mit Rosenwasser besprengt, um ihn von der christlichen Besudelung zu reinigen, und das goldene Kreuz, das die Kuppel überragt hatte, wurde unter muselmanischen Jubelrufen und christlichem Wehklagen hinabgestürzt. Saladin führte seine müden Truppen zur Belagerung von Tyrus, fand die Stadt uneinnehmbar, entließ den größten Teil seines Heeres und kehrte krank und erschöpft nach Damaskus zurück (1188). Er war nun fünfzig Jahre alt.

VI. DER DRITTE KREUZZUG: 1189–1192

Aus dem Umstand, daß Tyrus, Antiochien und Tripolis noch in ihrem Besitz waren, schöpften die Christen wieder einige Hoffnung. Italienische Flotten beherrschten immer noch das Mittelmeer und standen bereit, gegen gehörige Bezahlung neue Kreuzfahrer nach Palästina zu verbringen. Wilhelm, der Erzbischof von Tyrus, kehrte nach Europa zurück und berichtete vor Versammlungen in Italien, Frankreich und Deutschland von Jerusalems Fall. In Mainz vermochte er Friedrich Barbarossa so sehr zu bewegen, daß der große Kaiser, der nun siebenundsechzig Jahre zählte, fast augenblicks mit seinem Heere aufbrach (1189), und die ganze Christenheit klatschte ihm Beifall als dem zweiten Moses, der einen Weg in das Verheißene Land eröffnen würde. Das neue Heer setzte bei Gallipoli über den Hellespont und wiederholte dann die tragischen Fehler des Ersten Kreuzzuges. Banden von Türken störten den Vormarsch und schnitten den Nachschub ab; Hunderte starben Hungers; Friedrich ertrank jämmerlich im kleinen Flüßchen Salef in Kilikien (1190), und nur ein Bruchteil seines Heeres gelangte bis nach Akkon, um sich an der Belagerung zu beteiligen.

Richard I. Löwenherz, der kurz zuvor im Alter von einunddreißig Jahren zum König von England gekrönt worden war, entschloß sich, seine Kraft an den Muselmanen zu erproben. Da er befürchtete, die Franzosen könnten seine Abwesenheit ausnutzen und über die englischen Besitzungen in Frankreich herfallen, bestand er darauf, daß Philipp August mit ihm ziehe; der französische König – ein Jüngling von dreiundzwanzig Jahren – willigte ein, und die beiden jugendlichen Monarchen nahmen in einer ergreifenden Zeremonie in Vézelay das Kreuz von Wilhelm von Tyrus entgegen. Richards Normannenheer (an den Kreuzzügen nahmen nur wenige Engländer teil) stach in Marseille in See, Philipps Heer in Genua, und auf Sizilien vereinigten sich die beiden Armeen (1190). Die beiden Könige verbrachten dort über ein halbes Jahr mit Streit und anderen Vergnügungen. Tankred, der König von Sizilien, beleidigte Richard, worauf dieser «schneller, als ein Priester die Mette singen kann», Messina einnahm und es erst gegen 40 000 Unzen Gold wieder zurückgab. Mit diesem finanziellen Hintergrund schiffte er sein Heer ein, um es nach Palästina zu bringen. Einige Schiffe erlitten an der Küste Cyperns Schiffbruch; die Mannschaften wurden vom griechischen Statthalter gefangengesetzt; Richard hielt einen Augenblick inne, eroberte Cypern und übertrug es Guy de Lusignan, dem heimatlosen König von Jerusalem. Er erreichte Akkon im Juni 1191, ein Jahr nach dem Aufbruch von Vézelay. Philipp war vor ihm eingetroffen; die Belagerung von Akkon durch die Christen dauerte nun bereits neunzehn Monate und hatte Tausenden das Leben gekostet. Wenige Wochen nach Richards Ankunft ergaben sich die Sarazenen. Die Sieger forderten 200 000 Goldstücke (2 Millionen Dollar), 1600 auserwählte Gefangene und die Rückgabe des Wahren Kreuzes; es wurde ihnen zugesichert, Saladin bestätigte die Abmachung, und die muselmanische Bevölkerung von Akkon durfte mit Ausnahme der 1600 abziehen und so viel von ihrer Habe mit sich führen, als sie tragen konnte. Philipp August kehrte fieberkrank nach Frankreich zurück und hinterließ ein Heer von 10 500 Mann. Richard wurde alleiniger Führer des Dritten Kreuzzuges.

Nun hub ein konfuser Feldzug an, in dem in einzigartiger Weise Schläge und Schlachten mit Komplimenten und Höflichkeiten wechselten, derweilen der englische König und der kurdische Sultan die schönsten Eigenschaften ihrer Kultur und ihrer Religion verkörperten. Keiner von beiden war ein Heiliger: Saladin konnte Tod und Verderben austeilen, wenn militärische Absichten es zu erfordern schienen, und der romantische Richard erlaubte sich einige Unterbrechungen in der Laufbahn eines Edelmannes. Als die Führer des belagerten Akkon zögerten, den Verpflichtungen aus der Kapitulation nachzukommen, ließ Richard zweieinhalbtausend muselmanische Gefangene vor den Mauern enthaupten, um ein wenig zur Eile anzuspornen[35]. Als Saladin dies erfuhr, befahl er, alle Gefangenen, die künftig aus Schlachten mit dem englischen König eingebracht würden, sofort hinzurichten. Richard schlug nun einen anderen Ton an und wollte den Kreuzzügen dadurch ein Ende setzen, daß er seine Schwester Johanna mit Saladins Bruder al-Adil verehelichte. Die Kirche sprach sich gegen den Plan aus, und er wurde fallengelassen.

Da er wußte, daß Saladin die Niederlage nicht ruhig hinnehmen würde, gruppierte Richard seine Truppen um und schickte sich an, der Küste entlang hundert Kilometer weiter nach Süden zu marschieren, um Jaffa zu entsetzen, das in christlicher Hand, aber von den Muselmanen belagert war. Viele Adlige weigerten sich, mit ihm zu ziehen; sie wollten lieber in Akkon verbleiben und um das Königtum von Jerusalem intrigieren, da sie überzeugt waren, daß Richard die Stadt wieder einnehmen würde. Die deutschen Kreuzfahrer kehrten nach Deutschland zurück, und das französische Heer kam wiederholt den erteilten Befehlen nicht nach und machte damit die Strategie des englischen Königs zunichte. Auch waren die Krieger für eine neue Unternehmung nicht bereit. Nach der langen Belagerung gaben sich die siegreichen Christen, wie der christliche Chronist von Richards Kreuzzug berichtet,

> einem faulen und schwelgerischen Leben hin und wollten eine Stadt, die ihnen so viele Vorzüge bot – die edelsten Weine und die schönsten Mägde –, nicht mehr verlassen. Viele machten allzu enge Bekanntschaft mit diesen Freuden und wurden liederlich, bis die Stadt von ihrem Lasterleben befleckt ward und weise Menschen ob ihrer Schlemmerei und Wollust erröteten.[36]

Richard erschwerte die ganze Angelegenheit noch mehr, indem er im Gefolge des Heeres keine anderen Frauen als Waschweiber, die keine Gelegenheit zum Sündigen bieten konnten, zuließ. Die Mängel seiner Truppen glich er durch seine geniale Feldherrenkunst, seine geschickten Manöver und seine anfeuernde Tapferkeit im Felde wieder aus; darin übertraf er Saladin und alle christlichen Führer der Kreuzzüge.

Sein Heer stieß bei Arsuf auf Saladins Heer und trug einen unentschiedenen Sieg davon (1191). Saladin wollte den Kampf wieder aufnehmen, aber Richard zog seine Truppen hinter die schützenden Mauern von Jaffa zurück. Saladin richtete ein Friedensangebot an ihn. Während der Verhandlungen trat Konrad, der Marquis von Montferrat, der Tyrus befehligte, in Sonderunterhandlungen mit Saladin ein und machte diesem das Angebot, er werde Akkon den Muselmanen überlassen und Saladins Bundesgenosse werden, falls dieser es zuließe, daß Konrad sich Sidons und Beiruts bemächtigte. Trotz diesem Angebot ermächtigte Saladin seinen Bruder, mit Richard einen Frieden zu schließen, in welchem den Christen alle Küstengebiete, die sie zu diesem Zeitpunkt in Besitz hatten, sowie die Hälfte von Jerusalem überlassen wurden. Richard war so erfreut, daß er den Sohn des muselmanischen Gesandten feierlich zum Ritter schlug (1192). Kurze Zeit hernach vernahm er, daß Saladin gegen einen Aufstand im Osten zu kämpfen hatte, woraufhin er die Friedensbedingungen ausschlug, Darum belagerte und einnahm und bis auf weniger als zwanzig Kilometer an Jerusalem heranrückte. Saladin, der seine Truppen für den Winter entlassen hatte, berief sie wieder ein. Inzwischen brachen im christlichen Lager Meinungsverschiedenheiten aus, Kundschafter berichteten, daß die Brunnen auf dem Wege nach Jerusalem vergiftet seien und das Heer kein Trinkwasser haben werde. Ein Kriegsrat wurde abgehalten, um die weitere Strategie zu bestimmen; es wurde beschlossen, von Jerusalem abzulassen und vierhundert Kilometer weit gegen Kairo zu ziehen. Richard zog sich krank, angewidert und entmutigt auf Akkon zurück und plante die Rückkehr nach England.

Als er aber erfuhr, daß Saladin wiederum Jaffa angegriffen und in zwei Tagen eingenommen hatte, brachte ihn sein Stolz wieder auf die Beine. Mit den Kriegern, die er zusammentrommeln konnte, brach er sofort auf dem Seewege nach Jaffa auf. Bei der Ankunft im Hafen rief er: «Wehe dem letzten!» und sprang bis an die Hüfte ins Meer. Seine berühmte dänische Streitaxt schwingend, hieb er alle nieder, die ihm Widerstand leisteten, führte seine Männer in die Stadt und säuberte sie von muselmanischen Truppen, noch ehe Saladin von dem Geschehnis erfuhr (1192). Der Sultan rief seine Hauptarmee zur Hilfeleistung. Sie übertraf Richards 3000 Mann zahlenmäßig bei weitem, aber die übermütige Tapferkeit des Königs trug den Sieg davon. Saladin, der bemerkte, daß Richard sein Pferd verloren hatte, schickte ihm ein Streitroß und erklärte dazu, es sei eine Schande, wenn ein so prächtiger Krieger zu Fuß kämpfen müsse. Saladins Soldaten hatten bald genug; sie warfen dem Sultan vor, er habe die Garnison von Jaffa verschont, und nun stehe sie wiederum im Kampf. Wenn wir der christlichen Darstellung Glauben schenken dürfen, ritt Richard schließlich mit gesenkter Lanze an der Sarazenenfront entlang, und niemand wagte ihn anzugreifen[37].

Am nächsten Tage wendete sich das Glück. Saladin erhielt Verstärkungen, und Richard, der wiederum erkrankte und von den Rittern in Akkon und Tyrus im Stich gelassen wurde, bat um Frieden. In seinen Fieberschauern rief er um Obst und einen kühlenden Trunk; Saladin sandte ihm Äpfel und Pfirsiche und Schnee und seinen eigenen Leibarzt. Am 2. September 1192 unterzeichneten die beiden Helden einen Frieden auf drei Jahre und teilten Palästina unter sich auf: Richard sollte alle Küstenstädte, die er erobert hatte, von Akkon bis Jaffa behalten; Muselmanen und Christen sollten unbehindert die Territorien der anderen Partei betreten dürfen, und die Pilger sollten in Jerusalem vollen Schutz genießen; die Stadt sollte aber in den Händen der Muselmanen verbleiben. (Vielleicht hatten die italienischen Kaufleute, die hauptsächlich an den Häfen interessiert waren, Richard bewogen, die Heilige Stadt als Gegengabe für das Küstengebiet abzutreten.) Der Friede wurde mit Festen und Turnieren gefeiert; «Gott allein kennt die unendliche Freude beider Völker», berichtet Richards Chronist[38]; auf einen Augenblick hielten die Menschen im Hassen inne. Als Richard an Bord ging, um nach England zu segeln, sandte er an Saladin eine letzte herausfordernde Botschaft, in der er versprach, in drei Jahren wiederzukommen und Jerusalem zu erobern. Saladin entgegnete, wenn er schon sein Land verlieren müsse, dann wolle er es tausendmal lieber an Richard als an irgendeinen anderen lebenden Menschen verlieren[39].

Saladins Mäßigung, Geduld und Gerechtigkeit hatten über Richards Scharfsinn, Mut und Kriegskunst den Sieg davongetragen; die verhältnismäßige Treue und Einheit der muselmanischen Führerschaft hatte über die Zwistigkeiten und Treulosigkeiten der Feudalherren triumphiert, und die kurze Nachschublinie der Sarazenen war von größerem Vorteil als die Seeherrschaft der Christen. Die christlichen Tugenden und Fehler zeigten sich in dem Muselmanensultan besser als in dem christlichen König. Saladin war religiös bis zur Verfolgungswut und gestattete sich ein unvernünftig scharfes Vorgehen gegen die Templer und Johanniter. Gewöhnlich zeigte er sich aber hilfsbereit gegenüber den Schwachen, gnädig gegenüber den Besiegten und in der Treue zu seinem Wort seinen Feinden so sehr überlegen, daß christliche Chronisten erstaunt waren, daß eine so falsche Theologie einen so prächtigen Menschen hervorbringen konnte. Er behandelte seine Hilfskräfte freundlich und hörte sich alle Bittgesuche persönlich an. «Geld schätzte er so gering wie Staub», und in seiner persönlichen Schatzkammer hinterließ er einen einzigen Dinar[40]. Nicht lange vor seinem Tode erteilte er seinem Sohne ez-Zahir Weisungen, die kein christlicher Philosoph besser hätte vorbringen können:

> Mein Sohn, ich empfehle dich dem Allerhöchsten ... Befolge seinen Willen, denn auf diesem Wege liegt der Frieden. Vergieße kein Blut ... denn vergossenes Blut kommt nie zur Ruhe. Suche dir die Herzen deines Volkes zu gewinnen und wache über seinen Wohlstand; denn darum bist du von Gott und mir eingesetzt, daß du um das Glück deines Volkes besorgt seiest. Versuche die Herzen deiner Minister, Edlen und Emire zu gewinnen. Wenn ich groß geworden bin, so deswegen, weil ich die Herzen der Menschen mit Freundlichkeit und Sanftmut gewonnen habe.[41]

Er starb im Jahre 1193, nur fünfundfünfzig Jahre alt.

VII. DER VIERTE KREUZZUG: 1202–1204

Der Dritte Kreuzzug hatte Akkon befreit, aber Jerusalem in den Händen der Muselmanen belassen; es war ein entmutigend kärgliches Ergebnis für die Teilnahme von Europas größten Königen. Das Ertrinken Barbarossas, die Flucht Philipp Augusts, der glänzende Mißerfolg Richards, die skrupellosen Intrigen christlicher Ritter im Heiligen Lande, die Streitigkeiten zwischen Templern und Johannitern und der abermalige Ausbruch des Krieges zwischen England und Frankreich brach den Stolz Europas und schwächte die religiöse Selbstsicherheit des Christentums weiter. Aber Saladins früher Tod und die Aufsplitterung seines Reiches ließen neue Hoffnungen keimen. Innozenz III. (1198–1216) rief gleich zu Beginn seines Pontifikates zu neuen Anstrengungen auf, und Fulko von Neuilly, ein einfacher Priester, predigte Gemeinen und Königen den Vierten Kreuzzug. Das Ergebnis war niederschmetternd. Kaiser Friedrich II. war ein vierjähriger Knabe; Philipp August war der Ansicht, ein Kreuzzug sei genug für ein Leben, und Richard I. vergaß seine letzten Worte an Saladin und lachte über Fulkos Ermahnungen. «Ihr ratet mir», erklärte er, «meine drei Töchter – Stolz, Habgier und Unkeuschheit – von mir zu weisen. Ich vermache sie denen, die sie am meisten verdienen: meinen Stolz den Templern, meine Habgier den Mönchen von Cîteaux, meine Unkeuschheit den Geistlichen[42].» Aber Innozenz ließ nicht locker. Er brachte vor, ein Feldzug gegen Ägypten könne erfolgreich sein, da ja Italien das Mittelmeer beherrsche, und vom reichen und fruchtbaren Ägypten als Ausgangsbasis aus könne man an Jerusalem herankommen. Nach vielem Feilschen erklärte Venedig sich bereit, gegen Bezahlung von 85 000 Silbermark (16 Millionen Dollar) Schiffsraum für 4500 Ritter und Pferde, 9000 Knappen und 20 000 Fußsoldaten zur Verfügung zu stellen und Nachschub für neun Monate zu verfrachten; es würde auch fünfzig Kriegsgaleeren liefern, aber nur unter der Bedingung, daß die Hälfte der Beute der Eroberungen an die Venezianische Republik ginge[43]. Die Venezianer beabsichtigten jedoch gar keinen Angriff auf Ägypten; sie verdienten alljährlich Millionen an der Ausfuhr von Eisen, Holz und Waffen nach Ägypten und an der Einfuhr von Sklaven; sie wollten nicht, daß ihnen dieser Handel durch einen Krieg verlorenging oder sie ihn mit Pisa und Genua teilen müßten. Während sie mit den Kreuzfahrern verhandelten, schlossen sie insgeheim einen Vertrag mit dem Sultan von Ägypten ab, in welchem sie seinem Land die Sicherheit vor jeder Invasion zusagten (1201)[44]. Ernoul, ein zeitgenössischer Chronist, behauptet, Venedig habe eine riesige Bestechungssumme erhalten, um den Kreuzzug von Palästina fernzuhalten[45].

Im Sommer des Jahres 1202 trafen sich die neuen Heere in Venedig. Da waren der Marquis Bonifaz von Montferrat, Graf Ludwig von Blois, Graf Balduin von Flandern, Simon von Montfort, von dem man munkelte, er sei Albigenser, und neben vielen anderen Notabeln Gottfried von Villehardouin (1160–1213), Marschall der Champagne, welcher nicht nur eine führende Rolle in der Diplomatie und den Feldzügen des Kreuzzuges spielte, sondern auch dessen skandalöse Geschichte in Erinnerungen, welche das Gesicht wahren sollten und den Beginn der französischen Prosaliteratur darstellten, aufzeichnete. Frankreich steuerte wie gewöhnlich die meisten Kreuzfahrer bei. Jeder Mann hatte Anweisung, eine seinen Mitteln entsprechende Geldsumme mitzubringen, damit die 85 000 Mark für Venedigs Unkosten aufgebracht werden konnten. Es kamen 34 000 Mark zu wenig zusammen. Daraufhin schlug Enrico Dandolo, der beinahe völlig blinde Doge «mit dem großen Herzen», mit der ganzen Würde seiner vierundneunzig Jahre vor, Venedig könne die fehlende Summe erlassen, falls die Kreuzritter der Stadt bei der Eroberung von Zara beistehen würden. Zara war nun nach Venedig der wichtigste Adriahafen; es war 998 von Venedig erobert worden, hatte oft rebelliert und war wieder unterworfen worden; nunmehr gehörte es Ungarn und war der einzige Seehafen dieses Landes; es nahm ständig an Reichtum und Macht zu, und Venedig fürchtete seine Konkurrenz im Mittelmeerhandel. Innozenz III. erklärte, dieser Vorschlag sei niederträchtig, und bedrohte alle Teilnehmer an der Unternehmung mit dem Bann. Aber der größte und mächtigste Papst vermochte seiner Stimme gegenüber dem Ruf des Goldes nicht Gehör zu verschaffen. Die vereinigten Flotten griffen Zara an, nahmen es in fünf Tagen ein und teilten sich in die Beu . Hierauf schickten die Kreuzfahrer eine Gesandtschaft nach Rom, um den Papst um Absolution zu bitten; er erteilte sie, verlangte aber die Rückgabe der Beute; die Kreuzfahrer dankten für die Absolution, behielten jedoch die Beute. Die Venezianer kümmerten sich um die Exkommunikationen nicht und gingen an den zweiten Teil ihres Planes – die Eroberung von Konstantinopel.

Die byzantinische Monarchie hatte nichts von den Kreuzzügen gelernt. Sie gewährte wenig Hilfe und heimste großen Gewinn ein; sie gewann den größten Teil Kleinasiens zurück und sah mit Gleichmut der gegenseitigen Schwächung des Islams und des Westens im Kampfe um Jerusalem zu. Der Kaiser Manuel hatte Tausende von Venezianern in Konstantinopel verhaften lassen und Venedig seine dortigen kommerziellen Vorrechte auf einige Zeit entzogen (1171)[46]. Isaak II. Angelos (1185–1195) hatte sich kein Gewissen daraus gemacht, mit den Sarazenen ein Bündnis einzugehen[47]. Im Jahre 1195 wurde Isaak von seinem Bruder Alexios III. abgesetzt, eingekerkert und geblendet. Isaaks Sohn, ebenfalls Alexios geheißen, floh nach Deutschland; 1202 ging er nach Venedig und bat den venezianischen Senat und die Kreuzfahrer um Hilfe für seinen Vater und versprach ihnen dafür alles, was Byzanz für den Angriff auf den Islam beisteuern könnte. Dandolo und die französischen Barone trieben einen schweren Kuhhandel mit dem Jüngling: man brachte ihn dazu, den Kreuzfahrern 200 000 Mark Silber, die Ausrüstung eines Heeres von 10 000 Mann zum Dienste in Palästina und die Unterwerfung der griechisch-orthodoxen Kirche unter den römischen Papst zuzusichern[48]. Trotz diesem geschickt zurechtgemachten Bissen verbot Innozenz III. den Kreuzfahrern unter Androhung der Exkommunikation den Angriff auf Byzanz. Einige Adlige verweigerten die Teilnahme an dem Unternehmen; ein Teil der Armee betrachtete sich vom Kreuzzug absolviert und kehrte heim. Aber die Aussicht auf die Eroberung der reichsten Stadt Europas erwies sich als unwiderstehlich. Am 1. Oktober 1202 stach die mächtige Flotte von 480 Schiffen unter großem Jubelgeschrei in See, derweil Priester auf dem Gefechtsdeck der Schiffe das *Veni Creator Spiritus* sangen[49].

Nach verschiedenen Aufenthalten gelangte die Armada am 24. Juni 1203 vor Konstantinopel. «Ich kann euch versichern», schreibt Villehardouin,

> die, welche sie niemals gesehen hatten, dachten nicht, daß es auf der ganzen Welt eine so reiche Stadt hätte geben können, als sie diese hohen Mauern und reichen Türme sahen, von denen die Stadt umgeben war, und diese reichen Paläste und hohen Kirchen. Es gab so viele dort, daß keiner es geglaubt hätte, wenn er es nicht mit eigenen Augen gesehen hätte; und sie sahen die Länge und Breite der Stadt, die die Königin unter allen Städten ist. Und wisset, daß es keinen so kühnen Mann gab, dessen Körper nicht erschauerte; und es war kein Wunder, wenn sie sich entsetzten, denn niemals wurde ein solches Wagnis unternommen von einem Volke, seit die Welt erschaffen wurde. [50]

An Alexios III. wurde ein Ultimatum gerichtet: er solle das Reich seinem geblendeten Bruder oder dem jungen Alexios, der mit der Flotte gekommen war, zurückerstatten. Als er sich weigerte, der Aufforderung nachzukommen, brachen die Kreuzritter einen schwachen Widerstand und gingen vor den Stadtmauern an Land; der greise Dandolo war der erste auf festem Boden. Alexios III. floh nach Thrakien; die griechischen Adligen geleiteten Isaak Angelos von seinem Kerker auf den Thron und sandten in seinem Namen eine Botschaft an die lateinischen Heerführer, daß er darauf brenne, den Sohn in die Arme schließen zu dürfen. Dandolo und die Barone nahmen Isaak das Versprechen ab, daß er sich an die Verpflichtungen halten werde, welche sein Sohn eingegangen war, und betraten die Stadt; Alexios IV. wurde zum Mitkaiser gekrönt. Als die Griechen aber den Preis erfuhren, den er für seinen Sieg hatte entrichten müssen, wandten sie sich in Zorn und Verachtung gegen ihn. Das Volk rechnete sich die Steuerlast aus, die es bedrücken würde, wenn Alexios seinen Rettern die Zahlungen leistete; der Adel war über die Anwesenheit einer fremden Aristokratie und einer ausländischen Heeresmacht verärgert; die Geistlichkeit verwarf zornentbrannt das Ansinnen, daß sie sich Rom beugen sollte. Gleichzeitig stellten einige lateinische Soldaten zu ihrem Entsetzen fest, daß in Konstantinopel Muselmanen in einer Moschee ihrem Kult nachgingen; sie steckten die Moschee in Brand und erschlugen die Betenden. Das Feuer wütete acht Tage lang und breitete sich fünf Kilometer weit aus und legte einen beträchtlichen Teil von Konstantinopel in Trümmer und Asche. Ein Prinz königlichen Blutes setzte sich an die Spitze eines Volksaufstandes, ermordete Alexios IV., setzte Isaak Angelos wieder gefangen, bemächtigte sich als Alexios V. Dukas des Thrones und begann ein Heer aufzustellen, um die Lateinischen aus ihrem Feldlager bei Galata zu vertreiben. Aber die Griechen hatten zu lange in Sicherheit in ihren schützenden Stadtmauern gelebt, um noch die Tugenden ihres römischen Namens zu bewahren. Nach einmonatiger Belagerung ergaben sie sich. Alexios V. floh, und die siegenden Lateinischen fielen wie die Heuschrecken über die Hauptstadt her (1204).

So lange waren sie von ihrer verheißenen Beute ferngehalten worden, daß sie nun – in der Karwoche – die reiche Stadt einer so maßlosen Plünderung aussetzten, wie sie Rom weder von den Wandalen noch von den Goten hatte erdulden müssen. Das Leben verloren nicht viele Griechen, vielleicht zweitausend; aber das Plündern kannte keine Grenzen. Die Adligen teilten die Paläste unter sich auf und eigneten sich die Schätze an, die sie darin fanden; die Soldaten drangen in Häuser, Kirchen, Läden ein und holten sich, was ihnen gerade gefiel. Aus den Kirchen wurden nicht nur die Schätze herausgeholt, die sich während eines Jahrtausends in ihnen angesammelt hatten, sondern auch die heiligen Reliquien, die dann später gegen hohe Preise in Europa verschachert wurden. Die Hagia Sophia erlitt größere Schäden, als ihr 1453 von den Türken zugefügt wurden[51]; der große Altar wurde zerschlagen und sein Silber und Gold verteilt[52]. Die Venezianer, die sich in der Stadt, welche sie als Kaufleute willkommen geheißen hatte, gut auskannten, wußten, wo die größten Schätze lagen, und stahlen mit überlegener Klugheit; Statuen und Stoffe, Sklaven und Edelsteine, alles fiel den wählerischen Räubern in die Hände; die vier Bronzepferde, welche die griechische Stadt überschaut hatten, sollten von nun an auf dem Markusplatz tollen; neun Zehntel der Kunstsammlungen, die später den Schatz der Markuskirche berühmt machten, stammen aus diesem gut inszenierten Diebstahl[53]. Es wurden einige Versuche unternommen, den Vergewaltigungen Einhalt zu gebieten; viele Soldaten begnügten sich bescheidenerweise mit Dirnen, aber Innozenz III. beschwerte sich, daß die lange verhaltene Begierde der Lateinischen weder das Alter noch das Geschlecht noch die Religion verschonte und daß griechische Nonnen die Umarmungen französischer oder venezianischer Bauern oder Stallknechte über sich ergehen lassen mußten[54]. Bei dieser Plünderei wurden auch Bibliotheken heimgesucht, und wertvolle Handschriften wurden zerstört oder gingen verloren; zwei weitere Brände vernichteten Bibliotheken und Museen und Kirchen und Häuser; von den Schauspielen des Sophokles und des Euripides, die bis dahin vollständig erhalten waren, entging nur die Minderzahl dem Verderben. Tausende von Meisterwerken der Kunst wurden gestohlen, verstümmelt oder zerstört.

Als die wilde Plünderei abgeflaut war, wählten die lateinischen Edlen Balduin von Flandern zum Oberhaupt des Lateinischen Kaiserreiches von Konstantinopel (1204) und machten das Französische zur Staatssprache. Das Byzantinische Reich wurde in Lehnsherrschaften aufgeteilt, an deren Spitze jeweils ein lateinischer Adliger gesetzt wurde. Venedig, das nach der Beherrschung der Handelsstraßen strebte, sicherte sich Hadrianopel, den Epeiros, Akarnanien, die Ionischen Inseln, einen Teil des Peloponnes, Euboia, die Ägäischen Inseln, Gallipoli und drei Achtel von Konstantinopel; den Genuesen wurden ihre byzantinischen «Faktoreien» und Außenposten enteignet, und Dandolo, der nun auf kaiserlichen Kothurnen hinkte, nahm den Titel «Doge von Venedig, Herr eines Viertels und eines Achtels des Römischen Reiches» an[55]; kurz darauf segnete er das Zeitliche auf der Höhe seines skrupellosen Erfolges. Die griechischen Geistlichen wurden größtenteils durch lateinische ersetzt, in einigen Fällen in aller Eile ordiniert, und Innozenz III., der zwar immer noch gegen den Angriff auf Konstantinopel protestierte, nahm die Nachricht von der formellen Wiedervereinigung der griechischen mit der römischen Kirche mit Würde entgegen. Die meisten Kreuzfahrer kehrten mit ihrer Beute in die Heimat zurück; nur eine Handvoll gelangte bis Jerusalem, ohne etwas auszurichten. Vielleicht waren die Kreuzfahrer der Ansicht, Konstantinopel werde in ihrer Hand eine stärkere Ausgangsbasis zum Kampf gegen die Türken sein, als Byzanz es gewesen war. Aber über Menschenalter sich erstreckende Kämpfe zwischen Lateinischen und Griechen zehrten nun an der Lebenskraft des Griechentums; das Byzantinische Reich erholte sich nie mehr von dem Schlag, und die Einnahme von Konstantinopel durch die Lateinischen ebnete über zwei Jahrhunderte hinweg der Einnahme der Stadt durch die Türken den Weg.

VIII. DER ZUSAMMENBRUCH DER KREUZZÜGE: 1212–1291

Der Skandal des Vierten Kreuzzuges, der innerhalb eines einzigen Jahrzehntes zum Mißerfolg des Dritten kam, war für die christliche Religion, die bald darauf der Wiederentdeckung des Aristoteles und dem scharfsinnigen Rationalismus des Averroës standzuhalten hatte, nicht gerade tröstlich. Denker hatten viel Mühe zu erklären, wieso Gott die Niederlage seiner Verfechter in einer so heiligen Sache hatte zulassen können und nur der venezianischen Niedertracht den Sieg verliehen hatte. Bei all diesen Zweifeln kam es einfachen Seelen in den Sinn, daß nur die Unschuld die Feste Christi wieder einnehmen könne. Im

Jahre 1212 verkündete ein deutscher Jüngling, welcher der Geschichte nur unbestimmt als Nikolaus überliefert ist, er habe von Gott den Auftrag erhalten, einen Kinderkreuzzug in das Heilige Land zu führen. Priester und Laien sprachen sich gleicherweise gegen ihn aus, aber der Gedanke griff in einem Zeitalter, das mehr als jedes andere von Wellen emotioneller Begeisterung heimgesucht wurde, rasch um sich. Die Eltern gaben sich alle Mühe, um ihre Kinder zurückzuhalten, aber Tausende von Knaben (und manche Mädchen in Knabenkleidung) im durchschnittlichen Alter von zwölf Jahren entwischten ihren Eltern und folgten dem Nikolaus nach, wohl froh darüber, daß sie die Monarchie des Elternhauses mit der Freiheit der Landstraße vertauschen konnten. Der Schwarm von dreißigtausend Kindern, die zum großen Teil aus Köln stammten, zog den Rhein herauf und über die Alpen. Viele starben Hungers; Nachzügler fielen den Wölfen zum Opfer; Diebe schlichen sich ein und stahlen ihnen Kleidung und Nahrung. Die Überlebenden gelangten nach Genua, wo die irdisch gesinnten Italiener sie auslachten, bis ihnen Zweifel kamen; es fanden sich keine Schiffe, die sie nach Palästina bringen wollten, und als sie sich an Innozenz III. wandten, gebot er ihnen in aller Freundlichkeit, sie sollten wieder heimgehen. Einige wanderten verzweifelt wieder über die Alpen; viele ließen sich in Genua nieder und erlernten die Lebensart der Handelswelt.

In Frankreich trat im gleichen Jahre ein zwölfjähriger Hirte namens Stephan vor Philipp August und verkündete, Christus sei ihm erschienen, während er seine Herde hütete, und habe ihn geheißen, einen Kinderkreuzzug nach Palästina zu führen. Der König befahl ihm, zu seinen Schafen zurückzukehren; es versammelten sich aber doch zwanzigtausend Jünglinge um ihn. Sie wanderten unter Stephans Führung durch Frankreich bis Marseille, wo sich das Mittelmeer, wie er ihnen verheißen hatte, teilen sollte, um sie trockenen Fußes bis nach Palästina durchzulassen. Das Meer ließ sie im Stich; aber zwei Schiffseigentümer erboten sich an, sie kostenfrei an ihr Ziel zu bringen. Sie drängten sich in sieben Schiffen zusammen und stachen, Siegeshymnen singend, in See. Zwei Schiffe erlitten auf der Höhe von Sardinien Schiffbruch, und alle an Bord kamen um; die anderen Kinder wurden nach Tunesien und Ägypten verbracht und dort als Sklaven verkauft. Die Schiffseigentümer wurden auf Befehl Friedrichs II. erhängt[56].

Drei Jahre darauf wandte sich Innozenz III. im Vierten Laterankonzil wiederum an Europa, es solle das Land Christi wiedererobern, und kehrte zu seinem Plan zurück, den Venedig zunichte gemacht hatte – dem Plan eines Angriffes auf Ägypten. 1217 nahm der Fünfte Kreuzzug unter Führung des ungarischen Königs Andreas von Deutschland, Österreich und Ungarn seinen Ausgang und erreichte unangefochten Damiette an der östlichsten Nilmündung. Die Stadt fiel nach einjähriger Belagerung, und Malik al-Kamil, der neue Sultan von Ägypten und Syrien, erklärte sich bereit, Frieden zu machen, den größten Teil von Jerusalem abzutreten, die christlichen Gefangenen freizulassen und das Wahre Kreuz auszuliefern. Die Kreuzfahrer verlangten außerdem noch eine Entschädigungszahlung, die al-Kamil nicht zahlen wollte. Der Krieg nahm seinen Fortgang, ging aber schlecht aus; erwartete Verstärkungen trafen nicht ein; schließlich wurde ein Waffenstillstand auf acht Jahre vereinbart, der den Christen das Wahre Kreuz wiederbrachte, aber den Muselmanen Damiette eintrug und den Abzug aller christlichen Truppen aus Ägypten vorschrieb.

Die Kreuzfahrer gaben die Schuld für ihre Tragödie Friedrich II., dem jungen Kaiser von Deutschland und Italien. Er hatte das Kreuzfahrergelübde im Jahre 1215 abgelegt und versprochen, zu den Belagerern von Damiette zu stoßen; aber politische Verwicklungen in Italien und wohl auch ein unzureichender Glaube hielten ihn auf. Im Jahre 1228, während er wegen seines Zögerns mit dem Kirchenbann belegt war, brach Friedrich zum Sechsten Kreuzzug auf. Bei seiner Ankunft in Palästina versagten ihm die dortigen guten Christen den Beistand, da er ja von der Kirche exkommuniziert war. Er schickte Sendboten an al-Kamil, der nun die Sarazenenarmee bei Nablus befehligte. Al-Kamil erteilte eine freundliche Antwort, und der Gesandte des Sultans, Fachru'd Din, war sehr beeindruckt von Friedrichs Kenntnis der arabischen Sprache, Literatur, Naturwissenschaft und Philosophie. Die beiden Herrscher traten in einen freundschaftlichen Austausch von Höflichkeiten und Gedanken und schlossen zum Erstaunen der Christen und Mohammedaner einen Vertrag ab (1229), durch welchen al-Kamil Akkon, Jaffa, Nazareth, Bethlehem und ganz Jerusalem mit Ausnahme der dem Islam heiligen Umhegung mit dem Felsendom abtrat. Christliche Pilger sollten in diese Umhegung eingelassen werden, um an der Stelle, wo Salomons Tempel gestanden hatte, ihre Gebete zu verrichten, und die gleichen Rechte sollten den Mohammedanern in Bethlehem zustehen. Alle Gefangenen sollten auf beiden Seiten freigelassen werden, und auf zehn Jahre und zehn Monate verpflichteten sich beide Seiten, den Frieden einzuhalten[57]. Der exkommunizierte Kaiser hatte da Erfolg, wo das Christentum ein Jahrhundert lang Mißerfolge erlitten hatte; die beiden Kulturen, die auf einen Augenblick gegenseitig Verständnis und Achtung aufbrachten, fanden die Möglichkeit zur Freundschaft. Die Christen des Heiligen Landes jubelten, aber Papst Gregor IX. erklärte, der Pakt sei eine Beleidigung für das Christentum, und weigerte sich, ihm seine Zustimmung zu erteilen. Nach Friedrichs Wegzug bemächtigte sich der christliche Adel in Palästina der Stadt Jerusalem und verbündete die christliche Macht in Vorderasien mit dem muselmanischen Herrscher von Damaskus gegen den ägyptischen Sultan (1244). Der letztere rief die chwarazmischen Türken zu Hilfe, eroberte Jerusalem, gab es zur Plünderung frei und ließ zahlreiche Einwohner der Stadt niedermachen. Zwei Monate später schlug Baibars die Christen bei Gaza, und Jerusalem fiel erneut an den Islam (Oktober 1244).

Während Innozenz IV. einen Kreuzzug gegen Friedrich II. predigte und allen, die den Kaiser in Italien bekämpften, die gleichen Ablässe und Privilegien zugestand, die er denen gewährte, die im Heiligen Lande dienten, rüstete sich der fromme Ludwig IX. von Frankreich für den Siebenten Kreuzzug. Kurz nach dem Fall von Jerusalem nahm er das Kreuz und bewog seinen Adel, das gleiche zu tun; gewissen Männern, die noch zögerten, schenkte er zu Weihnachten kostbare Gewänder mit eingewobenem Kreuz. Er mühte sich, Innozenz mit Friedrich zu versöhnen, damit ein geeintes Europa den Kreuzzug vortragen könne. Innozenz wollte nicht; statt dessen sandte er einen Mönch – Giovanni de Piano Carpini – zum Großen Chan mit dem Vorschlag einer Verbindung von Mongolen und Christen gegen die Türken; die Entgegnung des Chans bestand in einer Aufforderung an die Christen, sich den Mongolen zu unterwerfen. Endlich brach 1248 Ludwig mit seinen französischen Rittern, zu denen auch Jean Sieur de Joinville, der berühmte Chronist der

Taten seines Königs, zählte, auf. Die Schar kam nach Damiette und nahm es bald ein, aber die Nilüberschwemmung, mit der die Kreuzfahrer in ihrem Kriegsplan nicht gerechnet hatten, begann gerade bei ihrer Ankunft und setzte das Land dermaßen unter Wasser, daß sie ein halbes Jahr lang in Damiette verbleiben mußten. Es kam ihnen gar nicht so ungelegen; wie Joinville berichtet, «begannen die Barone große Gelage zu veranstalten ... und das gemeine Volk wiederum lief den törichten Frauen nach»[58]. Als das Heer den Vormarsch wieder aufnahm, war es durch Hunger, Krankheit und Desertion dezimiert und durch mangelnde Manneszucht geschwächt. In Mansura wurde es trotz aller Tapferkeit der Kämpfenden geschlagen und stob in wilder Flucht davon; zehntausend Christen wurden gefangengenommen, darunter König Ludwig, der an Ruhr litt und fast ohnmächtig war (1250). Ein arabischer Arzt heilte ihn; nach einmonatigem Leiden wurde er wieder freigelassen, aber nur gegen die Rückgabe von Damiette und ein Lösegeld von 500 000 *livres* (6 Millionen Dollar). Als Ludwig sich zu diesem gewaltigen Lösegeld bereit erklärte, erließ ihm der Sultan ein Fünftel und schenkte ihm das Vertrauen, daß er eine unbezahlte Hälfte nachzahlen würde[59]. Ludwig führte die Reste seines Heeres nach Akkon und blieb dort vier Jahre lang, während derer er vergeblich Europa anrief, es möge doch seine Kriege aufgeben und sich an einem neuen Feldzug gegen die Ungläubigen beteiligen. Er sandte den Mönch Wilhelm von Rubruk an den Mongolenchan mit der gleichen Aufforderung, die schon Innozenz an ihn gerichtet hatte – und mit dem gleichen Ergebnis. Im Jahre 1254 kehrte er nach Frankreich zurück.

Sein mehrjähriger Aufenthalt im Osten hatte die dortigen Parteistreitigkeiten der Christen zum Schweigen gebracht; sein Fortgang ließ sie wieder aufflammen. Von 1256 bis 1260 zog ein Bürgerkrieg der Venezianer gegen die Genuesen jede Partei in den syrischen Häfen in seinen Wirbel und nahm den christlichen Streitkräften in Palästina jede Kraft. Baibars, der Sklavensultan von Ägypten, nutzte die Gelegenheit, zog an die Küste und nahm eine christliche Stadt nach der anderen: Caesarea (1265), Safad (1266), Jaffa (1267), Antiochien (1268). Die christlichen Gefangenen wurden niedergemacht oder als Sklaven verkauft, und Antiochien wurde durch Feuer und Plünderung dermaßen verwüstet, daß es sich nie mehr davon erholte.

Als alter Mann schwang sich Ludwig nochmals zu religiösem Eifer auf und nahm abermals das Kreuz (1267). Seine drei Söhne folgten seinem Vorbild; aber der französische Adel verwarf seine Pläne als überspannt und weltfremd; sogar Joinville, der seinem König in Liebe ergeben war, wollte von diesem Achten Kreuzzug nichts wissen. Dieses Mal landete der König, ein Weiser in der Regierung und ein Narr im Krieg, seine unzulänglichen Truppen in Tunesien, dessen Bei er zum Christentum zu bekehren hoffte, so daß er Ägypten vom Westen aus angreifen könnte. Kaum hatte er afrikanischen Boden betreten, als «ihn eine Seuche des Durchfalls ergriff»[60] und er mit dem Worte «Jerusalem» auf den Lippen starb (1270). Im folgenden Jahre landete Prinz Eduard von England in Akkon, führte mutig einige ergebnislose Ausfälle an und eilte nach England zurück, um den Königsthron in Empfang zu nehmen.

Die endgültige Katastrophe kam, als christliche Abenteurer in Syrien eine muselmanische Karawane überfielen und ausraubten, neunzehn muselmanische Kaufleute erhängten und mehrere muselmanische Städte ausplünderten. Sultan Chalil verlangte die Wiedergutmachung; er erhielt sie nicht, marschierte gegen Akkon, den stärksten christlichen Außenposten in Palästina, nahm ihn nach dreiundvierzigtägiger Belagerung ein und gestattete seinen Soldaten, sechzigtausend Gefangene niederzumetzeln oder zu versklaven (1291). Tyrus, Sidon, Haifa und Beirut fielen bald hernach. Das Lateinische Königreich Jerusalem führte noch eine Zeitlang in den Titeln landloser Potentaten ein gespenstisches Leben, und zwei Jahrhunderte lang brachen hin und wieder Abenteurer oder Enthusiasten zu sporadischen und vergeblichen Bemühungen auf, den «großen Disput» wieder aufzunehmen; Europa aber war sich im klaren, daß die Kreuzzüge ihr Ende gefunden hatten.

IX. DAS ERGEBNIS DER KREUZZÜGE

Ihr unmittelbares und erklärtes Ziel vermochten die Kreuzzüge nicht zu erreichen. Nach zwei Jahrhunderten des Krieges befand sich Jerusalem in den Händen der wilden Mameluken, und die Wallfahrten von Christen erfolgten seltener und waren angsterfüllter als zuvor. Die muselmanischen Mächte, die vorher gegenüber religiös Andersdenkenden duldsam gewesen waren, waren durch Angriffe unduldsam geworden. Die palästinischen und syrischen Häfen, die dem italienischen Handel erschlossen waren, gingen ausnahmslos verloren. Die muselmanische Zivilisation hatte sich der christlichen in Verfeinerung, Luxus, Bildung und Kriegführung überlegen gezeigt. Die großartige Bemühung des Papsttums, Europa durch eine gemeinsame Zielsetzung zum Frieden zu verhelfen, war infolge nationalistischer Bestrebungen und der «Kreuzzüge» von Päpsten gegen Kaiser gescheitert.

Das Lehnswesen erholte sich nur schwer von seinen Fehlschlägen in den Kreuzzügen. In engem Rahmen wohl geeignet für das Abenteuerstreben und die Heldenhaftigkeit des Einzelnen, hatte es seine Lebensart dem orientalischen Klima und dem Kampf in fernen Ländern nicht anzupassen gewußt. Es hatte in der Frage des Nachschubes auf einer sich ständig verlängernden Verbindungslinie schlechte Arbeit geleistet. Es hatte seine Ausrüstung aufgebraucht und seinen Kampfgeist abgestumpft, als es nicht das muselmanische Jerusalem, sondern das christliche Byzanz eroberte. Um ihre Feldzüge in den Osten zu finanzieren, hatten viele Ritter ihren Besitz an den Lehnsherrn, einen Geldverleiher, die Kirche oder den König verkauft oder verpfändet; um eine Geldsumme hatten sie ihre Rechte über viele Städte in ihren Domänen vergeben; vielen Bauern hatten sie den Loskauf von künftigen Lehnsabgaben gestattet. Leibeigene hatten sich zu Tausenden des Vorrechts der Kreuzfahrer, die Scholle zu verlassen, bedient, und Tausende waren nicht mehr auf ihre Güter zurückgekehrt. Während Wohlstand und Militärmacht der Lehnsherren in den Osten abgelenkt wurden, wuchsen Macht und Reichtum der französischen Krone als eines der wichtigsten Ergebnisse der Kreuzzüge. Zugleich erfuhren beide Römischen Reiche eine Schwächung: die weströmischen Kaiser verloren ihr Prestige wegen ihrer Mißerfolge im Heiligen Land und wegen ihrer Kämpfe mit einem Papsttum, das durch die Kreuzzüge einen Machtzuwachs erhielt; und das Ostreich erstand zwar im Jahre 1261 neu, errang aber nie mehr die Macht und den Ruf früherer Zeiten. Die Kreuzzüge waren aber immerhin insofern von Erfolg gekrönt, als ohne sie Konstantinopel lange vor 1453 an die Türken gefallen wäre. Denn auch der Islam erfuhr durch die Kreuzzüge eine Schwächung und erlag der mongolischen Sturmwelle um so leichter.

Den Ritterorden widerfuhr zum Teil ein tragisches Schicksal. Diejenigen Johanniter, die das Gemetzel von Akkon überlebten, flohen nach Cypern. 1310 nahmen sie den Muselmanen Rhodos ab und beherrschten die Insel bis 1522; in diesem Jahr wurden sie von den Türken vertrieben und zogen nach Malta, wo sie die Malteserritter wurden und bis zur Auflösung des Ordens im Jahre 1799 verblieben. Die Deutschritter verlegten nach dem Fall von Akkon ihren Sitz nach der Marienburg in dem Preußen, das sie für Deutschland von den Slawen erobert hatten. Die Templer reorganisierten sich nach ihrer Vertreibung aus Vorderasien in Frankreich. Da sie in ganz Europa reiche Besitztümer ihr eigen nannten, ließen sie sich zum Genuß ihrer Einkünfte nieder. Von jeder Besteuerung befreit, liehen sie Geld zu niedrigeren Zinssätzen aus, als die Lombarden und Juden forderten, und machten glänzende Geschäfte. Im Gegensatz zu den Johannitern unterhielten sie keine Hospitale, gründeten keine Schulen, gaben den Armen keine Unterstützung. Schließlich erweckten ihr gehorteter Reichtum, ihr bewaffneter Staat im Staat, ihre Unbotmäßigkeit gegenüber der königlichen Gewalt den Neid, die Furcht und den Zorn König Philipps IV. des Schönen. Am 12. Oktober 1310 wurden auf seinen Befehl und aus heiterem Himmel alle Tempelritter in ganz Frankreich festgenommen und ihre sämtliche Habe mit dem königlichen Siegel belegt. Philipp klagte sie der Homosexualität, des Verlustes ihres christlichen Glaubens durch die Berührung mit dem Islam, der Leugnung Christi, der Schändung des Kreuzes, des Götzendienstes, des geheimen Bündnisses mit den Muselmanen und des wiederholten Verrates an der christlichen Sache an. Ein Gerichtshof aus königstreuen Geistlichen und Mönchen führte die Untersuchung gegen die Verhafteten; diese stritten alle Beschuldigungen des Königs ab und wurden der Folterung unterworfen, damit sie geständig würden. Einige wurden mehrmals an den Handgelenken hochgezogen und dann plötzlich fallen gelassen; anderen wurden die nackten Füße in ein Feuer gesteckt; anderen wurden scharfe Splitter unter die Fingernägel getrieben; anderen wurde Tag um Tag ein neuer Zahn gezogen; wieder anderen wurden schwere Gewichte an die Genitalien gehängt, andere wurden langsam ausgehungert. In vielen Fällen wurden alle Mittel der Folterung angewandt, so daß die meisten Inhaftierten bei der neuen Gerichtsverhandlung dem Tode nahe waren. Einer wies die Knochen vor, die von seinen verbrannten Füßen abgefallen waren. Viele bekannten sich in allem schuldig, was der König ihnen vorwarf; manche berichteten, man habe ihnen Leben und Freiheit unter dem königlichen Siegel zugesichert, falls sie die Behauptungen der Regierung bestätigten. Mehrere starben im Gefängnis, einige begingen Selbstmord, neunundfünfzig Tempelritter wurden auf dem Scheiterhaufen verbrannt (1310), wobei sie bis zum letzten Atemzug ihre Unschuld beteuerten. Du Molay, der Großmeister des Ordens, gestand auf der Folterbank; auf dem Wege zum Scheiterhaufen widerrief er sein Geständnis, und die Inquisitoren wollten ihm erneut den Prozeß machen. Philipp beschwerte sich über den Aufschub und befahl die sofortige Verbrennung, und die königliche Gegenwart zierte die Hinrichtung. Der Besitz der Tempelritter in Frankreich wurde vom Staat eingezogen. Papst Clemens V. protestierte gegen dieses Vorgehen; die französische Geistlichkeit stellte sich auf die Seite des Königs; der Papst, im Grunde ein Gefangener in Avignon, gab den Widerstand auf und löste auf Philipps Ersuchen den Orden auf (1312). Eduard II., der ebenfalls in Geldnöten war, zog das Vermögen der Templer in England ein. Ein Teil des solcherart eingezogenen Vermögens wurde von Philipp und Eduard an die Kirche abgetreten; ein weiterer Teil wurde von den Königen an Günstlinge vergeben, die auf diese Weise zu großen Gütern kamen und die Könige gegen den älteren Feudaladel verteidigten.

Es ist möglich, daß manche Kreuzfahrer im Osten eine neue tolerante Haltung gegen sexuelle Perversionen gewonnen hatten; diese Einstellung, die Wiedereinführung öffentlicher Bäder und privater Aborte im Westen dürfen mit zu den Ergebnissen der Kreuzzüge gezählt werden. Wahrscheinlich durch die Berührung mit dem muselmanischen Osten kehrten die Europäer zu dem altrömischen Brauch zurück, sich glatt zu rasieren[61]. Unzählige arabische Worte drangen nun in die europäischen Sprachen ein. Orientalische Liebesromane fanden Zugang in Europa und erhielten in den aufkommenden Volkssprachen ein neues Gewand. Kreuzfahrer, denen das Emailglas der Sarazenen gefiel, haben möglicherweise die technischen Geheimnisse aus dem Osten heimgebracht, die das farbige Glas der hochgotischen Kathedralen verbesserten[62]. Der Kompaß, das Schießpulver und der Buchdruck, die vor dem Ende der Kreuzzüge im Osten bekannt waren, sind vielleicht mit der zurückflutenden Welle nach Europa gespült worden. Offenbar waren die Kreuzfahrer zu ungebildet, um etwas für die «arabische» Dichtung, Philosophie oder Wissenschaft übrig zu haben; auf diesem Gebiete machten sich muselmanische Einflüsse eher durch Vermittlung von Spanien und Sizilien als durch die unmittelbare Berührung in diesen Kriegen geltend. Griechische Kultureinflüsse wurden nach der Eroberung von Konstantinopel im Westen spürbar; Wilhelm von Moerbeke, der flämische Erzbischof von Korinth, vermittelte beispielsweise dem Thomas von Aquin Aristotelesübersetzungen, die unmittelbar nach dem Original angefertigt wurden. Allgemein gesprochen, muß die Entdeckung, welche die Kreuzfahrer machten, nämlich daß die Anhänger eines anderen Glaubens gerade so zivilisiert, menschlich und zuverlässig sein konnten wie sie selbst, wenn nicht gar noch in höherem Maße, einigen Geistern zu denken gegeben und im dreizehnten und vierzehnten Jahrhundert zur Schwächung des katholischen Glaubens beigetragen haben. Geschichtsschreiber wie Wilhelm, der Erzbischof von Tyrus, sprechen mit einer Achtung, manchmal sogar mit einer Bewunderung von der muselmanischen Zivilisation, die das Entsetzen der rauhen Krieger des Ersten Kreuzzuges erweckt hätten[63].

Macht und Ansehen der römischen Kirche erfuhren eine gewaltige Steigerung durch den Ersten Kreuzzug und eine allmähliche Beeinträchtigung durch die übrigen Züge. Der Umstand, daß verschiedene Völker, hohe Herren und stolze Ritter, manchmal Kaiser und Könige sich unter Führung der Kirche zu einem religiösen Unternehmen vereinigten, gab dem Papsttum erhöhtes Gewicht. Päpstliche Legaten reisten in alle Länder und in jede Diözese, um Geld für die Kreuzzüge zusammenzutragen; ihre Autorität trat mit derjenigen der Geistlichkeit in Wettbewerb und übertraf sie oft noch, und durch sie wurden die Gläubigen dem Papst fast unmittelbar abgabepflichtig. Die solcherart vorgenommenen Geldsammlungen wurden allgemeiner Brauch und galten bald auch vielen Zwecken, die mit den Kreuzzügen nichts mehr zu tun hatten; zum großen Mißfallen der Könige errang sich der Papst die Macht, ihre Untertanen zu besteuern und große Summen nach Rom abzuführen, die sonst in die königliche Schatzkammer geflossen wären oder örtlichen Bedürfnissen gedient hätten. Die Gewährung von Ablässen für den vierzigtägigen Dienst in Palästina war eine legitime kriegswissenschaftliche Maßnahme; die Gewährung gleicher Ablässe an diejenigen, die für die Auslagen der Kreuzfahrer Geld beisteuerten, schien verzeihlich; die Gewährung gleicher Ablässe für Leute, die Geld an den päpstlichen Schatz gaben oder päpstliche Kriege in Europa gegen Friedrich, Manfred oder Konrad führten, wurden für die Könige zu einer zusätzlichen Quelle des Ärgernisses und für die Satiriker eine Zielscheibe ihres Spottes. 1241 gab Papst Gregor IX. seinem Legaten in Ungarn Anweisung, die Gelübde der Männer, die sich zu einer Kreuzfahrt verpflichtet hatten, gegen eine Geldzahlung aufzuheben, und verwandte die Erträgnisse zu einem Kampf auf Leben und Tod mit Friedrich II.[64]. Provenzalische Troubadours kritisierten die Kirche, weil sie Palästina Hilfe vorenthalte, indem sie gleiche Ablässe für einen Kreuzzug gegen die Albigenser in Frankreich gewähre[65]. Matthäus Paris meint: «Die Gläubigen waren erstaunt, daß der gleiche vollständige Ablaß aller Sünden für das Vergießen christlichen wie ungläubigen Blutes gewährt wurde[66].» Viele Grundeigentümer verkauften oder verpfändeten zur Finanzierung ihres Kreuzzuges ihren Besitz an Kirchen und Klöster; manche Klöster erwarben sich auf diese Weise riesenhafte Güter; als der Fehlschlag der Kreuzzüge das Ansehen der Kirche schmälerte, wurde ihr Reichtum gerne zur Zielscheibe für den Neid der Könige und den Ärger des Volkes und Anlaß zu kritischem Tadel. Es gab Leute, welche die Katastrophe Ludwigs IX. im Jahre 1250 dem gleichzeitig ausgefochtenen Feldzug Innozenz' IV. gegen Friedrich II. zuschrieben. Kühne Skeptiker meinten, der Mißerfolg der Kreuzzüge beweise, daß der Papst keinen Anspruch haben könne, Gottes Stellvertreter auf Erden zu sein. Als nach 1250 Mönche für neue Kreuzzüge Geld sammelten, ließen einige ihrer Zuhörer zum Spott oder zum Hohn Bettler kommen und überreichten ihnen Almosen in Mohammeds Namen; denn Mohammed habe gezeigt, daß er stärker sei als Christus[67].

Nach der Schwächung des christlichen Glaubens war die wichtigste Auswirkung der Kreuzzüge der belebende Einfluß, den die Bekanntschaft mit dem Handel und Gewerbe der Muselmanen auf das weltliche Leben in Europa hatte. Der Krieg hat das eine Gute: er lehrt den Menschen Geographie. Die italienischen Kaufleute, welche an den Kreuzzügen verdienten, lernten gute Karten des Mittelmeeres anzulegen; die Mönche, welche als Chronisten die Könige begleiteten, erhielten und überlieferten einen neuen Begriff von der Weite und Mannigfaltigkeit Asiens. Der Eifer für das Forschen und Reisen erwachte, und Baedekers wurden herausgegeben, um Pilger in und durch das Heilige Land zu führen. Christliche Ärzte lernten von jüdischen und muselmanischen Ärzten, und die Chirurgie zog aus den Kreuzzügen Nutzen.

Der Handel folgte dem Kreuz, und vielleicht war das Kreuz vom Handel geleitet. Die Ritter verloren Palästina, aber die italienischen Handelsflotten errangen sich die Beherrschung des Mittelmeeres nicht nur gegenüber dem Islam, sondern auch gegenüber Byzanz. Venedig, Genua, Pisa, Amalfi, Marseille und Barcelona hatten bereits mit dem muselmanischen Osten, dem Bosporus und dem Schwarzen Meer Handel getrieben; dieser Handelsverkehr wurde durch die Kreuzzüge bedeutend ausgeweitet. Die Eroberung Konstantinopels durch Venedig, der Transport von Pilgern und Kriegern nach Palästina, die Lieferung von Nachschub an Christen und andere im Osten, die Einfuhr orientalischer Produkte nach Europa – all das führte zu einer Ausweitung des Handels- und Seeverkehrs, die man seit den größten Glanzzeiten des kaiserlichen Rom nicht mehr erlebt hatte. Seiden, Zukker, Gewürze – Pfeffer, Ingwer, Nelken, Zimt, alles seltene Luxuswaren im Europa des elften Jahrhunderts – kamen nun in beglückenden Mengen. Pflanzen, Früchte und Bäume, die Europa bereits von dem muselmanischen Spanien bekannt waren, wurden nun in größerem Umfang vom Orient in den Okzident verbracht – Mais, Reis, Sesam, Johannisbrot, Zitronen, Melonen, Pfirsiche, Aprikosen, Kirschen, Datteln ... Die Schalotte hat ihren Namen von dem Hafen Askalon, in dem die Verfrachtung nach dem Westen vorgenommen wurde, und die Aprikosen trugen lange die Bezeichnung «Damaszener Pflaumen»[68]. Damaste, Musseline, Satins, Samte, Wandbehänge, Teppiche, Farbstoffe, Parfüme und Gemmen wurden vom Islam bezogen, um lehnsherrliche oder bürgerliche Wohnungen oder Leiber gefällig zu machen oder zu zieren[69]. Glasspiegel mit Metallbelag ersetzten nun die Spiegel aus Bronze oder Stahl. Europa lernte vom Osten die Zuckerraffinade und die Herstellung von «venezianischem» Glas.

Neue Märkte im Osten förderten das italienische und flämische Gewerbe und das Wachstum von Städten und das Entstehen des Mittelstandes. Verbesserungen im Bankwesen wurden von Byzanz und dem Islam übernommen; neue Kreditarten und -mittel kamen auf; Geld, Gedanken und Menschen gerieten in raschere Bewegung. Die Kreuzzüge hatten mit einem ackerbaulichen Lehnswesen begonnen, das von einer Kreuzung germanischer Barbarei mit religiösem Gefühl inspiriert wurde; sie endeten mit dem Hochkommen der Industrie und der Ausweitung des Handels in einer wirtschaftlichen Umwälzung, welche die Renaissance verkündete und finanzierte.

ZWEITES KAPITEL

Die wirtschaftliche Umwälzung

[1066–1300]

I. DAS WIEDERAUFLEBEN DES HANDELS

JEDE kulturelle Blüte hat ihren Wurzel- und Nährboden in der Ausweitung von Handel und Gewerbe. Der Übergang von Häfen und Handel im östlichen und südlichen Mittelmeer in die Hände der Muselmanen, die Überfälle der Sarazenen, Wikinger und Magyaren und die politischen Wirren unter den Nachfolgern Karls des Großen hatten das europäische Wirtschafts- und Geistesleben im neunten und zehnten Jahrhundert auf den Tiefpunkt absinken lassen. Der Schutz und die Umbildung der Landwirtschaft im Lehnswesen, die Zähmung der norwegischen Seeräuber und ihre Umwandlung in normannische Bauern und Kaufleute, die Abwehr und Bekehrung der Hunnen, die Wiedereroberung des Mittelmeeres für den italienischen Handel, die Wiedereröffnung der Levante durch die Kreuzzüge und die belebende Berührung des Westens mit der fortgeschritteneren islamischen und byzantinischen Kultur schufen im zwölften Jahrhundert die Gelegenheit und den Antrieb für Europas Erholung und lieferten die materiellen Mittel für die kulturelle Blüte des zwölften Jahrhunderts und die mittelalterliche Glanzzeit des dreizehnten. Für die Gesellschaft wie für das Einzelwesen gilt der Satz *primum est edere, deinde philosophari* – erst essen, dann philosophieren, erst Wohlstand, dann Kunst.

Die erste Maßnahme der wirtschaftlichen Wiedergeburt war die Beseitigung von Hemmnissen im Binnenhandel. Kurzsichtige Staatslenker hatten den Warentransport und -verkauf mit hunderterlei Abgaben belegt – Abgaben für die Einfahrt in den Hafen, für die Benutzung von Brücken, Straßen, Flüssen, Kanälen, für den Verkauf von Waren auf Märkten oder Messen. Lehnsherren hielten sich für berechtigt, von Waren, die durch ihr Gebiet gingen, Durchgangszölle zu erheben, so wie es heute Staaten tun; es gab Lehnsherren, die durch bewaffnete Eskorten und eine willkommene Gastfreundschaft* den Kaufleuten wirklichen Schutz angedeihen ließen und einen guten Dienst erwiesen. Das Ergebnis der Einmischung von Staat und Lehnsherr war aber, daß am Rhein zweiundsechzig, an der Loire vierundsiebzig, an der Elbe fünfunddreißig, an der Donau siebenundsiebzig Zollstationen zu passieren waren; der Kaufmann zahlte sechzig vom Hundert seiner Ware allein dafür, daß er sie dem Rhein entlang führen durfte[1]. Fehden, undisziplinierte Kriegsleute, Raubritter zu Lande und Piraten auf Flüssen und Meeren ließen die Land- und Wasserwege zu gefährlichen Abenteuern für Kaufleute und Reisende werden. Der Gottesfrieden wirkte

---

* Einige Herren ließen zum Zeichen ihrer Bereitschaft, Gastfreundschaft zu gewähren, ihr Wappenschild an den Toren ihres Gutshofes anbringen; von diesem Brauch stammen die späteren Wirtshausschilder mit den «Goldenen Löwen» und «Adlern» und «Bären».

sich auf den Handel zu Lande günstig aus, indem er dem Reiseverkehr Zeiten verhältnismäßiger Sicherheit verschaffte, und die wachsende Macht der Könige führte zu einer Abnahme des Räuberunwesens, zur Aufstellung einheitlicher Maße und Gewichte, zur Beschränkung und Regulierung und zur Zeit der großen Messen auf gewissen Straßen und Märkten sogar zur völligen Aufhebung der Zölle.

Die Jahrmärkte waren die Lebensessenz des mittelalterlichen Handelsmannes. Natürlich gab es Händler, die kleinere Waren an den Haustüren verschacherten; Handwerker verkauften ihre Erzeugnisse in ihren Werkstätten, an Markttagen versammelten sich Verkäufer und Käufer in den Städten; Lehnsherren schützten Märkte in der Nähe ihrer Burgen, Kirchen ließen sie in ihrer Umfriedung zu, Könige verschafften ihnen in den Großstädten in *halles* eine Unterkunft. Der Großhandel und der internationale Handelsverkehr hatte seinen Mittelpunkt jedoch in den regionalen Jahrmärkten, die zu bestimmten Zeitpunkten in London und Stourbridge in England, in Paris, Lyon, Reims und in champagnischen Städten in Frankreich, in Lille, Ypern, Douai und Brügge in Flandern, in Köln, Frankfurt, Leipzig und Lübeck in Deutschland, in Genf in der Schweiz und in Nowgorod in Rußland abgehalten wurden. Die berühmtesten und beliebtesten Jahrmärkte fanden in der Grafschaft Champagne im Januar in Lagny, in der Fastenzeit in Bar-sur-Aube, im Mai und September in Provins, im September und November in Troyes statt. Alle Jahrmärkte dauerten sechs oder sieben Wochen, so daß sie zusammen fast das ganze Jahr hindurch einen internationalen Markt bildeten; ihre geographische Lage war so günstig, daß die Erzeugnisse und Kaufleute Frankreichs, der Niederlande und des Rheintales mit denjenigen der Provence, Spaniens, Italiens, Nordafrikas und des Ostens zusammenkommen konnten; zusammengenommen, bildeten sie eine bedeutende Quelle für Frankreichs Wohlstand und Macht im zwölften Jahrhundert. Ihren Ursprung hatten sie in Troyes bereits im fünften Jahrhundert genommen; ihr Niedergang setzte ein, als Philipp IV. (1285–1314) die Champagne ihren aufgeklärten Grafen entriß und die Jahrmärkte so sehr mit Steuern und Abgaben belastete, daß sie verkümmerten. Im dreizehnten Jahrhundert wichen sie dem Seehandel und den Seehäfen.

Der Schiffbau und die Seefahrt hatten seit der Römerzeit langsam und allmählich Verbesserungen erfahren. Hunderte von Küstenstädten besaßen gute Leuchttürme; viele, wie Konstantinopel, Venedig, Genua, Marseille, Barcelona, verfügten über geräumige Dockanlagen. Die Schiffe waren gewöhnlich klein und hatten ein halbes oder gar kein Deck und konnten etwa dreißig Tonnen tragen; infolge dieser Begrenzung vermochten sie weit landeinwärts die Flüsse hinaufzufahren; daher waren Städte wie Narbonne, Bordeaux, Nantes, Rouen, Brügge, Bremen, wenn auch in einiger Entfernung vom Meer gelegen, vom Meer aus für Hochseeschiffe zugänglich und wurden blühende Seehäfen. Es gab auch größere Mittelmeerschiffe, die 600 Tonnen und 1500 Passagiere befördern konnten[2]; Venedig schenkte Ludwig IX. ein Schiff von 33 Meter Länge mit einer Bemannung von 110 Mann. Die antike Galeere war immer noch der gewöhnliche Schiffstyp; sie war achtern hochgebaut und reich verziert, besaß einen oder zwei Masten mit Segeln und einen niedrigen Rumpf für zwei oder drei Ruderbänke mit bis zu 200 Rudern. Die meisten Ruderer waren frei angeheuerte Männer; Galeerensklaven gab es im Mittelalter nur wenige[3]. Die Kunst des Lavierens vor dem Wind, die im sechsten Jahrhundert bekannt war, entwickelte sich in aller Muße bis zum zwölften, in welchem – hauptsächlich auf italienischen Schiffen – zu dem alten quadratischen Segel vorn und hinten noch Takelagen kamen[4]; die wichtigste Antriebskraft stammte aber immer noch von den Rudern. Der Kompaß, unsicherer Herkunft*, taucht in der christlichen Schiffahrt um 1200 auf; sizilianische Seeleute setzten die Magnetnadel auf einen Zapfen auf, so daß der Kompaß auch auf rauher See verwendbar war[5]; aber auch so verging noch ein Jahrhundert, bis die Seeleute (mit Ausnahme der Normannen) es wagten, außer Landsicht zu gehen und geradewegs über das Meer zu steuern. Vom 11. November bis zum 22. Februar waren Hochseefahrten außergewöhnlich; Schiffen des Hansischen Bundes waren sie in diesem Zeitraum verboten, und auch die Schiffahrt auf dem Mittelmeer und dem Schwarzen Meer kam in dieser Zeit zum Stillstand. Die Fahrten erfolgten mit der gleichen Langsamkeit wie in der Antike; eine Reise von Marseille nach Akkon dauerte fünfzehn Tage. Seereisen waren kein Mittel der Gesundheitspflege; Piraten und Schiffbrüche gab es viele, und es drehte auch den unempfindlichsten Magen bisweilen um. Froissart erzählt von dem Sieur Hervé de Léon, der fünfzehn Tage lang zwischen Southampton und Harfleur hin und her geschaukelt wurde, bis er «so durcheinander war, daß er nie mehr ganz gesund wurde»[6]. Als armseliges Gegengewicht waren wenigstens die Frachtsätze und Fahrpreise niedrig; eine Kanalüberfahrt wurde im vierzehnten Jahrhundert mit einem halben Schilling bezahlt, und entsprechend geringe Kosten für größere Seereisen und -transporte verschafften dem Verkehr zu Wasser einen Vorsprung, der im dreizehnten Jahrhundert die politische Karte Europas umgestaltete.

Dadurch, daß die Christen Sardinien (1022), Sizilien (1090) und Korsika (1091) den Sarazenen wieder entrissen, wurden die Straße von Messina und das mittlere Mittelmeerbecken für die europäische Schiffahrt wieder frei, und die Siege des Ersten Kreuzzuges trugen den Christen wieder alle Mittelmeerhäfen mit Ausnahme der südlichen ein. Der Handelsverkehr, der solcherart seiner Fesseln entledigt war, verflocht Europa in ein sich ständig ausweitendes Netz von Handelswegen und verband es nicht nur mit den Christen Vorderasiens, sondern auch mit dem islamischen Afrika und Asien, sogar mit Indien und dem Fernen Osten. Waren aus China oder Indien kamen über Turkestan, Persien und Syrien nach syrischen oder palästinischen Häfen; oder über die Mongolei an das Kaspische Meer und zur Wolga; oder auf dem Seewege an den Persischen Meerbusen, den Euphrat oder Tigris hinauf und über Berge und durch Wüsten an das Schwarze oder Kaspische oder Mittelländische Meer; oder über das Rote Meer und auf Kanälen oder Karawanenwegen nach Kairo oder Alexandrien. Von den muselmanischen Häfen Nordafrikas breitete sich der Handel – im dreizehnten Jahrhundert meistens durch christliche Kaufleute – fächerförmig nach Kleinasien und Byzanz, Cypern, Rhodos und Kreta, Saloniki, dem Peiraieus, Korinth und Patras, Sizilien, Italien, Frankreich und Spanien aus. Konstantinopel bereicherte den Warenstrom noch mit seinen Luxuswaren und unterhielt den Handel donau- und dnjepraufwärts nach Mitteleuropa, Rußland und den baltischen Staaten. Venedig, Pisa und Genua brachten sich in den Besitz des byzantinischen Handels mit dem Westen und kämpften verbissen um die Seeherrschaft der Christen.

* Er hat seinen Ursprung vielleicht in Europa; vgl. *Speculum*, April 1940, S. 146.

Auf Grund seiner geographisch günstigen Lage quer im Mittelmeer, seiner Häfen, die an diesem Meer nach drei Richtungen wiesen, und seiner Städte im Norden, welche die Alpenpässe beherrschten, mußte Italien schon rein geographisch den größten Nutzen aus Europas Handel mit Byzanz, Palästina und dem Islam ziehen. Am Adriatischen Meer lagen Venedig, Ravenna, Rimini, Ancona, Bari, Brindisi, Tarent; im Süden Kroton; an der Westküste wiesen Reggio, Salerno, Amalfi, Neapel, Ostia, Pisa und Lucca einen reichen Handelsverkehr auf, und Florenz, der Bankier, hielt die finanziellen Fäden in der Hand; Arno und Po trugen einen Teil der Handelsware landeinwärts nach Padua, Ferrara, Cremona, Piacenza und Pavia; Rom holte sich die Zehnten und Abgaben von Europas Frömmigkeit für seine Kultstätten; Siena und Bologna lagen an der gewinnbringenden Kreuzung großer Überlandstraßen; Mailand, Como, Brescia, Verona und Venedig sammelten in ihrem Schoß die Früchte des Handels, der über die Alpen ging und Italien mit Donau und Rhein verband. Genua beherrschte das Tyrrhenische Meer in gleicher Weise, wie Venedig die Adria beherrschte; seine Handelsflotte umfaßte 200 Schiffe mit 20 000 Mann Besatzung und lief Häfen von Korsika bis Trapezunt an. Wie Venedig und Pisa trieb auch Genua unbekümmert mit dem Islam Handel: Venedig mit Ägypten, Pisa mit Tunesien, Genua mit dem maurischen Nordafrika und Spanien. Manche verkauften während der Kreuzzüge Waffen an die Sarazenen. Mächtige Männer wie Innozenz III. wollten den gesamten Handelsverkehr mit den Muselmanen eingestellt wissen, aber das Gold wog schwerer als der Glaube oder das Blut, und der «gotteslästerliche Handel» nahm seinen Fortgang[7].

Seine Kriege mit Venedig schwächten Genua, und die Häfen von Südfrankreich und Westspanien suchten sich einen Teil des Mittelmeerhandels anzueignen. Marseille, das während der Muselmanenvorherrschaft ein kümmerliches Dasein gefristet hatte, eroberte sich auf eine Zeit seine alte Bedeutung wieder; das nahe gelegene Montpellier machte im zwölften Jahrhundert, durch seine vielsprachige Bevölkerung und Kultur von Galliern, Muselmanen und Juden angeregt, Marseille den Rang als südliches Ausfallstor von Frankreich streitig. Barcelona zog Nutzen aus den alten jüdischen Handelsfamilien, die nach der Reconquista verblieben waren; mit dieser Stadt und mit Valencia fand Spanien, das sonst durch die Pyrenäen von der übrigen Welt abgeschnitten war, Anschluß an den Mittelmeerbereich. Cadiz, Bordeaux, La Rochelle und Nantes ließen ihre Schiffe die Atlantikküste entlang nach Rouen, London und Brügge fahren; Genua sandte im dreizehnten Jahrhundert, Venedig erstmals im Jahre 1317 Schiffe durch die Meerenge von Gibraltar nach den Atlantikhäfen; um 1300 nahm der Handelsverkehr über die Alpen ab, und der Atlantikhandel begann den Nationen am Atlantischen Ozean die führende Stellung einzutragen, die Columbus später festigte.

Frankreich wurde reich durch seine Ströme, die flüssigen Fasern eines einenden Handels; Rhône, Garonne, Loire, Saône, Seine, Oise und Mosel befruchteten zugleich den Handel und die Felder. Britannien konnte mit Frankreich noch nicht konkurrieren, aber die Cinque Ports (Fünf Häfen) am Kanal zogen fremde Schiffe und Waren an, und die Themse war bereits im zwölften Jahrhundert von einer ununterbrochenen Reihe von Docks eingefaßt, von denen aus Tuch, Wolle und Zinn im Austausch gegen Gewürze nach Arabien, gegen Seiden nach China, gegen Pelze nach Rußland und gegen Weine nach

Frankreich gingen. Noch lebhafter als in diesen Häfen – lebhafter als in jedem anderen nördlichen Hafen – war der Verkehr in Brügge, dem Wirtschaftszentrum und Ausfallstor eines Flandern, das sowohl einen blühenden Ackerbau als auch ein reiches Gewerbe besaß. In Brügge kreuzte sich in gleicher Weise wie in Venedig und Genua die Ost-Westachse mit der Nord-Südachse des europäischen Handels. An der Nordsee gegenüber England gelegen, führte die Stadt englische Wolle ein, die auf flämischen und französischen Stühlen verwoben wurde; hinreichend im Landesinneren gelegen, um einen sicheren Hafenplatz abzugeben, lockte es die Flotten von Genua, Venedig und Westfrankreich an und gestattete ihnen, ihre Waren auf hundert Seerouten in kleineren Hafenplätzen wieder abzusetzen. In dem gleichen Ausmaß, wie der Hochseeverkehr billiger und sicherer wurde, nahm der Überlandhandel an Bedeutung ab, und Brügge machte den champagnischen Messeorten die Stellung eines nördlichen Brennpunktes des europäischen Handels streitig. Ein reger Schiffsverkehr auf Maas, Schelde und Rhein brachte die Waren Westdeutschlands und Ostfrankreichs nach Brügge, von wo aus sie nach Rußland, Skandinavien, England und Spanien ausgeführt wurden. Noch andere Städte profitierten von diesem Flußhandel: Valenciennes, Cambrai, Tournai, Gent und Antwerpen an der Schelde; Dinant, Lüttich und Maastricht an der Maas.

Brügge war das bedeutendste Mitglied des Hansischen Bundes im Westen. Um die internationale Zusammenarbeit gegenüber dem Wettbewerb von außen zu schützen, um den Kaufleuten im Ausland zu einem ihnen zusagenden Verkehr zu verhelfen, um sich gegen Piraten, Räuber, Währungsschwankungen, zahlungsunwillige Schuldner, Steuereinnehmer und lehnsherrliche Zölle zu schützen, schlossen sich die Handelsstädte Nordeuropas im zwölften Jahrhundert zu verschiedenen Bünden zusammen, welchen die Deutschen den Namen *Hanse* gaben. London, Brügge, Ypern, Troyes und zwanzig andere Städte bildeten die «Londoner Hanse». Lübeck, das 1158 als Vorposten des deutschen Krieges und Handels mit Skandinavien gegründet worden war, ging einen gleichen Bund mit Hamburg (1210) und Brügge (1252) ein*. Allmählich schlossen sich andere Städte dem Bunde an – Danzig, Bremen, Nowgorod, Dorpat, Magdeburg, Thorn, Berlin, Visby, Stockholm, Bergen, London; an seinem Höhepunkt im vierzehnten Jahrhundert umfaßte der Bund zweiundfünfzig Städte. Er hatte alle Mündungen der großen Flüsse – Rhein, Weser, Elbe und Weichsel –, auf welchen die Handelsprodukte Mitteleuropas an die Nord- und Ostsee kamen, in seiner Hand; er beherrschte den nordeuropäischen Handel von Rouen bis Nowgorod. Etliche Zeit besaß er das Monopol der Heringsfischerei in der Ostsee und des Handels zwischen dem Kontinent und England. Er sorgte für Gerichtshöfe, um Streitigkeiten zwischen seinen Mitgliedern beizulegen, schützte seine Mitglieder gegen Prozesse von außen und führte zeitweise als unabhängige Macht Krieg. Er schuf Gesetze, die den Handelsverkehr, ja sogar das sittliche Verhalten der ihm angeschlossenen Städte und Menschen regelte; er bewahrte seine Mitglieder vor willkürlicher Gesetzgebung, vor Steuern, Abgaben und Bußen; er setzte den Boykott gegen Städte durch, die sich ihm nicht fügen wollten; er strafte Versäumnisse, Unehrlichkeit und den Kauf gestohlener Waren. Er gründete eine «Faktorei», einen Han-

* Dieses Datum kann als Geburtsdatum des Hansischen Bundes gelten, obgleich dieser Name erstmals 1370 erscheint.

delsposten, in jeder angeschlossenen Stadt, unterstellte seine Kaufleute, wo sie sich auch befinden mochten, seinen eigenen deutschen Gesetzen und verbot ihnen die Ehe mit Ausländern.

Die Hanse wirkte ein Jahrhundert lang als Triebkraft für die Zivilisation. Sie befreite die Ost- und Nordsee von Seeräubern, baggerte und korrigierte Wasserwege, zeichnete Strömungen und Gezeiten auf, grenzte Fahrstraßen ab, errichtete Leuchttürme, sorgte für Hafenanlagen und Kanäle, stellte ein geschriebenes Seerecht auf und brachte überhaupt Ordnung in die Wirrsal des nordeuropäischen Handels. Durch den Zusammenschluß des Kaufmannsstandes zu mächtigen Bünden verschaffte die Hanse der Bürgerschaft Schutz gegen die hohen Herren und förderte sie die Befreiung der Städte von lehnsherrlicher Obergewalt. Sie prozessierte gegen den König von Frankreich wegen hansischer Waren, die von seinen Truppen zerstört worden waren, und zwang den König von England, das Geld für Messen zu entrichten, die für hansische Kaufleute gelesen wurden[8], welche durch englische Schuld ertrunken waren. Sie breitete den deutschen Handel, die deutsche Sprache und Kultur im Osten in Preußen, Livland und Estland aus und ließ Königsberg, Libau, Memel und Riga zu bedeutenden Städten werden. Sie kontrollierte Preis und Qualität der von seinen Mitgliedern verkauften Waren und schuf sich einen so guten Ruf, daß der Name *Easterlings* (Männer des Ostens), den die Engländer den Hanseaten gaben, in der Form *sterling* mit der Bedeutung «gediegen, echt, vollwertig» in die englische Sprache einging und, als Eigenschaftswort dem Worte *Silber* oder *Pfund* beigesetzt, dessen Vertrauenswürdigkeit und Echtheit bezeichnete.

Mit der Zeit wurde die Hanse trotz ihrer anfänglichen Verteidigerrolle selbst zu einer Unterdrückerin. Sie begrenzte die Unabhängigkeit der angeschlossenen Glieder allzu tyrannisch, zwang Städte mit Boykott und Gewalt zum Beitritt, bekämpfte ihre Konkurrenten mit anständigen und unanständigen Mitteln; sie war auch nicht darüber erhaben, Piraten einzusetzen, um den Handel der Konkurrenten zu schädigen. Sie stellte ihre eigenen Heere auf und bildete einen Staat in vielen Staaten. Sie tat alles, was in ihrer Macht war, um den Handwerkerstand, von dem sie ihre Waren bezog, zu unterdrücken; alle Arbeiter und viele andere Betroffene begannen sie als die mächtigste Monopoleinrichtung, die sich je mit der Einschränkung des Handels befaßte, zu fürchten und zu hassen. Als die englischen Arbeiter 1318 revoltierten, verfolgten sie alle Hanseaten sogar bis ins Allerheiligste der Kirchen und brachten alle um, die nicht mit rein englischem Akzent «bread and cheese» sagen konnten[9].

Um das Jahr 1160 bemächtigte sich die Hanse der schwedischen Insel Gotland und baute Visby als Ausgangspunkt und Feste des Ostseehandels aus. Jahrzehnt um Jahrzehnt verstärkte sie ihren Einfluß auf Handel und Politik von Dänemark, Polen, Norwegen, Schweden, Finnland und Rußland. Im Rußland des dreizehnten Jahrhunderts seien, wie Adam von Bremen berichtet, «der Hanseaten so viele wie Mist» gewesen, die «auf Marderfelle aus waren, als ob es sich um die ewige Seligkeit handelte»[10]. Sie richteten sich ihren Stammsitz in Nowgorod am Wolchow ein, lebten dort als eine bewaffnete Garnison von Kaufleuten, benutzten die Peterskirche als Warenlager, stellten rings um den Altar Weinfässer auf, bewachten diese Vorräte wie wilde Hunde und beobachteten dabei alle äußerlichen religiösen Praktiken[11].

Damit nicht zufrieden, wandte der Bund seine Gedanken der Beherrschung des rheinischen Handels zu. Köln, welches eine eigene Hanse aufgestellt hatte, wurde zur Botmäßigkeit gezwungen. Weiter südlich aber wurde der Hanse vom Rheinischen Bund Einhalt geboten; dieser Bund wurde 1254 von Köln, Mainz, Speyer, Worms, Straßburg und Basel gebildet. Noch weiter im Süden befaßten sich Augsburg, Ulm und Nürnberg mit dem Handel mit Italien; noch heute ist in Venedig am Canal Grande der Fondaco de' Tedeschi, ihre ehemalige Niederlassung, zu sehen. Regensburg und Wien lagen auf der Westseite der Donau, der großen Wasserader, welche die Erzeugnisse von Innerdeutschland über Saloniki ins Ägäische oder über des Schwarze Meer nach Konstantinopel, Rußland, dem Islam und dem Osten trug. Auf diese Weise war der Kreis des europäischen Handels geschlossen und das Netzwerk des mittelalterlichen Handelsverkehrs vollständig.

Was für Menschen waren die Kaufleute, die ihre Waren diesen Handelswegen entlang führten, ungeachtet der mißtrauischen Gesichter, fremdartigen Sprachen und eifersüchtigen Religionen von einem Dutzend Länder? Sie entstammten vielen Völkern und Ländern, zu einem großen Teil waren sie aber Syrer, Juden, Armenier und Griechen. Selten waren sie Kaufleute im heutigen Sinne, also Geschäftsleute, die hinter einem Schreibtisch in ihrer Heimatstadt eine gesicherte und seßhafte Arbeit verrichten. Gewöhnlich begleiteten sie ihre Waren selbst und legten dabei oft große Strecken zurück, um dort, wo die Erzeugnisse, die sie wünschten, in reichem Maße vorhanden waren, billig einzukaufen, und sie dort, wo Mangel an ihnen herrschte, teuer zu verkaufen. Gewöhnlich kauften und verkauften sie im Großen – *en gros*, wie die Franzosen sagen. Die Engländer machten daraus das Wort *grosser* und verwandten diese Urform des heutigen *grocer* zur Bezeichnung eines Gewürzgroßhändlers[12]. Die Kaufleute waren Abenteurer, Forschungsreisende, Ritter der Karawane, mit Dolchen und Bestechungsgeldern bewaffnet, bereit, Räubern, Piraten und tausend Beschwernissen entgegenzutreten.

Die Vielfalt der Gesetze und die Mannigfaltigkeit der Rechtsprechung waren vielleicht ihr größter Kummer, und die allmähliche Formulierung eines internationalen Handels- und Seerechtes war eine ihrer bedeutendsten Leistungen. Reiste ein Kaufmann zu Lande, so war er auf jeder lehnsherrlichen Domäne einer neuen Gerichtsbarkeit und vielleicht sogar verschiedenartigen Gesetzen unterworfen; fielen seine Waren auf die Straße, so konnte der Gutsherr sie für sich beanspruchen. Strandete sein Schiff, so fiel es nach dem Strandrecht dem Lehnsherrn zu, dem der Grund an der Küste gehörte; ein bretonischer Gutsbesitzer rühmte sich, eine gefährliche Klippe an seiner Küste sei der wertvollste Stein seiner Krone[13]. Jahrhundertelang kämpften die Kauffahrer gegen diesen Mißstand an; im zwölften Jahrhundert gelang es ihnen allmählich, den Widerruf durchzusetzen. Bis zu dieser Zeit hatten die internationalen jüdischen Handelsherren zum eigenen Gebrauch ein Handelsgesetz zusammengestellt; diese Vorschriften wurden zur Grundlage des neuen Handelsrechts des elften Jahrhunderts[14]. Dieses *ius mercatorum* wuchs Jahr um Jahr weiter an, da Grundherren und König ständig neue Verordnungen zum Schutze der Kaufleute und der Besucher aus fremden Staaten erließen. Besondere Gerichtshöfe wurden zur Wahrung des Handelsrechts gebildet; bedeutsamerweise zogen diese Gerichte die alten Beweisarten, wie die Folter, den Zweikampf und das Gottesgericht, gar nicht mehr in Betracht.

Bereits im sechsten Jahrhundert hatten ausländische Kaufleute nach westgotischem Recht die Bewilligung erhalten, in Streitfällen mit ihren Landsleuten den Richtspruch von Abgesandten ihres eigenen Landes einzuholen; auf diese Weise begann das Konsularsystem, auf Grund dessen Handelsnationen im Auslande «Konsuln», Ratgeber, unterhielten, die den Auftrag hatten, ihren Landsleuten mit Schutz und Hilfe beizustehen. Genua errichtete 1180 ein solches Konsulat in Akkon; französische Städte folgten diesem Beispiel im zwölften Jahrhundert. Zwischenstaatliche Abmachungen – selbst zwischen christlichen und muselmanischen Staaten – betreffs solcher Konsularrechte gehören zu den besten Beiträgen des Mittelalters an das Völkerrecht.

Bis zu einem gewissen Umfange hatte sich ein Seerecht aus dem Altertum erhalten; bei den aufgeklärten Handelsherren von Rhodos hörte es nie auf zu bestehen, und eines der ältesten Werke des Seerechts war der *Code des Rhodiens* aus dem Jahre 1167. Die *Lois d'Oléron* wurden zu Ende des zwölften Jahrhunderts auf einer Insel vor Bordeaux zur Regelung des Weinhandels erlassen und von Frankreich, Flandern und England übernommen. Der Hansische Bund stellte ein ins einzelne gehendes Gesetzbuch mit Vorschriften für die Schiffahrt seiner Mitglieder zusammen; es enthielt Vorsichtsmaßregeln, die zum Schutze von Fracht und Passagieren zu beachten waren, Verpflichtungen für Retter und Gerettete bei Seenot, Pflichten und Löhne von Kapitän und Mannschaft und die Bedingungen, unter denen ein Handelsschiff in ein Kriegsschiff umgewandelt werden durfte. Die vorgesehenen Strafen waren sehr hart, aber offensichtlich war Härte notwendig, um Disziplin und Verläßlichkeit in der Schiffahrt zu Brauch und Überlieferung werden zu lassen. Das Mittelalter brachte zehn Jahrhunderte lang Zucht in die Menschen, damit der moderne Mensch vier Jahrhunderte lang frei sein konnte.

II. GEWERBLICHE FORTSCHRITTE

Die gewerblichen Fortschritte liefen mit der Ausdehnung des Handelsverkehrs parallel; die Vergrößerung des Absatzmarktes regte die Erzeugung an, und die steigende Erzeugung förderte den Handelsverkehr.

Die geringsten Fortschritte waren im Transportwesen zu verzeichnen. Die meisten mittelalterlichen Landstraßen waren nichts anderes als Wege aus Schmutz, Staub oder Schlamm; es gab noch keine Dolen zur Ableitung des Wassers; Löcher und Pfützen waren in reicher Zahl vorhanden; Furten gab es viele, Brücken wenige. Die Lasten wurden von Mauleseln und Packpferden getragen, die den Löchern besser ausweichen konnten als Wagen. Die Wagen waren groß und plump, fuhren auf eisernen Felgen und waren ungefedert[15]; sie waren so unbequem, wenn auch reich verziert, daß die meisten Menschen lieber ritten als fuhren, beide Geschlechter im Herrensitz. Bis zum zwölften Jahrhundert oblag die Pflege der Straßen dem Grundbesitzer, der sich fragte, warum er Geld für etwas ausgeben sollte, das hauptsächlich von Durchreisenden benutzt wurde. Im dreizehnten Jahrhundert befahl

Friedrich II., von muselmanischen und byzantinischen Vorbildern angeregt, den Unterhalt der Straßen auf Sizilien und in Süditalien, und um die gleiche Zeit wurden die ersten «königlichen Hauptstraßen» in Frankreich gebaut – hauptsächlich durch Auflage von Steinwürfeln auf ein lockeres Erd- oder Sandbett. Florenz, Paris, London und die flämischen Städte bauten ausgezeichnete Brücken. Im zwölften Jahrhundert setzte die Kirche religiöse Brüderschaften zum Bau und Unterhalt von Brücken ein; solche *frères pontifs* bauten die Brücke bei Avignon, die immer noch vier Bogen von ihrer Hand aufweist. Einige Mönchsorden, vor allem die Zisterzienser, waren bemüht, Straßen und Brücken benutzbar zu erhalten. Von 1176 bis 1209 trugen König, Geistlichkeit und Bürger ihr Scherflein oder ihre Arbeitskraft bei, um die London Bridge zu errichten; Häuser und eine Kapelle entstanden auf ihr, und zwanzig Steinbögen überspannten die Themse. Im frühen dreizehnten Jahrhundert wurde die erste bekannte Hängebrücke über eine Schlucht am Gotthardpaß in den Alpen geschlagen.

Da die Straßen so mühsam zu befahren waren, gewannen die Wasserwege an Beliebtheit und spielten die führende Rolle im Gütertransport. Ein Kahn konnte bis zu 500 Tiere befördern, dazu noch bedeutend billiger. Vom Tajo bis zur Wolga bildeten die Flüsse die Hauptverkehrswege von Europa, und ihre Richtung und Stromgebiete bestimmten die Ausbreitung der Bevölkerung, das Wachstum von Städten und oft auch die nationale Kriegspolitik. Es gab zahllose Kanäle, wenn auch Schleusen noch unbekannt waren.

Ob zu Wasser oder zu Lande, das Reisen war immer gewagt und zeitraubend. Ein Bischof brauchte neunundzwanzig Tage, um von Canterbury nach Rom zu gelangen. Kuriere, die ständig die Pferde wechseln konnten, legten über hundertfünfzig Kilometer im Tag zurück; Privatkuriere kosteten aber viel Geld, und die Post (die in Italien im zwölften Jahrhundert wieder eingerichtet wurde) arbeitete gewöhnlich nur für den Staat. Hier und dort – etwa zwischen London und Oxford oder Winchester – bestand ein regelmäßiger Kutschendienst. Die Nachrichten reisten so langsam wie die Menschen; die Kunde von Barbarossas Tod in Kilikien brauchte vier Monate, um nach Deutschland zu gelangen[16]. Der mittelalterliche Mann konnte frühstücken, ohne sich durch die emsig zusammengetragenen Notstände der Welt beunruhigen zu lassen; die Nachrichten, die zu seiner Kenntnis gelangten, waren glücklicherweise zu alt, als daß er noch etwas dagegen hätte tun können.

Einige Fortschritte wurden in der Dienstbarmachung der Naturkräfte erzielt. Das Domesday Book erwähnt im Jahre 1086 fünftausend Windmühlen in England, und eine Zeichnung vom Jahre 1169 zeigt ein Wasserrad, dessen langsame Umdrehung durch eine Reihe von Zahnrädern auf eine hohe Geschwindigkeit übersetzt wird[17]. Mit dieser Beschleunigung wurde das Wasserrad zum Hauptwerkzeug der Industrie; eine mit Wasserkraft betriebene Sägemühle erscheint 1245 in Deutschland[18]; eine Wassermühle in Douai (1313) wurde zur Herstellung scharfkantiger Werkzeuge verwendet. Die Windmühle, von der in Europa erstmals im Jahre 1105 die Rede ist, breitete sich rasch aus, sobald die Christen mit ihrer ausgedehnten Verwendung im Islam Bekanntschaft gemacht hatten[19]; allein Ypern verfügte im dreizehnten Jahrhundert über 120 Windmühlen.

Verbesserte Werkzeuge und erhöhter Bedarf führten zu einem großen Aufschwung im Bergwesen. Der kommerzielle Bedarf an verläßlichen Goldmünzen und die steigende Möglichkeit, einer Neigung für Schmuck nachzugeben, führten zur Wiederaufnahme des Goldwaschens in Flüssen und des Goldschürfens in Italien, Frankreich, England, Ungarn und vor allem Deutschland. Gegen 1175 wurden im Erzgebirge reiche Kupfer-, Silber- und Goldminen entdeckt; Freiberg, Goslar und Annaberg wurden zu Mittelpunkten eines mittelalterlichen Goldrausches; von dem Städtchen Joachimsthal stammt das Wort *Joachimsthaler*, von dem durch unvermeidliche Kürzung die Worte *Taler* und *Dollar* abgeleitet sind[20]. Deutschland wurde zum Hauptlieferanten Europas für Edelmetalle, und seine Bergwerke wurden zur Grundlage – und sein Handel zum Gerüst – seiner politischen Macht. Eisen wurde im Harz und in Westfalen, in den Niederlanden, in England, Frankreich und Spanien und auf Sizilien und wiederum auf dem Elba der Antike gewonnen. Derbyshire erzeugte Blei, Devon, Cornwall und Böhmen Zinn, Spanien Quecksilber und Silber, Italien Blei und Alaun, und Salzburg erhielt seinen Namen von seinen großen Salzvorkommen. Kohle, die im römischen England verwandt worden, aber in der Sachsenzeit offenbar wieder außer Gebrauch gekommen war, wurde im zwölften Jahrhundert wieder abgebaut. 1237 zog Königin Eleonore aus dem Nottingham Castle aus, weil ihr der Kohlenrauch aus der darunterliegenden Stadt nicht behagte, und 1301 verbot London den Gebrauch von Kohle, weil der Rauch die Stadt vergifte – mittelalterliche Beispiele einer angeblich modernen Beschwerde[21]. Und doch fand in Newcastle und Durham und andernorts in England, Belgien und Frankreich gegen Ende des dreizehnten Jahrhunderts eine rege Kohlenförderung statt.

Das Besitztum an den Bodenschätzen ergab ein rechtliches Durcheinander. War das Lehnsverhältnis stark genug, so beanspruchte der Lehnsherr das Anrecht auf alle Bodenschätze seines Grund und Bodens und baute sie mit seinen Leibeigenen ab. Kirchliche Besitztümer erhoben gleiche Ansprüche und setzten Leibeigene und Lohnarbeiter ein, um dem Boden wertvolle Materialien zu entringen. Friedrich Barbarossa verfügte, daß der Souverän einziger Eigentümer aller Bodenschätze sei und daß diese nur durch Firmen unter staatlicher Oberaufsicht abgebaut werden dürften[22]. Diese Wiederaufnahme der königlichen Hoheitsrechte, die unter den römischen Kaisern üblich gewesen waren, wurde im mittelalterlichen Deutschland zum Gesetz. In England beanspruchte die Krone alle Silber- und Goldvorkommen; unedlere Metalle durften vom Grundbesitzer gegen Entrichtung eines Regals (einer Abgabe an den König) abgebaut werden[23].

Geschmolzen wurde mit Holzkohle, wodurch in primitiven Hochöfen viel Holz verbraucht wurde. Trotzdem verfertigten die Kupferschmiede von Dinant prächtige Messingwaren; die Eisenschmiede von Lüttich, Nürnberg, Mailand, Barcelona und Toledo stellten ausgezeichnete Waffen und Werkzeuge her, und Sevilla war wegen seines Stahls berühmt. Gegen Ende des dreizehnten Jahrhunderts begann das Gußeisen (bei 1535° C geschmolzen) das Schmiedeeisen (bei 800° C bearbeitet) zu verdrängen; vorher waren fast alle Eisenwaren durch Hämmern verfertigt worden. Die Glockengießereien waren bedeutende Unternehmungen, denn Kathedralen und Glockentürme der Städte wetteiferten miteinander hinsichtlich des Gewichts, der Lautstärke und des Wohllauts ihrer Glocken. Kupferschmiede verfertigten Metallhauben zum Abdecken des Herdfeuers, wenn die Abendglocke erklang. Sachsen war wegen seines Bronzegusses, England wegen seiner Zinngefäße aus einer Legierung von Kupfer, Wismut, Antimon und Zinn berühmt. Aus Schmiedeeisen wurden elegante Fenstergitter und majestätische Vergitterungen für den Chor von Kathedralen und mächtige Scharniere, die sich zur Verstärkung und Zierde in mannigfaltigen Formen über Türen und Tore ausbreiteten, hergestellt. Gold- und Silberschmiede gab es in großer Zahl, denn Gold- und Silbergeschirr diente den Menschen nicht nur dazu, ihren Wohlstand zur Schau zu stellen oder zu verbergen, sondern auch dazu, sich gegen Abwertungen zu schützen und für Notfälle eine Form des Reichtums zu besitzen, der in Nahrungsmittel oder Waren umgetauscht werden konnte.

Im dreizehnten Jahrhundert nahm die Textilindustrie in Flandern und Italien einen großmaßstäblichen und halb kapitalistischen Charakter an; Tausende von Arbeitern erzeugten Waren für einen allgemeinen Markt und erzielten Gewinne für Geldgeber, die sie selten zu Gesicht bekamen. In Florenz besaß die *Arte della Lana*, die Wollzunft, große Fabriken ((*fondachi*), in denen im gleichen Betriebe Wäscher, Walker, Sortierer, Spinner, Weber, Aufseher und Angestellte mit Rohstoffen, Werkzeugen und Webstühlen arbeiteten, über die sie weder ein Besitz- noch ein Verfügungsrecht hatten[24]. Tuchgroßhändler richteten Fabriken ein, beschafften die Ausrüstung, sorgten für Arbeitskräfte und Kapitalien, setzten die Löhne und Preise fest, organisierten die Verteilung und den Verbrauch, übernahmen die Risiken des Unternehmens, trugen die Verluste bei Mißerfolgen und steckten die Gewinne bei Erfolgen ein[25]. Andere Arbeitgeber zogen es vor, das Rohmaterial an Einzelarbeiter oder Familien auszugeben, die daraus in Heimarbeit mit eigener Ausrüstung Fertigwaren herstellten und sie gegen einen Lohn oder Preis an den Kaufherrn ablieferten; auf diese Weise wurden Tausende von Männern und Frauen in Italien, Flandern und Frankreich zu industriellen Beschäftigungen angehalten[26]. Amiens, Beauvais, Lille, Laon, St-Quentin, Provins, Reims, Troyes, Cambrai, Tournai, Lüttich, Löwen und vor allem Gent, Brügge, Ypern und Douai wurden rege Zentren dieser Hausindustrie und erlangten Berühmtheit durch ihr Künstlertum und ihre Aufstände. Laon gab seinen Namen dem *Lawn*-Leinen, Cambrai dem Kambrik, und das englische Wort *diaper* (rautenförmig gewebte Leinwand, Windel) stammt von dem Ausdruck d'Ypres[27]. In Gent standen 2300 Weber an den Webstühlen; Provins hatte im dreizehnten Jahrhundert 3200 Weber[28]. Ein Dutzend italienischer Städte besaß eine eigene Textilindustrie. In Florenz spezialisierte sich die *Arte della Lana* im zwölften Jahrhundert auf die Herstellung farbiger Wollwaren; anfangs des dreizehnten Jahrhunderts organisierte die *Arte di Calimala*, die Tuchzunft, mit der Wolleinfuhr und der Ausfuhr von fertigen Webwaren ein ausgedehntes Geschäft. Um 1306 besaß Florenz 300 Textilfabriken, und um 1336 waren 30000 Textilarbeiter beschäftigt[29]. Genua stellte schöne Samte und golddurchwirkte Seiden her. Gegen Ende des dreizehnten Jahrhunderts ließ Wien flämische Weber kommen und besaß bald eine eigene blühende Textilindustrie. England besaß beinahe das Monopol der nordeuropäischen Wollproduktion; seine Erzeugnisse gingen größtenteils nach Flandern, welches dadurch in Politik und Krieg an England gebunden wurde. Die Stadt Worstead in Norfolk gab ihren Namen einem besonderen Wolltuch. Auch Spanien produzierte schöne Wolle; seine Merinoschafe waren die Hauptquelle seines Nationaleinkommens.

Die Araber hatten die Seidenraupenkultur und die Seidenherstellung im achten Jahrhundert in Spanien eingeführt und im neunten Jahrhundert nach Sizilien gebracht, und Valencia, Cartagena, Sevilla, Lissabon und Palermo bewahrten die Kunst auch in christlicher Zeit. Roger II. berief griechische und jüdische Seidenweber von Korinth und Theben nach Palermo (1147) und brachte sie dort in einem Palast unter; durch diese Männer und deren Kinder breitete sich die Seidenkultur über Italien aus. Lucca nahm die Seidenerzeugung in einem kapitalistischen Großbetrieb auf, und Florenz, Mailand, Genua, Modena, Bologna und Venedig machten ihm darin Konkurrenz. Auch über die Alpen drang die Kunst vor, und in Zürich, Paris und Köln bildeten sich Seidenfachleute heran.

Hundert weitere Handwerke rundeten das Tätigkeitsfeld des mittelalterlichen Gewerbes ab. Töpfer glasierten irdene Gefäße, indem sie die befeuchtete Oberfläche mit Bleipulver bepuderten und die Gefäße in schwacher Hitze brannten; zur Erzielung einer grünen statt einer gelben Glasur fügten sie dem Blei Kupfer oder Bronze bei. Da in den wachsenden Städten des dreizehnten Jahrhunderts die Häuser teurer und Brände kostspieliger wurden, ging man von der Strohbedachung zu Dachziegeln über; London erklärte den Wechsel im Jahre 1212 für obligatorisch. Das Baugewerbe muß seine Sache gekonnt haben, denn die festesten Gebäude stammen aus dieser Zeit. Gewerbliches Glas wurde für Spiegel, Fenster und Gefäße hergestellt, aber in einem verhältnismäßig beschränkten Umfang. Die Kathedralen zeigen das schönste je hergestellte Glas, aber viele Häuser mußten ohne Glas auskommen. Die Glasbläserei wurde in Westeuropa zumindest seit dem elften Jahrhundert betrieben; wahrscheinlich hatte die Kunst in Italien seit ihrer Glanzzeit im Römischen Kaiserreich nie zu bestehen aufgehört. Papier wurde bis zum zwölften Jahrhundert aus dem muselmanischen Osten oder Spanien eingeführt, aber bald wurden in Deutschland auch Papierfabriken eröffnet, und im dreizehnten Jahrhundert begann Europa, Papier aus Leinen herzustellen. Felle zählten zu den begehrtesten Artikeln des internationalen Handels, und Gerbereien waren überall anzutreffen; Handschuhmacher, Sattler, Börsenmacher, Schuhmacher und Flickschuster waren eifersüchtig auf ihre Sonderart bedacht. Pelze wurden aus dem Norden und Osten eingeführt und für Mitglieder des Königshauses, des Adels und des Bürgertums zugerichtet. Wein und Bier vertraten die Stelle der Zentralheizung, und viele Städte zogen Nutzen aus einem städtischen Braumonopol. Bereits damals war Deutschland in dieser altüberlieferten Kunst führend in der Welt, und Hamburg, das im vierzehnten Jahrhundert 500 Brauereien besaß, verdankte den größten Teil seines Wohlstandes seinem Bier.

Abgesehen von der Textilindustrie ging das Gewerbe nicht über die handwerkliche Stufe hinaus. Handwerker, die einen örtlichen Markt belieferten – Bäcker, Schuster, Schmiede, Tischler und so weiter – hatten das Verfügungsrecht über ihr Werkzeug und ihre Erzeugnisse und behielten die individuelle Freiheit. Größtenteils wurde das Handwerk im Wohnhause oder in einer angebauten Werkstatt ausgeübt, und die meisten Familien besorgten viele Arbeiten, die heute in Werkstätten und Fabriken ausgeführt werden, selbst – sie buken ihr Brot, woben ihre Kleidung, flickten ihre Schuhe selbst. In diesem häuslichen Gewerbe ging der Fortschritt nur langsam vonstatten; die Werkzeuge waren einfach, Maschinen gab es nur wenige; die Menschen ließen sich noch nicht durch die Triebkräfte der Konkurrenz und des Gewinnstrebens zu Erfindungen oder zum Ersatz der

Detail des Christus mit dem Abt Menas; spätenkaustische Malerei auf Holz (6./7. Jh.; Louvre, Paris).

Patene (Gefäß oder Schale für das Abendmahl) mit dem Bildnis Christi in Alabaster mit Edelsteinen (11. Jh.; San-Marco-Domschatz, Venedig).

Vorige Seite: Kopf eines Christus Majestas aus der Gegend um Olot, Provinz Gerona (Mitte 12. Jh.: Museo de Arte de Cataluña, Barcelona).

Vorderseite des Reliquario del Dente aus dem Domschatz von Monza.

Seite aus dem Beatus (Kommentar zur Johannesapokalypse), der um 1047 für König Fernandò I. von León und Kastilien (1035–1065) und seine Gemahlin Doña Sancha von dem Mönch Facundo geschrieben und illuminiert wurde (Biblioteca Nacional, Madrid).

Die heilige Eudoxia; Byzantinische Einlegearbeit in Stein (11. Jh.; Archäologisches Museum, Istanbul).

Vorige Seite: Karolingisches Kapitell (St. Justinus, Höchst).

Glasfenster-Ausschnitt aus Chartres mit Darstellungen zur Geschichte Karls des Großen (um 1200–1220).

Byzantinisches Ohrgehänge aus Gold mit Edelsteinen (11./12. Jh.; Archäologisches Museum. Athen).

Adam und Eva im Paradies; bronzenes Flachrelief von Bonanus von Pisa, 1186 für das große Portal am Dom von Monreale, Sizilien, gefertigt.

Zweideckschiff mit zwei Masten (für Segel und Ausguck) und Heckruder (links); Illustration aus einer arabischen Handschrift aus dem 13. Jh.

David zwischen Weisheit und Prophetie; Buchmalerei aus einem Psalter des 11. Jahrhunderts (Biblioteca Vaticana Palatina, Rom).

Blick durch die Brunnenstube in den Kreuzgang am Dom von Monreale auf Sizilien (12. Jh.).

Nächste Seite: Philipp IV. der Schöne, König von Frankreich (1285–1314), gemalt von Juan de Flandres (Kunsthistorisches Museum, Wien).

Blick auf das Grafenschloß von Carcassonne aus dem 12. Jahrhundert, wo sich unter dem Grafen von Toulouse die Albigenser bis zur Eroberung durch Simon von Montfort (1209) verteidigten.

Reste der ehemaligen byzantinischen Kirche des Myrelaionklosters in Istanbul; sie entstand zwischen 920 und 944 nach dem Bilderstreit im 9. Jahrhundert.

handwerklichen Geschicklichkeit durch mechanische Kraft anreizen. Und doch dürfte diese Art der gewerblichen Tätigkeit die gesündeste der ganzen Geschichte gewesen sein. Die Erzeugung ging langsam vonstatten, das Gefühl der Befriedigung war wahrscheinlich verhältnismäßig groß. Der Erwerbstätige blieb bei seiner Familie; er selbst bestimmte die Arbeitszeit und (bis zu einem gewissen Grade) den Wert seiner Arbeit; der Stolz auf seine Fertigkeiten gab ihm Charakter und Selbstvertrauen; er war nicht nur Handwerker, sondern auch Künstler, und er hatte die Genugtuung des Künstlers, ein Erzeugnis als Ganzes unter seinen Händen entstehen zu sehen.

III. DAS GELDWESEN

Die Ausweitung von Handel und Gewerbe wirkte umwälzend auf das Geldwesen. Der Handel konnte auf der Grundlage des Tauschverkehrs keine Fortschritte machen; er bedurfte eines stabilen Wertmessers, eines gangbaren Tauschmittels und eines leichten Zuganges zu Investitionen.

Im Lehnswesen des Kontinents übten die großen Herren und Geistlichen das Prägrecht aus, und die europäische Volkswirtschaft hatte unter einem schlimmeren Währungsdurcheinander zu leiden als heute. Falschmünzer und Münzbeschneider machten das Wirrwarr nur um so größer. Die Könige ließen solche Leute verstümmeln, kastrieren* oder in siedendes Wasser tauchen[30]; sie selbst entwerteten aber oft ihre Münzen. Das Gold wurde nach den Barbareninvasionen knapp, und nach der Eroberung des Ostens durch den Islam verschwanden in Westeuropa die Goldmünzen aus dem Verkehr; zwischen dem achten und dem dreizehnten Jahrhundert wurden die Münzen in Silber oder unedleren Metallen geprägt. Gold und Zivilisation gehen Hand in Hand.

Im Byzantinischen Reich wurden jedoch während des ganzen Mittelalters Goldmünzen geprägt. Mit zunehmender Verbindung zwischen West und Ost begannen byzantinische Goldmünzen, im Westen *Besant* genannt, in ganz Europa als das höchstgeschätzte Geld der Christenheit zu zirkulieren. Im Jahre 1228 ließ Friedrich II., der die segensreiche Auswirkung einer stabilen Goldwährung im Nahen Osten erkannt hatte, in Italien die ersten Goldmünzen Westeuropas prägen. Er nannte sie in freimütiger Anlehnung an den guten Ruf der augusteischen Prägungen *augustales*; sie verdienten diese Bezeichnung, denn wenn auch nachgeahmt, so waren sie doch von edler Zeichnung und erreichten von vorneherein den Höchststand der mittelalterlichen Münzkunst. 1252 prägten sowohl Genua als auch Florenz Goldmünzen; der Florentiner Gulden, der einen Wert von einem Pfund Silber besaß, war der schönere und handlichere und wurde in ganz Europa an Zahlung genommen. 1284 besaßen alle bedeutenderen Staaten Europas mit Ausnahme Englands ein zuverlässiges Goldmünzsystem – eine Errungenschaft, die in dem Aufruhr des zwanzigsten Jahrhunderts wieder preisgegeben wurde.

* Die Angelsachsenchronik berichtet aus dem Jahre 1125: «In diesem Jahre befahl König Heinrich, daß alle Münzer (Falschmünzer) in England ... die rechte Hand und die Hoden verlieren sollten[31].»

Zu Ende des dreizehnten Jahrhunderts hatten sich die Könige von Frankreich durch Kauf oder Beschlagnahme in den Besitz fast aller grundherrlichen Prägrechte gebracht. Das französische Münzsystem behielt bis 1789 die Bezeichnungen, wenn auch nicht gerade die Werte bei, die Karl der Große eingeführt hatte: das *livre*, ein Pfund Silber; den *sou*, den zwanzigsten Teil eines *livre*; und den *denier*, den zwölften Teil eines *sou*. Dieses System kam mit der Normanneninvasion nach England; auch dort wurde das «Pfund Sterling» in zwanzig Teile eingeteilt, die *shillings*, und diese in zwölf Teile, die *pence*. Die Engländer übernahmen diese Bezeichnungen aus dem Deutschen: *Pfund*, *Schilling* und *Pfennig*; die Abkürzungen behielten sie dagegen aus dem Lateinischen bei: L von *libra*, s. von *solidus* und d. von *denarius*. Bis 1343 brachte es England nicht zu einer Goldwährung; seine Silberwährung blieb jedoch in der von Heinrich II. (1154–1189) eingeführten Form die stabilste Währung Europas. In Deutschland wurde die Silbermark im zehnten Jahrhundert zum halben Wert des französischen oder britischen Pfundes geprägt.

Trotz diesen Vorgängen litten die mittelalterlichen Währungen unter Wertschwankungen, unter dem unbeständigen Wertverhältnis von Silber und Gold, dem Recht der Könige und Städte – manchmal sogar der Adligen und Geistlichen – jederzeit ihre Münzen abzuberufen und einzuziehen und eine Abgabe für die Neuprägung einzubehalten und neue Münzen mit durch stärkere Legierung vermindertem Edelmetallgehalt auszugeben. Durch diese Unredlichkeit der Prägstätten, durch die stärkere Zunahme der Gold- als der Güterproduktion, durch die bequeme Möglichkeit, staatliche Schulden durch eine Wertverminderung des Geldes loszuwerden, wurden alle europäischen Währungen während des ganzen Mittelalters und der Neuzeit von einer unregelmäßigen Entwertung betroffen. In Frankreich hatte das *livre* im Jahre 1789 nur noch 1,2 vom Hundert seines Wertes unter Karl dem Großen[32]. Wir können aus einigen Preisen auf den Wertverlust des Geldes schließen: In Ravenna kostete 1268 ein Dutzend Eier «einen Pfennig», in London 1328 ein Schwein vier Schilling, ein Ochs fünfzehn[33]; im Frankreich des dreizehnten Jahrhunderts konnte man um drei Franken ein Schaf, um sechs ein Schwein kaufen[34]. Die Geschichte ist inflationistisch*.

Wo kam das Geld her, welches Handel und Gewerbe finanzierte und förderte? Der größte Geldgeber war die Kirche. Sie verfügte über eine einzigartige Organisation zum Einbringen von Geld und stets über flüssiges Kapital für jeden Zweck; sie war die größte Finanzmacht des Christentums. Außerdem deponierten viele Privatpersonen Gelder zur Aufbewahrung in Kirchen und Klöstern. Aus ihrem Vermögen lieh die Kirche Geld an Einzelpersonen oder Institutionen, die sich in Geldnot befanden. Darlehen wurden hauptsächlich an Dörfler ausgegeben, die ihre Bauerngüter zu verbessern trachteten; sie wirkten wie Darlehen von Bodenkreditbanken und spielten in der Förderung des freien Bauerntums eine segensreiche Rolle[36]. Bereits 1070 verliehen die Kirchen und Klöster Geld an benachbarte Grundherren gegen einen Anteil an den Einkünften aus dem Grundbesitz des Herrn[37]; durch diese Hypothekardarlehen wurden die Klöster zu den ersten Bankgesell-

---

* Coulton, der führende englische Kenner der mittelalterlichen Geschichte, berechnet die englische Währung des Jahres 1200 auf das Vierzigfache des Wertes von 1930[35].

schaften des Mittelalters. Die Abtei St-André in Frankreich war in ihren Bankgeschäften so erfolgreich, daß sie jüdische Geldverleiher anstellte, um ihren Finanzoperationen vorzustehen[38]. Die Tempelritter liehen an Könige und Fürsten, Herren und Ritter, Kirchen und Prälaten Geld gegen Zins; ihr Hypothekargeschäft war im dreizehnten Jahrhundert wahrscheinlich das ausgedehnteste der Welt.

Diese Darlehen von kirchlichen Körperschaften wurden gewöhnlich zum unmittelbaren Verbrauch oder zu politischer Verwendung gegeben, selten zur Finanzierung von Gewerbe oder Handel. Der kommerzielle Kredit setzte damit ein, daß ein Einzelner oder eine Familie durch die in der lateinischen Christenheit so genannten *commenda* einem Kaufmann Geld für eine besondere Reise oder ein Unternehmen anvertraute und dafür einen Teil des Gewinnes erhielt. Eine solche schweigende oder stille Teilhaberschaft war eine altrömische Einrichtung, die vielleicht über den byzantinischen Osten wieder zur Kenntnis des christlichen Westens gekommen war. Ein so praktisches Verfahren, an den Gewinnen teilzuhaben, ohne das kirchliche Verbot der Zinsnahme direkt zu umgehen, mußte sich rasch ausbreiten, und aus der Kompagnie (*companis* – Brotgenosse), der Familieninvestierung, wurde die *societas*, eine Teilhaberschaft, bei der mehrere nicht notwendigerweise verwandte Personen das Geld für eine Gruppe oder Reihe von Unternehmungen und nicht nur für eine einzige aufbrachten. Solche Finanzgesellschaften erscheinen in Genua und Venedig gegen Ende des zehnten Jahrhunderts; im zwölften entwickelten sie sich zu hoher Blüte und hatten weitgehend teil am raschen Aufschwung des italienischen Handels. Diese Kapitalanlagegruppen teilten oft das Risiko auf, indem sie Teilhaberschaften an mehreren Schiffen oder Unternehmungen zugleich kauften. Als im vierzehnten Jahrhundert solche Aktien *(partes)* übertragbar wurden, war die Aktiengesellschaft geboren.

Die größte Einzelquelle des *Finanz*kapitals – das heißt des Kapitals für die Kosten eines Unternehmens, ehe es Gewinne einträgt – war der Berufsbankier. Er hatte im Altertum als Geldwechsler seinen Anfang genommen und sich schon lange zum Geldverleiher entwickelt, der sein eigenes und anderer Leute Geld in Unternehmungen anlegte oder als Darlehen an Kirchen, Klöster, Adlige oder Könige ausgab. Die Rolle der Juden als Geldverleiher wird stark übertrieben; sie hatten in Spanien und eine Zeitlang in England große Macht, waren aber in Deutschland schwach und in Italien und Frankreich den christlichen Finanzleuten unterlegen[39]. Der Hauptgeldgeber der englischen Könige war William Cade; die wichtigsten Geldverleiher im Frankreich und Flandern des dreizehnten Jahrhunderts waren die Familien Louchard und Crespin in Arras[40]. Nach der Schilderung von Guillaume le Breton war Arras «mit Wucherern überfüllt»[41]. Ein weiteres Zentrum des Geldwesens war die Börse, der Geldmarkt von Brügge. Eine noch mächtigere Gruppe christlicher Geldverleiher hatte ihren Ursprung in Cahors, einer südfranzösischen Stadt. Matthäus Paris schreibt:

> In dieser Zeit (1235) wütete die gräßliche Pest der Cahorser so schrecklich, daß es in ganz England besonders unter der Geistlichkeit kaum einen Mann gab, der sich nicht in ihren Netzen verfangen hätte. Der König schuldete ihnen einen unermeßlichen Betrag. Sie überlisteten die Geldbedürftigen in ihrer Not und verbargen ihren Wucher unter dem Anschein des Handels.[42]

Die Päpste vertrauten ihre finanziellen Angelegenheiten in England eine Zeitlang den Bankiers von Cahors an, aber deren Erbarmungslosigkeit empörte die Engländer so sehr, daß sie einen Cahorsschen Agenten in Oxford ermordeten und Bischof Roger von London die Cahorsen mit dem Kirchenbann belegte und Heinrich III. sie aus England auswies. Robert Grosseteste, Bischof von London, klagte auf dem Totenbett über die Erpressungen «der Kaufleute und Geldwechsler unseres Herrn, des Papstes», die «unbarmherziger als die Juden» seien[43].

Die Italiener waren es, die das Bankwesen im dreizehnten Jahrhundert auf eine Höhe brachten, die es noch nie erlebt hatte. Große Bankierfamilien entstanden und wurden zur Seele des weit ausgreifenden italienischen Handels: die Buonsignori und Gallerani in Siena, die Frescobaldi, Bardi und Peruzzi in Florenz, die Pisani und Tiepoli in Venedig ... Ihr Tätigkeitsbereich erstreckte sich bis über die Alpen, und sie liehen große Summen an die stets geldbedürftigen Könige von England und Frankreich, an Barone, Bischöfe, Äbte und Städte. Päpste und Könige bedienten sich ihrer, um Steuern einzutreiben, Prägestätten zu leiten, ihre Finanzen zu ordnen und als politische Ratgeber zu wirken. Sie kauften Wolle, Gewürze, Schmuck und Seide im Großen ein und besaßen Schiffe und Gasthöfe von einem Ende Europas bis zum anderen[44]. Um die Mitte des dreizehnten Jahrhunderts waren diese «Lombarden», wie alle italienischen Bankiere im Norden hießen, die tätigsten und mächtigsten Finanzleute der Welt. Im In- und Ausland waren sie wegen ihrer Forderungen verhaßt und wegen ihres Reichtums beneidet; noch jede Generation hat geliehen und die Verleiher geschmäht. Ihr Hochkommen bedeutete für das internationale jüdische Bankwesen einen schweren Schlag, und sie waren nicht darüber erhaben, die Verbannung für diese zähen Konkurrenten zu fordern[45]. Die finanzkräftigsten unter diesen «Lombarden» waren die Florentiner Bankfirmen, deren zwischen 1260 und 1347 nicht weniger als achtzig genannt werden[46]. Sie gaben das Geld für die politischen und militärischen Feldzüge der Päpste und heimsten reiche Belohnung ein, und ihre Position als päpstliche Bankherren bot ihnen eine nützliche Deckung in Operationen, die mit den Ansichten der Kirche in der Zinsfrage schwerlich in Einklang standen. Sie erzielten Gewinne, die der heutigen Zeit durchaus würdig gewesen wären; die Peruzzi zum Beispiel zahlten im Jahre 1308 vierzig vom Hundert Dividende[47]. Aber diese italienischen Firmen sühnten für ihre Geldgier durch die belebende Wirkung, die sie auf Handel und Gewerbe ausübten. Als ihre große Zeit zu Ende ging, hinterließen sie doch eine Reihe ihrer Fachausdrücke – *banco*, *credito*, *debito*, *cassa*, *conto*, *disconto*, *conto corrente*, *netto*, *bilanza*, *banca rotta* – in fast allen europäischen Sprachen[48].

Wie diesen Worten zu entnehmen ist, übten die großen Geldfirmen von Venedig, Florenz und Genua im oder vor dem dreizehnten Jahrhundert bereits fast alle Funktionen einer modernen Bank aus. Sie nahmen Einlagen entgegen und führten Bankkonten – zwischen Personen, die eine nicht abgeschlossene Reihe von Transaktionen im Gange hatten. Bereits 1171 vollzog die Bank von Venedig gegenseitige Zahlungen zwischen ihren Kunden durch reine Umbuchungen[49]. Als Sicherheit für ihre Darlehen nahmen diese Banken Schmuck, wertvolle Rüstungen, Staatsschuldscheine oder das Recht, Steuern einzuziehen oder die Staatseinkünfte zu verwalten, entgegen. Sie erhielten Waren unter Zollverschluß zur Weiterleitung in andere Länder. Ihre internationalen Verbindungen erlaubten es ihnen, Kreditbriefe auszustellen, vermittels derer eine Einlage, die in dem einen Lande gemacht wurde, in einem anderen Lande dem Eigentümer oder seinem Bevollmächtigten ausgehändigt wurde – ein Verfahren, das den Juden, Muselmanen und Tempelrittern schon längst bekannt war[50]. In entgegengesetztem Sinne stellten sie Wechsel aus: ein Kaufmann schrieb zur Zahlung von Waren oder gegen ein Darlehen einen Schuldschein aus, auf Grund dessen er sich verpflichtete, dem Gläubiger zu einem bestimmten Zeitpunkt die Summe an einer der großen Messen oder bei einer internationalen Bank auszuzahlen; diese Scheine wurden bei der Messe oder auf der Bank mit anderen verrechnet, und nur der Schlußsaldo wurde in Bargeld bezahlt; es konnten nun Hunderte von Geschäften abgewickelt werden, ohne daß man große Geldsummen oder schwere Münzlasten mit sich führen oder wechseln mußte. Dadurch, daß die Bankanstalten zu Verrechnungsstellen wurden, brauchten die Bankiere nicht mehr die langen Reisen zu den Jahrmärkten auszuführen. Kaufleute in ganz Europa und in der Levante konnten auf ihre Konten bei den Banken Italiens trassieren und ihre Zahlungen durch Umbuchungen von Bank zu Bank ausgleichen[51]. Dadurch wurde die Wirksamkeit und der Umlauf des Geldes verzehnfacht. Dieses «Kreditsystem» – das durch gegenseitiges Vertrauen ermöglicht wurde – gehört zu den wesentlichsten und rühmlichsten Seiten der wirtschaftlichen Umwälzung.

Auch das Versicherungswesen nahm seinen Anfang im dreizehnten Jahrhundert. Die kaufmännischen Zünfte gewährten ihren Mitgliedern eine Versicherung gegen Feuer, Schiffbruch und andere Unglücksfälle und Schäden, sogar gegen Prozesse, die ihnen wegen verbrecherischer Handlungen gemacht wurden – gleich ob die Mitglieder schuldig oder unschuldig waren[52]. Viele Klöster boten eine lebenslängliche Rente: gegen eine einmalige Einzahlung verpflichteten sie sich, den Geldgeber für den Rest seines Lebens mit Essen und Trinken, manchmal auch mit Kleidung und Wohnung zu versorgen[53]. Bereits im zwölften Jahrhundert bot eine Bank in Brügge eine Versicherung auf Waren, und 1310 wurde, offenbar in der gleichen Stadt, eine privilegierte Versicherungsgesellschaft gegründet[54]. Die Bardi in Florenz übernahmen im Jahre 1318 Versicherungsrisiken für Überlandtransporte von Stoffen.

Die ersten Staatsschuldscheine wurden 1157 von Venedig ausgegeben. Die durch Kriege hervorgerufene Geldnot bewog die Republik, ihren Bürgern Zwangsanleihen aufzuerlegen, und eine besondere Behörde *(Camera degli Impresidi)* wurde eingerichtet, welche die Darlehen entgegennahm und den Subskribenten zinstragende Schuldscheine als staatliche Rückzahlungsgarantie aushändigte. Nach 1206 wurden diese Schuldscheine verkäuflich und übertragbar; man konnte sie kaufen und verkaufen und als Sicherheiten für Darlehen verwenden. Ähnliche Bescheinigungen für die Stadtverschuldung wurden 1250 von Como als Gegenwert für Metallgeld ausgegeben. Da das Papiergeld nichts anderes als ein staatliches Zahlungsversprechen ist, zeigen diese übertragbaren Goldzertifikate den Beginn des Papiergeldes in Europa an[55].

Die verwickelten Transaktionen der Bankiers, der Päpste und der Landesherren machten eine sorgfältige Buchhaltung notwendig. Archive und Kontobücher füllten sich mit Aufzeichnungen von Zinsen, Steuern, Quittungen, Auslagen, Krediten und Schulden. Die

Buchhaltungsverfahren des kaiserlichen Rom, die im siebenten Jahrhundert in Westeuropa außer Gebrauch gekommen waren, nahmen in Konstantinopel ihren Fortgang, wurden von den Arabern übernommen und lebten in Italien während der Kreuzzüge wieder auf. Ein voll ausgebildetes Verfahren der doppelten Buchführung erscheint 1340 in den städtischen Kontobüchern von Genua; der Verlust der genuesischen Aufzeichnungen aus den Jahren 1278 bis 1340 läßt die Wahrscheinlichkeit offen, daß auch dieser Fortschritt eine Leistung des dreizehnten Jahrhunderts ist[56].

IV. DER ZINS

Das größte Hindernis bei der Fortentwicklung des Bankwesens war die kirchliche Doktrin von der Zinsnahme. Sie hatte drei Quellen: Aristoteles, der den Zins verurteilte, da er eine unnatürliche Erzeugung von Geld durch Geld darstelle[57], Jesus, der sich gegen die Zinsnahme aussprach[58], und die Reaktion der Kirchenväter gegen den Handelsgeist und die Wucherei in Rom. Im römischen Recht war der Zins gesetzlich verankert gewesen, und «ehrenwerte Männer» wie Brutus verlangten gnadenlos hohe Zinssätze. Ambrosius hatte gegen die Theorie gepredigt, daß jeder mit seinem Eigentum tun dürfe, was er wolle:

> «Mein eigen», sagst du? Was ist dein eigen? Wenn du aus deiner Mutter Schoß kommst, was für ein Vermögen bringst du mit dir? Was du nimmst, und es übersteiget deine Bedürfnisse, das eignest du dir mit Gewalt an. Ist etwa Gott so ungerecht, daß er die Mittel des Lebensunterhaltes nicht gleichmäßig unter uns verteilt, so daß du im Überflusse lebest, während andere Not leiden? Oder ist es nicht vielmehr so, daß Er dich mit den Zeichen seiner Güte segnet, derweil Er deinen Mitmenschen mit der Tugend der Geduld krönete? Du also, der du die Gabe Gottes empfangen hast, denke daran, daß du keine Ungerechtigkeit begehest, indem du für dich allein behältst, was vielen zum Lebensunterhalte dienen würde. Du klammerst dich an das Brot des Hungernden, du verschließest die Kleidung des Nackenden; das Geld, das du vergräbst, ist das Geld zur Erlösung der Armen.[59]

Andere Kirchenväter hatten sich dem Kommunismus angenähert. «Alles, was es in der Welt gibt», erklärt Clemens von Alexandrien, «sollte allen Menschen gemeinsam zur Verfügung stehen. Aber ungerechterweise nennt der eine dies sein eigen, der andere jenes, und so ist die Zwietracht zwischen die Menschen gekommen[60].» Hieronymus hielt alle Gewinne für ungerechtfertigt; Augustin sah in allen «Geschäften» ein Übel, da es die Menschen von der Suche nach der «wahren Ruhe, die da Gott ist», abhalte[61]. Papst Leo I. hatte diese extremen Lehren verworfen, aber die Kirche blieb gegenüber dem Handel doch ablehnend eingestellt, mißtrauisch gegenüber Spekulation und Profit, feindselig gegenüber jedem «Aufkauf» und «Vorkauf» und «Wucher» – worunter das Mittelalter jede Art von Zinsnahme verstand. Ambrosius erklärte: «Was auch immer zum Kapital geschlagen wird, ist Wucher[62]», und Gratian nahm diese grobschlächtige Definition in das Kirchenrecht auf.

Die Konzile von Nikaia (325), Orléans (538), Mâcon (585) und Clichy (626) hatten der Geistlichkeit untersagt, Geld zu Gewinnzwecken auszuleihen. Die Kapitularien Karls des Großen für 789 und die Kirchenkonzile des neunten Jahrhunderts dehnten dieses Verbot auch auf die Laienschaft aus. Die Wiedergeburt des römischen Rechts im zwölften Jahrhundert gab Irnerius und den «Glossatoren» von Bologna die Kühnheit, die Zinsnahme zu verteidigen, und sie vermochten in dieser Sache den Kodex des Justinian zu zitieren. Aber das Dritte Laterankonzil (1179) sprach sich erneut für das Verbot aus und verfügte: «Offenkundige Wucherer dürfen nicht zur Kommunion zugelassen werden, und wenn sie sterben, so soll ihnen kein christliches Begräbnis zuteil werden, und kein Priester soll Almosen von ihnen entgegennehmen[63].» Innozenz III. urteilte wohl nachsichtiger, denn im Jahre 1206 erteilte er den Rat, in gewissen Fällen einem Kaufmann eine Gabe zukommen zu lassen, damit er «in ehrbarem Verdienst» ein Einkommen davon habe[64]. Gregor IX. kehrte jedoch zu der Auffassung zurück, daß jeder Gewinn aus einem Darlehen als Wucher aufzufassen sei[65], und diese Auffassung blieb bis 1917 Gesetz der römisch-katholischen Kirche.

Das kirchliche Vermögen bestand in Grundbesitz, nicht in Handelsgütern; die Kirche verachtete den Handelsstand in gleicher Weise, wie die Lehnsherren ihn geringschätzten; Boden und Arbeit (einschließlich der Verwaltungstätigkeit) erschienen ihr die einzig wahren Vermögens- und Wertschaffer. Die wachsende Macht und Opulenz eines Kaufmannsstandes, der weder den Grundherren noch der Kirche besonders günstig gesinnt war, mißbehagte ihr; jahrhundertelang hatte sie in allen Geldverleihern Juden gesehen, und sie fühlte sich berechtigt, die schweren Bedingungen, welche die Geldverleiher den in Geldnot befindlichen kirchlichen Institutionen auferlegten, zu tadeln. Im großen und ganzen war das Bemühen der Kirche, das Gewinnstreben im Zaume zu halten, ein heldenmütiges Unterfangen im Sinne der christlichen Gesittung; es stand in wohltuendem Gegensatz zum entwürdigenden Brauch der Griechen, Römer und Barbaren, die Schuldner gefangenzusetzen und zu versklaven. Es steht durchaus nicht fest, ob die Menschen heute glücklicher sind, als sie sein würden, wenn sich die Ansichten der Kirche durchgesetzt hätten.

Lange Zeit folgte die staatliche Gesetzgebung den Ansichten der Kirche, und dem Verbot der Zinsnahme wurde von weltlichen Gerichten Nachachtung verschafft[66]. Aber es zeigte sich, daß die Bedürfnisse des Handels stärker waren als die Furcht vor Gefängnis und Hölle. Die Ausweitung von Handel und Gewerbe rief nach dem Einsatz brachliegenden Geldes in aktiven Unternehmungen; Staaten, die Krieg führten oder sich in einer Notlage befanden, stellten fest, daß es leichter war, durch Anleihen zu Geld zu kommen als durch Besteuerung; Zünfte liehen und verliehen Geld gegen Zins; Grundbesitzer, die ihren Besitz vergrößern oder das Kreuz nehmen wollten, wandten sich gerne an den Geldverleiher; selbst Kirchen und Klöster überstanden Krisenzeiten und Teuerungen, indem sie zu den Lombarden oder Cahorsen oder Juden ihre Zuflucht nahmen.

Menschliche Schlauheit fand viele Möglichkeiten, das Gesetz zu umgehen. Der Darlehensempfänger verkaufte beispielsweise billig ein Grundstück an den Verleiher, überließ ihm die Nutzung als Zins und kaufte dann das Grundstück wieder zurück. Oder der Grundbesitzer verkaufte an den Verleiher teilweise oder ganz die Jahreszinse oder -einkünfte seines Grundes; wenn Hinz beispielsweise die Einkünfte eines Grundstücks, das zehn Mark im Jahr eintrug, um hundert Mark an Kunz verkaufte, so lieh Kunz im Ergebnis hundert Mark zu zehn von Hundert Zins an Hinz. Viele Klöster legten ihre Gelder auf diese Weise an, indem sie solche Pachtzinse aufkauften, vor allem in Deutschland, dessen Wort *Zins* vom lateinischen Wort für Pacht, *census*, kommt[67]. Städte liehen sich Geld, indem sie an den Verleiher einen Teil ihrer Einkünfte abtraten[68]. Einzelpersonen und Institutionen, darunter auch Klöster, verliehen Geld gegen heimliche Geschenke oder vorgetäuschte Verkäufe[69]. Papst Alexander III. beschwerte sich 1163: «Viele Geistliche (hauptsächlich in Klöstern) scheuen sich zwar vor dem gemeinen Wucher, da er zu sehr der allgemeinen Verdammnis unterliegt, verleihen aber doch Geld an andere, die in Not sind, nehmen ihre Besitztümer als Pfand und ziehen deren Erträge zusätzlich zu dem verliehenen Hauptkapital ein[70].» Einige Geldempfänger verpflichteten sich, «Entschädigungen» für jeden Tag oder Monat zu entrichten, mit dem sie in der Rückzahlung im Rückstand waren, und willigten in einen so frühzeitigen Rückzahlungstermin ein, daß die Zahlung eines solchen versteckten Zinses unvermeidlich wurde[71]; auf dieser Grundlage liehen die Cahorser Geld an gewisse Klöster zu Bedingungen aus, die einem Zinssatz von sechzig vom Hundert gleichkamen[72]. Viele Banken liehen offen gegen Zins Geld aus und behaupteten, das Verbot der Zinsnahme gelte nur für Einzelpersonen, nicht für Firmen. Die italienischen Städte machten gar keine Ausflüchte mehr, wenn sie Zins für ihre Schuldscheine zahlten. Im Jahre 1208 bemerkte Innozenz III., wenn er alle Wucherer aus der Kirche ausschließen wollte, wie das kanonische Recht vorschrieb, könnte er gerade so gut alle Kirchen schließen[73].

Zögernd paßte sich die Kirche den Gegebenheiten der Wirklichkeit an. Thomas von Aquin stellte um 1250 mutig eine neue Zinstheorie auf; der Investierende dürfe rechtmäßigerweise am Gewinn eines geschäftlichen Unternehmens teilhaben, falls er sich auch tatsächlich an den Risiken und Verlusten beteilige[74]; als Verlust galt dabei auch jede Verzögerung in der Rückzahlung eines Darlehens über den vorgesehenen Termin hinaus[75]. Der hl. Bonaventura und Papst Innozenz IV. folgten diesem Grundsatz und erweiterten ihn insofern, als sie die Zahlung für rechtmäßig erklärten, die dem Verleiher als Ersatz für den zeitweiligen Verlust der Nutznießung seines Kapitales geleistet wurde[76]. Einige Kirchenrechtslehrer des fünfzehnten Jahrhunderts sprachen dem Staat das Recht zu, zinstragende Schuldscheine auszugeben; Papst Martin V. legalisierte 1425 den Verkauf von Pachteinkünften; nach 1400 widerriefen die meisten europäischen Staaten die Gesetze, die sie gegen die Zinsnahme erlassen hatten, und das Verbot der Kirche blieb als toter Buchstabe, um den sich niemand mehr kümmerte, fortbestehen. Die Kirche versuchte zu einer Lösung zu kommen, indem sie von 1251 an den hl. Bernardino di Feltre und andere Kirchenmänner ermunterte, *montes pietatis* – «Berge der Nächstenliebe» – einzurichten, in denen vertrauenswürdige Personen, die sich in Not befanden, gegen ein Pfand zinslose Darlehen erhalten konnten. Aber diese Vorläufer unserer Pfandleihgeschäfte vermochten das Problem nur zu einem kleinen Teil zu lösen; die Bedürfnisse von Handel und Gewerbe blieben unvermindert bestehen, und Kapital sammelte sich an, um den Geldhunger zu stillen.

Die berufsmäßigen Geldverleiher verlangten hohe Zinssätze nicht so sehr deswegen, weil sie gewissenlose Teufel waren, sondern deswegen, weil sie große Risiken eingingen, das Geld oder den Kopf zu verlieren. Es gelang ihnen nicht immer, die Einhaltung der Abmachungen zu erzwingen; ihr angehäuftes Kapital war jederzeit in Gefahr, von Königen oder Kaisern eingezogen zu werden; jeden Augenblick konnten sie verbannt werden, und jederzeit waren sie verflucht. Viele Darlehen wurden nie zurückgezahlt; manche Schuldner machten bankrott und starben; andere beteiligten sich am Kreuzzug, wurden von der Zinszahlung befreit und kehrten nie mehr zurück. Wenn die Schuldner ihren Verpflichtungen nicht nachkamen, konnten die Geldverleiher ihre Verluste nur dadurch ausgleichen, daß sie die Zinssätze auf anderen Darlehen erhöhten; das gute Darlehen mußte für das schlechte einstehen, wie ja auch im Preise gekaufter Waren die Kosten der vor dem Verkauf verdorbenen Produkte eingeschlossen sind. Im zwölften Jahrhundert betrugen die Zinssätze in Frankreich und England zwischen 33 1/3 % und 43 1/3 %[77]; manchmal erreichten sie die Höhe von 86 %; im prosperierenden Italien sanken sie bis auf 12 1/2–20 %[78]; Friedrich II. versuchte um 1240, den Zinssatz bis auf 10 % zu senken, zahlte aber bald einen höheren Zins an christliche Geldverleiher. Noch 1409 gestattete die Regierung von Neapel 40 % als gesetzliches Maximum[79]. Der Zinssatz fiel mit der zunehmenden Sicherheit der Darlehen und der wachsenden Konkurrenz der Geldverleiher. Allmählich und nach tausend Versuchen und Irrtümern lernte man die neuen finanziellen Hilfsmittel der fortschrittlichen Volkswirtschaft zu handhaben, und in dem Zeitalter des Glaubens nahm das Zeitalter des Geldes seine Anfänge.

V. DIE ZÜNFTE

Im antiken Rom gab es unzählige *collegia*, *scholae*, *sodalitates*, *artes* – Bünde von Handwerkern, Kaufleuten und Unternehmern, politische Vereinigungen, Geheimbruderschaften, religiöse Bruderschaften. Gab es Bünde, die fortbestanden und den Anfang der mittelalterlichen Zünfte bildeten?

Zwei Briefe Gregors I. (590–604) beziehen sich auf eine Körperschaft von Seifensiedern in Neapel und eine solche von Bäckern in Otranto. Im Gesetzbuch des Langobardenkönigs Rothari (636–652) lesen wir von den *magistri Comacini* – offenbar Maurermeistern von Como, die sich gegenseitig als *collegantes* – Glieder des gleichen *collegium* – bezeichnen[80]. Verbände von Transportarbeitern sind im Rom des siebenten und im Worms des zehnten Jahrhunderts verzeichnet[81]. Die antiken Zünfte lebten im Byzantinischen Reiche fort. In Ravenna finden wir manche Hinweise auf *scholae* – Wirtschaftsbünde –, im sechsten Jahrhundert der Bäcker, im neunten der Notare und Kaufleute, im zehnten der Fischer, im elften der Lebensmittelhändler. Im neunten Jahrhundert hören wir von handwerklichen *ministeria* in Venedig und im elften von einer *schola* der Gärtner in Rom[82]. Zweifellos gingen die meisten antiken Zünfte im Westen in den Barbareninvasionen und bei der anschließenden Umstellung auf ein dürftiges Agrarwesen unter; einige scheinen sich indessen in der Lombardei erhalten zu haben. Sobald Handel und Gewerbe im elften Jahrhundert wieder auflebten, führten die Verhältnisse, welche schon die alten *collegia* auf den Plan gerufen hatten, zur Neugründung der Zünfte.

Infolgedessen waren die Zünfte am stärksten in Italien, wo die altrömischen Einrichtungen am besten erhalten geblieben waren. In Florenz stoßen wir im zwölften Jahrhundert auf die *arti*, «Künste», Berufsgenossenschaften der Notare, Tuchherren, Wollhändler, Bankiere, Ärzte und Drogisten, Seidenhändler, Kürschner, Gerber, Waffenschmiede, Gastwirte …[83]. Diese Zünfte waren offenbar den Zünften Konstantinopels nachgebildet[84]. Nördlich der Alpen war die Zerstörung der antiken *collegia* offenbar gründlicher erfolgt als in Italien; wir finden sie aber doch in den Gesetzen Dagoberts I. (630), in den Kapitularien Karls des Großen (779, 789) und den Verordnungen des Bischofs Hinkmar von Reims (852) erwähnt. Im elften Jahrhundert treten die Zünfte in Frankreich und Flandern wieder in Erscheinung und nehmen als *charités*, *frairies* (Bruderschaften) oder *compagnies* (Genossenschaften) rasch zu. In Deutschland hatten die Zünfte *(Hanse)* ihren Ursprung in den *Markgenossenschaften* – örtlichen Bünden zur gegenseitigen Hilfeleistung, Religionsausübung und Festtagsgestaltung. Um das zwölfte Jahrhundert hatten sich viele Genossenschaften zu Handels- oder Handwerkszünften weiterentwickelt, und bis zum dreizehnten Jahrhundert errangen sie eine derartige Macht, daß sie in politischer und wirtschaftlicher Hinsicht den Stadträten an Autorität gleichkamen[85]. Der Hansische Bund war eine derartige Zunft. Zum erstenmal finden englische Zünfte Erwähnung in den Gesetzen des Königs Ine (688–726), in welchen von *gegildan* – Genossenschaftern, die sich gegenseitig bei der Zahlung eines allfälligen Wergeldes aushalfen, die Rede ist. Das angelsächsische *gild* (vgl. deutsch *Geld* und *Gold*, englisch *yield*) bezeichnete einen Beitrag an ein gemeinsames Kapital und später die Gesellschaft, welche dieses Kapital verwaltete. Der älteste Hinweis auf englische Handelszünfte datiert aus dem Jahre 1093[86]. Bis zum dreizehnten Jahrhundert wurden in fast jeder wichtigeren englischen Stadt eine oder mehrere Zünfte gegründet, und eine Art städtischer «Zunftsozialismus» regierte in Deutschland und England.

Fast alle Zünfte des elften Jahrhunderts waren Kaufmannsgilden: nur unabhängige Kaufleute und Meister nahmen an ihnen teil; alle Abhängigen waren ausgeschlossen. Es waren zugestandenermaßen Einrichtungen zur Beschränkung von Handel und Gewerbe. Gewöhnlich brachten sie ihre Stadt dazu, mit hohen Schutzzöllen oder auf sonst eine Weise Waren der Konkurrenz fernzuhalten; wenn solche auswärtige Waren überhaupt in die Stadt eingelassen wurden, dann mußten sie zu Preisen verkauft werden, die von der betreffenden Zunft festgelegt wurden. Oft erhielt eine Kaufmannszunft von der Gemeinde oder dem König ein örtliches oder gesamtstaatliches Monopol in ihrem besonderen Tätigkeitsgebiet. Die Pariser Gesellschaft für den Wassertransport beanspruchte die Seine fast ausschließlich für sich allein. Durch städtische Verordnung oder wirtschaftlichen Druck zwang die Zunft die Handwerker gewöhnlich, nur für die Zunft oder mit deren Bewilligung zu arbeiten und ihre Erzeugnisse nur an oder über die Zunft zu verkaufen.

Die größeren Zünfte wurden mächtige Körperschaften; sie handelten mit einer Vielfalt von Waren, kauften Rohstoffe im Großen ein, sorgten für Versicherungen gegen Verluste, kümmerten sich um die Lebensmittelversorgung und die Müllabfuhr der Stadt, bepflasterten Straßen, baggerten Häfen aus, legten Landstraßen an und bauten Dockanlagen, versorgten die Überlandstraßen mit Polizeiaufsicht, überwachten Märkte, regelten Löhne, Arbeitszeit, Arbeitsbedingungen, Rohstoff- und Warenpreise[87]. Vier- bis fünfmal im Jahr setzten sie einen «gerechten Preis» fest, der nach ihrem Ermessen allen betroffenen Parteien in angemessener Weise Antrieb und Belohnung gewährte. Sie wogen, überprüften, zählten alle in ihrem Gebiet und Fach gekauften oder verkauften Waren und taten ihr Bestes, schlechte oder unredliche Ware vom Markt fernzuhalten[88]. Sie verbanden sich untereinander zum Kampf gegen Räuber, Lehnsherren und Zölle, widerspenstige Gesellen und steuerlustige Behörden. Sie eigneten sich eine führende Rolle in der Politik an, hatten in vielen Stadträten eine beherrschende Stellung inne, stützten mit Erfolg die Gemeinden in ihrem Kampf gegen Barone, Bischöfe und Könige und wurden schließlich selbst zu einer unterdrückenden Oligarchie von Kauf- und Finanzleuten.

Gewöhnlich besaß jede Zunft ihr eigenes Zunfthaus, das im späteren Mittelalter einen großen architektonischen Reichtum aufweisen konnte. Sie besaß eine komplizierte Hierarchie von Ältermännern, Protokollführern, Säckelmeistern, Amtmännern, Anwälten ... Sie verfügte über eigene Gerichte für Prozesse zwischen ihren Mitgliedern und verlangte von den Mitgliedern, daß sie ihre Zwistigkeiten diesen Gerichten unterbreiteten. Sie verpflichtete ihre Mitglieder, den Zunftgenossen im Krankheits- und Notfalle beizustehen, sie zu befreien oder auszulösen, falls sie angegriffen oder eingekerkert wurden[89]. Sie überwachte Moral, Benehmen und Kleidung ihrer Mitglieder und setzte eine Buße für Zunftherren fest, die ohne Strümpfe zu den Versammlungen erschienen. Als zwei Mitglieder der Kaufmannszunft von Leicester sich auf der Messe von Boston in die Haare gerieten, mußten sie zur Strafe ihren Zunftgenossen ein Faß Bier stiften, das dann gemeinsam ausgetrunken wurde[90]. Jede Zunft hatte ihr Jahresfest für ihren Schutzpatron, bei dem ein kurzes Gebet das heiligende Vorspiel zu einem langen Tage feuchtfröhlicher Ausgelassenheit bildete. Die Zunft beteiligte sich mit Geld und Arbeit am Bau und an der Ausschmükkung der Kirchen und Kathedralen und an der Vorbereitung und Darstellung der Mirakelspiele, aus denen das moderne Drama hervorging; bei festlichen Anlässen der Gemeinde marschierten ihre Würdenträger in prächtiger Amtstracht mit und zeigten in buntem Gepränge die Banner und Wahrzeichen ihres Gewerbes. Die Zunft versicherte ihre Mitglieder gegen Feuer, Überschwemmung, Diebstahl, Verhaftung und Arbeitsunfähigkeit und gewährte ihnen eine Altersversicherung[91]. Sie errichtete Spitäler, Asyle, Waisenhäuser und Schulen. Sie kam für die Kosten des Begräbnisses ihrer Mitglieder auf und zahlte für die Messen, die sie vor dem Fegfeuer schützten. Selten nur vergaßen ihre begüterten Mitglieder, sie in ihren letztwilligen Verfügungen zu bedenken.

Die Handwerker jedes Gewerbes, die normalerweise an diesen Kaufmannszünften nicht teilnehmen durften und doch den wirtschaftlichen Vorschriften und der politischen Macht dieser Körperschaften unterworfen waren, begannen im zwölften Jahrhundert in den verschiedenen Städten ihre eigenen Handwerkerzünfte zu bilden. Im Jahre 1099 stoßen wir in London, Lincoln und Oxford auf Weberzünfte und bald hernach auf Walker-, Gerber-, Goldschmied- und Metzgerzünfte ... Unter den Namen *arti*, *Zünfte*, *métiers*, *companies*, *mysteries* verbreiteten sie sich im dreizehnten Jahrhundert über ganz Europa; Venedig wies ihrer achtundfünfzig auf, Genua dreiunddreißig, Florenz einundzwanzig, Köln sechsundzwanzig, Paris einhundert. Um 1254 verfaßte Estienne Boileau, «*provost des marchands*» – Handelsminister – unter Ludwig IX., ein offizielles *Livre des Mestiers*, ein «Gewerbebuch», in welchem die Regeln und Anordnungen von 101 Pariser Zünften aufgeführt waren. Die

Arbeitsteilung, die in dieser Aufzählung zum Ausdruck kommt, ist erstaunlich: im lederverarbeitenden Gewerbe gab es zum Beispiel getrennte Zünfte der Kürschner, Gerber, Flickschuster, Harnischmacher, Sattler und Hersteller feiner Lederwaren; im Tischlergewerbe gab es verschiedene Zünfte für Kistenmacher, Kunsttischler, Bootbauer, Stellmacher, Böttcher, Flechter. Jede Zunft war eifersüchtig auf die Wahrung ihrer Berufsgeheimnisse bedacht, schützte ihr Arbeitsgebiet gegen Außenseiter ab und erging sich in lebhaften Disputen über Fragen der Rechtszuständigkeit[92].

Dem Zeitgeist gemäß nahmen die Handwerkerzünfte eine religiöse Gestalt an, legten sich einen Schutzheiligen zu und strebten nach dem Monopol. Gewöhnlich durfte niemand einem Gewerbe nachgehen, der nicht dessen Zunft angehörte[93]. Die Zunftführer wurden jährlich von Generalversammlungen ihres Handwerkes gewählt, wobei oft ihr Alter und Reichtum den Ausschlag gab. Zunftverordnungen bestimmten – soweit die Kaufmannszünfte, die städtischen Vorschriften und das Wirtschaftsgesetz es zuließen – die Bedingungen, unter denen die Mitglieder arbeiteten, die Löhne, die sie erhielten, die Preise, die sie forderten. Zunftregeln begrenzten die Zahl der Meister eines bestimmten Gebietes, die Zahl der Lehrlinge, die ein Meister halten durfte; die Zünfte untersagten es ihren Mitgliedern, andere Frauen als die Meisterin bei der Arbeit einzusetzen oder Männer nach sechs Uhr abends arbeiten zu lassen, und bestraften ihre Mitglieder, wenn sie ungerechte Klagen vorbrachten, unredliche Handlungen begingen oder Schundware herstellten. Oft versah die Zunft ihre Erzeugnisse stolz mit ihrem Herkunftszeichen, um damit deren Qualität darzutun[94]; die Tuchmacherzunft von Brügge jagte ein Mitglied aus der Stadt, welches unberechtigterweise das Brüggener Zunftzeichen auf seine minderwertigen Waren gesetzt hatte[95]. Dem Wettbewerb zwischen den Meistern hinsichtlich der Menge oder des Preises der erzeugten Güter trat man entgegen, damit nicht die gescheitesten oder fleißigsten Meister auf Kosten der anderen zu reich würden; der Wettbewerb hinsichtlich der Qualität wurde jedoch zwischen Meistern und Städten gefördert. Wie die Kaufmannszünfte taten sich auch die Handwerkerzünfte im Bau von Krankenhäusern und Schulen hervor; auch sie gewährten verschiedene Versicherungen, kamen verarmten Mitgliedern zu Hilfe, statteten deren Töchter mit Mitgiften aus, sorgten für das Begräbnis ihrer Toten, kümmerten sich um das Los der Witwen, beteiligten sich mit Geld und Arbeit am Bau von Kathedralen und Kirchen und bildeten ihre gewerbliche Tätigkeit und ihre Zunftzeichen in deren Glasfenstern ab.

Der Geist der Brüderlichkeit, der unter den Meistern herrschte, hinderte sie doch nicht an einer strengen Abstufung der Mitgliedschaft und der Rechte in den Handwerkerzünften. Zuunterst stand der Lehrling, zehn- bis zwölfjährig, von den Eltern verpflichtet, auf eine Zeit von drei bis zwölf Jahren bei einem Meister zu leben und ihm in Werkstatt und Haus zu dienen. Dafür erhielt er Nahrung, Kleidung, Wohnung und die Ausbildung im Gewerbe des Meisters, in den späteren Dienstjahren Lohn und Werkzeuge und beim Abschluß der Lehrzeit ein Geldgeschenk, damit er sich selbständig machen konnte. Lief er davon, so wurde er zu den Meistersleuten zurückgebracht und bestraft; blieb er weiterhin der Arbeit fern, so wurde er aus dem Gewerbe verstoßen. Nach Lehrabschluß wurde er Geselle (*serviteur*, *garçon*, *compagnon*, *varlet*) und verdingte sich um Taglohn bei verschiedenen

Meistern. Nach zwei bis drei Jahren legte der Geselle, falls er genügend Geld besaß, um eine eigene Werkstatt zu eröffnen, vor den Zunftbehörden ein Examen seiner technischen Fähigkeit ab; bestand er es, so wurde er damit Meister. Manchmal, jedoch nur im späteren Mittelalter, mußte der Kandidat außerdem ein «Meisterstück» vorlegen, eine Probe seines Könnens.

Der Meister besaß sein eigenes Werkzeug und stellte seine Waren gewöhnlich auf unmittelbare Bestellung der Verbraucher her, die manchmal das Rohmaterial stellten und jederzeit kommen und den Fortgang der Arbeit beobachten durften. Bei diesem System gab es keinen Mittelmann, der den Weg der Erzeugnisse vom Hersteller zum Verbraucher in seiner Hand hatte. Der Umfang der Tätigkeit des Meisters war durch den Markt, für den er arbeitete und der sich gewöhnlich auf seine Stadt beschränkte, begrenzt; er war aber nicht den Schwankungen des Weltmarktes oder den Launen ferner Geldgeber oder Aufkäufer unterworfen; er wußte noch nichts von dem wirtschaftlichen Verfolgungswahn des Wechsels zwischen Hochkonjunktur und Depression. Seine Arbeitszeit war lang – acht bis dreizehn Stunden täglich; aber er richtete sie sich so ein, wie es ihm selbst paßte, werkte in weiser Muße und erfreute sich an manchem religiösen Feiertag. Er aß nahrhafte Speisen, kaufte sich derbe Möbel, trug einfache, aber dauerhafte Kleidung und nahm mindestens so rege am kulturellen Leben teil wie der heutige Handwerksmeister. Er las nicht viel, und es blieb ihm viel betäubender Schund erspart; er beteiligte sich aber aktiv am Gesang und Tanz, am Theaterspiel und am Zeremoniell seiner Gemeinde.

Während des ganzen dreizehnten Jahrhunderts nahmen die Handwerkerzünfte an Zahl und Macht zu und bildeten ein demokratisches Gegengewicht gegen die oligarchischen Kaufmannszünfte. Mit der Zeit wurden sie aber ihrerseits zu einer Handwerkeraristokratie. Sie strebten danach, das Meistertum den Söhnen von Meistern vorzubehalten; sie entlöhnten ihre Gesellen schlecht, die dafür im vierzehnten Jahrhundert das Gewerbe wiederholt durch Auflehnungen schwächten; und sie errichteten immer höhere Schranken gegen Neuaufnahmen in die Mitgliedschaft ihrer Zunft oder die Bürgerschaft ihrer Stadt[96]. Ihre Organisation war ausgezeichnet in einer gewerblichen Zeit, in der oft Transportschwierigkeiten den Markt auf eine örtliche Käuferschaft beschränkten und noch nicht genügend flüssiges Kapital zusammengekommen war, um Großunternehmungen zu finanzieren. Sobald diese Kapitalien in Erscheinung traten, verloren die Zünfte beider Prägung die Herrschaft über den Markt und damit über die Arbeitsbedingungen. Die industrielle Revolution brachte ihnen in England durch den langsamen Zwang der wirtschaftlichen Umwälzung den Untergang, und die Französische Revolution löste sie ohne weiteres auf, da sie der Freiheit und Würde der Arbeit, die sie für einen leuchtenden Augenblick hochgehalten hatten, abträglich geworden waren.

VI. DIE GEMEINDEN

Die wirtschaftliche Umwälzung des zwölften und dreizehnten Jahrhunderts führte wie diejenige des achtzehnten und zwanzigsten Jahrhunderts in der Gesellschaftsordnung und Staatsform zu einer Umwälzung. Neue Stände kamen an die wirtschaftliche und politische

Macht und verschafften der mittelalterlichen Stadt die mannhafte und kampffreudige Unabhängigkeit, die in der Renaissance ihren Höhepunkt fand.

Das Problem «Vererbung oder Umwelt?» berührt nicht nur die Zünfte, sondern auch die Städte Europas; waren sie die unmittelbaren Nachkommen der römischen Gemeinwesen oder neue Ablagerungen im Strome des wirtschaftlichen Umschwunges? Viele römische Städte bestanden auch während der Jahrhunderte des Durcheinanders, der Armut und des Verfalles weiter, aber nur wenige Städte in Italien und Südostfrankreich bewahrten die altrömischen Einrichtungen, und noch geringer war die Zahl der Gemeinden, die das altrömische Recht beibehielten. Nördlich der Alpen lagerten sich die Gesetze der Barbaren über das römische Vermächtnis, und in gewissem Umfange sickerte das politische Brauchtum des germanischen Stammes oder Dorfes selbst in die Gemeinden, die noch aus antiker Zeit stammten, ein. Die meisten Städte jenseits der Alpen gehörten zu Lehnsbesitz und wurden nach dem Willen und durch Bevollmächtigte der Lehnsherren geleitet. Den germanischen Eroberern waren Gemeindeverfassungen fremd, lehnsherrliche Einrichtungen wesensgemäß. Außerhalb Italiens wuchs die mittelalterliche Stadt durch die Bildung neuer wirtschaftlicher Zentren, Stände und Mächte heran.

Die Stadt der Lehnszeit war gewöhnlich auf Bodenerhebungen, an Straßenkreuzungen oder an wichtigen Wasserwegen oder Grenzen angelegt worden. Rings um die Mauern der lehnsherrlichen Burg oder des befestigten Klosters hatte sich allmählich das bescheidene Handels- und Gewerbeleben der «Bürger» herangebildet. Als die Normannen und Magyaren ihre Überfälle einstellten, nahm diese Erwerbstätigkeit außerhalb der Mauern zu, die Zahl der Werkstätten vervielfachte sich, und die Kaufleute und Handwerker, die dereinst im Lande umhergezogen waren, wurden seßhafte Stadtbürger. In Kriegszeiten kehrte jedoch die Unsicherheit zurück, und die außerhalb der Burgmauern Wohnhaften bauten sich eine zweite Mauer, die einen größeren Umfang als die Umwallung des Burgherrn besaß, zum Schutze ihres Lebens, ihrer Arbeitsstätten, ihrer Habe. Der Feudalherr oder Bischof war immer noch Besitzer und Herr dieser erweiterten Stadt als Teil seiner Domäne, aber ihre wachsende Bevölkerung war in zunehmendem Maße weltlich und händlerisch eingestellt, litt unter den Zöllen und Eingriffen der Lehnsherren und verschwor sich, um der Gemeinde die Freiheit zu erringen.

Aus alten politischen Überlieferungen und neuen administrativen Notwendigkeiten heraus bildeten sich eine Bürgerversammlung und eine Beamtenschaft heran; diese «Gemeinde» – die politische Körperschaft – regelte die Angelegenheiten der Stadt – der geographischen Körperschaft. Gegen Ende des elften Jahrhunderts begannen die führenden Kaufleute von der lehnsherrlichen Obrigkeit Freibriefe für ihre Gemeinden zu erwirken. Mit kennzeichnender Geriebenheit spielten sie einen hohen Herrn gegen den anderen aus – den Baron gegen den Bischof, den Ritter gegen den Baron, den König gegen alle. Die Städter wandten verschiedene Mittel an, um ihrer Gemeinde die Freiheit zu verschaffen: sie leisteten einen feierlichen Eid, daß sie alle lehnsherrlichen oder bischöflichen Steuern und Zölle ablehnen würden; sie boten dem Lehnsherrn eine runde Summe oder ein Jahrgeld für den Freibrief; auf der königlichen Domäne errangen sie die Freiheit mit Geldzuweisungen oder Kriegsdiensten; manchmal verkündeten sie ganz einfach ihre Unabhängigkeit und kämpften in einem heftigen Aufstand darum. Tours kämpfte zwölfmal, ehe es frei wurde. Verschuldete oder in Bedrängnis geratene Lehnsherren, besonders solche, die zum Kreuzzug aufbrechen wollten, verkauften Freibriefe an die Städte ihres Lehens; viele englische Städte erhielten auf diese Weise von Richard I. die Selbstverwaltung. Einige Lehnsherren, besonders in Flandern, gewährten an Städte, deren wirtschaftlicher Aufschwung ihnen größere Einnahmen brachte, eine teilweise Freiheit. Die Äbte und Bischöfe widersetzten sich am längsten, da sie eidlich gebunden waren, die Einkünfte ihrer Abteien oder Bistümer nicht zu vermindern und weil aus ihnen die Kosten ihrer vielen kirchlichen Amtsübungen bestritten wurden; daher war der Kampf der Städte gegen ihre kirchlichen Eigentümer am längsten und erbittertsten.

Die spanischen Könige begünstigten die Stadtgemeinden als Gegengewicht gegen lästige Adlige, und es gab viele und großzügige königliche Freibriefe. León erhielt seinen Freibrief vom König von Kastilien im Jahre 1020, Burgos den seinen 1073, Najera 1076, Toledo 1085, und Compostela, Cádiz, Valencia und Barcelona folgten bald nach. Aus der gegenseitigen Erschöpfung von Kaisertum und Papsttum im Kampf um die Investitur und aus anderen Konflikten zwischen Kirche und Staat zogen in Deutschland die Lehnsadligen, in Italien die Städte Gewinn. In Norditalien gewannen die Städte eine politische Macht, die sie weder vorher noch nachher je wieder erreichten. So wie die Alpenflüsse die großen Ströme der Lombardei und der Toscana speisten und diese den Ebenen Transportmöglichkeiten und Fruchtbarkeit spendeten, so erzeugte der Handel des transalpinen Europa, der in der Lombardei mit dem Handelsverkehr aus Westasien zusammentraf, ein Handelsbürgertum, dessen Wohlstand alte Städte wieder aufleben und neue Städte emporschießen ließ, Literatur und Kunst mit Geldmitteln versah und stolz alle Lehnsbande sprengte. Der Adel führte von seinen Landsitzen aus einen langen vergeblichen Krieg gegen die aufstrebenden Gemeinden; schließlich mußte er nachgeben, nahm in der Stadt Wohnsitz und schwor der Gemeinde den Treueid. Die Bischöfe, die jahrhundertelang die wirklichen und fähigen Beherrscher der lombardischen Städte gewesen waren, wurden mit Hilfe der Päpste, deren Autorität sie lange Zeit unbeachtet gelassen hatten, unterworfen. 1080 vernehmen wir von «Konsuln», die Lucca regierten; 1084 finden wir sie in Pisa, 1098 in Arezzo, 1099 in Genua, 1105 in Pavia, 1138 in Florenz. Die Städte Norditaliens erkannten bis ins fünfzehnte Jahrhundert die formelle Oberhoheit des Reiches an und gaben ihre Staatspapiere in dessen Namen aus[97]; in Tat und Wahrheit waren sie aber frei, und das alte Regime des Stadtstaates lebte mit seinen ganzen Kräften der Wirrnis und des Ansporns wieder auf.

In Frankreich war die Befreiung der Stadtgemeinden von einem langen und oft heftigen Kampf begleitet. In Le Mans (1069) und Reims (1139) gelang es den regierenden Bischöfen mit Bannfluch und Waffengewalt, die von den Bürgern gegründeten Stadtgemeinden wieder aufzulösen; in Noyon gewährte indessen der Bischof der Stadt aus freien Stücken den Freibrief (1108). St-Quentin befreite sich 1080, Beauvais 1099, Marseille 1100, Amiens 1113. In Laon nutzten 1115 die Bürger die Abwesenheit ihres korrupten Bischofs aus, um die Bürgergemeinde zu gründen; bei seiner Rückkehr ließ er sich durch ein hübsches Sümmchen bewegen, ihr seinen Schutz eidlich zuzusagen; aber bereits im Jahre darauf brachte er König Ludwig VI. dazu, ihr die Freiheit wieder zu nehmen. Aus der Darstellung, die der Mönch Guibert de Nogent von den darauffolgenden Wirren gibt, erhellt die Wucht, mit der sich die Gemeinde erhob:

> Am fünften Tage der Osterwoche ... entstand in der ganzen Stadt wilder Lärm, der Ruf «Commune!» erscholl ... Bürger drangen nun in den Bischofshof ein, mit Schwertern, Streitäxten, Bögen, Hellebarden, Knüppeln und Speeren bewaffnet, eine gewaltige Schar ... Die Edlen scharten sich von allen Seiten um den Bischof ... Er wehrte sie, von einigen Mannen unterstützt, mit Steinen und Pfeilen ab ... Er verbarg sich in einem Faß ... und flehte sie kläglich an, sie möchten ihn schonen, er wolle sein Bischofsamt preisgeben, er werde ihnen unermeßliche Reichtümer schenken und außer Landes gehen. Und als sie mit erhärteten Herzen seiner spotteten, da schwang einer, Bernard mit Namen, seine Streitaxt und hieb auf das sündhafte, aber doch heilige Haupt ein, so daß das Hirn herausspritzte; und er entglitt den Händen derer, die ihn hielten, und war tot, noch ehe er den Boden erreichte, von einem zweiten Schlage unter die Augen und quer über die Nase getroffen. Dem Entleibten wurden die Beine abgehauen und noch viele Wunden geschlagen. Thibaut, der einen Ring am Finger des Bischofs erblickte und ihn nicht abzuziehen vermochte, schnitt den Finger ab.[98]

Die Kathedrale wurde in Brand gesteckt und brannte völlig aus. Um zwei Fliegen mit einem Schlag zu treffen, begannen die Plünderer die Sitze der Adligen auszuplündern und niederzubrennen. Ein königliches Heer erstürmte die Stadt und beteiligte sich mit Adel und Geistlichkeit an der Niedermetzelung der Bürgerschaft. Die Bürgergemeinde wurde aufgehoben. Vierzehn Jahre später wurde sie wiederhergestellt, und die Bürger gingen mit frommer Begeisterung daran, die Kathedrale, die sie oder ihre Väter zerstört hatten, wieder aufzubauen.

Der Kampf erstreckte sich über ein Jahrhundert. In Vézelay (1106) brachte die Bevölkerung den Abt Arnaud um und gründete die Bürgergemeinde. Orléans erhob sich im Jahre 1137 vergeblich. Ludwig VII. gewährte an Sens im Jahre 1146 den Freibrief, zog ihn jedoch nach drei Jahren auf Ersuchen des Abtes, in dessen Domäne die Stadt gelegen war, wieder zurück; eine Volksmeute ermordete den Abt und seinen Neffen, vermochte aber die Bürgergemeinde nicht wieder ins Leben zu rufen. Der Bischof von Tournai kämpfte sechs Jahre lang (1190–1196) einen Bürgerkrieg, um die Bürgergemeinde botmäßig zu machen; der Papst belegte die gesamte Bürgerschaft mit dem Kirchenbann. Am Ostersonntag 1194 plünderte das Volk von Rouen die Häuser der Domherren aus; 1207 wurde die Stadt mit dem päpstlichen Interdikt belegt. 1235 bemächtigte sich die Volksmeute der Steine, die zum Bau der Kathedrale herbeigeschafft worden waren, um sie als Geschosse und für Barrikaden in einem Aufstand gegen den höchsten Geistlichen Galliens zu benutzen; dieser und seine Domherren flüchteten und kehrten erst zwei Jahre hernach wieder zurück, als der Papst Ludwig VII. bewogen hatte, die Bürgergemeinde aufzulösen. Vielen französischen Städten gelang es bis zur Französischen Revolution nicht, ihre Freiheit zu erlangen; aber in Nordfrankreich wurden zwischen 1080 und 1200 die meisten Städte frei und traten unter dem Ansporn der Freiheit in ihre Glanzzeit ein. Die Bürgergemeinden waren es, die die gotischen Kathedralen erbauten.

In England sicherten sich die Könige die Unterstützung der Städte gegen den Adel mit der Verbriefung einer beschränkten Selbstverwaltung. Wilhelm der Eroberer gewährte einen solchen Freibrief an London; ähnliche Freibriefe wurden von Heinrich II. an Lincoln, Durham, Carlisle, Bristol, Oxford, Salisbury und Southampton vergeben, und 1201 erkaufte sich Cambridge seine Selbstverwaltungsrechte von König Johann. In Flandern machten die regierenden Grafen erhebliche Konzessionen an Gent, Brügge, Douai, Tournai, Lille ..., vermochten aber alle Bestrebungen nach vollständiger Selbstverwaltung niederzuhalten. Leyden, Haarlem, Rotterdam, Dordrecht, Delft und andere holländische Städte erwarben sich im dreizehnten Jahrhundert die örtliche Selbstverwaltung. In Deutschland zog sich die Befreiung in die Länge und verlief meistens friedlich; die Bischöfe, die jahrhundertelang als Lehnsmannen der Kaiser die Städte regiert hatten, gewährten Köln, Trier, Metz, Mainz, Speyer, Straßburg, Worms und anderen Städten das Recht, eigene Gemeindebehörden zu wählen und sich eigene Gesetze zu geben.

Zu Ende des zwölften Jahrhunderts hatte die Gemeinderevolution in Westeuropa den Sieg in der Hand. Die Städte, die zwar selten eine völlige Unabhängigkeit errangen, hatten ihre Lehnsherren abgeschüttelt, die Feudalzölle ganz oder teilweise beseitigt und die kirchlichen Rechte erheblich beschnitten. Die flämischen Städte verboten alle Klosterneugründungen und das Vermächtnis von Grundbesitz an die Kirchen; sie schränkten das Recht der Geistlichkeit, sich nur vor bischöflichen Gerichten verantworten zu müssen, ein und widersetzten sich der geistlichen Kontrolle im Primarschulwesen[99]. Das kaufmännische Bürgertum beherrschte nunmehr das politische und wirtschaftliche Leben der Gemeinde. In fast allen Gemeinden wurden die Kaufmannszünfte als Selbstverwaltungskörperschaften anerkannt; in einigen Fällen waren Gemeinde und Kaufmannszunft ein und dasselbe; gewöhnlich amteten die beiden Körperschaften getrennt, aber nur selten wirkte die Bürgergemeinde den Interessen der Zünfte entgegen. Nunmehr verlieh zum erstenmal seit tausend Jahren der Geldbesitz wiederum größere Macht als der Grundbesitz; Adel und Geistlichkeit mußten sich einer neu erstehenden Plutokratie erwehren. Noch mehr als in der Antike zog das handeltreibende Bürgertum aus seinem Reichtum, seiner Tatkraft und seiner Geschicklichkeit politischen Gewinn. In den meisten Städten hielt es die Armen von den Gemeindeversammlungen und den Ämtern fern. Es unterdrückte den Handarbeiter und den Bauern, monopolisierte die Handelsgewinne, besteuerte die Gemeinde schwer und gab einen guten Teil der Einkünfte für innere Zwistigkeiten oder äußere Kriege um neue Märkte und zur Niederringung von Konkurrenten aus. Es versuchte, den Zusammenschluß der Handwerker zu hintertreiben, und drohte ihnen mit Tod oder Ausweisung, falls sie streiken sollten. Seine Lohn- und Preisbestimmungen zielten auf eigenen Gewinn ab und waren sehr nachteilig für die Werktätigen[100]. Wie in der Französischen Revolution führte die Niederlage der großen Herren hauptsächlich zum Sieg des Standes der Geschäftstreibenden.

Und doch behauptete sich in diesen Bürgergemeinden die menschliche Freiheit auf prächtige Weise. Auf den Glockenruf vom Kirchturm der Stadt strömten die Bürger zur Versammlung und zur Wahl der Gemeindebeamten. Die Städte stellten ihre eigene Miliz auf, verteidigten sich munter, brachten den ausgebildeten Truppen des deutschen Kaisers bei Legnano eine Niederlage bei (1176) und bekämpften sich gegenseitig bis zur völligen Erschöpfung. Obgleich die Stadträte die Mitgliedschaft bald auf eine Handelsaristokratie beschränkten, stellten die Gemeindeversammlungen doch die erste Regierungsform durch Volksvertreter seit Tiberius dar; ihnen und nicht der Magna Carta ist in erster Linie die Vaterschaft der modernen Demokratie zuzuschreiben[101]. Die atavistischen Überbleibsel des Lehns- oder Stammesrechtes, wie die Reinigung durch Eideshilfe, der Zweikampf, das Gottesgericht, wurden durch ordnungs- und gesetzmäßige Anhörung von Zeugen ersetzt; das Wergeld wich Geld-, Gefängnis- oder körperlichen Strafen; die Prozeßfristen wurden verkürzt, gesetzliche Verträge traten an Stelle von Lehnsrängen und Treueiden, und ein ganzer neuer Gesetzeskörper des Geschäftsrechts schuf eine neue Ordnung im europäischen Leben.

Die junge Demokratie ging sofort auf eine halb sozialistische, vom Staate gelenkte Wirtschaftsform über. Die Gemeinde prägte ihre eigenen Münzen, führte öffentliche Arbeiten durch und beaufsichtigte deren Verlauf, baute Straßen, Brücken und Kanäle, versah einige Stadtstraßen mit Pflaster, organisierte die Lebensmittelversorgung, erließ ein Verbot des Vorkaufs, des Aufkaufs und des Verkaufs zu übermäßigen Preisen, brachte Käufer und Verkäufer auf Märkten und Messen in unmittelbare Berührung, überprüfte die Maße und Gewichte, untersuchte die Waren, bestrafte Fälschungen, kontrollierte die Ein- und Ausfuhren, speicherte Korn für magere Jahre, lieferte Getreide zu angemessenen Preisen in Zeiten der Not und setzte die Preise lebenswichtiger Nahrungsmittel und des Bieres fest. Sobald sie fand, ein Preis sei zu niedrig angesetzt, so daß die Erzeugung einer wünschenswerten Ware zurückging, überließ sie es dem freien Wettbewerb, gewisse Engros-Preise auf ihr eigenes Niveau steigen zu lassen, setzte aber bestimmte Behörden, die Assisen, ein, die den Kleinhandelspreis von Brot und Bier in beständiger Übereinstimmung mit den Gestehungskosten von Weizen und Gerste halten mußten[102]. Von Zeit zu Zeit veröffentlichte sie ein Verzeichnis gerechter Preise. Sie ging von der Voraussetzung aus, daß jede Ware einen «gerechten Preis» haben müsse, der sich aus den Material- und Arbeitskosten zusammensetze; diese Theorie setzte sich über das Gesetz von Angebot und Nachfrage und die Währungsschwankungen völlig hinweg. Einige Gemeinden wie Basel und Genua eigneten sich das Salzmonopol an; andere wie Nürnberg stellten ihr eigenes Bier her oder speicherten Getreide in städtischen Speichern[103]. Der Warenstrom wurde durch städtische Schutzzölle behindert[104], und manchmal wurden durchreisende Kaufleute gezwungen, ihre Waren zunächst in der Stadt, durch die sie zogen, zum Verkauf auszustellen[105]. Wie in unserem Jahrhundert wurden diese Verordnungen oft durch die Schlauheit widerspenstiger Bürger umgangen; «schwarze Märkte» gab es viele[106]. Viele dieser einschränkenden Verordnungen brachten mehr Schaden als Nutzen und wurden bald nicht mehr aufrechterhalten.

Im großen und ganzen spricht aber die Tätigkeit der mittelalterlichen Bürgergemeinden für die Geschicklichkeit und den Mut der Geschäftsleute, die sie leiteten. Und unter ihrer Führung erlebte Europa im zwölften und dreizehnten Jahrhundert eine Blütezeit, wie es sie seit dem Untergang des Römischen Reiches nicht mehr gesehen hatte. Trotz Epidemien, Hungersnöten und Kriegen nahm die Bevölkerung von Europa unter dem Gemeindewesen rascher zu als während des ganzen voraufgehenden Jahrtausends. Die Bevölkerung Europas hatte im zweiten Jahrhundert abzunehmen begonnen und im neunten Jahrhundert wahrscheinlich den Tiefpunkt erreicht. Vom elften Jahrhundert bis zum Schwarzen Tod (1349) nahm sie mit dem Wiederaufschwung von Handel und Gewerbe wieder zu. Im Gebiet zwischen Mosel und Rhein vermehrte sie sich wahrscheinlich um das Zehnfache; in Frankreich betrug sie wohl zwanzig Millionen – kaum weniger als im 18. Jahrhundert[107]. Die wirtschaftliche Umwälzung hatte eine Landflucht zur Folge, die fast die Ausmaße der Landflucht zu Beginn unseres Jahrhunderts annahm. Konstantinopel mit 800 000 Einwohnern, Córdoba und Palermo mit je einer halben Million, waren schon lange volkreiche Städte gewesen; aber vor 1100 wiesen nur wenige Städte nördlich der Alpen mehr als 3000 Seelen auf[108]. Um 1200 hatte Paris um die 100 000 Einwohner; Douai, Lille, Ypern, Gent, Brügge ungefähr je 50 000; London 20 000. Um 1300 betrug die Einwohnerzahl von Paris 150 000, die von Venedig, Mailand, Florenz 100 000[109], von Siena und Modena 30 000[110], von Lübeck, Nürnberg und Köln 20 000, von Frankfurt, Basel, Hamburg, Norwich, York 10 000. Natürlich sind alle diese Zahlen nur ungefähre und gewagte Schätzungen.

Das Anwachsen der Bevölkerung war zugleich Ergebnis und Ursache des wirtschaftlichen Aufschwunges: es war dem besseren Schutz von Leben und Besitz, der besseren Verwertung der Naturschätze durch das Gewerbe und der größeren Verbreitung von Nahrungsmitteln und Waren infolge des Anschwellens von Reichtum und Handel zu verdanken; umgekehrt führte es zu einer Vergrößerung des Marktes für Handel und Gewerbe, einer Erweiterung des Publikums für Literatur, Theater, Musik und Kunst. Der Wetteifer der Städte verwandelte ihren Wohlstand in Kathedralen, Rathäuser, Glockentürme, Brunnen, Schulen und Universitäten. Dem Handel folgte die Zivilisation über Meere und Berge nach; vom Islam und von Byzanz überzog sie Italien und Spanien, überquerte die Alpen und drang nach Deutschland, Frankreich, Flandern und England vor. Das finstere Mittelalter war nur mehr eine Erinnerung, und Europa begann in munterer Jugendlichkeit ein neues Leben.

Wir dürfen die mittelalterliche Stadt nicht idealisieren. Sie war (für das moderne Auge) ein malerischer Anblick mit ihrem von einer Burg gekrönten Berg und ihren Mauern mit den Zinnen und Türmen, mit den stroh- und ziegelgedeckten Häusern, den Höfen, Werkstätten und Läden, die sich einer Herde gleich um die Kirche, die Burg oder einen Marktplatz drängten. Ihre Straßen waren aber größtenteils eng und gewunden (ausgezeichnet zur Verteidigung und als Schattenspender); auf ihnen bewegten sich Menschen und Tiere zum Klappern der Hufe und Holzschuhe mit der Geruhsamkeit eines Zeitalters, das noch keine Maschinen besaß, mit denen es die Muskelkraft geschont und die Nerven verbraucht hätte. Um viele Stadthäuser waren Gärten, Hühnerhöfe, Schweineställe, Kuhweiden, Misthaufen angelegt. London war zimperlich und verordnete, daß «derjenige, der ein Schwein aufziehen will, dies in seinem eigenen Hause tue»; andernorts fuhr das Schwein unbehindert mit seinem Rüssel durch die offenen Kehrichthaufen[111]. Von Zeit zu Zeit ließen schwere Regengüsse die Flüsse über die Ufer treten, so daß Felder und Städte überschwemmt wurden und man mit Booten in den Westminster Palace rudern konnte[112]. Nach dem Regen waren die Straßen gewöhnlich tagelang kotig; die Männer trugen dann Stiefel, und feine Damen wurden in Sänften getragen oder fuhren in Wagen, von Loch zu Loch schaukelnd. Im dreizehnten Jahrhundert bepflasterten einige Städte ihre Hauptstraßen mit Kopfsteinen;

in den meisten Städten verblieben die Straßen aber ungepflastert und boten für Fuß und Nase geringe Sicherheit. Klöster und Burgen besaßen gute Abwassersysteme[113], die Bauernhäuser gewöhnlich überhaupt keine. Hier und dort waren Gras- oder Sandplätze eingestreut, auf denen ein Ziehbrunnen die Menschen mit Trinkwasser versorgte und ein Trog zur Viehtränke bereitstand.

Nördlich der Alpen waren fast alle Häuser aus Holz gebaut; nur die reichsten Adligen und Kaufleute bauten in Natur- oder Ziegelstein. Feuersbrünste ereigneten sich häufig und fegten oft ungehindert durch die ganze Stadt. 1188 brannten Rouen, Beauvais, Arras, Troyes, Provins, Poitiers und Moissac völlig nieder; Rouen fiel zwischen 1200 und 1225 sechsmal Feuersbrünsten zum Opfer[114]. Ziegeldächer wurden erst im vierzehnten Jahrhundert allgemein üblich. Dem Feuer wehrte man mit Wassereimern, die von Hand zu Hand gingen, ein heroisches und unzulängliches Verfahren. Die Wächter waren mit einer langen Stange ausgerüstet, mit der sie brennende Häuser einreißen konnten, wenn sie andere Häuser bedrohten. Da jedermann der Sicherheit halber nahe bei der Burg wohnen wollte, wurden die Gebäude mit mehreren, manchmal mit sechs Stockwerken gebaut, und die oberen Stockwerke ragten in bezaubernder und beängstigender Weise vor. Städte erließen Verordnungen, welche die Höhe der Gebäude einschränkten.

Trotz diesen Schwierigkeiten – die kaum spürbar waren, da sie von allen gespürt wurden – hatte das Leben in der mittelalterlichen Stadt durchaus seine interessanten Seiten. Auf den Märkten herrschte reges Leben, es gab viel Gelegenheit zu einem Schwatz, Kleider und Waren zeigten bunte Farbenfreudigkeit, Hausierer riefen ihre Waren aus, Handwerker stellten ihr Gewerbe zur Schau. Wandernde Schauspieler führten zuweilen auf dem Marktplatz ein Mirakel- oder Mysterienspiel auf; es konnte geschehen, daß eine religiöse Prozession sich durch die Straße bewegte, stolze Kaufleute und derbe Gesellen in feierlichen Gewändern und mit erhebendem Gesange dahinschritten und aufgeputzte Festwagen mitführten; man konnte dem Bau einer prachtvollen Kirche zuschauen; ein hübsches Jungfräulein lehnte sich von einem Balkon herab; vom Belfried der Stadt konnte die Glocke die Bürger zur Versammlung oder zu den Waffen rufen. Bei Sonnenuntergang läutete die Abendglocke und hieß allen Leuten, sich eiligst heimzubegeben, denn es gab keine Straßenbeleuchtung, es sei denn der Schein einer Kerze aus einem Fenster und hier und da eine Lampe vor einem Heiligenbild. Zu nächtlicher Stunde pflegte ein Bürger seine Diener mit Fackeln oder Laternen und Waffen vorauszuschicken, denn es gab kaum Polizisten. Der kluge Bürger zog sich früh zur Ruhe zurück; er mied die Langeweile bücherloser Abende und wußte, daß zur Morgendämmerung des nächsten Tages der Hahn krähen und zur Arbeit rufen würde.

VII. DIE UMWÄLZUNG IN DER LANDWIRTSCHAFT

Das Wachstum von Handel und Gewerbe, die Ausbreitung der Geldwirtschaft und die steigende Nachfrage nach Arbeitskräften in den Städten führten zu einer Umwandlung der Landwirtschaft. Die Stadtgemeinden, die neue Arbeitskräfte haben wollten. verkündeten, daß jede Person, die 366 Tage in einer Stadt lebe, ohne als Leibeigener erkannt, beansprucht und zurückgenommen zu werden, von selbst die Freiheit erhalte und dem Schutze der Gesetze und der Macht der Gemeinde unterstehen würde. Im Jahre 1106 lud Florenz alle Bauern der umliegenden Dörfer ein, als Freie in die Stadt zu kommen. Bologna und andere Städte zahlten an Lehnsherren eine Abfindung, damit sie ihre Leibeigenen in die Stadt ziehen ließen. Leibeigene flüchteten in großer Zahl oder wurden aufgefordert, Neuland östlich der Elbe zu roden, wo sie ohne weiteres Freibauern wurden.

Die auf den Gütern Verbliebenen bezeigten eine lästige Widerspenstigkeit gegenüber Lehnsabgaben, die schon längst von der Zeit sanktioniert waren. In Nachahmung der städtischen Zünfte schlossen sich viele Leibeigene zu Bauernbünden – *confrèries*, *conjurations* – zusammen und verpflichteten sich eidlich, in der Verweigerung der Lehnsabgaben gemeinsam zu handeln. Sie stahlen oder vernichteten Dokumente der Lehnsherren, die ihre Leibeigenschaft oder ihre Verpflichtungen betrafen; sie drohten, von der Domäne fortzuziehen, falls ihren Forderungen nicht entsprochen würde. Im Jahre 1100 gaben die Dörfler von St-Michel-de-Beauvais bekannt, daß sie in Zukunft Frauen nach eigener Wahl heiraten und ihre Töchter an Schwiegersöhne eigener Wahl vergeben würden. 1102 verweigerten die Leibeigenen von St-Arnoul-de-Crépy ihrem äbtlichen Lehnsherrn das traditionelle Besthaupt, die Todesabgabe und die Bußen für die Verheiratung ihrer Töchter außerhalb der Domäne. Gleichartige Aufstände ereigneten sich in einem Dutzend Städte von Flandern bis Spanien. Die Lehnsherren fanden es immer schwieriger, aus ihren Leibeigenen Gewinne herauszuholen; der zunehmende Widerstand erforderte ständig kostspielige Überwachungsmaßnahmen; die Arbeit von Leibeigenen in den Werkstätten des Gutsbetriebes erwies sich als kostspieliger und weniger leistungsfähig als die Arbeit von Freien, die die gleichen Güter in den Städten erzeugten.

Um die Bauern auf der Scholle zurückzuhalten und ihre Arbeit für sich einträglicher zu gestalten, wandelte der Lehnsherr die alten Lehnsabgaben in Geldzahlungen um, verkaufte an Leibeigene, die mit ihren Ersparnissen das nötige Kapital dafür hatten, die Freiheit, verpachtete einen immer größeren Teil der Domäne gegen einen Pachtzins in Bargeld an Freibauern und stellte in den Werkstätten seines Gutsbetriebes freie Arbeitskräfte an. Vom elften bis zum dreizehnten Jahrhundert ging Westeuropa nach muselmanischem und byzantinischem Vorbild jedes Jahr mehr von Naturalabgaben auf Zahlungen über, die vorwiegend in klingender Münze geleistet wurden. Großgrundbesitzer, denen die handwerklichen Erzeugnisse, welche der Handel ihnen vorlegte, in die Augen stachen, strebten nach Geld, um sie kaufen zu können; wenn sie zum Kreuzzug aufbrachen, brauchten sie Geld und nicht Nahrungsmittel und Waren; Regierungen verlangten Steuern in Geld, nicht in Waren; die Grundherren fügten sich dem Lauf der Ereignisse und verkauften ihre Erzeugnisse gegen Bargeld, statt sie in mühsamen Wanderungen von Gut zu Gut selbst zu verzehren. Der Übergang zur Geldwirtschaft erwies sich als kostspielig für die Grundbesitzer; die Barabgaben und Pachtzinsen, die sie erhielten, nahmen die Beständigkeit des mittelalterlichen Brauchtums an und ließen sich nicht mit der gleichen Geschwindigkeit steigern, mit der der Geldwert sank. Viele Adlige mußten ihre Güter verkaufen – gewöhnlich an das aufstrebende Bürgertum; bereits 1250 kam es vor, daß adlige Herren ohne Grundbesitz oder in Armut starben[115]. Zu Beginn des vierzehnten Jahrhunderts setzte Philipp der Schöne von Frankreich die Leibeigenen der königlichen Domäne frei, und 1315 befahl sein Sohn Ludwig X. die Freilassung aller Leibeigenen «zu anständigen und angemessenen Bedingungen»[116]. Vom zwölften bis zum sechzehnten Jahrhundert, in den verschiedenen Ländern zu verschiedenen Zeiten, wich westlich der Elbe die Leibeigenschaft allmählich dem freibäuerlichen Besitz; der Großgrundbesitz der Lehnszeit zersplitterte in kleine Güter, und das Bauerntum erreichte im dreizehnten Jahrhundert einen Grad der Freiheit und des Wohlstandes, den es seit tausend Jahren nicht mehr erlebt hatte. Die lehnsherrlichen Gerichte verloren die Möglichkeit der Rechtsprechung über die Bauern; die Dorfgemeinschaft wählte sich ihre Amtsmänner selbst, und diese leisteten den Treueid nicht dem örtlichen Lehnsherrn, sondern der Krone. Bis 1789 erfolgte die Emanzipation in Westeuropa noch nicht vollständig; viele Lehnsherren beharrten auf ihren alten gesetzlichen Rechten und versuchten ihnen im vierzehnten Jahrhundert wieder Geltung zu verschaffen; aber die Bewegung zur freien und freibeweglichen Arbeitskraft ließ sich nicht aufhalten, solange Handel und Gewerbe im Aufschwung begriffen waren.

Der neue Ansporn durch die Freiheit und die gewaltige Ausweitung des Marktes für landwirtschaftliche Erzeugnisse wirkten zusammen, um eine Verbesserung der Verfahrensweisen, Werkzeuge und Produkte im Ackerbau herbeizuführen. Die wachsende Stadtbevölkerung, der zunehmende Wohlstand, die neuen Möglichkeiten in Geldwesen und Handel erweiterten und bereicherten die Landwirtschaft. Neue Gewerbe schufen eine Nachfrage nach landwirtschaftlichen Erzeugnissen zur Weiterverarbeitung, nach Zuckerrohr, Anissamen, Kümmel, Hanf, Flachs, Pflanzenfetten und Farbstoffen. Die Nähe volkreicher Städte förderte die Viehzucht, die Milchwirtschaft und den Gemüsebau. Aus unzähligen Weinbergen der Flußtäler des Tiber, Arno, Po, Guadalquivir, Tajo, Ebro, der Rhône, des Rheines und der Donau strömte der Wein den Flüssen entlang und über Land und Meere, um den Werktätigen von Europas Äckern, Werkstätten und Kontoren zu einer Tröstung zu verhelfen; selbst England erzeugte vom elften bis zum sechzehnten Jahrhundert Wein. Zur Ernährung der hungrigen Städte, in denen es viele Festtage gab und das Fleisch viel Geld kostete, fuhren große Flotten auf die Nord- und Ostsee hinaus, um Heringe und andere Fische einzubringen; Yarmouth verdankte sein Leben der Heringsfischerei; die Kaufleute von Lübeck zollten ihren Dank, indem sie Heringe in ihre Chorstühle schnitzen ließen[117], und ehrbare Holländer gaben zu, daß sie die stolze Stadt Amsterdam «auf Heringe gebaut» hätten[118].

Die Technik des Ackerbaus besserte sich langsam. Die Christen lernten von den Arabern in Spanien, Sizilien und im Osten, und die Benediktiner und Zisterzienser brachten alte römische und neue italienische Verfahrensweisen des Ackerbaus, der Viehzucht und der Bodenerhaltung nach den Ländern nördlich der Alpen. Das Streifensystem wurde bei der Anlage neuer Bauerngüter aufgegeben, und jeder Bauer wurde seiner eigenen Initiative und Tüchtigkeit überlassen. In Flandern wurde auf Feldern, welche die Bauern im dreizehnten Jahrhundert durch Trockenlegung von Sümpfen gewonnen hatten, eine Dreifelderwirtschaft gepflegt, bei welcher die Äcker jedes Jahr genutzt, aber alle drei Jahre zur Erholung mit Futterpflanzen oder Hülsenfrüchten bepflanzt wurden. Kräftige Ochsengespanne trieben den Pflug tiefer in die Erde als zuvor. Die meisten Pflüge waren jedoch (um 1300) immer noch aus Holz verfertigt; erst in wenigen Gebieten war die Düngung mit Mist bekannt, und die Karrenräder waren selten mit Eisenfelgen beschlagen. Die Viehzucht bereitete wegen der langen Dürrezeiten Schwierigkeiten, aber das dreizehnte Jahrhundert brachte die ersten Versuche in der Kreuzung und Akklimatisierung von Zuchttieren. Die Milchwirtschaft war nicht gerade fortschrittlich; die Durchschnittskuh des dreizehnten Jahrhunderts gab wenig Milch und kaum ein Pfund Butter in der Woche (eine gute Zuchtkuh liefert heute pro Woche viereinhalb bis dreizehn Kilo Butter).

Während ihre Herren sich gegenseitig bekriegten, kämpften die Bauern Europas einen größeren und heldenhafteren, aber weniger besungenen Kampf, den des Menschen gegen die Natur. Zwischen dem elften und dreizehnten Jahrhundert hatte sich das Meer fünfunddreißigmal über die Deiche in die Niederlande ergossen, neue Meerbusen und Buchten geschaffen, wo früher Ackerland gestanden hatte, und in einem Jahrhundert hunderttausend Menschen den Tod durch Ertrinken gebracht. Vom elften bis zum vierzehnten Jahrhundert schafften die Bauern dieser Gegenden unter Leitung ihrer Fürsten und Äbte Steinblöcke aus Deutschland und Skandinavien herbei und errichteten den «Goldenen Wall», hinter dem die Holländer und Belgier zwei der höchstzivilisierten Staaten der Welt geschaffen haben. Tausende von Morgen wurden der See abgerungen, und bis zum dreizehnten Jahrhundert wurde Holland von einem Gitterwerk von Kanälen überzogen. Von 1179 bis 1257 hoben die Italiener den berühmten Naviglio Grande aus, den großen Kanal zwischen Lago Maggiore und Po, und brachten damit 86 485 Morgen Landes die Fruchtbarkeit. Zwischen Elbe und Oder verwandelten ausdauernde Einwanderer aus Flandern, Friesland, Sachsen und dem Rheinland sumpfige Moore in reiche Äcker. Die üppigen Wälder Frankreichs wurden nach und nach gerodet und ergaben die Bauernhöfe, die Frankreich während Jahrhunderten politischer Wirren die Nahrung verschafften. Es ist wohl eher dieses Massenheldentum des Rodens, Entwässerns, Bewässerns und Kultivierens als die Siege in Krieg und Handel, welche letzten Endes die Grundlage zu all den Triumphen der europäischen Zivilisation während der letzten siebenhundert Jahre schufen.

VIII. DER KLASSENKAMPF

Im Frühmittelalter hatte es in Westeuropa nur zwei Klassen gegeben: die germanischen Eroberer und die einheimischen Unterworfenen; im großen und ganzen waren die späteren Aristokratien Englands, Frankreichs, Deutschlands und Norditaliens Abkömmlinge der Eroberer und blieben sich ihrer Blutsverwandtschaft trotz aller Kriege und Fehden bewußt. Im elften Jahrhundert gab es drei Stände: die Adligen, die das Schwert führten; die Geistlichen, welche beteten; und die Bauern, die arbeiteten. Diese Einteilung wurde so sehr zur Tradition, daß die meisten Menschen sie für gottgegeben hielten, und die meisten Bauern teilten die Ansicht der meisten Adligen, daß jedermann geduldig in dem Stand verbleiben müsse, in den er geboren worden war.

Der wirtschaftliche Umschwung des zwölften Jahrhunderts ließ einen neuen Stand entstehen, das Bürgertum – die Bäcker, Kaufleute und Handwerksmeister der Städte. Die freien Berufe gehörten noch nicht dazu. In Frankreich hießen die Stände *états*, und das Bürgertum galt als *tiers état*, «dritter Stand». Es hatte die Führung in den Gemeindeangelegenheiten inne und gewann Eingang in das englische Parlament, den deutschen Reichstag, die spanischen Cortes und die Generalstaaten – das selten einberufene nationale Parlament von Frankreich; vor dem dreizehnten Jahrhundert hatte es jedoch nur geringen Einfluß auf die Politik des Gesamtstaates. Der Adel hatte weiterhin die Regierung und Verwaltung des Staates in seinen Händen, obgleich er nun in den Städten nur noch eine unbedeutendere Macht darstellte. Die Adligen hatten ihre Wohnsitze (außer in Italien) hauptsächlich auf dem Lande, verachteten die Städter und den Handel, verfemten jeden ihres Standes, der bürgerlich heiratete, und waren überzeugt, daß es einen Geburtsadel geben müsse, weil es sonst nur noch eine Geschäftsplutokratie oder eine Mythentheokratie oder einen Waffendespotismus geben könne. Trotzdem begann der Wohlstand, der sich aus Handel und Gewerbe ergab, mit dem Wohlstand aus Grundbesitz in Wetteifer zu treten und ihn im achtzehnten Jahrhundert gar zu überflügeln.

Die reichen Kaufleute ärgerten sich über das Gehabe der Adligen und verachteten den Handwerkerstand, den sie weidlich ausbeuteten. Sie wohnten in prächtigen Häusern, kauften sich feine Möbel, aßen exotische Speisen und gewandeten sich in kostbare Kleider. Ihre Gattinnen bedeckten schwellende Formen mit Seiden und Pelzen, Samt und Juwelen, und Jeanne de Navarre, die Königin von Frankreich, war pikiert, daß in Brügge zu ihrem Empfang sechshundert Damen erschienen, die nicht minder kostbar gekleidet waren als sie selbst. Der Adel beschwerte sich darüber und forderte Gesetze, die diesem unverschämten Prunken Einhalt gebieten sollten; solche Gesetze wurden immer wieder erlassen; da aber die Könige der Unterstützung des Bürgertums bedurften, wurde diesen Gesetzen nur spärlich Nachachtung verschafft.

Das rasche Anwachsen der Stadtbevölkerung kam den bürgerlichen Besitzern städtischen Grundes zugute, und die sich aus ihm ergebende Arbeitslosigkeit erleichterte dem Bürgertum die Handhabung des Standes der Handarbeiter. Das Proletariat der Diener, Lehrlinge und Gesellen besaß wenig Bildung und keine politische Macht und lebte in einer Armut, die oft schlimmer war als das Elendsleben der Leibeigenen. Ein Taglöhner des dreizehnten Jahrhunderts verdiente in England etwa zwei Pence pro Tag, das entspricht dem Kaufwert nach ungefähr zwei Dollar der Vereinigten Staaten im Jahre 1948. Ein Tischler erhielt viereinachtel Pence (4.12 Dollar) im Tag, ein Maurer dreieinachtel, ein Baumeister zwölf Pence sowie die Reisekosten und gelegentliche Geschenke[119]. Die Preise waren jedoch entsprechend niedrig: in England kostete 1300 ein Pfund Ochsenfleisch einen Farthing (21 Cents), ein Huhn einen Penny (84 Cents), ein Scheffel Weizen fünf Schilling neuneinhalb Pence (57.90 Dollar)[120]. Der Arbeitstag begann mit dem Sonnenaufgang und endete mit dem Sonnenuntergang, am Samstag und an den Vortagen der Feiertage früher. Es gab dreißig Festtage im Jahr, aber in England brauchte das Volk wahrscheinlich nur an sechs Feiertagen nicht zu arbeiten. Die Arbeitszeit war ein wenig länger, der Reallohn nicht schlechter – wie verschiedentlich angenommen wird, sogar besser[121] – als im England des achtzehnten oder neunzehnten Jahrhunderts.

Gegen Ende des dreizehnten Jahrhunderts wurde aus dem Streit zwischen den Ständen ein regelrechter Klassenkampf. Jedes Menschenalter erlebte irgendeinen Aufstand der Bauernschaft, besonders in Frankreich. Im Jahre 1251 erhoben sich die unterdrückten Bauern Frankreichs und Flanderns gegen ihre weltlichen und geistlichen Herren. Sie nannten sich *Pastoureux* (Hirten) und führten eine Art revolutionären Kreuzzuges unter der Führung eines unlizenzierten Predigers, welcher «der Meister aus Ungarn» genannt wurde. Sie zogen aus Flandern über Amiens nach Paris; unterwegs schlossen sich ihnen unzufriedene Bauern und Proletarier an, bis ihre Zahl in die Hunderttausend ging. Sie führten religiöse Banner mit sich und verkündeten ihre Ergebenheit gegenüber dem König Ludwig IX., der damals als Gefangener der Muselmanen in Ägypten weilte; fatalerweise waren sie aber mit Knüppeln, Dolchen, Äxten, Piken und Schwertern bewaffnet. Sie rügten die Korruption der Regierung, die Tyrannei der Reichen über die Armen und die habsüchtige Scheinheiligkeit der Priester und Mönche, und die Volksmenge jubelte zu ihren Schmährufen. Sie maßten sich kirchliche Rechte an, predigten, erteilten Absolution, schlossen Ehen und machten einige Priester, die sich ihnen widersetzten, nieder. Auf dem Weitermarsch nach Orléans erschlugen sie Geistliche und Studenten zu Dutzenden. Aber in dieser Stadt und in Bordeaux wurden sie von der Polizei überwältigt; ihre Anführer wurden gefangengesetzt und hingerichtet, und die jämmerlichen Überlebenden des nutzlosen Marsches wurden wie die Hunde gejagt und auf die verschiedenen Heimstätten des Elends verstreut. Ein paar Leute entkamen nach England, zettelten dort einen kleineren Bauernaufstand an, der das gleiche Schicksal erlitt[122].

In den Gewerbestädten von Frankreich erhoben sich die Handwerkerzünfte zu verschiedenen Malen in Streiks oder bewaffneten Aufständen gegen die politische und wirtschaftliche Monopolherrschaft und Diktatur des Kaufmannsstandes. In Beauvais wurden der Bürgermeister und einige Bankleute von 1500 Aufständischen übel zugerichtet (1233). In Rouen rebellierten die Textilarbeiter gegen die Tuchhändler und schlugen den Bürgermeister, der eingreifen wollte, nieder (1281). In Paris löste König Philipp der Schöne die Arbeiterbünde auf, da sie eine Verschwörung im Sinne hätten (1295, 1307). Trotzdem errangen sich die Handwerkerzünfte den Zutritt zu den Ratsversammlungen und Behörden von Marseille (1213), Avignon, Arles (1225), Amiens, Montpellier, Nîmes ... Manchmal stellte sich ein Mitglied der Geistlichkeit auf die Seite der Aufrührer und lieferte ihnen Wahlsprüche. Ein Bischof des dreizehnten Jahrhunderts sagt: «Jeder Reichtum stammt aus Diebstahl; jeder Reiche ist ein Dieb oder der Erbe eines Diebes[123].» Ähnliche Aufstände brachten Wirren in die flandrischen Städte. Trotz Todesstrafe und Verbannung, die gegen Streikführer ausgesprochen wurden, erhoben sich die Kupferschmiede von Dinant im Jahre 1255, die Weber von Tournai 1281, von ganz Gent 1274, des Hennegaus 1292. Die Werktätigen von Ypern, Douai, Gent, Lille und Brügge vereinten sich 1302 zu einer Revolte, schlugen ein französisches Heer bei Courtrai, erzwangen sich die Aufnahme ihrer Vertreter in die Stadträte und städtischen Ämter und die Abschaffung der unterdrückenden Gesetzgebung, mit der die Kaufmannsoligarchie die Handwerke geplagt hatte. Die Weber, welche eine Zeitlang an die Macht kamen, versuchten die Löhne der Walker zu fixieren, ja sogar zu senken, worauf die Walker sich mit den reichen Kaufleuten verbündeten[124].

1191 brachten die Kaufmannszünfte die Macht in London in ihre Hand; kurz darauf boten sie König Johann eine Jahreszahlung, falls er die Weberzunft auflöse; Johann tat ihnen den Gefallen (1200)[125]. Im Jahre 1194 predigte ein gewisser William Fitzobert oder Longbeard den Armen Londons die Notwendigkeit einer Revolution. Tausende schenkten ihm willig Gehör. Zwei Bürger suchten ihn zu ermorden; er entfloh in eine Kirche, wurde ausgeräuchert und beging Harakiri, fast nach japanischem Ritual. Seine Anhänger verehrten ihn als Märtyrer und hielten die Stelle heilig, die sein Blut getrunken hatte[126]. Die Beliebtheit des Robin Hood, der große Herren und Prälaten ausraubte und zu den Armen freundlich war, spricht für das Klassenbewußtsein im England des zwölften Jahrhunderts.

Die erbittertsten Kämpfe fanden in Italien statt. Anfangs beteiligten sich die Werktätigen mit den Kaufmannszünften an einer Reihe blutiger Aufstände gegen den Adel; gegen Ende des dreizehnten Jahrhunderts gingen sie siegreich aus diesem Kampfe hervor. Eine Zeitlang beteiligte sich die werktätige Bevölkerung an der Regierung von Florenz. Bald sicherten sich jedoch die Großkaufleute und Großunternehmer die Vorherrschaft im Stadtrat und erlegten ihren Arbeitnehmern derart harte und willkürliche Arbeitsbedingungen auf, daß der Kampf im vierzehnten Jahrhundert in sein zweites Stadium eintrat – den sporadischen und immer wieder aufflackernden Kampf zwischen den reichen Gewerbetreibenden und den Fabrikarbeitern. In dieser Epoche des Bürgerzwistes predigte der heilige Franz sein Evangelium der Armut und hielt er den Neureichen vor Augen, daß Christus niemals ein privates Besitztum gehabt habe[127].

Die Bürgergemeinden erlebten gemeinsam mit den Zünften im vierzehnten Jahrhundert ihren Niedergang als Folge der Ausweitung der Stadtwirtschaft zu einer Nationalwirtschaft, in der ihre Verordnungen und Monopole die Entwicklung von Erfindung, Gewerbe und Handel behinderten. Außerdem hatten sie unter den chaotischen inneren Zwistigkeiten zu leiden, und zum Verhängnis wurden ihnen weiter die unbarmherzige Ausbeutung der ländlichen Umgebung, der engherzige Lokalpatriotismus, der Widerstreit ihrer Politik und ihrer Währungen, die Krieglein und Fehden, die sie in Flandern und Italien gegeneinander führten, und ihre Unfähigkeit, sich zu einem autonomen Bund zusammenzuschließen, welcher dem Machtanstieg des Königtums hätte trotzen können. Nach 1300 reichten verschiedene französische Bürgergemeinden an den König das Gesuch ein, er möge die Regierungsgewalt in ihrer Stadt übernehmen.

Trotz alledem ist der wirtschaftlichen Umwälzung des dreizehnten Jahrhunderts die Geburt des heutigen Europa zu verdanken. Sie führte schließlich zum Untergang eines Lehnswesens, das die Funktion des Schutzes und Neuaufbaus des Ackerbaues abgeschlossen hatte und zu einem Hindernis für die Ausweitung des Unternehmertums geworden war. Sie wandelte den unbeweglichen Wohlstand des Lehnswesens in die flüssigen Hilfsmittel einer weltweiten Wirtschaft um. Sie schuf die Voraussetzung für eine fortschrittliche Entwicklung von Handel und Gewerbe, die eine erhebliche Erhöhung der Macht, der Behaglichkeit und des Wissens der Europäer mit sich brachte. Sie führte zu einem Wohlstand, der in zwei Jahrhunderten unzählige Kathedralen erstehen ließ, von denen eine jede einen erstaunlichen Reichtum und eine große Vielfalt an Fertigkeiten voraussetzt. Die Produktion für einen sich ausweitenden Markt ermöglichte die Entstehung der Volkswirtschaften, die zur Grundlage der modernen Staaten wurden. Selbst der Klassenkampf, den sie entfesselte, dürfte dem Geist und der Schwungkraft des Menschen neuen Aufschwung gegeben haben. Als der Sturm des Überganges sich legte, war das wirtschaftliche und politische Gefüge Europas ein anderes geworden. Eine lebendige Flut des Gewerbes und des Handels schwemmte tiefverwurzelte Hindernisse der menschlichen Entwicklung fort und trug den Menschen mit sich fort von den vereinzelten Glanzpunkten der großen Kathedralen zu der universellen Begeisterung der Renaissance.

DRITTES KAPITEL

Europas Wiederherstellung

[1095–1300]

I. BYZANZ

Alexios I. Komnenos führte das Ostreich glücklich durch die Wirrnisse der Türken- und Normannenkriege und des Ersten Kreuzzuges hindurch, sah aber dann seiner langen Regierung (1081–1118) durch eine typisch byzantinische Intrige ein Ende gesetzt. Seine älteste Tochter, Anna Komnena, war eine hervorragende Gelehrte, ein wahres Kompendium der Philosophie, eine ausgezeichnete Dichterin, eine gewandte Politikerin, eine Geschichtsschreiberin von unübertrefflicher Lügenhaftigkeit. Als Braut des Sohnes von Kaiser Michael VII. meinte sie wegen ihrer Geburt, Schönheit und Intelligenz für den Thron ausersehen zu sein und konnte es ihrem Bruder Johannes nie verzeihen, daß er geboren worden war und den Thron geerbt hatte. Sie beteiligte sich an einer Verschwörung gegen ihn, die ans Licht kam, wurde begnadigt, zog sich in ein Kloster zurück und zeichnete den Lebenslauf ihres Vaters in einer Prosa-*Alexiade* auf. Johannes Komnenos (1118 bis 1143) setzte Europa mit seiner Regierung der persönlichen Tugendhaftigkeit, staatsmännischen Geschicklichkeit und siegreichen Kriegführung gegen heidnische, muselmanische und christliche Feinde in Erstaunen; eine Zeitlang sah es fast so aus, als ob er dem Byzantinischen Reiche wieder zu dem Umfang und der Pracht früherer Zeiten verhelfen würde; aber ein vergifteter Pfeil seines eigenen Köchers, an dem er sich ritzte, setzte seinem Leben und Traum ein Ende.

Sein Sohn Manuel I. (1143–1180) war ein fleischgewordener Mars; er weihte sich ganz dem Kriege, fand sein Entzücken in der Schlacht, war stets an der Spitze seiner Truppen zu finden, nahm jede Gelegenheit zum Einzelkampfe wahr und trug in jeder Schlacht – außer der letzten – den Sieg davon. Im Felde ein Stoiker, war er in seinem Palast ein Epikureer, freute sich an luxuriöser Kost und Gewandung und fand sein Glück in der inzestuösen Liebe zu seiner Nichte. Unter seiner nachsichtigen Förderung erlebten Literatur und Gelehrsamkeit eine neue Blütezeit; die Hofdamen regten Schriftsteller zur Tätigkeit an und geruhten selbst, Gedichte zu verfassen, und Zonaras schrieb in dieser Zeit seinen gewaltigen *Abriß der Geschichte*. Manuel ließ sich an der Meeresküste an der Spitze des Goldenen Hornes einen neuen Palast bauen, die Blachernae; nach Ansicht des Odom von Deuil war er «das schönste Bauwerk der Welt; seine Säulen und Mauern waren zur Hälfte mit Gold bedeckt und mit Edelsteinen ausgelegt, die auch in der nächtlichen Finsternis leuchteten»[1]. Konstantinopel spielte im zwölften Jahrhundert eine Probe für die italienische Renaissance durch.

Die Pracht der Hauptstadt und die vielen Kriege, die das alternde Reich focht, um sich den Tod vom Leibe zu halten, machten drückende Steuern notwendig, welche die Genießer von Luxusgütern auf die Erzeuger von Gebrauchsgütern abwälzten. Die Bauern wurden immer ärmer und gerieten immer mehr in die Leibeigenschaft; die Handarbeiter der großen Städte hausten in lärmigen Elendsvierteln, in deren finsterem Unrat sich unzählige Verbrechen ereigneten. Ungeordnete, halb kommunistische Aufstandsbewegungen hielten die proletarische Flut in Bewegung[2], sind aber in den dauernden Wiederholungen, welche sich die Zeit in ihrer Unbekümmertheit gestattet, in Vergessenheit geraten. Die Eroberung Palästinas durch die Kreuzfahrer hatte inzwischen die syrischen Häfen dem lateinischen Handel erschlossen, und Konstantinopel verlor einen Drittel seines Seehandels an die aufstrebenden italienischen Städte. Christen und Muselmanen strebten gleicherweise danach, diese Schatzkammer eines jahrtausendalten Reichtums in ihre Gewalt zu bringen. Ein braver Muselmane, der die Stadt während Manuels Glanzzeit besuchte, betete: «Möge Gott in seiner Großmut und Gnade geruhen, Konstantinopel zur Hauptstadt des Islams zu machen![3]» Und Venedig, eine Tochter von Byzanz, rief die Ritterschaft von Europa auf, die Königin des Bosporus mit Gewalt zu nehmen.

Das Lateinische Kaisertum Konstantinopel, eine Gründung des Vierten Kreuzzugs, dauerte nur siebenundfünfzig Jahre (1204–1261). Es hatte in Rasse, Glaube und Brauchtum des Volkes keine Wurzel, war einer griechischen Kirche, welche zur Unterwerfung unter Rom gezwungen wurde, verhaßt, zersplitterte seine Kraft durch die Aufteilung in lehnsherrliche Fürstentümer, die sich alle souverän gebärdeten, besaß nicht die Erfahrung, welche zur Führung und Lenkung einer Wirtschaft des Handels und Gewerbes notwendig war, war den Angriffen byzantinischer Heere von außen und ständigen Verschwörungen im Inneren ausgesetzt und war nicht imstande, einer feindlich gesinnten Bevölkerung die Geldmittel zu entringen, welche zur militärischen Verteidigung notwendig gewesen wären; das neue Reich vermochte sich darum nur so lange am Leben zu erhalten, als die Rachegelüste der Byzantiner noch der Einheit und der Waffen ermangelten.

Am besten fuhren die Eroberer in Griechenland. Fränkische, venezianische und andere italienische Edelleute beeilten sich, das historische Land in kleine Feudalherrschaften aufzuteilen; sie erbauten an beherrschenden Orten malerische Burgen und führten mit Wagemut und Eignung das Szepter über eine untertänige und gewerbefleißige Bevölkerung. Geistliche der lateinischen Kirche ersetzten die vertriebenen Bischöfe des orthodoxen Glaubensbekenntnisses, und Mönche aus dem Westen krönten altehrwürdige Berge mit Klöstern, die zu Denkmälern und Schatzkammern der mittelalterlichen Kunst wurden. Ein stolzer Franke legte sich den Titel eines Herzogs von Athen zu, den Shakespeare, der sich verzeihlicherweise um zweitausend Jahre irrte, in unbaconscher Weise auf Theseus anwenden sollte. Aber der gleiche kriegerische Geist, der diese kleinen Fürstentümer auf den Plan gerufen hatte, zerstörte sie auch wieder im Bruderkriege; gegnerische Parteien bekämpften sich in mörderischen Kriegen auf den Bergen der Morea und in den Ebenen Boiotiens, und als die «Große Katalanische Gesellschaft» kriegerischer Abenteurer aus Katalonien in Griechenland eindrang (1311), wurde die Blüte der dortigen fränkischen Ritterschaft am Flusse Kephisos niedergemacht, und das hilflose Hellas wurde zum Spielball spanischer Freibeuter.

Zwei Jahre nach dem Fall von Konstantinopel gründete Theodoros Laskaris, ein Schwiegersohn Alexios' III., in Nikaia eine byzantinische Exilregierung. Ganz Anatolien mit den reichen Städten Prusa, Philadelphia, Smyrna und Ephesos begrüßte seine Herrschaft freudig, und seine gerechte und fähige Regierungsweise brachte diesen Gebieten neues Gedeihen, der griechischen Literatur einen neuen Aufschwung, den griechischen Patrioten neue Hoffnung. Weiter östlich, in Trapezunt, errichtete Alexios Komnenos, ein Sohn des Manuel, ein zweites Byzantinisches Reich, und ein drittes nahm im Epeiros unter Michael Angelos Gestalt an. Laskaris' Schwiegersohn und Nachfolger, Johannes Dukas Batatzes (1222–1254), schlug einen Teil des Epeiros zu dem Königreich von Nikaia, nahm den Franken Saloniki wieder ab (1246) und hätte wohl Konstantinopel selbst zurückerobert, wenn ihn nicht die Nachricht, daß Papst Innozenz IV. die vordringenden Mongolen aufgefordert habe, ihn von Osten her anzugreifen, nach Kleinasien zurückgeholt hätte (1248). Die Mongolen wiesen den päpstlichen Plan zurück und erklärten dazu ironisch, es liege ihnen fern, den «gegenseitigen Haß der Christen» zu fördern[4]. Die lange Regierung des Johannes war eine der rühmlichsten der Geschichte. Trotz kostspieliger Feldzüge zur Wiederherstellung der byzantinischen Einheit brachte er es fertig, die Steuern zu senken, den Ackerbau zu fördern und Schulen, Bibliotheken, Kirchen, Klöster, Kranken-, Armen- und Siechenhäuser zu bauen[5]. Literatur und Kunst blühten unter ihm, und Nikaia wurde eine der reichsten und schönsten Städte des dreizehnten Jahrhunderts.

Sein Sohn, Theodoros II. Laskaris (1254–1258), war ein kränklicher Gelehrter, hoch gebildet, aber geistig verwirrt; er starb nach kurzer Regierung, und Michael Palaiologos, Führer des unzufriedenen Adels, usurpierte den Thron (1259–1282). Wenn die Geschichtsschreiber recht haben, dann besaß Michael alle Untugenden, war «selbstsüchtig, heuchlerisch ... ein geborener Lügner, eitel, grausam und habgierig»[6]; er war aber ein geschickter Stratege und höchst erfolgreicher Diplomat. Mit einer einzigen Schlacht sicherte er sich die feste Herrschaft über den Epeiros; durch ein Bündnis mit Genua gewann er sich einen eifrigen Helfer gegen die Venezianer und Franken in Konstantinopel. Er beauftragte seinen Feldherrn Strategopulos, einen Scheinangriff gegen die Hauptstadt von Westen her auszuführen; Strategopulos näherte sich der Stadt mit einer Truppe von nur tausend Mann; er stieß kaum auf Widerstand, drang in die Stadt ein und nahm sie ohne einen Schwertstreich. König Balduin II. floh samt Gefolge, und die lateinische Geistlichkeit der Stadt schloß sich ihm in einer regelrechten Panik an. Michael, der kaum seinen Ohren traute, setzte über den Bosporus und wurde zum Kaiser gekrönt (1261). Das Byzantinische Reich, das in den Augen der Welt für tot gegolten hatte, erwachte zu einem neuen Leben *post mortem;* die griechische Kirche wurde wieder selbständig, und der byzantinische Staat, korrupt und leistungsfähig, lebte zwei weitere Jahrhunderte lang als Schatzkammer und Vermittler antiker Literatur, als schwaches, aber kostbares Bollwerk gegen den Islam.

II. DIE ARMENIER: 1060–1300

Um 1080 wanderten viele armenische Familien, welche die Seldschukenherrschaft nicht mehr ertrugen, aus ihrer Heimat aus, überquerten den Taurus und gründeten in Kilikien das Königreich Kleinarmenien. Während Türken, Kurden und Mongolen das eigentliche Armenien beherrschten, erhielt sich der neue Staat während dreier Jahrhunderte seine Selbständigkeit. Während einer dreiundvierzigjährigen Regierung (1185–1219) schlug Leo II. die Sultane von Damaskus und Aleppo zurück, verleibte Isaurien seinem Reiche ein, gründete in Sis (das heute in der Türkei liegt) eine neue Hauptstadt, verbündete sich mit den Kreuzfahrern, übernahm europäische Gesetze, förderte Handel und Gewerbe, gewährte venezianischen und genuesischen Kaufleuten Vorrechte, gründete Waisenhäuser, Spitäler und Schulen, verhalf seinem Volke zu einem unvergleichlichen Wohlstand, erwarb sich den Beinamen «der Prächtige» und war überhaupt einer der weisesten und wohltätigsten Monarchen des Mittelalters. Sein Schwiegersohn Hethum I. (1226–1270), der die Christen unzuverlässig fand, verbündete sich mit den Mongolen und erlebte mit Genugtuung die Vertreibung der Seldschuken aus Armenien (1240). Aber die Mongolen ließen sich zum Islam bekehren, überzogen Kleinarmenien mit Krieg und legten es in Trümmer (1303f.). Im Jahre 1335 fiel Armenien den Mameluken in die Hände, und das Land wurde zwischen einzelne Lehnsherren aufgeteilt. Während all dieser Wirrnisse bezeugten die Armenier weiterhin eine erfinderische Geschicklichkeit in der Architektur, ein hervorragendes Können in der Miniaturmalerei und eine entschieden unabhängige Form des Katholizismus, die sich aller Versuche einer Unterwerfung unter Konstantinopel oder Rom erwehrte.

III. RUSSLAND UND DIE MONGOLEN: 1054–1315

Im elften Jahrhundert stand Südrußland im Besitz halb barbarischer Stämme – der Kumanen, Bulgaren, Chasaren, Polowzer, Patzinaken ... Das restliche Rußland war unter vierundsechzig Fürstentümer aufgeteilt, deren wichtigste Kiew, Wolhynien, Nowgorod, Susdal, Smolensk, Rjasan, Tschernigow und Perejaslawl waren. Die meisten Fürstentümer erkannten die Oberhoheit von Kiew an. Als Jaroslaw, Großfürst von Kiew, im Jahre 1054 starb, verteilte er die Fürstentümer je nach ihrer Wichtigkeit an seine Söhne in der Reihenfolge ihres abnehmenden Alters. Der Älteste erhielt Kiew; und nach einem eigenartigen System, der *rota*, wurde vereinbart, daß beim Tode eines der Fürsten jeder noch am Leben weilende Fürst von einem kleineren zu einem größeren Fürstentum aufsteigen solle. Im dreizehnten Jahrhundert wurden mehrere Fürstentümer in «Apanagen» – von den Fürsten den Söhnen zugewiesene Gebiete – weiter aufgeteilt. Im Laufe der Zeit wurden diese Apanagen erblich und bildeten die Grundlage jenes modifizierten Lehnswesens, dem in späterer Zeit zusammen mit dem Mongoleneinfall die Schuld dafür zufallen sollte, daß Rußland im Mittelalter verharrte, während Westeuropa sich auf dem Wege des Fortschrittes befand. In diesem Zeitraum verfügten die Russen aber doch über ein tätiges Handwerk, und der Handelsverkehr war reger als in vielen nachfolgenden Jahrhunderten.

Die Macht der Fürsten war zwar gewöhnlich erblich, fand ihre Begrenzung aber doch durch die Tätigkeit einer *wetsche*, einer Art Volksversammlung, und eines Adelssenats, der *bojarskaja duma*. Verwaltung und Rechtswesen lagen zur Hauptsache in den Händen der Geistlichkeit; mit wenigen Adligen, Kaufleuten und Geldverleihern teilten sich die Geistlichen in den Alleinbesitz der Bildung; an Hand byzantinischer Texte oder Vorbilder gaben sie Rußland eine Literatur und Gesetze, eine Religion und eine Kunst. Ihren Bemühungen ist es zu verdanken, daß die *Russkaja Prawda*, das Russische Recht, das unter Jaroslaw erstmals formuliert worden war, ausgearbeitet und endgültig niedergelegt wurde (um 1160). Die russische Kirche erhielt die volle Gerichtsbarkeit über Religion und Geistlichkeit, Ehe, Gesittung und Nachlaßwesen; unbegrenzt war ihre Befehlsgewalt über die Sklaven und das übrige Personal ihrer umfangreichen Güter. Ihren Bemühungen gelang es, die rechtliche Stellung der Sklaven in Rußland ein wenig zu heben, aber der Sklavenhandel dauerte an und erreichte seine Höhe im zwölften Jahrhundert[7].

In das gleiche Jahrhundert fällt der Niedergang und Sturz des Reiches von Kiew. Dem lehnsherrlichen Durcheinander im Westen entsprach die Anarchie der Stämme und Fürsten im Osten. Zwischen 1054 und 1224 erlebte Rußland dreiundachtzig Bürgerkriege, sechsundvierzig Invasionen, sechzehn Kriege russischer Staaten gegen nichtrussische Völker und 293 Fürsten, die sich den Thron von vierundsechzig Fürstentümern streitig machten[8]. Im Jahre 1113 führte die Verarmung der Kiewer Bevölkerung durch Krieg, hohe Zinssätze, Ausbeutung und Arbeitslosigkeit zu einem revolutionären Aufstand; die wütende Meute plünderte die Häuser der Arbeitgeber und Geldverleiher aus und besetzte die Regierungsämter zu kurzwährender Herrschaft. Die Stadtversammlung lud Fürst Wladimir Monomach von Perejaslawl ein, Großfürst von Kiew zu werden. Er willigte ein und spielte eine ähnliche Rolle wie Solon im Athen des Jahres 594 v. Chr. Er senkte die Schuldzinsen, beschränkte den Selbstverkauf von zahlungsunfähigen Schuldnern in die Sklavenschaft, begrenzte die Befehlsgewalt der Arbeitgeber über die Arbeitnehmer und vermochte durch diese und andere Maßnahmen, die von den Reichen als reine Räuberei und von den Armen als völlig ungenügend geschmäht wurden, die Revolution abzuwenden und den Frieden wiederherzustellen[9]. Er mühte sich sehr, den Fehden und Kriegen der Fürsten ein Ende zu setzen und Rußland die politische Einheit zu geben, aber die Aufgabe war zu groß für die zwölf Jahre, die ihm als Regierungszeit beschieden waren.

Nach seinem Tode lebte der Hader zwischen Fürsten und Ständen wieder auf. Gleichzeitig wanderte ein Großteil des Handels, der früher aus dem islamischen Bereich und Byzanz die russischen Flüsse hinauf bis ins Baltikum gezogen war, ab; wegen der langwährenden Zugehörigkeit des unteren Dnjepr, Dnjestr und Don zu fremdvölkischen Stämmen und wegen des Anwachsens des italienischen Handels im Schwarzen Meer und in den syrischen Häfen und mit Konstantinopel ging er auf die Handelswege des Mittelmeerbereiches über. Der Reichtum von Kiew schwand dahin, und der Stadt fehlten die Mittel oder der Wille, sich zur Wehr zu setzen. Bereits 1096 begannen ihre barbarischen Nachbarn mit Überfällen auf ihr Hinterland und ihre Vorstädte, wobei sie Klöster ausplünderten und Bauern als

Sklaven fortführten. Die Bevölkerung Kiews nahm ab, da die Stadt zu einem Gefahrenherd geworden war, und der Mangel an Menschenkraft verschärfte sich weiter. 1169 plünderte das Heer des Andrej Bogoljubskij die Stadt so gründlich aus und führte so viele Tausende als Sklaven fort, daß die «Mutter der russischen Städte» auf Jahrhunderte fast völlig aus der Geschichte verschwand. Der Übergang von Konstantinopel und dessen Handel an die Venezianer und Franken im Jahre 1204 und die Mongoleneinbrüche von 1223 bis 1241 vervollständigten den Zusammenbruch von Kiew.

In der zweiten Hälfte des zwölften Jahrhunderts ging die Führung Rußlands von den «Kleinrussen» der Ukraine an die rauheren, kühneren «Großrussen» des Gebietes um Moskau und entlang der oberen Wolga über. Moskau, 1147 erstmals urkundlich erwähnt, war um diese Zeit noch ein Dörfchen, das Susdal (einem Fürstentum nordöstlich Moskaus) als Grenzposten auf der Straße von den Städten Wladimir und Susdal nach Kiew diente. Andrej Bogoljubskij (1157–1175) kämpfte darum, sein Fürstentum Susdal zur vorherrschenden Macht Rußlands zu machen; er starb aber von Mörderhand auf dem Feldzuge gegen Nowgorod, das er wie Kiew unter seine Gewalt bringen wollte.

Die Stadt Nowgorod lag im nordwestlichen Rußland, an beiden Ufern des Wolchow, unweit des Ausflusses dieses Stroms aus dem Ilmensee. Da der Wolchow im Norden in den Ladogasee einmündet und andere Flüsse aus dem Ilmensee nach Süden und Westen führen und die Ostsee, zu der man über den Ladogasee gelangte, weder zu nahe gelegen war, um der Sicherheit gefährlich zu werden, noch zu fern für den Handelsverkehr, entwickelte Nowgorod einen blühenden Binnen- und Außenhandel und wurde zum östlichen Stützpfeiler des Hansischen Bundes. Über den Dnjepr trieb es Handel mit Kiew und Byzanz, über die Wolga mit dem Islam. Für den Handel mit russischen Pelzen besaß es beinahe ein Monopol, denn es beherrschte ihn von Pskow im Westen bis zum Eismeer im Norden und fast bis zum Ural im Osten. Nach 1196 waren die Glieder dieses kraftvollen Handelsadels die Herren über die Volksversammlung, welche mittels eines gewählten Fürsten das Fürstentum regierte. Der Stadtstaat war eine freie Republik und nannte sich «Herr Groß-Nowgorod» *(Gospodin Welikij Nowgorod)*. Falls ein Fürst nicht zur allgemeinen Zufriedenheit regierte, pflegten die Bürger ihm «eine Reverenz zu erweisen und ihm den Weg» aus der Stadt «zu zeigen»; leistete er der Aufforderung nicht Folge, so wurde er eingekerkert. Als Swjatopolk, Großfürst von Kiew, den Nowgorodern seinen Sohn als Fürst aufzwingen wollte (1015), ließen sie ihn wissen: «Laß ihn nur kommen, wenn er einen Kopf zuviel hat[10].» Die Republik war aber nicht eine Demokratie. Die Arbeiter und Kleingewerbetreibenden hatten in der Regierung keine Stimme und konnten die Politik nur durch wiederholte Aufstände beeinflussen.

Nowgorod erreichte seinen Höhepunkt unter Fürst Alexander Newskij (1238–1263). Papst Gregor IX., der Rußland vom griechischen zum römischen Christentum herüberziehen wollte, predigte einen Kreuzzug gegen Nowgorod; ein schwedisches Heer erschien an der Newa; Alexander schlug es in der Nähe des heutigen Leningrad (1240) und erhielt seinen Beinamen nach dem Namen des Flusses. Sein Sieg ließ ihn für eine Republik zu groß werden und trug ihm die Verbannung ein; als aber die Deutschen den Kreuzzug aufnahmen, Pskow eroberten und bis auf dreißig Kilometer an Nowgorod herankamen, ersuchte die

Volksversammlung in ihrem Schrecken Alexander um Rückkehr. Er kam, eroberte Pskow zurück und schlug die deutschen Ordensritter auf dem Eis des Peipussees (1242). In den letzten Jahren seines Lebens erlebte er die Demütigung, sein Volk unter mongolischem Joche führen zu müssen.

Denn die Mongolen drangen mit überwältigender Macht in Rußland ein. Sie kamen von Turkestan über den Kaukasus, vernichteten dort ein georgisches Heer und zogen plündernd durch die Krim. Die Kumanen, die jahrhundertelang gegen Kiew im Krieg gelegen waren, baten die Russen um Beistand: «Heute haben sie unser Land genommen, morgen werden sie eures nehmen[11].» Einige russische Fürsten verschlossen sich dem Argument nicht und führten mehrere russische Heeresabteilungen zur Teilnahme an der Verteidigung des kumanischen Gebietes. Die Mongolen ließen die Russen durch eine Gesandtschaft zum Bündnis gegen die Kumanen auffordern; die Russen ermordeten die Gesandten. In einer Schlacht an den Ufern des Kalkaflusses in der Nähe des Asowschen Meeres schlugen die Mongolen ein russisch-kumanisches Heer, brachten durch Verrat mehrere russische Führer in ihre Gefangenschaft, fesselten sie und legten einen Holzboden über sie, auf dem die mongolischen Häuptlinge ihren Siegesschmaus abhielten, derweil ihre adligen Gefangenen unter ihnen erstickten (1223).

Die Mongolen zogen sich in die Mongolei zurück und befaßten sich mit der Eroberung Chinas, während die russischen Fürsten ihre Bruderkriege wieder aufnahmen. 1237 kamen die Mongolen unter Batu, einem Großneffen des Dschingis Chan, in Stärke von 500 000 Mann wieder; fast alle waren beritten; sie zogen um das Nordufer des Kaspischen Meeres, ließen die Wolgabulgaren über die Klinge springen und zerstörten Bolgar, deren Hauptstadt. Batu wandte sich mit einer Botschaft an den Fürsten von Rjasan: «Willst du den Frieden, so gib uns ein Zehntel eurer Habe»; der Fürst entgegnete: «Wenn wir tot sind, kannst du dir das Ganze holen[12].» Rjasan bat die Fürstentümer um Beistand; sie verweigerten ihn; es kämpfte tapfer und verlor seine ganze Habe. Die Mongolen fielen unwiderstehlich über alle Städte von Rjasan her, plünderten sie aus, brannten sie nieder, ergossen sich über Susdal, vernichteten dessen Heer, steckten Moskau in Brand und belagerten Wladimir. Die Adligen ließen sich eine Tonsur scheren und verbargen sich als Mönche in der Kathedrale; sie kamen ums Leben, als die Kirche und die ganze Stadt den Flammen übergeben wurden. Susdal, Rostow und unzählige Dörfer des Fürstentums fielen dem Feuer zum Opfer (1238). Die Mongolen zogen nach Nowgorod weiter; von undurchdringlichen Wäldern und hochgehenden Flüssen aufgehalten, verheerten sie Tschernigow und Perejaslawl und kamen nach Kiew. Sie schickten Boten in die Stadt mit der Aufforderung zur Übergabe; die Kiewer brachten die Boten um. Die Mongolen setzten über den Dnjepr, brachen einen schwachen Widerstand, plünderten die Stadt aus und ließen Tausende über die Klinge springen; als Giovanni de Piano Carpini sechs Jahre darauf Kiew zu Gesicht bekam, stellte sich ihm die Stadt als ein Nest mit 200 Hütten dar, dessen Umgebung von Gebeinen übersät war. Der russische Ober- und Mittelstand hatte es nie gewagt, die Bauern und die einfachen Stadtbewohner zum Waffendienst heranzuziehen; als die Mongolen einfielen, vermochte das Volk sich nicht zu verteidigen und wurde ganz nach Gutdünken der Sieger niedergemetzelt oder in die Sklaverei abgeführt.

Die Mongolen drangen nun gegen Mitteleuropa vor, gewannen und verloren Schlachten, kehrten plündernd und mordend durch Rußland zurück und gründeten an einem Nebenarm der Wolga die Stadt Sarai als Hauptstadt eines unabhängigen Gemeinwesens, das unter dem Namen «Goldene Horde» bekannt ist. Von dort aus hielten Batu und dessen Nachfolger während 240 Jahren den größten Teil Rußlands unter ihrer Fuchtel. Die russischen Fürsten durften ihre Länder behalten, mußten aber jährlich einen Tribut entrichten und gelegentlich große Strecken zurücklegen, um dem Chan der Horde oder gar dem Großen Chan im mongolischen Karakorum eine Huldigungsvisite abzustatten. Der Tribut wurde von den Fürsten als eine Kopfsteuer eingezogen, die reich und arm mit grausamer Gleichheit traf, und wer nicht zahlen konnte, wurde als Sklave verkauft. Die Fürsten fanden sich mit der Mongolenherrschaft ab, denn sie bewahrte sie vor sozialen Aufständen. Sie schlossen sich den Mongolen bei den Angriffen gegen andere Völker, ja sogar gegen russische Fürstentümer an. Es gab viele russisch-mongolische Mischehen, und es ist möglich, daß gewisse physiognomische und charakterliche Kennzeichen der Mongolen dadurch in das russische Blut eingingen[13]. Es gab Russen, die Sprache und Kleidung der Mongolen übernahmen. Als Kolonialgebiet einer asiatischen Macht war Rußland nun weitgehend von der europäischen Zivilisation abgeschnitten. Der Absolutismus des Chans und derjenige der byzantinischen Kaiser führten gemeinsam zur Entstehung des Begriffs eines «Selbstherrschers aller Reußen» im späteren Moskowiterreich.

In der Erkenntnis, daß sie in Rußland die Ruhe durch bloße Gewaltanwendung nicht aufrechterhalten konnten, schlossen die Mongolenhäuptlinge Frieden mit der russischen Kirche, schützten deren Besitz und Geistlichkeit, befreiten sie von der Besteuerung und setzten auf das Sakrileg die Todesstrafe. Aus Dankbarkeit oder unter Zwang empfahl die Kirche den Russen die Unterwerfung unter die mongolischen Herren und betete öffentlich um ihre Erhaltung[14]. Um in dem Trubel der Ereignisse Sicherheit zu finden, wurden viele Russen Mönche; religiöse Einrichtungen wurden mit Gaben überschüttet, und die russische Kirche wurde inmitten der allgemeinen Armut ungeheuer reich. Im Volke entwickelte sich ein Geist der Unterwürfigkeit, der vielen Jahrhunderten des Despotismus den Weg ebnete. Und doch war es Rußland, das dadurch, daß es sich dem Mongolensturm beugte, den größten Teil Europas als breiter Schutzwall vor der asiatischen Eroberung bewahrte. Die ganze Gewalt dieses menschlichen Orkans tobte sich an den Slawen – Russen, Böhmen, Mähren, Polen – und Magyaren aus; Westeuropa zitterte, wurde aber wenig betroffen. Das übrige Europa durfte wohl deswegen auf die politische und geistige Freiheit, auf Wohlstand, Luxus und Kunstschöpfung zuschreiten, weil mehr als zwei Jahrhunderte lang Rußland geschlagen, gedemütigt, unentwickelt und arm blieb.

IV. DER BALKAN IN BEWEGUNG

Von der Ferne gesehen, erscheint der Balkan als ein wildes Durcheinander politischer Wankelmütigkeit und Intrigiersucht, pittoresker Schlauheit und händlerischer Gewandtheit, als ein Wirrsal von Kriegen, Morden und Pogromen. Dem Bulgaren, Rumänen, Ungarn oder Jugoslawen bedeutet jedoch sein Volkstum das Ergebnis eines tausendjährigen Kampfes um die Selbständigkeit gegen übermächtige Nachbarn, um die Erhaltung einer einzigartigen und farbenfreudigen Kultur, um den unbehinderten Ausdruck des Volkscharakters in Baukunst, Kleidung, Dichtung, Musik und Volkslied.

168 Jahre lang war Bulgarien, das dereinst unter Krum und Simeon eine große Machtentfaltung gezeigt hatte, Byzanz unterworfen. Im Jahre 1186 entlud sich die Unzufriedenheit der Bulgaren und Walachen unter der Führung zweier Brüder, Johann und Peter Asen, die gerade die richtige Mischung von Schlauheit und Mut besaßen, welche ihre Lage erforderte und ihre Landsleute brauchten. Sie beriefen die Einwohner von Tirnowo in die Demetriuskirche und redeten ihnen ein, der heilige Demetrius habe sich von dem griechischen Saloniki nach Tirnowo begeben, um dort eine Heimstätte zu finden, und unter seiner Fahne könne Bulgarien seine Freiheit wiedergewinnen. Sie hatten Erfolg und teilten das neue Reich freundschaftlich unter sich auf; Johann regierte in Tirnowo, Peter in Preslaw. Der größte Herrscher ihres Hauses und der ganzen bulgarischen Geschichte war Johann II. Asen (1218–1241). Er gliederte nicht nur Thrakien, Makedonien, den Epeiros und Albanien seinem Reiche an, sondern regierte mit so viel Gerechtigkeitssinn, daß sogar seine griechischen Untertanen ihn liebten; er gewann sich die Zuneigung der Päpste mit einem Treueid und Klostergründungen; er förderte Handel, Literatur und Kunst mit aufgeklärten Gesetzen und erleuchtetem Gönnertum; er ließ Tirnowo zu einer der schönstgeschmückten Städte Europas werden und brachte Bulgarien in zivilisatorischer und kultureller Hinsicht mit den meisten Völkern seiner Zeit auf gleiche Höhe. Seinen Nachfolgern war nicht mehr die gleiche Weisheit beschieden; Mongoleneinbrüche schwächten den Staat und brachten ihn aus den Fugen (1292–1295), und im vierzehnten Jahrhundert fiel er erst an die Serben und dann an die Türken.

Im Jahre 1159 brachte der Zupan (Häuptling) Stephan Nemanja die verschiedenen serbischen Sippen und Regionen unter eine gemeinsame Herrschaft und gründete damit das Königreich Serbien, dem seine Dynastie zwei Jahrhunderte lang die Könige lieferte. Sein Sohn Sava diente seinem Volke zugleich als Erzbischof und Staatsmann und wurde einer der höchstverehrten serbischen Heiligen. Das Land war noch arm, und selbst die Königspaläste waren aus Holz erbaut; es besaß einen reichen Hafen, Ragusa (heute Dubrownik); dieser bildete aber einen unabhängigen Stadtstaat, der 1221 venezianisches Schutzgebiet wurde. Während dieser Jahrhunderte brachte es die serbische Kunst, ein Abkömmling der byzantinischen, zu eigenen Stilformen und ausgezeichneten Leistungen. In der Klosterkirche St. Panteleimon in Nerez (um 1164) zeigen die Wandmalereien einen bewegten Realismus, welcher der byzantinischen Malerei fremd ist, und einige Behandlungsweisen, die für Originalleistungen von Duccio und Giotto gehalten worden sind, aber hier bereits ein Jahrhundert vor diesen Künstlern angewandt wurden. Unter diesen und anderen serbischen Wandgemälden des zwölften und dreizehnten Jahrhunderts finden sich Bildnisse von Königen, die einen in der byzantinischen Kunst bis dahin nicht gekannten Grad der Individualisierung zeigen[15]. Das mittelalterliche Serbien war auf dem Wege zu einer hohen Kultur, als Ketzertum und Verfolgung die nationale Einheit, welche dem Vormarsch der Türken hätte Einhalt gebieten können, zerbrachen. Auch Bosnien verlor nach seiner mittelalterlichen Blütezeit unter dem Ban (König) Kulin (1180–1204) durch Religionszwistigkeiten Einheit und Kraft und wurde 1254 Ungarn untertan.

Nach dem Tode Stephans I. (1038) geriet Ungarn infolge der Aufstände heidnischer Magyaren gegen die katholischen Könige und wegen der Bemühungen Kaiser Heinrichs III., Ungarn an Deutschland anzugliedern, in Wirren. Andreas I. schlug den Kaiser, und als Heinrich IV. einen neuen Vorstoß unternahm, vereitelte König Geisa I. das Unternehmen, indem er Ungarn dem Papst Gregor VII. übergab und als päpstliches Lehen zurückerhielt (1076). Während des zwölften Jahrhunderts nährten Nebenbuhler um die Königswürde das Lehnswesen mit großen Landabgaben an Adlige, deren Unterstützung sie damit erkauften, und 1222 war der Adel stark genug, um von Andreas II. eine «Goldene Bulle» zu erzwingen, die mit der Magna Charta, welche König Johann von England 1215 unterzeichnet hatte, eine bemerkenswerte Ähnlichkeit hat. Die Bulle sprach zwar den Lehen die Vererbbarkeit ab, verhieß aber die jährliche Einberufung eines Reichstages, versprach, daß kein Adliger ohne vorgängigen Prozeß vor dem «Pfalzgrafen» (das heißt einem Grafen des Kaiserpalastes) eingekerkert würde, und gewährte den Gütern des Adels und der Geistlichkeit die Steuerfreiheit.

Dieser königliche Erlaß, der nach seinem goldenen Behälter oder Siegel benannt ist, bildete auf die Dauer von 700 Jahren einen Freibrief für den ungarischen Adel und schwächte die ungarische Monarchie gerade in dem Augenblick, als die Mongolen sich anschickten, Europa in eine der größten Krisenzeiten der Geschichte zu stürzen.

Wir können auf Macht und Reichweite der Mongolen aus der Tatsache schließen, daß Ogädäi, der Großchan, im Jahre 1235 drei Heere auf einmal aussandte – nach Korea, China und Europa. Das dritte Heer überschritt unter Führung von Batu im Jahre 1237 die Wolga in Stärke von 300 000 Mann; es war keine wilde undisziplinierte Horde, sondern eine streng gedrillte und gut geführte Streitmacht, die nicht nur mit starken Belagerungsmaschinen ausgerüstet war, sondern auch mit neuartigen Feuerwaffen, deren Gebrauch die Mongolen von den Chinesen erlernt hatten. In drei Jahren verwüsteten diese Krieger nahezu das ganze Südrußland. Hierauf teilte Batu, als ob an eine Niederlage gar nicht zu denken wäre, seine Streitmacht in zwei Heerhaufen auf: der eine drang in Polen ein, eroberte Krakau und Lublin, überschritt die Oder und schlug die Deutschen bei Liegnitz (1241); der andere überquerte unter Batu die Karpathen, stieß nach Ungarn vor, stellte sich den vereinigten ungarischen und österreichischen Streitkräften bei Mohi und schlug sie so vernichtend, daß mittelalterliche Chronisten, die mit Zahlen niemals mäßig umgehen, die Zahl der christlichen Toten auf 100 000 schätzten und Kaiser Friedrich II. «fast die gesamte Streitmacht der Ungarn» zu den Gefallenen zählte[16]. Auf diesem Schlachtfeld waren – der unerbittlichen Ironie der Geschichte zufolge – Sieger und Besiegte gleichen Blutes; der dahingeraffte Adel Ungarns bestand aus Nachfahren der mongolischen Magyaren, die das Land vor drei Jahrhunderten verwüstet hatten. Batu eroberte Pest und Esztergom (1241), während eine Abteilung der Mongolen über die Donau setzte und den ungarischen König Bela IV. bis an die Adria verfolgte, wobei sie unterwegs alles mordete und sengte. Friedrich II. rief vergeblich Europa zur Einigung gegen die drohende Eroberung durch Asien auf; Innozenz IV. versuchte umsonst die Mongolen für das Christentum und den Frieden zu gewinnen. Was das Christentum und Europa schließlich rettete, war ganz einfach der Tod des Ögädäi und die Rückkehr Batus nach Karakorum, um an der Wahl des neuen Chan teilzunehmen. Nie hatte es in der Geschichte eine so weitreichende Verwüstung – vom Stillen Ozean bis zur Adria und der Ostsee – gegeben.

Bela IV. kehrte in das zerstörte Pest zurück, besiedelte es neu mit Deutschen, verlegte seinen Regierungssitz über die Donau nach Buda (1247) und stellte das aus den Fugen geratene Wirtschaftsleben des Landes allmählich wieder her. Ein neuerstandener Adel bewirtschaftete erneut die großen Güter, auf denen untertänige Hirten und Bauern für die Ernährung der Nation sorgten. Deutsche Bergleute kamen vom Erzgebirge herab und schürften die reichen Erzlager Transsylvaniens. Sitten und Lebensart waren noch rauh, die Werkzeuge primitiv, die Häuser nichts als Hütten aus Flechtwerk. Trotz der verwirrenden Vielheit der Rassen und Sprachen und über die Feindseligkeit verschiedener Stände und Religionen hinweg suchten sich die Menschen ihr täglich Brot zu erringen und stellten die wirtschaftliche Beständigkeit wieder her, welche den Nährboden der Zivilisation abgibt.

V. DIE GRENZSTAATEN

Wie in einem grenzenlosen Weltall jeder beliebige Punkt zum Mittelpunkt genommen werden kann, so legt auch in dem großen Spiel der Zivilisationen und Staaten jede Nation und jede Seele den dramatischen Ablauf der Geschichte oder des Lebens nach den Gesichtspunkten der eigenen Rolle oder des eigenen Charakters aus. Nördlich des Balkans lebte ein weiteres Völkergemisch – Böhmen, Polen, Litauer, Liven, Finnen –, die alle in lebenspendendem Stolze die Welt sich um ihre eigene nationale Geschichte drehen ließen.

Im Frühmittelalter waren die Finnen, entfernte Verwandte der Magyaren und Hunnen, an der oberen Wolga und der Oka ansässig gewesen. Im achten Jahrhundert finden wir sie bereits in dem rauhen, landschaftlich reizvollen Gebiet, das von den Nichtfinnen Finnland, von den Finnen Suomi, Sumpfland, genannt wird. Ihre Überfälle auf die skandinavischen Küstengebiete veranlaßten den schwedischen König Erik IX. im Jahre 1157, sie sich zu unterwerfen. In Uppsala übertrug Erik ihnen einen Bischof, um sie zur Zivilisation anzuhalten; die Finnen erschlugen Bischof Heinrich und machten ihn zu ihrem Schutzheiligen. In stillem Heldentum rodeten sie Wälder, entwässerten Sümpfe, verbanden ihre «zehntausend Seen»[17] durch Kanäle, sammelten Pelze und kämpften gegen den Schnee an.

Südlich des Finnischen Meerbusens wurde die gleiche Arbeit mit Axt und Spaten von Stämmen besorgt, die den Finnen verwandt sind, den Borussen (Altpreußen), Esten, Liven, Letten und Litauern. Sie jagten, fischten, trieben Bienenzucht, bebauten den Boden und überließen Literatur und Kunst der weniger körperkräftigen Nachwelt, um derentwillen sie sich abmühten. Mit Ausnahme der Esten behielten sie alle ihre heidnischen Religionen bis in das zwölfte Jahrhundert bei, in welchem die Deutschen ihnen das Christentum mit Feuer und Schwert brachten. Die Liven, welche merkten, daß die Deutschen das Christentum als ein Mittel zur Infiltration und Beherrschung verwandten, erschlugen die Missionare, wuschen sich in der Düna, um sich von der Befleckung der Taufe zu reinigen, und kehrten zu ihren einheimischen Göttern zurück. Innozenz III. rief zum Kreuzzug gegen sie auf; Bischof Albert drang mit dreiundzwanzig Kriegsschiffen in die Düna ein, gründete Riga als seinen Regierungssitz und unterwarf Livland der deutschen Herrschaft (1201). Zwei religiös-kriegerische Orden, der Livländische Schwertbrüderorden und der Deutschritterorden, machten die Unterwerfung des Baltikums unter die deutsche Herrschaft vollständig, schufen sich dabei selbst große Besitztümer, bekehrten die Bewohner des Landes zum Christentum und ließen sie in die Leibeigenschaft absinken[18]. Von diesem Erfolg angespornt, drangen die Deutschritter in Rußland ein, da sie hofften, zumindest dessen Westprovinzen für Deutschland und das lateinische Christentum zu gewinnen; sie wurden aber in einer der unzähligen entscheidenden Schlachten der Geschichte auf dem Peipussee geschlagen (1242).

Rings um diese baltischen Staaten brandete ein slawischer Ozean. Eine Slawengruppe nannte sich Polanie – «Feldvolk» – und trieb im Warthe- und Odertal Ackerbau; eine zweite Gruppe, die Masuren, siedelte längs der Weichsel; eine dritte, die Pomorzanie («an der See»), gab Pommern den Namen. Im Jahre 963 stellte der polnische Fürst Mieszko I. Polen unter den Schutz der Päpste, um der Eroberung durch die Deutschen einen Riegel vorzuschieben; von da an kehrte Polen dem halb byzantinischen Slawentum des Ostens den Rücken und teilte das Schicksal Westeuropas und des römisch-katholischen Christentums. Mieszkos Sohn Boleslaw I. (992–1025) eroberte Pommern, annektierte Breslau und Krakau und machte sich zum ersten König Polens. Boleslaw III. (1102–1139) teilte das Reich unter seine vier Söhne auf; die Monarchie wurde dadurch geschwächt; der Adel splitterte das Land in lehnsherrliche Fürstentümer auf, und Polen schwankte zwischen der Selbständigkeit der Unterwerfung unter Deutschland oder Böhmen hin und her. Im Jahre 1241 ergoß sich die Mongolenlawine über das Land; Krakau, die Hauptstadt, fiel und wurde dem Erdboden gleichgemacht. Mit dem Zurückweichen der asiatischen Flut drang eine deutsche Woge in Westpolen ein und hinterließ dort eine starke Beimischung deutscher Sprache, deutschen Rechtes und deutschen Blutes. Um die gleiche Zeit (1246) hieß Boleslaw V. die Juden, die vor den Judenverfolgungen in Deutschland flohen, in seinem Lande willkommen und ermunterte sie, den Handel und das Finanzwesen voranzubringen. 1310 wurde König Wenzel II. von Böhmen zum König von Polen gewählt, und die beiden Länder wurden unter einer Krone vereinigt.

Böhmen und Mähren waren im fünften und sechsten Jahrhundert von Slawen besiedelt worden. Im Jahre 623 befreite Samo, ein Slawenhäuptling, Böhmen von den Awaren und gründete eine Monarchie, die bei seinem Tode 658 wieder erlosch. Karl der Große fiel 805 in das Land ein, und auf eine nicht mehr feststellbare Zeit gehörten Böhmen und Mähren zum Karolingerreich. 894 brachte die Familie der Przemysl beide Länder unter die Herrschaft ihrer langwährenden Dynastie; ein halbes Jahrhundert lang (907–957) unterstand Mähren aber der Magyarenherrschaft, und 928 unterwarf Heinrich I. Böhmen für Deutschland. Herzog Wenzel I. (928–935) brachte Böhmen trotz dessen vorübergehender Abhängigkeit den Wohlstand. Er war von seiner Mutter, der heiligen Ludmilla, durch und durch im christlichen Geiste aufgezogen worden und blieb auch dann noch Christ, als er Herrscher wurde. Er nährte und kleidete die Armen, schützte Witwen und Waisen, gewährte Fremden Gastfreundschaft und erkaufte Sklaven die Freiheit. Sein Bruder wollte ihn ermorden, da er nicht die Laster besitze, die an einem König erwünscht seien; Wenzel schlug ihn mit eigener Hand nieder und verzieh ihm; ein anderes Mitglied der Verschwörung vollzog jedoch den Mord an dem König, als er sich am 25. September 935 zur Messe begab. Dieser Tag wird alljährlich als Wenzelstag zu Ehren des böhmischen Schutzheiligen gefeiert.

Seine Nachfolger waren kriegerische Herzöge. Von ihrem günstig gelegenen Schloß und Regierungssitz in Prag aus eroberten Boleslaw I. (939–967) und II. (967–999) und Bretislaw I. (1037–1055) Mähren, Schlesien und Polen; aber Heinrich III. zwang Bretislaw, Polen zu räumen und an Deutschland wieder Tribute zu entrichten. Ottokar I. (1197–1230) machte Böhmen wieder frei und wurde sein erster König. Ottokar II. (1253–1278) unterwarf Österreich, die Steiermark und Kärnten. Im Bestreben, das Gewerbe und einen Mittelstand als Gegengewicht zu einem aufständischen Adel heranzuziehen, förderte Ottokar II. die Einwanderung von Deutschen, bis fast alle Städte von Böhmen und Mähren eine vorwiegend deutsche Einwohnerschaft aufwiesen[19]. Die Silberbergwerke von Kutna Hora wurden zur Grundlage von Böhmens Wohlstand und das Ziel vieler Invasionen. 1274 erklärte Deutschland Ottokar den Krieg; seine Edlen verweigerten ihm die Gefolgschaft; er lieferte seine Eroberungen aus und behielt seinen Thron lediglich als deutsches Lehen. Als aber Kaiser Rudolf von Habsburg in die inneren Angelegenheiten Böhmens eingriff, stellte Ottokar ein neues Heer auf und kämpfte bei Dürnkrut gegen die Deutschen; wiederum von den Edlen im Stich gelassen, stürzte er sich in das dichteste Schlachtgewühl und ließ sein Leben in verzweifeltem Kampfe.

Wenzel II. (1278–1305) erkaufte sich den Frieden mit einem erneuten Lehnseide und stellte in eifrigem Mühen Ordnung und Gedeihen wieder her. Mit dem Tode seines Sohnes (1306) nahm die Przemyslidendynastie nach fünfhundertjähriger Herrschaft ein Ende. Die Böhmen, Mähren und Polen waren die einzigen Völker, die von der slawischen Wanderung, welche einst Ostgermanien bis zur Elbe überspült hatte, übriggeblieben waren; und jetzt unterstanden sie der deutschen Herrschaft.

VI. DEUTSCHLAND

Der Sieger in dem geschichtlichen Ringen um die Laieninvestitur war der Adel Deutschlands – die Herzöge, Grafen, Bischöfe und Äbte, die nach der Niederlage Heinrichs IV. die Herrschaft über eine geschwächte Monarchie besaßen und ein mittelpunktsflüchtiges Lehnswesen ausbildeten, das Deutschland im dreizehnten Jahrhundert die Führerstellung in Europa kostete.

Heinrich V. (1106–1125), der seinen Vater gestürzt hatte, setzte dessen Kampf gegen Lehnsherren und Päpste fort. Als Paschalis II. ihm die Kaiserkrönung verweigerte, falls er nicht auf die Laieninvestitur verzichte, ließ er den Papst und die Kardinäle gefangensetzen. Bei seinem Tode stieß der Adel den Grundsatz der erblichen Monarchie um, machte dem Fränkischen Herrscherhaus ein Ende und ernannte Lothar III. von Sachsen zum König. Dreizehn Jahre später begründete Konrad III. von Schwaben die Hohenstaufendynastie, das mächtigste Herrscherhaus der deutschen Geschichte.

Herzog Heinrich von Bayern verwarf die Wahl der Kurfürsten und erhielt darin die Unterstützung seines Onkels Welf; nun flammte der Kampf zwischen «Guelfen» (Welfen) und «Ghibellinen» (Waiblingen) auf, der im zwölften und dreizehnten Jahrhundert so mancherlei Form annehmen und so viele Probleme aufwerfen sollte*. Das Hohenstaufenheer belagerte die aufständischen Bayern in der befestigten Stadt Weinsberg; nach einer alten Überlieferung sollen dort die Schlachtrufe «Hie Welf!» und «Hie Waibling!» den beiden Kriegsparteien die Namen gegeben haben; und dort sollen, nach einer hübschen Sage, die siegreichen Schwaben die Übergabe der Stadt unter der Bedingung angenommen haben, daß nur die Frauen verschont bleiben sollten, aber beim Auszug aus der Stadt hinaustragen dürften, was sie zu tragen vermöchten, worauf die rüstigen Weiber ihre Männer auf den Rücken genommen und mit dieser Last die Stadt verlassen hätten[20]. Im Jahre 1142, als Konrad zum Kreuzzug aufbrach, wurde ein Waffenstillstand vereinbart; aber Konrad erlitt einen Mißerfog und kehrte in Ungnade zurück. Das Haus der Hohenstaufen schien mit Schmach beladen zu sein, als seine erste hervorragende Gestalt auf den Thron kam.

Friedrich I. (1152–1190) war dreißig Jahre alt, als die Königswahl auf ihn fiel. Er war keine eindrucksvolle Gestalt – ein kleiner, hellhäutiger Mann mit gelbem Haar und einem roten Bart, der ihm in Italien den Namen Barbarossa eintrug. Aber er besaß einen klaren Kopf und zeigte immer einen festen Willen; sein Leben war ganz der Sorge um den Staat geweiht; und wenn er auch viele Niederlagen einstecken mußte; so errang er Deutschland doch wiederum die Führung in der christlichen Welt. In seinen Adern rollte sowohl hohenstaufisches als auch welfisches Blut, und so verkündete er einen Landfrieden, söhnte sich mit seinen Feinden aus, beruhigte seine Freunde und schritt streng gegen alle Fehden, Unruhen und Verbrechen ein. Nach der Schilderung seiner Zeitgenossen war er ein liebenswürdiger Mensch, stets zu einem gewinnenden Lächeln bereit; er war aber doch der «Schrecken der Übeltäter», und die barbarische Härte seiner Strafgesetze trug zum Fortschritt der Zivilisation in Deutschland bei. Sein Privatleben wurde mit Recht ob seiner Anständigkeit gerühmt; er ließ sich aber doch von seiner ersten Gattin scheiden, da er mit ihr blutsverwandt sei, und ehelichte die Erbin des Grafen von Burgund, wodurch er neben der Gemahlin auch ein neues Königreich errang.

Da er danach strebte, vom Papst zum Kaiser gekrönt zu werden, versprach er Eugen III. Hilfeleistung gegen die aufständischen Römer und die unbequemen Normannen als Gegenleistung für die kaiserliche Salbung. Bei seiner Ankunft in Nepi in der Nähe von Rom traf der junge König mit dem neuen Pontifex, Hadrian IV., zusammen und unterließ den üblichen Ritus, demzufolge der weltliche Herrscher dem Papst Zügel und Steigbügel halten und ihm beim Absteigen behilflich sein sollte. Hadrian mußte ohne fremde Hilfe vom Sattel, worauf er Friedrich den «Friedenskuß» und die Reichskrone verweigerte, ehe er nicht die traditionelle Zeremonie vollziehe. Zwei Tage lang besprachen die Gefolgsleute des Papstes und des Königs den Streitfall und machten die Krönungsfrage von einem Zeremoniell abhängig; Friedrich gab nach; der Papst ritt aus und hielt abermals zu Pferde seinen Einzug; Friedrich hielt den päpstlichen Steigbügel und die Zügel und sprach von da an von dem *Heiligen* Römischen Reiche, da er hoffte, die Welt werde nicht nur den Papst, sondern auch den Kaiser als Stellvertreter Gottes ansehen.

Sein Kaisertitel machte ihn auch zum König der Lombardei. Seit Heinrich IV. hatte kein

* «Ghibelline» ist eine Nebenform von «Waibling» (nach dem den Hohenstaufen gehörigen Städtchen Waiblingen). Die Hohenstaufenfamilie hat ihren Namen nach einer Burg mit Dorf in Schwaben.

deutscher Herrscher diesen Titel wörtlich genommen; aber Friedrich sandte nun in jede norditalienische Stadt einen *podestà*, der in seinem Namen die Regierung führen sollte. Einige Städte fanden sich mit diesen fremden Herren ab, andere verjagten sie wieder. Friedrich, der die Ordnung über die Freiheit stellte und wohl auch die italienischen Ausgangspunkte des deutschen Handels mit dem Osten in seine Gewalt bringen wollte, brach 1158 auf, die aufrührerischen Städte, welche die Freiheit über die Ordnung stellten, zu unterwerfen. Er berief an seinen Hof in Roncaglia die Rechtsgelehrten, welche in Bologna das römische Recht zu neuem Leben erweckten; zu seiner Freude erfuhr er, daß der Kaiser von Rechts wegen die absolute Befehlsgewalt über alle Teile seines Reiches besitze, der Eigentümer jedes Besitztums im Reiche sei und alle Privatrechte jederzeit widerrufen oder abändern dürfe, falls ein solches Vorgehen nach seiner Ansicht im Staatsinteresse lag. Papst Alexander III., der um die weltlichen Rechte des Papsttums besorgt war, berief sich auf Pippins und Karls des Großen Schenkungen, widersetzte sich diesen Ansprüchen und tat Friedrich in den Bann, als er auf seinem Recht beharrte (1160). Die Schlachtrufe der Guelfen und Ghibellinen wurden nun auch in Italien laut, um die Anhänger des Papstes und des Kaisers zu kennzeichnen. Zwei Jahre lang belagerte Friedrich das widerspenstige Mailand; als es sich schließlich ergab, ließ er es völlig niederbrennen (1162). Erzürnt über diese Grausamkeit und verärgert über die Forderungen der deutschen *podestà*, schlossen sich Verona, Vicenza, Padua, Treviso, Ferrara, Mantua, Brescia, Bergamo, Cremona, Piacenza, Parma, Modena, Bologna und Mailand zum Lombardischen Städtebund zusammen (1167). In I egnano schlugen die Truppen des Städtebundes Friedrichs deutsches Heer und zwangen den Kaiser zu einem sechsjährigen Waffenstillstand. Im folgenden Jahre söhnten sich Kaiser und Papst aus, und in Konstanz unterzeichnete Friedrich einen Vertrag, der den italienischen Städten die Selbstverwaltung wiedergab (1183). Diese erkannten ihrerseits die formelle Oberhoheit des Reiches an und erklärten sich großmütigerweise bereit, Friedrich und sein Gefolge bei seinen Besuchen in der Lombardei mit dem Nötigen zu versehen.

In Italien unterlegen, war Friedrich sonst überall siegreich. Es gelang ihm, die kaiserliche Macht in Polen, Böhmen und Ungarn durchzusetzen. Er stellte in der Praxis, wenn auch nicht dem Worte nach, alle Rechte zur Ernennung von Geistlichen, die Heinrich IV. beansprucht hatte, wieder her, und errang sich die Unterstützung dieser Geistlichkeit sogar gegen die Päpste[21]. Deutschland, das ihn nicht gerne in Italien sah, wärmte sich am Glanze seiner Macht und freute sich an dem ritterlichen Gepränge seiner Krönungen, seiner Hochzeiten, seiner Festlichkeiten. Im Jahre 1189 zog der alte Kaiser an der Spitze von hunderttausend Mann zum Dritten Kreuzzug aus, wohl in der Hoffnung, Ost und West zu einem Römischen Reiche des alten Umfanges vereinen zu können. Im folgenden Jahre ertrank er in Kilikien.

Wie Karl der Große hatte auch er zuviel von der römischen Tradition in sich aufgenommen; er hatte seine Kräfte im Bemühen um die Wiederbelebung einer toten Vergangenheit verausgabt. Die Bewunderer des monarchischen Prinzips beklagten seine Niederlagen als Siege des Chaos; die Anhänger der Demokratie feierten sie als Stufen auf dem Wege zur Freiheit. Im Hinblick auf seine großen Pläne war sein Handeln berechtigt; in Deutschland und Italien machten sich Willkür und Unordnung breit; nur eine starke kaiserliche Autorität vermochte den Fehden der Lehnsherren und den Kriegen der Städte Einhalt zu gebieten; die Ordnung mußte erst den Weg bereiten, ehe eine vernünftige Freiheit heranwachsen konnte. In den späteren Schwächezeiten Deutschlands rankten sich sehnsüchtige Sagen um Friedrich Barbarossa; was das dreizehnte Jahrhundert sich von seinem Enkel vorstellte, wurde mit der Zeit auf Barbarossa übertragen: er sei nicht wirklich tot, er schlafe nur im Kyffhäuser in Thüringen; man könne seinen langen Bart sehen, wie er durch den Marmor hindurchwachse; eines Tages werde der Kaiser erwachen, die Erde von seinen Schultern schütteln und wiederum ein geordnetes und starkes Deutschland schaffen. Als Bismarck ein geeintes Deutschland schmiedete, sah ein stolzes Volk in ihm den Barbarossa, der triumphierend seinem Grabe entstiegen war[22].

Heinrich VI. (1190–1197) machte den Traum seines Vaters beinahe wahr. Im Jahre 1194 eroberte er mit Hilfe von Genua und Pisa Süditalien und Sizilien von den Normannen; ganz Italien mit Ausnahme des Kirchenstaates beugte sich vor ihm; die Provence, die Dauphiné, Burgund, Elsaß-Lothringen, die Schweiz, Holland, Deutschland, Österreich, Böhmen, Mähren und Polen waren unter Heinrichs Herrschaft vereint; England erkannte ihn als Lehnsherrn an; die Almohaden Afrikas sandten ihm Tribute; Antiochien, Kilikien und Cypern baten um Aufnahme in den Reichsverband. Heinrich sah mit unersättlichem Appetit auf Frankreich und Spanien und plante die Eroberung von Byzanz. Die ersten Abteilungen seines Heeres waren bereits nach dem Osten aufgebrochen, als der Kaiser im Alter von dreiundreißig Jahren in Sizilien der Ruhr zum Opfer fiel.

Er hatte keine Vorsehungen getroffen für eine so schmähliche Rache des Klimas der von ihm eroberten Gebiete. Sein einziger Sohn war ein dreijähriger Knabe; ein Jahrzehnt des Durcheinanders folgte, währenddes Anwärter auf den Kaiserthron sich gegenseitig bekämpften. Als Friedrich II. mündig wurde, flammte der Kampf zwischen Kaisertum und Papsttum wieder auf; er wurde in Italien von einem deutsch-normannischen Herrscher geführt, der Italiener geworden war, und wird am besten vom italienischen Schauplatz aus behandelt werden. Auf Friedrichs II. Tod (1250) folgte ein weiteres Menschenalter des Wirrwarrs – «die kaiserlose, die schreckliche Zeit», wie Schiller sie benennt, in welcher die Kurfürsten den deutschen Thron an jeden Schwächling verkauften, der ihnen die Freiheit zur Stärkung ihrer Unabhängigkeit ließ. Als sich das Durcheinander zu lichten begann, hatte die Hohenstaufendynastie ihr Ende gefunden, und 1273 begann mit Rudolf von Habsburg, der Wien zur Hauptstadt wählte, ein neues Herrscherhaus. Um in den Besitz der Kaiserkrone zu gelangen, unterzeichnete Rudolf im Jahre 1279 eine Erklärung, in welcher er die vollständige Unterordnung der kaiserlichen unter die päpstliche Gewalt anerkannte und auf alle Ansprüche auf Süditalien und Sizilien verzichtete. Rudolf wurde nie Kaiser, aber sein Mut, seine Hingabe und seine Tatkraft ließen in Deutschland wieder Ordnung und Wohlstand einziehen und festigten die Macht einer Dynastie, die in Österreich und Ungarn bis 1918 regierte.

Heinrich VII. (1308–1313) unternahm einen letzten Versuch, Deutschland und Italien zu vereinigen. Mit geringer Unterstützung von seiten der deutschen Adligen und mit einer kleinen Gefolgschaft wallonischer Ritter überquerte er die Alpen (1310) und wurde von vielen lombardischen Städten willkommen geheißen, die der Klassenkämpfe und Stadtfehden überdrüssig waren und sich der politischen Autorität der Kirche zu entledigen strebten. Dante begrüßte den Eindringling mit einer Abhandlung *Über die Monarchie*, in welcher er kühn die Unabhängigkeit der weltlichen von der geistlichen Macht verkündete und Heinrich ersuchte, Italien von der Papstherrschaft zu befreien. Aber die Florentiner Welfen trugen die Oberhand davon, die turbulenten Städte entzogen dem Kaiser ihre Unterstützung, und Heinrich starb, von Feinden umringt, an der Malaria, der Krankheit, mit welcher die Apenninenhalbinsel dann und wann ihren zudringlichen Liebhabern heimzahlt.

Im Süden von den natürlichen geographischen, völkischen und sprachlichen Schranken zurückgehalten, fand Deutschland einen Auslauf und Ersatz im Osten. Durch Einwanderung, Eroberung und Kolonisierung rangen Deutsche und Holländer den Slawen drei Fünftel des deutschen Bodens wieder ab; kinderreiche Deutsche zogen der Donau entlang nach Ungarn und Rumänien; deutsche Kaufleute gründeten Messen und schufen sich Absatzmärkte in Frankfurt an der Oder, Breslau, Prag, Krakau, Danzig, Riga, Dorpat und Reval und richteten von der Nord- und Ostsee bis an die Alpen und das Schwarze Meer Handelsstationen ein. Die Eroberung war brutal, das Ergebnis ein gewaltiger Aufschwung im Wirtschafts- und Kulturleben der Randstaaten.

Inzwischen hatte die ständige Beschäftigung der Kaiser mit italienischen Fragen, die wiederholte Notwendigkeit, die Hilfe von Lehnsherren und Rittern durch die Abtretung von Ländereien oder Machtbefugnissen zu erkaufen oder zu belohnen und die Schwächung der deutschen Monarchie durch den Widerstand der Päpste und die Aufstände der lombardischen Städte dem Adel freie Hand gelassen, so daß er sich auf dem Lande breit machte und die Bauern zur Leibeigenschaft zwang, und das Lehnswesen setzte sich im Deutschland des dreizehnten Jahrhunderts gerade in dem Augenblicke durch, da es in Frankreich der Königsmacht erlag. Die Bischöfe, welche früher von den Kaisern als Gegengewicht gegen die Barone begünstigt worden waren, wurden selbst zu einem Adel, der nicht weniger reich, mächtig und unabhängig war als die weltlichen Herren. Gegen 1263 hatten sieben Edle – die Erzbischöfe von Mainz, Trier und Köln, die Herzöge von Sachsen und Bayern, der Pfalzgraf und der Markgraf von Brandenburg – von den Lehnsherren die Befugnis zur Königswahl erhalten, und diese sieben Kurfürsten engten die Macht der Herrscher ein, maßten sich königliche Vorrechte an und ergriffen Besitz von Kronländereien. Sie hätten als eine Zentralregierung handeln und dem Lande die Einheit geben können; sie taten es nicht; zwischen den Wahlen ging jeder seinen eigenen Weg. Eine deutsche Nation existierte noch nicht; es gab nur Sachsen, Schwaben, Bayern, Franken ... Es gab auch noch kein gesamtdeutsches Parlament, sondern nur Regionalparlamente, die Landtage; ein Reichstag, der 1247 gegründet wurde, siechte während des Interregnums dahin und brachte es erst 1338 zu Ansehen. Eine Körperschaft von Ministerialen – vom König ernannten Leibeigenen oder Freigelassenen – bildete einen locker gefügten Beamtenapparat und gab der Regierung einige Beständigkeit. Es gab keine feste Hauptstadt, auf die sich das Treugefühl und Interesse des Landes hätte richten können, keinen einheitlichen Gesetzeskörper, welcher im ganzen Reich gegolten hätte. Trotz Barbarossas Bemühungen, ganz Deutschland das römische Recht aufzuzwingen, behielt jedes Land seine eigenen Bräuche und Gesetze. 1225 fand das sächsische Recht seinen Niederschlag im *Sachsenspiegel*, 1275 wurden die Gesetze und Bräuche Schwabens im *Schwabenspiegel* niedergelegt. Diese Gesetzbücher erhoben Anspruch auf das alte Recht des Volkes, seinen König zu wählen, und das Recht der Bauern, ihre Freiheit zu wahren und ihren Boden zu behalten; der *Sachsenspiegel* erklärt, Leibeigenschaft und Sklaverei widerliefen der Natur und dem Willen Gottes und seien nur der Gewalttätigkeit oder dem Betrug zuzuschreiben[23]. Die Leibeigenschaft nahm trotzdem zu.

Das Zeitalter der Hohenstaufen (1138–1254) war Deutschlands größte Zeit vor Bismarck. Die Lebensart des Volkes war noch rauh, sein Rechtswesen chaotisch, seine Gesittung halb christlich, halb heidnisch, und sein Christentum teilweise ein Deckmantel für Landraub. In Reichtum und Bequemlichkeit der Lebensführung konnte es sich, Stadt um Stadt, mit Flandern und Italien nicht vergleichen. Deutschlands Bauernschaft war aber fruchtbar und fleißig, die Kaufmannschaft unternehmend und abenteuerlustig, der Adel der kultivierteste und mächtigste Europas, der König das weltliche Haupt des Westens, Gebieter über ein Reich vom Rhein bis zur Weichsel, von der Rhône bis an den Balkan, von der Ostsee bis zur Donau, von der Nordsee bis Sizilien. Ein mannhafter Handelsgeist hatte hundert Städte auf den Plan gerufen; viele besaßen einen Freibrief der Selbstverwaltung; Jahrzehnt um Jahrzehnt nahmen diese Städte an Wohlstand zu und zeigten ein immer regeres Kunstschaffen, bis sie in der Renaissance zum Stolz und Ruhm Deutschlands wurden, um in unserer eigenen Zeit als eine Schönheit, die vom Erdboden verschwunden ist, beklagt zu werden.

VII. SKANDINAVIEN

Nach einem Jahrhundert glückseliger Abgeschiedenheit von der Weltöffentlichkeit trat Dänemark mit Waldemar I. (1157–1182) wieder in die Weltgeschichte ein. Mit Unterstützung seines Ministers Absalon, des Erzbischofs von Lund, schuf er eine starke Regierungsgewalt, säuberte die Meere seines Gebietes von Seeräubern und ließ Dänemark durch den Schutz und die Förderung des Handels reich werden. 1167 gründete Absalon die Stadt Kopenhagen als «Markthafen, Kaufhafen» – Kjœbenhavn. Waldemar II. (1202–1241) erwiderte einen deutschen Angriff mit der Eroberung von Holstein, Hamburg und dem deutschen Gebiet nordöstlich der Elbe. «Zu Ehren der Gesegneten Jungfrau» unternahm er drei «Kreuzzüge» gegen die baltischen Slawen, eroberte Nordostestland und gründete Reval. Bei einem dieser Feldzüge wurde er in seinem Feldlager angegriffen und entkam dem Tode, wie die Sage berichtet, teils durch seine eigene Tapferkeit, teils dadurch, daß zur rechten Zeit ein rotes Banner mit einem weißen Kreuze vom Himmel herabkam; dieser *Danebrog* – «Dänentuch» – wurde von da an als Schlachtzeichen der Dänen verwendet. Im Jahre 1223 wurde Waldemar von Graf Heinrich von Schwerin gefangengenommen und erst wieder freigelassen, als er alle seine Eroberungen auf deutschem und slawischem Gebiet mit Ausnahme der Insel Rügen wieder an die Deutschen auslieferte. Den Rest seines bemerkenswerten Lebens widmete er innerpolitischen Reformen und der Kodifizierung des dänischen Rechts. Bei seinem Tode war Dänemark doppelt so groß als heute, da auch Südschweden zu seinem Staatsgebiet gehörte, und hatte so viele Einwohner wie Schweden (300 000) und Norwegen (200 000) zusammengenommen. Nach Waldemar II. verloren die Könige wieder an Macht, und 1282 erzwang der Adel von Erik Glipping eine Charta, in welcher er den *Danehof*, die Versammlung der Adligen, als nationales Parlament anerkannte.

Nur ein bedeutender Romanschriftsteller mit viel Einbildungskraft und großer Einfühlungsgabe vermöchte die Leistung Skandinaviens in dieser Frühzeit bildhaft vor Augen zu führen – die Tag um Tag, Fuß um Fuß vorangetriebene Eroberung einer beschwerlichen und gefährlichen Halbinsel. Die Lebensart war immer noch primitiv: Hauptstützen des Lebensunterhaltes waren neben dem Ackerbau Jagd und Fischfang; große Wälder waren zu roden, wilde Tiere mußten bekämpft werden, Gewässer verlangten nach nutzbringender Kanalisierung, Häfen waren anzulegen, Menschen mußten sich abhärten und stählen, um mit einer Natur, die sich gegen das Vordringen des Menschen aufzulehnen schien, fertigzuwerden. Zisterziensermönche spielten in diesem jahrhundertelangen Kampf eine edle Rolle: sie bebauten den Boden, schlugen Holz und brachten den Bauern verbesserte Ackerbauverfahren bei. Einer der vielen Helden dieses Krieges war Jarl Birger, der Schweden 1248–1266 als Ministerpräsident diente, die Leibeigenschaft aufhob, dem Recht zum Durchbruch verhalf, Stockholm gründete (um 1255) und zum Gründer der Folkunger-Dynastie (1250–1365) wurde, indem er seinen Sohn Waldemar auf den Thron setzte. Bergen wurde als Ausgangstor von Norwegens Handel reich, und Visby auf der Insel Gotland vermittelte den Handelsverkehr zwischen Schweden und dem Hansebund. Ausgezeichnete Kirchen entstanden, Dom- und Klosterschulen vervielfachten sich, Dichter stimmten ihre Leier, und Island, hoch oben in den Polarnebeln, wurde im dreizehnten Jahrhundert zum literarischen Mittelpunkt des skandinavischen Bereiches.

VIII. ENGLAND

I. WILHELM DER EROBERER

Wilhelm der Eroberer herrschte über England mit einer meisterlichen Mischung von Gewalttätigkeit, Gesetzlichkeit, Frömmigkeit, Schlauheit und Betrug. Als er von einem eingeschüchterten Witan auf den Thron erhoben wurde, schwor er, die bestehenden englischen Gesetze zu beachten. Einige Thanes im Westen und Norden nutzten seine Abwesenheit in der Normandie aus und erhoben sich (1067); Wilhelm kehrte nach England zurück, durchzog das Land wie ein rächender Feuersbrand und verheerte den Norden durch Hinrichtungen und die Zerstörung von Häusern, Scheunen, Ernten und Viehbeständen so gründlich, daß Nordengland sich bis ins neunzehnte Jahrhundert nicht mehr vollständig zu erholen vermochte[24]. Die besten Ländereien seines Reiches verteilte er in Gestalt großer Güter an seine Normannen, wobei er sie aufforderte, zum Schutz gegen eine feindselige Bevölkerung Burgen zu bauen*. Weite Gebiete behielt er als Kronländereien für sich; ein

* Robin Hood, berühmt in der Sage, aber dunkel in der Geschichte, war vielleicht einer der Angelsachsen, welche über ein Jahrhundert lang den normannischen Eroberern in einem Guerillakrieg Widerstand leisteten. Die Armen Englands feierten sein Andenken als das eines ungeschlagenen Aufrührers, der im Sherwood Forest hauste, kein normannisches Gesetz anerkannte, die Herren beraubte, den Leibeigenen half und die Heiligen verehrte.

dreißig Meilen langes Stück wurde als königliches Jagdreservat eingerichtet: alle Häuser, Kirchen und Schulen dieses Gebietes wurden niedergerissen, um Pferden und Hunden den Weg frei zu machen, und jeder, der in diesem New Forest einen Hirsch oder ein Reh tötete, wurde geblendet[25].

Auf diese Weise entstand der neue Adel Englands, dessen Nachkommen heute noch dann und wann französische Namen tragen, und das Lehnswesen, das zuvor verhältnismäßig schwach entwickelt gewesen war, überzog nun das Land und brachte dem Großteil der unterworfenen Bevölkerung die Leibeigenschaft. Der gesamte Boden gehörte dem König; aber Engländer, die nachweisen konnten, daß sie den Normannen keinen Widerstand entgegengebracht hatten, durften ihren Grundbesitz vom Staate zurückkaufen. Um seine Beute aufzuzeichnen und zu kennen, ließ Wilhelm im Jahre 1085 Besitzverhältnisse, Zustand und Inventar jedes Grundstückes in England registrieren; wie die alte Chronik berichtet, führte er diese Aufzeichnungen so gründlich durch, daß «kein Yard Landes ... ja nicht einmal ein Ochs oder eine Kuh oder ein Schwein der Eintragung in sein Verzeichnis entging»[26]. Das Ergebnis war das Domesday Book, ominöserweise als letztes «Gericht» *(doom)*, als endgültiger Entscheid in allen den Grundbesitz betreffenden Streitfragen so genannt. Um sich die Kriegsdienste seiner großen Vasallen zu sichern und zugleich ihre Macht in Grenzen zu halten, lud Wilhelm alle bedeutenden Grundbesitzer Englands – insgesamt 60 000 – nach Salisbury (1086), wo er jeden den Treueid auf den König schwören ließ. Es war eine kluge Maßnahme gegen den individualistischen Lehnsgeist, der gerade zu dieser Zeit Frankreichs Einheit zersplitterte.

Nach einer Eroberung ist eine harte Regierung zu erwarten. Wilhelm ernannte oder entließ Ritter und Lords, Bischöfe, Erzbischöfe und Äbte; er zögerte nicht, große Grundherren einzukerkern und sein Recht der Ernennung geistlicher Würdenträger gegenüber dem gleichen mächtigen Gregor VII. durchzusetzen, der in diesen Jahren Heinrich IV. nach Canossa brachte. Um Feuersbrünsten vorzubeugen, befahl er, daß spätestens acht Uhr abends in ganz England alle Herdfeuer zugedeckt oder ausgelöscht sein müßten[27]. Um das Geld für seinen wachsenden Regierungsapparat und seine Eroberungen aufzutreiben, belegte er alle Verkäufe und Ein- und Ausfuhren mit hohen Steuern und forderte Abgaben für die Benutzung von Brücken und Straßen; er führte das Danegeld, welches von Eduard dem Bekenner abgeschafft worden war, wieder ein; und als er erfuhr, daß manche Engländer dem Zugriff seiner Finger dadurch zu entgehen suchten, daß sie ihr Geld in klösterlichen Gewölben deponierten, ließ er alle Klöster durchsuchen und den gesamten solcherart gehorteten Reichtum an seine eigene Kasse abführen. Sein königliches Hofgericht nahm gerne Bestechungen entgegen und trug sie ehrbar in ein Register ein[28]. Es war ganz offen eine Regierung von Eroberern, welche fest entschlossen waren, die Gewinne aus ihrem Unternehmen der Größe ihres Risikos anzupassen.

Die normannische Geistlichkeit beteiligte sich am Sieg. Der tüchtige und willfährige Lanfranc wurde von Caen geholt und zum Erzbischof von Canterbury und ersten Minister des Königs ernannt. Er machte die Feststellung, daß die angelsächsische Geistlichkeit der Jagd, dem Würfelspiel und dem ehelichen Leben frönte[29], und ersetzte sie durch normannische Priester, Bischöfe und Äbte; er stellte eine neue Klosterregel auf, die *Customs of*

Canterbury, und hob das geistige und sittliche Niveau der englischen Geistlichkeit. Wohl auf sein Anraten verfügte Wilhelm die Trennung der geistlichen von den weltlichen Gerichten, befahl er, daß alle geistlichen Angelegenheiten dem kanonischen Recht der Kirche unterworfen würden, und verpflichtete den Staat, alle von kirchlichen Gerichtshöfen verhängten Strafen zu vollziehen. Zum Unterhalt der Kirche wurden von der Bevölkerung Zehnten eingezogen. Wilhelm verlangte aber, daß ohne seine Zustimmung keine päpstliche Bulle und kein päpstliches Sendschreiben in England in Umlauf gesetzt oder befolgt werden dürfe und daß ohne königliche Einwilligung kein päpstlicher Legat englischen Boden betreten dürfe. Die Nationalversammlung der Bischöfe Englands, die bisher dem Witan angehört hatte, sollte von nun an eine eigene Körperschaft bilden, deren Verfügungen nur dann Gesetzeskraft erhielten, wenn sie vom König bestätigt wurden[30].

Wie den meisten großen Männern fiel es auch Wilhelm leichter, ein Reich zu regieren als eine Familie. Die letzten elf Jahre seines Lebens waren von Streitigkeiten mit Königin Mathilde umschattet. Sein Sohn Robert forderte für sich die vollständige Befehlsgewalt in der Normandie; als er sie nicht erhielt, lehnte er sich auf; Wilhelm lieferte ihm eine unentschiedene Schlacht und gelangte zu einem Frieden mit ihm, indem er ihm versprach, er werde ihm das Herzogtum testamentarisch vermachen. Der König wurde so dick, daß er kaum mehr ein Pferd besteigen konnte. Er führte mit Philipp I. von Frankreich Krieg wegen einiger Grenzfragen; als er, fast unbeweglich in seiner Korpulenz, in Rouen die Zeit vertrödelte, soll Philipp scherzend behauptet haben, der König von England liege «im Wochenbett», und beim Dankgottesdienst nach der Niederkunft würden sicher zahllose Kerzen brennen. Wilhelm befahl seinem Heer daraufhin, Mantes und Umgebung in Trümmer und Asche zu legen und die Ernten zu zerstören; seinem Befehl wurde Folge geleistet. Als er glückstrahlend durch die Ruinen ritt, stolperte das Pferd, und Wilhelm wurde gegen den Sattelknauf geschleudert. Er wurde in die Priorei St-Gervase bei Rouen getragen. Dort beichtete er seine Sünden in Bausch und Bogen; er machte sein Testament, verteilte seine Schätze reumütig unter die Armen und an die Kirche und verfügte den Wiederaufbau von Mantes. Alle seine Söhne mit der einzigen Ausnahme von Heinrich verließen das Totenbett, um den Erbfolgekrieg zu beginnen; seine Beamten und Diener flohen und nahmen alles, was ihnen in die Hände fiel, als Beute mit. Ein einfacher Lehnsmann brachte die sterblichen Überreste Wilhelms in die Abbaye aux Hommes nach Caen (1087). Der Sarg, der bereitgestellt worden war, erwies sich als zu klein für den Leichnam; als die Diener die gewaltige Masse gewaltsam in den engen Raum zu zwängen versuchten, platzte der Leib, und die Kirche wurde von königlichem Gestank erfüllt[31].

Die Folgen der normannischen Eroberung sind unabsehbar. Ein neues Volk und ein neuer Stand zwang sich den Dänen auf, welche die Angelsachsen verdrängt hatten, die ihrerseits die römischen Briten unterworfen hatten, die wiederum die Kelten überwältigt hatten ...; Jahrhunderte sollten noch vergehen, ehe die angelsächsischen und keltischen Elemente sich in Sprache und Volkstum der Briten wieder durchsetzten. Die Normannen waren den Dänen verwandt, aber in dem Jahrhundert seit Rollo waren sie Franzosen geworden, und mit ihrem Kommen wurden Bräuche und Sprache des offiziellen Englands auf drei Jahrhunderte französisch. Das Lehnswesen wurde mitsamt seinem Pomp und Staat, seiner Heraldik, seinem Ritterwesen und seiner Standessprache aus Frankreich nach England eingeführt. Die Leibeigenschaft faßte tiefer Wurzel und wurde rücksichtsloser aufgezwungen als je zuvor in England[32]. Die jüdischen Geldverleiher, die mit Wilhelm herüberkamen, verschafften dem Handel und Gewerbe in England neuen Auftrieb. Die engere Berührung mit dem Kontinent brachte viel literarisches und künstlerisches Gedankengut nach England; die normannische Baukunst errang ihre größten Triumphe in England. Der neue Adel brachte eine neue Gesittung, einen frischen Lebensschwung, eine bessere landwirtschaftliche Organisation mit, und die normannischen Herren und Bischöfe sorgten für eine bessere Staatsverwaltung. Die Regierung wurde zentralisiert. Das Land war nun geeint, wenngleich durch Despotismus; Leben und Besitz kamen in den Genuß größerer Sicherheit, und England trat in eine lange Periode inneren Friedens ein. Von da an war keine Invasion mehr von Erfolg gekrönt.

2. THOMAS BECKET

Es gilt in England als feststehende Regel, daß zwischen zwei starken Königen ein schwacher König auftrete; die Zahl dazwischenliegender mittelmäßiger Herrscher ist jedoch nicht begrenzt. Nach dem Tode des Eroberers erhielt sein ältester Sohn Robert die Normandie als selbständiges Königreich. Ein jüngerer Sohn, Wilhelm Rufus (der Rote, 1087 bis 1100), wurde zum König gekrönt, nachdem er dem Mann, der ihn salbte und der auch sein Minister war, Lanfranc, versprochen hatte, er werde sich ordentlich benehmen. Er führte bis 1093 eine tyrannische Regierung, erkrankte, versprach erneut, sich ordentlich zu benehmen, genas und führte eine tyrannische Regierung, bis er bei der Jagd von einem Pfeil aus unbekannter Hand tödlich getroffen wurde. Der heilige Anselm, Lanfrancs Nachfolger als Erzbischof von Canterbury, leistete ihm geduldig Widerstand und wurde nach Frankreich zurückgeschickt.

Ein dritter Sohn des Eroberers, Heinrich I. (1100–1135), berief Anselm zurück. Der geistliche Philosoph forderte, daß der Wahl der Bischöfe durch die Könige Einhalt geboten werde; nach einem hartnäckigen Streit kam man überein, daß die englischen Bischöfe und Äbte in Gegenwart des Königs von den Domkapiteln oder den Mönchen gewählt werden und dem König für ihre Lehen und Lehnsrechte den Treueid leisten sollten. Heinrich liebte das Geld und verabscheute die Verschwendung; er verlangte hohe Steuern, aber regierte vorausschauend und gerecht; er bewahrte Ruhe, Ordnung und Frieden in England, mit der Ausnahme, daß er mit einer einzigen Schlacht – bei Tinchebrai 1106 – die Normandie wieder für die englische Krone gewann. Er befahl dem Adel, «sich beim Umgang mit den Frauen, Söhnen und Töchtern der Lehnsmannen Zurückhaltung aufzuerlegen»[33]; selbst hatte er viele illegitime Kinder von verschiedenen Geliebten[34], besaß aber doch den Anstand und die Klugheit, Maud, eine Prinzessin sowohl aus schottischem wie aus englischem Königshause, heimzuführen und damit einer neuen Königsdynastie altes Königsblut zuzuführen.

In den letzten Tagen seines Lebens befahl Heinrich den Lehnsherren und Bischöfen, seiner Tochter Mathilde und ihrem jüngeren Sohne, dem künftigen Heinrich II., den Treueid zu schwören. Beim Tode des Königs setzte sich aber Stephan von Blois, ein Enkel des Eroberers, in den Besitz des Thrones, und England mußte vierzehn Jahre des Sterbens und Steuerzahlens in einem Bürgerkriege erleiden, der sich durch die entsetzlichsten Grausamkeiten auszeichnete[35]. Inzwischen wuchs Heinrich heran, ehelichte Eleonore von Aquitanien mit ihrem Herzogtum, fiel in England ein, zwang Stephan, ihn als Thronerben anzuerkennen und wurde nach Stephans Tode König (1154); damit endete das normannische Herrscherhaus und begann die Dynastie der Plantagenets*. Heinrich war ein Mann von hitzigem Temperament, brennendem Ehrgeiz und stolzer Verstandeskraft, ein wenig zum Atheismus geneigt[36]. Obgleich dem Namen nach Herr eines Reiches, das sich von Schottland bis zu den Pyrenäen erstreckte und halb Frankreich einschloß, schien er zu einer hilflosen Stellung in einer Lehnsgesellschaft verurteilt zu sein, die von ihren Burgen aus mit Söldnertruppen das Land in unzählige kleine Herrschaftsbereiche aufgespalten hatte. Mit bewunderungswürdiger Tatkraft sammelte der junge König Geld und Truppen, bekämpfte und unterwarf einen Lehnsherrn nach dem anderen, zerstörte die lehnsherrlichen Burgen und stellte Ordnung, Sicherheit, Gerechtigkeit und Frieden wieder her. Mit einem meisterlich sparsamen Einsatz von Menschen und Mitteln brachte er ein Irland unter englische Herrschaft, welches von walisischen Freibeutern erobert und ausgeplündert worden war. Aber dieser starke Mann, einer der größten Könige der englischen Geschichte, wurde gedemütigt und zerbrach an einem Manne, dessen Wille so unbeugsam war wie sein eigener, Thomas Becket, und an einer Religion, die damals mächtiger war als jeder Staat.

Thomas war um das Jahr 1118 in London geboren worden und entstammte einer normannischen Familie des Mittelstandes. Theobald, der Erzbischof von Canterbury, wurde auf seinen frühreifen Verstand aufmerksam und schickte ihn zum Studium des zivilen und kanonischen Rechtes nach Auxerre. Nach England zurückgekehrt, erhielt er die Weihe und wurde bald Erzdiakon von Canterbury. Wie so viele Männer der Kirche seiner Zeit, war er jedoch eher ein Mann der Welt als ein Geistlicher; seine Interessen und Fähigkeiten lagen auf dem Gebiet der Staatskunst und Diplomatie, und er zeigte darin so viel Geschick, daß er als Siebenunddreißigjähriger Staatssekretär wurde. Eine Zeitlang kamen er und Heinrich gut miteinander aus; der hübsche junge Kanzler war enger Vertrauter des Königs und nahm an dessen ritterlichen Vergnügungen, ja fast an dessen Reichtum und Macht teil. Seine Tafel war die üppigste von ganz England, und seine Freigebigkeit gegenüber den Armen stand seiner Gastfreundschaft gegenüber den Freunden nicht nach. Im Kriege führte er in eigener Person 700 Ritter an; er focht Zweikämpfe aus und entwarf Feldzugspläne. Als er in einer Mission nach Paris geschickt wurde, waren die Franzosen ob seinem luxuriösen Gefolge mit acht Wagen, vierzig Pferden und 200 Bediensteten bestürzt, denn sie fragten sich, wie reich wohl ein König sein müsse, dessen Minister schon so üppig lebte.

Im Jahre 1162 wurde Thomas Erzbischof von Canterbury. Wie infolge einer magischen Beschwörung änderte er ganz plötzlich und von Grund auf seine Lebensweise. Er gab sei-

* Gottfried von Anjou, Heinrichs II. Vater, hatte einen Ginstersproß (*planta*, Sproß; fr. *genêt*, Ginster) als Helmzier getragen.

nen prächtigen Palast, seine königlichen Gewänder, seine edlen Freunde auf. Er nahm seinen Rücktritt als Kanzler. Er legte ein rauhes Gewand an, trug ein härenes Hemd, aß nur noch Gemüse, Körner und Wasser und wusch jeden Abend dreizehn Bettlern die Füße. Von da an wurde er ein unbeugsamer Verteidiger aller Rechte, Privilegien und weltlichen Güter der Kirche. Zu diesen Rechten gehörte auch das Privileg der Geistlichkeit, sich der weltlichen Rechtsprechung zu entziehen. Heinrich, der seine Herrschaft über alle Stände ausdehnen wollte, war wütend darüber, daß von Geistlichen begangene Verbrechen, die vor kirchlichen Gerichtshöfen zur Behandlung kamen, straflos ausgingen. Er berief die Ritter und Bischöfe von England nach Clarendon (1164) und brachte sie dazu, die Satzung von Clarendon zu unterzeichnen, die viele geistliche Immunitäten aufhob; Becket weigerte sich jedoch, sein erzbischöfliches Siegel auf die Urkunden zu setzen. Heinrich erließ die neuen Gesetze trotzdem und zitierte den kränkelnden Prälaten vor ein Hofgericht. Becket kam und widersetzte sich in aller Ruhe seinen eigenen Bischöfen, die ihn des Ungehorsams gegenüber seinem Lehnsherrn, dem König, für schuldig befanden. Das Gericht wollte ihn in Haft setzen; Becket erklärte, er werde an den Papst appellieren, und verließ in seinen erzbischöflichen Gewändern, die niemand anzurühren wagte, ungehindert den Raum. Am gleichen Abend sah er eine große Zahl von Armen in seinem Londoner Hause zu Gast. Während der Nacht floh er in Verkleidung und auf Umwegen an den Kanal, überquerte die wildbewegte See in einem kleinen Boot und fand in dem Kloster von St-Omer im Hoheitsgebiet des französischen Königs Zuflucht. Dem Papst Alexander III. tat er seinen Verzicht auf das Erzbistum kund; Alexander stellte sich auf seine Seite, investierte ihn erneut auf seinem Bischofssitz, sandte ihn aber in die Abtei von Pontigny, damit er dort eine Zeitlang das Leben eines einfachen Zisterziensermönches führe.

Heinrich verbannte alle Verwandten Beckets, gleich welchen Alters oder Geschlechts, aus England. Als Heinrich in die Normandie kam, verließ Thomas seine Zelle und sprach von einer Kanzel in Vézelay den Kirchenbann gegen alle englischen Geistlichen, welche die Satzung von Clarendon unterstützten, aus (1166). Heinrich drohte den Besitz aller Prioreien in England, der Normandie, Anjou und Aquitanien, die an die Abtei von Pontigny angeschlossen waren, einzuziehen, falls deren Abt weiterhin Becket bei sich beherberge; der Abt bekam es mit der Angst zu tun und bat Thomas, die Abtei zu verlassen, und der kränkelnde Aufrührer lebte eine Zeitlang von Almosen in einer schäbigen Herberge in Sens. Auf Betreiben Ludwigs VII. von Frankreich befahl der Papst dem englischen König, dem Erzbischof sein Bistum wieder zurückzuerstatten, andernfalls über alle Gebiete unter englischer Herrschaft das Interdikt verhängt werde. Heinrich gab nach. Er begab sich nach Avranches, suchte Becket auf, verhieß in allen Klagepunkten Abhilfe und hielt dem Erzbischof die Zügel, als der triumphierende Prälat zur Rückkehr nach England in den Sattel stieg (1169). Wieder in Canterbury, erneuerte Thomas seinen Bann gegen die Bischöfe, welche ihm Widerstand geleistet hatten. Mehrere exkommunizierte Bischöfe begaben sich zu Heinrich in die Normandie und brachten ihn, möglicherweise mit übertriebenen Schilderungen von Beckets Verhalten, in heiße Wut. «Was!» rief Heinrich aus, «soll denn wirklich ein Mann, der mein Brot gegessen hat ... den König und das ganze Königreich beleidigen dürfen, und nicht einer der faulen Gefolgsleute, die ich an meinem

Tische ernähre, sorgt dafür, daß diese Beleidigung wiedergutgemacht wird?» Vier Ritter, die diese Worte hörten, eilten, offenbar ohne Wissen des Königs, nach England. Am 30. Dezember 1170 stießen sie am Altar der Kathedrale von Canterbury auf den Erzbischof und hieben ihn mit dem Schwerte nieder.

Die ganze Christenheit erhob sich entsetzt gegen Heinrich und brandmarkte ihn mit einem spontanen und allgemeinen Bannfluch. Heinrich schloß sich drei Tage lang in seinen Gemächern ein, verweigerte jede Nahrung, ließ die Mörder festnehmen, schickte Sendboten mit der Beteuerung seiner Unschuld zum Papst und versprach, jede Buße, die dieser ihm auferlegen würde, auf sich zu nehmen. Er widerrief die Satzung von Clarendon und setzte die Kirche in seinem Reiche in alle früheren Rechte und Besitztümer wieder ein. Das Volk kanonisierte derweil Becket und erzählte sich von vielen Wundern, die an seinem Grabe geschehen seien; die Kirche sprach ihn offiziell heilig (1172), und bald kamen die Pilger zu Tausenden an sein Grab. Schließlich zog auch Heinrich als reuiger Büßer nach Canterbury; die letzten drei Meilen ging er unbeschuht mit blutigen Füßen auf der kiesigen Straße; er warf sich vor der Grabstätte seines toten Gegners nieder, bat die Mönche, ihn auszupeitschen, und ließ ihre Hiebe über sich ergehen. Sein starker Wille zerbrach unter der Last der allgemeinen Schmähung und der zunehmenden Wirrnisse in seinem Reiche. Seine Gattin Eleonore, die von dem ehebrecherischen König verbannt und eingekerkert worden war, verschwor sich mit ihren Söhnen zu seinem Sturze. Sein ältester Sohn Heinrich stellte sich 1173 und nochmals 1183 an die Spitze aufrührerischer Lehnsmänner und fiel während eines Aufstandes. Im Jahre 1189 verbündeten sich seine Söhne Johann und Richard, die ungeduldig auf seinen Tod warteten, mit Philipp August von Frankreich zum Kriege gegen ihren Vater. Er wurde von Le Mans vertrieben und haderte mit dem Gott, der ihm die Stadt seiner Geburt und seiner Liebe entrissen hatte, und auf dem Sterbebette in Chinon (1189) verfluchte er mit dem letzten Atemzuge die beiden Söhne, die ihn verraten hatten, und das Leben, das ihm Macht und Ruhm, Reichtümer und Mätressen, Feinde, Schmach, Verrat und schließlich die Niederlage eingetragen hatte.

Es war aber keine vollständige Niederlage. Er hatte dem toten Becket gegeben, was er dem lebenden Becket verweigert hatte; es war aber doch Heinrichs Argument in diesem erbitterten Ringen, welches die Zustimmung der Zeit fand: nach ihm dehnten die weltlichen Gerichte ihre Rechtsprechung mit jeder Regierungszeit mehr auch über die geistlichen Untertanen des Königs aus[37]. Heinrich befreite das englische Rechtswesen von lehnsherrlichen und geistlichen Einschränkungen und leitete eine Entwicklung ein, die das englische Recht zu einer der bedeutendsten juristischen Errungenschaften seit dem kaiserlichen Rom machte. Wie sein Urgroßvater, der Eroberer, stärkte und einte er die Staatsgewalt in England, indem er einen rebellischen und anarchischen Adel zu Ordnung und Botmäßigkeit zwang. In diesem Punkte war er nur allzu erfolgreich: die Zentralregierung wurde so stark, daß sie beinahe schon an einen unverantwortlichen und unberechenbaren Despotismus grenzte, und die nächste Runde in diesem geschichtlichen Wechselspiel zwischen Ordnung und Freiheit gehörte dem Adel und der Freiheitlichkeit.

3. DIE MAGNA CHARTA

Richard I. Löwenherz wurde unbestrittener Nachfolger auf dem Throne seines Vaters. Sohn der abenteuerlustigen, impulsiven, unbändigen Eleonore, folgte er eher ihren Spuren als denjenigen des düsteren und tüchtigen Heinrich. Im Jahre 1157 in Oxford geboren, wurde er von seiner Mutter mit der Verwaltung ihrer Domänen in Aquitanien betraut. Dort nahm er die skeptische Kultur der Provence, die «fröhliche Wissenschaft» der Troubadours, in sich auf und wurde nie mehr ein richtiger Engländer. Er liebte Abenteuer und Gesang stärker als Politik und Verwaltung; er zwängte die Liebesabenteuer eines Jahrhunderts in die zweiundvierzig Jahre seines Lebens und gewährte den Dichtern seiner Zeit zugleich das Kompliment der Nachahmung und die Förderung der Gönnerschaft. Die ersten fünf Monate seiner Regierung vergingen mit den Bemühungen um Geldmittel für einen Kreuzzug; er eignete sich zu diesem Zwecke die von Heinrich II. gefüllt hinterlassene Staatskasse an; er entließ Tausende von Beamten und stellte sie gegen eine kleine Abgabe wieder an; er verkaufte Freibriefe an zahlungskräftige Städte und erkannte Schottlands Selbständigkeit an – gegen eine Zahlung von 15 000 Mark; nicht etwa, daß er das Geld nicht geliebt hätte, das Abenteuer bedeutete ihm nur noch mehr. Es war noch kein halbes Jahr seit der Thronbesteigung vergangen, als er auch schon nach Palästina aufbrach. Seine eigene Sicherheit und die Rechte der anderen bekümmerten ihn wenig; er besteuerte seine Länder bis zum äußersten und verschwendete Staatseinkünfte mit Schwelgen, Prunken und Festen; aber er galoppierte so tollkühn und tapfer durch das letzte Jahrzehnt des zwölften Jahrhunderts, daß seine Dichterkollegen ihn über Alexander, Arthur und Karl den Großen stellten.

Er bekämpfte und liebte Saladin, scheiterte an ihm und schwor, ihn zu besiegen, kehrte nach Hause zurück, wurde unterwegs (1192) von Herzog Leopold von Österreich, den er in Kleinasien beleidigt hatte, gefangengesetzt. Zu Beginn des Jahres 1193 lieferte ihn Leopold dem Kaiser Heinrich VI. aus, der gegen Heinrich II. und Richard einen Groll hegte; trotz des in ganz Europa anerkannten Gesetzes, daß kein Kreuzfahrer zurückgehalten werden durfte, hielt Heinrich VI. den König von England in einem Schloß in Dürnstein an der Donau gefangen und verlangte von England ein Lösegeld von 150 000 Mark, was etwa das Doppelte der jährlichen Einkünfte der britischen Krone ausmachte. Zur gleichen Zeit versuchte Richards Bruder Johann sich des Thrones zu bemächtigen. Er stieß auf Widerstand, floh nach Frankreich und schloß sich den Angriffen Philipp Augusts gegen England an. Philipp brach ein Friedensgelöbnis, fiel über englischen Besitz in Frankreich her, bemächtigte sich seiner und bot Heinrich VI. große Summen, falls er Richard weiter gefangenhalte. Richard grämte sich in behaglicher Haft und verfaßte eine ausgezeichnete Ballade[38], in der er sein Land um das Lösegeld bat. Während dieses ganzen Wirrwarrs amtete Eleonore mit Erfolg als Regentin und bediente sich des klugen Rates ihres Justitiars Hubert Walter, des Erzbischofs von Canterbury; es bereitete ihr jedoch Schwierigkeiten, das Lösegeld aufzubringen. Endlich freigelassen (1194), eilte Richard nach England, trieb Steuern und Truppen ein und führte ein Heer über den Kanal, um für sich selbst und England Rache an Philipp August zu nehmen. Nach der Überlieferung soll er jahrelang die

Sakramente verweigert haben, damit er nicht gezwungen würde, seinem treulosen Feinde zu verzeihen. Er gewann das ganze Gebiet, das Philipp ihm abgenommen hatte, zurück und bequemte sich zu einem Frieden, der Philipp eine Lebensmöglichkeit gewährte. In der Zwischenzeit geriet er mit einem Vasallen, Adhemar, Grafen von Limoges, der einen Goldschatz auf seinem Grund gefunden hatte, in Streit. Adhemar hatte Richard einen Teil angeboten, aber Richard verlangte das Ganze und belagerte Adhemar. Ein Pfeil aus Adhemars Schloß traf den König, und Richard Löwenherz ließ sein Leben im dreiundvierzigsten Lebensjahre wegen eines Streites um ein Häuflein Gold.

Sein Bruder Johann (1199–1216)* folgte ihm auf den Thron, nachdem er gegen Widerstand und Mißtrauen hatte ankämpfen müssen; Erzbischof Walter ließ ihn einen Krönungseid ablegen, daß er seinen Thron auf Grund der Wahl durch das Volk (d.h. Adel und Geistlichkeit) und durch Gottes Gnaden erhalten habe. Aber Johann, der schon seinem Vater, seinem Bruder und seiner Gattin gegenüber ein falsches Spiel gespielt hatte, ließ sich durch ein weiteres Gelübde nicht sonderlich binden. Wie Heinrich II. und Richard I. schenkte er dem religiösen Glauben nicht viel Beachtung. Er soll seit seiner Volljährigkeit nie mehr das Abendmahl genommen haben, nicht einmal am Krönungstage[39]. Die Mönche beschuldigten ihn des Atheismus und berichteten, er habe einmal einen fetten Hirsch gefangen und dazu bemerkt: «Wie rundlich und wohlgenährt ist dies Tier! und doch möchte ich schwören, daß es nie die Messe gehört hat» – was die Mönche mit Mißbehagen als eine Anspielung auf ihre Fettleibigkeit auffaßten[40]. Johann besaß viel Verstand und wenig Gewissen; er war ein ausgezeichneter Staatsmann; «kein großer Freund der Geistlichkeit» und darum, wie Holinshed bemerkt, von den klösterlichen Chronisten ein wenig verleumdet[41]; er war nicht immer im Unrecht, entfremdete sich aber oft die Menschen durch sein hitziges Temperament und seinen scharfen Witz, seine anstoßerregende Gemütsart, seinen hochmütigen Absolutismus und durch die Steuereintreibungen, zu denen er sich für die Verteidigung Englands gegen Philipp August verpflichtet fühlte.

Im Jahre 1199 holte sich Johann die Genehmigung des Papstes Innozenz III. zur Scheidung von Isabella von Gloucester, da sie ihm blutsverwandt sei; kurz hernach ehelichte er Isabella von Angoulême, trotz ihres Verlöbnisses mit dem Grafen von Lusignan. Der Adel beider Länder nahm daran Anstoß, und der Graf bat Philipp, er möchte etwas dagegen unternehmen. Etwa zur gleichen Zeit beschwerten sich die Barone von Anjou, Touraine, Poitou und Maine, daß Johann ihre Provinzen unterdrücke. Auf Grund von Treueiden, die noch auf die Abtretung der Normandie an Rollo zurückgingen, erkannten die Grundherren von Frankreich auch in den zu England gehörigen Gebieten den französischen König als ihren obersten Lehnsherrn an; und nach Feudalrecht war Johann als Herzog der Normandie Lehnsmann des Königs von Frankreich. Philipp zitierte seinen königlichen Lehnsmann nach Paris, damit er sich gegen verschiedene Anklagen und Appelle verantworte. Johann weigerte sich zu kommen. Der französische Lehnsgerichtshof erklärte seine Besitzungen in Frankreich für verfallen und übertrug die Normandie, Anjou und Poitou an den Grafen Arthur von der Bretagne, einen Enkel Heinrichs II. Arthur machte Ansprüche auf

* Mit dem Beinamen «ohne Land», weil er im Gegensatz zu seinen älteren Brüdern von seinem Vater keine Apanage auf dem Festland erhalten hatte.

den englischen Thron geltend, stellte ein Heer auf und besiegte bei Mirabeau die Königin Eleonore, die als Achtzigjährige eine Streitmacht zur Verteidigung ihres störrischen Sohnes anführte. Johann eilte zu ihrer Rettung herbei, nahm Arthur gefangen und ließ ihn offenbar hinrichten. Philipp drang in der Normandie ein. Johann war zu sehr mit seinen Flitterwochen in Rouen beschäftigt, um seine Truppen anzuführen; sie wurden geschlagen; Johann floh nach England, und die Normandie, Maine, Anjou und Touraine gingen an die französische Krone über.

Papst Innozenz III., der sich mit Philipp überworfen hatte, hatte alles in seiner Macht Stehende getan, um Johann zu unterstützen; nun geriet Johann mit Innozenz in Streit. Beim Tode von Hubert Walter (1205) bewog der König die älteren Mönche von Canterbury, Johann von Gray, den Bischof von Norwich, mit dem Erzbistum von Canterbury zu betrauen. Eine Schar jüngerer Mönche wählte Reginald, ihren Subprior, zum Erzbischof. Die rivalisierenden Kandidaten eilten nach Rom, um sich die päpstliche Bestätigung einzuholen; Innozenz wies beide zurück und ernannte Stephan Langton, einen englischen Prälaten, der seit fünfundzwanzig Jahren in Paris lebte und derzeit Theologieprofessor an der dortigen Universität war. Johann erhob den Einwand, Langton sei auf das Amt des Primas von England nicht vorbereitet, da diese Stellung nicht nur mit kirchlichen, sondern auch mit politischen Funktionen verbunden sei. Innozenz ließ Johanns Einwände unbeachtet und weihte in Viterbo Stephan zum Erzbischof von Canterbury (1207). Johann verbot Langton, seinen Fuß auf englischen Boden zu setzen, drohte das Kloster über dem Kopf der aufrührerischen Mönche von Canterbury anzuzünden und schwor «bei den Zähnen Gottes», er werde jeden katholischen Geistlichen aus dem Lande verbannen und dazu noch einige ihrer Augen und Nase berauben, falls der Papst England mit dem Interdikt belegen sollte. Das Interdikt wurde trotzdem verkündet (1208); alle religiösen Handlungen der englischen Geistlichen mit Ausnahme der Taufe und der letzten Ölung wurden eingestellt; Kirchen wurden von den Geistlichen geschlossen, Glocken zum Verstummen gebracht und die Toten auf ungeweihtem Grund bestattet. Johann beschlagnahmte jeden bischöflichen und klösterlichen Besitz und übertrug ihn an Laien. Innozenz exkommunizierte den König; Johann setzte sich über den Bannfluch hinweg und führte erfolgreich Krieg in Irland, Schottland und Wales. Das Volk zitterte unter dem Interdikt, aber die Adligen ließen die Plünderung des Kirchenbesitzes zu, da sie wenigstens vorübergehend den königlichen Appetit von ihrem eigenen Reichtum abwandte.

Stolz über seinen anscheinenden Sieg, machte Johann sich durch seine Exzesse viele Feinde. Er vernachlässigte seine zweite Gattin, um illegitime Kinder mit mehreren Mätressen zu zeugen; er warf Juden ins Gefängnis, um sie um ihr Geld zu erleichtern; er ließ es zu, daß einige eingekerkerte Prälaten an Entbehrungen starben; er entfremdete sich Adlige, indem er zu Steuern auch noch Beleidigungen treten ließ, und er setzte unerbittlich die Befolgung der unbeliebten Forstgesetze durch. 1213 griff Innozenz zu seinem letzten Druckmittel: er verfügte die Absetzung des englischen Königs, entließ Johanns Untertanen aus ihrem Treueid und erklärte, die Besitztümer des Königs seien hinfort rechtmäßiges Eigentum eines jeden, der sie den gotteslästerlichen Händen zu entringen vermöge. Philipp August leistete der Aufforderung Folge, stellte ein eindruckerweckendes Heer auf und marschierte gegen die Kanalküste. Johann bereitete sich zum Widerstand gegen eine Invasion vor; er mußte aber jetzt die Entdeckung machen, daß die Adligen ihm die Unterstützung im Kampfe gegen einen Papst, der nun nicht nur geistige, sondern auch körperliche Waffen besaß, verweigerten. Empört über die Adligen und in Voraussicht der bevorstehenden Niederlage, schloß er mit dem päpstlichen Legaten Pandulf einen Vergleich ab: falls Innozenz den Bann, das Interdikt und die Absetzung wieder rückgängig machte und statt der feindlichen eine freundschaftliche Haltung einnehme, wollte Johann sich verpflichten, das gesamte beschlagnahmte kirchliche Vermögen wieder zurückzuerstatten und seine Krone und das Reich dem Papst als oberstem Lehnsherrn zur Verfügung zu stellen. Das Abkommen wurde getroffen; Johann lieferte ganz England an den Papst aus und erhielt es nach fünf Tagen als tribut- und lehnspflichtiges päpstliches Lehen wieder zurück (1213).

Johann zog nach Poitou, um Philipp anzugreifen, und befahl den englischen Baronen, ihm mit Waffen und Mannen Gefolgschaft zu leisten. Sie widersetzten sich dem Befehl. Der Sieg Philipps bei Bouvines beraubte Johann der deutschen und sonstigen Bundesgenossen, deren Hilfe gegen das aufstrebende Frankreich er erhofft hatte. Er kehrte nach England zurück, um sich einem erbitterten Adel zu stellen. Die Adligen waren empört über seine unmäßige Besteuerung für katastrophale Kriege, über die Art, wie er sich über alle Präzedenz hinwegsetzte und jedes Recht brach, und über den Tauschhandel, mit dem er England gegen Innozenz' Vergebung und Beistand verschachert hatte. Um die Sache auf die Spitze zu treiben, forderte Johann von ihnen ein Lehnsdienstgeld – eine Geldzahlung an Stelle des Kriegsdienstes. Die Adligen sandten ihm statt dessen eine Deputation, welche die Rückkehr zur Gesetzespraxis von Heinrich I., welche die Rechte der Adligen gewahrt und die Macht des Königs begrenzt hatte, forderten. Als sie keine befriedigende Antwort erhielten, ließen sie ihre vereinten Streitkräfte bei Stamford aufmarschieren, und während Johann in Oxford die Zeit vertändelte, schickten sie Sendboten nach London, welche sich den Beistand der Stadtgemeinde und des Hofes sicherten. In Runnymede an der Themse, in der Nähe von Windsor, lagerten sich die Streitkräfte der Adligen gegenüber den wenigen Anhängern des Königs. Johann mußte sich zum zweitenmal fügen und unterzeichnete (1215) die Magna Charta, das berühmteste Schriftstück der englischen Geschichte.

> Johann, von Gottes Gnaden König von England ... den Erzbischöfen, Bischöfen, Äbten, Grafen, Baronen ... und allen seinen Beamten und Getreuen Gruß. Wisset, daß Wir ... durch diese Unsere Charta hier bestätigt haben, für Uns und Unsere Nachfolger auf ewig,
>
> 1. Daß die englische Kirche frei sein und ihre Rechte unverletzt und ihre Freiheiten unangetastet besitzen soll ...
>
> 2. Ferner haben Wir allen freien Mannen Unseres Königreiches, für Uns und Unsere Nachfolger, auf ewig alle nachstehenden Freiheiten gewährt ...
>
> 12. Schildgeld oder Hilfsgeld soll in Unserem Königreich nur erhoben werden durch gemeinsamen Beschluß Unseres Königreiches ...
>
> 14. Und um den gemeinsamen Rat des Königreiches über die Erhebung eines Hilfsgeldes oder über die Erhebung eines Schildgeldes einzuholen, werden Wir die Erzbischöfe, Bischöfe, Äbte, Grafen und größeren Barone* einzeln durch Unsere Briefe laden lassen; ... und alle jene, welche direkt von Uns Lehen tragen ...

---

* Die fünf hier genannten Gruppen wurden später das *House of Lords*.

15. Wir werden fortan niemandem gestatten, von seinen freien Mannen Hilfsgeld zu erheben, außer zur Auslösung seiner Person, zum Ritterschlag seines ältesten Sohnes und zur ersten Eheschließung seiner ältesten Tochter, und dafür soll nur ein angemessenes Hilfsgeld erhoben werden.

17. Gewöhnliche Zivilprozesse sollen Unserem Hofe nicht folgen, sondern an einem bestimmten Orte stattfinden.

36. Nichts soll fortan gegeben oder genommen werden für ein Breve zur Untersuchung ... sondern es soll unentgeltlich bewilligt werden ...

39. Kein freier Mann soll verhaftet, gefangengehalten, enteignet, geächtet, verbannt oder auf irgendeine Art zugrunde gerichtet werden ... es sei denn auf Grund gesetzlichen Urteilsspruchs von seinesgleichen oder auf Grund des Landesrechts.

40. Niemandem werden Wir Recht oder Gerechtigkeit verkaufen, niemandem verweigern oder verzögern.

41. Alle Kaufleute sollen heil und sicher aus England ausreisen und nach England kommen, in England sich aufhalten und durch England ziehen, sowohl zu Lande als auch zu Wasser, um zu kaufen und zu verkaufen, ohne alle bösen Zölle ...

60. Aber die sämtlichen genannten Bräuche und Freiheiten ... sollen alle in Unserem Königreich beobachten, Geistliche wie Laien, soweit es sie gegenüber den ihrigen betrifft.

Mit den oben genannten Zeugen und vielen anderen. Gegeben durch unsere Hand auf einer Wiese, genannt Runnymede, zwischen Windsor und Staines, am fünfzehnten Juni, in Unserem siebzehnten Regierungsjahr.[42]

Der Große Freibrief verdient seinen guten Ruf als Grundlage der Freiheiten, in deren Genuß heute die Englisch sprechende Welt steht. Freilich war er beschränkt: er grenzte die Rechte der Adligen und der Geistlichkeit ab und nicht so sehr die Rechte des ganzen Volkes; nichts wurde unternommen, um die fromme Geste des 60. Absatzes Wirklichkeit werden zu lassen; die Charta bedeutete eher einen Sieg des Lehnswesens als der Demokratie. Sie stellte aber Grundrechte auf und sorgte für ihre Wahrung; sie führte das Habeas Corpus (den Vorführungsbefehl eines Gefangenen als Rechtsmittel gegen ungerechte Verhaftung) und das Geschworenengericht ein; sie verschaffte einem anfänglichen Parlament eine Macht über den Staatssäckel, die in späterer Zeit der Nation eine Waffe gegen die Tyrannei in die Hand gab; sie wandelte die absolute in eine beschränkte und konstitutionelle Monarchie um.

Johann hatte allerdings keine Ahnung, daß er sich die Unsterblichkeit errang, als er seine despotischen Vollmachten und Ansprüche abtrat. Er gab seine Unterschrift unter Zwang und schmiedete sogleich Pläne, wie er die Charta widerrufen könnte. Er wandte sich an den Papst, und Innozenz III., dessen Politik nun die Unterstützung Englands gegen Frankreich erforderte, kam seinem gedemütigten Lehnsmann zu Hilfe, indem er die Charta für null und nichtig erklärte, Johann untersagte, ihre Bedingungen zu erfüllen, und den Adligen verbot, auf ihrer Erfüllung zu bestehen. Die Barone schenkten der päpstlichen Verfügung keine Beachtung. Innozenz belegte sie und die Bürger von London und der Fünf Häfen mit dem Bann; aber Stephan Langton, der maßgebend an der Abfassung der Charta beteiligt gewesen war, weigerte sich, das Edikt bekanntzugeben. Päpstliche Legaten in England entsetzten Langton vom Amt, veröffentlichten das Dekret, stellten in Flandern und Frankreich ein Söldnerheer auf und überzogen den englischen Adel mit Feuer und Schwert, Plünderei, Mord und Entführung. Offenbar fehlte dem Adel die Unterstützung der Öffentlichkeit fast völlig; statt mit eigenen Lehnstruppen Widerstand zu leisten, forderte er Ludwig, den Sohn des französischen Königs, auf, zur Verteidigung des Adels in England einzufallen und als Belohnung den englischen Thron zu empfangen; wenn der Plan geglückt wäre, so würde England vielleicht ein Teil Frankreichs geworden sein. Päpstliche Legaten verboten Ludwig das Überschreiten des Kanals und drohten ihm und allen seinen Gefolgsleuten mit dem Bann, falls sie das Unternehmen trotzdem wagen sollten. Ludwig empfing bei seiner Ankunft in London die Huldigung und den Treueid der Barone. Außerhalb des kaufmännisch gesinnten Londons war Johann überall siegreich und unbarmherzig. Inmitten des Kraftaufwandes und der Raserei seines Triumphes erkrankte er an der Ruhr, schleppte sich mühsam in ein Kloster und starb in Newark in seinem neunundvierzigsten Lebensjahre.

Ein päpstlicher Legat krönte Johanns sechsjährigen Sohn Heinrich III. (1216–1271) zum König; ein Regentschaftsrat wurde gebildet, an dessen Spitze der Earl von Pembroke gestellt wurde; durch diese hohe Stellung eines der Ihrigen ermuntert, gingen die Adligen zu Heinrich über und schickten Ludwig nach Frankreich zurück. Heinrich entwickelte sich zu einem Künstlerkönig, einem Kenner des Schönen, dem Inspirator und Erbauer der Westminster Abbey. In der Charta sah er eine verunreinigende Gewalt, und er versuchte vergeblich, ihre Aufhebung zu erwirken. Die Adligen besteuerte er so gründlich, daß es beinahe zu einer Revolution gekommen wäre, und behauptete bei jedem neuen Steuereinzug, er werde der letzte sein. Auch die Päpste brauchten Geld und bezogen mit Einwilligung des Königs Zehnten von den englischen Gemeinden, um die Kriege des Papsttums gegen Friedrich II. führen zu können. Die Erinnerung an diese Geldforderungen war eine der treibenden Kräfte von Wiclifs und Heinrichs VIII. Rebellion.

Eduard I. (1272–1307) hatte weniger von einem Gelehrten, dafür aber mehr von einem König als sein Vater; er war ehrgeizig, willensstark, gewandt in der Politik, hartnäckig im Kriege, reich an Listen und Beute und doch der Mäßigung und Vorsicht fähig und so weitblickend in seinen Plänen, daß seine Regierung eine der besten der englischen Geschichte war. Er führte eine Heeresreform durch, bildete eine große Streitmacht im Gebrauch des Langbogens aus und stellte eine Volksmiliz auf, indem er jedem kriegstüchtigen Engländer befahl, sich Waffen anzuschaffen und sich in deren Gebrauch auszubilden; damit schuf er, ohne es zu wollen, eine militärische Grundlage zur Demokratie. Mit seinem schlagkräftigen Heer eroberte er Wales, gewann und verlor er Schottland, verweigerte er den Päpsten den Tribut, den Johann ihnen versprochen hatte, und schaffte er die päpstliche Lehnshoheit über England wieder ab. Das bedeutendste Ereignis seiner Regierung war aber doch die Entwicklung eines Parlamentes. Wohl ohne es eigentlich zu wollen, wurde Eduard zur hervorstechendsten Gestalt bei Englands bester Leistung – der Versöhnung von Freiheit und Recht in Regierung und Charakter.

4. DIE ENTWICKLUNG DES RECHTSWESENS

In diesem Zeitraum – von der Normannischen Eroberung bis Eduard II. – nahmen Recht und Regierungsform Englands die Gestalt an, die sie bis ins neunzehnte Jahrhundert beibehielten. Der Ersatz des regional verschiedenen angelsächsischen Rechtes durch das normannische Feudalrecht verhalf England erstmals zu einem nationalen Recht – es gab nun nicht mehr das Recht von Essex oder von Mercia oder das Danelaw, sondern «Recht und Brauch des Reiches»; wir können uns kaum einen Begriff davon machen, welche juristische Revolution in diesen Worten des Ranulf von Glanvil († 1190) beschlossen ist[43]. Auf Anstiften Heinrichs II. und unter Führung seines Justitiars Glanvil errang sich das englische Rechtswesen einen so guten Ruf der raschen Erledigung und der (durch Korruption gemilderten) Gerechtigkeit, daß rivalisierende spanische Könige ihren Streitfall dem königlichen Gerichtshof von England zum Entscheid vorlegten[44]. Glanvil ist möglicherweise der Verfasser eines *Tractatus de legibus*, wie die Überlieferung behauptet; dieses juristische Traktat ist auf jeden Fall unser ältestes Lehrbuch des englischen Rechts. Ein halbes Jahrhundert später (1250–1256) vollendete Heinrich von Bracton die erste systematische Gesetzessammlung in seinem fünfbändigen Werk *Über die Gesetze und Bräuche Englands*.

Der steigende Bedarf des Königs an Geld und Truppen beschleunigte die Erweiterung des angelsächsischen Witenagemot zu dem englischen Parlament. Heinrich III., der unbedingt mehr Geld haben wollte, als die Herren ihm zuzubilligen geneigt waren, lud je zwei Ritter aus jedem Lande ein, neben den Baronen und Prälaten an der großen Ratsversammlung von 1254 teilzunehmen. Als Simon von Montfort, Sohn eines berühmten Albigenser Kreuzritters, einen Aufstand des Adels gegen Heinrich III. anführte (1264), versuchte er den Mittelstand für seine Sache zu gewinnen, indem er nicht nur zwei Ritter aus jedem Lande, sondern auch zwei führende Bürger aus jeder Stadt einlud, mit den Baronen an der Nationalversammlung teilzunehmen. Die Städte waren im Wachsen begriffen, die Kaufleute besaßen Geld; es war wohl wert, diese Männer zu konsultieren, wenn sie nicht nur zu sprechen, sondern auch zu zahlen geneigt waren. Eduard I. zog aus Simons Beispiel Nutzen. Gleichzeitig in Kriege mit Schottland, Wales und Frankreich verwickelt, war er gezwungen, bei allen Ständen Unterstützung und Geldmittel zu suchen. Im Jahre 1295 berief er das «Modellparlament», das erste vollständige Parlament der englischen Geschichte, ein. «Was alle berührt», besagt sein Einladungsschreiben, «soll auch die Zustimmung aller finden, und ... gemeinsamen Gefahren soll durch Maßnahmen begegnet werden, die von allen gemeinsam beschlossen werden[45].» Darum lud Eduard zwei Bürger «von jeder Stadt, jeder Grafschaft, jedem führenden Ort» zur Großen Ratsversammlung nach Westminster. Diese Männer wurden von den begüterteren Bürgern jeder Ortschaft gewählt; in einer Gesellschaft, in der nur die wenigsten lesen konnten, träumte noch niemand von einem allgemeinen Wahlrecht. Im «Modellparlament» selbst hatten die *commons* zunächst noch nicht die gleichen Rechte wie die Adligen. Es gab noch kein Jahresparlament, das aus eigenen Stücken als einzige Quelle der Gesetzgebung zusammentrat. Aber 1295 galt es bereits als feststehender Grundsatz, daß vom Parlament erlassene Gesetze nur vom Parlament widerrufen werden dürften, und 1297 wurde weiter vereinbart, daß Steuern nur noch mit

Genehmigung des Parlamentes erhoben werden dürften. Das waren die bescheidenen Anfänge, aus denen die demokratischste Regierungsform der Geschichte erwuchs.

Die Geistlichkeit nahm nur widerstrebend an diesem erweiterten Parlament teil. Sie sonderte sich in ihren Sitzen von den anderen ab und weigerte sich, außer an den Provinzialversammlungen der Geistlichen ihre Zustimmung zur Gewährung von außerordentlichen Geldmitteln zu erteilen. Kirchliche Gerichtshöfe befaßten sich weiterhin mit allen Fällen, die in das Gebiet des kanonischen Rechts fielen, und mit den meisten Gerichtsfällen, an denen ein Angehöriger der Geistlichkeit beteiligt war. Des Verrats gegen Lehnsherrn angeklagte Kleriker konnten vor weltlichen Gerichtshöfen zur Verantwortung gezogen werden, aber alle Geistlichen, die eines anderen Verbrechens als des Hochverrats überführt wurden, wurden auf Grund des «Vorrechtes der Geistlichkeit» an einen kirchlichen Gerichtshof überantwortet, der allein das Recht zu ihrer Bestrafung hatte. Außerdem waren auch in den weltlichen Gerichten die meisten Richter Kleriker, denn die juristische Bildung war größtenteils auf Geistliche beschränkt. Unter Eduard I. wurden die weltlichen Gerichte weltlicher. Als die Geistlichkeit sich weigerte, dem Gesuch um außerordentliche Geldmittel zu entsprechen, erteilte Eduard, der vom Grundsatz ausging, wer den Schutz des Staates erhalte, müsse auch an den Lasten teilhaben, an seine Gerichtshöfe die Weisung, keinen Rechtsfall zu behandeln, in dem ein Kirchenmann als Kläger fungierte, aber jeden Prozeß zu führen, bei dem der Angeklagte ein Kleriker war[46]. Als weitere Vergeltungsmaßnahme untersagte Eduards Staatsrat des Jahres 1279 auf Grund der Mortmain-Akte jede Belehnung an Kleriker ohne ausdrückliche Genehmigung des Königs.

Trotz dieser doppelten Rechtsprechung nahm das englische Recht unter Wilhelm I., Heinrich II., Johann und Eduard I. einen raschen Aufschwung. Es war ein durch und durch lehnsherrliches Recht und belastete den Leibeigenen schwer; von Freien an Leibeigenen begangene Verbrechen wurden gewöhnlich mit Bußen geahndet. Nach diesem Recht durften Frauen Eigentum besitzen, erben und testamentarisch vermachen, Verträge abschließen, Prozesse anstrengen und selbst vor Gericht zitiert werden; die Ehefrau hatte ein Wittumsrecht auf ein Drittel des Grundbesitzes ihres Ehegatten; aber die ganze bewegliche Habe, die sie in die Ehe mitbrachte oder während der Ehe erwarb, gehörte dem Gatten[47]. Von Gesetzes wegen gehörte alles Land dem König und galt als sein Lehen. Normalerweise ging der gesamte Grundbesitz eines Lehnsherrn an seinen ältesten Sohn über, nicht nur, um das Besitztum als Ganzes zu erhalten, sondern auch, um den Oberlehnsherrn vor einer Zersplitterung der Verantwortlichkeit seiner Lehnsmannen in Abgaben und Kriegsdienst zu bewahren. Bei der Freibauernschaft bestand ein derartiges Erstgeburtsrecht nicht. In einem Gesetzeswerk, das so sehr auf Lehnsverhältnisse zugeschnitten war, verharrte das Vertragsrecht auf einer primitiven Stufe. Eine Assise* legte 1197 einheitliche Maße, Gewichte und Münzen fest und sorgte für die staatliche Überwachung ihres Gebrauches. Eine aufgeklärte Handelsgesetzgebung setzte in England mit der Kaufmannsakte (1283) und der Kaufmannscharta (*Carta mercatoria*, 1303) ein.

---

* Assise (frz., lat. «sitzen, Sitzung») nannte man in der Normandie und in England seit dem 12. Jahrhundert die Versammlung der Vasallen unter Vorsitz ihres Lehnsherrn oder des vom König delegierten Reiserichters, aber auch die von ihnen beschlossenen Gesetze.

Das Gerichtsverfahren erfuhr allmählich Verbesserungen. Damit die Gesetze auch befolgt würden, war jedem Stadtviertel eine «Wache», jeder Stadt ein Constable, jeder Grafschaft ein *shire-reeve* (Grafschaftsvogt) – Sheriff – zugeteilt. Jedermann war verpflichtet, angesichts einer Gesetzesübertretung Alarm zu schlagen und an der Verfolgung des Verbrechers teilzunehmen. Es gereicht dem englischen Recht zur besonderen Ehre, daß es bei den Verhören der Verdächtigten oder der Zeugen von der Folter keinen Gebrauch mehr machte. Als Eduard II. von Philipp IV. von Frankreich veranlaßt wurde, die englischen Tempelritter zu inhaftieren, konnte er keine Beweismittel finden, die ein Vorgehen gegen sie gerechtfertigt hätten. Daraufhin schrieb Papst Clemens V., zweifellos auf den Druck von Philipp hin, an Eduard: «Wie wir vernehmen, untersagst du die Folterung, da sie den Gesetzen deines Landes zuwiderlaufe. Aber kein staatliches Recht steht über dem kanonischen Recht, unserem Recht. Darum befehle ich dir, daß du diese Männer alsogleich der Folter überantwortest[48].» Eduard gab nach; bis zur Regierungszeit Marias der «Blutigen» (1553–1558) wurde die Folter bei Prozessen jedoch nie mehr verwendet.

Die Normannen brachten das altfränkische Verfahren der *inquisitio* nach England mit; dieses Rechtssystem besteht in der Untersuchung der fiskalischen und juristischen Angelegenheiten eines Gebietes durch eine *iurata*, eine Gruppe von Geschworenen, die unter der Bürgerschaft des Gebietes ausgewählt wurden. Die Assise von Clarendon (um 1166) entwickelte dieses Geschworenensystem weiter, indem sie zuließ, daß Prozessierende das Problem ihrer Wahrhaftigkeit nicht einem Entscheid durch Zweikampf überließen, sondern «dem Lande» unterbreiteten, das heißt einem Geschworenengericht aus zwölf Rittern, die in Gegenwart des Gerichtshofes durch vier vom Sheriff ernannte Ritter unter der Bürgerschaft des Ortes ausgewählt wurden. Das war die große Assise; in der kleinen Assise, vor der geringere Prozesse geführt wurden, wählte der Sheriff selbst zwölf Freie aus der Nachbarschaft aus. Man suchte sich damals wie heute vor dem Geschworenendienst zu drücken und hatte keine Ahnung davon, daß das System zu einem der Grundpfeiler der Demokratie werden würde. Gegen Ende des dreizehnten Jahrhunderts hatte der Wahrspruch durch ein Geschworenengericht fast in ganz England die alten Proben des Barbarenrechtes ersetzt.

5. DIE ENGLISCHE LEBENSART

Im Jahre 1300 war England zu neunzig vom Hundert ein Agrarland und besaß eine größere Zahl von Städten, die von ihren heutigen Nachfahren als Dörfer eingestuft würden sowie eine große Stadt, London, die sich einer Einwohnerzahl von 40 000 rühmte[49], also viermal größer war als die nächstgrößte englische Stadt, aber an Reichtum oder Schönheit hinter Paris, Brügge, Venedig oder Mailand – von Konstantinopel, Palermo oder Rom ganz zu schweigen – weit zurückstand. Die Häuser waren aus Holz erbaut, zwei bis drei Stockwerke hoch, mit Giebeldächern; oft ragte das obere Stockwerk über das untere hinweg. Städtische Gesetze verboten es, die Abfälle von Küche, Schlafzimmer oder Bad durch die Fenster zu entleeren, aber die Inhaber der oberen Stockwerke setzten sich oft bequemlichkeitshalber über das Verbot hinweg. Das Spülwasser des Hauses fand seinen Weg meistens in die Gosse an den Randsteinen der Straße. Es war verboten, menschlichen Kot, jedoch gestattet, Urin in diese Gosse zu entleeren[50]. Der Stadtrat tat alles, was in seiner Macht stand, um die hygienischen Verhältnisse zu verbessern – er befahl den Bürgern, die Straße vor ihren Häusern sauber zu halten, belegte Nachlässige mit Bußen und stellte «Harker» an, welche die Abfälle und den Schmutz zusammenrechen und in Karren auf Dungboote in der Themse schaffen mußten. Viele Bürger hielten sich Pferde, Kühe, Schweine und Geflügel; das war aber kein großes Übel, da es noch viel freien Raum gab und fast jedes Haus über einen eigenen Garten verfügte. Hier und da entstanden steinerne Gebäude wie die Temple Church, die Westminster Abbey oder der Tower of London, welcher von Wilhelm dem Eroberer zum Schutz seiner Hauptstadt und als Kerker für vornehme Gefangene erbaut worden war. Die Londoner waren bereits sehr stolz auf ihre Stadt; bald darauf konnte Froissart von ihnen sagen, sie seien von größerer Bedeutung als alle anderen Engländer, denn ihre Stadt sei «an Reichtum und Menschen die mächtigste», und nach der Darstellung des Mönches Thomas von Walsingham waren die Londoner «von allen Menschen die hochmütigsten, anmaßendsten und habgierigsten, Leute, die weder an die altüberkommenen Bräuche noch an Gott glauben»[51].

Während dieser Jahrhunderte führte die Verschmelzung der Normannen, Angelsachsen, Dänen und Kelten in Rasse, Sprache und Lebensart zur Ausbildung des englischen Volkes, der englischen Sprache und des englischen Charakters. Als die Normandie von England abfiel, vergaßen die normannischen Familien in Britannien das Land ihrer Herkunft und lernten ihre neue Heimat lieben. Die mystischen und dichterischen Eigenschaften der Kelten hatten besonders in den unteren Volksschichten weiterhin Bestand, erfuhren aber durch die normannische Tatkraft und Erdhaftigkeit eine Abschwächung. Trotz allen äußeren und inneren Kriegen, trotz Hungersnot und Pest konnten die solcherart entstandenen Briten immer noch das «fröhliche England» *(Anglia plena iocis)*, wie Heinrich von Huntingdon (1084?–1155) sich ausdrückte, schaffen – eine Nation überströmender Lebenskraft, rauher Witzigkeit, lärmiger Spielsucht, guter Kameradschaft, großer Vorliebe für Tanz, Spielmannskunst und Bier. Aus der Zeugungskraft dieser mannhaften Generationen entstand die herzhafte Sinnenfreudigkeit von Chaucers Pilgern und die bombastische Pracht der kultivierten Schaumschläger der Elisabethanischen Zeit.

IX. IRLAND – SCHOTTLAND – WALES: 1066–1318

Im Jahre 1154 wurde Heinrich II. König von England, und ein Engländer, Nikolaus Breakspear, wurde als Hadrian IV. Papst. Im folgenden Jahre sandte Heinrich Johann von Salisbury mit einer geschickt abgefaßten Botschaft nach Rom: Irland befinde sich in einem Zustande des politischen Wirrwarrs, des literarischen Zerfalls, des sittlichen Niedergangs, der religiösen Ungebundenheit und Verwahrlosung; ob der Papst wohl König Heinrich gestatten würde, von dieser individualistischen Insel Besitz zu ergreifen und auf ihr die Gesellschaftsordnung und den Gehorsam gegenüber dem Papst wiederherzustellen? Wenn wir Giraldus Cambrensis Glauben schenken dürfen, war der Papst mit dem Vorschlag einverstanden und wies in der Bulle *Laudabiliter* Irland König Heinrich zu, falls er dort eine geordnete Regierung einsetze, die irische Geistlichkeit zu einer besseren Zusammenarbeit mit Rom bringe und verfüge, daß für jedes Haus in Irland alljährlich ein Penny (83 Cent) an den Stuhl Petri abgeführt werde[52]. Heinrich war jedoch gerade zu beschäftigt, um dieses *nihil obstat* auszunützen; er vergaß es aber nicht.

Im Jahre 1166 wurde Dermot MacMurrough, der König von Leinster, von Tiernan O'Rourke, dem König von Brefni, dessen Gattin er verführt hatte, im Kriege besiegt. Von seinen Untertanen vertrieben, floh er mit seiner schönen Tochter Eva nach England und Frankreich und holte sich bei Heinrich II. eine schriftliche Bestätigung, daß der König jedem Untertanen, welcher Dermot bei der Wiedergewinnung des Thrones von Leinster unterstützte, seine Gunst gewähren würde. In Bristol erhielt Dermot von Richard Fitz-Gilbert, dem Grafen des walisischen Pembroke, der unter dem Namen Strongbow bekannt war, die Zusicherung der militärischen Hilfe als Gegengabe für Evas Hand und die Nachfolge auf Dermots Königthron. Im Jahre 1169 führte Richard eine kleine walisische Streitmacht nach Irland, verhalf Dermot mit Hilfe der Geistlichkeit von Leinster wieder zu seinem Throne und erbte bei Dermots Tode das Königreich (1171). Rory O'Connor, der Hochkönig von Irland, führte ein Heer gegen die walisischen Eindringlinge und kesselte sie in Dublin ein. Die Belagerten machten einen heroischen Ausfall, und die schlecht ausgebildeten und armselig ausgerüsteten irischen Truppen flohen. Von Heinrich II. zitiert, setzte Strongbow nach Wales über, traf sich mit dem König und vereinbarte mit ihm, daß Dublin und andere irische Häfen an Heinrich fallen sollten, wofür Strongbow das übrige Leinster als englisches Kronlehen erhielt. Heinrich ging mit 4000 Mann bei Waterford an Land (1171), erwarb sich die Unterstützung der irischen Geistlichkeit und nahm den Lehnseid von ganz Irland mit Ausnahme von Connaught und Ulster entgegen; die walisische Eroberung wurde solcherart ohne einen Schwertstreich in eine normannisch-englische Eroberung umgewandelt. Eine Synode irischer Prälaten erklärte die vollständige Unterordnung unter den Papst und verfügte, daß von da an das Ritual der irischen Kirche demjenigen von England und Rom entsprechen solle. Die meisten irischen Könige durften ihre Throne behalten, wenn sie dem englischen König nur Lehnstreue schworen und einen jährlichen Tribut zusicherten.

Heinrich hatte sein Ziel mit geringen Mitteln und großem Geschick erreicht, er war jedoch im Irrtum befangen, als er glaubte, die kleine Streitmacht, die er zurückließ, könne Ruhe und Ordnung aufrechterhalten. Die von ihm ernannten Männer bekämpften einander um der Beute willen, und ihre Gefolgsleute und Truppen plünderten das Land hemmungslos aus. Die Eroberer taten ihr Bestes, um Irland zu versklaven. Die Iren leisteten mit einem Guerillakrieg Widerstand, und das Ergebnis war ein Jahrhundert des Aufruhrs und der Zerstörung. Im Jahre 1315 erklärten sich einige irische Anführer bereit, die Insel an Schottland abzutreten; dort waren die Engländer gerade bei Bannockburn von Robert Bruce geschlagen worden. Roberts Bruder Eduard landete mit 6000 Mann in Irland; Papst Johann XXII. bedrohte jeden mit dem Bannfluch, der die Schotten unterstützte; aber fast alle Iren folgten Eduards Ruf, und 1316 krönten sie ihn zum König. Zwei Jahre darauf erlitt Eduard bei Dundalk eine Niederlage und wurde erschlagen, und der Aufstand brach in Armut und Verzweiflung zusammen.

Ranulf Higden, ein Brite des vierzehnten Jahrhunderts, beschreibt die Schotten folgendermaßen. «Sie sind leichtherzig und stark und ziemlich wild; wenn sie sich mit Engländern vermischen, werden sie bedeutend besser. Sie sind grausam gegen ihre Feinde und hassen nichts so sehr wie die Unfreiheit; den Tod im Bette halten sie für faul und gemein, den im Felde Gefallenen bringen sie aber große Verehrung dar[53].»

Irland blieb irisch, verlor aber seine Freiheit; Schottland wurde britisch, blieb aber frei. Angeln, Sachsen und Normannen vermehrten sich in den Niederungen und erneuerten die Landwirtschaft auf lehnsherrlicher Grundlage. Malcolm III. (1058–1093) war ein kriegerischer Mann, der mehrmals in England einfiel; Königin Margarete war jedoch eine angelsächsische Prinzessin, welche den schottischen Königshof der englischen Sprache gewann, englisch sprechende Geistliche ins Land holte und ihre Söhne zur englischen Lebensweise erzog. Der letzte und stärkste von ihnen, David I. (1124–1153), machte die Kirche zu seinem auserwählten Machtinstrument, gründete Englisch sprechende Klöster in Kelso, Dryburgh, Melrose und Holyrood, erhob (zum erstenmal in Schottland) Zehnten zur Unterstützung der Kirche und war gegenüber Bischöfen und Äbten so freigebig, daß man ihn fälschlicherweise für einen Heiligen hielt. Unter David I. wurde Schottland, vom Hochland abgesehen, durchwegs ein englischer Staat[54].

Es war aber darum nicht minder unabhängig. Die englischen Einwanderer verwandelten sich in patriotische Schotten; die Stuarts und die Bruces sind ihre Nachkommen. David I. fiel in Northumberland ein und eroberte es; Malcolm IV. (1153–1165) verlor es wieder; Wilhelm der Löwe (1165–1214) versuchte es wieder zu gewinnen und wurde von Heinrich II. gefangengenommen und erst wieder freigelassen, als er dem König von England für die schottische Krone den Lehnseid schwor (1174). Fünfzehn Jahre später kaufte er sich von der Lehnsverpflichtung wieder frei, indem er Richard I. im Dritten Kreuzzug finanziell unterstützte, aber die englischen Könige beanspruchten weiterhin die Lehnsoberhoheit über Schottland. Alexander III. (1249–1286) eroberte die Hebriden von Norwegen zurück, pflegte freundschaftliche Beziehungen mit England und verschaffte Schottland ein Goldenes Zeitalter friedlichen Gedeihens.

Nach Alexanders Tod machten sich Robert Bruce und John Balliol, beides Nachkommen Davids I., den Thron streitig. Eduard I. von England nutzte die Gelegenheit; mit seiner Unterstützung wurde Balliol König, erkannte aber die Oberhoheit Englands an (1192). Als Eduard jedoch von Balliol Truppen verlangte, die für England in Frankreich kämpfen sollten, rebellierten die schottischen Edlen und Bischöfe und zwangen Balliol, sich mit Frankreich gegen England zu verbünden (1295). Eduard schlug die Schotten bei Dunbar (1296), nahm die Unterwerfung des Adels entgegen, entthronte Balliol, setzte in Schottland drei Engländer als Regenten an seiner Statt ein und kehrte nach England zurück.

Viele schottische Adlige besaßen Grundstücke in England und waren dadurch zum Gehorsam gezwungen. Die älteren gälischen Schotten waren aber über die Kapitulation empört. Einer der ihrigen, Sir William Wallace, stellte ein «Heer der Gemeinen Schottlands» auf, überwältigte die englische Garnison und herrschte ein Jahr lang als Regent für Balliol über Schottland. Eduard kehrte zurück und schlug Wallace bei Falkirk (1298). Im

Jahre 1305 nahm er Wallace gefangen und ließ ihn, dem englischen Recht entsprechend, als Hochverräter vierteilen.

Im folgenden Jahre wurde ein anderer Verteidiger gezwungen, zu Feld zu ziehen. Robert Bruce, ein Enkel des Bruce, der im Jahre 1286 den Thron für sich beansprucht hatte, geriet mit John Comyn, einem führenden Vertreter Eduards I. in Schottland, in Streit und erschlug ihn. Dadurch zur Rebellion gezwungen, ließ sich Bruce zum König krönen, obgleich er nur von einer kleinen Gruppe von Adligen unterstützt wurde und der Papst ihn wegen seines Verbrechens mit dem Bann belegte. Eduard wandte sich abermals nach Norden, starb aber unterwegs (1307). Eduards II. Unfähigkeit war ein Segen für Bruce; Adel und Geistlichkeit von Schottland scharten sich um das Banner des Entrechteten; seine verstärkten Heere eroberten unter der tapferen Führung seines Bruders Eduard und des Sir James Douglas Edinburgh, drangen in Northumberland ein und nahmen Durham. Im Jahre 1314 führte Eduard II. das größte Heer nach Schottland, das dieses Land je gesehen hatte, und stieß bei Bannockburn auf die Schotten. Bruce hatte seinen Leuten befohlen, vor ihren Stellungen getarnte Fallgruben einzurichten; viele Engländer stürzten beim Angriff in den Morast, und das englische Heer wurde fast vollständig vernichtet. Im Jahre 1328 unterzeichneten die Regenten Eduards III., die in einen Krieg mit Frankreich verwickelt waren, den Vertrag von Northampton, durch den Schottland wiederum frei wurde.

Inzwischen hatte ein gleicher Kampf in Wales einen anderen Ausgang genommen. Wilhelm I. beanspruchte die Oberhoheit über Wales, da das Land zu dem Reiche des besiegten Harold gehört habe. Er fand nicht die Zeit, es seinen übrigen Eroberungen beizufügen, richtete aber drei Grafschaften an seiner Ostgrenze ein und munterte deren Herren auf, nach Wales vorzudringen. Südwales wurde zur gleichen Zeit von normannischen Freibeutern überrannt, die das Präfix Fitz (*fils*, Sohn) in vielen walisischen Namen hinterließen. Im Jahre 1094 zwang Cadwgan ap Bledyn diese Normannen zur Botmäßigkeit; 1165 schlugen die Waliser ein englisches Heer bei Corwen, und Heinrich II., der vollauf mit Becket beschäftigt war, erkannte die Unabhängigkeit von Südwales unter seinem aufgeklärten König Rhys ap Gruffydd an (1171). Llywelyn der Große dehnte als geschickter Krieger und Staatsmann seine Herrschaft beinahe über ganz Wales aus. Seine Söhne stritten sich und brachten Unordnung in das Land, aber sein Enkel Llywelyn ap Gruffydd († 1282) stellte die Einheit wieder her, schloß mit Heinrich III. Frieden und legte sich den Titel eines Prinzen von Wales zu. Eduard I., der Wales und Schottland mit England vereinen wollte, griff Wales mit einem gewaltigen Heer und einer großen Flotte an (1282); Llywelyn fiel in einem Scharmützel mit einem kleinen Grenztrupp; sein Bruder David wurde von Eduard gefangengenommen; Davids abgeschlagenes Haupt wurde neben Llywelyns Kopf am Tower von London aufgehängt, um dort in Sonne, Wind und Regen zu bleichen. Wales wurde ein Teil von England (1284), und Eduard übertrug 1301 den Titel eines Prinzen von Wales auf den englischen Thronerben.

Während all dieser Glanz- und Elendszeiten bewahrten sich die Waliser ihre eigene Sprache und ihre alten Bräuche, bestellten ihre Äcker mit hartnäckigem Mut und fanden den Trost ihrer Tage und Nächte in Sage, Dichtung, Musik und Gesang. Ihre Barden gaben in dieser Zeit den Sagen des *Mabinogion* Gestalt und bereicherten die Weltliteratur mit Dichtwerken von einer mystischen und melodiösen Zartheit, welche für Wales eigentümlich ist. Alljährlich versammelten sich die Barden und Spielleute zu einem nationalen *eisteddfod* (von *eistedd*, «sitzen»), das sich bis 1176 zurückverfolgen läßt; es wurden Wettkämpfe in Beredsamkeit, Dichtung, Gesang und Musik abgehalten. Die Waliser konnten tapfer kämpfen, aber nicht lange; bald waren sie eifrig darauf bedacht, zu ihren Frauen und Kindern und zu ihrer Heimstätte zurückzukehren und sie unmittelbar zu verteidigen, und eines ihrer Sprichworte besagte: «Jeder Sonnenstrahl möge ein Dolch sein, der die Freunde des Krieges durchbohrt[55].»

X. DIE RHEINLANDE: 1066–1315

Die Länder, die sich um den Unterrhein und seine vielen Mündungen zusammendrängten, gehörten zu den reichsten des Mittelalters. Südlich des Rheines lag Flandern, das sich von Calais durch das heutige Belgien bis an die Schelde erstreckte. Formell war es Lehnsbesitz des französischen Königs; in Wirklichkeit wurde es von einer Dynastie aufgeklärter Grafen regiert, deren Hände lediglich durch die stolze Autonomie der Städte gebunden waren. Am Rhein war die Bevölkerung flämisch, niederdeutschen Ursprungs, und sprach eine deutsche Mundart; westlich der Leye bestand die Bevölkerung aus Wallonen, einer Mischung von Deutschen und Franzosen auf keltischer Grundlage, und sprach eine französische Mundart. Handel und Gewerbe machten viele Städte reich und unruhig – Gent, Oudenaarde, Courtrai, Ypern und Hasselt im flämischen Nordosten, und Brügge, Lille und Douai im wallonischen Südwesten; in diesen Städten war die Bevölkerungsdichte größer als an jedem anderen Orte Europas nördlich der Alpen. Im Jahre 1300 herrschten die Städte über die Grafen; die Magistraten der größeren Gemeinden bildeten einen obersten Gerichtshof für die Grafschaft und verhandelten in eigener Autorität mit ausländischen Städten und Regierungen[56]. Gewöhnlich arbeiteten die Grafen mit den Städten zusammen, förderten Handel und Gewerbe, sorgten für eine stabile Währung und – bereits im Jahre 1100, zwei Jahrhunderte vor England – für einheitliche Maße und Gewichte in allen Städten.

Der Klassenkampf zerstörte schließlich die Freiheit sowohl der Städte als auch der Grafen. Als das Proletariat an Zahl, Groll und Macht zunahm und die Grafen sich auf seine Seite stellten, um einen Ausgleich gegen die aufgeblasene und anmaßende Bourgeoisie zu haben, suchten die Kaufleute bei Philipp August von Frankreich Unterstützung; der König sagte ihnen seine Hilfe zu, da er hoffte, Flandern *de facto* für die französische Krone zu gewinnen. England, das bestrebt war, den Hauptmarkt für seine Erzeugnisse von der Kontrolle durch den französischen König freizuhalten, verbündete sich mit den Grafen von Flandern und Hennegau, dem Herzog von Brabant und Otto IV. von Deutschland. Philipp schlug diese Koalition bei Bouvines (1214), unterwarf sich die Grafen und schützte die Kaufleute in ihrem oligarchischen Regime. Der Kampf der Mächte und Stände dauerte an. 1297 verbündete Graf Guy de Dampierre erneut Flandern mit England; Philipp der Schöne fiel in Flandern ein, setzte Guy gefangen und zwang ihn, das Land an Frankreich abzutreten.

Als sich das französische Heer aber anschickte, Brügge zu besetzen, erhoben sich die Gemeinen, überwältigten die Truppen, massakrierten reiche Kaufleute und setzten sich in den Besitz der Stadt. Philipp sandte ein großes Heer, um diese Beleidigung zu rächen; die Arbeiter der Städte stellten aus dem Stegreif ein Heer auf und schlugen die Ritter und Söldner Frankreichs in der Schlacht von Courtrai (1302). Der greise Guy de Dampierre wurde freigelassen und wieder in seine Rechte eingesetzt, und das seltsame Bündnis lehnsherrlicher Grafen mit revolutionären Proletariern erfreute sich ein Jahrzehnt lang seines Sieges.

Das Land, das heute den Namen Holland trägt, war vom dritten bis zum neunten Jahrhundert Bestandteil des fränkischen Reiches. 843 wurde es der nordöstliche Teil des Pufferstaates Lothringen, der durch den Vertrag von Verdun geschaffen wurde. Im neunten und zehnten Jahrhundert wurde es zum besseren Widerstand gegen Normanneneinfälle in verschiedene Lehen aufgeteilt. Die Deutschen, welche das dichtbewaldete Gebiet nördlich des Rheines rodeten und besiedelten, gaben ihm den Namen Holtland, Waldland. Die Bevölkerung bestand größtenteils aus Leibeigenen und ging ganz darin auf, einem Land, das stets drainiert und mit Deichen geschützt werden mußte, einen kargen Lebensunterhalt abzugewinnen; halb Holland ist dem Meer abgerungen. Aber es gab auch Städte; sie waren nicht ganz so reich und lebenssprudelnd wie die flämischen Städte, dafür aber auf ein solides Gewerbe und einen wohlgeordneten Handel gegründet. Dordrecht war die reichste Stadt, Utrecht ein Bildungszentrum; Haarlem war der Sitz des Grafen von Holland; eine Zeitlang war Delft die Hauptstadt, dann, etwa seit 1250, Den Haag*. Amsterdam debütierte im Jahre 1204, als ein Lehnsherr an der Amstelmündung ein befestigtes Schloß erbaute; die geschützte Lage an der Zuiderzee und das weitverzweigte Kanalsystem luden zum Handel; im Jahre 1297 wurde Amsterdam ein Freihafen, in dem Waren zollfrei gelöscht und weiterverfrachtet werden konnten; von da an spielte das kleine Holland eine bedeutende Rolle auf wirtschaftlichem Gebiet. In diesem Lande wie überall förderte der Handel die Kultur; im dreizehnten Jahrhundert trat ein holländischer Dichter auf, Maerlant, der das Luxusleben des Klerus in geißelnden Satiren angriff, und in den Klöstern begann die holländische Kunst mit Skulpturen, Keramiken, Gemälden und Buchmalereien ihre einzigartige und außergewöhnliche Laufbahn.

Südlich von Holland lag das Herzogtum Brabant, zu dem damals die Städte Antwerpen, Brüssel und Löwen gehörten. Lüttich unterstand seinem unabhängigen Bischof, welcher der Stadt jedoch ein gutes Maß an Selbstverwaltung beließ. Weiter südlich lagen die Grafschaften Hennegau, Namur, Limburg und Luxemburg, das Herzogtum Lothringen mit den Städten Trier, Nancy und Metz, und mehrere andere Fürstentümer, die dem Namen nach dem deutschen Kaiser untertan, in Wirklichkeit aber größtenteils ihren regierenden Grafen überlassen waren. Jedes Gebiet besaß seine pulsierende Geschichte in Politik, Liebe und Krieg; wir grüßen und übergehen sie. Im Süden und Westen erstreckte sich Burgund, das heutige Ostzentralfrankreich; seine ewigwechselnden Grenzen entziehen sich der Be-

* Die Grafen hatten den Ort früher als Treffpunkt für ihre Jagden verwendet; daher der Name *'s Graven Hage*, «Jagdhaus des Grafen», heute Den Haag.

schreibung; seine politischen Geschicke würden nichtssagende Bände füllen. Im Jahre 888 machte Rudolf I. es zu einem unabhängigen Königreich; 1032 übertrug Rudolf III. es testamentarisch an Deutschland; im gleichen Jahre wurde aber ein Teil von Burgund als Herzogtum an Frankreich angegliedert. Die Herzöge von Burgund regierten, wie auch die ersten Könige, mit Intelligenz und zeigten sich größtenteils dem Frieden zugeneigt. Ihre große Zeit kam im fünfzehnten Jahrhundert.

Im klassischen Altertum war die Schweiz die Heimstätte verschiedener Stämme – der Helvetier, Räter, Lepontier – gemischt keltisch-germanisch-italischer Herkunft. Im dritten Jahrhundert besetzten und germanisierten die Alemannen die nördliche Hochebene. Nach dem Zusammenbruch des Karolingerreiches zerfiel das Land in Lehen, die dem Heiligen Römischen Reich untertan waren. Es ist aber keine leichte Sache, Gebirgsvölker zu versklaven; die Schweizer erkannten zwar einige Lehnspflichten an, schüttelten die Leibeigenschaft aber bald ab. Die Dörfer wählten in demokratischen Gemeindeversammlungen ihre eigenen Amtsleute und führten ihre eigene Regierung nach den altgermanischen Gesetzen der Alemannen und Burgunder. Zur gegenseitigen Hilfeleistung schlossen sich die Bauern um den Vierwaldstättersee zu den Waldstätten – Uri, Unterwalden und Schwyz (welches später dem Staat den Namen gab) – zusammen. Die derben Bürger der Städte, welche an den Straßen, die über die Alpen führten, entstanden waren – Genf, Freiburg, Bern und Basel – wählten ihre Amtsleute selbst und verfuhren nach ihren eigenen Gesetzen. Ihre Oberlehnsherren erhoben keine Einwände, solange die grundlegenden Lehnsabgaben entrichtet wurden[57].

Die Habsburger Grafen, welche seit 1173 die nördlichen Gebiete in ihrer Gewalt hatten, erwiesen sich als Ausnahmen zu dieser Regel und zogen sich den Haß der Schweizer zu, weil sie die strikteste Befolgung aller Lehnspflichten durchsetzen wollten. Im Jahre 1291 schlossen sich die drei Waldstätte zu einem «Ewigen Bund» zusammen und beschworen eine *confoederatio* der gegenseitigen Hilfeleistung gegen äußere Angriffe und innere Umtriebe und verpflichteten sich, alle Meinungsverschiedenheiten einem Schiedsgericht zu unterwerfen und keinen Richter anzuerkennen, der sich sein Amt erkauft hatte oder Fremdstämmiger war. Luzern, Zürich, Glarus, Zug und Bern schlossen sich dem Bund bald an. 1315 schickten die Habsburgerherzöge zwei Heere in die Schweiz, um die Befolgung aller Lehnspflichten zu erzwingen. Am Morgarten bereiteten die mit Hellebarden bewaffneten Schwyzer und Urner, die zu Fuß kämpften, der österreichischen Kavallerie im «Marathon der Schweiz» eine Niederlage. Die Österreicher mußten sich zurückziehen; die drei Kantone erneuerten ihren Eid der gegenseitigen Hilfeleistung (9. Dezember 1315) und schufen die Schweizerische Eigdenossenschaft. Sie war noch kein unabhängiger Staat; die freien Bürger erkannten gewisse lehnsrechtliche Verpflichtungen und die Oberherrschaft des Kaisers des Heiligen Römischen Reiches an. Aber die Lehnsherren und die heiligen Kaiser hatten gelernt, die Waffen und Freiheiten der schweizerischen Kantone und Städte zu beachten, und der Sieg am Morgarten hatte der beständigsten und vernünftigsten Demokratie der Geschichte den Weg bereitet*.

* Für die Existenz Wilhelm Tells scheint keine geschichtliche Bestätigung vorzuliegen[58].

XI. FRANKREICH: 1060–1328

1. PHILIPP AUGUST

Bei der Thronbesteigung Pilipps II. August (1180) war Frankreich ein unbedeutender und vielgeplagter Staat, dem kaum eine Glanzzeit bevorzustehen schien. Die Normandie, die Bretagne, Anjou, die Touraine und Aquitanien – ein Gebiet, das dreimal so groß war wie das vom französischen König unmittelbar beherrschte Land, gehörte zu England. Der größte Teil von Burgund zählte zum Deutschen Reich, und die blühende Grafschaft Flandern war in Wirklichkeit ein unabhängiges Fürstentum. Unabhängig waren auch die Grafschaften Lyon, Savoyen und Chambéry, desgleichen die Provence, das an Wein, Öl, Obst und Dichtern reiche Südostfrankreich mit den Städten Arles und Avignon, Aix und Marseille. Die Dauphiné, das Land um Vienne, war als Teil von Burgund an Deutschland vermacht worden; es wurde nun von einem unabhängigen *dauphin* regiert, der seinen Titel nach dem Emblem seiner Familie, einem Delphin, führte.

Das eigentliche Frankreich war in Herzogtümer, Grafschaften, Seigneuries, Sénéchaussées und Bailliages eingeteilt, an deren Spitze – in der Reihenfolge der steigenden Abhängigkeit vom König – Herzöge, Grafen, Seigneurs, Sénéchaux (königliche Hausmeister) und Baillifs standen. Dieses lockere Gefüge – das bereits im neunten Jahrhundert den Namen Francia hatte – war in mehrfacher Abstufung und mit vielen Einschränkungen dem französischen König untertan. Paris, die Hauptstadt, war 1180 ein Ort aus Holzhäusern mit kotigen Straßen; ihr römischer Name, Lutetia, hatte «Lehmstadt» bedeutet. Philipp August war entsetzt über den Gestank der großen Alleen an der Seine und befahl, alle Straßen von Paris mit einem Steinpflaster zu belegen[59].

Er war der erste von drei kraftvollen Herrschern, die in dieser Zeit Frankreich zu der geistigen, sittlichen und politischen Führung Europas verhalfen. Es hatte aber schon vor ihm starke Männer gegeben. Philipp I. (1060–1108) sicherte sich ein Plätzchen in der Weltgeschichte, indem er sich als Vierzigjähriger von seiner Gattin scheiden ließ und den Grafen Fulko von Anjou bewog, ihm die Gräfin Bertrade abzutreten. Es fand sich ein Priester, der den Ehebruch als Eheschließung bestätigte, aber Papst Urban II., der nach Frankreich gekommen war, um den Ersten Kreuzzug zu predigen, exkommunizierte den König. Philipp verharrte zwölf Jahre lang in Sünde; schließlich sandte er Bertrade fort und erhielt die Absolution; kurz darauf bereute er seine Reue und holte sich seine Königin wieder. Sie fuhr mit ihm nach Anjou, lehrte ihre beiden Gatten, in Freundschaft miteinander zu leben, und scheint allen beiden gedient zu haben, so gut es ihre Reize erlaubten[60].

Mit fünfundvierzig Jahren dick geworden, trat Philipp die wichtigeren Staatsgeschäfte an seinen Sohn Ludwig VI. (1108–1137), der selbst den Beinamen «der Dicke» erhielt, ab. Er hätte einen besseren Beinamen verdient. Vierundzwanzig Jahre lang kämpfte er gegen die Raubritter an, welche die Reisenden auf den Straßen beraubten, und hatte schließlich Erfolg; er kräftigte die Monarchie, indem er ein schlagkräftiges Heer aufstellte; er tat alles in seiner Macht Stehende, um die Bauern und Handwerker und die Gemeinden zu beschützen, und er war so vernünftig, den Abt Suger zu seinem Ratgeber und Freund zu machen. Suger von St-Denis (1081–1151) war der Richelieu des zwölften Jahrhunderts. Er verwaltete die Angelegenheiten Frankreichs als kluger, gerechter und weitsichtiger Politiker; er förderte die Landwirtschaft und verbesserte ihre Verfahren; er entwarf und baute die frühesten und schönsten Meisterwerke des gotischen Stiles, und er schrieb einen aufklärenden Bericht über sein Werk und seine Tätigkeit als Minister. Er war das wertvollste Gut, das Ludwig der Dicke seinem Sohne, dem Suger bis zum Tode diente, vermachen konnte.

Ludwig VII. (1137–1180) war der Mann, von dem Eleonore von Aquitanien behauptete, sie habe einen König geheiratet und einen Mönch vorgefunden. Er mühte sich gewissenhaft um die Aufgaben, die ihm seine königliche Stellung auferlegte, aber seine Tugenden brachten ihm den Untergang. Seine Hingabe an die Regierungsgeschäfte schienen Eleonore eine Verletzung der ehelichen Pflichten zu sein; sie ließ sich von ihm scheiden und gab ihre Hand und ihr Herzogtum König Heinrich II. von England. Vom Leben enttäuscht, wandte Ludwig sich ganz der Frömmigkeit zu und überließ die Aufgabe, ein starkes Frankreich zu schaffen, seinem Sohne.

Philipp II. August war wie ein späterer Philipp ein *bourgeois gentilhomme* auf dem Königsthrone: ein Meister der praktischen Intelligenz mit einem mildernden Zuschuß von Gefühl, ein Förderer der Bildung, ohne selbst Geschmack an der Bildung zu haben, ein Mann von schlauer Vorsicht und umsichtigem Mut, von heftiger Gemütsart, aber großer Bereitschaft zu vergessen, von einer gemäßigten Frömmigkeit, die sich der Kirche gegenüber großmütig erweisen konnte, ohne der Religion eine Behinderung seiner Politik zu gestatten, und von einer geduldigen Beharrlichkeit, die ihm Erfolge brachte, welche einer kühnen Abenteuerlichkeit stets versagt geblieben wären. Gerade einen solchen Mann, der zugleich prosaisch und *auguste**, von einer liebenswürdigen Unbeugsamkeit und erbarmungslosen Klugheit war, brauchte Frankreich in einer Zeit, da es, zwischen dem England Heinrichs II. und Barbarossas Deutschland eingeklemmt, in seiner Existenz bedroht war.

Seine Ehen regten Europa auf. Seine erste Gattin, Isabella, starb 1189, und vier Jahre darauf ehelichte er Ingeborg, eine Prinzessin von Dänemark. Beide Ehen waren politischer Natur und trugen ihm mehr materiellen Besitz als romantische Beziehungen ein. Ingeborg war nicht nach Philipps Geschmack; er ließ sie nach einem Tag im Stich, und es war noch nicht ein Jahr vergangen, als er ein Konzil französischer Bischöfe bewog, ihm die Scheidung zu genehmigen. Papst Cölestin III. weigerte sich, das Scheidungsdekret gutzuheißen. Im Jahre 1196 ehelichte Philipp, ohne sich um die päpstliche Weigerung zu kümmern, Agnes von Meran. Cölestin exkommunizierte ihn, aber Philipp blieb hartnäckig; «lieber verliere ich mein halbes Reich», sagte er in einem Augenblick der Zärtlichkeit, «als daß ich meine Agnes preisgebe». Innozenz III. erteilte ihm den Befehl, Ingeborg wieder zu sich zu nehmen; als Philipp sich weigerte, belegte Innozenz Philipps Domäne mit dem Interdikt. «Glücklicher Saladin, der keinen Papst über sich hat!» beklagte er sich; und er drohte, er werde zum Islam übertreten[61]. Nach vier Jahren dieses geistigen Krieges begann

* Dieser Titel, den ihm sein Kaplan beilegte, fand im Mittelalter keine Verbreitung, wird ihm aber von den modernen französischen Historikern gegeben.

das Volk in seiner Höllenangst zu murren. Philipp entließ seine geliebte Agnes (1202), wies jedoch Ingeborg Etampes als Aufenthaltsort zu, bis er sie 1213 endlich zurückrief, um Tisch und Bett mit ihr zu teilen.

Inmitten dieser Freuden und Leiden eroberte Philipp die Normandie von England zurück (1204) und gliederte in den beiden folgenden Jahren die Bretagne, Anjou, Maine, Touraine und Poitou den von ihm unmittelbar regierten Ländern an. Er war nun stark genug, um all die Herzöge, Grafen und Seigneurs seines Reiches zu beherrschen; seine Baillifs und Sénéchaux überwachten die Provinzregierungen; sein Reich war zu einer internationalen Macht geworden und nicht mehr ein bloßer Streifen Landes entlang der Seine. Johann von England, solcherart seiner Gebiete beraubt, fand sich damit nicht ab; er bewog Otto IV. von Deutschland und die Grafen von Boulogne und Flandern, eine Allianz mit ihm gegen das anschwellende Frankreich einzugehen; Johann sollte durch Aquitanien (das immer noch zu England gehörte) angreifen, die anderen vom Nordosten aus. Statt seine Streitkräfte aufzuteilen, um diesen getrennten Angriffen zu begegnen, führte Philipp sein Heer gegen Johanns Verbündete und schlug sie bei Bouvines in der Nähe von Lille (1214). Diese Schlacht war in vielfacher Hinsicht entscheidend. Sie führte zu Ottos Sturz, trug Friedrich II. den deutschen Thron ein, machte der deutschen Hegemonie ein Ende und beschleunigte den Zerfall des Heiligen Römischen Reiches. Sie brachte die Grafen von Flandern unter französische Botmäßigkeit, führte der französischen Krone die Städte Amiens, Douai, Lille und St-Quentin zu und dehnte Nordostfrankreich in Wirklichkeit bis an den Rhein aus. Sie lieferte Johann hilflos seinen Vasallen aus und zwang ihn zur Unterzeichnung der Magna Charta. Sie schwächte die Monarchie und stärkte das Lehnswesen in Deutschland und England, während sie in Frankreich das Lehnswesen schwächte und das Königtum stärkte. Und sie begünstigte das Anwachsen der französischen Stadtgemeinden und des Mittelstandes, welcher Philipp in Krieg und Frieden tatkräftig unterstützt hatte.

Philipp, der seine königliche Domäne verdreifacht hatte, war ihr ein hingebungsvoller und gewandter Herrscher. Da er mit der Kirche meistens im Streit lag, ersetzte er die Geistlichen im Staatsrat und in der Regierung durch Männer aus dem aufstrebenden Stande der Rechtsanwälte. Er erteilte vielen Städten den Freibrief, förderte den Handel, indem er Kaufleute privilegierte, förderte und beraubte die Juden wechselweise und bereicherte seinen Staatssäckel, indem er Lehnsdienste in Geldzahlungen umwandelte; die königlichen Einkünfte wurden von 600 auf 1200 Livres am Tage verdoppelt. Während seiner Regierung wurde die Fassade der Kathedrale Notre-Dame fertiggestellt und der Louvre als Festung zur Bewachung der Seine erbaut[62]. Als Philipp starb (1223), war das heutige Frankreich geboren.

2. LUDWIG DER HEILIGE

Sein Sohn Ludwig VIII. (1223–1226) war zu kurz an der Regierung, um viel leisten zu können; die Geschichte erinnert sich seiner hauptsächlich, weil er die bewunderungswürdige Blanche von Kastilien heimführte und mit ihr den einzigen Mann der mittelalterlichen Geschichte zeugte, welcher es wie Asoka in altindischer Zeit fertigbrachte, zugleich und tatsächlich Heiliger und König zu sein. Ludwig IX. war zwölfjährig, seine Mutter achtunddreißigjährig, als Ludwig VIII. verschied. Tochter Alfons' IX. von Kastilien, Enkelin Heinrichs II. und der Eleonore von Aquitanien, zeigte sie sich ihrer königlichen Abstammung in jeder Hinsicht würdig. Sie war eine schöne und reizvolle Frau, energisch, charaktervoll und gewandt; zur selben Zeit machte sie auf ihre Zeitgenossen einen großen Eindruck durch ihre makellose Tugend als Gattin und Witwe und durch ihr hingebungsvolles Wirken als Mutter von elf Kindern; Frankreich ehrte sie nicht nur als *Blanche la bonne reine*, sondern auch als *Blanche la bonne mère*. Sie setzte viele Leibeigene auf den königlichen Gütern frei, verwandte große Summen für wohltätige Zwecke und besorgte Mitgiften für Mädchen, denen die Armut bei der Liebe im Wege stand. Sie trug zur Finanzierung der Kathedrale von Chartres bei, und ihrem Einfluß ist es zu verdanken, daß das bunte Glas dieser Kirche Maria nicht als Jungfrau, sondern als Königin zeigt[63]. Sie liebte aber ihren Sohn Ludwig zu eifersüchtig und zeigte sich gegenüber seiner Gattin wenig edelmütig. Sie erzog ihn beharrlich zu den christlichen Tugenden und erklärte, es wäre ihr lieber, er stürbe, als daß er eine Todsünde beginge[64]; es war aber nicht ihre Schuld, daß er ein Frömmler wurde. Sie selbst opferte selten die Politik dem Gemüt; sie beteiligte sich an dem grausamen Albigenserkreuzzug, um die Macht der Krone in Südfrankreich zu erweitern. Neun Jahre lang (1226–1235), während Ludwig aufwuchs, war sie Regentin Frankreichs; selten war Frankreich besser regiert. Zu Beginn ihrer Regentschaft erhoben sich die Barone, da sie meinten, sie könnten die Macht, die sie an Philipp II. hatten abtreten müssen, einer Frau wieder entreißen; sie überwältigte sie mit kluger und geduldiger Diplomatie. Sie leistete England geschickt Widerstand und schloß dann einen Waffenstillstand mit gerechten Bedingungen. Als Ludwig IX. volljährig wurde und die Regierungsgewalt übernahm, erbte er ein mächtiges, blühendes und friedliches Reich.

Er war ein hübscher Jüngling, überragte die meisten Ritter um Haupteslänge, hatte feingeschnittene Gesichtszüge, eine helle Haut und reiches blondes Haar; er hatte einen eleganten Geschmack, liebte eine luxuriöse Aufmachung und buntfarbige Gewänder; er war kein Bücherwurm, sondern ein begeisterter Jäger und Falkner, ein Freund der Belustigungen und des Sports; noch keineswegs ein Heiliger, denn ein Mönch beklagte sich bei Blanche über die königlichen Neigungen zum Flirten; sie suchte ihm eine Gattin aus, und er bequemte sich zu einem häuslichen Leben. Er wurde zu einem Muster ehelicher Treue und väterlicher Kraft; er hatte elf Kinder und kümmerte sich eingehend um ihre Erziehung. Nach und nach gab er jeden Luxus auf, wurde immer einfacher in seiner Lebensführung und ging ganz in Regierungsgeschäften, Wohltätigkeit und Frömmigkeit auf. Er hatte eine wahrhaft königliche Vorstellung von der Monarchie als einem Organ der nationalen Einheit und Beständigkeit, als einer Einrichtung zum Schutze der Armen und Schwachen gegen die Überlegenen oder vom Glücke Begünstigten.

Er achtete die Rechte des Adels und ermunterte ihn, seine Verpflichtungen gegen die Leibeigenen und Vasallen und gegen den Lehnsherrn nachzukommen, duldete aber keine Übergriffe der Vasallen gegenüber der neuen königlichen Gewalt. Er griff entschieden ein, wenn es galt, Ungerechtigkeiten von Lehnsherrn gegenüber Vasallen zu unterdrücken, und sprach strenge Strafen gegen Barone aus, die ohne Gerichtsverhandlung Menschen hatten hinrichten lassen. Als Enguerrand de Coucy drei flämische Studenten hängen ließ, weil sie auf seinem Gute einige Hasen umgebracht hatten, ließ Ludwig ihn im Louvre einsperren, drohte ihm mit dem Galgen und setzte ihn erst dann wieder frei, als er versprach, drei Kapellen zu errichten, in denen täglich Messen für seine Opfer gelesen wurden, ferner den Wald, in welchem die drei Scholaren gewildert hatten, der Abtei St-Nicolas zu schenken, auf seinem Besitz die Gerichtsbarkeit zu mildern und die Jagdrechte einzuschränken, drei Jahre in Palästina Dienst zu leisten und dem König eine Buße von 12 500 Livres zu leisten[65]. Ludwig untersagte die Fehderache und alle Privatfehden und verurteilte das Duell. Da an Stelle des richterlichen Zweikampfes in zunehmendem Maße das Zeugenverhör trat, wurden die lehnsherrlichen Gerichte immer mehr durch königliche Gerichtshöfe verdrängt, die in allen Orten von den Vögten des Königs eingerichtet wurden; das Recht wurde geschaffen, gegen Urteile der lehnsherrlichen Gerichte an den zentralen königlichen Gerichtshof zu appellieren, und in Frankreich wich wie in England während des dreizehnten Jahrhunderts das Feudalrecht dem einheitlichen Recht des ganzen Landes. Seit der Römerzeit hatte Frankreich sich nie einer derartigen Sicherheit und Wohlhabenheit erfreut; unter dieser Regierung genügte Frankreichs Reichtum, um die gotische Architektur zu ihrer reichsten Entfaltung und Vollkommenheit zu bringen.

Er glaubte und bewies, daß eine Regierung in ihren äußeren Beziehungen gerecht und großmütig sein kann, ohne an Prestige oder Macht zu verlieren. Er vermied den Krieg, solange es nur möglich war; wenn aber ein Angriff drohte, stellte er mit viel Geschick ein schlagkräftiges Heer auf, plante seine Feldzüge und führte sie – in Europa – tatkräftig und gewandt durch, bis er einen ehrenhaften Frieden schließen konnte, der für Rachegefühle keinen Raum mehr ließ. Sobald Frankreichs Sicherheit gewährleistet war, ging er auf eine Politik der Versöhnlichkeit über, welche zu einem Kompromiß einander entgegengesetzter Rechte führte, aber eine Befriedigung ungerechtfertigter Ansprüche streng zurückwies. Er gab an England und Spanien Gebiete zurück, die seine Vorgänger sich angeeignet hatten; seine Ratgeber führten Klage darüber, aber der Friede blieb gewahrt, und Frankreich wurde auch während Ludwigs langer Abwesenheit auf den Kreuzzügen nie angegriffen. «Man fürchtete ihn, weil man wußte, daß er gerecht war», sagt Wilhelm von Chartres[66]. Von 1243 bis 1270 führte Frankreich keinerlei Krieg gegen einen christlichen Gegner. Als die Nachbarn einander bekriegten, suchte Ludwig zu vermitteln, obgleich seine Ratgeber der Meinung waren, solche Streitigkeiten müßten vielmehr geschürt werden, da sie zur Schwächung möglicher Feinde führten[67]. Fremde Könige unterwarfen ihre Streitfälle seiner Schiedsgerichtsbarkeit. Es herrschte Erstaunen darüber, daß ein so guter Mensch auch ein so guter König sein konnte.

Er war aber nicht «das reine Ungetüm, das nie die Welt noch sah» – der durch und durch fehlerlose Mensch. Er konnte reizbar sein, wahrscheinlich auf Grund seiner schlechten Gesundheit. Die Einfachheit seiner Seele grenzte bereits an schuldhafte Leichtgläubigkeit oder Ignoranz, wie im Falle der schlecht überlegten Kreuzzüge und der ungeschickten Feldzüge in Ägypten und Tunesien, wo er neben seinem eigenen das Leben vieler anderer Menschen opferte; und wenn er in seinem Verhalten gegenüber den muselmanischen Feinden auch ehrenhaft war, so konnte er ihnen doch nicht das großmütige Verständnis entgegenbringen, mit dem er gegenüber seinen christlichen Feinden so gut verfahren war. Seine kindliche Festigkeit im Glauben führte ihn zu einer religiösen Unduldsamkeit, welche die Einführung der Inquisition in Frankreich unterstützte und sein natürliches Mitleid gegenüber den Opfern des Kreuzzuges gegen die Albigenser beschwichtigte. Seine Schatzkammer füllte sich durch die Beschlagnahme des Vermögens verurteilter Ketzer[68], und gegenüber den französischen Juden ließ ihn die freundliche Gemütsart, die er sonst immer bezeigte, völlig im Stich.

Wenn man von diesen Mängeln absehen will, kam er dem christlichen Ideal sehr nahe. «Nie habe ich gehört, daß er von wem mit Unglimpf gesprochen», berichtet Joinville[69]. Als die Muselmanen, die ihn gefangengenommen hatten, versehentlich eine viel zu geringe Summe als Lösegeld entgegennahmen, an der noch 10 000 Livres fehlten, ließ Ludwig, als er wieder frei und in Sicherheit war, das Geld vollständig auszahlen, sehr zum Mißfallen seiner Ratgeber[70]. Ehe er zu seinem ersten Kreuzzug aufbrach, befahl er allen seinen Amtsleuten in ganz Frankreich, «die schriftlichen Beschwerden, so da gegen uns oder unsere Vorfahren vorgebracht werden, entgegenzunehmen und zu prüfen, desgleichen die Behauptungen über ungerechte oder erpresserische Handlungen, deren unsere Vögte, Profosse, Förster und Beamten oder deren Untergebene sich schuldig gemacht haben könnten»[71]. «Oftmals», sagt Joinville, «pflegte er nach der Messe in den Wald von Vincennes zu gehen, sich an einen Baum zu lehnen und uns aufzufordern, um ihn herum Platz zu nehmen. Und wer irgendeine Klage vorzubringen hatte, durfte sie ungehindert und unaufgefordert vortragen.» Manche Fälle behandelte er selbst, andere wies er den Ratgebern zu, die um ihn saßen, in jedem Falle gewährte er aber dem Kläger das Recht, an den König selbst zu appellieren[72]. Er gründete und finanzierte Krankenhäuser, Altersheime, Klöster, Pilgerherbergen, ein Blindenheim und ein Heim für reumütige Prostituierte (die filles-Dieu). Seinen Beauftragten in jeder Provinz befahl er, nach Alten und Armen Ausschau zu halten und auf Staatskosten für ihren Unterhalt zu sorgen. Wo er auch war, machte er es sich zum Grundsatz, jeden Tag 120 Arme zu speisen; drei von ihnen lud er an seinen eigenen Tisch; er bediente sie in eigener Person und wusch ihnen die Füße[73]. Wie Heinrich III. von England pflegte er Aussätzige und speiste sie mit eigenen Händen. Als die Normandie von einer Hungersnot heimgesucht wurde, gab er eine gewaltige Summe aus, um den Bedürftigen Nahrung zu verschaffen. Jeden Tag gab er Almosen für die Kranken, Armen, Witwen, Schwangeren, Prostituierten und Krüppel, «daß man kaum ihre Zahl möcht' angeben»[74]. Und es waren Taten echter Nächstenliebe, da sie nie in der Öffentlichkeit geschahen. Die Armen, denen er die Füße wusch, waren stets Blinde; die Waschung erfolgte in der Zurückgezogenheit, und die Betroffenen wußten nicht, daß ihr Pfleger der König war. Seine asketischen Selbstkasteiungen waren niemandem bekannt, bis sein Leichnam sie offenbarte[75].

Auf dem Feldzug des Jahres 1242 zog er sich in den Sümpfen der Saintonge eine Malaria zu; sie hatte eine perniziöse Anämie zur Folge, die ihm 1244 beinahe den Tod brachte. Vielleicht wandten solche Erlebnisse ihn immer mehr der Religion zu; es war denn auch nach der Genesung von dieser Krankheit, daß er gelobte, einen Kreuzzug zu unternehmen. Er schwächte sich mit asketischer Selbstkasteiung. Als er von seinem ersten Kreuzzug zurückkehrte, war er, der Achtunddreißigjährige, bereits kahlköpfig und gebeugt, und von der Schönheit seiner Jugend war nichts verblieben als die strahlende Anmut seines einfachen Glaubens und guten Willens. Er trug ein härenes Hemd unter der braunen Mönchskutte und ließ sich mit kleinen Eisenketten peitschen. Er liebte die neuen Mönchsorden der Franziskaner und Dominikaner, bezeigte ihnen eine uneing chränkte Freigebigkeit und war nur mit Mühe davon abzuhalten, selbst Franziskaner zu werden. Jeden Tag hörte er zweimal die Messe, sprach die kanonischen Gebete der Terz, Sext, Non, der Vesper und des Komplets, sagte vor dem Schlafengehen fünfzig Ave Maria auf und erhob sich um Mitternacht, um mit den Priestern in der Kapelle die Mette zu singen[76]. In der Advents- und Fastenzeit enthielt er sich des ehelichen Verkehrs. Die meisten Untertanen lächelten über seine Frömmigkeit und nannten ihn «Bruder Ludwig». Eine kühne Frau sagte ihm: «Es wäre besser, wir hätten einen anderen König an deiner Stelle, denn du bist ein König der Franziskaner und Dominikaner ... Es ist schandbar, daß du König von Frankreich bist. Es ist wirklich ein großes Wunder, daß sie dich nicht hinauswerfen.» Ludwig entgegnete: «Du sprichst die Wahrheit. Ich bin nicht würdig, König zu sein, und wenn es unserem Erlöser gefallen hätte, wäre ein anderer an meiner Stelle, der besser verstanden hätte, das Königreich zu regieren[77].»

Am Aberglauben seiner Zeit hatte er mit Begeisterung teil. Der Abt von St-Denis behauptete einen Nagel vom Wahren Kreuze Christi zu besitzen; eines Tages ging der Nagel nach der feierlichen Vorführung vor dem Volke verloren; es entstand ein großer Aufruhr; der Nagel wurde wieder gefunden, und der König war sehr erleichtert; «es wäre mir lieber, die beste Stadt meines Reiches würde von der Erde verschlungen», sagte er[78]. Im Jahre 1236 verkaufte Balduin II. von Konstantinopel, der Geld zur Rettung seines dahinsiechenden Staates brauchte, die Dornenkrone, die der Nazarener Jesus Christus während seiner Passion getragen hatte, um 11 000 Livres an Ludwig. Fünf Jahre später brachte Ludwig von dem gleichen Auktionator einen Splitter des Wahren Kreuzes heim. Möglicherweise waren die Käufe als Hilfeleistung an einen in Not befindlichen christlichen Staat gedacht. Um diesen Reliquien einen würdigen Aufbewahrungsort zu schaffen, beauftragte Ludwig Peter von Montreuil mit dem Bau der Sainte-Chapelle.

Trotz seiner tiefen Frömmigkeit war Ludwig keineswegs das Werkzeug seiner Geistlichkeit. Er erkannte ihre menschlichen Schwächen und züchtigte sie mit seinem guten Beispiel und offenem Tadel[79]. Er begrenzte die Rechte der kirchlichen Gerichtshöfe und setzte die Gültigkeit des Rechts für alle Bürger, Laien oder Kleriker, durch. Im Jahre 1268 erließ er die erste Pragmatische Sanktion, welche die Macht des Papsttums bei kirchlichen Ernennungen und Steuererhebungen in Frankreich beschränkte: «Es ist unser Wille, daß niemand auf irgendeine Art Abgaben erhebe oder Gelder eintreibe, die vom römischen Hofe gefordert werden ... es sei denn, daß der Grund vernünftig, fromm und dringlich sei ... und von uns und der Kirche unseres Reiches ausdrücklich und aus freien Stücken anerkannt werde*.»

* Milman, *History of Latin Christianity*, Bd. VI, Seite 119. Der Erlaß wird allgemein als echt anerkannt[80], er kann aber auch eine Fälschung der Advokaten Philipps IV. als Waffe gegen Bonifaz VIII. sein; vgl. *The Catholic Encyclopedia*, Stichwort Louis IX.

Trotz seinen mönchischen Neigungen blieb Ludwig jederzeit ein König und bewahrte die königliche Majestät auch dann, als er «dünn und mager, mit einem Engelsgesicht und in anmutiger Haltung»[81] (wie Fra Salimbene ihn beschreibt), barfuß im Pilgergewand und mit dem Pilgerstab erschien, um seinen ersten Kreuzzug anzutreten (1248). Königin Blanche, die er trotz ihren sechzig Jahren mit allen Vollmachten ausgerüstet als Regentin hinterließ, weinte beim Abschied: «Süßester lieber Sohn, lieber feiner Sohn, ich werde dich nicht mehr wiedersehen[82].» Er fiel in Ägypten in Gefangenschaft und wurde erst gegen ein Lösegeld freigelassen, das Blanche mit großer Mühe aufbrachte; als er, geschlagen und gedemütigt, nach Frankreich zurückkehrte (1252), war seine Mutter gestorben. 1270 brach er, krank und schwach, nochmals auf, diesmal nach Tunis. Es war kein so quijotisches Unternehmen, wie sein Ausgang uns glauben ließe. Ludwig hatte seinen Bruder, Karl von Anjou, mit einem französischen Heer nach Italien gesandt, nicht nur, um dort die Herrschaft der Deutschen zu beseitigen, sondern auch in der Hoffnung, Sizilien als Ausgangsbasis für einen französischen Einfall in Tunis zu gewinnen. Kurz nach der Ankunft in Tunis erlag der Kreuzfahrer, älter am Leib als an Jahren, der Ruhr. Nach siebenundzwanzig Jahren sprach die Kirche ihn heilig. Generationen und Jahrhunderte sahen auf seine Regierung als das Goldene Zeitalter Frankreichs zurück und fragten sich, warum die unerforschliche Vorsehung seinesgleichen nicht mehr auf Erden sandte. Er war ein christlicher König.

3. PHILIPP DER SCHÖNE

Frankreich erhielt durch die Kreuzzüge, an denen es führend beteiligt war, einen Machtzuwachs. Die lange Regierungsdauer von Philipp August und Ludwig IX. gaben der Staatsführung Beständigkeit und Festigkeit, während England unter dem unbekümmerten Richard Löwenherz, dem leichtsinnigen Johann und dem unfähigen Heinrich III. zu leiden hatte und Deutschland in den Kriegen zwischen Kaiser und Papst zerfiel. Um 1300 war Frankreich die stärkste Macht Europas.

Philipp IV. (1285–1314) hieß *le Bel* wegen der Schönheit seiner Gestalt und seiner Gesichtszüge, nicht wegen seiner gerissenen Staatsmannskunst und seines rücksichtslosen Wagemuts. Seine Ziele waren weit gesteckt: er wollte alle Stände – Adel, Geistlichkeit, Bürger und Leibeigene – unter die unmittelbare Rechtsprechung und Herrschaft des Königs bringen, das Wachstum Frankreichs auf Handel und Gewerbe statt auf den Ackerbau gründen und Frankreichs Grenzen bis an den Atlantik, die Pyrenäen, das Mittelmeer, die Alpen und den Rhein ausdehnen. Sein Gefolge und seine Ratgeber holte er sich nicht aus dem Stand der hohen Geistlichkeit und des Hochadels, welcher während der vergangenen vier Jahrhunderte dem französischen Könige gedient hatte, sondern aus dem Stand der Juristen, welcher vom Reichsgedanken des römischen Rechtes erfüllt war. Pierre Flotte und Wilhelm von Nogaret waren glänzende Köpfe, die sich um Moral und Präzedenz keinen Deut kümmerten; Philipp erneuerte unter ihrer Anleitung das französische Rechtswesen, ersetzte das Feudalrecht durch ein königliches Recht, überwand seine Gegner mit schlauer Diplomatie und brach schließlich sogar die Macht des Papsttums und machte den Papst im Grunde zu einem Gefangenen Frankreichs. Er versuchte England Guyenne zu entreißen, fand aber in Eduard I. einen zu starken Gegner. Er erwarb sich die Champagne, Brie und Navarra durch Heirat und kaufte Chartres, die Franche-Comté, das Lyonnais und einen Teil Lothringens mit klingender Münze.

Stets in Geldnöten, verwandte er die Hälfte seines Geistes und seiner Zeit darauf, neue Steuern zu ersinnen und Geldmittel einzutreiben. Er wandelte die militärischen Verpflichtungen der Barone gegenüber der Krone in eine Geldabgabe um. Er entwertete wiederholt seine Münzen und bestand darauf, daß die Steuern in lauterem Edelmetall oder nicht abgewertetem Geld entrichtet wurden. Er verbannte die Juden und Lombarden und vernichtete den Tempelritterorden, um in den Besitz ihres Vermögens zu kommen. Er untersagte die Ausfuhr von Edelmetallen aus Frankreich. Er belegte die Importe, Exporte und Verkäufe mit schweren Steuern und zog eine Kriegssteuer von einem Sou für jedes Livre Privatvermögen ein. Schließlich besteuerte er, ohne die Zustimmung des Papstes einzuholen, das Vermögen der Kirche, welche zu dieser Zeit ein Viertel des französischen Grundbesitzes zu eigen hatte. Die Auswirkungen dieses Schrittes gehören zur Geschichte Bonifaz' VIII. Als der alte Papst, vom Kampf gebrochen, das Zeitliche segnete, sorgte Philipp durch seine Agenten und mit seinem Geld dafür, daß ein Franzose als Clemens V. zum Papst gewählt wurde und das Papsttum nach Avignon umsiedelte. Nie noch hatte ein Laie einen so großen Sieg über die Kirche davongetragen. Von da an herrschten in Frankreich die Advokaten über die Priester.

Der Großmeister des Templerordens hatte bei seinem Gang zum Scheiterhaufen prophezeit, Philipp werde ihm innerhalb eines Jahres nachfolgen. Seine Prophezeiung bewahrheitete sich, und nicht nur Philipp, sondern auch Clemens starb im Jahre 1314 – der triumphierende König erst sechsundvierzig Jahre alt. Das französische Volk hatte seine Hartnäckigkeit und seinen Mut bewundert und ihn gegen Bonifaz unterstützt; es hielt ihn aber in übler Erinnerung als den geldgierigsten Monarchen seiner Geschichte. Frankreich brach unter der Last seines Sieges beinahe zusammen. Die Geldentwertung brachte die Volkswirtschaft in Unordnung, hohe Zinsen und Preise verarmten das Volk, die Besteuerung hemmte das Gewerbe, und die Verbannung der Lombarden und Juden zerschnitt die Lebensadern des Handels und brachte den großen Messen den Niedergang. Der Wohlstand, der unter Ludwig dem Heiligen angewachsen war, zerfiel unter dem Meister jedes juristischen und diplomatischen Kniffes[83].

In den vierzehn Jahren nach seinem Tode bestiegen drei Söhne Philipps den Thron und sanken ins Grab. Keiner hinterließ einen Sohn, der die Macht hätte erben können. Karl IV. († 1328) hinterließ Töchter, aber das alte salische Erbfolgerecht wurde angerufen, um ihre Thronbesteigung zu verhindern. Der nächste männliche Verwandte der Königsfamilie war Philipp von Valois, ein Neffe Philipps des Schönen. Mit seiner Thronbesteigung erlosch die direkte Linie der Capetinger und begann die Herrschaft des Hauses Valois.

Ein Rundblick über das Frankreich dieser Zeit zeigt bemerkenswerte Fortschritte in Volkswirtschaft, Recht, Volksbildung, Literatur und Kunst. Die Leibeigenschaft schwand rasch dahin, da das Wachstum des städtischen Gewerbes Menschen von den Landgütern in die Städte lockte. Paris hatte im Jahre 1314 etwa 200 000 Einwohner, Frankreich rund zweiundzwanzig Millionen[84]. Brunetto Latini, der sich vor der politischen Gewaltsamkeit in Florenz nach Frankreich flüchtete, staunte über den Frieden und die Sicherheit, die unter Ludwig IX. in den Straßen von Paris herrschten, über die Regsamkeit von Handel und Gewerbe in den Städten, über die fruchtbaren Äcker und Weinberge der lieblichen Landschaft um die Hauptstadt[85].

Das Hochkommen der Geschäfts- und Berufsstände, die es an Wohlstand beinahe mit dem Hochadel aufnehmen konnten, erzwang deren Vertretung in den *Etats généraux*, den Generalstaaten, die Philipp IV. im Jahre 1302 nach Paris einberief, um sich deren moralische und finanzielle Unterstützung in seinem Kampfe gegen Bonifaz zu sichern. Solche allgemeine Sitzungen der drei Staaten oder Stände – des Adels, der Geistlichkeit und der Gemeinen – wurden nur in Notzeiten abgehalten (1302, 1308, 1314 ...) und unterstanden der gewandten Leitung der Juristen, die dem König als *conseil d'état*, Staatsrat, dienten. Das Parlament von Paris, das unter Ludwig IX. entstand, war nicht eine durch allgemeine Wahlen zustande gekommene Körperschaft, sondern eine vom König ernannte Gruppe von meist vierundneunzig Juristen und Geistlichen, die ein- bis zweimal jährlich zusammentrat, um als oberster Gerichtshof zu wirken. Die *ordonnances* dieses Parlamentes schufen einen nationalen Rechtskörper, der mehr von dem römischen als vom fränkischen Recht ausging und der Monarchie die volle Unterstützung der klassischen Rechtsüberlieferung angedeihen ließ.

Die geistige Erregung der Zeit um Philipp IV. lebt noch in den politischen Traktaten eines seiner Anhänger, Pierre Dubois (1255–1312), nach; Dubois war ein Advokat, der Coutances in den Generalstaaten des Jahres 1302 vertrat. In einer *Supplication du peuple de France au roi contre le pape Boniface* (1304) – einem Appell des französischen Volkes an den König gegen Papst Bonifaz – und in einer Abhandlung *Über die Wiedereroberung des Heiligen Landes* (1306) warf Dubois Vorschläge in die Debatte, welche die tiefe Spaltung, die nun zwischen der juristischen und der kirchlichen Gesinnung in Frankreich entstand, aufzeigen. Die Kirche sollte nach Dubois' Ansicht vom Staate keinerlei finanzielle Unterstützung mehr erhalten; die französische Kirche sollte von Rom losgelöst werden; das Papsttum sollte seiner weltlichen Macht entkleidet werden, und die höchste Autorität sollte dem Staate zufallen. Philipp sollte zum Kaiser eines geeinten Europa gemacht werden und von Konstantinopel aus regieren. Ein internationaler Gerichtshof sollte errichtet werden, um Streitigkeiten zwischen einzelnen Nationen zu schlichten, und ein wirtschaftlicher Boykott sollte gegen jede christliche Nation verhängt werden, die gegen eine andere christliche Nation Krieg führte. In Rom sollte eine Schule für orientalistische Studien gegründet werden. Den Frauen sollten die gleichen Bildungsmöglichkeiten und politischen Rechte wie den Männern eingeräumt werden[86].

Es war die Zeit der *troubadours* in der Provence, der *trouvères* im Norden, der *Chanson de Roland* und anderer *chansons de geste*, der Geschichte von *Aucassin et Nicolette* und des *Rosenromans*, der ersten hervorragenden französischen Geschichtsschreiber – Villehardouin und Joinville. In dieser Zeit entstanden große Universitäten in Paris, Orléans, Angers, Toulouse und Montpellier. Sie begann mit Roscelin und Abälard und erreichte ihren Höhepunkt mit der Blüte der scholastischen Philosophie. Es war die Zeit der gotischen Verzükkung – der majestätischen Kathedralen von St-Denis, Chartres, Notre-Dame, Amiens und Reims und der gotischen Plastik in ihrer größten geistigen Vollkommenheit. Die Franzosen hegten einen verzeihlichen Stolz auf ihr Land, ihre Hauptstadt und ihre Kultur; ein das ganze Volk einender Patriotismus ersetzte den Provinzialismus der Feudalzeit; bereits sprach man, wie in der *Chanson de Roland*, zärtlich von der *douce France*, dem «süßen Frankreich». In Frankreich wie in Italien bedeutete diese Zeit den Höhepunkt der christlichen Zivilisation.

XII. SPANIEN: 1096–1285

Die Wiedereroberung Spaniens durch die Christen schritt so schnell voran, als der chaotische Bruderzwist der spanischen Könige es zuließ. Die Päpste verliehen an alle Christen, die mithalfen, die Mauren in Spanien zurückzutreiben, Namen und Privileg von Kreuzfahrern; einige Tempelritter kamen von Frankreich, um die christliche Sache zu unterstützen, und drei spanische religiöse Ritterorden – die Ritter von Calatrava, von Santiago, von Alcantara – entstanden im zwölften Jahrhundert. Im Jahre 1118 eroberte Alfons I. von Aragonien Saragossa; 1195 wurden die Christen bei Alarcos besiegt, aber 1212 vernichteten sie die Hauptarmee der Almohaden bei Las Navas de Tolosa fast vollständig. Der Sieg war entscheidend; der maurische Widerstand brach zusammen, und eine maurische Feste nach der andern ergab sich: Córdoba (1236), Valencia (1238), Sevilla (1248), Cádiz (1250). Danach erlitt die *reconquista* einen Aufschub um zwei Jahrhunderte, damit die Könige Zeit hatten, sich gegenseitig zu bekriegen.

Als Alfons VIII. von Kastilien bei Alarcos eine Niederlage erlitt, drangen die Könige von León und Navarra, die versprochen hatten, ihm zu Hilfe zu kommen, in sein Königreich ein, und Alfons mußte mit den Ungläubigen Frieden schließen, damit er sich gegen die Treulosigkeit der Christen wehren konnte[87]. Ferdinand III. (1217–1252) vereinigte León wieder mit Kastilien, trieb die katholische Grenze bis Granada vor, ließ sich in Sevilla nieder, machte die große Moschee zu seiner Kathedrale, den Alcázar zu seiner Residenz; die Kirche betrachtete ihn bei seiner Geburt als einen Bastard, nach seinem Tode als einen Heiligen. Sein Sohn Alfons X. (1252–1284) war ein ausgezeichneter Gelehrter und unentschlossener König. Von der maurischen Gelehrsamkeit in Sevilla angezogen, stellte sich Alfons (*el Sabio*, der Weise) gegen die Frömmler und setzte nicht nur christliche, sondern auch arabische und jüdische Gelehrte ein, um zur Unterweisung Europas muselmanische Werke ins Lateinische zu übersetzen. Er gründete eine Astronomenschule, deren «Alfonsinische Tafeln» der Himmelskörper und Sternenbahnen für die europäische Astronomie grundlegend wurden. Er beauftragte eine Reihe von Historikern, in seinem Namen eine Geschichte Spaniens und eine umfangreiche Weltgeschichte zu schreiben. Er selbst verfaßte 450 teils kastilische, teils galicisch-portugiesische Gedichte; viele wurden in Musik gesetzt und sind uns als die Denkmäler der mittelalterlichen spanischen Liedkunst bewahrt. Seine literarischen Leidenschaften äußerten sich in einer Reihe von Büchern, die er selbst oder andere in seinem Auftrage über das Dame-, Schach- und Würfelspiel, über Steine, Musik, Schiffahrt, Alchimie und Philosophie schrieben. Er bestellte offenbar eine direkte Bibelübersetzung aus dem Hebräischen ins Kastilische. Mit ihm erhielt die kastilische Sprache die Vormachtstellung, die sie bis zum heutigen Tage in der spanischen Literatur innehat. Er war der Begründer der spanischen und portugiesischen Literatur, der spanischen Geschichtsschreibung, der spanischen wissenschaftlichen Terminologie. Er befleckte aber eine glänzende Laufbahn durch seinen Versuch, in den Besitz des Thrones des Heiligen Römischen Reiches zu gelangen, verausgabte einen guten Teil des spanischen Staatsschatzes bei diesem Versuch, suchte seine Truhen durch Steuererhöhungen und Geldabwertungen wieder zu füllen, wurde zugunsten seines Sohnes abgesetzt, überlebte seinen Sturz um zwei Jahre und starb als gebrochener Mann.

Aragón errang eine Vormachtstellung durch die Ehe seiner Königin Petronilla mit Graf Ramón Berenguer von Barcelona (1137); dadurch kam das kleine Königreich in den Besitz von Katalonien und damit des größten spanischen Hafens. Peter II. (1196–1213) brachte dem neuen Reiche den Wohlstand, indem er für eine strenge Befolgung der Gesetze sorgte und damit den Häfen, Märkten und Straßen Sicherheit gab; seinen Hof zu Barcelona machte er zu dem fröhlichen und amourösen Mittelpunkt des spanischen Rittertums und Minnewesens; er rettete seine Seele – und sicherte sich seinen Titel –, indem er Aragón an Innozenz III. überantwortete und von diesem als Lehen empfing. Sein Sohn Jakob (Jaime) I. (1213–1276) war erst fünfjährig, als Peter im Kampfe fiel; die aragonesischen Adligen ergriffen die Gelegenheit, um ihre lehnsherrliche Unabhängigkeit zu erneuern; Jakob nahm aber mit zehn Jahren die Zügel in die Hand und unterwarf die Adligen bald der königlichen Gewalt. Erst zwanzig Jahre alt, entriß er den Mauren bereits die Balearischen Inseln (1229–1235), die für den Handelsverkehr von großer Bedeutung waren, sowie Valencia und Alicante. Im Jahre 1265 nahm er den Mauren Murcia ab und schenkte es in einer ritterlichen Geste des spanischen Einheitsstrebens dem König von Kastilien. Weiser als Alfons der Weise, machte er sich zum mächtigsten spanischen Monarchen seines Jahrhunderts, dem Rivalen Friedrichs II. und Ludwigs IX. In seiner Schlauheit und Intelligenz und skrupellosen Tapferkeit glich er Friedrich; aber seine lockere Moral, seine vielen Scheidungen, seine erbarmungslose Kriegführung und gelegentliche Grausamkeit laden nicht gerade zum Vergleich mit Ludwig dem Heiligen ein. Er plante, Südwestfrankreich in seinen Besitz zu bringen, aber der geduldige Ludwig übertrumpfte ihn, wenn er ihm auch Montpellier abtrat. Als alter Mann wollte er Sizilien erobern, um auf diese Weise einen Ausgangspunkt für strategische Operationen und eine Zufluchtsstätte für den Handelsverkehr zu gewinnen und das westliche Mittelmeer zu einer spanischen See zu machen; die Erfüllung seines Traumes mußte er jedoch seinem Sohne überlassen. Peter III. (1276–1285) ehelichte eine Tochter von Friedrichs Sohn Manfred, dem König von Sizilien, und glaubte diese Insel für sich beanspruchen zu dürfen, als Karl von Anjou sich mit dem Segen des Papstes ihrer bemächtigte. Peter sagte sich von der päpstlichen Lehnsoberhoheit los und schiffte sich ein, um Sizilien zu erobern.

Wie in England und Frankreich fällt auch in Spanien der Aufstieg und Verfall des Lehnswesens in diese Zeit. Anfangs setzte sich der Adel fast völlig über die Zentralgewalt hinweg; Adel und Geistlichkeit waren von Steuern befreit, die dafür um so schwerer auf den Städten und auf dem Handel und Gewerbe lasteten; schließlich unterwarfen sich die beiden Stände aber dem König, der mit ihren eigenen Truppen ausgestattet war, von den Städten mit Geld und Miliztruppen unterstützt wurde und vom Prestige eines wiederauflebenden römischen Rechtes, welches die absolute Monarchie zum Axiom der Staatsführung machte, getragen war. Zu Beginn dieser Zeit gab es noch kein spanisches Recht; es gab nur die verschiedenen Gesetzessammlungen der einzelnen Staaten und der einzelnen Stände in jedem Staate. Ferdinand III. begann und Alfons X. vollendete ein neues kastilisches Rechtssystem, das wegen seiner Unterteilung in sieben Hauptstücke den Namen *Siete Partidas* erhielt (1260–1265) – eine der vollständigsten und wichtigsten Gesetzessammlungen in der Geschichte des Rechtswesens. Es ging von den Gesetzen der spanischen Westgoten aus, wurde aber mit Justinians *Corpus iuris* in Übereinstimmung gebracht; die *Siete Partidas* erwiesen sich als zu fortschrittlich für ihre Zeit; siebzig Jahre lang fanden sie kaum Beachtung; im Jahre 1338 erhielten sie aber in Kastilien und 1492 in ganz Spanien Rechtskraft. Ein ähnlicher Gesetzeskörper wurde von Jakob I. in Aragón eingeführt. Im Jahre 1283 veröffentlichte Aragón ein einflußreiches Handels- und Seerecht und gründete in Valencia und später auch in Barcelona und auf Mallorca Gerichtshöfe des Seekonsulates.

In der Ausbildung freier Städte und demokratischer Volksvertretungen war Spanien im Mittelalter führend. Die Könige, die sich die Unterstützung der Städte gegen den Adel sichern wollten, gewährten vielen Städten das Selbstverwaltungsrecht. Die Unabhängigkeit der Stadtgemeinde wurde in Spanien mit wahrer Leidenschaft erstrebt; kleine Städte forderten ihre Unabhängigkeit von größeren Städten oder vom Adel, von der Kirche, vom König; setzten sie ihre Forderung durch, so errichteten sie auf dem Marktplatz ihren eigenen Galgen als Zeichen ihrer Freiheit. Barcelona wurde 1258 von einem Stadtrat aus 200 Mitgliedern regiert, die sich mehrheitlich aus Kreisen des Handels und Gewerbes rekrutierten[88]. Eine Zeitlang ging die Souveränität der Städte so weit, daß sie in völlig unabhängiger Weise Krieg gegen die Mauren oder gegeneinander führten. Aber auch sie schlossen sich zur gegenseitigen Hilfeleistung und Sicherung zu *hermandades* – Bruderschaften – zusammen. Als 1295 der Adel versuchte, die Gemeinden zu unterwerfen, vereinten sich vierunddreißig Städte zur *Hermandad de Castilla*, verpflichteten sich zur gemeinsamen Gegenwehr und stellten gemeinsam ein Heer auf. Nachdem diese Bruderschaft den Adel überwältigt hatte, überwachte und beherrschte sie die Amtsleute des Königs und erließ Gesetze, die in allen der Bruderschaft angeschlossenen Städten – manchmal waren es mehr als hundert – Gültigkeit hatten.

Es war schon lange Brauch bei den spanischen Königen gewesen, von Zeit zu Zeit eine Versammlung der Adligen und Geistlichen einzuberufen; eine solche Zusammenkunft im Jahre 1137 erhielt erstmals den Namen *Cortes*. Im Jahre 1188 nahmen an den Cortes von León auch Geschäftsleute der Städte teil – wahrscheinlich das erste Beispiel einer politischen Volksvertetung im christlichen Europa. Vor dieser historischen Versammlung versprach der König, keinen Krieg zu erklären, keinen Frieden zu schließen und kein Dekret zu erlassen, ohne die Zustimmung der Cortes einzuholen[89]. In Kastilien traten die ersten derartigen Cortes aus Adligen, Geistlichen und Bürgern im Jahre 1250 zusammen – fünfundvierzig Jahre vor dem «Modellparlament» Eduards I. Die Cortes hatten nicht die unmittelbare gesetzgeberische Gewalt, stellten aber «Gesuche» an den König, und ihr Verfügungsrecht über den Staatssäckel war oft Anlaß, daß dieser seine Zustimmung erteilte. Ein Dekret der Cortes von Katalonien (1283), das vom König von Aragón anerkannt wurde, bestimmte, daß inskünftig keine nationale Gesetzgebung mehr ohne Zustimmung der Bürger *(cives)* erfolgen dürfe; eine zweite Bestimmung forderte vom König die jährliche Einberufung der Cortes; diese Beschlußfassungen erfolgten ein Vierteljahrhundert früher als gleiche Verfügungen (1311, 1322) des englischen Parlamentes. Außerdem bestellten die Cortes eine *Junta*, einen Ausschuß aus Vertretern aller Stände, der darüber zu wachen hatte, ob in der Zeit zwischen den Sitzungen der Cortes die Gesetze, die sie erlassen, und die Gelder, die sie bewilligt hatten, auch richtig angewandt wurden[90].

Das Problem der Regierungsführung wurde in Spanien durch trennende Gebirge, welche die Ausbreitung eines allgemeingültigen Gesetzes behinderten, kompliziert. Die Unebenheiten des Geländes, die trockenen Hochebenen und die ständigen Verwüstungen durch die Kriege waren dem Ackerbau abträglich und machten Spanien weitgehend zum Weideland für Rinder und Schafe. Die prächtigen Schafherden lieferten Tausenden von Webstühlen in den Städten die Wolle, und Spanien bewahrte den Ruf der guten Qualität, den seine Wollwaren bereits im Altertum genossen hatten. Der Binnenhandel litt unter den Transportschwierigkeiten und unter der Vielfalt von Maßen, Gewichten und Währungen; der Außenhandel blühte jedoch in den Häfen von Barcelona, Tarragona, Valencia, Sevilla und Cádiz; spanische Kaufleute waren überall zu finden, und 1282 nahmen die kastilischen Kaufherren in Brügge eine Stellung ein, die sonst nur noch die Mitglieder des Hansebundes hatten[91]. Kaufleute und Gewerbetreibende wurden in finanzieller Hinsicht zur Hauptstütze der Krone. Das städtische Proletariat schloß sich zu Zünften *(gremios)* zusammen, diese unterstanden aber der strengen Kontrolle des Königs, und die Arbeiterschaft unterlag der wirtschaftlichen Ausbeutung, ohne eine politische Vertretung zu haben.

Die meisten handwerklich Tätigen waren entweder Juden oder *Mudéjares* – Muselmanen im christlichen Spanien. Die Juden gediehen in Aragonien und Kastilien; sie nahmen eifrig am geistigen Leben der beiden Königreiche teil; viele waren reiche Kaufleute; gegen Ende dieses Zeitraumes wurden sie jedoch in zunehmendem Maße verschiedenen Einschränkungen unterworfen. Die Mudéjares genossen die Glaubensfreiheit und eine beträchtliche Selbstverwaltung; auch unter ihnen gab es viele reiche Kaufleute, und einzelne Mudéjares fanden ihren Weg sogar in die Königshöfe. Ihre Handwerker übten auf die Architektur, Holzschnitzerei und Goldschmiedekunst Spaniens einen starken Einfluß aus, so daß der Mudéjarstil entstand – die Verwendung maurischer Formen und Vorwürfe in der christlichen Kunst. Alfons VI. nannte sich in einem katholischen Augenblick *Emperador de los Dos Cultos* – «Kaiser beider Religionen»[92]. Im allgemeinen mußten die Mudéjares aber eine unterscheidende Kleidung tragen, in den Städten in besonderen Vierteln leben und besonders hohe Steuern zahlen. Schließlich erweckte der Wohlstand, den sie sich mit ihrem handwerklichen und kaufmännischen Geschick erworben hatten, den Neid des Mehrheitsvolkes; im Jahre 1247 ordnete Jakob I. ihre Ausweisung aus Aragonien an; über hunderttausend Mudéjares wanderten aus und nahmen ihre technischen Fertigkeiten mit; von da an flaute die gewerbliche Tätigkeit in Aragonien ab.

Die teilweise Übernahme der muselmanischen Kultur in die spanische, der Ansporn, den der Sieg über einen alten Feind gibt, das Wachstum von Gewerbe und Wohlstand, von Gesittung und Geschmack gaben dem geistigen Leben Spaniens einen großen Auftrieb. Das dreizehnte Jahrhundert erlebte die Gründung von sechs Universitäten in Spanien. Alfons II. von Aragón (1162–1196) war der erste Minnesänger; bald waren sie in Spanien zu Hunderten zu finden; sie schrieben nicht nur Gedichte, sondern verarbeiteten kirchliche Feierlichkeiten zu weltlichen Schauspielen und ebneten damit Lope de Vega und Calderón den Weg. In diese Zeit fällt der *Cid*, das spanische Nationalepos. Noch schöner sind die Musik, die Lieder und die Tänze, die in den Häusern und auf den Straßen dem Herzen des Volkes entsprangen und zum Glanz und Prunk der Königshöfe aufstiegen. Der erste geschichtlich bekannte Stierkampf fand im Jahre 1107 in Avila zur Verschönerung eines Hochzeitsfestes statt; um 1300 waren Stierkämpfe bereits in allen spanischen Städten üblich. Zur gleichen Zeit brachten die französischen Ritter, die zur Teilnahme am Kampf gegen die Mauren nach Spanien gekommen waren, das Gedankengut und die Turniere des Ritterwesens mit. Die Achtung vor der Frau oder vor dem Alleinrecht eines Mannes auf eine Frau wurde ebensosehr zur Ehrenfrage wie der Stolz des Mannes auf seinen Mut und seine Rechtschaffenheit; das Ehrenduell fand seinen Eingang in die spanische Lebensart. Die Mischung europäischen und afro-semitischen Blutes, westlicher und östlicher Kultur, syrischer und persischer Motive mit gotischer Kunst, römischer Härte mit östlichem Gemüt erzeugte den spanischen Charakter und schuf im dreizehnten Jahrhundert eine spanische Zivilisation, die einen einzigartigen und buntfarbigen Bestandteil der europäischen Zivilisation bildete.

XIII. PORTUGAL: 1095

Im Jahre 1095 fand König Alfons VI. von Kastilien und León so viel Gefallen an Graf Heinrich von Burgund, einem Kreuzritter in Spanien, daß er ihm seine Tochter Teresa zur Frau und als Mitgift ein Lehen, zu dem auch eine Grafschaft Leóns namens Portugal* gehörte, gab. Das Gebiet war erst vor einunddreißig Jahren dem muselmanischen Spanien entrissen worden; südlich des Mondegoflusses saßen immer noch die Mauren. Graf Heinrich war nicht recht zufrieden damit, weniger als ein König zu sein; vom Hochzeitstage an arbeiteten er und seine Gattin darauf hin, aus ihrem Lehen einen unabhängigen Staat zu machen. Nach Heinrichs Tode (1112) führte Teresa die Bemühungen um die Unabhängigkeit fort. Sie lehrte ihre Edlen und Vasallen eine national-freiheitliche Denkart; sie ermunterte ihre Städte, Befestigungen anzulegen und sich in den Kriegskünsten zu unterrichten. Sie führte in eigener Person ihre Krieger in wiederholten Feldzügen an und umgab sich in den Zwischenzeiten zwischen den Kriegen mit Musikern, Dichtern und Liebhabern[93]. Sie erlitt eine Niederlage, wurde gefangengenommen, freigelassen und wieder in ihr Lehen eingesetzt; sie verschwendete viel Geld an eine illegitime Liebschaft, wurde vom Throne gestürzt, ging mit ihrem Liebhaber in die Verbannung und starb in Armut (1130).

* Nach dem Seehafen, der von den Römern Portus Cale genannt wurde und heute Oporto («Der Hafen») heißt.

Ihrem Antrieb und ihren Vorbereitungen ist es zu verdanken, daß ihr Sohn Alfonso I. Henriques (1128–1185) ihre Ziele verwirklichen konnte. Alfons VII. von Kastilien versprach, ihn als souveränen Herrscher jedes Gebietes anzuerkennen, das er den Mauren südlich des Douro entreißen würde. Mit der ganzen unbekümmerten Tapferkeit seines Vaters und der Begeisterung und Hartnäckigkeit seiner Mutter stürzte Alfonso Henriques sich auf die Mauren, schlug sie bei Ourique (1139) und ließ sich zum König von Portugal ausrufen. Die Geistlichkeit bewog die beiden Könige, die Angelegenheit Papst Innozenz II. zu unterbreiten, der sich zugunsten Kastiliens entschied. Alfonso Henriques stieß diesen Entschluß wieder um, indem er dem Papst die Lehnshoheit über das neue Königreich anbot. Alexander III. gab seine Zustimmung und erkannte Alfonso unter der Bedingung, daß er dem Heiligen Stuhl in Rom jährlich einen Tribut zahle, als König von Portugal an (1143)[94]. Alfonso Henriques nahm seine Kriege gegen die Mauren wieder auf, eroberte Santarem und Lissabon und dehnte seinen Herrschaftsbereich bis zum Tajo aus. Unter Alfonso III. (1248–1279) erweiterte sich Portugal bis zu seinen heutigen Festlandsgrenzen, und Lissabon wurde wegen seiner günstigen Lage an der Tajomündung sein Hafen und seine Hauptstadt (1263). Eine alte Sage will wissen, daß Ulysses – Odysseus – die Stadt gegründet und ihr ihren antiken Namen Ulyspo gegeben habe, der dann durch die Nachlässigkeit der Aussprache zu Olisipo und Lisboa – Lissabon – abgeschliffen worden sei.

Seine letzten Lebensjahre wurden Alfonso III. durch den Bürgerkrieg mit seinem Sohne Dionysius, der den Tod seines Vaters nicht abwarten konnte, verbittert. Nach diesem zweifelhaften Beginnen ging Dionysius auf eine lange Regierung über (1297–1325). Der Frieden mit León und Kastilien wurde durch eheliche Bande hergestellt; ein Streit mit einem anderen Thronerben wurde durch Vermittlung von Isabella, Dionysius' frommer Gattin, beigelegt. Dionysius verzichtete auf Kriegsruhm und widmete sich ganz der wirtschaftlichen und kulturellen Weiterentwicklung seines Landes. Er gründete Ackerbauschulen, brachte seinem Volke verbesserte landwirtschaftliche Verfahrensweisen bei, legte Baumpflanzungen an, um der Erosion Einhalt zu gebieten, förderte den Handel, baute Schiffe und Städte, stellte eine portugiesische Flotte auf und brachte einen Handelsvertrag mit England zustande; auf diese Weise erwarb er sich den Beinamen, den ihm seine Untertanen anerkennend gaben – *Re Lavrador* – Bauernkönig. Er war ein eifriger Staatsmann und gerechter Richter. Er unterstützte Dichter und Gelehrte und war selbst der beste Dichter seiner Nation und seiner Zeit; durch ihn hörte das Portugiesische auf, ein galicischer Dialekt zu sein, und wurde eine Literatursprache. In seinen *pastorellas* gab er den Volksliedern literarische Gestalt, und an seinem Hofe wurden die Minnesänger ermuntert, von den Freuden und Leiden der Liebe zu singen. Dionysius war selbst ein guter Frauenkenner; seine illegitimen Söhne zog er seinem einzigen legitimen Sohne vor. Als dieser Sohn rebellierte und ein Heer aufstellte, um seinen Vater vom Throne zu stürzen, ritt die heilige Isabella, die abseits vom fröhlichen Hofe des Königs gelebt hatte, zwischen den beiden feindlichen Heeren auf, erklärte, sie wolle das erste Opfer der Gewalttätigkeiten sein, und beschämte dadurch Vater und Sohn so sehr, daß sie Frieden schlossen (1323).

VIERTES KAPITEL

Italien vor der Renaissance

[1057–1308]

I. DAS NORMANNISCHE SIZILIEN: 1090–1194

Es ist erstaunlich, wie gut es den Normannen gelang, sich den verschiedenartigsten Umweltsverhältnissen von Schottland bis Sizilien anzupassen, mit welcher Schwungkraft sie schlafende Provinzen und Völker zu tätigem Leben erweckten und wie vollständig sie im Laufe weniger Jahrhunderte in den von ihnen unterworfenen Völkern aufgingen und aus der Geschichte verschwanden.

Während eines ereignisreichen Jahrhunderts beherrschten sie als Nachfolger der Byzantiner Süditalien und als Erben der Sarazenen Sizilien. Im Jahre 1060 begann Roger Guiscard mit einer kleinen Freibeuterschar die Invasion der Insel; bis 1091 brachte er sie vollständig in seinen Besitz; 1085 erkannte der normannische Teil Italiens Roger als seinen Herrscher an, und bei seinem Tode (1101) waren die «beiden Sizilien» – die Insel und Süditalien – bereits eine Macht, die auf der politischen Bühne Europas eine Rolle spielte. Die Beherrschung der Meerenge von Messina und der achtzig Kilometer zwischen Sizilien und Afrika verschaffte den Normannen einen entschiedenen Vorteil in Handel und Krieg. Amalfi, Salerno und Palermo wurden zu Brennpunkten eines regen Handels mit allen Mittelmeerhäfen einschließlich der muselmanischen Handelszentren in Tunesien und Spanien. Sizilien, das nun ein päpstliches Lehnsgebiet war, ersetzte die mohammedanischen Moscheen durch prächtige christliche Kirchen, und in Süditalien wichen griechische Prälaten den römisch-katholischen Priestern.

Roger II. (1101–1154) wählte Palermo als Regierungssitz, dehnte seine Herrschaft über Neapel und Capua aus und wechselte 1130 den Grafentitel gegen den Königstitel aus. Er besaß den ganzen Ehrgeiz und Mut, die Wendigkeit und Schlauheit seines Onkels Robert Guiscard; er war so regsam im Denken und Handeln, daß Idrisi, sein muselmanischer Biograph, von ihm behaupten konnte, er leiste im Schlaf mehr als andere Menschen im Wachen[1]. Zu seinen Feinden zählten die Päpste, welche einen Angriff auf den Kirchenstaat befürchteten, die deutschen Kaiser, welche über die Annektion der Abruzzen empört waren, die Byzantiner, welche von der Wiedereroberung Süditaliens träumten, und die Muselmanen Nordafrikas, welche Sizilien wieder in ihre Gewalt bringen wollten; er kämpfte gegen sie alle, manchmal gegen mehrere Feinde zur gleichen Zeit, mit dem Ergebnis, daß sein Reich schließlich größer war als zuvor und Tunis, Sfax, Bône und Tripolis einschloß. Er setzte die klugen Sarazenen, Griechen und Juden Siziliens zur Bildung der besten Staatsorganisation und Verwaltungskörperschaft ein, die man im Europa der damaligen Zeit finden konnte. Er ließ es zu, daß die sizilianische Landwirtschaft sich nach den Grundsätzen des Lehnswesens organisierte, hielt aber seine Barone mit einem königlichen Gerichtshof, dessen Rechtsprechung für alle Stände Gültigkeit hatte, in Schach. Er bereicherte die sizilianische Volkswirtschaft, indem er Seidenweber aus Griechenland kommen ließ, und förderte den Handel, indem er dem Leben, dem Verkehr und dem Eigentum einen wirksamen Schutz angedeihen ließ. Er billigte den Muselmanen, Juden und Griechisch-Orthodoxen die Religionsfreiheit und Kulturautonomie zu, sicherte dem Tüchtigen eine freie Bahn, trug selbst muselmanische Tracht, schätzte die muselmanische Gesittung und lebte als lateinischer Fürst an einem orientalischen Hof. Sein Königreich war ein Menschenalter lang «der reichste und zivilisierteste Staat Europas»[2] und er selbst «der aufgeklärteste Herrscher seiner Zeit»[3]. Ohne ihn wäre Friedrich II., ein noch bedeutenderer König, nicht möglich gewesen.

Das *Buch vom König Roger* des Idrisi gibt uns einen Begriff von der Blüte des normannischen Siziliens. Verwegene und fleißige Bauern entlockten dem fruchtbaren Boden reiche Ernten und sorgten für die Ernährung der Städte. Sie hausten in elenden Hütten und erduldeten die übliche Ausbeutung der Tüchtigen durch die Schlauen, verliehen ihrem Leben jedoch mit einer buntfarbigen Frömmigkeit Würde und erhellten es mit Festen und fröhlichem Gesang. Jede Zeit im Jahreslauf hatte ihre Tänze und Gesänge, und die Traubenernte brachte Bacchanalien, welche die antiken Saturnalien mit dem modernen Karneval verbanden. Auch dem Allerärmsten verblieb noch die Liebe und das Volkslied – Lieder, die alle Stufen von der wüsten Schlüpfrigkeit und Satire bis zur innigsten Zärtlichkeit umfaßten. Nach der Darstellung des Idrisi war in der Stadt San Marco «die Luft vom Dufte der Veilchen erfüllt, die dort überall blühen». Messina, Catania, Syrakus blühten wieder wie in der Karthager-, Griechen- und Römerzeit. Palermo schien Idrisi die schönste Stadt der Welt zu sein: «Jedem, der sie sieht, verdreht diese Stadt den Kopf ... sie hat Bauten von solcher Schönheit, daß die Reisenden in Scharen herbeiströmen, durch den hervorragenden Ruf ihrer architektonischen Wunder, ihres vorzüglichen Handwerks und ihrer bewundernswerten Kunstauffassung angezogen.» Die Hauptstraße sei ein prächtiges Panorama «aufragender Paläste, prachtvoller hochgebauter Herbergen, prächtiger Kirchen ... Bäder, Kaufläden ... Alle Reisenden geben unumwunden zu, daß es nirgends prächtigere Gebäude gibt als in Palermo und daß man sich keinen prächtigeren Anblick denken kann als Palermos Lustgärten». Und der muselmanische Reisende Ibn Dschubair, der 1184 nach Palermo kam, rief aus: «Eine erstaunliche Stadt! ... Die Königspaläste umgeben sie wie ein Halsband, das sich an den Hals eines vollbusigen Mädchens schmiegt[4].» Die Besucher waren erstaunt über die Vielfalt der Sprachen, die in Palermo gesprochen wurden, über das friedliche Nebeneinander der Rassen und Religionen, das freundnachbarliche Durcheinander von Kirchen, Synagogen und Moscheen, über die elegant gekleideten Bürger, die belebten Straßen, die stillen Parkanlagen, die behaglichen Heimstätten.

In diesen Wohnhäusern und Palästen dienten die Künste des Ostens den Eroberern aus dem Westen. Auf den Webstühlen von Palermo wurden prächtige Seidenstoffe und Goldtücher gewoben; die Elfenbeinschnitzer verfertigten kleine Körbchen mit zarten oder launigen Mustern; die Mosaikleger bedeckten Böden, Wände und Decken mit orientalischen Motiven. Griechische und sarazenische Baumeister und Handwerker ließen Kirchen,

Klöster und Paläste entstehen, die in Grundriß und Ausschmückung keine Spur der normannischen Stilarten zeigten, sondern ein Jahrtausend byzantinischer und arabischer Einflußnahme verkörperten. Im Jahre 1143 errichteten griechische Künstler für griechische Nonnen mit Geldmitteln, die Rogers Admiral Georg zur Verfügung stellte, ein Kloster, das Santa Maria dell'Ammiraglio geweiht wurde, aber heute nach seinem Gründer den Namen Martorana trägt. Es wurde so oft restauriert, daß aus dem zwölften Jahrhundert nur noch wenig erhalten ist. Bezeichnenderweise verläuft rings um das Kuppelinnere die arabische Inschrift einer griechischen Hymne. Der Fußboden besteht aus glänzendem Buntmarmor; acht Säulen aus dunklem Porphyr bilden drei Apsiden; ihre Kapitelle sind höchst anmutig gemeißelt; Mauern und Spandrillen und Gewölbe strahlen mit goldenen Mosaiken, zu denen auch ein berühmter *Christos Pantokrator* – Allgewaltiger – in der Kuppel ob dem Hochaltar zählt. Noch schöner ist die Capella Palatina, die 1132 von Roger begonnene Palastkapelle. An diesem Bau ist alles hervorragend: das einfache Muster des Marmorbodens, die Vollkommenheit der schlanken Säulen und ihrer wechselvollen Kapitelle, die 288 Mosaike, die jede verlockende Stelle bedecken, über dem Altar die feierliche Gestalt Christi in einem der meisterlichsten Mosaike der Welt, und über allem eine schwere Holzdecke in Honigwabenmusterung mit geschnitzten, vergoldeten oder bemalten orientalischen Figuren – Elephanten, Antilopen, Gazellen und «Engeln», die wahrscheinlich im Grunde Huris aus einem mohammedanischen Paradiesestraum darstellten. Keine Hofkapelle der ganzen mittelalterlichen und modernen Kunst kann sich mit diesem Juwel des normannischen Siziliens vergleichen.

Roger starb 1154 in seinem neunundfünfzigsten Lebensjahr. Sein Sohn Wilhelm I. (1154 bis 1166) zog sich den Beinamen «der Schlechte» zu, teils weil seine Lebensbeschreibung von seinen Feinden verfaßt wurde, teils weil er die Regierung anderen übertrug und selbst ein Leben orientalischer Muße inmitten seiner Eunuchen und Konkubinen führte. Während seiner Regierung erhoben sich die Muselmanen von Tunis gegen die Christen und machten der Normannenherrschaft in Nordafrika ein Ende. Wilhelm II. (1166–1189) führte so ziemlich das gleiche Leben wie der «Schlechte», wurde aber von liebenswürdigen Biographen «der Gute» genannt, und sei es auch nur, um einer Namensverwechslung vorzubeugen. Er suchte Vergebung für seine Sittenlosigkeit durch den Bau des Klosters und der Kathedrale von Monreale bei Palermo (1176). Das Äußere mit seiner verwirrenden Fülle von sich überschneidenden Säulen und Schächten ist ungefällig, aber die Bogengänge sind von einer majestätischen Kraft und Schönheit; die Mosaike des Innern sind berühmt, aber roh; die Kapitelle dagegen sind von lebensvollen realistischen Skulpturen überzogen – dem berauschten Noah im Schlaf, einem Schweinehirt bei der Pflege eines Schweines, einem Akrobaten beim Kopfstand.

Die sizilischen Normannenkönige unterhöhlten möglicherweise mit ihren orientalischen Sitten die Lebenskraft und -dauer ihrer Dynastie. Vierzig Jahre nach dem Tode Rogers II. nahm sein Herrscherhaus ein unrühmliches Ende. Wilhelm II. hatte keine Nachkommenschaft, und Tankred, ein illegitimer Sohn Rogers II., wurde zum König gewählt (1189). Inzwischen hatte der deutsche Kaiser Heinrich VI. Konstanze, eine Tante Wilhelms II., geehelicht und erhob nun in seinem Bestreben, ganz Italien unter der Kaiserkrone zu vereinigen, Ansprüche auf den Thron beider Sizilien; er sicherte sich die aktive Unterstützung von Pisa und Genua, deren Handel durch die normannische Seeherrschaft im mittleren Mittelmeerbecken gestört wurde; im Jahre 1194 erschien er mit einem unüberwindlichen Heer vor Palermo, bewog die Stadt, ihm ihre Tore zu öffnen, und wurde dort zum König von Sizilien gekrönt. Bei seinem Tode (1197) hinterließ er den Thron seinem dreijährigen Sohne Friedrich, welcher der mächtigste und aufgeklärteste König des an machtvollen Königen so reichen dreizehnten Jahrhunderts werden sollte.

II. DER KIRCHENSTAAT

Nördlich des normannischen Italiens lag der Stadtstaat Benevent, von Herzögen langobardischer Herkunft regiert. Dahinter erstreckten sich die Länder, welche der unmittelbaren weltlichen Gewalt der Päpste unterstanden, das «Patrimonium Petri», welches Anagni, Tivoli, Rom und die Gebiete bis Perugia umfaßte.

Rom war der Mittelpunkt, aber kaum das Vorbild der lateinischen Christenheit. Keine christliche Stadt brachte der Religion – soweit sie nicht als Kapitalanlage diente – weniger Achtung entgegen. Italiens Beteiligung an den Kreuzzügen war bescheiden; Venedig nahm am Vierten Kreuzzug nur teil, um Konstantinopel zu erobern; die italienischen Städte sahen in den Kreuzfahrten hauptsächlich eine Gelegenheit, Häfen, Märkte und Handelsposten im Vorderen Orient einzurichten; Friedrich II. schob seinen Kreuzzug so lange wie möglich hinaus und trat ihn mit einem Mindestmaß an religiösem Glauben an. Freilich gab es in Rom religiöse Seelen, freundliche Geister, welche den Pilgern bei der Erhaltung der Weihestätten beistanden; ihre Stimme war aber über dem Lärm der Politik nur selten vernehmbar.

Vom Papsttum abgesehen, war Rom in dieser Zeit eine arme Stadt. Die Plünderung durch die Normannen im Jahre 1084 hatte nur sechs Jahrhunderten der Zerstörung und Vernachlässigung die Spitze aufgesetzt. Die Bevölkerung war von der Millionenzahl der Antike auf etwa 40 000 Seelen zusammengeschrumpft. Es war kein Mittelpunkt von Handel und Gewerbe. Während die norditalienischen Städte sich führend an dem wirtschaftlichen Umschwung beteiligten, verharrte der Kirchenstaat in einer primitiven Agrarwirtschaft. Zwischen den Häusern und Ruinen innerhalb der aurelianischen Mauern lagen Gärtnereien, Weinberge und Viehweiden verstreut. Die unteren Stände der Hauptstadt lebten zur einen Hälfte vom Handwerk, zur anderen von der päpstlichen Wohltätigkeit; der Mittelstand bestand aus einem Gemisch von Kaufleuten, Juristen, Lehrern, Bankleuten, Studenten und ortsansässigen oder auf Besuch weilenden Priestern; die oberen Stände setzten sich aus dem höheren Klerus und dem grundbesitzenden Adel zusammen. Die Grundbesitzer übten immer noch den altrömischen Brauch, fern von ihren Gütern in der Stadt zu wohnen. Der römische Adel, schon längst jeder allgemeinen Vaterlandsliebe, welche ihn zur gemeinsamen Verteidigung hätte bewegen können, ledig, war in reiche und mächtige Familien – die Frangipani, Orsini, Colonna, Pierleoni, Caetani, Savelli, Corsi, Conti, Annibaldi ... – aufgespalten. Jede Familie baute ihren Stadtsitz zu einer Festung aus, bewaffnete ihre Angehörigen und Pächter und gefiel sich in häufigen Straßenzänkereien und gelegentlichen Bürgerkriegen. Die Päpste, die nur über geistige Waffen verfügten, vor denen die Römer sich wenig fürchteten, mühten sich vergeblich, in der Stadt die Ordnung aufrechtzuerhalten; sie waren in Rom häufigen Insulten, manchmal sogar Gewalttätigkeiten, ausgesetzt; manche Päpste flohen um des Friedens oder der Sicherheit willen nach Anagni, Viterbo oder Perugia, selbst nach Lyon und schließlich nach Avignon.

Die Päpste hatten von einer Theokratie geträumt, in welcher das Wort Gottes in der Auslegung durch die Kirche als Gesetz genügt hätte; statt dessen sahen sie sich zwischen der Autokratie der Kaiser, der Oligarchie der Adligen und der Demokratie der Bürger zermalmt. Die Überreste des Forums und des Kapitols erhielten bei den Römern die Erinnerung an die alte Republik lebendig, und von Zeit zu Zeit wurde der Versuch unternommen, sie in ihrer alten Autonomie und in der alten Form wiederherzustellen. Die führenden Adligen hießen immer noch Senatoren, wenngleich der Senat verschwunden war; Konsuln wurden gewählt oder ernannt, obgleich sie keine Macht besaßen, und einige alte Handschriften trugen immer noch die halb vergessenen Erlasse des römischen Rechtes. Vom Hochkommen der freien Städte Norditaliens angeregt, forderte die Bevölkerung Roms im zwölften Jahrhundert die Rückkehr zur weltlichen Selbstregierung. Im Jahre 1143 wählte sie einen Senat mit sechsundfünfzig Mitgliedern und nahm von da an eine Zeitlang alljährlich neue Senatorenwahlen vor.

Die Zeitstimmung bedurfte eines Sprachrohrs und fand es in der Person von Arnold von Brescia. Nach der Überlieferung soll er bei Abälard in Frankreich studiert haben. Er kehrte als Mönch nach Brescia zurück und fastete so stark, daß Bernhard von ihm sagte, er sei ein Mann, der weder esse noch trinke. Im großen und ganzen war er ein strenggläubiger Katholik, aber er sprach den Sakramenten, die von Priestern im Stande der Sünde dargebracht worden waren, die Gültigkeit ab. Nach seiner Ansicht war es unmoralisch, wenn ein Priester Besitz sein eigen nannte; er forderte die Rückkehr der Geistlichkeit zur apostolischen Armut und riet der Kirche, alle materiellen Besitztümer und ihre politische Macht an den Staat abzutreten. Am Laterankonzil des Jahres 1139 verurteilte Innozenz II. den Mönch und erlegte ihm Schweigen auf; aber Papst Eugen III. erteilte ihm die Absolution unter der Bedingung, daß er eine Pilgerfahrt zu mehreren römischen Kirchen unternehme. Es war ein gutgemeinter Irrtum; der Anblick der alten republikanischen Zeichen in Rom erhitzte Arnolds Einbildungskraft; inmitten der Ruinen rief er die Römer auf, die Herrschaft der Kirche abzuschütteln und die Römische Republik auszurufen (1145). Im Banne seines Eifers wählte das Volk Konsuln und Tribunen, welche die tatsächliche Macht übernehmen sollten, und gründete einen Ritterorden, der die Führer einer neuen Verteidigungsmiliz stellen sollte. Von der Leichtigkeit, mit der diese glorreiche Revolution vor sich gegangen war, berauscht, wandten sich Arnolds Anhänger nicht nur gegen die weltliche Macht der Päpste, sondern auch gegen die Autorität der Kaiser des Heiligen Römischen Reiches Deutscher Nation in Italien; sie vertraten sogar die Ansicht, die Römische Republik sollte nicht nur Italien regieren, sondern, wie ehedem, die «Welt»[5]. Sie bauten das Kapitol wieder auf und befestigten es, setzten sich in den Besitz der Peterskirche, machten eine Burg aus ihr, bemächtigten sich des Vatikans und erhoben von den Pilgern

Steuern. Eugen III. floh nach Viterbo und Pisa (1146), während der heilige Bernhard von Clairvaux aus Flüche gegen die Bevölkerung von Rom schleuderte und sie daran erinnerte, daß ihr Lebensunterhalt von der Anwesenheit der Päpste abhänge. Zehn Jahre lang beherrschte die *Comune di Roma* die Stadt der Caesaren und der Päpste.

Eugen nahm seinen ganzen Mut zusammen und kehrte nach Rom zurück (1148). Eine Zeitlang beschränkte er sich auf geistliche Funktionen, verteilte Almosen und errang sich die Zuneigung des Pöbels. Sein zweiter Nachfolger, Hadrian IV., der über den Tod eines Kardinals bei einem öffentlichen Aufruhr entsetzt war, belegte die Stadt mit dem Interdikt (1155). Der Senat, der befürchtete, die Revolution könne einen Verlauf nehmen, welcher dem Adel nicht mehr zuträglich wäre, widerrief die Republik und ergab sich dem Papste. Arnold verbarg sich, mit dem Bannfluch beladen, in der Campagna. Als Friedrich Barbarossa sich Rom näherte, ersuchte Hadrian ihn, den Anführer gefangenzusetzen. Arnold wurde aufgefunden und ergriffen; der Kaiser lieferte ihn an den päpstlichen Präfekten in Rom aus, der ihn dem Galgen überantwortete (1155). Der Leichnam wurde verbrannt und die Asche in den Tiber gestreut, da man, wie ein Zeitgenosse vermeldet, befürchtete, «das Volk werde sie aufbewahren und als die Asche eines Märtyrers verehren»[6]. Seine Ideen bestanden weiter und erlebten ihre Wiederauferstehung bei den patarenischen und waldensischen Ketzern der Lombardei, bei den Albigensern in Frankreich, bei Marsilius von Padua und bei den Führern der Reformation. Der Senat bestand weiter bis zum Jahre 1216, als es Innozenz III. gelang, ihn durch einen oder zwei der päpstlichen Sache genehme Senatoren zu ersetzen. Die weltliche Macht der Päpste blieb bis 1870 bestehen.

Zu verschiedenen Zeiten umschloß der Kirchenstaat auch Umbrien mit Spoleto und Perugia, die Marken, das Grenzland von Ancona am Adriatischen Meer, und die Romagna, das von Rom beherrschte Land mit den Städten Rimini, Imola, Ravenna, Bologna und Ferrara. Ravennas Niedergang dauerte in dieser Zeit an, während Ferrara unter der klugen Führung des Hauses Este eine Vorrangstellung einnahm. Unter Leitung der hervorragenden Juristen, die seiner Universität entstammten, entwickelte Bologna ein kraftvolles Gemeinschaftsleben. Es war eine der ersten Städte, die einen Podestà zur Führung der inneren Angelegenheiten der Stadtgemeinde und einen *capitano* als Leiter der auswärtigen Beziehungen wählten. Die Wahl des Podestà, des «Machtträgers», war an seltsame Bedingungen geknüpft: er mußte Adliger sein, mindestens sechsunddreißig Jahre zählen, durfte nicht aus der Stadt gebürtig sein und auch keinen Besitz in ihr haben und mit keinem der Wahlmänner verwandt sein; außerdem durfte er weder mit seinem Vorgänger verwandt sein noch aus der gleichen Ortschaft stammen wie dieser. Diese seltsamen Vorschriften, die eine unparteiische Regierungsführung gewährleisten sollten, standen in vielen italienischen Gemeinden in Kraft. Der *capitano* wurde nicht vom Gemeinderat gewählt, sondern von der Volkspartei, in welcher die Kaufmannszünfte eine beherrschende Rolle spielten; er war nicht ein Vertreter der Armen, sondern der Geschäftswelt. In späteren Jahrhunderten dehnte er seine Macht auf Kosten des Podestà aus, im gleichen Maße, wie das Bürgertum den Adel an Reichtum und Einfluß immer mehr übertraf.

III. DAS TRIUMPHIERENDE VENEDIG: 1096–1311

Nördlich von Ferrara und dem Po lag der Distrikt Veneto, der sich der Städte Venedig, Treviso, Padua, Vicenza und Verona rühmen konnte.

Venedig brachte in diesem Zeitraum seine Macht zum Ausreifen. Sein Bündnis mit Byzanz verschaffte ihm den Zutritt zu den Häfen der Ägäis und des Schwarzen Meeres. In Konstantinopel sollen im zwölften Jahrhundert mehr als hunderttausend Venezianer residiert und einen ganzen Stadtteil mit ihren Frechheiten und Streitigkeiten in Schrecken gehalten haben. Auf einmal wandte sich der griechische Kaiser Manuel, von den eifersüchtigen Genuesen angestachelt, gegen die Venezianer in seiner Hauptstadt, ließ sie in großer Zahl verhaften und befahl die gesamthafte Beschlagnahme ihres Vermögens (1171). Venedig erklärte den Krieg; das Volk arbeitete Tag und Nacht am Bau einer Flotte, und 1171 führte der Doge Vitale Michieli II. 130 Schiffe gegen Euboia, dem ersten Ziel eines strategischen Aufmarschplanes gegen die Meerenge. Aber auf Euboia erkrankten seine Truppen an einer Krankheit, die, wie es hieß, von den Griechen, die das Trinkwasser vergifteten, verursacht worden war; so viele Tausende erlagen der Krankheit, daß die Schiffsmannschaften für die Kriegführung nicht mehr ausreichten; der Doge führte seine Armada nach Venedig zurück, wo die Pest die Einwohnerschaft ansteckte und dezimierte; bei einer Volksversammlung fiel der Doge, der für dieses Mißgeschick verantwortlich gemacht wurde, einem Dolchstoß zum Opfer (1172)[7]. Wir müssen den Vierten Kreuzzug und die oligarchische Revolution, welche die Verfassung von Venedig umstürzte, im Lichte dieser Ereignisse betrachten.

Die Großkaufleute, die den Zusammenbruch ihres Handelsreiches befürchteten, falls weitere derartige Niederlagen erfolgten, entschlossen sich, der Volksversammlung die Dogenwahl und das politische Bestimmungsrecht zu entziehen und einen auserwählteren Rat aufzustellen, der besser geeignet wäre, die Angelegenheiten des Staates zu erwägen und zu lenken und sowohl den Leidenschaften der Volksmassen als auch der Selbstherrlichkeit des Dogen entgegenzuwirken. Die drei höchsten Richter der Republik ließen sich bewegen, eine Kommission mit der Schaffung einer neuen Verfassung zu beauftragen. In ihrem Bericht schlug die Kommission vor, jeder der sechs Bezirke des Stadtstaates solle zwei führende Männer wählen, von denen ein jeder wiederum vierzig Männer aussuchen solle; die auf diese Weise bestimmten 480 Abgeordneten sollten den *Maggior Consiglio*, den «Größeren Rat» bilden, dem die allgemeine Gesetzgebung des Staates obliegen solle. Der Größere Rat solle seinerseits aus sechzig seiner Mitglieder einen Senat zusammenstellen, welcher die Handels-, Finanz- und auswärtige Politik zu bestimmen habe. Der *arrengo*, die Volksversammlung, solle nur noch zur Ratifizierung von Kriegserklärungen und Friedensschlüssen zusammentreten. Ein Staatsrat aus sechs Mitgliedern, je eines aus einem Stadtbezirk, solle während eines Interregnums als Regierung amtieren; außerdem solle jede Regierungshandlung des Dogen der Zustimmung dieses Staatsrates bedürfen. Der erste auf diese Weise zustande gekommene Größere Rat wählte vierunddreißig seiner Mitglieder, die wiederum unter sich elf auswählten, welche dann in öffentlicher Debatte in der Markuskirche den Dogen erkoren (1173). Das Volk brach in einen Protestschrei aus, als es sich solcherart seines Rechtes zur Dogenwahl beraubt sah; der neugewählte Doge lenkte aber den Tumult in andere Bahnen, indem er Münzen unter die Menge streute[8]. Im Jahre 1192 forderte der Größere Rat anläßlich der Wahl Enrico Dandolos vom Dogen den Schwur, daß er alle Gesetze des Staates befolgen werde. Die Handelsoligarchie stand nun an der Spitze des Staates.

Dandolo erwies sich trotz seinen vierundachtzig Jahren als einer der stärksten Führer der venezianischen Geschichte. Dank seiner machiavellischen Diplomatie und seinem persönlichen Heldenmut rächte Venedig sich für die Katastrophe des Jahres 1171, indem es 1204 Konstantinopel eroberte und plünderte; dadurch wurde Venedig zur beherrschenden Macht im östlichen Mittelmeer und im Schwarzen Meer, und die führende Stellung im europäischen Handel ging von Byzanz an Italien über. Im Jahre 1261 verhalfen die Genuesen den Griechen zur Wiedereroberung von Konstantinopel und erhielten als Belohnung eine Vorzugsstellung im byzantinischen Handel; aber bereits drei Jahre später schlug eine venezianische Flotte die genuesische bei Sizilien, und der griechische Kaiser wurde gezwungen, den Venezianern in seiner Hauptstadt wieder die frühere Vormachtstellung einzuräumen.

Die triumphierende Oligarchie setzte diesen außenpolitischen Siegen mit einem neuen Verfassungsumsturz die Spitze auf. Im Jahre 1297 brachte der Doge Pietro Gradenigo im Rat einen Antrag durch, demzufolge nur solche Bürger – und deren männliche Nachkommen – in den Rat wählbar sein sollten, die bereits seit 1293 in ihm gesessen hatten[9]. Die große Mehrheit des Volkes wurde dadurch von allen Staatsämtern ausgeschlossen. Eine exklusive Kaste entstand; ein *Libro d'oro*, ein Goldenes Buch, wurde angelegt, in welchem alle Heiraten und Geburten eingetragen wurden, damit die Reinheit des Blutes und das Monopol der Macht gewahrt blieben; die Handelsoligarchie machte sich damit durch eigene Verfügung zu einem Geburtsadel. Als das Volk einen Aufstand gegen die neue Verfassung plante, wurden seine Führer in den Ratssaal eingelassen und augenblicks gehängt (1300).

Man muß zugeben, daß diese offene und erbarmungslose Oligarchie ein gutes Ruder führte. Die öffentliche Ordnung wurde besser gewahrt, die Staatspolitik klüger geleitet, die Gesetze stabiler und wirksamer gehalten als in allen anderen Gemeinwesen des mittelalterlichen Italiens. Die venezianischen Gesetze über das Ärzte- und Apothekerwesen gingen gleichen Verordnungen in Florenz um ein halbes Jahrhundert voraus. Im Jahre 1301 wurden gesundheitsgefährdende Industriebetriebe aus den Wohnvierteln ausgeschlossen und Industrien, welche schädliche Dämpfe erzeugten, ganz aus Venedig verbannt. Die Schiffahrtsgesetze waren bis ins einzelne ausgebaut und wurden streng gehandhabt. Alle Ein- und Ausfuhren unterstanden der staatlichen Überwachung und Kontrolle. Diplomatische Berichte befaßten sich mehr mit Handels- als mit politischen Beziehungen, und die Wirtschaftsstatistik wurde erstmals in die Regierungstätigkeit eingegliedert[10].

Der Ackerbau war in Venedig so gut wie unbekannt, aber das Handwerk war hochentwickelt, denn Venedig hatte aus den alten Städten des östlichen Mittelmeers Künste und Handwerke eingeführt, die im Westen in den politischen Wirren halb untergegangen waren. Venezianische Glas-, Eisen-, Messing-, Goldstoff- und Seidenerzeugnisse waren in drei Erdteilen berühmt. Der Bau von Schiffen zu Vergnügungs-, Handels- und Kriegszwecken stellte wahrscheinlich das bedeutendste venezianische Gewerbe dar; er erreichte eine kapitalistische Stufe der Massenarbeit und körperschaftlichen Finanzierung, und beinahe eine sozialistische Stufe durch die Kontrolle, welche der Hauptkunde, nämlich der Staat, ausübte. Malerische Galeeren mit hochgebautem Bug, bunten Segeln und nicht weniger als 180 Rudern verbanden Venedig mit Konstantinopel, Tyrus, Alexandrien, Lissabon, London und unzähligen anderen Städten in einer goldenen Kette von Häfen und Handelsbeziehungen. Aus der Poebene kamen Waren zum Weiterversand nach Venedig; die Erzeugnisse der rheinischen Städte kamen über die Alpen nach Venedig, um von dort aus in den ganzen Mittelmeerbereich weiterverfrachtet zu werden; das Rialto wurde mit seinen unzähligen Kaufleuten, Matrosen und Bankiers aus hundert Ländern zur belebtesten Verkehrsstraße Europas. Der Reichtum des Nordens konnte sich nicht messen mit der Wohlhabenheit einer Stadt, in der alles auf Handel und Bankwesen abgestellt war und von der aus Schiffe nach Alexandrien gingen, um – falls sie unterwegs keinem Feind oder Seeräuber oder Sturm zum Opfer fielen – eine tausendprozentige Verzinsung der Kapitalanlage heimzubringen[11]. Im dreizehnten Jahrhundert war Venedig die reichste Stadt Europas; ebenbürtig waren ihm höchstens die chinesischen Städte, von denen der Venezianer Marco Polo eine schier unglaubhafte Schilderung gibt.

Der Glaube schwindet in gleichem Maße, wie der Wohlstand zunimmt. Die Venezianer machten regen Gebrauch von der Religion in der Politik und trösteten die politisch Entrechteten mit Prozessionen und dem Paradies; aber die herrschende Klasse ließ sich nur selten in ihren Geschäften oder Kriegen vom Christentum stören. *Siamo Veneziani, poi Cristiani* war ihr Wahrspruch: «Wir sind Venezianer, danach Christen[12].» Die Geistlichen waren von jeder Beteiligung an der Regierung ausgeschlossen[13]. Venezianische Kaufleute verkauften Waffen und Sklaven und manchmal auch militärische Nachrichten an Muselmanen, die mit Christen im Krieg lagen[14]. Mit dieser freizügigen Käuflichkeit ging eine gewisse Freisinnigkeit einher: Muselmanen konnten sich in Venedig in voller Sicherheit aufhalten, und die Juden durften – besonders in der Giudecca auf der Insel Spinalunga – friedlich den Kulthandlungen in ihren Synagogen nachgehen.

Dante tadelte die «ungezügelte Lüsternheit» der Venezianer[15], wir dürfen aber den Tadel eines Mannes, der so ökumenisch verdammte, nicht zu ernst nehmen. Bedeutsamer sind die schweren Strafen, die im venezianischen Recht für Eltern vorgesehen waren, welche ihre Kinder prostituierten, und die immer wieder erfolglos erlassenen Gesetze gegen die Wahlbestechung[16]. Wir gewinnen den Eindruck eines hartherzigen und hochbegabten Adels, der sich in stoischem Gleichmut mit der Armut der Massen abfand, und eines Pöbels, der sich mit hemmungslosen Liebesfreuden über seine Armut hinwegtröstete. Bereits 1094 hören wir vom Karneval; 1228 werden erstmals Masken erwähnt; 1296 erklärte der Senat den letzten Tag vor der Fastenzeit (den französischen *Mardi gras*) zum öffentlichen Feiertag. Bei solchen Gelegenheiten prunkten beide Geschlechter mit ihrem kostbarsten Putz. Reiche Damen trugen edelsteinbesetzten Kopfschmuck oder juwelenstarrende Hauben oder aus Goldstoff gewundene Turbane; ihre Augen glitzerten durch

Schleier aus Gold- oder Silbergespinsten; ihre Hände waren von wildledernen oder seidenen Handschuhen bedeckt; an den Füßen trugen sie Sandalen oder Schuhe aus Leder, Holz oder Kork, die mit Rot und Gold bestickt waren; ihre Gewänder waren aus feinen Seiden-, Leinen- oder Brokatstoffen verfertigt und mit Gemmen übersät und zum Entsetzen und zur Freude ihrer Zeit am Halse tief ausgeschnitten. Sie trugen falsche Haare, schminkten und puderten sich, schnürten sich ein und fasteten, um schlank zu sein[17]. Sie bewegten sich jederzeit frei in der Öffentlichkeit, nahmen mit schüchtern-lockendem Gehaben an den Freudenfesten und Gondeleskapaden teil und schenkten den Troubadours, die aus der Provence neue Sangesweisen für die ewigen Themen der Liebe einführten, willig Gehör.

In dieser Zeit machten sich die Venezianer nicht viel aus kultureller Tätigkeit. Sie besaßen eine gute öffentliche Bibliothek, scheinen sich ihrer aber nur wenig bedient zu haben. Kein Beitrag zur Wissenschaft, keine bleibende Dichtung zeigt sich trotz dem beispiellosen Reichtum. Schulen gab es im dreizehnten Jahrhundert viele, und wir vernehmen von privaten und staatlichen Stipendien für mittellose Studenten; aber noch im vierzehnten Jahrhundert gab es venezianische Richter, die nicht lesen konnten[18]. Die Musik war sehr geschätzt. Die Kunst war noch nicht die prächtige Koloratur späterer Zeiten; der Reichtum brachte aber Kunstwerke vieler Länder nach Venedig, der Geschmack bildete sich aus, die Grundlagen wurden gelegt, und altrömische Fertigkeiten nahmen, vor allem in der Glasbläserei, ihren Fortgang.

Wir dürfen uns das Venedig dieser Zeit nicht von der lieblichen Schönheit vorstellen, die Nietzsche und Wagner im neunzehnten Jahrhundert vorfanden. Die Häuser waren aus Holz gebaut, die Straßen bloße Erde; die Piazza di San Marco wurde jedoch bereits 1172 mit Ziegeln belegt, und die Tauben waren schon 1256 dort zu finden. Hübsche Brücken begannen die Kanäle zu überspannen, und über den Canal Grande setzten die *traghetti* bereits zahlreiche Passagiere über. Die Seitenkanäle waren möglicherweise weniger übelriechend als in unserer Zeit, denn jede Vollreife braucht ihre Zeit. Keine Seele wird sich jedoch durch Mängel an Straße oder Wasser bewegen lassen, sich der Größe einer Stadt, welche Jahrhundert um Jahrhundert aus den Nebeln und Sümpfen der Lagunen emporstieg, oder dem Wunder eines Volkes, das sich aus Armut und Abgeschiedenheit aufraffte, bis es die See mit Schiffen bedeckte und von der halben Welt ihren Tribut an Reichtum und Schönheit einzog, zu verschließen.

Zwischen Venedig und den Alpen lagen Stadt und Mark Treviso, von der wir nur bemerken wollen, daß ihre Bevölkerung so lebenslustig war, daß sie sich den Namen *Marca amorosa* oder *gioiosa* zuzog. Im Jahre 1214 soll die Stadt das Fest des *Castello d'amore* gefeiert haben: ein hölzernes Schloß wurde erbaut und mit Teppichen, Decken und Girlanden behängt; hübsche, mit Duftwässern, Früchten und Blumen bewaffnete Treviserinnen hielten das Schloß; jugendliche Kavaliere aus Venedig wetteiferten mit lustigen Gesellen aus Treviso bei der Belagerung der Damen und bombardierten sie mit gleichen Waffen; die Venezianer sollen den Sieg errungen haben, indem sie Dukaten unter ihre Blumen mischten; auf jeden Fall fiel das Schloß mit seinen schönen Verteidigerinnen[19].

IV. VON MANTUA BIS GENUA

Westlich des Veneto beherrschten die berühmten Städte der Lombardei die Ebenen zwischen Po und Alpen: Mantua, Cremona, Brescia, Bergamo, Como, Milano, Pavia. Südlich des Po lagen in der heutigen Emilia Modena, Reggio, Parma, Piacenza; wer Italien liebt, wird über diese volltönende Aufzählung nicht erzürnen. Zwischen der Lombardei und Frankreich erstreckte sich Piemont mit den Städten Vercelli und Turin, und südlich davon zog sich Ligurien in einem Bogen um Stadt und Golf von Genua. Der Wohlstand des Gebietes war ein Geschenk des Po, welcher die Kanäle füllte und die Felder bewässerte. Das Wachstum von Gewerbe und Handel verschaffte diesen Städten den Reichtum und Stolz, der ihnen gestattete, ihren eigentlichen Oberherrn, den deutschen Kaiser, im allgemeinen zu ignorieren und die halb lehnsherrlichen Grundbesitzer des Hinterlandes zu unterwerfen.

Gewöhnlich stand im Mittelpunkt dieser italienischen Städte ein Dom, um das Leben mit dem dramatischen Geschehen der religiösen Hingabe und der Triebkraft der Hoffnung zu erhellen; daneben war ein Baptisterium zur feierlichen Aufnahme des Kindes in die Rechte und Pflichten der christlichen Bürgerschaft errichtet, und ein Campanile, um die Bürger zum Kult, zu den Waffen oder zur Versammlung zu rufen. Auf der benachbarten Piazza stellten Bauern und Handwerker ihre Waren zum Verkauf aus, zeigten Schauspieler, Akrobaten und Spielleute ihr Können, riefen Herolde ihre Botschaft aus, trafen sich die Bürger nach der Sonntagsmesse zu einem Schwatz und betrieben junge Leute und Ritter ihre sportlichen Spiele und Turniere. Ein Rathaus, ein paar Kaufläden, einige Häuser bildeten zusammen eine Wachmannschaft aus Ziegeln rings um den Platz. Von diesem Mittelpunkt gingen die winkligen, gewundenen, unebenen Straßen und Gassen aus, die manchmal so schmal waren, daß sich die Fußgänger bei dem Durchgang eines Wagens oder Pferdes in einen Hausgang flüchten oder an die Wand drücken mußten. Im Laufe des dreizehnten Jahrhunderts wurden bei dem zunehmenden Wohlstand die verputzten Häuser mit roten Dachziegeln gedeckt, so daß für alle, die sich über die Gerüche und den Schmutz hinwegsetzen konnten, ein malerisches Bild entstand. Bepflastert waren nur einige wenige Straßen und der Marktplatz. Rings um die Stadt lief eine Stadtmauer mit Zinnen und Türmen, denn es gab häufig Krieg, und man mußte zu kämpfen wissen, wenn man nicht das Klosterleben vorzog.

Die größten Städte waren Genua und Mailand. *Genova la superba*, wie die Stadt bei ihren Freunden hieß, hatte eine für Geschäft und Vergnügen gleich günstige Lage; sie lehnte sich an einen Hügel angesichts eines Meeres, das zum Handel einlud, und erfreute sich des warmen Klimas einer Riviera, die sich von Rapallo im Osten bis San Remo im Westen erstreckt. Bereits in der Römerzeit ein vielbenutzter Hafen, entwickelte Genua eine Bevölkerung von Kaufleuten, Fabrikanten, Bankiers, Schiffbauern, Matrosen, Soldaten und Politikern. Genuesische Bauleute brachten reines Wasser von den Ligurischen Alpen in Aquädukten, die den altrömischen nicht nachstanden, nach Genua und errichteten eine gewaltige Mole in der Hafenbucht, um den großen Hafen in Wetter- und Kriegsstürmen zu schützen. Wie die Venezianer der gleichen Zeit, machten sich auch die Genuesen nicht viel aus Literatur und Kunst; sie waren vollauf damit beschäftigt, Konkurrenten auszuschalten und neue Gewinnmöglichkeiten aufzudecken. Die Bank von Genua war beinahe mit dem Staat identisch: sie lieh dem Staat Geld unter der Bedingung, daß sie dafür dessen Einkünfte einziehen dürfe; auf Grund dieses Rechtes beherrschte sie den Staat, und jede Partei, die an die Macht kam, mußte sich zur Loyalität gegenüber der Bank verpflichten[20]. Die Genuesen waren aber gerade so tapfer wie erwerbstüchtig. Sie brachten es fertig, gemeinsam mit Pisa die Sarazenen aus dem westlichen Mittelmeer herauszuwerfen (1015–1113), und führten dann immer wieder Krieg gegen Pisa, bis sie die Macht ihres Nebenbuhlers in der Seeschlacht von Meloria endgültig brachen (1284). Bei diesem letzten Zusammenprall berief Pisa alle Männer zwischen zwanzig und sechzig zu den Waffen, Genua alle Männer zwischen achtzehn und siebzig; dieser Umstand läßt Schlüsse auf den Geist und die Leidenschaftlichkeit der damaligen Zeit zu. «Gerade so, wie zwischen Menschen und Schlangen eine natürliche Abneigung besteht», schrieb der Mönch Salimbene, «besteht eine Abneigung zwischen Pisanern und Genuesen, zwischen Pisanern und Luccanern[21].» In dieser Schlacht bei der Insel Corsica wurden Handgemenge ausgefochten, bis die Hälfte aller Kämpfenden gefallen war; «und in Genua und Pisa war ein Wehklagen, wie man es in diesen Städten seit ihrer Gründung noch nie gehört hatte»[22]. Die guten Bürger von Lucca und Florenz, die von dieser katastrophalen Niederlage von Pisa erfuhren, meinten, nun sei die rechte Zeit gekommen, einen Feldzug gegen die schwergeprüfte Stadt zu unternehmen; aber Papst Martin IV. befahl ihnen, davon abzulassen. Die Genuesen stießen nun gegen Osten vor und machten Venedig Konkurrenz, und zwischen den beiden Städten entstand der allererbittertste Haß. Im Jahre 1255 machten sie sich gegenseitig den Besitz von Akkon streitig; die Johanniter kämpften auf Genuas, die Tempelritter auf Venedigs Seite; allein in diesem Kampf ließen zwanzigtausend Menschen ihr Leben[23]; er zerstörte die Einheit der Christen in Syrien und entschied möglicherweise das Scheitern der Kreuzzüge. Der Kampf zwischen Genua und Venedig dauerte bis 1397 an; in diesem Jahre erlitten die Genueser bei Chioggia die gleiche vernichtende Niederlage, die sie ein Jahrhundert zuvor den Pisanern zugefügt hatten.

Unter den lombardischen Städten stach Mailand durch seinen Reichtum und seine Macht hervor. Einst eine römische Hauptstadt, war es stolz auf sein Alter und seine Überlieferungen; die Konsuln der mailändischen Republik trotzten den Kaisern, die Bischöfe den Päpsten, das Volk beteiligte sich aktiv oder schützend an Ketzereien, die das Christentum selbst in Frage stellten. Im dreizehnten Jahrhundert hatte Mailand 200 000 Einwohner, 13 000 Häuser, 1000 Schenken[24]. Die Stadt, die selbst von der Freiheit so eingenommen war, wollte sie anderen nicht gönnen; sie überwachte die Straßen mit ihren Truppen, um alle Warenzüge zu zwingen, zuerst nach Mailand zu kommen, was auch ihr eigentliches Ziel sein mochte; sie brachte Como und Lodi den Untergang und war bemüht, sich Pisa, Cremona und Pavia zu unterwerfen; sie fand keine Ruhe, ehe sie den ganzen Handel der Poebene in ihrer Gewalt hatte[25]. Am Reichstag von Konstanz des Jahres 1154 traten zwei Bürger von Lodi vor Kaiser Friedrich Barbarossa und flehten ihn um seinen Schutz für ihre Stadt an; der Kaiser befahl Mailand, die Angriffe gegen Lodi einzustellen; seine warnende Botschaft wurde mit Verachtung empfangen, sein Sendschreiben mit Füßen getreten;

Friedrich, der bestrebt war, die Lombardei zum Gehorsam gegen das Reich zu zwingen, nahm die Gelegenheit wahr, um Mailand zu zerstören (1162). Fünf Jahre später stand die Stadt wieder, von den Überlebenden und den Freunden neu erbaut, und die ganze Lombardei freute sich über diese Wiederauferstehung; es war für sie ein Symbol für Italiens Entschluß, sich niemals der Herrschaft eines deutschen Königs zu unterwerfen. Friedrich gab nach. Vor seinem Tode verheiratete er aber seinen Sohn Heinrich VI. an Konstanze, die Tochter Rogers II. von Sizilien. In Heinrichs Sohn sollte der Lombardische Städtebund einen schrecklicheren Friedrich erleben.

V. FRIEDRICH II.: 1194–1250

I. DER EXKOMMUNIZIERTE KREUZFAHRER

Konstanze war dreißig Jahre alt, als sie Heinrich heiratete, zweiundvierzig, als sie ihrem einzigen Kind das Leben schenkte. Da sie befürchtete, man könnte ihre Schwangerschaft und die Legitimität ihres Kindes in Zweifel setzen, ließ sie auf dem Marktplatz von Iesi (bei Ancona) ein Zelt aufstellen, und dort wurde sie vor aller Augen von dem Knaben entbunden, welcher die faszinierendste Gestalt des hochmittelalterlichen Jahrhunderts werden sollte. In seinen Adern vermischte sich das Blut der Normannenkönige Italiens mit dem Blut der Hohenstaufenkaiser Deutschlands.

Er war vierjährig, als er in Palermo zum König von Sizilien gekrönt wurde (1198). Sein Vater war im vorhergehenden Jahre gestorben, seine Mutter verschied im folgenden Jahre. In ihrem Testament ersuchte sie Papst Innozenz III., die Vormundschaft, die Erziehung und den politischen Schutz ihres Sohnes zu übernehmen; als Gegenleistung bot sie ihm eine schöne Zuwendung sowie die Regentschaft und erneuerte Lehnsoberhoheit über Sizilien. Innozenz nahm das Anerbieten gerne an und benutzte seine Stellung dazu, die Vereinigung Siziliens und Deutschlands, die Friedrichs Vater gerade zustande gebracht hatte, wieder aufzuheben; die Päpste fürchteten mit gutem Grund ein Reich, welches den Kirchenstaat von allen Seiten einschließen und den Papst wie einen Gefangenen beherrschen konnte. Innozenz sorgte für Friedrichs Erziehung, unterstützte jedoch die Anwartschaft Ottos IV. auf den deutschen Thron. Friedrich wuchs in Vernachlässigung, manchmal in Armut auf, so daß mitleidige Bürger von Palermo gelegentlich dem kaiserlichen Buben Essen bringen mußten[26]. Er durfte sich frei auf den Straßen und Märkten der vielsprachigen Stadt bewegen und seine Gespielen selbst aussuchen. Eine systematische Bildung erhielt er nicht, aber sein wißbegieriger Geist lernte von allem, was er sah und hörte; die Welt sollte noch erstaunt sein über die Weite und Tiefe seines Wissens. In dieser Zeit und auf diese Weise eignete er sich das Arabische und Griechische und manches von der jüdischen Wissenschaft an. Er wurde mit verschiedenen Völkern, Trachten, Sitten und Religionen vertraut und verlor die tolerante Gesinnung seiner Jugendzeit nie ganz. Er las viele geschichtliche Werke. Er wurde ein guter Reiter und Fechter, ein großer Pferdeliebhaber und Freund der Jagd. Er war kurzgewachsen, aber kräftig, besaß «eine schöne und anmutige Haltung»[27] und langes, rotes, lockiges Haar und einen klugen, selbstsicheren, stolzen Geist. Als Zwölfjähriger sagte er sich von dem Regenten, den Innozenz für ihn eingesetzt hatte, los und übernahm die Regierungsführung selbst; mit vierzehn wurde er volljährig; mit fünfzehn ehelichte er Konstanze von Aragón und machte sich daran, die Kaiserkrone zu erlangen.

Das Glück begünstigte ihn, forderte aber seinen Lohn. Otto IV. hatte die Vereinbarung, daß er die Souveränität des Papstes im Kirchenstaat achten werde, gebrochen; Innozenz belegte ihn mit dem Kirchenbann und befahl den Herren und Bischöfen des Reiches, seinen jungen Mündel Friedrich zum Kaiser zu wählen, denn er sei «so alt an Weisheit wie jung an Jahren»[28]. Wenn Innozenz sich so plötzlich auf Friedrichs Seite stellte, so wich er damit aber doch nicht von seinem Vorhaben, das Papsttum zu schützen, ab. Als Preis für seine Unterstützung forderte er von Friedrich (1212) das Versprechen, die Lehnstreue Siziliens gegenüber dem Papst zu wahren, die sizilianischen Tributzahlungen an die Päpste fortzusetzen, die Unverletzbarkeit des Kirchenstaates zu heiligen, die «Beiden Sizilien» – die Insel und das normannische Süditalien – vom Reiche getrennt zu halten, als Kaiser seine Residenz in Deutschland zu nehmen und die beiden Sizilien seinem unmündigen Sohne Heinrich als König von Sizilien unter der Regentschaft eines vom Papste ernannten Regenten zu überlassen; außerdem verpflichtete sich Friedrich, alle Rechte der Geistlichkeit seines Reiches zu achten, Ketzer zu bestrafen und einen Kreuzzug zu veranstalten. Friedrich, der seine Reise und sein Gefolge mit päpstlichen Geldmitteln finanzierte, ging nach Deutschland, das immer noch von Ottos Heeren gehalten wurde. Aber Otto wurde bei Bouvines von Philipp August geschlagen; sein Widerstand brach zusammen, und Friedrich wurde in einer prächtigen Zeremonie in Aachen zum Kaiser gekrönt (1215). Er erneute dabei feierlich sein Versprechen, einen Kreuzzug zu unternehmen, und in der vollen Begeisterung eines triumphierenden Jünglings brachte er es zuwege, viele Fürsten zum gleichen Gelübde zu bewegen. Einen Augenblick lang schien er ein gottgesandter David zu sein, der Davids Jerusalem den Erben des Saladin entreißen würde.

Es kam aber zu Verzögerungen. Ottos Bruder Heinrich stellte ein Heer auf, um Friedrich zu entthronen, und der neue Papst Honorius III. billigte dem jungen Kaiser das Recht zu, zunächst seinen Thron zu verteidigen. Friedrich überwältigte Heinrich, war aber inzwischen in die Reichspolitik verwickelt worden. Offenbar sehnte er sich bereits nach seinem Heimatland Italien; in seiner Gemütsart machte sich die Hitze und das Blut des Südens bemerkbar, und Deutschland langweilte ihn; nur acht von seinen sechsundfünfzig Lebensjahren sahen ihn in Deutschland. Er übertrug den Lehnsherren weitgehende Vollmachten, stellte an mehrere Städte Freibriefe aus und betraute Erzbischof Engelbert von Köln und Hermann von Salza, den Großmeister des Deutschritterordens, mit der Regierung Deutschlands. Trotz Friedrichs anscheinender Interesselosigkeit erfreute sich Deutschland während der fünfunddreißig Jahre seiner Regierung eines gedeihlichen Friedens. Die Lehnsherren und Bischöfe waren so zufrieden mit ihrem abwesenden Oberherrn, daß sie ihm zu Gefallen seinen siebenjährigen Sohn Heinrich zum «König der Römer», das heißt zum kaiserlichen Thronerben, krönten (1220). Zur gleichen Zeit ernannte Friedrich sich selbst zum Regenten für Heinrich in Sizilien und ließ seinen Sohn in Deutschland zurück. Damit waren die Pläne des Innozenz im Grunde umgestürzt, aber Innozenz war nicht mehr am Leben. Honorius gab nicht nur nach, sondern ließ sogar Friedrich nach Rom kommen, um ihn zum Kaiser zu krönen, denn er war eifrig darauf bedacht, daß Friedrich unverzüglich zur Rettung der Kreuzfahrer in Ägypten aufbreche. Die Lehnsherren Süditaliens und die Sarazenen Siziliens inszenierten einen Aufstand; Friedrich erklärte, er müsse in seinen italienischen Gebieten die Ordnung wiederherstellen, bevor er eine so langwährende Abwesenheit wagen dürfe. Da starb seine Gattin (1222). In der Hoffnung, ihn dadurch zum beschleunigten Vollzug seines Gelübdes zu veranlassen, überredete Honorius den Kaiser, Isabella, die Thronerbin des verlorenen Königreiches Jerusalem, heimzuführen. Friedrich kam dem Wunsche des Honorius nach und fügte den Titel eines Königs von Jerusalem zu den Titeln König von Sizilien und Kaiser des Heiligen Römischen Reiches. Zerwürfnisse mit den lombardischen Städten hielten ihn erneut auf. Im Jahre 1227 starb Honorius, und der strenge Gregor IX. wurde Papst. Friedrich traf nun ernstliche Vorbereitungen, ließ eine große Flotte bauen und versammelte vierzigtausend Kreuzfahrer in Brindisi. Da brach in seinem Heer eine schreckliche Epidemie aus. Tausende starben, weitere Tausende desertierten. Der Kaiser selbst und sein erster Stellvertreter, Ludwig von Thüringen, erkrankten. Friedrich erteilte aber doch den Befehl zum Aufbruch. Ludwig starb, und Friedrichs Zustand verschlimmerte sich. Seine Ärzte und die hohen Geistlichen, die bei ihm waren, rieten zur Rückkehr nach Italien. Er folgte dem Rat und suchte in Pozzuoli Heilung. Papst Gregor, dessen Geduld erschöpft war, weigerte sich, Friedrichs Gesandte anzuhören, und verkündete der Welt die Exkommunikation des Kaisers.

Sieben Monate später, immer noch unter dem Kirchenbann, stach Friedrich nach Palästina in See (1228). Als Gregor erfuhr, daß Friedrich in Syrien angekommen war, entband er Friedrichs Untertanen und seinen Sohn Heinrich von ihrem Treueid und nahm Verhandlungen mit dem Ziel der Absetzung des Kaisers auf. Friedrichs Regent in Italien, der darin eine Kriegserklärung erblickte, drang in den Kirchenstaat ein. Gregors Gegenschlag war die Entsendung eines Heeres zur Invasion Siziliens; Mönche verbreiteten das Gerücht von Friedrichs Tod, und bald waren Sizilien und Süditalien großenteils in päpstlicher Hand. Zwei Franziskaner als Gesandte des Papstes trafen bald nach Friedrich in Akkon ein und untersagten jedem Christen den Gehorsam gegenüber dem exkommunizierten Kaiser. Der Oberbefehlshaber der Sarazenen, al-Kamil, der erstaunt war, einem Europäer zu begegnen, welcher Arabisch sprechen konnte und die arabische Literatur, Wissenschaft und Philosophie schätzte, schloß einen für Friedrich günstigen Frieden. Der Kaiser zog nun ohne Blutvergießen als Sieger in Jerusalem ein. Da kein Geistlicher ihn zum König von Jerusalem krönen wollte, krönte er sich in der Grabeskirche selbst. Der Bischof von Caesarea behauptete, die Kirche und die ganze Stadt seien durch Friedrichs Anwesenheit entweiht, und belegte Jerusalem und Akkon mit dem Interdikt. Einige Tempelritter, die erfuhren, daß Friedrich den vermeintlichen Ort von Christi Taufe am Jordan aufsuchen wollte, machten al-Kamil insgeheim davon Mitteilung und wiesen darauf hin, das sei eine günstige Gelegenheit für den Sultan, den Kaiser gefangenzunehmen. Der muselmanische Oberbefehlshaber übergab den Brief an Friedrich. Um Jerusalem von dem Interdikt zu befreien, verließ der Kaiser die Stadt am dritten Tage und zog nach Akkon. Als er dort sein Schiff betrat, bewarf ihn der christliche Pöbel mit Unrat[29].

Nach seiner Ankunft in Brindisi stellte Friedrich rasch ein Heer zusammen und zog aus, die Städte zurückzuerobern, die dem päpstlichen Druck nachgegeben hatten. Das päpstliche Heer floh, die Städte öffneten dem Kaiser ihre Tore; nur Sora leistete Widerstand und widersetzte sich der Belagerung; die Stadt wurde eingenommen und niedergebrannt. An der Grenze des Kirchenstaates machte Friedrich halt und schickte dem Papst ein Friedensgesuch. Der Papst willigte ein; der Vertrag von San Germano wurde unterzeichnet (1230); der Kirchenbann wurde aufgehoben. Einen Augenblick lang herrschte Frieden.

2. DAS WELTWUNDER

Friedrich wandte sich administrativen Aufgaben zu und rang von seinem Hof im apulischen Foggia aus mit den Problemen eines zu großen Reiches. Im Jahre 1231 besuchte er Deutschland und bestätigte die Oberhoheit und die Privilegien, die er und sein Sohn den Fürsten zugebilligt hatten; er war bereit, Deutschland dem Lehnswesen auszuliefern, falls er damit die Möglichkeit erhielt, seine Pläne in Italien in Frieden zu verwirklichen. Vielleicht hatte er erkannt, daß die Schlacht von Bouvines der deutschen Vorherrschaft in Europa ein Ende bereitet hatte und daß das dreizehnte Jahrhundert nun Frankreich und Italien gehörte. Für seine Vernachlässigung Deutschlands zahlte er mit dem Aufstand und Selbstmord seines Sohnes.

Die vielsprachigen Leidenschaften Siziliens wurden durch seine despotische Hand zu einer Ordnung und einem Wohlstand gezwungen, welche an die glänzenden Zeiten unter der Regierung Rogers II. erinnerten. Die aufständischen Sarazenen der Berge wurden überwältigt und stellten schließlich die zuverlässigsten Soldaten in Friedrichs Heer; wir können uns den Zorn der Päpste vorstellen, als sie erleben mußten, daß ein christlicher Kaiser muselmanische Krieger gegen päpstliche Truppen einsetzte. Palermo blieb offiziell die Hauptstadt des *Regno*, wie die beiden Sizilien kurz genannt wurden; die wirkliche Hauptstadt war jedoch Foggia. Friedrich liebte Italien inniger als die meisten Italiener; er konnte es nicht begreifen, daß Jahve sich so viel aus Palästina gemacht hatte, wo es doch ein Italien gab; er nannte sein südliches Königreich seinen «Augapfel», «einen Hafen in den Flutungen und unter Dornengestrüpp einen Lustgarten»[30]. Im Jahre 1223 hatte er in Foggia mit dem Bau der unregelmäßig angelegten Burg begonnen, von der heute nur ein Tor erhalten ist. Bald wuchs ringsum eine Palaststadt auf, in der sich seine Gefolgsmannen niederließen. Er lud die Adligen seines italienischen Gebietes nach Foggia, damit sie an seinem Hofe als Pagen dienten; dort wurden sie in Erweiterung ihrer Funktionen für die Übernahme von Regierungsämtern ausgebildet. Ihr Anführer war Piero delle Vigne, ein Zögling der Rechtsschule von Bologna; Friedrich machte ihn zum Staatssekretär und liebte ihn wie einen Bruder oder Sohn. Wie siebzig Jahre später in Paris, traten auch in Foggia in der Staatsführung Juristen an die Stelle der Geistlichen; in dem Staate, der dem Stuhle Petri am nächsten lag, war die Verweltlichung der Staatsführung vollständig.

Friedrich, der in einem chaotischen Zeitalter aufgewachsen und mit orientalischem Gedankengut erfüllt worden war, konnte sich auch im entferntesten nicht vorstellen, daß die «Staat» genannte Ordnung anders als durch monarchische Gewalt aufrechterhalten werden könne. Er scheint aufrichtig geglaubt zu haben, daß sich die Menschen ohne eine starke Zentralgewalt durch Verbrechen, Unwissenheit oder Krieg gegenseitig vernichten oder zumindest immer wieder in Elend stürzen würden. Wie Barbarossa schätzte er die Gesellschaftsordnung höher ein als die Freiheit des Volkes und war der Ansicht, ein Herrscher, der die Ordnung aufrechtzuerhalten vermöge, sei zu jedem Luxus in der Lebenshaltung berechtigt. Bis zu einem gewissen Grad ließ er eine Volksvertretung bei der Regierung zu: zweimal im Jahre traten an fünf Orten des Regno Versammlungen zur Behandlung regionaler Probleme, Beschwerden und Verbrechen zusammen; zu diesen Tagungen berief er nicht nur die Adligen und Geistlichen des Bezirkes, sondern auch vier Abgeordnete aus jeder bedeutenderen Stadt und zwei aus jeder Kleinstadt. Im übrigen war Friedrich ein absoluter Monarch; er nahm den Grundsatz des römischen Zivilrechtes – daß die Bürger das Alleinrecht der Gesetzgebung an den Kaiser übertragen hätten – als unumstößlich an. In Melfi erließ er 1231 für das Regno – hauptsächlich durch die juristische Gewandtheit und den geschickten Rat des Piero delle Vigne – den *Liber Augustalis*, das erste wissenschaftlich zusammengestellte Rechtssystem seit Justinian und eines der vollständigsten Gesetzeswerke der Geschichte der Jurisprudenz. In gewisser Hinsicht war es reaktionär: es nahm alle Klassenunterscheidungen des Lehnswesens hin und wahrte die alten Rechte des Herrn über den Leibeigenen. In vielen Hinsichten war es fortschrittlich: es beraubte den Adel des Rechtes der Gesetzgebung, Rechtsprechung und Münzprägung und übertrug es dem Staate; es schaffte das Gottesgericht und den Zweikampf im Prozeßrecht ab; es sorgte dafür, daß Staatsanwälte zur Verfolgung von Verbrechen eingesetzt wurden, die bisher ungestraft geblieben, wenn kein Bürger Klage erhob. Es verurteilte alle Verschleppungen im Prozeßwesen, riet den Richtern, die Reden der Rechtsanwälte zu verkürzen und verlangte von den staatlichen Gerichtshöfen, außer an Feiertagen täglich zu Gericht zu sitzen.

Wie die meisten mittelalterlichen Herrscher war auch Friedrich um eine sorgfältige Lenkung der Volkswirtschaft besorgt. Für mehrere Dienstleistungen und Waren wurde ein «gerechter Preis» festgesetzt. Die Regierung verstaatlichte die Produktion von Salz, Eisen, Stahl, Hanf, Teer, gefärbten Tuchen und Seidenstoffen[31]; sie betrieb Textilfabriken, in denen Sarazenensklavinnen arbeiteten und Eunuchen Vorarbeiter waren[32]; sie besaß und betrieb Schlächtereien und Badehäuser; sie errichtete Modellbauernhöfe, förderte den Anbau von Baumwolle und Zuckerrohr, säuberte Wälder und Felder von schädlichen Tieren, baute Straßen und Brücken und ließ zur besseren Wasserversorgung Brunnen bohren[33]. Der Außenhandel lag großenteils in Händen des Staates, die Waren wurden in staatlichen Schiffen verfrachtet; eines dieser Schiffe hatte eine Besatzung von dreihundert Mann[34]. Die Binnenzölle wurden auf ein Minimum reduziert, aber die Ein- und Ausfuhrzölle bildeten die Haupteinnahmequelle des Staates. Daneben gab es noch viele Steuern, denn diese Regierung fand, wie alle anderen Regierungen, viele Gelegenheiten zum Geldausgeben. Man muß Friedrich zugute halten, daß er für eine gesunde und gewissenhaft eingehaltene Währung sorgte.

Um diesem monolithischen Staat Majestät und Heiligkeit zu geben, ohne sich auf ein ihm gewöhnlich feindlich gesinntes Christentum stützen zu müssen, war Friedrich bestrebt, seiner eigenen Person die ganze Würde und den Glanz zu geben, die den römischen Kaiser umgeben hatten. Seine ausgezeichnet verfertigten Münzen zeigen kein christliches Wort oder Symbol, sondern die Rundprägung *IMP/ROM/Cesar/Aug;* auf der Rückseite steht, vom Namen *Fridericus* umringt, der römische Adler. Dem Volk wurde beigebracht, der Kaiser sei gewissermaßen der Sohn Gottes; seine Gesetze galten als Ausdruck der göttlichen Gerechtigkeit in menschlicher Formulierung; zitiert wurden sie unter der Bezeichnung *Iustitia* – fast wie die dritte Person einer neuen Dreieinigkeit. Im Bestreben, sich in der Geschichte und in den Kunstsammlungen an die Seite der altrömischen Kaiser zu stellen, ließ Friedrich Steinplastiken von sich anfertigen. Ein Brückenkopf am Volturno, ein Tor in Capua wurden mit Reliefs im antiken Stil, die ihn und sein Gefolge zeigten, verziert; erhalten ist nur noch ein Frauenkopf von großer Schönheit[35]. Dieser Versuch der Vorrenaissance, die klassische Kunst wiederzubeleben, war nicht von Erfolg gekrönt; die gotische Welle spülte ihn hinweg.

Trotz seiner Gottähnlichkeit und königlichen Pflichten fand Friedrich doch die Möglichkeit, an seinem Hof in Foggia alle Seiten des Lebens zu genießen. Ein Heer von Sklaven, darunter viele Sarazenen, sorgte für seine persönlichen Bedürfnisse und hielt den Verwaltungsapparat in Gang. Nach dem Tode seiner zweiten Gattin (1235) nahm er sich eine dritte Frau; aber Isabella von England brachte für seine Gesinnung und seine Lebensweise kein Verständnis auf und zog sich in den Hintergrund zurück, derweil Friedrich sich mit Mätressen abgab und einen illegitimen Sohn zeugte. Seine Feinde beschuldigten ihn, er halte sich einen Harem, und Gregor IX. klagte ihn der Sodomie an[36]. Friedrich gab die Erklärung ab, alle diese weißen und schwarzen Damen und Burschen seien nur dazu da, um ihre Künste – Gesang, Tanz, Akrobatik und andere an Königshöfen übliche Belustigungen – spielen zu lassen. Daneben hielt er sich eine Menagerie mit wilden Tieren; und manchmal reiste er mit einem Gefolge von Leoparden, Luchsen, Löwen, Panthern, Affen und Bären, die von Sarazenensklaven an Ketten geführt wurden. Friedrich liebte die Jagd und die Falknerei, sammelte seltsame Vögel und verfaßte für seinen Sohn Manfred eine prächtige und wissenschaftliche Abhandlung über die Falkenjagd.

Neben der Jagd fand er sein Entzücken an einer gebildeten und anmutigen Unterhaltung – *delicato parlare.* Er zog das Zusammentreffen wahrhafter Geister dem Zusammenprall der Waffen vor. Selbst war er der kultivierteste *causeur* seiner Zeit, berühmt wegen seines scharfen Witzes und seiner Schlagfertigkeit; dieser Friedrich war sein eigener Voltaire[37]. Er sprach neun Sprachen und schrieb deren sieben. Er korrespondierte arabisch mit al-Kamil, den er seinen liebsten Freund nach seinen Söhnen nannte, griechisch mit seinem Schwiegersohn, dem byzantinischen Kaiser Johannes Batatzes, und lateinisch mit dem Westen. Seine Genossen – besonders Piero delle Vigne – bildeten ihren bewundernswerten lateinischen Stil an den römischen Klassikern heran; sie hatten ein ausgeprägtes Gefühl für den klassischen Geist – suchten ihm nachzueifern und kamen darin beinahe den Humanisten der Renaissance zuvor. Friedrich war selbst ein Dichter, dessen Dichtungen sich Dantes Lob zuzogen. Die Liebesdichtung des Islams und der Provence fand Eingang an seinen Hof und wurde von den jungen Adligen, die dort dienten, aufgenommen; der Kaiser liebte es, wie ein Bagdader Potentat nach einem anstrengenden Tageswerk der Regierungsarbeit, der Jagd oder des Krieges im Kreise schöner Frauen auszuspannen und den Dichtern zu lauschen, die seinen Ruhm und ihre Reize besangen.

Mit zunehmendem Alter wandte sich Friedrich immer mehr der Wissenschaft und Philosophie zu. Den größten Anreiz bildete das muselmanische Vermächtnis in Sizilien. Er las viele arabische Meisterwerke selbst, ließ muselmanische und jüdische Wissenschafter und Philosophen an seinen Hof kommen und stellte Gelehrte an, die ihm die wissenschaftlichen Klassiker Griechenlands und des Islam ins Lateinische übersetzen mußten. Von der Mathematik war er so eingenommen, daß er den Sultan von Ägypten überredete, ihm einen berühmten Mathematiker, al-Hanifi, zu überlassen, und er war mit Leonardo Fibonacci, dem größten christlichen Mathematiker seiner Zeit, befreundet. Er teilte den Aberglauben seiner Zeit und vertiefte sich in Astrologie und Alchimie. Er lockte Michael Scot, einen vielseitigen Gelehrten, an seinen Hof und studierte bei ihm die okkulten Wissenschaften, Chemie, Metallurgie und Philosophie. Seine Wißbegierde galt allen Gebieten. Er richtete Fragen über philosophische und wissenschaftliche Probleme an Gelehrte seines Hofes, ja selbst an Gelehrte in Ägypten, Arabien, Syrien und im Irak. Er hielt sich einen zoologischen Garten zu Studienzwecken, nicht nur zur Belustigung, und experimentierte mit der Aufzucht von Geflügel und von Tauben, Pferden, Kamelen und Hunden; die Gesetze, mit denen er Schonzeiten in die Jagd einführte, waren auf sorgfältige Beobachtungen der Paarungs- und Brutzeiten gegründet – wofür ihm die Tiere Apuliens ein Dankschreiben zugestellt haben sollen. Seine Gesetzgebung umfaßte auch eine aufgeklärte Regelung der ärztlichen Praxis und des Verkaufs von Medizinen. Er förderte die Tiersektion; muselmanische Ärzte waren erstaunt über seine anatomischen Kenntnisse. Die Weite seines philosophischen Wissens erhellt aus einem Auftrag, den er einigen muselmanischen Gelehrten gab: er stellte ihnen nämlich die Aufgabe, die Abweichungen in den Ansichten des Aristoteles und des Alexander von Aphrodisias über die Ewigkeit der Welt aufzudecken. «O glücklicher Kaiser!» rief Michael Scot aus. «Ich glaube wahrhaftig, wenn jemand durch sein Wissen dem Tode entgehen könnte, dann wärest du es![38]»

Damit die Gelehrsamkeit der Forscher, die er an seinem Hofe versammelt hatte, nicht mit ihnen aussterbe, gründete Friedrich im Jahre 1224 die Universität Neapel – ein seltenes Beispiel einer mittelalterlichen Universitätsgründung ohne kirchliche Sanktion. Er berief Gelehrte aller Künste und Wissenschaften an seine Hochschule und besoldete sie ausgezeichnet; armen, aber begabten Studenten gewährte er Stipendien für das Studium. Den jungen Leuten seines *Regno* verbot er, die höhere Bildung im Ausland zu suchen. Er hegte die Hoffnung, daß Neapel bald als Rechtsschule mit Bologna im Wettbewerb stehen und Männer zum Staatsdienst heranbilden würde.

War Friedrich Atheist? In der Jugendzeit war er ein frommer Mensch gewesen, und vielleicht bewahrte er die Grundglaubenssätze des Christentums bis zu seinem Kreuzzug. Der vertraute Umgang mit muselmanischen Führern und Denkern scheint seinem christlichen Glauben ein Ende bereitet zu haben. Er fühlte sich von der arabischen Bildung angezogen und stellte sie hoch über das christliche Denken und Wissen seiner Zeit. Am

Hoftag der deutschen Fürsten im Friaul (1232) bereitete er einer muselmanischen Abordnung einen herzlichen Empfang und nahm später angesichts der Bischöfe und Fürsten mit diesen Sarazenen an einem Essen zur Feier eines mohammedanischen religiösen Festes teil[39]. «Seine Gegner behaupteten, der Kaiser sei dem Gesetz des Mohammed mehr und gläubiger zugetan als dem Gesetze Jesu Christi ... und er habe den Sarazenen größere Freundschaft entgegengebracht als den Christen», schreibt Matthäus Paris[40]. Ein von Gregor geglaubtes Gerücht beschuldigte ihn des Ausspruchs: «drei Verschwörer haben ihre Zeitgenossen so schlau verleitet, daß sie in den Besitz der Weltherrschaft kamen – Moses, Jesus und Mohammed»[41]; ganz Europa flüsterte sich diese Blasphemie zu. Obgleich Friedrich diesen Ausspruch in Abrede stellte, trug er doch dazu bei, daß sich die Volksmeinung in der letzten schwierigen Zeit seines Lebens gegen ihn richtete. Friedrich hatte zweifellos etwas von einem Freidenker an sich. Er hegte Zweifel hinsichtlich der zeitlichen Weltschöpfung, der persönlichen Unsterblichkeit, der jungfräulichen Geburt und anderer Grundlehren der christlichen Religion[42]. Als Argument gegen das Gottesurteil stellte er die Frage: «Wie könnte man vertrauen, daß des glühenden Eisens natürliche Hitze lau werde ja kalt ohne Hinzutreten einer rechten Ursache oder daß... bloß wegen des versehrten Gewissens das Element des kalten Wassers (einen Verklagten) nicht aufnehme?[43]» In seinem ganzen Reiche baute er eine einzige christliche Kirche.

Innerhalb gewisser Grenzen gewährte er den verschiedenen Religionsbekenntnissen seines Reiches die Kultfreiheit. Griechisch-Orthodoxe, Mohammedaner und Juden konnten ihre Religion unbehindert ausüben, durften aber (mit einer einzigen Ausnahme) nicht an der Universität lehren und keine hohen Staatsämter bekleiden. Alle Muselmanen und Juden mußten eine Kleidung tragen, welche sie von den Christen unterschied; und die Kopfsteuer, welche die Muselmanenherrscher von Juden und Christen erhoben, wurde hier von den Juden und Sarazenen als Ersatz für den Waffendienst gefordert. Der Übertritt vom Christentum zum Judentum oder Islam wurde nach Friedrichs Gesetzen streng bestraft. Als aber die Juden von Fulda im Jahre 1235 des «Ritualmordes», das heißt des Mordes an einem christlichen Kind, um dessen Blut beim Passahfest zu benutzen, beschuldigt wurden, brachte Friedrich ihnen die Rettung, indem er erklärte, die ganze Geschichte sei eine grausige Legende. An seinem Hofe fanden sich mehrere Juden[44].

Die große Ungereimtheit an der Regierung dieses Rationalisten war die Ketzerverfolgung. Friedrich ließ die Gedanken- und Redefreiheit nicht zu, nicht einmal für die Professoren seiner Universität; es war ein Privileg, das nur ihm selbst und seinen Genossen zustand. Wie die meisten Herrscher erkannte er die Notwendigkeit der Religion für den Bestand der Gesellschaftsordnung und konnte es nicht zulassen, daß sie von seinen Gelehrten unterhöhlt wurde; außerdem erleichterte die Ketzerverfolgung wiederholt einen Friedensschluß mit den Päpsten. Während andere Monarchen des dreizehnten Jahrhunderts der Inquisition ihre Mithilfe nicht recht gewähren wollten, gab Friedrich ihr seine volle Unterstützung. Einzig in diesem Punkte waren sich die Päpste und ihr größter Feind einig.

3. KAISERTUM GEGEN PAPSTTUM

Mit zunehmender Entwicklung von Friedrichs Herrschaft in Foggia traten seine weitreichenden Ziele immer klarer zutage: es war seine Absicht, seine Herrschaft auf ganz Italien auszudehnen, Italien und Deutschland in einem wiederauferstandenen Römischen Reiche zu vereinigen und vielleicht Rom wiederum zur politischen Hauptstadt des Westens zu machen, so wie es bereits dessen religiöse Hauptstadt war. Als er im Jahre 1226 den Adel und die Städte Italiens zu einem Reichstag nach Cremona lud, deckte er seine Karten auf, indem er in seine Einladung auch das Herzogtum Spoleto einschloß, das damals zum Kirchenstaat gehörte, und seine Truppen durch die päpstlichen Gebiete hindurchmarschieren ließ. Der Papst untersagte dem Adel von Spoleto die Teilnahme. Die lombardischen Städte, die Friedrich verdächtigten, er wolle sie zu einer tatsächlichen statt der bisherigen rein nominellen Unterwerfung unter das Reich zwingen, weigerten sich, Abgeordnete zu bestellen. Statt dessen schlossen sie sich zu einem zweiten Lombardischen Städtebund zusammen, in welchem sich Mailand, Turin, Bergamo, Brescia, Mantua, Bologna, Vicenza, Verona, Padua und Treviso zu einem Verteidigungs- und Angriffsbündnis von fünfundzwanzigjähriger Dauer vereinigten. Der Reichstag wurde nie abgehalten.

Im Jahre 1234 lehnte sich sein Sohn Heinrich gegen ihn auf und verbündete sich mit dem Lombardischen Städtebund. Friedrich eilte von Süditalien nach Worms; er nahm kein Heer mit, sondern einen prall gefüllten Geldbeutel; die Rebellion brach bei der Nachricht seines Kommens oder bei der Berührung mit seinem Golde zusammen; Heinrich wurde gefangengesetzt, schmachtete sieben Jahre lang im Kerker und stürzte sich dann, als er an einen anderen Haftort gebracht wurde, mit seinem Pferd einen Felsen hinab. Friedrich zog nach Mainz weiter, saß dort einem Reichstag vor und vermochte eine ganze Anzahl von Adligen zur Teilnahme an einem Feldzug zur Erneuerung der Reichsgewalt in der Lombardei zu gewinnen. Mit dieser Unterstützung schlug er das Heer des Städtebundes bei Cortenuova (1237); mit Ausnahme von Mailand und Brescia ergaben sich alle Städte; Gregor IX. machte einen Vermittlungsversuch, aber Friedrichs Traum vom einheitlichen Reiche ließ sich mit der italienischen Freiheitsliebe nicht vereinbaren.

Nun entschloß sich Gregor, obgleich neunzigjährig und kränklich, sein Schicksal mit demjenigen des Städtebundes zu verknüpfen und die ganze weltliche Macht der Päpste aufs Spiel zu setzen. Er hatte für die lombardischen Städte keine besondere Vorliebe; wie Friedrich betrachtete auch er deren Freiheit als eine Freiheit zur chaotischen Streitsucht, und er wußte, daß die Städte Häretiker beherbergten, die dem Reichtum und der weltlichen Gewalt der Kirchen eine offene Feindseligkeit bezeigten; gerade zu dieser Zeit waren die Ketzer des belagerten Mailand dabei, die Altäre zu schänden und Kruzifixe mit dem Kopf nach unten aufzuhängen[45]. Wenn Friedrich diese Städte aber überwältigte, dann war vorauszusehen, daß der Kirchenstaat in einem vereinigten Italien und einem vereinigten Reiche, das unter der Herrschaft eines Feindes von Christentum und Kirche stand, aufgehen würde. Im Jahre 1238 bewog Gregor Venedig und Genua, sich ihm und dem Städtebund im Krieg gegen Friedrich anzuschließen; in einer kraftvollen Enzyklika beschuldigte er den Kaiser des Atheismus, der Blasphemie, des Despotismus und der Absicht, die Autorität der Kirche zu zerstören; 1239 sprach er den Bann gegen ihn aus und entband seine Untertanen vom Treueid. Friedrich richtete daraufhin ein Rundschreiben an die Könige Europas, in welchem er die Anklage der Ketzerei zurückwies und den Papst beschuldigte, er wolle das Reich vernichten und alle Könige zur Botmäßigkeit unter das Papsttum zwingen. Der Endkampf zwischen Kaisertum und Papsttum war in vollem Gange.

Die Könige Europas sympathisierten mit Friedrich, schenkten aber seinem Hilferuf nur wenig Beachtung. Der deutsche und italienische Adel ergriff für ihn Partei, da er hoffte, die Städte wieder zum Lehnsgehorsam zwingen zu können. In den Städten selbst waren Mittelstand und gemeines Volk im allgemeinen für den Papst, und die alten deutschen Bezeichnungen Waibling und Welf lebten in der italienisierten Form Ghibelline und Guelfe wieder auf, um die Anhänger des Reichsgedankens und die Verteidiger des Papsttums zu bezeichnen. Selbst in Rom trat diese Spaltung ein, und Friedrich hatte dort viele Anhänger. Als er sich mit einem kleinen Heer Rom näherte, öffnete eine Stadt nach der anderen ihm als einem zweiten Caesar ihre Tore. Gregor sah die Einnahme von Rom voraus und führte eine klagende Prozession von Priestern durch die Stadt. Der Mut und die Gebrechlichkeit des greisen Papstes rührten an das Herz der Römer, und viele griffen zu seinem Schutz zu den Waffen. Friedrich, der die Entscheidung noch nicht erzwingen wollte, ließ Rom unangetastet und bezog in Foggia Winterquartier.

Er hatte die deutschen Fürsten dazu gebracht, seinen Sohn Konrad zum König der Römer zu krönen (1237); er hatte seinen Schwiegersohn, den tüchtigen, aber grausamen Ezzelino da Romano, über Vicenza, Padua und Treviso gesetzt, und er hatte die Städte, die sich ergeben hatten, seinem Lieblingssohne Enzio unterstellt, einem hübschen, stolzen, fröhlichen, tapferen, dichterisch begabten Jüngling, «nach Gesicht und Gestalt mein wahrhaftiges Ebenbild». Im Frühling des Jahres 1240 nahm der Kaiser Ravenna und Faenza ein, und 1241 zerstörte er Benevent, den Hauptort der päpstlichen Streitkräfte. Seine Flotte fing einen genuesischen Geleitzug ab, der eine Gruppe von französischen, spanischen und italienischen Kardinälen, Bischöfen, Äbten und Priestern nach Rom bringen sollte; Friedrich setzte sie in Apulien gefangen, um für seine Verhandlungen Geiseln in der Hand zu haben. Die Franzosen ließ er bald wieder frei; die lange Haft jedoch, die er den übrigen zumutete, und der Umstand, daß sich in den Gefängnissen mehrere Todesfälle ereigneten, lösten in einem Europa, das die Geistlichkeit als unverletzlich zu betrachten gewohnt war, helles Entsetzen aus; viele glaubten nun, Friedrich sei der Antichrist, dessen Erscheinen kurz zuvor von dem Mystiker Joachim von Fiore geweissagt worden war. Friedrich erklärte, er werde die Prälaten freilassen, sobald der Papst mit ihm Frieden schließe, aber der greise Papst blieb bis zu seinem Tode fest (1241).

Innozenz IV. war versöhnlicher gestimmt. Auf Betreiben Ludwigs des Heiligen willigte er in die Friedensbedingungen ein. Aber die lombardischen Städte wollten den Friedensschluß nicht ratifizieren und erinnerten Innozenz daran, daß Gregor das Papsttum verpflichtet hatte, keinen Sonderfrieden einzugehen. Innozenz floh heimlich nach Lyon. Friedrich nahm den Kampf wieder auf, und kein Heer schien ihn jetzt mehr an der Eroberung und Einverleibung des Kirchenstaates und der Ausdehnung seiner Macht über Rom hindern zu können. Innozenz berief die Kirchenfürsten zu dem Konzil von Lyon; das Konzil sprach erneut den Bannfluch gegen den Kaiser aus und verfügte seine Absetzung, da er ein sittenloser, gottloser und treuloser Vasall seines anerkannten Lehnsherrn, des Papstes, sei (1245). Auf Betreiben des Papstes wählte nun eine Gruppe deutscher Adliger und Bischöfe Heinrich Raspe zum Gegenkaiser und ernannte nach dessen Tod Wilhelm von Holland zum Nachfolger. Der Bannfluch wurde gegen alle Anhänger des Kaisers ausgesprochen, und alle Gebiete, die Friedrich die Treue hielten, wurden mit dem Interdikt belegt; der Papst rief zu einem Kreuzzug gegen Friedrich und Enzio auf, und alle, die das Kreuz zur Befreiung von Jerusalem genommen hatten, erhielten nun die gleichen Privilegien, wenn sie sich dem Kreuzzug gegen den ungläubigen Kaiser anschlossen.

In haßerfülltem und rachsüchtigem Zorn brach Friedrich nun alle Brücken hinter sich ab. Er erließ ein «Römisches Manifest», in welchem er die Geistlichkeit beschuldigte, «der Welt ergeben, von Genüssen trunken», zu sein; ihr Reichtum habe ihre Frömmigkeit erstickt[46]. Im *Regno* ließ er zur Finanzierung seines Krieges die Kirchenschätze beschlagnahmen. Als sich eine apulische Stadt an die Spitze einer Verschwörung gegen ihn stellte, ließ er die Rädelsführer erst blenden, dann verstümmeln und dann umbringen. Auf einen Hilferuf seines Sohnes Konrad hin brach er nach Deutschland auf; in Turin erhielt er die Nachricht, daß Parma seine Garnison überwältigt hatte, Enzio in Gefahr war und ganz Norditalien, ja sogar Sizilien, sich auflehnten. Er schlug einen Aufstand nach dem anderen in einer Stadt nach der anderen nieder, nahm überall Geiseln mit und ließ sie hinrichten, sobald ihre Stadt rebellierte. Gefangenen, die sich als Boten des Papstes herausstellten, ließ er Hände und Füße abhacken, und Sarazenen, die sich gegenüber christlichen Klagen und Drohungen als taub erwiesen, wurden als Scharfrichter eingesetzt[47].

Während der Belagerung von Parma ging Friedrich, welcher der Untätigkeit überdrüssig war, mit Enzio und fünfzig Rittern in die benachbarten Sümpfe zur Jagd auf Wasservögel. In ihrer Abwesenheit wagten die Parmesaner, Männer und Frauen, einen verzweifelten Ausfall, überwältigten die führerlosen kaiserlichen Truppen und kaperten den Tresor, den «Harem» und die Menagerie des Kaisers. Friedrich führte hohe Steuern ein, stellte ein neues Heer auf und begann den Kampf von neuem. Man hinterbrachte ihm Beweismaterial, daß sich sein Kanzler, Piero delle Vigne, dem er stets vertraut hatte, an einer Verschwörung gegen ihn beteilige; Friedrich ließ ihn verhaften und blenden; worauf Piero mit dem Kopf gegen die Kerkermauern anrannte, bis er tot war (1249). Im gleichen Jahre traf die Nachricht ein, Enzio sei in der Schlacht bei Fossalta von den Bolognesen gefangengenommen worden. Etwa zur gleichen Zeit versuchte Friedrichs Leibarzt ihn zu vergiften. Die rasche Aufeinanderfolge dieser Schläge brach dem Kaiser den Lebensmut; er zog sich nach Apulien zurück und beteiligte sich nicht mehr an dem Kriege. Im Jahre 1250 errangen seine Feldherren manchen Erfolg, und das Blatt schien sich gewendet zu haben. Ludwig der Heilige, der von den Muselmanen in Ägypten gefangengenommen worden war, rief Innozenz IV. an, er möge den Krieg einstellen, damit Friedrich den Kreuzrittern zu Hilfe kommen könne. Als aber ein neuer Hoffnungsstrahl leuchtete, versagte der Leib. Die Ruhr, die demütigende Nemesis der mittelalterlichen Könige, warf den stolzen König nieder. Er bat um die Absolution und erhielt sie; der Freidenker legte das Gewand eines Zisterziensermönches an und starb am 13. Dezember 1250 in Fiorentino. Man flüsterte sich zu, seine Seele sei von Teufeln durch den Krater des Ätna in die Hölle verbracht worden.

Sein Einfluß trat nicht offen zutage; sein Reich brach bald zusammen, und nach ihm herrschte ein größeres Durcheinander als vor ihm. Die Einheit, für die er gekämpft hatte, schwand dahin, sogar in Deutschland, und die italienischen Städte folgten dem Ideal der Freiheit und ihrem schöpferischen Antrieb trotz der damit verbundenen Zersplitterung und trotz der Tyrannei ihrer Herzöge und Condottieri, die von Friedrich die Sittenlosigkeit, die geistige Freiheit und den fördernden Sinn für Kunst und Literatur geerbt hatten, ohne sich dessen recht bewußt zu sein. Die *virtù*, die mannhaft skrupellose Verstandeskraft der Renaissancedespoten, war ein Echo auf Friedrichs Geist und Charakter, nur ohne dessen Zauber und Anmut. Der Ersatz der Bibel durch die Klassiker, des Glaubens durch die Vernunft, Gottes durch die Natur, der Vorsehung durch die Notwendigkeit zeigte sich bereits im Denken und am Hofe Friedrichs und ergriff nach einer Zwischenzeit des strenggläubigen Katholizismus Besitz von den Humanisten und Philosophen der Renaissance; Friedrich war der «Mann der Renaissance» ein Jahrhundert vor ihrer eigentlichen Zeit. Machiavellis *Principe* hatte Cesare Borgia im Auge, es war aber Friedrich, der seiner Weltanschauung den Weg bereitete. Nietzsche hatte Bismarck und Napoleon im Auge, aber er erkannte, welchen Einfluß Friedrich – «jener *erste* Europäer nach meinem Geschmack»[48] – ausgeübt hatte. Die Nachwelt, die sich über seine Moral entsetzte, von seinem Geist gefesselt war und eine verschwommene Vorstellung von der Größe seines Reichsgedankens hatte, wandte auf ihn immer wieder die von Matthäus Paris geprägten Attribute an: *stupor mundi et immutator mirabilis* – «Wunder und erstaunlicher Veränderer der Welt».

VI. ITALIENS ZERSPLITTERUNG

Friedrich hinterließ das Reich testamentarisch seinem Sohne Konrad IV. und ernannte seinen illegitimen Sohn Manfred zum Regenten von Italien. Fast überall in Italien brachen Aufstände gegen Manfred los. Neapel, Spoleto, Ancona, Florenz unterwarfen sich den päpstlichen Legaten; «mögen die Himmel jubeln und die Erde sich freuen!» rief Innozenz IV. aus. Der triumphierende Papst kehrte nach Italien zurück, machte Neapel zu seinem militärischen Hauptquartier, brach auf, um das *Regno* dem Kirchenstaat einzuverleiben, und hatte im Sinne, eine etwas weniger unmittelbare Souveränität über die norditalienischen Städte auszuüben. Diese Städte waren aber – auch wenn sie bei dem päpstlichen *Te Deum* mitmachten – entschlossen, ihre Unabhängigkeit nicht nur gegen Kaiser, sondern auch gegen Päpste zu verteidigen. Währenddes hielten Ezzelin und Hubert Pallavicini mehrere Städte in Treue zu Konrad; beide Männer hatten keinerlei Achtung vor der Religion; die Ketzerei blühte unter ihrer Herrschaft; die Gefahr bestand, daß ganz Norditalien der Kirche verlorengehen würde. Auf einmal kam der junge Konrad mit einem neuen Deutschenheer über die Alpen herab, eroberte abgefallene Städte zurück und zog im Triumph in das *Regno* ein – nur um der Malaria zu erliegen (Mai 1254). Manfred übernahm den Befehl über die kaiserlichen Streitkräfte und bereitete einem päpstlichen Heer bei Foggia eine vernichtende Niederlage (2. Dezember). Innozenz lag im Sterben, als ihn die Nachricht von dieser Niederlage erreichte; er verschied voller Verzweiflung (7. Dezember) mit dem Ausspruch: «O Herr, wegen seiner Schändlichkeit hast du den Menschen verderbt.»

Alles übrige ist ein glänzendes Durcheinander. Papst Alexander IV. (1254–1256) veranstaltete einen Kreuzzug gegen Ezzelin; der Tyrann wurde verwundet und gefangengenommen; er wies Ärzte, Priester und Speisen zurück und starb freiwillig den Hungertod, ohne Reue und ohne Absolution (1259). Sein Bruder Alberigo, der sich gleicherweise vieler Grausamkeiten und Verbrechen schuldig gemacht hatte, fiel ebenfalls in Gefangenschaft und mußte zusehen, wie seine Familie gefoltert wurde; hierauf wurde ihm das Fleisch mit Zangen vom Leibe gerissen und der noch lebende Körper von einem Pferde zu Tode geschleift[49]. Christen und Atheisten wüteten nun mit gleicher Brutalität, ausgenommen der fröhliche und charmante Bastard Manfred. Nachdem er den päpstlichen Truppen bei Montaperto nochmals eine Niederlage zugefügt hatte (1260), war er sechs Jahre lang Herr über Süditalien; er hatte Zeit zu jagen und zu singen und Gedichte zu verfassen, und es gab, wie Dante sagt, im Saitenspiel in der Welt nicht seinesgleichen[50]. Papst Urban IV. (1261–1264), der daran verzweifelte, in Italien einen Gegenspieler gegen Manfred zu finden, und erkannte, daß das Papsttum seinen Schutz hinfort in Frankreich suchen mußte, wandte sich an Ludwig IX., er möge die beiden Sizilien als Lehen entgegennehmen. Ludwig leistete der Aufforderung keine Folge, gestattete aber seinem Bruder, Karl von Anjou, von Urban das «Königreich Neapel und Sizilien» entgegenzunehmen (1264). Karl zog mit einem Heer von dreißigtausend französischen Soldaten durch Italien und schlug Manfreds unterlegene Streitkräfte vernichtend; Manfred stürzte sich in das Kampfgewühl und fand einen edleren Tod als sein Vater. Im folgenden Jahre kam ein fünfzehnjähriger Jüngling, Konrads Sohn Konradin, von Deutschland herab, um Karl entgegenzutreten; er wurde bei Tagliacozzo geschlagen und auf dem Marktplatz von Neapel im Jahre 1268 in öffentlicher Hinrichtung enthauptet. Mit ihm und Enzio, der vier Jahre später nach langer Gefangenschaft verschied, nahm das Haus der Hohenstaufen ein jammervolles Ende; das Heilige Römische Reich wurde zu einem zeremoniellen Schatten, und die Führung Europas ging an Frankreich über.

Karl wählte sich Neapel zur Hauptstadt, gründete in den beiden Sizilien einen französischen Adel und einen französischen Beamtenapparat, ließ französische Soldaten, Mönche und Priester kommen und herrschte und besteuerte mit einem verächtlichen Absolutismus, so daß alles sich nach einem wiederauferstandenen Friedrich sehnte und Papst Clemens IV. geneigt war, den päpstlichen Sieg zu beklagen. Am Ostermontag des Jahres 1282, als Karl sich anschickte, eine Flotte zur Eroberung von Konstantinopel in See stechen zu lassen, erhob sich das Volk von Palermo, dessen Haß durch beleidigende Vertraulichkeiten eines französischen Polizisten gegenüber einer jungen sizilianischen Frau zu offener Glut entbrannt war, in einem wilden Aufstand und metzelte jeden Franzosen in der Stadt nieder. Man kann sich einen Begriff von den angesammelten Haßgefühlen machen, wenn man die Brutalität sieht, mit der Sizilianer den sizilianischen Frauen, die von französischen Soldaten oder Offizieren geschwängert worden waren, mit dem Schwert den Bauch aufschlitzten und die fremdvölkischen Embryos zertrampelten[51]. Andere Städte folgten Palermos Beispiel, und über dreitausend Franzosen kamen in Sizilien in dem Massaker um, das «Sizilianische Vesper» genannt wird, weil es zur Zeit des Abendgebetes begann. Auch die französischen Geistlichen auf der Insel blieben nicht verschont; die sonst so frommen Sizilianer drangen in Kirchen und Klöster ein und erschlugen Priester und Mönche, ohne ihres geistlichen Standes zu achten. Karl von Anjou schwor, eine «tausendjährige» Rache zu nehmen, und versprach, Sizilien als einen «verfluchten, kahlen, unbewohnten Felsen» zu hinterlassen[52]; Papst Martin IV. belegte die Aufständischen mit dem Kirchenbann und verkündete einen Kreuzzug gegen Sizilien. Zur eigenen Verteidigung nicht fähig, boten die Sizilianer ihre Insel König Peter III. von Aragón an. Peter erschien mit einem Heer und einer Flotte und gründete das aragonische Königshaus sizilianischer Herrscher (1282). Karl unternahm vergebliche Versuche, die Insel wieder in seinen Besitz zu bringen; er starb an Erschöpfung und Kummer in Foggia (1285), und seine Nachfolger begnügten sich nach siebzehnjährigem erfolglosem Kampfe mit dem Königreich Neapel.

Nördlich von Rom spielten die italienischen Städte das Spiel «Kaiser gegen Papst» und bewahrten sich halsstarrig ihre Unabhängigkeit. In Mailand herrschte die Familie Della Torre zwanzig Jahre lang zur allgemeinen Zufriedenheit; eine Adligengruppe unter Otto Visconti brachte 1277 die Macht an sich, und die Visconti gaben Mailand während 170 Jahren als *capitani* oder *duci* eine tüchtige oligarchische Regierung. Tuszien mit den Städten Arezzo, Florenz, Siena, Pisa und Lucca war von Gräfin Mathilde an den Papst vermacht worden (1107), aber dieser mehr theoretische Besitz führte selten zu Eingriffen in das Recht der Städte, sich selbst zu regieren oder eigene Despoten zu finden.

Siena konnte sich wie so viele toskanische Städte einer stolzen Vergangenheit, die bis auf die Etruskerzeit zurückging, rühmen. Die Stadt wurde durch die Barbareneinbrüche in Trümmer gelegt, entstand aber im achten Jahrhundert neu als Haltepunkt der Pilger und Kaufleute halbwegs zwischen Florenz und Rom. 1192 hören wir von Kaufmannszünften in Siena, später von Handwerkerzünften, dann von Finanzleuten. Das Haus Buonsignori, 1209 gegründet, wurde zu einem der führenden Handels- und Bankinstitute Europas; seine Vertreter waren überall zu finden; es gewährte an Kaufleute, Städte, Könige und Päpste Darlehen, die zusammen eine ungeheure Summe ausmachten. Florenz und Siena stritten sich um die Beherrschung der Via Francesa, welche die beiden Städte miteinander verband; die beiden Handelszentren kämpften von 1207 bis 1270 immer wieder schwächende Kriege gegeneinander, und da Florenz im Kampfe zwischen Kaiser und Papst auf der Seite des Papstes stand, hielt es Siena mit dem Kaiser. Manfreds Sieg bei Montaperto (1260) war in der Hauptsache ein Sieg Sienas über Florenz. Die Sienesen, die zwar gegen den Papst kämpften, schrieben ihren Sieg doch ihrer Schutzheiligen, der Gottesmutter, zu. Sie gaben Siena der Jungfrau Maria zu Lehen, prägten die stolze Inschrift *Civitas Virginis* auf ihre Münzen und legten die Schlüssel der Stadt in dem großen Dom, den sie ihrem Namen geweiht hatten, Maria zu Füßen. Alljährlich feierten sie Mariä Himmelfahrt mit einer feierlichen und erhebenden Zeremonie. Am Vorabend des Festes schlossen sich alle Bürger zwischen achtzehn und siebzig Jahren, eine Kerze in der Hand, zu einer Prozession zusammen, die, nach Kirchgemeinden geordnet, unter Führung ihrer Pfarrer zum *duomo* zog, wo der Treueid vor der Jungfrau erneuert wurde. Am Festtage selbst zog eine andere Prozession in die Stadt ein – die Vertreter der unterworfenen oder abhängigen Städte, Dörfer und Klöster; auch diese Abgeordneten pilgerten zum Dom, brachten Geschenke und erneuerten ihren Lehnseid vor der Stadtgemeinde Siena und ihrer Königin. Auf dem Stadtplatz, dem Campo, wurde an diesem Tage ein großer Jahrmarkt abgehalten; da gab es Waren aus hundert Städten zu kaufen; Akrobaten, Sänger und Musikanten zeigten ihre Künste, und die Spielhalle war fast so rege besucht wie das Heiligtum der Jungfrau.

In das Jahrhundert zwischen 1260 und 1360 fällt die Glanzzeit von Siena. In diesen hundert Jahren entstand der Dom (1245–1339), der wuchtige *Palazzo pubblico* (1310–1320) und der schöne Campanile (1325–1344). Niccolò Pisano schuf einen vornehmen Brunnen für den *duomo* (1266), und vor 1311 schmückte Duccio di Buoninsegna sienesische Kirchen mit einigen der frühesten Meisterwerke der Renaissancemalerei. Die stolze Stadt unternahm aber mehr, als ihre Mittel erlaubten. Der Sieg von Montaperto wurde Siena zum Verhängnis; der besiegte Papst belegte die Stadt mit dem Interdikt und untersagte die Wareneinfuhr und die Bezahlung von Schulden; viele sienesische Banken machten Bankrott. Im Jahre 1270 schloß Karl von Anjou die gedemütigte Stadt dem Welfischen (päpstlichen) Bunde an. Von da an wurde Siena von seinem unbarmherzigen nördlichen Nachbarn beherrscht und übertrumpft.

VII. DER AUFSTIEG VON FLORENZ: 1095–1308

Florentia, die Blütenstadt, nahm ihren Anfang etwa zwei Jahrhunderte vor Christus als Handelsstation am Einfluß des Mugnone in den Arno. Durch die Barbareninvasionen zerstört, erlebte die Stadt im achten Jahrhundert als Kreuzungspunkt an der Via Francesa zwischen Frankreich und Rom wieder einen Aufschwung. Florenz erwarb sich eine große Handelsflotte, die Farbstoffe und Seiden von Afrika sowie Wolle von England und Spanien hereinbrachte und fertige Textilwaren in die ganze Welt hinaustrug. Ein eifersüchtig bewahrtes Fabrikationsgeheimnis ermöglichte den florentinischen Färbern, den Seiden- und Wollstoffen Farbtönungen zu geben, deren Schönheit nicht einmal im erfahrenen Osten übertroffen wurde. Die großen Wollzünfte – die *Arte della Lana* und die *Arte de' Calimala** – führten ihre eigenen Rohstoffe ein und steckten durch deren Umwandlung in Fertigerzeugnisse saftige Gewinne ein. Die Arbeit wurde größtenteils in kleinen Fabriken verrichtet, teils auch in Heimarbeit in der Stadt und auf dem Land. Die Händler lieferten die Rohstoffe und holten die verkäuflichen Erzeugnisse ab und zahlten sie stückweise. Die Konkurrenz der Heimarbeiter – hauptsächlich weibliche Arbeitskräfte – hielt die Löhne in den Fabriken niedrig; die Weber durften keine gemeinsamen Schritte unternehmen, um eine Lohnerhöhung oder eine Verbesserung der Arbeitsbedingungen zu erreichen, und

* So benannt nach ihrem Prunkzentrum, einer «Verruchten Gasse», die vorher den Dirnen überlassen gewesen war.

sie durften auch nicht auswandern. Um die Zucht und Ordnung noch weiter zu fördern, bewogen die Arbeitgeber die Bischöfe, Hirtenbriefe zu verfassen, die viermal jährlich von den Kanzeln verlesen werden mußten und jeden Arbeiter, der wiederholt Wolle vergeudete, mit kirchlichem Tadel, ja sogar mit dem Kirchenbann bedrohte[53].

Dieses Gewerbe und dieser Handel brauchten natürlich laufend Kapital für Investitionen, und bald standen die Bankiers mit den Kaufleuten im Wettbewerb um die Herrschaft über das Florentiner Leben. Die Banken erwarben sich durch den Verfall von Hypotheken große Grundstücke; sie wurden den Päpsten wegen der finanziellen Kontrolle von Kirchenbesitz, der an sie verpfändet war, unentbehrlich, und im dreizehnten Jahrhundert besaßen sie beinahe das Monopol über die päpstlichen Finanzen in Italien[54]. Das allgemeine Bündnis von Florenz mit den Päpsten bei deren Kampf mit den Kaisern hatte seinen Grund teilweise in dieser finanziellen Verbindung, teilweise in der Furcht vor Angriffen des Kaisers oder der Adligen auf die Freiheiten der Stadtgemeinde und des Handels. Die Bankiers waren deshalb die Hauptverfechter der päpstlichen Sache in Florenz. Sie waren es, welche die Invasion Italiens durch Karl von Anjou finanzierten, indem sie Papst Urban IV. (1261 bis 1264) ein Darlehen von 148 000 Livres gewährten. Als Karl Neapel eroberte, erhielten die Bankiers als Sicherheit für die Rückzahlung das Recht, in dem neuen Königreich die Münzen zu prägen und die Steuern einzuziehen und den Handel mit Waffen, Seiden, Wachs, Öl und Korn sowie die Belieferung des Heeres mit Waffen und Nachschub für sich allein zu beanspruchen[55]. Wenn wir Dante vertrauen dürfen, waren diese Bankiers nicht die geschliffenen Geschäftsleute unserer Zeit, sondern rauhe und habgierige Freibeuter der Gewinnsucht, die sich mit verfallenen Hypotheken ein Vermögen erwarben und hemmungslos hohe Zinsen für ihre Darlehen verlangten – wie Folco Portinari, den Dantes Beatrice zum Vater hatte[56]. Ihre Transaktionen erstreckten sich über ein weites Gebiet. Um 1277 finden wir zwei Florentiner Banken – die der Brunelleschi und der Medici – als die beherrschenden Finanzinstitute von Nîmes. Die Florentiner Firma Franzesi finanzierte die Kriege und Ränke Philipps IV.; von der Regierungszeit dieses Königs an (1285–1314) beherrschten italienische Finanzleute das französische Geldwesen bis ins siebzehnte Jahrhundert. Eduard I. von England lieh sich 200 000 Goldgulden von den Frescobaldi in Florenz (1295). Solche Darlehen waren riskant und machten das Wirtschaftsleben von Florenz von anscheinend unwesentlichen Ereignissen, die sich in der Ferne abspielten, abhängig. Eine längere Reihe von politischen Investierungen und von Regierungsfehlern, zu denen zu allem Überfluß noch der Fall des Papstes Bonifaz VIII. und die Übersiedlung des Papsttums nach Avignon (1307) kamen, hatte in Italien zahlreiche Bankrotte, eine allgemeine Wirtschaftsdepression und eine Verschärfung des Klassenkampfes zur Folge.

Drei Stände spalteten das weltliche Leben von Florenz auf: das *popolo minuto*, das «kleine Volk» der Kleinhändler und Handwerker; das *popolo grasso*, das «fette Volk» der Arbeitgeber und Geschäftsleute; und die *grandi*, die Adligen. Die Handwerker der *arti minori*, der niedrigeren Zünfte, standen in der Politik weitgehend unter dem Einfluß der Meister, Kaufherren und Finanzleute, welche die *arti maggiori*, die höheren Zünfte, bildeten. Im Wettstreit um die Vorherrschaft in der Regierung schlossen sich die «kleinen» und die «fetten» Leute eine Zeitlang als die *popolani* gegen den Adel zusammen, der alte Feudalrechte über die Stadt beanspruchte und zuerst mit den Kaisern und dann mit den Päpsten gegen die Freiheiten der Stadtgemeinde vorging. Die *popolani* stellten eine Miliz auf, in welcher jeder kampftüchtige Stadtbewohner Dienst leisten und die Kriegskünste erlernen mußte; nach dieser Vorbereitung erstürmten und zerstörten sie die Burgen der Adligen auf dem Lande und zwangen alle Adligen, ihren Wohnsitz in der Stadt zu nehmen und das Stadtrecht anzuerkennen. Die Adligen, die immer noch reiche Renten aus ihrem Grundbesitz bezogen, erbauten sich Stadtschlösser, spalteten sich in Parteien auf, bekämpften einander auf der Straße und traten in einen Wettbewerb darum ein, welche Partei die begrenzte Demokratie von Florenz umstoßen und eine aristokratische Verfassung einführen dürfe. Im Jahre 1247 führte die Partei der Uberti einen Aufstand der Ghibellinen, die in Florenz eine Kaiser Friedrich II. günstig gesinnte Regierung bilden wollten, an; die *popolani* leisteten tapfer Widerstand, aber eine Abteilung deutscher Ritter schlug sie vernichtend, und die Florentiner Demokratie fand ihr Ende. Die führenden Guelfen flohen aus der Stadt; ihre Häuser wurden aus Rache für die ein Jahrhundert zuvor erfolgte Zerstörung der lehnsherrlichen Burgen niedergerissen; von da an wurde jeder Wechsel der siegreichen Partei im Kampfe der Klassen und Parteien mit der Verbannung der unterlegenen Führer und der Beschlagnahmung oder Zerstörung ihres Eigentums gefeiert[57]. Drei Jahre lang beherrschte der ghibellinische Adel mit Unterstützung einer deutschen Garnison die Stadt; dann brachte eine Guelfenrevolution, die nach Friedrichs Tod ausbrach, den Mittelstand und die Gemeinen an das Ruder (1250), wobei ein *capitano del popolo* ernannt wurde, der ein Gegengewicht gegen den Podestà bildete, so wie in antiker Zeit die Volkstribunen ein Gegengewicht gegen die Konsuln von Rom abgegeben hatten. Die verbannten Guelfen wurden zurückgerufen, und das triumphierende Bürgertum untermauerte seinen innerpolitischen Erfolg mit Kriegen gegen Pisa und Siena um die Beherrschung des florentinischen Handelsweges an das Meer und nach Rom. Die reicheren Kaufleute bildeten einen Neuadel und suchten die Staatsämter ihren eigenen Kreisen vorzubehalten.

Der Sieg Sienas und Manfreds bei Montaperto hatte eine abermalige Flucht der guelfischen Führer zur Folge, und sechs Jahre lang unterstand die Stadt der Herrschaft von Manfreds Beauftragten. Der Zusammenbruch der kaiserlichen Sache im Jahre 1268 brachte wieder die Guelfen an die Macht, nominell als Untertanen Karls von Anjou. Um den Podestà, der von Karl eingesetzt worden war, unter ihre Herrschaft zu bringen, bildeten sie eine Körperschaft von zwölf *anziani* (Älteren), die als «Ratgeber» dieses Beamten zu wirken hatten, und einen Hunderterrat, «ohne dessen Billigung keine wichtige Maßnahme getroffen und keine Ausgabe vorgenommen» werden durfte[58]. Unter Ausnutzung von Karls Inanspruchnahme durch die Sizilianische Vesper brachte das Bürgertum 1282 einen Verfassungswechsel zuwege, demzufolge sechs von den höheren Zünften gewählte *priori delle arti* («Zunftvorstände») die tatsächliche Regierungsgewalt in der Stadt erhielten. Während all dieser Verfassungswechsel blieb das Amt des Podestà bestehen, ohne daß es jedoch mit tatsächlicher Macht verbunden gewesen wäre; die Kaufleute und Finanzleute waren nun am Ruder.

Die besiegte Partei des alten Adels bildete sich unter der Führung des hübschen und hochmütigen Corso Donati neu und erhielt aus einem unbekannten Grunde den Namen *Neri*, «Schwarze»; der Neuadel der Bankiers und Kaufherren, der von der Familie der Cerchi geführt wurde, nahm den Namen *Bianchi*, «Weiße», an. Da sie von dem zusammengebrochenen Reiche keine Hilfe mehr zu erwarten hatten, wandten sich die Mitglieder des alten Adels an den Papst um Unterstützung gegen das triumphierende Bürgertum. Durch Vermittlung der Spini, seiner Florentiner Agenten in Rom, schmiedete Donati mit Bonifaz VIII. Pläne, wie er in Florenz an die Macht kommen könnte. Der toskanische Parteihader hatte auf den Kirchenstaat übergegriffen, und Bonifaz konnte nicht hoffen, die Ordnung wiederherstellen zu können, ehe er in den Stadtregierungen Tusziens einen entscheidenden Einfluß gewann[59]. Ein florentinischer Bevollmächtigter erfuhr von diesen Verhandlungen und beschuldigte die drei Spini-Agenten in Rom des Hochverrates gegen Florenz. Die *priori* verurteilten die drei Männer (April 1300), worauf der Papst die Ankläger mit dem Bann bedrohte. Eine Schar bewaffneter Adliger der Donatipartei fiel über gewisse Beamte der Zünfte her. Die *priori*, zu denen nun auch Dante zählte, verbannten trotz der päpstlichen Drohungen mehrere Adlige (Juni 1300). Bonifaz wandte sich an Karl von Valois, er möge nach Italien kommen, Florenz unterwerfen und Sizilien von Aragón zurückerobern.

Karl zog im November 1301 in Florenz ein und ließ ausrufen, er sei nur zur Aufrechterhaltung von Ordnung und Frieden gekommen. Bald darauf fiel jedoch Corso Donati mit einer bewaffneten Schar in die Stadt ein, plünderte die Häuser der *priori*, die ihn verbannt hatten, aus, öffnete die Gefängnisse und ließ nicht nur seine Freunde frei, sondern alle, die es wollten. Es kam zu einem fürchterlichen Tumult; Adlige und Verbrecher mordeten, raubten und plünderten einträchtig; Lagerhäuser wurden ausgeräumt; Erbinnen wurden gezwungen, plötzlich auftauchende Freier zu ehelichen, und die Väter wurden gezwungen, reiche Mitgiften auszuzahlen. Schließlich vertrieb Corso die *priori* und den Podestà aus der Stadt; die Schwarzen wählten neue *priori*, die alle Vorhaben zuerst den Führern der Schwarzen zur Begutachtung vorlegten; sieben Jahre lang war Corso der stürmische Diktator von Florenz. Die abgesetzten *priori* wurden vor Gericht gebracht, verurteilt und verbannt, unter ihnen auch Dante (1302); 359 Weiße wurden zum Tode verurteilt, die meisten durften jedoch in die Verbannung entweichen. Karl von Valois, Sohn König Philipps III. des Kühnen, nahm diese Ereignisse mit Würde hin, empfing 24 000 Gulden für seine Mühewaltung und zog gen Süden. Im Jahre 1304 steckten die Schwarzen, denen niemand Einhalt gebieten konnte, die Häuser ihrer Feinde in Brand; 1400 Häuser brannten nieder, und das Zentrum von Florenz lag in Schutt und Asche. Die Schwarzen zerfielen in neue Parteien, und in einer von unzähligen Gewalttaten fand Corso Donati durch einen Dolchstoß seinen Tod (1308).

Wir müssen uns erneut vor Augen halten, daß der Historiker wie der Journalist stets versucht ist, das Normale dem Dramatischen zu opfern, und nie ganz vermag, ein völlig richtiges Bild eines Zeitalters zu geben. Während dieser Kämpfe zwischen Päpsten und Kaisern, Guelfen und Ghibellinen, Schwarzen und Weißen erhielt Italien seine Nahrung von schwer arbeitenden Bauern; die italienischen Felder wurden wohl damals schon mit emsigem Fleiß und mit Kunst kultiviert und waren so eingeteilt und angelegt, daß auch das Auge seinen Genuß fand. Hügel, Klippen und Berge wurden behauen und terrassiert, um Weinstöcke, Obst-, Nuß- und Olivenbäume aufzunehmen, und Gärten wurden mühselig mit Mauern versehen, die ein Abschwemmen der Erde verhindern und das wertvolle Regenwasser vor dem Abfluß bewahren sollten. In den Städten waren die meisten Menschen mit unzähligen Gewerben beschäftigt, die ihnen nur wenig Zeit für den Kampf mit Worten, Stimmen, Messern und Degen ließen. Nicht alle Kaufleute und Bankiers waren gnadenlose Ungeheuer; auch sie sorgten dafür, und sei es auch nur durch ihre Erwerbssucht, daß die Städte wuchsen und voll Leben waren. Adlige wie Corso Donati, Guido Cavalcanti, Can Grande della Scala konnten kultivierte Leute sein, auch wenn sie dann und wann ihrer Meinung mit dem Schwerte Nachdruck verliehen. Frauen bewegten sich mit einer pulsierenden Freiheit in dieser hochgemuten Gesellschaft; die Liebe war für sie nicht eine wortreiche Vorspiegelung von Minnesängern, auch nicht die abstoßende Paarung schwitzender Bauern, und auch nicht der Dienst eines Ritters gegenüber einer knauserigen Göttin; sie war eine ritterliche und feurige Verliebtheit, die mit munterer Beschleunigung zu einer vollkörperlichen Hingabe und unvorbedachter Mutterschaft führte. In dieser Gärung gelang es hier und da geduldigen Lehrern, einer widerstrebenden Jugend einige Bildung beizubringen; Prostituierte besänftigten den Drang einbildungsreicher Männer; Dichter gossen ihre unerfüllten Wünsche in ersatzgewährende Verse; Künstler hungerten, derweil sie nach Vollkommenheit strebten; Priester spielten Politik und trösteten die Armen und Verwaisten; Philosophen rangen sich durch ein Labyrinth der Mythen zu der spiegelnden Fata Morgana der Wahrheit durch. Ein Auftrieb war in dieser Gesellschaft zu spüren, eine Erregung und ein Wetteifer, die den Menschen die Zunge und den Geist schärften, ihre Reserven und ungeahnten Kräfte zum Vorschein brachten und sie sogar durch die Selbstzerstörung dazu verlockten, der Renaissance den Weg zu ebnen. Mit vielen Schmerzen und mit Blutvergießen kündigte sich die große Wiedergeburt an.

FÜNFTES KAPITEL

Die römisch-katholische Kirche

[1095–1294]

I. DER VOLKSGLAUBE

In vielfacher Hinsicht verdient die Religion unter den Ausdrucksformen des Lebens das größte Interesse, denn sie ist die tiefgründigste weltanschauliche Meinungsäußerung des Menschen und sein einziger Schutz gegen den Tod. Nichts ist ergreifender an der mittelalterlichen Geschichte als die Allgegenwart, ja zeitweise die Allmacht der Religion. Für uns, die wir heute ein behagliches und wohlversorgtes Leben führen, ist es schwer, das Chaos und die Not, welche die mittelalterlichen Religionen formten, geistig nachzuerleben. Wir müssen aber dem Aberglauben, den Apokalypsen, dem Bilderkult und der Leichtgläubigkeit der mittelalterlichen Christen, Muselmanen und Juden das gleiche einfühlende Verständnis entgegenbringen wie ihrer Mühsal, ihren Sorgen und ihrer Armut. Die Tatsache, daß Tausende von Menschen «die Welt, das Fleisch und den Teufel» flohen und sich in Klöster zurückzogen, spricht nicht so sehr für ihre Feigheit als für die außerordentliche Ungeordnetheit, Unsicherheit und Gewalttätigkeit des mittelalterlichen Lebens. Es schien auf der Hand zu liegen, daß die wilden Triebe des Menschen nur durch ein vom Übernatürlichen sanktioniertes Sittengesetz zu bändigen waren. In dieser Zeit brauchte die Welt vor allem einen Glauben, welcher der Bedrängnis die Hoffnung entgegenzusetzen hatte, welcher den Schmerz um den Verlust einer geliebten Person durch seinen Trost mildern, die Kürze des Lebens durch Ewigkeitswerte ausgleichen und einem kosmischen Geschehensablauf Sinn und Bedeutung geben konnte, der sonst nur als eine sinnlose und unerträgliche Abfolge von Seelen, Gattungen und Sternen, die nacheinander einem unausweichlichen Nichts zutaumelten, gelten konnte.

Das Christentum suchte diesen Bedürfnissen mit einer gewaltigen und epischen Vorstellung zu begegnen, der Vorstellung von der Weltenschöpfung und vom Sündenfall, von der jungfräulichen Mutter und dem leidenden Gotte, von der unsterblichen Seele, die da bestimmt ist, im Jüngsten Gericht zu ewigwährenden Höllenqualen verurteilt oder durch eine Kirche, welche durch ihre Sakramente die durch den Opfertod des Erlösers erworbene göttliche Gnade vermittelt, zu ewigwährender Seligkeit erlöst zu werden. In dieser umfassenden Schau fanden die meisten Christen ihren Lebenssinn und -inhalt. Das größte Geschenk der mittelalterlichen Gläubigkeit war das erhebende Vertrauen, daß das Gute letzten Endes den Sieg davontragen und daß sich jeder anscheinende Sieg des Bösen schließlich im allumfassenden Triumph des Guten zum Edlen wenden werde.

Das Jüngste Gericht war Angelpunkt sowohl der christlichen als auch der jüdischen und muselmanischen Religion. Der Glaube an die Wiederkehr Christi, an den Weltuntergang als Vorspiel zum Jüngsten Gericht war trotz allen Enttäuschungen der Apostel, trotz der Ereignislosigkeit des Jahres 1000, trotz den Befürchtungen und Hoffnungen von vierzig Generationen immer noch lebendig; er war etwas verblaßt und hatte an Allgemeinheit eingebüßt, aber er war nicht untergegangen; Roger Bacon erklärte 1271, nach Ansicht der «Weisen» sei der Weltuntergang nahe[1]. Jede große Epidemie oder Katastrophe, jedes Erdbeben, jeder Komet und jedes andere außergewöhnliche Ereignis wurde als Anzeichen des Weltendes angesehen. Man war aber der Meinung, daß die Seelen und Leiber auch dann, wenn die Welt fortbestehen sollte, augenblicks wieder auferstehen würden, um vor ihren Richter zu treten*.

Die Menschen unterhielten eine unbestimmte Hoffnung auf das Himmelreich, aber eine sehr lebendige Furcht vor der Hölle. Im mittelalterlichen Christentum war viel Zartheit zu finden, wahrscheinlich mehr als in jeder anderen geschichtlichen Religion, aber die katholische und die frühprotestantische Kirche fühlte sich berufen, in ihrer Theologie und in ihren Predigten einen besonderen Nachdruck auf die Schrecken der Hölle zu legen**. Christus war in dieser Zeit nicht der «sanfte Jesus süß und mild», sondern der gestrenge Rächer jeder Todsünde. Fast alle Kirchen zeigten Darstellungen des richtenden Christus; in vielen Gotteshäusern waren Bilder vom Jüngsten Gericht zu finden, und in diesen Schilderungen waren die Qualen der Verdammten augenfälliger als die Seligkeit der Erlösten. Der heilige Methodios soll König Boris von Bulgarien zum Christentum bekehrt haben, indem er ein Höllenbildnis an die Wand des Königspalastes malte[4]. Viele Mystiker behaupteten, die Hölle in einer Vision gesehen zu haben, und gaben genaue Darstellungen ihrer geographischen Lage und ihrer Schrecken[5]. Der Mönch Tundale lieferte im zwölften Jahrhundert vorzügliche Schilderungen der Hölle bis in alle Einzelheiten. Nach seiner Darstellung war der Teufel in der Mitte der Hölle mit glühenden Ketten an einen brennenden Bratrost gefesselt; seine qualvollen Schreie nahmen kein Ende; mit seinen ungefesselten Händen packte er die Verdammten; seine Zähne zermalmten sie wie Trauben; sein flammender Atem zog sie in seinen feurigen Schlund hinab. Hilfsteufel tauchten die Leiber der Verdammten abwechselnd in Feuer und eisigkaltes Wasser oder hängten sie an der Zunge auf oder zersägten sie oder klopften sie auf einem Amboß flach oder preßten sie durch ein Filtertuch. Unter das Feuer war Schwefel gemischt, damit der üble Geruch die Gepeinigten mit einer weiteren Qual belaste; das Feuer strahlte jedoch kein Licht aus, so daß eine entsetzliche Finsternis die unergründliche Mannigfaltigkeit der Qualen verhüllte[6]. Die Kirche selbst gab keine offizielle Darstellung vom Orte und vom Aussehen der Hölle; sie war aber nicht gut zu sprechen auf Leute, die wie Origenes in die materielle Wirklichkeit der Höllenfeuer Zweifel setzten[7]. Der Zweck der Lehre wäre durch eine Milderung in Frage gestellt worden. Thomas von Aquin behauptet: «Das Feuer, das die Leiber der Verdammten peinigen wird, ist körperlich», und lokalisierte die Hölle «im tiefsten Teile der Erde»[8].

---

* Die frühchristliche Theorie, daß der Richtspruch erst am Tage des Jüngsten Gerichtes gefällt würde, war durch die Lehre verdrängt worden, daß jedermann unmittelbar nach seinem Tode gerichtet würde[2].

** Vgl. General William Booth (1829–1912) über die Methodik der Heilsarmeeprediger: «Nichts bewegt das Volk so sehr wie das Entsetzen. Man muß das Höllenfeuer vor ihm aufflammen lassen, sonst wird es sich nicht rühren[3].»

Der landläufigen mittelalterlichen Einbildungskraft und den Menschen von der Art eines Gregor des Großen bedeutete der Teufel nicht eine bloße Redewendung, sondern eine Wirklichkeit in Fleisch und Blut, ein Wesen, das überall herumschlich und Menschen in Versuchung führte und Übel aller Art erschuf; man konnte ihn gewöhnlich mit dem Kreuzeszeichen oder einem Spritzer Weihwassers von dannen schicken; er hinterließ aber einen gräßlichen Gestank brennenden Schwefels. Er war ein großer Bewunderer der Frauen, bediente sich ihres Lächelns und ihrer Reize, um seine Opfer anzulocken, und errang sich hin und wieder ihre Gunst – wenn man den Damen selbst glauben darf. Eine Frau in Toulouse gestand, daß sie wiederholt mit dem Satan geschlafen habe und mit fünfunddreißig Jahren mit seiner Hilfe einem Ungeheuer mit einem Wolfskopf und einem Schlangenschwanz das Leben geschenkt habe[9]. Dem Teufel standen gewaltige Scharen von Hilfsteufeln zur Verfügung, welche die Seele umlagerten und ständig darauf aus waren, sie zur Sünde zu verführen. Auch sie liebten es, als «Inkuben» bei unachtsamen oder einsamen oder heiligen Frauen zu schlafen[10]. Nach der Darstellung des Mönches Richalm erfüllten sie «die ganze Welt; die ganze Luft ist weiter nichts als ein Haufen dichtgedrängter Teufel, die uns ständig und überall auflauern ... es ist ein wahres Wunder, daß überhaupt noch jemand von uns am Leben ist; ließe Gott uns nicht seiner Gnade teilhaftig werden, so würde keiner von uns entrinnen»[11]. Fast alle Menschen, auch die Philosophen, glaubten an die Existenz unzähliger Dämonen; ein befreiender Sinn für Humor milderte diese Dämonologie, und die meisten gesunden Männer sahen in diesen kleinen Teufeln eher harmlose Übeltäter in der Art von Poltergeistern als wirkliche Objekte des Schreckens. Man glaubte, daß diese Dämonen hörbar, aber unsichtbar an der Unterhaltung der Menschen teilnahmen, Löcher in die Kleider schnitten und die Passanten mit Schmutz bewarfen. Ein müder Dämon saß einmal auf einem Salatkopf und wurde von einer Nonne, die ihn nicht bemerkte, verspeist[12].

Beunruhigender war die Lehre: «Viele sind berufen, aber wenige sind auserwählt» (Matth. XXII, 14). Strenggläubige Theologen – mohammedanische und christliche gleicherweise – waren der Ansicht, daß weitaus die meisten Menschen in die Hölle fahren müßten[13]. Die meisten christlichen Theologen nahmen die Jesus zugeschriebene Aussage «Wer da glaubet und getauft wird, der wird selig werden; wer aber nicht glaubet, der wird verdammt werden» (Mark. XVI, 16) wortwörtlich. Der heilige Augustin kam widerstrebend zu dem Schluß, daß Kinder, die vor der Taufe sterben, in die Hölle kämen[14]. Der heilige Anselm war der Ansicht, die Verdammung ungetaufter Kinder (die durch den Sündenfall von Adam und Eva mit der Erbsünde beladen seien) sei nicht unvernünftiger als der Umstand, daß Kinder von Sklaven selbst dem Sklavenstande angehörten – was durchaus der Vernunft entspreche[15]. Die Kirche milderte diese Doktrin mit der Lehre, daß ungetaufte Kinder nicht in die Hölle kämen, sondern in eine Vorhölle, den *Infernus puerorum* – in welcher ihre ganze Pein im Verlust des Paradieses bestehe[16]. Die meisten Christen glaubten, daß alle Muselmanen – und die meisten Muselmanen (mit Ausnahme von Mohammed), daß alle Christen in die Hölle fahren würden, und es galt allgemein für ausgemacht, daß alle «Heiden» verdammt seien[17]. Das Vierte Laterankonzil (1215) erklärte, kein Mensch könne außerhalb der katholischen Kirche der Erlösung teilhaftig werden[18]. Papst Gregor

IX. verdammte Raimundus Lullus' hoffnungsvollen Ausspruch, «Gott liebet sein Volk so sehr, daß fast alle die Seligkeit erlangen werden, denn wenn es mehr Verdammte denn Selige gäbe, dann wäre ja nicht viel Liebe in Christi Gnade», als Ketzerei[19]. Kein zweiter Geistlicher von einiger Bedeutung gestattete sich zu glauben – oder gar zu sagen –, daß die Zahl der Seligen größer sei als die der Verdammten[20]. Berthold von Regensburg, einer der berühmtesten und beliebtesten Prediger des dreizehnten Jahrhunderts, berechnete die Verhältniszahl der Verdammten zu den Seligen mit hunderttausend zu eins[21]. Thomas von Aquin war der Ansicht: «Auch darin äußert sich die Gnade Gottes zur Hauptsache, daß er einige wenige zu der Seligkeit erhebt, die sehr vielen versagt ist[22].» In den Vulkanen sah man Eingangstore zur Hölle; ihr Dröhnen galt als schwacher Widerhall des Jammerns der Verdammten[23]; Gregor der Große war der Ansicht, der Krater des Ätna nehme jeden Tag an Umfang zu, um die ungeheure Zahl der zur Verdammnis Verurteilten aufzunehmen[24]. Das übervölkerte Erdinnere halte die große Mehrheit aller je geborenen Menschenwesen in seinem feurigen Griff. Aus dieser Hölle gebe es in aller Ewigkeit kein Entrinnen, und sei es auch nur zu einer Ruhepause. Berthold erklärt: «Zählet die Sandkörner am Meeresstrand und die Haare, die seit Adams Erschaffung auf Menschen und Tieren gewachsen; setzet für jedes Korn und jedes Haar ein Jahr der Höllenqual ein, und doch wird dieser Zeitraum kaum den Anfang der Pein der Verdammten darstellen[25].» Der letzte Augenblick eines Menschenlebens war für die ganze Ewigkeit entscheidend, und die Furcht, daß dieser letzte Augenblick jemanden im Zustande der Sünde und ohne Absolution antreffen könnte, lastete schwer auf der Seele der Menschen.

Diese Schrecken wurden bis zu einem gewissen, sorgfältig bedachten Umfange durch die Lehre vom Fegefeuer gemildert. Gebete für die Verstorbenen standen seit den Anfangszeiten der Kirche in Gebrauch, und zur Rettung Verstorbener gelesene Messen lassen sich bereits im Jahre 250 nachweisen[26]. Augustin hatte sich mit der Möglichkeit beschäftigt, daß es einen Ort gäbe, an welchem die Seele eine läuternde Strafe für Sünden, die vergeben, aber vor dem Tode nicht völlig abgebüßt worden waren, durchmachen könnte. Gregor I. hatte diese Vorstellung gebilligt und den Gedanken ausgesprochen, die Qualen der Seele im Fegefeuer könnten durch Gebete der noch lebenden Freunde verkürzt und gemildert werden[27]. Diese Theorie setzte sich im Volksglauben erst dann durch, als Petrus Damiani ihr die Begeisterung seiner fieberhaften Beredsamkeit zuteil werden ließ. Im zwölften Jahrhundert gewann sie durch die Verbreitung einer Legende über Patrick an Boden, derzufolge der Heilige, welcher einige Zweifler überzeugen wollte, in Irland eine Höhle ausheben ließ, in welche mehrere Mönche hinabstiegen; nach dieser Legende sollen einige Mönche zurückgekehrt sein und das Fegefeuer und die Hölle mit erschreckender Lebendigkeit geschildert haben. Der irische Ritter Owen behauptete, er sei im Jahre 1153 durch diese Höhle in die Hölle hinabgestiegen, und seine Berichte von seinen unterirdischen Erlebnissen hatten einen gewaltigen Nachhall[28]. Reisende kamen von weit her, um diese Höhle zu sehen; es kam zur finanziellen Ausbeutung, und Papst Alexander ließ die Höhle im Jahre 1497 schließen, da es sich um einen Betrug handle[29].

Wie viele Angehörige der mittelalterlichen Christenheit bekannten sich wohl zu den Lehren des Christentums? Wir vernehmen von vielen Ketzern; diese hielten sich aber doch größtenteils an die wichtigsten Glaubenssätze der christlichen Religion. In Orléans geschah es im Jahre 1017, daß zwei Männer, «die in Abstammung und Bildung zu den Würdigsten zählten», die Schöpfungsgeschichte, die Dreieinigkeit, den Himmel und die Hölle als «reines Gefasel» abtaten[30]. Johann von Salisbury berichtet im dreizehnten Jahrhundert, er habe viele Leute «in anderer Weise, als der Glaube zulassen würde», sprechen hören[31]; im gleichen Jahrhundert gab es nach Villani in Florenz Epikureer, die Gottes und der Heiligen spotteten und «dem Fleische gemäß» lebten[32]. Giraldus Cambrensis (1146? bis 1220) erzählt von einem ungenannten Priester, der von einem anderen Priester getadelt wurde, weil er die Messe nachlässig zelebriert habe, und seinen Kritiker daraufhin fragte, ob er wirklich an die Transsubstantiation, die Menschwerdung, die jungfräuliche Geburt und die Auferstehung glaube, und hinzufügte, das alles sei doch schlauerweise von den Vorfahren erfunden worden, um die Menschen in Zucht und Schrecken zu halten, und werde nun noch von Heuchlern weitergeführt[33]. Derselbe Gerald von Wales berichtet, der Gelehrte Simon von Tournai (um 1201) habe eines Tages ausgerufen: «Allmächtiger Gott! Wie lange wird diese abergläubische Sekte der Christen und diese Protzenerfindung noch andauern![34]» Von dem gleichen Simon heißt es, er habe einmal in einer Vorlesung mit scharfsinnigen Deduktionen die Dreieinigkeit bewiesen und dann, durch den Beifall der Zuhörerschaft übermütig gemacht, geprahlt, er könne mit noch stichhaltigeren Argumenten den Gegenbeweis erbringen – worauf er, wie behauptet wird, augenblicks von Lähmung und Verblödung befallen wurde[35]. Um 1200 schreibt Prior Peter von Holy Trinity in Aldgate, London: «Es gibt Leute, die glauben, es gebe keinen Gott und die Welt sei vom Zufall beherrscht ... Viele gibt es, die glauben, es gebe weder gute noch böse Engel, weder ein Leben nach dem Tode noch irgend etwas Geistiges oder Unsichtbares[36].» Vinzenz von Beauvais (1200?–1264) klagt, viele Menschen täten die Visionen und Legenden der Heiligen als gemeine Fabeln oder lügnerische Erfindungen ab, und setzt hinzu: «Wir brauchen uns nicht zu wundern, daß diese Berichte bei Leuten, die nicht an die Hölle glauben, keinen Glauben finden[37].»

Die Höllendoktrin lastete gar manchem schwer auf der Seele. Arglose Seelen fragten sich: «Warum hat denn Gott den Teufel erschaffen, wenn er Satans Sündenfall und Sturz voraussah?[38]» Skeptiker vertraten die Ansicht, Gott könne nicht so grausam sein, eine endliche Sünde mit unendlicher Pein zu vergelten; worauf die Theologen entgegneten, eine Todsünde sei ein Vergehen gegen Gott und bedeute deswegen eine unendliche Schuld. Ein Weber von Toulouse ließ sich (1247) davon nicht überzeugen: «Wenn ich des Gottes habhaft würde, der von tausend Menschen, die er erschaffen hat, einem die Seligkeit gibt und alle anderen in die Verdammnis stürzt, dann würde ich ihn wie einen Verräter mit Zähnen und Nägeln bearbeiten und ihm ins Gesicht speien[39].» Andere Skeptiker sprachen die freundlichere Meinung aus, das Höllenfeuer müsse mit der Zeit Leib und Seele abstumpfen, so daß «jeder, der an die Hölle gewöhnt ist, sich dort gerade so wohl fühlt wie anderswo»[40]. Der alte Scherz, daß man in der Hölle in eine interessantere Gesellschaft kommen werde als im Himmel, findet sich bereits in dem altfranzösischen Idyll *Aucassin et Nicolette* (um 1230)[41]. Priester beschwerten sich, die meisten Menschen dächten erst auf dem Totenbett an die Hölle und vertrauten darauf, daß drei Worte *(ego te absolvo)* sie erlösen würden, so sündhaft ihr Leben auch gewesen sei[42].

Augenscheinlich gab es damals wie heute auch bäuerliche Atheisten. Aber bäuerliche Atheisten hinterlassen gewöhnlich keine Denkschriften; und die Literatur, die uns aus dem Mittelalter erhalten ist, wurde großenteils von Klerikern verfaßt oder doch durch geistliche Auswahl gesiebt. Wir werden auf «reisende Scholaren» stoßen, die ehrfurchtslose Gedichte verfaßten, auf rauhe Bürger, welche die allergotteslästerlichsten Eide schworen; auf Leute, die in der Kirche schliefen und schnarchten[43], ja sogar tanzten[44] und hurten[45]; und auf «mehr Ausschweifung, Unmäßigkeit, Mord und Räuberei am Sonntag» (wie ein Mönch berichtet) «als in der ganzen übrigen Woche»[46]. Solche Bemerkungen, die auf einen Mangel an echtem Glauben schließen lassen, ließen sich vervielfachen, indem man Zitate aus hundert Ländern und von tausend Jahren auf einer einzigen Buchseite aufhäufte; sie mögen dazu dienen, uns vor einer Überschätzung der mittelalterlichen Frömmigkeit zu bewahren; das Mittelalter erweckt bei dem Forscher aber doch den Eindruck einer alles durchdringenden Atmosphäre des religiösen Brauchtums und Glaubens. Jeder europäische Staat nahm das Christentum in seinen Schutz und erzwang die Unterwerfung unter die Kirche mit gesetzlichen Mitteln. Fast jeder König überschüttete die Kirche mit Geschenken. Fast jedes geschichtliche Ereignis erfuhr eine Auslegung nach religiösen Grundsätzen. Jeder Vorfall des Alten Testamentes wurde als Vorläufer eines neutestamentlichen Ereignisses gedeutet; *in vetere testamento novum latet, in novo vetus patet*, bemerkt Augustin; David, der Bethseba betrachtet, sei ein Symbol für Christus, der seine Kirche betrachte, während sie sich von der Befleckung durch die Welt reinige[47]. Alles Natürliche galt als Zeichen von Übernatürlichem. Jedem Teil der Kirche kam nach Guillaume Durand (1237?–1296), dem Bischof von Mende, eine religiöse Bedeutung zu: das Portal sei Christus, durch den wir in den Himmel einträten; die Säulen seien die Bischöfe und Doctores, welche die Kirche stützten; die Sakristei, in der der Priester die Meßgewänder anlege, sei der Schoß Mariä, in welchem Christus Menschengestalt angenommen habe[48]. Jedes Tier hatte bei dieser Denkweise eine theologische Bedeutung. «Wenn eine Löwin mit einem Jungen niederkommt», heißt es in einem typischen mittelalterlichen Bestiarium, «so bringt sie es tot auf die Welt und behütet es drei Tage lang, bis der Vater am dritten Tage kommt, sein Gesicht anhaucht und es zum Leben bringt. In gleicher Art erweckte der Allmächtige Vater seinen Sohn, unseren Herrn Jesus Christus, vom Tode[49].»

Das Volk hatte seine Freude an hunderttausend Legenden von übernatürlichen Ereignissen, Mächten und Heilungen und war größtenteils auch ihr Urheber. Ein englischer Knirps versuchte junge Tauben aus einem Nest zu stehlen; seine Hand blieb auf wunderbare Weise an dem Stein, auf den er sich stützte, haften und wurde erst durch das dreitägige gemeinsame Gebet der Gemeinde wieder frei[50]. Ein Kind bot dem in Stein gehauenen Christuskindlein aus einer Weihnachtskrippe Brot dar; das Kindlein nahm das Brot, dankte und lud das Kind zu sich ins Paradies; nach drei Tagen starb das Kind[51]. «Ein gewisser wollüstiger Priester umwarb ein Weib. Als er sie nicht für sich zu gewinnen vermochte, behielt er nach der Messe den allerreinsten Leib Christi im Munde, in der Hoffnung, er könne seine Lüste durch die Wunderkraft des Sakramentes erzwingen, wenn er die Frau damit küßte ... Wie er aber die Kirche verlassen wollte, war es ihm, als ob er wachse und so groß würde, daß er mit dem Kopf gegen die Decke stoße.» Er begrub die Hostie in einer Ecke der Kirche; später beichtete er einem anderen Priester; sie gruben die Hostie aus und sahen, daß sie sich in die blutbefleckte Gestalt eines gekreuzigten Mannes verwandelt hatte[52]. Eine Frau brachte die Hostie im Munde von der Kirche heim und legte sie dort in einen Bienenkorb, um die Sterblichkeit unter den Bienen zu vermindern; die Bienen bauten «ihrem allersüßesten Gaste aus ihren süßesten Waben eine winzige Kapelle wunderbarster Bauart»[53]. Papst Gregor I. füllte seine Werke mit Geschichten dieser Art. Möglicherweise nahm das Volk, oder wenigstens der gebildete Teil des Volkes, diese Erzählungen mit einem Körnchen Salz auf, oder als erbauliche Märchen, die nicht schlimmer sind als die wundersamen Geschichten, mit denen unsere Präsidenten und Politiker ihr überanstrengtes Gehirn entlasten; die Leichtgläubigkeit hat wohl eher das Objekt gewechselt als die Stärke. Viele dieser mittelalterlichen Legenden lassen eine rührende Gläubigkeit erkennen; beispielsweise heißt es, der Fluß Aniene habe sich wie das Rote Meer geteilt, um den vielgeliebten Papst Leo IX., der von seinen Reformen in Frankreich und Deutschland zurückkehrte, trockenen Fußes durchzulassen[54].

Die Macht des Christentums lag darin, daß es dem Volke Glauben und nicht Wissen, Kunst und nicht Wissenschaft, Schönheit und nicht Wahrheit bot. Den Menschen war das lieber. Sie vermuteten, daß niemand auf ihre Fragen eine Antwort wisse; sie hatten das Gefühl, es sei klug, die Entgegnungen, welche von der Kirche mit so beruhigender Sicherheit dargeboten wurden, gläubig hinzunehmen; sie würden ihr Vertrauen in die Kirche verloren haben, wenn diese ihre Fehlbarkeit zugegeben hätte. Vielleicht mißtrauten sie dem Wissen als der bitteren Frucht eines klugerweise verbotenen Baumes, als einer Fata Morgana, die den Menschen vom Garten Eden der Einfalt und von einem von Zweifeln unbelasteten Leben hinweglockte. Darum ergab sich der mittelalterliche Geist großenteils dem Glauben, setzte er sein Vertrauen auf Gott und die Kirche, so wie der heutige Mensch sein Vertrauen auf die Wissenschaft und den Staat setzt. «Ihr könnt nicht umkommen», sagte Philipp August seinen Schiffern bei einem mitternächtlichen Sturme, «denn in diesem Augenblick erheben sich Tausende von Mönchen von ihrem Lager und werden bald für uns beten.[55]» Die Menschen glaubten in der Hand einer größeren Macht zu sein, als das menschliche Wissen je hätte vermitteln können. Im Christentum und im Islam ergab sich der Mensch in Gottes Hand, und bei aller Gemeinheit, Gewalttätigkeit und Ausschweifung suchte er doch Gott und die Seligkeit. Es war ein gottberauschtes Zeitalter.

II. DIE SAKRAMENTE

Die größte Macht schöpfte die Kirche aus der Führung in Glaubensdingen, und daneben aus der Darreichung der Sakramente, das heißt aus den Kulthandlungen, welche die göttliche Gnadenspendung bewirken. Der heilige Augustin meint: «In keiner Religion lassen sich die Menschen zusammenhalten, wenn sie nicht durch sichtbare Symbole oder Sakramente in irgendeiner Weise zu einer Gemeinschaft zusammengeschlossen werden[56].» Das wort *sacramentum* wurde im vierten Jahrhundert auf fast alles angewendet, was irgendwie geheiligt war – die Taufe, das Kreuz, das Gebet; im fünften Jahrhundert gebraucht Augustin das Wort für die Osterfeier; im siebenten beschränkt Isidor es auf Taufe, Firmung und Abendmahl. Im zwölften Jahrhundert wurde die Zahl der Sakramente endgültig auf sieben festgelegt: Taufe, Firmung, Buße, Altarsakrament (Eucharistie), Ehe, Priesterweihe und Letzte Ölung. Religiöse Zeichen und Handlungen, welche göttliche Gnade vermitteln, wie Segnungen, Besprengen mit Weihwasser, das Kreuzeszeichen, wurden als «Sakramentalien» von den eigentlichen Sakramenten unterschieden.

Das wichtigste Sakrament war das der Taufe. Es hatte zwei Funktionen: den Flecken der Erbsünde auszutilgen und durch diese Neugeburt den einzelnen formell in die Gemeinschaft der Christen aufzunehmen. Bei dieser Zeremonie mußten die Eltern dem Kinde den Namen eines Heiligen geben, welcher ihm Schutzpatron und Vorbild sein sollte; das war der «Taufname». Bis zum neunten Jahrhundert kam die frühchristliche Taufweise durch völliges Eintauchen allmählich außer Gebrauch und wurde durch das Besprengen oder Benetzen ersetzt, das im nördlichen Klima der Gesundheit weniger abträglich war. Jeder Priester und im Notfalle jeder Christ konnte die Taufe vornehmen. Der alte Brauch, die Taufe auf spätere Lebensjahre zu verschieben, war der Taufe kurz nach der Geburt gewichen. In einigen Gemeinden, besonders in Italien, wurde für dieses Sakrament eine besondere Kapelle, das Baptisterium, erbaut.

In der Ostkirche werden die Sakramente der Firmung und Eucharistie unmittelbar nach der Taufe gespendet; in der Westkirche wurde die Firmung nach und nach in das siebente Lebensjahr verlegt, damit das Kind sich die wesentlichsten christlichen Glaubenssätze aneignen konnte. Sie wurde ausschließlich durch den Bischof gespendet, und zwar durch Handauflegen, ein Gebet, daß der Heilige Geist in den Firmling eingehen möge, und durch Salbung der Stirn mit Chrisma und einen leichten Schlag auf die Wange; auf diese Weise wurde der junge Christ wie beim Ritterschlag in seinem Glauben befestigt und damit in alle Rechte und Pflichten eines Christen aufgenommen.

Wichtiger war das Sakrament der Buße. Wenn die Kirche mit ihren Lehren ein Gefühl der Sünde einprägte, so bot sie doch die Mittel, die Seele immer wieder zu läutern, indem man einem Priester seine Sünden beichtete und die auferlegten Bußen verrichtete. Gemäß dem Evangelium (Matth. XVI, 19; XVIII, 18) hatte Christus Sünden vergeben und die Apostel mit einer gleichen Macht des «Bindens und Lösens» ausgestattet. Diese Macht war nach der kirchlichen Lehre von den Aposteln durch apostolische Erbfolge auf die ersten Bischöfe, von Petrus auf die Päpste übergegangen, und im zwölften Jahrhundert wurde die «Schlüsselgewalt» von Bischöfen auf die Priester übertragen. Das in frühchristlicher Zeit übliche öffentliche Schuldbekenntnis war im vierten Jahrhundert durch die Privatbeichte ersetzt worden, um Würdenträgern die Verlegenheit zu ersparen, aber die öffentliche Beichte hatte sich bei einigen häretischen Sekten erhalten, und eine öffentliche Buße konnte für so abscheuliche Verbrechen wie das Gemetzel von Saloniki oder den Mord an Thomas Becket angeordnet werden. Das Vierte Laterankonzil (1215) machte die alljährliche Beichte und Kommunion zur feierlichen Verpflichtung, deren Nichtbefolgung zum Ausschluß des Sündigen von den Gottesdiensten und dem christlichen Begräbnis führen sollte. Um den Reuigen zu ermuntern und zu beschützen, wurde jeder Privatbeichte ein «Siegel» auferlegt: keinem Priester war es gestattet, das zu enthüllen, was ihm in der Beichte zu Ohren gekommen war. Vom achten Jahrhundert an wurden «Poenitentiale» veröffentlicht, in welchen kanonische (von der Kirche anerkannte) Bußen – Gebete, Fasten, Pilgerfahrten, Almosen und andere Werke der Frömmigkeit oder Nächstenliebe – für jede Sünde beschrieben wurden.

«Diese wunderbare Einrichtung», wie Leibniz das Sakrament der Buße bezeichnet[57], hatte viele gute Auswirkungen. Sie befreite den Büßenden von heimlichen und neurotischen Gewissensgrübeleien; sie gestattete es dem Priester, mit Rat und Warnung die sittliche und leibliche Gesundheit seiner Herde zu verbessern; sie tröstete den Sünder mit der Hoffnung auf Besserung; sie diente, wie sogar der skeptische Voltaire bemerkte, als Hemmschuh gegen das Verbrechen[58]; «die Ohrenbeichte hätte dem Menschen nie sollen genommen werden», meint Goethe[59]. Es waren auch einige schlechte Auswirkungen zu verzeichnen. Manchmal wurde die Beichte zu politischen Zwecken ausgenutzt, etwa wenn der Priester den Menschen, welche auf der Seite des Kaisers gegen den Papst standen, die Absolution verweigerte[60]; gelegentlich wurde sie als Hilfsmittel der Inquisition eingesetzt, etwa wenn der hl. Carlo Borromeo (1538–1584), der Erzbischof von Mailand, seinen Priestern die Weisung erteilte, die Beichtenden nach den Namen von ihnen bekannten Ketzern oder verdächtigen Personen zu fragen[61]; und einige einfältige Seelen legten die Absolution fälschlicherweise als Freibrief für neue Sünden aus. Als der Glaubenseifer abkühlte, brachte die Strenge der kanonischen Bußen die Beichtenden in Versuchung, zu lügen, und die Priester erhielten die Genehmigung, leichtere Bußen aufzuerlegen, gewöhnlich irgendeinen wohltätigen Beitrag an eine von der Kirche gebilligte gute Sache. Aus diesen «Ablösungen» ging der Ablaß hervor.

Ein Ablaß war nicht eine Bewilligung, Sünden zu begehen, sondern die ganze oder teilweise von der Kirche erwirkte Befreiung von Strafen, die für irdische Sünden im Fegefeuer abzubüßen waren. Die Absolution nach der Beichte nahm der Sünde die Schuld, die dem Sündigen die Höllenstrafe eingetragen hätte, nicht aber die Notwendigkeit, die «zeitliche» Strafe für seine Sünde abzubüßen. Nur ganz wenige Christen brachten es fertig, im irdischen Leben ihre Sünden völlig wiedergutzumachen; die Sühne mußte im Fegefeuer erfolgen. Die Kirche beanspruchte für sich das Recht, jedem christlichen Büßer, der die ihm auferlegten frommen oder wohltätigen Werke ausführte, einen Bruchteil des reichen Gnadenschatzes, der ihr durch Christi Leiden und Opfertod und durch die Heiligen, bei denen die Verdienste die Sünden überwogen, zuteilgeworden war, zu übertragen. Bereits im neunten Jahrhundert waren Ablässe erteilt worden; im elften Jahrhundert erhielten Pilger, welche heilige Stätten aufsuchten, einen Ablaß; der erste vollkommene Ablaß wurde von Papst Urban im Jahre 1095 den Teilnehmern am Ersten Kreuzzug verheißen. Aus solchen Gepflogenheiten entstand der Brauch, für die Wiederholung gewisser Gebete, die Teilnahme an besonderen Gottesdiensten, den Bau von Brücken, Straßen, Kirchen oder Krankenhäusern, das Roden von Wäldern und die Trockenlegung von Sümpfen, Beitragsleistungen an einen Kreuzzug, eine kirchliche Institution, ein Kirchenjubiläum, einen christlichen Krieg ... einen Ablaß zu gewähren. Das Verfahren wurde für viele gute Zwecke eingesetzt, öffnete aber der menschlichen Habsucht Tür und Tor. Die Kirche erteilte an gewisse Kleriker, gewöhnlich Mönche, den Auftrag, als *quaestiarii* Geldmittel aufzubringen, indem sie als Gegenleistung für Geschenke, Reue und Gebet Ablässe boten. Diese «Ablaßkrämer» entwickelten einen Wetteifer, der manche Christen empörte; sie stellten echte oder falsche Reliquien zur Schau, um mehr Beiträge zu erhalten, und sie behielten einen rechtmäßigen oder unrechtmäßigen Teil des Geldes für sich. Die Kirche unternahm wiederholt Versuche, diesem Mißbrauch zu steuern. Das Vierte Laterankonzil befahl den Bischöfen, die Gläubigen vor falschen Reliquien und gefälschten Beglaubigungsschreiben zu warnen; es nahm den Äbten das Recht, Ablässe zu gewähren, und schränkte das gleiche Recht der Bischöfe ein, und es rief alle Kleriker auf, sich in ihrem Eifer für die neue Erfindung zu mäßigen. Im Jahre 1261 brandmarkte das Konzil von Mainz viele *quaestiarii* als abscheuliche Lügner, welche menschliche oder tierische Knochen als Heiligenreliquien ausgaben, sich darin übten, nach freiem Wunsch Tränen zu vergießen, und einen Kuhhandel mit dem Fegefeuer um möglichst viel Geld und möglichst wenig Gebete trieben[62]. Ähnliche Verdammungen wurden von den Kirchenkonzilen in Vienne (1311) und Ravenna (1317) ausgesprochen[63]. Die Mißstände hielten an.

Das wichtigste Sakrament nach der Taufe war die Eucharistie, die heilige Kommunion. Die Kirche nahm die Worte, die Christus beim letzten Abendmahl zugeschrieben werden, wörtlich: «das ist mein Leib» vom Brote, «das ist mein Blut» vom Weine. Das Wesentlichste an der Messe war die «Transsubstantiation» von Oblaten und eines Kelches Wein in den Leib und das Blut Christi durch die wundertätige Kraft des Priesters, und der ursprüngliche Zweck der Messe war, dem Gläubigen die Teilnahme an «Leib und Blut, Seele und Göttlichkeit» der zweiten Person des dreieinigen Gottes zu gewähren, indem er die geweihte Hostie aß und den geweihten Wein trank. Da beim Trinken des transsubstantiierten Weines die Gefahr bestand, daß das Blut Christi verschüttet wurde, kam im zwölften Jahrhundert der Brauch auf, bei der Kommunikation nur die Hostie zu nehmen, und als einige Konservative (deren Ansichten später von den böhmischen Hussiten wieder aufgenommen wurden) die Kommunion in beiderlei Gestalt forderten, um sicher zu gehen, daß sie sowohl das Blut als auch den Leib des Herrn empfingen, erklärten Theologen, das Blut Christi sei mit seinem Leibe im Brot und sein Leib mit dem Blute im Wein «konkomitant»[64]. Man erzählte sich tausend Wunder von der geweihten Hostie, wie sie Teufel austrieb, Krankheiten heilte, Feuer zum Erlöschen brachte und Meineide aufdeckte, indem Lügner an ihr erstickten[65]. Jeder Christ mußte mindestens einmal im Jahre kommunizieren, und die erste Kommunion des jungen Christen wurde Anlaß zu feierlichem Gepränge und fröhlichem Festen.

Die Lehre von der wirklichen Gegenwart Christi entwickelte sich langsam; die erste offizielle Formulierung fand sie im Konzil von Nikaia im Jahre 787. Im Jahre 855 lehrte ein französischer Benediktinermönch, Ratramnus, daß das geweihte Brot und der geweihte Wein nur geistig, nicht aber fleischlich Leib und Blut Christi seien. Um 1045 bezweifelte Berengar, der Erzdiakon von Tours, die Wirklichkeit der Transsubstantiation; er wurde mit dem Kirchenbann belegt; und Lanfranc, der Abt von Bec, verfaßte eine Entgegnung (1063), in welcher er die strenggläubige Lehre verfocht:

> Wir glauben, daß die irdische Substanz ... durch die unbeschreibliche, unbegreifliche ... Wirksamkeit einer himmlischen Macht in die Wesenheit des Leibes des Herrn verwandelt werde, während das Aussehen und gewisse andere Eigenschaften der gleichen Wirklichkeiten zurückbleiben, damit dem Menschen der schreckenerregende Anblick roher und blutiger Dinge erspart bleibe und die Gläubigen den volleren Lohn der Gläubigkeit erhielten. Und doch ist zur gleichen Zeit der Leib des Herrn im Himmel ... unbeschädigt, ganz, ohne Befleckung oder Verletzung.[66]

Die Lehre wurde durch das Laterankonzil von 1215 als wesentliches Kirchendogma erklärt, und das Konzil von Trient (1560) fügte noch hinzu, daß jedes Stückchen der geweihten Oblate, so klein es auch sein möge, Leib, Seele und Blut Jesu Christi vollständig enthalte. Solcherart ist eine der ältesten Zeremonien der primitiven Religiosität – das Essen des Gottes – in der heutigen europäischen und amerikanischen Kultur ein weitgeübter Brauch.

Dadurch, daß sie die Ehe zu einem Sakrament, einem heiligen Gelübde, machte, steigerte die Kirche die Würde und Dauerhaftigkeit des ehelichen Bandes erheblich. Im Sakrament der Priesterweihe übertrug der Bischof auf den Priester einen Teil der geistigen Macht, die von den Aposteln ererbt und diesen mutmaßlich von Gott selbst in der Person Jesu Christi mitgeteilt worden war. Und in dem letzten Sakrament – der Letzten Ölung – nahm der Priester dem sterbenden Christen die Beichte ab, erteilte ihm die Absolution, die ihn vor der Hölle errettete, und salbte seine Glieder, damit sie von der Sünde gereinigt und für die Wiederauferstehung vor dem Richter bereit seien. Seine Hinterbliebenen ließen ihm ein christliches Begräbnis an Stelle der heidnischen Verbrennung zuteil werden, denn die Kirche vertrat die Ansicht, daß auch der Leib vom Tode auferstehen werde. Sie hüllten ihn in das Leichentuch, legten ihm eine Münze in den Sarg wie das Fährgeld für Charon[67] und trugen ihn mit feierlichem und kostspieligem Zeremoniell zu Grabe. Man stellte wohl auch Klageweiber an, die weinten und wehklagten; die Verwandten legten auf ein Jahr schwarze Kleidung an, und niemand konnte an einer so lange gezeigten Trauer erkennen, daß ein reumütiges Herz und ein darreichender Priester dem Abgeschiedenen die Verheißung des Paradieses errungen hatten.

III. DAS GEBET

Bei jeder großen Religion ist das Ritual so notwendig wie das Glaubensbekenntnis. Es ist Unterweiser, Erhalter und oft auch Erzeuger des Glaubens; es bringt den Gläubigen in tröstliche Nähe seines Gottes; es bezaubert die Sinne und die Seele mit dramatischem Geschehen, mit Dichtung und Kunst; es verbindet Einzelwesen zu Kameradschaft und Gemeinschaft, indem es sie an den gleichen Riten, den gleichen Gesängen, den gleichen Gebeten, schließlich sogar den gleichen Gedanken teilnehmen läßt.

Die ältesten christlichen Gebete waren das *Pater noster* und das *Credo;* gegen Ende des zwölften Jahrhunderts begann das zarte und innige *Ave Maria* Gestalt anzunehmen; daneben gab es Litaneien des Preises und der Anrufung in dichterischer Form. Einige mittelalterliche Gebete kommen hart an den Rand der magischen Beschwörung, um Wunder zu erwirken; einige Gebete zeigten sich von einer zudringlichen Wiederholung, die sich über Christi Ächtung der «vielen Worte» bedenklich hinwegsetzte[68]. Mönche und Nonnen und später auch die Laien übernahmen immer mehr einen durch die Kreuzfahrer vom Orient eingeführten Brauch[69] und entwickelten allmählich den Rosenkranz. Wie der Rosenkranz durch die Dominikaner volkstümlich gemacht wurde, so machten die Franziskaner die *Via Crucis*, den Stationenweg, volkstümlich; auf diesem mußte der Gläubige vor jedem der vierzehn Bilder, die Stationen auf Christi Leidensweg darstellen, Gebete verrichten. Priester, Mönche, Nonnen und einige Laien sangen oder rezitierten die «kanonischen Stunden» – Gebete, Lesestücke, Psalmen und Hymnen, die von Benedikt und anderen verfaßt und von Alkuin und Gregor VII. in einem *Breviarium* zusammengefaßt worden waren. Jeden Tag und jede Nacht, in Abständen von etwa drei Stunden, stiegen diese Gebete von Millionen von Kapellen und Häusern wie zu einer Verschwörung zur Belagerung des Himmels auf. Sie müssen den Heimstätten in Hörweite liebliche Musik gewesen sein; *dulcis cantilena divini cultus*, sagt Ordericus Vitalis, *quae corda fidelium mitigat ac laetificat* – «Süß ist das Lied des göttlichen Kultes, das die Herzen der Gläubigen sanft macht und mit Freude erfüllt[70].»

Die formellen Gebete der Kirche waren oft an Gott Vater gerichtet; einige wenige wandten sich an den Heiligen Geist; aber die Gebete des Volkes richteten sich meistens an Jesus, Maria und die Heiligen. Der Allmächtige wurde gefürchtet; in der Vorstellung des Volkes hatte er immer noch viel von der Strenge Jahves; wie konnte ein einfacher Sünder es wagen, seine Gebete an einen so schrecklichen und fernen Thron zu richten? Jesus stand einem näher, aber auch er war Gott, und man durfte es kaum wagen, von Angesicht zu Angesicht mit ihm zu sprechen, nachdem man seine Seligpreisungen so gründlich mißachtet hatte. Es schien klüger zu sein, sein Gebet einem Heiligen vorzulegen, von dem man durch die Kanonisierung die Gewißheit hatte, daß er im Himmel war, und ihn um die Vermittlung mit Christus zu bitten. Der ganze poetische und volkstümliche Polytheismus der Antike erhob sich aus einer nie ganz toten Vergangenheit, erfüllte den christlichen Kult mit einer herzenswarmen Gemeinschaft der Geister, einer brüderlichen Nähe von Himmel und Erde, und erlöste den Glauben von seinen düstereren Elementen. Jede Nation, jede Stadt, jede Abtei, jede Kirche, jedes Handwerk, jede Seele, jede kritische Lebenszeit hatte ihren Schutzheiligen, wie sie im heidnischen Rom ihren Gott gehabt hatte. England hatte den heiligen Georg, Frankreich seinen Saint Denis. Der heilige Bartholomäus war der Schützer der Gerber, weil er lebendigen Leibes geschunden worden war; Johannes wurde von den Kerzengießern angerufen, weil er in einen Kessel voll siedenden Öls getaucht worden war; Christophorus war der Schutzheilige der Träger, weil er Christus auf seinen Schultern getragen hatte; Maria Magdalena empfing die Bittgesuche der Parfümeriehändler, weil sie des Erlösers Füße mit duftenden Ölen benetzt hatte. Für jeden Notstand und jedes Übel hatte man einen Freund im Himmel. Sebastian und Rochus waren mächtige Helfer in Zeiten der Pestilenz. Apollonia, deren Kiefer vom Scharfrichter gebrochen worden war, heilte Zahnschmerzen; Blasius kurierte Halsweh. Cornelius schützte die Ochsen, Gallus die Hühner, Antonius die Schweine. Medardus war der Heilige, der in Frankreich am meisten um Regen angegangen wurde; wenn er es unterließ, den Regen strömen zu lassen, so warfen seine ungeduldigen Verehrer hin und wieder seine Statue ins Wasser, möglicherweise als Ahmungszauber[71].

Die Kirche richtete einen kirchlichen Kalender ein, in welchem jeder Tag einen Heiligen feierte; das Jahr reichte jedoch für die 25 000 Heiligen, die bis zum zehnten Jahrhundert kanonisiert worden waren, nicht aus. Der Heiligenkalender war dem Volke so vertraut, daß der Almanach das bäuerliche Jahr nach seinen Namen aufteilte. In Frankreich war das St. Georgs-Fest der Tag der Aussaat. In England bezeichnete der Valentinstag das Ende des Winters; an diesem Tage (so hieß es) kopulierten die Vögel eifrig in den Wäldern, und Jünglinge legten auf dem Fensterbrett des Mädchens, das sie liebten, Blumen nieder. Viele Heilige waren durch die innige Verehrung, die sie beim Volke oder an ihrem Wohnort genossen, oft gegen kirchlichen Widerstand, zur Heiligsprechung gekommen. Heiligenbilder wurden in Kirchen und auf öffentlichen Plätzen, an Gebäuden und Straßen aufgestellt und erhielten eine spontane Verehrung, über die sich einige Philosophen und Bilderstürmer entsetzten. Bischof Claudius von Turin beschwerte sich, daß so viele Leute Heiligenbilder verehrten: «Sie haben den Götzendienst nicht aufgegeben, sie haben nur die Namen geändert[72].» Zumindest hierin schuf der Wille und das Bedürfnis des Volkes die Kultform.

Bei einer so großen Anzahl von Heiligen mußte es auch viele Reliquien geben – ihr Gebein, ihre Haare, ihre Kleider, irgendeinen Gegenstand, den sie gebraucht hatten. Jeder Altar mußte mindestens ein solches Erinnerungsstück aufweisen können. Die Petersbasilika war stolz auf den Besitz der Gebeine von Petrus und Paulus, die Rom zum Hauptziel der europäischen Wallfahrt machten. Eine Kirche in St-Omer behauptete, Teile des Wahren Kreuzes, der Lanze, die in Christi Fleisch eingedrungen war, seiner Krippe und seines Grabmahles, des Mannas, das vom Himmel gefallen war, von Aarons Stab, vom Altar, an dem Petrus die Messe gelesen hatte, des Haares, der Kapuze, des härenen Hemdes und der von der Tonsur abrasierten Härchen des Thomas Becket und der Originalsteintafeln, auf denen die Zehn Gebote von Gottes eigener Hand niedergeschrieben worden waren, zu besitzen[73]. Die Kathedrale von Amiens barg das Haupt Johannes' des Täufers in einem silbernen Kelch[74]. Die Abtei von St-Denis beherbergte die Dornenkrone und die Gebeine des Dionysios Areopagites. Drei verschiedene Kirchen in Frankreich gaben an, den vollständigen Leichnam der Maria Magdalena zu beherbergen[75], und fünf französische Kirchen verbürgten sich, die einzige authentische Reliquie von Christi Beschneidung zu besitzen[76]. Die Kathedrale von Exeter zeigte Teile der Kerze, welche der Engel des Herrn benutzt hatte, um Jesu Grab zu beleuchten, und Stücke des Busches, aus dem Gott zu Moses sprach[77]. Die Westminster Abbey nannte Blut Christi und ein Marmorstück mit seinem Fußabdruck ihr eigen[78]. Ein Kloster in Durham stellte ein Gelenk des heiligen Laurentius, die Kohlen, auf denen er gebrannt hatte, die Platte, auf welcher dem Herodes das Haupt des Täufers dargebracht worden war, das Hemd der Jungfrau und ein mit Milchtropfen von ihr besprengtes Felsstück zur Schau[79]. Die Kirchen von Konstantinopel waren vor 1204 besonders reich mit Reliquien gesegnet; sie besaßen die Lanze, die Christus verletzt hatte und noch von seinem Blut gerötet war, die Geißel, mit der er geschlagen worden war, viele in Gold eingefaßte Splitter des Wahren Kreuzes, den Brotbissen, der am letzten Abendmahl Judas dargereicht worden war, einige Haare vom Barte des Herrn, den linken Arm Johannes' des Täufers ...[80]. Bei der Plünderung von Konstantinopel wurden viele Reliquien gestohlen, andere gekauft und dann im Westen an die meistbietenden Kirchen verhökert. Allen Reliquien wurden übernatürliche Kräfte zugeschrieben, und hunderttausend Legenden über ihre Wundertaten gingen um. Jedermann war eifrig bestrebt, auch nur den kleinsten Bruchteil einer Reliquie oder der Reliquie einer Reliquie als Talisman zu tragen – einen Faden vom Gewande eines Heiligen, etwas Staub von einem Reliquienschrein, einen Öltropfen von einer Lampe im Schreine. Klöster wetteiferten und stritten miteinander um den Erwerb von Reliquien, um sie vor freigebigen Verehrern zur Schau zu stellen, denn der Besitz einer berühmten Reliquie machte den Reichtum einer Abtei oder einer Kirche aus. Der «Umzug» der Gebeine des Thomas Becket in eine neue Kapelle der Kathedrale von Canterbury (1220) entlockte den anwesenden Gläubigen bei einer Kollekte dreihunderttausend Dollar in heutigem Geldeswert[81]. Ein so einträgliches Geschäft rief viele Leute auf den Plan, die sich die günstige Gelegenheit zunutze machten; gefälschte Reliquien wurden zu Tausenden an Kirchen und Einzelpersonen verkauft, und Klöster kamen in Versuchung, neue Reliquien zu «entdecken», wenn sie in Geldnot waren. Der Gipfel des Mißbrauches war die Zerstückelung verstorbener Heiliger, damit mehrere Stellen in den Genuß ihres Schutzes und ihrer Macht kommen konnten[82].

Es gereicht der Weltgeistlichkeit und den meisten Klöstern zur Ehre, daß sie zwar die wundertätige Wirkkraft der echten Heiligenreliquien voll anerkannten, dagegen den Auswüchsen dieses im Volke verbreiteten Fetischismus entgegentraten, oft mit harten Worten. Es gab Mönche, die für ihre religiösen Übungen die Einsamkeit suchten und sich über die Wundertaten ihrer Reliquien ärgerten; der Abt von Grammont bat die Überreste des heiligen Stephan, mit Wundern aufzuhören, da sie einen Andrang lärmiger Volksmengen zur Folge hatten; «sonst werfen wir deine Gebeine in den Fluß!» drohte er[83]. Es war das Volk, nicht die Kirche, welche in der Erzeugung oder Verbreitung der Legenden von wundertätigen Reliquien die Führung hatte, und die Kirche gebot mehrfach dem Volke, diesen Erzählungen keinen Glauben zu schenken[84]. Im Jahre 386 wurde durch ein kaiserliches Dekret, das vermutlich von der Kirche gefordert worden war, das «Herumtragen und der Verkauf» von Überresten von «Märtyrern» verboten; der heilige Augustin beschwerte sich über die «Heuchler im Mönchsgewande», die «mit den Gliedern von Märtyrern, wenn es überhaupt Märtyrer sind, Handel treiben»; und Justinian erneuerte die Verfügung des Jahres 386[85]. Um 1119 schrieb Abt Guibert von Nogent eine Abhandlung «Über die Heiligenreliquien», in der er dem Wahnsinn Einhalt gebot. Viele Reliquien, heißt es da, stammten von «Heiligen, die in wertlosen Aufzeichnungen gefeiert werden»; es gebe Äbte, die, «von der Zahl der eingehenden Geschenke verlockt, die betrügerische Darstellung falscher Wundertaten» zuließen. «Alte Weiber und Herden gemeiner Dirnen singen die lügnerischen Legenden von Schutzheiligen an ihren Webstühlen, und wenn ein Mann ihre Worte widerlegt, so greifen sie ihn ... mit ihren Kunkeln an.» Die Geistlichen hätten selten den Mut, dagegen einzuschreiten; und er gesteht, daß er selbst den Mund gehalten habe, als Reliquienkrämer eifrigen Gläubigen ein Stück vom «wahrhaftigen Brot, das unser Herr mit seinen eigenen Zähnen biß», anboten; denn «ich würde zu Recht als

Verrückter verurteilt werden, wenn ich mich mit Verrückten streiten wollte»[86]. Er bemerkt, daß mehrere Kirchen das vollständige Haupt Johannes' des Täufers besäßen, und staunt über die Hydraköpfe dieses unenthauptbaren Heiligen[87]. Papst Alexander III. (1179) untersagte den Klöstern, ihre Reliquien herumzuzeigen, um Beiträge einzuheimsen; das Laterankonzil des Jahres 1215 verbot die Zurschaustellung von Reliquien außerhalb ihrer Schreine[88]; und das Zweite Konzil von Lyon (1274) verurteilte die «Erniedrigung» von Reliquien und Heiligenbildern[89].

Im allgemeinen war es nicht so, daß die Kirche den Aberglauben förderte, sie erbte ihn vielmehr von der Einbildungskraft des Volkes oder von den Überlieferungen des Mittelmeerbereiches. Der Glaube an wundertätige Gegenstände, Talismane, Amulette und Sprüche war dem Islam so teuer wie dem Christentum, und beide Religionen hatten diesen Glauben vom heidnischen Altertum übernommen. Antike Formen des Phalluskultes erhielten sich bis weit ins Mittelalter, wurden aber von der Kirche nach und nach unterdrückt[90]. Der Kult Gottes als Herr der Heerscharen und König der Könige übernahm von den Semiten und Römern die Art der Annäherung, Verehrung und Ansprache; der Weihrauch, der vor dem Altar oder der Geistlichkeit abgebrannt wurde, erinnert an die alten Brandopfer; die Besprengung mit Weihwasser war eine antike Form des Exorzismus; Prozessionen und Lustrationen setzten uralte Riten fort; die Gewandung der Priesterschaft und der päpstliche Titel eines *Pontifex maximus* waren Vermächtnisse des heidnischen Roms. Die Kirche mußte feststellen, daß bekehrte Bauern immer noch gewisse Quellen, Brunnen, Bäume und Steine verehrten; sie hielt es für klüger, diese Gegenstände für den christlichen Gebrauch zu segnen, als einen zu brüsken Bruch von Gefühlsbindungen herbeizuführen. Ein Dolmen in Plouaret wurde beispielsweise als Kapelle der Sieben Heiligen geweiht, und die kultische Verehrung der Eiche wurde umgebogen, indem christliche Heiligenbilder an Bäumen aufgehängt wurden[91]. Feste, die dem Volk teuer waren oder als kathartische Moratorien für die Moral gelten konnten, kamen als christliche Festtage neu auf, und heidnische Vegetationsriten wurden in die christliche Liturgie eingebaut. Das Volk zündete wie eh und je am Johannistage die Sonnwendfeuer an, und die Feier von Christi Auferstehung nahm den heidnischen Namen der altgermanischen Frühlingsgöttin Ostara an. Der christliche Heiligenkalender ersetzte die römischen *fasti;* antike Gottheiten, die dem Volke lieb und teuer waren, durften unter dem Namen christlicher Heiliger Wiederauferstehung feiern; die Dea Victoria der Basses-Alpes wurde als Sainte Victoire, und Castor und Pollux wurden als die heiligen Kosmas und Damian wiedergeboren. .

Der schönste Triumph dieses Geistes toleranter Anpassung war die Sublimierung des heidnischen Kultes der Muttergöttin im Marienkult. Auch hier ging die Initiative vom Volke aus. Im Jahre 431 wandte Erzbischof Kyrillos von Alexandrien in einer berühmten Predigt in Ephesos viele Bezeichnungen auf Maria an, welche die ephesischen Heiden zur liebevollen Beschreibung ihrer großen Göttin Artemis/Diana gebrauchten, und das Konzil von Ephesos des gleichen Jahres sanktionierte entgegen den Einwänden des Nestor die Bezeichnung «Mutter Gottes» für Maria. Allmählich kamen die zartesten Wesenszüge von Astarte, Kybele, Artemis, Diana und Isis im Marienkult zusammen. Im sechsten Jahrhundert führte die Kirche das Fest der Himmelfahrt Mariä ein und legte es auf den 13. August, das Datum der antiken Isis- und Artemisfeiern[92]. Maria wurde die Schutzheilige von Konstantinopel und der kaiserlichen Familie; ihr Bildnis wurde an der Spitze jeder großen Prozession getragen und hing (und hängt heute noch) in jeder Kirche und jedem Hause der griechischen Christenheit. Wahrscheinlich kam ein innigerer und farbigerer Marienkult durch die Kreuzzüge vom Osten nach dem Westen[93].

Die Kirche selbst begünstigte die Marienverehrung nicht. Die Kirchenväter hatten Maria als Gegengewicht gegen Eva empfohlen, aber ihre allgemeine Abneigung und Feindseligkeit gegen die Frau als das «schwächere Gefäß» und die Quelle der meisten Versuchungen zur Sündhaftigkeit, die ängstliche Scheu der Mönche vor den Frauen, die Tiraden der Prediger gegen die Reize und Schwächen des weiblichen Geschlechtes – das konnte kaum zu einer tiefen und allgemeinen Marienverehrung führen. Es war das Volk, welches die schönste Blüte des mittelalterlichen Geistes schuf und Maria zur meistgeliebten Gestalt der Geschichte machte. Die Menschen eines sich wieder erholenden Europas konnten sich mit dem Bilde eines strengen Gottes, welcher die Mehrzahl seiner Geschöpfe in die Hölle fahren läßt, nicht mehr abfinden, und ganz von sich aus milderten sie die Schrekken der Theologen durch das Mitleid der Mutter Christi ab. Sie näherten sich nun Christus – der immer noch zu erhaben und gerecht war – durch die Vermittlung der Jungfrau, die niemanden abwies und deren Fürbitte sich der Sohn nicht entziehen konnte. Caesarius von Heisterbach berichtet einmal (1230), ein Jüngling habe sich gegen das Versprechen großen Reichtums vom Satan bewegen lassen, Christus zu verleugnen, zur Leugnung Mariä habe er sich aber nicht verleiten lassen; als er bereute, erwirkte die Jungfrau bei Christus die Vergebung für ihn. Der gleiche Mönch erzählt von einem Zisterzienser-Laienbruder, der folgendermaßen zu Christus betete: «Herr, wenn du diese Versuchung nicht von mir nimmst, dann werde ich mich bei deiner Mutter über dich beschweren[94].» Es gingen so viele Gebete an Maria, daß die Einbildungskraft des Volkes sich ausmalte, Jesus sei eifersüchtig; einem Manne, der den Himmel mit seinen Ave Marias überschwemmte, erschien er einmal (wie eine hübsche Legende berichtet) und sagte mit freundlichem Tadel: «Meine Mutter läßt dir für deine vielen Grüße danken, du solltest aber nicht vergessen, auch mich zu grüßen[95].» Gerade so, wie Jahves Strenge Christus notwendig gemacht hatte, bedurfte nun Jesu Gerechtigkeit zur Milderung der Gnade Mariä. In Tat und Wahrheit wurde die Gottesmutter – die älteste Kultgestalt – nun das, als was Mohammed sie fälschlicherweise aufgefaßt hatte, nämlich die dritte Person einer neuen Dreieinigkeit. Jedermann schloß sich der Verehrung und dem Preise Mariä an; Rebellen wie Abälard beugten sich vor ihr; Satiriker wie Rustebuef, lärmende Skeptiker wie die fahrenden Scholaren wagten es nie, ein einziges unehrerbietiges Wort über sie zu äußern; Ritter weihten sich ihrem Dienste, und Städte übergaben ihr die Schlüssel ihrer Tore; das aufstrebende Bürgertum sah in ihr das heiligende Symbol der Mutterschaft und der Familie; die rauhen Zunftmänner – selbst die gotteslästerlichen Helden der Kasernen und Schlachtfelder – wetteiferten mit Bauernmägden und mit Müttern, die ihr Liebstes verloren, der Jungfrau ihre Gebete und Gaben zu Füßen zu legen[96]. Die leidenschaftlichste Literatur des Mittelalters war die Litanei, die in wachsender Glut ihren Ruhm besang und ihre Hilfe anflehte. Überall, selbst an Straßenecken, Kreuzwegen und in den Feldern entstanden Marienbilder. Und schließlich taten sich im zwölften und dreizehnten Jahrhundert arm und reich, klein und groß, Geistlichkeit und Laienschaft, Künstler und Handwerker zusammen, um in der edelsten Geburt religiösen Empfindens ihre Ersparnisse und Fertigkeiten zu Marias Ehre im Bau unzähliger Kathedralen einzusetzen, die fast alle ihrem Namen geweiht waren oder aber als Hauptprunkstück eine als ihr Heiligtum abgesonderte Marienkapelle besaßen.

Eine neue Religion bildete sich aus, und vielleicht hatte der Katholizismus Bestand, weil er sie in sich aufnahm. Ein Marienevangelium entstand, unkanonisch, unglaubhaft und unbeschreiblich lieblich. Das Volk ersann die Legenden, und die Mönche schrieben sie nieder. Die *Goldene Legende* berichtet beispielsweise, wie der einzige Sohn einer Witwe dem Rufe des Vaterlandes folgte und in Gefangenschaft geriet, worauf die Witwe jeden Tag zur Jungfrau betete, sie möge ihr ihren Sohn auslösen und zurückerstatten; als viele Wochen vergingen und nichts geschah, stahl die Witwe das gemeißelte Christuskind aus den Armen der Jungfrau und verbarg es in ihrem Hause; daraufhin öffnete die Jungfrau das Gefängnis, setzte den Jüngling frei und sagte ihm: «Sage deiner Mutter, mein Kind, sie soll mir nun meinen Sohn zurückgeben, da ich ihr den ihren zurückgeschickt habe[97].» Um 1230 sammelte ein französischer Prior, Gautier de Coincy, die Marienlegenden und legte sie in einer gewaltigen Dichtung von dreißigtausend Verszeilen nieder. Wir finden darin die Jungfrau, wie sie einen kranken Mönch heilt, indem sie ihn Milch aus ihrer *douce mamelle* saugen läßt; einen Räuber, der stets zu ihr betete, ehe er einen Diebstahl beging, der, verhaftet und gehängt, so lange von ihren unsichtbaren Händen in der Luft getragen und gestützt wurde, bis man erkannte, daß sie ihn schützte, und ihn laufen ließ; und eine Nonne, die aus dem Kloster lief, um ein Sündenleben zu führen, nach Jahren als gebrochene Büßerin zurückkehrte und gewahr wurde, daß die Jungfrau, zu der sie alle Tage gebetet hatte, in der Zwischenzeit ihre Sakristanstelle eingenommen hatte, so daß niemand ihre Abwesenheit bemerkt hatte[98]. Die Kirche konnte solchen Erzählungen ihre Zustimmung nicht erteilen, aber sie stempelte die Ereignisse von Marias Leben zu großen Festen – die Verkündigung, die Heimsuchung, die Reinigung (Lichtmeß), die Himmelfahrt; und schließlich gab sie dem Ansuchen von Laien und Franziskanern vieler Generationen nach und gestattete – und befahl im Jahre 1854 – den Gläubigen, an die Unbefleckte Empfängnis zu glauben, also daran, daß Maria ohne die Befleckung durch die Erbsünde empfangen hatte, die nach der christlichen Theologie jedes Kind belastete, das seit Adam und Eva von Mann und Frau gezeugt worden war.

Der Marienkult bewirkte, daß der Katholizismus aus einer Religion des Schreckens – die vielleicht im finsteren Mittelalter notwendig gewesen war – zu einer Religion der Gnade und Liebe wurde. Ein guter Teil der Schönheit des katholischen Kultes, der Pracht der katholischen Kunst und des katholischen Kirchengesanges ist diesem ritterlichen Glauben an die Hingabefähigkeit und Sanftheit, ja selbst der körperlichen Schönheit und Anmut der Frau zu verdanken. Die Evatöchter fanden Eingang in den Tempel und wandelten seinen Geist um. Teilweise infolge dieses neuen Katholizismus wurde das Lehnswesen zum Ritterwesen verfeinert und hob sich die Stellung der Frau in einer von Männern gemachten Welt um ein weniges; ihm ist es zu verdanken, daß die Plastik und Malerei der Renaissance der Kunst eine Tiefe und Gefühlsverfeinerung vermittelte, welche den Griechen selten gegeben war. Einer Religion und einem Zeitalter, die Maria und ihre Kathedralen schufen, kann man vieles nachsehen.

IV. DAS RITUAL

In Kunst, Hymnengesang und Liturgie räumte die Kirche der Marienverehrung klugerweise einen Platz ein; aber in den älteren Elementen der Religionsausübung und des Rituals behielt sie die strengeren und feierlicheren Seiten der Religion unverrückbar bei. Altüberlieferten Kultbräuchen folgend und vielleicht auch aus Gründen der Gesundheitspflege schrieb sie periodische Fasten vor: an jedem Freitag sollte man sich des Fleisches enthalten; während der ganzen vierzig Tage der Fastenzeit durfte man kein Fleisch, keine Eier und keinen Käse essen, und vor der Non (drei Uhr nachmittags) sollte man überhaupt keine Speise zu sich nehmen; außerdem durfte es in dieser Zeit keine Hochzeiten, keine Vergnügungen, keine Jagd, keine Prozeßverhandlungen und keinen Geschlechtsverkehr geben[99]. Das waren Empfehlungen zur Vollkommenheit, die selten in ihrer Gesamtheit beachtet oder verlangt wurden, aber doch dazu beitrugen, die Willenskraft zu festigen und die übermäßigen Begierden einer alles verschlingenden und fleischlich gesinnten Gesellschaft zu zähmen.

Die Liturgie der Kirche war ebenfalls ein Vermächtnis früherer Zeiten, in die erhabenen und herzbewegenden Formen der religiösen Dramatik, Musik und Kunst umgegossen. Die Psalmen des Alten Testamentes, die Gebete und Homilien des Tempels zu Jerusalem, Lesungen aus dem Neuen Testament und die Spendung der Eucharistie bildeten die frühesten Elemente des christlichen Gottesdienstes. Die Aufspaltung der Kirche in eine Ost- und eine Westkirche führte zur Ausbildung verschiedenartiger Riten, und die Unfähigkeit der ersten Päpste, ihre Autorität über Mittelitalien hinaus durchzusetzen, bedingte eine Verschiedenartigkeit der Riten selbst innerhalb der lateinischen Kirche. Ein in Mailand festgelegtes Ritual setzte sich in Spanien, Gallien, Irland und Nordbritannien durch und wich erst 664 der römischen Form. Papst Hadrian I., der wahrscheinlich von Gregor I. begonnene Bemühungen zu Ende führte, reformierte die Liturgie in einem «Sakramentar», das gegen Ende des achten Jahrhunderts an Karl den Großen gesandt wurde. Guillaume Durand schrieb das beste mittelalterliche Werk über die römisch-katholische Liturgie, das *Rationale divinorum officiorum*, eine *Vernunftgemäße Gottesdienstordnung* (1286); auf seine große Verbreitung können wir aus der Tatsache schließen, daß es das erste Buch war, welches nach der Bibel gedruckt wurde.

Mittelpunkt und Gipfelpunkt des christlichen Kultes war die Messe. In den ersten vier Jahrhunderten wurde diese Zeremonie mit «Eucharistie» («Danksagung») bezeichnet, und die sakramentale Gedächtnisfeier an das letzte Abendmahl blieb das Kernstück des Gottesdienstes. Im Laufe von zwölf Jahrhunderten trat eine vielfältige Folge von Gebeten und Hymnen dazu, die je nach dem Tag und der Jahreszeit und dem Zwecke der einzelnen Messe ein verschiedenes Gepräge hatten und für den Priester in einem Missale, einem Meßbuch, niedergelegt wurden. Bei dem griechischen und manchmal auch dem lateinischen Ritual wurden die beiden Geschlechter der Gemeinde getrennt. Es gab keine Bänke oder Stühle; jedermann stand, und in den feierlichsten Augenblicken kniete man nieder. Ausnahmen wurden nur bei alten Leuten gemacht, und für Mönche und Domherren, die während eines langen Dienstes stehen mußten, wurden als Stütze für den Unterteil des Rückgrates kleine Simse in das Chorgestühl eingebaut; diese *misericordiae* («Erbarmen») wurden zu einem beliebten Betätigungsfeld für das Geschick der Holzschnitzer. Der die Messe lesende Priester trat im Meßgewand mit Albe, Humerale, Stola und Manipel – bunten Gewandstücken mit symbolischem Zierat – ein; die augenfälligsten Symbole waren gewöhnlich die Buchstaben IHS – für *Iesus Hyios Soter*, «Jesus, Sohn [Gottes], Erlöser». Die Messe selbst begann am Fuße des Altars mit dem demütigen Introitus: «Ich werde eingehen zu dem Altare Gottes», worauf der Meßgehilfe erwiderte: «Zu dem Gotte, der meiner Jugend Freude gibt.» Der Priester stieg zum Altar hinan und küßte ihn als die heilige Ruhestätte von Heiligenreliquien. Er stimmte das *Kyrie eleison* («Herr, erbarme dich unser»), ein griechisches Überbleibsel in der lateinischen Messe, an, und sagte das *Gloria* («Ruhm dem höchsten Gotte») und das *Credo* auf. Er wandelte kleine Oblaten und einen Kelch Weines mit den Worten *Hoc est corpus meum** und *Hic est sanguis meus* durch die Weihe in Leib und Blut Christi um und opferte Gott diese transsubstantiierten Elemente – nämlich seinen Sohn – als ein Sühnopfer in Erinnerung an den Opfertod am Kreuze und an Stelle des einstigen Opfers von Lebewesen. Hierauf wandte er sich den Gläubigen zu und hieß sie, ihre Herzen zu Gott zu erheben: *Sursum corda;* der Meßgehilfe als Vertreter der Gemeinde erwiderte: *Habemus ad Dominum* – «Wir erheben sie zum Herrn». Der Priester sprach nun das dreifache *Sanctus*, das *Agnus Dei* und das *Pater noster;* er nahm von dem geweihten Brot und Wein und spendete die Eucharistie den Kommunikanten. Nach einigen zusätzlichen Gebeten sprach er die Schlußformel – *Ite, missa est* – «geht, die Entlassung findet statt» – von der die Messe *(missa)* wahrscheinlich ihren Namen hat[100]. In späteren Abwandlungen folgte noch der Segen der Gemeinde durch den Priester und ein Schlußevangelium – gewöhnlich das neoplatonische Exordium des Johannesevangeliums. Eine Predigt wurde gewöhnlich nur dann gehalten, wenn ein Bischof die Messe las oder wenn, nach dem zwölften Jahrhundert, Bettelmönche kamen, um von der Kanzel zu predigen.

Anfänglich wurden die Messen gesungen, und die Gemeinde nahm an dem Gesang teil; vom vierten Jahrhundert an wurde die stimmliche Beteiligung der Gläubigen immer weniger üblich; «kanonische Chorsänger» übernahmen die gesungene Erwiderung zu den Gesängen des zelebrierenden Priesters**. Die bei den verschiedenen Gottesdiensten der Kirche gesungenen Hymnen gehören zu den hinreißendsten Erzeugnissen des Gefühlslebens und der Kunst des Mittelalters. Die Geschichte der lateinischen Hymnenmusik beginnt, soweit bekannt, mit Bischof Hilarius von Poitiers († 367). Als er von der Verbannung, die er in Syrien verlebt hatte, nach Gallien zurückkehrte, brachte er griechisch-orientalische Hymnen mit, übertrug sie ins Lateinische und komponierte neue dazu; sie sind alle verlorengegangen. Ambrosius von Mailand bedeutet einen neuen Anfang; von sei-

---

* Aus diesen Worten machten Skeptiker das Wort *Hokuspokus*.

** Zur Meßmusik siehe in Band VII, I. Buch, 3. Kapitel.

nen volltönenden Hymnen, die Augustin so zu Herzen gingen, sind achtzehn erhalten. Das edle Lied des Glaubens und Dankens, *Te Deum laudamus*, das früher Ambrosius zugeschrieben wurde, stammt wahrscheinlich von dem rumänischen Bischof Niketas von Remesiana (Ende des vierzehnten Jahrhunderts). In späteren Jahrhunderten nahmen die lateinischen Kirchenlieder, wohl unter dem Einfluß der muselmanischen und provenzalischen Liebesdichtung, eine neue Zartheit in Empfindung und Form an[101]. Es gab Hymnen, die (wie einige arabische Dichtungen) schon beinahe als Wortgeklingel in Knüppelversen, als Auswüchse reimerischer Berauschtheit zu werten sind, aber die besseren Hymnen der mittelalterlichen Blütezeit – des zwölften und dreizehnten Jahrhunderts – zeigen einen geschickten Wechsel eindringlicher Sätze, eine melodiöse Anhäufung von Reimen, eine Anmut und Innigkeit des Gedankens, die sie den größten lyrischen Dichtwerken der Literatur an die Seite stellen.

In das berühmte Kloster St-Victor bei Paris kam um 1130 ein bretonischer Jüngling, der uns nur unter dem Namen Adam von St-Victor bekannt ist. Er verlebte dort in ruhiger Zufriedenheit die restlichen sechzig Jahre seines Lebens, ließ sich vom Geiste der berühmten Mystiker Hugo und Richard durchdringen und gab ihm demütigen Ausdruck in wunderschönen und kraftvollen Hymnen, die großenteils als Sequenzen für die Messe gedacht waren. Ein Jahrhundert später verfaßte ein Franziskanermönch, Jacopone da Todi (1228? bis 1306), das schönste lyrische Gedicht des Mittelalters, das *Stabat Mater*. Jacopone war ein erfolgreicher Rechtsanwalt in Todi bei Perugia; seine Gattin war sowohl um ihrer Güte als auch um ihrer Schönheit willen berühmt; sie kam bei dem Einsturz eines Festgerüstes ums Leben; Jacopone wurde wahnsinnig vor Schmerz, streifte als verwilderter Landstreicher durch Umbrien, rief seine Sünden und sein Leid aus, beschmierte sich mit Teer und wälzte sich in Federn und ging auf allen vieren, trat dem Franziskanerorden bei und schrieb das Gedicht, das die ganze innige Frömmigkeit seiner Zeit enthält:

Stabat mater dolorosa
iuxta crucem lacrimosa,
dum pendebat filius;
cuius animam gementem
contristantem et dolentem
pertransivit gladius.

Stand die Mutter voller Schmerzen,
weinte bei dem Kreuz von Herzen,
wo der Sohn den Tod erlitt.
Ihre Seele voll Verzagens,
voll der Seufzer, voll des Klagens,
bittern Leides Schwert durchschnitt.

O quam tristis et afflicta
fuit illa benedicta
mater unigeniti!
Quae maerebat et dolebat,
et tremebat, cum videbat
nati poenas incliti.

O wie traurig ihm zur Seite
mußte die Gebenedeite
einzgen Sohnes Mutter sein.
Klagerhebend, sich ergebend,
angsterbebend, nun erlebend
des erhabnen Sohnes Pein.

Quis est homo qui non fleret
matrem Christi si videret
in tanto supplicio?
Quis non posset contristari,
piam matrem contemplari,
dolentem cum filio? ...

Wo ein Auge, das nicht taute,
wenn es Christi Mutter schaute
von so herber Qual ereilt?
Wer gewahrte sonder Schauer
hier der frommen Mutter Trauer,
die des Sohnes Schmerzen teilt?

Eia, mater, fons amoris,
me sentire vim doloris
fac, ut tecum lugeam;
fac ut ardeat cor meum
in amando Christum deum
ut sibi complaceam.

Sancta mater, illud agas,
crucifixi fige plagas
cordi meo valide;
tui nati vulnerati,
tam dignati pro me pati,
poenas mecum divide.

Fac me vere tecum flere
crucifixo condolere,
donec ego vixero.
Iuxta crucem tecum stare,
te libenter sociare
in planctu desidero.

Fac me cruce custodiri
morte Christi praemuniri
confoveri gratia;
quando corpus morietur,
fac ut animae donetur
paradisi gloria.

Laß, o Mutter, Liebesbronnen,
mich in gleichem Schmerz zerronnen
mit dir trauern Tag für Tag.
Mach, daß mein Gemüt entbrenne,
daß es Christus lieb' und kenne
und auch ihm gefallen mag.

Heilge Mutter, dies erwäge,
Christi Wundenmale präge
kräftig ein in dieses Herz;
der sich Wunden unterwunden,
Ungesunden Heil gefunden,
gib mir Teil an seinem Schmerz.

Mach mein Weinen gleich dem deinen,
den Gekreuzigten beweinen
laß mich, weil ich lebend bin.
An dem Kreuze bei dir weilen,
als Genosse redlich teilen
deinen Schmerz wär' mir Gewinn.

Leih mir Christi Kreuz und Stütze,
daß mich Christi Tod beschütze,
laß mich ruhn im Gnadenschoß.
Sinkt der Körper in die Erde,
Paradieseswonne werde
dann durch dich der Seele Los.

(Deutsche Übersetzung von Karl Simrock.)

Unter den mittelalterlichen Hymnen können sich nur zwei diesem Dichtwerk an die Seite stellen. Die eine ist das *Pange lingua*, welches Thomas von Aquin für das Fronleichnamsfest verfaßte. Das andere ist das schreckliche *Dies irae*, «Tag des Zornes», das um 1250 von Thomas von Celano geschrieben wurde und heute noch in der Totenmesse gesungen wird; hier hat die Angst vor dem Jüngsten Gericht eine Dichtung inspiriert, die so düster und vollkommen ist wie Dantes qualvolle Visionen[102].

Zu dem ergreifenden Ritual ihrer Gebete, Gesänge und Messen ließ die Kirche die eindrucksvollen Zeremonien und Prozessionen ihrer religiösen Feste treten. In nördlichen Ländern übernahm das Weihnachtsfest die fröhlichen Riten, mit denen die heidnischen Germanen den Sieg der Sonne über die fortschreitende Nacht in der Wintersonnenwende gefeiert hatten; daher die Julfeuer in deutschen, nordfranzösischen, englischen und skandinavischen Häusern, die mit Geschenken beladenen Weihnachtsbäume und das fröhliche Schmausen, das die Mägen bis zu der zwölften Nacht hernach auf eine harte Probe stellte. Daneben gab es unzählige andere Feste oder Feiertage – Epiphanias, Beschneidung Christi, Palmsonntag, Ostern, Himmelfahrt, Pfingsten ... Solche Tage – und, wenngleich in geringerem Umfange, auch die Sonntage – waren aufregende Ereignisse im Leben des mittelalterlichen Menschen. Zu Ostern beichtete er alle Sünden, an die er sich zu erinnern bequemte, badete, stutzte sich den Bart, ließ sich die Haare schneiden, zog sich die besten und unbequemsten Kleider an, empfing Gott in der Eucharistie und empfand tiefer denn je das bedeutsame christliche Geschehen, in das er mit einbezogen war. In vielen Städten wurden in den Kirchen an den letzten drei Tagen der Karwoche die Ereignisse der Passion in einer religiösen Aufführung mit Dialogen und einstimmigem Choralgesang dargestellt, und auch verschiedene andere Gelegenheiten des Kirchenjahres wurden mit solchen «Mysterienspielen» ausgezeichnet. Um 1240 berichtete Juliana, die Priorin eines Klosters bei Lüttich, ihrem Dorfpfarrer, eine übernatürliche Vision habe ihr die Verpflichtung auferlegt, den Leib Christi, der in der Eucharistie transsubstantiiert sei, mit einem besonderen feierlichen Feste zu feiern; 1262 sanktionierte Papst Urban IV. diese Zelebration und beauftragte Thomas von Aquin, ein Offizium – geeignete Gesänge und Gebete – dafür zu verfassen; der Philosoph erledigte seinen Auftrag prachtvoll, und 1311 wurde das Fronleichnamsfest endgültig eingeführt; es wurde am ersten Donnerstag nach Pfingsten mit der eindrucksvollsten Prozession des Kirchenjahres gefeiert. Solche Zeremonien lockten ungeheure Volksmengen an und verklärten viele Teilnehmer; sie ebneten dem mittelalterlichen weltlichen Schauspiel den Weg und unterstützten das Gepränge der Zünfte, der Turniere und ritterlichen Initiationszeremonien und der Königskrönungen in der Aufgabe, die gelegentliche Muße von Menschen, welche nicht gerade von Geburt aus zu Ordnung und Frieden neigten, mit frommen Schauern und sublimierenden Schaustücken zu beschäftigen. Die Kirche gründete ihr Verfahren der sittlichen Beeinflussung durch die Religion nicht auf vernunftgemäße Beweismittel, sondern auf den Appell an die Sinne vermittels Dramatik, Musik, Malerei, Skulptur, Architektur, Legendendichtung und Lyrik; und man muß zugeben, daß diese Art, sich an das allgemeine Empfindungsvermögen zu wenden, von größerem Erfolg begleitet ist – sei es in gutem oder in schlechtem Sinne – als der Aufruf an den wankelmütigen und individualistischen Intellekt. Durch solche Appelle an das Sinnenhafte schuf die Kirche die mittelalterliche Kunst.

Die großartigsten Schaustellungen gab es an den Pilgerstätten. Die mittelalterlichen Menschen gingen auf eine Wallfahrt, um eine Buße zu leisten oder ein Gelübde zu erfüllen oder eine wunderbare Heilung zu erreichen oder einen Ablaß zu erringen, und zweifellos auch, um, wie die heutigen Touristen, fremde Länder und Sitten kennenzulernen oder unterwegs Abenteuer zu erleben und so der Eintönigkeit des Alltags zu entgehen. Zu Ende des dreizehnten Jahrhunderts gab es etwa zehntausend sanktionierte Wallfahrtsziele für Christen. Die tapfersten Pilger zogen zum fernen Palästina, manchmal barfuß und im bloßen Hemd, gewöhnlich mit einem Kreuz, einem Pilgerstab und einer Börse ausgerüstet, die ihm alle von einem Priester ausgehändigt worden waren. Im Jahre 1054 zog Bischof Liedbert von Cambrai an der Spitze von dreitausend Pilgern nach Jerusalem; 1064 brachen die Erzbischöfe von Köln und Mainz und die Bischöfe von Speyer, Bamberg und Utrecht mit zehntausend Christen nach Jerusalem auf; dreitausend kamen unterwegs um, und nur zweitausend kehrten heil in die Heimat zurück. Andere Wallfahrer überquerten die Pyrenäen oder wagten sich auf den Atlantik, um die berühmten Gebeine des Apostels Jakob in Compostela zu besuchen. In England zogen Pilger an die Grabstätte des heiligen Cuthbert in Durham, an das Grab Eduards des Bekenners in Westminster oder dasjenige des heiligen Edmund in Bury, zu der angeblich von Joseph von Arimathia in Glastonbury gegründeten Kirche und vor allem an das Heiligtum des Thomas Becket in Canterbury. Frankreich lockte Pilger zur Kirche St-Martin in Tours, in die Notre-Dame von Chartres, die Notre-Dame in Le-Puy-en-Velay. Italien besaß die Kirche und die Gebeine des heiligen Franziskus in Assisi und die Santa Casa, das Heilige Haus in Loreto, das nach dem Glauben der Frommen nichts anderes war als das Haus, in welchem Jesus mit Maria in Nazareth gewohnt hatte; als die Türken die Kreuzfahrer aus Palästina vertrieben, wurde das Haus von Engeln durch die Luft nach Dalmatien (1291) und von dort über das Adriatische Meer in die Wälder von Ancona *(lauretum)*, von denen das solcherart geehrte Dorf seinen Namen hatte, getragen.

Und schließlich führten alle Straßen der Christenheit Pilger nach Rom, die dort das Grab von Petrus und Paulus sehen, mit dem Besuch der Stationen oder berühmten Kirchen der Stadt Ablässe gewinnen oder irgendein Jubeljahr oder ein freudiges Jahresfest der Kirchengeschichte feiern wollten. Im Jahre 1299 erklärte Papst Bonifaz VIII. das Jahr 1300 zu einem Jubeljahr und bot allen Pilgern, die in diesem Jahre die Peterskirche aufsuchten, den vollkommenen Ablaß. Zeitgenössischen Schätzungen zufolge waren während dieser zwölf Monate an keinem Tag weniger als zweihunderttausend Fremde in der Stadt; insgesamt zwei Millionen Besucher, die alle mit einer bescheidenen Opfergabe gekommen waren, legten vor Petri Grabmal solche Schätze nieder, daß zwei Priester Tag und Nacht damit beschäftigt waren, mit Rechen die Münzen zu sammeln[103]. Reiseführer belehrten die Pilger über den einzuschlagenden Weg und über die Sehenswürdigkeiten unterwegs und am Orte ihres Zieles. Wir können uns die Verzückung vorstellen, die von den müden und staubbedeckten Pilgern Besitz ergriff, wenn sie endlich die Ewige Stadt vor sich sahen und in den Pilgerchor der Freude und des Preises ausbrachen:

O Roma nobilis, orbis et domina,
cunctarum urbium excellentissima,
roseo martyrum sanguine rubea,
albis et virginum liliis candida;
salutem dicimus tibi per omnia;
te benedicimus; salve per saecula!

Zu diesen mannigfaltigen religiösen Werken ließ die Kirche soziale Werke treten. Sie lehrte die Würde der Arbeit und übte sie in der Praxis durch die landwirtschaftliche und gewerbliche Betätigung der Mönche aus. Sie erteilte der Organisierung der Arbeitskräfte in Zünften ihre Sanktion und organisierte selbst religiöse Zünfte zu gemeinnützigen Werken[104]. Jede Kirche war ein Heiligtum mit dem Asylrecht, so daß Verfolgte darin so lange eine atemlose Zuflucht finden konnten, bis ihre Verfolger den Rechtsweg beschritten, statt ihren Leidenschaften freien Lauf zu lassen; jemanden aus einem solchen Heiligtum zu verschleppen war ein Sakrileg, das mit dem Bann bestraft wurde. Die Kirche, der Dom, das Münster oder die Kathedrale war nicht nur der religiöse, sondern auch der gesellschaftliche Mittelpunkt des Dorfes oder der Stadt. Manchmal wurde der heilige Bezirk oder sogar die Kirche selbst mit liebenswürdiger Zustimmung der Geistlichkeit dazu benutzt, Korn oder Wein zu lagern, Korn zu mahlen oder Bier zu brauen[105]. Die meisten Dorfbewohner waren in der Kirche getauft worden, die meisten würden darin beigesetzt werden.

Die älteren Leute pflegten sich am Sonntag zum Klatsch oder zur Besprechung darin zu versammeln, und die jungen Leute kamen hin, um zu sehen und gesehen zu werden. Die Bettler versammelten sich vor der Kirche, und dort wurde auch die kirchliche Wohltätigkeit geübt. Fast die gesamte künstlerische Betätigung des Dorfes galt der Verschönerung der Kirche, und die Armut unzähliger Heimstätten wurde durch den Glanz dieses Gotteshauses erhellt, an dessen Bau das Volk mit seiner Hände Arbeit oder seinem Geld mitgewirkt hatte und das es als sein Eigentum, als sein gemeinsames und geistiges Heim betrachtete. Im Kirchturm läuteten die Glocken die Tagesstunden aus oder riefen zum Gottesdienst oder zum Gebet, und der Klang dieser Glocken war süßer als jede andere Musik mit einziger Ausnahme der Hymnen, welche die Stimmen und Herzen vereinten oder einem abgekühlten Glauben in der Messe neue Wärme mitteilten. Von Nowgorod bis Cádiz, von Jerusalem bis zu den Hebriden wuchsen runde und spitze Kirchtürme in schwindelnde Höhen, weil der Mensch nicht ohne Hoffnung leben kann und sich mit dem Tod nicht abfinden will.

V. DAS KANONISCHE RECHT

Neben dieser verwickelten und bunten Liturgie entwickelte sich das noch kompliziertere Werk der kirchlichen Gesetzgebung, welche das Verhalten und die Entscheidungen einer Kirche regelte, die ein ausgedehnteres und vielfältigeres Reich als jeder Staat dieser Zeit regierte. Das kanonische Recht – das «Recht der Normen» der Kirche – entstand aus einem allmählichen Zusammenwachsen von alten religiösen Bräuchen, Bibelstellen, Lehren der Kirchenväter, römischen oder barbarischen Gesetzen, Dekreten der Kirchenkonzile mit Entscheiden und Meinungsäußerungen der Päpste. Einige Teile des justinianischen Gesetzbuches wurden aufgenommen, um das Verhalten der Geistlichkeit zu regeln; andere Teile wurden abgeändert, bis sie den Ansichten der Kirche über Ehe, Ehescheidung und Erblassung entsprachen. Sammlungen von Kirchengesetzen wurden im Westen im sechsten und achten Jahrhundert, von den byzantinischen Kaisern im Osten in kürzeren Zeitabständen durchgeführt. Die Gesetze der römisch-katholischen Kirche erhielten ihre endgültige mittelalterliche Formulierung um das Jahr 1148 durch Gratian.

Als Bologneser Mönch hat Gratian wohl unter Irnerius an der dortigen Universität studiert; auf alle Fälle bezeugt seine Gesetzessammlung eine weitgehende Vertrautheit sowohl mit dem römischen Recht als auch mit der mittelalterlichen Philosophie. Er nannte sein Buch *Concordia discordantium canonum* – Konkordanz widersprechender Normen; spätere Generationen bezeichneten es als sein *Decretum*. Es brachte Ordnung und Folgerichtigkeit in die Gesetze und Bräuche, die konziliarischen und päpstlichen Verfügungen, welche die Kirche bis 1139 über ihre Doktrin, ihr Ritual, ihren Aufbau und ihre Verwaltung, über die Bewahrung des Kirchenbesitzes, das Prozeßverfahren und die Präzedenzien an kirchlichen Gerichtshöfen, die Regelung des Klosterlebens, den Ehevertrag und die Erbschaftsbestimmungen erlassen hatte. Die Darstellungsweise mag ihren Ursprung in Abälards *Sic et non* haben und beeinflußte ihrerseits das scholastische Verfahren nach Gratian: sie begann mit einem bestimmt ausgesprochenen Satz, zitierte Aussagen oder Präzedenzfälle, die ihm widersprachen, versuchte es, den Widerspruch zu lösen, und fügte einen Kommentar bei. Wenn das Buch von der mittelalterlichen Kirche auch nicht als höchste Autorität anerkannt wurde, so wurde es für den Zeitraum, mit dem es sich befaßte, doch der unerläßliche und fast heilige Text. Gregor IX. (1234), Bonifaz VIII. (1294) und Clemens V. (1313) erweiterten es durch Ergänzungen; diese und weitere unbedeutendere Hinzufügungen wurden zusammen mit Gratians *Concordia* im Jahre 1582 als *Corpus iuris canonici* veröffentlicht, als das Gesetzbuch des kanonischen – Normen für die Kirche enthaltenden – Rechtes neben dem *Corpus iuris civilis* des Justinian*.

Das vom kanonischen Recht erfaßte Gebiet war bedeutend größer als das von jedem anderen zeitgenössischen Rechtskörper behandelte Gebiet. Es umfaßte nicht nur den Aufbau, die Dogmen und die Tätigkeit der Kirche, sondern regelte auch den Umgang mit Nicht-Christen in christlichen Ländern, die Verfahrensweise bei der Aufdeckung und Unterdrückung der Ketzerei und die Organisierung von Kreuzzügen und enthielt die Gesetze über Ehe, legitime Geburt, Mitgift, Ehebruch, Ehescheidung, Erblassung, Begräbnis, Wittum und Waisenschaft, Gesetze über Eidesleistung, Meineid, Sakrileg, Gotteslästerung, Simonie, Verleumdung, Wucher und ungerechte Preise sowie Bestimmungen für Schulen und Universitäten, über den Gottesfrieden und andere Hilfsmittel zur Begrenzung des Krieges und zur Sicherung des Friedens, über die Leitung von bischöflichen und päpstlichen Gerichtshöfen, über die Anwendung von Kirchenbann, Anathema und Interdikt, über die Verhängung kirchlicher Strafen sowie über die Beziehungen zwischen weltlichen und kirchlichen Gerichtshöfen, zwischen Staat und Kirche. Nach Auffassung der Kirche war dieser gewaltige Gesetzeskörper für alle Christen bindend, und sie behielt sich das Recht vor, jeden Bruch dieses Rechtes mit einer Vielzahl von körperlichen und geistigen Strafen zu belegen, mit der einzigen Ausnahme, daß kein kirchlicher Gerichtshof ein «Bluturteil», das heißt ein Todesurteil, aussprechen durfte.

Vor der Inquisition verließ sich die Kirche gewöhnlich auf die Wirkung der Furcht vor geistigen Strafen. Der kleine Kirchenbann schloß den Christen von den Sakramenten und dem Ritual der Kirche aus; jeder Priester hatte das Recht, diese Strafe zu verhängen; für den Gläubigen bedeutete sie die ewige Höllenstrafe, falls ihn der Tod ereilte, bevor er die Absolution errungen hatte. Der große Kirchenbann (der einzige heute noch von der Kirche ausgesprochene Bann) konnte nur von Konzilien und von Prälaten, die über dem Priesterrang standen, ausgesprochen werden und nur gegen Personen, die ihrer Rechtsprechung unterstanden. Sie nahm dem Betroffenen jede gesetzliche und geistige Verbindung mit der christlichen Gemeinschaft: er konnte keinen Prozeß anstrengen und keinen gültigen gesetzlichen Akt vollziehen, durfte aber seinerseits gerichtlich belangt werden, und kein Christ durfte mit ihm sprechen oder essen, falls er nicht exkommuniziert werden wollte. Als König Robert von Frankreich mit dem Kirchenbann belegt wurde (998), weil er seine Nichte geehelicht hatte, verließen ihn alle Höflinge und fast die gesamte Dienerschaft; zwei Lakaien, die bei ihm blieben, warfen alle Überreste seiner Mahlzeiten ins Feuer, um sich nicht durch sie zu beflecken. Im äußersten Falle ließ die Kirche zum Bann das Anathe-

* Am 20. Mai 1918 wurde das revidierte *Corpus iuris canonici* offizielles Kirchenrecht.

ma treten – eine feierliche, mit dem ganzen Übermaß der juristischen Phraseologie ausgerüstete und detaillierte Verfluchung. Als letztes Hilfsmittel stand dem Papst das Interdikt über einen Teil der Christenheit offen; es bestand im Verbot jeder oder fast jeder religiösen Betätigung. Ein Volk, welches das Bedürfnis nach dem Empfang der Sakramente verspürte, oder befürchtete, der Tod könne jemanden im Zustande nicht vergebener Sündhaftigkeit antreffen, zwang die exkommunizierte Person früher oder später dazu, mit der Kirche Frieden zu schließen. Solche Interdikte wurden verhängt im Jahre 998 über Frankreich, 1102 über Deutschland, 1208 über England, 1155 über Rom selbst.

Der übermäßige Gebrauch des Kirchenbannes und des Interdiktes schwächten deren Wirksamkeit nach dem elften Jahrhundert ab[106]. Päpste verwendeten das Interdikt dann und wann zu politischen Zwecken, beispielsweise als Innozenz III. Pisa mit dem Interdikt bedrohte, falls es sich nicht der Toskanischen Liga anschließen wollte[107]. Massenexkommunizierungen – beispielsweise wegen falscher Angaben über den an die Kirche abzuführenden Zehnten – kamen so häufig vor, daß oft große Teile der Christenheit gleichzeitig oder ohne es zu wissen davon betroffen waren; und viele, die von dem Bannfluch wußten, kümmerten sich nicht darum oder lachten darüber[108]. Mailand, Bologna und Florenz wurden im dreizehnten und vierzehnten Jahrhundert dreimal gesamthaft mit dem Kirchenbann belegt; Mailand setzte sich zweiundzwanzig Jahre lang über die dritte Verfügung des Bannes hinweg. Bischof Guillaume le Maire bemerkt 1311: «Ich habe manchmal mit eigenen Augen in einem einzigen Kirchsprengel drei- oder vierhundert Exkommunizierte gesehen, ja sogar siebenhundert ..., welche der Schlüsselgewalt spotteten und gemeine gotteslästerliche Worte gegen die Kirche und ihre Diener aussprachen[109].» Philipp August und Philipp der Schöne schenkten den Dekreten, die den Bann über sie verhängten, wenig Beachtung.

Diese gelegentliche Unbekümmertheit zeigte das beginnende Absinken der Autorität des kanonischen Rechtes über die Laienschaft in Europa an. In der gleichen Weise, wie die Kirche ihre Herrschaft über einen außerordentlich weiten Bereich des menschlichen Lebens erstreckte, als in dem ersten christlichen Jahrtausend die weltlichen Gewalten zusammenbrachen, ging im dreizehnten und vierzehnten Jahrhundert, als die weltliche Staatsführung an Stärke zunahm, ein Gebiet der menschlichen Angelegenheiten nach dem anderen von der kanonischen wieder auf die zivile Rechtsprechung über. Die Kirche trug gehörigerweise in der Frage der Ernennung von geistlichen Würdenträgern den Sieg davon; auf den meisten anderen Gebieten begann ihre Autorität zu schwinden – auf den Gebieten der Erziehung, Ehe, Sittlichkeit, Wirtschaft und Kriegführung. Die Staaten, die sich unter kirchlichem Schutze und in voller Übereinstimmung mit der von der Kirche geschaffenen Gesellschaftsordnung entwickelt hatten, erklärten sich für mündig und begannen den langen Vorgang der Säkularisation, welcher in unserer eigenen Zeit kulminiert. Das Werk der Kirchenrechtslehrer war aber, wie es bei wirklich schöpferischer Tätigkeit meist zu sein pflegt, nicht vergeblich. Es rief die größten Staatsmänner der Kirche auf den Plan und sorgte für ihre Ausbildung; es hatte seinen Anteil an der Übermittlung des römischen Rechtes an die Neuzeit; es sorgte für eine Vermehrung der gesetzlichen Rechte der Witwen und Kinder und führte den Grundsatz der Mitgift in das westeuropäische Zivilrecht ein[110], und es trug zur Ausbildung der Form und der Terminologie der scholastischen Philosophie bei. Das Kirchenrecht gehört zu den bedeutendsten Leistungen des mittelalterlichen Geistes.

VI. DIE GEISTLICHKEIT

Die mittelalterliche Redeweise teilte alle Menschen in zwei Klassen ein – diejenigen, die einer religiösen Regel unterstanden, und diejenigen, die «in der Welt» lebten. Ein Mönch war ein «Religiöser», eine Nonne eine «Religiöse». Einige Mönche waren zugleich Priester und bildeten die «Ordensgeistlichkeit», das heißt die Geistlichkeit, die einer Ordensregel folgte. Alle anderen Geistlichen waren «Weltgeistliche», da sie in der «Welt» *(saeculum)* lebten. Geistliche jeden Ranges zeichneten sich durch die Tonsur, einen kleinen runden Haarausschnitt auf dem Scheitel, aus und trugen ein langes Gewand, das außer in Rot und Grün in jeder einheitlichen Farbe gehalten sein konnte und vom Kopf bis zum Fuß zugeknöpft wurde. Der Ausdruck *clericus* wurde nicht nur auf die Angehörigen der niederen Stände, d. h. die Kirchendiener, Vorleser, Exorzisten und Meßgehilfen, angewandt, sondern auch auf alle Universitätsstudenten, alle Lehrer und alle Personen, die als Studenten die Tonsur genommen hatten und später Ärzte, Rechtsanwälte, Künstler, Schriftsteller geworden waren oder als Rechnungsführer oder Sekretäre dienten; daher die spätere Bedeutungsverengerung der englischen Worte *clerical* und *clerk*. Geistliche, die nicht den höheren Ständen angehörten, durften sich verheiraten und jeden ehrbaren Beruf ergreifen und unterstanden nicht der Verpflichtung, die Tonsur weiterhin zu tragen.

Die drei Grade des Geistlichenstandes – Subdiakon, Diakon, Priester – waren unwiderruflich und verschlossen nach dem elften Jahrhundert gewöhnlich der Eheschließung die Tür. Fälle von Ehe oder Konkubinat unter der lateinischen Priesterschaft sind auch nach Gregor VII. noch überliefert[111], wurden aber immer seltener*. Der Gemeindepfarrer mußte sich mit geistigen Freuden begnügen. Da die Kirchgemeinde gewöhnlich mit einem Gut oder einem Dorf zusammenfiel, wurde er gewöhnlich vom Gutsherrn im Einverständnis mit dem Bischof eingesetzt[112]. Er war selten ein Mann von großer Bildung, denn das Studium an der Universität war teuer und Bücher eine Seltenheit; es genügte, wenn er sein Brevier und das Meßbuch lesen, die Sakramente darreichen und die Gemeinde zu Frömmigkeit und Nächstenliebe anhalten konnte. In vielen Fällen war er nur ein *vicarius*,

---

* Das allgemeine Zölibat der Mönche, Priester und Nonnen nach 1215 bildet ein genetisches Problem. Es ist durchaus möglich, daß Europa einen biologischen Verlust davontrug, als so viele tüchtige Menschen der Nachkommenschaft entsagten, wir wissen aber nicht, wie weit hervorragende Fähigkeiten sich vererben. Weniger theoretisch waren die Auswirkungen der zahlenmäßigen Ungleichheit der Geschlechter, die in der Laienschaft entstand, weil die Mönche und Priester sich nicht verheirateten. Da Handelsfahrten und andere Reisen, Kriege und Kreuzzüge, Fehden und andere Gefahren die Männer einer höheren Sterblichkeit aussetzten als die Frauen, war ein recht erheblicher Prozentsatz des weiblichen Geschlechtes zu Altjüngferlichkeit oder außerehelicher Geschlechtsbetätigung verdammt. Die Kirche nahm alle geeigneten Frauen, die sich darum bewarben, in die Nonnenklöster auf, aber es gab sehr viel mehr Priester und Mönche als Nonnen. Die unverheirateten Töchter des Adels wurden oft einem Kloster zugeteilt, aber die Frauen anderer Stände mußten sich dem Spinnrad zuwenden oder als geduldete Tanten bei ihren Verwandten leben oder sich in Schmach und Schrecken der Aufgabe widmen, die Forderungen ehrenwerter Männer zu erfüllen.

ein Stellvertreter, der von einem Rektor angestellt worden war, um für ein Viertel der Einkünfte aus der Pfründe die religiöse Arbeit der Gemeinde zu leisten; auf diese Weise konnte es vorkommen, daß ein Rektor vier bis fünf Pfründen innehatte, während der Gemeindepfarrer in demütigender Armut lebte[113] und seinen Einkünften mit «Altargebühren» für Taufen, Hochzeiten, Begräbnisse und Totenmessen nachhalf. Manchmal ergriff er im Klassenkampf die Partei der Armen, wie beispielsweise John Ball[114]. Seine sittliche Lebensweise läßt sich mit derjenigen eines heutigen Pfarrers, der sich im religiösen Wetteifer um die beste Lebensart bemüht, nicht vergleichen; im großen und ganzen erfüllte er aber geduldig, gewissenhaft und freundlich seine Pflicht. Er besuchte die Kranken, tröstete die Verwitweten und Verwaisten, lehrte die Jugend, murmelte sein Brevier und brachte etwas sittlichen und zivilisierenden Sauerteig in ein ungehobeltes und sinnenhaftes Volk. Viele Pfarrer waren, wie ihr grausamster Kritiker sagt, «das Salz der Erde»[115]. «Keine andere Körperschaft», sagt der Freidenker Lecky, «hat je einen zielbewußteren und uneigennützigeren Eifer gezeigt, keine so sehr alle persönlichen Interessen hintangestellt, das Teuerste auf Erden der Pflicht geopfert und mit unerschütterlichem Heldenmut jede Mühe, jedes Leid, ja den Tod auf sich genommen»[116].

Priesterschaft und Episkopat bildeten zusammen das *sacerdotium*, den Geistlichenstand. Der Bischof war ein Priester, der auserwählt war, um mehrere Gemeinden und Pfarrer zu einer Diözese zusammenzufassen. Ursprünglich und der Theorie nach wurde er von den Priestern und dem Volke gewählt; vor Gregor VII. wurde er gewöhnlich vom Lehnsherrn oder König ernannt; nach 1215 wurde er in Zusammenarbeit mit dem Papst vom Domkapitel gewählt. Seiner Obhut unterstanden viele weltliche und geistliche Angelegenheiten, und sein bischöfliches Gericht behandelte sowohl zivile Rechtsfälle als auch solche, an denen Geistliche jeglichen Ranges beteiligt waren. Er hatte das Recht, Priester ein- und abzusetzen; aber seine Autorität über die Äbte und Klöster seines Bistums nahmen in dieser Zeit ab, da die Päpste, die einen zu großen Machtzuwachs der Bischöfe befürchteten, die Mönchsorden unter ihre unmittelbare Kontrolle brachten. Seine Einkünfte bezog der Bischof teilweise aus seinen Pfarrgemeinden, zum größten Teile aber aus den Gütern, die zu seinem Bistum gehörten; manchmal gab er einer Pfarrgemeinde mehr, als er von ihr bezog. Die Kandidaten auf einen Bischofssitz waren gewöhnlich bereit, für ihre Ernennung eine Gebühr zu bezahlen – zuerst dem König, dann dem Papst –, und als weltliche Herren gaben sie bisweilen der liebenswürdigen Schwäche nach, ihren Verwandten einträgliche Posten zuzuweisen; Papst Alexander III. klagt: «Als Gott die Bischöfe der Söhne beraubte, gab er ihnen Neffen[117].» Viele Bischöfe führten ein Luxusleben, wie es Lehnsherren anstand, viele aber gingen ganz in der Hingabe an ihre geistlichen und lehnsherrlichen Aufgaben auf. Nach der Reform des Episkopates, die Leo IX. durchführte, bildeten die Bischöfe Europas in geistiger und sittlicher Hinsicht die beste Menschengruppe der mittelalterlichen Geschichte.

Über den Bischöfen einer Provinz stand der Erzbischof oder Metropolit. Er allein durfte ein Kirchenkonzil einberufen oder leiten. Einige Erzbischöfe beherrschten auf Grund ihres Reichtums oder ihrer Wesensart beinahe das ganze Leben ihrer Provinz. In Deutschland waren die Erzbischöfe von Hamburg, Bremen, Köln, Trier, Mainz, Magdeburg und

Salzburg mächtige Lehnsherren, die mehrfach vom Kaiser dazu ausersehen wurden, das Reich zu verwalten oder als Gesandte oder kaiserliche Ratgeber zu dienen; die Erzbischöfe von Reims, Rouen und Canterbury spielten eine ähnliche Rolle in Frankreich, der Normandie und England. Gewisse Bischöfe – die von Toledo, Lyon, Narbonne, Reims, Köln, Canterbury – übten als «Primaten» eine umstrittene Autorität über alle Geistlichen ihrer Region aus.

Die Bischöfe, die zu Konzilen zusammenkamen, bildeten von Zeit zu Zeit eine repräsentative Kirchenregierung. In späteren Jahrhunderten beanspruchten diese Konzile eine höhere Gewalt als die Päpste; aber in dieser Zeit, der Zeit der größten Päpste, bestritt in Westeuropa niemand die höchste kirchliche und geistliche Autorität des Bischofs von Rom. Die anstoßerregenden Ereignisse des zehnten Jahrhunderts waren durch die Tugenden Leos IX. und Hildebrands gesühnt; während der Wirrnisse und Kämpfe des zwölften Jahrhunderts war die Macht des Papsttums angewachsen, bis sie mit Innozenz III. die ganze Welt in ihren Bereich einbezog. Könige und Kaiser hielten dem Papst die Steigbügel und küßten dem weißgewandeten Diener der Diener Gottes die Füße. Das Papsttum stand nun an der Spitze des menschlichen Ehrgeizstrebens; die besten Geister der Zeit bereiteten sich in strengen Theologie- und Rechtsschulen auf einen Platz in der Kirchenhierarchie vor, und diejenigen, die bis zu ihrer Spitze anstiegen, waren Männer von Verstand und Mut, die sich von der Aufgabe, einen ganzen Erdteil zu regieren, nicht abschrecken ließen. Der Tod des einzelnen störte die Fortdauer der Politik, welche die Päpste und ihre Konzile bestimmt hatten, kaum; was Gregor VII. unvollendet ließ, vollendete Innozenz III.; und Innozenz IV. und Alexander IV. brachten den Kampf, den Innozenz III. und Gregor IX. gegen die kaiserliche Einkreisung des Papsttums gekämpft hatten, zum siegreichen Ende.

In der Theorie leitete sich die Autorität des Papstes von der Macht her, die Christus den Aposteln mitgeteilt und die Päpste von den Aposteln geerbt hatten; in diesem Sinne war die Kirchenführung eine Theokratie – die Regierung des Volkes vermittels der Religion durch die irdischen Stellvertreter Gottes. In einem anderen Sinne war die Kirche eine Demokratie: jeder Mann der Christenheit mit Ausnahme der geistig oder körperlich Gebrechenhaften, der überführten Verbrecher, der Exkommunizierten und der Sklaven, war in das Priesteramt wählbar und konnte zum Papst aufsteigen. Wie in jedem System, hatten die Reichen bessere Gelegenheit, sich für den langen hierarchischen Aufstieg auszurüsten; die Laufbahn stand aber jedermann offen, und das Talent, nicht die Geburt, entschied den Erfolg. Hunderte von Bischöfen und mehrere Päpste stammten aus den Reihen der Armen[118]. Dieser Zustrom frischen Blutes in jeden Rang der Hierarchie brachte der Klugheit und dem Verständnis der Geistlichkeit eine ständige Förderung und «war jahrhundertelang die einzige praktische Anerkennung der Gleichheit des Menschen»*.

Im Jahre 1059 wurde, wie wir gesehen haben, das Recht der Papstwahl nur noch den «Kardinalbischöfen», die ihren Sitz in der Nähe von Rom hatten, zugestanden. Zu diesen

---

* James Westfall Thompson, *Economic and Social History of the Middle Ages*, New York 1928, S. 601. Vgl. Voltaire: «Die römische Kirche hatte immer den Vorzug, daß sie dem Verdienst *das* zuerkannte, was andere Obrigkeiten nur der Geburt gewähren.»

sieben Kardinälen kamen nach und nach durch päpstliche Ernennung Kardinäle verschiedener Nationen, bis schließlich ein Kirchenkollegium von siebzig Mitgliedern entstand; diese Kardinäle trugen als Auszeichnung purpurne Gewänder und einen roten Hut; sie bildeten in der Hierarchie einen neuen Rang, der seine Stelle unmittelbar hinter dem Papste hatte.

Mit der Unterstützung solcher Männer und eines großen Stabes von geistlichen und anderen Beamten, welche die päpstliche Kurie, die exekutive und richterliche Behörde, bildeten, regierte der Papst ein geistiges Reich, das im dreizehnten Jahrhundert seinen Höhepunkt erreichte. Er allein konnte ein allgemeines Konzil der Bischöfe einberufen, und ihre Gesetzgebung wurde erst durch seine Bestätigung rechtskräftig. Es stand ihm frei, das kanonische Recht zu interpretieren, zu revidieren und zu erweitern sowie Dispense zu erteilen. Er war die letzte Instanz, an die gegen die Entscheidung bischöflicher Gerichte appelliert werden konnte. Er allein konnte von gewissen schweren Sünden absolvieren oder größere Ablässe gewähren oder einen Menschen heiligsprechen. Nach 1059 mußten alle Bischöfe einen Gehorsamseid ablegen und sich in ihren Angelegenheiten der Überwachung durch päpstliche Legaten beugen. Inseln wie Sardinien und Sizilien, Nationen wie England, Ungarn und Spanien erkannten ihn als ihren Lehnsoberherrn an und schickten ihm Tribute. Durch die Bischöfe, Priester und Mönche hatte er in jedem Teile seines Reiches Augen und Hände; diese Männer bildeten einen Erkundungs- und Nachrichtendienst, mit dem kein Staat konkurrieren konnte. Allmählich, heimlich stellte Rom seine Herrschaft über Europa durch die erstaunliche Kraft des Wortes wieder her.

VII. DAS PAPSTTUM AUF DER HÖHE DER MACHT: 1085–1294

Der Streit zwischen Kirche und Staat um die Laieninvestitur war mit Gregor VII. und dem anscheinenden Triumph des Reiches noch nicht zu Ende; er ging mehrere Menschenalter lang während mehrerer Pontifikate weiter und mündete 1122 in den Kompromiß des Konkordates von Worms zwischen Calixtus II. und Heinrich V. Der Kaiser überließ der Kirche «jede Investitur mit Ring und Stab» und willigte ein, daß die Bischofs- und Abtwahlen «kanonisch» – das heißt durch die jeweils zuständigen Geistlichen und Mönche – durchgeführt werden und von jeder Einmischung und Simonie frei sein sollten. Calixtus gab insofern nach, als die Wahl von Bischöfen und Äbten, welche Kronländereien besaßen, in der Gegenwart des Königs abgehalten werden mußte; ferner erhielt bei umstrittenen Wahlen der König nach Befragung der Bischöfe der Provinz das Recht der Entscheidung, und jeder Abt oder Bischof, welcher Länder vom König zu eigen hatte, mußte diesem gegenüber alle lehnsherrlichen Pflichten des Vasallen erfüllen[119]. Ähnliche Vereinbarungen waren bereits mit England und Frankreich getroffen worden. Beide Seiten meinten den Sieg errungen zu haben. Die Kirche war der Autonomie bedeutend näher gekommen, aber das Lehnsband gab den Königen weiterhin in ganz Europa einen ausschlaggebenden Einfluß auf die Bischofswahl[120]

Im Jahre 1130 zerfiel das Kardinalskollegium in Parteien; die eine wählte Innozenz II., die andere Anaklet II. Anaklet stammte zwar aus der Adelsfamilie der Pierleoni, hatte aber einen Juden zum Großvater, der sich zum Christentum bekehrt hatte; seine Gegner nannten ihn «Judaeopontifex», und der heilige Bernhard, der bei anderen Gelegenheiten den Juden seine Freundschaft bezeigte, schrieb an Kaiser Lothar III.: «Zur Schande Christi hat sich ein Mann jüdischer Herkunft auf den Stuhl Petri gesetzt» – wobei er Petrus' eigene Herkunft völlig vergaß. Der größere Teil der Geistlichkeit und alle europäischen Könige bis auf einen stellten sich auf die Seite von Innozenz. Der Pöbel von Europa fand sein Vergnügen an Verleumdungen, die Anaklet des Inzests und der Beraubung christlicher Kirchen zur Bereicherung seiner jüdischen Freunde beschuldigten; aber die Bevölkerung von Rom hielt ihm bis zu seinem Tode (1138) die Treue. Wahrscheinlich war es die Geschichte von Anaklet, die im vierzehnten Jahrhundert zur Ausbildung der Legende von Andreas, dem «jüdischen Papst», führte[121].

Hadrian IV. (1154–1159) war ein neues Beispiel der kirchlichen *carrière ouverte aux talents*. Nicholas Breakspear, ein Engländer niederer Abkunft, war als Bettler in ein Kloster gekommen und brachte es, ausschließlich auf Grund seiner Tüchtigkeit und Fähigkeit, zum Abt, Kardinal und Papst. Er verlieh Irland an Heinrich II., zwang Barbarossa, ihm die Füße zu küssen, und hätte es fast zuwege gebracht, daß der große Kaiser den Päpsten das Recht zugestand, nach freiem Ermessen über Königsthrone zu verfügen. Nach Hadrians Tod wählte die Mehrheit des Kardinalskollegiums Alexander III. (1159–1181), die Minderheit Viktor IV. Barbarossa, der die frühere Vormacht der Kaiser vor den Päpsten wiederherstellen wollte, forderte beide Päpste auf, ihm ihre Ansprüche zum Entscheid vorzulegen; Alexander erteilte eine Absage, Viktor willigte ein, und auf der Synode von Pavia (1160) erkannte Barbarossa Viktor als Papst an. Alexander sprach den Kirchenbann gegen Friedrich aus, entließ die Untertanen des Kaisers aus ihrem Treueid und unterstützte den Aufstand der Lombardei. Der Sieg des Lombardischen Städtebundes bei Legnano (1176) demütigte Friedrich. Er schloß in Venedig Frieden mit Alexander und küßte abermals päpstliche Füße. Der gleiche Papst zwang Heinrich II. von England, barfuß vor dem Grabe Thomas Beckets Buße zu tun und sich dort von den Domherren von Canterbury züchtigen zu lassen. Alexanders langer Kampf und vollständiger Sieg ebnete einem der größten Päpste den Weg.

Innozenz III. wurde 1161 in Anagni bei Rom geboren. Als Lotario dei Conti, Sohn des Grafen von Segni, besaß er alle Vorteile der adligen Geburt und einer kultivierten Erziehung. Er studierte in Paris Philosophie und Theologie und in Bologna ziviles und kanonisches Recht. Nach Rom zurückgekehrt, stieg er dank seiner meisterlichen Fähigkeiten in Diplomatie und Theologie auf der kirchlichen Stufenleiter schnell empor; mit dreißig wurde er Kardinaldiakon, mit siebenunddreißig wurde er, der noch nicht einmal Priester war, einstimmig zum Papst gewählt (1198). Er wurde raschestens zum Priester geweiht und erhielt am nächsten Tage die Konsekration. Es war sein Glück, daß Kaiser Heinrich VI., der die Herrschaft über Sizilien und Süditalien errungen hatte, im Jahre 1197 gestorben war und den Thron seinem dreijährigen Sohne Friedrich II. hinterlassen hatte. Innozenz nützte mutig die Gelegenheit: er setzte den deutschen Präfekten in Rom ab, verwies die deutschen Lehnsmänner aus Spoleto und Perugia, nahm die Unterwerfung Tusziens entgegen, erneuerte die Herrschaft des Papstes über den Kirchenstaat, wurde von Heinrichs Witwe als Oberherr der beiden Sizilien anerkannt und übernahm die Vormundschaft über ihren Sohn. Im Laufe von zehn Monaten hatte Innozenz sich zum Herrn über Italien aufgeschwungen.

Allem Anschein nach war er der beste Kopf seiner Zeit. Anfangs seiner Dreißigerjahre hatte er vier theologische Werke verfaßt; sie waren gelehrte und lebendig geschriebene Abhandlungen, gingen aber im Glanze seines politischen Ruhmes ganz unter. Die Erklärungen, die er als Papst abgab, zeichnen sich durch eine Klarheit und logische Gedankenschärfe, eine Angemessenheit und Treffsicherheit der Ausdrucksweise aus, die ihn zu einem zweiten Thomas von Aquin oder einem strenggläubigen Abälard hätten machen können. Trotz seinem niedrigen Wuchse hatte er wegen seiner scharfblickenden Augen und seines strengen dunklen Antlitzes ein gebieterisches Aussehen. Er war durchaus nicht humorlos, hatte eine schöne Stimme und schrieb Gedichte; er hatte auch eine zarte Seite und konnte freundlich, geduldig und persönlich tolerant sein. In Fragen der Kirchenlehre und Moral ließ er jedoch keine Abweichung von den Dogmen und der Ethik der Kirche zu. Die Welt des christlichen Glaubens und Hoffens war das Reich, zu dessen Schutz er aufgerufen worden war, und wie jeder König wollte er sein Reich mit dem Schwert schützen, wenn das Wort nicht mehr genügte. Obwohl reich geboren, lebte er in philosophischer Einfachheit; in einem Zeitalter allgemeiner Bestechlichkeit blieb er unbestechlich[122]; sogleich nach seiner Konsekration untersagte er den Beamten seiner Kurie, für ihre Dienste Geld zu nehmen. Er sah es gerne, daß der Reichtum der Welt dem Stuhle Petri zugute kam, aber er verwaltete die päpstlichen Geldmittel mit ziemlich ehrlicher Hand. Er war ein vollendeter Diplomat und hatte in bescheidenem Umfange teil an der halb unfreiwilligen Unmoral dieses vorzüglichen Berufes[123]. Wie wenn elf Jahrhunderte weggefallen wären, war er ein römischer Kaiser, eher Stoiker als Christ, und es erschien ihm nie zweifelhaft, daß ihm die Weltherrschaft zustehe.

Da in der Erinnerung Roms noch so viele starke Päpste lebendig waren, war es nur natürlich, daß Innozenz seine Politik auf den Glauben an die Heiligkeit und die hohe Mission seines kirchlichen Amtes gründete. Er sorgte dafür, daß das Gepränge und die Majestät des päpstlichen Auftretens gewahrt blieben, und ging vor der Öffentlichkeit nie von seiner kaiserlichen Würdehaftigkeit ab. Da er selbst aufrichtig glaubte, Erbe der Macht zu sein, die nach allgemeinem Glauben vom Gottessohn an die Apostel und die Kirche abgetreten worden war, konnte er keine gleichberechtigte Autorität neben sich dulden. «Der Herr übertrug an Petrus nicht nur die Regierung der ganzen Kirche, sondern der ganzen Welt», erklärte er[124]. Er beanspruchte nicht die höchste Autorität in allen irdischen und rein weltlichen Dingen, sofern sie nicht den Kirchenstaat betrafen[125]; er bestand aber darauf, daß überall dort, wo die geistliche mit der weltlichen Macht in Konflikt stand, die geistliche Macht der weltlichen so überlegen sei wie die Sonne dem Mond. Er teilte das Ideal Gregors VII., daß alle Staatsregierungen ihren Platz in einem vom Papste geführten Weltstaat einnehmen sollten, und daß dem Papst in allen Dingen des Rechtes, der Ethik und des Glaubens die höchste Autorität zukomme; eine Zeitlang kam er der Erfüllung dieses Traumes sehr nahe.

Im Jahre 1204 brachte ihm die Eroberung Konstantinopels durch die Kreuzfahrer die Verwirklichung des einen Teiles seines Planes: die griechische Kirche unterwarf sich dem Bischof von Rom, und Innozenz konnte freudeerfüllt von dem «nahtlosen Gewande Christi» sprechen. Er unterwarf Serbien und sogar das ferne Armenien der Herrschaft des römischen Bistums. Nach und nach brachte er das Recht, Geistliche zu ernennen, ganz in seine Hand und machte aus dem mächtigen Episkopat ein williges Instrument des Papsttums. Vermittels einer erstaunlichen Folge entscheidender Kämpfe zwang er die Herrscher Europas in einem noch nie erlebten Umfang zur Anerkennung seiner Obergewalt. Den geringsten Erfolg hatte seine Politik in Italien: es gelang ihm trotz wiederholten Bemühungen nicht, den Kriegen der italienischen Stadtstaaten Einhalt zu gebieten, und in Rom machten die politischen Gegner ihm das Leben so unsicher, daß er eine Zeitlang von seiner Hauptstadt fernbleiben mußte. König Sverre von Norwegen (1184–1202) leistete ihm trotz Kirchenbann und Interdikt erfolgreich Widerstand[126]. Philipp II. von Frankreich widersetzte sich seinem Befehle, mit England Frieden zu schließen, gab aber der dringenden päpstlichen Aufforderung, seine verstoßene Gattin wieder aufzunehmen, nach. Alfons IX. von León ließ sich bewegen, Berengaria, die er geehelicht hatte, obwohl sie einen die Ehe ausschließenden Verwandtschaftsgrad hatte, zu verstoßen. Portugal, Aragón, Ungarn und Bulgarien erkannten die Lehnsoberhoheit des Papstes an und zahlten jährlich Tribute. Als König Johann von England den vom Papst ernannten Langton nicht als Erzbischof von Canterbury anerkennen wollte, zwang Innozenz ihn durch das Interdikt und durch eine gewandte Diplomatie, England in die Reihe der päpstlichen Lehnsländer einzufügen. Innozenz erweiterte seine Macht in Deutschland, indem er Otto IV. gegen Philipp von Schwaben, dann Philipp gegen Otto, dann Otto gegen Friedrich II., dann Friedrich gegen Otto unterstützte, wobei er in jedem Falle Konzessionen an das Papsttum als Preis davontrug und den Kirchenstaat von der drohenden Einkreisung befreite. Er hielt den Kaisern vor Augen, daß ein Papst das *imperium*, die Kaisergewalt, von den Griechen an die Franken «übertragen» hatte, daß Karl der Große nur durch die päpstliche Salbung und Krönung Kaiser geworden war, und daß er, Innozenz, wieder nehmen konnte, was die Päpste gegeben hatten. Ein Byzantiner, der nach Rom kam, sagte von Innozenz, er sei «nicht Petrus', sondern Konstantins Nachfolger»[127].

Er wies alle Bemühungen, die christliche Geistlichkeit ohne päpstliche Zustimmung zu besteuern, ab. Er stellte päpstliche Geldmittel für bedürftige Priester zur Verfügung und mühte sich darum, den Bildungsgrad der Geistlichkeit zu heben. Er verbesserte die soziale Stellung der Geistlichkeit, indem er die Kirche nicht als die Gesamtheit der Gläubigen, sondern als die Gesamtheit der christlichen Geistlichen definierte. Er verurteilte die Bischöfe und Klöster, die sich auf Kosten des Gemeindepfarrers Pfarrzehnten aneigneten[128]. Zur Hebung der klösterlichen Zucht ordnete er die regelmäßige Überwachung und Inspektion der Mönchs- und Nonnenklöster an. Seine Gesetzgebung brachte Ordnung in die verzweigten Beziehungen zwischen Geistlichkeit und Laienschaft, Priester und Bischof, Bischof und Papst. Er machte aus der bischöflichen Kurie eine leistungsfähige Körperschaft von Ratgebern, Administratoren und Richtern; sie wurde zur besten Regierung ihrer Zeit, und mit ihrer Verfahrens- und Audrucksweise trug sie zur Ausbildung der

Kunst und Technik der Diplomatie bei. Innozenz selbst war wahrscheinlich der beste Jurist seiner Zeit; er vermochte jede Entscheidung, die er fällte, durch logische Argumente und Anführung von Präzedenzfällen juristisch zu untermauern. Juristen und Gelehrte nahmen häufig an den «Konsistorien» teil, in denen er dem Kardinalskollegium als oberstem Kirchengericht vorsaß, um von seinen Diskussionen und Entscheiden in Sachen des zivilen und kanonischen Rechtes zu lernen. Manche Leute nannten ihn *Pater iuris*, Vater des Rechts[129], andere gaben ihm liebevoll den Beinamen Salomon III.[130].

Seinen höchsten Triumph als Gesetzgeber und Papst erlebte er, als er 1215 dem Vierten Laterankonzil in der Laterankirche in Rom vorsaß. Dieses zwölfte ökumenische Konzil wurde von 1500 Äbten, Bischöfen, Erzbischöfen und anderen Prälaten und Bevollmächtigten aller bedeutenderen Nationen des vereinigten Christentums besucht. Die Begrüßungsansprache des Papstes war ein kühnes Zugeständnis und eine Herausforderung: «Die Verderbnis des Volkes hat ihre wichtigste Ursache in der Geistlichkeit. Hieraus entstehen die Übel des Christentums: der Glaube schwindet, die Religion wird verunstaltet ... die Gerechtigkeit wird mit Füßen getreten, die Ketzer mehren sich, Abtrünnige werden immer kühner, die Ungläubigen werden stark, die Sarazenen triumphieren[131].» Die versammelte Macht und Intelligenz der Kirche ließ sich hier vollständig von einem einzigen Manne beherrschen. Seine Urteile wurden zum Dekret erhoben. Das Konzil gestattete ihm, den Grunddogmen der Kirche einen neuen Wortlaut zu geben; die Lehre von der Transsubstantiation wurde bei dieser Gelegenheit erstmals offiziell formuliert. Es war mit seiner Forderung einverstanden, daß die Nichtchristen in christlichen Ländern unterscheidende Kleidung tragen müßten. Es ging voller Begeisterung auf seinen Ruf zum Krieg gegen die Albigenser ein. Es folgte ihm aber auch in der Anerkennung der Mängel der Kirche. Es verurteilte den Verkauf falscher Reliquien. Es sprach ein strenges Urteil gegen die «unsinnigen und überflüssigen Ablässe, welche gewisse Prälaten ... sich zu gewähren nicht entblößen, wodurch sie die Schlüssel der Kirche verächtlich machen und die Erfüllung der Buße ihrer Kraft berauben[132].» Es unternahm eine weitgehende Reform des Klosterlebens. Es verurteilte die Trunksucht, Unsittlichkeit und geheime Ehe von Geistlichen und beschloß strenge Maßnahmen gegen sie; es verurteilte aber die Behauptung der Albigenser, daß jeder Geschlechtsverkehr sündig sei. Hinsichtlich der Teilnehmerzahl, Tragweite und Wirksamkeit war das Vierte Laterankonzil die wichtigste Kirchenversammlung seit dem Konzil von Nikaia.

Von diesem Gipfelpunkt seines Lebens fiel Innozenz rasch zu einem frühzeitigen Tode ab. Er hatte sich so unablässig den Pflichten und der Erweiterung seines Amtes gewidmet, daß er mit fünfundfünfzig Jahren keine Lebenskraft mehr besaß. «Ich habe keine Muße», klagte er, «über Jenseitiges zu sinnen. Kaum daß ich noch atme. So sehr muß ich für andere leben, daß ich mir selbst ein Fremder bin[133].» Vielleicht war es ihm im letzten Jahre besser gegeben, auf sein Werk zurückzuschauen und es objektiver zu beurteilen, als in der Hitze des Kampfes. Die Kreuzzüge, die er zur Rückeroberung von Jerusalem organisiert hatte, waren fehlgeschlagen; der einzige Kreuzzug, der nach seinem Tode zu einem Erfolg führte, war die grausame Austilgung der Albigenser in Südfrankreich. Er hatte sich die Bewunderung, nicht aber wie Gregor I. oder Leo IX. auch die Zuneigung seiner Zeitgenossen errungen. Es gab Männer der Kirche, die sich beschwerten, er sei zu sehr König, zu wenig Priester; die heilige Lutgardis war der Ansicht, er könne der Hölle nur knapp entrinnen[134]; und die Kirche selbst war zwar stolz auf sein geniales Wirken und dankbar für seine Bemühungen, versagte ihm aber die Heiligsprechung, die sie unbedeutenderen Menschen, welche mehr Skrupel bezeigten, gewährt hatte.

Wir dürfen ihm aber die Anerkennung nicht versagen, daß er die Kirche auf ihre höchste Höhe führte und ihren Traum vom Weltstaate der Erfüllung nahebrachte. Er war der beste Staatsmann seiner Zeit. Er verfolgte seine Ziele mit Klarblick, Hingabe, Gewandtheit, Hartnäckigkeit und einer unglaublichen Tatkraft. Bei seinem Tode (1216) hatte die Kirche in Aufbau, Pracht, Ruf und Macht eine Höhe erklommen, die sie nie zuvor erreicht hatte und hernach nur noch selten und auf kurze Zeit wieder erlebte.

Honorius III. (1216–1227) nimmt in den grausamen Annalen der Geschichte keine hohe Stellung ein, weil er zu sanftmütig war, um den Krieg zwischen Kaisertum und Papsttum energisch fortzusetzen. Gregor IX. (1227–1241) war bei der Übernahme des Papsttums bereits achtzig Jahre alt, führte aber diesen Krieg mit beinahe fanatischer Hartnäckigkeit weiter; er bekämpfte Friedrich II. so erfolgreich, daß er die Renaissance um ein Jahrhundert hinausschob; und er schuf die Inquisition. Dabei war er aber doch ein Mann von fraglos aufrichtiger und heldenmütiger Hingabe, der das Gut verteidigte, das ihm als kostbarster Besitz der Menschheit galt – den christlichen Glauben. Er kann nicht an und für sich ein harter Mensch gewesen sein, da er als Kardinal den möglicherweise ketzerischen Franziskus beschützt und klug geleitet hatte. Innozenz IV. (1243–1254) vernichtete Friedrich II. und sanktionierte die Anwendung der Folter durch die Inquisition[135]. Er war ein großer Förderer der Philosophie, unterstützte die Universitäten und gründete Rechtsschulen. Alexander IV. (1254–1261) war ein friedfertiger, freundlicher, barmherziger und gerechter Mensch, der «die Welt in Erstaunen setzte, weil er so wenig despotisch war»[136]; er mißbilligte die kriegerischen Eigenschaften seiner Vorgänger[137], zog die Frömmigkeit der Politik vor und «starb an gebrochenem Herzen», wie ein franziskanischer Chronist berichtet, «weil er täglich den schrecklichen und stets zunehmenden Kampf zwischen Christen vor Augen hatte»[138]. Clemens IV. (1265–1268) kehrte zu der Politik des Krieges zurück, sorgte für die Niederlage des Manfred und brachte der Hohenstaufendynastie und dem kaiserlichen Deutschland den Untergang. Die Wiedereroberung von Konstantinopel durch die Griechen drohte die Übereinstimmung zwischen der griechischen und der römischen Kirche zu beenden, aber Gregor X. (1271–1276) erwarb sich die Dankbarkeit des Michael Palaiologos, indem er Karl von Anjou von seinem ehrgeizigen Plane, Byzanz zu erobern, abbrachte; der wieder eingesetzte griechische Kaiser unterwarf die Ostkirche der römischen Herrschaft, und das Papsttum hatte wiederum die höchste Gewalt inne.

VIII. DIE FINANZEN DER KIRCHE

Eine Kirche, die in Tat und Wahrheit ein europäischer Überstaat war, sich mit dem Kult, der Gesittung, der Erziehung, der Ehe, den Kriegen, den Kreuzzügen, dem Tod und den Testamenten der Bevölkerung eines halben Erdteiles befaßte, aktiv an der Verwaltung weltlicher Angelegenheiten teilnahm und die kostspieligsten Bauten der mittelalterlichen Geschichte erstehen ließ, konnte ihre Funktionen nur ausüben, wenn sie hundert verschiedene Einnahmequellen ausnutzte.

Den größten Zustrom an Geldmitteln brachten die Zehnten: nach Karl dem Großen waren alle weltlichen Grundbesitzer der lateinischen Christenheit von Gesetzes wegen verpflichtet, einen Zehntel ihrer Gesamterzeugung oder ihres Einkommens in natura oder in bar an die Ortskirche abzuführen. Nach dem zehnten Jahrhundert mußte jede Gemeinde einen Teil des Zehnten an den Bischof der Diözese aushändigen. Unter dem Einfluß des Feudalwesens konnten die Zehnten einer Gemeinde wie alle anderen Einkünfte oder Besitztümer zu Lehen gegeben, verpfändet, testamentarisch vermacht oder verkauft werden, so daß im zwölften Jahrhundert ein finanzielles Gewebe entstanden war, in welchem die Ortskirche und ihr Pfarrer eher als die Einnehmer denn als die Verbraucher ihres Zehnten wirkten. Vom Priester wurde erwartet, daß er «für seine Zehnten Verdammnis ausstreue», wie es im Englischen heißt, also alle exkommuniziere, die ihren Zehnten gar nicht oder unrichtig zahlten; denn die Menschen waren damals genau so abgeneigt, den Zehnten an eine Kirche zu zahlen, die sie doch als unerläßlich für ihr Seelenheil ansahen, wie die Menschen heute abgeneigt sind, Steuern an den Staat zu zahlen. Wir vernehmen von gelegentlichen Aufständen der Zehntenzahler: wie Fra Salimbene berichtet, vereinbarten im Jahre 1280 in Reggio Emilia die Bürger, ungeachtet des Kirchenbannes, «daß keiner sich zur Zahlung des Zehnten an die Geistlichkeit verpflichten dürfe ... und auch nicht mit einem Geistlichen zum Fleisch sitzen solle ... und ihm weder Essen noch Trinken geben solle» – ein Bann mit umgekehrten Vorzeichen; der Bischof war denn auch gezwungen, einen Kompromiß einzugehen[139].

Die grundlegende Einnahmequelle der Kirche war ihr Grundbesitz. Sie war durch Schenkung oder Erbschaft, durch Kauf oder durch nicht eingelöste Hypotheken zu ihm gekommen, oder aber dadurch, daß Mönche oder andere kirchliche Gruppen Ödland urbar machten. Im Lehnswesen war es üblich, daß jeder Grundbesitzer oder Pächter beim Tode etwas der Kirche hinterließ; wer das unterließ, kam in den Verdacht der Ketzerei und erhielt unter Umständen keinen Begräbnisplatz in geweihter Erde[140]. Da nur wenige Laien schreiben konnten, wurde gewöhnlich ein Priester beigezogen, wenn ein Testament aufgestellt werden sollte; Papst Alexander III. verfügte 1170, daß kein Testament gültig sei, das nicht in Gegenwart eines Priesters gemacht worden sei; jeder weltliche Notar, der ein Testament aufstellte, ohne dieser Vorschrift zu genügen, sei mit dem Kirchenbann zu bestrafen[141]; und die Kirche beanspruchte für sich das ausschließliche Recht, ein Testament gerichtlich zu bestätigen. Geschenke oder Legate an die Kirche galten als die verläßlichsten Hilfsmittel, um die Leidenszeit im Fegfeuer zu verkürzen. Vor allem vor dem

Jahre 1000 begannen viele Vermächtnisse an die Kirche mit den Worten *adventante mundi vespero* – «da der Weltabend nahe ist»[142]. Wie wir bereits gesehen haben, gab es Vermögende, die ihren Besitz als *precarium*, als eine Art Versicherung gegen Erwerbsunfähigkeit, an die Kirche gaben: diese zahlte ihnen ein Jahrgeld, kümmerte sich um sie im Krankheitsfalle und im Alter und erhielt dafür das Besitztum beim Tode des Schenkers frei von jedem Zurückbehaltungsrecht[143]. Einige Klöster vermittelten ihren Wohltätern durch sogenannte Brüderschaften einen Anteil an dem geistlichen Verdienst oder den Ablässen vom Fegfeuer, die von den Mönchen mit Gebeten und guten Werken erworben worden waren[144]. Kreuzfahrer verkauften nicht nur Ländereien zu niedrigen Preisen an die Kirche, um Bargeld zu erhalten, sondern erhielten auch Darlehen von kirchlichen Körperschaften, wobei sie ihren Grundbesitz als Sicherheit einsetzten, welcher dann in vielen Fällen wegen Zahlungsunfähigkeit des Schuldners verfiel. Personen, die ohne natürliche Erben starben, vermachten manchmal ihren gesamten Grundbesitz an die Kirche; Gräfin Mathilde von Tuszien versuchte der Kirche in ihrem Testament nahezu ein Viertel Italiens zu vermachen.

Da der Kirchenbesitz unveräußerlich und vor 1200 gewöhnlich von der weltlichen Besteuerung befreit war[145], wuchs er von Jahrhundert zu Jahrhundert immer mehr an. Es war nichts Ungewöhnliches, wenn eine Kathedrale oder ein Kloster mehrere tausend Güter mit einem Dutzend Städtchen oder gar der einen oder anderen größeren Stadt besaß[146]. Dem Bischof von Langres gehörte die ganze Grafschaft; die Abtei St-Martin-de-Tours herrschte über 20 000 Leibeigene; der Bischof von Bologna hatte 2000 Güter in seinem Besitz, desgleichen der Abt von Lorsch; die Abtei Las Huelgas in Spanien war Eigentümerin von vierundsechzig Ortschaften[147]. In Kastilien besaß die Kirche um 1200 ein Viertel des Bodens, in England ein Fünftel, in Deutschland ein Drittel, in Livland die Hälfte[148]; diese Angaben beruhen jedoch auf unsicheren und groben Schätzungen. Diese Anhäufungen von Grundbesitz erweckten den Neid und wurden zur Zielscheibe des Staates. Karl Martell beschlagnahmte Kirchenbesitz, um Geld für seine Kriege zu bekommen; Ludwig der Fromme verbot Vermächtnisse, in welchen die Kinder des Erblassers zugunsten der Kirche enterbt wurden[149]; Heinrich II. von Deutschland entblößte viele Klöster ihrer Ländereien, da die Mönche ja zur Armut verpflichtet seien, und mehrere englische Gesetze über die Unveräußerlichkeit von Besitz schränkten die Möglichkeit ein, Besitztümer an «Korporationen» – das heißt kirchliche Körperschaften – zu vermachen. Eduard I. zog 1291 ein Zehntel des Kirchenbesitzes und 1294 die Hälfte des kirchlichen Jahreseinkommens ein. Philipp II. begann die Besteuerung von Kirchengut in Frankreich, Ludwig der Heilige setzte sie fort und Philipp IV. führte sie endgültig ein. Mit zunehmender Entwicklung von Handel und Gewerbe wurde der Geldumlauf größer und stiegen die Preise; die Einkünfte von Abteien und Bistümern stützten sich hauptsächlich auf Lehnsabgaben, welche einst bei niedrigem Preisstand festgesetzt worden waren und sich jetzt nicht gut erhöhen ließen, so daß sie nunmehr nicht nur für ein Luxusleben, sondern sogar für den gewöhnlichen Lebensunterhalt unzureichend waren[150]. Bis 1270 gerieten die meisten französischen Kathedralen und Abteien tief in Schulden; sie hatten von den Banken Geld zu hohen Zinssätzen geliehen, um den Forderungen der Könige begegnen zu können; diesem Umstand ist teilweise der Rückgang der Bautätigkeit in Frankreich zu Ende des dreizehnten Jahrhunderts zuzuschreiben.

Die Päpste trugen das Ihre zur Verarmung der Bistümer bei, indem sie deren Besitz und Einkünfte besteuerten, zuerst, um Geld für die Kreuzzüge zu bekommen, später, um die steigenden Ausgaben des Päpstlichen Stuhles zu finanzieren. Da das Papsttum den Bereich und die Vielfalt seiner Funktionen erweiterte, wurde es notwendig, neue zentrale Einnahmequellen zu finden. Innozenz III. (1199) wies alle Bischöfe an, dem Petersstuhl jährlich ein Vierzigstel ihres Einkommens zu überweisen. Ein *cens*, eine Steuer, wurde allen Klöstern und Kirchen auferlegt, die dem päpstlichen Schutz unmittelbar unterstanden. Ein «Jahresgeld» – theoretisch das ganze, praktisch das halbe Einkommen des ersten Jahres eines neuernannten Bischofs – wurde von den Päpsten als Gebühr für die Bestätigung der Wahl eingezogen, und von allen Empfängern des erzbischöflichen Palliums wurde erwartet, daß sie erhebliche Summen an den Petersstuhl abführten. Alle christlichen Haushalte wurden aufgefordert, jedes Jahr an den Papst einen Pfennig als «Peterspfennig» nach Rom zu schicken. Für Streitfälle, die vor päpstliche Gerichtshöfe gebracht wurden, war gewöhnlich eine Prozeßgebühr zu entrichten. Die Päpste beanspruchten für sich das Recht, in gewissen Fällen Dispense von den Vorschriften des kanonischen Rechtes zu erteilen, etwa Ehen unter Blutsverwandten zuzulassen, wenn gute politische Zwecke diese Abweichung zuzulassen schienen, und für das juristische Verfahren, das zu diesen Dispensen gehörte, wurden Gebühren erhoben. Beträchtliche Summen flossen den Päpsten von den Rompilgern zu. Man hat berechnet, daß das Gesamteinkommen des Papstes um 1250 größer war als die Einkünfte aller weltlichen europäischen Herrscher zusammengenommen[151]. Von England erhielt der Papst im Jahre 1252 eine Summe, welche die Einkünfte der Krone um das Dreifache überstieg[152].

Sosehr der Reichtum der Kirche der Vielfalt ihrer Funktionen entsprochen haben mag, war er doch die Hauptursache der ketzerischen Bewegungen dieser Zeit. Arnold von Brescia verkündete, jeder Priester oder Mönch, der bei seinem Tode etwas besitze, werde sicherlich zur Hölle fahren[153]. Die Bogomilen, die Waldenser, die Patarener, die Katharer breiteten sich aus, indem sie den Wohlstand der Gefolgsleute Christi schmähten. Eine beliebte Satire des dreizehnten Jahrhunderts war das «Evangelium nach Silbermark», das folgendermaßen begann: «Zu dieser Zeit sprach der Papst zu den Römern: ‚Wenn der Menschensohn zu dem Sitze unserer Majestät kommet, so saget als erstes: „Freund, wessentwillen bist du hergekommen?“ Und wenn er euch nichts giebet, so werfet ihn in die äußerste Finsternis[154].‘» In der gesamten Literatur dieser Zeit – in den *fabliaux*, den *chansons de geste*, dem *Rosenroman*, den Dichtungen der fahrenden Scholaren finden wir Klagen über den Geiz oder den Reichtum von Klerikern[155]. Matthäus Paris, ein englischer Mönch, schrieb erbittert über die Käuflichkeit der englischen und römischen Prälaten, die «ein Leckerleben auf Kosten des Patrimoniums Christi» führten[156]; Humbert de Romans, Oberhaupt des Dominikanerordens, schreibt von «Ablaßkrämern, welche die Prälaten der Kirchengerichte mit Bestechungen verderben»[157]; Petrus Cantor, ein Priester, berichtet von Priestern, welche Messen oder Vespern verkauften[158]; Becket, der Erzbischof von Canterbury, zog gegen das päpstliche Kanzleigericht los, es sei gekauft und verkauft, und zitierte einen Ausspruch Heinrichs II., der sich rühmte, das ganze Kardinalskollegium stehe in seinem Sold[159]. Noch gegen jede Regierung der Geschichte ist die Klage der Korruption erhoben worden; diese Klage ist fast immer teilweise berechtigt und teilweise auf Grund empörender Vorkommnisse verallgemeinert und übertrieben; zeitweise führte sie aber zu einem revolutionären Volkszorn. Die gleichen Gemeindemitglieder, welche mit ihren Pfennigen Kathedralen, Dome und Münster für Maria erbauten, konnten gegen die Sammelwut der Kirche heftig aufbegehren und gelegentlich einen zudringlichen Priester umbringen[160].

Die Kirche schloß sich dieser Kritik der geistlichen Geldhascherei selbst an und bemühte sich, die Habgier und den Luxus ihrer Vertreter in Schranken zu halten. Hunderte von Geistlichen, von Petrus Damiani, Bernhard, Franziskus und dem Kardinal von Vitry bis zu einfachen Mönchen, mühten sich, diese natürlichen Mißbräuche zu bekämpfen[161]; daß wir sie überhaupt kennen, verdanken wir hauptsächlich den Schriften solcher kirchlicher Reformer. Ein Dutzend Mönchsorden waren eifrig bestrebt, durch gutes Vorbild Reform zu predigen. Papst Alexander III. und das Laterankonzil des Jahres 1179 verurteilten die Geldnahme für die Taufe, die Letzte Ölung oder die Eheschließung, und Gregor X. berief das Ökumenische Konzil von Lyon (1274) besonders zu dem Zwecke einer Kirchenreform ein. Die Päpste selbst bezeigten in dieser Zeit keinen Geschmack für ein Luxusleben, sondern verdienten sich ihren Unterhalt mit eifriger Hingabe an ihre anspruchsvollen Aufgaben. Es ist die Tragik des Geistigen, daß es dahinsiecht, wenn es sich nicht organisiert, aber von den materiellen Bedürfnissen seiner Organisation befleckt wird.

SECHSTES KAPITEL

Die Frühzeit der Inquisition

[1000–1300]

I. DIE ALBIGENSERKETZEREI

DIE Kirchenfeindlichkeit nahm gegen Ende des zwölften Jahrhunderts stürmische Formen an. Im Zeitalter des Glaubens gab es Zwischenzeiten des Mystizismus und der religiösen Empfindsamkeit, welche das kirchlich organisierte Christentum verabscheuten und sich von ihm freimachten. Wohl mit den zurückkehrenden Kreuzfahrern drangen neue Wellen eines orientalischen Mystizismus in den Westen ein. Von Persien kam über Kleinasien und den Balkan ein Widerhall des manichäischen Dualismus und des mazdakischen Kommunismus nach Europa; vom Islam kam eine Bilderfeindlichkeit, ein düsterer Fatalismus und eine Abneigung gegen das Priestertum, und aus dem Fehlschlag der Kreuzzüge erwuchs ein geheimer Zweifel an der göttlichen Herkunft und Unterstützung der christlichen Kirche. Die Paulicianer, welche durch die byzantinische Verfolgung in den Westen vertrieben worden waren, nahmen ihren Abscheu gegen Heiligenbilder, Sakramente und Geistliche durch den Balkan nach Italien und der Provence mit; sie teilten das Weltall in eine von Gott erschaffene geistige und eine von Satan erschaffene stoffliche Welt ein, und Satan setzten sie mit dem Jahve des Alten Testamentes gleich. Die Bogomilen («Freunde Gottes») fanden Namen und Formung in Bulgarien und breiteten sich besonders in Bosnien aus; sie wurden im dreizehnten Jahrhundert wiederholt mit Feuer und Schwert angegriffen, wehrten sich hartnäckig und unterwarfen sich schließlich (1463), aber nicht dem Christentum, sondern dem Islam.

Um das Jahr 1000 entstand in Toulouse und Orléans eine Sekte, welche die Wirklichkeit der Wunder, die erneuernde Kraft der Taufe, die Gegenwart Christi in der Eucharistie und die Wirksamkeit von Gebeten, die an Heilige gerichtet wurden, leugneten. Eine Zeitlang wurde ihnen keine Beachtung zuteil, dann aber traf sie die Verurteilung, und 1023 wurden dreizehn Angehörige der Sekte auf dem Scheiterhaufen verbrannt. Ähnliche Sekten entstanden und führten zu Aufständen in Cambrai und Lüttich (1025), Goslar (1052), Soissons (1114), Köln (1146) und so weiter. Berthold von Regensburg berechnete die Zahl ketzerischer Sekten im dreizehnten Jahrhundert auf 150[1]. Zum Teil waren es harmlose Gruppen, die zusammenkamen, um einander ohne Priester die Bibel in der Volkssprache vorzulesen und die umstrittenen Stellen selbst auszulegen. Mehrere Sekten, wie diejenigen der Humiliati in Italien, der Beghinen und Begharden in den Niederlanden, wichen nur darin von der gutkatholischen Lehre ab, daß sie unbedingt auf der Armut der Priesterschaft beharrten. Die franziskanische Bewegung entstand als solche Sekte und entging nur mit knapper Not der Verurteilung wegen Ketzerei.

Die Waldenser entgingen der Verurteilung nicht. Um 1170 stellte Petrus Valdes, ein reicher Kaufmann von Lyon, Gelehrte an, die ihm die Bibel in die *langue d'oc* Südfrankreichs übersetzen mußten. Er studierte die Übersetzung eifrig und kam zu dem Schluß, die Christen müßten wie die Apostel leben, also ohne individuellen Besitz. Er schenkte einen Teil seines Vermögens seiner Frau, verteilte den Rest unter die Armen und begann die evangelische Armut zu predigen. Er sammelte um sich eine kleine Gruppe von Mitbürgern, die sich die «Armen von Lyon» nannten, sich wie Mönche kleideten, in Keuschheit lebten, barfuß gingen oder Sandalen trugen und ihre Einkünfte zu gemeinschaftlichem Besitz zusammenlegten[2]. Eine Zeitlang erhob die Geistlichkeit keinen Einwand und gestattete ihnen, in den Kirchen zu lesen und zu singen[3]. Als aber Petrus Valdes seine Sichel in allzu wörtlicher Befolgung des Evangeliums an das Erntegut anderer Leute anlegte, machte ihn der Erzbischof von Lyon in aller Schärfe darauf aufmerksam, daß das Predigen nur Bischöfen zustehe. Petrus ging nach Rom (1179) und bat Alexander III. um die Predigerlizenz. Er erhielt sie unter der Bedingung, daß er die Zustimmung der Geistlichkeit des Ortes, an dem er predigen wollte, einholte und sich ihrer Überwachung unterwarf. Daraufhin begann er wieder mit seinen Predigten, offenbar jedoch ohne die Genehmigung des örtlichen Klerus. Seine Anhänger wandten sich immer mehr dem Bibelstudium zu und lernten große Teile der Heiligen Schrift auswendig. Nach und nach nahm die Bewegung einen priesterfeindlichen Charakter an; sie verwarf das Priestertum, leugnete die Gültigkeit von Sakramenten, die von einem Priester im Stande der Sünde dargebracht worden waren, und vertrat die Ansicht, jeder Gläubige im Stande der Reinheit habe die Gewalt, Sünden zu vergeben. Einige Anhänger der Sekte verwarfen den Ablaß, das Fegefeuer, die Transsubstantiation und die Gebete an Heilige; eine andere Gruppe predigte, alles solle Gemeinbesitz werden[5]; eine dritte setzte die Kirche mit der Hure der Apokalypse gleich[4]. Im Jahre 1184 wurde die Sekte von der Verurteilung betroffen. Eine «Arme Katholiken» genannte Gruppe der Sekte wurde 1206 von Innozenz III. in den Schoß der Kirche aufgenommen; die meisten Waldenser verharrten im Ketzertum und breiteten sich über Frankreich nach Spanien und Deutschland aus. Wohl um ihr weiteres Wachstum zu verhindern, verfügte 1229 ein Konzil in Toulouse, daß kein Laie andere Bücher der Heiligen Schrift als den Psalter und Stundenbücher (welche hauptsächlich aus Psalmen bestanden) besitzen dürfe, und auch diese durften nur in lateinischer Sprache gelesen werden, denn die Kirche hatte noch keine volkssprachliche Übersetzung untersucht und für gut befunden[6]. Bei dem Vernichtungszug gegen die Albigenser mußten auch Tausende von Waldensern den Scheiterhaufen besteigen. Petrus selbst starb 1217 in Böhmen, anscheinend eines natürlichen Todes.

Um die Mitte des zwölften Jahrhunderts waren die westeuropäischen Städte von ketzerischen Sekten durchsetzt; «die Städte sind voller falscher Propheten», erklärt ein Bischof im Jahre 1190[7]; allein in Mailand gab es siebzehn neue Religionen. Die führenden Ketzer waren die Patarener – die ihren Namen offenbar von dem mailändischen Armenviertel Pataria hatten. Die Bewegung scheint als Protest gegen die Reichen ihren Anfang genommen zu haben; sie nahm eine kirchenfeindliche Wendung, verurteilte die Simonie, den Reichtum, die Ehen und das Konkubinat des Klerus und wollte, wie einer ihrer Führer sich ausdrückte, «das Vermögen der Geistlichen mit Beschlag belegen, ihren Besitz verauktionieren; leisten sie Widerstand, so sollen ihre Häuser der Plünderung freigegeben und sie selbst mitsamt ihren Bastarden wie Hunde aus der Stadt vertrieben werden»[8]. Ähnliche kirchenfeindliche Parteien entstanden in Viterbo, Orvieto, Verona, Ferrara, Parma, Piacenza, Rimini ...[9]. Zeitweise hatten sie die Vorhand in den Ratsversammlungen, kamen in den Besitz von Stadtregierungen und zogen von den Geistlichen Steuern ein, um weltliche Unternehmungen zu finanzieren[10]. Innozenz III. gab seinem Legaten in der Lombardei die Weisung, allen städtischen Beamten den Eid abzufordern, daß sie keine Ketzer mit Ämtern betrauen würden. Im Jahre 1237 beschmutzte ein «lästernder und höhnender» Volkshaufe mehrere mailändische Kirchen mit «unbeschreiblichem Kot»[11].

Die mächtigste ketzerische Sekte hatte mehrere verschiedene Namen: man nannte sie Katharer nach dem griechischen Worte für «rein», Bulgaren nach der Herkunft aus dem Balkan und Albigenser nach der französischen Stadt Albi, wo sie besonders zahlreich vertreten waren. Montpellier, Narbonne und Marseille waren die ersten französischen Brennpunkte dieser Ketzerei, möglicherweise infolge der Berührung mit Muselmanen und Juden und wegen des häufigen Besuches von Kaufleuten aus den Ketzerkreisen Bosniens, Bulgariens und Italiens. Kaufleute trugen die Bewegung auch nach Toulouse, Orléans, Soissons, Arras und Reims, aber die Languedoc und die Provence blieben die Grundfesten. In diesen Provinzen hatte die mittelalterliche Zivilisation ihren Höhepunkt erreicht; die großen Religionen lebten in weltmännischer Freundschaft Seite an Seite, viele Frauen zeigten eine berückende Schönheit, die Sitten waren locker, Troubadours verbreiteten kecke Gedanken, und die Renaissance stand wie in Friedrichs Italien zur Entfaltung bereit. Südfrankreich setzte sich zu dieser Zeit (1200) aus praktisch unabhängigen Fürstentümern zusammen, die mit den dünnen Banden einer theoretischen Lehnsverpflichtung an den französischen König gebunden waren. In diesem Teile Frankreichs waren die Grafen von Toulouse die mächtigsten Herren; sie verfügten über einen größeren Grundbesitz als der König. Die Lehren und Religionsübungen der Katharer bedeuteten teilweise eine Rückkehr zu urchristlichen Glaubenssätzen und Lebensanschauungen, klangen daneben irgendwie an die arianische Ketzerei, die unter den Westgoten in Südfrankreich geherrscht hatte, an und waren teilweise auch das Ergebnis manichäischer und anderer orientalischer Gedanken und Vorstellungen. Geführt wurden sie von schwarzgewandeten Priestern und Bischöfen, die mit *perfecti* («die Vollkommenen») bezeichnet wurden und bei ihrer Weihe geloben mußten, Eltern, Weib und Kinder zu verlassen, «sich Gott und dem Evangelium zu weihen ... nie eine Frau zu berühren, nie ein Tier zu töten, nie Fleisch, Eier oder Milcherzeugnisse oder sonst etwas anderes als Fisch und Gemüse zu essen»*. Die «Gläubigen» *(credentes)* waren Anhänger, welche versprachen, dieses Gelübde später abzulegen; sie durften einstweilen Fleisch essen und heiraten, mußten aber die katholische Kirche verlassen, um auf dem Weg zu dem «vollkommenen» Leben Fortschritte machen zu können, und es war ihnen vorgeschrieben, jeden *perfectus* mit einer dreifachen ehrfurchtsvollen Beugung des Knies zu grüßen.

* Nach einem Bericht des Inquisitors Sacchoni[12]. Wir kennen die Lehren und Bräuche der Katharer nur durch ihre Gegner; ihr eigenes Schrifttum ging verloren oder fiel der Zerstörung anheim.

In ihrer Theologie teilten die Katharer das Weltall in manichäischer Weise in das Gute, Gott, Geist, Himmel, und das Böse, Satan, Stoff, das stoffliche All, ein. Satan und nicht Gott habe die sichtbare Welt erschaffen. Alles Stoffliche galt als böse, auch das Kreuz, an welchem Jesus starb, und die geweihte Hostie der Eucharistie; Christus habe nur an einen übertragenen Sinn gedacht, als er vom Brote sagte: «Dies ist mein Leib[13].» Alles Fleischliche sei stofflich und jede Berührung mit ihm unrein; jeder Geschlechtsverkehr sei sündhaft; die Sünde von Adam und Eva sei der Koitus gewesen[14]. Nach der Darstellung ihrer Gegner verwarfen die Albigenser die Sakramente, die Messe, die Bilderverehrung, die Dreieinigkeit und die jungfräuliche Geburt; Christus sei ein Engel gewesen, aber nicht eins mit Gott. Sie verschmähten (wie es heißt) jeden Privatbesitz und strebten nach Gütergemeinschaft[15]. Zur Grundlage ihrer Ethik nahmen sie sich die Bergpredigt. Sie wurden geheißen, ihre Feinde zu lieben, für die Kranken und Armen zu sorgen, nie zu fluchen, stets Frieden zu halten; Gewaltanwendung galt ihnen unter keinen Umständen als moralisch vertretbar, auch nicht gegenüber Ungläubigen; die Todesstrafe galt als Todsünde; man solle nur darauf bauen, daß letzten Endes Gott über das Böse den Sieg davontragen werde, ohne üble Mittel einzusetzen[16]. Diese Theologie kannte keine Hölle und kein Fegefeuer; jeder Seele stehe die Seligkeit bevor, und sei es auch erst nach läuternden Seelenwanderungen. Um in den Himmel zu kommen, müsse man im Stande der Reinheit sterben; hierzu mußte man von einem Katharerpriester das *consolamentum*, ein letztes Sakrament, welches die Seele vollständig von der Sündhaftigkeit befreite, erhalten. Die Katharer schoben dieses Sakrament (wie einige Frühchristen die Taufe) auf, bis sie den Tod nahen fühlten. Wenn nämlich jemand, der es empfangen hatte, wieder genas, dann lief er Gefahr, erneut in Unreinheit zu geraten und ohne das *consolamentum* zu sterben; es war also ein großes Unglück, nach dem Empfang des Sakramentes wieder zu genesen, und es wird behauptet, die Albigenserpriester hätten manchen Patienten, der wieder zu Kräften kam, bewogen, sich zu Tode zu hungern und so den Weg ins Paradies freizumachen. Manchmal sollen sie, um der Sache ganz sicher zu gehen, Patienten mit deren Einwilligung erstickt haben[17].

Es wäre der Kirche freigestanden, die Sekte an ihrem eigenen Selbstmord zugrunde gehen zu lassen, hätten sich die Katharer nicht in eine aktive Kritik der Kirche eingelassen. Sie behaupteten, die Kirche sei nicht die Kirche Christi; Petrus sei nie nach Rom gekommen, habe nie das Papsttum begründet; die Päpste seien Nachfolger der Kaiser, nicht der Apostel. Christus habe keinen Ort gehabt, sein Haupt zu betten, der Papst dagegen wohne in einem Palast; Christus sei arm und besitzlos gewesen, die christlichen Prälaten seien dagegen reich; diese hochherrschaftlichen Erzbischöfe und Bischöfe, diese weltlichen Priester, so sagten die Katharer, seien doch sicherlich nichts anderes als die zu neuem Leben erwachten Pharisäer früherer Zeiten! Es stand für sie fest, daß die römische Kirche die Hure Babylon, die Geistlichkeit eine Synagoge Satans, der Papst der Antichrist war[18]. Menschen, die zum Kreuzzug aufriefen, waren in ihren Augen Mörder[19]. Viele Katharer lachten über Ablässe und Reliquien. Eine Katharerschar soll ein häßliches, einäugiges und ganz deformiertes Marienbild angefertigt und dessen Wundertätigkeit gepriesen haben, worauf sie, als ihrem Betrug weithin Glauben geschenkt wurde, den ganzen Schwindel aufdeckte[20]. Viele albigensische Lehren wurden auf Flügeln des Gesanges von Spielleuten verbreitet, welche die christliche Moral verabscheuten, ohne sich ganz zu der neuen Ethik zu bekennen; mit Ausnahme von zweien hieß es von allen Troubadours, sie ständen auf der Seite der Albigenser; diese Troubadours machten sich über die Pilger, die Beichte, das Weihwasser, das Kreuz lustig; sie bezeichneten die Kirchen als «Räuberhöhlen» und sahen in den katholischen Priestern «Verräter, Lügner und Heuchler»[21].

Eine Zeitlang erfuhren die Katharer eine weitgehende Duldung von seiten der Geistlichkeit und der weltlichen Gewalten Südfrankreichs. Offenbar stand es dem Volke frei, zwischen der alten und der neuen Religion zu wählen[22]. Es fanden öffentliche Diskussionen zwischen katholischen und katharistischen Theologen statt; eine derartige Verhandlung wurde in Carcassonne in Gegenwart eines päpstlichen Legaten und des Königs Peter II. von Aragón abgehalten (1204). Im Jahre 1167 hielten verschiedene Zweige der Katharer ein Konzil ihrer Geistlichen ab, an dem Vertreter aus mehreren Ländern teilnahmen; dabei wurden Fragen der katharistischen Lehre, Zucht und Führung erörtert und geregelt; das Konzil konnte sich vertagen, ohne irgendwie gestört oder behindert worden zu sein[23]. Dem Adel erschien eine Schwächung der Kirche in der Languedoc überdies als wünschenswert; die Kirche war vermöglich und besaß viel Land; die Adligen, welche verhältnismäßig arm waren, begannen sich Kirchenbesitz anzueignen. Im Jahre 1171 plünderte Vicomte Roger II. von Béziers eine Abtei, warf den Bischof von Albi ins Gefängnis und setzte einen Ketzer als seinen Gefangenenwärter ein. Als die Mönche von Allet einen Abt wählten, welcher dem Vicomte nicht genehm war, brannte er das Kloster nieder und kerkerte den Abt ein; als dieser starb, stellte der Vicomte den Leichnam frischfröhlich auf der Kanzel zur Schau und bewog die Mönche, einen ihm genehmen Ersatz zu wählen. Raymond Roger, Graf von Foix, vertrieb Abt und Mönche aus der Abtei Pamiers; seine Pferde fraßen Hafer vom Altar; seine Landsknechte benutzten die Arme und Beine von Kruzifixen als Dreschflegel und übten ihre Treffsicherheit am Christusbild. Graf Raimund VI. von Toulouse zerstörte mehrere Kirchen, verfolgte die Mönche von Moissac und wurde exkommuniziert (1196). Aber der Kirchenbann war für die Adligen Südfrankreichs nur noch eine Kleinigkeit. Viele von ihnen bekannten sich offen zur Ketzerei der Katharer oder unterstützten sie großzügig[24].

Innozenz III., der 1198 den Petersstuhl bestieg, sah in diesen Vorgängen eine Bedrohung sowohl der Kirche als auch des Staates. Er erkannte eine gewisse Berechtigung zur Kritik an der Kirche an, meinte aber, er dürfe nicht müßig zusehen, wenn die große Organisation der Kirche, für die er so hochfliegende Pläne und Hoffnungen hegte und die ihm als wichtigstes Bollwerk gegen die Gewaltsamkeit der Menschen, gegen das soziale Chaos und die Ungerechtigkeit von Despoten erschien, in ihren Grundfesten angegriffen, ihrer Besitztümer und ihrer Würde beraubt und mit gotteslästerlichen Travestien verhöhnt wurde. Auch der Staat hatte Sünden begangen, Korruption geduldet und unwürdige Amtsleute im Amte belassen, aber nur Narren wünschten seinen Untergang. Wie ließ sich eine bestandhafte Gesellschaftsordnung auf Grundsätzen aufbauen, welche die Zeugung verurteilten und den Selbstmord empfahlen? Konnte ein Wirtschaftsleben blühen, wenn man die Armut anbetete und auf die Triebkraft des Besitzes verzichtete? Konnte man die

Beziehung der Geschlechter und die Aufzucht der Kinder von einem wilden Durcheinander bewahren, wenn man nicht über eine Einrichtung wie die Ehe verfügte? Die Lehre der Katharer erschien Innozenz unsinnig und wegen der Einfalt des Volkes ein gefährliches Gift zu sein. Was hatte ein Kreuzzug gegen die Ungläubigen in Palästina für einen Sinn, wenn diese albigensischen Ungläubigen sich im Herzen des Christentums ausbreiteten?

Zwei Monate nach Antritt seines Amtes schrieb Innozenz an den Erzbischof von Auch in der Gascogne:

> Das Schifflein Petri wird von vielen Stürmen betroffen und auf dem Meere umhergetrieben. Am meisten bekümmert mich jedoch, daß sich heute Diener des teuflischen Irrglaubens breit machen, welche hemmungsloser und gefährlicher denn je die Seelen der Einfältigen einfangen. Mit ihren abergläubischen und falschen Erfindungen verdrehen sie den Sinn der Heiligen Schrift und versuchen die Einheit der katholischen Kirche zu zerstören. Da dieser widerliche Irrglaube in der Gascogne und den benachbarten Ländern um sich greift, ist es unser Wunsch, daß du und deine Bischöfe euch mit aller Kraft dieser Pestilenz entgegensetzet ... Wir erteilen dir den strengen Befehl, daß du mit allen Mitteln diese Ketzereien vernichtest und alle aus deiner Diözese vertreibest, die von ihnen befleckt sind ... Nötigenfalls kannst du die Fürsten und das Volk veranlassen, ihnen mit dem Schwert ein Ende zu bereiten.[25]

Der Erzbischof von Auch, der gegenüber anderen Menschen ebenso nachsichtig war wie gegenüber sich selbst, scheint auf diesen Brief hin nichts unternommen zu haben, und der Erzbischof von Narbonne sowie der Bischof von Béziers widersetzten sich den päpstlichen Legaten, die Innozenz zu ihnen sandte, um die Durchführung der angeordneten Maßnahmen zu erzwingen. Etwa um diese Zeit gingen in einer öffentlichen Zeremonie sechs adelige Damen unter Führung der Schwester des Grafen von Foix zu den Katharern über, und viele Adlige nahmen an der Feierlichkeit teil. Innozenz sandte an Stelle der Legaten, die unverrichteter Dinge zurückgekehrt waren, einen entschlosseneren Mann, Arnaud, das Oberhaupt der Zisterzienser (1204), erteilte ihm außerordentliche Vollmachten zur Durchführung einer Inquisition in ganz Frankreich und beauftragte ihn, dem König und den Adligen von Frankreich einen vollkommenen Ablaß zu bieten, falls sie ihm bei der Vernichtung der Albigenserketzerei beistünden. Für diese Hilfe verhieß Innozenz dem König Philipp August die Güter derjenigen, die an dem Kreuzzuge gegen die Albigenser nicht teilnehmen wollten[26]. Philipp zögerte; er hatte soeben die Normandie erobert und brauchte Zeit, um sie zu verdauen. Raimund VI. von Toulouse erklärte sich zu Überredungsversuchen gegenüber den Ketzern bereit, weigerte sich aber, an einem Krieg gegen sie teilzunehmen. Innozenz sprach den Bann gegen ihn aus; Raimund gelobte Gehorsam, erhielt die Absolution und zeigte sich wieder nachlässig. «Wie können wir das tun?» fragte er einen Ritter, der von einem päpstlichen Legaten den Befehl erhalten hatte, die Katharer aus ihren Ländereien zu vertreiben. «Wir sind mit diesen Leuten aufgewachsen, wir haben Verwandte unter ihnen, und wir sehen sie ein rechtes Leben führen[27].» Der heilige Dominikus kam von Spanien, ging mit friedlichen Predigten gegen die Ketzer vor und vermochte durch sein vorbildliches Leben viele Bekehrungen zum Katholizismus zu erreichen[28]. Vielleicht hätte das Problem auf diese Weise und in Verbindung mit einer Kirchenreform seine Lösung gefunden, wäre nicht der päpstliche Legat, Pierre de Castelnau, von einem Ritter, der dann von Raimund geschützt wurde, ermordet worden[29]. Innozenz, der fast zehn Jahre lang die Vereitlung seiner Bemühungen gegen die Ketzerei geduldig ertragen hatte, griff nun zu schärfsten Mitteln. Er exkommunizierte Raimund und alle seine Anhänger, belegte alle Domänen, die ihnen untertan waren, mit dem Interdikt und bot diese Besitztümer allen Christen, die von ihnen Besitz zu ergreifen vermochten, zur freien Verfügung an. Er rief Christen aller Länder zu einem Kreuzzug gegen die Albigenser und ihre Schützer auf. Philipp August gestattete vielen Rittern seines Reiches die Teilnahme, und Kontingente kamen aus Deutschland und Italien. Allen Teilnehmern wurde der gleiche vollkommene Ablaß verheißen, den auch diejenigen erhielten, welche das Kreuz für Palästina auf sich nahmen. Raimund ersuchte um Vergebung, leistete öffentlich Buße (wobei er halbnackt in der Kirche von St-Gilles ausgepeitscht wurde), erhielt erneut die Absolution und schloß sich dem heiligen Kriege an (1209).

Der größte Teil der Bevölkerung der Languedoc, Adlige und Gemeine gleicherweise, leistete den Kreuzfahrern Widerstand, da sie in dem Angriff der nördlichen Barone und Glücksritter nur einen Versuch sah, sich unter dem Deckmantel religiösen Eifers in den Besitz ihrer Güter zu setzen; selbst die katholischen Christen des Südens wehrten sich gegen diese Invasion aus dem Norden[30]. Als die Kreuzfahrer nach Béziers kamen, machten sie sich anerbötig, der Stadt die Schrecken des Krieges zu ersparen, falls sie alle Ketzer, die auf der Liste ihres Bischofs standen, auslieferte; die Stadthäupter weigerten sich und erklärten, sie wollten sich lieber belagern lassen, bis sie gezwungen wären, ihre Kinder zu essen. Die Kreuzfahrer erstürmten die Stadtmauern, eroberten die Stadt und erschlugen zwanzigtausend Männer, Frauen und Kinder in einem unterschiedslosen Gemetzel; dabei verschonten sie auch diejenigen nicht, die in der Kirche Asyl gesucht hatten[31]. Caesarius von Heisterbach, ein Zisterziensermönch, der zwanzig Jahre später schrieb, ist unser einziger Gewährsmann für die Geschichte, daß Arnaud, der päpstliche Legat, auf die Frage, ob man die Katholiken verschonen solle, geantwortet habe: «Erschlaget sie alle, denn Gott kennet die Seinen»[32]; vielleicht befürchtete er, alle Besiegten würden sich bei dieser Gelegenheit als Katholiken ausgeben. Nachdem sie Béziers völlig niedergebrannt hatten, machten sich die Kreuzfahrer unter Führung des Raimund an den Angriff gegen die Festung Carcassonne, wo Raimunds Neffe, Graf Roger von Béziers, letzten Widerstand leistete. Die Festung fiel, und Roger starb an der Ruhr.

Der tapferste Führer bei dieser Belagerung war Simon von Montfort. Er wurde um 1170 als der älteste Sohn des Grafen von Montfort in Franzien geboren; durch seine englische Mutter wurde er Graf von Leicester. Wie viele andere Männer dieser säbelraßlerischen Zeit war er fähig, eine große Frömmigkeit mit großen Kriegstaten zu verbinden; er hörte jeden Tag die Messe, war berühmt ob seiner Keuschheit und hatte sich in Palästina ausgezeichnet. Mit seinem kleinen Heer von 4500 Mann überfiel er nun, vom päpstlichen Legaten angetrieben, eine Stadt nach der anderen, überwand jeden Widerstand und stellte die Bevölkerung vor die Wahl, entweder dem römischen Glauben die Treue zu schwören oder als Ketzer den Tod zu erleiden. Tausende schwuren, Hunderte zogen den Tod vor[33]. Vier Jahre lang setzte Simon seine Feldzüge fort, wobei er mit Ausnahme von Toulouse fast das gesamte Gebiet des Grafen Raimund verwüstete. Im Jahre 1215 ergab sich ihm

Toulouse selbst; Graf Raimund wurde von einem Konzil von Prälaten in Montpellier abgesetzt und mußte seinen Titel und den größten Teil seiner Ländereien an Simon abtreten.

Innozenz III. war mit diesem Vorgehen nicht ganz einverstanden. Er war entsetzt, als er feststellte, daß die Kreuzfahrer sich die Besitztümer von Männern, die niemals Ketzer gewesen waren, angeeignet und wie wilde Freibeuter gemordet und geplündert hatten[34]. Er begnadigte Raimund, wies ihm ein Jahrgeld zu und nahm einen Teil seiner Ländereien für seinen Sohn unter den Schutz der Kirche. Raimund VII. wurde mündig und eroberte Toulouse zurück; Simon fiel bei einer zweiten Belagerung der Stadt (1218); der Kreuzzug wurde nun, da Innozenz verstorben war, eingestellt, und diejenigen Albigenser, die noch am Leben waren, kamen hervor, um unter der milden Herrschaft des neuen Grafen von Toulouse ihre Religion auszuüben und zu predigen.

Im Jahre 1223 machte Ludwig VIII. von Frankreich das Anerbieten, Raimund VII. abzusetzen und jede Ketzerei in Raimunds Ländereien auszurotten, falls Honorius III. ihm gestatte, die Provinz der königlichen Domäne einzuverleiben. Die Antwort des Papstes ist uns nicht überliefert. Es wurde aber ein neuer Kreuzzug eingeleitet, und Ludwig war dem Siege nahe, als ihn in Montpensier der Tod ereilte (1226). Raimund ergriff die Gelegenheit, um mit Blanche, der Regentin Ludwigs IX., Frieden zu schließen; er bot Ludwigs Bruder Alphonse die Hand seiner Tochter Johanna mit der Bestimmung, daß Raimunds Ländereien bei dessen Tode an Johanna und ihren Gatten fallen sollten. Blanche, die unter Aufständen aufrührerischer Adliger zu leiden hatte, willigte ein, und Gregor IX. erteilte seine Zustimmung, als Raimund sich verpflichtete, jede Ketzerei zu unterdrücken. Ein Friedensvertrag wurde 1229 in Paris unterzeichnet, und die Albigenserkriege fanden nach dreißig Jahren des Kampfes und der Verwüstung ihren Abschluß. Der Katholizismus triumphierte, die Zeit der Toleranz war zu Ende, und das Konzil von Narbonne (1229) untersagte allen Laien den Besitz jedes Teiles der Bibel[35]. Das Lehnswesen breitete sich aus, die Städte verloren ihre Freiheit immer mehr, das fröhliche Zeitalter der Troubadours schwand in Südfrankreich dahin. Im Jahre 1271 starben Johanna und Alphonse, die Raimunds Besitzungen geerbt hatten, ohne Nachkommenschaft, und die ausgedehnte Grafschaft Toulouse fiel an Ludwig IX. und die französische Krone. Mittelfrankreich besaß nun freie Zugänge zum Mittelmeerhandel, und Frankreich war seiner Einheit bedeutend nähergekommen. Das und die Inquisition sind die wichtigsten Ergebnisse der Albigenserkreuzzüge.

II. DER HINTERGRUND DER INQUISITION

Das Alte Testament stellte für die Behandlung der Ketzer eine einfache Regel auf; der Fall mußte sorgfältig untersucht werden; wenn drei ehrenwerte Zeugen bezeugten, die Ketzer seien «hingegangen» und hätten «anderen Göttern gedient», dann mußte man sie «ausführen zum Tore und sie zu Tode steinigen» (5. Mose XVII, 5).

> Wenn ein Prophet oder Träumer unter euch wird aufstehen ... und er spricht: Laß uns anderen Göttern folgen... Der Prophet oder der Träumer soll sterben ... Wenn dich dein Bruder ... oder dein Sohn oder deine Tochter oder das Weib in deinen Armen oder

dein Freund, der dir ist wie dein Herz, heimlich überreden würde und sagen: Laß uns gehen und anderen Göttern dienen! ... so willige nicht darein und gehorche ihm nicht. Auch soll dein Auge seiner nicht schonen, und sollst dich seiner nicht erbarmen noch ihn verbergen, sondern sollst ihn erwürgen (5. Mose XIII, 2–10) ... Die Zauberinnen sollst du nicht leben lassen (2. Mose XXII, 18).

Nach dem Johannesevangelium (XV, 6) schloß sich Jesus dieser Überlieferung an: «Wer nicht in mir bleibt, der wird weggeworfen wie eine Rebe und verdorrt, und man sammelt sie und wirft sie ins Feuer, und müssen brennen.» Mittelalterliche jüdische Gemeinden hielten das biblische Ketzergesetz in der Theorie aufrecht, befolgten es aber selten in der Praxis. Maimonides bekannte sich vorbehaltlos zu ihm[36].

Nach den griechischen Gesetzen war die *asebeia* – der mangelnde Kult der Götter des strenggläubigen hellenistischen Pantheons – ein todeswürdiges Verbrechen; auf Grund eines solchen Gesetzes wurde Sokrates zum Tode verurteilt. Im klassischen Rom, in dem die Götter in enger Eintracht mit dem Staate verbunden waren, wurden Ketzerei und Gotteslästerung als Hochverrat angesehen und mit dem Tode bestraft. Wenn sich kein Ankläger fand, um einen Ketzer oder Gotteslästerer vor Gericht zu bringen, dann berief der römische Richter den Verdächtigten zu sich und leitete eine *inquisitio*, eine Untersuchung des Falles, ein; die mittelalterliche Inquisition hat Namen und Verfahren von dieser Einrichtung. Die Ostkaiser, die im byzantinischen Bereich nach dem römischen Recht verfuhren, bestraften Manichäer und andere Ketzer mit der Todesstrafe. Während des Frühmittelalters sah sich das Christentum im Westen selten Angriffen seiner eigenen Kinder ausgesetzt, die Duldsamkeit nahm zu, und Leo IX. war der Ansicht, der Kirchenbann sollte die einzige Strafe für Ketzerei sein[37]. Als im zwölften Jahrhundert die Ketzerei um sich griff, vertraten einige Kirchenmänner die Meinung, dem Kirchenbann solle die Ächtung oder Einkerkerung durch den Staat folgen[38]. Die Wiedergeburt des römischen Rechtes in Bologna im zwölften Jahrhundert lieferte Ausdrucksweise, Methode und Anregung für eine religiöse Inquisition, und das kanonische Ketzergesetz wurde Wort für Wort dem fünften Gesetz des Abschnittes *De haereticis* des justinianischen Gesetzbuches nachgebildet[39]. Und schließlich übernahm die Kirche im dreizehnten Jahrhundert das Ketzergesetz ihres größten Feindes, Friedrichs II., das die Ketzerei mit dem Tode bestrafte.

Es war allgemeiner Glaube der Christen – auch vieler Häretiker –, daß die Kirche vom Sohne Gottes eingesetzt worden sei. Auf Grund dieses Glaubens mußte jeder Angriff auf die katholische Religion als Vergehen gegen Gott selbst gelten; der halsstarrige Ketzer konnte nur vom Satan ausgesandt sein, um das Werk Christi zu zerstören, und jeder Mensch und jede Regierung, welche Ketzereien zuließen, dienten dem Luzifer. Im Bewußtsein, ein untrennbarer Bestandteil der sittlichen und politischen Führung Europas zu sein, sah die Kirche, wie auch der Staat, in der Ketzerei Hochverrat: sie kam einem Angriff auf die Grundlagen der Gesellschaftsordnung gleich. «Das Zivilrecht», erklärt Innozenz, «bestraft Verräter mit der Beschlagnahme ihres Vermögens und mit dem Tode ... Um so mehr sollten wir alle Verräter am Glauben Jesu Christi mit dem Kirchenbann und der Beschlagnahme des Vermögens bestrafen, denn es ist eine unendlich größere Sünde, die göttliche Majestät zu beleidigen, als die Majestät eines weltlichen Herrschers anzugreifen[40].» Kirchlichen Staatsmännern wie Innozenz erschien der Ketzer etwas Schlimmeres zu sein als der Jude oder Mohammedaner; diese lebten entweder außerhalb des Christentums oder doch unter einem festgefügten – und entsprechend strengen – Gesetz innerhalb des christlichen Bereiches; der fremdvölkische Feind war ein Kämpfer in offenem Kriege; der Ketzer war ein Verräter von innen her, der die Einheit eines Christentums unterhöhlte, welches sich in einem gewaltigen Kampfe mit dem Islam befand. Weiter erklärten die Theologen, wenn jedermann die Bibel in seinem eigenen Lichte (so düster es auch sein möge) betrachten und sich ein Christentum eigener Prägung schaffen wollte, dann müßte die Religion, die Europas gebrechlichen Moralkodex aufrechterhielt, bald in hundert verschiedene Bekenntnisse zerfallen und ihre Wirksamkeit als ein soziales Bindemittel, welches von Natur aus unkultivierte Menschen in einer einheitlichen Gesellschaft und Kultur zusammenhielt, verlieren.

Sei es nun, weil es diese Ansichten teilte, ohne ihnen einen bestimmten Wortlaut zu geben, sei es, weil einfache Seelen natürlicherweise das Verschiedenartige oder Fremde fürchten oder weil es den Menschen Freude macht, in der Namenlosigkeit der Masse Trieben freien Lauf zu lassen, die sonst gewöhnlich durch das Verantwortungsbewußtsein des Einzelnen gehemmt sind, jedenfalls beteiligte sich das Volk, außer in Südfrankreich und Norditalien, am eifrigsten an der Verfolgung; «die Volksmasse lynchte Ketzer lange bevor die Kirche mit ihren Verfolgungen begann»[41]. Die strenggläubig katholische Volksmasse beschwerte sich, die Kirche verfahre zu mild mit den Ketzern[42]. Manchmal «entriß sie Sektierer den Händen der sie beschützenden Priester»[43]. «Bei uns», schreibt ein nordfranzösischer Priester an Innozenz III., «ist die Frömmigkeit des Volkes so groß, daß es jederzeit bereit ist, nicht nur offene Ketzer, sondern auch Leute, die der Ketzerei verdächtigt sind, auf den Scheiterhaufen zu bringen[44].» Im Jahre 1114 ließ der Bischof von Soissons einige Ketzer ins Gefängnis werfen; während seiner Abwesenheit stürmte die Volksmeute, «die befürchtete, die Geistlichkeit könnte zu gnädig mit ihnen verfahren», in das Gefängnis ein, schleppte die Gefangenen heraus und verbrannte sie auf dem Scheiterhaufen[45]. 1144 wollte der Pöbel in Lüttich unbedingt einige Ketzer verbrennen, die Bischof Adalbero immer noch zu bekehren hoffte[46]. Als Pierre de Bruys erklärte: «Die Priester lügen, wenn sie uns weismachen, sie schüfen den Leib Christi» (in der Eucharistie)[47], und am Karfreitag Kreuze auf einen Haufen schichtete und verbrannte, wurde er von den Anwesenden an Ort und Stelle erschlagen[48].

Der Staat nahm mit einigem Zögern an der Ketzerverfolgung teil, weil er befürchtete, die Staatsführung könnte ohne die Mithilfe einer Kirche, welche einen einheitlichen Glauben erzwang, ein Ding der Unmöglichkeit werden. Überdies hatte er den Verdacht, daß die religiöse Ketzerei als Deckmantel für politischen Radikalismus diene, und er hatte damit nicht immer unrecht[49]. Materielle Erwägungen mögen ebenfalls eine Rolle gespielt haben, denn die religiöse oder politische Absplitterung gefährdete das Besitztum von Kirche und Staat. Die öffentliche Meinung der oberen Stände verlangte allerorts – außer in der Languedoc – die Ausrottung der Ketzerei um jeden Preis[50]. Heinrich VI. von Deutschland befahl (1194) die strenge Bestrafung von Ketzern und die Beschlagnahme ihres Besitzes, und ähnliche Edikte stammen von Otto IV. (1210), Ludwig VIII. von Frankreich (1226), Florenz (1227) und Mailand (1228). Die strengsten Vernichtungsgesetze wurden 1220–1239 von Friedrich II. erlassen. Von der Kirche verurteilte Ketzer waren dem «weltlichen Arm» – den örtlichen Behörden – zu übergeben, um auf dem Scheiterhaufen zu brennen. Widerriefen sie, so kamen sie mit lebenslänglicher Haft davon. Ihr gesamtes Besitztum wurde eingezogen, ihre Erben wurden enterbt, ihre Kinder blieben von jeder bezahlten oder ehrenamtlichen Stellung ausgeschlossen, wenn sie nicht die Sünden ihrer Eltern wiedergutmachten, indem sie andere Ketzer denunzierten. Die Häuser der Ketzer mußten der Zerstörung anheimfallen und durften nie wieder aufgebaut werden[51]. Der milde Ludwig IX. nahm ähnliche Gesetze in das geschriebene Recht von Frankreich auf. Es waren denn auch die Könige, welche dem Volke die Ehre, die Ketzerverfolgungen begonnen zu haben, streitig machten. König Robert von Frankreich ließ 1022 dreizehn Ketzer verbrennen; es ist seit der weltlichen Hinrichtung von Priscillian im Jahre 385 der erste bekannte Fall, daß für Ketzerei die Todesstrafe verhängt wurde. Im Jahre 1051 ließ Heinrich III. mehrere Manichäer oder Katharer in Goslar hängen, obgleich Bischof Wazo von Lüttich dagegen Einspruch erhob und erklärte, der Kirchenbann genüge[52]. 1183 schickten Graf Philipp von Flandern und der Erzbischof von Reims «viele Adlige, Geistliche, Ritter, Bauern, Mädchen, Frauen und Witwen auf den Scheiterhaufen, und ihren Besitz beschlagnahmten sie und teilten ihn unter sich auf»[53].

Die gerichtliche Untersuchung der Ketzerei war vor dem dreizehnten Jahrhundert normalerweise den Bischöfen vorbehalten. Man kann sie nicht gut Inquisitoren nennen; sie unternahmen nichts, solange die Öffentlichkeit nicht leise oder laut die Ketzer bezeichnete. Und es bereitete ihnen Schwierigkeiten, den Vorgeladenen durch die bloße Befragung Geständnisse zu entlocken; da sie nicht zur Folter greifen wollten, nahmen sie ihre Zuflucht zum Gottesgericht, offenbar in dem aufrichtigen Glauben, daß Gott zum Schutze der Unschuldigen Wunder wirken werde. Der heilige Bernhard billigte dieses Verfahren, und ein bischöfliches Konzil, das 1157 in Reims abgehalten wurde, schrieb es als das rechtmäßige Verfahren in Ketzerprozessen vor; Innozenz III. verbot es jedoch. Im Jahre 1185 erteilte Papst Lucius III. den Bischöfen, über deren Nachlässigkeit bei der Ketzerverfolgung er erzürnt war, den Befehl, ihre Gemeinden mindestens einmal im Jahre aufzusuchen, alle Verdächtigen zu verhaften, jeden als schuldig anzusehen, der der Kirche nicht einen vollständigen Treueid schwören wollte (die Katharer lehnten es ab, Eide zu schwören), und solche Widerspenstige dem weltlichen Arm zu überliefern. Päpstliche Legaten erhielten das Recht, Bischöfe, die sich in der Vernichtung der Ketzerei als nachlässig erwiesen, abzusetzen[54]. Innozenz III. verlangte 1215 von allen weltlichen Behörden, daß sie unter der Strafe, selbst als Ketzer zu gelten, öffentlich den Eid ablegten, «alle Häretiker der ihrer Botmäßigkeit unterstehenden Gebiete, die von der Kirche zur *animadversio debita* – der gehörigen Bestrafung – bestimmt werden, auszurotten». Jeder Fürst, der dieser Pflicht nicht hinreichend nachkam, unterlag der Absetzung, und der Papst konnte seine Untertanen vom Treueid entbinden[55]. Die «gehörige Bestrafung» war in dieser Zeit erst der Kirchenbann und der Vermögenseinzug[56].

Als Gregor IX. Papst wurde (1227), mußte er feststellen, daß die Ketzerei trotz allen

Verfolgungen durch das Volk, den Staat und die Bischöfe immer mehr um sich griff; der ganze Balkan, der größte Teil Italiens und ein großer Teil von Frankreich waren vom Ketzerwesen derart aufgewühlt, daß die Kirche schon so bald nach der prächtigen Machtentfaltung des Innozenz zur Zersplitterung verurteilt schien. Wie sich dem greisen Papst die Sachlage darstellte, war die Kirche, die gleichzeitig gegen die Ketzerei und gegen Friedrich zu kämpfen hatte, in einen Krieg auf Leben und Tod verwickelt und darum berechtigt, sich der Moral und der Maßnahmen des Kriegszustandes zu bedienen. Voller Entsetzen über die Nachricht, daß Bischof Filippo Paternon, dessen Diözese von Pisa bis Arezzo reichte, zu den Katharern übergetreten war, ernannte Gregor eine Inquisitionsbehörde, die unter Führung eines Dominikanermönches in Florenz die Ketzer abzuurteilen hatte (1227). Damit war die päpstliche Inquisition geschaffen, wenn die Inquisitoren formell auch dem Ortsbischof unterstanden. Im Jahre 1231 nahm Gregor Friedrichs Gesetzgebung von 1224 in das Kirchenrecht auf; von da an waren Kirche und Staat sich darin einig, daß unbereute Ketzerei Hochverrat und mit dem Tode zu bestrafen sei. Die Inquisition war damit in aller Form geschaffen und der Kontrolle der Päpste unterstellt.

III. DIE INQUISITOREN

Nach 1227 sandten Gregor und seine Nachfolger eine stets wachsende Zahl von *inquisitores* aus, um die Ketzerei zu verfolgen. Zu dieser Aufgabe zog er besonders die Angehörigen der neuen Bettelorden heran, teils weil die Einfachheit und Frömmigkeit ihrer Lebensweise ein Gegengewicht gegen den anstoßerregenden Luxus der Kirche bildete, und teils, weil er sich auf die Bischöfe nicht verlassen konnte; kein Inquisitor durfte jedoch ohne Zustimmung des Bischofs schwere Strafen verhängen. Die Zahl der zur Inquisition eingesetzten Dominikaner war so groß, daß sie den Spitznamen *domini canes* – «Spürhunde des Herrn» – erhielten[57]. Sie waren überwiegend Männer von untadeligem Lebenswandel, aber nur wenige besaßen die gute Eigenschaft der Barmherzigkeit. Sie hielten sich nicht für Richter, die unparteiisch die Tatbestände gegeneinander abwägen, sondern für Kämpfer, welche die Feinde Christi verfolgen. Es gab unter ihnen sorgfältig urteilende und gewissenhafte Männer wie Bernhard Gui, aber auch Sadisten wie «Robert der Dominikaner», ein bekehrter Katharerketzer, der an einem einzigen Tage nicht weniger als 180 Gefangene auf den Scheiterhaufen schickte (1239), darunter einen Bischof, der nach seiner Ansicht den Ketzern zu viel Freiheit belassen hatte. Gregor entsetzte Robert seines Amtes und ließ ihn auf Lebenszeit inhaftieren[58].

Die Rechtsprechung der Inquisitoren erstreckte sich nur auf Christen; Juden und Muselmanen wurden nur dann vor das Inquisitionsgericht geladen, wenn sie rückfällige Konvertiten waren[59]. Die Dominikaner bemühten sich nachdrücklich, Juden zu bekehren, jedoch nur mit friedlichen Mitteln. Als 1256 einige Juden des Ritualmordes angeklagt wurden, setzten Dominikaner- und Franziskanermönche ihr Leben ein, um sie vor der rasenden Volksmenge zu bewahren[60]. Ziel und Zweck der Inquisition werden am besten aus einer Bulle des Papstes Nikolaus III. ersichtlich (1280):

> Hiermit sei kundgetan, daß wir die Katharer, Patarener, die «Armen von Lyon» ... und alle übrigen Ketzer, wie auch immer ihre Namen seien, exkommunizieren und mit dem Kirchenbann belegen ... Die von der Kirche Verurteilten sollen der weltlichen Gerichtsbarkeit zur gebührenden Bestrafung übergeben werden ... Solche jedoch, die nach ihrer Festnahme bereuen und Buße tun wollen, sollen auf Lebenszeit in den Kerker geworfen werden ... Ebenso unterliegen der Exkommunikation alle diejenigen, welche Ketzer bei sich aufnehmen, sie verteidigen oder unterstützen. Wer jedoch ein Jahr, nachdem die Exkommunikation über ihn verhängt worden ist, nicht Genugtuung geleistet hat, wird ohne weiteres als geächtet erklärt ... Diejenigen aber, die unter dem Verdacht der Häresie stehen und ihre Unschuld ... nicht zu beweisen vermögen, sollen exkommuniziert werden. Wenn sie ein Jahr lang unter dem Banne verharrten, dann sollen sie als Ketzer verurteilt werden. Solchen Personen soll kein Appellationsrecht zustehen ... Wer ihnen je ein christliches Begräbnis zukommen ließ, soll wissen, daß er der Exkommunikation unterliegt, bis er Genugtuung geleistet hat, und er soll nicht eher die Wohltat der Absolution erfahren, als bis er mit eigenen Händen öffentlich die Körper der Verdammten ausgegraben und fortgeschafft hat ... Ferner untersagen wir mit aller Strenge, daß ein Laie, sei es nun öffentlich oder geheim, über den katholischen Glauben disputiere. Wer dieser Bestimmung zuwiderhandelt, soll exkommuniziert werden. Wenn jemand von Ketzern Kunde hat oder von Leuten, die geheime Versammlungen abhalten, oder von solchen, deren Lebensweise und Sitten mit dem rechten Glauben in keiner Weise in Einklang stehen, so soll er bestrebt sein, diese seinem Beichtvater anzuzeigen, oder sonst jemandem, von dem er glaubt, daß er die Nachricht an die höhere Geistlichkeit oder an das Ketzergericht weitergeben kann. Tut er dies nicht, so soll er exkommuniziert werden. Die Ketzer und alle jene, die solche bei sich aufnehmen, sie verteidigen und unterstützen, und ihre Kinder bis zum zweiten Glied, sollen zu keiner kirchlichen Zeremonie zugelassen werden ... Wir verweigern den Vorhergenannten von nun an jede Gnade.[61]

Das Inquisitionsverfahren konnte mit der summarischen Verhaftung aller Häretiker, manchmal sogar aller Verdächtigten, beginnen; oder aber der Inquisitor berief bei seinem Besuche die gesamte erwachsene Bevölkerung einer Ortschaft zu einer Voruntersuchung. Während einer anfänglichen «Gnadenzeit» von etwa dreißig Tagen kamen alle diejenigen, die ihre Ketzerei bekannten und bereuten, mit kurzen Gefängnisstrafen oder der Weisung, gewisse Werke der Frömmigkeit oder Wohltätigkeit zu vollbringen, davon[62]. Ketzer, die nicht bekannten, aber bei dieser Voruntersuchung oder durch die Spione der Inquisition[63] oder sonstwie entlarvt wurden, wurden vor das Inquisitionsgericht gestellt. Dieses Gericht bestand gewöhnlich aus zwölf Männern, die von dem weltlichen Herrn des Ortes auf Grund einer Liste, die ihm vom Bischof und den Inquisitoren vorgelegt wurde, ausgesucht wurden; dazu kamen zwei Notare und mehrere Gerichtsdiener. Nahm der Angeklagte diese zweite Gelegenheit zum Bekenntnis wahr, so erhielt er eine Strafe, die sich nach der Schwere des gerichtlich festgestellten Vergehens richtete; leugnete er seine Schuld, so wurde er eingekerkert. Angeklagte konnten auch im Abwesenheitsverfahren oder nach ihrem Tode abgeurteilt werden. Es bedurfte zweier belastender Zeugen. Ketzer, die gestanden hatten, wurden als Zeugen gegen andere zugelassen; Frau und Kinder der Angeklagten durften gegen, aber nicht für ihren Gatten und Vater aussagen[64]. Alle Angeklagten einer Ortschaft durften auf ihr Ansuchen eine gemeinschaftliche Liste aller Ankläger sehen, erfuhren jedoch nicht, wer im einzelnen gegen sie Anklage erhoben hatte; man fürchtete, individuelle Gegenüberstellungen würden dazu führen, daß die Ankläger von den

Freunden der Angeklagten ermordet würden; «tatsächlich wurden zahlreiche Zeugen auf den bloßen Verdacht hin erschlagen», berichtet Lea[65]. Der Angeklagte wurde gewöhnlich aufgefordert, seine Feinde zu nennen, woraufhin die Zeugenaussagen der Genannten nicht anerkannt wurden[66]. Falsche Anzeigen wurden schwer bestraft[67]. Vor 1300 durfte der Angeklagte sich keinen Rechtsbeistand halten[68]. Nach 1245 mußten die Inquisitoren gemäß päpstlicher Verfügung ihr Beweismaterial nicht nur dem Bischof, sondern auch angesehenen Männern der Ortsgemeinde vorlegen und beim Entscheid deren Urteil berücksichtigen[69]. Manchmal wurden Experten *(periti)* zugezogen, um das Beweismaterial weiterzuleiten. Im allgemeinen hatten die Inquisitoren Weisung, lieber einen Schuldigen entwischen zu lassen, als einen Unschuldigen zu verurteilen, und Urteile nur auf Grund klarer Beweise oder Geständnisse auszusprechen.

Nach römischem Recht war es gestattet gewesen, Geständnisse durch die Folter zu erzwingen. An den bischöflichen Gerichten wurde sie nicht angewendet, und auch die päpstliche Inquisition kam in den ersten zwanzig Jahren ohne sie aus; aber Innozenz IV. (1252) genehmigte die Anwendung der Folter für den Fall, daß die Richter von der Schuld des Angeklagten überzeugt waren, und spätere Päpste hießen die Folterung gut[70]. Die Päpste rieten, nur im äußersten Notfall zur Folterung Zuflucht zu nehmen, sie nur einmal anzuwenden und sie nicht so weit zu treiben, daß «ein Glied verlorengehen oder Todesgefahr entstehen könnte». Die Inquisitoren legten das «nur einmal» so aus, als ob es «nur einmal bei jedem Verhör» bedeute; manchmal unterbrachen sie die Folterung, um das Verhör wieder aufzunehmen, und hielten sich dann für berechtigt, den Angeklagten wieder auf die Folterbank zu spannen. In mehreren Fällen wurde die Folter angewandt, um Zeugen zu Aussagen zu zwingen oder einen geständigen Ketzer zum Verrat anderer Ketzer zu bewegen[71]. Zur Folterung wurde der Angeklagte entweder gegeißelt oder gebrannt oder auf die Bank gespannt oder in finsteren und engen Kerkern einsam gefangengehalten. Manchmal wurden die Füße des Angeklagten langsam über einem Kohlenfeuer verbrannt, oder man spannte ihn in einen dreieckigen Rahmen und zerrte mit Winden seine Arme und Beine in die Länge. Manchmal wurde die Kost des Eingekerkerten so karg bemessen, daß er an Leib und Geist geschwächt wurde und psychologischen Foltern, wie wechselweisen Gnadenversprechen und Todesandrohungen, zugänglich war[72]. Durch die Folter erzwungene Geständnisse wurden vom Inquisitionsgericht wenig beachtet, dieser Schwierigkeit begegnete man aber, indem man drei Stunden hernach den Angeklagten die Eingeständnisse, die er auf der Folter gemacht hatte, bestätigen ließ; weigerte er sich, die Bestätigung zu erteilen, so konnte die Folterung wieder von vorne beginnen. Im Jahre 1286 sandten die Offiziale von Carcassonne an Philipp IV. von Frankreich und Papst Nikolaus IV. einen Beschwerdebrief, in welchem sie sich über die Härte der Foltern des Inquisitors Jean Galand beklagten. Jean ließ Gefangene lange Zeit in völliger Finsternis und Einsamkeit schmachten; einige wurden so eng gefesselt, daß sie in ihrem eigenen Kot sitzen mußten und nur mit dem Rücken auf dem kalten Boden liegen konnten[73]. Einige Männer waren auf der Folterbank so sehr gezerrt worden, daß ihre Arme und Beine gebrauchsunfähig geworden waren; andere waren den Foltern erlegen[74]. Philipp wandte sich heftig gegen diese Grausamkeiten, und Papst Clemens V. bemühte sich (1312), den Gebrauch der Folter in Inquisitionsverfahren einzuschränken; seine Ermahnungen wurden aber bald nicht mehr beachtet[75].

Gefangene, die zwei Gelegenheiten zur Beichte ungenutzt hatten verstreichen lassen und später überführt wurden, und diejenigen, welche nach dem Widerruf in die Ketzerei zurückgefallen waren, wurden auf Lebenszeit eingekerkert oder hingerichtet. Die lebenslängliche Gefangenschaft konnte durch eine gewisse Bewegungsfreiheit, durch die Erlaubnis, Besuche zu empfangen und sich mit Spielen zu vergnügen, gemildert werden; sie konnte aber auch durch Fastenzeiten oder Fesselung mit Ketten verschärft werden[76]. Der Vermögenseinzug war eine zusätzliche Strafe für die Überführung nach Leugnen. Gewöhnlich ging ein Teil des beschlagnahmten Vermögens an den weltlichen Herrscher der Provinz, der andere Teil an die Kirche; in Italien ging ein Drittel an den Denunzianten; in Frankreich nahm die Krone alles an sich. Diese Erwägungen stachelten Privatleute und den Staat zur eifrigen Beteiligung an der Ketzerjagd an und führte zu Prozessen gegen Verstorbene; es konnte jederzeit vorkommen, daß das Vermögen unschuldiger Personen eingezogen wurde, da der Erblasser als Ketzer verstorben war; es war einer der Mißbräuche, welche von den Päpsten vergeblich verurteilt wurden[77]. Der Bischof von Rodez rühmte sich, er habe in seiner Diözese in einem einzigen Feldzug gegen die Ketzer nicht weniger als hunderttausend Sols eingenommen[78].

Von Zeit zu Zeit verkündeten die Inquisitoren in einer angsterregenden Zeremonie (*sermo generalis*) die Verurteilungen und Strafen. Die Büßer wurden auf einer Bühne in der Mitte der Kirche aufgestellt, ihre Geständnisse wurden verlesen, und sie wurden aufgefordert, sie zu bestätigen und mit feierlichem Spruch ihrer Ketzerei abzuschwören. Der zelebrierende Inquisitor erteilte ihnen hierauf die Absolution vom Kirchenbann und verkündete die verschiedenen Strafen. Diejenigen, welche dem weltlichen Arm übergeben werden sollten, erhielten noch eine Tagesfrist zur Bekehrung; wer gestand und bereute, und sei es am Fuße des Scheiterhaufens, wurde zu lebenslänglichem Gefängnis begnadigt; die Halsstarrigen wurden auf einem öffentlichen Platz verbrannt. In Spanien wurde dieses ganze Verfahren der *sermo generalis* und Hinrichtung mit *autodafé*, «Glaubensakt», bezeichnet, denn es sollte die Strenggläubigkeit des Volkes stärken und den Glauben der Kirche festigen. Die Kirche sprach niemals eine Todesstrafe aus; ihr alter Wahrspruch hieß *ecclesia abhorret a sanguine* – «die Kirche scheut das Blut»; es war Geistlichen nicht gestattet, Blut zu vergießen. Wenn daher die Kirche die Verurteilten dem weltlichen Arm übergab, so ersuchte sie die Behörden lediglich, die «gehörige Strafe» zu vollziehen und dabei «jedes Blutvergießen und jede Todesgefahr» zu meiden. Nach Gregor IX. kamen Kirche und Staat überein, diese Ermahnung nicht wörtlich zu nehmen, sondern die Verurteilten ohne Blutvergießen – also auf dem Scheiterhaufen – hinzurichten[79].

Die Zahl der zum Tode Verurteilten der offiziellen Inquisition ist geringer, als die Geschichtsforscher früher annahmen[80]. Bernhard von Caux, ein eifriger Inquisitor, hinterließ ein langes Register der von ihm geführten Ketzerprozesse; kein einziger Ketzer war «dem weltlichen Arm übergeben» worden[81]. In siebzehnjähriger Tätigkeit als Inquisitor verurteilte Bernhard Gui 930 Ketzer, darunter fünfundvierzig zum Tode[82]. Bei einer *sermo generalis* in Toulouse erhielten im Jahre 1310 zwanzig Personen den Befehl, auf eine Wallfahrt zu gehen, fünfundsechzig wurden zu lebenslänglicher Haft verurteilt, achtzehn zum Tode. In einem Autodafé des Jahres 1312 wurden einundfünfzig auf Pilgerfahrt gesandt, sechsundachtzig erhielten Gefängnisstrafen unterschiedlicher Länge, fünf wurden dem weltlichen Arm übergeben[83]. Die schlimmsten Tragödien der Inquisition spielten sich in der Verborgenheit der Kerker ab, nicht im Lichte des Scheiterhaufens.

IV. ERGEBNISSE

Die mittelalterliche Inquisition erreichte ihre unmittelbaren Ziele. Sie zertrat die Ketzerei der Katharer in Frankreich, bezwang die Waldenser, bis nur noch einige verstreute Zeloten übrigblieben, gewann Italien wieder dem Katholizismus und verschob die Aufspaltung der westlichen Christenheit um drei Jahrhunderte. Frankreich verlor die kulturelle Führung Europas an Italien, aber die französische Monarchie, durch den Erwerb der Languedoc gekräftigt, wurde stark genug, das Papsttum mit Bonifaz VIII. zu unterwerfen und mit Clemens V. in seine Gefangenschaft zu bringen.

In Spanien spielte die Inquisition vor 1300 eine geringere Rolle. Ramón von Peñafort, der dominikanische Beichtvater Jakobs I. von Aragón, überredete 1232 den König, die Inquisition einzuführen. Wohl um den Eifer der Inquisitoren zu dämpfen, wurde 1233 ein Gesetz erlassen, demzufolge der Staat der Hauptnutznießer des von Ketzern eingezogenen Vermögens wurde; in späteren Jahrhunderten wurde dieses Gesetz jedoch zu einem berauschenden Anreiz für Monarchen, welche fanden, *inquisitio* und *acquisitio*, Inquisition und Bereicherung, seien eng verwandte Begriffe.

In Norditalien gab es weiterhin Ketzer in großer Zahl. Die katholische Mehrheit war zu gleichgültig, um aktiv an der Ketzerjagd teilzunehmen, und unabhängige Diktatoren wie Ezzelin in Vicenza und Pallavicini in Cremona und Mailand nahmen die Ketzer öffentlich oder heimlich in ihren Schutz. In Florenz gründete der Mönch Ruggieri einen militärischen Orden katholischer Adliger zur Unterstützung der Inquisition; die Patarener fochten mit ihnen blutige Straßenkämpfe aus und wurden geschlagen (1245); von da an verbarg das florentinische Ketzertum sein Haupt. Im Jahre 1252 wurde der Inquisitor Fra Piero da Verona in Mailand von Ketzern ermordet; seine Heiligsprechung leistete mehr zur Überwindung der Ketzerei in Norditalien als alle Gewaltmaßnahmen der Inquisition. Das Papsttum organisierte Kreuzzüge gegen Ezzelin und Pallavicini; der eine wurde 1259 gestürzt, der andere 1268. Der Triumph der Kirche in Italien war, wenigstens an der Oberfläche, vollständig.

In England faßte die Inquisition nie Fuß. Heinrich II., der während seines Zwistes mit Becket seinen gut katholischen Glauben beweisen wollte, ließ 1166 in Oxford neunundzwanzig Ketzer auspeitschen und brandmarken[84]; im übrigen gab es vor Wiclif nicht viele Ketzer in England. In Deutschland blühte die Inquisition in kurzer Ekstase und verschwand dann wieder. Im Jahre 1212 ließ Bischof Heinrich von Straßburg an einem einzigen Tage achtzig Ketzer verbrennen. Die meisten waren Waldenser; ihr Anführer, Priester Johannes, verkündete, Ablässe, Fegefeuer und priesterliches Zölibat hätten in ihrem Glauben keinen Platz und alle Geistlichen müßten auf jeden Besitz verzichten. 1227 ernannte Gregor IX. einen Priester von Marburg namens Konrad zum Haupt der Inquisition und beauftragte ihn, nicht nur die Ketzerei auszurotten, sondern auch die Geistlichkeit zu reformieren, deren Sittenlosigkeit dem Papst als Hauptgrund des schwindenden Glaubens genannt worden war. Konrad ging beide Aufgaben mit außerordentlicher Grausamkeit an. Alle des Ketzertums beschuldigten Personen stellte er vor eine einfache Wahl: entweder zu gestehen und bestraft zu werden, oder zu leugnen und auf dem Scheiterhaufen zu enden. Als er mit gleicher Tatkraft an die Reform der Geistlichkeit ging, vereinten sich gute Katholiken und Ketzer zum gemeinsamen Widerstand gegen ihn; er wurde von Freunden seiner Opfer ermordet (1233), und die deutschen Bischöfe übernahmen die Inquisition, milderten sie und machten sie zu einem gerechteren Verfahren. Viele Sekten, teils ketzerischer, teils mystischer Prägung blieben in Böhmen und Deutschland bestehen und ebneten Hus und Luther den Weg.

Bei der Beurteilung der Inquisition müssen wir sie im Lichte einer Zeit, die an Grausamkeit gewöhnt war, betrachten. Vielleicht bringt ihr unsere Zeit größeres Verständnis entgegen, unsere Zeit, die mehr Menschen in Kriegen ums Leben gebracht und mehr Unschuldige ohne ordentliches Gerichtsverfahren vernichtet hat als alle Kriege und Verfolgungen von Caesar bis Napoleon zusammengenommen. Unduldsamkeit ist die natürliche Begleiterscheinung eines starken Glaubens; die Duldsamkeit kommt nur hoch, wenn der Glaube an Gewißheit verliert; die Gewißheit ist tödlich. Platon heiligte die Unduldsamkeit in seinen *Gesetzen*; die Reformatoren sanktionierten sie im sechzehnten Jahrhundert, und es gibt heute Kritiker der Inquisition, die deren Verfahrensweise billigen, sobald sie von modernen Staaten angewandt wird. Die Methoden der Inquisitoren wurden mitsamt der Folterung von manchen Staaten in das weltliche Recht aufgenommen, und vielleicht hat die heimliche Folterung Verdächtigter in unserer Zeit ihr Vorbild eher in der Inquisition als im römischen Recht. Im Vergleiche zu der Ketzerverfolgung in Europa von 1227 bis 1492 bedeuten die Christenverfolgungen in Rom während der ersten drei nachchristlichen Jahrhunderte ein mildes und menschliches Vorgehen. Bei aller Nachsicht, die von einem Historiker gefordert und die einem Christen erlaubt ist, müssen wir die Inquisition zusammen mit den Kriegen und Verfolgungen unserer eigenen Zeit doch zu den finstersten Flecken in den Annalen der Menschheit zählen; beide zeugen von einer Grausamkeit, die selbst den wilden Tieren unbekannt ist.

SIEBENTES KAPITEL

Mönche und Wanderprediger

[1095–1300]

I. DAS KLOSTERLEBEN

MÖGLICHERWEISE verdankt die Kirche ihre Rettung nicht der Inquisition, sondern der Entstehung neuer Mönchsorden, die den Häretikern das Evangelium der apostolischen Armut aus dem Munde nahmen und ein Jahrhundert lang den älteren Mönchsorden und der Weltgeistlichkeit das läuternde Vorbild eines reinen Lebens gaben.

Die Zahl der Klöster hatte sich während des frühen Mittelalters rasch vermehrt und erreichte ihren Höchststand in dem wirrenreichen zehnten Jahrhundert; danach sank sie wieder ab, als Ordnung und Wohlstand im weltlichen Leben zunahmen. In Frankreich gab es um 1100 nicht weniger als 543 Klöster; um 1250 waren es nur noch 287[1]; möglicherweise wurde der Verlust in der Gesamtzahl der Abteien durch die Erhöhung der durchschnittlichen Zahl ihrer Insassen ausgeglichen, aber nur wenige Klöster beherbergten mehr als hundert Mönche[2]. Im dreizehnten Jahrhundert war es immer noch Brauch, daß fromme oder überlastete Eltern siebenjährige oder ältere Kinder einem Kloster als *oblates*, «Darbringungen» an Gott, übergaben; Thomas von Aquin begann seine klösterliche Laufbahn auf diese Weise. Der Benediktinerorden hielt die Gelübde, welche von den Eltern für ihre Kinder geleistet wurden, für unwiderruflich[3]; der hl. Bernhard und die neuen Orden waren der Ansicht, daß der Dargebrachte in das weltliche Leben zurückkehren dürfe, ohne Tadel auf sich zu ziehen, sobald er volljährig wurde[4]. Im allgemeinen bedurfte ein erwachsener Mönch eines päpstlichen Dispenses, wenn er sein Gelübde widerrufen wollte, ohne eine Sünde zu begehen.

Vor 1098 befolgten die meisten westlichen Klöster mit größerer oder geringerer Treue irgendeine Form der benediktinischen Klosterregel. Es war ein Jahr des Noviziates vorgeschrieben, während dessen der Anwärter das Kloster unbehindert wieder verlassen durfte. Wie der Mönch Caesarius von Heisterbach meldet, habe sich einmal ein Ritter wieder zurückgezogen «auf Grund des feigen Einspruches, er fürchte sich vor dem Ungeziefer des Mönchsgewandes; denn unsere wollene Kleidung beherbergt viel Ungeziefer»[5]. Etwa vier Stunden des Tageslaufs eines Mönches galten dem Gebet; die Mahlzeiten waren kurz und bestanden gewöhnlich aus pflanzlicher Kost; der Rest des Tages war der Arbeit, dem Predigen, dem Unterricht, der Krankenpflege, der Wohltätigkeit und der Ruhe gewidmet. Caesarius berichtet, sein Kloster habe im Hungerjahre 1197 nicht weniger als 1500 kostenlose Mahlzeiten im Tage ausgegeben und «die Armen, die bei uns vorsprachen, bis zur neuen Ernte am Leben erhalten»[6]. In einer gleichen Notlage schlachtete eine Zisterzienserabtei in Westfalen ihren gesamten Viehbestand und verpfändete ihre Bücher und Sakralgefäße, um die Armen ernähren zu können[7]. Mit ihrer eigenen Hände Arbeit und mit der Arbeitskraft ihrer Leibeigenen erbauten die Mönche Klöster, Kirchen und Kathedralen, betrieben große Gutshöfe, wandelten Sümpfe und Ödland in Ackerland um, betätigten sich in unzähligen Handwerken und stellten vorzügliches Bier und ausgezeichneten Wein her. Wenngleich das Kloster die Welt vieler braver und tüchtiger Menschen zu berauben schien, um sie in einer selbstsüchtigen Heiligkeit versinken zu lassen, so bildete es doch Tausende zu geistiger und sittlicher Zucht heran und gab sie dann der Welt zurück, damit sie ihr als Ratgeber und leitende Beamte von Bischöfen, Päpsten und Königen dienten*.

Im Laufe der Zeit strömte der wachsende Wohlstand der Gemeinden in die Klöster über, und der Freigebigkeit des Volkes verdankten die Mönche gelegentlich die Mittel zu einem Luxusleben. Die Abtei St-Riquier zählte nicht zu den reichsten, und doch verfügte sie über 117 Lehnsmänner, besaß 2500 Häuser in der Stadt, in der sie gelegen war, und erhielt von ihren Pächtern alljährlich zehntausend Hühner, zehntausend Kapaune, fünfundsiebzigtausend Eier ... und eine Geldrente, die im Hinblick auf den Einzelnen nicht übermäßig hoch war, aber als Ganzes eine gewaltige Summe ausmachte[8]. Viel reicher als St-Riquier waren die Klöster Monte Cassino, Cluny, Fulda, St. Gallen, St-Denis. Äbte wie Suger von St-Denis, Petrus Venerabilis von Cluny oder selbst Samson von Bury St. Edmonds waren mächtige Herren, die über einen riesigen materiellen Wohlstand und über eine gewaltige gesellschaftliche und politische Macht verfügten. Suger besaß nach der Bestreitung des Lebensunterhaltes seiner Mönche und dem Bau einer majestätischen Kathedrale immer noch genug Geldmittel, um die halben Kosten eines Kreuzzuges zu bestreiten[9]. Der heilige Bernhard hatte wahrscheinlich Suger im Auge, als er schrieb: «Ich lüge, wenn ich nicht einen Abt gesehen habe, der mit einem Gefolge von sechzig und mehr Pferden dahergeritten kam[10]»; Suger war aber erster Minister des Königs und mußte sich pomphaft gewanden, um auf den Pöbel Eindruck zu machen; persönlich lebte er in äußerster Einfachheit in einer bescheidenen Zelle und beobachtete alle Regeln seines Ordens, soweit seine Pflichten gegenüber dem Staat ihm dies erlaubten. Petrus Venerabilis war ein braver Mann, aber es gelang ihm trotz wiederholten Versuchen nicht, zu verhindern, daß die cluniazensischen Klöster – die doch einst die Klosterreform angeführt hatten – immer mehr einen gemeinschaftlichen Reichtum anhäuften, welcher den Mönchen trotz ihrer Besitzlosigkeit ein Leben in entartendem Nichtstun ermöglichte.

Mit zunehmendem Reichtum sinkt die Moral und will sich die Natur je nach den Mitteln des Menschen ausleben. In jeder größeren Menschengruppe wird man gewisse Individuen finden, bei denen die Triebe die Oberhand über das Gelübde gewinnen. Während

* Ein bedeutender Gelehrter, der mit den Mängeln der Kirche nicht gerade zart zu verfahren pflegt, meint: «Der übliche Vorwurf, der gegen die mittelalterlichen Mönche erhoben wird, sie seien gefräßig, verschwenderisch und lasterhaft gewesen, wird durch Hunderte von erhaltenen Urkundensammlungen oder Inventaren widerlegt, welche eine sorgfältige, gescheite und ehrliche Verwaltungstätigkeit bekunden. Der gewaltige wirtschaftliche Aufschwung des mittelalterlichen Europa, welchen die Mönche zuwege brachten, beweist, daß sie im großen und ganzen verständige Gutsherren und Ackerbauer waren.» – Thompson, *Economic and Social History of the Middle Ages*, S. 630. «Die vollkommensten und wirksamsten Werke der Christenheit sind diejenigen, welche von den Mönchsorden vollbracht worden sind», erklärt der skeptische Renan. – *Marc Aurèle*, Paris o. J., S. 627.

die Mehrheit der Mönche ihrer Klosterregel einigermaßen die Treue hielt, vertrat eine Minderheit nachsichtigere Meinungen gegenüber der Welt und dem Fleisch. Sehr oft war der Abt von einem Lehnsherrn oder König ernannt worden; gewöhnlich entstammte er einem Stande, der an ein gutes Leben gewöhnt war; solche Äbte waren über Klosterregeln erhaben; sie fanden ihr Vergnügen an der Jagd, der Falknerei, dem Turnier und der Politik, und ihr Vorbild steckte die Mönche an. Giraldus Cambrensis gibt uns ein fröhliches Bild von dem Abte von Evesham: «Nichts war vor seiner Begierde sicher»; die Umgebung bezifferte die Zahl seiner Nachkommen mit achtzehn; schließlich mußte man ihn absetzen[11]. Weltlich gesinnte Äbte mit dicken Wänsten und großer Macht wurden zur Zielscheibe des Volksspottes und literarischer Sticheleien. Die gnadenloseste und unglaubwürdigste Satire der mittelalterlichen Literatur ist die Beschreibung eines Abtes von Walter Map[12]. Einige Klöster waren wegen ihres guten Essens und ihrer vorzüglichen Weine bekannt. Wir dürfen den Mönchen ein wenig Wohlleben nicht verargen, und wir können verstehen, wie sehr sie des ewigen Gemüses überdrüssig wurden und sich nach Fleisch sehnten; wir werden es ihnen nachfühlen, wenn sie bisweilen schwatzten oder sich stritten oder während der Messe schliefen[13].

Wenn die Mönche die Ehelosigkeit gelobten, unterschätzten sie die Macht eines Geschlechtstriebes, der immer wieder durch weltliche Vorbilder und Anblicke angeregt wurde. Caesarius von Heisterbach erzählt eine im Mittelalter oft wiederholte Geschichte von einem Abt und einem jungen Mönch, die zusammen ausritten. Dabei bekam der Jüngling erstmals Frauen zu sehen. «Was ist das?» fragte er. «Das sind Dämonen», entgegnete der Abt. «Ich meinte», sagte der Mönch, «es sei das Schönste, was ich je gesehen habe[14].» Und der asketische Petrus Damiani schreibt am Ende eines frommen, aber entsagungsreichen Lebens:

> Ich, der ich nun ein alter Mann bin, kann einem runzeligen und triefäugigen alten Weib ohne weiteres ins Gesicht schauen. Aber vor dem Anblick der Hübscheren und Geputzteren hüte ich meine Augen wie die Knaben vor dem Feuer. Weh, mein elend Herz! – es kann hundertmal gelesene Mysterien der Schrift nicht bewahren und hält das Bild einer nur einmal gesehenen Gestalt getreulich fest.[15]

Einige Mönche sahen in der Tugendhaftigkeit ein Ringen zwischen Christus und der Frau um ihre Seele; wenn sie das Weib schmähten, so war das ein Bemühen, sich ihren Reizen zu verschließen; in ihren Träumen legte sich manchmal ein mildernder Tau des Begehrens über die harte Frömmigkeit, und ihre frommen Visionen nahmen ihre Sprache oft von der menschlichen Liebe[16]. Ovid war in gewissen Klöstern ein willkommener Freund, und zu den zerlesensten Exemplaren gehörten seine Handbücher der Liebeskunst[17]. Die Skulpturen gewisser Kathedralen, das Schnitzwerk der Innenausstattung, selbst die Malereien einiger Meßbücher stellten ausschweifende Mönche und Nonnen dar – Schweine in Mönchskutten, Mönchsgewänder, die sich über dem aufgerichteten Glied bauschten, Nonnen, die sich mit Teufeln vergnügten[18]. Ein Relief am Christusportal der Kathedrale von Reims zeigt einen Teufel, der Verdammte zur Hölle zerrt; zu ihnen gehört ein Bischof mit Mitra. Mittelalterliche Geistliche – wohl Weltgeistliche, welche die Ordensgeistlichen beneideten – ließen solche Karikaturen zu; Kirchenmänner der heutigen Zeit haben es für besser gehalten, sie größtenteils wieder zu entfernen. Die Kirche war selbst die strengste Kritikerin ihrer sündigen Glieder; eine stattliche Reihe von Kirchenreformern war bemüht, Mönche und Äbte zu den Idealen Christi zurückzubringen.

II. DER HEILIGE BERNHARD

Zu Ende des elften Jahrhunderts, zugleich mit der Läuterung des Papsttums und dem Glaubenseifer des Ersten Kreuzzuges, ergoß sich eine Bewegung der Selbstreform über das Christentum; die Folge war eine gewaltige Besserung der Weltgeistlichkeit und die Gründung neuer Mönchsorden, welche die augustinische oder benediktinische Regel in ihrer vollen Schärfe beobachteten. An einem unbekannten Zeitpunkt vor 1039 gründete der heilige Johannes Gualbertus[19] den Orden der Vallombrosaner in dem «schattigen Tale» Vallombrosa in Italien und leitete damit die Institution der Laienbrüderschaft ein, aus welcher sich später die Bettelorden entwickelten. Die Römische Synode des Jahres 1059 ermahnte die Domherren – Geistliche, die an der Arbeit und den Einkünften eines Domes teilhatten –, ein Gemeinschaftsleben zu führen und alles Eigentum in gemeinschaftlichem Besitz zu halten, wie es die Apostel getan hatten. Einige waren dazu nicht bereit und wurden «weltliche Domherren»; viele entsprachen der Aufforderung, fügten sich einer Klosterregel, die sie Augustin zuschrieben, und bildeten halbklösterliche Gemeinschaften, die den Namen «Augustinerchorherren» erhielten*. Im Jahre 1084 schlug der heilige Bruno von Köln die Ernennung zum Erzbischof von Reims aus und gründete statt dessen den Kartäuserorden, indem er an dem weltabgeschiedenen Ort Chartreuse in den Alpen bei Grenoble ein Kloster einrichtete; andere fromme Männer, die der weltlichen Streitsucht und der geistlichen Laxheit überdrüssig waren, gründeten gleiche Kartäusergruppen an abgelegenen Stellen. Jeder einzelne Mönch arbeitete, aß und schlief in seiner eigenen abgeschiedenen Zelle und wahrte fast ständig das Schweigen. Dreimal wöchentlich kamen die Mönche zur Messe, zur Vesper und zum mitternächtlichen Gebet zusammen, und an Sonn- und Feiertagen gestatteten sie sich ein gemeinsames Mahl, wobei sie miteinander sprechen durften. Der Kartäuserorden war der strengste aller Mönchsorden, und er hat bis zum heutigen Tage, während acht Jahrhunderten, seine ursprüngliche Ordensregel am getreulichsten bewahrt.

Im Jahre 1098 baute Robert von Molesmes, der seiner Versuche, die verschiedenen Benediktinerklöster, deren Prior er war, zu reformieren, überdrüssig wurde, an einer unwirtlichen Stelle namens Cîteaux bei Dijon ein neues Klostergebäude; und wie Chartreuse den Kartäusern den Namen gab, so erhielten die Zisterzienser ihren Namen von Cîteaux. Der dritte Abt von Cîteaux, Stephan Harding von Dorsetshire, reorganisierte und erweiterte das Kloster, eröffnete neue Zweigstellen und verfaßte eine *Carta caritatis*, eine Charta der Nächstenliebe, um eine friedliche föderalistische Zusammenarbeit der Tochterhäuser mit Cîteaux zu gewährleisten. Die benediktinische Klosterregel wurde zu voller Schärfe

* Nicht zu verwechseln mit den Augustinereremiten, einem 1256 in Tuszien von Einsiedlern gegründeten Mönchsorden.

neuerweckt: es mußte unbedingte Armut eingehalten werden, alle Fleischeslüste waren streng zu meiden, Bildung und Gelehrsamkeit waren unstatthaft, das Verseschmieden gänzlich untersagt, und jeder Prunk mit religiösen Gewändern oder Gefäßen oder Gebäuden galt als unschicklich. Jeder körperkräftige Mönch mußte an der Arbeit in Gärten und Werkstätten, die das Kloster von der Außenwelt unabhängig machte und den Mönchen jeden Vorwand zum Verlassen des Klosters nahm, teilnehmen. Die Zisterzienser überragten alle anderen klösterlichen und weltlichen Gemeinschaften in ihrer ackerbaulichen Tatkraft und Fertigkeit; sie gründeten in unbesiedelten Gegenden neue Ableger des Klosters, machten Sümpfe, Ödland und Urwälder der Kultivierung zugänglich und spielten eine führende Rolle bei der Kolonisierung Ostdeutschlands und bei dem Wiederaufbau Nordenglands nach der Zerstörung durch Wilhelm den Eroberer. Bei diesem großartigen zivilisatorischen Werk wurden die Zisterziensermönche von Laienbrüdern – *conversi* – unterstützt, welche sich zu Ehelosigkeit, Schweigsamkeit und Bildungslosigkeit verpflichteten[20] und als Knechte oder Diener arbeiteten, wofür sie Unterkunft, Kleidung und Nahrung erhielten[21].

Die Strenge der Entsagungen wirkte abschreckend; die kleine Schar wuchs nur langsam, und der neue Orden wäre vielleicht bald wieder eingegangen, wenn ihm nicht in der Person des heiligen Bernhard neuer Auftrieb zuteil geworden wäre. Bei Dijon als Sohn eines Ritters geboren (1091), wurde er ein scheuer und frommer Jüngling, der sich gern in die Einsamkeit zurückzog. Da ihm die Weltlichkeit nicht recht behagte, entschloß er sich, einem Kloster beizutreten. Wie um Gesellschaft in der Einsamkeit zu haben, warb er bei seinen Freunden und Verwandten um Gesinnungsgenossen, die mit ihm nach Cîteaux gehen wollten; Mütter und heiratsfähige Mädchen zitterten, wenn er kam, da sie befürchten mußten, er werde ihre Söhne und Liebhaber zur Keuschheit verführen. Trotz ihren Zähren und Reizen gelang ihm sein Vorhaben, und als er in Cîteaux aufgenommen wurde (1113), brachte er neunundzwanzig Novizen mit, darunter Brüder, einen Onkel und Freunde. Später überredete er seine Mutter und seine Schwester, den Schleier zu nehmen, und seinen Vater, ebenfalls ins Kloster zu gehen, da er ihnen verhieß: «wenn du nicht Buße tust, so wirst du ewiglich brennen ... und Rauch und Gestank wird von dir ausgehen»[22].

Stephan Harding lernte schon bald Bernhards Frömmigkeit und Tatkraft so sehr bewundern, daß er ihn (1115) als Abt aussandte, um mit zwölf anderen Mönchen ein neues Zisterzienserkloster zu gründen. Bernhard wählte sich einen dichtbewaldeten Ort in 150 Kilometer Entfernung von Cîteaux namens *Clara Vallis*, Helles Tal, Clairvaux, aus. In diesem Tal gab es keine Behausung und keine Menschenseele. Die erste Aufgabe der brüderlichen Schar bestand darin, mit eigener Hand ein «Kloster» zu erbauen – ein hölzernes Bauwerk, das unter einem Dach eine Kapelle, ein Refektorium und eine Dachkammer, die nur mit einer Leiter zu erreichen war, als Schlafraum enthielt; die Betten bestanden aus laubbedeckten Läden; die Fenster waren nicht größer als der Kopf eines Menschen; der Fußboden bestand aus der nackten Erde. Die Kost war pflanzlich, mit Ausnahme eines gelegentlichen Fischessens; kein Weißbrot, keine Gewürze, wenig Wein; diese Mönche, die doch nach dem Himmel strebten, ernährten sich wie Philosophen, die auf ein langes

Leben spekulieren. Die Mönche bereiteten ihre Mahlzeiten selbst, wobei jeder der Reihe nach als Koch amtete. Gemäß der von Bernhard aufgestellten Regel durfte das Kloster keinen Boden erwerben; es durfte nur besitzen, was ihm geschenkt wurde; er hoffte, daß es nie mehr Land besitzen würde, als die Mönche mit ihrer Hände Arbeit und ihren einfachen Werkzeugen bestellen könnten. In diesem stillen Tal werkten Bernhard und seine wachsende Schar in Schweigsamkeit und Zufriedenheit, abseits des «Sturmes der Welt»; sie rodeten, pflanzten und ernteten, zimmerten sich die Möbel selbst und trafen sich zu den kanonischen Stunden, um ohne Orgelbegleitung die Psalmen und Hymnen des Tages zu singen. «Je eingehender ich sie beobachtete», erklärt Wilhelm von St-Thierry, «desto mehr komme ich zu dem Glauben, daß sie vollkommene Nachfolger Christi sind ... nicht ganz Engel, aber bedeutend mehr als Menschen[23].» Die Nachricht von diesem christlichen Frieden in Selbstgenügsamkeit breitete sich aus, und noch ehe Bernhard das Zeitliche segnete, waren bereits siebenhundert Mönche in Clairvaux. Sie müssen dort glücklich gewesen sein, denn fast alle Männer, die aus dieser kommunistischen Enklave ausgeschickt wurden, um als Äbte, Bischöfe und Ratgeber zu dienen, sehnten sich dahin zurück, und Bernhard selbst, dem die höchsten kirchlichen Würden angetragen wurden und der auf Geheiß der Kirche viele Länder bereiste, strebte immer nach seiner Zelle in Clairvaux zurück, «damit meine Augen von meinen Kindern geschlossen werden und mein Leib in Clairvaux an der Seite der Armen zu liegen komme»[24].

Er war ein Mann von mäßiger Verstandeskraft, von großer innerer Gewißheit und gewaltiger und ungeteilter Charakterstärke. Wissenschaft und Philosophie bedeuteten ihm nichts. Der Geist des Menschen war nach seinem Empfinden ein zu winziger Bruchteil des Weltalls, als daß er es hätte wagen können, über es zu Gericht zu sitzen oder es verstehen zu wollen. Er wunderte sich über den törichten Stolz der Philosophen, die über Wesensart, Herkunft und Schicksal des Weltalls schwätzten. Er war entsetzt über Abälards Versuch, den Glauben der Vernunft zu unterstellen, und er bekämpfte diesen Rationalismus als eine gotteslästerliche Schamlosigkeit. Statt das Weltall verstehen zu wollen, wanderte er lieber ohne Fragen und voller Dankbarkeit durch das Wunder der Schöpfung. Die Bibel war ihm Gottes Wort, denn sonst wäre das Leben, wie ihm schien, nichts als eine Wüste finsterer Ungewißheit gewesen. Je mehr er diesen kindlichen Glauben predigte, desto mehr kam er zu der Gewißheit, daß er den rechten Weg eingeschlagen habe. Als ihm einer seiner Mönche voller Entsetzen beichtete, er könne nicht an die Macht des Priesters, das Brot der Eucharistie in Fleisch und Blut Christi umzuwandeln, glauben, tadelte Bernhard ihn keineswegs; er hieß ihn, das Sakrament trotzdem zu empfangen; «Geh und kommuniziere mit *meinem* Glauben»; es wird uns versichert, daß Bernhards Glauben in den Zweifler einging und seine Seele rettete[25]. Bernhard konnte Ketzer wie Abälard oder Arnold von Brescia mit tödlichem Haß verfolgen, da sie die Kirche schwächten, welche doch trotz allen ihren Mängeln das wahrhafte Werkzeug Christi war, und er konnte fast mit der Innigkeit der Jungfrau, die er so glühend verehrte, lieben. Als er einmal einem Dieb begegnete, der zum Galgen geführt wurde, bat er den Grafen der Champagne um dessen Begnadigung, da er ihn einer härteren Buße unterwerfen werde, als der Tod eines Augenblickes bedeute[26]. Er predigte vor Königen und Päpsten, am liebsten aber vor den Bauern und Hirten seines Tales; er war nachsichtig gegenüber ihren Fehlern, bekehrte sie durch sein Vorbild und errang sich ihre stumme Zuneigung durch den Glauben und die Liebe, die er ihnen entgegenbrachte. Seine Frömmigkeit steigerte er bis zu einer verzehrenden Askese; er fastete so viel, daß sein Superior in Cîteaux ihm befehlen mußte, mehr zu essen, und achtunddreißig Jahre lang lebte er in der einen engen Zelle in Clairvaux, die nur ein Strohlager und als einzige Sitzgelegenheit eine Wandnische hatte[27]. Alle Bequemlichkeiten und Güter der Welt bedeuteten ihm nichts gegenüber dem Gedenken und der Verheißung Christi. In dieser Geistesart verfaßte er mehrere Lieder von demütiger Einfachheit und ergreifender Innigkeit:

Iesu dulcis memoria,	O Jesu, Quell der Süßigkeit,
dans vera cordi gaudia,	wer dein nur denkt, ist schon erfreut;
sed super mel et omnia	doch süßer, als was süß kann sein,
eius dulcis praesentia.	ist's bei dir selbst, o Jesu mein.
Nil canitur suavius,	Kein Lied so süß zum Herzen dringt,
nil auditur iucundius,	kein Klang, kein Ton so lieblich klingt,
nil cogitatur dulcius	so wonnig kein Gedanke ist
quam Iesus Dei filius.	als Gottes Sohn, Herr Jesu Christ.
Iesu spes poenitentibus,	Dem Sünder bist du Trost und Ruh,
quam pius es petentibus,	wer dich begehrt, dem rufst du zu,
quam bonus es quaerentibus,	wer dich nur sucht, der hat dich schon,
sed quid invenientibus!	und wer dich find't, o welch ein Lohn![28]

Trotz seiner Begabung für eine elegante Sprache hatte er wenig Sinn für eine Schönheit, die nicht geistiger Art war. Er deckte sich die Augen zu, damit sie nicht eine allzu sinnenhafte Freude an den Seen der Schweiz hätten[29]. Seine Abtei hatte als einzige Zierde das Kruzifix. Er tadelte Cluny, weil es mit dem Bau und der Ausschmückung seiner Klöster einen so großen Aufwand trieb. «Die Kirche leuchtet in ihren Mauern und versagt in der Pflege der Armen. Sie vergoldet ihre Steine und läßt ihre Kinder unbekleidet. Mit dem Silber der armen Schlucker ergötzt sie das Auge der Reichen», erklärt er[30]. Er beklagte sich, die große Abtei von St-Denis sei mit hochmütigen waffenstarrenden Rittern angefüllt, statt mit demütigen Betern; er nannte sie «eine Garnison, eine Schule des Satans, eine Räuberhöhle»[31]. Suger, demütig betroffen ob diesem Tadel, sorgte für eine Reform seiner Kirche und seiner Mönche und konnte es noch erleben, daß Bernhard ihm sein Lob zollte.

Die Klosterreform, die von Clairvaux ausging, und die Besserung der kirchlichen Hierarchie durch den Einsatz von Bernhards Mönchen in Bistümern und Erzbistümern sind nur ein Teil des Einflusses, den dieser erstaunliche Mensch, der einzig um Brot bat, in diesem halben Jahrhundert auf die Menschen jeden Ranges und Standes ausübte. Heinrich von Franzien, ein Bruder des Königs, suchte ihn auf; Bernhard sprach mit ihm; am gleichen Tage wurde Heinrich Mönch und spülte in Clairvaux das Geschirr[32]. Durch seine Predigten – die selbst so mitreißend und sinnenhaft waren, daß sie fast als Dichtwerke gelten können – rührte er an die Herzen seiner Zuhörer; durch seine Briefe – Meisterwerke leidenschaftlichen Plädierens – beeinflußte er Konzile, Bischöfe, Päpste, Könige; durch die persönliche Einflußnahme gestaltete er die Politik von Kirche und Staat. Er lehnte es ab, mehr zu sein als ein Abt, aber er setzte Päpste ein und ab, und kein Papst fand ehrfürchtigeres Gehör. Er verließ seine Zelle ein Dutzendmal in hoher diplomatischer Mission, gewöhnlich auf Geheiß der Kirche. Als widerstreitende Gruppen Anaklet II. und Innozenz II. als Gegenpäpste wählten (1130), ergriff Bernhard für Innozenz Partei; als Anaklet Rom eroberte, kam Bernhard nach Italien und brachte allein durch die Macht seiner Persönlichkeit und seiner Reden die lombardischen Städte auf Innozenz' Seite; die Volksmenge, von seiner Redekunst und Frömmigkeit berauscht, küßte ihm die Füße und zerriß sein Gewand, um heilige Reliquien für die Nachkommen zu haben. Die Kranken suchten ihn in Mailand auf, und Epileptiker, Lahme und andere leidende Gläubige verkündeten, sie seien durch seine Berührung geheilt worden. Bei seiner Rückkehr nach Clairvaux nach seinen diplomatischen Triumphen kamen die Bauern von den Feldern und die Hirten von den Bergen, ihn um seinen Segen zu bitten; und wenn sie ihn erhalten hatten, kehrten sie innerlich erbaut und glücklich zu ihrer Arbeit zurück.

Bei Bernhards Tode im Jahre 1153 hatte sich die Zahl der Zisterzienserklöster auf 343 vermehrt, während es 1134, im Todesjahr Stephan Hardings, erst 30 gewesen waren. Der Ruf seiner Heiligkeit und seine Macht hatten dem neuen Orden viele Bekehrte zugetragen; um 1300 waren es sechzigtausend Mönche in 639 Klöstern. Weitere Mönchsorden entstanden im zwölften Jahrhundert. Um 1100 gründete Robert von Arbrissol den Orden von Fontevrault in der Anjou; 1120 verzichtete der heilige Norbert auf eine reiche Erbschaft, um den Prämonstratenserorden der Regulierten Chorherren in Prémontré bei Laon zu gründen; 1131 gründete der heilige Gilbert nach dem Vorbild von Fontevrault den englischen Gilbertinerorden von Sempringham. Um 1150 übernahmen einige palästinische Einsiedler die Eremitenregel des heiligen Basileios und verbreiteten sich über ganz Palästina; als die Muselmanen das Heilige Land eroberten, zogen diese «Karmeliter» nach Cypern, Sizilien, Frankreich und England. 1198 billigte Innozenz III. die Satzungen des Trinitarierordens und weihte ihn dem Loskauf kriegsgefangener Christen von den Sarazenen. Diese neuen Orden waren ein rettender und erhebender Sauerteig in der christlichen Kirche.

Die hochgehenden Wogen der Kirchenreform, die mit Bernhard ihren Höhepunkt fand, ebbten mit dem Fortschreiten des zwölften Jahrhunderts wieder ab. Die jüngeren Orden bewahrten ihre strengen Regeln recht getreulich; es ließen sich aber in dieser dynamischen Zeit nicht viele Menschen finden, die ein so hartes Regiment ertragen konnten. Mit der Zeit wurden die Zisterzienser – sogar in Bernhards Clairvaux – durch Geschenke Hoffender reich; Stiftungen für «Nahrungsrationen» gestatteten den Mönchen, ihre Kost mit Fleisch zu bereichern und reichlich Wein zu genießen[33]; sie ließen jede körperliche Arbeit von Laienbrüdern ausführen; vier Jahre nach Bernhards Tod kauften sie sich Sarazenensklaven[34], sie trieben einen umfangreichen und gewinnbringenden Handel mit den Erzeugnissen ihrer Gemeinschaftsarbeit und zogen sich die Feindseligkeit der Zünfte zu, weil sie keine Transportzölle zu entrichten brauchten[35]. Der Rückgang des Glaubens nach dem Fehlschlag der Kreuzzüge verminderte die Zahl der Novizen und war der Zucht in allen Mönchsorden abträglich. Das alte Ideal von einem Leben in besitzlosem Kommunismus, wie es die Apostel geführt hatten, starb aber nicht aus; die Überzeugung, daß der wahre Christ sich von Reichtum und Macht fernhalten und ein Mensch unerschütterlichen Friedenswillens sein müsse, war noch in Tausenden von Seelen lebendig. Zu Beginn des dreizehnten Jahrhunderts zeigte sich in den umbrischen Bergen Italiens ein Mann, der diese alten Ideale mit neuer Kraft erfüllte durch das Vorbild eines Lebens solcher Einfachheit, Reinheit, Frömmigkeit und Liebe, daß man sich fragte, ob nicht Christus wiedergeboren sei.

III. DER HEILIGE FRANZ*

Giovanni de Bernadone wurde 1182 in Assisi als Sohn des Ser Pietro de Bernadone, eines reichen Kaufmannes, der viel Handel mit der Provence trieb, geboren. In der Provence hatte Pietro sich in eine Französin, Pica, verliebt und sie als seine Gattin nach Assisi heimgeführt. Als er von einer anderen Reise in die Provence zurückkehrte und erfuhr, daß ihm ein Sohn geboren worden war, wandelte er den Namen des Kindes in Francesco um, offenbar als Zeichen der Dankbarkeit für Pica. Der Knabe wuchs in einem der schönsten Gebiete Italiens auf und verlor seine Zuneigung zu Landschaft und Himmel Umbriens nie. Von seinen Eltern lernte er Italienisch und Französisch, vom Gemeindepfarrer Lateinisch; eine weitere formelle Schulbildung erhielt er nicht, trat dafür bald in das Geschäft seines Vaters ein. Er enttäuschte Ser Pietro, weil er mehr Talent für das Geldausgeben als für das Geldverdienen zeigte. Er war der reichste Jüngling der Stadt, und der freigebigste; Freunde scharten sich um ihn, aßen und tranken mit ihm und sangen ihm die Lieder der Troubadours vor; Franz trug dann und wann das bunte Spielmannsgewand[36]. Er war ein hübscher Jüngling, hatte schwarze Augen, ein freundliches Gesicht und eine wohlklingende Stimme. Seine frühen Biographen behaupten, er habe keinerlei Beziehungen zum anderen Geschlechte unterhalten und überhaupt nur zwei Frauen von Angesicht gekannt[37]; damit tun sie Franz sicherlich Unrecht. Möglicherweise hörte er in diesen beeindruckbaren Lebensjahren seinen Vater von den Albigensern und Waldensern Südfrankreichs und von ihrem uralt-ewigneuen Evangelium der Armut erzählen.

Im Jahre 1202 kämpfte er in der assisischen Armee gegen Perugia, wurde gefangengenommen und verbrachte ein Jahr in nachdenklicher Gefangenschaft. 1204 wurde er Freiwilliger im Heer des Papstes Innozenz III. Als er einmal in Spoleto fiebernd im Bette lag, glaubte er eine Stimme zu vernehmen: «Warum verlässest du den Herrn um seines Dieners, den Fürsten um des Vasallen willen?» «O Herr», frug er, «was willst du, daß ich tue?» Die Stimme entgegnete: «Kehre heim; dort wirst du erfahren, was du tun sollst[38].» Er verließ das Heer und kehrte nach Assisi zurück. Nun bezeigte er ein immer geringeres Interesse am Geschäft seines Vaters, ein immer größeres an der Religion. Unweit von Assisi stand eine armselige Kapelle des heiligen Damian. Als er dort im Februar 1207 betete, glaubte er die Stimme Christi vom Altar zu vernehmen, die sein Leben und seine

* Die Literatur zu Franz von Assisi ist teils geschichtlich, teils legendär. Da die Legenden zu den Meisterwerken der mittelalterlichen Literatur zählen, haben sie vereinzelt Eingang in die folgenden Seiten gefunden; sie sind jeweils als solche bezeichnet. Die *Fioretti* (der «Blütenkranz des heiligen Franziskus») und das *Speculum perfectionis* (der «Spiegel der Vollkommenheit») sind größtenteils legendär; Zitate aus diesen Sammlungen sind dementsprechend als Legenden zu verstehen.

Seele als Darbringung entgegennahm. Von da an fühlte er sich einem neuen Leben geweiht. Er gab dem Priester der Kapelle alles Geld, das er bei sich hatte, und ging heim. Eines Tages begegnete er einem Aussätzigen und wandte sich voller Ekel ab. Nun wurde er gewahr, daß er Christus die Treue gebrochen hatte; er tadelte sich darob, kehrte um, leerte seine Börse in die Hand des Aussätzigen und küßte die Hand; diese Tat bedeutete für ihn, wie er berichtet, einen Wendepunkt in seinem geistigen Leben[39]. Von da an suchte er oft die Behausungen der Aussätzigen auf und brachte ihnen Almosen.

Bald nach diesem Erlebnis verbrachte er mehrere Tage in oder bei der Kapelle, wobei er offenbar nur wenig Nahrung zu sich nahm; als er wieder nach Assisi zurückkehrte, war er so abgemagert, abgehärmt und bleich, so zerlumpt und in seinem Geiste so verstört, daß die Gassenbuben auf dem Marktplatz ausriefen: *Pazzo! Pazzo!* – «Ein Verrückter! Ein Verrückter!» Da fand ihn sein Vater, nannte ihn einen Toren, schleppte ihn heim und sperrte ihn in eine Kammer. Von seiner Mutter freigelassen, eilte Franz zu der Kapelle zurück. Der erzürnte Vater holte ihn ein, schalt ihn aus, weil er seine Familie zum Gespött der Öffentlichkeit mache, überschüttete ihn mit Vorwürfen, weil er das zu seiner Erziehung ausgegebene Geld so schlecht zurückvergüte, und befahl ihm, die Stadt zu verlassen. Franz hatte seine persönliche Habe verkauft, um die Kapelle unterstützen zu können; er händigte nun den Erlös an seinen Vater aus, der das Geld annahm; er weigerte sich aber entschieden, die väterliche Autorität über einen Menschen, der nun Christus gehörte, anzuerkennen. Er wurde vor das bischöfliche Gericht an der Piazza Santa Maria Maggiore zitiert und erschien demütig, derweil die Menge zuschaute – eine Szene, die durch Giottos Pinsel unvergänglich gemacht worden ist. Der Bischof nahm ihn beim Wort und hieß ihn, seine gesamte Habe aufzugeben. Franz zog sich in ein Zimmer des bischöflichen Palastes zurück und kam bald darauf in völliger Nacktheit wieder; er legte das Bündel mit seiner Kleidung und einige Münzen, die ihm noch verblieben waren, vor dem Bischof nieder und sagte: «Bis heute habe ich Pietro Bernadone meinen Vater genannt, aber jetzt wünsche ich Gott zu dienen. Darum gebe ich ihm dieses Geld zurück ... und auch die Kleidung und alles, was ich von ihm habe; denn von nun an will ich nichts anderes mehr sagen denn, Vater unser, der du bist im Himmel'[40].» Bernadone trug die Kleider weg, derweil der Bischof den zitternden Franz mit seinem Mantel deckte. Franz kehrte zur Damianskapelle zurück, fertigte sich ein Eremitengewand an, ging um Nahrung bettelnd von Tür zu Tür und begann die zerfallende Kapelle mit eigenen Händen wieder aufzubauen. Mehrere Einwohner der Stadt legten mit ihm Hand an, und zusammen sangen sie bei der Arbeit

Im Februar 1209 hörte er während einer Messe das Evangelium von der Aussendung der Jünger:

> Geht aber und predigt und sprecht: Das Himmelreich ist nahe herbeigekommen. Macht die Kranken gesund, reinigt die Aussätzigen, weckt die Toten auf, treibt die Teufel aus. Umsonst habt Ihr's empfangen, umsonst gebt es auch. Ihr sollt nicht Gold noch Silber noch Erz in euren Gürteln haben, auch keine Tasche zur Weg-Fahrt, auch nicht zwei Röcke, keine Schuhe, auch keine Stecken. (Matth. x, 7–10.)

Es schien Franz, als ob Christus selbst gesprochen und sich unmittelbar an ihn gewandt habe. Er nahm sich vor, diese Anweisungen wörtlich zu befolgen – das Himmelreich zu predigen und nichts zu besitzen. Er wollte die zwölfhundert Jahre, welche die Gestalt Christi verdunkelt hatten, wieder zurückgehen und sein Leben nach diesem göttlichen Vorbild formen.

Und darum setzte er sich in jenem Frühjahr über allen Hohn und Spott hinweg und predigte auf den Plätzen von Assisi und den benachbarten Städten das Evangelium Christi und der Armut. Entsetzt über das skrupellose Gewinnstreben seiner Zeit und über die Pracht und den Luxus mancher Geistlicher, schmähte er das Geld als teuflisch und fluchwürdig, hieß seine Anhänger, es wie Kot zu verachten[41], und rief seine Mitmenschen auf, alle ihre Habe zu verkaufen und den Erlös den Armen zu geben. Kleine Gruppen hörten ihm voller Erstaunen und Bewunderung zu, die meisten aber ließen ihn als einen Narren in Christo stehen. Der gute Bischof von Assisi machte Einwände: «Euer Leben erscheint mir hart, und nichts Irdisches zu besitzen, ist schwer.» Darauf sprach der Heilige: «Herr, wollten wir etwas besitzen, so müßten wir auch Waffen zu unserer Verteidigung haben[42].» Einige Herzen ließen sich bewegen; zwölf Männer erklärten sich bereit, seiner Lehre und seiner Lebensart zu folgen; er hieß sie willkommen und gab ihnen die obenerwähnten Worte Christi als Auftrag und Regel. Sie verfertigten sich braune Kutten und bauten sich Hütten aus Ästen und Zweigen. Entgegen der altüberlieferten mönchischen Absonderung zogen sie Tag für Tag mit Franz aus, barfuß und mittellos, um zu predigen. Manchmal waren sie mehrere Tage abwesend und schliefen in Heustöcken oder Aussätzigenasylen oder unter dem Schutze eines Kirchendaches. Wenn sie zurückkehrten, pflegte Franz ihnen die Füße zu waschen und Essen vorzusetzen.

Sie begrüßten sich und alle Menschen, denen sie begegneten, mit dem altorientalischen Gruße: «Der Herr gebe dir Frieden.» Man nannte sie noch nicht Franziskaner. Selbst bezeichneten sie sich als *Fratres minores*, Minderbrüder, Minoriten; Brüder, da sie eher brüderlich als priesterlich wirken wollten, mindere, da sie die demütigsten Diener Gottes sein wollten, die niemals eine höhere Autorität ausübten, sondern sich stets einer Autorität beugten; sie wollten selbst dem niedrigsten Priester untertan sein und jedem Priester, dem sie begegneten, die Hand küssen. Während der ersten Generation des Ordens erhielten nur sehr wenige Minoriten die Priesterweihe; Franz selbst war nie mehr als Diakon. In ihrer kleinen Gemeinschaft bedienten sie sich gegenseitig und leisteten körperliche Arbeit; kein Müßiggänger wurde in der Schar geduldet. Weltliche Studien wurden nicht gerne gesehen; Franz sah im weltlichen Wissen keinen Vorteil, es sei denn zur Anhäufung von Reichtum oder Macht; «meine Brüder, die sich von der Lernbegierde treiben lassen, werden am Tage des Gerichts ihre Hände leer finden»[43]. Für Geschichtsschreiber hatte er nur Verachtung übrig, da sie selbst keine großen Taten verrichteten, sondern Ehren dafür einheimsten, daß sie die großen Taten anderer aufzeichneten[44]. Goethes Ausspruch «Übrigens ist mir alles verhaßt, was mich bloß belehrt, ohne meine Tätigkeit zu vermehren oder unmittelbar zu beleben», nahm Franz mit seinem *Tantum homo habet de scientia, quantum operatur* vorweg – «So viel hat der Mensch vom Wissen, wie er in die Tat umsetzt»[45]. Kein Bruder durfte ein Buch besitzen, nicht einmal einen Psalter. Beim Predigen mußten sie sich neben dem Wort auch des Gesanges bedienen; sie durften sogar, wie Franz bestätigte, die *jongleurs* nachahmen und *ioculatores Dei*, Spielleute Gottes, werden[46].

Manchmal wurden die Brüder verspottet, geschlagen, fast ihres letzten Kleidungsstükkes beraubt. Franz hieß sie keinen Widerstand leisten. In vielen Fällen waren die Übeltäter so überrascht von der übermenschlichen Gleichgültigkeit gegenüber Stolz und Besitztum, daß sie um Verzeihung baten und das Raubgut zurückerstatteten[47]. Wir wissen nicht, ob das untenstehende Muster aus dem «Blütenkranz des heiligen Franziskus» geschichtlich oder legendär ist, es gibt aber eine gute Darstellung von der ekstatischen Frömmigkeit, die alles durchzieht, was wir von dem Heiligen hören:

Einst, zur Winterszeit, kam der heilige Franz von Perugia her gen Santa Maria degli Angeli. Sein Begleiter war Bruder Leo. Es herrschte eine solche Kälte, daß sie bitter froren. Da rief der heilige Franz Bruder Leo, der ihm etwas vorausging, und sagte also:
«Bruder Leo, wenngleich die Minderbrüder ein schönes Beispiel des guten und heiligen Lebens geben und viele Menschen erbauen – dennoch, schreibe es auf und merke es wohl: darin liegt nicht die vollkommene Freude!»
Als er ein wenig weitergegangen war, rief er ihn von neuem an und sprach:
«Bruder Leo, und wenn ein Minderbruder Blinden das Augenlicht wiedergäbe, Krüppeln die freie Bewegung schenkte, böse Geister austriebe, Taube hören und Lahme gehen machte ... ja, wenn er einen Toten nach vier Tagen zu neuem Leben erweckte – schreibe: auch darin liegt nicht die vollkommene Freude!»
Und abermals, etwas weiter, rief er: «Bruder Leo, wenn ein Minderbruder die Sprachen aller Völker wüßte und alle Wissenschaften und Bücher beherrschte und könnte weissagen und die Zukunft offenbaren und selbst ins heimlichste Gewissen der andern sehen – schreibe: auch darin liegt nicht die vollkommene Freude!»
Und wieder nach einer Weile rief er: «Bruder Leo, und verstünde ein Minderbruder so herrlich zu predigen, daß er alle Ungläubigen zum Glauben bekehrte – schreibe: auch darin liegt nicht die vollkommene Freude!»
So sprach er wohl über gut zwei Meilen des Weges hin. Bruder Leo sprach: «Vater, ich bitte dich in Gottes Namen, so sag mir, worin die vollkommene Freude liegt.»
Der Heilige erwiderte ihm:
«Wenn wir, ganz durchnäßt vom Regen und von Kälte durchschauert, von Straßenkot schmutzig und von Hunger gepeinigt, nach Santa Maria degli Angeli kommen, und wenn wir dann an der Pforte läuten und der Pförtner käme und spräche: ‚Wer seid ihr?', und wenn er auf unser Wort: ‚Wir sind zwei deiner Brüder', uns anführe und spräche: ‚Was? Zwei Landstreicher seid ihr und streift in der Welt herum und nehmt den Armen ihre Almosen weg!' – und er würde uns nicht aufmachen, sondern ließe uns stehen in Schnee, Wasser, Frost und Hunger bis in die Nacht hinein, – wir aber würden all die Unbilden und Beleidigungen ruhig und ohne Murren geduldig tragen und würden in Demut und Liebe denken, der Pförtner kenne uns wirklich gut und Gott werde ihm solche Worte auf die Zunge gelegt haben: da, Bruder Leo, schreibe es, liegt die vollkommene Freude!
Und gesetzt, wir würden doch wieder anklopfen, und nun käme der Pförtner in helle Aufregung gegen die Plagegeister und würde uns ohrfeigen mit groben Schlägen und sagen: ‚Macht, daß ihr fortkommt, Lumpenpack, geht zur Herberge! Wer seid denn ihr? Hier gibt es kein Essen für euch!' – und wenn wir das ruhig trügen und die Beleidigungen mit Liebe annähmen von ganzem Herzen – o Bruder Leo, schreibe: das ist die vollkommene Freude! – Und gesetzt, wir würden bei so übler Behandlung, mit hungrigem Magen, in der schmerzenden Kälte, mit Rücksicht auf den Einbruch der Nacht noch einmal klopfen und inständig unter Tränen bitten und rufen, man möchte uns doch auftun – und jener ... käme mit dem Knüppel und packte uns an der Kapuze und schlüge uns, daß wir nur so in Dreck und Schnee herumtaumelten, und versetzte uns Streich über Streich – dann, wenn

> wir all die Unbill und Kränkung und Schläge mit Freude trügen, im Gedanken, daß wir die Peinen Christi, des Hochgebenedeiten, mit aller Gedult ertragen und auf uns nehmen sollen: o Bruder Leo, dann!»[48]

Die Erinnerung an das Schwelgerleben, das er in der Jugendzeit geführt hatte, verfolgte ihn mit einem heftigen Sündengefühl, und wenn wir dem *Blütenkranz* glauben dürfen, fragte er sich immer wieder, ob Gott ihm wohl vergeben könne. Eine rührende Geschichte berichtet uns, daß Franz in der Frühzeit des Ordens, als die Brüder kein Brevier zum Gottesdienste finden konnten, einmal eine Litanei der Reue und Zerknirschung auswendig lernte und Bruder Leo anwies, alle Worte nachzusprechen und Franz der Sündhaftigkeit anzuklagen. Leo wollte jede Anklage wiederholen, brachte aber statt dessen nur die Worte heraus: «Gott ist der Vater; seine Barmherzigkeit ist unendlich[49].» Bei einer anderen Gelegenheit ließ sich Franz, der gerade vom Quartanfieber genesen war, nackt vor das Volk auf den Marktplatz von Assisi bringen; dort befahl er einem Bruder, ihm eine Schüssel voll Asche über das Gesicht zu streuen, und zu der Menge gewendet sprach er: «Ihr und alle, die nach meinem Beispiel die Welt verlassen und in den Orden der Brüder treten, haltet mich für einen heiligmäßigen Menschen, aber vor Gott und euch muß ich bekennen, daß ich in dieser meiner Krankheit Fleisch und Fleischbrühe genossen habe[50].» Das Volk war nur um so mehr von seiner Heiligkeit überzeugt. Man erzählte sich, wie ein junger Bruder ihn im Gespräch mit Christus und der Jungfrau gesehen habe; man schrieb ihm Wundertaten zu und brachte ihm die Kranken und «Besessenen» zur Heilung. Seine Wohltätigkeit wurde legendär. Er konnte es nicht ertragen, daß andere noch ärmer waren als er selbst; er gab den Armen, die bei ihm vorbeikamen, so oft die Kleider von seinem Leibe, daß es seine Jünger schwierig fanden, ihn bekleidet zu erhalten. Als er einst von Siena zurückkam, so berichtet der wohl legendäre *Spiegel der Vollkommenheit*,

> begegnete er einem Armen und sprach zu seinem Gefährten: «Wir müssen den Mantel dem Armen zurückgeben, dem er gehört; denn wir haben ihn nur geliehen bekommen, bis wir einen treffen, der ärmer ist als wir ... denn als Diebstahl würde es uns angerechnet, wenn wir den Mantel nicht dem Bedürftigeren abträten.»[51]

Seine Liebe strömte von den Menschen auf die Tiere, die Pflanzen, ja auf unbelebte Dinge über. Der *Spiegel der Vollkommenheit* schreibt ihm in einer unbestätigten Stelle eine Art Vorprobe für seinen späteren Sonnengesang zu:

> Wenn am Morgen die Sonne aufgeht, sollte jeglicher Mensch Gott loben, der sie zu unserem Nutzen geschaffen hat ... Und am Abend, wenn es dunkel wird, sollte jeglicher Mensch Gott loben für Bruder Feuer; denn ihm verdanken wir's, daß unseren Augen die Nacht erhellt wird. Wie Blinde sind wir alle, und der Herr erhellt unsere Augen durch diese beiden Geschwister des Lichts.[52]

Das Feuer bewunderte er so sehr, daß er zögerte, eine Kerze auszulöschen; vielleicht war das Feuer damit nicht einverstanden. Er hatte ein inniges Gefühl der Verbundenheit mit jedem Lebewesen. Er wollte den Kaiser (Friedrich II., der gerne auf Vogeljagd ging) «kniefällig bitten und ihm raten, er möge aus Liebe zu Gott und zu mir ein besonderes Gesetz erlassen, niemand dürfe die Schwestern Lerchen fangen, töten oder ihnen sonst ein Leid antun. Ebenso sollten die Podestà der Städte und die Herren der Kastelle und Dörfer alljährlich am Weihnachtstage ihre Untertanen veranlassen, Getreide und sonstige Körner auf die Wege außerhalb der Städte und Flecken zu streuen, daß die Schwestern Lerchen und andere Vögel an dem hohen Festtage ihr Futter hätten»[53]. Als er einem Jüngling begegnete, der einige Turteltauben gefangen hatte und sie auf den Markt trug, überredete er ihn, ihm die Vögel zu überlassen; die Heiligen bauten ihnen Nester, «auf daß ihr fruchtbar seid und euch mehret»; sie folgten der Aufforderung in reichem Maße und hausten bei dem Kloster in glückseliger Freundschaft mit den Mönchen und holten sich gelegentlich Futter von ihrem Tische[54]. Viele Legenden ranken sich um dieses Thema. Eine berichtet, wie Franz seinen «kleinen Schwestern, den Vögelein» auf der Straße zwischen Cannora und Bevagna predigte; und «alsbald kamen die Vögel, so da auf den Bäumen saßen, zu ihm herab, und alle, samt und sonders, blieben unbeweglich vor ihm sitzen, bis daß St. Franciscus seine Predigt beendete; auch dann flogen sie nicht eher davon, als bis daß er ihnen den Segen erteilt hatte».

> Viel verdankt ihr Gott, meine Geschwister Vögel, und müßt ihn deshalb allezeit und allerorten loben. Ihr habt die Freiheit, überallhin zu fliegen; ihr habt Kleidung, doppelt und dreifach ... Ihr säet nicht, ihr erntet nicht, und Gott ernähret euch. Er gab euch Bach und Quelle zum Trunke, Berge und Hügel, Felsen und Klüfte zu eurer Zuflucht, ragende Bäume zum Nisten, und wenn ihr auch gleich nicht zu nähen noch zu weben versteht, gibt er doch euch und euren Kindern die nötige Kleidung ... Darum sollt ihr auch darauf achten, meine Geschwister Vögel, daß ihr nicht undankbar seid, sondern beeifert euch allezeit, Gott zu loben![55]

Die Brüder Jacopo und Masseo versichern, die Vögel hätten ihre Köpfe ehrerbietig zu Boden geneigt und «mit Sang und Gebärden» kundgetan, «daß der heilige Vater ihnen groß Ergötzen bereitete». Die *Fioretti*, denen diese Geschichte entstammt, sind eine italienische Erweiterung des lateinischen Werkes *Actus Beati Francisci* (1323); sie gehören weniger der tatsächlichen Geschichte als der Literatur an; auf diesem Gebiete zählen sie aber zu den liebenswertesten Schöpfungen des Zeitalters des Glaubens.

Da man ihm klargemacht hatte, daß zur Gründung eines religiösen Ordens die Bewilligung des Papstes vonnöten sei, brach Franz 1210 mit zwölf Jüngern nach Rom auf, wo sie ihre Bitte und ihre Ordensregel dem Papste Innozenz III. vorlegten. Der große Papst riet ihnen freundlich, die formelle Gründung eines neuen Ordens hinauszuschieben, bis die Zeit die Durchführbarkeit ihrer Regel bestätigt habe. «Meine lieben Kinder», bedeutete er ihnen, «euer Leben erscheinet mir zu hart. Ich sehe wahrlich, daß euer Eifer groß ist ... aber ich muß auch an diejenigen denken, die nach euch kommen werden und vielleicht nicht die Kraft zu eurer Lebensweise finden[56].» Franz beharrte bei seiner Bitte, und der Papst gab nach – die fleischgewordene Kraft dem fleischgewordenen Glauben. Die Brüder nahmen die Tonsur, unterwarfen sich der Hierarchie und erhielten von den Benediktinern auf dem Berge Subiaso bei Assisi die Kapelle Sta. Maria degli Angeli, die so klein war – etwa drei Meter lang –, daß sie bald nur noch Portiuncula – «Portiönchen» – genannt wurde. Die Brüder erbauten sich rings um die Kapelle Hütten, und diese Hütten bildeten das erste Kloster des Ersten Ordens des heiligen Franziskus.

Nunmehr schlossen sich nicht nur neue Mitglieder dem Orden an, sondern es sprach auch, zur Freude des Heiligen, ein achtzehnjähriges Mädchen aus reichem Hause, Clara dei Sciffi, bei Franz vor und bat ihn um die Erlaubnis, einen Zweiten Orden des heiligen Franziskus für Frauen gründen zu dürfen (1212). Sie verließ Haus und Familie, gelobte Armut, Keuschheit und Gehorsam und wurde die Äbtissin eines Franziskanerklosters, das rings um die Damianskapelle erbaut wurde. Im Jahre 1221 entstand ein Dritter Orden des heiligen Franziskus – der Orden der Tertiaren – aus Laienbrüdern, die zwar nicht der vollständigen franziskanischen Regel folgen mußten, ihr aber doch so weit wie möglich folgen und dabei «in der Welt» leben und den Ersten und Zweiten Orden mit ihrer Arbeit und Wohltätigkeit unterstützen wollten.

Die immer zahlreicheren Franziskaner trugen nun (1211) ihr Evangelium in die Städte Umbriens und später auch in die anderen Provinzen Italiens. Sie äußerten keine ketzerischen Gedanken, predigten aber wenig Theologie; auch verlangten sie von ihren Zuhörern nicht die Keuschheit und die Armut und den Gehorsam, die sie sich selbst auferlegten. «Fürchtet und ehret Gott», so predigten sie. «Lobet und segnet ihn ... Tuet Buße ... denn ihr wißt, daß wir bald sterben werden ... Enthaltet euch von dem Übel, beharret im Guten.» Italien hatte schon vorher solche Worte vernommen, aber selten von Menschen, die es so aufrichtig meinten. Scharen strömten herbei, ihren Predigten zu lauschen; ein umbrisches Dorf eilte bei der Nachricht von Franzens Kommen geschlossen dem Heiligen entgegen, ihn mit Blumen, Bannern und Liedern zu begrüßen[57]. In Siena traf er die Stadt im Bürgerkriege an; seine Predigt brachte beide Parteien zu seinen Füßen, und auf sein Drängen hielten sie für eine Weile in ihrem Zwist inne[58]. Während dieser Missionsfahrten durch Italien zog er sich die Malaria zu, die ihm den frühen Tod brachte.

Von seinem Erfolge in Italien angeregt und in seiner geringen Kenntnis des Islams beschloß Franz, nach Syrien zu gehen und die Muselmanen, ja selbst den Sultan zu bekehren. Im Jahre 1212 stach er in einem italienischen Hafen in See, aber ein Sturm warf das Schiff an die dalmatische Küste, und er mußte nach Italien zurückkehren; die Legende will aber doch wissen, daß «der heilige Franziskus den Sultan von Babylon bekehrte»[59]. Im gleichen Jahre soll er nach einer wahrscheinlich ebenfalls legendären Geschichte nach Spanien gegangen sein, um die Mauren zu bekehren; bei seiner Ankunft soll er aber so schwer erkrankt sein, daß seine Jünger ihn nach Assisi zurückbringen mußten. Eine andere in ihrer Echtheit anfechtbare Erzählung führt ihn nach Ägypten; er soll unverletzt durch ein muselmanisches Heer, das den Kreuzrittern in Damiette Widerstand leistete, hindurchgegangen sein und dem Sultan angeboten haben, durch Feuer hindurchzuschreiten, falls der Sultan ihm verspräche, mit seinen Kriegern den christlichen Glauben anzunehmen, wenn er die Probe heil überstünde; der Sultan habe das Angebot abgelehnt, aber dem Heiligen ein sicheres Geleit in das christliche Lager gewährt. Entsetzt über die Bestialität, mit der die Soldaten Christi die muselmanische Bevölkerung von Damiette hinmordeten[60], sei Franz als kranker und bekümmerter Mann nach Italien zurückgekehrt. Zu den Fieberschauern seiner Malaria habe er sich in Ägypten noch eine Augenkrankheit zugezogen, an deren Folgen er in späteren Jahren das Augenlicht fast völlig verloren habe.

Während dieser langen Abwesenheiten des Heiligen vermehrten sich seine Anhänger schneller, als für seine Regel gut war. Sein Ruf trug ihm Anwärter zu, die das Gelübde ohne gehörige Überlegung ablegten; einige bereuten später ihre voreilige Handlung, und viele beklagten sich, seine Regel sei zu streng. Franz machte widerstrebend Konzessionen. Zweifellos stellte die Ausbreitung des Ordens, der nunmehr in mehrere Häuser über ganz Umbrien aufgeteilt war, so hohe Anforderungen an seine administrative Geschicklichkeit und seinen Takt, daß seine mystische Versenkung ihnen kaum genügen konnte. Als ein Mönch einmal einen anderen Mönch mit Schimpfworten bedachte, soll Franz ihm befohlen haben, ein Stück Eselsdung zu essen, damit seine Zunge nicht mehr am Bösen Freude habe; der Mönch habe gehorcht, seine Mitmönche seien aber mehr über die Strafe als über das Vergehen des Mönches entsetzt gewesen[61]. Im Jahre 1220 legte Franz die Führung nieder, hieß seine Anhänger einen anderen General wählen und zählte sich von da an zu den einfachen Mönchen. Im folgenden Jahre stellte er jedoch, über weitere Milderungen der ursprünglichen (1210) Regel entsetzt, eine neue Regel auf – sein berühmtes «Testament» –, mit der er die vollständige Beachtung des Gelübdes der Armut wiederherstellen wollte und den Mönchen verbot, ihre Hütten an der Portiuncula im Stiche zu lassen, um sich in den gesünderen Quartieren niederzulassen, welche ihnen von den Städtern erbaut worden waren. Er legte diese Regel Honorius III. vor, der sie an einen Ausschuß von Geistlichen zur Revision weiterleitete; als sie aus ihren Händen zurückkam, wies sie ein Dutzend Zugeständnisse an Franz und ebensoviele Milderungen von der Regel auf. Die Voraussagen Innozenz' III. hatten sich erfüllt.

Widerstrebend, doch in demütigem Gehorsam gab sich Franz nun einem Leben der äußersten Einsamkeit, der innerlichen Betrachtung, der Askese und des Gebetes hin. Die Inbrunst seiner Frömmigkeit und seine Einbildungskraft ließen ihm zuweilen Christus, Maria und die Apostel in Visionen erscheinen. Im Jahre 1224 zog er mit drei Jüngern aus Assisi fort und ritt über Berge und Ebenen in eine Klause auf dem Berge Verna bei Chiusi. Er ließ sich in einer einsamen Hütte, die nur über eine tiefe Schlucht erreichbar war, nieder, gestattete einzig dem Bruder Leo, ihn zu besuchen, und befahl ihm, nur zweimal im Tage zu kommen und auch dann nur, wenn ihm auf seinen Ruf geantwortet werde. Am 14. September 1224, dem Tage der Kreuzeserhebung, glaubte Franz, der lange gefastet und die Nacht mit Wachen und Beten verbracht hatte, einen Seraph mit dem Bilde des gekreuzigten Heilands vom Himmel niederkommen zu sehen. Als die Vision verblaßte, verspürte er seltsame Schmerzen und entdeckte an der Ober- und Unterseite der Hände und Füße und am Leibe Wundmale, die in Farbe und Sitz den Wundmalen – *stigmata* – glichen, welche, wie man glaubte, die Nägel an Jesu Händen und Füßen und der Lanzenstich an seinem Leibe hinterlassen hatten*.

Franz kehrte zu der Klausnerei und nach Assisi zurück. Ein Jahr nach der Stigmatisation begann sein Augenlicht zu schwinden. Bei einem Besuche des Nonnenklosters der heiligen Klara wurde er von völliger Blindheit befallen. Klara pflegte ihn, bis sein Augenlicht zurückkehrte, und behielt ihn einen Monat lang im Damianskloster. Dort verfaßte er an einem Tage des Jahres 1224, wohl in der Freude der Wiedergenesung, in italienischer poetischer Prosa seinen «Sonnengesang»[63]:

* Die Vermutung ist ausgesprochen worden, diese Schwellungen könnten durch die bösartige Malaria verursacht worden sein, die bei mangelnder Pflege purpurrote Hämorrhagien auf der Haut hervorrufen kann.[62]

Du höchster, mächtigster, guter Herr,
Dir sind die Lieder des Lobes, Ruhm und Ehre
und jeglicher Dank geweiht;
Dir nur gebühren sie, Höchster,
und keiner der Menschen ist würdig,
Dich nur zu nennen.

Gelobt seist Du, Herr,
mit allen Wesen, die Du geschaffen,
der edlen Herrin vor allem, Schwester Sonne,
die uns den Tag heraufführt und Licht
mit ihren Strahlen, die Schöne, spendet;
gar prächtig in mächtigem Glanze:
Dein Gleichnis ist sie, Erhabener.

Gelobt seist Du, Herr,
durch Bruder Mond und die Sterne.
Durch Dich sie funkeln am Himmelsbogen
und leuchten köstlich und schön.

Gelobt seist Du, Herr,
durch Bruder Wind
und Luft und Wolke und Wetter,
die sanft oder streng, nach Deinem Willen,
die Wesen leiten, die durch Dich sind.

Gelobt seist Du, Herr,
durch Schwester Quelle:
Wie ist sie nütze in ihrer Demut,
wie köstlich und keusch!

Gelobt seist Du, Herr,
durch Bruder Feuer,
durch den Du zur Nacht uns leuchtest.
Schön und freundlich ist er am wohligen Herde,
mächtig als lodernder Brand.

Gelobt seist Du, Herr,
durch unsere Schwester, die Mutter Erde,
die gütig und stark uns trägt
und mancherlei Frucht uns bietet
mit farbigen Blumen und Matten.

Gelobt seist Du, Herr, durch die,
so vergeben um Deiner Liebe willen
und Pein und Trübsal geduldig tragen.
Selig, die's überwinden im Frieden:
Du, Höchster, wirst sie belohnen.

Lobet und preiset den Herrn!
Danket und dient ihm
in großer Demut?

Im Jahre 1225 nahmen einige Ärzte von Rieti, welche seine Augen ohne Erfolg mit dem «Urin eines jungfräulichen Knaben» behandelt hatten, ihre Zuflucht zu dem Mittel, einen weißglühenden Eisenstab über seine Stirne zu ziehen. Franz soll sich an den «Bruder Feuer» gewandt haben: «Du bist schön über alle Maßen; steh mir in dieser Stunde bei; du weißt, wie sehr ich dich stets geliebt habe»; nachher erklärte er, er habe keinen Schmerz verspürt. Das Augenlicht kehrte ihm so weit zurück, daß er wieder auf Reisen gehen konnte, um zu predigen. Bald brach er unter den Mühen der Reise zusammen; Malaria und Wassersucht hatten ihm jede Kraft genommen, und man mußte ihn nach Assisi zurückbringen.

Trotz seinem Einspruch wurde ihm im erzbischöflichen Palaste ein Lager bereitet. Er bat den Arzt, ihm die Wahrheit zu sagen, und erfuhr, daß er kaum bis zum Herbst zu leben habe. Zu aller Erstaunen begann er zu singen. Dann fügte er, wie es heißt, seinem Sonnengesang einen neuen Vers bei:

Gelobt seist Du, Herr,
durch unsern Bruder, den leiblichen Tod;
ihm kann kein lebender Mensch entrinnen.
Wehe denen, die sterben in schweren Sünden!
Selig, die er in Deinem heiligsten Willen findet!
Denn sie versehrt nicht der zweite Tod.[64]

In diesen letzten Tagen seines Lebens soll er seine Askese bereut haben, da er damit «seinen Bruder, den Leib, beleidigt» habe[65]. Als der Bischof einmal abwesend war, ließ sich Franz von seinen Mönchen in die Portiuncula bringen. Dort diktierte er seinen letzten Willen, ein zugleich demütiges und befehlendes Dokument: er befahl seinen Anhängern, sich mit «armseligen und verlassenen Kirchen» zu begnügen und keine Wohnstätten anzunehmen, die sich mit ihrem Gelübde der Armut schlecht vertrugen, jeden ketzerischen und rückfälligen Mönch des Ordens an den Bischof auszuliefern und nie eine Änderung an der Ordensregel vorzunehmen[66].

Er starb am 3. Oktober 1226 in seinem fünfundvierzigsten Lebensjahr, einen Psalm auf den Lippen. Zwei Jahre später sprach die Kirche ihn heilig. Noch zwei andere führende Persönlichkeiten beherrschten diese dynamische Zeit: Innozenz III. und Friedrich II. Innozenz hob die Kirche auf ihre höchste Höhe empor, von der sie im Laufe eines Jahrhunderts wieder niedersank. Friedrich hob das Reich auf seine größte Höhe empor, von der es im Laufe eines Jahrzehntes wieder niedersank. Franz übertrieb die Tugenden der Armut und der Unwissenheit, aber er flößte der Kirche neue Kraft ein, indem er sie wieder mit dem Geist Christi erfüllte. Heute sind Papst und Kaiser nur noch den geschichtlich Gebildeten ein Begriff, während der einfältige Heilige in den Herzen von Millionen Menschen weiterlebt.

Der Orden, den er gegründet hatte, zählte bei seinem Tode etwa 5000 Mitglieder und hatte in Ungarn, Deutschland, England, Frankreich und Spanien Fuß gefaßt. Er erwies sich als Bollwerk der Kirche bei der Rückgewinnung des häretischen Norditaliens für den Katholizismus. Sein Evangelium der Armut und Bildungslosigkeit war nur für eine kleine Minderheit annehmbar; Europa wollte unbedingt die gefährliche Parabel von Reichtum, Wissenschaft, Philosophie und Zweifel durchwandern. Nun wurde auch die gemäßigte

Ordensregel, die Franz so ungern angenommen hatte, weiter gemildert (1230); man konnte vom Menschen nicht erwarten, daß er auf längere Frist und in hinreichender Anzahl auf den Höhen der fast berauschten Askese, die Franzens Leben verkürzt hatte, ausharren werde. Mit einer abgemilderten Ordensregel stieg die Zahl der Minoriten, bis sie im Jahre 1280 auf 200 000 in 8000 Klöstern angewachsen war. Sie wurden bedeutende Prediger und bewogen durch ihr Beispiel die Weltgeistlichkeit, sich ihrerseits das Predigen, das bisher den Bischöfen vorbehalten gewesen war, zur Gewohnheit zu machen. Die Franziskaner brachten Heilige wie Bernhardin von Siena und Antonius von Padua, Wissenschafter wie Roger Bacon, Philosophen wie Duns Scotus, Lehrer wie Alexander von Hales hervor. Einige Franziskaner wirkten als Werkzeuge der Inquisition; andere wurden Bischöfe, Erzbischöfe, Päpste; viele unternahmen gefährliche Missionsunternehmungen in ferne und fremde Länder. Gaben der Frommen flossen ihnen in reichem Maße zu; gewisse Führer wie Bruder Elias lernten den Luxus lieben; und obgleich Franz den Bau reicher Kirchen untersagt hatte, ließ Elias zu seinem Gedächtnis die eindrucksvolle Basilika, die heute noch den Berg von Assisi krönt, errichten. Die Malereien von Cimabue und Giotto in dieser Kirche waren die ersten Erzeugnisse eines gewaltigen und dauerhaften Einflusses des heiligen Franz, seiner Geschichte und Legenden auf die italienische Kunst.

Viele Minoriten empörten sich gegen die Milderung von Franzens Regel. Als «Observanten» oder «Zeloten» hausten sie in Einsiedeleien oder kleinen Klöstern in den Apenninen, während die große Mehrheit der Franziskaner geräumige Klöster vorzog. Die Observanten vertraten die Ansicht, daß Christus und seine Jünger völlig besitzlos gewesen seien; der heilige Bonaventura teilte diese Ansicht; Papst Nikolaus billigte den Gedanken im Jahre 1279; Papst Johannes XXII. erklärte ihn 1323 für falsch, und von da an wurden diejenigen Zeloten, die ihn weiter predigten, als Häretiker verfolgt. Ein Jahrhundert nach Franzens Tode wurden seine treuesten Nachfolger von der Inquisition auf dem Scheiterhaufen verbrannt.

IV. DER HEILIGE DOMINIKUS

Es ist eine Ungerechtigkeit gegenüber Dominikus, daß man bei seinem Namen sofort an die Inquisition denkt. Er war weder ihr Begründer, noch ist er für ihre Schreckensherrschaft verantwortlich zu machen; seine eigene Tätigkeit bestand in der Bekehrung durch Vorbild und Predigt. Er war aus härterem Holz geschnitzt als Franz und verehrte ihn als den heiligenhafteren Heiligen, und Franz liebte Dominik. Im wesentlichen war ihr Werk das gleiche: beide gründeten einen großen Orden von Menschen, die sich nicht mit dem eigenen Seelenheil in Abgeschiedenheit beschäftigten, sondern der Mission unter Christen und Ungläubigen widmeten. Jeder entlieh sich seine wirksamsten Waffen von den Ketzern – das Lob der Armut und das Predigen. Zusammen brachten sie der Kirche die Rettung.

Domingo de Guzmán wurde 1170 in Calaruega in Kastilien geboren. Von einem priesterlichen Onkel aufgezogen, war er einer von Tausenden, die es in dieser Zeit mit dem Christentum ernst nahmen. Als Valencia von einer Hungersnot heimgesucht wurde, soll er seine gesamte Habe verkauft haben, um den Armen mit Nahrung beizustehen. Er wurde

Augustinerdomherr an der Kathedrale von Osma und begleitete 1201 seinen Bischof auf einer Mission nach Toulouse, dem damaligen Mittelpunkt der Albigenserketzerei. Ihr Wirt war selbst Albigenser; es ist wohl Legende, daß Dominikus ihn in einer einzigen Nacht zum Katholizismus bekehrte. Vom Rat des Bischofs und dem Beispiel einiger Ketzer inspiriert, nahm Dominikus ein Leben der freiwilligen Armut auf, ging nur noch barfuß und war bestrebt, das Volk mit friedlichen Mitteln in den Schoß der Kirche zurückzuführen. In Montpellier lernte er drei päpstliche Legaten kennen – Arnaud, Raoul und Pierre de Castelnau. Er war über ihre reiche Kleidung und ihr Luxusleben entsetzt und schrieb ihren eingestandenen Mißerfolg im Kampfe gegen die Ketzer diesen Untugenden zu. Er tadelte sie mit der Kühnheit eines biblischen Propheten: «Nicht mit Machtentfaltung und Pomp, nicht mit großem Gefolge und reichgezierten Zeltern, nicht mit prächtigem Aufwand gewinnen die Ketzer Proselyten; sie tun es mit eifrigem Predigen, mit apostolischer Demut, mit Entbehrungen, mit ihrem vorbildlichen frommen Leben[67].» Die Legaten sollen beschämt ihr Gefolge entlassen und die Schuhe abgestreift haben.

Zehn Jahre lang (1205–1216) verblieb Dominikus in der Languedoc und predigte eifrig. Ein einziges Mal wird er mit einem Vernichtungsfeldzug in Zusammenhang gebracht, nämlich in der Erzählung, wie er bei der Hinrichtung von Ketzern einen vom Flammentod errettete[68]. Nach seinem Tode nannten ihn Angehörige seines Ordens stolz *Persecutor haereticorum* – was nicht unbedingt Ketzerverfolger heißen muß, sondern Ankläger der Ketzer bedeuten kann. Er sammelte um sich eine Schar gleichgesinnter Prediger, und sie übten eine solche Wirkung aus, daß Papst Honorius III. (1216) den Predigerorden als einen neuen Orden anerkannte und die von Dominikus aufgestellte Regel guthieß. Dominikus ließ sich in Rom nieder, nahm neue Ordensbrüder auf, unterwies sie, beseelte sie mit seinem beinahe fanatischen Eifer und sandte sie in alle Gebiete Europas bis nach Kiew und in fremde Länder, um Christenheit und Heidenschaft zum Christentum zu bekehren. Bei dem ersten Generalkapitel der Dominikaner in Bologna bewog Dominikus seine Anhänger, einstimmig die Regel der absoluten Armut anzunehmen. In Bologna starb er im folgenden Jahre.

Wie die Franziskaner waren auch die Dominikaner überall als wandernde Bettelmönche zu finden. Matthäus Paris stellt sie im England des Jahres 1240 folgendermaßen dar:

> Mit Nahrung und Kleidung gingen sie sehr sparsam um, und sie besaßen weder Gold noch Silber noch sonst irgend etwas zu eigen; so zogen sie durch Städte, Dörfer und Flekken und predigten das Evangelium ... sie hausten zu siebent oder zu zehnt zusammen ... und dachten nicht an den folgenden Tag und behielten nichts für den nächsten Morgen ... Was an ihrer Tafel von den Almosen, die man ihnen gab, übrigblieb, schenkten sie sofort den Armen. Beschuht waren sie nur mit dem Evangelium, und sie schliefen in ihren Kleidern auf Matten und legten sich Steine als Kissen unter das Haupt.[69]

Sie nahmen aktiv und nicht immer sanftmütig an der Arbeit der Inquisition teil. Sie wurden von den Päpsten mit hohen Ämtern und diplomatischen Missionen betraut. Sie gingen auf Universitäten und brachten die zwei Riesen der scholastischen Philosophie, Albertus Magnus und Thomas von Aquin, hervor; sie waren es, welche die Kirche vor Aristoteles erretteten, indem sie ihn in einen Christen verwandelten. Gemeinsam mit den Franziskanern, Karmelitern und Augustinern revolutionierten sie das Klosterleben, indem sie sich in täglichen kirchlichen Amtsübungen unter das gewöhnliche Volk mischten und dem Mönchswesen im dreizehnten Jahrhundert zu einer Macht und Schönheit verhalfen, die es nie zuvor erreicht hatte.

Eine Gesamtschau der Geschichte des Klosterwesens bestätigt weder die Übertreibungen der Moralisten noch die Karikaturen der Satiriker. Freilich lassen sich viele Fälle unwürdigen Verhaltens in Klöstern nachweisen; sie ziehen gerade deswegen die Aufmerksamkeit auf sich, weil sie Ausnahmefälle sind; und wer von uns führt ein so heiligenmäßiges Leben, daß er von Menschen jeden Ranges und Standes ein einwandfreies Zeugnis verlangen könnte? Die Mönche, die ihrem Gelübde die Treue hielten – die in unauffälliger Armut, Keuschheit und Frömmigkeit lebten –, entgingen sowohl dem Klatsch als auch der Geschichtsschreibung; die Tugend führt nicht zu großen Neuigkeiten und langweilt sowohl den Leser als auch den Geschichtsschreiber. Wir vernehmen von «prächtigen Gebäuden» im Besitze von Franziskanermönchen (bereits 1249!), und Roger Bacon, der sich mit seinen Übertreibungen oft das Gehör verscherzte, das man ihm sonst entgegengebracht hätte, meldet 1271 dem Papst: «Die neuen Orden sind heutigentags von ihrer anfänglichen Würde schrecklich abgesunken[70].» Von Fra Salimbenes aufrichtiger und heimeliger *Chronik* (1288?) gewinnen wir aber ein ganz anderes Bild. In diesem Werk führt uns ein Franziskanermönch hinter die Bühne, in das Alltagsleben seines Ordens. Natürlich werden hier und da kleine Sündlein begangen und gibt es gelegentlich einen Streit und Eifersüchteleien; aber über diesem ganzen Leben mit seinen strengen Verboten liegt eine Atmosphäre der Demut, Einfachheit und Brüderlichkeit und des Friedens[71]. Wenn einmal eine Frau in diese Geschichte Eingang findet, dann bringt sie lediglich einen Hauch der Anmut und der Zartheit in ein enges und einsames Leben. Ein Beispiel von Fra Salimbenes arglosem Plaudern:

> Es war einmal ein gewisser Jüngling in dem Kloster von Bologna, der Bruder Guido hieß. Er pflegte im Schlafe so gewaltig zu schnarchen, daß niemand im gleichen Hause wie er ruhen konnte und man ihn zum Schlafe in einen Schuppen mit Holz und Stroh schicken mußte; aber auch so konnten die Brüder ihm nicht entgehen, denn der Lärm dieses verfluchten Rasselns schallte durch das ganze Kloster. Darum versammelten sich alle Priester und die verständigen Brüder ... und es ward mit formellem Spruche verfügt, daß er zu seiner Mutter zurückgeschickt werden solle, denn sie habe den Orden getäuscht, da sie ja das alles von dem Sohne wußte, ehe er von uns aufgenommen wurde. Und doch wurde er nicht allsogleich fortgeschickt, und das war des Herrn Tat ... Denn Bruder Nikolaus, der sich überlegte, daß der Knabe wegen eines natürlichen Fehlers hinausgeworfen werden sollte und doch selber keine Schuld daran trug, rief den Jüngling alle Tage um die Dämmerstunde zu sich, damit er ihm bei der Messe diene; und bei Ende der Messe pflegte der Knabe auf sein Geheiß hinter dem Altar niederzuknien, und er hoffte, eine Gnade von Bruder Nikolaus zu erfahren. Da strich Bruder Nikolaus mit den Händen über des Knaben Gesicht und Nase und wünschte, ihm mit Gottes Gnade die Gesundheit geben zu können. In kurzer Zeit war der Knabe plötzlich vollständig geheilt, ohne je wieder den Brüdern Unbehagen zu verursachen. Von da an schlief er in Frieden und Ruhe, wie eine Haselmaus.[72]

V. DIE NONNEN

Bereits zu Paulus' Zeit war es in christlichen Gemeinden üblich gewesen, daß Witwen und andere einsame oder fromme Frauen ihre Zeit und ihr Vermögen ganz oder teilweise der Wohltätigkeit widmeten. Im vierten Jahrhundert ahmten einige Frauen die Mönche nach, verließen die Welt und lebten ein Leben der Religiosität in Abgeschiedenheit oder in Gemeinschaft, unter dem Gelübde der Armut und Keuschheit und des Gehorsams. Um 530 gründete Benedikts Zwillingsschwester Scholastica in der Nähe von Monte Cassino ein Nonnenkloster, das sie seiner Führung und Regel unterstellte. Von da an breiteten sich Benediktinerinnenklöster über ganz Europa aus, und es gab fast so viele Benediktinerinnen wie Benediktiner. Der Zisterzienserorden eröffnete sein erstes Nonnenkloster im Jahre 1125, sein berühmtestes, Port Royal, 1204; um 1300 gab es in Europa 700 Zisterzienserklöster[73]. In diesen älteren Orden stammten die meisten Nonnen aus den höheren Ständen[74], und Klöster waren nur zu oft Ruheplätze für Frauen, für die die männlichen Verwandten keinen Platz oder keinen Geschmack hatten. Im Jahre 458 mußte Kaiser Majorian verbieten, daß Eltern sich ihrer überzähligen Töchter dadurch entledigten, daß sie sie zum Eintritt in ein Kloster zwangen[75]. Zum Eintritt in ein Benediktinerinnenkloster mußte die Novize gewöhnlich eine Mitgift mitbringen, obgleich die Kirche jede Gabe verbot, die nicht freiwillig dargebracht wurde[76]. Daher konnte eine Priorin, wie diejenige von Chaucer, eine Frau hoher Abkunft und großer Verantwortlichkeit sein, die eine ausgedehnte Domäne als Einnahmequelle des Klosters verwaltete. In der damaligen Zeit wurden die Nonnen gewöhnlich nicht mit «Schwester», sondern mit «Madame» angesprochen.

Der heilige Franz wirkte auch in den Nonnenklöstern umwälzend. Als die heilige Klara im Jahre 1212 bei ihm vorsprach und den Wunsch vortrug, für Frauen ein gleiches Kloster zu gründen, wie er es für Männer getan, setzte er sich über kanonische Vorschriften hinweg und empfing, obgleich er nur Diakon war, ihr Gelübde, nahm sie in den Franziskanerorden auf und beauftragte sie, den Klarissenorden zu gründen. Innozenz III., der darin seine gewohnte Fähigkeit, Vergehen gegenüber dem Buchstaben um des Geistes willen zu vergeben, zeigte, bestätigte den Auftrag (1216). Die heilige Klara scharte einige fromme Frauen um sich, die in gemeinschaftlicher Armut lebten, webten und spannen, die Kranken pflegten und Wohltätigkeit übten. Legenden wanden sich fast in der gleichen liebenden Weise wie um Franz auch um ihre Gestalt. Einst, so heißt es, als der Papst zum Kloster der heiligen Klara kam,

> um mit ihr, die eine wahre Schatzkammer des Heiligen Geistes war, über himmlische Dinge zu sprechen ... ließ die heilige Klara für ihre Schwestern Brote auf den Tischen aufstellen, um sie vom Vicarius Christi für den besondern Gebrauch der Schwestern segnen zu lassen. Nach Beendigung des Gesprächs kniete die heilige Klara in großer Ehrfurcht vor dem Papste nieder und bat ihn, die Brote auf der Tafel zu segnen. Der Papst aber sagte: «Meine teuerste Tochter Klara, es ist mein Wille, daß du selbst die Brote segnest, mit dem Segen Christi, dem du dich ganz zum Opfer dargebracht.»
>
> Darauf erwiderte sie: «Heiligster Vater, erlaßt mir dies! Zu tadelnswert müßte ich sein, wollte ich niedriges Weiblein mir herausnehmen, dergleichen Segen zu sprechen.»

Erwiderte der Papst: «Damit es dir nicht als Vermessenheit angerechnet werde, damit es im Gegenteil verdienstlich für dich sei, befehle ich dir im heiligen Gehorsam, daß du das Zeichen des Kreuzes über diese Brote machest, sie zu segnen im Namen Jesu Christi unseres Herrn!»

Als Tochter des Gehorsams machte Klara das Zeichen des Kreuzes über die Brote und segnete sie mit großer Andacht. Und wunderbar, sogleich war auf jedem Brotlaib ein schön geprägtes Kreuz zu sehen. Auch der Papst betrachtete staunend die wunderbaren Kreuze, welche die Braut Christi hinterlassen; er dankte Gott dafür und gab der heiligen Klara freudig den Segen.[77]

Sie starb im Jahre 1253 und wurde bald darauf heiliggesprochen. Franziskanermönche stellten in verschiedenen Orten ähnliche Klarissengruppen auf. Auch die anderen Bettelorden – die Dominikaner, Augustiner, Karmeliter – gründeten einen «zweiten Orden» für Nonnen, und um 1300 gab es in Europa ebenso viele Nonnen wie Mönche. In Deutschland waren die Frauenklöster oft Stätten eines tiefen Mystizismus; in Frankreich und England waren sie häufig Zufluchtsorte adliger Damen, die «von der Welt bekehrt» oder im Stiche gelassen oder enttäuscht oder eines nahestehenden Menschen beraubt worden waren. Die *Ancren Riwle*, das heißt die Anchoritenregel, zeigt die Geistesverfassung, die von englischen Nonnen im dreizehnten Jahrhundert erwartet wurde. Sie wurde wohl von Bischof Poore, wahrscheinlich für ein Nonnenkloster in Tarrant, Dorsetshire, aufgestellt. Sie ist von viel Geschwätz über Sünden und Höllenstrafen und einiger lästernder Schmähung des weiblichen Körpers verdüstert[78], aber ein Unterton edler Aufrichtigkeit gleicht den Mangel wieder aus, und die Regel zählt zu den feinsten und ältesten englischen Prosaschriften[79].

Es wäre keine schwere Aufgabe, aus zehn Jahrhunderten eine Reihe interessanter Beispiele klösterlicher Unmoral zusammenzustellen. Manche Nonnen waren gegen ihren Willen in das Kloster gesteckt worden[80] und hatten keine rechte Freude daran, Heilige zu sein. Erzbischof Theodor von Canterbury und Bischof Egbert von York hielten es für notwendig, den Äbten, Priestern und Bischöfen die Verführung von Nonnen zu verbieten[81]. Bischof Ivo von Chartres (1035–1115) berichtet, die Nonnen des Faraklosters betrieben Prostitution; Abälard (1079–1142) malt ein ähnliches Bild von einigen französischen Klöstern seiner Zeit; Papst Innozenz III. beschreibt das Kloster der heiligen Agatha als ein Bordell, welches das ganze umliegende Land mit seinem üblen Leben und Ruf verpeste[82]. Bischof Rigaud von Rouen (1249) spricht von den religiösen Gemeinschaften in seiner Diözese im allgemeinen im günstigen Sinne, berichtet aber von einem Nonnenkloster, in welchem von dreiunddreißig Nonnen und drei Laienschwestern acht sich der Unzucht schuldig oder verdächtig gemacht hätten und die «Priorin fast jede Nacht betrunken» sei[83]. Bonifaz VIII. (1300) versuchte die klösterliche Zucht dadurch zu heben, daß er eine strenge Absonderung von der Welt vorschrieb; die Vorschrift ließ sich jedoch nicht durchsetzen[84]. Als der Bischof in einem Nonnenkloster der Diözese von Lincoln diese päpstliche Bulle vorlegen wollte, warfen die Nonnen sie ihm an den Kopf und gelobten, sie nie zu befolgen[85]; eine solche Absonderung hatte wahrscheinlich nicht zu ihrem Gelübde gehört. Die Priorin in Chaucers *Tales* hatte dort nichts zu tun, denn die Kirche hatte den Nonnen verboten, auf Pilgerfahrt zu gehen[86].

Hätte die Geschichte ebenso sorgsam die Fälle des Gehorsams gegenüber den Ordensregeln aufgezeichnet wie ihre Verletzungen, so könnten wir wahrscheinlich jeden Rückfall in die Sündhaftigkeit mit tausend Beispielen der getreulichen Befolgung der Regeln aufwiegen. Oftmals waren die Regeln von unmenschlicher Härte und verdienten es, umgangen zu werden. Kartäuser- und Zisterziensernonnen waren zur Schweigsamkeit verpflichtet, solange das Sprechen nicht unumgänglich notwendig war – eine Vorschrift, die den Gepflogenheiten des schönen Geschlechtes so ganz und gar nicht entspricht. Gewöhnlich besorgten die Nonnen das Putzen, Kochen, Waschen und Nähen selbst; sie fertigten Kleidung für Mönche und für die Armen an, woben Altarleinen und Priestergewänder; sie woben und bestickten Wandteppiche und Vorhänge und bildeten auf ihnen mit flinken Fingern und geduldiger Seele die halbe Weltgeschichte ab. Sie kopierten und illuminierten Handschriften; sie nahmen Kinder in Pflege auf und unterwiesen sie im Lesen und Schreiben, in der Gesundheitspflege und in den häuslichen Künsten; jahrhundertelang waren sie die einzige Quelle der höheren Bildung, welche den jungen Mädchen offenstand. Viele Nonnen wirkten als Krankenschwestern. Sie erhoben sich um Mitternacht zum Gebet und nochmals vor der Morgendämmerung und rezitierten die kanonischen Stunden. An vielen Tagen fasteten sie und nahmen vor der Abendmahlzeit keine Speise zu sich.

Wir wollen hoffen, daß diese strengen Regeln hin und wieder übertreten wurden. Wenn wir auf die neunzehn Jahrhunderte des Christentums mit allen seinen Helden, Königen und Heiligen zurückblicken, so werden wir schwerlich viele Männer finden, die der christlichen Vollkommenheit so nahe kamen wie die Nonnen. Ihr Leben der stillen Demut und des freudigen Dienens hat zum Segen vieler Generationen gewirkt. Wenn alle Sünden der Geschichte in die eine Waagschale gelegt werden, so werden die Tugenden dieser Frauen in der anderen Waagschale schwerer wiegen und das Menschengeschlecht erlösen.

VI. DIE MYSTIKER

Viele Frauen dieser Art konnten Heilige sein, weil sie sich dem Göttlichen enger verbunden fühlten als ihren Gliedmaßen. Die Einbildungskraft des mittelalterlichen Menschen erfuhr durch all die Kräfte des Wortes, des Bildes, der Skulptur, des Zeremoniells, ja durch die Farbe und das Maß des Lichtes eine so starke Anregung, daß übernatürliche Visionen sich leicht einstellten und die gläubige Seele erlebte, wie sie die Schranken der Natur zum Übernatürlichen durchbrach. Der Menschengeist selbst schien im ganzen Mysterium seiner Macht unirdisch und übernatürlich zu sein, gewißlich dem Gottesgeiste hinter und in der weltlichen Materie verwandt – ein verschwommenes Abbild und ein winziger Bruchteil von ihm; darum vermochte der Geist mit seinem Haupt an den Fuß von Gottes Thron zu reichen. In der strebenden Demut des Mystikers glühte die Hoffnung, daß eine von der Sünde unbelastete und vom Gebete emporgehobene Seele auf den Schwingen der Gnade zu der beseligenden Vision und zur Vereinigung mit Gott führen könne. Diese Vision ließ sich nach ihrer Überzeugung niemals durch Sinnesempfindung, Vernunft, Wissenschaft oder Philosophie erreichen, denn diese waren an die Zeit, die Vielfalt und die

Erde gebunden und konnten nie zu dem Kern und der Macht und der Einheit des Weltalls vordringen. Die Aufgabe, die sich den Mystikern stellte, bestand darin, die Seele als das innerliche Organ der geistigen Wahrnehmung von aller Befleckung durch die selbstsüchtige Individualität und die trügerische Vielheit zu läutern, ihre Fassungskraft und ihre Liebe bis zur äußersten Einverleibung zu steigern und dann mit reinem und unkörperlichem Blicke das Kosmische, Ewige und Göttliche zu schauen und dadurch wie von einer langen Verbannung zu der Vereinigung mit Gott zu gelangen, von dem der Mensch durch die Geburt gleichsam zur Strafe getrennt worden war. Hatte denn Jesus nicht verheißen, daß die Menschen reinen Herzens Gott schauen würden?

Darum gab es in jedem Zeitalter, jeder Religion, jedem Lande Mystiker. Trotz dem hellenischen Vermächtnis der Vernunft waren sie in der griechischen Christenheit zahlreich zu finden. Augustin war eine Quelle des Mystizismus für den Westen; seine *Confessiones* zeigten eine Rückkehr der Seele vom Erschaffenen zu Gott; selten hatte ein Sterblicher so lange mit Gott im Gespräch gestanden. Anselm, der Staatsmann, Bernhard, der Organisator, vertraten den Weg der Mystik gegenüber dem Rationalismus eines Roscellin und Abälard. Als Wilhelm von Champeaux durch Abälards Logik aus Paris vertrieben wurde, gründete er in einer Vorstadt (1108) die Augustinerabtei St-Victor als Theologenschule; und seine Nachfolger in diesem Kloster, Hugo und Richard, setzten sich über das gefährliche Abenteuer der jungen Philosophie hinweg und gründeten die Religion nicht auf die Beweisführung, sondern auf das mystische Erlebnis der Gottesgegenwart. Hugo († 1141) sah in jeder Phase der Schöpfung mystische Sakramente; Richard († 1173) verwarf Logik und Gelehrsamkeit, zog das «Herz» dem «Kopfe» auf Pascalsche Weise vor und beschrieb mit gelehrter Logik den mystischen Aufstieg der Seele zu Gott.

Die italienische Leidenschaftlichkeit fachte den Mystizismus zu einem Evangelium der Revolution an. Joachim von Fiore – Giovanni dei Gioacchini di Fiori –, ein kalabrischer Adliger, empfand eine starke Palästinasehnsucht. Auf dem Wege ins Heilige Land entsetzte er sich über das Elend des Volkes; er entließ sein Gefolge und setzte die Fahrt als demütiger Pilger fort. Nach der Heiligenlegende verbrachte er eine ganze Fastenzeit in einem alten Brunnen auf dem Berge Tabor; am Ostersonntag sei ihm sodann eine strahlende Helligkeit erschienen und habe ihn so sehr mit göttlichem Lichte erfüllt, daß er augenblicks die gesamte Heilige Schrift verstanden und Zukunft und Vergangenheit durchschaut habe. Nach Kalabrien zurückgekehrt, wurde er Zisterziensermönch und Priester, dürstete nach Askese und zog sich in eine Klause zurück. Jünger scharten sich um ihn, und er bildete mit ihnen den neuen Orden von Flore, dessen Regel der Armut und des Gebetes von Cölestin III. gebilligt wurde. Im Jahre 1200 sandte er eine Reihe von Schriften an Innozenz III., die er unter göttlicher Inspiration geschrieben zu haben behauptete, aber doch der päpstlichen Begutachtung unterwarf. Zwei Jahre später starb er.

Seine Schriften gingen von der ausgustinischen Theorie – die in strenggläubig-katholischen Kreisen weit verbreitet war – aus, daß zwischen den Ereignissen des Alten Testamentes und der Geschichte der Christenheit von Christi Geburt bis zum Kommen des Himmelreiches auf Erden eine symbolische Konkordanz bestehe. Joachim teilte die Menschheitsgeschichte in drei Stufen ein: die erste, die unter der Herrschaft Gottes des Vaters gestanden sei, habe mit Christi Geburt ihr Ende gefunden; die zweite, unter der Herrschaft des Sohnes, werde nach apokalyptischen Berechnungen 1260 Jahre dauern; der dritten, unter der Herrschaft des Heiligen Geistes stehenden Stufe, würden Zeiten der Not, des Krieges, der Armut und der kirchlichen Korruption voraufgehen; eingeleitet werde diese dritte Stufe durch das Hochkommen eines neuen Mönchsordens, der die Kirche läutern werde, und sie werde das ersehnte Weltreich des Friedens, der Gerechtigkeit und Glückseligkeit darstellen[87].

Tausende von Christen, darunter auch hohe kirchliche Würdenträger, waren von der göttlichen Sendung Joachims überzeugt und erwarteten hoffnungsvoll das Jahr 1260 als das Jahr des zweiten Erscheinens Christi auf Erden. Die franziskanischen Observanten, die überzeugt waren, daß sie der neue Orden seien, schöpften aus Joachims Lehren neuen Mut, und als sie von der Kirche geächtet wurden, setzten sie ihre Propaganda mit Schriften fort, die sie unter seinem Namen veröffentlichten. Im Jahre 1254 erschien eine Ausgabe von Joachims Hauptwerken unter dem Titel *Ewiges Evangelium*; dem Werke beigefügt war ein Kommentar, in welchem es hieß, ein mit Simonie befleckter Papst werde das Ende des zweiten Zeitalters kennzeichnen, und im dritten Zeitalter werde die Allherrschaft der Liebe alle Sakramente und Priester überflüssig machen. Das Buch wurde von der Kirche verdammt; sein mutmaßlicher Verfasser, ein Franziskanermönch namens Gherardo da Borgo, wurde zu lebenslänglicher Gefängnishaft verurteilt; aber das Buch wurde weiterhin heimlich gelesen und übte einen tiefen Einfluß auf das mystische und ketzerische Denken Italiens und Frankreichs von Franziskus bis Dante – der Joachim in das Paradies aufnimmt – aus.

Vielleicht in erregter Erwartung des kommenden Himmelreiches auf Erden, brach 1259 um Perugia ein religiöser Büßerwahn aus, der bald ganz Norditalien überzog. Tausende von Büßern jeden Alters und Standes marschierten in ungeordneten Prozessionen, nur mit Lendentüchern bekleidet, weinend, Gott um Gnade anflehend, sich mit ledernen Riemen geißelnd, durch das Land. Diebe und Wucherer schlossen sich an und erstatteten ihre ungesetzlichen Gewinne wieder zurück; Mörder wurden von der Reueepidemie angesteckt, knieten vor den Verwandten ihrer Opfer nieder und baten um sofortige Hinrichtung; Gefangene wurden freigelassen, Verbannte heimgerufen, Feindschaften beigelegt. Die Bewegung breitete sich über Deutschland bis nach Böhmen aus, und eine Zeitlang sah es so aus, als ob eine neue mystische Frömmigkeit abseits der Kirche Europa überschwemmen würde. Aber nach kurzer Zeit setzte sich die menschliche Natur wieder durch, und der Flagellantenwahnsinn verschwand wieder in den seelischen Abgründen, aus denen er emporgestiegen war[88].

Weniger flackernd brannte die mystische Flamme in Flandern. Ein Priester aus Lüttich, Lambert le Bégue (das heißt der Stotterer), gründete 1184 an der Maas ein Heim für Frauen, die zwar nicht das Klostergelübde ablegen, aber doch in kleinen halb kommunistischen Gruppen zusammenleben wollten und sich den Lebensunterhalt mit Wollenweberei und Spitzenklöppeln verdienten. Gleiche *maisons-Dieu*, «Gotteshäuser», entstanden für Männer. Die Männer nannten sich Begharden, die Frauen Beghinen. Diese Gemeinschaften verurteilten die Kirche, wie es auch die Waldenser getan hatten, weil sie Eigentum besaß, und lebten selbst in freiwilliger Armut. Eine ähnliche Sekte, die der Brüder vom freien Geiste, kam 1262 in Augsburg auf und breiteten sich über die Städte entlang des Rheines aus. Beide Bewegungen behaupteten, auf Grund ihrer mystischen Inspiration unterstünden sie der kirchlichen Kontrolle nicht, ja nicht einmal den staatlichen oder Sittengesetzen[89]. Staat und Kirche nahmen gemeinsam den Kampf zu ihrer Vernichtung auf; sie tauchten unter die Oberfläche, traten öfters unter verschiedenen Namen wieder an die Öffentlichkeit und trugen zum Entstehen und zum Eifer der Wiedertäufer und anderer radikaler Sekten während der Reformationszeit bei.

Deutschland war der beste Nährboden für den Mystizismus im Westen. Hildegard von Bingen (1099–1179), die «Rheinische Sibylle», verbrachte mit Ausnahme von acht ihre gesamten zweiundachtzig Lebensjahre in einem Benediktinerinnenkloster und starb als Äbtissin eines Klosters auf dem Rupertsberg. In ihr vermischten sich auf ungewöhnliche Weise Verwaltertalent und Sehertum, Pietismus und radikale Gedanken, Dichtung und Wissenschaft, die Ärztin und die Heilige. Sie stand im Briefwechsel mit Päpsten und Königen und schrieb stets im Tone einer göttlich inspirierten Autorität und in einer lateinischen Prosa von männlicher Wucht. Sie veröffentlichte mehrere Bücher über ihre Visionen *(Scivias)*, die mit Gottes Hilfe zustande gekommen seien; der Geistlichkeit bereitete das Kummer, denn diese Offenbarungen übten heftige Kritik an dem Reichtum und der Verderbtheit der Kirche. In der Sprache ewiger Hoffnungen sagt Hildegard:

> Die göttliche Gerechtigkeit wird ihre Zeit haben ... Gottes Gericht wird sich vollstrekken; Kaisertum und Papsttum, der Gottlosigkeit verfallen, werden zusammen zugrunde gehen ... Aber aus den Ruinen wird ein neues Gottesvolk erstehen ... die Heiden und Juden, die Kinder der Welt und die Ungläubigen werden sich in Menge bekehren; Frühling und Frieden werden auf der verjüngten Erde herrschen und die Engel vertrauensvoll bei den Menschen wohnen.[90]

Ein Jahrhundert später rüttelte Elisabeth von Thüringen (1207–1231) Ungarn mit ihrem kurzen Leben asketischer Heiligkeit auf. Tochter des Königs Andreas, wurde sie als dreizehnjähriges Mädchen an einen deutschen Fürsten verheiratet, war mit vierzehn Jahren Mutter, mit zwanzig Witwe. Ihr Schwager nahm ihr jedes Besitztum weg und setzte sie mittellos auf die Straße. Sie wurde eine wandernde Pietistin und widmete sich den Armen; sie beherbergte aussätzige Frauen und wusch ihnen ihre Wunden. Auch sie hatte himmlische Visionen, aber sie trug sie nicht an die Öffentlichkeit und gab nicht an, im Besitze übernatürlicher Kräfte zu sein. Als sie mit dem inbrünstigen Inquisitor Konrad von Marburg zusammentraf, übte seine gnadenlose Hingabe an den strenggläubigen Katholizismus eine krankhafte Anziehungskraft auf sie aus; sie wurde seine folgsame Sklavin; er schlug sie wegen der geringsten Abweichungen von seinem Begriffe der Heiligkeit; sie unterwarf sich ihm demütig, legte sich selbst weitere asketische Entbehrungen auf und starb mit vierundzwanzig Jahren[91]. Der Ruf ihrer Heiligkeit war so groß, daß halb wahnsinnige Verehrer ihr bei ihrem Begräbnis Haare, Ohren und Brustwarzen als geheiligte Reliquien abschnitten[92]. Eine andere Elisabeth trat in das Benediktinerinnenkloster von Schönau bei Bingen ein, als sie zwölf Jahre alt war (1141), und lebte darin bis zu ihrem Tode im Jahre 1165. Körperschwäche und äußerste Askese führten zu Trancezuständen, in denen Elisabeth himmlische Offenbarungen von mehreren verstorbenen Heiligen empfing, fast alle kirchenfeindlicher Art. «Der Rebstock des Herrn ist verdorrt», erklärte ihr ihr Schutzengel; «das Haupt der Kirche ist krank, und ihre Glieder sind abgestorben ... Könige der Erde! der Ruf eurer Ungerechtigkeit ist bis zu mir gedrungen[93].»

Gegen Ende dieses Zeitraumes schlug die mystische Bewegung in Deutschland hohe Wellen. Meister Eckhart, um 1260 geboren, brachte seine Lehre 1326 zur vollen Reife; sein Prozeß und Tod fallen in das Jahr 1327. Seine Schüler Seuse und Tauler setzten seinen mystischen Pantheismus fort, und dieser Tradition unkirchlicher Frömmigkeit entfloß später die eine Quelle der Reformation.

Gewöhnlich ertrug die Kirche diese Mystiker in ihrem Schoße mit Geduld. Sie konnte ernsthafte Abweichungen ihrer offiziellen Lehre und den anarchischen Individualismus einiger religiöser Sekten nicht dulden, aber sie widersetzte sich dem Anspruch der Mystiker auf die unmittelbare Beziehung zu Gott nicht und machte gute Miene zu dem Tadel, mit dem Heilige ihre menschlichen Mängel bedachten. Viele Geistliche, auch hohe Würdenträger, sympathisierten mit den Kritikern, anerkannten die Mißstände in der Kirche und hätten ebenfalls gerne die befleckenden Werkzeuge und Aufgaben der weltlichen Politik im Stiche gelassen, um die Sicherheit und den Frieden von Klöstern, die von der Frömmigkeit des Volkes unterhalten und von der Macht der Kirche geschützt wurden, genießen zu können. Es waren wohl solche geduldige Kirchenmänner, welche dem Christentum trotz allen phantastischen Offenbarungen, die den mittelalterlichen Geist bedrohten, die Beständigkeit wahrten. Wenn wir die Mystiker des zwölften und dreizehnten Jahrhunderts lesen, dann dämmert uns die Einsicht, daß der strenggläubige Katholizismus oft als Hemmschuh gegen einen ansteckenden Aberglauben wirkte und daß in gewisser Hinsicht die Kirche die Glaubensorganisation – und der Staat die Machtorganisation – darstellten, die den Menschen vor dem Chaos bewahrten und geistig gesund erhielten.

VII. DER TRAGISCHE PAPST

Als Gregor X. 1271 Papst wurde, stand die Kirche abermals auf der Höhe ihrer Macht. Er war nicht nur Papst, sondern auch Christ; ein friedfertiger und freundlicher Mann, dem die Gerechtigkeit näher am Herzen lag als der Sieg. In der Hoffnung, Palästina mit einer einzigen gemeinsamen Anstrengung den Ungläubigen entreißen zu können, brachte er Venedig, Genua und Bologna dazu, ihre Kriege einzustellen; er sorgte dafür, daß Rudolf von Habsburg zum Kaiser gewählt wurde, besänftigte aber die unterlegenen Kandidaten mit höflichen und freundlichen Worten, und er söhnte in den von Parteizwisten zersetzten Städten Florenz und Siena die Guelfen und Ghibellinen miteinander aus, wobei er seinen welfischen Anhängern erklärte: «Eure Feinde sind Ghibellinen, aber auch sie sind Menschen, Bürger und Christen[94].» Er berief die Geistlichkeit zum Konzil von Lyon ein (1274); 1570 führende Kirchenmänner nahmen an ihm teil; jeder bedeutende Staat beteiligte sich mit einem Gesandten; der griechische Kaiser schickte die Häupter der griechischen Kirche hin, um die Unterwerfung unter den römischen Bischofssitz zu bekunden; lateinische und griechische Prälaten sangen gemeinsam ein *Te Deum* der Freude. Bischöfe wurden aufgefordert, die Mißbräuche, welche die Kirche reformbedürftig machten, aufzuzeichnen; sie kamen der Aufforderung mit bemerkenswertem Freimut nach[95]; und es wurden Gesetze zu ihrer Abhilfe erlassen. Ganz Europa stand in prachtvoller Einigkeit zu einem machtvollen Ansturm gegen die Sarazenen bereit. Da starb Gregor auf dem Rückweg nach Rom (1276). Seine Nachfolger waren zu sehr mit italienischer Politik beschäftigt, um seine Pläne auszuführen.

Und doch war bei der Wahl von Bonifaz VIII. zum Papst (1294) das Papsttum immer noch die stärkste, bestorganisierte und mit den reichsten Einkünften ausgestattete Regierung in Europa. Es gereichte der Kirche zum Unglück, daß an diesem Zeitpunkt, gegen das Ende eines kraftvollen und fortschrittlichen Jahrhunderts, der mächtigste Thron Europas einem Manne zufiel, der zwar der Kirche ergeben und in seiner Zielsetzung aufrichtig, aber in der Moralgesinnung höchst unvollkommen, hochmütig und taktlos machtstrebig war. Natürlich hatte er auch seine guten Seiten: er tat es Innozenz III. in juristischer Bildung und allgemeiner Kultiviertheit gleich; er gründete die Universität von Rom und restaurierte und erweiterte die Vatikanische Bibliothek; er erteilte Giotto und Arnolfo di Cambio Aufträge und trug zum Bau der erstaunlichen Fassade der Kathedrale von Orvieto bei.

Er hatte seiner eigenen Thronerhebung den Weg bereitet, indem er den frommen, aber untüchtigen Cölestin V. überredete, das Pontifikat nach fünfmonatiger Amtszeit wieder niederzulegen – eine Tat, die sich noch nie zuvor ereignet hatte und Bonifaz von allem Anfang an mit Übelwollen umgab. Um allen Restaurierungsplänen zuvorzukommen, ließ er den achtzigjährigen Cölestin in Rom in Haft halten; Cölestin entkam, wurde wieder festgenommen, entkam abermals, wanderte wochenlang durch Apulien, versuchte nach Dalmatien überzusetzen, erlitt Schiffbruch, wurde an die italienische Küste verschlagen und vor Bonifaz gebracht. Der Papst verurteilte ihn zur Haft in einer engen Zelle in Ferentino; dort segnete Cölestin nach zehn Monaten das Zeitliche (1296)[96].

Die Gereiztheit des neuen Papstes wurde durch eine Folge von diplomatischen Niederlagen und kostspieligen Siegen noch erhöht. Er wollte Friedrich von Aragón von der Annahme des sizilianischen Thrones abbringen; als Friedrich auf seinem Vorhaben beharrte, belegte Bonifaz ihn mit dem Kirchenbann und die Insel mit dem Interdikt (1296). Weder der König noch das Volk schenkten diesen Verweisen die geringste Beachtung[97], und schließlich mußte Bonifaz Friedrich anerkennen. Zur Vorbereitung eines Kreuzzuges befahl er Venedig und Genua, einen Waffenstillstand abzuschließen; sie setzten ihren Krieg noch drei Jahre fort und wiesen seine Einmischung in den Friedensschluß zurück. Als es ihm nicht gelang, in Florenz eine ihm günstige Ordnung einzuführen, belegte er die Stadt mit dem Interdikt und forderte Karl von Valois auf, nach Italien zu kommen und die Halbinsel zu befrieden (1300). Karl erreichte nichts, zog sich und dem Papst aber den Haß der Florentiner zu. Im Bestreben, im eigenen Kirchenstaat zum Frieden zu kommen, hatte Bonifaz versucht, einen Zwist zwischen den Mitgliedern der mächtigen Familie Colonna zu schlichten; Pietro und Jacopo Colonna, beides Kardinäle, wiesen seine Vorschläge zurück; er entkleidete sie ihrer Ämter und exkommunizierte sie (1297), worauf die rebellischen Adligen ein Manifest an die Tore der römischen Kirchen nagelten und auf den Altar der Peterskirche niederlegten, in welchem sie an ein allgemeines Konzil gegen den Papst appellierten. Bonifaz wiederholte den Bannfluch, dehnte ihn auf fünf weitere Aufrührer aus, ließ deren Besitztum einziehen, drang mit päpstlichen Truppen in die Domäne der Colonna ein, nahm ihre Burg, machte Palestrina dem Erdboden gleich und ließ Salz über die Ruinen streuen. Die Rebellen ergaben sich, wurden begnadigt, erhoben sich erneut, wurden vom kriegerischen Papst erneut geschlagen, flohen aus dem Kirchenstaat und sannen auf Rache.

Während dieses Bedrängnisses in Italien sah sich Bonifaz plötzlich einer schweren Notlage in Frankreich gegenüber; Philipp IV., der zur Einigung seines Reiches entschlossen war, hatte sich in den Besitz der englischen Provinz Gascogne gesetzt; Eduard I. hatte den Krieg erklärt (1294); um Geld für den Krieg zu bekommen, entschlossen sich nun beide Könige, Eigentum und Personal der Kirche zu besteuern. Die Päpste hatten einen derartigen Steuereinzug für Kreuzzüge zugelassen, nie aber für einen weltlichen Krieg. Die französische Geistlichkeit hatte ihre Beitragspflicht zur Verteidigung des Staates, der ihre Besitztümer schützte, anerkannt, befürchtete aber, das Recht des Staates zum Steuereinzug könnte, falls es uneingeschränkt gehandhabt würde, zu einem Recht werden, sie zu vernichten. Philipp hatte die Bedeutung der Geistlichkeit in Frankreich bereits geschmälert; er hatte sie aus den lehnsherrlichen und königlichen Gerichtshöfen entfernt und ihnen ihre altüberlieferten Stellungen in der Regierung des Staates und im Kronrat genommen. Über diesen Verlauf der Dinge beunruhigt, weigerte sich der Zisterzienserorden, Philipp den fünften Teil der Ordenseinkünfte, die der König zur Finanzierung seines Krieges gegen England verlangt hatte, abzuliefern, und das Oberhaupt des Ordens richtete einen Appell an den Papst. Bonifaz mußte vorsichtig vorgehen, denn Frankreich war schon seit langem die Hauptstütze des Papsttums im Kampfe gegen Deutschland und das Reich; er hatte aber den Eindruck, die wirtschaftliche Grundlage der Macht und Freiheit der Kirche würde bald dahinschwinden, falls sie ihrer Einkünfte durch die staatliche Besteuerung ohne päpstliche Zustimmung beraubt würde. Im Februar 1296 erließ er eine der berühmtesten Bullen der Kirchengeschichte. Die ersten Worte, *Clericis laicos*, gaben ihr den Namen, der erste Satz machte ein unkluges Geständnis, und der Ton erinnerte an die päpstlichen Blitzschläge Gregors VII.:

> Von alters her wird den Laien eine außerordentlich feindselige Haltung gegenüber der Geistlichkeit zugeschrieben, was auch die gegenwärtigen Erfahrungen deutlich darlegen ... Wir bestimmen daher auf Anraten unserer Ordensbrüder und gestützt auf unsere apostolische Würde, daß wer immer von der hohen und niederen Geistlichkeit ... irgendwelche Abgaben der geistlichen Einkünfte oder Güter an Laien übermacht ... ohne die Zustimmung des Heiligen Stuhles ... und daß wer immer solche Abgaben auferlegt, verlangt oder in Empfang nimmt, der entweder solch geistliches Gut selbst beschlagnahmt oder durch andere die Beschlagnahme veranlaßt oder zu solchem Tun Beihilfe leistet ... ohne weiteres der Exkommunikation verfallen soll.[98]

Philipp war seinerseits überzeugt, daß der gewaltige Reichtum der Kirche in Frankreich zu den Staatsausgaben beigezogen werden müsse. Er parierte die päpstliche Bulle mit dem Ausfuhrverbot für Gold, Silber, Edelsteine und Nahrungsmittel und mit dem Aufenthaltsverbot für fremdländische Kaufleute oder Sendboten in Frankreich. Diese Maßnahme blockierte eine Haupteinnahmequelle des Papstes und vertrieb die päpstlichen Legaten, die Gelder für einen Kreuzzug im Osten sammelten, aus Frankreich. In der Bulle *Ineffabilis amor* (September 1296) trat Bonifaz den Rückzug an; er gestattete freiwillige Zuwendungen der Geistlichkeit für die notwendige Staatsverteidigung und billigte dem König das Entscheidungsrecht über diese Notwendigkeit zu. Philipp widerrief seine Vergeltungsmaßnahmen; er und Eduard anerkannten Bonifaz – nicht als Papst, sondern als Privatmann – als Schiedsrichter in ihrem Streitfall; Bonifaz entschied die meisten Probleme zu Philipps Gunsten; England gab für den Augenblick nach, und die drei kriegerischen Geister erfreuten sich eines vorübergehenden Friedens.

Wohl um die päpstlichen Kassen nach dem Rückgang der Einkünfte aus Frankreich und England wieder aufzufüllen, vielleicht auch um Gelder für einen Krieg zur Wiedereroberung Siziliens als päpstliches Lehen und für einen weiteren Krieg zur Annektierung Tusziens an den Kirchenstaat zu erhalten[99], proklamierte Bonifaz das Jahr 1300 zum Jubeljahr. Mit dieser Maßnahme erzielte er einen vollen Erfolg. Nie zuvor hatte Rom solche Volksmassen gesehen; es kam, offenbar zum erstenmal in der Geschichte, dazu, daß man den Verkehr regeln mußte, um eine geordnete Bewegung in die Volksmassen zu bringen[100]. Bonifaz und seine Gefolgschaft zeigten sich als gute Organisatoren; sie sorgten für eine reichliche Lebensmittelzufuhr zu Preisen, die der päpstlichen Kontrolle unterstanden und niedrig gehalten wurden. Es gereichte dem Papst zum Vorteil, daß die großen Summen, die ihm auf diese Weise zuflossen, nicht für einen bestimmten Zweck eingingen, sondern zu seiner freien Verfügung standen. Trotz halben Siegen und schweren Niederlagen stand Bonifaz nun auf der Höhe seiner Laufbahn.

In der Zwischenzeit unterhielten aber die verbannten Colonnas König Philipp mit Erzählungen von der Habgier, Ungerechtigkeit und geheimen Ketzerei des Papstes. Zwischen Philipps Gefolgsleuten und einem päpstlichen Legaten, Bernard Saisset, kam es zu einem Streit; der Legat wurde unter der Beschuldigung, zum Aufstand aufgerufen zu haben, verhaftet; er wurde vor einen königlichen Gerichtshof gestellt, verurteilt und dem Erzbischof von Narbonne zur Verwahrung übergeben (1301). Bonifaz war über diese summarische Behandlung seines Legaten entsetzt, forderte die sofortige Freilassung von Saisset und wies die französische Geistlichkeit an, die Zahlungen aus geistlichen Einkünften an den König einzustellen. In der Bulle *Ausculta fili* («Höre, mein Sohn», Dezember 1301) wandte er sich an Philipp, er solle demütig auf den Stellvertreter Christi hören, da dieser der geistige Herrscher über alle Könige der Erde sei; er legte erneut gegen die Aburteilung eines Kirchenmannes durch ein weltliches Gericht und gegen die wiederholte Verwendung kirchlicher Gelder für weltliche Zwecke Protest ein und kündigte an, er werde die Bischöfe und Äbte von Frankreich aufrufen, Maßnahmen «für die Erhaltung der kirchlichen Freiheiten, die Reform des Königreiches und die Besserung des Königs»[101] zu ergreifen. Als die Bulle dem König überbracht wurde, entriß der Graf von Artois sie der Hand des päpstlichen Sendboten und warf sie ins Feuer; eine zur Veröffentlichung durch den französischen Klerus bestimmte Abschrift wurde geheimgehalten. Die Leidenschaften wurden auf beiden Seiten durch die Zirkulation zweier gefälschter Dokumente entflammt;

das eine war ein angeblicher Befehl von Bonifaz an Philipp, dem Papst auch in weltlichen Dingen zu gehorchen, das andere ein angebliches Schreiben Philipps an Bonifaz mit der Meldung «an deine sehr große Albernheit, daß wir in weltlichen Dingen niemandem untertan sind»; beide Fälschungen galten allgemein als echt[102].

Am 11. Februar 1302 wurde die Bulle *Ausculta fili* vor dem König und einer großen Volksmenge in Paris öffentlich verbrannt. Um dem von Bonifaz angekündigten Kirchenkonzil zuvorzukommen, berief Philipp die drei Stände seines Reiches zu einer Versammlung ein, die im April in Paris stattfand. Bei diesen ersten Generalstaaten der französischen Geschichte schrieben alle drei Stände – Adel, Geistlichkeit und Gemeine – getrennt zur Verteidigung des Königs und seiner weltlichen Gewalt an Rom. An die fünfundvierzig französische Prälaten nahmen trotz Philipps Verbot und dem Einzug ihres Vermögens an dem Konzil teil, das im Oktober 1302 in Rom abgehalten wurde. Von diesem Konzil ging die Bulle *Unam sanctam* aus, in welcher die Ansprüche des Papsttums mit interessanter Genauigkeit festgelegt wurden. Nach der Bulle gibt es nur eine einzige wahre Kirche, außerhalb derer keine Erlösung möglich sei; es gebe nur einen Leib Christi mit einem Haupte, nicht zwei Häuptern; dieses Haupt sei Christus und sein Stellvertreter, der römische Papst. Es gebe zwei Schwerter oder Gewalten – das geistliche und das weltliche; das erstere werde von der Kirche getragen, das zweite für die Kirche vom König, aber unter dem Willen und der Duldung des Priesters. Die geistliche Gewalt stehe über der weltlichen und habe das Recht, ihr hinsichtlich ihrer höchsten Ziele Weisungen zu erteilen und über sie zu urteilen, wenn sie Übles tue. «Wir bestimmen und erklären und tun kund, daß es für das Seelenheil nötig ist, daß alle Menschen dem Papste untergeben sind», schließt die Bulle[103].

Philipp erwiderte mit der Einberufung zweier beratender Versammlungen, in denen Bonifaz in aller Förmlichkeit als Tyrann, Zauberer, Mörder, Veruntreuer, Ehebrecher, Simonit, Götzendiener und Ungläubiger angeklagt[104] und die Forderung erhoben wurde, ein allgemeines Kirchenkonzil möge ihn absetzen. Der König erteilte Wilhelm von Nogaret, seinem obersten Rechtsberater, den Auftrag, nach Rom zu gehen und den Papst vom Appell des Königs an ein allgemeines Konzil in Kenntnis zu setzen. Bonifaz, der sich gerade im päpstlichen Palaste zu Anagni aufhielt, erklärte, nur der Papst könne ein allgemeines Konzil einberufen, und bereitete eine Verfügung vor, die Philipp mit dem Bann und Frankreich mit dem Interdikt belegen sollte. Noch bevor er sie erlassen konnte, drangen Wilhelm von Nogaret und Sciarra Colonna an der Spitze einer Söldnerschar von 2000 Mann in den Palast ein, legten Philipps Bekanntmachung vor und verlangten die Abdankung des Papstes (7. September 1303). Bonifaz weigerte sich. Eine Überlieferung von «beträchtlicher Vertrauenswürdigkeit»[105] berichtet, Sciarra habe dem Pontifex einen Schlag ins Gesicht versetzt und hätte ihn ermordet, wenn nicht Nogaret dazwischengetreten wäre. Bonifaz war fünfundsiebzig Jahre alt, körperlich geschwächt, aber immer noch trotzig. Drei Tage lang wurde er in seinem Palast gefangengehalten, derweil die Söldner alles ausplünderten. Dann kam die Bevölkerung von Anagni, durch 400 Reiter der Orsini verstärkt, zu Hilfe, vertrieb die Söldner und setzte den Papst frei. Offenbar hatten ihm seine Kerkermeister während dreier Tage nichts zu essen gegeben; als er auf dem Marktplatz stand, bat er nämlich: «Sollte sich eine gute Frau finden, die mir ein Almosen aus Wein und Brot gäbe, ich würde ihr Gottes und meinen Segen erteilen.» Die Orsini brachten ihn nach Rom und in den Vatikan zurück. Dort befiel ihn ein heftiges Fieber, und nach wenigen Tagen war er nicht mehr unter den Lebenden (11. Oktober 1303).

Sein Nachfolger, Benedikt XI. (1303–1304), exkommunizierte Nogaret, Sciarra Colonna und dreizehn andere Männer, die beim Einbruch in den Palast von Anagni gesehen worden waren. Im folgenden Monat starb Benedikt in Perugia, offenbar am Gift italienischer Ghibellinen[106]. Philipp willigte in die Wahl des Erzbischofs von Bordeaux, Bertrand de Got, ein, falls er als Papst eine versöhnliche Politik einschlagen, die für den Angriff auf Bonifaz exkommunizierten Männer vom Bann absolvieren, in eine während fünf Jahren jährlich zu erhebende Steuer von zehn Prozent auf die Einkünfte der französischen Geistlichkeit einwilligen, die Colonna in ihren Ämtern und Besitztümern wieder einsetzen und das Gedächtnis des Papstes Bonifaz verdammen wolle[107]. Es ist uns nicht bekannt, ob Bertrand einwilligte. Er wurde zum Papst gewählt und nahm den Namen Clemens V. an (1305). Die Kardinäle erklärten ihm, er sei in Rom seines Lebens nicht sicher, und nach einigem Zögern und vielleicht auf einen Vorschlag Philipps hin verlegte er den Papstsitz nach Avignon, an das Ostufer der Rhône unmittelbar jenseits der Südostgrenze von Frankreich (1309). Damit begann die achtundsechzigjährige «Babylonische Gefangenschaft» der Päpste. Das Papsttum hatte sich von Deutschland freigemacht und an Frankreich ausgeliefert.

Clemens wurde ganz gegen seinen schwachen Willen das gedemütigte Werkzeug des unersättlichen Philipp. Er erteilte dem König die Absolution, setzte die Familie Colonna wieder in ihre Rechte ein, widerrief die Bulle *Clericis laicos*, gestattete die Ausplünderung der Tempelritter und ließ schließlich (1310) zu, daß dem verstorbenen Bonifaz in Groseau bei Avignon von einem Kirchenkonsistorium der Prozeß gemacht wurde. Bei der Voruntersuchung, die in Anwesenheit des Papstes und seiner Beauftragten vorgenommen wurde, bezeugten vier Kleriker, sie hätten aus Bonifaz' Munde ein Jahr vor seiner Papstwahl die Bemerkung gehört, alle angeblich göttlichen Gesetze seien Erfindungen von Menschen, die dem gewöhnlichen Volke durch die Höllenfurcht das gute Benehmen beibringen wollten; es sei töricht zu glauben, daß Gott gleichzeitig eins und drei sei, daß die Jungfrau ein Kind geboren habe, daß Gott Mensch geworden sei, daß man Brot in den Leib Christi verwandeln könne und daß es ein Leben nach dem Tode gebe. «Das glaube ich und das behaupte ich, wie jeder gebildete Mensch. Das gemeine Volk denkt anders. Wir müssen sprechen wie die Gemeinen und denken und glauben wie die Wenigen.» Diese Worte legten die sechs dem Bonifaz in den Mund, und drei von ihnen, die später nochmals befragt wurden, wiederholten ihre Zeugenaussage. Der Prior von St. Aegidius in San Gemino berichtete, Bonifaz habe als Kardinal Gaëtani die Wiederauferstehung sowohl des Leibes als auch der Seele geleugnet, und mehrere andere Geistliche bestätigten diese Zeugenaussage. Ein Kleriker führte an, Bonifaz habe einmal von der geweihten Hostie gesagt: «Das ist nur Teig.» Männer, die früher dem Hausstand des Bonifaz angehört hatten, beschuldigten ihn wiederholter natürlicher und unnatürlicher sexueller Sünden; andere beschuldigten den angeblichen Skeptiker, er habe versucht, in magische Verbindung mit den «Mächten der Finsternis» zu treten[108].

Ehe der eigentliche Prozeß stattfinden konnte, bewog Clemens den König, die Frage von Bonifaz' Schuld dem Ökumenischen Konzil von Vienne zu überlassen. Vor dem versammelten Konzil (1311) traten drei Kardinäle auf und bezeugten die Strenggläubigkeit und Sittenstrenge des verstorbenen Papstes; zwei Ritter warfen als Herausforderer den Fehdehandschuh hin und erklärten, sie würden den Kampf gegen jeden aufnehmen, der seine Unschuld bestreite; niemand trat dagegen auf, und das Konzil erklärte die Angelegenheit für erledigt.

VIII. RÜCKSCHAU

Es ist gleichgültig, ob die Aussagen gegen Bonifaz zu Recht oder zu Unrecht gemacht wurden, auf jeden Fall enthüllen sie die skeptische Unterströmung, welche das Ende des Zeitalters des Glaubens vorbereitete. In gleicher Weise zeigt der Schlag – politischer und physischer Art –, der dem Papst in Anagni versetzt wurde, in gewissem Sinne den Beginn der «modernen Zeit» an: es war der Sieg des Nationalismus über den übernationalen Geist, des Staates über die Kirche, der Macht des Schwertes über den Zauber des Wortes. Das Papsttum war durch den Kampf mit den Hohenstaufen und den Fehlschlag der Kreuzzüge geschwächt worden. Frankreich und England hatten aus dem Zusammenbruch des Reiches Kraft geschöpft, und Frankreich war durch den Erwerb der Languedoc mit Hilfe der Kirche reicher geworden. Die Unterstützung, die Philipp IV. in seinem Kampfe gegen Bonifaz VIII. von seiten des Volkes zuteil wurde, spiegelt wohl den Volkszorn gegen die Auswüchse der Inquisition und des Albigenserkreuzzuges wider. Ahnen des Nogaret sollen von den Inquisitoren auf den Scheiterhaufen gestellt worden sein[109]. Bonifaz war sich, als er sich in so viele Kämpfe einließ, nicht bewußt gewesen, daß die Waffen des Papsttums durch übermäßigen Gebrauch abgestumpft waren. Handel und Gewerbe hatten zur Ausbildung eines Standes geführt, der nicht mehr die Frömmigkeit des Bauernstandes besaß; Leben und Denken hatten eine weltliche Richtung genommen; die Laienschaft machte sich selbständig. Siebzig Jahre lang ging nun die Kirche im Staat auf.

Wenn wir Rückblick halten über das Panorama des lateinischen Christentums, dann beeindruckt uns vor allem die verhältnismäßige Einmütigkeit des religiösen Glaubens bei verschiedenen Völkern und die Vorrangstellung der römischen Kirche in Hierarchie und Macht, welche dem europäischen Westen – dem nichtslawischen, nichtbyzantinischen Teile Europas – eine Einheitlichkeit der Gesinnung und der Ethik vermittelte, die es seither nie mehr erreicht hat. Nirgendwo sonst in der Geschichte hat eine Organisation so lange Zeit einen so tiefen Einfluß auf so viele Menschen ausgeübt. Die Befehlsgewalt der Römischen Republik und des Kaisers über das gewaltige Reichsgebiet dauerte von Pompeius bis Alarich, also 480 Jahre; diejenige des Mongolischen und des Britischen Reiches etwa 200 Jahre; die katholische Kirche dagegen war die beherrschende Macht Europas vom Tode Karls des Großen (814) bis zum Tode Bonifaz' VIII. (1303) – 489 Jahre. In Organisation und Administration scheint sie nicht die Fähigkeiten des Römischen Reiches entwickelt zu haben, auch zeigten ihre Vertreter nicht die Tüchtigkeit und Kultiviertheit der Männer, welche die Provinzen und Städte für die Caesaren regierten; die Kirche trat aber ein barbarisch-chaotisches Erbe an und mußte sich erst mühselig zu Ordnung und Bildung zurückfinden. Trotzdem waren ihre Geistlichen die bestunterrichteten Männer der Zeit; sie waren es, welche Westeuropa während der fünf Jahrhunderte der kirchlichen Vormacht die einzig erhältliche Bildungsmöglichkeit vermittelten. Die päpstliche Kurie, die sich manchmal als käuflich, manchmal als unbestechlich erwies, bildete weitgehend einen Weltgerichtshof zur Schlichtung internationaler Zwistigkeiten und zur Begrenzung des Krieges, und wenn dieser Gerichtshof auch stets allzu italienisch war, so waren Italiener eben doch die bestgeschulten Geister dieser Jahrhunderte, und es stand einem jeden Manne jeden Standes und jeder Nation der lateinischen Christenheit offen, in diesem Gericht zu Rang und Würde zu kommen.

Trotz den Unzulänglichkeiten, die mit der menschlichen Kollektivmacht gewöhnlich verbunden sind, war es doch gut, daß es über den Staaten und Königen von Europa eine Autorität gab, welche sie zur Rechenschaft ziehen und ihre Streitsucht bändigen konnte. Wenn es schon einen Weltstaat geben sollte, welcher Sitz wäre für ihn geeigneter gewesen als der Petersthron, von dem aus die Menschen, so begrenzt sie in ihren Fähigkeiten auch sein mochten, einen Blick für die Gesamtheit des Erdteiles hatten und sich auf die Erfahrungen von Jahrhunderten stützen konnten? Welche Entscheidungen konnten wohl friedlicher hingenommen oder leichter zur Ausführung gebracht werden als diejenigen eines Pontifex, welcher fast von der gesamten Bevölkerung Westeuropas als Stellvertreter Gottes auf Erden verehrt wurde? Als Ludwig IX. seinen Kreuzzug unternahm (1248), stellte Heinrich III. von England extreme Forderungen an Frankreich und bereitete sich auf den Angriff vor; Papst Innozenz IV. bedrohte England mit dem Interdikt, falls Heinrich auf seinem Vorhaben beharren sollte, und Heinrich beugte sich. Die Macht der Kirche war, um einen Ausspruch des Skeptikers Hume zu zitieren, ein Bollwerk gegen die Tyrannei und Ungerechtigkeit der Könige[110]. Die Kirche hätte sich zur hohen Vorstellungswelt Gregors VII. durchringen können – sie hätte ihren ethischen Kräften die Überlegenheit über die physischen Kräfte des Staates verschaffen können –, wenn sie ihren Einfluß nur zu geistlichen und sittlichen Zwecken und niemals für materielle Ziele ausgenutzt hätte. Als Urban II. die Christenheit gegen die Türken einte, war Gregors Traum der Erfüllung nahe; als aber Innozenz III., Gregor IX., Alexander IV. und Bonifaz VIII. ihren Kriegen gegen die Albigenser, Friedrich II. und die Colonnas den heiligen Namen eines Kreuzzuges gaben, da zerbrach das große Ideal in den Händen von Päpsten, die sich mit christlichem Blut befleckten.

Wo die Kirche sich nicht bedroht fühlte, kam sie andersartigen, ja sogar ketzerischen Ansichten mit beträchtlicher Duldsamkeit entgegen. Wir werden sehen, daß die Philosophen des zwölften und dreizehnten Jahrhunderts sich einer unerwarteten Freiheit erfreuten, auch Professoren an Universitäten, die als kirchliche Gründungen von der Kirche überwacht wurden. Sie verlangte weiter nichts, als daß solche Debatten auf die Gebildeten beschränkt blieben und nur diesen verständlich waren und nicht die Gestalt revolutionärer Aufrufe an das Volk, es solle seinen Glauben oder die Kirche aufgeben, annahmen[111]. «Da die Kirche die gesamte Bevölkerung umfaßte», erklärt ihr eifrigster neuzeitlicher Kritiker, «umfaßte sie auch Menschen jeder Geistesart, von der abergläubischsten bis zur glaubenslosesten, und viele dieser nicht strenggläubigen Elemente genossen unter dem Deckmantel der Konformität eine größere Freiheit, als allgemein angenommen wird[112].»

Im großen und ganzen ist das Bild, das wir von der mittelalterlichen lateinischen Kirche gewinnen, dasjenige einer vielfältigen Körperschaft, die sich trotz allen menschlichen Schwächen ihrer Anhänger und Führer nach besten Kräften bemüht, eine sittliche und gesellschaftliche Ordnung zu erreichen und dem Zusammenbruch einer alten Kultur und der Leidenschaftlichkeit einer jugendlichen Gesellschaft mit einem tröstlichen und erhebenden Glauben zu begegnen. Die Kirche des sechsten Jahrhunderts fand Europa als Treibgut wandernder Barbaren vor, als ein Babel von Sprachen und Religionen, ein wirres Durcheinander ungeschriebener und unberechenbarer Gesetze. Sie gab Europa ein Sittengesetz, das mit übernatürlichen Sanktionen untermauert war, mit Sanktionen, welche die Kraft besaßen, den gesellschaftsfeindlichen Trieben gewalttätiger Menschen Einhalt zu gebieten; sie bot Männern, Frauen und klassischen Handschriften eine klösterliche Zuflucht; sie regierte Europa mit Bischofshöfen, bildete es mit Schulen und Universitäten und bezähmte die Könige, bis sie eine sittliche Verantwortlichkeit und die Aufgaben des Friedens anerkannten. Sie erhellte das Leben ihrer Kinder mit Dichtung, Dramatik und Gesang und inspirierte sie zu den edelsten Kunstwerken der Geschichte. Unfähig, einen Idealzustand der Gleichheit unter Menschen ungleicher Fähigkeiten zu erreichen, sorgte sie für Wohltätigkeit und Gastfreundschaft und beschützte bis zu einem gewissen Grade die Schwachen vor den Starken. Ohne jeden Zweifel war sie die stärkste zivilisatorische Kraft der Geschichte des europäischen Mittelalters.

ACHTES KAPITEL

Sittlichkeit und Sitten der Christenheit

[700–1300]

I. DIE CHRISTLICHE ETHIK

Auf der Stufe des Jägers und Dschungelbewohners mußte der Mensch gefräßig sein – mit Eifer auf die Nahrungssuche gehen und sich gierig vollstopfen –, denn wenn er etwas zu essen fand, wußte er keineswegs, wann er auf neue Nahrung stoßen würde. Er mußte in geschlechtlicher Hinsicht sinnlich veranlagt und oft hemmungslos triebhaft sein, denn die hohe Sterblichkeit machte eine hohe Geburtenzahl notwendig; jede Frau mußte zur Mutter gemacht werden, wann auch immer es möglich war, und es gehörte zur Funktion des Mannes, ständig brünstig zu sein. Er mußte kämpferisch veranlagt sein, stets bereit, um Nahrung oder ein Weibchen zu kämpfen. Laster waren einst Tugenden, einem jeden unerläßlich, der am Leben bleiben wollte.

Als der Mensch jedoch merkte, daß die beste Waffe im Existenzkampf des einzelnen wie der Gattung der gesellschaftliche Zusammenschluß ist, bildete er das System der Jägerhorde in eine Gesellschaftsordnung um, in welcher die Triebe, die einst auf der Jägerstufe nutzbringend gewesen waren, auf Schritt und Tritt unterdrückt werden mußten, um den Bestand der Gesellschaft zu ermöglichen. In ethischer Hinsicht ist jede Zivilisation das Ergebnis von Ausgleich und Spannung zwischen den Dschungelinstinkten des Menschen und den Verboten des Sittengesetzes. Ungehemmte Triebe würden die Zivilisation verunmöglichen; Hemmungen ohne Triebe würden das Leben verunmöglichen. Das Problem der Gesittung besteht darin, die Triebhemmungen so zu gestalten, daß die Zivilisation geschützt wird, ohne das Leben zu schwächen.

Bei der Aufgabe, die Gewalttätigkeit, geschlechtliche Ungebundenheit und Habgier des Menschen in Grenzen zu halten, übernahmen gewisse Triebe hauptsächlich sozialer Art die Führung und lieferten eine biologische Grundlage für den Aufbau der Zivilisation. Die Elternliebe bei Tier und Mensch schuf die Gesellschaftsordnung der Familie mit ihrer erzieherischen Zucht und gegenseitigen Hilfeleistung. Die elterliche Autorität, halb schmerzliche Liebe, halb lustvolle Tyrannei, vermittelte ein lebenserhaltendes Sittengesetz des sozialen Verhaltens an das individualistisch eingestellte Kind. Die organisierte Macht, welche der Häuptling, der Lehnsherr, die Stadt oder der Staat innehatte, begrenzte und verhinderte weitgehend die unorganisierte Macht der Einzelwesen. Das Beifallsstreben zwang das Ich unter den Willen der Gemeinschaft. Brauch und Nachahmung führten den jungen Menschen, damals wie heute, zu einer Lebensart, die ihre Wurzel in den Erfahrungen der Menschheit mit Versuchen und Irrtümern hatte. Gesetze schreckten die Triebhaftigkeit durch das drohende Gespenst der Strafe ab. Das Gewissen zähmte die Jugend mit dem Geröll eines endlosen Stromes von Verboten.

Die Kirche war des Glaubens, diese natürlichen oder weltlichen Quellen der Gesittung genügten nicht, um Triebe im Zaume zu halten, welche zwar das Leben im Dschungel erhalten, aber die Ordnung in einer Gesellschaft zerstören. Diese Triebe seien zu stark, um von einer menschlichen Autorität gezügelt zu werden, welche nicht mit einer schreckerregenden Polizei allerorts zugleich sein könne. Ein Sittengesetz, das so durchaus nicht den Ansprüchen des Fleisches entspricht, müsse den Stempel der übernatürlichen Herkunft an sich tragen, um befolgt zu werden; es müsse mit der Sanktion und dem Prestige des Göttlichen versehen sein, um von der Seele, der es an Kraft mangele, auch in den geheimsten Augenblicken und Schlupfwinkeln des Lebens beachtet zu werden. Selbst die elterliche Autorität, die für den Bestand einer sittlichen und sozialen Ordnung so wesentlich sei, unterliege in dem Kampfe mit primitiven Trieben, falls sie nicht mit einem dem Kinde eingeschärften religiösen Glauben untermauert werde. Um einer Gesellschaft zu dienen und sie zu erhalten, müsse eine Religion dem beharrlichen Wirken der Triebe nicht anfechtbare, von Menschen geschaffene Anweisungen entgegensetzen, sondern die unangreifbaren kategorischen Imperative Gottes. Und weil der Mensch nun einmal so sündhaft und ungebärdig sei, müßten diese göttlichen Gebote ihre Stütze nicht nur in dem Lob und der Ehre finden, die aus ihrer Befolgung erwüchsen, auch nicht nur in der Schmach und den Strafen, welche ihre Verletzung zur Folge hätten, sondern auch in der Hoffnung auf Paradieseslohn für unbelohnte Tugenden und die Furcht vor Höllenstrafen für unbestrafte Sünden. Die Gebote müßten nicht von Moses, sondern von Gott kommen.

Die biologische Theorie von den Urtrieben, die den Menschen für Zivilisation und Kultur untauglich machten, fand in der christlichen Theologie ihre Symbolisierung in der Lehre von der Erbsünde. Wie der indische Karmabegriff war auch sie ein Versuch, eine Erklärung zu finden für offensichtlich unverdiente Leiden: die Guten hätten wegen der Sünden der Vorväter Böses zu erleiden. Nach der christlichen Lehrmeinung ist die gesamte Menschheit durch Adams und Evas Sündenfall befleckt. Gratians *Decretum* (um 1150), das von der Kirche inoffiziell als ihre Lehre anerkannt wurde, meint: «Jedes Menschenwesen, das durch den Beischlaf von Mann und Frau empfangen ist, wird mit der Erbsünde behaftet geboren, ist der Gottlosigkeit und dem Tode unterworfen und darum ein Kind des Zornes»[1]; nur die göttliche Gnade und der Sühnetod Christi könnten den Menschen vor Sündhaftigkeit und Verdammung erretten (nur das gütige Vorbild des gemarterten Christus könne den Menschen von Gewalttätigkeit, Wollust und Habgier erlösen und ihn und seine Gesellschaft vor der Vernichtung bewahren). Diese Lehre, erhärtet durch Naturkatastrophen, die nur als Strafe für Sünden erklärbar schienen, flößte vielen mittelalterlichen Christen ein Gefühl der angeborenen Unreinheit, Verworfenheit und Schuldhaftigkeit ein, welche vor 1200 einem Großteil ihrer Literatur das Gepräge gab. Nach diesem Zeitpunkt nahmen Sündengefühl und Höllenangst bis zur Reformation ab, um dann bei den Puritanern mit neuen Ängsten und Schrecken wieder aufzuleben.

Gregor I. und spätere Theologen sprachen von sieben Todsünden – Stolz, Geiz, Neid, Zorn, Wollust, Schlemmerei und Faulheit – und stellten ihnen die sieben Kardinaltugenden gegenüber: vier «natürliche» oder heidnische Tugenden, die von Pythagoras und Platon gepriesen worden waren – Weisheit, Tapferkeit, Gerechtigkeit und Besonnenheit – und drei «theologische» Tugenden – Glaube, Hoffnung und Liebe. Das Christentum lehnte die heidnischen Tugenden nicht ab, aber verleibte sie sich auch nie ganz ein. Es stellte den Glauben über das Wissen, die Geduld über den Mut, die Liebe und Gnade über die Gerechtigkeit, die Enthaltsamkeit und Reinheit über die Mäßigung. Es hob die Demut hervor und sah im Stolz (der bei Platons Idealmenschen eine so hervorragende Rolle spielt) die tödlichste der Todsünden. Es sprach gelegentlich von den Menschenrechten, legte aber den Nachdruck eher auf die Pflichten der Menschen – ihre Pflichten gegenüber sich selbst, den Mitmenschen, der Kirche und Gott. Wenn die Kirche vom «süßen Jesus zart und mild» predigte, brauchte sie nicht zu befürchten, daß sie den Menschen verweichlichte; im Gegenteil, die Menschen der mittelalterlichen lateinischen Christenheit waren mannhafter – da sie mehr Not und Entbehrungen zu erleiden hatten – als ihre heutigen Nutznießer und Erben. Nicht anders als die Menschen und Staaten sind auch die Theologien und Philosophen das, was sie sind, weil sie zu ihrer Zeit und an ihrem Ort so sein müssen.

II. VOREHELICHE MORAL

In welchem Umfange zeigt oder rechtfertigt die mittelalterliche Gesittung die mittelalterliche Moraltheorie? Wir wollen zunächst einen Blick auf das Bild werfen, ohne eine These beweisen zu wollen.

Das erste Ereignis sittlicher Art im Leben des Christen war die Taufe: das Kind wurde feierlich in die bürgerliche Gemeinschaft und in die Kirche eingeführt und, durch die Eltern vertreten, ihren Gesetzen unterworfen. Jedes Kind erhielt einen Taufnamen, gewöhnlich den Namen eines christlichen Heiligen. Zunamen waren verschiedener Herkunft und ließen sich durch Generationen auf Verwandtschaft, Beruf, Herkunftsort, eine körperliche oder charakterliche Eigenheit, ja auf ein Stückchen des kirchlichen Rituals zurückführen: Friedrich Johannsohn, Jakob Schmied, Margret Müllerin, Matthäus Paris, Agnes Rothaupt, Johann Fröhlich, Robert Litanei, Robert Benedikt.

Gregor der Große empfahl, wie auch Rousseau, den Müttern dringend, ihre Kinder selbst zu stillen[2]; die meisten Frauen der Mittellosen taten es, die meisten Frauen der oberen Stände taten es nicht[3]. Die Kinder empfingen die gleiche Liebe wie heute, wurden aber mehr geschlagen. Trotz der hohen Sterblichkeit im Säuglings- und Kindesalter gab es ihrer viele; sie sorgten durch ihre große Zahl gegenseitig für Zucht und Ordnung und wurden durch Reibung zivilisiert. Sie erlernten von Verwandten oder Spielgefährten unzählige Künste des Landes oder der Stadt und nahmen rasch an Wissen und Unart zu. «Den Knaben wird das Böse beigebracht, sobald sie nur lallen können, und wenn sie aufwachsen, werden sie immer schlimmer, bis sie Christen nur noch dem Namen nach sind», meint Thomas von Celano im dreizehnten Jahrhundert[4]; Moralisten sind aber schlechte Historiker. Das Arbeitsalter erreichten die Knaben mit zwölf, die gesetzliche Reife mit sechzehn Jahren.

Die christliche Ethik befolgte gegenüber den Jugendlichen in sexuellen Dingen eine Politik des Schweigens; die finanzielle Reife – die Fähigkeit, eine Familie zu erhalten – trat später ein als die biologische Reife, die Zeugungsfähigkeit; die sexuelle Aufklärung hätte die Pein der Enthaltsamkeit in dieser Zwischenzeit vergrößern können, und die Kirche forderte die voreheliche Enthaltsamkeit als Stütze der ehelichen Treue, der Gesellschaftsordnung und der Volksgesundheit. Wahrscheinlich hatte der mittelalterliche Halbwüchsige bereits verschiedene sexuelle Erlebnisse hinter sich, wenn er das Alter von sechzehn Jahren erreichte. Die Päderastie, welche in der Spätantike vom Christentum mit Erfolg bekämpft worden war, trat mit den Kreuzzügen, dem Zustrom orientalischen Gedankengutes und der eingeschlechtigen Isolierung von Mönchen und Nonnen wieder auf[5]. 1177 schreibt Abt Heinrich von Clairvaux, Frankreich sei das «alte Sodom, das aus seiner Asche neu erwächst»[6]. Philipp der Schöne behauptet in seiner Anklage, unter den Templern seien homosexuelle Praktiken weit verbreitet gewesen. Die Pönitentiare – kirchliche Handbücher, welche die Bußen für Sünden vorschrieben – erwähnen die üblichen Scheußlichkeiten, darunter auch die Sodomie; es ist erstaunlich, wie vielen Tieren solche Aufmerksamkeiten zuteil wurden[7]. Wo Liebschaften dieser Art ans Tageslicht kamen, wurden beide Teilnehmer mit dem Tode bestraft, und die Aufzeichnungen des englischen Parlamentes enthalten viele Fälle von Hunden, Ziegen, Kühen, Schweinen und Gänsen, die zusammen mit ihren menschlichen Liebhabern verbrannt wurden. Fälle von Inzest ereigneten sich häufig.

Vor- und außereheliche Beziehungen zeigten offenbar die gleiche weite Verbreitung wie zu jeder anderen Zeit zwischen dem Altertum und dem zwanzigsten Jahrhundert; die polygame Veranlagung des Menschen überflutete die Deiche der weltlichen Kirchengesetzgebung, und es gab Frauen, welche der Ansicht waren, die sinnlichen Freuden des Werktags ließen sich durch sonntägliche Frömmigkeit sühnen. Trotz schwersten Strafen war Notzucht etwas Gewöhnliches[8]. Ritter, welche hochgeborenen Damen oder Maiden um einen Kuß oder eine Berührung mit der Hand dienten, konnten sich mit den Mägden der Dame trösten; es gab Damen, die erst dann mit gutem Gewissen schlafen konnten, wenn sie für diese Gefälligkeit gesorgt hatten[9]. Der Ritter von La Tour-Landry klagt über die Unzucht der adligen Jugend; wenn wir ihm glauben sollen, betrieben Männer seines Standes Hurerei in der Kirche, ja «auf dem Altar»; und er berichtet von «zwei Dirnen, die in der Fastenzeit, am Gründonnerstag ... ihre schmutzigen Lüste während des Gottesdienstes in der Kirche betrieben»[10]. Wilhelm von Malmesbury sagt von den normannischen Adligen, sie seien «der Schwelgerei und Ausschweifung ergeben» und tauschten Beischläferinnen untereinander aus[11], damit nicht die Treue das Leben abstumpfe. Illegitime Kinder waren in der ganzen Christenheit zu finden und gaben den Stoff zu tausend Erzählungen. Die Helden mehrerer mittelalterlicher Heldengeschichten waren Bastarde – Cuchulain, Arthur, Gawain, Roland, Wilhelm der Eroberer und gar mancher Ritter in Froissarts Chroniken.

Die Prostitution paßte sich den Zeiten an. Nach Bischof Bonifaz verdienten sich einige Pilgerinnen auf ihrer Wallfahrt das Reisegeld, indem sie unterwegs in den Städten ihren Leib verkauften[12]. Jedem Heer folgte ein zweites Heer, das nicht minder gefährlich war als der Feind. Albert von Aix berichtet: «In den Reihen der Kreuzfahrer fanden sich Scharen von Frauen in Männerkleidung; sie reisten ungetrennt zusammen und bauten auf die Glücksfälle einer schrecklichen Promiskuität[13].» Nach dem arabischen Geschichtsschreiber Em-ad-Eddin trafen bei der Belagerung von Akkon (1189) «dreihundert schöne Französinnen ... zum Troste der französischen Soldaten ein ... denn diese wollten nicht in den Kampf ziehen, wenn sie der Frauen beraubt seien»; woraufhin die muselmanischen Heere eine gleiche Anfeuerung verlangt hätten[14]. Im ersten Kreuzzug Ludwigs des Heiligen sollen die Barone, wie Joinville berichtet, «ihre Bordelle rings um das Königszelt eingerichtet» haben[15]. Die Universitätsstudenten zeigten besonders in Paris echte oder durch Nachahmung entwickelte Bedürfnisse, und *filles* richteten Stätten ein, wo diese Bedürfnisse befriedigt werden konnten[16].

Einige Städte – zum Beispiel Toulouse, Avignon, Montpellier, Nürnberg – ließen die Prostitution unter städtischer Aufsicht von Gesetzes wegen zu, da sich ohne *lupanars*, *bordelli*, *Frauenhäuser* die anständigen Frauen nicht mehr auf die Straßen wagen könnten[17]. Augustin hatte geschrieben: «Wenn ihr die Dirnen abschafft, so wird die Welt von Wollust erschüttert werden»[18]; Thomas von Aquin billigte diesen Satz[19]. London besaß im zwölften Jahrhundert eine Reihe von *bordells* oder *stews* in der Nähe der London Bridge; sie waren ursprünglich vom Bischof von Winchester zugelassen worden und wurden hernach vom Parlament genehmigt[20]. Ein Parlamentsbeschluß des Jahres 1161 untersagte den Bordellinhaberinnen, Frauen zu halten, die an der «gefährlichen brennenden Krankheit» litten – die erste uns bekannte Vorschrift gegen die Ausbreitung von Geschlechtskrankheiten[21]. Ludwig IX. ließ 1254 alle Prostituierten aus Frankreich ausweisen; seine Anordnung wurde befolgt; bald trat eine heimliche Promiskuität an die Stelle des früheren offenen Verkehrs; die guten Bürger beklagten sich, es sei so gut wie unmöglich, die Tugend ihrer Gattinnen und Töchter vor den Belästigungen durch Soldaten und Studenten zu bewahren; schließlich stieß der Ausweisungsbefehl auf so viel Kritik, daß er widerrufen wurde (1256). Die neue Verordnung setzte die Orte fest, an denen die Prostituierten in Paris leben und ihr Gewerbe ausüben durften, bestimmte die Kleidung und den Schmuck, die sie zu tragen hatten, und unterwarf sie der Aufsicht eines Polizeibeamten, der im Volksmund den Namen *roi des ribauds*, König der Kupplerinnen, Bettler und Vagabunden, erhielt[22]. Ludwig IX. riet auf dem Sterbebett seinem Sohne, den Ausweisungsbefehl zu erneuern; Philipp befolgte den Rat und erzielte damit so ziemlich die gleichen Ergebnisse wie sein Vater; das Gesetz blieb in den Gesetzbüchern stehen, wurde aber nie befolgt[23]. In Rom gab es nach dem Bericht des Bischofs Durand II. von Mende (1311) Bordelle unweit des Vatikans, und die päpstlichen Funktionäre ließen sie gegen ein Entgelt zu[24]. Die Kirche bezeigte gegenüber den Prostituierten einen Geist der Menschlichkeit; sie unterhielt Heime für Frauen, die sich gebessert hatten, und verteilte an die Armen die Gaben, die sie von bekehrten Dirnen erhielt[25].

III. DIE EHE

Die Jugend war kurz und die Ehe wurde im Zeitalter des Glaubens früh geschlossen. Ein siebenjähriges Kind konnte in ein Verlöbnis einwilligen, und solche Verlobungen wurden manchmal eingegangen, um den Transfer oder Schutz von Eigentum zu erleichtern. Grace de Saleby wurde mit vier Jahren an einen großen Edelmann verheiratet, der ihren reichen Besitz unangetastet zu erhalten vermochte; er starb bald darauf, und sie wurde mit sechs Jahren einem zweiten großen Herrn angetraut; mit elf Jahren heiratete sie einen dritten[26]. Solche Verbindungen konnten jederzeit gelöst werden, ehe das normale Alter des Ehevollzuges eintrat; dieses Alter wurde beim Mädchen mit zwölf, beim Knaben mit vierzehn Jahren festgesetzt[27]. Die Kirche hielt die Zustimmung der Eltern oder eines Vormundes für unnötig, falls die Brautleute mündig waren. Sie untersagte Heiraten von Mädchen, die noch nicht fünfzehn Jahre alt waren, ließ aber zahlreiche Ausnahmen zu, denn in diesen Dingen galten die Besitzrechte höher als die Launen der Liebe, und die Ehe war ein finanzielles Ereignis. Der Bräutigam brachte den Eltern der Braut Geschenke oder Geld, überreichte ihr eine «Morgengabe» und gewährte ihr ein Wittumsrecht an seinem Besitz; in England bedeutete dies ein lebenslängliches Anrecht der Witwe auf ein Drittel des vom Gatten hinterlassenen Grundbesitzes. Die Familie der Braut sandte der Familie des Bräutigams Geschenke und gab der jungen Frau eine Mitgift in Form von Kleidern, Wäsche, Haushaltungsgegenständen und Möbeln und manchmal auch von Grundbesitz in die Ehe mit. Die Verlobung wurde durch den Austausch von Pfändern oder Bürgschaften gefeiert; auch die Heirat war ein Versprechen (angelsächsisch *weddian*, geloben).

Staat und Kirche erkannten beide als gültige Ehe eine vollzogene Vereinigung an, die vom Austausch des gegenseitigen mündlichen Treuversprechens der beiden Brautleute begleitet war, ohne daß eine weitere rechtliche oder kirchliche Zeremonie gefordert wurde[28]. Die Kirche suchte auf diese Weise die Männer daran zu hindern, Frauen zu verführen und dann zu verlassen, und gab dieser Art des Zusammenlebens den Vorzug vor Unzucht und Konkubinat; nach dem zwölften Jahrhundert bestritt sie jedoch die Gültigkeit von Ehen, die ohne kirchliche Sanktion zustande kamen, und nach dem Konzil von Trient (1563) forderte sie auch die Anwesenheit eines Priesters. Das weltliche Recht begrüßte die kirchliche Regelung der Ehe; Bracton († 1268) hielt eine religiöse Zeremonie für unabdingbar, um einer Ehe die Gültigkeit zu geben. Die Kirche erhob die Ehe zum Sakrament und machte sie zu einer vertraglichen Vereinbarung zwischen Mann, Frau und Gott. Allmählich dehnte sie ihre Rechtsprechung auf alle Phasen des Ehelebens von den Pflichten des Ehebettes bis zur letztwilligen Verfügung des sterbenden Ehegatten aus. Ihr kanonisches Recht stellte eine lange Liste von «Ehehindernissen» auf. Beide Partner mußten von jedweden vorgängigen Ehebanden frei sein und durften kein Gelübde zu Ehelosigkeit oder Keuschheit abgelegt haben. Die Eheschließung mit einem Ungetauften war verboten; es wurden aber doch viele Ehen zwischen Christen und Juden geschlossen[29]. Ehen zwischen Sklaven, zwischen Sklaven und Freien, zwischen strenggläubigen Katholiken und Ketzern, ja sogar zwischen Gläubigen und Exkommunizierten wurden als gültig anerkannt[30]. Ehen zwischen

Partnern innerhalb des vierten Verwandtschaftsgrades, also solchen, die in den letzten vier Generationen einen gemeinsamen Vorfahren besaßen, waren verboten; in diesem Punkte verwarf die Kirche das römische Recht und schloß sich der primitiven Exogamie an, welche die Entartung durch Inzucht befürchtete; sie wollte wohl auch die Anhäufung von Reichtum durch enge Familienverknüpfungen vermeiden. In ländlichen Siedlungen ließ sich die Inzucht schwer umgehen, und die Kirche mußte ein Auge zudrücken, wie auch bei so mancher anderen Kluft zwischen Wirklichkeit und Gesetz.

Nach der Trauung kam die Hochzeitsprozession – ein Umzug mit schmetternder Musik und flatternden Gewändern von der Kirche zum Haus des Bräutigams. Anschließend wurde der ganze Tag und die halbe Nacht gefeiert. Die Ehe galt erst für gültig, wenn der Beischlaf vollzogen war. Die Empfängnisverhütung war verboten; Thomas von Aquin sah in ihr ein Verbrechen, das nur noch dem Mord nachstand[31]; es wurden aber doch zahlreiche Mittel – mechanische, chemische, magische – angewandt, um sie zu erreichen, wobei man sich hauptsächlich auf den *coitus interruptus* verließ[32]. Mittelchen wurden zum Verkauf ausgeboten, die eine Abtreibung oder Unfruchtbarkeit oder Impotenz oder eine Kräftigung des Geschlechtstriebes bewirken sollten; die Bußvorschriften des Hrabanus Maurus sehen eine dreijährige Buße für die Frau vor, «welche den Samen ihres Gatten unter ihre Nahrung mischt, damit sie seine Liebe besser empfange»[33]. Die Kindstötung kam selten vor. Die christliche Nächstenliebe sorgte seit dem sechsten Jahrhundert in verschiedenen Städten für die Gründung von Heimen für Findelkinder. Ein in Rouen abgehaltenes Konzil des sechsten Jahrhunderts forderte die Frauen, welche heimlich ein Kind zur Welt brachten, auf, dieses am Eingang zur Kirche niederzulegen; die Kirche würde dann für es sorgen; solche Waisen wurden als Leibeigene auf Kirchengütern aufgezogen. Ein Gesetz Karls des Großen bestimmte, daß ausgesetzte Kinder Sklaven derjenigen werden sollten, die sie aufhoben und bei sich aufzogen. Um 1190 gründete ein Mönch in Montpellier den Orden des Heiligen Geistes, der sich dem Schutze und der Aufzucht von Waisen widmete.

Auf Ehebruch standen strenge Strafen; das sächsische Recht verurteilte die ungetreue Frau zumindest zum Verlust ihrer Nase und Ohren und stellte es dem Gatten frei, sie zu töten. Trotzdem kam der Ehebruch oft vor[34], am wenigsten im Mittelstand, am häufigsten beim Adel. Feudalherren verführten leibeigene Frauen gegen eine geringe Buße: wer eine Magd «ohne ihren Dank» – gegen ihren Willen – «deckte», mußte drei Schilling an das Gericht abführen[35]. Freeman meint vom elften Jahrhundert, es sei «eine lasterhafte Zeit» gewesen, und wundert sich über die offensichtliche eheliche Treue Wilhelms des Eroberers[36], der jedoch von seinem Vater nicht das gleiche sagen konnte. «Die mittelalterliche Gesellschaft war durch und durch unmoralisch und zügellos», erklärt der gelehrte und verständige Thomas Wright[37].

Die Kirche ließ eine Trennung der Ehegatten wegen Ehebruchs, Apostasie oder schwerer Grausamkeit zu; sie wurde *divortium* genannt, führte aber nicht zur Aufhebung der Ehe. Diese wurde nur gestattet, wenn nachgewiesen werden konnte, daß die Ehe gegen die kanonischen Eheverbote verstieß. Es ist kaum wahrscheinlich, daß diese Verbote absichtlich vermehrt wurden, um denjenigen Personen Scheidungsgründe zu verschaffen, welche die erheblichen Gebühren und Kosten eines Annullierungsverfahrens bestreiten konnten. Die

Kirche benutzte diese Eheverbote, um mit anpassungsfähigem Urteil Sonderfällen zu begegnen, in denen eine Scheidung einem kinderlosen König zu einem Thronerben verhelfen oder sonstwie der Politik oder dem Frieden des Staatswesens dienen konnte. Das germanische Recht ließ bei Ehebruch und manchmal auch bei gegenseitigem Einverständnis die Scheidung zu[38]. Die Könige zogen die Gesetze ihrer Vorfahren den strengeren Gesetzen der Kirche vor, und Herren und Damen der lehnsherrlichen Gesellschaft kehrten manchmal zu den antiken Rechtsgrundsätzen zurück und lösten ihre Ehe ohne kirchliche Zustimmung auf. Erst als Innozenz III. Philipp August, dem mächtigen König von Frankreich, das Recht zur Scheidung verweigerte, war die Kirche an Autorität und Gewissen stark genug, sich tapfer an ihre eigenen Bestimmungen zu halten.

IV. DIE FRAU

Die Theorien der Geistlichen ließen im allgemeinen eine große Frauenfeindlichkeit erkennen; gewisse Gesetze der Kirche verstärkten die Unterwerfung der Frau unter den Mann; viele Grundsätze und Bräuche des Christentums verbesserten ihre Stellung. In diesen Jahrhunderten galt die Frau den Priestern und Theologen immer noch als das, was sie in Chrysostomos' Augen gewesen war – «ein notwendiges Übel, ein erstrebenswertes Unheil, eine häusliche Gefahr, eine todbringende Anziehungskraft, ein geschminktes Übel»[39]. Sie war immer noch die allgegenwärtige Reinkarnation der Eva, welche die Menschheit um das Paradies gebracht hatte, immer noch das vorzügliche Werkzeug des Teufels, um die Menschen in die Hölle zu bringen. Thomas von Aquin, der doch sonst die Liebenswürdigkeit in Person ist, aber mit der Begrenzung eines Mönches spricht, stellt sie in gewisser Hinsicht noch unter den Sklaven:

> Der Mann ist Ursprung und Ziel des Weibes, wie Gott Ursprung und Ziel der gesamten Schöpfung ist.[40] ... Das Weib ist von Natur aus untergeordnet, aber der Sklave ist es nicht.[41] ... Der Vater muß mehr geliebt werden als die Mutter.[42]

Das kanonische Recht erlegte dem Gatten die Pflicht auf, für den Schutz seiner Frau zu sorgen, und der Gattin, ihrem Mann zu gehorchen. Der Mann, nicht die Frau, sei nach Gottes Bild erschaffen; «daraus geht deutlich hervor», argumentiert der Kirchenrechtler, «daß die Ehefrauen ihren Gatten untertan, beinahe ihre Dienerinnen sein sollen»[43]. Textstellen dieser Art klingen ein wenig so, als ob der Wunsch der Vater des Gedankens gewesen wäre. Andererseits hatte die Kirche die Einehe erzwungen, für die sittliche Gleichstellung beider Geschlechter gesorgt, die Frau im Marienkult verehrt und das Erbrecht der Frau verteidigt.

Das Zivilrecht brachte der Frau mehr Feindseligkeit entgegen als das kanonische. Beide Rechtskörper gestatteten dem Manne, seine Frau zu schlagen[44], und es bedeutete einen Fortschritt, als im dreizehnten Jahrhundert die «Gesetze und Bräuche von Beauvais» einem Mann vorschrieben, seine Frau «nur mit Maß und Ziel» zu prügeln[45]. Das Zivilrecht bestimmte, daß Frauen vor Gericht nicht aussagen durften, «wegen ihrer Schwäche»[46]; für Vergehen, die gegenüber einer Frau begangen wurden, sah es nur die Hälfte der Buße vor, die für das gleiche Vergehen bezahlt werden mußte, wenn es gegenüber einem Mann begangen wurde[47]; es schloß auch die höchstgeborenen Edeldamen von der Vertretung ihres Grundbesitzes im englischen Parlament oder den französischen Generalstaaten aus. Die Ehe gab dem Gatten das volle Verfügungs- und Nutzrecht über jeden Besitz, den seine Frau in die Ehe mitgebracht hatte[48]. Keine Frau erhielt die Bewilligung zur Ausübung einer ärztlichen Praxis.

Ihre wirtschaftliche Tätigkeit war gerade so vielgestaltig wie diejenige des Mannes. Sie übte die nie besungenen und doch so erstaunlichen häuslichen Künste aus: sie lernte Brot und Krapfen und Kuchen backen, Fleisch einpökeln, Seife und Kerzen, Sahne und Käse herstellen, Bier brauen und aus Heilkräutern Hausmedizinen bereiten, Wolle spinnen und weben und aus Flachs Leintücher machen und für die Familie Kleider und Vorhänge und Bettdecken und Wandbehänge nähen, ihr Heim schmücken und es so sauber halten, wie die männlichen Bewohner es zuließen, und Kinder aufziehen. Auf dem Bauernhofe beteiligte sie sich kraftvoll und geduldig an der landwirtschaftlichen Arbeit: sie säte und pflegte und erntete, fütterte Hühner, molk Kühe, schor Schafe, half flicken und malen und bauen In den Städten leistete sie zu Hause oder in der Werkstatt den Großteil der Spinn- und Webarbeit für die Tuchmacherzünfte. Die Kunst des Spinnens, Zwirnens und Webens von Seide wurde erstmals von der Gesellschaft der *silkwomen*, der «Seidenfrauen», in England eingeführt[49]. In den meisten englischen Zünften waren ebenso viele Frauen wie Männer eingeschrieben, größtenteils deswegen, weil die Handwerker ihre Frauen und Töchter beschäftigen und in die Zünfte aufnehmen durften. Mehrere Zünfte, die für Handwerkerinnen eingerichtet waren, bestanden dementsprechend ausschließlich aus weiblichen Mitgliedern; gegen Ende des dreizehnten Jahrhunderts gab es in Paris deren fünfzehn[50]. In Zünften, welche beide Geschlechter umfaßten, wurden Frauen jedoch selten Meister, und sie erhielten für die gleiche Arbeit eine geringere Bezahlung als der Mann. Die Frauen des Mittelstandes stellten den Wohlstand ihrer Ehemänner in ihrer Kleidung zur Schau und beteiligten sich anregend an den religiösen Feiern und gesellschaftlichen Festen der Stadt. Durch ihre Teilnahme an den Verantwortlichkeiten ihrer Ehegatten und durch die hochtrabenden und verliebten Beteuerungen von Rittern und Troubadours, die sie mit Anmut und Zurückhaltung entgegenzunehmen wußten, sicherten sich die Damen der lehnsherrlichen Gesellschaft eine Stellung, welche die Frau zuvor selten innegehabt hatte.

Wie üblich fand die Frau im Mittelalter trotz Theologie und Gesetz Mittel und Wege, ihre rechtliche Benachteiligung durch ihre Reize wieder aufzuheben. Die Literatur dieser Zeit ist reich an Berichten von Frauen, die ihre Männer beherrschten[51]. In mehrfacher Hinsicht wurde die Frau als überlegen anerkannt. Die adeligen Damen eigneten sich einige literarische und künstlerische Fertigkeiten und eine gewisse Verfeinerung an, derweil ihre Männer arbeiteten und kämpften, ohne sich um Bildung zu kümmern. Die Frau konnte sich die ganze Anmut einer *salonnière* des achtzehnten Jahrhunderts zulegen und wie eine Richardsonsche Heldin in Ohnmacht fallen; dabei wetteiferte sie mit dem Manne in einer lebenssprühenden Rede- und Handlungsfreiheit, erzählte und ließ sich schlüpfrige Geschichten erzählen und ergriff oft unverfroren die Initiative in Liebesdingen[52]. Frauen aller Stände bewegten sich in voller Freiheit, nur selten von einer Anstandsdame begleitet; sie strömten zu den Jahrmärkten und spielten bei Feierlichkeiten eine führende Rolle; sie nahmen an Pilgerfahrten teil und schlossen sich den Kreuzzügen an, nicht nur als Tröstung der Männer, sondern dann und wann auch als Kriegerinnen in vollständiger Kriegsrüstung. Schüchterne Mönche suchten sich die Unzulänglichkeit alles Weiblichen einzureden, aber Ritter kämpften um die Gunst von Frauen, und Dichter bekannten sich als ihre demütigen Sklaven. Die Männer sprachen von ihr als von einer gehorsamen Magd, aber träumten von ihr als einer Göttin. Sie beteten zu Maria, hätten sich aber auch mit Eleonore von Aquitanien zufrieden gegeben.

Eleonore war nur eine aus einer großen Reihe bedeutender mittelalterlicher Frauen – Galla Placidia, Theodora, Irene, Anna Komnena, Gräfin Mathilde von Tuszien, Königin Mathilde von England, Blanche von Navarra, Blanche von Kastilien, Heloise ... Eleonores Großvater war Fürst und Dichter, Wilhelm IX. von Aquitanien, Förderer und Führer der Troubadours. An seinem Hof in Bordeaux kamen die witzigsten Geister und die anmutigsten Schönen und die galantesten Edelmänner Südwestfrankreichs zusammen, und an diesem Hof wuchs Eleonore auf, um im Leben und in der Literatur Königin zu werden. Sie nahm die ganze Kultur und das Gepräge dieses freien und sonnigen Klimas in sich auf: Kraftfülle des Körpers, dichterische Anmut der Bewegung, Leidenschaftlichkeit in Geist und Fleisch, Freiheit der Gesinnung, des Benehmens und der Rede, lyrische Phantasien und funkelnder Witz, eine grenzenlose Liebe zu Liebe und Krieg und Vergnügen jeder Art, bis an den Tod. Der Fünfzehnjährigen bot der König von Frankreich seine Hand (1137), da er bestrebt war, das Herzogtum Aquitanien und den großen Hafen Bordeaux seinen Einkünften und seiner Krone zuzuführen. Sie wußte nicht, daß Ludwig VII. ein schwerfälliger und frommer Mann war, der ganz im Dienst am Staate aufging. Sie kam an seinen Hof, munter und lieblich und skrupellos; er fand keinen Geschmack an ihrer Zügellosigkeit und keinen Gefallen an den Dichtern, die ihr nach Paris gefolgt waren, um ihre Gönnerschaft mit Lobsprüchen und Reimen zu lohnen.

Nach lebenswirklichen Abenteuern dürstend, beschloß sie, ihren Gatten auf dem Zweiten Kreuzzug (1147) nach Palästina zu begleiten. Sie und die Damen ihres Gefolges legten kriegerische Männerkleider an, schickten ihre Spinnrocken verächtlich an Ritter, die zu Hause blieben, und brachen an der Spitze des Heeres auf, mit fliegenden, leuchtendbunten Fahnen und einem begleitenden Schwarm von Spielleuten[53]. Vom König vernachlässigt oder gescholten, gestattete sie sich in Antiochien und andernorts einige Liebschaften; das Gerücht wollte wissen, daß sie ihre Liebe bald ihrem Onkel Raimund von Poitiers, bald einem hübschen Sarazenensklaven, bald (wie der unwissende Klatsch behauptete) dem frommen Saladin selbst geschenkt habe[54]. Ludwig ertrug diese Liebeleien und Eleonores scharfe Zunge mit Geduld, aber der heilige Bernhard von Clairvaux, der Wachhund der Christenheit, prangerte sie vor der Welt an. Im Jahre 1152 reichte sie, die eine Scheidungsklage von seiner Seite befürchtete, selbst Scheidungsklage gegen ihn ein, da er im sechsten Grade mit ihr verwandt sei. Die Kirche lächelte über diesen Vorwand, willigte jedoch in die Scheidung ein, und Eleonore kehrte nach Bordeaux zurück und nahm wieder ihren alten Titel einer Herzogin von Aquitanien an. In Bordeaux machte ihr ein Schwarm von Freiern den Hof; sie wählte Heinrich Plantagenet, den englischen Thronerben; zwei Jahre darauf war er Heinrich II. und Eleonore abermals Königin (1154) – «englische Königin von Gottes Zorn», wie sie zu sagen pflegte.

Nach England nahm sie Neigungen und Geschmack des Südens mit; auch in London war sie höchste Gesetzgeberin, Fördererin und Idol der Troubadours und Trouvères. Sie war nun alt genug, um Treue ertragen zu können, und Heinrich fand an ihr in dieser Beziehung keinen Tadel. Aber nun wendete sich das Blatt: Heinrich war elf Jahre jünger als sie und ihr an Leidenschaftlichkeit ebenbürtig, und Eleonore, die über einen eifersüchtigen Gatten gespöttelt hatte, schäumte vor Eifersucht. Als Heinrich sie vom Throne stieß, kehrte sie England eiligst den Rücken und suchte Schutz in Aquitanien; er ließ sie verfolgen, verhaften, einkerkern, und sechzehn Jahre lang schmachtete sie in einer Haft, die niemals ihren Willen zu brechen vermochte. Die Spielleute stachelten die Volksmeinung in Europa gegen den König auf; seine Söhne suchten ihn auf ihr Geheiß vom Throne zu stürzen, aber er erwehrte sich ihrer bis zu seinem Tode (1189). Richard Löwenherz folgte seinem Vater auf den Thron, ließ seine Mutter frei und machte sie zur Regentin über England, während er gegen Saladin zog. Als ihr Sohn Johann König wurde, zog sie sich in ein französisches Kloster zurück und starb dort im Alter von zweiundachtzig Jahren «an Kummer und Herzeleid». Sie war «eine schlechte Gattin, eine schlechte Mutter, eine schlechte Königin» gewesen[55]; wer würde aber meinen, sie gehöre einem unterworfenen Geschlechte an?

V. DIE ÖFFENTLICHE MORAL

Noch in jeder Zeit standen die Gesetze und Moralvorschriften der Völker im Kampfe gegen die eingefleischte Unredlichkeit der Menschheit. Im Mittelalter pflegten gute und böse Menschen in nicht nachweisbar geringerem oder höherem Maße als in anderen Zeitaltern ihre Kinder, Ehegatten, Gemeinden, Feinde und Freunde, ihre Regierung und Gott anzulügen. Der mittelalterliche Mensch hatte eine besondere Vorliebe für die Dokumentenfälschung. Er fälschte apokryphe Evangelien, die er möglicherweise nur als hübsche Geschichten aufgefaßt wissen wollte; er fälschte Dekretalien als Waffen der Kirchenpolitik; treugesinnte Mönche fälschten Gründungsurkunden, um ihren Klöstern königliche Zuwendungen zu sichern[56]; Erzbischof Lanfranc von Canterbury fälschte nach dem Zeugnis der päpstlichen Kurie ein Dokument, um das Alter seines Bistums zu beweisen[57]; Schulmeister fälschten Gründungsbriefe, um einige Institute in Cambridge mit einer hohen Altertümlichkeit zu versehen, und «frommer Betrug» verfälschte Texte und erfand ungezählte erbauliche Wundertaten. Die Bestechung war in Erziehungswesen, Handel, Gewerbe, Krieg, Religion, Staatsführung und Rechtswesen allgemein verbreitet[58]. Schulkinder ließen den Examinatoren Pasteten zukommen[59]; Politiker ließen für die Ernennung in Staatsämter Geld über die Klinge springen und sammelten die notwendigen Summen bei ihren Freunden ein[60]; Zeugen ließen sich durch Bestechungsgelder erweichen, alles und jedes zu beschwören; Prozessanten schickten an Geschworene und Richter Geschenke[61]; 1289 mußte Eduard I. von England den größten Teil seiner Richter und Minister wegen Bestechlichkeit entlassen[62]. Die Gesetze sahen auf Schritt und Tritt feierliche Eidesleistungen vor; man schwur auf die Heilige Schrift oder auf die geheiligtesten Reliquien; manchmal mußte ein Eid abgelegt werden, daß der Vereidigte seinen Eid auch halten werde[63]; und doch kam es so oft zu Meineiden, daß man manchmal zum Zweikampf seine Zuflucht nahm, in der Hoffnung, daß Gott durch Gottesgericht den größeren Lügner bloßstellen werde[64].

Trotz unzähligen Statuten und Bußordnungen der Zünfte kam es im Mittelalter oft vor, daß Handwerker die Käufer mit schlechter Ware, falschen Gewichten und schlauen Ersatzmitteln hintergingen. Es gab Bäcker, die vor den Augen ihrer Kunden mittels einer kleinen Falltüre im Knettrog kleine Teigportionen stahlen; an Stelle versprochener und bezahlter teurer Stoffe wurden heimlich billigere Stoffe geliefert; Leder geringer Qualität wurde behandelt, bis es wie erstklassiges Leder aussah[65]; in Säcken mit Wolle oder Heu wurden Steine verborgen, um das Verkaufsgewicht zu erhöhen[66]; die Fleischverarbeiter von Norwich wurden beschuldigt, «finnige Schweine zu kaufen und damit Würste herzustellen, die für den menschlichen Genuß ungeeignet sind»[67]. Berthold von Regensburg (um 1220) schildert die verschiedenen Betrugsarten, die in verschiedenen Gewerben üblich waren, und die Betrügereien, die auf Jahrmärkten von den Händlern gegenüber den Landleuten angewandt wurden[68]. Prediger wandten sich in Wort und Schrift gegen das Gewinnstreben, aber ein mittelalterliches deutsches Sprichwort sagt: «Alles gehorcht dem Gelde»; und mittelalterliche Sittenprediger meinten, das Gewinnstreben übertreffe an Stärke selbst den Geschlechtstrieb[69]. Der ritterliche Ehrbegriff war in der Lehnszeit oft echt und wirksam, aber das dreizehnte Jahrhundert war offenbar nicht minder materialistisch gesinnt als jede andere geschichtliche Epoche. Die angeführten Beispiele böswilliger Gesinnung stammen aus einem zeitlich und örtlich großen Bereich; wenn es ihrer auch viele gab, so waren sie wahrscheinlich doch Ausnahmen; sie lassen keine weitere Schlußfolgerung zu als die, daß die Menschen im Zeitalter des Glaubens auch nicht besser waren als in unserem Zeitalter des Zweifels und daß Gesetz und Moral zu allen Zeiten Mühe hatten, die Gesellschaftsordnung gegen den angeborenen Individualismus von Menschen, die nicht von Natur aus brave Bürger sind, zu schützen.

Die meisten Staaten sahen im schweren Diebstahl ein Kapitalverbrechen, und die Kirche belegte Räuber mit dem Kirchenbann; aber auch so waren Diebstahl und Raub gang und gäbe, vom kleinen Taschendieb auf der Straße bis zu den Raubrittern am Rhein. Hungrige Söldner, flüchtige Verbrecher, verarmte Ritter machten die Straßen unsicher, und nach Eintritt der Dunkelheit ereigneten sich auf den Stadtstraßen manche Prügeleien, Raubüberfälle, Entführungen und Morde[70]. Gerichtsaufzeichnungen aus dem *Merrie England* des dreizehnten Jahrhunderts zeigen «Totschlag in einem Umfange, der in der heutigen Zeit Entsetzen hervorrufen würde»[71]; doppelt so viele Menschen fanden den Tod durch Mord als durch Unfall, und die Schuldigen wurden selten erwischt[72]. Die Kirche mühte sich geduldig, die lehnsherrlichen Fehden einzudämmen, aber der bescheidene Erfolg, der ihr zuteil wurde, entstand dadurch, daß sie die Menschen und den Kampfgeist auf Kreuzzüge ablenkte, die in gewisser Hinsicht imperialistische Kriege um Gebietsgewinne und Handelsmonopole waren. Einmal im Kriege, verfuhren die Christen auch nicht sanfter mit den Besiegten, zeigten sie auch keine größere Treue gegenüber Verpflichtungen und Verträgen als die Krieger anderer Religionen und Zeiten.

Grausamkeiten wurden offenbar im Mittelalter häufiger begangen als in jeder anderen Zeit vor unserer eigenen. Die Barbaren gaben ihr Barbarentum nicht sofort auf, wenn sie Christen wurden. Edle Herren und Damen teilten einander und ihren Dienstboten Knüffe und Schläge aus. Das Strafrecht war von einer grausamen Strenge, vermochte aber der Grausamkeit und des Verbrechens doch nicht Herr zu werden. Das Rad, der Kessel mit siedendem Öl, der Scheiterhaufen, die Geißel, die Vierteilung standen als Strafen in häufigem Gebrauch. Das angelsächsische Recht bestrafte eine Sklavin, die des Diebstahls überführt wurde, damit, daß achtzig Sklavinnen je eine Buße zahlen und drei Reisigbündel bringen mußten, auf denen die Fehlbare dann verbrannt wurde[73]. Nach der Chronik des zeitgenössischen italienischen Mönches Salimbene wurden in den Kriegen des späten dreizehnten Jahrhunderts die Kriegsgefangenen mit einer barbarischen Grausamkeit behandelt, die uns in unserer Jugend noch unglaubwürdig erschienen wäre:

> Einigen Menschen umwanden sie den Kopf mit einem Seil und preßten ihn mit einem Hebel so sehr, daß ihnen die Augen aus den Höhlen auf die Wange fielen; andere zogen sie am rechten oder linken Daumen hoch und ließen dann das ganze Körpergewicht an dem einen Finger hängen; andere folterten sie mit noch gemeineren und schrecklicheren Torturen, die anzuführen ich mich schäme; andere ... pflegten sie mit auf den Rücken gebundenen Händen hinzusetzen und ihnen einen Kessel mit glühenden Kohlen unter die Füße zu setzen ... oder sie banden sie mit Händen und Füßen an einen Bratspieß (wie man ein Lamm zum Metzger trägt) und ließen sie dann ohne Speise und Trank den ganzen Tag lang so hängen; oder aber sie rieben und kratzten ihnen so lange mit einem Holzstück auf den Schienbeinen herum, bis der bloße Knochen zutage kam, ein elender und mitleiderregender Anblick.[74]

Der mittelalterliche Mensch ertrug die Qualen geduldig und wahrscheinlich mit weniger Empfindlichkeit, als Menschen unserer Zeit in Westeuropa zeigen würden. Männer und Frauen aller Stände waren lebensprühend und sinnenfroh; ihre Feste waren Feste des Essens und Trinkens, des Spielens und Tanzens und der geschlechtlichen Ausgelassenheit; ihre Scherze waren von einem Freimut, der heute kaum zu finden ist[75]; ihre Redeweise war freier, ihre Flüche waren volltönender und zahlreicher[76]. Nach Joinville gab es in Frankreich kaum einen Mann, der nicht den Teufel nannte, wenn er nur den Mund auftat[77]. Der mittelalterliche Magen war kräftiger als der unsrige und ertrug ohne Grimmen die rabelaisischesten Menus; bei Chaucer hören sich die Nonnen ungerührt die Zoten des Müllers an, und die Chronik des braven Mönches Salimbene ist manchmal unübersetzbar in ihrer körperlichen Detailschilderung[78]. Es gab viele Schenken, von denen einige in höchst moderner Weise auch Maiden zum Bier lieferten[79]. Die Kirche versuchte die Schließung der Schenken am Sonntag zu erreichen, drang aber nicht recht durch[80]. Gelegentlich war die Trunksucht das Vorrecht jeden Standes. Ein Besucher fand in Lübeck Patrizierdamen in einem Weinkeller, wo sie unter ihrem Schleier fleißig becherten[81]. In Köln bestand eine Gesellschaft, die eigens zum Weintrinken zusammenkam und sich den Spruch *Bibite cum hilaritate* zum Motto nahm; sie legte aber ihren Mitgliedern strenge Regeln zur Zurückhaltung im Benehmen und Anständigkeit in der Sprache auf[82].

Der mittelalterliche war wie jeder andere Mensch eine durch und durch menschliche Mischung aus sinnlicher Begierde und Romantik, Demut und Egoismus, Grausamkeit und

Zärtlichkeit, Frömmigkeit und Habgier. Die gleichen Menschen, die so herzhaft trinken und fluchen konnten, waren zu rührender Hilfsbereitschaft und Nächstenliebe fähig. Katzen und Hunde wurden damals wie heute gehätschelt; Hunde wurden als Blindenführer abgerichtet[83], und Ritter zeigten eine herzliche Zuneigung zu ihren Pferden, Falken und Hunden. Die Pflege der Wohltätigkeit erreichte im zwölften und dreizehnten Jahrhundert einen neuen Höchststand. Einzelpersonen, Zünfte, Regierungen und die Kirche sorgten gemeinsam für die Unterstützung der Armen. Jedermann spendete Almosen. Menschen hinterließen in Paradieseshoffnung Stiftungen. Reiche Leute sorgten für die Mitgift armer Mädchen, gaben Tag für Tag an Dutzende und an größeren Feiertagen an Hunderte von Armen Nahrung aus. In vielen Gutshöfen wurden dreimal wöchentlich Nahrungsmittelspenden an alle, die darum nachsuchten, ausgegeben[84]. Fast jede große Dame betrachtete es als moralische, zumindest aber als gesellschaftliche Pflicht, sich an wohltätigen Handlungen zu beteiligen. Roger Bacon forderte im dreizehnten Jahrhundert einen staatlichen Unterstützungsfonds für die Armen, Kranken und Alten[85], die Hilfstätigkeit blieb aber doch größtenteils der Kirche vorbehalten. In einer Hinsicht war die Kirche eine weltweite Organisation der Nächstenhilfe. Gregor der Große, Karl der Große und andere verlangten, daß ein Viertel der bei den Gemeinden eingegangenen Zehnten für Unterstützungen an Arme und Kranke verwendet würden[86]; eine Zeitlang wurde das Gebot befolgt, aber als im zwölften Jahrhundert kirchliche und weltliche Vorgesetzte den Pfarreien die Einkünfte entzogen, kam die pfarramtliche Wohlfahrtspflege außer Gebrauch, und die Aufgabe fiel mehr denn je den Bischöfen, Mönchen, Nonnen und Päpsten zu. Mit Ausnahme weniger menschlicher Sünderinnen widmeten sich alle Nonnen der Erziehung und der Kranken- und Armenpflege; ihre stets zunehmende Betätigung im Dienste der Nächstenliebe gehört zu den leuchtendsten und herzerfrischendsten Leistungen der mittelalterlichen und neuzeitlichen Geschichte. Klöster, die von Stiftungen und Almosen und kirchlichen Einkünften erhalten wurden, sorgten für die Ernährung Armer, die Pflege Kranker und den Loskauf Gefangener. Tausende von Mönchen unterrichteten die Jugend, kümmerten sich um Waisen oder dienten in Krankenanstalten. Die große Abtei von Cluny sühnte für ihren Reichtum durch großzügige Almosenspenden. Die Päpste unternahmen alles in ihrer Macht Stehende, um die Armen von Rom zu unterstützen, und setzten die antik-kaiserliche Getreidespende auf ihre Art fort.

Trotz allen Unterstützungsbestrebungen blühte die Bettelei. Kranken- und Armenhäuser versuchten allen Bewerbern Nahrung und Unterkunft zu gewähren; bald waren die Eingangstore von Lahmen, Blinden, Verkrüppelten und Altersschwachen und von zerlumpten Vagabunden umlagert, die «von Spital zu Spital zogen und da herumlungerten und sich ein Stück Brot und Fleisch zu ergattern suchten»[87]. Das Bettelunwesen erreichte bei Christen und Mohammedanern im Mittelalter einen Umfang und eine Zudringlichkeit, die heute höchstens noch in den ärmsten Gegenden des Fernen Ostens zu finden ist.

VI. DIE MITTELALTERLICHE KLEIDUNG

Wer waren denn diese mittelalterlichen Europäer? Wir können sie nicht nach der Rassenzugehörigkeit einteilen, denn sie gehörten mit Ausnahme der Negersklaven alle der «weißen Rasse» an. Was war das aber für eine erstaunliche Vielfalt von Menschen! Da waren die Griechen von Byzanz und Hellas, die halbgriechischen Italiener Süditaliens, die griechisch-maurisch-jüdische Bevölkerung Siziliens, die Römer, Umbrer, Toskaner, Lombarden, Genuesen, Venezianer Italiens – alle so verschieden voneinander, daß jeder in Kleidung, Haartracht und Sprache sofort seine Herkunft verriet. Die Berber, Araber, Juden und Christen Spaniens; die Gascogner, Provenzalen, Burgunder, Pariser, Normannen Frankreichs; die Flamen, Wallonen und Holländer der Niederlande; die Kelten, Angeln, Sachsen, Dänen und Normannen, aus denen sich die englische Bevölkerung zusammensetzte; die Kelten von Wales, Irland und Schottland; die Norweger, Schweden und Dänen; die hundert Stämme Deutschlands; die Finnen und Magyaren und Bulgaren; die Slawen Polens, Böhmens, des Baltikums, der Balkanhalbinsel und Rußlands: es war ein solches Gemenge von Völkerschaften und Typen und Nasen und Bärten und Trachten, daß keine Beschreibung ihrer stolzen Vielgestaltigkeit gerecht werden könnte.

Die Germanen hatten in einem Jahrtausend der Wanderungen und Eroberungen der Oberschicht aller westeuropäischen Länder mit Ausnahme Süditaliens und Spaniens ihr Gepräge gegeben. Dem blonden und blauäugigen Typ wurde eine so uneingeschränkte Bewunderung entgegengebracht, daß der heilige Bernhard sich in einer ganzen Predigt redlich abmühte, das «schwarz zwar bin ich, doch sehr schön» des Hohenliedes mit dieser Bevorzugung in Einklang zu bringen. Der ideale Ritter mußte blond und hochgewachsen und bärtig sein; die ideale Frau des Epos und der Liebesromane war schlank und anmutig und hatte blaue Augen und langes blondes oder goldenes Haar. Das lange Haar der Franken wich im neunten Jahrhundert in der Oberschicht einer neuen Haartracht, bei der das Haar nur oben länger, am Hinterkopf jedoch ganz kurz getragen wurde, und die Bärte kamen bei Europas Edelleuten im zwölften Jahrhundert außer Mode. Die Bauern trugen aber weiterhin lange und unsaubere Bärte und einen so üppigen Haarschopf, daß er manchmal in Zöpfe geflochten werden mußte[88]. In England trugen alle Stände das Haar lang, und die Galane des dreizehnten Jahrhunderts färbten sich die Haare, brannten sich mit der Brennschere Locken und banden sich Schleifen ein[89]. Im gleichen Jahrhundert und im gleichen Lande banden sich die verheirateten Damen die Haare mit einem Netz aus Goldfäden hoch, während wohlgeborene Jungfräulein ihr Haar den Rücken hinabwallen ließen, wobei manchmal über jede Schulter neckisch eine Locke auf die Brust fiel[90].

Die Westeuropäer waren im Mittelalter reicher und hübscher gekleidet als je zuvor oder seither, und die Männer übertrafen die Frauen oft in der Pracht und Farbenfreudigkeit ihrer Kleidung. Im fünften Jahrhundert focht die locker hängende Toga und Tunika der Römer einen aussichtslosen Kampf gegen die Hosen und den Gürtel der Gallier; das kältere Klima und die kriegerischen Tätigkeiten des Nordens erforderten eine enger anliegende und dickere Kleidung als die Wärme und Leichtlebigkeit des Südens, und eine Revolution in der Kleidung folgte dem Übergang der Macht über die Alpen. Der einfache Mann trug enganliegende lange Hosen und einen Kittel oder eine Bluse, beides aus Leder oder derbem Tuch; am Gürtel hingen Messer, Börse, Schlüsselbund, manchmal das Werkzeug; über die Schulter war ein ärmelloser Mantel oder Umhang geschlagen; auf dem Kopf trug er eine Kappe oder einen Hut aus Wolle oder Filz oder Pelz, an den Beinen lange Strümpfe und an den Füßen hohe Lederschuhe, die an den Spitzen zurückgebogen waren, damit sie sich nicht abstießen. Gegen Ende des Mittelalters wurden die Strümpfe länger, bis sie an die Hüften reichten und sich zu den unbequemen Hosen entwickelten, welche der moderne Mensch als ewigwährende Pein und Strafe an die Stelle des härenen Hemdes des mittelalterlichen Heiligen gesetzt hat. Fast die gesamte Kleidung war aus Wolle verfertigt; nur Jäger und Bauern trugen einzelne Kleidungsstücke aus Pelz oder Leder; fast alles wurde zu Hause gesponnen, gewoben, zugeschnitten und genäht; die Reichen ließen sich ihre Kleider bei Berufsschneidern anfertigen. Knöpfe, die im Altertum gelegentlich verwendet worden waren, standen bis zum dreizehnten Jahrhundert kaum in Gebrauch und auch dann nur als funktionslose Zierstücke[91]. Im zwölften Jahrhundert wurde die enganliegende germanische Kleidung bei beiden Geschlechtern von einer langen, gegürteten Robe überdeckt.

Die Vermögenden verzierten sich ihre Kleidung auf mancherlei phantasiereiche Art. Säume und Halsausschnitte wurden mit Pelz eingefaßt; wenn das Wetter es zuließ, wurde das Leinen durch Seide, Samt oder Satin ersetzt; eine Samtkappe bedeckte den Kopf, und bunte Tuchschuhe lagen eng an den Füßen an. Die schönsten Pelze stammten aus Rußland; der edelste Pelz war der Hermelin, das Fell des weißen Wiesels; man wußte von hohen Herren, daß sie Hypotheken auf ihre Güter aufnahmen, um ihrer Gattin einen Hermelinpelz kaufen zu können. Die Reichen trugen Unterhosen aus feinem weißem Leinen, gewöhnlich Woll-, manchmal Seidenstrümpfe, oft in bunten Farben; ein weißes Leinenhemd mit weitem Kragen und Manschetten, darüber einen Kittel, und bei Regenwetter oder Kälte über dem Ganzen noch einen ärmellosen Mantel oder einen Überwurf oder ein *chaperon* – eine Pelerine mit Kapuze, die über den Kopf gezogen werden konnte. Manche Kappen wurden mit einem flachen quadratischen Oberstück versehen; diese *mortiers* wurden im Spätmittelalter von Rechtsgelehrten und Doktoren getragen und sind heute noch an den Universitäten als Kopfbedeckung der Würdenträger in Gebrauch. Gecken trugen bei jedem Wetter Handschuhe und «fegten mit den verschwenderischen Schleppen ihrer Mäntel und Gewänder den Staub vom Boden» (wie der Mönch Ordericus Vitalis klagt)[92].

Schmuck wurde von Männern nicht nur auf dem Leibe, sondern auch auf Kleidungsstücken – Kappen, Röcken, Schuhen – getragen. Es gab Gewänder, welche sakrale oder profane Texte in Perlenstickerei trugen[93]; andere waren mit Gold- oder Silberspitzen eingefaßt, wieder andere aus golddurchwirktem Stoff verfertigt. Könige mußten sich durch besonderen Prunk auszeichnen: Eduard der Bekenner trug ein Gewand, das von seinem tüchtigen Ehegespons Edgitha prächtig mit Goldfaden bestickt war, und das Staatsgewand Karls des Kühnen von Burgund war so dicht mit Edelsteinen übersät, daß sein Preis auf 200 000 Dukaten (etwa 2 Mill. Dollar) geschätzt wurde. Nur die ganz Armen trugen keine Ringe, und jedermann, der etwas auf sich hielt, besaß einen Siegelring mit seinem persönlichen Zeichen; der Abdruck dieses Siegels wurde einer Unterschrift gleichgesetzt.

Die Kleidung zeigte den Rang oder die Wohlhabenheit des Trägers an; jeder Stand erhob Einspruch, wenn ein niedrigerer Stand seine Kleidung nachahmte; Gesetze gegen den Luxus wurden – wie in Frankreich 1294 und 1306 – vergeblich erlassen, um die Ausgaben der Bürger für ihre Kleider je nach Stand und Vermögen festzusetzen. Die Pächter, die von einem großen Herrn abhängigen Ritter, trugen bei festlichen Anlässen Gewänder in seinen Farben, die er ihnen geschenkt hatte; solche Gewänder wurden *livrées* genannt, weil der Lehnsherr sie zweimal im Jahre lieferte. Gute mittelalterliche Kleidungsstücke waren aber von einer Qualität, daß sie ein ganzes Menschenleben lang standhielten und manchmal sorgfältig in den Testamenten aufgeführt und verteilt wurden.

Hochgeborene Damen trugen ein langes Leinenhemd, darüber ein pelzbesetztes *pelisson*, einen bis auf die Füße reichenden Rock, über diesem ein *bliaut*, eine Bluse, die an der Brust ziemlich offen getragen, beim Herannahen von Gesellschaft jedoch eng verschnürt wurde, denn alle feinen Damen waren bestrebt, schlank zu sein. Sie konnten auch edelsteinbesetzte Gürtel, eine Seidenbörse und Sämischlederhandschuhe tragen. Oft steckten sie Blumen ins Haar oder umwanden es mit edelsteinfunkelnden Seidenbändern. Einige Damen trugen zum Kummer der Geistlichkeit und zweifellos auch ihrer Ehemänner hohe kegelförmige mit Hörnern geschmückte Hüte; zu einer gewissen Zeit machte sich eine Frau unerträglich lächerlich, wenn sie keine Hörner trug[94]. Im späteren Mittelalter kamen hohe Absätze in Mode. Sittenprediger beschwerten sich, die Frauen fänden immer wieder Gelegenheit, ihre Roben ein wenig zu heben, um schlanke Fesseln und zierliche Schuhe zu zeigen; weibliche Beine waren jedoch eine private und kostspielige Enthüllung. Dante schalt die Florentinerinnen, die in aller Öffentlichkeit «Brust samt Warze zeigen»[95]. Bei Turnieren lieferte die Kleidung der Damen den Geistlichen viel Grund zur Aufregung, und Kardinäle erließen Gesetze über die Länge von Frauenroben. Als der Klerus erklärte, der Schleier sei für die Moral unerläßlich, ließen sich die Frauen «Schleier aus feinem Musselin und aus dünner Seide machen und mit Gold durchwirken, so daß sie zehnmal hübscher aussahen als vorher und die Augen der Betrachter um so mehr zur Lüsternheit verführten»[96]. Der Mönch Guyot von Provins klagt, die Frauen pflegten so dick Schminke auf das Gesicht aufzulegen, daß in den Kirchen keine Farbe zum Färben der Heiligenbilder mehr übrigbleibe; er ließ sie wissen, wenn sie falsches Haar trügen und sich Umschläge aus zerriebenen Bohnen und Eselsmilch auf das Gesicht legten, um einen besseren Teint zu erhalten, verlängerten sie ihre Pein im Fegefeuer um Jahrhunderte[97]. Berthold von Regensburg schalt die Frauen um 1220 mit vergeblicher Beredsamkeit:

> Ihr Frauen, ihr seid barmherzig und geht lieber zur Kirche denn die Männer ... und euer würden gar viele erhalten, ohne den einzigen Strick: ... daß ihr's halt dazu bringet, daß man euch lobe, daran kehrt ihr allen eueren Fleiß mit Gewand ... Da gibt ihrer manche so viel der Näherin, als ihr das Tuch kostet. Da müssen Schilde auf die Achseln, muß es «gerieselt» sein und «gerickelt» all um den Saum; euch genüget die Hoffart um die Kopflöcher nicht ... ihr müßt euch die Füße sondere Marter zur Hölle führen lassen ... Und so machet ihr das so viel und so mühlich, daß es niemand zu Ende sagen kann. Mit nichts macht ihr euern Aufzug mühlich, es ist recht ein Nichts, womit ihr umgeht als ein Gespötte. – «Wie, Bruder Berthold! nun tun wir's nur um unserer Wirte willen, daß sie

eine andere desto minder ansehen.» – Nun glaube du mir: ist dein Wirt ein braver Mann, so sieht er viel lieber, daß du dich in einer untadeligen Weise trägst als in einer hoffärtigen Weise ... Ihr Männer könntet es ihnen wohl hindern, und könntet es ihnen wohl tapfer wehren; zuerst mit guter Rede, wollten sie es dann nicht lassen, so solltet ihr's ihnen tapfer wehren ... reiß ihr's vom Kopfe, und kleben auch vier Haare oder zehn daran, und wirf es allesamt ins Feuer. Das tust du nicht dreimal oder viermal, so läßt sie's.[98]

Manchmal nahmen sich die Frauen solche Predigten zu Herzen und warfen – zwei Jahrhunderte vor Savonarola – ihre Schleier und ihren Zierat ins Feuer[99]. Glücklicherweise waren diese reumütigen Anwandlungen selten und nur von kurzer Dauer.

VII. AM HÄUSLICHEN HERD

Im mittelalterlichen Hausstand gab es nicht viel Komfort. Fenster gab es nur wenige, und selten waren sie verglast; hölzerne Läden schlossen sie gegen Hitze und Kälte ab. Geheizt wurde mit einem oder mehreren Kaminen; die Luft pfiff durch tausend Ritzen in den Wänden und machte Stühle mit hohen Lehnen zu einem Segen. Im Winter war es durchaus gebräuchlich, im Hausinneren warme Hüte und Pelze zu tragen. Die Zimmer waren spärlich möbliert, aber die Möbel dauerhaft gearbeitet. Stühle waren selten und hatten gewöhnlich keine Rückenlehne; manchmal waren sie aber fein geschnitzt, mit Wappen verziert und mit Edelsteinen ausgelegt. Die meisten Sitzgelegenheiten waren in das Mauerwerk eingelassen oder auf Truhen in Nischen eingerichtet. Teppiche waren vor dem dreizehnten Jahrhundert etwas Ungewöhnliches. Italien und Spanien kannten sie; als Eleonore von Kastilien 1254 als Braut des künftigen Königs Eduard I. nach England kam, bedeckten ihre Diener die Böden ihrer Gemächer in Westminster nach spanischem Brauch mit Teppichen – worauf sich dieser Brauch in ganz England ausbreitete. Gewöhnliche Böden wurden mit Binsen oder Stroh belegt und brachten in manche Häuser einen solchen Gestank, daß der Gemeindepfarrer sich in sie einzutreten weigerte. Die Wände waren manchmal mit Wandteppichen behangen, teils zur Zierde, teils als Schutzmittel gegen den Luftzug, teils um die große Diele des Hauses in kleinere Räume zu unterteilen. In Italien und der Provence, wo noch der altrömische Wohnluxus nachwirkte, waren die Häuser bequemer und gesünder eingerichtet als im Norden. Die Häuser der deutschen Bürger verfügten im dreizehnten Jahrhundert über fließendes Wasser, das in Röhren aus Brunnen in die Küche geführt wurde[100].

Sauberkeit war im Mittelalter keineswegs gleichbedeutend mit Frömmigkeit. Das Frühchristentum hatte erklärt, die römischen Thermen seien Quellen der Unzucht und Perversion, und die allgemeine Körperfeindlichkeit dieser Zeit gereichte der Hygiene nicht gerade zum Vorteil. Der heutige Gebrauch des Taschentuches war unbekannt[101]. Die Sauberkeit war fast gleichbedeutend mit Geldbesitz und richtete sich nach dem Einkommen; der Lehnsherr und die reichen Bürger badeten verhältnismäßig oft in großen hölzernen Zubern, und im zwölften Jahrhundert sorgte die Ausbreitung des Wohlstandes für die Ausbreitung der persönlichen Sauberkeit. Viele deutsche, französische und englische Städte verfügten im dreizehnten Jahrhundert über öffentliche Badeanstalten; ein Gelehrter hat sich ausgerechnet, daß die Pariser im Jahre 1292 häufiger badeten als im zwanzigsten Jahrhundert[102]. Ein Ergebnis der Kreuzzüge war das Aufkommen von Dampfbädern im muselmanischen Stile in Europa[103]. Die Kirche sah scheel auf die öffentlichen Badeanstalten, da sie zur Unmoral führten, und mehrere Bäder rechtfertigten diese Befürchtungen. Einige Städte richteten öffentliche Mineralbäder ein.

Klöster, lehnsherrliche Schlösser und reiche Bürgerhäuser hatten Aborte über Abortgruben, aber die meisten Wohnhäuser mußten sich mit einem Häuschen im Freien behelfen; in vielen Fällen mußte das gleiche Häuschen den Einwohnern von einem Dutzend Häusern dienen[104]. Rohre zur Entfernung von Unrat zählen zu den sanitären Neuerungen, die unter Eduard I. (1271–1307) in England eingeführt wurden. Im dreizehnten Jahrhundert wurden die Nachttöpfe von Paris ohne weitere Umstände aus den Fenstern auf die Straßen geleert, wobei nur der Ruf *Gar l'eau!* als Warnungszeichen gegeben wurde – solche Unglücksfälle waren noch bis Molière Gemeinplätze in den Komödien. Öffentliche Bedürfnisanstalten waren ein Luxus; San Gimignano hatte 1255 einige aufzuweisen, aber Florenz besaß damals noch keine[105]. Man erledigte sein Bedürfnis auf dem Hofe, von Treppen und Balkonen, ja im Louvre. Nach der Pest von 1531 schrieb ein Erlaß den Pariser Hausbesitzern vor, in jedem Hause für einen Abort zu sorgen, aber diese Verordnung fand wenig Anklang[106].

Die Angehörigen des Ober- und Mittelstandes wuschen sich vor und nach den Mahlzeiten, denn das Essen wurde größtenteils mit den Händen besorgt. Es gab nur zwei regelmäßige Mahlzeiten im Tage, eine um zehn, die andere um vier Uhr; beide konnten sich aber über mehrere Stunden hinziehen. In großen Häusern wurde das Essen mit Trompetenstößen angekündigt. Die Eßtafel konnte aus rohen auf Böcken aufgelegten Brettern bestehen oder ein großer, festgebauter und reichgeschnitzter Tisch aus kostbarem Holz sein. Um die Tafel herum standen Stühle oder Bänke, daher die Bezeichnung Bankett (französisch *bancs* und *banquet*). In einigen französischen Häusern wurden fertiggedeckte Tische mit sinnreichen Vorrichtungen von einem unteren oder oberen Stockwerk an Ort und Stelle gehoben, beziehungsweise gesenkt, und nach beendeter Mahlzeit wieder zum Verschwinden gebracht[107]. Diener brachten jedem Speisenden Wassernäpfe, in denen er sich die Hände wusch, um sie dann an Servietten abzutrocknen, welche hierauf fortgelegt wurden; im dreizehnten Jahrhundert wurden während des Essens keine Servietten benutzt, dafür wischte sich der Essende die Hände am Tischtuch ab[108]. Die Tischgesellschaft saß in bunter Reihe, Herren und Damen paarweise nebeneinander; gewöhnlich speiste jedes Paar aus einer gemeinsamen Schüssel und trank aus dem gleichen Becher[109]. Jeder erhielt einen Löffel; Gabeln waren im dreizehnten Jahrhundert bekannt, wurden aber selten gedeckt; die Speisenden benutzten ihre eigenen Messer. Becher, Teller und Schüsseln waren gewöhnlich aus Holz geschnitzt[110], aber der Lehnsadel und die reichen Bürger besaßen irdene oder zinnerne Schüsseln oder prunkten mit silbernen, hier und da gar goldenen Eßgeräten[111]. Schüsseln aus geschliffenem Glas konnten dazukommen, oder ein großes Silbergefäß in Form eines Schiffes mit verschiedenen Gewürzen und dem Messer und dem Löffel des Gastgebers. Statt eines Tellers erhielt jedes Paar ein großes flaches, rundes, dikkes Stück Brot; auf diesem *tranchoir* legte der Essende das Fleisch und Brot nieder, das er mit den Fingern den ihm dargebotenen Holzschüsseln entnahm; nach dem Essen wurde auch das «Tranchierbrett» verspeist oder den Hunden und Katzen, die zahlreich umherstrichen, vorgeworfen oder den Armen der Nachbarschaft zugeschickt. Ein großes Essen wurde mit Gewürzen und Süßigkeiten und einem abschließenden Rundtrank beendet.

Das Essen war reichhaltig, mannigfaltig und gut zubereitet; ein Nachteil war nur, daß der Mangel an Kühlungsmöglichkeiten das Fleisch bald in Verwesung übergehen ließ, so daß Gewürze, die konservieren oder Gerüche überdecken konnten, hoch im Kurs standen. Manche Gewürze wurden aus dem Orient eingeführt; da sie aber sehr teuer waren, züchtete man sich andere Gewürze im Küchengarten – Petersilie, Senf, Salbei, Bohnenkraut, Anis, Knoblauch, Dill ... Kochbücher gab es viele und komplizierte; in einem großen Hause war der Koch ein hochgewichtiger Mann, auf dessen Schultern die Würde und der Ruf des Hauses lasteten. Er war mit einem funkelnden Rüstzeug von kupfernen Kesseln, Pfannen und Töpfen ausgestattet und sah seinen Stolz darin, Gerichte zu servieren, die nicht nur dem Gaumen, sondern auch dem Auge ein Genuß waren. Fleisch, Geflügel und Eier waren billig[112], wenn auch immer noch teuer genug, um aus den meisten Unbemittelten unfreiwillige Vegetarier zu machen[113]. Bauern gediehen mit grobem Vollkornbrot aus Gerste, Weizen oder Roggen, das sie selbst buken; Städter zogen von Bäckern gebackenes Weißbrot vor und sahen darin ein Zeichen ihres Standes. Kartoffeln, Kaffee und Tee gab es noch nicht, dafür aber fast alle Gemüse- und Fleischsorten, die heute in Europa gegessen werden – darunter auch Aale, Frösche und Schnecken[114]. Zu Karls des Großen Zeit hatten sich die asiatischen Obst- und Nußbäume in Europa fast vollständig akklimatisiert; nur Orangen waren im dreizehnten Jahrhundert im Europa nördlich der Alpen und der Pyrenäen noch eine Seltenheit. Das Schweinefleisch war die meistgegessene Fleischsorte. Die Schweine fraßen den Abfall in den Straßen, und die Menschen aßen die Schweine. Allgemein war der Glaube verbreitet, der Genuß von Schweinefleisch verursache Hautkrankheiten, es war deswegen aber nicht minder beliebt; große Würste und Blutwürste waren das Entzücken mittelalterlicher Menschen. Große Herren setzten ihren Gästen gelegentlich ein ganzes am Spieße gebratenes Ferkel oder Wildschwein vor, das sie bei Tische vor den erwartungsvoll zuschauenden Gästen tranchierten; es war eine Delikatesse, die fast ebensosehr geschätzt wurde wie Schnepfen, Rebhühner, Wachteln, Drosseln, Pfauen und Kraniche. Fische waren ein Hauptnahrungsmittel; Heringe spielten eine große Rolle bei der Ernährung der Soldaten, der Seeleute und der Armen. Der Genuß von Milchprodukten war weniger verbreitet als heute, der Brie-Käse war aber schon damals berühmt[115]. Salate waren unbekannt, Konfitüren selten. Der Zucker wurde eingeführt und hatte den Honig als Süßungsmittel noch nicht verdrängt. Als Nachtisch gab es gewöhnlich Obst und Nüsse. Gebäck wurde in unendlicher Vielfalt hergestellt, und lustige Bäcker gaben, ohne sich einen Tadel zuzuziehen, ihren Kuchen und Wecken die denkbar interessanteste Form – *quaedam pudenda muliebra, aliae virilia*[116]. Es will uns heute kaum glaubwürdig scheinen, daß nach dem Essen nicht geraucht wurde. Statt dessen becherten beide Geschlechter.

Da es selten ratsam war, ungekochtes Wasser zu trinken, fanden alle Stände einen Ersatz dafür in Bier und Wein. «Drinkwater» und «Boileau» waren ungewöhnliche Namen und ein Kennzeichen für einen ungewöhnlichen Geschmack. Äpfel und Birnen wurden zu Most gepreßt, der den Bauern zu einem billigen Rausch verhalf. Die Trunkenheit war im Mittelalter ein bei allen Ständen und beiden Geschlechtern beliebtes Laster. Es gab unzählige Schenken, das Bier war billig; es war das übliche Getränk der Armen, selbst zum Frühstück. Klöster und Spitäler nördlich der Alpen gaben gewöhnlich pro Person und Tag vier Liter Bier aus[117]. Viele Klöster, Schlösser und reiche Bürgerhäuser verfügten über eine eigene Brauerei, denn in den nördlichen Ländern galt das Bier fast so sehr als lebenswichtiges Nahrungsmittel wie das Brot. Die Vermögenden aller Länder und die Angehörigen aller Stände im romanischen Europa zogen den Wein vor. Frankreich produzierte die berühmtesten Weine und besang ihren Ruhm in tausend Volksliedern. Zur Weinlese arbeiteten die Bauern schwerer als sonst und bekamen dafür von guten Äbten einen Tag Ferien von der Moral zugebilligt. Ein Pflichtenheft der Abtei zu St. Peter im Schwarzwald enthält auch einige freundliche Sätze:

> Und so sy entladen, so sol man sy uff das hus füren und sol man inen eßen und trinken geben gnüg. Und sol man denn einen onzuber darsetzen und des wins darin tun ... und sol yederman selber trinken, und sol der keller den kelr beschließen, und der koch die kuchy beschließen, und wer, das sy wurden trinken und den keller oder den koch schlügen, so sond sy nyeman darumb beßern, und sönd also trinken, das zwen den dritten nit kunden uff einen wagen bringen.[118]

Nach einem Festmahl pflegte der Gastgeber seine Gäste mit Jongleuren, Akrobaten, Schauspielern, Spielleuten oder Spaßmachern zu unterhalten. Es gab Gutshöfe, die eigenes Personal zur Unterhaltung der Gäste besaßen; einige reiche Leute hielten sich Narren, die ihre fröhlichen Unverschämtheiten und zotigen Witze von sich geben konnten, ohne Strafe oder Tadel befürchten zu müssen. Wenn die Schmausenden sich selbst unterhalten wollten, so konnten sie sich Anekdoten erzählen, Musikanten zuhören oder selbst Musik machen, tanzen, flirten, das Puffspiel, Schach oder Gesellschaftsspiele spielen; sogar hochedle Barone und Baroninnen tollten in Pfänderspielen und im Blindekuhspiel umher. Das Kartenspielen war noch unbekannt. Französische Gesetze von 1256 und 1291 verboten die Herstellung von Würfeln und das Würfelspiel, aber Glücksspiele mit Würfeln waren doch weit verbreitet, und Sittenprediger erzählten von Vermögen und von Seelen, die auf diese Weise verlorengegangen waren. Das Glücksspiel war nicht immer gesetzlich verboten; Siena erstellte auf öffentlichem Platz Spielbuden[119]. Das Schachspiel wurde von einem Pariser Konzil (1231) und durch Erlaß Ludwigs IX. (1254) verboten; niemand achtete sonderlich auf diese Einwände; das Spiel wurde zu einem aufreibenden Zeitvertreib des Adels und gab dem englischen Schatzamt *(exchequer)* den Namen, da in diesem Amt die Staatseinkünfte auf einem schachbrettartig karierten Tisch gezählt wurden[120]. In Dantes Jugendzeit versetzte ein sarazenischer Schauspieler ganz Florenz in Erstaunen, indem er gleichzeitig gegen die drei besten Spieler der Stadt spielte; er sah auf ein Brett und behielt dabei die beiden anderen im Kopf; in zweien der drei Spiele war er der Sieger, das dritte endete remis[121]. Das Damespiel hieß in Frankreich *dames*, in England *draughts*.

Das Tanzen wurde von Predigern verurteilt und fast von allen Menschen, die nicht gerade der Religion geweiht waren, gepflegt. Thomas von Aquin, der auch darin seine Mäßigung bekundet, gestattete den Tanz bei Hochzeiten oder bei der Heimkehr eines Freundes aus dem Ausland oder bei der Feier eines nationalen Sieges; der herzensgute Heilige ging sogar so weit, zu erklären, das Tanzen sei eine sehr zuträgliche Körperübung, falls es in den Grenzen des Anstandes bleibe[122]. Albertus Magnus legte die gleiche Großzügigkeit an den Tag, aber die mittelalterlichen Sittenprediger verwarfen den Tanz als eine teuflische Erfindung[123]. Die Kirche sah ihn nicht gern, da er zur Unmoral verleite[124]; die jungen Gecken des Mittelalters taten ihr Bestes, um die Kirche in ihrem Verdacht zu bekräftigen[125]. Besonders die Deutschen und Franzosen tanzten gerne und entwickelten viele Volkstänze, mit denen sie die Feiern des Jahreslaufes begingen, Siege feierten oder in Not- und Pestzeiten die Volksstimmung hochhielten. Eines der *Carmina Burana* stellt die Tänze junger Mädchen auf den Feldern als die süßesten Freuden des Frühlings dar. Wenn jemand zum Ritter geschlagen wurde, kam die ganze Nachbarschaft in voller Rüstung zusammen und führte zu Pferde oder zu Fuß Bewegungen und Schwenkungen aus, während das Volk zu kriegerischer Musikbegleitung um sie herum tanzte. Das Tanzen konnte zur Epidemie ausarten: im Jahre 1237 tanzte eine Schar deutscher Kinder von Erfurt bis Arnstadt; viele gaben unterwegs den Geist auf; andere litten bis an das Ende ihres Lebens am Veitstanz oder an nervösen Störungen[126].

Getanzt wurde zumeist am Tag und im Freien. Die Häuser waren des Nachts spärlich beleuchtet – von Steh- oder Hängelampen mit Docht und Öl oder von schwach leuchtenden Fackeln aus Schaffett, und da Fett und Öl teuer waren, wurde nach Sonnenuntergang nur wenig gearbeitet oder gelesen. Bald nach dem Einbruch der Dunkelheit zerstreuten sich die Gäste und gingen die Hausbewohner zu Bett. Selten hatte es genügend Schlafzimmer; es war nichts Ungewöhnliches, wenn auf der Diele oder im Empfangszimmer ein Bett aufgestellt wurde. Die Armen schliefen gut auf Strohbetten und die Reichen schlecht auf parfümierten Matratzen und Daunenbetten. Über hochherrschaftlichen Betten hingen Mükkennetze oder ein Betthimmel; man mußte mit Schemeln in diese Betten steigen. Es kam vor, daß Personen jeden Alters und Geschlechtes im gleichen Zimmer schliefen. In England und Frankreich schliefen die Angehörigen aller Stände nackt[127].

VIII. GESELLSCHAFT UND KURZWEIL

Die allgemeine Rauheit der mittelalterlichen Sitten wurde durch eine gewisse Anmut der höfischen Lebensart der Lehnsgesellschaft gemildert. Man gab sich bei der Begrüßung die Hand, um zu bezeugen, daß man nicht das Schwert zu ziehen gedenke. Es gab unzählige Titel in zahlreichen Rangstufen, und es war ein hübscher Brauch, daß jeder Würdenträger mit Titel und Taufname oder mit dem Namen seines Gutes angeredet wurde. Ein Sittengesetz des feinen Benehmens in allen Lebenslagen – zu Hause, beim Tanz, auf der Straße, beim Turnier, bei Hofe – wurde aufgestellt; die Edeldamen mußten lernen, wie sie sich zu bewegen, wie sie zu knicksen, zu reiten, zu spielen, Falken anmutig auf dem Handgelenk zu tragen hatten ...; das alles und eine gleichartige Sittenvorschrift für Männer bildete die *courtoisie*, die Höfischkeit, Höflichkeit. Das dreizehnte Jahrhundert erlebte die Veröffentlichung vieler Handbücher des feinen Benehmens[128].

Auf Reisen erwartete man von Personen des eigenen Standes eine höfliche und gastfreundliche Aufnahme. In Klöstern fanden die Armen aus Nächstenliebe, die Reichen gegen eine Geldzahlung oder ein Geschenk Unterkunft und Verpflegung. Bereits im achten Jahrhundert gründeten Mönche auf den Alpenpässen Hospize. Manche Klöster besaßen große Unterkunftshäuser, in denen sie bis zu 300 Reisende mitsamt ihren Pferden unterbringen konnten[129]. Die meisten Reisenden übernachteten jedoch in Gasthöfen; die Unterkunft war dort billig, und für billiges Geld konnte man auch eine Landdirne für eine Nacht finden – wenn man gut auf seinen Geldbeutel achtgab. Da solcher Komfort zur Verfügung stand, trotzten gar manche den Gefahren der Reise – Kaufleute, Bankiers, Priester, Diplomaten, Pilger, Studenten, Mönche, Touristen, Landstreicher. Die Landstraßen des Mittelalters waren, sowenig einladend sie auch scheinen mochten, von neugierigen und hoffnungsvollen Leuten belebt, die meinten, sie könnten anderswo glücklicher werden.

Die Standesunterschiede waren auf Reisen und bei Vergnügungen gleich ausgeprägt. Hoch und niedrig vermischten sich hie und da: wenn der König eine öffentliche Versammlung seiner Vasallen abhielt und die Volksmenge speisen ließ; wenn die adlige Reiterei kriegerische Manöver abhielt; wenn ein Fürst oder eine Fürstin, ein König oder eine Königin in Prunk und Staat in eine Stadt einzog und die Volksmassen längs der Straßen aufgestellt waren, um sich am Gepränge zu erlaben, oder wenn ein Turnier oder ein gottesgerichtlicher Zweikampf vor der Öffentlichkeit stattfand. Organisiertes Gepränge gehörte wesenhaft zum mittelalterlichen Leben; Kirchenprozessionen, politische Paraden, Zunftfeiern brachten fliegende Fahnen, Festwagen, wächserne Heilige, dickleibige Kaufleute, stolzierende Ritter und Blasorchester auf die Straße. Fahrende Komödianten führten auf dem Dorf- oder Marktplatz kurze Schauspiele auf; Spielleute sangen und spielten und klimperten romantische Geschichten; Akrobaten hüpften und jonglierten, und Seiltänzer und -tänzerinnen produzierten sich auf Seilen über schwindelndem Abgrund, oder zwei Männer mit verbundenen Augen bearbeiteten sich gegenseitig mit Stöcken, oder ein Zirkus kam in die Stadt, um seltsame Tiere und noch seltsamere Menschen zu zeigen und ein Tier in tödlichem Zweikampf gegen das andere zu hetzen.

Der Adel fand an der Jagd soviel Vergnügen wie am Turnier. Schonzeiten schränkten die Jagdsaison stark ein, und Gesetze gegen unbefugtes Jagen verschafften dem Adel Wildreservate. Die europäischen Wälder waren noch von wilden Tieren bewohnt, die den Sieg des Menschen im Kampfe um unseren Planeten noch nicht anerkannten; das mittelalterliche Paris sah beispielsweise mehrfach Wolfsrudel in seinen Mauern. In gewissem Sinne befaßte sich der Jäger damit, die schwachbegründete Vormachtstellung des Menschen zu festigen; in einem anderen Sinne sorgte er für Lebensmittel; und schließlich stärkte er sich Leib und Geist für Gefahren und Krieg und gewöhnte sich an das Blutvergießen. Gleichzeitig nahm er sich die Jagd zum Anlaß für festliches Gepränge. Große Jagdhörner aus Elfenbein, die manchmal mit Gold ausgelegt waren, riefen Damen und Herren und Hunde zusammen: Frauen, die zierlich im Damensitz auf tänzelnden Rossen saßen; Männer in bunter Tracht und mit mannigfaltiger Bewaffnung – Pfeil und Bogen, Streitaxt, Speer und Messer; Hetzhunde, Bluthunde, Windhunde, die an ihren Leinen zerrten. Ging die Hatz über Äcker, so durften die Barone, ihre Lehnsmänner und Gäste sie überqueren, ohne sich um den Schaden an Saat- und Erntegut zu kümmern, und nur tollkühne Bauern wagten es, sich zu beschweren[130]. Der französische Adel organisierte das Jagdwesen planmäßig, gab ihm den Namen *chasse* und sorgte für ein kompliziertes Ritual und eine nicht minder komplizierte Etikette.

Die Damen nahmen mit besonderem Spürsinn an dem aristokratischesten Spiele – der Falkenjagd – teil. Fast alle großen Güter besaßen Vogelhäuser mit einer Vielzahl von Vögeln, unter denen der Falke am höchsten geschätzt war. Man brachte ihm bei, jederzeit auf dem Handgelenk der Dame oder des Herrn zu sitzen; übermütige Damen brachten es fertig, ihn während der Messe zu tragen. Kaiser Friedrich II. verfaßte ein ausgezeichnetes Buch von 589 Seiten Umfang über die Falknerei und brachte aus dem Islam den Brauch nach Europa, Nerven und Neugier des Vogels mit einer Lederhaube, die ihm über den Kopf gestülpt wurde, im Zaum zu halten. Verschiedene Falkenarten wurden dazu abgerichtet, in die Lüfte zu steigen, verschiedene Vögel anzugreifen und zu töten und auf das Handgelenk der Jägerin zurückzukehren; dort ließen sie sich, mit einem Stück Fleisch belohnt, an Ketten legen, bis sich ein neues Opfer zeigte. Ein gut abgerichteter Falke war eines der schönsten Geschenke, die man einem Edelmann oder König darbringen konnte. Der Herzog von Burgund löste seinen Sohn aus der Gefangenschaft, indem er dem Sultan Badschazet, der ihn gefangengenommen hatte, zwölf weiße Falken überließ. Das Amt des Großfalkners von Frankreich war eines der höchsten und bestbezahlten.

Viel andere Kurzweil machte die Sommerhitze und die Winterkälte erträglich und wandte die Leidenschaften und Kräfte der Jugend lebenswichtigen Fertigkeiten zu. So gut wie jeder Knabe lernte zu schwimmen, und im Norden konnte jedermann Schlittschuh laufen. Pferderennen waren sehr beliebt, besonders in Italien. Alle Stände betrieben das Bogenschießen; aber nur der Arbeiterstand brachte die Muße zum Fischen auf. Es gab verschiedene Kugelspiele, Hockey, Kegeln, Ringen, Boxen, Tennis, Fußball ... Das Tennis kam in Frankreich auf, wahrscheinlich nach islamischem Vorbild; der Name stammt offenbar von dem *tenez!*, mit welchem ein Spieler seinen Aufschlag einleitet[131]. Der Tennissport kam in Frankreich und England zu solcher Beliebtheit, daß manchmal vor großen Zuschauermengen in Theatern oder im Freien gespielt wurde[132]. Die Iren spielten bereits im zweiten Jahrhundert unserer Zeitrechnung Hockey, und ein byzantinischer Geschichtsschreiber des zwölften Jahrhunderts beschreibt in lebhafter Darstellung einen Polomatch, der wie das kanadische Lacrosse mit schnurbespannten Schlägern gespielt wurde[133]. Fußball, so meldet ein mittelalterlicher Chronist entsetzt, «ist ein gräßliches Spiel, bei dem junge Leute einen riesigen Ball vor sich treiben, nicht indem sie ihn in die Luft werfen, sondern indem sie ihn auf dem Boden stoßen und rollen, nicht mit den Händen, sondern mit den Füßen»[134]. Das Spiel war offenbar aus China über Italien[135] nach England gekommen, wo es im dreizehnten Jahrhundert so beliebt und so gewalttätig wurde, daß Eduard II. es aus dem Lande verwies, da es zu Friedensbrüchen führe (1314).

Das Leben spielte sich damals mehr in Gesellschaft ab als später; gemeinschaftliche Unternehmungen brachten Leben in Klöster, Universitäten, Dörfer, Zünfte. Besonders fröhlich ging es am Sonntag oder an feierlichen Festtagen zu; Bauer, Kaufmann und Lehnsherr zogen sich dann die besten Gewänder an, beteten am längsten, tranken am meisten[136]. Am ersten Mai stellten die Engländer Maibäume auf, zündeten Freudenfeuer an und umtanzten sie in halbbewußter Erinnerung an die heidnischen Fruchtbarkeitsfeste. Zu Weihnachten ernannten viele Städte und Schlösser einen *Lord of Misrule*, der für Volksbelustigung und Kurzweil zu sorgen hatte. Komödianten mit Masken und Bärten und bunten Wämsen zogen umher und führten Straßenstücklein und Schwänke auf oder sangen Weihnachtslieder; Häuser und Kirchen wurden mit Stechpalmen, Efeu «und was die Jahreszeit sonst an Grünem zu bieten hatte»[137] ausgeschmückt. Es gab Feste des bäuerlichen Jahreslaufs, Feste zur Feier eines nationalen oder örtlichen Triumphes, eines Heiligen oder einer Zunft, und selten war der Mann zu finden, der bei dieser Gelegenheit nicht ausgiebig gebechert hätte. *Merrie England* hatte seine *scot-ales*, Wohltätigkeitsbazars, bei denen das Bier reichlich, aber nicht kostenfrei, floß; die Kirche verurteilte diese Festlichkeiten im dreizehnten Jahrhundert und hielt sie im fünfzehnten selbst ab[138].

Bei gewissen Feiern wurden kirchliche Zeremonien zu lärmigen Parodien, die von einfachen Scherzen zu anstößigen Satiren gingen, umgebildet. Beauvais, Sens und andere französische Städte feierten viele Jahre lang am 14. Januar eine *Fête de l'âne*, ein Eselsfest: ein hübsches Mädchen wurde auf einen Esel gesetzt, anscheinend zur Darstellung von Maria auf der Flucht nach Ägypten; der Esel wurde in eine Kirche geführt, neben einem Altar aufgestellt, in die Knie gezwungen und hörte sich eine Messe und Gesänge zu seinem Preise an; am Ende der Messe wieherten Priester und Gemeinde dreimal zu Ehren des Tieres, das die Gottesmutter vor Herodes errettet und Jesus nach Jerusalem getragen hatte[139]. Ein Dutzend französischer Städte feierte alljährlich, gewöhnlich am Feste von Christi Beschneidung, eine *Fête des fous*, ein Narrenfest. An diesem Tage durften sich die niedrigen Geistlichen für ihre Unterordnung unter Priester und Bischöfe rächen, indem sie die Kirche und das Ritual übernahmen; sie kleideten sich in weibliche Gewänder oder trugen die kirchlichen Gewänder mit dem Inneren nach außen; sie wählten einen der Ihren zum *episcopus fatuorum*, zum Narrenbischof; sie sangen zotige Lieder, aßen Würste auf dem Altar, würfelten zu Füßen des Heiligtums, verbrannten alte Schuhe in den Weihrauchgefäßen und hielten komische Predigten[140]. Im dreizehnten und vierzehnten Jahrhundert wählten viele englische, deutsche und französische Städte einen *episcopus puerorum*, einen Knabenbischof, der seine Genossen in launiger Nachahmung kirchlicher Zeremonien anführte[141] Die Geistlichkeit lächelte zu diesen volkstümlichen Narreteien; die Kirche drückte lange Zeit beide Augen zu; als der Brauch aber zu immer größerer Ehrfurchtslosigkeit und Unanständigkeit führte, mußte die Kirche ein Verbot aussprechen, und schließlich verschwand er im sechzehnten Jahrhundert ganz*.

Im allgemeinen verhielt sich die Kirche gegenüber der frischfröhlichen Gemütsart dieses Zeitalters des Glaubens nachsichtig; sie wußte, daß der Mensch dann und wann Ferien von der Moral haben muß, eine kurzfristige Befreiung von den unnatürlichen moralischen Hindernissen, die normalerweise zur Bildung einer zivilisierten Gesellschaft notwendig sind. Einige Ultrapuritaner wie Johannes Chrysostomos konnten ausrufen: «Christ ist gekreuziget, und doch lachet ihr!» – aber es gab weiterhin «Kuchen und Bier mit hüb-

---

* Spuren davon finden sich noch im heutigen England[142].

schen Mägden», und der Wein rann feurig im Munde. Der heilige Bernhard fand Fröhlichkeit und Schönheit verdächtig, aber die meisten Kleriker des dreizehnten Jahrhunderts waren Lebenskünstler, die ihren Braten und ihren Wein mit gutem Gewissen genossen und sich über einen wohlgezielten Witz oder Hieb nicht weiter aufregten. Das Zeitalter des Glaubens war ja gar nicht so feierlich; es war vielmehr ein Zeitalter überschäumenden Lebensschwunges und heißblütiger Fröhlichkeit und einer zarten Gefühlsinnigkeit und einer einfältigen Freude an den Segnungen dieser Erde. Auf der Rückseite eines mittelalterlichen Wörterbuches schrieb irgendein wehmütiger Student einen Wunsch für uns alle nieder:

> Und ich wünsche mir, es wäre allezeit April und Mai, und jeder Monat brächte alle Früchte neu, und jeder Tag brächte Lilien und Levkojen und Veilchen und Rosen, wo man auch gehe, und die Wälder trügen stets Laub und die Wiesen seien immergrün, und jeder Liebhaber hätte seine Maid und sie liebten einander mit festem treuem Herzen und jedermann hätte seine Freude und ein fröhlich Herz. [143]

IX. MORAL UND RELIGION

Vermag das allgemeine Bild vom mittelalterlichen Europa den Glauben zu stützen, daß die Religion zur sittlichen Gesinnung beitrage?

Man erhält den allgemeinen Eindruck, daß die Kluft zwischen Moraltheorie und Praxis im Mittelalter tiefer und breiter war als in anderen Epochen der Zivilisation. Die mittelalterliche Christenheit tat es an Sinnlichkeit, Gewalttätigkeit, Trunkenheit, Grausamkeit, Roheit, Gemeinheit, Habgier, Diebstahl, Unehrlichkeit und Betrug unserer eigenen Zeit durchaus gleich. Es scheint unsere Zeit in der Versklavung des Einzelwesens übertroffen zu haben, hat es aber in der wirtschaftlichen Versklavung von Kolonialgebieten oder besiegten Staaten nicht erreicht. Das Mittelalter übertraf uns in der Unterdrückung der Frau, reicht uns aber hinsichtlich Unanständigkeit, Unzucht und Ehebruch oder hinsichtlich der gewaltigen Ausdehnung und mörderischen Vernichtungskraft der Kriege kaum das Wasser. Im Vergleich zum Römischen Reich von Nerva bis Marc Aurel bedeutet das mittelalterliche Christentum einen moralischen Rückschritt; ein Großteil des Reiches hatte aber zu Nervas Zeit bereits viele Jahrhunderte der Zivilisation hinter sich, während das Mittelalter fast stets im Zwiespalt zwischen der christlichen Ethik und einem kraftsprühenden Barbarentum lag, welches die Theologie der christlichen Religion ohne weiteres hinnahm, aber ihre Ethik weitgehend unbeachtet ließ. Die Barbaren hätten einen Teil ihrer Laster als Tugenden angesehen, da sie in ihrer Zeit notwendig waren: ihre Gewalttätigkeit als Gegenstück zum Mut, ihre Sinnlichkeit als tierhafte Gesundheit, ihre rauhe und unverblümte Redeweise und die Hemmungslosigkeit, mit der sie über natürliche Dinge sprachen, als etwas keineswegs Schlimmeres als die nach innen gekehrte Prüderie unserer Jugend.

Es wäre ein leichtes Unterfangen, das mittelalterliche Christentum auf Grund der Aussagen seiner eigenen Sittenprediger zu verurteilen. Der heilige Franz klagte über das dreizehnte Jahrhundert, es sei eine «Zeit der übermäßigen Bösartigkeit und Ungerechtigkeit»[144]; Innozenz III., der heilige Bonaventura, Vinzenz von Beauvais und Dante meinten, die Moral dieses «wunderbaren Jahrhunderts» sei zum Verzweifeln roh und gemein, und Bischof Grosseteste, einer der urteilsfähigsten Prälaten jener Zeit, berichtete dem Papst, die Katholiken hätten sich in ihrer Gesamtheit dem Teufel verschrieben[145]. Roger Bacon (1214?–1294) beurteilte seine Zeit mit der ihm eigenen Übertreibung:

> Nie gab es so viel Unbildung ... Diese Zeit ist viel sündhafter als jede andere vergangene Zeit ... grenzenlose Verderbnis ... Ausschweifung ... Schlemmerei ... Und doch haben wir die Taufe und die Offenbarung Christi ... an die die Menschen nicht wirklich glauben, die sie nicht wahrhaft verehren können, denn sonst ließen sie sich nicht so verderben ... Darum glauben viele weise Menschen, daß der Antichrist komme und das Ende der Welt nahe bevorstehe.[146]

Solche Aussagen sind natürlich Übertreibungen, die ein Sittenprediger machen muß und denen sich in jedem Zeitalter gleichartige Aussprüche zur Seite stellen ließen.

Offenbar hatte die Höllenfurcht eine geringere Wirkung auf die Hebung der Moral als die Furcht vor der öffentlichen Meinung oder vor den Gesetzen heute – und damals; aber die öffentliche Meinung und in gewissem Umfange auch die Gesetze waren vom Christentum geformt. Wahrscheinlich wäre das sittliche Chaos, das aus einem halben Jahrtausend der Barbareneinbrüche, Kriege und Verwüstungen erwachsen war, ohne die mildernde Wirkung der christlichen Ethik viel schlimmer gewesen. Die Auswahl der Beispiele in diesem Kapitel ist vielleicht in unbewußter Vorurteilshaftigkeit erfolgt; im besten Falle sind sie bruchstückhaft; Statistiken dieser Periode sind unzuverlässig oder gar nicht vorhanden, und die Geschichte läßt den Durchschnittsmenschen immer beiseite. Unter der mittelalterlichen Christenheit muß es zu Tausenden gute und einfache Seelen gegeben haben, wie Fra Salimbenes Mutter eine war, von der der Mönch sagt: «Eine demütige und fromme Frau, die viel fastete und freudig den Armen Almosen spendete»[147]; wie oft kommt es aber vor, daß solche Frauen in den Annalen der Geschichte erscheinen?

Das Christentum brachte einige sittliche Rückschritte und einige sittliche Fortschritte. Das Verstandesmäßige trat im Zeitalter des Glaubens naturgemäß zurück; das geistige Gewissen (der Gerechtigkeitssinn gegenüber Tatsachen) und die Wahrheitssuche wurden durch ein eifriges und bewunderndes Streben nach Heiligkeit und eine manchmal bedenkenlose Frömmigkeit ersetzt; ein «frommer Betrug» in Gestalt von kleinen Nachhilfen in Texten und von Dokumentenfälschungen schien eine unbedeutende läßliche Sünde zu sein. Die bürgerlichen Tugenden litten unter dem Nachdruck, der auf das jenseitige Leben gelegt wurde, und mehr noch unter dem Zerbröckeln des Staatswesens; diese Menschen, die so viele Kathedralen und prächtige Rathäuser bauten, müssen aber doch einige Vaterlandsliebe besessen haben, zumindest in örtlich begrenztem Sinne. Vielleicht nahm die Heuchelei, die für die Zivilisation so unerläßlich ist, im Mittelalter gegenüber der offenherzigen Weltlichkeit der Antike oder der unverfrorenen Massengrausamkeit unserer Zeit zu.

Diesen und anderen Schattenseiten lassen sich viele Lichtseiten gegenüberstellen. Das Christentum kämpfte mit heldenmütiger Hartnäckigkeit gegen eine Überflutung durch das Barbarentum. Es mühte sich, Kriege und Fehden, den gerichtlichen Zweikampf und das Gottesgericht zum Verschwinden zu bringen; es erweiterte die Zwischenzeiten des

Gottesfriedens und des Friedens überhaupt und wandelte die lehnsherrliche Gewalttätigkeit und Kampfeslust durch Sublimation teilweise in Frömmigkeit und Ritterlichkeit um. Es schaffte die Gladiatorenspiele ab, verurteilte die Versklavung von Kriegsgefangenen, untersagte die Versklavung von Christen, löste zahllose Gefangene aus und förderte die Freilassung der Leibeigenen – wenn es auch selbst nicht mit gute Beispiel voranging. Es brachte dem Menschen eine neue Achtung vor dem Leben und der Arbeit bei. Es gebot der Kindstötung Einhalt, verminderte die Zahl der Abtreibungen und milderte die Strafen, die vom antiken und barbarischen Recht verhängt worden waren. Es verwarf hartnäckig die doppelte Moral im Geschlechtlichen. Es erweiterte Umfang und Wirkung der Wohltätigkeit gewaltig. Es gab dem Menschen angesichts der niederschmetternden Rätsel des Weltalls den Seelenfrieden, wenn es dabei auch der Wissenschaft und Philosophie den Weg erschwerte. Schließlich lehrte es die Menschheit, daß ein Patriotismus, der nicht durch eine Anhänglichkeit an Höheres im Zaume gehalten wird, zu einem Werkzeug von Habsucht und Massenverbrechen wird. Über alle konkurrierenden Städte und Kleinstaaten Europas setzte es das eine Sittengesetz und sorgte für dessen Erhaltung. Unter seiner Führung und unter notwendiger Aufopferung einiger Freiheiten erreichte Europa ein Jahrhundert lang die übervölkische Gesittung, um die es heute betet und kämpft – ein übernationales Recht, das die Staaten aus ihrer Dschungelgesetzlichkeit herausreißt und die Kräfte des Menschen für die Schlachten und Siege des Friedens freisetzt.

Anhang

BIBLIOGRAPHIE

DER IM TEXT UND IN DEN ANMERKUNGEN ZITIERTEN WERKE*

ABBOTT, G. F., Israel in Egypt. London, 1907.
ABÄLARD, P., Ouvrages inédits. Hrsg. von V. Cousin, Paris, 1836.
ABRAHAMS, I., Chapters on Jewish Literature. Philadelphia, 1889.
– Jewish Life in the Middle Ages. Philadelphia, 1896.
ADAMS, B., Law of Civilization and Decay. New York, 1921.
ADAMS HENRY, Mont St. Michel and Chartres. Boston, 1926.
ADDISON, J. D., Arts and Crafts in the Middle Ages. Boston, 1908.
AMEER ALI, SYED, The Spirit of Islam, Calcutta, 1900.
AMMIANUS, MARCELLINUS, Works. Loeb. Libr., 1935. 2 Bde. (Dt. Übers. in der Osiander-Schwabschen Sammlung).
Anglo-Saxon Chronicle. Übers. von Ingram. Everyman Library.
ARCHER, T. A. und C. L. KINGSFORD, The Crusades. New York, 1895.
ARISTOTELES, Politik. Dt. von E. Rolfes. Leipzig, 1943.
ARNOLD, M., Essays in Criticism, First Series. New York, o. J. Home Library.
ARNOLD, SIR T. W., The Preaching of Islam. New York, 1913.
– und A. GUILLAUME, The Legacy of Islam. Oxford, 1931.
ASHLEY, W. J., Introduction of English Economic History and Theory. New York, 1894/95. 2 Bde.
ASSER OF ST. DAVID'S, Anals of the Reign of Alfred the Great. In Giles, J. A.
AUGUSTIN, Der Gottesstaat. Bibliothek der Kirchenväter, Kempten, 1873/74 und 1914/15.

BACON, ROGER, Opus maius. Übers. von Burke, University of Pennsylvania Press, 1928. 2 Bde.
BAEDER, G., Jewish Spiritual Heroes. New York, 1940. 3 Bde.
BARNES, H. I., Economic History of the Western World. New York, 1942.
– History of Western Civilization. New York, 1935. 2 Bde.
BARON, S. W., Social and Religious History of the Jews. Columbia University Press, 1937. 3 Bde.
– (Hrsg.) Essays on Maimonides. Columbia University Press, 1941.
BEARD, MIRIAM, History of the Business Man. New York, 1938.
BEBEL A., Woman under Socialism. New York, 1923.
BECKER, C. H., Christianity and Islam. London, 1909.
BEDA, VEN., Ecclesiastical History of England. Hrsg. von King. Loeb. Library.
BEER, M., Social Struggles in the Middle Ages. London, 1924.
BELLOC, H., Paris. New York, 1907.
BENJAMIN VON TUDELA, Travels. Vgl. KOMROFF, M., Contemporariers of Marco Polo.

---

* Bibliographie und Anmerkungen sollen nachweisen, auf welche Quellen und Darstellungen sich der Autor in der Hauptsache stützt. Es wurde absichtlich darauf verzichtet, die Bibliographie durch Werke in deutscher Sprache, die eingehender Beschäftigung mit der mittelalterlichen Kultur und ihren Teilgebieten dienlich sind, zu erweitern; einschlägige Literatur wird der, der sich dafür interessiert, leicht feststellen können.

BEVAN, F. R. und C. SINGER, The Legacy of Israel. Oxford, 1927.
BLOK, P. J., History of the People of the Netherlands. New York, 1898 3 Bde.
BOISSONNADE, P., Life and Work in Medieval Europe. New York, 1927.
BRIFFAULT, R., The Mothers. New York, 1927. 3 Bde.
BRITTAIN, A., Women of Early Christianity. Philadelphia, 1907.
BROWN, P. HUME, History of Scotland. Cambridge University Press, 1929. 3 Bde.
BROWNE, LEWIS (Hrsg.), The Wisdom of Israel. New York, 1945.
BRYCE, JAS., The Holy Roman Empire. New York, 1921.
BURTON, SIR R. F., The Jew, the Gypsi, and El Islam. Chicago, 1898.
BURY, J B., History of the Eastern Roman Empire. London, 1912.
– History of the Later Roman Empire. London, 1923. 2 Bde.
BUTLER, P., Women of Medieval France. Philadelphia, 1908.

Cambridge Medieval History, 1924/25. 8 Bde.
CARLYLE, R. W., History of Medieval Political Theory in the West. Edinburgh, 1928. 5 Bde.
CARLYLE, TH., Past and Present, in Works, Collier. New York, 1901. 20 Bde.
CASTIGLIONE, A., History of Medicine. New York, 1941.
Catholic Encyclopaedia. New York, 1912. 16 Bde.
CHAMBERS, E. K., The Medieval Stage. Oxford, 1903. 2 Bde.
CHAPMAN, C. E., History of Spain, nach der Historia de España von RAFAEL ALTAMIRA. New York, 1930.
CHATEAUBRIAND, VICOMTE DE, Le génie du christianism.
CLAPHAM, J. H. und EILEEN POWER, Cambridge Economic History of Europe. Bd. I. Cambridge University Press, 1944.
CLAVIJO, GONZALEZ DE, Embassy to Tamberlane, 1403–1406. New York, 1928.
CLAYTON, J., Pope Innocent III and His Times. Milwaukee, 1941.
COULTON, G. G., Chaucer and His England. London 1921.
– Five Centuries of Religion. Cambridge University Press, 1923. 3 Bde.
From St. Francis to Dante: a tr. of the Chronicle of Salimbene. London, 1908. (Dt. Übers. dieser Chronik von A. Doren, Leipzig, 1914. 2 Bde.).
– The Inquisition. New York, 1929.
– Inquisition and Liberty. London, 1938.
– Life in the Middle Ages. Cambridge University Press, 1930. 4 Bde.
– Medieval Panorama. New York, 1944.
– The Medieval Scene Cambridge University Press, 1930.
– The Medieval Village. Cambridge University Press, 1925.
– Social Life in Britain from the Conquest to the Reformation. Cambridge University Press, 1938.
CRAM, R. A., The Substance of Gothic. Boston, 1938.
CRUMP, C. G. und E. F. JACOB, The Legacy of the Middle Ages. Oxford, 1926.
CUNNINGHAM, W., The Growth of English Industry and Commerce. Cambridge University Press, 1896.

DALTON, O. M., Byzantine Art and Archeology. Oxford, 191
DANTE ALIGHIERI, Die Göttliche Komödie. Dt. von Karl Voßler. Zürich, 1945.
– Prosaische Schriften. Übers. von K. L. Kannegießer. Leipzig, 1845.
DAVIS, H. W. C. (Hrsg.), Medieval England Oxford, 1928.
DAVIS, WM. S., Life on a Medieval Barony. New York, 1923.
DAY, CLIVE, A History of Commerce. London, 1926.
DE VAUX, BARON CARRA, Les Penseurs de L'Islam Paris, 1921. 5 Bde.

DIEHL, C., Byzantine Portraits. New York, 1926.
– Manuel d'art Byzantine. Paris, 1910.
DILL, SIR S., Roman Society in Gaul in the Merovingian Age. London, 1926.
DORSCH, A., Economic and Social Foundations of European Civilization. New York, 1937. (Grundlagen der europäischen Kulturentwicklung. 2. Aufl. Wien, 1923. 2 Bde.).
DOZY, R., Spanish Islam. New York, 1913.
DRAPER, J. W., History of the Intellectual Development of Europe. New York, 1876. 2 Bde.
DRUCK, D., Yehuda Halevy. New York, 1941.
DUDDEN, F. H., Gregory the Great. London, 1905. 2 Bde.

EINHARD, Das Leben Karls des Großen. Dt. von J. Bühler. Leipzig, 1924.
Encyclopaedia Britannica. 14. Aufl.
ERIGENA, JOHANNES SCOTUS, On the Division of Nature, Buch I. Annapolis. Maryland, 1940. (Zitate weitgehend nach der lat. Ausg. von J. P. Migne, Bd. 122).

FAURE, E., History of Art. New York, 1921. 4 Bde. Bd. III: Medieval Art.
FIGGIS, J. N., Political Aspects of St. Augustine's City of God. London, 1921.
FINLAY, G., Greece under the Romans. Everyman Library.
– History of Greece. Oxford, 1877. 7 Bde.
FOAKES-JACKSON, F. und K. LAKE, Beginnings of Christianity. London, 1920. 3 Bde.
FRAZER, SIR J., The Magic Art. New York, 1935. 2 Bde.
FREEMAN, E. A., Historical Essays. First Series. London, 1896.
– History of the Norman Conquest of England. London, 1870. 4 Bde.
FRIEDLÄNDER, L., Roman Life and Manners under the Early Empire. London, o. J. 4 Bde. (Darstellungen aus der Sittengeschichte Roms, Leipzig 1862–1871 u. ö.).
FUNK, F. X., Manual of Church History. London, 1910, 2 Bde.

GABIROL, SOLOMON IBN, The Improvement of the Moral Qualities. Übers. und eingel. von Stephen S. Wise. New York, 1902.
GARDINER, E. N., Athletics of the Ancient World. Oxford, 1930.
GARRISON, F., History of Medicine. Philadelphia, 1929.
GEST, A. P., Roman Engineering. New York, 1930.
Gesta Francorum. Hrsg. von Brehier. Paris, 1924.
GIBBON, ED., Decline and Fall of the Roman Empire. Everyman Library. 6 Bde. Hrsg. von J. B. Bury, London, 1900. 7 Bde.
GILSON, E., La philosophie au moyen âge. Paris, 1922. 2 Bde.
– Philosophy of St. Bonaventure. New York, 1938.
GIRALDUS CAMBRENSIS, Itinerary through Wales, and Description of Wales. Everyman Library.
GRAETZ, H., History of the Jews. Übers. von Bella Löwy. Philadelphia, 1891/92. 6 Bde. (Geschichte der Juden. 1853–1874, 11 Bde., Neuausgabe 1911–1923, 12 Bde.).
GREEN, J. R., Conquest of England. London, 1884.
– The Making of England. London, 1882.
GREGOR VON TOURS, History of the Franks. Übers. von Brehaut. New York, 1916. (Dt. Übersetzung von S. Hellmann. 3. Aufl. Leipzig, 1911–1913).
GRUNEBAUM, G. VON, Medieval Islam. University of Chicago Press, 1946.
GUGGENBÜHL, G. und O. WEISS, Quellen zur allgemeinen Geschichte des Mittelalters. Zürich, 1946.
GUIBERT VON NOGENT, Autobiography. London, 1925.
GUIZOT, F., History of Civilization. London, 1898. 3 Bde.
– History of France. London, 1872. 8 Bde.

HALEVI, J., Kitab al Khazari. Übers. von Hirschfeld. London, 1931.
HASKINS, C. H., The Normans in European History. Boston, 1915.
– The Renaissance of the Twelfth Century. Harvard University Press, 1928.
– Studies in Medieval Culture. Oxford, 1929.
HAZILITT, W. C., The Venetian Republic. London, 1900. 2 Bde.
HEADLAM, C., Story of Nuremberg. London, 1911.
HEARNSHAW, F., Social and Political Ideas of Some Great Medieval Thinkers. New York, 1923.
– Medieval Contributions to Modern Civilization. New York, 1922.
HIERONYMUS, Ausgewählte Schriften. Kempten und München, 1914–1936. 3 Bde.
HIMES, N., Medical History of Contraception. Baltimore, 1936.
HITTI, P. K., History of the Arabs. London, 1937.
HODGKIN, T., Charlemagne. New York, 1902.
HOLINSHED, Chronicle. Everyman Library.
HOME, G., Roman Britain. London, 1926.
HOOVER, H. und H. A. GIBBONS, Conditions of a Lasting Peace. New York, 1939.
HOWARD, C., Sex Worship. Chicago, 1909.
HULME, E. M., The Middle Ages. New York, 1938.
HUME, DAVID, History of England. New York, 1891. 6 Bde.
HUME, MARTIN, The Spanish People. New York, 1911.
HUSIK, I., History of Medieval Jewish Philosophy. New York, 1930.

Italienischer Parnass. Dichtung aus sieben Jahrhunderten. Übertragen und mit dem Urtext herausgegeben von H. Frederick. Einsiedeln, 1943.

JACKSON, SIR T., Byzantine and Romanesque Architecture. Cambridge University Press, 1920. 2 Bde.
JAMES, B., Women of England. Philadelphia, 1908.
JENKS, EDW., Law and Politics in the Middle Ages. New York, 1898.
JOINVILLE, JOHANN VON, Geschichte des hl. Ludwig. Übers. und eingel. von S. Aschner, Mainz, 1928.
JÖRGENSEN, J., St. Francis of Assisi. New York, 1940.
JOSEPH BEN JOSHUA BEN MEIR, Chronicles. London, 1835. 2 Bde.
JOYCE, P., Short History of Ireland. London, 1924.
JULIAN, Works. Loeb. Library. 3 Bde. (Dt. Übersetzung der Reden von Asmus. Leipzig, 1908).
JUSSERAND, J. J., English Wayfaring Life in the Middle Ages. London, 1891.

KANTOROWICZ, E., Kaiser Friedrich der Zweite. Berlin, 1928–1931. 2 Bde
KIRSTEIN, L., Dance: A Short History. New York, 1935.
KLAUSNER, J., From Jesus to Paul. New York, 1943.
KLJUTSCHEWSKIJ, V., History of Russia. London, 1912. 3 Bde.
KOMROFF, M., Contemporaries of Marco Polo. New York, 1937.

LACROIX, PAUL, Arts of the Middle Ages. London o.J.
– History of Prostitution. New York, 1931. 2 Bde.
– Manners, Customs, and Dress during the Middle Ages. New York, 1876.
– Military and Religious Life in the Middle Ages. London, o.J.
– Science and Literature in the Middle Ages. London, o.J.
LANCIANI, R., Ancient Rome, Boston, 1889.
LANE-POOLE, S., Saladin. London, 1920.
LAVISSI, E., Histoire de France. Paris, 1900/01. 18 Bde.

LEA, H. C., Historical Sketch of Sacerdotal Celibacy. Boston, 1884.
– History of Auricular Confessions. Philadelphia, 1886. 3 Bde.
– History of the Inquisition in the Middle Ages. New York, 1888. 3 Bde.
– History of the Inquisition in Spain. New York, 1906. 4 Bde.
– Superstition and Force. Philadelphia, 1892.
LECKY, W. E., History of European Morals. New York, 1926. 2 Bde.
LE STRANGE, G., Palestine under the Moslems. Boston, 1890.
LETHABY, W., Medieval Art. London, 1904.
LÖNNROT, E., Kalevale. Everyman Library. 2 Bde. (Dt. Ausg. von A. Schiefner und M. Buber. München, 1913).
LOT, F., The End of the Ancient World. New York, 1931.
LOWIF, R., Are We Civilized? New York, 1929.
LÜTZOW, GRAF VON, Bohemia, an Historical Sketch. Everyman Library.

MACLAURIN, C., Mere Mortals. New York, 1925. 2 Bde.
MAIMONIDES, Guides to the Perplexed. Übers. von Friedländer. London, 1885. 3 Bde. (Dt. Übers. von A. Weiß, Leipzig, 1923. 3 Bde.).
Mishneh Torah, Buch I. Übers. von Hyamson. New York, 1937.
MAINE, SIR H., Ancient Law. Everyman Library.
MAITLAND, S. R., Dark Ages. London, 1890.
MÂLE, E., L'art réligieux du XIIIme siècle en France. Paris, 1902.
MALTER, H., Saadia Gaon. Philadelphia, 1921.
MARCUS, J., The Jew in the Medieval World. Cincinnati, 1938.
MAVOR, J., Economic History of Russia. London, 1925. 2 Bde.
MAY, SIR T., Democracy in Europe. London, 1877. 2 Bde.
MCCABE, J., Crises in the History of the Papacy. New York, 1916.
– Empresses of Constantinople. Boston, o. J.
– Story of Religious Controversy. Boston, 1929.
MILMAN, H., History of Latin Christianity. New York, 1860. 8 Bde.
MOLMENTI, P., Venice. London, 1906. 6 Bde.
MONTALEMBERT, GRAF VON, The Monks of the West. Boston, o. J. 2 Bde.
MONTESQUIEU, CHAS. BARON VON, Spirit of Laws. New York, 1899. 2 Bde. (Dt. Übers. von E. Forsthoff. Tübingen, 1951. 2 Bde.).
MOORE, G. F., Judaism in the First Centuries of the Christian Era. Cambridge, Mass., 1932.
MOREY, CHAS., Medieval Art. New York, 1942.
MUIR, SIR W., The Caliphate. London, 1891.
MÜLLER-LYER, F., Evolution of Modern Marriage. New York, 1930.
MUNK, S., Mélanges de philosophie juive et arabe. Paris, 1859.
MUNRO, D. C. und G. C. SELLERY, Medieval Civilization. New York, 1926.

NEUMAN, A. A., The Jews in Spain. Philadelphia, 1942. 2 Bde.
NEWMAN, LOUIS und S. SPITZ, The Talmudic Anthology. New York, 1945.
NICKERSON, H., The Inquisition. Boston, 1923.
Nun's Rule, being the Ancren Riwle modernized, by Jas. Morton. London, 1926.

OESTERLEY, W. und G. BOX, Short Survey of the Literature of Rabbinical and Medieval Judaism. London, 1920.
OGG, F., Source Book of Medieval History. New York, 1907.
OMAN, C. W., The Byzantine Empire. London, 1892.
Oxford History of Music Oxford, 1929/30. 7 Bde.

PARIS, MATTHEW, English History from the Year 1235 to 1273. Übersetzt von Giles. London, 1852.
PAULUS DIACONUS, History of the Langobards. Übersetzt von Foulke. University of Pennsylvania, 1907.
PIRENNE, HENRI, Sozial- und Wirtschaftsgeschichte Europas im Mittelalter. Bern, o. J. (1947).
– History of Europe from the Invasions to the Sixteenth Century. New York, 1939.
– Medieval Cities. Princeton, 1939.
– Mohammed and Charlemagne. New York, 1930. (Dt. Übersetzung unter dem Titel Geburt des Abendlandes. Amsterdam, 1939).
PIRENNE, JACQUES, Les grands courants de l'histoire universelle. Neuchâtel, 1946. 3 Bde.
POKROWSKY, M., History of Russia. New York, 1931.
POLLOCK, F., und F. MAITLAND, History of English Law before Edward I. Cambridge University Press, 1895. 2 Bde.
POOLE, R. D., Illustrations of the History of Medieval Thought and Learning. New York, 1920.
PORTER, A. K., Medieval Architecture. New York, 1909. 2 Bde.
POWER, EILEEN, Medieval People. Boston, 1924.
– und RHODA POWER, Cities and Their Stories. Boston, 1927.
PRESTAGE, E., Chivalry. New York, 1928.
PSELLOS, M., Chronographia, ins Französische übersetzt von Emile Renauld. Paris, o. J.

RABY, F. J., History of Christian Latin Poetry in the Middle Ages. Oxford, 1934. 2 Bde.
– History of Secular Latin Poetry in the Middle Ages. Oxford, 1934. 2 Bde.
RAMBAUD, A., History of Russia. Boston, 1879. 3 Bde.
RAPAPORT, S., Tales and Maxims from the Talmud. London, 1910.
REESE, G., Music in the Middle Ages. New York, 1940.
RENAN, E., Marc Aurèle. Paris, o. J.
– Poetry of the Celtic Races, in Harvard Classics, Bd. 38. New York, 1938.
RENARD, G., Guilds of the Middle Ages. London, 1918.
RICHARD, E., History of the German Civilization. New York, 1911.
RICHARD, T., Man and Metals. New York, 1932. 2 Bde.
RIVOIRA, G., Lombardic Architecture. London, 1910. 2 Bde.
ROBERTSON, J. M., Short History of Free Thought. London, 1914. 2 Bde.
ROGERS, J. E. T., Six Centuries of Work and Wages. New York, 1890.
ROTH, LEON, Spinoza, Descartes und Maimonides. Oxford, 1924.
ROWBOTHAM, J., The Troubadours and Courts of Love. London, 1895.
RUSKIN, J., Stones of Venice. Everyman Library. 3 Bde.
RUSSELL, B., History of Western Philosophy. New York, 1945 (Dt. Übersetzung, Zürich, 1950).

SABATIER, P., Life of St. Francis of Assisi. New York, 1909 (Dt. Übersetzung, Zürich, 1935)
SALZMAN, L., English Industries of the Middle Ages. Oxford, 1923.
SANDYS, SIR J., Companion to Latin Studies. Cambridge, 1925.
SANGER, W., History of Prostitution. New York, 1910.
SARTON, G., Introduction to the History of Science. Baltimore, 1930/31. 3 Bde. in 5.
SAUNDERS, O. E., History of English Art in the Middle Ages. Oxford, 1932.
SCHECHTER, S., Studies in Judaism. New York, 1930. 3 Bde.
SCHEVILL, F., Siena. New York, 1909.
SCHOENFELD, H., Women of the Teutonic Nations. Philadelphia, 1908.
SCHOENHOF, J., History of Money and Prices. New York, 1896.
SEDGWICK, H. D., Italy in the Thirteenth Century. Boston, 1912. 2 Bde.
SEEBOHM, F., The English Village Community. London, 1896.

SEIGNOBOS, C., The Feudal Regime. New York, 1902.
SMITH, TOULMIN, English Gilds: the Original Ordinances. London, 1870.
SOKRATES, Ecclesiastical History. London, 1892.
SPENGLER, O., Der Untergang des Abendlandes. München, 1918–1922 u.ö. 2 Bde.
Spielmannsbuch. Novellen in Versen, aus dem zwölften und dreizehnten Jahrhundert übertragen von W. Hertz. Stuttgart, 1886.
STEPHENS, W. R., Hildebrand and His Times. London, 1914.
STERLIN, M. B., The Story of Parzival. New York, 1911.
SUMNER, W. G., Folkways. Boston, 1906.

TAINE, H., Ancient Regime. New York, 1891.
Talmud Babylonian, englische Ausgabe, London, 1935/36. 24 Bde. Dt. Ausgabe von Lazarus Goldschmidt. Berlin, 1929ff. 12 Bde.
TAYLOR, H. O., The Medieval Mind. London, 1927. 2 Bde.
THATCHER, O. und E. MCNEAL, Source for Medieval History. New York, 1905.
THIERRY, A., History of the Conquest of England by the Normans. London, 1874. 2 Bde.
THOMAS VON AQUIN, Summa contra Gentiles. London, 1924. 4 Bde.
– Summa theologica. London, 1920. 22 Bde.
– Die deutsche Thomas-Ausgabe. Salzburg 1933ff. 38 Bde.
– Summe der Theologie. Zusammengefaßt, eingeleitet und erläutert von Joseph Bernhart. Leipzig, 1934–1938. 3 Bde.
THOMPSON, J. W., Economic and Social History of the Middle Ages, 300–1300. New York, 1928.
– Economic and Social History of Europe in the Later Middle Ages. New York, 1931.
– Feudal Germany. Chicago, 1928.
– The Middle Ages. New York, 1931. 2 Bde.
THORNDIKE, LYNN, History of Magic and Experimental Science. New York, 1929/30.
– Short History of Civilization. New York, 1926.
TOYNBEE, A. J., A Study of History. Oxford, 1935/36. 6 Bde.

UEBERWEG, F., History of Philosophy. New York, 1871. 2 Bde. (Grundriß der Geschichte der Philosophie. 12. Aufl. Berlin, 1923–1928. 5 Bde.).
USHER, A. P., History of Mechanical Inventions. New York, 1929.

VACANDARD, E., The Inquisition. New York, 1908.
VILLARI, P., The Two First Centuries of Florentine History. London, 1908.
VILLEHARDOUIN, G. DE, Chronicle of the Fourth Crusade. Everyman Library (Dt. Übersetzung von F. Getz. Leipzig, 1915).
VOLTAIRE, Essay on the Manners and Morals of Europe, in Works, Bd. XIII. New York, 1901.
VOSSLER, K., Medieval Culture: an Introduction to Dante and His Times. New York, 1929. 2 Bde.
– Die Göttliche Komödie. 2. Aufl. Heidelberg, 1925. 2 Bde.

WADDELL, HELEN, The Wanderin Scholars. London, 1927.
WAERN, C., Medieval Sicily. London, 1910.
Walker Trust Report, The Great Palace of the Byzantine Emperors. Oxford, 1947.
WALSH, J. J., The Thirteenth the Greatest of Centuries. Catholic Summer School Press, 1920.
WASSILJEW, A., History of the Byzantine Empire. Madison, Wis., 1929. 2 Bde.
WAXMAN, M., History of Jewish Literature. New York, 1930. 3 Bde.
WEIGALL, A., The Paganism in Our Christianity. New York, 1928.

WERNADSKY, G., Kievan Russia. Yale University Press, 1948.

WERNADSKY, P., The Two First Centuries of Florentine History. London, 1908.

WEST, A. F., Alcuin. New York, 1916.

WESTERMARCK, E., Origin and Development of the Moral Ideas. London, 1917/18. 2 Bde.

– Short History of Marriage. New York, 1926.

WHITE, E. M., Woman in World History. London, o. J.

WILHELM VON MALMESBURY, Chronicle of the Kings of England. London, 1883.

WILHELM VON TYRUS, Godeffroy of Bologne, or the Siege and Conqueste of Jerusalem. Übersetzt von Caxton. London, 1893.

WRIGHT, TH., The Book of the Knight of La Tour-Landry. London, 1868.

– A History of Domestic Manners and Sentiments in England during the Middle Ages. London, 1862.

YELLIN, D. und I. ABRAHAMS, Maimonides. Philadelphia, 1903.

ZEITLIN, S., Maimonides. New York, 1935.

ZIMMERN, H., The Hansa Towns. New York, 1889.

ANMERKUNGEN

I. BUCH, 1. KAPITEL

[1] Abbott, *Israel in Egypt*, S. 43. – [2] Baron, *Social and Religious History of the Jews*, Bd. I, S. 266; Graetz, *History of the Jews*, Bd. II, S. 566. – [3] Sokrates, *Ecclesiastical History*, III. Buch, Absatz 20; Julian, *Works*, Bd. III, S. 51. – [4] Abbott, S. 45. – [5] Ammian, *Werke*, XXIII. Buch, Absatz 1. – [6] Hieronymus, Kommentar zu *Jesaia*, VI. Buch, Absatz 11–13, in Baron, Bd. I, S. 261. – [7] Baron, Bd. I, S. 255. – [8] Baeder, G., *Jewish Spiritual Heroes*, Bd. III, S. 46. – [9] Talmud, Yebamoth, Vers 37b. – [10] Friedländer, *Roman Life and Manners under the Early Empire*, Bd. III, S. 173. – [11] Gregor von Tours, *History of the Franks*, VIII. Buch, Absatz 1. – [12] Verweise auf die Mischna werden nach Abhandlungen, Kapiteln und Abschriften vorgenommen; solche auf die (babylonische) Gemara nach Abhandlungen und Folioblatt. – [13] Baba Kama, Vers 60b. – [14] Megilla, Vers 16b. – [15] Tanhuma, Hrsg. Buber, Yitro, Abt. 7, in Moore, *Judaism in the First Centuries of the Christian Era*, Bd. II, S. 242. – [16] Menachoth, Vers 99b. – [17] Pesikta Rabbati, Absatz 10, Vers 4 in Newman und Spitz, *Talmudic Anthology*, S. 300. – [18] Chagiga, Vers 10a. – [19] Beispiele in Moore, Bd. I, S. 259. – [20] Berachoth, Vers 6b. – [21] Aboda Zara, Vers 3b; Newman, S. 31. – [22] Chagiga, Vers 3b. – [23] Succah, Vers 52b. – [24] Barachoth, Vers 6a. – [25] Aboda Zara, Vers 3b. – [26] Mechilta, Vers 65a zu Exod., XIX. Kapitel, Vers 18. – [27] von Deut. Kapitel VI, Vers 4. – [28] Schebuoth, Vers 77b. – [29] Erubin, Vers 18a. – [30] Bereschit Rabbah zu Gen., Kapitel XXIII, Vers 9. – [31] Berachoth, Vers 6a. – [32] Aboda Zara, Vers 5a. – [33] Sifre zu Deut., Absatz 32. – [34] Schebuoth, Vers 55a. – [35] Midrasch Mischle, Vers 28, in Newman, S. 90. – [36] Genesis Rabbah, Kapitel XLVIII, Vers 8. – [37] Baba Metzia, Vers 58b. – [38] Berachoth, Vers 34a. – [39] Ketuboth, Vers 111a. – [40] Wayyikra Rabbah, Vers 34, in Newman, S. 108. – [41] Bereschit Rabbah, Kapitel 44, Vers 1, in Newman, S. 292. – [42] zitiert in Cohen, *Everyman's Talmud*, S. 89. – [43] Aboda Zara, Vers 20b. – [44] Kidduschin, Vers 66d. – [45] Schebuoth, Vers 41a. – [46] Cohen, S. 258. – [47] Leviticus, Kapitel XXI, Vers 2–5. – [48] Yebamoth, Vers 48b. – [49] Ketuboth, Vers 27; Cohen, S. 257. – [50] Pesachim, Vers 113a. – [51] Schebuoth, Vers 152. – [52] Pesachim, Vers 49b. – [53] Exod., Kapitel XXIII, Vers 19; Kapitel XXIV, Vers 26; Deut., Kapitel XIV, Vers 21. – [54] Nidda, Vers 17. – [55] Yoma, Vers 75. – [56] Schebuoth, Vers 33. – [57] ebd., Vers 152a. – [58] Baba Bathra, Vers 58b. – [59] Pesachim, Vers 109a. – [60] Berachoth, Vers 55a, 60b. – [61] Taanith, Vers 11a. – [62] Pesachim, Vers 108. – [63] Exod., Kapitel XII, Vers 13. – [64] Megilla über Esther, Vers 7b, in Moore, Bd. II, S. 51. – [65] Oesterley und Box, *Short Survey of the Literature of Rabinical and Medieval Judaism*, S. 149. – [66] Kidduschin, Vers 31a; Jesaia, Kapitel VI, Vers 1. – [67] Baba Bathra, Vers 8b; Baron, Bd. I, S. 227f. – [68] Berachoth, Vers 10a. – [69] Gen., Kapitel I, Vers 28; Kidduschin, Vers 29b. – [70] Genesis Rabbah, Kapitel LXXI, Vers 6. – [71] Yebamoth, Vers 12b; Himes, *Medical History of Contraception*, S. 72. – [72] Baba Bathra, Vers 21. – [73] Exodus Rabbah, Kapitel I, Vers 1. – [74] Harris, Hrsg., *Hebraic Literature: Translations from the Talmud, Midrashim and Kabbala*, S. 336. – [75] Baba Bathra, Vers 9a. – [76] Ketuboth, Vers 50a, 67. – [77] Taanith, Vers 22. – [78] ebd., Vers 20b. – [79] Graetz, Bd. II, S. 486, 545. – [80] Baba Bathra, Vers 9. – [81] Gittin, Vers 70a. – [82] Chagiga, Vers 16a. – [83] Berachoth, Vers 61a. – [84] Kidduschin, Vers 29b. – [85] Sota, Vers 44a. – [86] Taanith, Kapitel LV, Vers 8. – [87] Yebamoth, Vers 63a. – [88] ebd., Verse 65a, 44a. – [89] Pesikta Rabbati, Absatz 25, Vers 2, in Newman, S. 3. – [90] Berachoth, Kapitel XXIV, Vers 1. – [91] Kidduschin, Vers 4. – [92] Yebamoth, Kapitel XLV, Vers 1; Vers 64b. – [93] Gittin, Kapitel LX, Vers 10. – [94] Ketuboth, Kapitel VII, Vers 6. – [95] Cohen, S. 179. – [96] Ketuboth, Vers 77a; Newman, *The Jews in Spain*, Bd. II, S. 59. – [97] Yebamoth,

Kapitel XIX, in Baeder, Bd. III, S. 66. – [98] Gittin, Vers 90b. – [99] Kidduschin, Vers 80b. – [100] Nidda, Vers 45. – [101] Kidduschin, Vers 49b. – [102] Yoma, Vers 83b. – [103] Mikwaoth, Vers 9b, in Cohen, S. 170. – [104] Hai Gaon in Newman, S. 540. – [105] Yebamoth, Vers 88b. – [106] Ketuboth, Vers 47b. – [107] Schebuoth, Vers 30b. – [108] Erubin, Vers 41b. – [109] Baeder, Bd. III, S. 15. – [110] Bereschit Rabbah, Kapitel XVII, Vers 7. – [111] Harris, *Hebraic Literature*, S. 340. – [112] Pirke Aboth, Kapitel IV, Vers 1. – [113] ebd., Kapitel IV, Vers 3. – [114] ebd., Kapitel I, Vers 17. – [115] ebd., Kapitel III, Vers 17. – [116] Schemot Rabbah, Kapitel XXV, Vers 16, in Newman, S. 397. – [117] Menachoth, Vers 29b, in Moore, Bd. II, S. 187. – [118] Renan, *Origins of Christianity: The Christian Church*, S. 131; Baron, Bd. I, S. 305f.

I. BUCH, 2. KAPITEL

[1] Graetz, Bd. III, S. 308. – [2] Abrahams, *Jewish Life in the Middle Ages*, S. 219. – [3] Benjamin von Tudela, *Travels*, in Komroff, *Contemporaries of Marco Polo*, S. 290. – [4] Graetz, Bd. III, S. 90. Andere datieren das Gaonate auf 589; vgl. Oesterley und Box, S. 209. – [5] Graetz, Bd. III, S. 33. – [6] ebd., S. 148. – [7] Druck, *Yehuda Halevy*, S. 66. – [8] Baron, Bd. I, S. 353. – [9] Husik, *History of Medieval Jewish Philosophy*, S. 35, 42f. – [10] Malter, *Saadia Gaon*, S. 279, 291. – [11] Benjamin von Tudela, in Komroff, S. 310. – [12] Baron, Bd. I, S. 318. – [13] Friedländer, Bd. III, S. 181. – [14] Dill, *Roman Society in Gaul in the Merovingian Age*, S. 246. – [15] Graetz, Bd. III, S. 143, 161, 241, 389. – [16] Benjamin von Tudela, in Komroff, S. 260. – [17] ebd., S. 257. – [18] Ameer Ali, *The Spirit of Islam*, S. 260. – [19] Druck, S. 26. – [20] Dozy, *Spanish Islam*, S. 597f. – [21] Abbott, G. F., S. 71. – [22] Abrahams, *Jewish Life*, S. 366. – [23] Dozy, S. 721. – [24] Graetz, Bd. III, S. 617. – [25] Neumann, *Jews in Spain*, Bd. I, S. 5. – [26] ebd., S. 164. – [27] ebd., Bd. II, S. 184. – [28] ebd., Bd. II, S. 221; Graetz, Bd. III, S. 281. – [29] Neuman, Bd. II, S. 221. – [30] Graetz, Bd. III, S. 360f. – [31] Baron, Bd. II, S. 37; Graetz, Bd. III, S. 506. – [32] Neuman, Bd. II, S. 149. – [33] ebd., S. 247. – [34] Abraham, *Jewish Life*, S. 67. – [35] Sholom Asch in Browne, *The Wisdom of Israel*, S. 698. – [36] Baba Kama, Vers 113a. – [37] Pirke Aboth, Kapitel III, Vers 2. – [38] Baron, Bd. II, S. 17. – [39] ebd., S. 26. – [40] ebd. – [41] Bracton, *De Legibus*, Kapitel V, Absatz 51, in Baron, Bd. II, S. 24. – [42] Pollock und Maitland, *History of English Law before Edward I*, Bd. I, S. 455. – [43] *Cambridge Medieval History*, Bd. VII, S. 643. – [44] Rickard, *Man and Metals*, Bd. II, S. 602. – [45] Abrahams, *Jewish Life*, S. 241. – [46] Rapaport, *Tales and Maxims from the Talmud*, S. 147. – [47] Graetz, Bd. III, S. 229. – [48] Arnold und Guillaume, *The Legacy of Islam*, S. 102. – [49] Pirenne, *Medieval Cities*, S. 258. – [50] Baron, Bd. II, S. 8f. – [51] *Jewish Encyclopaedia*, Bd. IV, S. 379. – [52] Deut., Kapitel XXIII, Vers 20. – [53] Baba Metzia, Kapitel V, Verse 1, 2, 11. – [54] Abrahams, *Jewish Life*, S. 110. – [55] Baron, Bd. II, S. 120. – [56] Pirenne, *Sozial- und Wirtschaftsgeschichte Europas im MA.*, S. 132. – [57] *Cambridge Medieval History*, Bd. II, S. 644. – [58] ebd., S. 646. – [59] Neuman, Bd. I, S. 202; Lacroix, *Manners, Customs and Dress during the Middle Ages*, S. 451. – [60] Coulton, *Medieval Panorama*, S. 352. – [61] Abbott, *Israel*, S. 113. – [62] Lacroix, *Manners*, S. 451. – [63] Ashley, *Introduction to English Economic History and Theory*, S. 202. – [64] Abbot, S. 117. – [65] Pollock und Maitland, S. 451. – [66] *Cambridge Medieval History*, Bd. VI, S. 226. – [67] Abbott, S. 122. – [68] Husik, S. 508. – [69] Abbott, S. 125; Graetz, Bd. III, S. 588. – [70] Abbott, S. 135; Lacroix, *Manners*, S. 445. – [71] Foakes-Jackson und Lake, *Beginnings of Christianity*, Bd. I, S. 76. – [72] Baba Bathra, Vers 90. – [73] Baba Metzia, Kapitel IV, Vers 3. – [74] Baron, Bd. I, S. 227f.; Bd. II, S. 108. – [75] Baron, Bd. II, S. 99. – [76] Moore, Bd. II, S. 174f. – [77] Abrahams, *Jewish Life*, S. 141, 319, 326, 335; Baron, Bd. II, S. 99. – [78] Coulton, *Panorama*, S. 357. – [79] Abrahams, S. 277. – [80] ebd., S. 281. – [81] Burton, *The Jew, The Gypsy, and El Islam*, S. 128; Baron, Bd. II, S. 169. – [82] Abrahams, S. 331. – [83] Baba Kama, Vers 113b. – [84] Abrahams, S. 106. – [85] ebd., S. 104. – [86] ebd., S. 90. – [87] Baron, Bd. II, S. 112. – [88] Abrahams, S. 166. – [89] Kidduschin, Vers 41a; Neuman, Bd. II, S. 21. – [90] ebd. – [91] Moore, Bd. II, S. 22. – [92] Abrahams, S. 117. – [93] Burton, *The Jew*, S. 43. – [94] White, *Woman in World History*, S. 176. – [95] Abrahams, S. 155. – [96] Brittain, *Women of Early Christianity*,

S. 10. – [97] White, S. 189. – [98] Neuman, Bd. II, S. 63. – [99] White, S. 185. – [100] Marcus, *The Jew in the Medieval World*, S. 313. – [101] Abrahams, S. 32. – [102] Neuman, Bd. II, S. 153. – [103] Baron, Bd. I, S. 288; Bd. II, S. 97. – [104] Abrahams, S. 126. – [105] Brittain, S. 12. – [106] Moore, Bd. I, S. 316. – [107] Maimonides, *Mischneh Tora*, Buch I, übers. von Moses Hyamson, Vers 63a. – [108] *Jewish Encyclopaedia*, Bd. IX, S. 122. – [109] *Oxford History of Music*, Einleitungsband, S. 60. – [110] *Jewish Encyclopaedia*, Bd. III, S. 453. – [111] Zeitlin, *Maimonides*, S. 44. – [112] Baron, Bd. II, S. 83. – [113] Lacroix, *Manners*, S. 439. – [114] Baron, Bd. II, S. 35. – [115] Abrahams, S. 411; Moore, Bd. II, S. 74. – [116] Deut., Kapitel VII; Nehemiah, Kapitel XIII, Vers 25. – [117] Klausner, *From Jesus to Paul*, S. 515. – [118] Baron, Bd. II, S. 55. – [119] Gittin, S. 61. – [120] Abrahams, S. 413f. – [121] ebd., S. 418. – [122] ebd., S. 424; Baron, Bd. II, S. 40. – [123] Baron, Bd. II, S. 36. – [124] Abbott, S. 93. – [125] Coulton, *Panorama*, S. 352. – [126] ebd. – [127] Graetz, Bd. IV, S. 33. – [128] Gregor I., Epistel II, Vers 6, in Dudden, *Gregory the Great*, Bd. II, S. 154. – [129] Epistel XIII, Vers 15, in Dudden, Bd. II, S. 155. – [130] Belloc, *Paris*, S. 170. – [131] Graetz, Bd. III, S. 421. – [132] Coulton, *Panorama*, S. 352. – [133] Thatcher und McNeal, *Source Book of Medieval History*, S. 212. – [134] Lea, *History of the Inquisition in the Middle Ages*, Bd. II, S. 63. – [135] Graetz, Bd. III, S. 563. – [136] ebd., S. 583. – [137] Marcus, S. 151. – [138] Baron, Bd. II. S. 85. – [139] Abbott, S. 51; *Jewish Encyclopaedia*, Bd. III, S. 453. – [140] *Cambridge Medieval History*, Bd. VII, S. 624; *Jewish Encyclopaedia*, Bd. IX, S. 368. – [141] Graetz, Bd. III, S. 299. – [142] ebd., S. 300. – [143] ebd., S. 301f.; *Cambridge Medieval History*, Bd. V, S. 275f.; Bd. VII, S. 641. – [144] Graetz, Bd. III, S. 350; Abbott, S. 88. – [145] *Jewish Encyclopaedia*, Bd. IV, S. 379. – [146] Graetz, Bd. III, S. 356. – [147] *Cambridge Medieval History*, Bd. VII, S. 642. – [148] Graetz, Bd. IV, S. 35; *Jewish Encyclopaedia*, Bd. IX, S. 358. – [149] Abbott, S. 124. – [150] Coulton, *Panorama*, S. 359. – [151] Cunningham, *Growth of English Industry and Commerce*, S. 204. – [152] *Jewish Encyclopaedia*, Bd. IV, S. 379. – [153] Lacroix, *Manners*, S. 439; Coulton, S. 352. – [154] Graetz, Bd. III, S. 642; Abbott, S. 130. – [155] Abbott, S. 131. – [156] ebd., S. 68. – [157] Lacroix, *Manners*, S. 447. – [158] Abbott, S. 68. – [159] Montesquieu, *L'esprit des Lois*, Bd. I, Buch XII, Absatz 5. – [160] Joseph ben Joshua ben Meir, *Chronicles*, Bd. I, S. 197. – [161] Marcus, S. 24. – [162] Graetz, Bd. III, S. 570. – [163] Villehardouin, *Chronicles of the Crusades*, S. 148. – [164] Abbott, S. 113. – [165] *Cambridge Medieval History*, Bd. VII, S. 641.

I. BUCH, 3. KAPITEL

[1] Abrahams, *Jewish Life*, S. 210. – [2] Sarton, *Introduction to the History of Science*, Bd. II, S. 295. – [3] Abrahams, *Chapters on Jewish Literature*, S. 116. – [4] Waxmann, Bd. I, S. 226. – [5] Graetz, (dt. Ausg.), Bd. VI, S. 33. – [6] ebd., Bd. VI, S. 34. – [7] Abrahams, *Jewish Life*, S. 163. – [8] Wilson, *Hebrew Literature*, S. 383. – [9] Sarton, Bd. II, S. 188. – [10] Graetz, (dt. Ausg.), Bd. VI, S. 148. – [11] Druck, S. 97. – [12] ebd., S. 94. – [13] Wilson, *Hebrew Literature*, S. 365f. – [14] Novelle 146 in Burton, *The Jew*, S. 105. – [15] Graetz, Bd. III, S. 573. – [16] Sarton, Bd. II, S. 557. – [17] Schechter, *Studies in Judaism*, Bd. I, S. 107. – [18] Graetz, Bd. III, S. 604. – [19] Sarton, Bd. II, S. 145. – [20] *New York Times*, 2. Juni 1937. – [21] Sarton, Bd. II, S. 145. – [22] vgl. Komroff, *The Contemporaries of Marco Polo*. – [23] Husik, S. 24. – [24] Munk, *Mélanges de philosophie juive et arabe*, S. 153. – [25] Marcus, S. 312. – [26] vgl. Gabirol, *Improvement of the Moral Qualities*, übers. von Stephen Wise, S. 4, 27. – [27] Gabirol, *Fons Vitae*, I. Buch, Absatz 3, in Munk, S. 6. – [28] Halevi, *Kitab al-Khazari*, übers. von H. Hirschfeld, I. Buch, Absatz 116. – [29] ebd., Bd. III, S. 5, 7. – [30] Husik, S. 215. – [31] Yellin und Abrahams, *Maimonides*, S. 11; Zeitlin, *Maimonides*, S. 1. – [32] Ueberweg, *History of Philosophy*, Bd. I, S. 427. – [33] Zeitlin, *Maimonides*, S. 5. – [34] «Letter of Consolation» in Yellin, S. 46. – [35] Zeitlin, S. 178. – [36] Arnold, *Preaching of Islam*, S. 421. – [37] Baron, *Essays on Maimonides*, S. 290. – [38] Maimonides, Aphorisms, in Thorndike, *History of Magic and Experimental Science*, Bd. I, S. 176. – [39] Zeitlin, S. 172. – [40] Baron, *Essays*, S. 288. – [41] Zeitlin, S. 174. – [42] Baron, *Essays*, S. 284. – [43] Maimonides, *Mischne Tora*, Einf., Vers 4b. – [44] Zeitlin, S. 214. – [45] *Mischne Tora*, Einf., Verse 16, 3a. – [46] Baron, *Essays*, S. 117. – [47] Maimonides, *Führer der Unschlüssigen*, engl. Übers. von Friedländer, Bd. III, Kapitel XLI. – [48] Baron, *Essays*, S. 139. – [49] *Führer*, Bd. III,

Kapitel XXXVII, XLI; Deut. Kapitel XXIII, Vers 17; Exod., Kapitel XXII, Vers 1; Kapitel XXXI, Vers 15. – [50] *Mischne Tora*, Vers 40b. – [51] ebd., Vers 59a. – [52] ebd., Vers 54a. – [53] ebd., Vers 53a. – [54] ebd., Vers 53ab. – [55] ebd., Vers 52b. – [56] Baron, *Essays*, S. 110. – [57] Zeitlin, S. 132. – [58] *Führer*, Bd. I, Einl. – [59] ebd., Bd. II, Kapitel XIX; Bd. III, Kapitel XIV. – [60] ebd., Bd. II, Philos. Leitsätze, Abs. 20. – [61] ebd., Kapitel XXXVI–XLVL. – [62] Bd. III, Kapitel XXII. – [63] Bd. II, Kapitel XVIIf. – [64] Bd. II, Kapitel XXX. – [65] Bd. III, Kapitel X, XII. – [66] Bd. III, Kapitel LXX. – [67] Zeitlin, S. 151. – [68] ebd., S. 103; Baron, *Essays*, S. 143. – [69] *Führer*, Bd. II, Philos. Leitsätze, Absatz 16. – [70] Baron, *Essays*, S. 119ff.; Zeitlin, S. 209. – [71] Marcus, S. 307ff. – [72] Spinoza, *Tractatus Theologico-Politicus*, XV. Buch, Absatz 4. – [73] Roth, *Spinoza, Descartes, and Maimonides*, S. 66; Baron, *Essays*, S. 7. – [74] Husik, S. 302; Graetz, Bd. IV, S. 23. – [75] ebd., Bd. III, S. 631. – [76] Neuman, Bd. II, S. 122. – [77] ebd., S. 118; Graetz, Bd. IV, S. 29ff. –[78] *Jewish Encyclopaedia*, Bd. III, S. 457, 479. – [79] Sarton, Bd. II, S. 366. – [80] Graetz, Bd. IV, S. 21. – [81] Baron, *History*, Bd. II, S. 136. – [82] ebd., S. 142. – [83] Abrahams, *Jewish Life*, S. 143, 157, 193. – [84] Marcus, S. 314.

II. BUCH, 1. KAPITEL

[1] Thompson, *Economic ard Social History*, S. 173. – [2] Gibbon, Bd. IV, S. 504. – [3] *Cambridge Medieval History*, Bd. II, S. 289. – [4] ebd., Bd. IV, S. 6; Gibbon, Bd. V, S. 142. – [5] Diehl, *Manuel*, S. 335. – [6] *Cambridge Medieval History*, Bd. IV, S. 115f. – [7] Voltaire, *Works*, Bd. XIII, S. 190. – [8] Diehl, *Portraits*, S. 159; Bury, *Eastern Roman Empire*, S. 169. – [9] McCabe, *Empresses of Constantinople*, S. 174. – [10] *Cambridge Medieval History*, Bd. IV, S. 108; Diehl, *Portraits*, S. 264. – [11] Boissonnade, *Life and Work in Medieval Europe*, S. 56. – [12] *Cambridge Medieval History*, Bd. IV, S. 750. – [13] Diehl, *Portraits*, S. 236. – [14] *Cambridge Medieval History*, Bd. IV, S. 745. – [15] Komroff, *Contemporaries of Marco Polo*, S. 266. – [16] *Cambridge Medieval History*, Bd. IV, S. 760. – [17] ebd. – [18] Clapham und Power, S. 212. – [19] Diehl, *Portraits*, S. 153; Gibbon, Bd. V, S. 458; Brittain, *Women of Early Christianity*, S. 318. – [20] Lopez in *Speculum*, Bd. XX, Nr. 1, S. 17f.; Boissonnade, S. 46f.; *Cambridge Medieval History*, Bd. IV, S. 761. – [21] Boissonnade, S. 50. – [22] ebd., S. 51. – [23] Castiglione, S. 254. – [24] Bury, *Eastern Roman Empire*, S. 436; Grunebaum, *Medieval Islam*, S. 54. – [25] Psellos, *Chronographia*, Kapitel VI, Absatz 46. – [26] ebd., Kapitel V, Absätze 25–37. – [27] Diehl, *Manuel*, S. 405. – [28] Luitprand in Grunebaum, S. 29. – [29] vgl. Walker Trust Report, *The Great Palace of the Byzantine Emperors*, Tafeln 24–37 und 57. – [30] Urteil von Kondakof in Diehl, *Manuel*, S. 580. – [31] Diehl, S. 590. – [32] ebd., S. 381. – [33] Finlay, *Greece and the Romans*, S. 21. – [34] Thompson, *Feudal Germany*, S. 458. – [35] Kluchevsky, *History of Russia*, Bd. I, S. 46; Thompson, *Feudal Germany*, S. 456. – [36] Pokrovsky, *History of Russia*, S. 11; Fustel de Coulanges Bezweifelt dies; vgl. Dopsch, S. 26. – [37] *Cambridge Medieval History*, Bd. IV, S. 186. – [38] Mavor, *Economic History of Russia*, Bd. I, S. 15. – [39] Kluchevsky, Bd. I, S. 88. – [40] Rambaud, *History of Russia*, Bd. I, S. 84.

II. BUCH, 2. KAPITEL

[1] Paulus Diaconus, *History of the Langobards*, I. Buch, Absatz 9. – [2] Bury, *Later Roman Empire*, Bd. II, S. 299. – [3] Munro und Sellerie, S. 538. – [4] Dante, *Eleven Letters*, S. 135. – [5] Anmerkung von Foulke in Paulus Diaconus, S. 309. – [6] Voltaire, *Works*, Bd. XIII, S. 80. – [7] Molmenti, *Venice*, Bd. I, S. 212ff. – [8] *Cambridge Medieval History*, Bd. III, S. 170. – [9] Pirenne, H., *Medieval Cities*, S. 110. – [10] Ruskin, *Stones of Venice*, Bd. II, S. 55. – [11] Lanciani, *Ancient Rome*, S. 57. – [12] ebd., S. 275. – [13] Castiglione, S. 301. – [14] Dozy, *Spanish Islam*, S. 440. – [15] Coulton, *Five Centuries of Religion*, Bd. I, S. 174. – [16] Hume, *The Spanish People*, S. 129; *Spain*, S. 191; *Encyclopaedia Britannica*, Bd. V, S. 699. – [17] Guizot, *History of France*, Bd. I, S. 171. – [18] ebd., S. 168. – [19] Pirenne, H., *Cities*, S. 243; Voltaire, Bd. XIII, S. 131. – [20] Freeman, *Historical Essays*, First Series, S. 179. –[21] *Cambridge Medieval History*, Bd. II, S. 613. – [22] Guizot, *France*, Bd. I, S. 229f.; Guizot, *History of Civilization*, Bd. II, S. 193ff. – [23] Pollock und Maitland, Bd. I, S. 117; Barnes *History of Western Civilization*, Bd. I, S. 775. – [24] Lea, *Superstition and Force*, S. 469. – [25] Guizot,

Civilization, Bd. II, S. 225f. – [26] Kapitular Karls d. Gr. von 803, § 3, in Guizot, *Civilization*, Bd. II, S. 222. – [27] Pirenne, *Cities*, S. 166. – [28] ebd., S. 58; *Cambridge Medieval History*, Bd. II, S. 665; Rickard, *Man and Metals*, Bd. II, S. 510. – [29] *Cambridge Medieval History*, Bd. II, S. 657. – [30] Brief von Alkuin in Wilhelm von Malmesbury, I. Buch, Absatz 3, S. 66. – [31] Einhard, *Leben Karls des Großen*, S. 37. – [32] Hodgkin, *Life of Charlemagne*, S. 312. – [33] West, A. F., *Alcuin*, S. 55. – [34] Einhard, S. 7. – [35] ebd., S. 37. – [36] ebd., S. 39. – [37] Kapitular von 802 in Bebel, A., *Women under Socialism*, S. 60. – [38] Einhard, S. 33. – [39] Bury, *Eastern Empire*, S. 318. – [40] Einhard, S. 33. – [41] Raby, *History of Secular Latin Poetry in the Middle Ages*, Bd. I, S. 190. – [42] Einhard, S. 52. – [43] ebd., S. 48; Russell, *Charlemagne*, S. 262. – [44] Guizot, *France*, Bd. I, S. 241. – [45] Morey, *Medieval Art*, S. 207. – [46] ebd., S. 191. [47] Davis, *Medieval England*, S. 266. – [48] Guizot, *Civilization*, Bd. II, S. 375. – [49] Erigena, *De divisione naturae*, I. Buch, Absatz 69. – [50] Guizot, *Civilization*, Bd. II, S. 383. – [51] Erigena, § 517. – [52] ebd., § 443. – [53] § 518. – [54] § 896. – [55] §§ 919–926, 937 bis 940. – [56] § 861. – [57] Poole, *Illustrations of the History of Medieval Thought*, S. 61. – [58] Guizot, *Civilization*, Bd. II, S. 388. – [59] Wilhelm von Malmesbury, II. Buch, Absatz 4. – [60] Guizot, *France*, Bd. I, S. 303. – [61] ebd., S. 311. – [62] ebd., S. 329. – [63] ebd., S. 336.

II. BUCH, 3. KAPITEL

[1] Asser, *Alfred the Great*, S. 51. – [2] Asser, S. 66, 78, 85. – [3] Alfred, Vorrede zur Übers. von Gregors I. *Cura pastoralis*, in Ogg, *Source Book of Medieval History*, S. 191. – [4] Voltaire, *Works*, Bd. XIII, S. 176. – [5] Boissonnade, *Life and Work in Medieval Europe*, S. 83. – [6] Green, *Conquest of England*, S. 135, 329, 359f. – [7] Stubbs, *Constitutional History of England*, Bd. I, S. 146, 157. – [8] Hume, *History of England*, Bd. I, S. 181. – [9] Pollock und Maitland, Bd. II, S. 450. – [10] Wilhelm von Malmesbury in Coulton, *Social Life in Britain*, S. 20; Green, *Making of England*, S. 192. – [11] Trail, *Social England*, Bd. I, S. 204. – [12] Hume, *History of England*, Bd. I, S. 188. – [13] Briffault, *The Mothers*, Bd. II, S. 419. – [14] Wilhelm von Malmesbury, I. Buch, Absatz 4. – [15] ebd., I. Buch, Absatz 2. – [16] ebd., II. Buch, Absatz 5. – [17] Beda, V. Buch, Absatz 24. – [18] ebd., I. Buch, Absatz 15. – [19] ebd., Einl. XVI. Buch. – [20] Gordon, *Anglo-Saxon Poetry*, S. 81f. – [21] Ker, *Epic and Romance*, S. 63. – [22] *Beowulf*, I. Buch, Verse 50–52. – [23] *Beowulf*, XXXVII. und XLIII. Buch, in Gordon, *Anglo-Saxon Poetry*, S. 60, 70. – [24] Beda, IV. Buch, Absatz 23. – [25] Plummer, *Life and Times of Alfred the Great*, S. 14. – [26] Addison, *Arts and Crafts in the Middle Ages*, S. 4. – [27] Aldhelme (um 709) in Addison, S. 199. – [28] Beda, IV. Buch, Absatz 18. – [29] Freeman, *Norman Conquest*, Bd. II, S. 298. – [30] Wilhelm von Malmesbury, III. Buch, Absatz 238; Ordericus Vitalis, *Historica Ecclesiastica*, S. 492A; Freeman, *Norman Conquest*, Bd. II, S. 244. – [31] Guizot, *France*, Bd. I, S. 345; Freeman, *Norman Conquest*, Bd. III, S. 320. – [32] *Mabinogion*, S. 1f. – [33] Hyde, *Literary History of Ireland*, S. 233. – [34] Joyce, *Short History of Ireland*, S. 39ff. – [35] Thompson, *Economic History*, S. 148. – [36] Boisssonnade, S. 78. – [37] Joyce, S. 80. – [38] ebd., S. 163. – [39] ebd., S. 155, 158. – [40] Hyde, S. 222. – [41] ebd., S. 239. – [42] ebd., S. 279. – [43] Thompson, *Introduction to Greek and Latin Palaegraphy*, S. 347. – [44] Joyce, S. 189ff. – [45] Keating in Hyde, S. 488. – [46] Horn, *Literature of the Scandinavian North*, S. 13; *Cambridge Medieval History*, Bd. II, S. 481. – [47] Sturluson, *Heimskringla*, Harald Schönhaar, Kap. 3. – [48] ebd., Haakon der Gute, Kap. 21. – [49] ebd., Olav Tryggvesson, Kap. 8. – [50] ebd., Kap. 85. – [51] ebd., Kap. 80. – [52] ebd., Olaf der Heilige, Kap. 58. – [53] ebd., Kap. 74. – [54] *Encyclopaedia Britannica*, Art. Columbus. – [55] *Beowulf*, XXXV. Buch. – [56] DuChaillu, *The Viking Age*, Bd. II, S. 370, 379. – [57] Saxo Grammaticus, *Danish History*, Bd. I, S. 23. – [58] Hastings, *Encyclopaedia*, Bd. III, S. 499c. – [59] DuChaillu, Bd. II, S. 1. – [60] *Normans in European History*, S. 36. – [61] DuChaillu, Bd. I, S. 486. – [62] Saxo, S. 25. – [63] Thompson, *The Middle Ages*, Bd. I, S. 327. – [64] Sturluson, Magnus der Gute, Kap. 16. – [65] *Edda*, Bd. III, S. 9. – [66] ebd., S. 22. – [67] ebd., S. 49. – [68] *Edda*, Bd. I, S. 66. – [69] ebd., S. 14. – [70] ebd., S. 84. – [71] ebd., S. 102. – [72] ebd., S. 81. – [73] ebd., S. 65. – [74] ebd., S. 73. – [75] ebd., S. 125. – [76] ebd., S. 58. – [77] ebd., S. 55f. – [78] ebd., S. 36. – [79] ebd., S. 68. – [80] Horn, *Literature of the Scandinavian*

North, S. 41. – [81] Faereyinga Sage in Ker, *Epic and Romance*, S. 236. – [82] Sturluson, Olav Tryggvessons Saga, Kap 10. – [83] Sturluson, Ynglinga Saga, Kap. 6; Hodgkin, *Charlemagne*, S. 154; Saxo, S. 44. – [84] Milman, Bd. III, S. 216. – Milman verteidigte die Glaubwürdigkeit dieser von deutschen Historikern angezweifelten Erzählung überzeugend. – [85] *Cambridge Medieval History*, S. 270. – [86] West, *Alcuin*, S. 127. – [87] Raby, *History of Christian Latin Poetry in the Middle Ages*, S. 183. – [88] Welch, *Of Six Medieval Women*, S. 5. – [89] Addison, *Arts and Crafts*, S. 16.

II. BUCH, 4. KAPITEL

[1] *Cambridge Medieval History*, Bd. I, S. 536. – [2] Russell, *Philosophie des Abendlandes*, S. 318f. – [3] Regel des hl. Benedikt, Kap. 33. – [4] ebd., Kap. 2. – [5] ebd., Kap. 54. – [6] Dudden, Bd. I, S. 111. – [7] Dudden, Bd. I, S. 58. – [8] ebd., S. 289. – [9] Beda, II. Buch, Absatz 1. – [10] Gregor von Tours, S. 227. – [11] Dudden, Bd. I, S. 245. – [12] Thompson, *Middle Ages*, Bd. I, S. 178. – [13] Dudden, Bd. II, S. 156; McCabe, *Story of Religious Controversy*, S. 307. – [14] Beda, II. Buch, Absatz 1. – [15] ebd., Absatz 198. – [16] Gregor I., Ep. XIII, Vers 45, in Dudden, Bd. I, S. 278. – [17] Abälard, *Ouvrages inédits*, *Quaestio*, 1a. – [18] Gregor I., *Magna Moralia*, in Dudden, Bd. II, S. 313. – [19] *Dialogues*, IV. Kapitel, Vers 7 in Dudden, Bd. I, S. 330. – [20] Dudden, Bd. II, S. 434f. – [21] ebd., S. 38. – [22] Thompson, *Middle Ages*, Bd. I, S. 178. – [23] Voltaire, *Works*, Bd. XIII, S. 90. – [24] *Cambridge Medieval History*, Bd. II, S. 690. – [25] Funk, Bd. I, S. 287; *Cambridge Medieval History*, Bd. V, S. 710. – [26] Milman, Bd. III, S. 25. – [27] Gibbon, Bd. IV, S. 82. – [28] Sarton, Bd. I, S. 555. – [29] Poole, *Illustrations*, S. 20. – [30] Taylor, *Medieval Mind*, Bd. I, S. 136. – [31] Dudden, Bd. I, S. 86. – [32] ebd. – [33] Montalembert, *Monks of the West*, Bd. I, S. 553. – [34] Guizot, *Civilization*, Bd. II, S. 113ff.; Toynbee, *Study of History*, Bd. II, S. 331. – [35] Waddell, *Wandering Scholars*, S. 34. – [36] Beda, I. Buch, Absatz 17. – [37] Wilhelm von Malmesbury, I. Buch, Absatz 2. – [38] Beda, I. Buch, Absatz 30. – [39] Beda, Letter to Egbert. – [40] Green, *Making of England*, S. 413. – [41] Gibbon, Bd. V, S. 534. – [42] Coulton, *Five Centuries of Religion*, Bd. I, S. 222. – [43] ebd., S. 352. – [44] *Cambridge Medieval History*, Bd. V, S. 662. – [45] ebd., Bd. III, S. 67. – [46] Milman, Bd. III, S. 111. – [47] *Cambridge Medieval History*, Bd. III, S. 455. – [48] Milman, Bd. III, S. 160; McCabe, *Crises in the History of the Papacy*, S. 128f. – [49] ebd., S. 131, nach dem *Liber Pontificalis*. – [50] Milman, Bd. III, S. 171; *Cambridge Medieval History*, Bd. III, S. 445. – [51] Milman, Bd. III, S. 178. – [52] ebd., S. 185f. – [53] Sandys, *Companion to Latin Studies*, S. 847. – [54] Vincent of Beauvais, *Spec. Hist.*, in Milman, Bd. III, S. 221. – [55] Thorndike, *Magic and Experimental Science*, Bd. I, S. 704. – [56] *Cambridge Medieval History*, Bd. III, S. 199. – [57] Hulme, *Middle Ages*, S. 339; Coulton, *Life in the Middle Ages*, Bd. I, S. 1; Sarton, Bd. I, S. 734. – [58] Funk, Bd. I, S. 262. – [59] Stephens, *Hildebrand*, S. 14; Milman, Bd. III, S. 230; McCabe, *Crises*, S. 140. – [60] *Cambridge Medieval History*, S. 510. – [61] Guizot, *France*, Bd. I, S. 160. – [62] Porter, *Medieval Architecture*, Bd. II, S. 2. – [63] ebd. – [64] Carlyle, *History of Medieval Political Theory in the West*, Bd. IV, S. 52. – [65] Coulton, *Five Centuries of Religion*, Bd. IV, S. 187. – [66] Coulton, *From St. Francis to Dante*, S. 286. – [67] *Cambridge Medieval History*, Bd. V, S. 9f. – [68] *Catholic Encyclopaedia*, Bd. I, S. 156. – [69] *Cambridge Medieval History*, Bd. V, S. 12. – [70] Lea, *Sacerdotal Celibacy*, S. 210. – [71] Lecky, *Morals*, Bd. II, S. 237. – [72] Lea, *History of Auricular Confessions*, Bd. I, S. 46. – [73] Brief an Egbert in Beda, S. 4. – [74] *Catholic Encyclopaedia*, Bd. III, S. 486. – [75] *Cambridge Medieval History*, Bd. IV, S. 268. – [76] ebd., S. 272. – [77] Lea, *Sacerdotal Celibacy*, S. 194, 223; Thompson, *Social and Economic History*, S. 662. – [78] Lea, *Celibacy*, S. 226. – [79] Bryce, *Holy Roman Empire*, S. 158. – [80] *Cambridge Medieval History*, Bd. V, S. 99. – [81] Thompson, *Social and Economic History*, S. 663. – [82] Taylor, *Medieval Mind*, Bd. II, S. 55. – [83] Brief Gregors VII. an Wilhelm I. von England (1080) in Bryce, S. 160. – [84] *Catholic Encyclopaedia*, Bd. X, S. 871c. – [85] Figgis, *Political Aspects of St. Augustine's City of God*, S. 88. – [86] *Catholic Encyclopaedia*, Bd. X, S. 871c. – [87] Carlyle, *Medieval Political Theory*, Bd. IV, S. 64. – [88] Stephens, *Hildebrand*, S. 116. – [89] Guggenbühl und Weiß, *Quellen*, S. 108. – [90] *Cambridge Medieval History*, Bd. V, S. 74f.

II. BUCH, 5. KAPITEL

[1] Lot, *End of the Ancient World*, S. 125. – [2] Dopsch, S. 283. – [3] Seebohm, *English Village Community*, S. 126f., 179. – [4] Seignobos, *Feudal Regime*, S. 34; Barnes, *Economic History*, S. 139. – [5] Clapham und Power, S. 237f. – [6] Letters, IV. Buch, Kapitel 2. – [7] Coulton, *Medieval Village*, S. 151. – [8] McCabe, *Story of Religious Controversy*, S. 325. – [9] Thompson, *Social and Economic History*, S. 679. – [10] Coulton, *Medieval Village*, S. 492. – [11] Coulton, *Medieval Panorama*, S. 322. – [12] Thomas von Aquin, *Summa Theologica*, I, IIae, XCIV, 5. – [13] Beschluß des 4. Konzils von Orleans, in Dopsch (dt. Ausg.), S. 217. – [14] Lecky, *Morals*, Bd. II, S. 70; Sarton, Bd. II, S. 799; vgl. dagegen *Catholic Encyclopaedia*, Bd. XIV, S. 38. – [15] Ashley, *Introduction to English Economic History*, Bd. II, S. 276. – [16] Coulton, *Medieval Village*, S. 59. – [17] Weszermarck, *Short History of Marriage*, S. 14; Coulton, *Medieval Village*, S. 80. – [18] Seignobos, S. 14; Coulton, *Medieval Village*, S. 464. – [19] Bebel, S. 57. – [20] *Cambridge Medieval History*, Bd. VII, S. 721. – [21] Coulton, *Life in the Middle Ages*, Bd. III, S. 123ff.; *Cambridge Medieval History*, Bd. VII, S. 722. – [22] Seignobos, S. 21. – [23] Coulton, *Medieval Village*, S. 65. – [24] Cram, *Substance of Gothic*, S. 181. – [25] Lynn White, Jr., in *Speculum*, April 1940, S. 151. – [26] Taine, *Ancient Regime*, S. 9; Carlyle, *Past and Present*, S. 55f. – [27] Barnes, *Economic History*, S. 145. – [28] *Cambridge Medieval History*, Bd. VII, S. 741. – [29] Coulton, *Medieval Village*, S. 311ff. – [30] ebd., S. 21, 243. – [31] Coulton, *Panorama*, S. 92. – [32] *Speculum*, April 1940, S. 154. – [33] ebd., S. 155. – [34] Chateaubriand, *Le génie du christianism*, IV. Buch, Kapitel 1, 4. – [35] Coulton, *Medieval Village*, S. 119. – [36] Lacroix, *Military and Religious Life in the Middle Ages*, S. 165. – [37] Hitti, *History of the Arabs*, S. 663; Arnold, *Legacy of Islam*, S. 131. – [38] Lacroix, *Science and Literature in the Middle Ages*, S. 299f. – [39] Beaumanoir in Seignobos, S. 55. – [40] Coulton, *Panorama*, S. 50. – [41] Voltaire, *Works*, Bd. XIII, S. 131. – [42] Thompson, *Feudal Germany*, S. 301. – [43] Carlyle, *Medieval Political Theory*, S. 463. – [44] Pollock und Maitland, Bd. II, S. 242. – [45] Maine, *Ancient Law*, S. 135. – [46] Coulton, *Medieval Village*, S. 528. – [47] Jenks, *Law and Politics in the Middle Ages*, S. 23. – [48] Coulton, *Medieval Village*, S. 187. – [49] Lea, *Superstition and Force*, S. 286, 297, 314. – [50] Coulton, *Panorama*, S. 379. – [51] Lea, *Superstition*, S. 178. – [52] ebd., S. 140f., 179. – [53] Seignobos, S. 79. – [54] Lea, *Superstition*, S. 129. – [55] Sumner, *Folkways*, S. 522. – [56] Barnes, *Western Civilization*, Bd. I, S. 798. – [57] Seignobos, S. 81. – [58] Coulton, *Medieval Village*, S. 248. – [59] Lacroix, *Military Life*, S. 49. – [60] Davis, *Life on a Medieval Barony*, S. 176. – [61] Coulton, *From St. Francis to Dante*, S. 20. – [62] Seignobos, S. 74. – [63] Coulton, *Chaucer and His England*, S. 199. – [64] Coulton, *Panorama*, S. 247. – [65] Prestage, *Chivalry*, S. 72. – [66] *Speculum*, April 1930, S. 189. – [67] Thorndike, *Magic und Science*, Bd. II, S. 31. – [68] Hoover und Gibbon, *Conditions of a Lasting Peace*, S. 29. – [69] Prestage, S. 75. – [70] Coulton, *Panorama*, S. 239. – [71] Traill, Bd. I, S. 379. – [72] Briffault, *Mothers*, Bd. III, S. 383, 394f. – [73] Bebel, S. 63. – [74] Prestage, S. 9. – [75] Rowbotham, S. 283. – [76] Prestage, S. 98. – [77] Davis, *Life on a Medieval Barony*, S. 77. – [78] Voßler, *Medieval Culture*, Bd. I, S. 299; Taylor, *Medieval Mind*, Bd. II, S. 562. – [79] Miß Amy Kelly in *Speculum*, Januar 1937, S. 5. – [80] Rowbotham, S. 224, 235. – [81] ebd., S. 249. – [82] ebd., S. 245. – [83] Voßler, *Die Göttliche Komödie*, Bd. I, S. 357.

III. BUCH, 1. KAPITEL

[1] Thompson, *Middle Ages*, Bd. I, S. 565. – [2] LeStrange, *Palestine under the Moslems*, S. 202. – [3] Coulton, *Panorama*, S. 327. – [4] Lacroix, *Military and Religious Life*, S. 108. – [5] Guggenbühl und Weiß, *Quellen*, S. 110. – [6] Wilhelm von Malmesbury, S. 358. – [7] *Chanson de Roland* (Libr. Hatier), Bd. II, S. 848f. – [8] Munro in *New York Herald Tribune*, 26. April 1931. – [9] Thompson, *Social and Economic History*, S. 389. – [10] Guizot, *France*, Bd. I, S. 384. – [11] Lacroix, *History of Prostitution*, S. 904. – [12] Guizot, *France*, S. 388. – [13] *Cambridge Medieval History*, Bd. IV, S. 334. – [14] Gibbon, Bd. VI, S. 72. – [15] *Gesta Francorum*, Anhang. – [16] Thompson, *Social and Economic History*, S. 396. – [17] Gibbon, Bd. VI, S. 75. – [18] Wilhelm von Tyrus, CLXI. Kapitel, *Siege of*

Jerusalem. – [19] Taylor, *Medieval Mind*, Bd. I, S. 551. – [20] Albertus Aquens in Milman, Bd. V, S. 38n. – [21] Thompson, *Economic History*, S. 397. – [22] Archer und Kingsford, *Crusades*, S. 171. – [23] Milman, Bd. IV, S. 251. – [24] Wilhelm von Tyrus, XXI. Buch, Absatz 7. – [25] Archer, S. 176. – [26] Muir, *Caliphate*, S. 578. – [27] Guizot, *France*, S. 427f.; *Cambridge Medieval History*, Bd. V, S. 307. – [28] Adams, *Law of Civilization and Decay*, S. 94. – [29] Munro und Sellery, S. 275f. – [30] Lane-Poole, *Saladin*, S. 175. – [31] ebd., S. 205f. – [32] ebd., S. 232. – [33] ebd., S. 246. – [34] De Vaux, Carra, *Penseurs d'Islam*, Bd. I, S. 26. – [35] Guizot, *France*, S. 439f.; Gibbon, Bd. VI, S. 119. – [36] Lane-Poole, *Saladin*, S. 307. – [37] ebd., S. 351f. – [38] ebd., S. 357. – [39] ebd. – [40] De Vaux, Bd. I, S. 27. – [41] Lane-Poole, *Saladin*, S. 367. – [42] Giraldus Cambrensis, *Itinerary through Wales*, I. Buch, Absatz 3. – [43] Adams, *Civilization and Decay*, S. 133. – [44] Gibbon, hrsg. von Bury, Bd. VI, S. 528. – [45] Villehardouin, Einl., XVII. Buch. – [46] Adams, *Civilization and Decay*, S. 130. – [47] Gibbon, Bd. VI, S. 100. – [48] Oman, *Byzantine Empire*, S. 280ff. – [49] Robert von Clari in Villehardouin, Einl. XXIV. Buch. – [50] Villehardouin, S. 31. – [51] Jackson, *Byzantine and Romanesque Architecture*, Bd. I, S. 101. – [52] Diehl, *Manuel*, S. 635. – [53] Dalton, *Byzantine Art*, S. 538. – [54] Gibbon, Bd. VI, S. 171. – [55] Beard, *History of the Business Man*, S. 109. – [56] *Enzyclopaedia Britannica*, Bd. VI, S. 788; MacLaurin, *Mere Mortals*, Bd. II, S. 215f. – [57] Kantorowicz, *Friedrich II.*, S. 172. – [58] Joinville, Kapitel XXXVI. – [59] ebd., Kapitel IXX. – [60] ebd., Kapitel CXLV. – [61] Day, Clive, *History of Commerce*, S. 88. – [62] Hitti, S. 346. – [63] Guizot, *Civilization*, Bd. I, S. 534. – [64] Lea, *Auricular Confession*, Bd. III, S. 152. – [65] *Sepculum*, Oktober 1938, S. 391. – [66] Gibbon, Bd. VI, I, S. 25n. – [67] *Speculum*, Oktober 1938, S. 403. – [68] Hitti, S. 665. – [69] Arnold, *Legacy of Islam*, S. 60.

III. BUCH, 2. KAPITEL

[1] Day, *Commerce*, S. 57; Pirenne, H., *Medieval Cities*, S. 87. – [2] Boissonnade, S. 173. – [3] Thompson, *Economic History*, S. 577. – [4] *Speculum*, April 1940, S. 145. – [5] Boissonnade, S. 173. – [6] Coulton, *Panorama*, S. 325. – [7] ebd., S. 322. – [8] Beard, S. 79. – [9] Zimmern, *The Hansa Towns*, S. 183. – [10] ebd., S. 95. – [11] ebd., S. 152, 200. – [12] Thompson, *Economic and Social History of Europe in the Later Middle Ages*, S. 451. – [13] ebd., S. 581. – [14] *Cambridge Medieval History*, Bd. VI, S. 478. – [15] Gest, *Roman Engineering*, S. 142. – [16] Haskins, *Studies in Medieval Culture*, S. 101. – [17] Usher, *History of Inventions*, S. 125. – [18] Thompson, *Later Middle Ages*, S. 504. – [19] Hitti, S. 667. – [20] Rickard, *Man and Metals*, Bd. II, S. 561. – [21] Salzmann, *English Industries of the Middle Ages*, Bd. I. – [22] Rickard, Bd. II, S. 595. – [23] ebd., S. 615. – [24] *Cambridge Medieval History*, Bd. VI, S. 500. – [25] Renard, *Guilde in the Middle Ages*, S. 24. – [26] Pirenne, H., *Sozial- und Wirtschaftsgeschichte Europas im Mittelalter*, S. 201. – [27] Thompson, *Later Middle Ages*, S. 5. – [28] Boissonnade, S. 187. – [29] ebd., S. 186. – [30] Pirenne, *Sozial- und Wirtschaftsgeschichte*, S. 114. – [31] *Anglo-Saxon Chronicle*, S. 198. – [32] Schoenhof, *History of Money and Prices*, S. 98. – [33] Jusserand, *English Wayfaring Life in the Middle Ages*, S. 192. – [34] Boissonnade, S. 221. – [35] Coulton, *Panorama*, S. 285. – [26] Coulton, *Five Centuries of Religion*, Bd. V, S. 282. – [37] Pirenne, *Sozial- und Wirtschaftsgeschichte*, S. 119. – [38] Coulton, *Panorama*, S. 343. – [39] Boissonnade, S. 167. – [40] Pirenne, H., S. 128. – [41] Pirenne, H., *Cities*, S. 223. – [42] Matthew Paris, *Historia Maior* (1235), Bd. I, S. 2. – [43] Ashley, *English Economic History and Theory*, Bd. I, S. 201. – [44] Pirenne, *Sozial- und Wirtschaftsgeschichte*, S. 130. – [45] ebd., S. 133. – [46] Thompson, *Economic History of the Middle Ages*, S. 15. – [47] ebd. – [48] Thompson, *Later Middle Ages*, S. 449; Day, S. 93. – [49] Schoenhof, S. 63. – [50] ebd., S. 57; Thompson, *Later Middle Ages*, S. 432. – [51] Adams, *Law of Civilization*, S. 167. – [52] Lacroix, *Manners, Customs, and Dress*, S. 272. – [53] Davis, *Medieval England*, S. 376. – [54] Zimmern, *Hansa*, S. 165; Thompson, *Later Middle Ages*, S. 449. – [55] Molmenti, *Venice*, I. Teil, Bd. I, S. 149; Thompson, *Later Middle Ages*, S. 420, 452; Crump, *Legacy of the Middle Ages*, S. 441. – [56] Thompson, *Economic History of the Middle Ages*, S. 246; *Later Middle Ages*, S. 449f. – [57] Aristoteles, *Politik*, I. Buch, Absatz 10. – [58] Luke, VI. Buch, Absatz 34. – [59] Ashley, *English Economic History and*

Theory, Bd. I, S. 126. – [60] ebd., S. 128. – [61] ebd. – [62] ebd., S. 158. – [63] ebd., S. 149. – [64] ebd., S. 411. – [65] Coulton, *Medieval Scene*, S. 146. – [66] Ashley, Bd. I, S. 149, 157. – [67] Ashley, Bd. II, S. 405. – [68] Pirenne, *Sozial- und Wirtschaftsgeschichte*, S. 138. – [69] Thompson, *Economic History of the Middle Ages*, S. 638. – [70] Coulton, *Medieval Village*, S. 284. – [71] Pirenne, *Sozial- und Wirtschaftsgeschichte*, S. 127. – [72] Ashley, Bd. I, S. 198. – [73] *Cambridge Medieval History*, Bd. VI, S. 491. – [74] Thomas von Aquin, *Summa Theologica*, II, IIae, LXXVIII. Buch, Absatz 2. – [75] Ashley, Bd. I, S. 196; Coulton, *Panorama*, S. 336. – [76] Boissonnade, S. 166. – [77] Ashley, Bd. I, S. 203. – [78] Abbott, *Israel in Egypte*, S. 112. – [79] Baron, *Social and Religious History of the Jews*, Bd. II, S. 16. – [80] Rivoira, *Lombardic Architecture*, Bd. I, S. 108. – [81] Dopsch (dt. Ausg.), Bd. II, S. 432. – [82] *Cambridge Medieval History*, Bd. VI, S. 484. – [83] Thompson, *Economic History of the Middle Ages*, S. 792. – [84] Lethaby, *Medieval Art*, S. 145. – [85] Richard, *History of German Civilization*, S. 195; Lacroix, *Manners*, S. 271. – [86] Saunders, *History of English Art in the Middle Ages*, S. 85. – [87] Thompson, *Economic History of the Middle Ages*, S. 493. – [88] Thompson, *Later Middle Ages*, S. 196. – [89] Day, S. 47. – [90] Coulton, *Medieval Scene*, S. 92. – [91] Walsh, *Thirteenth the Greatest of Centuries*, S. 437. – [92] Barnes, *Economic History*, S. 184; Renard, *Guilde*, S. 37. – [93] Ashley, Bd. I, S. 81. – [94] Addison, *Arts and Crafts*, S. 2. – [95] Power, *Cities and Their Stories*, S. 74. – [96] Bebel, S. 59. – [97] Villari, *Two First Centuries of Florentine History*, S. 35. – [98] Guibert von Nogent, *Autobiography*, 6 bis 7–9. – [99] Pirenne, H., *History of Europe*, S. 276. – [100] Boissonnade, S. 207; Renard, *Guilds*, S. 62; Coulton, *Panorama*, S. 293; Schevill, *Siena*, S. 68. – [101] Barnes, *Economic History*, S. 162f. – [102] Day, S. 51. – [103] Headlam, *Story of Nuremberg*, S. 152. – [104] Salzmann, S. 335. – [105] Pirenne, *Sozial- und Wirtschaftsgeschichte*, S. 202. – [106] Coulton, *Chaucer*, S. 128; *Medieval Village*, S. 329. – [107] Boissonnade, S. 237. – [108] Pirenne, *Cities*, S. 75. – [109] Barnes, *Economic History*, S. 163. – [110] Clapham und Power, S. 337. – [111] ebd. – [112] Metthew Paris, Bd. I, S. 11, 42, 48, 156, 164 usw. – [113] Coulton, *Panorama*, S. 456. – [114] Porter, *Medieval Architecture*, Bd. II, S. 149. – [115] Thompson, *Economic History of the Middle Ages*, S. 801. – [116] Guizot, *France*, Bd. I, S. 614. – [117] Beard, S. 85. – [118] Zimmern, *Hansa*, S. 49. – [119] Coulton, *Social Life in Britain*, S. 101; Schoenhof, S. 125. – [120] Rogers, *Six Centuries of Work and Wages*, S. 92; Jusserand, S. 99; Schoenhof, S. 119. – [121] Rogers, S. 73; Renard, S. 16. – [122] Matthew Paris, S. 1251; Milman, Bd. VI, S. 57f.; Lea, *History of the Inquisition in the Middle Ages*, Bd. I, S. 270. – [123] Munro und Sellery, S. 468. – [124] Pirenne, *Sozial- und Wirtschaftsgeschichte*, S. 195. – [125] Ashley, Bd. I, S. 82. – [126] Ralph Higbens, *Chronicle*, VIII. Buch, Absatz 45, in Coulton, *Social Life*, S. 356. – [127] Beard, S. 145.

III. BUCH, 3. KAPITEL

[1] Benjamin von Tudela in Komroff, *Contemporaries*, S. 265; Diehl, *Manuel*, S. 390. – [2] *Cambridge Medieval History*, Bd. IV, S. 760. – [3] Wassiljew, *History of the Byzantine Empire*, Bd. II, S. 151. – [4] Matthew Paris, *Chronica maiora*, V. Buch, Absatz 38; *Historia minor*, III. Buch, Absätze 38 und 39, in *Cambridge Medieval History*, Bd. IV, S. 493. – [5] Wassiljew, Bd. II, S. 237, 241. – [6] Finlay, *History of Greece*, Bd. III, S. 372. – [7] Kljutschewskij, Bd. I, S. 185; Prokowsky, S. 78. – [8] Rambaud, Bd. I, S. 96. – [9] Vernadsky, *Kievan Russia*, S. 93ff. – [10] Rambaud, Bd. I, S. 129; Kljutschewskij, Bd. I, S. 323. – [11] Wassiljew, Bd. II, S. 237. – [12] Rambaud, Bd. I, S. 154. – [13] bejaht durch Karamsin, bestritten von Solowjew, vgl. Rambaud, Bd. I, S. 169. – [14] Rambaud, Bd. I, S. 172. – [15] Morey, *Medieval Art*, S. 158f. – [16] *Cambridge Medieval History*, Bd. VI, S. 468. – [17] Lönnrot, *Kalevala*, Bd. I, VII. Buch. – [18] Rambaud, Bd. I, S. 144. – [19] Lützow, *Bohemia*, S. 44. – [20] *Cambridge Medieval History*, Bd. V, S. 348. – [21] Richard, *German Civilization*, S. 186; Thompson, *Feudal Germany*, S. 161. – [22] Richard, S. 186. – [23] Carlyle, *Medieval Political Theory*, Bd. V, S. 88; Bd. III, S. 89. – [24] Freeman, *Norman Conquest*, Bd. II, S. 181. – [25] *Anglo-Saxon Chronicle*, S. 168. – [26] ebd., S. 163. – [27] Voltaire, *Works*, Bd. XIII, S. 274. – [28] Hume, *History of England*, Bd. I, S. 504. – [29] Davis, *Medieval England*, S. 355; Milman, Bd. IV, S. 298, 302. –

[30] Stubbs, *Constitutional History*, Bd. I, S. 309; Freeman, *Norman Conquest*, Bd. IV, S. 430. – [31] ebd., S. 714. – [32] Vinogradoff, *English Society in the Eleventh Century*, S. 472; Coulton, *Medieval Village*, S. 11. – [33] Stubbs, Bd. I, S. 330. – [34] *Encyclopaedia Britannica*, Bd. XI, S. 432. – [35] vgl. *Anglo-Saxon Chronicle*, S. 206ff. – [36] Coulton, *Life*, Bd. III, S. 5ff.; *Panorama*, S. 229. – [37] Pollock und Maitland, Bd. I, S. 104; Freeman, *Historical Essays*, 2. Serie, S. 114. – [38] Text in Rowbotham, S. 62. – [39] Coulton, *Panorama*, S. 231. – [40] Hume, Bd. I, S. 478. – [41] Holinshed, *Chronicle*, S. 18. – [42] *Magna Charta* ..., S. 28f. – [43] Jenks, S. 35. – [44] Pollock und Maitland, Bd. I, S. 138. – [45] *Encyclopaedia Britannica*, Bd. VIII, S. 9a. – [46] Draper, *Intellectual Development of Europe*, Bd. II, S. 81. – [47] Pollock und Maitland, Bd. I, S. 465; Bd. II, S. 398. – [48] Coulton, *Panorama*, S. 379. – [49] Home, *Roman Britain*, S. 118. – [50] *Speculum*, Januar 1937, S. 20. – [51] Coulton, *Panorama*, S. 297. – [52] Joyce, *Ireland*, S. 246ff.; Hume, Bd. I, S. 356. Kardinal Gasquet (*Monastic Life in the Middle Ages*, S. 169) bringt Argumente gegen die Authentizität dieser Bulle vor, die aber nicht überzeugen. – [53] Coulton, *Panorama*, S. 66. – [54] Brown, *History of Scotland*, Bd. I, S. 88. – [55] Thierry, *Conquest of England by the Normans*, Bd. I, S. 21. – [56] Blok, *History of ... the Netherlands*, Bd. I, S. 230. – [57] May, *Democracy in Europe*, Bd. I, S. 338f. – [58] *Encyclopaedia Britannica*, Bd. XXI, S. 912c. – [59] Guizot, *France*, Bd. I, S. 524. – [60] ebd., S. 312. – [61] ebd., S. 522. – [62] Belloc, *Paris*, S. 154. – [63] Adams, *Mont St. Michel and Chartres*, S. 177. – [64] Joinville, *Chronicle*, S. 153. – [65] Lacroix, *Manners*, S. 32. – [66] Munro und Sellery, S. 520. – [67] Joinville, S. 308. – [68] *Cambridge Medieval History*, Bd. VI, S. 347. – [69] Joinville, Kap. III. – [70] Taylor, *Medieval Mind*, Bd. I, S. 365. – [71] *Cambridge Medieval History*, Bd. VI, S. 349. – [72] Joinville, S. 149. – [73] ebd., S. 310; Guizot, *France*, Bd. I, S. 556; Munro und Sellery, S. 496. – [74] Joinville, S. 316. – [75] Munro und Sellery, S. 498. – [76] Joinville, S. 148. – [77] Munro und Sellery, S. 493, 500. – [78] Guizot, *France*, Bd. I, S. 543. – [79] Joinville, S. 150. – [80] Guizot, *Civilization*, Bd. I, S. 184; Lacroix, *Manners*, S. 234. – [81] Coulton, *From St. Francis*, S. 140. – [82] Guizot, *France*, Bd. I, S. 452. – [83] Thompson, *Economic History of the Middle Ages*, S. 44; Porter, *Medieval Architecture*, Bd. II, S. 264. – [84] Thompson, S. 40. – [85] ebd., S. 22. – [86] Hearnshaw, *Medieval Contributions to Modern Civilization*, S. 67; *Encyclopaedia Britannica*, Bd. X, S. 702b; Hearnshaw, *Social and Political Ideas of Some Great Medieval Thinkers*, S. 145, 157, 163. – [87] *Cambridge Medieval History*, Bd. VI, S. 409. – [88] Thompson, S. 349. – [89] Chapman, *History of Spain*, S. 90; Carlyle, *Political Theory*, Bd. V, S. 134. – [90] *Cambridge Medieval History*, Bd. VII, S. 695ff. – [91] Pirenne, *Jacques, Les grands courants*, Bd. II, S. 157. – [92] Lea, *History of the Inquisition in Spain*, Bd. I, S. 58. – [93] Sterling, *Story of Parzival*, S. 20f. – [94] Milman, Bd. V, S. 61.

III. BUCH, 4. KAPITEL

[1] Waern, *Sicily*, S. 36. – [2] *Cambridge Medieval History*, Bd. VI, S. 131. – [3] Sarton, Bd. II (1), S. 119. – [4] Waern, S. 50f. – [5] Bryce, S. 292. – [6] *Catholic Encyclopaedia*, Bd. I, S. 749a. – [7] Hazlitt, *Venetian Republic*, Bd. I, S. 190f. – [8] Molmenti, Bd. I (1), S. 82. – [9] ebd., S. 84. – [10] ebd., S. 145. – [11] Thompson, *Economic History of the Later Middle Ages*, S. 11. – [12] Beard, S. 107. – [13] Ruskin, *Stones of Venice*, Bd. I, S. 8. – [14] Beard, S. 102ff. – [15] Dante, Brief vom März 1314 an Guido da Polenta. – [16] Molmenti, Bd. I (2), S. 49, 53. – [17] ebd., S. 9, 13ff.; Sedgwick, *Italy in the Thirteenth Century*, Bd. II, S. 200. – [18] Molmenti, Bd. I (2), S. 139, 154, 157. – [19] Molmenti, Bd. I (1), S. 204. – [20] Beard, S. 146. – [21] Coulton, *From St. Francis*, S. 215. – [22] ebd. – [23] Thompson, *Economic History of the Middle Ages*, S. 421. – [24] Sedgwick, Bd. I, S. 175. – [25] Thompson, S. 441; *Cambridge Medieval History*, Bd. V, S. 230. – [26] Kantorowicz, S. 30f. – [27] ebd., S. 33. – [28] *Cambridge Medieval History*, Bd. VI, S. 137. – [29] Kantorowicz, S. 190. – [30] ebd., S. 200. – [31] ebd., S. 259. – [32] ebd., S. 285. – [33] *Cambridge Medieval History*, Bd. VI, S. 150. – [34] Kantorowicz, S. 265. – [35] ebd., S. 484. – [36] Pirenne, *Jacques, Grands courants*, Bd. II, S. 114; Kantorowicz, S. 288. – [37] ebd., S. 283. – [38] ebd., S. 328. – [39] ebd., S. 180. – [40] Matthew Paris, S. 1238, 157. – [41] ebd., – [42] Sedgwick, Bd. I, S. 133; Kantorowicz, S. 284. – [43] ebd., S. 230. – [44] ebd.,

S. 317. – [45] ebd., S. 419. – [46] ebd., S. 562. – [47] ebd., S. 571 ff. – [48] Nietzsche, *Jenseits von Gut und Böse*, § 200. – [49] Kantorowicz, S. 560. – [50] Sedgwick, Bd. I, S. 440. – [51] Kantorowicz, S. 268. – [52] Milman, Bd. VI, S. 240f. – [53] Renard, S. 24; *Cambridge Medieval History*, Bd. VI, S. 496. – [54] Thompson, *Later Middle Ages*, S. 259. – [55] Beard, S. 140. – [56] Thompson, *Economic History of the Middle Ages*, S. 471. – [57] Villari, *First Centuries of Florentine History*, S. 178. – [58] ebd., S. 221. – [59] ebd., S. 498.

III. BUCH, 5. KAPITEL

[1] Coulton, *Social Life*, S. 15. – [2] Thomas von Aquin, *Summa Theologica*, Bd. I, LXIV, 4. – [3] Coulton, *Five Centuries of Religion*, Bd. I, S. 60. – [4] ebd., S. 31. – [5] Gregor I., *Dialogues*, IV. Buch, Absatz 30, 35, in Lecky, *Morals*, Bd. II, S. 220. – [6] ebd., S. 221. – [7] Westermarck, *Moral Ideas*, Bd. I, S. 723; Coulton, *Five Centuries*, Bd. I, S. 71. – [8] Thomas von Aquin, *Summa Theologica*, Supplement, XCVII. Buch, Absätze 5 und 7. – [9] Lea, *Inquisition in Middle Ages*, Bd. III, S. 384. – [10] ebd., S. 385. – [11] Coulton, *Five Centuries*, Bd. I, S. 40. – [12] Gregor I., *Dialogues*, I. Buch, Absatz 4, in Dudden, Bd. II, S. 367. – [13] Coulton, *Five Centuries*, Bd. I, S. 445; Bd. II, S. 665. – [14] Coulton, *Panorama*, S. 416. – [15] Coulton, *Social Life*, S. 337. – [16] Westermarck, *Moral Ideas*, Bd. I, S. 722. – [17] Coulton, *Panorama*, S. 416. – [18] *Cambridge Medieval History*, Bd. VII, S. 635. – [19] Coulton, *Inquisition and Liberty*, S. 19. – [20] Coulton, *Panorama*, S. 417. – [21] Coulton, *Medieval Village*, S. 241. – [22] Thomas von Aquin, *Summa Theologica*, Bd. I, XXIII. Buch, Absatz 7. – [23] Coulton, *Life*, Bd. I, S. 54. – [24] Lecky, *Morals*, Bd. II, S. 220. – [25] Coulton, *Inquisition and Liberty*, S. 18. – [26] Lea, *Auricular Confession*, Bd. III, S. 322. – [27] Dudden, Bd. II, S. 427. – [28] Renan, *Poetry of the Celtic Races*, S. 177. – [29] Coulton, *Five Centuries*, Bd. I, S. 75. – [30] Coulton, *Inquisition and Liberty*, S. 2. – [31] Johannes von Salisbury, *Metalogicus*, VII. Buch, Absatz 2. – [32] Munro und Sellery, S. 489. – [33] Giraldus Cambrensis, *Gemma Ecclesiastica*, II. Buch, Absatz 24, in Robertson, *Short History of Free Thought*, Bd. II, S. 311. – [34] ebd., I. Buch, Absatz 51, in Robertson, Bd. II, S. 311. – [35] Lea, *Inquisition in Middle Ages*, Bd. III, S. 558. – [36] Coulton, *Social Life*, S. 218; *Five Centuries*, Bd. I, S. 71. – [37] Vinzenz von Beauvais, *Speculum Morale*, II. Buch, Absätze 3 und 6; II. Buch, Absätze 1 und 11. – [38] Coulton, *Five Centuries*, Bd. I, S. 31. – [39] Coulton, *The Inquisition*, S. 62. – [40] nach Berchtold von Regensburg in Coulton, *Five Centuries*, Bd. I, S. 72. – [14] *Spielmannsbuch*, S. 251. – [42] Coulton, *Panorama*, S. 17. – [43] Coulton, *Five Centuries*, Bd. I, S. 303. – [44] Reese, *Music in the Middle Ages*, S. 110. – [45] Wright, *The Book of the Knight of La Tour-Landry*, Prolog und Kapitel 35, 174. – [46] Coulton, *Village*, S. 254. – [47] Raby, *Christian Latin Poetry*, S. 358. – [48] Durand, *Rationale divinorum officiorum*, in Raby, S. 357. – [49] Raby, S. 356. – [50] Giraldus Cambrensis, *Itinerary*, I. Buch, Absatz 2. – [51] Vinzenz von Beauvais, *Speculum Historiale*, VI. Buch, Absatz 99, in Coulton, *Life*, I. Buch, Absatz 1. – [52] Caesar von Heisterbach, II. Buch, Absatz 170. – [53] ebd. – [54] Milman, Bd. III, S. 242. – [55] Coulton, *Five Centuries*, Bd. I, S. 300. – [56] Moore, *Judaism*, Bd. II, S. 4. – [57] *Catholic Encyclopaedia*, Bd. I, S. 634. – [58] Voltaire, *Works*, Bd. VIII, S. 136. – [59] Spengler, *Der Untergang des Abendlandes*, Bd. II, S. 360. – [60] Voltaire, Bd. III, S. 137. – [61] Lea, *Auricular Confession*, Bd. II, S. 443. – [62] ebd., S. 285. – [63] *Catholic Encyclopaedia*, Bd. VII, S. 787. – [64] *Cambridge Medieval History*, Bd. VI, S. 678; Funk, Bd. I, S. 379. – [65] Adams, *Law of Civilization and Decay*, S. 64. – [66] Lanfranc, *De corpore et sanguine Domini*, in *Cambridge Medieval History*, Bd. VI, S. 678. – [67] Lacroix, *Military*, S. 454. – [68] Matth., Kapitel VI, Vers 7. – [69] *Encyclopaedia Britannica*, Bd. VI, S. 795. – [70] Montalembert, Bd. I, S. 57. – [91] Mâle, *L'art réligieux du XIIIe siècle en France*, S. 309ff. – [72] Coulton, *Panorama*, S. 107. – [73] Coulton, *Life*, Bd. I, S. 168. – [74] Addison, *Arts*, S. 65. – [75] Coulton, *Five Centuries*, Bd. IV, S. 94. – [76] Haskins, *Renaissance of Twelfth Century*, S. 235. – [77] Jusserand, S. 327. – [78] ebd. – [79] Coulton, *Five Centuries*, Bd. IV, S. 106. – [80] Clavijo, *Embassy to Tamerlane*, S. 7, 63, 81. – [81] Coulton, *Five Centuries*, Bd. V, S. 105. – [82] ebd., Bd. IV, S. 120. – [83] ebd., Bd. V, S. 99. – [84] Coulton, *Five Centuries*, Bd. IV, S. 98. – [85] ebd., S. 116. – [86] ebd., S. 111. –

[87] Haskins, *Renaissance*, S. 235. – [88] Coulton, *Five Centuries*, Bd. IV, S. 121. – [89] Funk, Bd. I, S. 297. – [90] Howard, *Sex Worship*, S. 78ff.; Coulton, *Life*, Bd. IV, S. 209f. – [91] Davis, *Medieval England*, S. 202; Frazer, *Magic Art*, Bd. II, S. 370. – [92] Weigall, *The Paganism in Our Christianity*, S. 131. – [93] Adams, *Mont St. Michel*, S. 91. – [94] Coulton, *From St. Francis*, S. 119. – [95] Adams, S. 262. – [96] ebd., S. 93, 254. – [97] ebd., S. 259. – [98] ebd., S. 258. – [99] Funk, Bd. I, S. 296. – [100] *Catholic Encyclopaedia*, Bd. IX, S. 791d. – [101] Ribera in Thorndike, *Short History of Civilization*, S. 350. – [102] *Dies irae*. U. a. von Karl Simrock übersetzt. – [103] Gibbon, Bd. VI, S. 494f. – [104] Renard, S. 42; Brentano in Smith, *English Guilds*, LXXXV. Bd. – [105] Thompson, *Economic History of the Middle Ages*, S. 674; Barnes, *Economic History*, S. 164. – [106] *Catholic Encyclopaedia*, Bd. V, S. 679. – [107] Villari, S. 161. – [108] Coulton, *Five Centuries*, Bd. IV, S. 333; *Medieval Village*, S. 294. – [109] ebd. – [110] Maine, *Ancient Law*, S. 132. – [111] Coulton, *Panorama*, S. 172, 293; *From St. Francis*, S. 293; Lea, *Sacerdotal Celibacy*, S. 283; Matthew Paris, Bd. I, S. 83. – [112] Davis, *Medieval England*, S. 28. – [113] Coulton, *Panorama*, S. 137, 154. – [114] Coulton, *Medieval Village*, S. 295. – [115] ebd., S. 303; Coulton, *Panorama*, S. 197, 204; Coulton, *Social Life*, S. 213; *Life*, Bd. III, S. 39. – [116] Lecky, *Morals*, Bd. II, S. 335. – [117] Coulton, *Panorama*, S. 129. – [118] Lea, *Inquisition in Middle Ages*, Bd. I, S. 3. – [119] Thatcher, S. 165f. – [120] *Cambridge Medieval History*, Bd. VI, S. 543. – [121] *Jewish Encyclopaedia*, Bd. I, S. 550. – [122] Lea, op. cit, Bd. I, S. 13. – [123] *Cambridge Medieval History*, Bd. VI, S. 8. – [124] ebd., S. 3; Taylor, *Medieval Mind*, Bd. II, S. 303. – [125] Carlyle, *Political Theory*, Bd. V, S. 157, 182. – [126] ebd., S. 162. – [127] *Encyclopaedia Britannica*, Bd. II, S. 370a. – [128] Clayton, *Pope Innocent III*, S. 181. – [129] Walsh, *Thirteenth Century*, S. 370. – [130] *Cambridge Medieval History*, Bd. VI, S. 2. – [131] Lea, *Inquisition in Middle Ages*, Bd. I, S. 129. – [132] *Cambridge Medieval History*, Bd. VI, S. 694. – [133] *Encyclopaedia Britannica*, Bd. XII, S. 370b. – [134] Coulton, *From St. Francis*, S. 275. – [135] Funk, Bd. I, S. 358. – [136] Coulton, *From St. Francis*, S. 277. – [137] *Cambridge Medieval History*, Bd. VI, S. 120. – [138] Wadding in Coulton, *From St. Francis*, S. 277. – [139] ebd., S. 225. – [140] Coulton, *Panorama*, S. 165. – [141] Thompson, *Economic History of the Middle Ages*, S. 688. – [142] Voltaire, Bd. XIII, S. 130. – [143] Clapham und Power, S. 189. – [144] Lea, *Auricular Confession*, Bd. III, S. 17. – [145] Taylor, *Medieval Mind*, Bd. II, S. 303; Thompson, *Economic History of the Middle Ages*, S. 689. – [146] Thompson, *Feudal Germany*, S. 19. – [147] Boissonnade, S. 82, 243. – [148] ebd., Lacroix, *Manners*, S. 12. – [149] Fisher, *Medieval Empire*, Bd. II, S. 64. – [150] Thompson, *Economic History of the Middle Ages*, S. 692. – [151] ebd., S. 691. – [152] Thompson, *Later Middle Ages*, S. 12. – [153] Funk, Bd. I, S. 355. – [154] Lea, *Inquisition in Middle Ages*, Bd. III, S. 624. – [155] Lavisse, *Histoire de France*, Bd. III, S. 381. – [156] Matthew Paris, Bd. I, S. 50. – [157] Coulton, *Five Centuries*, Bd. IV, S. 522. – [158] Coulton, *Life*, Bd. I, S. 36. – [159] Milman, Bd. V, S. 139. – [160] Porter, *Medieval Architecture*, Bd. II, S. 164; Coulton, *Social Life*, S. 215. – [161] vgl. Lea, *Inquisition in Middle Ages*, Bd. I, S. 21ff., für viele Beispiele kirchlicher Selbstreform.

III. BUCH, 6. KAPITEL

[1] Coulton, *From St. Francis*, S. 12. – [2] Beer, *Social Struggles in the Middle Ages*, S. 135, 177. – [3] Luchaire in Munro und Sellery, S. 438. – [4] ebd.; Beer, S. 133. – [5] *Encyclopaedia Britannica*, Bd. XXIII, S. 288b. – [6] Coulton, *Panorama*, S. 463. – [7] Vacandard, *Inquisition*, S. 70. – [8] Thompson, *Economic History of the Middle Ages*, S. 662. – [9] *Cambridge Medieval History*, Bd. VI, S. 21. – [10] Sabatier, *Life of St. Francis*, S. 43. – [11] Matthew Paris, Bd. I, S. 66. – [12] Vacandard, S. 83. – [13] ebd., S. 74. – [14] ebd., S. 91. – [15] Luchaire, S. 444. – [16] Vacandard, S. 77; Beer, S. 129ff. – [17] Coulton, *Inquisition and Liberty*, S. 79; Vacandard, S. 97; Lucahire, S. 441. – [18] Coulton, *Inquisition and Liberty*, S. 70; Vacandard, S. 73; Morey, *Medieval Art*, S. 255. – [19] Vacandard, S. 77. – [20] Lea, *Inquisition in Middle Ages*, Bd. I, S. 103. – [21] Rowbotham, S. 293. – [22] Lucahire, S. 434. – [23] ebd., S. 436. – [24] Lea, Bd. I, S. 120, 133. – [25] Thatcher, S. 209. – [26] Lea, Bd. I, S. 139. – [27] ebd., S. 141. – [28] ebd. – [29] ebd., S. 146. – [30] ebd., S. 153. – [31] ebd., S. 154. –

[32] Guizot, *France*, Bd. I, S. 507; Coulton, *Life*, Bd. I, S. 68. – [33] Lea, Bd. I, S. 162. – [34] Thompson, *Economic History of the Middle Ages*, S. 490. – [35] Lea, S. 554. – [36] Maimonides, *Führer der Unschlüssigen*, Bd. III, Einl. XLI. Buch. – [37] Vacandard, S. 48. – [38] ebd. – [39] ebd., S. 63. – [40] ebd., S. 68. – [41] Sumner, *Folkways*, S. 238. – [42] *Catholic Encyclopaedia*, Bd. VIII, S. 28c. – [43] Lea, S. 237. – [44] Vacandard, S. 63. – [45] Coulton, *Inquisition and Liberty*, S. 49. – [46] Vacandard, S. 37. – [47] Lea, S. 69. – [48] Nickerson, *Inquisition*, S. 61. – [49] Thompson, *Economic History of the Middle Ages*, S. 689; Jusserand, S. 280. – [50] Lea, S. 318. – [51] ebd., S. 321. – [52] Coulton, *Inquisition and Liberty*, S. 49. – [53] *Catholic Encyclopaedia*, Bd. VIII, S. 29a; Vacandard, S. 52. – [54] ebd., S. 119. – [55] Coulton, *Inquisition*, S. 59; *Inquisition and Liberty*, S. 66. – [56] Vacandard, S. 61. – [57] Sarton, Bd. II (2), S. 546. – [58] Vacandard, S. 183. – [59] ebd., S. 163. – [60] Davis, *Medieval England*, S. 406. – [61] Thatcher, S. 309. – [62] Lea, S. 371; Vacandard, S. 190. – [63] Lea, S. 381. – [64] ebd., S. 436. – [65] ebd., S. 317. – [66] *Catholic Encyclopaedia*, Bd. VIII, S. 31d. – [67] Lea, S. 441. – [68] *Catholic Encyclopaedia*, Bd. VIII, S. 31c. – [69] Lea, S. 441. – [70] *Catholic Encyclopaedia*, Bd. VIII, S. 32b. – [71] ebd., S. 32d. – [72] ebd. – [73] Coulton, *Inquisition*, S. 86. – [74] Vacandard, S. 183. – [75] Lea, Bd. II, S. 97. – [76] *Catholic Encyclopaedia*, Bd. VIII, S. 33d. – [77] *Cambridge Medieval History*, Bd. VI, S. 723; Vacandard, S. 203. – [78] Thompson, *Economic History of the Middle Ages*, S. 689. – [79] Vacandard, S. 144, 178. – [80] Lea, Bd. I, S. 549. – [81] ebd., S. 550. – [82] *Cambridge Medieval History*, Bd. VI, S. 723; Vacandard, S. 196; Lea, Bd. I, S. 551. – [83] ebd., S. 393. – [84] ebd., S. 113.

III. BUCH, 7. KAPITEL

[1] Thompson, *Economic History of the Middle Ages*, S. 603. – [2] Coulton, *Five Centuries*, Bd. IV, S. 15. – [3] Gilson, *Philosophy of St. Bonaventure*, S. 31. – [4] Coulton, *Life*, Bd. IV, S. 98. – [5] Coulton, *From St. Francis*, S. 70. – [6] Coulton, *Life*, Bd. IV, S. 238. – [7] Lea, Bd. I, S. 35. – [8] Thompson, *Economic History of the Middle Ages*, S. 604. – [9] Milman, Bd. IV, S. 259. – [10] Coulton, *Life*, Bd. IV, S. 155. – [11] Coulton, *Five Centuries*, Bd. IV, S. 96, 367ff. – [12] Coulton, Bd. IV, S. 199. – [13] Caesar von Heisterbach, I. Buch, Absatz 249, in Coulton, *Five Centuries*, Bd. I, S. 377; Jocelyns Chronicle, in Carlyle, *Past and Present*, S. 72. – [14] Waddell, *Wandering Scholars*, S. 210. – [15] Taylor, *Medieval Mind*, Bd. I, S. 268. – [16] ebd., S. 430. – [17] Coulton, *Five Centuries*, Bd. I, S. 183. – [18] Lacroix, *History of Prostitution*, S. 692. – [19] vgl. Longfellows «Golden Legend». – [20] *Cambridge Medieval History*, Bd. V, S. 675. – [21] Thompson, *Economic History of the Middle Ages*, S. 612. – [22] Etienne de Bourbon, *Anecdotes*, in Coulton, *Five Centuries*, Bd. I, S. 79. – [23] Ogg, S. 258. – [24] Coulton, *Five Centuries*, Bd. I, S. 308. – [25] ebd., Bd. IV, S. 165. – [26] ebd., Bd. I, S. 304. – [27] Munro und Sellery, S. 410. – [28] Gilson, *La philosophie au moyen âge*, Bd. I, S. 92. – [29] W. B. Yeats, Einl. zu Tagore, *Gitanjali*, XVIII. Buch. – [30] Munro und Sellery, S. 412. – [31] ebd. – [32] Coulton, *Five Centuries*, Bd. I, S. 305. – [33] ebd., S. 391. – [34] ebd., S. 336. – [35] ebd., S. 387. – [36] Jörgensen, *St. Francis*, S. 12. – [37] Sabatier, S. 149. – [38] Jörgensen, S. 21. – [39] Sabatier, S. 26; Bonaventure, *Life of St. Francis*, Kap. I. – [40] Sabatier, S. 59f. – [41] *Spiegel der Vollkommenheit*, Kap. 14. – [42] *Tres Socii*, S. 35, in Sabatier, S. 74. – [43] *Spiegel*, Kap. 69. – [44] ebd., Kap. 11. – [45] ebd. – [46] Coulton, *Panorama*, S. 529. – [47] *Tres Socii*, S. 38ff. – [48] *Legenden und Laude*, S. 381ff. – [49] ebd., S. 393. – [50] ebd., S. 222. – [51] *Spiegel*, Kap. 29–35. – [52] *Legenden...*, S. 272. – [53] *Spiegel*, Kap. 114. – [54] *Blütenlegende*, Kap. 22. – [55] ebd., Kap. 16. – [56] Sabatier, S. 97. – [57] Arnold, *Essays in Criticism*, erste Serie, S. 155. – [58] *Blütenlegende*, Kap. 11. – [59] ebd., Kap. 24. – [60] Sabatier, S. 229. – [61] ebd., S. 227. – [62] Dr. E. F. Hartung in *Time*, 11. März 1935. – [63] *Legende...*, S. 675ff. – [64] ebd., S. 677. – [65] Faure, *Medieval Art*, S. 398. – [66] Text des Testaments in Sabatier, S. 337. – [67] Milman, Bd. V, S. 242. – [68] *Cambridge Medieval History*, Bd. VI, S. 737f. – [69] Matthew Paris, II. Buch, Absatz 443, in Coulton, *Five Centuries*, Bd. IV, S. 170. – [70] ebd., S. 388. – [71] Coulton, *From St. Francis*, S. 101f. – [72] ebd. – [73] Funk, Bd. I, S. 370. – [74] Crump, S. 413. – [75] Lea, *Sacerdotal Celibacy*, S. 105. – [76] Power, *Medieval People*, S. 64. – [77] *Legenden*, S. 523ff. – [78] zum Beispiel

Nun's Rule (Ancren Riwle), S. 105, 185. – [79] ebd., S. 294ff. – [80] Montalembert, Bd. II, S. 703. – [81] ebd. – [82] Lea, *Celibacy*, S. 264. – [83] Taylor, *Medieval Mind*, Bd. I, S. 492. – [84] Coulton, *Panorama*, S. 622. – [85] Power, *Medieval People*, S. 80. – [86] ebd. – [87] Lea, *Inquisition in Middle Ages*, Bd. III, S. 10ff. – [88] Lea, Bd. I, S. 272. – [89] *Cambridge Medieval History*, Bd. VII, S. 789. – [90] Sabatier (dt. Ausg.), S. 64. – [91] Lea, Bd. II, S. 326. – [92] Coulton, *Life*, Bd. III, S. 54; Kantorowicz, S. 385. – [93] Sabatier, S. 52; Taylor, *Medieval Mind*, Bd. I, S. 460. – [94] Milman, Bd. VI, S. 123. – [95] Coulton, *Life*, Bd. I, S. 205. – [96] *Catholic Encyclopaedia*, Bd. II, S. 662d. – [97] ebd., S. 663. – [98] nach dem lat. Text in *Les registres de Boniface VIII*, hrsg. von Thomas-Faucon-Digard, Paris, 1907, Sp. 584f. – [99] *Cambridge Medieval History*, Bd. VII, S. 7f. – [100] Milman, Bd. VI, S. 282; Coulton, *Panorama*, S. 212. – [101] Guizot, *France*, Bd. I, S. 591. – [102] *Catholic Encyclopaedia*, Bd. II, S. 666c. – [103] ebd., S. 667c; Ogg, S. 383ff. – [194] Adams, *Law of Civilization and Decay*, S. 173; Draper, *Intellectual Development*, Bd. II, S. 83. – [105] Guizot, *France*, Bd. I, S. 596. – [106] *Cambridge Medieval History*, Bd. VII, S. 18. – [107] Guizot, S. 601; Draper, Bd. II, S. 86. – [108] Milman, Bd. VI, S. 494f. – [109] Lea, Bd. II, S. 58. – [110] Hume, *England*, Bd. I, S. 511. – [111] Coulton, *Five Centuries*, Bd. IV, S. 118. – [112] Coulton, *From St. Francis*, S. 150.

III. BUCH, 8. KAPITEL

[1] Coulton, *Five Centuries*, Bd. I, S. 176. – [2] Beda, I. Buch, Absatz 27. – [3] Coulton, *Life*, Bd. IV, S. 160n. – [4] Coulton, *From St. Francis*, S. 18. – [5] Benvenuta da Imola in Coulton, *From St. Francis*, S. 416; Lacroix, *Prostitution*, Bd. I, S. 694. – [6] ebd., S. 695. – [7] ebd., S. 700. – [8] ebd., S. 697. – [9] ebd., Bd. II, S. 908. – [10] Wright, Hrsg., *Book of the Knight of La Tour-Landry*, Prolog und Kap. 35. – [11] Briffault, *Mothers*, Bd. III, S. 417. – [12] Lecky, *Morals*, Bd. II, S. 152. – [13] Lacroix, *Prostitution*, Bd. II, S. 904. – [14] ebd., S. 905. – [15] ebd., S. 904. – [16] ebd., Bd. I, S. 721. – [17] ebd., Bd. II, S. 869; Sumner, *Folkways*, S. 529; Bebel, S. 61; Garrison, *History of the Medicine*, S. 192; Sanger, *History of Prostitution*, S. 98. – [18] Augustin, *De ordine*, II. Buch, Absatz 4. – [19] Thomas von Aquin, *Summa Theologica*, Bd. II, IIae, X, 11. – [20] *Encyclopaedia Britannica*, Bd. XVIII, S. 598a. – [21] ebd. – [22] Lacroix, *Prostitution*, Bd. I, S. 733ff. – [23] ebd., Bd. II, S. 751; Sanger, S. 95. – [24] Coulton, *Panorama*, S. 172. – [25] Lecky, *Morals*, Bd. II, S. 218. – [26] Power, *Medieval People*, S. 118. – [27] Pollock and Maitland, Bd. II, S. 387. – [28] Coulton, *Panorama*, S. 634. – [29] Bevan und Singer, *Legacy of Israel*, S. 102. – [30] Crump, S. 346. – [31] Thomas von Aquin, *Summa contra Gentiles*, III. Buch, Absatz 122. – [32] Himes, *Contraception*, S. 160f. – [33] Lacroix, *Prostitution*, Bd. I, S. 699. – [34] Coulton, *Medieval Village*, S. 404. – [35] Schoenfeld, *Women of the Teutonic Nations*, S. 122. – [36] Freeman, *Norman Conquest*, Bd. II, S. 166. – [37] Wright, *History of Domestic Manners and Sentiments*, S. 275. – [38] Pollock und Maitland, Bd. II, S. 390; Crump, S. 297; Butler, *Women of Medieval France*, S. 30. – [39] Johannes Chrysostomos in James, *Women of England*, S. 108. – [40] ebd., Bd. I, XCIII. Buch, Absatz 4 (nach der *dt. Thomas-Ausgabe*). – [41] Supplement, XXXIX. Buch, Absatz 3. – [42] ebd., Bd. II, IIae, XXVI. Buch, Absatz 10 (nach der Übersetzung von C. M. Schneider). – [43] Coulton, *Panorama*, S. 614, nach Gratian, *Decretum*, Bd. II, XXXIII. Buch, Absatz 5. – [44] Coulton, *Life*, Bd. III, S. 114; *Five Centuries*, Bd. I, S. 174. – [45] Coulton, *Chaucer's England*, S. 212. – [46] Coulton, *Panorama*, S. 618. – [47] Schoenfeld, S. 41. – [48] Davis, *Life on Medieval Barony*, S. 102. – [49] James, *Women of England*, S. 182. – [50] Renard, S. 20. – [51] vgl. James, S. 116. – [52] Wright, *Domestic Manners*, S. 273f. – [53] Butler, *Women of France*, S. 104. – [54] Adams, *Mont St. Michel*, S. 211. – [55] Butler, S. 123. – [56] Tout, *Medieval Forgers*, in Coulton, *Five Centuries*, Bd. IV, S. 310. – [57] Haskins, *Renaissance*, S. 89. – [58] Beispiele in Coulton, *Chaucer's England*, S. 200; *Five Centuries*, Bd. I, S. 251. – [59] Lacroix, *Manners*, S. 41. – [60] Coulton, *Medieval Village*, S. 72, 344. – [61] Coulton, *Panorama*, S. 74, 369. – [62] *Encyclopaedia Britannica*, Bd. VIII, S. 8d. – [63] Coulton, *Inquisition*, S. 47. – [64] Hume, Bd. I, S. 185. – [65] Salzmann, S. 309. – [66] Ashley, Bd. II, S. 73. – [67] Coulton, *Chaucer*, S. 131. – [68] Coulton, *Life*, Bd. III, S. 57f. – [69] Coulton, *Medieval*

Village, S. 30. – [70] Thompson, *Economic History of the Middle Ages*, S. 571; Porter, *Medieval Architecture*, Bd. II, S. 159. – [71] Coulton, *Panorama*, S. 377. – [72] ebd. – [73] Lea, *Inquisition in Middle Ages*, Bd. I, S. 234f. – [74] Coulton, *From St. Francis*, S. 218. – [75] Sumner, S. 472; Jusserand, S. 212; Boissonnade, S. 262. – [76] Coulton, *Social Life*, S. 395. – [77] Joinville, S. 309. – [78] vgl. Coulton, *From St. Francis*, Anhang C. – [79] Jusserand, S. 132f. – [80] Davis, *Medieval England*, S. 425. – [81] Zimmern, *Hansa*, S. 111. – [82] ebd. – [83] Coulton, *Social Life*, S. 371, 425. – [84] Ashley, Bd. II, S. 328. – [85] Bacon, *Opus maius*, hrsg. von Bridges, Bd. II, S. 251. – [86] Ashley, Bd. II, S. 307. – [87] ebd., S. 323. – [88] Davis, *Life on a Medieval Barony*, S. 95. – [89] Traill, Bd. I, S. 484. – [90] James, *Women*, S. 208. – [91] *Speculum*, April 1940, S. 148; *Encyclopaedia Britannica*, Bd. IV, S. 470. – [92] Adams, S. 202. – [93] Friedländer, *Roman Manners*, Bd. II, S. 183. – [94] Butler, *Women*, S. 147. – [95] Dante, *Purgatorio*, XXIII. Buch, Absatz 102. – [96] Coulton, *From St. Francis*, S. 271. – [97] Davies, *Life on a Medieval Barony*, S. 96. – [98] Berthold von Regensburg, *Deutsche Predigten*, hrsg. von E. Pfeiffer und J. Strobl, 2 Bde., Wien, 1862–1880, Bd. I, S. 253, 397, Bd. II, S. 242. – [99] Crump, S. 431. – [100] Beard, S. 69. – [101] Coulton, *Life*, Bd. IV, S. 173. – [102] *Speculum*, April 1928, S. 198. – [103] Sarton, Bd. II (1), S. 96. – [104] *Speculum*, Januar 1934, S. 306. – [105] ebd. – [106] Lowie, *Are We Civilized?* S. 75. – [107] Lacroix, *Manners*, S. 176. – [108] Butler, *Women*, S. 150. – [109] Giraldus Cambrensis, *Description of Wales*, I. Buch, Absatz 10. – [110] Salzman, S. 171. – [111] Lacroix, *Arts of the Middle Ages*, S. 13. – [112] Rogers, *Six Centuries*, S. 46. – [113] Sedgwick, *Italy*, S. 197. – [114] Power, *Medieval People*, S. 103. – [115] Thompson, *Economic History of the Middle Ages*, S. 595. – [116] Müller-Lyer, *Marriage*, S. 56. – [117] Coulton, *Panorama*, S. 313; Addison, *Arts*, S. 272. – [118] *Weisthümer*, Bd. I, S. 357. – [119] Schevill, *Siena*, S. 349. – [120] Haskins, *Studies in Medieval Culture*, S. 122. – [121] Sedgwick, Bd. II, S. 206. – [122] Coulton, *Panorama*, S. 96. – [123] Power, *Medieval People*, S. 76. – [124] Lacroix, *Manners*, S. 239; Coulton, *Medieval Village*, S. 559. – [125] Coulton, *Panorama*, S. 96. – [126] Kirstein, *Dance*, S. 88. – [127] Wright, *Domestic Manners*, S. 257. – [128] Walsh, *Thirteenth Century*, S. 452. – [129] Davis, *Medieval England*, S. 372. – [130] Davis, *Life on a Medieval Barony*, S. 64. – [131] *Encyclopaedia Britannica*, Bd. XIII, S. 791c. – [132] Lacroix, *Manners*, S. 233. – [133] Gardiner, *Athletics of the Ancient World*, S. 237. – [134] Coulton, *Panorama*, S. 83. – [135] Gardiner, S. 238. – [136] Coulton, *Panorama*, S. 95. – [137] Coulton, *Social Life*, S. 392. – [138] Coulton, *Chaucer*, S. 278. – [139] Chambers, *The Medieval Stage*, Bd. I, S. 287; Maitland, *Dark Ages*, S. 174; Lacroix, *Scene and Literature in the Middle Ages*, S. 240. – [140] ebd.; Chambers, Bd. I, S. 323; Coulton, *Panorama*, S. 606. – [141] Chambers, Bd. I, S. 343. – [142] *Time*, 31. Dezember 1945. – [143] Waddell, *Wandering Scholars*, S. 200. – [144] Coulton, *From St. Francis*, S. 56. – [145] ebd., S. 55. – [146] ebd., S. 57. – [147] ebd., S. 13.

PERSONENVERZEICHNIS

H

I

J

K

L

T

U

V

QUELLENVERZEICHNIS DER ABBILDUNGEN

Bruckmann KG, Bildarchiv, München: Bildseite 7; Archiv Dollinger, Wörthsee: Bildseite 6; Hirmer Fotoarchiv – Hirmer Verlag, München: Bildseiten 1, 4; Holle Bildarchiv, Baden-Baden: Bildseiten 2, 3, 5; Bernhard Klawunn, München: Bildseite 8

Farbtafeln:
Hirmer Fotoarchiv – Hirmer Verlag, München: Bildseiten 3, 5; Holle Bildarchiv, Baden-Baden: Bildseiten 1, 2, 4, 6, 7, 8